大学语文基础教程

林连通　主编

图书在版编目（CIP）数据

大学语文基础教程 / 林连通主编.— 北京：中国书籍出版社，2023.6
 ISBN 978-7-5068-9441-8

Ⅰ.①大… Ⅱ.①林… Ⅲ.①大学语文课 – 高等学校 – 教材 Ⅳ.①H19

中国国家版本馆 CIP 数据核字(2023)第 112665 号

大学语文基础教程

林连通　主编

策划统筹	莫笑牛
策划编辑	赵安民　朱　琳
责任编辑	宋　然　盛　洁
责任印刷	孙马飞　马　芝
封面设计	东方美迪
出版发行	中国书籍出版社
地　　址	北京市丰台区三路居路 97 号（邮编：100073）
电　　话	（010）52257143（总编室）　　（010）52257140（发行部）
电子邮箱	eo@chinabp.com.cn
经　　销	全国新华书店
印　　刷	廊坊市博林印务有限公司
开　　本	787 毫米 × 1092 毫米　1/16
字　　数	1513 千字
印　　张	71.25
印　　次	2023 年 6 月第 1 版　2023 年 6 月第 1 次印刷
书　　号	ISBN 978-7-5068-9441-8
定　　价	160.00 元

版权所有，翻印必究

· 特约顾问 ·

江蓝生　中国社会科学院

· 编委会 ·

（以姓氏笔画为序）

王灿龙　中国社会科学院
王海峰　北京大学
何二元　杭州师范大学
林连通　中国社会科学院
周建设　首都师范大学
郭招金　中国新闻社
崔希亮　北京语言大学

· 策划统筹 ·

莫笑牛　《汉字文化》编辑部

· 特邀编审 ·

张慧芬　中国社会科学院

· 参　编 ·

（以姓氏笔画为序）

张　青　《光明日报》社
吴夏艳　山东师范大学
李　琴　河北大学

前 言

语文是重要的交际工具，文化的主要载体，是学习各种学科的基础，百科之首。随着我国科技文化的发展和现代化建设的需要，进一步提高全民的语文素质，已成为国家和社会所关切的问题。

20世纪80年代，国家恢复了大学语文教学，为提高大学生的语文水平做出了重要的部署。四十年来，出版了上千部的大学语文教材。这些教材的共同特点是突出文学，多似文学的读本，为提高学生的语文水平，尤其是文学素养，做出了积极的贡献。但由于形势的发展变化，中国步入了创新的现代化的新时代，语言成了国家的战略资源，写作成了科研、工作的重要工具，文化成为了强国的软实力，显然，现有的教材已不能满足学生、国家和社会的需要，如何提高大学语文的教学效率，已成为高等院校、教育部门和社会所关心和热议的话题。

教材是教学之本，是教学的方向盘和指南针。为了抛砖引玉，促进大学语文教材的改革，改变当前大学语文教学的现状，进一步提高大学生以及全民的语文素质，我们组织编写了《大学语文基础教程》一书。参加本书编写工作的，多是一些著名的专家、教授和资深的编辑。我们认为，语言是语文的基础，写作是语文的中心，文化是语文的灵魂和源泉，三者相辅相成，互为一体。因此，为充分体现语文的主旨，更好地服务国家大局，全书设置了语言、写作和文化三篇。语言篇包括现代汉语和古代汉语，写作篇包括各种主要文体的知识和写作方法，文化篇包括中国上古文化、中国的思想文化、中国文学、中国教育、中国科技等内容，共一百五十多万字。

这部教材具有下面几个主要的特点：

1. 内容丰富。书中系统地介绍了语文各方面的基础内容，可为中国语文的母本，一书在手，语文在胸，既可以做大学语文教材用，也可以做语文辞书用，终身受益。

2. 把语文的理论、知识和应用有机地结合起来。因此，本书对提高语文的理论水平、丰富语文的知识、增强语文的应用能力大有助益。

3. 传承、弘扬中国优秀的传统文化。中国优秀的传统文化，不仅是中国语文的灵魂和源泉，而且是中华民族的根。为了增强文化自信，复兴中华，本书设置了文化篇，介绍了中国辉煌的传统文化。

4. 具有存史的价值。本书所用的资料多来自名篇、名著和名人，许多还经过了历史长期的淬炼，弥足珍贵，有保存的价值。

此外，由于内容丰富多样，行文深入浅出，还便于使用。教师可以视情选教，学生可以视需选学，有利于教学的改革。

教材多为继往开来，本书也不例外，也是在许多语文教材和学术专著等文献的基础上编写的，是一部集大成的教科书，我们只是做了一些采撷整理、传经送宝的工作。由于书的性质所限，不能一一详细说明，在此向有关的专家学者表示衷心的感谢！这里还要感谢出版社和各位朋友学人的鼎力相助；感谢编校、录排的同志，像这样一部内容、体例复杂，文字、音标繁复的教材，如无他们的辛勤工作，是很难问世的。本书不仅可以做高等院校的大学语文教学的用书，还可以为中等文化程度以上的广大读者服务。由于我们的编写水平有限，书中定有许多的失误和不尽人意的地方，敬请大家指正，共同把这部教材修改得更好，让它更好地为大学语文教学和广大的读者服务。

林连通

2022 年 4 月 14 日于北京

目 录

前言 ·1·

上 语言篇

总论 ·3·
第一章 语音
第一节 语音概说 ·4·
一、语音学是什么 ·4·
二、语音学的功用 ·4·
三、语音的性质 ·5·
四、语音单位 ·10·
五、记音符号 ·12·
第二节 《汉语拼音方案》介绍 ·13·
一、《汉语拼音方案》的创制 ·13·
二、《汉语拼音方案》说明 ·16·
三、《汉语拼音方案》与注音字母、国际音标的对照 ·26·
四、《汉语拼音方案》的应用 ·27·
第三节 语音规范 ·28·
一、普通话的辨音 ·28·
二、字音误读例析 ·45·
三、拼音误用例析 ·58·
第四节 朗读 ·62·
一、停顿 ·62·
二、重音 ·64·
三、语调 ·66·
四、语速 ·67·

第二章 词汇
第一节 词与词汇 ·69·
一、词是什么 ·69·
二、词汇是什么 ·70·
三、词的构成 ·70·

四、构词的理据 ·72·
　　五、汉语词汇的特点 ·74·
第二节　词义 ·77·
　　一、词义是什么 ·77·
　　二、词义的性质 ·77·
　　三、词义的构成 ·80·
　　四、词义的类型 ·83·
第三节　词类 ·84·
　　一、基本词汇和一般词汇 ·84·
　　二、古语词、方言词、外来词、术语词和行业词 ·86·
　　三、熟语 ·89·
第四节　用词的要求 ·91·
　　一、合乎规范 ·91·
　　二、正确明白 ·95·
　　三、准确贴切 ·100·
　　四、繁简适当 ·102·

第三章　语法 ·107·
第一节　语法概说 ·107·
　　一、语法与语法体系 ·107·
　　二、语法的性质 ·108·
　　三、汉语语法的特点 ·109·
　　四、学习语法的意义与方法 ·111·
第二节　词法 ·112·
　　一、实词 ·112·
　　二、虚词 ·119·
第三节　句法 ·130·
　　一、词组 ·130·
　　二、单句 ·135·
　　三、复句 ·153·
第四节　篇章 ·160·
　　一、篇章是什么 ·160·
　　二、篇章的类型 ·160·
　　三、篇章的连贯 ·161·
　　四、篇章的结构 ·161·

第五节 语法的规范 ·162·
　　一、什么是语法规范 ·162·
　　二、常见的语法错误 ·162·

第四章　文字 ·166·
第一节 汉字概说 ·166·
　　一、汉字的起源 ·166·
　　二、汉字的发展 ·169·
　　三、汉字的特性 ·170·
第二节 汉字形体的演变 ·171·
　　一、甲骨文 ·172·
　　二、金文 ·173·
　　三、小篆 ·173·
　　四、隶书 ·175·
　　五、草书 ·176·
　　六、楷书 ·177·
　　七、行书 ·178·
第三节 汉字的结构 ·178·
　　一、笔画 ·178·
　　二、部件 ·180·
　　三、笔顺 ·184·
第四节 汉字的造字法 ·185·
　　一、象形 ·185·
　　二、指事 ·186·
　　三、会意 ·186·
　　四、形声 ·187·
第五节 汉字的规范 ·190·
　　一、正确使用汉字 ·190·
　　二、常见汉字误用例析 ·193·
第六节 汉字的书写 ·240·
　　一、汉字书写的基本要求 ·240·
　　二、写毛笔字的基本方法 ·241·
　　三、汉字的书法艺术 ·246·

第五章 修辞 · 268 ·

第一节 修辞概说 · 268 ·
一、什么是修辞 · 268 ·
二、为什么要学修辞 · 268 ·
三、怎样学习修辞 · 269 ·

第二节 消极修辞 · 269 ·
一、词语的选用与锤炼 · 270 ·
二、句式的选用与锤炼 · 278 ·

第三节 积极修辞 · 284 ·
一、比喻、比拟、夸张、借代、拈连 · 284 ·
二、双关、仿似、反语、通感、婉曲 · 288 ·
三、对偶、排比、层递、顶真、回环 · 290 ·
四、对比、映衬、反复、设问、反问、警策、敬谦 · 293 ·
五、辞格的综合运用 · 299 ·

第四节 修辞问题例析 · 301 ·
一、韵律配合不协调 · 301 ·
二、词语选用不精当 · 302 ·
三、句子表意不畅达 · 304 ·
四、辞格运用不恰当 · 306 ·

第六章 逻辑 · 312 ·

第一节 逻辑概说 · 312 ·
一、什么是逻辑 · 312 ·
二、为什么要学点逻辑 · 314 ·
三、怎样学习逻辑 · 316 ·

第二节 概念 · 317 ·
一、什么是概念 · 317 ·
二、概念的内涵和外延 · 318 ·
三、概念间的关系 · 318 ·
四、明确概念的逻辑方法 · 320 ·
五、概念和词语的使用 · 323 ·

第三节 判断 · 325 ·
一、什么是判断 · 325 ·
二、直言判断 · 326 ·
三、复合判断 · 331 ·

第四节 推理 ... 338
一、什么是推理 ... 338
二、归纳推理 ... 338
三、演绎推理 ... 342
四、类比推理 ... 348

第五节 形式逻辑的基本规律 ... 350
一、同一律 ... 350
二、矛盾律 ... 352
三、排中律 ... 353
四、充足理由律 ... 353

第六节 论证 ... 355
一、论证的概述 ... 355
二、论证的方法 ... 356
三、论证的规则 ... 357
四、反驳及其方法 ... 359

第七节 逻辑错误例析 ... 361
一、概念错误 ... 361
二、判断错误 ... 366
三、推理错误 ... 371
四、逻辑规律错误 ... 379
五、论证错误 ... 382

第七章 标点符号 ... 394
第一节 标点符号概说 ... 394
一、什么是标点符号 ... 394
二、标点符号的作用 ... 395
三、标点符号的种类 ... 398

第二节 标点符号的使用 ... 400
一、句号 ... 400
二、问号 ... 400
三、叹号 ... 401
四、逗号 ... 401
五、顿号 ... 402
六、分号 ... 403
七、冒号 ... 403
八、引号 ... 404

  九、括号 ········· •405•
  十、破折号 ········· •407•
  十一、省略号 ········· •408•
  十二、着重号 ········· •409•
  十三、连接号 ········· •409•
  十四、间隔号 ········· •410•
  十五、书名号 ········· •411•
  十六、专名号 ········· •412•
 第三节 标点误用例析 ········· •413•
  一、句号误用 ········· •413•
  二、问号误用 ········· •413•
  三、叹号误用 ········· •414•
  四、逗号误用 ········· •416•
  五、顿号误用 ········· •417•
  六、分号误用 ········· •418•
  七、冒号误用 ········· •421•
  八、引号误用 ········· •422•
  九、括号误用 ········· •424•
  十、破折号误用 ········· •425•
  十一、省略号误用 ········· •427•
  十二、着重号误用 ········· •429•
  十三、连接号误用 ········· •430•
  十四、间隔号误用 ········· •430•
  十五、书名号误用 ········· •431•

第八章　古代汉语 ········· •434•
 第一节 音韵 ········· •434•
  一、学习音韵的用处 ········· •434•
  二、学习古音韵的方法 ········· •436•
  三、古音概述 ········· •439•
  附录一：上古音系 ········· •440•
  附录二：中古音系 ········· •443•
  附录三：近代音系 ········· •445•
  附录四：现代音系 ········· •447•
 第二节 词汇 ········· •449•
  一、古今词形词义相同 ········· •449•

二、古今词形相同而词义不同　　·449·
　　三、古今词语部分相同　　·452·
　　四、古今词语全不相同　　·453·
第三节　语法　　·454·
　　一、词语的变性和活用　　·454·
　　二、句子各部分的次序　　·455·
　　三、句子各部分的省略　　·456·
　　四、虚词的使用　　·459·
　　　附录：古汉语常见虚词简释表　　·470·
第四节　文字　　·485·
　　一、古今字　　·485·
　　　附录：常见古今字字表　　·486·
　　二、异体字　　·494·
　　　附录：第一批异体字整理表　　·496·
　　三、繁简字　　·502·
　　　附录：简化字始见时代一览表（一、二类字）　　·504·
　　四、同源字　　·506·
　　　附录：常见同源字字表　　·508·
　　五、通假字　　·512·
　　　附录：常见通假字字表　　·514·
　　六、句读　　·518·

中　写作篇

总论　　·523·
第一章　布局谋篇　　·527·
　第一节　主题　　·527·
　　一、主题的重要性　　·527·
　　二、主题的基本要求　　·528·
　　三、表现主题的方法　　·531·
　第二节　材料　　·534·
　　一、材料的重要性　　·534·
　　二、材料的类别　　·535·
　　三、材料选用的要求　　·535·
　　四、材料使用的方法　　·536·
　　五、积累材料的途径　　·537·

第三节 结构 ·537·
一、结构的重要性 ·537·
二、结构的主要要求 ·538·
三、结构的主要内容 ·540·
第四节 标题 ·546·
一、标题的作用 ·546·
二、标题的制作 ·546·
三、标题的要求 ·547·
四、标题的种类 ·547·

第二章 表达方式 ·549·
第一节 语言 ·549·
一、准确 ·549·
二、简练 ·552·
三、生动 ·554·
第二节 技法 ·559·
一、叙述 ·559·
二、描写 ·562·
三、议论 ·570·
四、抒情 ·575·
五、说明 ·576·

第三章 文体知识 ·580·
第一节 新闻文体 ·580·
一、消息 ·581·
二、通讯 ·591·
三、报告文学 ·593·
四、作品鉴赏 ·595·
第二节 议论文体 ·601·
一、学术论文 ·601·
二、评论 ·612·
第三节 说明文体 ·617·
一、解说词 ·619·
二、说明书 ·621·
三、科普说明文 ·624·

第四节 应用文体 ·629·
　　一、公务文书 ·633·
　　二、事务文书 ·640·
　　三、专用文书 ·647·
　　四、常用应用文 ·656·
第五节 文学文体 ·673·
　　一、诗歌 ·673·
　　二、散文 ·710·
　　三、小说 ·733·
　　四、戏剧 ·751·

第四章 文风·风格·修改 ·785·
第一节 文风 ·785·
　　一、什么是文风 ·785·
　　二、优良文风的特征 ·785·
　　三、不良文风的表现 ·785·
　　四、作品文风鉴赏 ·788·
第二节 风格 ·791·
　　一、什么是文章的风格 ·791·
　　二、文章风格的形成 ·791·
　　三、文章风格的表现 ·791·
　　四、文章风格的鉴赏 ·792·
第三节 修改 ·799·
　　一、文章修改的重要意义 ·799·
　　二、文章修改的范围 ·799·
　　三、修改文稿常用的符号 ·800·
　　四、名家文章评讲鉴赏 ·801·

下　文化篇

总论 ·817·
第一章 中国远古文化 ·818·
第一节 三皇时代的故事 ·818·
　　一、盘古开天地 ·818·
　　二、女娲造人补天 ·818·

三、燧人钻木取火 ·819·
　　　四、人文先祖伏羲 ·819·
　　　五、神农勇尝百草 ·820·
　第二节 五帝时代的故事 ·821·
　　　一、黄帝战蚩尤 ·821·
　　　二、共工怒触不周山 ·822·
　　　三、尧舜禅让 ·823·
　　　四、大禹治水 ·825·

第二章　中国的思想文化 ·827·
　第一节 阴阳五行思想 ·827·
　　　一、阴阳 ·827·
　　　二、五行 ·828·
　　　三、阴阳五行 ·828·
　第二节 诸子百家思想 ·829·
　　　一、儒家思想 ·829·
　　　二、道家思想 ·830·
　　　三、墨家思想 ·830·
　　　四、法家思想 ·831·
　　　五、其他家思想 ·831·
　第三节 佛教禅宗思想 ·832·
　　　一、佛教的基本思想 ·832·
　　　二、禅宗的基本思想 ·833·
　第四节 理学心学思想 ·833·
　　　一、理学基本思想 ·833·
　　　二、心学基本思想 ·834·

第三章　中国文学 ·836·
　第一节 中国文学的辉煌成就 ·836·
　　　一、诗歌的成就 ·836·
　　　二、散文、小说、戏曲的成就 ·840·
　第二节 中国文学作品鉴赏 ·843·
　　　一、诗歌作品鉴赏 ·843·
　　　　 诗作鉴赏
　　　　⊙白云谣(《穆天子传》) ·843·

- ⊙卫风·木瓜(《诗经》)　　　　　　　　　　·843·
- ⊙周南·关雎(《诗经》)　　　　　　　　　　·843·
- ⊙小雅·鹤鸣(《诗经》)　　　　　　　　　　·844·
- ⊙豳风·七月（节选)(《诗经》)　　　　　　·844·
- ⊙周颂·丰年(《诗经》)　　　　　　　　　　·845·
- ⊙离骚（节选)（屈原)　　　　　　　　　　·845·
- ⊙九歌·国殇（屈原)　　　　　　　　　　　·846·
- ⊙孔雀东南飞（节选)(《玉台新咏》)　　　　·847·
- ⊙上　邪(《乐府诗集》)　　　　　　　　　　·848·
- ⊙蒿里行（曹操)　　　　　　　　　　　　　·848·
- ⊙观沧海（曹操)　　　　　　　　　　　　　·849·
- ⊙燕歌行（曹丕)　　　　　　　　　　　　　·849·
- ⊙白马篇（曹植)　　　　　　　　　　　　　·850·
- ⊙七步诗（曹植)　　　　　　　　　　　　　·851·
- ⊙迢迢牵牛星(《古诗十九首》)　　　　　　　·851·
- ⊙敕勒歌(《乐府诗集》)　　　　　　　　　　·852·
- ⊙归园田居（其三)（陶渊明)　　　　　　　·852·
- ⊙渡青草湖（阴铿)　　　　　　　　　　　　·853·
- ⊙长歌行(《乐府诗集》)　　　　　　　　　　·853·
- ⊙猛虎行（陆机)　　　　　　　　　　　　　·854·
- ⊙木兰诗(《乐府诗集》)　　　　　　　　　　·854·
- ⊙将进酒（李白)　　　　　　　　　　　　　·857·
- ⊙登金陵凤凰台（李白)　　　　　　　　　　·858·
- ⊙月下独酌（其一)（李白)　　　　　　　　·858·
- ⊙夜宿山寺（李白)　　　　　　　　　　　　·859·
- ⊙石壕吏（杜甫)　　　　　　　　　　　　　·859·
- ⊙春　望（杜甫)　　　　　　　　　　　　　·861·
- ⊙琵琶行（白居易)　　　　　　　　　　　　·861·
- ⊙赋得古原草送别（白居易)　　　　　　　　·864·
- ⊙卖炭翁（白居易)　　　　　　　　　　　　·865·
- ⊙离　思（其四)（元稹)　　　　　　　　　·866·
- ⊙晚　春（其一)（韩愈)　　　　　　　　　·867·
- ⊙陋室铭（刘禹锡)　　　　　　　　　　　　·868·
- ⊙出　塞（其一)（王昌龄)　　　　　　　　·869·
- ⊙凉州词（其一)（王之涣)　　　　　　　　·870·
- ⊙望月怀远（张九龄)　　　　　　　　　　　·870·

- ⊙秋　思（张籍）　　　　　　　　　　　　　　·871·
- ⊙春江花月夜（张若虚）　　　　　　　　　　·871·
- ⊙题都城南庄（崔护）　　　　　　　　　　　·872·
- ⊙黄鹤楼（崔颢）　　　　　　　　　　　　　·872·
- ⊙别董大（高适）　　　　　　　　　　　　　·873·
- ⊙山居秋暝（王维）　　　　　　　　　　　　·874·
- ⊙春　晓（孟浩然）　　　　　　　　　　　　·874·
- ⊙送杜少府之任蜀州（王勃）　　　　　　　　·874·
- ⊙枫桥夜泊（张继）　　　　　　　　　　　　·875·
- ⊙江　雪（柳宗元）　　　　　　　　　　　　·876·
- ⊙元　日（王安石）　　　　　　　　　　　　·876·
- ⊙登飞来峰（王安石）　　　　　　　　　　　·877·
- ⊙示　儿（陆游）　　　　　　　　　　　　　·877·
- ⊙题西林壁（苏轼）　　　　　　　　　　　　·878·
- ⊙春　宵（苏轼）　　　　　　　　　　　　　·878·
- ⊙春　日（朱熹）　　　　　　　　　　　　　·878·
- ⊙观书有感（朱熹）　　　　　　　　　　　　·879·
- ⊙过零丁洋（文天祥）　　　　　　　　　　　·879·
- ⊙游园不值（叶绍翁）　　　　　　　　　　　·880·
- ⊙山园小梅（其一）（林逋）　　　　　　　　·880·
- ⊙咏煤炭（于谦）　　　　　　　　　　　　　·880·
- ⊙北风行（刘基）　　　　　　　　　　　　　·881·
- ⊙明日歌（钱福）　　　　　　　　　　　　　·881·
- ⊙春　雁（王恭）　　　　　　　　　　　　　·881·
- ⊙就义诗（杨继盛）　　　　　　　　　　　　·882·
- ⊙己亥杂诗·九州生气恃风雷（龚自珍）　　　·882·
- ⊙狱中题壁（谭嗣同）　　　　　　　　　　　·883·
- ⊙竹　石（郑燮）　　　　　　　　　　　　　·883·
- ⊙满纸荒唐言（曹雪芹）　　　　　　　　　　·883·
- ⊙葬花吟（曹雪芹）　　　　　　　　　　　　·884·

词作鉴赏

- ⊙虞美人·春花秋月何时了（李煜）　　　　　·886·
- ⊙生查子·春山烟欲收（牛希济）　　　　　　·886·
- ⊙忆秦娥·箫声咽（李白）　　　　　　　　　·887·
- ⊙忆江南（白居易）　　　　　　　　　　　　·887·
- ⊙长相思·汴水流（白居易）　　　　　　　　·888·

- ⊙渔歌子（张志和） · 888 ·
- ⊙浪淘沙（刘禹锡） · 888 ·
- ⊙菩萨蛮·小山重叠金明灭（温庭筠） · 889 ·
- ⊙菩萨蛮·人人尽说江南好（韦庄） · 889 ·
- ⊙念奴娇·赤壁怀古（苏轼） · 890 ·
- ⊙水调歌头·明月几时有（苏轼） · 890 ·
- ⊙蝶恋花·春景（苏轼） · 891 ·
- ⊙江城子·乙卯正月二十日夜记梦（苏轼） · 891 ·
- ⊙桂枝香·金陵怀古（王安石） · 892 ·
- ⊙渔家傲·秋思（范仲淹） · 892 ·
- ⊙苏幕遮·碧云天（范仲淹） · 893 ·
- ⊙西江月·夜行黄沙道中（辛弃疾） · 893 ·
- ⊙破阵子·为陈同甫赋壮词以寄之（辛弃疾） · 894 ·
- ⊙望海潮·洛阳怀古（秦观） · 894 ·
- ⊙鹊桥仙·纤云弄巧（秦观） · 895 ·
- ⊙浣溪沙·漠漠轻寒上小楼（秦观） · 895 ·
- ⊙满江红·写怀（岳飞） · 895 ·
- ⊙诉衷情·当年万里觅封侯（陆游） · 896 ·
- ⊙卜算子·咏梅（陆游） · 896 ·
- ⊙钗头凤·红酥手（陆游） · 897 ·
- ⊙浪淘沙·把酒祝东风（欧阳修） · 897 ·
- ⊙采桑子·群芳过后西湖好（欧阳修） · 898 ·
- ⊙清平乐·春归何处（黄庭坚） · 898 ·
- ⊙相思令·吴山青（林逋） · 898 ·
- ⊙望海潮·东南形胜（柳永） · 899 ·
- ⊙雨霖铃·寒蝉凄切（柳永） · 899 ·
- ⊙八声甘州·对潇潇暮雨洒江天（柳永） · 900 ·
- ⊙定风波·自春来（柳永） · 901 ·
- ⊙蝶恋花·伫倚危楼风细细（柳永） · 901 ·
- ⊙武陵春·春晚（李清照） · 902 ·
- ⊙声声慢·寻寻觅觅（李清照） · 902 ·
- ⊙清平乐·金风细细（晏殊） · 903 ·
- ⊙浣溪沙·一曲新词酒一杯（晏殊） · 903 ·
- ⊙兰陵王·柳（周邦彦） · 903 ·
- ⊙卜算子·我住长江头（李之仪） · 904 ·
- ⊙临江仙·滚滚长江东逝水（杨慎） · 905 ·

- ⊙清平乐·朱颜渐老（白朴） ·905·
- ⊙浣溪沙·谁念西风独自凉（纳兰性德） ·906·
- ⊙长相思·山一程（纳兰性德） ·906·
- ⊙蝶恋花·满地霜华浓似雪（王国维） ·906·

曲作鉴赏

- ⊙天净沙·秋思（马志远） ·907·
- ⊙山坡羊·骊山怀古（张养浩） ·907·
- ⊙人月圆·伤心莫问前朝事（倪瓒） ·908·

二、散文、小说、戏曲作品鉴赏 ·908·

散文鉴赏

- ⊙《论语》十则 ·908·
- ⊙弈　秋（《孟子》） ·911·
- ⊙劝　学（节选）（《荀子》） ·912·
- ⊙包羲氏之王天下（《周易》） ·917·
- ⊙大　同（《礼记》） ·920·
- ⊙诚　意（《大学》） ·922·
- ⊙博　学（《中庸》） ·922·
- ⊙《老子》三章 ·923·
- ⊙逍遥游（《庄子》） ·925·
- ⊙公　输（《墨子》） ·929·
- ⊙谋　攻（《孙子》） ·932·
- ⊙郑人买履（《韩非子》） ·935·
- ⊙察　今（《吕氏春秋》） ·936·
- ⊙子鱼论战（《左传》） ·939·
- ⊙齐桓公伐楚（《左传》） ·941·
- ⊙邹忌讽齐王纳谏（《战国策》） ·943·
- ⊙召公谏厉王弭谤（《国语》） ·945·
- ⊙更　法（《商君书》） ·947·
- ⊙叶公好龙（《新序》） ·951·
- ⊙愚公移山（《列子》） ·952·
- ⊙汤　誓（《尚书》） ·954·
- ⊙鸿门宴（《史记》） ·956·
- ⊙订　鬼（《论衡》） ·961·
- ⊙出师表（诸葛亮） ·962·
- ⊙三　峡（《水经注》） ·966·
- ⊙白马寺（《洛阳伽蓝记》） ·968·

- ⊙兰亭集序（王羲之） ·969·
- ⊙桃花源记（陶渊明） ·970·
- ⊙情　采（《文心雕龙》） ·972·
- ⊙言　语（《史通》） ·977·
- ⊙儆　舟（刘禹锡） ·984·
- ⊙答李翊书（韩愈） ·987·
- ⊙钴鉧潭西小丘记（柳宗元） ·990·
- ⊙岳阳楼记（范仲淹） ·993·
- ⊙五代史伶官传序（欧阳修） ·995·
- ⊙醉翁亭记（欧阳修） ·998·
- ⊙伤仲永（王安石） ·1000·
- ⊙赤壁之战（《资治通鉴》） ·1002·

小说鉴赏

- ⊙东海孝妇（《搜神记》） ·1012·
- ⊙周处年少时（《世说新语》） ·1013·
- ⊙卓文君（《西京杂记》） ·1014·
- ⊙华歆王朗（节选）（《世说新语》） ·1015·
- ⊙李娃传（《太平广记》） ·1016·
- ⊙错斩崔宁（《京本通俗小说》） ·1023·
- ⊙杜十娘怒沉百宝箱（节选）（《警世通言》） ·1038·
- ⊙野猪林（《水浒传》） ·1044·
- ⊙黛玉葬花（《红楼梦》） ·1048·
- ⊙王玉辉劝女殉夫（《儒林外史》） ·1052·
- ⊙众才女等放榜心神忐忑（节选）（《镜花缘》） ·1055·
- ⊙侠　女（《聊斋志异》） ·1059·

戏曲鉴赏

- ⊙窦娥冤·错斩（关汉卿） ·1064·
- ⊙西厢记·长亭送别（王实甫） ·1066·
- ⊙南柯记·情著（汤显祖） ·1068·
- ⊙长生殿·惊变（洪昇） ·1072·
- ⊙桃花扇·却奁（孔尚任） ·1075·

第四章　中国教育 ·1078·
第一节　中国教育的主要形式 ·1078·
　　一、学校教育 ·1078·
　　二、家庭教育 ·1080·

第二节 中国教育的主要内容 ·1082·
一、教育思想 ·1082·
二、教材 ·1082·
三、教法 ·1083·
四、考核选拔制度 ·1087·
第三节 中国教育的主要特点 ·1089·
一、学校教育的封建性 ·1089·
二、"育人""选才"的合一性 ·1090·
三、教学内容的倾斜性 ·1090·
四、学校教育的多样性 ·1091·

第五章 中国科技 ·1092·
第一节 中国科技的主要成就 ·1092·
一、天文学 ·1092·
二、数学 ·1096·
三、医学 ·1099·
四、农学 ·1103·
五、四大发明 ·1106·
第二节 中国科技的主要特点 ·1107·
一、与中国社会历史的进程具有同步性 ·1107·
二、体系内容具有完整、多样的丰富性 ·1108·
三、功利目的具有务实性 ·1108·
四、科学形态具有"经验"性 ·1109·
五、历史具有延续持久性 ·1109·

主要参考文献 ·1111·

上

语言篇

总 论

　　语言是人类思维和思想交流的重要工具，文字是记录语言的书面符号系统，它们在人类生存发展的过程中非常重要，人们须臾也不能离开它们，犹如不能离开阳光和空气一样。世界的语言文字十分复杂，究竟有多少，众说不一。有的说有五六千种语言，有的说有两三千种语言；有的说有三千多种文字，有的说只有10%的语言有文字。世界的语言文字到底有多少，尚有待更深入的研究统计，这里不做讨论。

　　我国是一个多民族、多方言的国家，据《中国大百科全书》记载，现有语言60多种，文字40多种，其中汉语是我国的代表语言，汉字是我国的代表文字。汉语汉字，历来多为我国的官方语言文字，在国内外颇有影响。20世纪前，汉字仍是日本、朝鲜半岛、越南、琉球等国家和地区的官方书面规范文字，东亚诸国都在一定程度上自行创制汉字，形成了一个共同使用汉字的汉字文化圈。1945年，联合国把汉语列入通用语言。联合国规定，联合国的工作语言有汉语、英语、俄语、法语、西班牙语、阿拉伯语六种。如今，汉语言文字不仅是我们学习科技文化的基础，而且成为国家的战略资源，计算机、互联网、语言智能等高科技的研究开发，都离不开它们。随着改革开放，我国综合国力的日益增强，汉语言文字在国际上的地位不断提高，影响也越来越大，世界"孔子学院"盛行，掀起了新一轮的汉语热。

　　为了进一步提高大学生的汉语言文字水平，更好地为国家和世界服务，本书设置了语言篇，讲述了现代汉语和古代汉语。现代汉语设置了语音、词汇、语法、文字、修辞、逻辑、标点等章节，旨在通过这些内容的学习，能准确、鲜明、生动地表达自己的思想，并为写作打下坚实的基础。古代汉语设置了音韵、词汇、语法、文字等章节，旨在通过这些内容的学习，了解古代汉语和现代汉语的主要差异，能登堂入室，借助有关工具书，阅读古代汉语的一些文献，继往开来，创造出更辉煌的新文化。

　　语言是一门科学，只有不畏劳苦、孜孜不倦学习的人，才能到达科学的顶峰，领略到无限的风光。坚信经过认真、努力的学习后，一定会有新的收获！

第一章 语　音

第一节　语音概说

一、语音学是什么

语言是人类思维和思想交流的重要工具。说话的人用声音来表达自己的意思，听话的人从声音了解对方的意思。为了跟别的声音有所分别，我们管语言的声音叫语音。研究语音的科学叫语音学。从实用的观点说，语音学所说的是发音和听音的技术。

我们虽然不一定都学过语音学这门学问，可是我们每个人对自己语言的语音感觉都是非常敏锐的。有些音，外国人听起来差不多，可是我们都分得十分清楚。下面举例子来说明一下。

不同的字代表不同的事物。"椅子"是一件东西，"胰子"（肥皂）又是一件东西。"买布"是一回事，"卖布"又是一回事。"饱了"是一个意思，"跑了"又是一个意思。"对了"和"退了"意思全不一样。"衣服皱了"只要烫一下就行，"衣服旧了"最好另做新的。"太少了"是不够多，"太小了"是不够大。"椅：胰"，"买：卖"，这两对字的不同，是音调发音部位的不同。"饱：跑"，"对：退"，这两对字的不同，在于发音方法送气不送气。"皱：旧"，"少：小"，这两对字的不同在于发音部位舌头的位置不同。说"皱"字和"少"字的时候，舌头尖儿竖起来往后一卷，说"旧"字和"小"字的时候，舌头的前面平平地往上挪动。尽管我们不会说明舌头怎么动作的，不知道什么送气不送气，也不知道某一个字的调子高低升降的情形怎么样，我们对这些字音都分辨得十分清楚。

二、语音学的功用

我们大家虽然都有分辨语音的本事，但却说不清其原理，只知其然而不知其所以然。语音学就是告诉我们这个所以然的。对于熟悉的音，语音学可以提高我们的认识：原来是不自觉的，现在成为自觉的；原来是混合的，现在是清晰的。对于不熟悉的语音（别的方言的语音，外国语的语音），原来我们只好单纯地模仿，有一些语音学知识则可以帮助我们模仿得快一些。我们的语音学知识越丰富，学习新的语音越方便。我们对一个语音越熟悉,就越容易掌握那个音是怎么发的,发音器官是怎么动作的,这样就又增加了我们的语音知识。因此,我们对自己语言中熟悉的语音研究得越透彻,学习不熟悉的语音就越迅速。这是就发音和听音两方面说的。

从应用的角度来说,现在是信息时代,IT(信息资讯技术)产业的兴起也越来越需要语音学。据悉,世界上微软、英特尔和摩托罗拉三家公司都有语言学方面的研究中心或实验室,其中语音学是一个重要的部门。它们主要致力于语音识别和语音合成等方面的研究。摩托罗拉有一款手机有语音拨号的功能,比方张三的电话号码是87654321,先输入这个号码,然后对着手机说两遍"张三",以后再给张三打电话的时候,就不用拨号了,只要对着手机说"张三",手机就可以自动拨给张三了。比利时有一家著名的声讯公司叫L&H,他们有一套软件,我们姑且叫它语音输入软件。用的时候只要打开电脑,连接好相关设备,对着话筒说话,电脑屏幕上就会出现你所说的字、词或整个句子,省了手击键盘这道功夫。方便自然是方便了,但有时候不太灵光,L&H自称他们的识别率在85%以上,这已经是现阶段最好的结果了。问题出在现在这两家公司的产品所用的识别系统只听得懂普通话的语音,一带方言口音就不太灵了,但实际上带方言口音的人还不少呢。

近些年,我国在语音识别和语音合成的研究上发展迅猛,许多成果处于世界前沿,如讯飞自动翻译器,能翻译多种外语和多种方言。为了满足智能时代的需要还要靠语音学出更多的成果。

三、语音的性质

语音是语言的物质外壳。它同自然界其他声音一样,产生于物体的振动,具有物理属性;语音是由人的发音器官发出的,还具有生理属性;更重要的是,语音要表达一定的意义,什么样的语音形式表达什么样的意义,必须是使用该语言的全体社会成员约定俗成的,所以语音又具有社会属性。社会属性是语音的本质属性。

(一)语音的物理属性

音波是由物体振动而产生的,语音也不例外。发音体振动周围的空气或其他媒介物形成了音波。音波作用于人耳,刺激听觉神经,就使人产生对声音的感觉。声音有乐音和噪音之分:周期性出现重复波形的音波叫乐音,不是周期性出现重复波形的音波叫噪音。(如图1)语音同其他声音一样,具有音高、音强、音长、音色四种要素。

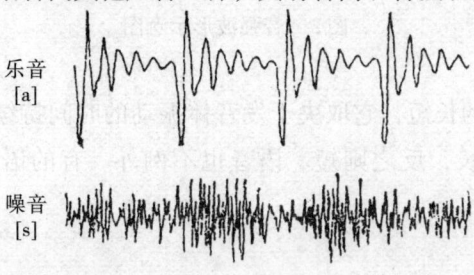

图1　音波波形示意图

1. 音高

音高指的是声音的高低，它取决于发音体振动的快慢。在一定时间内振动的快慢即指振动次数的多少，这叫作"频率"。在一定时间内振动快，次数多，频率就高，声音也就高，反之则低。如果在相同的时间内，A 音每秒振动 500 次，B 音每秒振动 300 次，那么 A 音肯定是比 B 音高的。（如图 2）

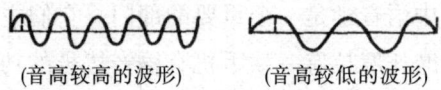

(音高较高的波形)　　(音高较低的波形)

图 2　音高波形示意图

（横线表相同的单位时间，曲线表振动次数）

物体发音的高低，一般地说，是和它的大小、粗细、厚薄、长短、松紧有关。大的、粗的、厚的、长的、松的物体振动慢，频率低，声音低；反之则高。例如，口琴的高音簧片短而薄，低音簧片厚而长；胡琴的高音弦细，低音弦粗。语音的高低跟声带的长短、厚薄、松紧有关。人的声带不会完全相同。一般地说，成年男人声带长而厚，所以声音低；成年女人声带短而薄，所以声音高。老人一般声音低，小孩声音高，也是同一道理。

汉语里有声调、语调的不同，主要是音高的不同变化决定的。

2. 音强

音强指的是声音的强弱，它与发音体振动幅度的大小有关。发音体振动的幅度叫作"振幅"。振幅大，声音就强；反之则弱。（如图 3）A、B 两音，B 音振幅比 A 音振幅大，B 音肯定比 A 音强。发音体振幅大小又取决于发音时用力的大小。例如，同一根胡琴的弦，长度不变，如果用力拉，声音就比较强，轻拉时声音就比较弱。语音的强弱是由发音时气流冲击声带力量的强弱来决定的。语言中的重音、轻音是由于音强不同所致。

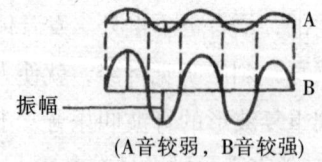

振幅

(A音较弱，B音较强)

图 3　音强波形示意图

3. 音长

音长指的是声音的长短，它取决于发音体振动的时间持续的久暂。发音体振动时间持续久，声音就长，反之则短。语音也不例外。有的语言用音的长短来区别意义。

4. 音色

音色又叫"音质"，指的是声音的特色。音色的差别主要取决于物体振动所形成的音波波纹的曲折形式。[i、e、ε、a、ɑ、ə、o、u] 的波形不同，所以音色也不同。（如图4）造成不同音色的条件主要有以下三种：

第一，发音体不同。例如，胡琴的声音和口琴不同，因为发音体一个是琴弦，一个是簧片。甲乙两人说同样一句话，我们可以听出不同，这是由于两人的声带等发音体不一样。

第二，发音方法不同。例如，同一把胡琴发音，用弓拉和用指弹，音色就不同。语音中塞音 g 和擦音 h 的音色不同是由于前者用爆发方法发音，后者用摩擦方法发音。

第三，发音时共鸣器形状不同。例如，把同一把音叉插到不同形状的共鸣匣上所形成的音，音色就不同。语音中元音 ɑ 和元音 i 的音色不同，主要是由于发 ɑ 时口腔共鸣器形状跟发 i 时不一样的缘故。

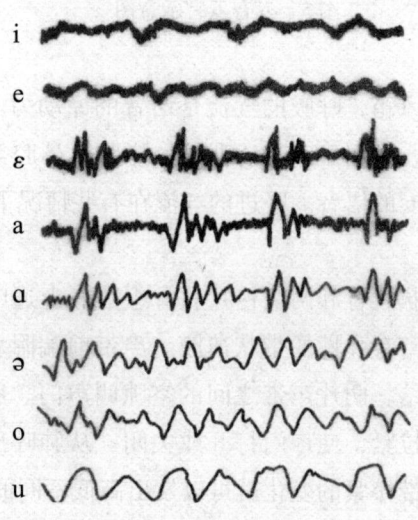

图4　8个标准元音波形图

任何声音都是音高、音强、音长、音色的统一体，语音也不例外。但是，在各种语言中，语音四要素被利用的情况并不完全相同。在任何语言中，音色无疑都是用来区别意义的最重要的要素，其他要素在不同语言中区别意义的作用却不尽相同。在汉语中，除音色外，音高的作用十分重要，声调主要是由音高构成的，声调能区别意义。音强和音长在语调和轻声里也起重要的作用。

语音的物理属性，如音高、音强、音长、音色等可用语音实验仪器（语图仪等）来进行观察分析。语音实验和语音学结合起来，就成为一门边缘学科——实验语音学，它可以弥补传统语音学光凭听觉、视觉器官分析语音的不足。语图仪等仪器可以把语音变成可见的图像。

（二）语音的生理属性

语音是由人的发音器官发出来的，发音器官及其活动决定语音的区别。人的发

音器官可以分为三大部分。(见图5)

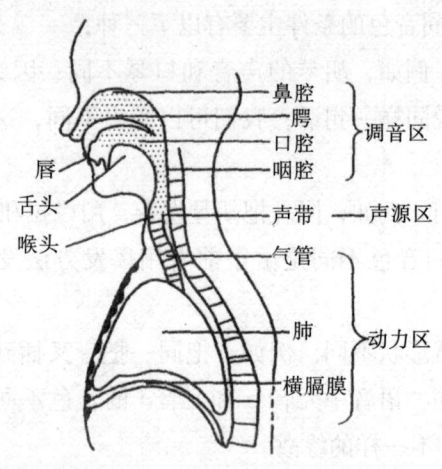

图5 发音器官示意图

1. 肺和气管

肺是呼吸气流的活动风箱，呼吸的气流是语音的原动力。肺部呼出的气流，通过支气管、气管到达喉头，作用于声带、咽腔、口腔、鼻腔等发音器官，经过这些发音器官的调节，发出不同的语音。吸进的气流在有些情况下也起一定的语音作用。

2. 喉头和声带

喉头由甲状软骨、环状软骨和两块杓状软骨组成，上通咽腔，下连气管。声带位于喉头的中间，是两片富有弹性的带状薄膜。声带前端附着在甲状软骨上，后端分别跟两块杓状软骨相联结。两片声带之间的空隙叫声门。肌肉收缩，杓状软骨活动起来，可使声带放松或拉紧，使声门打开或关闭。从肺呼出的气流通过声门使声带振动发出声音，控制声带松紧的变化就可以发出高低不同的声音来。(见图6)

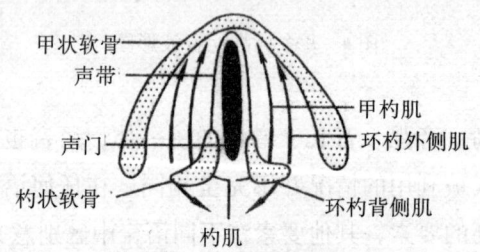

喉头声带声门及喉肌横切面图

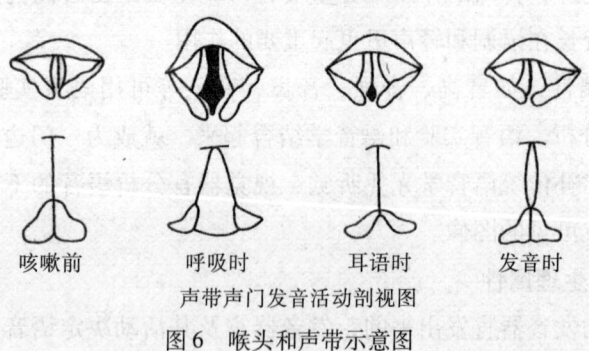

声带声门发音活动剖视图

图6 喉头和声带示意图

3. 口腔、鼻腔和咽腔

从前往后看，口腔上部可分上唇、上齿、上齿龈、硬腭、软腭和小舌六个部位，口腔下部可分下唇、下齿和舌头三大部分。舌头又可分舌尖、舌叶、舌面三部分，舌面又分为前、中、后三部分，舌面后习惯称舌根。口腔后面是咽腔，咽头上通口腔、鼻腔，下接喉头。鼻腔和口腔靠软腭和小舌隔开。软腭和小舌上升时鼻腔闭塞，口腔畅通，这时发出的音在口腔中共鸣，叫作口音。软腭和小舌下垂，口腔成阻，气流只能从鼻腔呼出，这时发出的音主要在鼻腔中共鸣，叫作鼻音。如果口腔无阻碍，气流同时从鼻腔和口腔呼出，发出的音在口腔和鼻腔共鸣，就叫作鼻化音（也叫半鼻音或口鼻音）。(见图7)

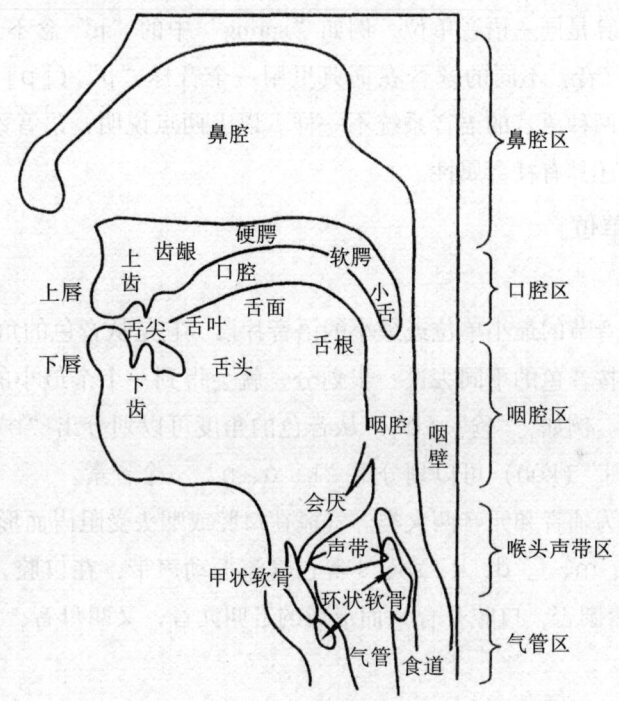

图7 发音器官纵切面示意图

（三）语音的社会属性

语言是一种社会现象，作为语言的物质外壳语音，也是一种社会现象。这可从语音表示意义的社会性看出来。同样一个意义，比如"书"，在不同的语言或方言中就用不同的语音来表示。在英语中是 book，在俄语中是 книга，在日语中是 ほん（本），在现代汉语普通话中是 [˨su]，广州话是 [˨ʃi]，福州话是 [˨tʃy]。就是说用什么声音跟表示什么意义没有必然的联系，而是随着社会不同而不同，由全体社会成员约定俗成的。

语言的各种意义靠语音表达出来。语音和意义之间并无必然的联系，它们的关系只要得到社会公认就行了。同样的语音形式可以用来表示不同的意义，如 bié 这个音节在"别去、区别、别离、别针"等词语中所表示的意义各不相同。同样一个意义又可以有多种语音形式,如"头"(tóu)和"脑袋"(nǎodai)是同一事物的两个不同的名称。如果有人不顾社会的约定俗成,擅自改动词语的语音形式或任意赋予某一语音形式以不同的内容(意义),那么别人就听不懂他的话,也就无法达到同别人交际的目的。

语音的社会属性还表现在语音的系统性上。各种语言或方言都有自己的语音系统,从物理和生理属性的角度看在甲语言中是不同的音,在乙语言中可能认为是相同的音,例如汉语塞音中的不送气塞音(b)与送气塞音(p)分属两个不同的语音单位,"ba"(爸)中的"b"与"pa"(怕)中的"p"不同。英语塞音中的不送气音和送气音却算是同一语音单位,例如"spring"中的"p"念不送气音,"pen"里的"p"念送气音,不同的塞音在词典里用一个音标"p"([p])表示。仅此一点,就可以看出两种语言的语音系统不一样。以上两点说明,语音不仅具有物理属性和生理属性,还具有社会属性。

四、语音单位

(一)音素

音素是构成音节的最小单位或最小的语音片段。它是从音色的角度划分出来的。一个音节,如果按音色的不同去进一步划分,就会得到一个个最小的各有特色的单位,这就是音素。例如,"爸"(bà)从音色的角度可以划分出"b"和"a"两个不同的音素。"刊"(kān)可以划分出"k、a、n"三个音素。

音素可以分为辅音和元音两大类。气流在口腔或咽头受阻碍而形成的音叫辅音,又叫子音,如b、m、f、d、k、zh、s等;气流振动声带,在口腔、咽头不受阻碍(但受节制,如唇圆否,口腔开合)而形成的音叫元音,又叫母音,如a、o、e、i、u等。

辅音和元音的主要区别有以下四点:

1. 发辅音时,气流通过咽头、口腔一般要受到某部位的阻碍;发元音时,气流通过咽头、口腔不受阻碍。这是元音和辅音最主要的区别。

2. 发辅音时,发音器官成阻的部位特别紧张;发元音时,发音器官各部位保持均衡的紧张状态。

3. 发辅音时,气流较强;发元音时,气流较弱。

4. 发辅音时,声带不一定振动,声音一般不响亮;发元音时,声带振动,声音比辅音响亮。

(二)音节

音节是语音结构的基本单位,也是自然感到的最小的语音片段。每发一个音节时,发音器官的肌肉,特别是喉部的肌肉都明显地紧张一下。每一次肌肉的紧张度增而复减,就形成一个音节。一个音节可以是一个音素,也可以由几个音素合成。

例如"西安是一个美丽的古城"（xī ān shì yí gè měi lì de gǔ chéng），发音器官紧张10次，是10个音节，写下来是10个汉字。一般说来，一个汉字表示一个音节，例外不多。"花儿"（huār）是用两个汉字代表一个音节，这种情况出现在儿化音节里。过去曾用"瓩"表示qiānwǎ两个音节，"浬"表示hǎilǐ两个音节，现在规范的写法是"千瓦""海里"。

（三）声母、韵母、声调

按照汉语音韵学传统的分析方法，把一个音节（字音）分析成声母和韵母两部分，再就是一个贯通整个音节的声调。

1. 声母

音节中位于元音前头那部分，大多是音节开头的辅音。如，在"hǎo"（好）这个音节里，辅音h就是它的声母。有的音节不以辅音开头，元音前头那部分是零，习惯上叫作"零声母"。例如"ài"（爱）开头没有辅音，就算是零声母音节。声母和辅音不是一个概念。虽然声母由辅音充当，但有的辅音不做声母，只做韵尾，如"guāng"（光）中的ng [ŋ]。辅音n既可做声母，也可做韵尾，如"nán"（南）中的两个辅音n，在音节开头的是声母，在音节末尾的是韵尾。

2. 韵母

指音节中声母后面的部分。例如在"hǎi"（海）这个音节里，"ai"就是它的韵母。零声母音节，例如"ōu"（欧），它的韵母就是"ou"。

韵母和元音不相等。韵母有的由单元音或复元音构成，如"tā（他）、xiā（瞎）、guài（怪）"中的"a、ia、uai"；有的由元音带辅音构成，如"gān（甘）、gēng（耕）、guān（关）"中的"an、eng、uan"。

3. 声调

指的是音节中具有区别意义作用的音高变化。例如"dǐ"（底）读起来音高先降低然后再升上去，这种先降后升的音高变化形式就是音节"dǐ"（底）的声调。

（四）音位

音位是一个语音系统中能够区别意义的最小语音单位，也就是按语音的辨义作用归纳出的音类。在一种语言或方言里，人们可以发出的音很多，其中有的可以区别意义，有的不能。例如，北京话里的"文"，有人念"wén"，有人念"υén"，北京人听了都一样，其中"w"和"υ"的读音差别没有造成意义的不同，所以，这两个音在北京话里就可以归纳到一个音位中，写成：

$$/w/ = \begin{cases} w \\ υ \end{cases}$$

然而，d和t的情况就不同了，如果把"dǎn"（胆）念成"tǎn"（坦），意思就变了，所以"d"和"t"在北京话里可以区别意义，应该归纳为/d/和/t/两个音位。北京话里的a、o、e、b、p、m、f……都是这样归纳出来的语音单位，实际上它们每一个单位又都各成一类，就是一个音位。

五、记音符号

为了给汉字注音,人们采用过多种记音方法,主要有下面几大类。

(一)汉字记音

从前流行过直音法和反切法两种方法。直音法是用一个汉字给另一个汉字注音,如"厶,音司"。反切法用两个汉字给另一个汉字注音,比如"鲁,郎古切","郎"是反切上字,与被注音字"鲁"的声母相同,"古"是反切下字,与被注音字"鲁"的韵母和声调相同。

(二)注音字母

"注音字母"创制于五四运动前后,后来改称注音符号。它在给汉字注音和推广"国语"方面起过很好的作用。(参看《汉语拼音方案》声母、韵母表)

(三)拼音法

用拼音字母来给汉字注音和记录汉语。唐宋学者参照梵文为汉语创制的、用汉字标音的"三十六字母"应是汉语拼音法的萌芽。之后有威妥玛式方案、国语罗马字拼音法式(简称"国罗")、北方话拉丁化新文字(简称"北拉")和《汉语拼音方案》(下面将专门介绍)等。

此外还有用国际音标来记录语音的,见表1。

表1 国际音标简表

发音方法			发音部位									
			双唇(上唇、下唇)	唇齿(上齿、下唇)	舌尖前(舌尖、齿背)	舌尖中(舌尖、上齿龈)	舌尖后(舌尖、硬腭前)	舌叶	舌面前(舌面前、硬腭)	舌面中(舌面中、硬腭)	舌面后(舌面后、软腭)	喉
辅音	塞音	清 不送气	p			t				c	k	ʔ
		清 送气	p'			t'				c'	k'	
		浊	b			d					g	
	塞擦音	清 不送气		pf	ts		tʂ	tʃ	tɕ			
		清 送气		pf'	ts'		tʂ'	tʃ'	tɕ'			
		浊			dz		dʐ	dʒ	dʑ			
	鼻音	浊	m	ɱ		n			ȵ		ŋ	
	闪音	浊				ɾ						
	边音	浊				l						
	擦音	清	ɸ	f	s		ʂ	ʃ	ç		x	h
		浊	β	v	z		ʐ	ʒ	ʑ		ɣ	ɦ
	半元音	浊	w	ɥ	ʋ				j(ɥ)		(w)	

续表

舌位	口腔	舌唇形	舌尖元音 前 不圆	舌尖元音 前 圆	舌尖元音 央 自然	舌尖元音 后 不圆	舌尖元音 后 圆	舌面元音 前 不圆	舌面元音 前 圆	舌面元音 央 不圆	舌面元音 央 自然	舌面元音 央 圆	舌面元音 后 不圆	舌面元音 后 圆
元音 高	最高	闭	ɿ	ʮ		ʅ	ʯ	i	y				ɯ	u
元音 高	次高							ɪ						ɷ
元音 中	高中	半闭						e	ø				ɤ	o
元音 中	正中				ɚ						ə			
元音 中	低中	半开						ɛ	œ				ʌ	ɔ
元音 低	次低							æ			ɐ			
元音 低	最低	开						a			A		ɑ	ɒ

第二节 《汉语拼音方案》介绍

一、《汉语拼音方案》的创制

我国幅员辽阔，方言众多，计其大者，有十大方言：官话、晋语、吴语、徽语、湘语、赣语、闽语、粤语、客家话、平话。这是人们使用语言进行交际的一大障碍。为了加速社会主义建设，我们需要一种全国性的共同语言。语言的分歧集中表现在语法、词汇、语音三个方面，而语音的分歧是最大的。语言的隔阂，主要反映在不同的语音上，所以，要统一语言，首先要统一语音。

在十大方言中，北方话的使用范围最广，它分布在从黑龙江到云南、从长江口到新疆的广阔地带，占汉语分布区域的四分之三以上，使用人口占中华民族的大多数。明清以来，就形成了号称"官话"的社会交际工具。1955年10月，中央有关部门召开全国文字改革会议和现代汉语规范化问题的学术会议，明确规定了现代汉语的规范，指出汉民族共同语已经形成，那就是以北京语音为标准音、以北方话为基础方言、以典范的现代白话文著作为语法规范的普通话。为了推广普通话，1956年2月，中国文字改革委员会拟出《汉语拼音方案》草案，10月，国务院设立汉语拼音方案审订委员会，进行审议工作，经过一年多的反复讨论和磋商，于1957年10月提出修正草案，经政协常务委员会的扩大会议讨论，10月1日，在国务院全体会议第六十次会议上通过，并提交全国人民代表大会批准，1958年2月11日，第一届全国人民代表大会第五次会议正式批准公布，见下。

汉语拼音方案

（一）字母表

字母：	Aa	Bb	Cc	Dd	Ee	Ff	Gg
名称：	ㄚ	ㄅㄝ	ㄘㄝ	ㄉㄝ	ㄜ	ㄝㄈ	ㄍㄝ
	Hh	Ii	Jj	Kk	Ll	Mm	Nn
	ㄏㄚ	ㄧ	ㄐㄧㄝ	ㄎㄝ	ㄝㄌ	ㄝㄇ	ㄋㄝ
	Oo	Pp	Qq	Rr	Ss	Tt	
	ㄛ	ㄆㄝ	ㄑㄧㄡ	ㄚㄦ	ㄝㄙ	ㄊㄝ	
	Uu	Vv	Ww	Xx	Yy	Zz	
	ㄨ	ㄪㄝ	ㄨㄚ	ㄒㄧ	ㄧㄚ	ㄗㄝ	

V 只用来拼写外来语、少数民族语言和方言。字母的手写体依照拉丁字母的一般书写习惯。

（二）声母表

b	p	m	f		d	t	n	l
ㄅ玻	ㄆ坡	ㄇ摸	ㄈ佛		ㄉ得	ㄊ特	ㄋ讷	ㄌ勒
g	k	h			j	q	x	
ㄍ哥	ㄎ科	ㄏ喝			ㄐ基	ㄑ欺	ㄒ希	
zh	ch	sh	r		z	c	s	
ㄓ知	ㄔ蚩	ㄕ诗	ㄖ日		ㄗ资	ㄘ雌	ㄙ思	

在给汉字注音的时候，为了使拼式简短，zh ch sh 可以省作 ẑ ĉ ŝ。

（三）韵母表

	i	u	ü
	ㄧ衣	ㄨ乌	ㄩ迂
a	ia	ua	
ㄚ啊	ㄧㄚ呀	ㄨㄚ蛙	
o		uo	
ㄛ喔		ㄨㄛ窝	
e	ie		üe
ㄜ鹅	ㄧㄝ耶		ㄩㄝ约

续表

ai ㄞ哀		uai ㄨㄞ歪	
ei ㄟ欸		uei ㄨㄟ威	
ao ㄠ熬	iao ㄧㄠ腰		
ou ㄡ欧	iou ㄧㄡ忧		
an ㄢ安	ian ㄧㄢ烟	uan ㄨㄢ弯	üan ㄩㄢ冤
en ㄣ恩	in ㄧㄣ因	uen ㄨㄣ温	ün ㄩㄣ晕
ang ㄤ昂	iang ㄧㄤ央	uang ㄨㄤ汪	
eng ㄥ亨的韵母	ing ㄧㄥ英	ueng ㄨㄥ翁	
ong （ㄨㄥ）轰的韵母	iong ㄩㄥ雍		

（1）"知、蚩、诗、日、资、雌、思"等七个音节的韵母用i，即：知、蚩、诗、日、资、雌、思等字拼作 zhi，chi，shi，ri，zi，ci，si。

（2）韵母儿写成er，用作韵尾的时候写成r。例如："儿童"拼作 értóng，"花儿"拼作 huār。

（3）韵母ㄝ单用的时候写成ê。

（4）i行的韵母，前面没有声母的时候，写成 yi（衣），ya（呀），ye（耶），yao（腰），you（忧），yan（烟），yin（因），yang（央），ying（英），yong（雍）。

u行的韵母，前面没有声母的时候，写成 wu（乌），wa（蛙），wo（窝），wai（歪），wei（威），wan（弯），wen（温），wang（汪），weng（翁）。

ü行的韵母，前面没有声母的时候，写成 yu（迂），yue（约），yuan（冤），yun（晕），ü上两点省略。

ü 行的韵母跟声母 j，q，x 拼的时候，写成 ju（居），qu（区），xu（虚），ü 上两点也省略；但是跟声母 n，l 拼的时候，仍然写成 nü（女），lü（吕）。

（5）iou，uei，uen 前面加声母的时候，写成 iu，ui，un。例如 niu（牛），gui（归），lun（论）。

（6）在给汉字注音的时候，为了使拼式简短，ng 可以省作 ŋ。

（四）声调符号

    阴平 阳平 上声 去声
     -    ˊ   ˇ   ˋ

声调符号标在音节的主要母音上，轻声不标。例如：

    妈 mā 麻 má 马 mǎ 骂 mà 吗 ma
    （阴平） （阳平） （上声） （去声） （轻声）

（五）隔音符号

a，o，e 开头的音节连接在其他音节后面的时候，如果音节的界限发生混淆，用隔音符号（'）隔开，例如 pi'ao（皮袄）。

二、《汉语拼音方案》说明

《汉语拼音方案》包括五部分内容：（一）字母表；（二）声母表；（三）韵母表和六条说明；（四）音调符号；（五）隔音符号。

以下，依据《汉语拼音方案》，结合普通话的具体情况，做一些简要浅显的说明，希望能有助于普通话的学习和推广。

（一）声母

声母，是由辅音或叫子音充当的，《汉语拼音方案》的声母共 21 个：

b	p	m	f		d	t	n	l
玻	坡	摸	佛		得	特	讷	勒
g	k	h			j	q	x	
哥	科	喝			基	欺	希	
zh	ch	sh	r		z	c	s	
知	蚩	诗	日		资	雌	思	

21 个声母的区别在于：

1. 发音部位

双唇音：上唇接触下唇，如 b、p、m。

唇齿音：上齿接触下唇，如 f。

舌尖中音：舌尖抵住上门齿龈，如 d、t、n、l。

舌尖前音：舌尖平伸接触上门齿背，如 z、c、s。

舌尖后音：舌尖后缩，卷起，接触硬腭，如 zh、ch、sh、r。

舌面音：舌面接触硬腭，舌尖接触上门齿龈，如 j、q、x。
舌根音：舌根接触软腭，如 g、k、h。

2. 发音方法

塞音：发音器官阻塞气流，然后突然开放，爆发成声，如 b、p、d、t、g、k。
擦音：气流从发音器官形成的缝隙中流出，摩擦成声，如 f、s、sh、r、x、h。
塞擦音：发音器官先阻后开，放出气流，摩擦成声，如 z、c、zh、ch、j、q。
鼻音：软腭下降，挡住口腔通路，气流从鼻腔流出，如 m、n。
边音：舌尖翘起，抵住硬腭，气流从舌的两边流出，如 l。
送气：发音时送出一股较强的气流，如 p、t、k、c、ch、q。
不送气：发音时气流微弱，没有明显的送气，如 b、d、g、z、zh、j。
声带颤动：发音时声带颤动，如 m、n、l、r，这种声音叫作浊音。
声带不颤动：发音时声带不颤动，如 b、p、d、t、g、k 等都是，这种声音叫作清音。

参看表 2。

表 2　声母发音部位和发音方法分类表

发音方法			发音部位					
			双唇音	唇齿音	舌尖音	舌尖前音	舌尖后音	舌面音	舌根音
塞音	清	不送气	b		d				g
		送气	p		t				k
塞擦音	清	不送气				z	zh	j	
		送气				c	ch	q	
擦音	清			f		s	sh	x	h
	浊						r		
鼻音	浊		m		n				
边音	浊				l				

附注：送气不送气是塞音、塞擦音中的问题，它是重要的辨音因素。例如 b、p，只有送气与不送气的区别，其他发音部位、发音方法都一样，如果不分送气不送气，两者就很难区别。

（二）韵母

韵母，除鼻韵尾 n、ng 外，都是由元音或叫母音充当或合成的，《汉语拼音方案》的韵母共 38 个。

1. 单韵母

由一个元音单独做韵母的叫单韵母。《汉语拼音方案》的单韵母共 9 个：

　　　　　　a　o　e　ê

　　　　　　啊　喔　鹅　欸

　　　　　　　i　　u　　ü

　　　　　　衣　　乌　　迂

　　　　　　-i　　　　　er

　　　("资""知"的韵母)　儿

单韵母的发音和声母不同,它是由口的开合,唇的圆扁,舌位的前、后、高、低决定的,发音时声带一律颤动。

ɑ：舌面央音,口开,舌下降。

o：舌面后音,口半闭,舌半升,唇圆。

e：舌面后音,口半闭,舌半升,唇不圆。

ê：舌面前音,口半开,舌半降,唇不圆。

i：舌面前音,口闭,舌上升,唇不圆。

u：舌面后音,口闭,舌上升,唇圆。

ü：舌面前音,口闭,舌上升,唇圆。

-i：舌尖前、后音,口闭,舌上升,唇不圆。

er：卷舌央音,口中开,舌居中。

参看表3。

表3　单韵母发音表

类别 舌位升降、 口形开闭	舌面元音				舌尖元音		卷舌元音
	前		央	后	前	后	央
	不圆	圆	不圆	圆			
上升(闭)	i	ü		u	-i	-i	
半升(半闭)			e	o			
中							er
半降(半开)	ê						
下降(开)			ɑ				

附注：(1) ɑ、o、e、ê舌位的上下前后都是近似位置,在实际语言中,略有变化：ɑ,单念或与b、m等声母拼合时,位置同表列相当,在ai、an等复合韵母里,位置靠前,在ao、ang等复合韵母里,位置靠后；o,比表列位置稍低；e,自成音节或与一般声母拼合时,位置同表列相当,读轻声时,靠前,在复合韵母ei里,则靠前靠下；ê,实际上位置稍高。

(2) 舌尖元音中的前-i,是"资"的韵母,后-i是"知"的韵母。-i和er一般叫特殊韵母。

2. 复韵母

由两个或三个元音合成的韵母叫复韵母,《汉语拼音方案》的复韵母共13个：

ai	ei	ao	ou
哀	欸	熬	欧
ia	ie	iao	iou (iu)
呀	耶	腰	忧
ua	uo	uai	uei (ui)
蛙	窝	歪	威
üe			
约			

复韵母的发音，不是读了前一个元音，再读后一个元音，而是由前边的元音滑到后边的元音。比如 ai，是由 a 滑到 i；iou，是由 i 滑到 o，再由 o 滑到 u。无论两个元音还是三个元音，都读成一个整体。

ie、üe 后边的 e 是 ê，它上边的"^"省写，因为 e 不出现在 i、ü 的后边，省写不会与 e 混淆。

iou 与 uei 是自成音节的形式，iu 与 ui 是前边加声母的形式，详见下面的（三）拼音部分。

3. 鼻韵母

由一个或两个元音再带上一个鼻辅音 n 或 ng 合成的韵母叫鼻韵母，《汉语拼音方案》的鼻韵母共 16 个。

an	en	ang	eng
安	恩	昂	亨的韵母
ong			
轰的韵母			
ian	in	iang	ing	iong
烟	因	央	英	雍
uan	uen (un)	uang	ueng	
弯	温	汪	翁	
üan	ün			
冤	晕			

鼻韵母的发音和复韵母的发音一样，也是从前边的音素滑到后边的音素（语音中最小的单位，元音、辅音在音节里都叫音素），不同的是收尾时气流从鼻腔中出来，比如 an，是由 a 滑到 n；iang，是由 i 滑到 a，再由 a 滑到 ng。无论两个音素，还是三个音素，都读成一个整体。

n、ng 是两个鼻尾音，n 的发音部位在前，叫前鼻音；ng 的发音部位在后，叫后鼻音。ng 的声音重于 n，发音时声带都颤动。

uen 是自成音节的形式，un 是前边加声母的形式，详见下面的（三）拼音部分。

值得注意的是：注音字母的ㄨㄥ，拼音方案分作 ueng 和 ong，ueng 单独做音节，ong 用作韵母。注音字母的ㄩㄥ，拼音方案作 iong，不作 üng。

（三）拼音

普通话的音节，有些只有一个韵母。38个韵母中，除了-i、eng、ong 几个以外，都能自成音节。韵母自成音节，没有声母，叫零声母。但普通话四百多个不带声调的音节中，大部分是由一个声母和一个韵母拼合而成的。声母和韵母拼合为一个音节，就叫拼音。

声母有本音和呼读音的问题，比如，b 的呼读音为 bo，d 的呼读音为 de，后边都带着个元音，去掉后边的元音，就是它们的本音。拼音时，声母用本音，不用呼读音，否则，不但不利索，不干脆，而且会发生错误，例如"夫"，是声母 f 和韵母 u 相拼，若用呼读音 fo 与 u 相拼，就成了"否"（fou）啦。此外，读声母要轻而短，读韵母要重而长。除了 n、l 等几个浊音声母外，其余的几乎像只做一个口腔姿势，紧跟着就读后边的韵母，声韵紧紧相连，读成一个整体。如果写成口诀，那就是"声母短轻韵长重，两音相连猛一碰"。

拼音有所谓两拼法和三拼法，上文所说即两拼法，三拼法指声、介、韵相拼（韵母 i、u、ü 又叫介母）。《汉语拼音方案》既然不提介母，将介母 i、u、ü 分别与其他元音、鼻辅音合成复韵母、鼻韵母，那么，似乎就该采用两拼法。况且，两拼法固然要多学几个韵母，但拼起音来，却是一触而成，应该说是一劳永逸的办法。

拼音时，需要注意的问题有：

1. 资、雌、思与知、蚩、诗、日的韵母不同，前者是舌尖前音，后者是舌尖后音，但形式都是-i，拼音时，前边的短横不写，省作 i。

2. 韵母 ê 是单用时的写法，拼音时它上边的"^"一律省去，因为所有声母都不和它相拼，它只和 i、ü 两韵母合成复韵母 ie、üe，而韵母 e 却不与 i、ü 结合，所以省写不会与 e 相混。

3. ü 行的韵母 ü、üe、üan、ün 和声母 j、q、x 相拼的时候，ü 上边的两点省去；但是和声母 n、l 相拼的时候，上边的两点却不能省。这是因为，韵母 u 不和 j、q、x 相拼，却和 n、l 相拼，前者省去不会混淆，后者省去就混淆不清了。例如：

　　nü（女）　　nu（奴）　　lü（驴）　　lu（炉）

4. 韵母 iou、uei、uen 和声母相拼的时候，写成 iu、ui、un，例如：niu（牛）、gui（归）、lun（伦），因为它们和声母拼合时，中间的元音 o、e 弱化，省去不仅简便，而且更接近实际发音。

5. 在给汉字注音的时候，为了使拼式简短，ng 可以省作ŋ。

6. 韵母 o 只和 b、p、m、f 相拼，韵母 e 除"么"（me）外，不和 b、p、m、f 相拼。

7. 注音字母的ㄨㄥ，拼音方案分作 ueng 和 ong，ueng 单独做音节，不和任何声母拼合，ong 则相反，它和声母拼合，却不单独做音节。

8. 注音字母的ㄩㄥ，拼音方案作 iong，学过注音字母的人要特别注意，不要把 iong 写成 üng。

（四）隔音字母 y、w 和隔音符号

《汉语拼音方案》规定了 y、w 和隔音符号（'）的使用，其目的主要在于隔音。如果不使用隔音字母 y、w 和隔音符号，音节和音节的界限，有时就会含混不清。例如：

  zhui（追）   zhuyi（注意）
  qiuan（球案）   qiwan（七万）
  piao（漂）   pi'ao（皮袄）
  xian（先）   Xi'an（西安）

隔音字母 y、w 和隔音符号的用法：它们都是用在元音单独做音节或头母为元音（即零声母）的音节前面，不过彼此有分工，具体情况如下：

隔音字母 y、w 用在 i、u、ü 单独做音节或以其做头母的音节前面。y、w 的呼读音是 ia（呀）与 ua（哇），其本音 y 同于 i，w 同于 u，与 ü 音近，所以 y 用在 i、ü 单独做音节或以其为头母的音节前，w 用在 u 单独做音节或以其为头母的音节前。使用 y、w 时，有的在 i、u、ü 的前面加 y 或 w，有的将 i、u、ü 换作 y 或 w。例子如下。

加 y 或 w 的：

  i — yi   in — yin   ing — ying
  ü — yu   ün — yun   üan — yuan
  u — wu

换作 y 或 w 的：

  ia — ya   ian — yan   iang — yang
  ua — wa   uai — wai   uen — wen

从以上情况可以看出：①韵母 ü 无论单独做音节，还是以其做头母的音节，一律加 y，否则就与 i 做头母的音节相混，例如 üan（冤），不加而直接换，就成了 yan（烟）了。②i 或 u 单独做音节，或只有一个 i 或 u，后边没有其他元音的鼻韵母，必须加 y 或 w，不然就没有元音，不成音节了。③i 或 u 做头母，后边还有其他元音的音节，就一律换成 y 或 w，y 与 w 的读音既然分别同于 i 与 u，换了 y 或 w，音节的读音不会改变，而拼式就简短了。

ü 行韵母加 y 以后，ü 上的两点省去，因为韵母 u 不出现在韵母 i 的后边，u 的前边不加 y，而是加 w，所以省去两点也不会与 u 相混。

隔音符号（'）用在 a、o、e 单独做音节，或以 a、o、e 做头母的音节前面。但必须是这种音节连在其他音节的后边，音节间容易发生混淆时才用，否则不用。书写时放在两个音节的中间偏上。例如：

  fang'an（方案）   ji'ang（激昂）
  zui'e（罪恶）   mu'ou（木偶）

（五）声调

音分声调，这是汉语的一大特点。所谓声调，是指音节发音时音高升降的变化。

这种变化，是由声带松紧决定的。声带紧，声调就高；声带松，声调就低；声带由紧而松，声调就由高而低；声带由松而紧，声调就由低而高。其余依此类推。

声调是一个音节不可缺少的组成部分，它有区别意义的功能，例如，通知和同志、语言和预演、誓师和时事，声韵母都相同，但由于声调不同，就代表了不同的意义。

普通话的声调有四个，叫四声，即阴平、阳平、上（音赏）声、去声，简称阴、阳、上（赏）、去，调号分别为－、ˊ、ˇ、ˋ，它们的调值如图8所示：

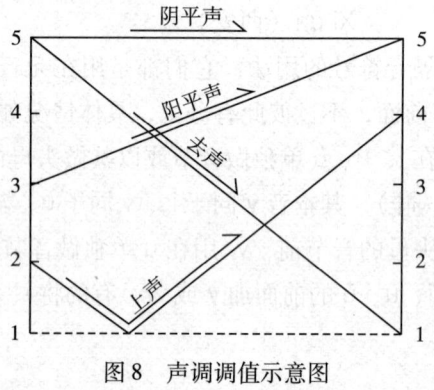

图8 声调调值示意图

上图是四声的示意。竖线分为1、2、3、4、5度，表示发音的高低，1最低，依次而上，5最高。中间的斜、折线表示发音过程：阴平声5→5，高而平，叫高平调；阳平声3→5，由中间上升，叫中升调；上声2→1→4，先降后升，叫降升调；去声5→1，由最高降到最低，叫高降调。调号－、ˊ、ˇ、ˋ，不是随意规定的，它正好描绘了四个声调音高升降的变化情况。详见表4。

表4 声调表

种类	名称	简称	又名	符号	例子
1	阴平	阴	高平调	－	妈（mā）
2	阳平	阳	中升调	ˊ	麻（má）
3	上声	上	降升调	ˇ	马（mǎ）
4	去声	去	高降调	ˋ	骂（mà）

调号的标写是有一定位置的。音节的声调，主要表现在韵母上，与声母的关系不大。我们的先辈早就发现这一点，唐宋以来的反切，上下两字，由下一字定调，就是这个道理。所以调号必然标在韵母上。韵母主要是由元音构成的，如果韵母只有一个元音，自然就标在那个元音上；如果是复韵母，则必须标在最响亮的那个元音上。普通话的主要元音有七个，即 a、ê、o、e、i、u、ü。这七个元音是按开、齐、合、撮的次序排列的。a、ê、o、e 为开，称开口呼；i 为齐，称齐齿呼；u 为合，称合口呼；ü 为撮，称撮口呼。从开到撮，一个不如一个响亮。单就开口呼来说，从 a 到 e，也是一个不如一个响亮。所以复韵母标调时，有 a 不标 e，有 e 不标 i，有 i 不标 ü。例如：jiāo（交）标在 a 上，tóu（投）标在 o 上，pěi（丕）标

在 e 上，yuè（月）标在 ê 上。

但是，如果韵母是 iu 或 ui 时，则一律标在后一个元音上。ui 中的 i 比 u 响亮，标在 i 上，符合上面的原则；iu 中的 u，不及 i 响亮，为什么标在 u 上呢？这是因为 iu、ui 是 iou、uei 的简写形式，u 代表 ou，i 代表 ei，ou 比 i 响亮，ei 比 u 响亮，因此调号标在 u 或 i 上，仍然是符合上面的原则的。那么，un 是 uen 的简写形式，n 代表 en，为什么不标在 n 上呢？要知道 n 是鼻韵尾，是个辅音，辅音没资格表示声调，所以必须标在 u 上。这是 iou、uei、uen 做韵母简写时标调的特殊情况。

文字的原则之一是力求简化，因此，调号标在 i 上时，i 上的点省去。

（六）音变

在说话时，由于多种原因，有的音往往发生变化，这种现象叫作音变。

1. 轻声

有些音节，在特定情况下读音轻而短，它不同于四声中的任何一声，这样的音节叫轻声。轻声是由原来的声调变来的，例如"衣服"的"服"，"桌子"的"子"，都各有其原来的声调，"服"，阳平，"子"，上声，可在"衣服""桌子"这样的词里，就都读轻声。

少数轻声，有区别意义的作用，如"兄弟"一词，"弟"重读，表示哥哥和弟弟，"弟"轻读，只表示弟弟。

读轻声的有下列几种情况。

1）名词词尾：子、头、们……，如：木头、刀子、同学们。

2）方位词：里、上、下……，如屋里、天上、地下。

3）趋向动词：来、去、起来、出去……，如：出来、进去、好起来、拿出去。

4）重叠动词的第二个词和中间的"一""不"等等，如：看看、修理修理、想一想、办不办。

5）助词：的、地、得、着、了、过、吧、呢、吗、啊……，如：好得很、起来吧、多高兴啊。

6）部分双音词的第二个音节，如：糊涂、风筝、葡萄。

凡属轻声，都不标调号，例如：琵琶（pípa）、工夫（gōngfu）；需要时可在注音前加圆点。

2. 变调

变调指由甲调变成乙调。在说话时，由于前后音节的相互影响，声调常常发生变化。

变调的情况很复杂，常见的如下。

1）上声的变调

两个上声相连，前一个变阳平，例如：

领导 lǐngdǎo→língdǎo

理想 lǐxiǎng→líxiǎng

上声在非上声（阴、阳、去）前变半上，就是只降不升，例如：

北京 214·55→21·55

伟大 214·51→21·51（参看上面图 8 声调部分的调值示意图）

上声在轻声前有两种变法：其一，轻声本调是阴平、阳平、去声，则变为"半上·轻声"，例如：手巾、老实、打扮。其二，轻声本调是上声，则变为"阳平·轻声"，例如：手法、老虎、打扫。但不完全如此，例如：上声在轻声"子"前，或上声重叠表称谓时，则按"半上·轻声"变调，如：毯子、奶奶。

2）一、七、八、不的变调

"一"的变调：

"一"单用，用在句尾，或它后边跟着别的数词时读本调，即阴平声，如：一、第一、一九八一。

在阴平、阳平、上声前，由阴平变去声，例如：

一天 yītiān→yìtiān

一齐 yīqí→yìqí

一尺 yīchǐ→yìchǐ

在去声前，由阴平变阳平，例如：

一定 yīdìng→yídìng

一切 yīqiè→yíqiè

在重叠的动词中间念轻声，例如：

比一比 bǐyībǐ→bǐyibǐ

看一看 kànyīkàn→kànyikàn

"七"和"八"的变调：

"七"和"八"单用，在词句末尾，或在非去声前，读本调，即阴平声。例如：

七一　八一　一五七　三八　七十　八十　七百　八百

在去声前，由阴平变阳平，也可不变，例如：

七岁 qīsuì→qísuì

八月 bāyuè→báyuè

"不"的变调：

"不"单用，或者在阴平、阳平、上声前读本调，即去声。例如：

不　不说　不能　不好

在去声前变为阳平，例如：

不对 bùduì→búduì

不去 bùqù→búqù

夹在词语中间念轻声，例如：

数不清 shǔbùqīng→shǔbuqīng

差不多 chābùduō→chābuduō

3. 变音

在说话的时候，不仅声调发生变化，有的音素都发生变化。

1)"啊"的变化

"啊"表感叹,单用或在句首,读本音 ā,如果用在句末,受它前面的音节收声的影响,读音便发生变化。这种变化主要有五种,见表5。

表5 "啊"的音变表

前一音节收音	啊的读音	汉字写法	例　　子
a、o、e、ê、i、ü	ia	呀	是他呀、真多呀、来喝呀、爷爷呀、注意呀、宝玉呀
u、ao、iao	ua	哇	走哇、好哇、巧哇
n	na	哪	看哪、小心哪
ng	nga	啊	听啊、蹦啊
-i	-ia	啊	是啊、如此啊

如果是自己写作,用到"啊"的时候,就可以依前一字的收音,分别写作啊、呀、哇、哪。

2)主要韵母的变化

i、ü 两个元音跟 an 结合时,a 的发音实际上变成 ê,例如音节 tiān,实际读音是 tiên,音节 yuān,实际读音是 yuên。这是因为 i 和 ü 都是前元音,韵尾 n 是个前鼻音,从 i 或者 ü 到 a,再回到 n,距离太长,费劲,舌头半途折回,使 a 变成 ê。

无论变调还是变音,都是口语问题,如果是书面,都写原来的调号或音素。

4. 儿化

儿化也是汉语的一大特点。在普通话里,有不少的词收尾时,带有卷舌动作,这种音节叫"儿化音",例如:"一出门儿,向东走不远儿,一拐弯儿,就是王府井儿。"在书面上,词的后面有个"儿"字。在口语中,这个"儿"字不单念,只是在音节的收尾,加一个卷舌动作。因此,在汉语拼音中也不单拼写一个"er",而是在原音节的后面加上一个"r",例如:"门儿 ménr""远儿 yuǎnr""弯儿 wānr""井儿 jǐngr"。

不过,实际上各韵母儿化后的读音并不一致,见表6。

表6 韵母儿化后读音一览表

原形	儿化	实际读音
元音或尾音是 a、o、e、u	不变加 r	(号)码儿 mar、(粉)末儿 mor (唱)歌儿(ger)、(小)猴儿(hour)
尾音是 i、n	丢 i 或 n,加 r	盖儿 gar、(花)园儿 yuar
尾音是 ng	丢 ng 加 r,元音鼻化	(电)影儿 yĩr、(帮)忙儿(mãr)
元音是 i、ü	不变加 er	(玩)艺儿 yier、(毛)驴儿 lüer
元音是 -i	丢 -i 加 er	词儿 cer、事儿 sher
韵母是 ui、in、un、ün	丢 i 或 n,加 er	(麦)穗儿 suer、(干)劲儿 jier、(飞)轮儿 luer、(尚小)云儿 yuer

附注：~表示鼻化。

词的儿化，并不单纯是语音问题，有的能区别词义，有的同语法、修辞有关。

区别词义的如：

　　头（脑袋）　　　　头儿（领头的人）

　　信（信件）　　　　信儿（消息或口信）

区别词类的如：

　　画（动词）　　　　画儿（名词）

　　亮（形容词）　　　亮儿（名词）

带修辞意味的，有的表示小、轻微，有的表示可爱、亲切，例如：

　　小刀儿、药丸儿、小孩儿、大婶儿；苹果脸儿、宝贝儿

三、《汉语拼音方案》与注音字母、国际音标的对照

表7　三种记音符号对照表

汉语拼音	注音字母	国际音标	汉语拼音	注音字母	国际音标	汉语拼音	注音字母	国际音标
b	ㄅ	[p]	z	ㄗ	[ts]	ia	ㄧㄚ	[iA]
p	ㄆ	[p']	c	ㄘ	[ts']	ie	ㄧㄝ	[iɛ]
m	ㄇ	[m]	s	ㄙ	[s]	iao	ㄧㄠ	[iau]
f	ㄈ	[f]	a	ㄚ	[A]	iou	ㄧㄡ	[iou]
v	万	[v]	o	ㄛ	[o]	ian	ㄧㄢ	[iɛn]
d	ㄉ	[t]	e	ㄜ	[ɣ]	in	ㄧㄣ	[in]
t	ㄊ	[t']	ê	ㄝ	[ɛ]	iang	ㄧㄤ	[iaŋ]
n	ㄋ	[n]	i	ㄧ	[i]	ing	ㄧㄥ	[iŋ]
l	ㄌ	[l]	-i（前）	ㄭ	[ɿ]	ua	ㄨㄚ	[uA]
g	ㄍ	[k]	-i（后）	ㄓ	[ʅ]	uo	ㄨㄛ	[uo]
k	ㄎ	[k']	u	ㄨ	[u]	uai	ㄨㄞ	[uai]
ng	ㄫ	[ŋ]	ü	ㄩ	[y]	uei	ㄨㄟ	[uei]
h	ㄏ	[x]	er	ㄦ	[ɚ]	uan	ㄨㄢ	[uan]
j	ㄐ	[tɕ]	ai	ㄞ	[ai]	uen	ㄨㄣ	[uən]
q	ㄑ	[tɕ']	ei	ㄟ	[ei]	uang	ㄨㄤ	[uaŋ]
/	ㄬ	[ɲ]	ao	ㄠ	[au]	ueng	ㄨㄥ	[uəŋ]
x	ㄒ	[ɕ]	ou	ㄡ	[ou]	ong	ㄨㄥ	[uŋ]
zh	ㄓ	[tʂ]	an	ㄢ	[an]	üe	ㄩㄝ	[yɛ]
ch	ㄔ	[tʂ']	en	ㄣ	[ən]	üan	ㄩㄢ	[yan]
sh	ㄕ	[ʂ]	ang	ㄤ	[aŋ]	ün	ㄩㄣ	[yn]
r	ㄖ	[ʐ]	eng	ㄥ	[əŋ]	iong	ㄩㄥ	[yŋ]

附注：本表的国际音标大体上接近严式音标，如果用宽式音标，其中的 a、A、ɑ 和 i 与 n 之间的 ɛ 都可作 a。另外，为区别其他音标，需要时常在国际音标外加方括号，如 [p]。

四、《汉语拼音方案》的应用

《汉语拼音方案》自公布以来，在国内外许多领域得到了广泛的应用。

（一）在推广普通话方面的应用

汉语拼音的首要用途是给汉字注音和帮助人们学习普通话。《汉语拼音方案》科学地、准确地反映了普通话语音的实际情况，在普通话教学、给教材和工具书注音，以及学员自学等环节中，都是不可缺少的有效工具。它为推广普通话发挥了巨大的作用。

（二）在语言教学和对外汉语教学方面的应用

从 1958 年以来，全国小学一年级普遍进行了汉语拼音教学。1982 年以来，在许多省、市、自治区开展的"注音识字，提前读写"实验，充分利用汉语拼音的作用，帮助学生早期读写，提高了语言水平，促进了智力发展。一些地区利用注音识字扫盲，硕果累累。聋哑学生利用汉语拼音学习手语，获得了可喜成绩。少数民族学生和外国留学生也是通过汉语拼音学习汉语的。

（三）在新闻出版方面的应用

国内出版的大量书刊都按规定加注了汉语拼音书名、刊名。许多通用的字典、词典以至大百科全书的正文，是按汉语拼音字母顺序排列的。许多儿童读物是用纯拼音或拼音和汉字对照编印的。有些报刊利用汉语拼音给难字注音，有的文学作品夹用拼音来表达不易用汉字表达的内容。

（四）在编序和检索方面的应用

利用汉语拼音给图书馆、档案馆的资料和医院的病历等编序，非常便于检索应用。

（五）在编制产品型号和其他代号方面的应用

我国对工农业产品和工程建设规定了统一的技术标准，称为"国标"（GB）。其中有许多标准的编号是用汉语拼音字母来拟订的。从火车车厢型号、汽车型号到方寸之大的邮票，都可以见到汉语拼音字母。

（六）在邮电和其他通信方面的应用

全国邮电局的名称在电报通信中用汉语拼音拼写。新华社、人民日报社等的部分国外分社记者，多年坚持用汉语拼音发回电讯稿。海军通信部门也一直用汉语拼音来收发旗语和灯语（灯光通信）。

（七）在信息处理方面的应用

汉语拼音输入、自动转换成汉字输出的电子计算机语词处理系统已经研制成功，国内外已有多种软件投入应用。它具有"汉字编码"输入法所不可能有的许多优越性，是最有前途的输入法。汉语拼音"人机对话"系统和机器翻译系统也在研制中，并获得许多重要的成果。

（八）在专名拼写方面的应用

专名包括人名，地名，民族名，事业、企业单位名称，等等。这方面的应用十分广泛，从城市到农村，从车站到码头，从商店到市场，从广告牌到人民币……都可见到。

（九）我国少数民族文字改革的共同基础

迄今为止，采用罗马字母并在读音和拼法上与《汉语拼音方案》相一致的拼音文字的民族，有壮、布依、苗、侗、哈尼、傈僳、佤、黎、纳西、白、土、瑶等12个民族和景颇族中说载瓦语的人，共16种新文字（其中苗族有4种）。

（十）拼写汉语的国际标准

1977年9月，联合国第三届地名标准化会议通过决议，采用汉语拼音作为中国地名罗马字母拼写法的国际标准。从1979年1月起，我国政府的外交文件中采用汉语拼音作为中国人名、地名罗马字母拼写法的统一规范。1982年8月，国际标准化组织（ISO）通过决议，采用汉语拼音作为文献工作中拼写有关中国词语的国际标准。此外，新加坡和马来西亚还正式采用《汉语拼音方案》作为本国的华语拼音方案。

第三节　语音规范

普通话的语音是"以北京语音为标准音"的，因此，凡是符合这个标准的，都是规范的，否则就是不规范的。但这是就整体而言，不是说北京话任何一个语音成分都是标准的，都是普通话成分。在北京语音里，由于各种原因也仍然存在着一些分歧，例如异读以及土话成分等等，对于这类情况，普通话审音委员会曾经加以审订。又如北京语音里，轻声和儿化特别多，普通话没有必要全部吸收进来，应该吸收哪些，也要通过调查和研究才能确定下来。为了进一步提高人们说普通话和拼音的水平，下面对说普通话时常出现的不标准、不规范的语音和拼音进行辨析。

一、普通话的辨音

汉语方言的种类多，其声、韵、调较为复杂，和普通话也有很多不同，为了帮助方言区的人学好普通话的声、韵、调系统，把方言区的人说普通话时较为容易读错的声母、韵母和声调进行比较分析，这叫作辨音。辨音分为下面几方面。

（一）声母辨正

各地方言的声母与普通话声母不尽相同，为了帮助方言区的人学习普通话声母，把需要分辨的几组声母说明如下。

1. 分辨 n 和 l

普通话以 n 和 l 做声母的字，有些方言全部相混，有些方言部分相混，学习这两个声母主要有两方面的困难：第一读不准音，第二分不清字。要读准 n 和 l，关键在于控制软腭的升降。因为 n 和 l 都是舌尖抵住上齿龈发音的，它们的不同主要在于有无鼻音，是从鼻腔出气，还是从舌头两边或一边出气。为了分辨 n 和 l，不妨用捏鼻孔的办法来练习。捏鼻孔后发音，如果觉得发音有困难，而且耳膜有鸣声，那就是 n 音。因为发 n 时软腭下降，气流振动声带后要从鼻孔通过，捏住鼻孔是发不成鼻音的。（参看图 9 左图）捏鼻孔而觉得发音不困难，耳膜并无显著鸣声，那就是 l 音。因为发 l 时软腭上升，堵塞鼻腔通路，舌身收窄，气流由舌头两边或一边流出，不带鼻音。（参看图 9 右图）所以练习 n 和 l 的发音时，必须着重练习控制软腭的升降。至于分不清哪些字的声母是 n，哪些字的声母是 l，可以根据下面的 "n、l 偏旁类推字表" 去记代表字。借助汉字声旁进行类推，能提高效率。例如声旁是"内"的字，声母往往是 n，如"纳、呐、衲、钠、讷"；声旁是"仑"的字，声母往往是 l，如"抡、沦、论、轮、囵、仑"等。

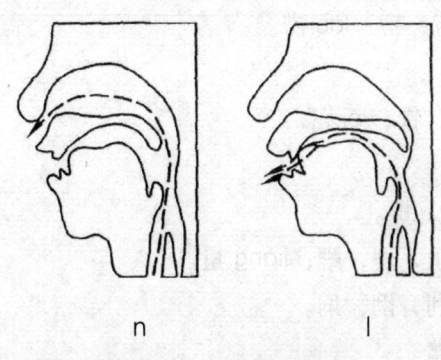

图 9　n、l 发音示意图

表 8　n、l 偏旁类推字表

（一）n 声母

那 — nǎ 哪；nà 那；nuó 挪，娜。

乃 — nǎi 乃，奶。

奈 — nài 奈；nà 捺。

南 — nán 南，喃，楠；nǎn 蝻，腩。

脑 — nǎo 恼，瑙，脑。

内 — nèi 内；nè 讷；nà 呐，衲，钠。

尼 — nī 妮；ní 尼，泥，呢。

倪 — ní 倪，霓。

念 — niǎn 捻；niàn 念。

捏 — niē 捏；niè 涅。

聂 — niè 聂，蹑。

宁 — níng 宁，拧，咛，狞，柠；nìng 宁（~可），泞。

纽 — niǔ 妞；niǔ 扭，纽，钮。

农 — nóng 农，浓，脓。

奴 — nú 奴，孥，驽；nǔ 努，弩；nù 怒。
诺 — nuò 诺；nì 匿。
懦 — nuò 懦，糯。
虐 — nüè 虐，疟。

（二）l 声母

剌 — lǎ 喇；là 剌，辣，瘌。
腊 — là 腊，蜡；liè 猎。
赖 — lài 赖，癞，籁；lǎn 懒。
兰 — lán 兰，拦，栏；làn 烂。
蓝 — lán 蓝，篮；làn 滥。
览 — lǎn 览，揽，缆，榄。
劳 — lāo 捞；láo 劳，痨；lào 涝。
乐 — lè 乐；lì 砾。
雷 — léi 雷，擂（打~），镭；lěi 蕾。
垒 — lěi 垒。
累 — lèi 累；luó 骡，螺。
里 — lí 厘，狸；lǐ 里，理，鲤；liàng 量。
利 — lì 梨，犁；lì 利，俐，痢。
离 — lí 离，篱；li 璃。
立 — lì 立，粒，笠；lā 拉，垃，啦。
厉 — lì 厉，励。
力 — lì 力，荔；liè 劣；lèi 肋；lè 勒。
历 — lì 历，沥。
连 — lián 连，莲；liàn 链。
廉 — lián 廉，濂，镰。
脸 — liǎn 敛，脸；liàn 殓。
炼 — liàn 练，炼。
恋 — liàn 恋；luán 孪，鸾，滦。
良 — liáng 良，粮；
　　　láng 郎，廊，狼，琅，榔，螂；lǎng 朗；làng 浪。
梁 — liáng 梁，粱。
凉 — liáng 凉；liàng 谅，晾；lüè 掠。
两 — liǎng 两，俩（伎俩）；liàng 辆；liǎ 俩。
列 — liě 咧；liè 列，裂，烈；lì 例。
林 — lín 林，淋，琳，霖；lán 婪。
鳞 — lín 嶙，璘，磷，鳞，麟，粼，遴，辚。

令 — líng 伶, 玲, 铃, 羚, 聆, 蛉, 零, 龄; lǐng 岭, 领; lìng 令; lěng 冷; lín 邻; lián 怜。

菱 — líng 凌, 陵, 菱; léng 棱。

留 — liū 溜; liú 留, 馏, 榴, 瘤。

流 — liú 流, 琉, 硫。

柳 — liǔ 柳; liáo 聊。

龙 — lóng 龙, 咙, 聋, 笼; lǒng 陇, 垄, 拢。

隆 — lóng 隆, 窿, 癃。

娄 — lóu 娄, 喽, 楼; lǒu 搂, 篓; lǚ 缕, 屡。

卢 — lú 卢, 泸, 庐, 芦, 炉, 颅, 轳; lǘ 驴。

鲁 — lǔ 鲁, 橹。

录 — lù 录, 禄, 碌; lǜ 绿, 氯。

鹿 — lù 鹿, 辘, 麓。

路 — lù 路, 鹭, 露。

戮 — lù 戮; liáo 寥; liǎo 蓼; liào 廖。

仑 — lūn 抡; lún 仑, 伦, 沦, 囵, 轮; lùn 论。

罗 — luó 罗, 逻, 萝, 锣, 箩, 啰。

洛 — luò 洛, 落, 络, 骆; lào 烙, 酪; lüè 略。

吕 — lǘ 闾, 榈; lǚ 吕, 侣, 铝。

虑 — lǜ 虑, 滤。

2. 分辨 zh、ch、sh 和 z、c、s

这两套声母的字，有些方言混成一套 z、c、s（或接近 z、c、s 的声母），如上海话、苏州话、广州话、武汉话、成都话等。还有些方言把普通话里声母是 zh、ch、sh 的字的一部分读成 z、c、s，如天津话、银川话、西安话等。已会发 zh、ch、sh 的人学习普通话，想要弄清哪些字的声母该读 zh、ch、sh，哪些字的声母该读 z、c、s，可按后面所附辨音字表下功夫去记，根据汉字声旁，进行类推。还可以借助声韵配合规律来分辨，例如 ua、uai、uang 三个韵母，在普通话中只跟 zh、ch、sh 拼，不跟 z、c、s 拼（参看"zh、ch、sh 和 z、c、s 对照辨音字表"），记住 z、c、s 字表中少数代表字（即黑体字）就可以类推记住绝大部分念 z、c、s 的字。那些不会发 zh、ch、sh 的人，还要找出两套声母发音的差别来注意练习：发舌尖后音时，舌尖要翘起来，对准（抵住或接近）硬腭前部（参看图 10 左图）；而发舌尖前音时，舌尖不翘，对准（抵住或接近）上齿背（参看图 10 右图）。

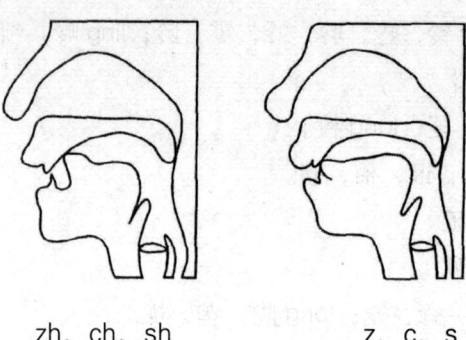

zh、ch、sh   z、c、s

图 10 zh、ch、sh 和 z、c、s 发音示意图

表 9 zh、ch、sh 和 z、c、s 对照辨音字表

说明：表中数字表示声调，①是阴平，②是阳平，③是上声，④是去声；黑体字是代表字，记住代表字可以类推许多同声符的字。

例字\声母\韵母	zh	z
a	①扎_驻_渣②闸铡扎_挣_札_信_③眨④乍诈炸榨蚱栅	①扎_包_匝②杂砸
e	①遮②折哲辙③者④蔗浙这	②泽择责则
u	①朱珠株蛛诸猪②竹烛逐③主煮嘱④住驻注柱蛀贮祝铸筑著箸	①租②族足卒③组阻祖
-i	①之芝支枝肢知蜘汁只织脂②直值植殖侄执职③止址趾旨指纸只④至致室志治质帜挚掷秩置滞制智稚痔	①兹滋孳姿咨资孜龇缁辎③子仔籽梓滓紫④字自恣渍
ai	①摘斋②宅③窄④寨债	①灾哉栽③宰载④再在载_重_
ei		②贼
ao	①昭招朝②着③找爪沼④召照赵兆罩	①遭糟②凿③早枣澡④造皂灶躁燥
ou	①州洲舟周粥②轴③帚肘④宙昼咒骤皱	①邹③走④奏揍
ua	①抓	
uo	①桌捉拙②卓着酌灼浊镯啄琢	①作_坊_②昨③左④坐座作柞祚做
ui	①追锥④缀赘坠	③嘴④最罪醉

续表

声母 例字 韵母	zh	z
an	①沾毡粘③盏展斩④占战站栈绽蘸	①簪②咱③攒④赞暂
en	①贞侦帧祯桢真③诊疹枕缜④振震阵镇	③怎
ang	①张章彰樟③长涨掌④丈仗杖帐涨障瘴	①赃脏_{肮~}④葬藏脏
eng	①正_{~月}征争挣睁筝③整拯④正证政症郑	①曾憎增缯④赠
ong	①中钟盅忠衷终③肿种_{~子}④中_{打~}仲种_{~植}重众	①宗综棕踪鬃③总④纵粽
uan	①专砖③转④传转_{~动}撰篆赚	①钻③纂④钻_{~石}
un	③准	①尊遵
uang	①庄桩装妆④壮状撞	

声母 例字 韵母	ch	c
a	①叉杈插差_{~别}②茶搽查察③衩④岔诧差_{~劲}	①擦嚓
e	①车③扯④彻撤掣	④册策厕侧测恻
u	①出初②除厨橱锄踌刍雏③楚础杵储处_{~分}④畜触蠢处	①粗④卒_{仓~}猝促醋簇
-i	①吃痴嗤②池弛迟持匙③尺齿耻侈豉④斥炽翅赤叱	①疵差_{参~}②雌辞词祠瓷慈磁③此④次伺刺赐
ai	①差拆钗②柴豺	①猜②才财材裁③采彩踩④菜蔡
ao	①抄钞超②朝潮嘲巢③吵炒	①操糙②曹漕嘈槽③草
ou	①抽②仇畴筹踌绸稠酬愁③瞅丑④臭	④凑

续表

声母 韵母	ch	c
uo	①踔戳④绰~号惙啜辍	①搓蹉撮④措错挫锉
uai	③揣④踹	
ui	①吹炊②垂捶锤槌	①崔催摧④萃悴淬瘁翠粹脆
an	①搀掺②禅蝉谗馋潺缠蟾③产铲阐④忏颤	①餐参②蚕残惭③惨④灿
en	①琛嗔②辰宸晨沉忱陈臣④趁衬称相~	①参~差②岑
ang	①昌猖娼伥②常嫦尝偿场肠长③厂场敞氅④倡唱畅怅	①仓苍沧舱②藏
eng	①称撑②成诚城盛~水呈程承乘澄橙惩③逞骋④秤	②曾层④蹭
ong	①充冲舂②重虫崇③宠	①匆葱囱聪②从丛淙
uan	①川穿②船传椽③喘④串钏	①蹿④窜篡
un	①春椿②唇纯淳醇③蠢	①村②存③忖④寸
uang	①窗疮创~伤②床③闯④创~造	

声母 韵母	sh	s
a	①沙纱砂痧杀杉③傻④煞厦大~	①撒③洒撒~种④卅萨飒
e	①奢赊②舌蛇③舍④社舍射麝设摄涉赦	④色瑟啬涩塞
u	①书梳疏蔬殊叔淑输抒纾舒枢②孰塾赎③暑署薯曙鼠数属黍④树竖术述束漱恕数	①苏酥②俗④素塑诉肃粟宿速

续表

例字　声母　韵母	sh	s
-i	①尸师狮失施诗湿虱②十什拾石时识实食蚀③史使驶始屎矢④世势誓逝市示事是视室适饰士仕氏恃式试拭轼弑	①司私思斯丝鸶③死④四肆似寺
ai	①筛④晒	①腮鳃塞④塞~要~赛
ao	①捎稍艄烧②勺芍杓韶③少④少哨绍邵	①臊骚搔③扫嫂④扫臊~害~
ou	①收②熟③手首守④受授寿售兽瘦	①溲馊嗖搜飕艘③叟擞④嗽
ua	①刷③耍	
uo	①说④硕烁朔	①缩娑蓑梭唆③所锁琐索
uai	①衰③甩④帅率蟀	
ui	②谁③水④税睡	①虽尿②绥隋随③髓④岁碎穗遂隧燧
an	①山舢衫删姗珊栅跚③闪陕④扇善缮膳擅赡	①三叁③伞散~文~④散
en	①申伸呻身深参~人~②神③沈审婶④慎肾甚渗	①森
ang	①商墒伤③垧晌赏上~声~④上尚	①桑丧~事~③嗓④丧
eng	①生牲笙甥升声②绳⑧省④圣胜盛剩	①僧
ong		①松③耸悚④送宋颂诵
uan	①拴栓④涮	①酸④算蒜
un	④顺	①孙③笋损
uang	①双霜③爽	

3. 分辨 f 和 h

普通话 f 声母的字，有的方言则把其中的一部分读成了 h 声母，如厦门话、上海浦东话。普通话 h 声母的字，有的方言把其中一部分读成 f，如重庆话；还有 f、h 两读的，如长沙话。

f 和 h 都是清擦音，区别只在阻碍的部位上。f 是上齿和下唇形成阻碍，h 是舌面后部和软腭形成阻碍。

f、h 不分的地区必然弄不清哪些字的声母是 f，哪些字的声母是 h。怎么办？只要熟读、熟记下面的偏旁类推字表，问题即能迎刃而解。参看表 10 "f 和 h 对照辨音字表"。

表 10　f 和 h 对照辨音字表

f	h
fā 发	huā 花哗
fá 伐阀筏乏罚	huá 华铧滑划
fǎ 法砝	
fà 发头~	huà 化画话划桦
fó 佛	huō 豁
	huó 活
	huǒ 火伙
	huò 货或惑获祸霍
fū 夫	hū 乎呼忽惚
fú 扶芙幅福辐伏袱拂俘符	hú 胡湖葫瑚蝴糊狐弧壶斛
fǔ 府俯腐斧釜甫辅	hǔ 虎唬琥浒
fù 付附咐父复腹傅缚赴副富妇负赋	hù 户沪护互
	huái 怀淮稅徊
	huài 坏
fēi 非菲绯啡扉蜚霏	huī 灰恢挥辉徽
féi 肥淝	huí 回茴蛔
fěi 匪菲诽悱斐	huǐ 悔毁
fèi 吠沸费痱废肺	huì 会绘烩贿卉惠蕙彗慧秽汇讳
fān 番翻帆	huān 欢獾
fán 凡矾烦蕃繁樊	huán 还环寰
fǎn 反返	huǎn 缓
fàn 饭贩犯范泛	huàn 换唤涣患幻宦

续表

f	h
fēn 分吩芬纷	hūn 昏婚荤
fén 坟焚	hún 浑魂
fěn 粉	
fèn 分份奋粪愤	hùn 混
fāng 方坊芳	huāng 荒慌
fáng 防妨房肪	huáng 皇凰惶蝗黄潢璜簧
fǎng 访仿纺	huǎng 晃幌恍谎
fàng 放	huàng 晃滉
fēng 风沨枫疯丰峰锋蜂封	hōng 哄烘轰
féng 逢缝冯	hóng 红虹弘泓宏洪
fěng 讽	hǒng 哄
fèng 凤奉缝_裂	hòng 哄_{起~}

4. 把跟齐齿呼、撮口呼韵母相拼的 z、c、s、g、k、h 改成 j、q、x

普通话声母 z、c、s 和 g、k、h 都不能和 i、ü 或以 i、ü 起头的韵母相拼。普通话 i、ü 或以 i、ü 起头的韵母，在塞擦音、擦音中只跟 j、q、x 相拼。有些地区的人，遇到本地方言里 z、c、s、g、k、h 等声母跟 i、ü 或以 i、ü 起头的韵母相拼时分别改为 j、q、x，就跟普通话一致了。

5. 把浊音改为清音

普通话塞音、擦音、塞擦音声母中只有一个浊擦音 r，其他都是清声母。但是有些方言，如吴方言、湘方言，却有一套和清声母 b、d、g、j、z、s 等相配的浊声母（参看表1"国际音标简表"），读起来"培""被"不分，"台""代"不分，"其""技"不分，"床""状"不分，"慈""字"不分，这些字在吴方言、湘方言中都读浊音声母。这些方言区的人说普通话都要把浊声母字改读成相应的清声母字。其中，平声字（如上举各组字的前一个）一般要改读成送气清声母，并念阳平；仄声字（如上举各组字的后一个）一般要改读成不送气清声母，并念去声。

6. 读准普通话零声母的字

普通话一部分读零声母的字，在有些方言中读成了有辅音声母的字。大致情况如下：

（1）韵母不是 i、u、ü，也不以 i、u、ü 起头的，有些方言加 n 声母，如天津话的"爱"；有些方言加 ng 声母，如西安话、广州话的"额"。这时只要把该读零声母的字记熟，去掉前面的 n 或 ng 就行了。

（2）韵母是 u，或以 u 起头的，有些方言读成了 v（唇齿浊擦音）声母，或以 v 代 u，如宁夏话的"文"，桂林话的"武"。这时，只要在发音时注意把双唇拢圆，不要让下唇和上齿接触，就可以改正。此外有些方言把普通话中这类零声母读成了 m 声母，如广州话、玉林话的"文"，那就要记熟这类零声母字，不要读成 m 声母。

（二）韵母辨正

有些方言的韵母跟普通话韵母不完全相同，学习普通话时必须分辨清楚。

1. 分辨前鼻音尾韵母和后鼻音尾韵母

有些方言两种鼻音尾韵母不分，或者都读成前鼻音韵尾 – n，或者都读成后鼻音韵尾 – ng。这种混同现象，多数表现为 en 和 eng，in 和 ing 不分，an 和 ang，ian 和 iang，uan 和 uang 混同的较少。例如，南京话、长沙话一般把这五对韵母的韵尾读成前鼻音韵尾 n；上海话、昆明话、兰州话、桂林话一般把 en 和 eng，in 和 ing 的韵尾读成前鼻音韵尾 n；而广西灵川话却把 an 和 ang，en 和 eng，in 和 ing，uan 和 uang 的韵尾都读成后鼻音韵尾 ng。在西北地区，有些方言（如宁夏话、新疆话），一般把 en、in、uen、ün 的前鼻音韵尾 n 读成后鼻音韵尾 ng。要分辨它们，首先要发准 n 和 ng 这两个鼻音。练习发韵尾 n 时，舌尖轻轻抵住上齿龈；练习发韵尾 ng 时，舌面后部轻轻抵住软腭，除阻时都不发音。先单独练习，后交替练习，直至熟练。要注意下列词语韵母读音的不同：

长针（zhēn）— 长征（zhēng）　　引（yǐn）子 — 影（yǐng）子
忠臣（chén）— 忠诚（chéng）　　开饭（fàn）— 开放（fàng）
人民（mín）— 人名（míng）　　　鲜（xiān）花 — 香（xiāng）花
天坛（tán）— 天堂（táng）　　　木船（chuán）— 木床（chuáng）
白盐（yán）— 白杨（yáng）　　　惋（wǎn）惜 — 往（wǎng）昔

掌握这些韵母的正确发音之后，再参照本节后面附录的 en 和 eng，in 和 ing，uen 和 ueng，uen 和 ong，ün 和 iong 等几个"对照辨音字表"，进一步记住常用字的普通话读音。an 和 ang，ian 和 iang，uan 和 uang 韵母不分的，也可以参照这个办法，加以辨正。

此外，有些方言中，an、ian、uan、üan 四个韵母都读成了鼻化音。如昆明话、桂林话分别读成ã [ã]、iã [iẽ]、uã [uã]、üã [yẽ]，西安话、济南话分别读成ã [æ̃]、iã [iæ̃]、uã [uæ̃]、üã [yæ̃]，即发这些韵母的主要元音 a 时稍带有点鼻音，而没有把韵尾鼻音 n 切实读出来。说这些方言的人要注意在发完主要元音之后，紧接着把软腭降下来，打开鼻腔通路，并把舌头抵住上齿龈发好 n，整个韵母发音完毕才除阻。发音时注意韵尾鼻辅音到位。参看下面三个对照辨音字表。表 11、12、13 中的①②③④分别指阴平、阳平、上声、去声四种声调。

表 11　en 和 eng，in 和 ing 对照辨音字表

（一）en 和 eng 对照辨音字表

声母＼韵母 例字	en	eng
Ø	①恩④摁	①鞥
b	①奔贲③本苯④笨	①崩②甭③绷④迸蹦泵
p	①喷②盆④喷	①烹②朋棚硼鹏彭澎膨③捧④碰
m	①闷②门们扪④闷焖	①蒙②萌盟蒙檬朦曚艨③猛锰蜢艋蒙④梦孟
f	①分芬纷吩氛酚②坟焚汾③粉④分份忿奋粪愤	①风枫疯峰烽蜂锋丰封②逢缝冯③讽④奉俸凤缝
d	④扽	①登灯③等④邓凳磴镫瞪
t		②疼腾誊滕藤
n	④嫩	②能
l		②棱楞③冷④愣
g	①根跟②哏④艮	①耕庚赓羹更③耿埂哽绠梗鲠④更
k	③肯啃垦恳④裉	①坑
h	②痕③很狠④恨	①亨哼②横衡恒④横
zh	①真贞侦祯桢针珍胗斟③诊疹枕缜④振赈震镇阵圳	①争挣峥狰铮等睁正怔征症蒸②整拯④正政证症郑净
ch	①嗔抻②辰宸晨沉忱陈臣尘③碜④衬趁称	①称撑②成城诚盛承呈程惩澄橙乘丞③逞骋④秤
sh	①申伸呻绅砷身深娠②神③沈审婶④甚葚慎肾渗蜃	①生牲笙甥升声②绳③省④胜圣盛剩
r	②人仁壬③忍荏④任饪妊衽认刃纫韧轫	①扔②仍
z	③怎	①曾增憎缯④赠
c	①参②岑	②曾嶒层④蹭
s	①森	①僧

（二） in 和 ing 对照辨音字表

声母＼韵母 例字	in	ing
∅	①因洇茵姻氤殷音阴荫②垠银龈吟寅淫鄞③引蚓隐瘾饮尹④印荫	①英瑛媖锳应莺膺鹰婴缨撄嘤樱鹦罂②荧莹营萤蝇盈迎赢③影颖④映硬应
b	①宾傧滨缤槟镔彬④摈殡鬓	①兵冰③丙柄炳秉饼禀④病并
p	①拼②贫频嫔③品④聘	①乒②平评坪苹枰萍屏瓶凭
m	②民③敏皿闽悯泯	②名茗铭明鸣冥溟暝瞑螟③酩④命
d		①丁叮仃钉疔盯③顶鼎④定锭碇腚订
t		①听厅汀②亭停婷廷庭蜓霆③挺艇铤梃
n	②您	②宁咛狞柠凝③拧④宁泞佞
l	②林淋琳霖邻粼潾遴嶙辚磷鳞麟③凛廪檩④吝赁蔺	②灵伶泠苓瓴聆翎玲铃蛉零龄凌陵菱绫棱③岭领④另令
j	①今衿矜斤巾金津襟筋③紧锦仅谨馑瑾槿④妗尽烬浕劲觐近晋缙禁噤浸	①京惊鲸茎泾经菁睛精晶荆兢粳③景颈井警儆④敬竞竟境镜净靖静径劲胫痉
q	①衾亲侵钦②芩琴芹秦禽擒噙勤③寝④沁	①氢轻青清蜻倾卿②情晴擎③顷请④庆亲
x	①忻昕炘欣新薪辛莘锌心馨④信衅	①星猩腥兴②形刑邢型行③省醒④幸姓性杏兴

表 12　uen 和 ueng、ong 对照辨音字表

（一）（零声母）uen 和 ueng 对照辨音字表

例字 声母＼韵母	uen（wen）	ueng（weng）
∅	①温瘟②文纹蚊闻③稳吻紊④问	①翁嗡④瓮蕹

（二）uen（un）和 ong 对照辨音字表

例字 声母＼韵母	uen（un）	ong
d	①敦墩蹲吨③盹遁④炖钝顿囤盾遁	①冬东③董懂④洞恫侗冻栋动
t	①吞②囤屯臀④褪	①通②同桐铜童潼瞳③筒桶捅④痛
l	①抡②仑沦纶轮伦④论	②隆窿龙咙聋笼③拢垄陇④弄里~
g	③滚辊④棍	①工功攻公蚣弓躬供恭宫③拱巩汞④共贡供
k	①昆坤③捆④困	①空③孔恐④空控
h	①昏婚荤②魂浑④混	①烘哄轰②红虹宏洪鸿弘③哄④讧哄
zh	①谆③准	①中忠盅钟衷终③肿种④中仲种重众
ch	①春椿②唇纯淳醇③蠢	①冲忡充舂②虫重崇③宠④冲铳
sh	③吮④顺舜瞬	
r	④闰润	②容溶蓉榕熔绒荣融茸
z	①尊遵③撙	①宗综棕踪鬃③总④纵粽
c	①村皴②存③忖④寸	①囱匆葱聪②从丛淙
s	①孙③损笋榫	①松嵩③怂耸竦④宋送颂讼诵

表 13　ün 和 iong 对照辨音字表

例字　韵母　声母	ün	iong
Ø	①晕②云匀③允陨④运酝晕孕韵熨蕴	①佣拥庸③永泳咏勇涌蛹踊④用
j	①均君军菌④菌俊骏浚峻竣	③窘迥
q	②群裙	②穷琼
x	①熏勋②旬询循巡寻④驯训讯迅汛殉逊	①兄凶匈汹胸②熊雄

2. 分辨 i 和 ü

有些方言，如昆明话、闽南话、客家话、广西钦州话等，没有撮口呼韵母，i 和 ü 都念成 i。不习惯发 ü 的人，可用唇形变化的办法来练习：先展开嘴唇发 i，舌位不动，慢慢把嘴唇拢圆，就能发出 ü 来了。要注意下列加着重号词语韵母的不同：

急剧（jíjù）— 雨衣（yǔyī）　　小姨（yí）— 小鱼（yú）
崎岖（qíqū）— 利率（lìlǜ）　　白银（yín）— 白云（yún）
意（yì）见 — 预（yù）见　　　 通信（xìn）— 通讯（xùn）
前（qián）面 — 全（quán）面 　潜（qián）水 — 泉（quán）水

学会 ü 的发音，还要进一步记住哪些字韵母是 i 或以 i 开头的，哪些字韵母是 ü 或以 ü 开头的。

3. 分辨 o 和 e

有些方言韵母 o 和 e 不分。例如，新疆话没有 o 韵母，把 o 韵母的字全都读成了 e 韵母；东北不少地方的方言把 o 韵母的一些字读成了 e 韵母；西南不少方言把 e 韵母的一些字读成了 o 韵母。o 和 e 的发音情况大致相同，区别在于 o 发音时唇形圆，e 发音时唇形不圆，可以用唇形变化的办法来练习，掌握这两个韵母的发音方法。要注意下面词语韵母的发音：

破格（pògé）　　墨盒（mòhé）　　唱歌（chànggē）　　和平（hépíng）
隔膜（gémó）　　薄荷（bòhe）　　传播（chuánbō）　　祝贺（zhùhè）

普通话韵母 o 只跟唇音声母拼合，韵母 e 则相反，不跟唇音声母拼合。学习时，要注意掌握这个规律。此外，还要注意弄清哪些字的韵母是 e，哪些字的韵母是 o 或 uo。

4. 避免韵头 i 或 u 的丢失

有些方言区的人说普通话时往往丢失韵头 i 或 u，把一些齐齿呼和合口呼韵母的字读成开口呼。例如，西南方言和湘方言往往把"队"（duì）读成"dèi"，把"推"（tuī）读成"tēi"。说这些方言的人就应该注意学好有韵头的韵母的发音，弄清字音的韵母有无 i 或 u 韵头。普通话唇音声母和 n、l 声母是跟 ei 韵母拼合的；其他声母则跟 uei 韵母拼合，只有极个别字例外；普通话舌尖前音声母只跟 uei 韵母拼合，不跟 ei 韵母拼合。掌握这些规律有助于防止韵头的丢失。

（三）声调辨正

汉语普通话的声调具有区别意义的作用。例如"chāng"（昌）、"cháng"（长）、"chǎng"（厂）、"chàng"（畅）四个音节的声母和韵母都相同，但意义不同，这是声调不同的缘故。声调主要由音高的变化构成，虽然普通话声调中有的长一些，有的短一些，但这并不是普通话声调差别的本质特征。因此，掌握好普通话声调的发音也是非常重要的。下面两点意见供大家参考。

1. 明确方言和普通话声调的对应关系

首先要把普通话四个声调的调值念准，其次要找出自己方言声调和普通话声调的对应关系。从表 14 "汉语方言声调对照表"中可以看出所列的各地汉语方言声调和普通话声调的对应关系。学习时，应从调类和调值两方面去看。

从调类看，汉语方言有少到三个调类的，也有多到十个调类的，多数有四个调类。普通话是四个调类，成都话也是四个调类，两者有整齐的对应关系。但成都话念阳平的古入声字在普通话里分别念阴平、阳平、上声或去声四类；成都话的阳平调不是都念成普通话阳平调。

从调值看，普通话调值有平调、升调、降升调和降调。有的方言只有平调、升调、降调，而无降升调，如长沙话；有的方言，如福州话，调值虽有曲折的形式，但和普通话不同，普通话里是降升调，它却是升降调。同是平调，还有高低的不同，如普通话、梅县客家话、长沙话的阴平调值分别是 55、44、33。怎样从方言的调值去推知普通话的调值呢？仍以成都话为例：成都人念 44、41、52、13 的字要分别改读为普通话的 55、35、214、51。但成都话念 41 的古入声字，一般要改读为普通话的 55、214 或 51。

2. 古入声字的改读

入声是古汉语四声之一，音长短促，演变到现在，在普通话中已经消失了，但在一些方言中还有。有的方言只有一个入声，如南京话；有的方言有两个入声，分阴入、阳入，如梅州客家话；有的方言有三个入声，分上阴入、下阴入和阳入，如广州话；还有四个入声的，阴入、阳入各分上下两类，如广西玉林话。

多数方言的入声字有塞音韵尾，因此，入声字读音一般比较短促，音节念不长。韵尾塞音有的是 b [p]、d [t]、g [k]（韵尾塞音只有成阻期、持阻期，没有除阻期，属唯闭音），如梅州客家话、广州话、厦门话；有的是 d [t]、g [k]（b [p] 已与 d [t] 合流），如广西贺州黄田客家话、钟山英家客家话；有的是喉塞音 [ʔ]，如福州话、苏州话。但也有韵尾不用塞音、读音不短促的，如长沙话、孝感话。在没有入声的方言中，有把入声分归四声的，如东北的某些方言；有把入声全归为阳平的，如桂林话、汉口话；还有分归阴平、阳平，或分归阳平、去声的，前者如西安话，后者如兰州话。

普通话没有入声，古入声字在普通话中分归到阴平、阳平、上声、去声四个声调里去了。因此，一般地说，有入声的方言区的人学习普通话，首先要弄清哪些字是入声字，然后注意把入声字那种短促的念法改掉（必须去掉塞音韵尾），按普通话的声调去念。有的方言虽然没有入声，但因为古入声字的归类和普通话大都不一样，所以也要注意把归类不同的查找出来并加以改正。据粗略的统计，600个左右常用的古入声字，在普通话中读去声的约占40%，读阳平的约占31%，读阴平的约占21%，读上声的只有7%—8%。区别古入声字的今读声调有困难的人，可将入声字记下来，从中找出分化的规律加以记忆。普通话属鼻韵母的字都没有古入声字，可以不管它。古入声字在普通话中属单韵母和复韵母，而声母为m、n、l、r或为零声母的，现在一般读去声。如"亦、役、逸"读yì，"物"读wù，"沃、握"读wò，"木、目、牧、睦"读mù，"麦、脉"读mài，"纳、捺"读nà，"列、猎、劣"读liè，"热"读rè，"若、弱"读ruò，"日"读rì。少数字例外，只能硬记。这少数例外字是："一、壹、挥、噎、压、押、鸭、约、挖、勒、摸、抹、屋"读阴平调，"额、膜"读阳平调，"乙、辱"读上声调，"恶"上、去两读。有些方言的古入声字全归阳平，讲这些方言的人只需熟记普通话里哪些古入声字归阴平、上声和去声即可，归阳平的就不必记。总之，联系自己熟悉的方言声调找出规律去学习，古入声字在普通话中的声调改读问题就不难解决了。参看表14"汉语方言声调对照表"。

表14 汉语方言声调对照表

方言区	古调类 调类和调值 例字 地名	平声		上声		去声		入声				声调数
		天	平	古	老	近	放	大	急	各	六	杂	
北方方言区	北京（普通话）	阴平55	阳平35	上声214		去声51		入声分别归阴、阳、上、去				4
	沈阳	阴平44	阳平35	上声213		去声41		入声分别归阴平、阳平、去声				4
	济南	阴平213	阳平42	上声55		去声21		同上				4
	烟台①	平声31		上声214		去声55		入声分别归平、上、去				3
	兰州	阴平31	阳平53	上声442		去声13		归去声			归阳平	4
	西安	阴平31	阳平24	上声42		去声55		入声分别归阴、阳、上、去				4
	成都	阴平44	阳平41	上声52		去声13		归阳平				4
	南京	阴平31	阳平13	上声22		去声44		入声5				5
	太原	平声11		上声53		去声45		阴入2			阴入54	5

续表

方言区	调类和调值 地名 \ 古调类例字	平声		上声		去声		入声				声调数
		天	平	古	老	近	放	大	急	各	六	杂	
吴方言区	苏州	阴平44	阳平13	上声52	归阳去	阴去412		阳去31	阴入5		阳入2		7
吴方言区	绍兴	阴平41	阳平15	阴上55	阳上22	阴去44		阳去31	阴入5		阳入32		8
吴方言区	上海	阴平54	阳平24	上声33		归上声		归阳平	阴入5		阳入2		5
湘方言区	长沙	阴平33	阳平13	上声41		阴去45		阳去21	入声24				6
赣方言区	南昌	阴平42	阳平24	上声213		阴去55		阳去31	入声5				6
客家方言区	梅县	阴平44	阳平11	上声31		去声52			阴入21		阳入5		6
闽方言区	福州	阴平44	阳平52	上声31		阳去242	阴去213	阳去242	阴入23		阳入4		7
闽方言区	厦门	阴平55	阳平24	上声51		阳去33	阴去11	阳去33	阴入32		阳入5		7
粤方言区	广州	阴平53	阳平21	阴上35	阳上13	阴去33		阳去22	上阴入55	下阴入33	阳入22		9
粤方言区	南宁（亭子）	阴平41	阳平21	阴上33	阳上24	阴去55		阳去22	上阴入55	下阴入33	上阳入24	下阳入22	10
粤方言区	玉林	阴平54	阳平32	阴上33	阳上23	阴去52		阳去21	上阴入5	下阴入3	上阳入2	下阳入1	10

附注：①烟台"平"字归去声。

二、字音误读例析

汉字字音的误读，原因是多方面的。找到了误读的原因，我们就可以避免或减少误读；分析误读的原因，就可以给我们提供正音的方法和途径。

下面，把容易误读的原因分为12类，并列举部分字例，以便读者自行从中找出规律，举一反三，进行正音。

（一）因字形相近而误读

有一些汉字，它们的"外貌"十分相似，往往被人们"张冠李戴"，误认，误读。例如：

苯（běn）　　一种碳氢化合物。不要误读为"笨"（bèn）。

彬（bīn）	"彬彬有礼"。不要误读为"杉树"的"杉"(shān)。
豉（chǐ）	"豆豉"。不要误读为"锣鼓"的"鼓"(gǔ)。
舂（chōng）	"舂米"。不要误读为"春天"的"春"(chūn)。
绌（chù）	"相形见绌"。不要误读为"笨拙"的"拙"(zhuō)。
档（dàng）	"档案"。不要误读为"阻挡"的"挡"(dǎng)。
汩（gǔ）	"汩汩"。不要误读为"汨罗江"的"汨"(mì)。
亨（hēng）	"亨通"。不要误读为"享受"的"享"(xiǎng)。
侯（hóu）	"王侯"。不要误读为"时候"的"候"(hòu)。但是"闽侯"（地名）的"侯"读 hòu。
弧（hú）	"弧线"。不要误读为"孤独"的"孤"(gū)。
肓（huāng）	"病入膏肓"。不要误读为"盲目"的"盲"(máng)。
即（jí）	"立即"。不要误读为"既然"的"既"(jì)。
己（jǐ）	"自己"。不要误读为"已经"的"已"(yǐ) 或"巳时"的"巳"(sì)。
菅（jiān）	"草菅人命"。不要误读为"管理"的"管"(guǎn)。
桨（jiǎng）	"船桨"。不要误读为"豆浆"的"浆"(jiāng)。
腈（jīng）	"腈纶 (lún)"。不要误读为"天晴"的"晴"(qíng)。
灸（jiǔ）	"针灸"。不要误读为"脍 (kuài) 炙人口"的"炙"(zhì)。
慨（kǎi）	"感慨"。不要误读为"大概"的"概"(gài)。
窠（kē）	鸟兽的窝。不要误读为"鸟巢"的"巢"(cháo)。
寥（liáo）	"寥寥无几"。不要误读为"姓廖"的"廖"(liào)。
庞（páng）	"庞大"。不要误读为"宠爱"的"宠"(chǒng)。
葺（qì）	修理房屋叫作"修葺"。不要误读为"鹿茸"的"茸"(róng)。
橇（qiāo）	"雪橇"。不要误读为"撬开"的"撬"(qiào)。
赡（shàn）	"赡养父母"。不要误读为"瞻仰"的"瞻"(zhān)。
侍（shì）	"侍奉"。不要误读为"等待"的"待"(dài)。
恃（shì）	"有恃无恐"。不要误读为"把持"的"持"(chí)。
粟（sù）	谷子。不要误读为"栗子"的"栗"(lì)。
祟（suì）	"作祟"。不要误读为"崇拜"的"崇"(chóng)。
徙（xǐ）	"迁徙"。不要误读为"学徒"的"徒"(tú)。
抑（yì）	"压抑"。不要误读为"仰望"的"仰"(yǎng)。
眨（zhǎ）	"眨眼"。不要误读为"贬低"的"贬"(biǎn)。

（二）因读"半边字"而误读

汉字中虽然存在着大量的"形声字"，但是由于古今语音变化、字形变化等原因，现在有许多字的"声旁"（声符）已不能正确表音，甚至会导致误读。过去戏说"秀才不识字，读字读半边"，就是讽刺这种误读现象的。例如：

隘（ài）	"狭隘"。不要因"益"而误读为 yì。	
傍（bàng）	靠近，临近。不要因"旁"而误读为 páng。	
婢（bì）	"奴婢"。不要因"卑"而误读为 bēi。	
蝙（biān）	"蝙蝠（fú）"。不要因"扁"而误读为 biǎn。	
濒（bīn）	"濒临"。不要因"频"而误读为 pín。	
殡（bìn）	"殡葬"。不要因"宾"而误读为 bīn。	
糙（cāo）	"粗糙"。不要因"造"而误读为 zào。	
豺（chái）	"豺狼"。不要因"才"而误读为 cái。	
忏（chàn）	"忏悔"。不要因"千"而误读为 qiān。	
瞠（chēng）	"瞠目结舌"。不要因"堂"而误读为 táng。	
炽（chì）	"炽热"。不要因"只"而误读为 zhī 或 zhǐ、zhì。	
憧（chōng）	"憧憬"。不要因"童"而误读为 tóng。	
忡（chōng）	"忧心忡忡"。不要因"中"而误读为 zhōng。	
疵（cī）	"吹毛求疵"。不要因"此"而误读为 cǐ。	
淙（cóng）	"流水淙淙"。不要因"宗"而误读为 zōng。	
傣（dǎi）	"傣族"。不要因"泰"而误读为 tài。	
侗（dòng）	"侗族"。不要因"同"而误读为 tóng。	
踱（duó）	慢步行走。不要因"度"而误读为 dù。	
帆（fān）	"船帆"。不要因"凡"而误读为 fán。	
垢（gòu）	"污垢"。不要因"后"而误读为 hòu。	
涸（hé）	"干涸"。不要因"固"而误读为 gù。	
桦（huà）	"白桦树"。不要因"华"而误读为 huá。	
畸（jī）	"畸形"。不要因"奇"而误读为 qí。	
歼（jiān）	"歼灭"。不要因"千"而误读为 qiān。	
酵（jiào）	"发酵"。不要因"孝"而误读为 xiào。	
疚（jiù）	"内疚"。不要因"久"而误读为 jiǔ。	
瞰（kàn）	"鸟瞰"。不要因"敢"而误读为 gǎn。	
脍（kuài）	"脍炙（zhì）人口"。不要因"会"而误读为 huì。	
踉（liàng）	"踉跄（qiàng）"。不要因"良"而误读为 liáng。	
湃（pài）	"澎（péng）湃"。不要因"拜"而误读为 bài。	
倾（qīng）	"倾倒"。不要因"顷"而误读为 qǐng。	
汕（shàn）	"汕头"（地名）。不要因"山"而误读为 shān。	
塑（sù）	"塑造"。不要因"朔"而误读为 shuò。	
涎（xián）	"垂涎"。不要因"延"而误读为 yán。	
屑（xiè）	"碎屑"。不要因"肖"而误读为 xiāo。	
谊（yì）	"友谊"。不要因"宜"而误读为 yí。	
滞（zhì）	"停滞"。不要因"带"而误读为 dài。	

（三）因不恰当的"类推"而误读

与上一类"读半边"的情况不同的是，这一类误读是对一个或几个较常用的字的"声旁"进行不恰当的"类推"而造成的。例如"绌"（chù）字因"拙"而被"类推"误读为 zhuō；"癸"（guǐ）因"葵"而被"类推"误读为 kuí，等等。下面是一小部分例字：

皑（ái）　　　洁白。不要因"凯"而误读为 kǎi。
鳔（biào）　　"鱼鳔"。不要因"漂"而误读为 piāo。
哺（bǔ）　　　"哺乳"。不要因"浦"而误读为 pǔ。
谄（chǎn）　　"谄媚"。不要因"陷"而误读为 xiàn。
阐（chǎn）　　"阐明"。不要因"禅"而误读为 shàn 或 chán。
踹（chuài）　　踢；踩。不要因"喘"而误读为 chuǎn。
辍（chuò）　　"辍学"。不要因"缀"而误读为 zhuì。
滇（diān）　　云南的别称。不要因"填"而误读为 tián。
遏（è）　　　"遏止"。不要因"渴""喝"而误读为 kě 或 hē。
孵（fū）　　　"孵化"。不要因"浮"而误读为 fú。
甫（fǔ）　　　古代男子的美称。不要因"浦"而误读为 pǔ。
缚（fù）　　　捆绑。不要因"搏"而误读为 bó。
犷（guǎng）　"粗犷"。不要因"矿"而误读为 kuàng。
踝（huái）　　"足踝"。不要因"棵"而误读为 kē。
讳（huì）　　　"忌讳"。不要因"伟"而误读为 wěi。
诲（huì）　　　"教诲"。不要因"悔"而误读为 huǐ。
较（jiào）　　"比较"。不要因"绞"而误读为 jiǎo。
鞠（jū）　　　"鞠躬"。不要因"菊"而误读为 jú。
酪（lào）　　　"奶酪"。不要因"洛"而误读为 luò。
蹒（pán）　　"蹒跚（shān）"。不要因"瞒"而误读为 mán。
瞥（piē）　　　"一瞥"。不要因"撇"而误读为 piě。
绮（qǐ）　　　"绮丽"。不要因"椅"而误读为 yǐ。
惬（qiè）　　　"惬意"。不要因"侠"而误读为 xiá。
冗（rǒng）　　"冗长"。不要因"沉"而误读为 chén。
亚（yà）　　　"亚军"，"亚洲"。不要因"哑"而误读为 yǎ。
蕴（yùn）　　"蕴藏"。不要因"温"而误读为 wēn。

（四）因没区别字义而误读

汉字中有不少多音多义字。这些字的不同读音，往往表示不同的含义。例如"荷"字有 hé、hè 二音，读 hé 时指"莲"，读 hè 时表示"负荷"。如果我们把"负荷"的"荷"读成 hé，或把"荷叶"的"荷"读成 hè，都属于误读。例如：

阿①ā　阿姨　阿罗汉　阿拉伯　②ē　阿谀（yú）　阿胶　阿弥陀佛
挨①āi　挨近　挨着　挨个　②ái　挨打　挨饿
磅①bàng　磅秤　过磅　②páng　磅礴
辟①bì　复辟　②pì　开辟　辟谣
屏①bǐng　屏弃　屏除　屏气　②píng　屏风　屏障　画屏
称①chèn　对称　称职　称心如意　②chēng　名称　称呼　称赞
创①chuàng　创造　创举　首创　②chuāng　创伤　创口
答①dá　回答　报答　答谢　②dā　答理　答应　羞答答
度①dù　温度　风度　置之度外　②duó　忖（cǔn）度　揣（chuǎi）度
给①gěi　发给　献给　给以　②jǐ　供给　配给　自给自足
喝①hē　喝茶　喝醉　大吃大喝　②hè　喝问　喝令　大喝一声
横①héng　纵横　横梁　横行　②hèng　蛮横　专横　横财　横祸
角①jiǎo　三角　角落　口角（嘴边）　②jué　主角　角力　口角（吵嘴）
结①jié　结交　结合　结局　②jiē　结实　结巴　结了个果子
空①kōng　空洞　落空　空气　空城计
　②kòng　空白　空闲　空一格　钻空子
难①nán　困难（或变轻声）　难免　难看
　②nàn　灾难　非难　难民　发难
茄①qié　茄子　番茄　②jiā　雪茄
宿①sù　宿舍（shè）　宿愿　风餐露宿
　②xiǔ　住了一宿　整宿没睡　③xiù　星宿
载①zǎi　登载　记载　一年半载　千载难逢
　②zài　装载　搭载　载歌载舞　怨声载道

（五）因没区别词性而误读

有一些汉字，当它们由某一个词性（往往是本义）转用于另一个词性（往往是引申义）的时候，在读音上往往也有所变读。像"膏"字，用于名物义时读 gāo，如"脂膏""牙膏"；而当它用于动作义时，就要读 gào，如"膏车""膏油"。假如把它们颠倒过来读，就是读错了。例如：

藏①cáng（用于动作义）　收藏　隐藏　矿藏　捉迷藏
　②zàng（用于名物义）　宝藏　大藏经　西藏
臭①chòu（用于性状义）　臭气　狐臭　遗臭万年
　②xiù（用于名物义）　乳臭　铜臭　无色无臭
畜①chù（用于名物义）　牲畜　畜生　家畜
　②xù（用于动作义）　畜牧　畜养　畜产
弹①dàn（用于名物义）　弹丸　弹弓　枪弹　弹药
　②tán（用于动作义）　弹性　弹簧　弹力　弹指间

冠①guān（用于名物义）　桂冠　皇冠　鸡冠花　冠心病
　②guàn（用于动作义）　冠军　弱冠　冠名
号①hào（用于名物义）　号码　号角　符号
　②háo（用于动作义）　呼号　哀号　号叫
劲①jìng（用于性状义）　强劲　劲旋　疾风知劲草
　②jìn（用于名物义）　干劲　有劲　劲头　鼓劲
笼①lóng（用于名物义）　鸟笼　灯笼　牢笼
　②lǒng（用于动作义）　笼罩　笼络　笼括
泥①ní（用于名物义）　泥土　泥淖　水泥　蒜泥
　②nì（用于动作义）　拘泥　泥窗户　泥古不化
泊①pō（用于名物义）　湖泊　血泊　梁山泊
　②bó（用于动作义或性状义）　停泊　漂泊　淡泊
铺①pū（用于动作义）　铺路　铺轨　铺张
　②pù（用于名物义）　饭铺　卧铺　铺板
强①qiáng（用于性状义）　强盛　强暴　强攻　博闻强识
　②qiǎng（用于动作义）　勉强　强迫　强辩　强词夺理
丧①sàng（用于动作义）　丧失　丧胆　丧命　丧心病狂
　②sāng（用于名物义或性状义）　丧服　治丧　丧钟
为①wéi（用于动作义和少数虚词）　人为　认为　为难　为非作歹　无能为力　大为赞赏
　②wèi（用于多数虚词）　因为（"为"或变轻声）　为了　为什么　为人民服务
兴①xīng（用于动作义和性状义）　兴起　新兴　兴奋
　②xìng（用于名物义）　兴趣　高兴　助兴　兴高采烈
咽①yān（用于名物义）　咽喉　咽炎
　②yàn（用于动作义）　吞咽　咽下　细嚼慢咽
　③yè（用于动作义，多音词词素）　哽咽　呜咽　悲咽

（六）因没区别文白异读而误读

有些汉字有文、白两读。前者或称"读书音""读音"，后者或称"口语音""语音"。例如，"剥"字在"剥削""剥夺"等书面词语中读bō，而在"剥皮""剥花生"等口头词语中却读bāo。前者常出现在复音词中，后者常用作单音词。例如：

薄①bó［文］　薄弱　单薄　厚今薄古
　②báo［白］　薄板　薄饼　待他不薄
澄①chéng［文］　澄清　澄澈　江澄似练
　②dèng［白］　把水澄清了再喝　澄沙　澄浆泥

逮①dài [文]　逮捕
　②dǎi [白]　逮蚊子　逮特务
核①hé [文]　核心　核桃　核实
　②hú [白]　枣核儿　煤核儿
虹①hóng [文]　彩虹　虹吸管　霓虹灯
　②jiàng [白]　出虹了
露①lù [文]　露天　露骨　抛头露面
　②lòu [白]　露脸　露马脚　露富
落①luò [文]　降落　落魄　落花生
　②lào [白]　落色（shǎi）　落枕　落架
　③là [白]　落在后面　丢三落四
蔓①màn [文]　蔓延　蔓草　蔓生植物
　②wàn [白]　爬蔓　瓜蔓儿　顺蔓摸瓜
翘①qiáo [文]　翘首　翘楚　连翘
　②qiào [白]　翘尾巴　翘辫子
壳①qiào [文]　甲壳　地壳　金蝉脱壳
　②ké [白]　蛋壳儿　脑壳儿　手枪卡（qiǎ）壳
色①sè [文]　色彩　景色　色厉内荏（rěn）
　②shǎi [白]　掉色　套色　落（lào）色
塞①sè [文]　堵塞　搪塞　闭目塞听
　②sài [文]　边塞　要塞　塞翁失马
　③sāi [白]　瓶塞　活塞　把洞塞住
熟①shú [文]　成熟　熟练　熟视无睹
　②shóu [白]　苹果熟了　馒头蒸熟了
削①xuē [文]　剥（bō）削　削减　削弱
　②xiāo [白]　削铅笔　削苹果　刀削面
血①xuè [文]　血压　贫血　血吸虫　流血牺牲
　②xiě [白]　流了点儿血　吐了一口血　鸡血

（七）因音义相近而误读

有一些汉字，由于它们的音义相近，构词情况相似，因而被误读。例如："譬（pì）如"一词，由于与"比（bǐ）如"相近，因而"譬"字常被误读为bǐ。这就需要辨析它们之间的微小差别（甚至这两个词的意义虽然可以相通，但是它们的读音也有区别），才能读准。例如：

刹（chà）　　在"刹那""一刹那"等词语中读chà（另在"刹车"等词中读shā）。不要因"霎时""一霎"的"霎"而误读为shà。

玷（diàn）　　如"玷污""玷辱"。不要因"沾染""沾光"的"沾"而误读为 zhān。

汲（jí）　　"汲取"和"吸（xī）取"二词音义相近。不要因此而误读为 xī。

嫉（jí）　　"嫉妒"和"忌（jì）妒"二词音义相近。不要因此而误读为 jì。

棘（jí）　　"棘手"和"辣（là）手"二词相近；后者在口语中其义也同"棘手"，但在读音上不要误读"棘"为 là。

毗（pí）　　可组成"毗邻"等词语。不要因"天涯若比邻"而误读为 bǐ。

蜷（quán）　　"蜷曲（qū）"就是弯曲成一团。与义为卷裹成团的"卷"（juǎn）相近，不要因此误读为 juǎn。

蜕（tuì）　　蛇、蝉等脱皮，比喻变化，如"蜕变""蜕化"。不要因"脱皮""金蝉脱壳"等而误读为 tuō。

侮（wǔ）　　虽然"欺侮"和"欺负（fù）"、"侮辱"和"污（wū）辱"相近，但是不要误读"侮"为 fù 或 wū。

筵（yán）　　"筵席"和"宴（yàn）席"音义相近，但不要误读"筵"为 yàn。

贮（zhù）　　"贮藏""贮存"义同"储（chǔ）藏""储存"，但不要因此误读"贮"为 chǔ。

姊（zǐ）　　"姊妹"义同"姐（jiě）妹"，但不要误读"姊"为 jiě。

（八）因没注意古义读法而误读

在朗读古诗文时，往往遇到一些需要变读的字。例如"遗"字在当"赠送"讲的时候不读 yí，而应该读 wèi。不过，为了减少多音现象，近年来已取消了一些这样的"古义旧读"，例如"胜"字已统读为 shèng，不读 shēng 音，我们可以根据有关的规定和通行的字、词典的注音来读。下面是一部分例子：

卒（cù）　　同"猝"，如"卒中（zhòng）"就是"中（zhòng）风"；"仓卒"就是"仓猝"。不读 zú。

夫（fú）　　多用作语助词。如"夫战，勇气也"（《左传·庄公十年》）"逝者如斯夫"（《论语·子罕》）。不读 fū。

父（fǔ）　　对老年男子的尊称。如"尼父"（指孔子）、"尚父"（指吕望）。不读 fù。

红（gōng）　　"女红"（也作"女工"），指女子所做的纺织、缝纫、刺绣等工作及其成品。不读 hóng。

呱（gū）　　用于"呱呱坠地"等词语。不要误读为 guā。

纶（guān）　　"纶巾"，古代的一种头巾。不要因"绦（dí）纶（lún）""锦纶（lún）"而误读为 lún。

期（jī）　　"期年"，一整年；"期月"，一整月；"期服"，丧服，简称为"期"。不读 qī。

论（lún）　　《论语》，儒家经典之一。不读 lùn。

莫（mù）　　"暮"的本字。如："莫春者，春服即成。"（《论语·先进》）不读 mò。

内（nà）　　古代同"纳"。如："婚姻娉内。"（《荀子·富国》）不读 nèi。

妻（qì）　　把女子嫁给人。如："以其子妻之。"（《论语·公冶长》）不读 qī。

见（xiàn）　同"现"。如："风吹草低见牛羊。"（《敕勒歌》）不读 jiàn。

（九）因没注意专名的特殊读法而误读

有些人名、地名、民族名等，存在着特殊的读法。造成这种现象的原因，或是保留了古音，或是沿用了古代译名，或是受了方言的影响。不过，专名的变读，近年来有了"简化读音"的趋势。例如"叶公好龙"的"叶"，旧读 shè，现读 yè；姓氏的"费"，旧读 bì，现读 fèi 等。现仍有特殊读法的如：

蚌（bèng）　蚌埠，在安徽。不读 bàng。

泌（bì）　　泌阳，在河南。不读 mì。

秘（bì）　　秘鲁，国名。不读 mì。

柏（bó）　　柏林，在德国。不读 bǎi。

埔（bù）　　大埔，在广东（但广东的"黄埔"的"埔"读 pǔ）。

单（chán）　单于，古代匈奴君主的称号（但姓氏的"单"和山东"单县"的"单"读 shàn）。不读 dān。

阿（ē）　　东阿，在山东；阿房（páng）宫，古建筑名。不读 ā。

葛（gě）　　姓，包括单、复姓。不读 gé。

句（gōu）　　高句丽（lí），古国名。不读 jù。

莞（guǎn）　东莞，在广东。不读 wǎn。

汗（hán）　　可（kè）汗，古代一些民族的最高统治者。不读 hàn。

华（huà）　　姓；又，华山、华县、华阴，都在陕西。不读 huá。

桧（huì）　　秦桧，古人名。不读 guì。

珲（hún）　　珲春，在吉林（但黑龙江原有"瑷珲〔huī〕"，今写作"爱辉"）。

济（jǐ）　　济南、济水、济宁、济阳，都在山东。不读 jì。

纪（jǐ）　　姓。不读 jì。

六（lù）　　六安，在安徽；六合，在江苏。不读 liù。

绿（lù）　　鸭绿江，江名。不读 lǜ。

万（mò）　　万俟（qí），姓，不读 wàn。

区（ōu）　　姓。不读 qū。

番（pān）　　番禺（yú），在广东。不读 fān。

仇（qiú）　　姓。不读 chóu。

任（rén）　　姓。不读 rèn。

解（xiè）　　姓；解虞（旧地名）、解池，在山西。不读 jiě。

燕（yān）　　姓；古国名。不读 yàn。

尉（yù）　　尉迟，姓；尉犁，在新疆。不要因单姓"尉"读 wèi，而误读为"wèi"。

查（zhā）　　姓，不读 chá。

（十）因方音影响而误读

普通话字音的误读原因之一是方音的影响。特别是对自己熟悉的方言里所没有的声、韵母，甚至声调，更容易读错。例如把"主力"（zhǔlì）读成"阻力"（zǔlì），把"男女"（nánnǚ）读成"褴褛"（lánlǚ），等等。下面把易读错的一些音近的词语（左右两边的词语都注了正确读音）分几组举例，以便对照辨正。

1. zh、ch、sh—z、c、s

zh—z：治理（zhìlǐ）— 自理（zìlǐ）

支柱（zhīzhù）— 资助（zīzhù）

战时（zhànshí）— 暂时（zànshí）

终止（zhōngzhǐ）— 宗旨（zōngzhǐ）

ch—c：初生（chūshēng）— 粗声（cūshēng）

撤返（chèfǎn）— 策反（cèfǎn）

谗害（chánhài）— 残害（cánhài）

重生（chóngshēng）— 丛生（cóngshēng）

sh—s：善心（shànxīn）— 散心（sànxīn）

诗人（shīrén）— 私人（sīrén）

收集（shōují）— 搜集（sōují）

树立（shùlì）— 肃立（sùlì）

2. r—y

日班（rìbān）— 一般（yìbān）

肉片（ròupiàn）— 诱骗（yòupiàn）

燃料（ránliào）— 颜料（yánliào）

染色（rǎnsè）— 眼色（yǎnsè）

3. n—l

恼怒（nǎonù）— 老路（lǎolù）

男女（nánnǚ）— 褴褛（lánnǚ）

牛黄（niúhuáng）— 硫黄（liúhuáng）

年代（niándài）— 连带（liándài）

4. f—h

发布（fābù）— 花布（huābù）

公费（gōngfèi）— 工会（gōnghuì）

纷乱（fēnluàn）— 昏乱（hūnluàn）

方圆（fāngyuán）— 荒园（huāngyuán）

5. b、d、g—p、t、k

b—p：鼻子（bízi）— 皮子（pízi）

半途（bàntú）— 叛徒（pàntú）

编目（biānmù）— 篇目（piānmù）

拨付（bōfù）— 泼妇（pōfù）

d—t：

丹心（dānxīn）— 贪心（tānxīn）

淡忘（dànwàng）— 探望（tànwàng）

对话（duìhuà）— 退化（tuìhuà）

颠覆（diānfù）— 天赋（tiānfù）

g—k：

各人（gèrén）— 客人（kèrén）

骨干（gǔgàn）— 苦干（kǔgàn）

龟甲（guījiǎ）— 盔甲（kuījiǎ）

狗头（gǒutóu）— 口头（kǒutóu）

6. j、zh、z—q、ch、c

j—q：建议（jiànyì）— 歉意（qiànyì）

坚定（jiāndìng）— 签订（qiāndìng）

基础（jīchǔ）— 凄楚（qīchǔ）

经理（jīnglǐ）— 清理（qīnglǐ）

zh—ch：仗义（zhàngyì）— 倡议（chàngyì）

展品（zhǎnpǐn）— 产品（chǎnpǐn）

知情（zhīqíng）— 痴情（chīqíng）

直到（zhídào）— 迟到（chídào）

z—c：自杀（zìshā）— 刺杀（cìshā）

踪影（zōngyǐng）— 聪颖（cōngyǐng）

作怪（zuòguài）— 错怪（cuòguài）

再嫁（zàijià）— 菜价（càijià）

7. -n— -ng

an—iang：翻案（fān'àn）— 方案（fāng'àn）

烂漫（lànmàn）— 浪漫（làngmàn）

赞礼（zànlǐ）— 葬礼（zànglǐ）

缠绵（chánmián）— 长眠（chángmián）

ian—iang：钱币（qiánbì）— 墙壁（qiángbì）

鲜花（xiānhuā）— 香花（xiānghuā）

老年（lǎonián）— 老娘（lǎoniáng）

　　　　　　羡慕（xiànmù）——项目（xiàngmù）
　　uan—uang：专车（zhuānchē）——装车（zhuāngchē）
　　　　　　　官名（guānmíng）——光明（guāngmíng）
　　　　　　　欢迎（huānyíng）——荒淫（huāngyín）
　　　　　　　传单（chuándān）——床单（chuángdān）
　　en—eng：陈旧（chénjiù）——成就（chéngjiù）
　　　　　　门牙（ményá）——萌芽（méngyá）
　　　　　　真名（zhēnmíng）——争鸣（zhēngmíng）
　　　　　　身材（shēncái）——生财（shēngcái）
　　in—ing：不信（búxìn）——不幸（búxìng）
　　　　　　金鱼（jīnyú）——鲸鱼（jīngyú）
　　　　　　尽头（jìntóu）——镜头（jìngtóu）
　　　　　　临时（línshí）——零食（língshí）
　　uen（un）—ong：轮子（lúnzi）——笼子（lóngzi）
　　　　　　　　　吞并（tūnbìng）——通病（tōngbìng）
　　　　　　　　　唇膏（chúngāo）——崇高（chónggāo）
　　　　　　　　　沦亡（lúnwáng）——龙王（lóngwáng）
　　ün—iong：勋章（xūnzhāng）——胸章（xiōngzhāng）
　　　　　　　群山（qúnshān）——穷山（qióngshān）
　　　　　　　熏鸡（xūnjī）——胸肌（xiōngjī）
　　　　　　　运煤（yùnméi）——用煤（yòngméi）
8. i—ü
　　　　名义（míngyì）——名誉（míngyù）
　　　　半夜（bànyè）——半月（bànyuè）
　　　　以后（yǐhòu）——雨后（yǔhòu）
　　　　老妻（lǎoqī）——老区（lǎoqū）

（十一）没注意规范化而误读

语文规范化是我国语言文字工作的重要内容之一，也是这方面工作的主要目标之一。自20世纪50年代以来，国家有关部门发布了一些汉语规范化的规定。其中与普通话正音关系密切的有：普通话审音委员会于1957—1962年分三次发表的《普通话异读词审音表初稿》；国家语言文字工作委员会、国家教育委员会、广播电视部（现国家广播电视总局）于1985年联合发布的《普通话异读词审音表》；中国文字改革委员会（现国家语言文字工作委员会）、国家标准计量局于1977年联合发布的《关于部分计量单位名称统一用字的通知》等。但是，现在有时仍可发现不合这些规定的误读或异读现象，例如：把"呆板"（dāibǎn）读为áibǎn；把"确凿"（quèzáo）读为quèzuò；把已被淘汰的译名"浬"（hǎilǐ，现写作"海里"）读成lǐ，把"吋"（yīngcùn，现写作"英寸"）读成 cùn，等等。这些都是应该注意纠正的。下面举出部分字例，以供参考：

谙（ān，统读），不读 àn。

凹（āo，统读），不读 wā。

鄙（bǐ，统读），不读 bì。

庇（bì，统读），不读 pǐ 或 pì。

柄（bǐng，统读），不读 bìng。

波（bō，统读），不读 pō。

灿（càn，统读），不读 cǎn。

橙（chéng，统读），不读 chén。

闯（chuǎng，统读），不读 chuàng。

从（cóng，统读），不读 cōng。

悼（dào，统读），不读 dǎo。

法（fǎ，统读），不读 fà。

帆（fān，统读），不读 fán。

骨（除"骨碌""骨朵"读 gū 外，都读 gǔ），不读 gú。

脊（jǐ，统读），不读 jí。

绩（jì，统读），不读 jī。

迹（jì，统读），不读 jī。

俊（jùn，统读），不读 zùn。

框（kuàng，统读），不读 kuāng。

拎（līn，统读），不读 līng。

澎（péng，统读），不读 pēng。

绕（rào，统读），不读 rǎo。

危（wēi，统读），不读 wěi。

哮（xiào，统读），不读 xiāo。

械（xiè，统读），不读 jiè。

驯（xùn，统读），不读 xún。

亚（yà，统读），不读 yǎ。

凿（záo，统读），不读 zuò。

脂（zhī，统读），不读 zhǐ。

（十二）因汉字难于识读而误读

汉字中有大量的"形声字"，但是由于古今字音的变化等原因，其"声旁"往往不能正确表音，已如上述；除此之外，还有不少用"象形""指事""会意"等方法造的字，也由于古今字形的演变，往往使人无法"见形知义"而正确认读。例如，一个从未接触过汉字的人，是怎么也猜不出上面是"日"（rì）、下面是"天"

(tiān)的"昊"字竟是读 hào 的。对于这些不易识读也难以从"声旁"类推出字音的汉字，只能查阅工具书，用汉语拼音注上字音，反复记认，才能逐渐读准。下面所举的只是一小部分字例：

鏖（áo）激烈地战斗。如"鏖战"。

畚（běn）"畚箕（jī）"，即簸箕。

飙（biāo）暴风。

岔（chà）"分岔""岔开"。

昶（chǎng）白天时间长；舒畅，畅通。

齓（chèn）小孩换牙。

彳（chì）"彳亍（chù）"，慢行的样子。

宕（dàng）拖延。

缶（fǒu）瓦器。

皋（gāo）水边的高地。

杲（gǎo）明亮。

斛（hú）量器名。

卉（huì）草的总称。

戟（jǐ）古代兵器名。

孑（jié）单独，孤单；"孑孓（jué）"，蚊子的幼虫。

詈（lì）骂。

奁（lián）梳妆用的镜匣。

懋（mào）盛大；劝勉；勉励。

佞（nìng）有才智；善辩，巧言谄媚。

牝（pìn）雌性的鸟兽；泛指雌性。

骞（qiān）高举。

茕（qióng）没有弟兄，孤独。

睿（ruì）通达，英明，有远见。

豕（shǐ）猪。

夙（sù）早；素有的，平素。

忐（tǎn）"忐忑（tè）"，心神不定。

玺（xǐ）印。

乂（yì）治理；安定。

三、拼音误用例析

自 1958 年《汉语拼音方案》诞生以来，汉语拼音已经在社会生活的许多领域得到了广泛的应用，并且发展成为拼写汉语的国际标准。这是众所周知、有目共睹的。

人们每天都可以看到汉语拼音的踪影。在这些汉语拼音的实际应用中，大多数拼写是正确规范的。但是，拼写错误或不规范也是时有所见的，下面所举，是一些常犯的毛病。

（一）字母书写不规范

1. 字母的形体错误或不规范

最常见的是把 N、S 两个字母写错或反置：N 成了俄文字母 И，S 成了近似阿拉伯数字 2 的样子；较少的情况是把 D、G 贴反了。

还有一种情况，就是在使用国际通用的一种传统字体"罗马体"的时候，由于绘写者没注意到这种字体对笔画粗细和末端的装饰性短画都有严格的要求，以致让人看起来十分别扭。例如，不应把 A、K、M、U、V、W、X、Y 等字母的粗笔画和细笔画弄颠倒了。还有一些微小的值得注意的地方。如：N 的左上角本要有一个"垫肩"，不应写成锐角；Q 的"小辫子"应该出格，而不应放在格里，以致把椭圆形压小了；所有字母的装饰性的小笔画应是水平的或垂直的，不应把角度写错，像 V、A。

2. 大小写字母混用

用汉语拼音拼写汉语文句的时候，大写字母的运用有一定的规则，像人名、地名等专名的首字母应该大写；一句话开头的首字母应该大写；诗歌的每一行开头的首字母应该大写，等等。但是在一些场合，例如企事业名称、商品名称、街名牌、站牌和书刊名等，也可以全用大写字母，而且可以省略标调符号。这方面常见的不规范现象，是在全部大写的字母中间，刺目地出现了小写字母，显得十分不协调。

有些人认为汉语拼音小写字母 ɑ、g 一定不能写成 a、g，这是一种误解。其实，它们只是字体上的差别，前者是"等线体"，后者是"罗马体"。汉语拼音字母二者都可以用，只是不要在同一个场合中混用而已。

3. 印刷体和手写体混用

汉语拼音字母的字体，按照国际惯例，可以分为"印刷体"和"手写体"；这两种字体又各有大写和小写之分。虽然目前许多外文的手写体有逐渐向印刷体趋同的倾向，但是它们在同一场合中还是不应该混用的。

（二）音节拼写不正确

现代汉语一共只有 400 多个不带声调的音节（由于各统计者掌握的尺度不同，普通话音节的准确数目没有统一的说法，但是各家统计数相差不多）。用汉语拼音来拼写这些音节，很有规律，易学易记。然而在实际应用中却出现许多误拼，究其原因，有下面几种情况。

1. 因不熟悉汉语拼音而误拼

这一类误拼，往往是拼写者没能认真学好汉语拼音，没掌握声母、韵母的正确拼法而造成的，因而常会出现汉语拼音所没有的一些字母组合形式。例如：

知识书店　ZHR SHR SHU DIAN

福华饭馆　FW HWA FAN GWAN

小小酒家　XAO XAO JIOU JA

2. 因受方言影响而误拼

这一类误拼，主要是受方言的影响，不能准确地掌握普通话的读音而造成的。例如：

糖水菠萝　TONG SUI BO LO

女式皮鞋　NU SI PI HAI

百货公司　BAI FO GONG XI

3. 因受旧拼式影响而误拼

在《汉语拼音方案》诞生之前，曾出现过一些采用罗马字母来拼写汉语的方案。其中英国人设计的"威妥玛式拼音"的影响较大。此外，还有一些外国人用他们的习惯拼法来拼写汉语，五花八门，很不统一。现在我们已经有了自已法定的拼音方案，理应完全按照汉语拼音来写，但是，旧拼法的影响仍未能绝迹。例如：

青岛（啤酒）　TSING TAO

中华（香烟）　CHUNG HWA

孔府宴酒　Kongfu Yan Chiew

4. 夹用或全用外文

按照有关规定，交通标志、商品名称、商标和国内出版的中文书刊名等等，应该加注汉语拼音。但是，近年来却有一些地方和部门自行其是，夹用或全用外文（主要是英文）来拼写，这是应该纠正的。例如：

北京西站　BEIJING WEST RAILWAY STATION

学院路　COLLEGE ROAD

光明日报　GUANGMING DAILY

还有一些弄"巧"反成拙的错译，例如把"饭馆"拼成 HOTEL（旅馆），把《女友》（杂志名）拼成 LOVE（爱），等等，让人啼笑皆非。

5. 其他错拼

有些场合的"汉语拼音"，错得十分离奇。例如：

一家理发店门口的灯箱，正面是"LIFA 理发"，背面却是"发理 AFIL"！

一艘游览船的左舷写着"FUCHUNJIANG 富春江"，右舷却是"江春富 GNAI-JNUHCUF"！

一双尼龙袜的右脚有一行"TAIHU"（太湖），左脚却是"UHIAT"！

无以名之，只能称为"莫名其妙的错拼"。

（三）不符合汉语拼音正词法

目前常见的不符合正词法的现象有以下几种。

1. 不注意分词连写

汉语是以词作为语音的基本单位的，用汉语拼音来拼写汉语，应该分词连写。如果不是这样，而是"逐字拼写"，或者相反，"一条龙"连到底，就不便于人们的阅读理解。例如："请注意保持公共卫生"这句话怎样拼写呢？先比较一下：

(1) QING ZHU YI BAO CHI GONG GONG WEI SHENG
(2) QINGZHUYIBAOCHIGONGGONGWEISHENG
(3) QING ZHUYI BAOCHI GONGGONG WEISHENG

显然，第一种拼法分散零乱，使人难以扫读；第二种拼法冗长模糊，使人无法卒读；只有第三种，既符合正词法的拼写法，又符合人们的"词感"，最受欢迎和赞同。

2. 不注意标调法

常见的标调的错误或不规范有下面几种情况。

1）标错声调。例如：把"烤鸭"拼成 kǎoyà（应为 kǎoyā）。
2）调号位置不对。例如：把"夏装"拼成 xiàzhūang（应为 xiàzhuāng）。
3）在轻声音节上标调。例如：把"包子"拼成 bāozǐ（应为 bāozi）。
4）在变调时标调。例如：把"手表"拼成 shóubiǎo（应为 shǒubiǎo）。
5）调号不规范。例如：阳平的调号应是由下而上，下粗上细的，却常被误印为下细上粗。

3. 标点符号运用不当

汉语拼音的标点符号用法跟汉字标点符号大致相同，但有一些"小异"：

1）汉语拼音的句号是实心圆点而不是空心圆点

【正】Wǒ shì jiàoshī．
【误】Wǒ shì jiàoshī。

2）汉语拼音拼写非汉语人名时不用中圆点

【正】Tājiào Mǎlì Jūlǐ（Marie Curie）．
【误】Tājiào Mǎlì·Jūlǐ（Marie·Curie）．

3）在某些场合要用短横

【正】Zhōng-xiǎoxuéshēng；láilai-wǎngwǎng
【误】Zhōngxiǎoxuéshēng；láilaiwǎngwǎng

4. 缺漏隔音符号

a、o、e 开头的音节连接在其他音节后面的时候，如果音节的界限发生混淆（包括在省略调号的情况下），要用隔音符号隔开。但是有时被人们忽略了：

【正】Xi'an（西安）；TIAN'E PAI（天鹅牌）
【误】Xian 或 Xi-an；TIANEPAI 或 TIAN E PAI

5. 不适当的移行

移行时要保持音节的完整。下面的例子把两个音节拦腰截断，是不规范的：

服装　FUZH-
鞋帽　UANGX-
　　　IEMAO

第四节 朗　读

朗读在语文教学、文化生活和宣传工作中有着不可低估的作用。通过朗读优秀的作品，可以更具体地学到艺术语言的表达技巧，丰富自己的词汇，提高自己运用祖国语言的能力。再者，朗读也是养成正确发音习惯的一个重要途径，通过朗读，可以把普通话说得更好，提高运用普通话交流思想的能力。

怎样才能朗读得好？朗读的基本要求是什么？朗读要有感情，有条理，从容自然，抑扬顿挫，要顺应作品思想感情的发展；不能矫揉造作，装腔作势，不能言不由衷，单调呆板。总之，要朗读得好，应该注意理解朗读的内容和运用朗读的技巧。下面介绍一些朗读技巧。

一、停顿

停顿指段落、语句或词语之间的声音间歇。我们说话、朗读不可能一口气把要表达的意思都说出来。对于朗读者来说，适当的停顿，既是呼吸的自然结果，人的生理需要，也是表情达意的需要；对于听者来说，连续不断地接收声音信号刺激，也需要有一定的空隙来让大脑分析、处理信息，回味思考听到的内容。因而，朗读时的停顿，无论对朗读者还是对听众，无论是在生理上还是心理上，都是十分必要的。朗读者应善于控制自己的气息，根据表达需要，或断或连，在能断当断的地方停顿换气，使语意清晰，感情明朗。比如《谁是最可爱的人》中的两句：

（1）我越来越深刻地感觉到谁是我们最可爱的人！

（2）我们的部队，我们的战士，我感到他们是最可爱的人。

（1）句中的停顿和换气，应在"感觉到"后，而将"谁是我们最可爱的人"连贯读出，以使问题清晰完整。（2）句是作者思考后的结论，回答了上面提出的问题，朗读时，"我感到"后可稍顿甚至不停，而在"他们"后停顿，来突出强调志愿军是最可爱的人。错误、失当的停顿会有害语意的表达，影响思想感情的发挥。"该连不连，语音不全"，"当断不断，反受其乱"，我们应谨慎处理朗读中的停和连。朗读的停顿可分为语法停顿和强调停顿两种。

（一）语法停顿

语法停顿是指根据语句的语法结构、逻辑关系所做的停顿，它是一种以划分意群为目的的停顿，可以显示词、短语、句子之间的联系，也可以表现句群、段落间的层次关系。其中较明显的停顿，书面语言上一般都用标点符号表示出来，标点符号标明了停顿的位置，显示了停顿时间的长短。一般说来，语法停顿时间的长短跟标点符号所表示的语法结构的层次大致相应，句号、问号、感叹号＞分号＞逗号＞顿号。冒号、破折号、省略号的停顿时间较为灵活。如袁鹰《井冈翠竹》中的一段：

当年用自己的血汗保卫过第一个红色政权的战士们，‖谁不记得井冈山上的青青翠竹呢？‖大家用它搭过帐篷，‖用它做过梭镖，‖用它当罐盛过水、｜当碗蒸过饭，‖用它做过扁担和吹火筒。

其中问号、句号后停顿较长，顿号后只有短暂的一顿，这样才能显示出语句内部的层次关系。句中语法停顿，可以起到区别语意、显示结构、表现呼应等作用。例如：

(1) 批评别人的‖言论

(2) 批评‖别人的言论

同样的书面语言形式，停顿不同，前者为名词短语，后者为动词短语，语意也不同。例如：

总之，我们要拿来。我们要‖或使用，或存放，或毁灭。（鲁迅《拿来主义》）

"要"后面的停顿，使后面的三个分句连成一个整体，与之形成呼应之势；没有这个停顿，语脉就混乱不清。语法停顿并不能拘泥于标点符号的停顿原则，而应从语意表达需要出发，适当变通。例如：

竹叶烧了，还有竹枝；竹枝断了，还有竹鞭；竹鞭砍了，还有深埋在地下的竹根。

（袁鹰《井冈翠竹》）

这一段文字是用顶真的修辞手法，写竹子顽强的生命力，朗读时若恪守分号停顿时间长于逗号的原则，就不能显示语言上首尾相连的连锁格式、内容上层层深入的递进关系、语气上一气呵成的连贯语势，顶真的修辞作用就得不到发挥。

(二) 强调停顿

我们把为了强调某一事物、突出某个语意或某种感情所做的停顿称作强调停顿。强调停顿是由说话人表达意图和感情需要而确定的，不受语法逻辑的制约，它可以和语法停顿一致，也可以不一致，在语法停顿以外的地方停顿。例如：

白杨树实在｜是不平凡的，我赞美｜白杨树。（茅盾《白杨礼赞》）

为了突出对白杨树的赞美之情，在句中"实在""赞美"后面做适当停顿，可以给听众留下深刻的印象。为了强调某种思想感情，可以打破语法停顿规律，变换停顿时间。如法国奥诺雷·德·巴尔扎克《欧也妮·葛朗台》中葛朗台发现查理留下的宝匣中有金子：

"什么东西？"他拿着宝匣往窗前走去。"噢，是真金！金子！"……

为了突出葛朗台贪婪的特点，表现他发现金子后的狂喜，应该将"是真金！金子！"两句连起来读，中间稍停一下，甚至不停。就停顿的方式来看，有斩钉截铁的"戛然而止"，也有声断意连的"渐弱渐止"。"戛然而止"要收音利落，声停音落。例如：

我们随时像李先生一样，｜前脚跨出大门，｜后脚就不准备｜再跨进｜大门！

（闻一多《最后一次演讲》）

分句间的自然停顿和句中的强调停顿都要干脆利落，斩钉截铁，表现作者大义凛然、无所畏惧的豪迈气概和斗争精神。"渐弱渐止"的停顿要收音轻缓，声断气连，音停意在，有时和拖音重读连在一起。例如法国阿尔丰斯·都德《最后一课》的结尾：

他转身｜朝着黑板，拿起一支粉笔，使出全身的力量，写了两个大字："法兰西｜万岁！"

然后｜他待在那儿，头｜靠着墙壁，话也不说，只向我们｜做了一个手势："散学了，——你们｜走吧。"

这一段用声断意连的停顿，可以渲染韩麦尔老师对失去教学祖国语言权利的悲愤之情，展现他对学校、对学生的依依惜别的深情，更突显了亡国之痛，使作品的爱国主义主题更加鲜明、感人。

二、重音

朗读时把句子里的某些词语念得比较突出的现象称作重音。

（一）重音的种类

1. 语法重音

根据句子的语法结构而读的重音叫语法重音。这种重音是按语言习惯自然重读的音节，它的位置比较固定，声音强度也只是在音节原有音量上稍稍加重些。语法重音通常的位置是：

1）短句中的谓语　乌云散了，太阳出来了！

2）动宾结构中的宾语　我打开书包，拿出课本。

3）中心词前后的定语、状语、补语　孔雀穿着美丽的衣服。　小刚飞快地跑着。　教室打扫得干干净净。

4）疑问代词　你到哪儿去了？

5）比喻、夸张的词语　黑葡萄般的眼睛。　流着三尺长的口水。

2. 强调重音

表示强调某种意义的重读。它和语法重音不同，不受语句语法结构的制约，没有固定的位置，要根据上下文的意思确定。一句话用不同的重音朗读，可以有不同的含义。例如：

小王刚才在家看书。（强调人物）

小王刚才在家看书。（强调时间）

小王刚才在家看书。（强调地点）

小王刚才在家看书。（强调行为）

强调重音并不是在每一句中都出现，要根据朗读内容的表达需要而定。在语法重音与强调重音处于不同位置时，要二者兼顾，区别对待，不可用语法重音代替强调重音，而应以大小强弱不同的重音去表现，使朗读主次分明，声音错落有致。例如魏巍《谁是最可爱的人》中的一段：

……他们的品质是那样的纯洁和高尚。他们的意志是那样的坚韧和刚强，他们的气质是那样的淳朴和谦逊,他们的胸怀是那样的美丽和宽广!

其中的"品质""意志""气质""胸怀"是排比的描述对象,作为语法重音要略加突出,"纯洁和高尚""坚韧和刚强""淳朴和谦逊""美丽和宽广"是对志愿军的热情颂扬,应以强调重音加以突出。两种重音合理配置,朗读语意明了,感情鲜明,且韵律和谐优美。

3. 感情重音

为了突出某种感情而将某些片段(一句话或一段话,有时是一个词语)重读的现象叫作感情重音。感情重音往往是整句整段的重读,它常常出现在情绪激动、感情强烈时,在兴奋、愤怒、惊奇、感叹时都可能出现感情重音。例如:

这个敏感的精灵,——它从雷声的震怒里,早就听出了困乏,它深信,乌云遮不住太阳,——是的,遮不住的!　　　　　　　　　　　　(高尔基《海燕》)

语法重音、强调重音、感情重音三者有时无法清楚区分,它们可能重合,我们不必机械地强求,硬要区别得清清楚楚,只要了解侧重哪方面即可。

(二) **重音的朗读方法**

重音的朗读,不能机械地全部用加重音量、加大气势的方法来处理,有时变重为轻也同样能起到突出强调的作用。而多变的重音处理方法,可以使朗读声音色彩丰富,更加悦耳动听。常见的重音朗读方法有。

1. 加强音量法

运用较强的呼吸和较大的音量来重读,使音节响亮有力。一般用于表示明朗的态度、观点和形象鲜明的事物。例如:

让暴风雨来得更猛烈些吧!　　　　　　　　　　　　　　　(高尔基《海燕》)

井冈山的竹子,是革命的竹子。　　　　　　　　　　　　(袁鹰《井冈翠竹》)

2. 拖长音节法

把要强调的字词的音节拖得长一些,借增加音节的时值来起强调作用。常常用来表达较为深沉的感情。例如:

白杨树实在——是不平凡的,我赞美白杨树。　　　　　　(茅盾《白杨礼赞》)

3. 一字一顿法

在强调的字词前后做短暂停顿,使声音进出,清晰突出。例如:

周总理,我们的好总理,你在哪里呵,你在哪里?

你可知道,我们想念你,你的人民想、念、你!　(柯岩《周总理,你在哪里》)

4. 重音轻读法

控制声带,运用较强的呼吸,使气大于声,把重读的词语轻轻而有力地读出。常用来表示怀念、悲伤、温柔、慈爱等情感。例如恩格斯《在马克思墓前的讲话》:

3月4日下午两点三刻,当代最伟大的思想家停止思想了。让他一个人留在房里还不到两分钟,当我们进去的时候,便发现他在安乐椅上安静地睡着了——但已经永远地睡着了。

三、语调

语调是指朗读时语句声音音高升降的变化。人们平时说话，总要借助一定的语调来表现思想感情。书面语言用标点符号表明语气，而语调则是有声语言特有的，它是口头语言不可缺少的组成部分。同样的一句话，用不同的语调说出，表达的意思就可能完全不同。例如：

你好。→（平调，一般地认可）

你好？↑（升调，关心地询问）

你好！↘↗（曲调，反语否定）

你好！↓（降调，由衷地肯定）

语调有四种基本类型。

（一）平调

语调平直舒缓，整个句子没有显著的高低变化。常用来表示庄重、严肃、深思、迟疑、冷淡、漠然、悼念、追忆等思想感情。一般的叙述、说明也常用此调。例如：

1974年2月6日，是竺可桢临终的前一天。　　　　　（白夜、柏生《卓越的科学家竺可桢》）

人类的嘴除了吃东西还会说话。　　　　　（吕叔湘《人类的语言》）

（二）升调

语调前低后高，句末音节上扬，常用来表示疑问、反问、惊讶、激动、兴奋、命令、号召等意义。例如：

难道你就只觉得它只是树？难道你就不想到它的朴质，严肃，坚强不屈，至少也象征了北方的农民？　　　　　（茅盾《白杨礼赞》）

"我……我……我跟弗莱斯蒂埃太太借的项链不见了。"　　　　　（莫泊桑《项链》）

（三）曲调

语调高低起伏，曲折变化，通常只体现在一两个音节上，加重延长这些音节的读音，形成曲折升降的调子。常用来表示嘲讽、反语、夸张、双关、暗示等特殊语气。例如：

"啊！地狱？"我很吃惊，只得支吾着……　　　　　（鲁迅《祝福》）

中国军人的屠戮妇婴的伟绩，八国联军的惩创学生的武功，不幸全被这几缕血痕抹杀了。　　　　　（鲁迅《记念刘和珍君》）

（四）降调

语调先高后低，句末音节念得短而低。常用来表示肯定、赞扬、祈求、感叹等语气。例如：

井冈山的毛竹，你是革命的竹子！↓　　　　　（袁鹰《井冈翠竹》）

……"祥林嫂，你放着罢！↓我来摆。↓"　　　　　（鲁迅《故乡》）

应当说明的是，人们说话时语调千变万化，同是升调，有时直升，有时稍升，很难准确确定语调的升降度数，也不能将所有语调都纳入这四种语调类型的框框中；刻板、机械、公式化地套用这四种语调,必然使朗读呆滞、做作,失去活力。此外。语调是着眼于整个句子的,它虽然往往在最后一个或几个音节上比较明显,但从全句一开始就有了发展趋势。这不同于音节的声调,尽管它会给最后一个音节的本来声调带来一些影响,但它与声调是截然不同的两个概念。

四、语速

语速是指朗读时语流的速度,也就是在一定时间里容纳的词语数量,它表现在每个音节的音长和词、短语、句子乃至段落层次的停连时间上。朗读忌"开快车",连珠炮似的滔滔不断,使人"耳不暇接",也不能似念京剧道白,"一唱三叹",令人昏昏欲睡。快慢有节,缓急得当,才能使听众置身于美好的韵律节奏之中,更好地领会作品的内容和精神。朗读速度不是随心所欲的,思想感情的运动状态是语速快慢的根本依据。朗读速度的快慢取决于作品内容的表达需要,为表现作品情节、刻画人物性格、传达作者情感服务。通常,紧张激烈、急剧变化的事件,热闹有趣、欢快热烈的场面用较快的速度。例如:

你看,你看,这不是又一批新砍的毛竹滑下山来了吗?这些青翠的竹子,沿着细长的滑道,穿云钻雾,呼啸而来。它们滑下溪水,转入大河,流进赣江,挤上火车,走上迢迢的征途……

(袁鹰《井冈翠竹》)

宁静、严肃的场面,凝重、沉痛的事件宜用较缓的速度朗读。例如:

中华民国十五年三月二十五日,就是国立北京女子师范大学为十八日在段祺瑞执政府前遇害的刘和珍、杨德群两君开追悼会的那一天,我独在礼堂外徘徊……

(鲁迅《记念刘和珍君》)

表现人物的紧张、兴奋、欣喜、惊奇、愤怒等心情宜快读。例如:

今天,这里有没有特务?你站出来!是好汉的站出来!你出来讲!凭什么要杀死李先生?

(闻一多《最后一次演讲》)

表现忧伤、悲哀、沉重、犹疑等心情用较缓的速度。例如:

医生强忍住悲痛说:"焦裕禄同志恐怕最多只有二十几天时间了。"

(穆青、冯健、周原《县委书记的榜样——焦裕禄》)

另外,从作品刻画的人物性格看,年轻人活泼,敏锐,充满朝气,说话速度快;老年人持重,稳健,思维迟缓,说话速度较慢;个性开朗、贫嘴饶舌的人说话快;沉静内向、不善言辞的人说话慢。朗读时应留心做出不同的处理。应当说明的是,快和慢是相对的,应根据表达需要灵活处理,不可一成不变,也不能变幻无常。要快而不赶,慢而不拖,有时还要快中有慢,缓中见急,使朗读更具表现力。

思考与练习

一、语音学是什么?
二、语音具有哪三个属性?
三、《汉语拼音方案》有哪些内容?它有哪些用途?

四、什么叫语音规范？下面这首诗加黑点的字有两种读音，你认为在普通话里哪个是标准、规范的读音，做个标识，查一下《现代汉语词典》进行验证，如果读错了，请总结一下，看你说普通话时还有哪些音常读错，并采取措施进行纠正。

半亩方（hāng/fāng）塘一（yì/yī）鉴开，
春（cūn/chūn）光云（yín/yún）影共徘徊。
问渠（qú/jú）哪（nǎ/lǎ）得清如许（xǔ/xǐ），
为有源（yuán/yán）头（tóu/tuó）活水（shuǐ/suǐ）来。

（南宋·朱熹《观书有感》）

五、试用所学的朗读知识，用普通话朗读下面的文章：

在船上，为了看日出，我特地①起个大早。那时天还没有亮，周围是很寂静②的，只有机器房的声音。

天空变成了浅蓝色，很浅很浅的；转眼间天边出现了一道红霞，慢慢儿③扩大了它的范围，加强了它的光亮。我知道④太阳要从那天际升起来了，便目不转睛地⑤望着那里。

果然，过了一会儿⑥，在那里就出现了太阳的小半边脸，红是红得很，却没有光亮。这太阳像负着什么⑦重担似的⑧，慢慢儿，一步一步地，努力向上面升起来，到了最后，终于冲破了云霞，完全跳出了海面。那颜色真红得可爱。一刹那⑨间，这深红的东西⑩，忽然发出夺目的光亮，照得人眼睛⑪发痛，同时附近的云也添了光彩。

有时太阳走入云里，它的光线却仍⑫从云里透射下来，直射到水面上。这时候⑬人要分辨出何处是水，何处是天，很不容易，因为只能看见光亮的一片。有时天边有黑云，而且云片很厚。太阳出来了，人却不能够看见它。然而太阳在黑云里放射出光芒，透过黑云的周围，替黑云镶⑭了一道光亮的金边，到后来才慢慢儿透出重围，出现在天空，把一片片黑云变成了紫云或红霞。这时候，光亮的不仅是太阳、云和海水，连我自己也成了光亮的了。

这不是很伟大的奇观么？

（《海上的日出》，选自《巴金文集》）

语音提示（轻声不标调）

①特地	tèdì	⑧似的	shìde
②寂静	jìjìng	⑨一刹那	yīchànà
③慢慢儿	mànmānr	⑩东西	dōngxi
④知道	zhīdao	⑪眼睛	yǎnjing
⑤（目不转睛）地	de	⑫仍	réng
⑥一会儿	yīhuìr	⑬时候	shíhou
⑦什么	shénme	⑭镶	xiāng

第二章 词 汇

第一节 词与词汇

一、词是什么

词是语言中最小的能够独立运用的有音有义的语言单位。例如：

(1) 这 是 科学 的 春天！

（郭沫若《科学的春天》）

例（1）是由"这""是""科学""的""春天"五个单位组成的。每个单位都具有固定的语音形式和特定的意义，如"这""是""科学""春天"都表示事物的概念；"的"在句中则表示一定的语法意义。

上述的语言单位都是现成的造句材料，可以自由地运用在不同的句子里。比如"春天"这个词，除了组成上述那样的例句外，还可以同别的词组成其他各种句子。例如：

(2) 科学的春天到来了！

（郭沫若《科学的春天》）

(3) 我们要用自己的双手创造春天！

（徐刚《创造春天的人们》）

(4) 我们把春天吵醒了。

（冰心《我们把春天吵醒了》）

(5) 春天的细雨，从轿子底布篷里飘进，吹湿了她的衣衫。

（柔石《为奴隶的母亲》）

又如"的"可以自由地组成"科学的春天""创造春天的人们"等语言单位。

这些语言单位，又是"最小的"语言单位。所谓"最小的"语言单位，就是说，词是一个不可再分的整体，一拆开就不能自由运用，或者失去原有的特定意义，成为另外的词了。如把"玻璃"拆成"玻"和"璃"后，就变成没有意义，不能独立运用的了。又如"春天"这个词，若拆成"春"和"天"，就失去了原有意义，成为另外的两个不同的词了。这样，我们就可以把词和词组区别开来，如"科学的春天",它虽然可以自由运用,但却能分割成三个更小的语言单位,因此它是词组而不是词。

可见,"能自由运用"和"最小的"语言单位,这是词的两个基本特点。区别某个语言单位是不是词,一定要把这两个特点统一起来考虑,两者缺一不可。

词和字是不同的。中国古代语言学把字作为语言的基本单位。现代语言学产生以来,字被认为是书写的符号单位,词才是语言的基本单位。作为书写的单位,字所记录的单位可以是有意义的,如"人""天""说""好",也可以是无意义的,如"玻""硫""啶""琶"。从现代语言学的角度说,"玻""硫"等字所记录的就只是音节(也有人径称之为"字"),"人""天"等字所记录的才是语言单位。作为语言基本单位的词,则必须是有意义的,因为它是语言的成分而不是书写的符号。由此看来,"玻""硫"等就只是字,"人""天"等才可能具有词的资格。

二、词汇是什么

词汇也叫语汇。一种民族语言里,词的数目有千千万万,这许多的词总合起来,并且处在一定的联系之中,就叫作词汇,如"汉语词汇""英语词汇"。词汇指词的整体,也可在特定场合指词的某一集体,如"医学词汇""鲁迅词汇""普通话词汇""方言词汇"。我们也可以说某篇文章的词汇很丰富。词和词汇的关系,像树木和森林的关系一样,前者是个体,后者是整体。

三、词的构成

(一)词素

词是由词素(也称语素)构成的。词素是语言中最小的具有一定意义的构词单位。一个词,可以由一个词素构成,也可以由两个或两个以上的词素构成。究竟是由多少个词素构成的,就要取决于它能分割出多少个最小的意义单位。例如:"人"是由一个词素构成的;"国家"是由"国"和"家"两个词素构成的;"马克思主义者"是由"马克思""主义"和"者"三个词素构成的。词素在构词中所表示的意义有所不同,有的意义比较实在,有具体的词汇意义;有的意义比较虚,只起语法作用。前者称为实词素,如"革命"中的"革""命"、"起重机"中的"起""重""机"等。后者称为虚词素,如"桌子"中的"子"、"老虎"中的"老"、"现代化"中的"化"等。实词素体现词的基本意义,是构词的主干,也叫词根;虚词素表示附加意义,是构词的辅助成分,也叫词缀。

汉语的字、词素和词,并不是一回事。

字是书写单位,也是读音单位,一个汉字一般是代表一个音节。单音节的词,比如"天""地""山""水"等只有一个词素,只有一个音节,因此,只用一个汉字来记录。在这种情况下,词、词素和字这三者是一致的。但是,像"马达""蜘蛛""托拉斯""奥林匹克"这样的词,虽只有一个词素,却有两个或两个以上的音节,要用两个或两个以上的汉字来记录。还有,由两个或两个以上词素构成的词,比如"红军""组织性""科学工作者"等，它们有两个或两个以上的音节，要用两个或两个以上的汉字来记录，这样，词、词素和字三者就不相同了。我们必须把它们区别清楚。

（二）单纯词和合成词

汉语的词，从它的内部结构上看，有单纯词和合成词。

1. 单纯词

由一个词素构成的词叫单纯词。它包括以下两类：

1）单音词　人　鸟　山　草　走　飞　高　绿　的　和

2）多音词

象声词：轰隆　叮当　哗啦啦　噼里啪啦

音译词：逻辑　沙发　巧克力　英特纳雄耐尔

联绵词：澎湃　伶俐　辉煌　灿烂　汹涌　徘徊

联绵词也写作"联绵字"，都是双音节的，大部分是双声词（两个音节声母相同）或叠韵词（两个音节韵母相同或相近），它们都是两个音节合起来才能表示一个意思，不能拆开来用，像"麦浪金光灿""革命浪潮湃"之类的用法，是不合乎语言规范的。联绵词由于一般都是双声叠韵，所以在语言表达上富有音乐美。

2. 合成词

由两个或两个以上的词素构成的词叫合成词。它的构成方式是多种多样的，主要有复合、附加、重叠、简缩四种。

1）复合法

由两个或两个以上不同的实词素（或称"词根"）相互结合而成，这种构词方法叫复合法。它是汉语中最常见、最能产的一种构词方式。有以下几种类型：

联合型——由意义相同、相近或相反、相对的实词素并列融合而成。例如：

语言　声音　解放　斗争　光明　图书　领袖

国家　兄弟　窗户　反正　褒贬　是非　长短

偏正型——前一词素修饰、限制后一词素，以后一词素的意义为主。例如：

祖国　红旗　火车　英语　话剧

鲜红　雪白　欢迎　热爱　轻视

补充型——后一词素补充说明前一词素，以前一词素的意义为主。例如：

鼓足　提高　推广　书本　车辆　花朵

支配型——前一词素表示动作或行为，后一词素表示动作或行为所支配的对象。例如：

出席　发言　注意　负责　干事　司令

陈述型——前一词素是陈述的对象，后一词素对前一词素进行陈述。例如：

年轻　性急　体重　胆大　地震　日蚀

2）附加法

由实词素和虚词素（或称"词缀"）构成。实词素是核心部分，表示词汇意义；虚词素是附加部分，表示词性或感情色彩。虚词素有的附在实词素前面，有的附在实词素后面。例如：

老师　阿姨　第一　初五　可爱　孩子　花儿　锄头

团员　学者　科学家　深度　理性　水手　美化　绿油油

3）重叠法

由相同词根的词素重叠而成。例如：

爸爸　姐姐　乖乖　仅仅　刚刚　渐渐

4）简缩法

从固定词组（短语）中抽出有代表性的词语紧缩而成，或用数字概括加上共用单位构成。例如：

支书（支部书记）　　　　烈属（烈士家属）

政协（政治协商会议）　　理工科（理科、工科）

三好（身体好、学习好、工作好）

四化（工业现代化，农业现代化，国防现代化，科学技术现代化）

3. 字母词

改革开放以来，出现了不少新事物、新概念，有自产的，更多的是外来的。为了表达这些新事物、新概念，创造了一些西文字母开头的词语。例如：

GB（中国国家标准）　　　　HSK（汉语水平考试）

OK（好；行）　　　　　　　DNA（基因）

BP机（寻呼机）　　　　　　K歌（唱卡拉OK）

∑基因（形状像∑的基因）　γ射线（伽马射线）

例第一行是用汉语拼音字母表达的中文；例第二行是用拉丁字母表达的外语借词；例第三行是用拉丁字母＋汉字表达；例第四行是用希腊字母＋汉字表达。

四、构词的理据

汉语词的构成有一定的规则，它的形成或命名也并非都是任意的，多有各自的理据。例如"燕麦"，为什么不叫"鹰麦""兔麦"？因为这种植物初为野生，燕雀所食，故称为"燕麦"。为说明这一问题，下面再举数例：

拔河　一种体育运动形式。这一体育运动项目起源于我国春秋战国时期，那时楚国在与吴国的作战（水战）中，用一种叫"牵钩"的东西去钩住吴国的战船。后来演变成为一种"拔河"游戏。特别是在唐朝，拔河运动风行一时。据进士薛胜的《拔河赋》记载，唐玄宗特别喜欢这种运动。比赛时，立大旗为界，人声鼎沸。沿传至今。

草马　母马。唐朝颜师古《匡谬正俗》："牡马壮健，堪驾乘及军戎者，皆伏皂枥，刍而养之。其牝马唯充蕃字，不暇服役，常牧于草，故称草马。"

喝彩 大声叫好。本作"喝采",其意是在赌博时呼喝以叫采。采,骰子上的标记。今义本此。

胡说 瞎说。西晋时期,胡人曾占领过中原一带,不循儒家规范,其言行没有礼法约束,尤其是说的汉语相当不标准,不好听,所以汉人管胡人说汉语叫"胡说"。今义本此。

介绍 引进。依据周礼,贵族相见,主客双方都要有专人传命和引导。主人的引导者叫作"傧","傧"又分为"上傧、承傧、绍傧"。客人的引导者叫作"介","介"分为"上介、次介、末介"。其中的"绍傧"和"末介"是主客之间的中介人。今义本此。

钧瓷 一种珍贵瓷器品种。原产于河南省禹县神垕镇,此地有古代夏禹治水时大会各路诸侯的古钧台,故名。

酒窝 笑时颊上出现的小圆窝。国人自古喜饮白酒,饮时不宜大口喝下,而是抿酒。抿酒时两颊肌肉紧张,易出现微窝,故称"酒窝"。

老板 私营工商业的财产所有者;组织戏班的演员或著名戏曲演员。古汉语中的"百姓"一词被蒙古语借用,读[paixing],意为土房子,又引申为店铺。后来,汉语又把它从蒙古语中反借回来,叫作"闆生",简称"闆",仍为"店铺"义。这样,店铺的主人自然就是"老"了。"闆"在20世纪50年代简化为"板"。

黎民 百姓。传说几千年以前的炎黄时代,黄河流域集中着许多部落,他们之间经常发生吞并战争。黄、炎、夷三大部落,共由一百多个氏族构成,统称"百姓"。他们曾经联盟攻伐且打败九黎族,将其俘虏称为"黎氏"。所以当时"百姓"指奴隶主,"黎氏"指奴隶。那时"民"就是奴隶,所以"黎氏""黎民"都与"奴隶"同义。

目的 要想得到的结果。《旧唐书·高祖太穆皇后窦氏传》:南北朝时,北朝要官窦毅的女儿性情刚强,窦毅认为"此女有奇才,不可轻许人",便在屏障上画了两只孔雀,扬言来求婚者先射二箭,谁射中孔雀的眼睛,就把女儿嫁给谁。李渊应征,连发两箭,分别射中孔雀的左右眼,娶了窦女。"目的"一词本此。"目的"即"以目为的"。古代射箭靶子叫"射侯",射侯的中心叫"的"。

苹果电脑 微型电脑。20世纪70年代,年轻的史蒂夫·乔布斯住在美国硅谷附近,一边读书,一边在农场苹果园里打工。1974年,他与沃兹尼亚克共同试制成功了一套新型微电脑系统,操作时只需在键盘上按键,就可以在电视屏幕上出现文字和图形。后来他们成立了微电脑公司,而且进而发展成为国际性企业。为了纪念乔布斯曾在苹果园的工作,他俩就把这种新型的微型电脑命名为"苹果Ⅰ型"(Apple Ⅰ)、"苹果Ⅱ型"(Apple Ⅱ),人们统称为"苹果电脑"。

清楚 明白、了解。清代学者徐灏《说文解字注笺》:"楚之为物,丛生,弥望修短齐辑,故因之而生楚楚之义。"楚楚:鲜明整齐貌。

肉松 一种绒状或碎末状的瘦肉加工制品。1874年,晚清太仓人倪鸿顺在江苏常熟当厨师，有一次在烧制红烧肉时不慎把锅中汤汁烧干，结果使肥瘦肉分离。他迅速把肥肉取出，再把剩下的瘦肉边煮边搅动，使之成松绒毛状。品尝之觉得别有风味，他便将错就错，继续制作这种肉食品，并管它叫"肉松"，深受人们尤其是老幼病弱者的欢迎。

傻瓜　傻子。古代秦岭地区有一个地方叫"瓜州"，这里的人们姓姜，他们管自己的一族叫"瓜子族"，其他地方的人则叫他们"瓜子"（意即瓜州的人）。瓜子族的人勤劳诚实，干起活来埋头苦干、任劳任怨，其他地方的人误认为他们愚蠢，认为"瓜子"傻。后来便慢慢产生了"傻瓜"一词。

小时　时间单位，一个钟点。我国古代没有钟表，用"日晷""铜壶滴漏"这种计时方法把一昼夜分为十二个"时辰"。明代时钟表从西方传入我国，我国开始实行新的计时制度。因为新制一个钟头是古代一个时辰的二分之一，于是把新制的一个钟头叫作"小时"，把旧制的一个时辰叫作"大时"。

轮船　用机器推动的船。唐代李皋发明了桨轮船，它的原理是：船的尾部或舷侧安装上带有桨叶的桨轮，人踩动桨轮，桨叶拨水，船体前进。桨轮船与人力划动的木船和风力推动的帆船最明显的区别是前者有轮子，所以人们抓住这一特点，把它命名为"桨轮船"。19世纪以来，蒸汽机代替了人力，螺旋桨代替了桨轮，但由于语词的稳固性，人们仍叫它"轮船"。

寒毛　汗毛。《通俗编》引《依雅》云："人身三万八千毛孔，遇寒落而复生，故曰寒毛。"

毛病　缺点、问题。古时养马人把马体上的毛旋儿位置生得不当叫作"毛病"。后引申出"缺点、问题"等义。

丫头　女孩。本作"鸦头"。据《潜居录》记载：约在五代前，吴越一带的妇女为使头发保持乌黑，每年除夕捕养一只乌鸦，日后晨妆时用自己的梳篦木节梳理乌鸦羽毛，边梳理边祈祷，愿自己的头发黑似乌鸦羽毛，故称女髻为"鸦髻""鸦头"，随之女孩也称为"鸦头"了。后讹为"丫头"。

了解和研究汉语构词的理据十分重要。除了有助于我们对词的理解、掌握和运用以外，对我们认识词与词之间的联系以及词义演变和词义发展的规律都很有助益。

五、汉语词汇的特点

汉语词汇有许多特点，主要有以下几点。

（一）单音成义，适应性强

所谓单音成义，就是每一个音节代表一个意义。汉语每一个字代表一个音节，因此，我们也可以说，每一个字代表一个意义。当然也有特殊的情况，比如，由联绵字构成的或者由叠字构成的词，必须用两个音节合成一个意义，拆开来就没有原来的意思了。如"踌躇"（chóuchú），这两个字的声母都是 ch；"从容"（cōngróng），两个字的韵母都是 ong。不但"踌"和"躇"拆开了不成词，"从"

和"容"拆开了，也跟"从容"的意义不相干。也有少数联绵词既非双声，又不是叠韵，如"葡萄"（pútao）、"工夫"（gōngfu）等。叠字如"鸡声喔喔"里的"喔喔"，"流水潺潺"里的"潺潺"（chánchán），拆开了"喔喔""潺潺"也不成词。但是这类词在汉语词汇中毕竟是少数，从一般情况来说，汉语词汇仍旧是单音成义的。现代汉语有许多双音词，如"电话""电灯""风车""水库"等；也有一些三音词，如"自来水""图书馆"等；四音词，如"无产阶级""共产主义"等。这是所谓的"合成词"。其中每一个字都可以称为"词素"，"词素"是一个词的构成部分，词素本身也是有意义的。如在"电话"一词中，"电"和"话"就都有意义。

汉语在接受外来词的时候，还不放弃这个特点，就是一个字有一个意义的特点。"科学"这个词，在最初的时候曾经是音译为"赛恩斯"，拆开来看，"赛""恩""斯"这三个字（音节）都和"科学"的概念无关。后来改为意译，译成"科学"。科学是分科的学问，这样，"科"和"学"都有意义了。

汉字正是和汉语单音成义的特点相适应的。既然每一个音节具有一个意义，就拿一个方块字作为一个音节的代表了。

单音成义的好处在于使汉语有很大的适应性。不管增加多少新词，原则上不需要增加新字。《新华字典》（1962年修订重排本）所收的八千左右个单字就已够用了，而一般常用字大约只有三千个左右。现代汉语里的词有好几万个，但是，那些双音词、三音词、四音词，一般都是有意义的单字合成的，这样就帮助了人们记忆。这应该认为是汉语的优点。

（二）造词灵活，词源雄厚

现代汉语创造新词的办法是多种多样的。其中按照构词法创造的新词数量最多。譬如，仅一个"人"字，按照复合法"实词素+实词素"（或"词根+词根"）就能造出新词一百多个：

人民　人类　人力　人家　人手　人口　人情　人事　人权　人才　人物　人工　工人　个人　男人　女人　爱人　大人　小人　病人　动人　商人　仇人　穷人　富人　阔人　机器人　原始人……

仅一个"子"字，按照附加法"实词素+虚词素"（或"词根+词缀"）造出的新词则更多了：

桌子　椅子　房子　屋子　台子　柱子　棚子　柜子　厨子　架子　棍子　梳子　刀子　斧子　夹子　炉子　帽子　袜子　裤子　被子　肚子　脖子　腰子　李子　柿子　桃子　种子　栗子　麦子　耗子　豹子　猴子　虱子　蛾子　孩子　瞎子　傻子　疯子……

此外，用摹拟自然声音的办法创造的象声词也很多。例如：

当　呼　刷　扑通　咔嚓　咕咚　哗啦　轰隆　哗哗　突突　叭叭　叮叮叮　哗啦哗啦　轰隆轰隆　吱吱喳喳　噼里啪啦……

用变化语音的办法创造的新词也不少。例如：

折（zhé）—折（shé）　　弹（tán）—弹（dàn）
朝（cháo）—朝（zhāo）　　更（gēng）—更（jīng）
钉（dīng）—钉（dìng）　　背（bēi）—背（bèi）

用音译外语词的办法创造的新词在整个词汇里也占有一定的分量。例如：

马克思　列宁　布尔什维克　坦克　雷达　康拜因　盘尼西林……

用分化词义的办法创造新词，也是汉语词汇的重要来源。例如：

生（生长）—生（不熟）—生（不认识）
头（脑袋）—头（两端）—头（在……之前）
好（不坏）—好（友爱）—好（完成）—好（很）
齐（整齐）—齐（全备）—齐（同时、同样）

造词方法灵活，是汉语词汇异常丰富的重要条件。有了这个条件，我们就可以创造出任何所需要的新词来表达思想感情，反映客观现实。

（三）词义精细，形象具体

现代汉语不仅词汇丰富，而且词义的区分非常精细，有的还很形象具体。譬如用手表示的动作，在现代汉语里就有两百来个不同的词。例如：

打　拨　拉　扯　托　抱　扶　折　抓　抹　按　捉　揉　揶　挑　捧　掏　摸
捏　推　拖　掂　捻　扣　撒　提　挖　揪　扒　扔　接　搓　摘　揭　排　扳　挂
扫　抢　撕　插　换　捣　搬　担　拦　摊……

这些词虽然都表示手的动作，但词义各不相同，彼此区别非常精细：有的指一个手的动作，有的指两个手的动作，有的指一个指头的动作，有的指两三个乃至五个指头的动作，各式各样，能给人一种形象具体的感觉。

此外，有些词虽然同指一物，但它们的含义和用法往往有细微的、但又非常必要的差别。如"夫人—妻子—老婆"基本概念相同，但是有语体之分，也有雅俗之别，常常不宜通用。有些本来是贬义词，如"老家伙""鬼东西""淘气包"，但用在特定的场合，却可能有表示喜爱的感情色彩。有些词本身不代表某种意义，但在特定的条件下，却可以获得一种比喻意义，如"狐狸"是指一种野兽，在特定的语言环境中也可以代表"狡猾的人"。

（四）熟语丰富，言简意深

汉语的熟语丰富多彩，其中成语闻名世界。这种语言单位的特点是字数不多，含义深刻。成语使用得当，既可以使语言洗炼，又可以达到生动形象的目的。譬如，说"仗着年岁大，摆老资格"，在一般情况下就不如用成语"倚老卖老"简明扼要；说"做了不必要的动作，使敌人有了准备"，在一般情况下也不如用成语"打草惊蛇"形象具体。

此外，汉语里还有许多谚语、歇后语，虽然都是完整的句子，但有时也像成语一样，被当作一个词来使用。谚语的特点是形式简明，思想内容具有普遍性和典型性,如"三个臭皮匠,合成一个诸葛亮""三百六十行,行行出状元""天下乌鸦一般黑"等。歇后语的特点也是形式简明,内容生动形象,幽默诙谐,如"老鼠过街——人人喊打""懒婆娘的裹脚——又臭又长""十五个吊桶打水——七上八下"等。这些语言单位,也是我们语言宝库中的重要组成部分。

第二节 词 义

一、词义是什么

词义是词的意义,包括词汇意义和语法意义,即词的内容;词的形式是语音。词汇学讲的词义通常是指词汇意义,即狭义的词义,广义的词义还包括词的语法意义。

例如,"改革"这个词的形式是语音 gǎigé,它的内容有二:一是词汇意义,即"把事物中旧的不合理的部分改成新的、能适应客观情况的";二是语法意义,"改革"的词性是动词,兼名词。又如"体制"的形式是 tǐzhì,它的内容有二:一是词汇意义,即"国家机关、企业、事业单位等的组织制度";二是语法意义,即其词性为名词。

词是一种符号,它可以表示各种各样的事物。不管是客观存在的,还是人们头脑中想象的事物,不管它是否真实,只要社会交际中需要,都可以用词来表示,它的内容也就是词义。"神仙"在现实世界里当然是没有的,但是在人们交际中能够用到这个词,这个词也就一直存在着,它的词汇意义是:"神话中有特殊能力、可以长生不老的人物。"

二、词义的性质

(一)词义的概括性

词义是概括的,任何一种语言中的任何一个词莫不如此。概括性是词义的一个本质特征。大千世界的万事万物,每一个都需要由词的意义去指称,客观事物对象是无限的,为词形所固定的词义却是有限的,要想使词义指说客观事物对象,就必须让词义对客观事物对象进行综合、分类,词义本身也就必须是概括的。譬如汉语的"事物"这个词,就概括了"客观存在的一切物体和现象",不仅是无生命的物体,也包括有生命的物体,不仅是抽象现象,也包括具体现象。可见,"事物"是个高度概括的词,我们人也为其所概括。正因为词义具有概括性,语言才成为人们交际、交流思想的经济便捷的工具。

(二)词义的民族性

词义是一种语言中的词的内容,具有民族性。语言是民族的,语言中的词以及词的内容——词义也是民族的。从词义的产生、演变和消亡上都可看出其鲜明的民族性。词义的产生以民族的文化为主要背景,以民族的文化为主要背景产生出来的词义才具有鲜明的民族特色。例如汉语中的"五行""状元""流觞""目语""龙套""叫座""连襟""内助"等词的意义就都具有鲜明的汉民族特色。词义的民族性的产生有的是由于词所指的事物对象为本民族所特有，因而该词的意义具有民族性。例如"五行""状元""流觞""龙套"等词所指的事物对象是汉民族社会所特有的，其意义也就带有汉民族的特色。词义的民族性的产生有的不是由于词所指的事物对象为本民族所特有，其他一些民族的语言也有相应的词指称同样的事物对象，但是本民族在造词上显现出鲜明的民族特点，因而该词的意义也具有民族性。例如"连襟""叫座""内助""目语"等词所指的事物对象未必就是别的民族社会所没有的，其他民族的语言也不见得没有相应的词来指说这个对象，但是汉语中的"连襟"等词由于内部形式上的特点而有着别的语言的词所难以具有的意义内涵。

（三）词义的社会性

语言的词义为全语言社会共同拥有、理解和使用。词义的社会性从其产生、发展、消亡可以看得很清楚，从它的使用上也不难看出。词义是适应社会的需要而产生的，任何一个词的意义都是应全社会的要求而产生的。一些词的意义在最初产生时可能仅仅是应语言社会中部分人的需求，但是它能够产生出来并最终在全语言社会中使用、流布开来，也说明它适应了全社会的需要。词义是应社会的需要而发展的，任何一个词的意义都是应全社会的要求而发展变化的。

（四）词义的时代性

词义都是属于一定时代的。每一个时代的词义一般都带有每一个时代的特点。一般来说，前一时代的词义总不如后一时代的词义深化，前一时代也难有后一时代社会文化背景之下产生出来的词义。例如"天"这个词在《说文》里就被释为："颠也。至高无上。从一大。""地"这个词被释为："元气初分。轻清阳为天，重浊阴为地。万物所陈列也。从土，也声。"这是古人对"天""地"两个词的意义的理解。今天我们对"天""地"的理解已较古人深入得多，也科学得多。"天"，《现代汉语词典》（2005年版）释为：①图天空。②位置在顶部的；凌空架设的。③图一昼夜二十四小时的时间，有时专指白天。④图用于计算天数。⑤（~儿）图一天里的某一段时间。⑥季节。⑦图天气。⑧天然的；天生的。⑨自然界。⑩图迷信的人指自然界的主宰者；造物。⑪图迷信的人指神佛仙人所住的地方。⑫（Tiān）图姓。"地"在《现代汉语词典》（2005年版）中被释为13个义项：①图地球；地壳。②图陆地。③图土地；田地。④图地板①。⑤图地区①。⑥图地区②。⑦图地方dìfāng①。⑧地方di·fang①。⑨图地点。⑩地位。⑪地步。⑫（~儿）图花纹或文字的衬托面。⑬图路程（用于里数、站数后）。从"天""地"两个词古今不同的解释上，不难看出古人、今人在对词义理解的深度上是存在着明显的差别的。由于所处时代的科学技术水平和人们的观念等的不同，古代所造出的词也难与今天所造出的词相比。例如"导弹""网络""手机""计算机""加速器""人工智能"等的词义，就不是古代特别是上古时代所能产生的。

(五) 词义的发展性

语言中词的意义不是一成不变的，而是处于发展变化之中。词义的发展变化主要分两种情形：一种情形是词义随词形的发展变化而发展变化，另一种情形是词义在词形基本不变的情况下自身发展变化。词义随词形的发展变化而发展变化的情形在语言史中是经常性地发生的。语言在发展中会经常性地创造新词、淘汰旧词，伴随着新词的增加和旧词的消亡，语言中新的词义在逐步地增添，旧的词义在逐渐地消减。以汉语为例，近二三十年就有"机制""评估""微机""快递""软包装""三连冠""污染源""碰碰车""南南合作""电子货币""可视电话""售后服务"等新词产生出来，这些新词的意义也就同时出现；近二三十年又有"炮轰""小字报""向阳院""一片红""阴阳头""忆苦思甜""批修整风""评法批儒"等旧词被淘汰出去，这些旧词的意义也同时不复存在或接近于消亡。词义在词形基本不变的情况下自身发展变化的情形，常见的有三种。

1. 词义扩大

词义中的中心义素未变而限制性的次要义素减少造成词义所指的范围较原先变大，这种词义的发展变化就是词义扩大。词义扩大一般只发生在词的理性意义上。例如"鸟"，《说文》："长尾禽总名也。"段玉裁注："短尾名隹，长尾名鸟。"现代的"鸟"义，已无短尾、长尾的限定，不管长尾、短尾都叫作"鸟"。

2. 词义缩小

词义中的中心义素未变而限制性的次要义素增加造成词义所指的范围较原先变小，这种词义的发展变化就是词义缩小。词义缩小一般只发生在词的理性意义上。例如"臭"在古代是气味之总称，所以《周易·系辞上·第八章》云："同心之言，其臭如兰。"现代的"臭"义，已在"气味"之前加上了"难闻的"限定语，使之成为了与"香"相对的一种气味。

3. 词义转移

词义中的中心义素发生变化，造成词义所指范围发生了改变，这种词义的发展变化就是词义转移。词义转移既可发生在词的理性意义上，也可发生在词的感性意义上。发生在词的理性意义上的词义转移，如"舅""姑"，原指丈夫的父亲、母亲，即公爹、婆母，现指母亲的兄弟、父亲的姐妹；发生在词的感性意义上的词义转移，如"勾当"，在古代并无贬损的感情色彩，例如"夫人处分付的勾当，你三人自理会"（《水浒传·智取生辰纲》），而在现代则转变为有着较强烈的贬损的感情色彩，例如"罪恶勾当"。

(六) 词义的模糊性

词义的模糊性指的是词义的界限有不确定性，它来源于词所指的事物边界不清。例如"中午"同"上午""下午"之间便没有一个明确的界限，我们不知道几点几分钟到几点几分钟是中午。即使我们能提炼出百分之百的金子来，在语言中却仍然把含有杂质的"金戒指""金项链"等算作"金"的；至于几成算"金"的，几成不算"金"的,也还是模糊的。作为颜色词,"金"的词义也是模糊的,"金红""金黄"的"金"的界限也是不清楚的。

词义的模糊性是客观事物连续性的反映。事物的核心部分一般来说还是比较明确的,但它与邻近事物的差异是逐步扩大的,其间本不存在明确的界限,例如时间是一分一秒地过去的,并没有中午与上午的明确界限。但是"中午"的核心还是明确的,这核心部分乃是人们注意的重心,是词义所要概括的主要对象。至于边缘部分则有意无意地被忽略。

模糊与精确是相对而言的。列车时刻表规定 12 点开的火车,实际开车时间在 11 点 59 分 59 秒或 12 点 0 分 5 秒,都可以认为正常,但比起火箭发射的时间,则火车开车的时间表也还是很模糊的,因为火车只精确到分,火箭发射必须精确到秒,而从天文钟的角度看,以秒计也还是模糊的。要求不同,所用词语模糊的程度便也不同。

三、词义的构成

词义是由多种因素构成的。实词都有一种与概念相联系的核心意义——理性义,此外还可能有附着在理性义上面的色彩义。

(一)理性义

词义中同表达概念有关的意义部分叫作理性义,或叫概念义、主要意义。例如:

花　　可供观赏的种子植物的有性繁殖器官,有各种形状和颜色。

花茶　　用茉莉花等鲜花熏制的绿茶。

复杂　　(事物的种类、头绪等)多而杂。

发布　　宣布(命令、指示、新闻等)。

阐释　　阐述并解释。

词典对词目所作的解释,主要是理性义。

理性义的作用就在于给词所联系的事物划一个范围,凡是该词所指的事物都包括在内,凡不是该词所指的事物都不包括在内。例如"花茶"的理性义就在于说明该词所指的是用花熏制过的绿茶,因此,红茶以及其他绿茶都不在"花茶"之列。

(二)色彩义

理性义是词义中的主要部分,词还有附属的色彩义,也可称作附属义。它附着在词的理性义之上表达人或语境所赋予的特定感受。

1. 感情色彩

有些词表明说话人对有关事物的赞许、褒扬的感情,这就是词义中的褒义色彩,这样的词称作"褒义词"。例如:

英雄　烈士　解放　康复　牺牲　安慰　忠诚　大方　慷慨

漂亮　敦实　雄伟　壮丽　公正　健康　和气　奉献　拼搏

有些词表明说话人对有关事物的厌恶、贬斥的感情,这就是词义中的贬义色彩,这样的词叫作"贬义词"。例如：

　　叛徒　走狗　倒爷　邪门儿　小人　勾结　巴结　沉沦　虚伪
　　马虎　小气　肮脏　奉承　吹捧　小报告　懒惰　推诿　霸道

当然更多的词既没有褒义色彩，也没有贬义色彩，它们是中性词。例如：

　　山脉　河流　个体　集体　理由　结论　士兵　牛黄　马匹　松树　手套
　　油漆　左　中　东　跳　跑　来　去　高　低

有一些词组成短语或句子之后，可以使整个语句产生褒义或贬义的感情色彩。例如"有水平、是地方、够朋友"，在特定的句子里，可以有令人满意或合乎标准化的意思，有褒义色彩，但"水平、地方、朋友"本身都是中性词。又如"他年轻了点儿""这种饼干有点硬"的"年轻""硬"里，都有不合要求的意思，有贬义色彩，但"年轻、硬"本身都不是贬义词。

2. 语体色彩

语体色彩又叫文体色彩，有些词语由于经常用在某种语体中，便带上了该语体所特有的色彩。有的具有书面语色彩，例如：

　　投入　机遇　凝聚　信念　侵犯　心态　反思　珍重　坚毅
　　诚挚　风貌　腾飞　神往　汇集　祝愿　眷恋　悼念　麇集

有的具有口语色彩，例如：

　　明儿　脑袋　身子骨　马驹子　半中腰　瞧　聊天儿
　　巴不得　藏猫儿　纳闷儿　害臊　白搭　使坏　数落

选择具有语体色彩的词，固然同使用的场合有关，也同说话人的文化修养有关，例如：

　　她的晚年，据我想，是总算不很辛苦的，享寿也不小了，正无须我来下泪。况且哭的人不是多着么？连先前竭力欺凌她的人们也哭，至少是脸上很惨然。

（鲁迅《孤独者》）

这是受过高等教育的魏连殳的话。带点的词都有书面语色彩，也表现了魏连殳的文化修养。

　　"是的……。我知道，我们粗人，什么也不知道。就怨我爹连人情世故都不知道，老发昏了。就专凭他们'老畜生''小畜生'摆布；他们会报丧似的急急忙忙钻狗洞，巴结人……。"

（鲁迅《离婚》）

这是农村媳妇"粗人"爱姑说的话，带点的都是具有口语色彩的词语。

3. 形象色彩

表示具体事物的词，往往给人一种形象感，这种形象感来自对该事物的形象的概括。除非予以强调，这种形象感一般不会引起重视，例如"一百只鹅、两条蛇"，虽然鹅、蛇有形象，人们并不感到这两个词有什么形象色彩。还有一些词是专门描述形象的，它们的理性意义就是关于形象的描写，例如"美丽""平静""斑斓""红""白"，也不能说它们有形象色彩。但是利用上述这些材料却可以构成一些具有形象色彩的词，它们除了理性义之外，还使人有某种生动具体的感觉，即所谓形象感。具有形象色彩的词不限于"形态"方面，还可包括"动态、颜色、声音"等。例如：

  狮头鹅　云海　玉带桥　马尾松　美人鱼　喇叭花　鹅卵石　蛇山　（以上形态）
  垂柳　失足　上钩　牵牛花　攀枝花　钻山豹　碰碰船　（以上动态）
  绿洲　碧空　黄莺　白桦　雪豹　彩带　墨菊　（以上颜色）
  布谷鸟　知了　恰恰舞　乒乓球　（以上声音）

词的形象色彩往往在文学作品中得到充分的表现。古代的如：

  两个黄鹂鸣翠柳，一行白鹭上青天。　　　　　　　　（杜甫《绝句四首〔其三〕》）

这两句诗用了几个具有形象感的词构成了一幅形象鲜明的生动的图画，至今脍炙人口。再如：

  淡黑的起伏的连山，仿佛是踊跃的铁的兽脊似的，都远远地向船尾跑去了，但我却还以为船慢。
                  （鲁迅《社戏》）

其中"淡黑、起伏、连山、踊跃、铁、兽脊、跑"都各有自己的理性义，也都有其形象色彩。

色彩意义同词的来源有密切关系。古词往往带有书面语的庄重色彩，而方言词则常常带有地域色彩，后者如：

  宝娃子！你这回领着大伙试办成功了，可就把俺一亩地变成三亩啰！说句心里话，我和你四婶念你一辈子好！你说呢？娃们有馍吃了嘛，青稞，娃们吃了肚里难受，楞闹哄哩。

                  （柳青《创业史》）

带着重号的词语具有陕西方言的地域色彩。

此外，不同的阶层、行业、集团的习惯用语，都有自己的特殊色彩。例如下面这段对话：

  李石清　（十分殷勤）经理，平常做存货没什么大危险，再没办法，我们收现，买回来就得了。可现在情形特别，行市一个劲儿往下跌。要是平定一点，行市还有翻回来的那一天，那您就大发了。不过这可是由不得我们的事。

  潘月亭　（拿吕宋烟）你怎么知道谣言一定可靠？

  李石清　（卑屈地笑）是，是，您说这是空气？这是空户们要买进，故意造出的空气？

  潘月亭　空气不空气，我想我干公债这么些年，总可以知道一点真消息。

                    （曹禺《日出》）

这一段话里的"存货、收现、行市、下跌、空户、买进、公债"等具有搞股票生意的行业色彩，读过剧本的人，如果仔细分析一下，还可以看到作为经理的潘月亭与作为雇员的李石清在使用词语上的区别。

四、词义的类型

根据词义项的多少，词义可分为两种类型。所谓的义项，是词的理性意义的分项说明，是辞书中的术语，这里借用来表示相应的语义单位。

（一）单义

词义只有一个义项。例如：

煤　鸟　懂　摁　瓢　溅　瞟　蛾　锡　扛　菠萝
蜻蜓　蚯蚓　葡萄　垃圾　马虎　匍匐　琵琶

——以上是单纯词

明晰　清凉　落笔　送别　塑料　期求　凄惨　盆子　大凡
红火　切忌　木偶　期刊　波涛　毛豆　面粉　清高　马蹄表

——以上是合成词

汉语中有一定数量的词是单义的。单纯词中单义的词少，合成词中单义的词多。交际时，单义的词不受语境的限制，也不会产生歧义。术语一般都是单义词。专有名词以及一部分常见事物的名称也是单义的。

（二）多义

词义有两个或两个以上的义项。例如"宽"有以下几个义项：

①横的距离大（跟"窄"相对）：马路很宽。
②放宽，使松缓：听了他的一席话，心就宽了一半。
③不严厉，不苛求：对他要从宽处理。
④宽裕，宽绰：生活水平提高了，手头比过去宽多了。

多义的词大量存在是词汇丰富的一种表现。词的多义，丰富了词的内容，扩大了词的使用范围，从某种意义上所说比起增加新词更为经济。

多义的词对语境有很强的依赖性，在一定的语境中只能有一个义项适用，如果在同一语境中可以适用两个或更多的义项，这个词就会产生歧义了。例如："他的担子不轻。"孤立地看，这句话有歧义，不知道指的是他挑的东西不轻，还是他的责任不轻。

有的词几个义项之间的地位并不是平等的，其中至少有一个义项是基本的、常用的；其他的义项一般是由这个义项直接或间接地发展转化来的。前者叫作基本义，后者叫作转义。

基本义是相对转义而言的，并不一定都是词源学上说的词的原始意义或本义。例如"兵"的原始义是"武器"，基本义是"战士"。词的转义主要是通过引申和比喻两种方法产生的。

在基本义的基础上经过推演发展而产生的意义是引申义。如"跑"的基本义是"两只脚或四条腿迅速前进"的意思，继而推演为"为某种事务而奔走"（如"跑材料"）的意思，再继之又推演出"物体离开了应该在的位置"（如"跑油、跑走"）

的意思。

借用一个词的基本义来比喻另一种事物,这时所产生的新的意义是比喻义。例如"帽子"的基本义是"戴在头上保暖、防雨、遮日光等或做装饰的用品",后来用它比喻"罪名和坏的名义",例如说"对同志乱扣帽子是不对的",这里的"帽子"就是用它的比喻义。

词的比喻义同修辞上的比喻有所区别。修辞上的比喻是临时打比方。例如,"困难是弹簧"就是把"困难"比作"弹簧","弹簧"这个词并没有"困难"这个转义。词的比喻义则不同,虽然大都是通过修辞的比喻用法逐渐形成的,但是它已经成为词义中的一部分了,我们在应用时几乎感觉不到它是一种比喻了。由此可见,各种义项分类是有层次的,它们的关系如下:

$$词义\begin{cases}基本义\\转义\begin{cases}引申义\\比喻义\end{cases}\end{cases}$$

第三节 词 类

这里的词类指词的分类。汉语的词汇非常丰富,从不同的角度可以分出许多不同的词或词语。如从词的结构来分,可分为单纯词和合成词;从语音的角度可以分为单音词、双音词、同音词;从词义的角度可以分为单义词、多义词、近义词、同义词、反义词、偏义词;从词形的角度可以分成同形词、异形词;从词源的角度可以分为古语词、方言词、外来词、术语词、行业词;从地位、功能等角度可以分为基本词汇、一般词汇,等等。此外,还有定型的词组或句子——熟语,包括成语、惯用语、歇后语、谚语、格言等。为了便于对词的学习和使用,下面就其中的一些词或词语做进一步的说明。

一、基本词汇和一般词汇

根据某类词在整个词汇体系中所占的地位、历史的长短和组词造句的能力及作用,词汇可分为基本词汇和一般词汇两大类型。

基本词汇的主要特点是:全民性、稳固性、能产性。基本词汇所表达的意义内容和全民族所有成员的实际生活的关系最为密切。对于任何人来说,基本词汇都是必不可少的,也是最易理解、最为常用的。基本词汇的全民性,也可称为普遍性。例如,下列各词都具有这种性质。

关于自然界的:天 地 山 水 风 雨 电 火 土

关于人体的:心 人 头 口 手 牙 血

关于生活和生产的：门 布 米 笔 刀 车 船 网
关于空间和时间的：上 下 左 右 前 后 早 晚 春 秋
关于数量的：一 二 三 十 百 千 斤 尺 次 多 少
关于动作行为和变化的：吃 喝 走 跑 学 写 怒
关于性质和状态的：高 低 大 小 好 黄 白 新 旧
关于程度、范围、关联、语气的：很 极 都 和 因 而 了

基本词汇生命力强，历史悠久，具有极强的稳定性。基本词汇中的多数词都是古已有之，在古代文献，如甲骨卜辞、《诗经》中便已使用。由于人们世代沿用，习而不察，并不感到它们古旧。例如，"马""牛""七""星""云""用"，均见于甲骨卜辞，历经几千年，一直沿用至今。当然，基本词汇也不是一成不变的，但比一般词汇要稳定得多。

基本词汇中的许多词都具有很强的构词能力。它们本身独立成词，又可作为词根同其他语素组合成词。从造词的角度看，基本词汇是整个词汇体系的核心，是词汇不断丰富、发展的基础。据统计，以"水"为词根构成的合成词已超过二百个。像"水"这样能产的基本词在基本词汇中又是最基本、最主要的，是基本词汇的核心，这种词称为根词。

以上三个特点是就整个基本词汇来说的，并不是说每一个基本词都具备这三个特点。例如，人称代词"你""我"的构词能力很弱，但不能因此说它们不是基本词。

在一种语言的词汇中，基本词汇以外的部分称为一般词汇。总的来说，一般词汇不具备基本词汇的三个特点，不是人们在实际生活中必须经常使用的。例如，说现代汉语的人，一生中总要用上无数次"人""手""天""大""地""不"之类的词，至于"修长""别致""函数""振幅""离子"之类的词，许多人却很少使用，有些人甚至不解其义，终生不用。一般词汇没有基本词汇那种全民性、普遍性。一般词汇所包含的词的数量，比基本词汇大得多。基本词人人都能懂，人人都会用，一般词则不然。从这个意义上说，一个人的语言能力同他掌握和运用词汇的水平是密切相关的。

一般词汇中有许多是新造词。这些词是适应不断发展变化的社会生活的需要而产生出来的。例如：

微机 代沟 调价 软件 特区 集装箱 专业户 展销会 电子表

这些词尽管在一段时间里经常使用，但毕竟还没有经过历史的考验，不能确定其稳固性。一般词汇中有些词用得久了，具有较强的稳固性了，可能变成基本词，如"党"。另有许多词虽风行一时，却终被淘汰，如"红卫兵""工宣队""造反派"之类。一般词汇的多变性，是词汇对于社会生活各种变化敏感性的反映。在现代生活中，一般词汇的多变性表现得尤为突出。一种语言词汇的丰富与发展，主要表现在一般词汇上。

一般词汇缺乏全民性和稳定性，其构词能力自然受到很大限制，因此也就缺乏

能产性。事实上，新造的合成词，主要是以基本词汇为构词要素创造出来的。

基本词汇和一般词汇是一对模糊概念，它们之间没有严整的界限。这一方面是因为区分两种词汇的三个特点是相对的，并没有绝对精确的标准。另一方面是因为二者不仅相互依存，而且是相互渗透的，处于经常的变动之中。有些基本词可能会变成一般词，有些一般词也可能会变成基本词。

二、古语词、方言词、外来词、术语词和行业词

（一）古语词

五四运动以前通用的以古代汉语为基础的书面语，称为文言。来源于文言著作，可以表达特殊的意义、感情或语体色彩的词，称为古语词，包括历史词和文言词。文言文中有些词语表示现代生活中已经没有或罕见的事物，称为历史词，例如"戟""钺""鼎"等。这种词只在某些特殊的场合使用，一般不用。现代汉语从文言中继承下来的、至今仍带有文言色彩的词，称为文言词。文言词主要用于某些书面语，口语通常不用。例如：

之　亦　即席　缘何　狷介　缀文　节哀

（二）方言词

只运用于某个方言当中的词，称为方言词。有时也专指普通话词汇中来源于方言、有方言色彩的词。例如：

初哥（广州话，新手，外行）　囡（上海话，小孩儿）　香胰皂（福州话，香皂）　高末儿（北京话，质量好的茶叶末儿）　喂得罗（东北话，上大下小的倒圆台形的桶）

为普通话吸收的方言词如：尴尬　名堂　搞　里手　挺括

普通话的词汇是以北方方言词汇为基础的，同时也吸收了其他方言中的一些词语。需要用普通话交际的场合，不宜说只用于方言的方言词。

（三）外来词

不同民族语言之间的相互影响，在词汇方面表现得最为突出。从其他语言中吸收有用的词语来丰富本民族语言的词汇，是世界各种语言词汇发展的一种普遍现象。从其他民族语言中吸收过来的词，称为外来词，也叫借词。随着社会的发展和信息的传播，现代汉语词汇中的外来词愈来愈多。

根据吸收方式和结构，外来词有下面四种主要类型。

1. 音译的外来词

将原词用现代汉语中与之发音相同或相似的语音形式表示出来的外来词，称为音译外来词。由于现代汉语与外语的语音系统不同，音译的外来词和原词的读音不可能一模一样。音译的外来词都是单纯词。例如：

泵［英 pump］　吨［法 tonne，英 ton］

卡路里［法 calorie］　福尔马林［德 Formalin］

2. 音译加指类语素（类名）构成的外来词

这类外来词是音译形式再加上一个表示该词语义类属的汉语语素构成的。例如：

卡［英 car］＋车→卡车

卡［英 card］＋片→卡片

拖拉［俄 трактор］＋机→拖拉机

霓虹［英 neon］＋灯→霓虹灯

3. 音译兼意译的外来词

这类外来词是把原词一分为二，半为音译，半为意译，组合而成。例如：

冰［ice］＋激凌［cream］→冰激凌

拓扑［topo］＋学［logy］→拓扑学

4. 借形词

一种是从日语中借用的用汉字形式书写的日语固有词和日语外来词。例如：

科学　概念　物质　对象　系统　性能　原理　固体　元素　原子　反应

有机　细胞　内容　命题　定义　前提　绝对　抽象　具体　否定　信号

另一种是字母式借形词，又叫字母词，或用外文缩写，或字母加上语素。例如：

MTV　WHO　CT　B超　BP机

从语言学的角度看，意译词不宜看作外来词。所谓意译词，主要有两种类型。一种是直译的仿译词，即将原词的组成部分分别意译，然后按照汉语的构词法组合成词。例如：

足［foot］＋球［ball］→足球

另一种是统摄原意，另铸新词，即完全按照汉语的构词法，利用汉语的构词材料，根据原词的整个词义构造新词。例如：

激光　青霉素　微音器　电动机　发动机　电话

直译的词不能望文生义照字面意思机械地理解。

（四）术语

社会上和各个集团由于阶级、阶层、职业等关系，在语言上都有程度不同的特点。这主要表现在词汇上，每个社会集团都有自己内部常用的一些词语，统称为社会方言词，又称社会习惯语，主要包括术语、行业语、阶级习惯语、隐语、禁忌语等。

术语，称专门术语，是某门学科中的专门用语。科技术语，指的是自然科学及技术领域的专门用语。举例如下。

数学术语：虚数　圆锥　恒等式　椭圆　旋转面　微分　级数

物理学术语：势能　矢量　磁畴　电力线　色散　相对论

化学术语：催化剂　电解　络合物　同位素　还原　立体异构

术语词的主要特点有以下几个。

1. 单义性、准确性

术语都有严格规定的理性意义，在某一领域使用的术语，意义精确而单一，不允许含混不定。排斥多义性，是术语的一个重要特点。绝大多数术语都是单义词。例如，在非科技语体中，"金"这个词有"金属""钱""古时金属制的打击乐器""黄金""比喻尊贵、贵重""像金子的颜色""姓"等七个义项，而在化学领域中，"金"只表示一种意义，即"一种金属元素，符号Au（aurum），呈黄色，质柔软，延展性强，化学性质稳定，是一种贵重金属"。

术语的词义和非术语的词义不同，前者是由专家人工规定的，后者是由人们在语言实践中约定俗成的。

2. 抽象性、概括性

任何一个词的意义都具有概括性，但概括的程度不尽相同。日常生活使用的普通词所概括的只是事物的某些本质特征，甚至只是一般特征的综合，只要这些特征足以区别于其他事物，确定该词概念的适用范围即可。这类词词义中的理性意义可以只包括概念的部分内涵，也可以不表示事物本质特征的内涵。术语所概括的则是事物的一般特征和本质特征的总和，其词义中的理性意义包含有概念的全部内涵。

除了高度的概括性之外，术语的抽象性还表现在不附加任何感情色彩，不带有具体的形象性。这是因为科学技术反映的是客观事物、现象及其内在的规律，这是通过生产和社会实践及科学实验获得的，排斥所有掺杂个人感情成分的主观因素。

3. 系统性、专业性

一般来说，术语具有十分严密的系统性，每一个学科都拥有自己的术语体系，各个术语按照一定的顺序和内部联系组成一个有机的整体。只有联系整个的术语体系，才能确切地理解每一个术语的含义。

4. 普遍性、国际性

术语的使用，受专业的限制，却不受地域的限制。可以说，术语隔行不隔地。现代汉语的术语也同其他语言一样，其中许多术语是通过音译或意译的形式引进的，这些术语带有明显的国际性。至于那些用符号表示的术语，更是超越国界的限制，为世界各国所通用。随着现代科技的加速发展和各国之间科技、教育交流的日益频繁，术语的国际化还有不断加强的趋势。

另外，有些词虽然不是术语，但在科技语文中的意义和用法与在非科技语文中的意义和用法有所不同，在理解和运用时应注意区别。

每一个词都是一个符号，一种语言的词汇便是一个符号体系。一种语言的文字便是记录这种语言的书写符号体系。科技语文除了运用上述符号之外，还使用一种特殊的科技符号。如果把前者称为自然语言符号体系，后者可称为非语言符号体系。科技语文拥有双重符号体系。科技符号是从自然语言中提炼出来的，其含义需要事先用语言或文字加以规定，它是用来代替或补充自然语言的。科技符号有些是用外文字母表示的记号。例如，用在公式里代表数字或数量的：a、b、c、x、y、z。有些不是外文字母。例如，"+"代表加、正、阳；"-"代表减、负、阴。

科技符号是适应科技发展的需要而产生的。它不仅可以用来标明不便于用文字或数字表示的内容，而且具有准确严密、方便醒目、简明经济、节省篇幅、系统科学、国际通用等一系列的优点。

科技符号是在各种专业工作中创造出来的，是约定俗成的或统一规定的。使用符号应遵循国家标准或国际惯例，不能任意杜撰。对需要使用的非通用符号，应做出清晰明确的说明。科技符号的专业性很强，许多学科都有自己特有的符号体系。

科技符号要严格按照规定或惯例使用。例如化学元素的名称，在公式里总是用符号，在叙述说明里多半用文字，但有时也写用符号。在一篇论文中，符号不能有歧义。

（五）行业词

某个行业应用的专门词语称为行业词或行业语，也叫行语。行业词为行业内的人们所熟悉和使用，一般人往往不大理解。例如：

大车（铁路或航运部门对火车司机或轮船上负责管理机器的人的尊称）

捧哏（相声的配角，用话或表情来配合主角逗人发笑）

底墒（种庄稼以前土壤中已有的水分）

蹲坑儿（公安人员在一定地点潜伏侦察）

菜球（排球比赛中发得质量低的球）

行业词也是隔行不隔地，主要受行业限制，而不受地域限制。

有些行业词逐渐为行业外的人们所熟知或引申出一般的意义和用法，便成为词汇中的一般成员。例如：

反应　温床　腐蚀　战线　亮相　瘫痪

此外，还有个别社会集团为了隐蔽自己以便进行特殊活动所使用的隐语（即黑话），某个阶级使用的特殊的阶级习惯语等，它们和术语、行业词一样，都是社会习惯语的组成部分。也有人认为术语和行业词是专门词语；隐语和阶级习惯语等是社会习惯语。

三、熟语

词汇中除了词以外，还有一些固定短语或句子，如成语、惯用语、歇后语、谚语和格言等，总称为熟语。

（一）成语

成语是人们长期习用的、形式简洁而意义精辟的一种定型的词组或短句。多数成语都有出处。例如：

精卫填海　抛砖引玉　事半功倍　登堂入室　无与伦比　掩耳盗铃

盲人摸象　成也萧何，败也萧何

成语的主要特点有以下两个。

1. 结构上具有凝固性

通常不能随意改动，不能任意添字、减字、换字或变动语序。绝大多数成语都是由四个音节组成的。

2. 意义上具有整体性

多数成语的意义都不是组成成分意义的简单相加，不能只照字面的意思理解。

成语言简意赅，富有表现力，恰当地运用可使语言简洁生动，增强表达效果。例如：

（1）这成语跟另一成语"爱不释手"配合着，在读的时候"爱不释手"，读过了以后"百读不厌"。

（朱自清《论百读不厌》）

（2）田大新一来，这个难题不说迎刃而解，也解决得差不多了。

（谌容《光明与黑暗》）

现代汉语中的成语大都是由古代汉语沿用下来的。为了正确地理解和运用这些成语，要注意了解成语的来源、构造、意义和用法，掌握正确的写法和读音。

从来源看，有些成语来自古代或现代的口语，例如：亡羊补牢、一刀两断、十拿九稳；有的来自古代作品的语句，例如：锲而不舍（《荀子》）、择善而从（《论语》）、知己知彼（《孙子》）；有的来自神话、寓言或历史故事等，例如：愚公移山（《列子》）、守株待兔（《韩非子》）、望梅止渴（《世说新语》）。

从构造看，成语绝大多数为二二组合，例如：花好月圆、孜孜不倦、叶公好龙、顾全大局、刻舟求剑；极少数为非二二组合，例如：一衣带水、瑕不掩瑜。

有人不了解有些成语的意义和用法，使用时出现错误。例如，"差强人意"的意思是"大体上还能使人满意"，有人却误以为是"不能使人满意"，用来陈述或修饰予以否定的人或事；"叹为观止"的意思是"赞美看到的事情好到极点"，有人却用来描述人们对反面事物的反应；"众口铄金"原来比喻"舆论的力量大"，后来形容"人多口杂，能混淆是非"，现在还有人用其原义描述予以肯定的事物。还有人随意翻造省略成语，造成语病。至于有人故意使用成语字面上的意义，那是一种修辞手法，叫成语的直解。成语的活用也是有条件的，不可滥用。

成语的写法和读音常涉及古代汉语的知识。例如："如火如荼"中的"荼"不是"茶"；"余勇可贾"中的"贾"是"卖"的意思，念 gǔ，不念 jiǎ。

（二）惯用语

惯用语是口语中短小定型的习惯用语。例如：

开夜车　唱高调　穿小鞋　走后门　泡蘑菇　半瓶醋　打退堂鼓

惯用语大都为三个音节，意义具有相对的整体性，结构不如词那么固定，有时可嵌入其他成分，多为述宾结构，往往带有口语或方言色彩，数量增加得也比成语快。惯用语简明生动，通俗有趣，具有口语色彩。其中有些方言色彩过浓或有庸俗意味，不可随意使用。

（三）歇后语

歇后语由前后两部分组成，前一部分像谜面，后一部分像谜底，是本意之所在。

可只说前一部分。如两部分都说,中间可有停顿,书面上常用破折号表示。可分为喻意类和谐音类两种类型。

1. 喻意类歇后语的前一部分是个比喻,后一部分是相应的解释。例如:

土命人——心实　芝麻开花——节节高　狗拿耗子——多管闲事

2. 谐音类歇后语的后一部分谐音双关,言在此而意在彼。例如:

孔夫子搬家——净是书(输)　外甥打灯笼——照舅(旧)

老虎拉车——谁赶(敢)

歇后语形象生动,活泼有趣,富有表现力,恰当运用会收到较好的表达效果。但是,歇后语在使用上有明显的语体限制,在正式公文中和用于严肃场合的书面中应避免使用。

(四) 谚语和格言

谚语是在群众中间流传的固定的语句,用简单通俗的话反映出深刻的道理。例如:

旧的不去,新的不来　人心齐,泰山移　天外有天,山外有山

格言是相沿习用的具有劝诫和教育意义的经典之言,一般较为精练。例如:

人无远虑,必有近忧　内举不避亲,外举不避仇　不诱于誉,不恐于诽

谚语和格言是词汇中的特殊成员。它们都是结构固定的语句,意义上具有相对的完整性和知识性。二者的差别是相对的:前者多为群众所创造,较为通俗,重在启迪;后者多出自名家名著,较为典雅,重在教诲。恰当地运用谚语和格言,可以增强语言的说服力和感染力。有些谚语和格言内容不够健康,有些谚语的方言色彩过浓,除非特殊情况,不可随意使用。

第四节　用词的要求

一、合乎规范

(一) 不要误写词形

词都有自己固定的形式和意义,误写了词形影响意义的表达。但误写词形的现象还不少见。例如,把"部署"误写为"布署","刍议"误写为"雏议"或"诌议",把"按部就班"误写为"按步就班"等。

(二) 不要用被淘汰的词语

有些等义词(包括异体词)早就淘汰了,如"盘尼西林"("青霉素"的旧称)、"运命"("命运")、"骨董"("古董")等,除了特殊需要,如学术研究,一般不要再使用了,以免影响交际。

(三) 不要生造新词和乱拆合成词

新词的创造是丰富词汇的重要手段。但创造新词必须符合词汇规范化的原则:

第一，应该利用原有的构词材料，并符合构词法的规律。这样创造出来的新词既符合语言习惯，又容易让人理解和记忆。如"人造丝"这个词，只要懂得"人""造""丝"三个词的人，不用特别解释，就能理解它的意义。

第二，应该适应社会的需要，不能生造滥创。新词必须是标志新事物、新现象的词，如果语言中已经有了标志某一事物或现象的词，而且这些词已经有了全民性，就不需要再创造新词。如"火车、轮船、电灯、人民、庆祝、团结"等词所标志的事物和现象尽人皆知，不要再创造一个新词同它们分庭抗礼，增加人们记忆的负担，妨碍交际。近些年来生造新词的现象不少，尤其是网络语言，其中有的是任意拼合词素生造的双音节词，如"头额、疲病、致送、恩谢"等，有的是硬把词组压缩成双音节词，如"诚勇、尊爱、励表、葱茂"等。这些生造硬凑起来的词并不是语言中所需要的，在社会上也没有使用开来，不符合词汇规范化的原则。

汉语里有些合成词，词素次序可以颠倒，如"互相—相互"，"展开—开展"，但更多的合成词不能颠倒词素次序，如"路途""钢铁""纺织""教导""阅读"等。任意颠倒词素次序，如把"价值""查找""阅读"颠倒为"值价""找查""读阅"，也属于生造现象。合成词是一个不可分割的整体，除了少数动宾式合成词，如"革命""鞠躬"等，可以拆开说成"革他的命""鞠了一个躬"，一般不能拆开使用。但在我们的语言中经常出现任意拆词的现象。例如：

＊（1）两位新来的伙伴，把房间收拾得又干又净，一进屋子，给人一种舒畅的感觉。

"干净"是个合成词，习惯上可以说成"一干二净""不干不净"，但不能说成"又干又净"。应改为"干干净净"。

＊（2）这种新工具，我们试了几次验，比旧工具提高工效两倍到三倍。

"试验"也是联合式合成词，不能拆开使用。应改为"试验了几次"。

＊（3）分不清是非，就改不进工作作风，提不高工作质量。

"分清""改进""提高"都是偏正式合成词，"分清"和"提高"习惯上可以拆开在中间加上别的成分，但"改进"却不能说成"改不进"。

（四）不要滥用外来词

从外族语言中吸收一些我们所需要的词语来丰富本族语言的词汇是必要的，但吸收外来词不是硬搬或滥用外来语汇，而是要吸收对我们有用的新鲜用语，如"坦克""雷达""尼古丁""巧克力"等。有些应该吸收的新事物、新概念，可以用本族语言的构词材料和构词法创造新词的，一般要用本族语词，不用外来词。过去音译的外来词，后来我们又创造了跟它同义的新词，在词汇规范化的过程中，应该选用本族语词，逐渐淘汰外来词。如"麦克风"和"扩音器"，"维他命"和"维生素"，"德谟克拉西"和"民主"，前者是外来词，后者是本族词，一般应选用本族词。

（五）不要乱用古词语

在现代汉语里使用古语应有修辞的作用，或是可以表达讽刺幽默的感情，或是可以增加庄严的色彩，或是在必要的地方可以使语句简短精练。例如：

（1）杨嗣昌回答说：学生同伯祥原有通家之谊，心中实无芥蒂可言，且对他的学问、风骨，一向也是钦佩的。　　　　　　　　　　　　　（姚雪垠《李自成》）

一部历史小说里，让杨嗣昌这样的人物使用"之""谊""无"、"芥蒂"（嫌忌或不愉快）、"风骨"（诗文刚健有力的风格）等古语词，既可使语言简练，又有助于表现人物的性格。

下面的例句文白夹杂，古语词没有任何修辞作用，完全可以用现代语词来代替。

＊（2）戕搠了百年魔鬼，斧殪了牛鬼蛇神，迎来了万里疆程尽朝晖。

例（2）"戕"是"杀害"的意思，读 qiāng，"搠"是"刺、扎"的意思，读 shuò，"殪"是"杀死"的意思，读 jí。这些词都是很生僻的文言词。"戕"和"搠"合在一起也不合适，是"杀害"了再"刺"，还是用"刺"的方式"杀害"？"斧"和"殪"连在一起也不恰当，是用"斧头""杀死"，还是用别的武器"杀死"？恐怕作者自己也弄不清楚。

（六）不要滥用方言词

汉民族共同语吸收方言词作为自己的词汇成员跟临时借用方言词表达某种修辞目的，条件不同。某些方言里的词，共同语里没有，而在全民生活中又用得着的，可以吸收到共同语里来。如"尴尬"，原是江南话里的词，是"神色或态度不正常"的意思，因为共同语里没有表示这个意思的词，而实际生活又很需要，所以就吸收到共同语里来了。某些方言词所表示的意义共同语里有相当的词来表示，只是在某种语言环境中为了赋予所描述的事物以地方色彩，或者为了表明个别人物的性格，临时借用一下方言词。例如：

（1）同志们取笑她说："你就这么一去，人家怎敢收下你这个大姑娘？"卢卿说："阿拉鼻头下头有只嘴巴！阿拉讲：'阿拉姓卢名卿，中国上海人。'"

（郑直《激战无名川》）

（2）杨二嫂发现了这件事，自己很以为功，便拿了狗气杀（这是我们这里养鸡的器具，木盘上面有着栅栏，内盛食料，鸡可以伸进颈子去啄，狗却不能，只能看着气死），飞也似的跑了，亏伊装着这么高的小脚，竟跑得这样快。　（鲁迅《故乡》）

例（1）的"阿拉""鼻头"都是上海话里的词，全篇用的都是共同语词，在这里突然插上两个方言词，可以更逼真、更传神地描绘这位上海姑娘的音容笑貌，表现了她开朗活泼又饶有风趣的性格。例（2）的"狗气杀"和"伊"（她）都是浙江方言词。在共同语里夹用这样的方言词，可以增加作品的乡土气息和感人力量。

滥用方言词，有的是有意的，误认为用大量的方言词可以使文学作品更加生动活泼。例如：

＊（1）夏天的一个夜晚，张勇和一个女知识青年下夜……

"下夜"可能是"夜间值班"的意思。用在这里没有普遍性也容易引起误解。

　　*（2）我们夜里就准备吃馍馍。

这句话里的两个方言词，一个是"馍馍"，一个是"夜里"。为了表示一些地方习惯，不用"馒头"，用"馍馍"也可以，全国其他方言区大体上能看懂；但"夜里"是"昨天"的意思，跟普通话的"夜里"（夜间）是两个不同的时间，容易造成误会，不应采用。

　　滥用方言词有的是无意的，因分不清方言词和普通话词，把方言词误认为普通话的词，或者不会使用普通话的词，只好用一些方言词。例如：

　　*（3）这个就是我阿叔。

"阿叔"是闽南永春一些地方的土话，是指"爸爸"。在这里容易使人误解为"叔叔"。

（七）不要滥用书面语词

　　按照语体，词可以分为口语词和书面语词两大类。口语词是人民群众日常谈话中常用的词；书面语词是经常用在政论、公文、科技、文艺评论等文章里的词（也有一些，无论是口语还是书面语都常用，叫通用词）。语体不同，词所表现的风格色彩也不同。比较下面两段文字：

　　（1）白玉山自从做了农会的武装委员以后，真是挺忙。每天，天不亮就出门去，半夜才回家。原先他是懒汉，老是黏黏糊糊的，啥也不着忙。他老是说："忙啥？歇歇再说，明儿狗咬不了日头呀。"现在可完全两样，他成天脚不沾地，身不沾家，心里老惦记着事情。明了他从前脾气的熟人，存心跟他闹着玩："歇歇吧，白大哥，明儿狗咬不了日头呀。"白玉山正正经经回答说："不行，得赶快，要不就不赶趟了。"　　　　　　　　　　　　　　　（周立波《暴风骤雨》）

　　（2）唯独共产主义的思想体系和社会制度，正以排山倒海之势，雷霆万钧之力，磅礴于全世界，而葆其美妙之青春。　　（毛泽东《新民主主义论》）

　　例（1）用的大多是口语词，听起来通俗活泼，平易亲切。例（2）用的大多是书面语词，读起来庄严郑重，准确周密，铿锵有力，气势雄浑。两种语体的风格色彩是大不相同的。

　　选用什么语体的词，取决于文章的内容和形式的要求。如果表示庄严、尊重、崇敬的感情，就多用书面语词，如果表示平易、亲切、通俗、活泼的情调，就要多用口语词。

　　写文章要注意语体风格的一致。当前带倾向性的问题是滥用书面语词，看起来、读起来很不协调。例如：

　　*（3）解放前，因为家里贫穷，哥哥姐姐都没进入学校。

　　*（4）那一天，下着雪，寒冷得很，我不由得想起了睡在瓜棚子里的爸爸，他那么大年纪了，怎么经受得了严寒的袭击呢？

例（3）、例（4）的词并没用错，只是听着不自然，不亲切。原因是在口语里不适当地夹用了几个书面语词。例（3）"贫穷"应改为"穷"，"进入学校"应改为"念书"或"上学"。例（4）"寒冷"应改成"冷"，"经受"就改用"受"，"严寒的袭击"可以删掉。

＊（5）大娘乐滋滋地对我说：打合作化以后，我家的日子日益美满了。这几年队里看我上年岁了，也不让我从事田间劳动了，在家看看小孙子。

例（5）的词也没有用错，但听着有些别扭。原因是在口语里用上了几个不相称的书面语词。"日益美满"应说成"一天比一天好起来"，"从事田间劳动"应改为"到地里干活儿"，这样才像一个贫农老大娘的话。

二、正确明白

用词必须正确明白，不能把词用错，不能违反事理，也不能含糊费解。要做到这一点，应该注意以下几点。

（一）不要误解词义

每个词都有特定的意义，只有弄清词义，正确地掌握词义，才有可能正确地遣词造句。在谈话或写作中，由于不了解词的具体含义，或是为了追求新奇、故作高深，常会张冠李戴，词不达意。例如：

＊（1）他们也发现总理还和从前历次来沈阳一样，一下车就开始工作，接见有关同志，看书，批文件。

例（1）"发现"的意思是"找出原先就存在而大家还不知道的事物或道理"。既然（周）总理"下车就开始工作"是"和从前历次来沈阳一样"，就不该用"发现"，应改为"看到"。

＊（2）袅袅升起的太阳，高悬在天空。

例（2）"袅袅"可以形容烟气缭绕上升，但不能形容太阳上升。这里误解了"袅袅"的词义，应改为"冉冉""徐徐"或"渐渐"。

＊（3）李师傅胃病发作仍坚持工作，同志们都很受感动，热心地说："李师傅，你回家休息吧，我们多干点就行了。"

例（3）"热心"是"有热情、有兴趣、肯尽力"的意思。李师傅胃病发作，大家只会表示"爱护关照"，而不会"情绪热烈"。应改为"关心"。

有些词，意义并不难理解，一般也不会用错，但由于不求甚解，或者为了追求新奇，也会词不达意。例如：

＊（4）个别同志在就寝以后还拉胡琴，发出的刺耳的节奏声，影响全宿舍同志们休息。

例（4）刺耳的声音是噪音，有"节奏"的声音是不会刺耳的。应该把"节奏声"改为"声音"，要是干脆把"发出的刺耳的节奏声"删掉，倒更简练些，因为拉胡琴一定要有声音，即使是最好听的声音，也会影响休息。

＊（5）小青和志红正在那里洗衣服，清澈的池水荡漾着她俩愉快的欢笑。

例（5）"荡漾"是形容水波微微地流动，"欢笑"怎么会"荡漾"呢？

＊（6）四百多鬼子围着广场，大枪上安着明晃晃的刺刀，刀尖指向肃穆的人丛。

例（6）"肃穆"是"严肃而恭敬"的意思，用它来形容人民群众对待万恶的敌人是错误的。应改为"愤怒"。

（二）不要用错虚词

虚词是语法现象，也是词汇成员。它虽然不表示词汇意义，却都有语法意义，用错了也会影响语义的表达。例如：

＊（1）我们应该把学生的守则来严格要求自己。

例（1）这个"把"应换成"拿"或"用"。"把"字一般是用来提前宾语做状语的，即"把"字后面的状语在意念上一般都是动词的宾语，都可以放到动词后面。而"守则"在这个句子里不是宾语，也不能放到动词后面。

＊（2）每个工作人员都有权对于自己的上级提出实事求是的批评和建议。

例（2）"对于"应改成"对"或"向"。"对于"和"对"在许多场合是通用的。一般地说，能用"对于"的地方，也能用"对"，如"对于这里的情况还不很熟悉——对这里的情况还不很熟悉"。但能用"对"的地方，不一定都能用"对于"，如"对学生负责"不能说成"对于学生负责"，"对他说了实话"不能说成"对于他说了实话"。"对"字表示"对待""向"的意思时，不能换成"对于"。

＊（3）这个党支部及时组织党员讨论了对于开展增产节约运动的一些具体问题。

＊（4）关于工人们提出的建设性意见，厂领导做了认真的研究。

例（3）的"增产节约运动的一些具体问题"是从范围上着眼的，应该用"关于"或"有关"；例（4）的"工人们提出的建设性意见"是"研究"的对象，应该用"对于"或"对"。

＊（5）有的同志把好与省对立起来……，因而在提高产品质量和采用原材料的关系问题上，也往往不能正确处理。

例（5）"不能正确处理"的是"……问题"，想把"……问题"提到谓语动词前头，在这里只能用涉及一定对象的"对"或"对于"，不能用表示地位的"在……上"。

＊（6）不管当时敌人的武器又多又好，赢得战争胜利的还是人民。

＊（7）尽管条件多么不好，我们一定要完成党交给我们的任务。

"不管"表示在任何情况下都必然如此的条件关系，有"无论"的意思，常跟"也要""还是"配合运用；"尽管"表示承认某种事实的让步关系，有"虽然"的意思，常跟表示转折关系的"但是""可是""然而"配合运用。例（6）的"敌人的武器又多又好"是我们承认的事实，是先让一步，然后转入正题——"赢得战争胜利的还是人民"，应该用"尽管"；例（7）的"条件多么不好"是完成任务时的客观条件，应该用"不管"。

　　*（8）人的经验有多有少，这完全是由于社会实践的多少决定的。

例（8）这个"由于"必须改成"由"。"由于"是表示原因的连词，后面一定要有表示结果的词语，不能有因无果。这个例句"由于"后面就没有说出结果。"由"是个介词，有时表示"从"的意思，如"由北京到上海"，有时是"让"的意思，如"由你做主"。

　　*（9）文化科学的发展，有力的促进了工农业的发展。
　　*（10）他们精彩地演出受到了中国人民热烈地欢迎。
　　*（11）敌人对我们的果断措施怕的要死，恨的要命。

"的""地""得"是三个结构助词（也有叫"偏正连词"）。现在的出版物都给它们规定了不同的用法："的"用在定语和名词性中心语之间，如"我们的国家是多民族的"，"我们"是"国家"（主语中心语）的定语。"地"用在状语和动词、形容词性中心语之间，如"他大声地喊着"，"大声"是状语，"喊着"是动词性谓语中心语。"得"用在动词、形容词性中心语和补语之间，如"他跑得很快"，"这里走得出去吗"。从前"的""地""得"没有分用，都写成"的"字，这是一种社会习惯，不能算错；现在都分开使用了，咱们也得尊重这种社会习惯，也得分开使用。既然要分开使用，就得区别它们的不同用法。该用"地"字用了"的"字，该用"的"字用了"地"字，或者该用"得"字用了"的"字，严格说来，也算用错了虚词。根据这个原则，例（9）带着重号的"的"应写成"地"，因为"促进"是动词性谓语中心语，"有力"是它的状语。例（10）的两个"地"都应该换成"的"，"演出"和"欢迎"虽然都是动词，但在这个句子里分别做了主语中心语和宾语中心语，都有了名词性。例（11）两个带着重号的"的"都该写成"得"，因为"要死"是动词"怕"的补语，"要命"是动词"恨"的补语。

（三）不要自相矛盾

　　在使用词的时候，由于对词义缺乏明确的认识，或者疏忽大意，常会出现自相矛盾。例如：

　　*（1）旧社会那些有钱有势的纨绔子弟，不用考试就可以考入大学。

例（1）先说"不用考试"，又说"考入"大学，一反一正，自相矛盾。应把"考入"改成"上"或"进入"。

　　*（2）我们的施工任务，基本上全部完成了。

例（2）"基本上"完成了，是说任务的主要部分完成了，还有些次要的没有完成；但同时又说"全部"完成了，前后就有矛盾。应根据实际情况去掉一个。

　　*（3）他的学习成绩，在我们班是比较最好的。

例（3）"比较"和"最"表示两种不同的程度。同一件事，既是比较好，就不能同时又是最好，应删掉一个。

　　*（4）我们到大学学习，已经将近一年了。

例（4）"已经"是过去时，"将近"是未来时，不能同时并用。应根据实际情况删掉一个。

　　*（5）我断定他大概不会干这种对不起人的事情。

例（5）"断定"表示的是肯定语气，"大概"表示的是估量语气。两个词虽然词性不同，用在同一件事情上也是矛盾的。如果要表示肯定语气，就把"大概"删掉；如果想表示估量语气，就把"断定"删掉，或者把"断定"改为"估计"，把"大概"删掉。

　　还有一种，由于否定词用得太多造成自相矛盾现象。现代汉语常用的否定词，除了副词"不、没、别、未必"等，还有动词"避免、难免、否认"等。一句话可以用一个否定词，也可以用两个或三个。用两个否定词，就是否定的否定，表示的是肯定的意思，如"不能不去"等于"一定要去"，"没有他不管的事"等于"他什么都管"；用三个否定词，就含有否定的意思，如"不会不否认"等于"会否认"。连用两个或三个否定词，要是不小心，往往会自我否定，跟要表达的意思发生冲突。例如：

　　*（6）我们青年所缺乏的，一是理论水平不高，二是实践经验不多。

例（6）"缺乏"和"不高"是否定的否定，等于"高"；"缺乏"和"不多"连用，等于"多"，这跟作者原意有冲突。应把"所缺乏的"删掉，或者改为"的短处"。

　　*（7）关心青年的身体健康，不能否认这不是好事情，但不关心他们的思想健康，也不能说是对的。

例（7）"不能否认这不是好事情"是三重否定，等于说"这不是好事情"，这也跟作者原意不符。应改为"不能说不是好事情"，或干脆说成"这是好事情"。

　　*（8）他总是不能虚心接受别人的意见，因为他一向没有否认自己的所作所为是不对的。

例（8）"没有否认……不对"，也是三重否定，意思是"承认不对"。既然承认不对，为什么还不能虚心接受别人意见？按原意应删掉"没有"。

　　（四）不要违背事实

　　用词违背事实除了别有用心歪曲造成的外，一般都是由于对要说明的事物或现象的性质缺乏全面的了解、认识导致的。例如：

　　*（1）解放后，劳动人民推翻了压在中国人民头上的三座大山，……劳动人民的子女都上学念书了。

例（1）这句话有两个词用得不符合事实：劳动人民推翻三座大山的时间，不是在"解放后"；解放后也不是所有劳动人民的子女"都"上学念书了。

　　*（2）1938年，国民党反动派扒开了黄河花园口，淹没了万顷良田，两岸人民死的死，逃的逃……

例（2）"花园口"在黄河南岸，这里用了"两岸"，不符合事实。

（五）不要含糊费解

说出话来含糊其词，写出文章来不能让人一目了然，要表达的意思，别人捉摸不住，就叫含糊费解。含糊费解，有的是对某个概念理解不正确或用词不当引起的，有的是为了追求新奇、故作高深造成的。例如：

*（1）想想那万恶的旧社会，再看看这幸福的新社会，我伤心地流出了有苦无处说的热泪。

例（1）中"伤心地流出了有苦无处说的热泪"，究竟是一种什么心情？看不出来。"伤心"是旧社会引起的，还是新社会？"有苦无处说"是指旧社会，还是新社会？话都没说明白。"热泪"是由于高兴或感激而流出的眼泪，既是"伤心"，又是"有苦无处说"，怎么还会有"热泪"呢？

*（2）这个工厂的同志支援农业建设的很多先进事迹，拥挤着我的心，使我控制不住内心的一切。

例（2）中"拥挤着我的心"是什么情形？是因为先进事迹"很多"才"拥挤"呢，还是因为事迹先进而受"感动"？"内心的一切"也不好理解。这句话不如老老实实说成"……很多先进事迹，使我深受感动"。

*（3）要使我们的工作方法具有一定的深度和广度，必须和群众交织在一起，向群众学习。

例（3）中工作方法的"深度和广度"是什么，"和群众交织在一起"是一种什么情形，都令人费解。

（六）不要义有两歧

义有两歧，就是一句话可以有两种解释。这种现象有的是由于造句不合规则引起的，有的是由于用词不当引起的。例如：

*（1）中文系今年录取的新生，350分以上的占55%，350分以下的占45%；20岁以上的占40%，20岁以下的占60%。

例（1）恰好是"350分""20岁"的包括在哪一类里？都可以有两种解释。"350分"的如果包括在55%里，应把后一个改为"349分"，如果包括在45%里，应把前一个改为"351分"；同样，"20岁"也要根据实际情况把其中一个改为"19岁"或"21岁"。

*（2）一边站着一个战士，聚精会神地守卫着门岗。

例（2）"一边站着一个战士"有歧义：可以是一个战士，也可以是两个战士。这两种解释都讲得通，作者的原意确定不了。如果是一个战士，应在"一边"前加"大门的"字样，如果是两个战士，应在"一边"前加"每"字。

*（3）说着，对每个旅客派上一份《民报》，当他把报纸派到老黄手中时，他只对他做着会心的微笑。

例（3）后两个"他"用得不清楚。谁对谁"做着会心的微笑"？可以是"他"对"老黄"，也可以是"老黄"对"他"。两种解释都讲得通，听者或读者往往不知道作者的真正含义。

三、准确贴切

用词要做到贴切准确，必须要了解词的细微差别。

（一）要分清褒义和贬义

有些近义词所表达的事物、现象虽然相近，相似，但它们的褒贬意义不同：有的是喜爱、赞许的肯定意义，有的是厌恶、贬斥的否定意义。在我们的说话和写作中，有些用词不准确、不贴切的现象，就是由于分不清词的这种褒贬意义所造成的。例如：

*（1）这一年，我们村的水稻大丰收，老支书的欲望终于实现了。

例（1）"欲望"应换成"愿望"。这两个词都有"希望得到满足"的意思，但有褒贬之分，而且适用对象不同："欲望"一般指生活、生理或心理的要求，可以是好意，也可以是坏意；"愿望"是指心愿，一般都用于好意。

*（2）晚上，我躺在床上睡不着觉，思虑着一件件往事，也在暗算着我将如何沿着又快又省的方向，一步一个脚印地把公司办起来。

例（2）"暗算"是暗中图谋害人或使人受到损失，是个贬义词，用来述说自己要沿着又快又省的方向前进，显然是错误的。

*（3）《高玉宝》是一本好书，有深刻的教育意义，而且肤浅易读。

例（3）"肤浅"应改为"浅显"或"通俗"。"肤浅"是个贬义词，是浅薄的意思；"浅显"是褒义词，是指浅近明白，"通俗"是指浅近而适用于文化水平不高的读者，也是褒义的。

（二）要区别语意的轻重

有些近义词的细微差别表现为语意有轻有重。比如"不错—好—优秀—优异"都是"好"的意思，除了适用对象不完全一样之外，在语义上是一个比一个重；"不好—坏—恶劣"都是"不好"的意思，除了适用对象稍有不同，在语意上也是一个比一个重。这种近义词都不能相互替代，否则就要犯大词小用或小词大用的毛病。下面都是用词不顾轻重的例子：

*（1）去年，我曾经有过这样的企图：写一篇培育高粱新品种的文章。但由于基础太差，没有写成。

例（1）"企图"应改为"打算"。二者虽都有"计划做什么"的意思，但"企图"一般用在较大的事情上，语意较重，而且常带贬意，如"英帝国主义曾企图独霸世界"。"打算"语意较轻，常用在一般事情上。

*（2）张晓秋考上了大学，我写信表示庆祝，并决心向她学习。

例（2）"庆祝"应改为"祝贺"。"庆祝"常用于重要节目，或者重大胜利，语意重，如"庆祝五一"，"祝贺"适用于个人取得某些成绩，"考上大学"是件喜事，表示"祝贺"就可以了。

*（3）我写作中的弊病很多，写作之前常常没有通盘考虑，写的时候也不注意语言的表达，写完之后也不认真修改。

例（3）"弊病"用在这里语意太重了，写作上的一般问题应该说成"毛病"。

*（4）兴修水利是为了减少水旱给我们带来的灾难。

例（4）"灾难"应改为"灾害"。二者都有"遭受祸害"的意思，但"灾难"是指侵略战争、抢劫或自然界造成的较大的祸害，语意较重，如"帝国主义的侵略曾给我们民族带来了空前的灾难"；"灾害"是指一般的局部的水、旱、虫、火等造成的祸害，语意较轻。

（三）要划清词义的范围

有些近义词有范围大小上的不同，在语言中同样不能互相代替。下面都是对词义的范围认识不清而造成的用词不当现象：

*（1）他的力量很大，二百斤重的铁块他也能搬起来。

例（1）"力量"和"力气"是一组同义词，它们的相同点在"力"字上，但二者的范围大小不同："力量"所指的范围大，常用于集体，如"咱们工人有力量"；"力气"的范围小，常用于个人。

*（2）解放以后，在党的领导下，这个城市的市政建筑进展很快。

例（2）"建筑"换成"建设"。"建筑"所概括的内容较少，是指建筑物，如"建筑了许多楼房"；"建设"所概括的内容较多，除了建筑物，还有街道、电气设备、绿化等。

*（3）在具有伟大历史意义的淮海战斗中，他光荣地被评为战斗英雄。

例（3）"战斗"应改为"战役"。"战斗"指的是敌我双方军事上的一次具体斗争，范围小；"战役"指战争中的一个阶段，由多次战斗组成，范围较大。

（四）要辨别词的语法意义

有些近义词的细微差别表现为词性不同或词的结合对象不同。比如"深刻"和"深入"，都有"深"的意思，但"深刻"是形容词，是接触到事情或问题的本质，或内心感受很深，常跟名词结合成主谓词组或偏正词组，如"语意深刻""深刻的体会"；"深入"是动词，是透过外表达到事物内部或中心，常跟名词结合成动宾词组，如"深入虎穴""深入人心"。词性不同，词义必然不同；结合对象不同，词义也有差别。把甲类词用为乙类词，或把乙类词用为甲类词，除了修辞上允许的词类活用之外，都算用词不准确。例如：

*（1）改革开放后，迎来了科学的春天，许多知识分子都觉得自己青春得多了。

例（1）"青春"是名词，不能作"自己"的谓语，更不能带补语。应换成形容词"年轻"。

*（2）王大妈参加居委会的工作以后，慢慢地也朝气起来了。

例（2）我们可以说"有朝气""一股子朝气"等，可见"朝气"是个名词。在这里把它放在动词谓语的位置上,并带有补语,是错误的。应改为"朝气蓬勃",或者把"朝气起来"改成"有了朝气"。

*(3) 伟大的中国人民,从来也不恐惧帝国主义的侵略战争。

例(3)"恐惧"是表示内心活动的,跟形容词的特点非常相近,不能带宾语,应改为"惧怕"。

把结合对象不同的词用混,从造句的角度说,是搭配不当的问题,从用词的角度说,是不能正确辨别近义词的问题。

四、繁简适当

用词要繁简适当,该用一个词用了两个,不是前后重复,就是语多赘余;该用两个词用了一个,会犯脱漏或苟简的毛病。繁简是否适当,不能简单地以字数多少为标准,必须以表意的需要为根据。

(一)切忌前后重复

说话、写文章要多为听者、读者着想:意思多,多说,多写;意思少,少说,少写。尤其是写文章,动起笔来更要字斟句酌。如果同一个意思在一句话里前后重复,就会使句子冗繁空长,叠床架屋,影响语意的表达。

用词重复有的是字面重复,有的是意思重复。例如:

*(1) 在四万多名科技人员中,有一万多名是维吾尔、哈萨克等少数民族科技人员……

例(1)前面已经说了"科技人员",后面又说一次,是毫无意义的重复。应把后面的"科技人员"改为"的"字。

*(2) 但是事实证明,要这样做下去,事实上是办不到的。

例(2)前面有了"事实",后面又说"事实上",重复。把"事实上"删去。

*(3) 一天晚上,夜深人静,下着急雨,我回到家里。

例(3)"晚上"和"夜"意思上重复,应删去"晚上"。

*(4) 你看,那一只璀璨夺目、炯炯闪光、银光四射、晶莹耀眼的国产手表,构成了一幅五彩缤纷的图画。

例(4)"璀璨夺目""炯炯闪光""银光四射""晶莹耀眼"都是"光亮耀眼"的意思,用一两个也就够了。在一句话里用了这么多华丽辞藻,既是重复,又是堆砌。另外,用"五彩缤纷"来描写"手表",也不恰当。

有一种意思上的重复,往往不易察觉。例如:

*(5) 现在急需要帮助同学解决怎样阅读课外作品的方法。

例(5)"怎样阅读课外作品"要解决的,就是"阅读课外作品的方法";而"阅读课外作品的方法",就是回答"怎样阅读课外作品"的问题。"怎样"或"的方法"应去掉一个。其他像"如何完成任务的方法","怎样写文章的方法","如何打败敌人的方式"等,都犯了同样的错误。

*（6）我们坚持无产阶级专政，目的是为了更好地解放生产力。

例（6）"为了"是表示目的，跟"目的"在意思上重复。"目的是为了"是常见的一种意思重复的格式。从用词繁简适当的角度要求，应该取消这种格式，只保留"目的是……"和"……是为了"的格式。

　　跟"目的是为了"相似的，还有一种"原因是由于"的格式。例如：

　　*（7）质量下降等的原因是由于没有很好地抓职工的技术交流和学习。

例（7）应去掉"原因"，或者去掉"由于"。取消"原因是由于"的格式，改用"原因是……"或"……是由于"的格式。

　　用词重复跟修辞上有意重复某些词语，突出某种深厚强烈的思想感情的"重复式"不是一回事。

　　（二）防止画蛇添足

　　语言中的"蛇足"就是赘余的可有可无的词语。赘余现象跟用词重复稍有不同：重复是在表达一种意思时使用了字面相同或意思相同的词语；赘余是把包含在其他词语里的意思又用另外的词语说一遍。例如：

　　*（1）张德英从小出生在一个贫农家里。

例（1）"出生"的时候，当然是"小"的时候，因此"从小"是多余的。

　　*（2）社会主义的学校，就是要培养为人民服务的有文化的知识分子。

例（2）"知识分子"都是有文化的，何必还要给"知识分子"加上个多余的定语？

　　*（3）这种思想问题，应该尽快设法解决，以免影响所担任的工作。

例（3）"所担任的"也是多余的词语。谁都知道"工作"都是由人"担任的"。

　　语言中有一些说法，大家常用，听起来也不觉得累赘，但仔细推敲一下，其中有的词却是可有可无的。例如：

　　*（4）他们嘴里异口同声地喊改革开放好，说的也是真话不是假话；心里却各人有各人发家的小算盘。

例（4）"异口同声"这个成语里又有"口"，又有"声"，再用"嘴里"就多余了。"小算盘"自然是在"心里"打的，因此"心里"也是可有可无的。另外，从简练的角度来要求，两个"人"字也可以删掉，后一个分句改为"却各有各的发家小算盘"就可以了。

　　其他像"用脚踹门"，"拿眼睛看了看"，"用耳朵听了听"，"脑子里想了想"，"用鼻子闻一下"，"用嘴咬了一口"等，除了在特定的上下文里，为了起对照或对比作用，可以这么说之外，如"心里想的，眼里看的，嘴上说的，手上干的，要结合起来"，在一般情况下，都算语多赘余，可有可无的词语都应该删去。

　　还有一种由于堆砌辞藻形成的赘余现象。例如：

　　*（5）这是不是为慈祥的、坚定的、严肃的、机警的、豪迈的、沉思的、天真的、各行各业的团结战斗的中国人民而自豪？

例（5）作者花了很大力气，说了一大堆废话，使句子冗长啰唆，费力不讨好。这句话应该把前头的形容词全删掉，只说"这是不是为团结战斗的中国人民而自豪？"

（三）避免语义不全

冗繁的另一个极端是苟简。苟简就是不合理的简略。说话、写文章应该求"简"，应该避免叠床架屋、画蛇添足，凡是不必要的词语一律删掉。但"简"是有限度的，如果为了求简而略去有用的词语，就会使语义不全，那就成了苟简。

语言中的语义不全现象大致有两种：一是由于缺少某些词语而使句子结构残缺不全，如主语、谓语、宾语或附加成分残缺；二是由于缺少某个词语，句子结构仍然完整，只是语义有失周全，有失严密。前一种将在第三章语法中讲，这里只讲后一种。

*（1）汉语是世界上最发达的语言，汉字是世界上最早的文字。

例（1）结构完整，只是语义不周全。世界上最发达的语言，除了汉语，还有别的语言；世界上最早的文字除了汉字，还有其他文字。"最"是比较出来的，既是"最"发达，"最"早，也就是没有跟它同样发达、同样早的了。应在"语言"和"文字"后头各加上"之一"二字。

*（2）这个班的同学，坚持在一、三、五下午进行体育锻炼。

例（2）应在"一、三、五"前头加上"每周"，因为每一句也有"一、三、五"，容易造成误会。

*（3）我们必须认识到，决定战争的是人，不是武器。

例（3）说"决定战争的是人"跟说"打仗的是人"一样，是在说废话。从上下文来看，作者是想说"决定战争胜负的是人，不是武器"，漏掉了"胜负"二字。

*（4）卖完了鸡蛋，她没舍得给小女儿买一分钱糖果，就在供销社里给洪雷生三角四分钱买本厚笔记本，八角八分钱买支钢笔，一角七分钱买瓶墨水……

例（4）乍看起来，容易误解为"她给洪雷生三角四分钱，洪雷生买本厚笔记本"，但一看后面，却是"她"买了本厚笔记本。问题在哪儿？在"三角四分钱"前面漏掉了个"花"或"用"。后面的"八角八分钱""一角七分钱"前面也该用个"花"或"用"。

（四）不能滥用简称

"简称"也叫"略语""缩略语"，是用简缩法造出来的词语。语言中一些较长的词组，为了说写方便，往往只用其中两三个字，这两三个字就是整个词组的简称。如"政治协商会议——政协"，"中国语言文学系——中文系"，"农业现代化、工业现代化、国防现代化、科学技术现代化——四个现代化——四化"。

简称是一种很有用、很普遍的语言形式。但使用简称必须有群众基础，必须是约定俗成的，说出来大家都懂才行。如果使用的简称别人听不懂，或者还需要加注释，就是滥用简称，是苟简的一种。例如：

*（1）在拍摄过程中，上海剧团的职演员表现得都非常热情。

例（1）"职演员"是"职员"和"演员"的简称，但这样的简称缺乏普遍性，显得太生硬。虽然能听懂，仍算滥用。

*（2）这个厂许多青年工人有使用先进工具的熟巧。

例（2）"熟巧"，可能是"熟练技巧"的简称。像这种只有自己才懂的说法，都是滥用简称。

*（3）从现在开始，我坚决按照领导提出的三不、三要严格要求自己。

例（3）"三不""三要"别人听不懂是什么意思，这样的简称没有普遍性。

*（4）为了联系生产实际，前些天我们到沈缆参观访问，学到了不少新知识。

例（4）"沈缆"是"沈阳电缆厂"的简称，这种简称外地人或其他行业的人是听不懂的。

*（5）去年，我们到开（开封）、洛（洛阳）、许（许昌）等地做了社会调查，广泛征求了群众意见。

例（5），简称是为了方便，这里用了简称，又怕别人不懂，还得再加括号注解，比用全称字数多了，符号也多了，实在没有必要。

前面讲的是用词的基本要求，总体来说，是要求把词用对，这是用词的起码要求。有关用词的艺术技巧，简单地说，是要求把词用好，这是用词的进一步要求，是修辞的问题，我们将在第四章"修辞"部分讲。

思考与练习

一、什么是词，什么是词汇？二者有什么区别？

二、汉语词汇有哪些主要特点？

三、词义有哪些性质？它是由什么构成的？

四、汉语的词可以分哪些类型？

五、用词的基本要求有哪些？

六、改正下列句子中带着重号的词语，并指出它错误的类型。

（1）秋雨萧萧，令人不寒而栗。
（   ）

（2）风潇潇兮易水寒，壮士一去兮不复返。
（   ）

（3）为了防止盘尼西林等抗生素的过敏，注射前必须坚持做过敏试验。
（   ）

（4）那正值豆蔻年华的姑娘，竟被这歹徒所戕。
（   ）

（5）韩国人对饭焦情有独钟，正如同广东人对米粉那样偏爱一样。
（   ）

（6）袅袅升起的太阳，高悬在天空。
（   ）

（7）老政委笑容可掬的立起身来。
（　　　　　　　　　　　　　　　　）
（8）阵阵热烈地掌声打断了我的回忆。
（　　　　　　　　　　　　　　　　）
（9）两山的羊群有的互相追逐，有的在呼哧呼哧的吃着青草。
（　　　　　　　　　　　　　　　　）
（10）他们交谈的很融洽。
（　　　　　　　　　　　　　　　　）
（11）解放后，……劳动人民的子女都上学念书了。
（　　　　　　　　　　　　　　　　）
（12）有的同学学习是有困难的，但这种困难只是时间问题。
（　　　　　　　　　　　　　　　　）
（13）他对遭受打击迫害的同志，千方百计地给予照顾和庇护，使这些同志感受到极大的温暖。
（　　　　　　　　　　　　　　　　）
（14）暑假时间，我企图读两部小说，因没抓紧时间落空了。
（　　　　　　　　　　　　　　　　）
（15）复兴中华，这是历史赋于我们的光荣任务。
（　　　　　　　　　　　　　　　　）
（16）在这次工伤事件中，曹师傅为了抢救别的同志，自己也受了伤……
（　　　　　　　　　　　　　　　　）
（17）党号召我们多种经营并举，如果我们还像前些年那样只搞单一的一种经济，怎么能带领群众早日脱贫致富奔小康？
（　　　　　　　　　　　　　　　　）
（18）今天赶来参加婚礼的客人大约有三百个左右。
（　　　　　　　　　　　　　　　　）
（19）女牛、男牛，30元一双。
（　　　　　　　　　　　　　　　　）
（20）人革手提袋，抢购一空。
（　　　　　　　　　　　　　　　　）

第三章 语 法

第一节 语法概说

一、语法与语法体系

什么是语法呢？可以这样说，语法指的是组词成句的规则和习惯。人们在长期的语言实践中形成的约定俗成的语言习惯，构成了一定的规律，这就是语法。例如：

小张 语法 学

这三个词，怎样把它们组成一句话呢？现代汉语把这三个词组成一句话的规则是："小张"放在一句话的开头；"学"放在"小张"之后；"语法"再放在"学"之后，构成"小张学语法"这样一句话。现代汉语组词成句的规则就是这样。其他像"小王写日记""小李看电影""小赵开拖拉机"等等，也都是按照这样的词序把它们组织成句子的。

像这一类句子，在语法上，把出现在句子开头部分的陈述对象"小张""小王""小李""小赵"，称为主语；把"学""写""看""开"等动词，称为谓语；把这些动作后面出现的"语法""日记""电影""拖拉机"等，称作宾语。主语在前，谓语在后，宾语又在谓语后面。这主语、谓语、宾语——先说什么、后说什么、再说什么的词序和格式，就是现代汉语语法的一条规则。我们学习语法，就是要了解这些规则，在说话或写文章的时候，自觉地遵守这些规则。

那么，外国人说话是不是也要按照上面这样的规则和习惯呢？不一定。不同的民族，语言的规则和习惯也不尽相同。例如，我们说"小张学语法"，日语却是说"小张语法学"，汉语是"主、谓、宾"，日语却是"主、宾、谓"。再例如，俄语由于有词形变化，所以在词的次序排列上就更加自由了。"小张学语法"不仅可以说成"小张语法学"，而且还可以说成"学小张语法"或"语法学小张"。汉语不行。如果我们把"小张学语法"改说成"语法学小张"，就根本不成话了。可见汉语有它自己组词成句的规则和习惯。

另外，古汉语组词成句的规则和现代汉语也不完全相同。我们现在所要学习的语法，是现代汉语的语法，是现代汉语组词成句的规则和习惯。

什么是语法体系呢？语法体系也叫"语法系统"。一是指客观存在的语法本身的规律系统。每一种语言的语法都是成系统的，其规律只有一个。另外，还指语法学体系，即语法学者研究语法表述的体系。由于研究者的目的、语法观和方法论的不同，同一种语法的表述体系，有时可能不一样。例如，有人认为"他的弟弟考上大学"这句话的"弟弟"是主语，有人认为"他的弟弟"是主语；"一个人"的"个"，有人称它为量词，有人称它为单位词、副名词等。这些差异对语法的深入研究可以起到互相配合、互相补充的作用。就现代汉语的研究成果，众多的语法著作由于研究的目的不同，可以分为四种主要类型。

（一）理论语法

这种语法以探讨一种语言的结构规律、构建一种语言的语法体系、寻求语法的普遍规律及其在不同语言中的体现为目的，常常涉及方法论、方法。由于方法论、方法不同，做出的解释和得出的结果可能会有很大的差异。这种语法重在说明结构，重在理论提高，不一定包罗万象；许多语法学家发表的专题论文、出版的理论专著都属于这一类。

（二）参考语法

这种语法以详细描写、说明一种语言的语法事实，以供读者查考为目的。如赵元任的《汉语口语语法》（中译本，商务印书馆1979年版）。这种语法，为了便于读者查考，还可以采用词典形式，比如吕叔湘主编的《现代汉语八百词》（商务印书馆1999年增订版）就是代表。

（三）教学语法

这种语法也称"学校语法""传统语法""规范语法"，它提供了系统的基本知识，为学校教育服务，是以提高语言运用能力为目的的著作，各类学校使用的教材都属于这一类。比如1984年公开发表的《中学教学语法系统提要（试用）》，就是提供给中等学校教学用的语法体系。这种语法讲求规范，注重实用，针对不同对象，力求精要、好懂、有用，把理论寓于实际用例的分析之中。

（四）工程语法

这种语法是为计算机处理人类自然语言、人机对话工程服务的著作，也叫作信息语法。这种语法要汲取前面提到的三种语法的成果，特别是理论语法的新成果。

我们这里讲的是"教学语法"，其主要目的是为了解和掌握现代汉语的语法规律，使遣词造句合乎规范，提高识别和改正错句的能力，并为学习、研究理论语法和工程语法打下基础。

二、语法的性质

跟语音、词汇相比，语法具有更明显的抽象性、稳固性和民族性。

（一）抽象性

语法规则是从具体的语言现象中概括出来的，如从"教师教书""学生读书"

"农民种地"和"工人做工"这些具体的语言现象中,我们可以抽象概括出一种语法结构类型:主谓结构。这是因为尽管上述几个词组所表达的具体意思各不相同,但是它们都是由前后两个部分构成的,前一部分是陈述对象,后一部分是陈述前一部分的,不仅结构形式相同,而且结构关系也相同,所以可以抽象概括为一种类型。有人说,语法好比几何学,就是指语法的这种抽象性。正因为语法具有抽象性,所以运用语法的每一条规则,都可以生成无限的具体语句。

(二) 稳固性

任何事物在历史的长河中都在不断发展变化,语法也不例外。但是,语法的变化比起语音、词汇要缓慢得多。这是因为它是一个由各种现象规则交织而成的有紧密联系的系统,如果废弃旧规则马上换一套新的,会使人们不习惯,交流思想就难以进行。很多语法手段和语法格式经历千百年而不变,就是这个道理。例如汉语把语序和虚词用作重要的语法手段,古今如此。主语在谓语之前,修饰语在中心语之前,这也是古今如此。虽然也有变化,但是很缓慢。一些旧规则的衰亡也是逐渐实现的,例如古汉语里,名词和名词性短语可以直接做谓语(如"陈涉者,阳城人也"),后来逐渐变为加"是"字的句型(如"陈涉是阳城人")。但是直到现代,在某些特定条件下,仍然保留这种格式(如"鲁迅,绍兴人")。语法的稳固性并不限制语法的演变,新的语法规则总会逐渐产生出来。例如"我,作为一个语言工作者,有责任促进汉语规范化"和"我们不能也不应该这样做"两句话里,"作为……""不能也不应该……"这些说法,在"五四"以前的白话里是没有的,后来才慢慢在书面语中运用开来。因此语法又具有时代特征,研究语法要分清古今语法,不能混同。

(三) 民族性

每种语言都有明显的民族特点,不仅表现在语音和词汇上,同时也表现在语法上。不同语言的语法有同有异,既有共性也有个性,个性是特点之所在。例如俄语用词形变化(形态)表示词的句法功能,语序就比较自由;而汉语里的词没有表示句法功能的形态,词在句子里充当什么成分,主要靠语序来表示。同是重语序的语言,其表达形式也可能不同,汉语说"我写字",藏语说"我字写";汉语说"两本书",傣语说"书两本"。词的组合手段,各种语言也有差异。现代汉语的"两本书"是名词和数词组合,其间要用相应的量词,而英语的"two books"没有加量词这条规则,但数词在前,名词在后这个语序,两种语言又是共同的。研究语法要注意不同语言的共性和个性,不能因有共性而忽略了语法的民族特点。我们在研究和说明汉语的语法规则时,要警惕拿别的语言的语法来硬套汉语的语法。

三、汉语语法的特点

(一) 结构简明,辨义清晰

汉语语法的一个重要特点,是结构形式简易明确,辨别语义清晰确切。

词法和句法是两个不同的范畴，词、词组、句子是三种大小不同的语法单位。它们所表示的语义虽然各不相同，但结构形式基本上是一致的。词的结构属于词法范畴，有联合、偏正、动宾、主谓等格式，如"钢铁""汽笛""缺德""面熟"。词组和句子的结构属于句法范畴，也有联合、偏正、动宾、主谓等格式，如"分析研究""优秀成绩""看话剧""身体好"。词法结构里有重叠式，如"看看""家家"，句法结构里也有重叠式，如"溜达溜达""聪明，聪明""你回来，你回来"。

在句法结构里，词组的结构方式和结构成分，跟句子的结构方式和结构成分，虽然互有区别，但基本上是一致的。如"禁止吸烟"，作为词组，是动宾关系，"禁止"是动词，"吸烟"是宾词；作为句子，是无主句，"禁止"是谓语，"吸烟"是宾语。

同是句子，单句和复句表示的意思各不相同，但结构关系也有相似之处：单句各成分之间有联合关系、偏正关系，如"爱说爱唱"，"因为你而迟到"；复句各分句之间也有联合关系、偏正关系，如"他爱说，他也爱唱"，"因为你决心大，所以我相信你能完成任务"。因此，有些单句可以扩展为复句，也有些复句可以紧缩成单句，它们之间是有对应关系的。

一种语言有一种语言的特点。我们不能说，语法结构复杂的语言是最发达的语言，而语法结构简单的语言是不发达的语言；也不能反过来说，语法结构复杂的语言是不发达的语言，而语法结构简单的语言才是最发达的语言。衡量一种语言是否发达，应以是否能够很好地充当交际工具为标准。汉语的语法结构虽然简单，但是辨义清晰，能够明白确切地表达中华人民的复杂思想。

（二）词序固定，句式精确

汉语是非常注重词序的语言。汉语句子里词和词之间的语法关系，主要靠词序来表示。因此词的排列次序比较固定，一般地说，主语在谓语前，宾语在动词谓语后，定语、状语在中心语前，补语在中心语后。词序不同，所表示的意思也不一样。例如：

走不出去—不走出去—走出去不—出去走不

上面四种不同的意思，除语调之外，全是靠词序的变化表示出来的。

有些句子变动词序之后，虽然基本意思没有什么变化，但语意重点或感情色彩往往也会有区别。例如：

你们过来！—过来，你们！

我吃过芒果。—芒果，我吃过。

他轻轻地唱着歌。—他唱着歌，轻轻地。

用变化词序的办法精确、严密地表示各种同步的语法关系，构成各种不同的句式，显然是汉语语法又一个突出的特点。

（三）虚词多样，生动传神

汉语的虚词不仅丰富多彩，而且能左右结构，有的还能使句子生动传神。虚词在汉语里具有特殊的作用，形成了汉语语法的另一个特点。比较：

你回去吗？—你回去吧！—你回去嘛。

唉，他走了！—啊，他走了。—哈哈，他走了！

工厂和学校—工厂的学校

这些结构，由于虚词不同，有的语气感情不一样了，有的关系不相同了。

买杂志—买的杂志—买杂志的

我们消灭了敌人—敌人被我们消灭了—我们把敌人消灭了

这些结构，有的没用虚词，有的用了虚词。用和不用，所表示的关系或语意重点都不一样。"买杂志"是动宾关系，"买的杂志"是偏正关系，"买杂志的"是"的"字结构，指买杂志的人。"我们消灭了敌人"，语意重点是"我们"；"敌人被我们消灭了"，语意重点是"敌人"；"我们把敌人消灭了"，语意重点是"我们"和"敌人"。

四、学习语法的意义与方法

斯大林同志说："语法是人类思维长期的、抽象化的工作的成果，是思维的巨大成就的标志。"语法既然是从大量言语材料中抽象概括出来的最一般的规则，那么它当然也能够反过来指导人们的言语实践。学习语法对培养、提高分析言语、运用语言的能力，改进文风都是有很大帮助的。对于汉语，我们虽然具有比较丰富的感性知识，在长期的言语实践中已经掌握了一定的运用语言的技能，但是，这种感性认识常常是不完全可靠的，这种技能也只是自发形成的。有时难免还会说出或写出不合语法的话来，尤其句子一长，结构一复杂，出错的可能性就更大，而且往往是犯了错误还不自觉。毛泽东同志说："感觉到了的东西，我们不能立刻理解它，只有理解了的东西才更深刻地感觉它。感觉只是解决现象问题，理论才解决本质问题。"所以学习语法理论知识是十分必要的。只有学好语法，把感性认识提高到理性认识上来，自觉地运用理论指导自己的实践，才能使我们运用语言的技能有一个可靠的基础。

例如，"在他们的辛勤工作下，使这些外商消除了思想顾虑，积极投资于当地的开发建设"这句话，如无一定的语法知识，仅凭语感，你不一定知道错在哪里。学了语法后，你会发现这句话缺少主语，只要把"使"删去，"外商"当了主语，句子就通畅了。现在，我们国家已迎来了创新的新时代，写好论文，交流思想，传播自己的研究成果，已成为了学子和科研工作者重要的任务，如果没有一点语法的理论知识和运用语言的能力，是很难胜任和完成的。

学习语法也要讲究方法，首先要树立实践第一的观点，坚持理论联系实际的原则。要随时注意把学到的理论知识同实际语言、自己的感性认识联系起来，互相印证比较，加深对基本规律的理解。同时要重视练习，多做练习，把理论知识运用到自己的阅读、写作中去，提高运用语言的能力。不要死背书本上的条条，不要只在术语概念上转圈子。其次要树立规范的观点。现代汉语语法是以普通话为研究对象，以典范的现代白话文著作为语法规范的。所以不能拿古代汉语的某些格式和方言的例子来否定普通话的语法规律。同时要注意区分一般规律和特殊用法，不要用少数例外情况或个别人的语言习惯来否定一般规律。汉语的语法虽然丰富多彩，但归纳起来只有词法、句法和篇章（即章法）等主要内容，下面将分别做简要的介绍。

第二节 词 法

词法主要是讲造词的规则（或词的构成）和词的语法分类，前者在第二章第一节已经讲过了，这里只讲词的语法分类。汉语的词千千万万，我们根据它们的意义和特点，把它们分为实词和虚词两大类。实词，意义比较实在，能充当句子成分；虚词，意义比较空灵，没有实在意义，一般不能独立充当句子成分，在造句中只起辅助作用，使表达的思想内容更加确切，句子组织更加严密。汉语的实词包括名词、动词、形容词、数词、量词、代词和副词 7 类。虚词包括介词、连词、助词、语气词、叹词 5 类。下面分别对它们的特点进行介绍，其目的是便于因材使用，造好句子，犹如建筑师一样，了解各种建材的性能，因材而用，盖好房屋。

一、实词

（一）名词

1. 什么是名词

表示人、事物或时地的名称的词叫作名词。常见的有：

1）普通名词：人　鱼　玫瑰　灯塔　作品　翻译家　思想　风格　道德　品质　友谊
2）专有名词：马克思　鲁迅　中国　长江　《红楼梦》
3）时、地名词：早晨　从前　星期日　边疆　地区　北京
4）方位名词：前　后　上　下　以西　中间　左右　里头

2. 名词的语法特点

1）一般能受数量词修饰。例如："一吨钢、两台机器、五个国家、十位专家"等。

2）一般不受副词修饰。如不能说"不国家""很智慧"。但一些表示时间或处所的名词有例外，如"才星期二""最前面"。

3）一般不能重叠。如不能说"战士战士""学校学校"等。但少数单音节名词可以重叠，如"家家""户户""村村""队队""人人"等。重叠后，表示"每一"的意思。

4）名词在句中，主要充当主语、宾语和定语。时地名词则经常充当状语。

方位名词有单音节的和双音节的两种。例如：

单音节的：上 下 前 后 左 右 东 西 南 北 里 外 中 内
　　　　　间 旁
双音节的：以上 以下 以前 以东 以外 之前 之后 之下 之中 之间
　　　　　东边 西边 前边 左边 旁边 前面 外面 左面 右面 上头
　　　　　前头 里头 外头 西头 上下 前后 左右 里外

方位名词是名词中比较特殊的一类，兼有名词和助词的性质。它和表示时地的名词一样，可以单独充当句子成分，但是经常是附着在别的实词或词组后边，组成方位结构，在句中充当一个成分。例如：

教室里　群众中　天安门前　长城内外　黄河以北　上大学以后
城市与乡村之间

（二）动词

1. 什么是动词

表示动作、行为、心理活动、发展变化、关系存现等的词叫作动词。常见的有：

1）表示动作行为：听　说　读　写　学习　研究　保卫　建设
2）表示心理活动：爱　恨　想　喜欢　希望　关心　感动　怀念
3）表示发展变化：开始　继续　生长　扩大　提高　发展　消失
4）表示关系和存在：是　像　姓　成为　等于　属于　在　有
5）表示能愿：能　应该　必须　愿意
6）表示趋向：来　上　起来　上去

2. 动词的语法特点

1）能受副词修饰，如"不打不闹"。除表心理活动的动词和一些能愿动词外，其他动词大都不受程度副词修饰，如不能说"很学习""非常建设"。

2）大多数动词能重叠。单音节动词重叠，第二个音节读轻声，如"走走""想想""看看"。双音节动词重叠，其格式为"ABAB"，如"商量商量""考虑考虑""调查调查"。重叠后，词意在程度上比原来轻，表示动作带有尝试性或时间的短暂性。

3）多数动词能带时态助词"着""了""过"，分别表示动作的持续、完成、经历等时态，如"看着""看了""看过"等。

4）能用肯定否定相叠的方式表示疑问。如"喝不喝？""知道不知道？"

5）大多数动词能带宾语。如"我们热爱祖国"。

6）动词在句中经常充当谓语。如"他来了"。

动词中比较特殊的是趋向动词和能愿动词。

趋向动词——表示动作行为的趋向。例如：

来　去　上　下　进　出　过　回　开　起　上来　下去　进来　过去　起来

能愿动词——表示可能、必要、意愿等意义。例如：

能　能够　会　可　可以　可能　该　应该　应当　必须　要　得（děi）　肯

敢　愿　愿意　情愿

趋向动词经常用在别的动词或形容词后边，起补充作用，如"走过去""联合起来"。能愿动词则常在动词或形容词前面，起修饰作用，如"应该谦虚、谨慎""必须遵守纪律"。

（三）形容词

1. 什么是形容词

表示人或事物的性质、形状、状态、声音等的词叫作形容词。常见的有：

1）表示性质：好　坏　优秀　恶劣　聪明　勇敢　伟大　平常

2）表示形状：长　短　高　低　粗　细　圆　直

3）表示状态：快　慢　敏捷　迟钝　熟练　安静

4）表示声音：呼呼　嚓嚓　扑通　轰轰隆隆　滴滴答答

2. 形容词的语法特点

1）能受副词"不"和"很"等修饰，如"不骄傲""很老实""十分勇敢"。

2）大多数形容词可以重叠，一般用 AABB 式，如"认认真真""清清楚楚"。有些前面带有名词性词素的偏正式形容词，如"雪白""笔直""冰冷"等，则用"ABAB"式重叠，如"雪白雪白""笔直笔直""冰冷冰冷"等，重叠后一般表示程度加深。还有"A 里 AB"式，如"糊里糊涂""古里古怪"，一般都表示贬义。

3）能用肯定否定相叠的方式表示疑问，如"聪明不聪明""整齐不整齐"等。

4）不能带宾语。

5）形容词在句中主要是充当定语、状语和谓语。

名词、动词、形容词的区别

名、动、形这三类词占实词的绝大多数，在遣词造句时，经常使用。因此，必须辨明词性，掌握它们的不同用法，否则，就会产生词类误用的现象。例如：

*（1）阿姐，骑马多趣味，一摇一晃，好像坐船。

*（2）这方案刚提出，一些同志就纷纷舆论。

*（3）海边的景象多么奇观。

*（4）这是一个多么感动的场面啊！

例（1）是把名词误作形容词，应改为"骑马多有趣"；例（2）是把名词误作动词，应改名词"舆论"为动词"议论"；例（3）是把名词误作形容词，应把名词"奇观"改为形容词"壮观"；例（4）是把动词误作形容词，应把动词"感动"改为形容词"动人"。

对于名、动、形这三类词，我们可以从下列几个方面加以辨别：

1）能否受副词修饰。前边不能受副词"不""很"修饰的，是动词（表示心理活动的动词则例外，如"他很喜欢外语"）；前边能受"不""很"修饰的是形容词。

2）能否带宾语。名词、形容词不能带宾语，大多数动词能带宾语。

3）能否重叠。一般地说，名词不能重叠；动词、形容词可以重叠，但重叠方式不同。

根据上面几点，就能把意义上相近而又属不同词类的词区别开来。例如：

聪明—智慧　充分—充满　整齐—整顿

可以说"不聪明""很聪明"，但不能说"不智慧""很智慧"。可见"聪明"是形容词，"智慧"是名词。能说"很充分"，不能说"很充满"；能说"充满激情"，不能说"充分激情"。可见"充分"是形容词，"充满"是动词。"整齐"能重叠为"整整齐齐"，"整顿"则重叠为"整顿整顿"，并还能带宾语（整顿作风）。因此，"整齐"是形容词，"整顿"是动词。

（四）数词

1. 什么是数词

表示数目的多少或次序的先后的词叫作数词。常见的有：

1）基数词。表示数目的多少的数词。例如：

零　一　二　十　百　千　万　亿　半　几

2）序数词。表示次序先后的数词。例如：

第一　第二　初一　初二　头一（名）

2. 数词的语法特点

1）一般要跟量词结合在一起来修饰名词，只有在成语或沿用文言的说法时，才可以直接和名词结合（万马奔腾、三心二意）。

2）一般不能重叠。

3. 数词在使用上需注意的问题

1）关于"二"和"两"的用法："二"和"两"同是基数词，但用法不完全一样。读数目字时，用"二"不用"两"，如读"一、二、三、四"，不读"一、两、三、四"，但在"百"、"千"、"万"的前面，可以用"二"，也可以用"两"。表序数时，用"二"不用"两"，如"第二层楼""今天初二"，只有"两点钟"的说法是例外；单独同"个、只、条、把、张"等非度量衡单位的量词结合时，用"两"不用"二"；说明度量衡单位时，"二"和"两"可以互换，如"二尺、两尺，二斤、两斤"等，但斤两的"两"，前边只用"二"不用"两"。

2）关于分数和倍数的用法：在汉语里，表示数目的减少，一般用分数，如说"降低了百分之几""打几折"。表示数目的增加，可以用倍数，也可以用分数，如可以说"今年的入学人数比去年增加了百分之一百"。由三增至六为增加一倍，不能说成"增加了两倍"，但可以说"增加到两倍"，因为"增加到"是包括底数在内的。

3）关于概数的表示法：在汉语里表示概数主要有两种方法，一种是相邻近的两个数词连用，如"三五个""七八个"；另一种是用"把""来""上下""左右"等和数词结合在一起来表示，如"十来人""个把月""三十上下"等。

（五）量词

1. 什么是量词

表示人、事物或动作的数量单位的词叫作量词。常见的有：

1）物量词（名量词）。表示人或事物的数量单位的量词。例如：

个 只 把 条 根 张 匹 件 块 颗 丈 尺 寸 斗 升 斤 两
亩 分 磅 副 对 双 套 群 班 种 类 点 些

物量也可以借用名词或动词来表示。例如：

笔（字） 尾（鱼） 碗（饭） 封（信） 捆（柴） 发（炮弹） 批（货）

2）动量词。表示动作、行为的数量单位的量词。例如：

下 回 次 趟 遍 阵 场 遭 番 顿

动量也可以借用身体有关部分或行为、工具的名词来表示。例如：

（看一）眼 （打一）拳 （放一）枪 （切一）刀

还有一种由两三个不同量词表示计量单位的复合量词。例如：

架次 人次 秒公方 吨公里

2. 量词的语法特点

1）通常用在数词或指示代词的后面、名词的前面，一般不能单独运用。如："一条真理""这点精神"。

2）单音节量词一般可以重叠，重叠后有表示"每一、逐一、多"的意思。如"颗颗红心向着党""张张笑脸迎春风""条条大道通北京""歌声阵阵"。

数词和量词往往结合起来使用，叫数量词。表示物量的数量词经常用在名词前边起修饰作用；表示动量的数量词经常用在动词或形容词后边起补充作用。

丰富的量词，可以使语言表达更加形象、具体，如"一线希望""一片汪洋""一缕青烟"等。但每种事物跟什么样的量词相配合，是约定俗成的，如"马"论"匹"，"牛"论"头"，"羊"论"只"等。

在一些方言中，量词有自己的特殊配合习惯，和普通话不完全相同。如"鞋子"广州话论"对"，普通话论"双"；"车票"广州话论"条"，普通话论"张"；"针"广州话论"眼"，湖南话论"口"，普通话论"根"；"牛"上海话论"只"，普通话论"头"。因此，我们要注意语言的规范，要按普通话的习惯使用量词。

（六）副词

1. 什么是副词

凡从时间、程度、范围、语气等方面，对动词、形容词起修饰、限制和补充作用的词叫作副词。常见的有：

1）表示时间：正 正在 已 已经 才 刚才 将 就 马上 立刻 突然
　　　　　　暂时 顿时 终于 始终

2）表示频率：偶尔 永远 往往 一向 又再 还 也 一再 屡次 经常
　　　　　　老是 从来

3）表示程度：很 更 太 极 最 顶 非常 十分 比较 格外 特别
　　　　　　　　稍微 略微 越 越发

4）表示范围：都 全 总 总共 只 光 净 仅仅

5）表示肯定和否定：必 必定 必然 准 不 没 没有 别 非 莫 未曾

6）表示语气：可 却 倒 偏 偏偏 简直 索性 反正 竟然 居然 果然
　　　　　　　　到底 难道 何必 究竟

有些副词表示多种意义，如"就"，在"他就来了"这个句子里，是时间副词，在"都来了，就他没来"这个句子里是范围副词。所以上述的分类并不是绝对的。

2. 副词的语法特点

1）能修饰动词、形容词，如：最聪明、极深刻、正在商量、永远记住。不能修饰名词，只有"不"用在成语里或特殊的习惯格式里是例外，如"人不人，鬼不鬼"。

2）一般不能重叠，也不能用肯定、否定相叠的方式表示疑问。

3）一般不可以单独回答问题，只有"不"和"没有"等少数副词例外。

4）副词经常充当状语，有些程度副词和时间副词也可以充当补语，有些副词还能放在词语之间起关联作用。

3. 副词与形容词的区别

在汉语里，副词和形容词都可以修饰动词，如："她正在刻苦学习外语。""正在"是副词，"刻苦"是形容词。但可以从以下几方面加以区别：

1）形容词能修饰名词，副词一般不能修饰名词。"人""战士"是名词，可受形容词的修饰，如"热情的人""勇敢的战士"。副词则不能修饰名词，如不能说"最人""非常战士"。

2）形容词可以单独回答问题（单说），副词一般则不能。如问"他身体健康不健康？"可以回答"健康"或"不健康"。如果问"这个问题已经解决了吗？"可以回答"解决了"或"已经解决了"，却不能只回答"已经"。

3）形容词可以做谓语，副词则不做谓语。如可以说"风景好""面貌新"，而不能说"风景非常""面貌最"。

"没有"有两种不同作用，一个是否定人或事物的存在，做动词，在句中充当谓语。如："没有共产党就没有新中国。"一个是否定动作行为或性状的存在，做副词，经常充当状语。如："他没有学习""脸没红"。不论做动词用的"没有"还是做副词用的"没有"，有时都能单说"没"，如"抽屉里没什么东西""他没说什么"。

（七）代词

1. 什么是代词

能够指代以上各类实词、词组或句子的词叫代词。按其作用的不同，代词可分为人称代词、疑问代词和指示代词三类。这三类代词的关系，可以用表1来说明。

表 1　代词的用法

用途＼分类＼举例		疑问代词	指示代词			人称代词			
			近指	远指	其他				
代替名词	人或事物	谁 什么 哪	这	那	每（虚指） 逐指 某 其他（旁指） 各 分指	自称	我、我们 咱、咱们	反身	自己
	处所	哪儿 哪里 什么（地方）	这儿 这里	那儿 那里		对称	你、你们 您（敬称）	别称	别人 人家
	时间	多会儿 几时 什么（时候）	这会儿 这（时候）	那会儿 那（时候）		他称	他、他们 她、她们 它、它们	总称	大家
代替动词、形容词、副词	动作 性质 状态 方式 程度	怎么 怎样 怎么样	这样 这么样 这么	那样 那么样 那么					
代替数词	数	几 多少	这么些	那么些					

2. 代词的语法特点

1）一般不受别的词语修饰。不过，因受印欧语的影响，人称代词带定语的情况日益常见，如"平步青云的他"。

2）不能重叠。有时像"我我我""怎样怎样"的说法，只是连用，不是重叠。

代词的功能跟它所指代的词相当，它所指代的词有什么功能，一般来说它也就有什么功能。例如：

（1）我知道我自己，我解剖自己并不比解剖别人留情面。

（鲁迅《答有恒先生》）

（2）那白云的顶部那么齐平，好像用一支划线尺划过似的。

（叶圣陶《从西安到兰州》）

例（1）中的几个"我"代替名词，分别充当主语、宾语。例（2）"那么"代替副词，对形容词"齐平"起修饰作用。

3. 代词的活用

有时代词不是具体指代某人某事，而是虚指，这种用法，叫作活用。例如：

（3）人们你一句，我一句，越说越高兴。

（4）我们村条件差，可是，从来不伸手向国家要这要那。

（5）"大家都考虑一下吧！"有谁提了一句。

例（3）"你""我"表示不确定的指代对象。例（4）"这""那"表示不确指的事物。例（5）"谁"不表疑问，指不确定的人。

4. 代词的使用

恰当地使用代词，可使语言简洁精练。若使用不当，常会出现指代不明的毛病。例如：

*（6）几年前从这儿路过，那儿还是一片荒地，如今烟囱林立，连路都认不得了。

*（7）小张和小李在校门口见面，他跟他说，今天下午要进行英语测验。

*（8）王书记打来电话，说我马上参加这次会议。

*（9）"小陈，你留在这儿吧，咱们走了。"

例（6）上下文指代不统一。例（7）"他跟他说"，前后两个"他"所指不清楚，可改为"他跟小李说"或"小张跟他说"。例（8）究竟是王书记参加会议还是接电话的人参加会议，表达不清晰，这里的"我"应改为"他"。例（9）是弄不清"咱们"与"我们"在用法上的差别。"咱们"包括对方，"我们"可以包括对方，也可以不包括对方，这里说"走"的意思并不包括对方——"小陈"，"咱们"应该改为"我们"才对。

二、虚词

（一）介词

1. 什么是介词

用在某些实词或词组前边，跟这些词或词组结合起来，共同表示时间、处所、目的、对象等的词叫介词。常见的有：

1）表示时间、处所、方向：当 从 到 由 于 在 自 自从 朝 向 沿着 顺着 朝着

2）表示依据、方式：按照 依照 根据 以 通过 经过

3）表示目的、原因或理由：为 为了 为着 因 由 由于

4）表示被动：被 叫 让 给 教

5）表示对象、关涉：把 将 替 跟 同 对 对于 关于

6）表示比较：比 和 跟 同 与

7）表示排除：除 除了

2. 介词的语法特点

介词不能单独充当句子成分，通常都是跟名词、代词或词组结合在一起，构成介词结构。介词结构在句子中经常充当状语、补语，有时也充当定语。例如：

（1）我们正在向四个现代化进军。

（2）屈原生于公元前三四〇年。

（3）大家都畅谈了对当前形势的看法。

现代汉语介词大都是从古汉语动词演变而来的，有的多少还带些动词的特点，有的还兼做动词。例如：

(4) 新年来，闰土也就到了。　　　　　　　　（鲁迅《故乡》）（动词）

(5) 这宝贝女儿长到七八岁的时候，在家里就说一不二。

（曲波《林海雪原》）（介词）

(6) 你二虎哥在家吧？　　　　　（李树茂《渔岛怒潮》）（动词）

(7) 太阳升起来了，在麦田上闪起金光。　　（梁斌《红旗谱》）（介词）

(8) 那本书我给你了。　（吕叔湘主编《现代汉语八百词》〔增订本〕）（动词）

(9) 家里给小刘寄来了一个包裹。

（吕叔湘主编《现代汉语八百词》〔增订本〕）（介词）

有些词兼属动词和介词两类，应从以下几方面进行区别：

1) 动词能单独回答问题，介词则不能。

2) 动词能单独做谓语，介词必须组成介词结构，才能做状语、补语或定语，但不能做谓语。

3) 许多动词能重叠，介词则不能。

4) 绝大部分动词可以加时态助词"着、了、过"和趋向动词"来、去、下来、下去"等，介词则不能（"沿着、为了、通过"等介词中的"着、了、过"只是构词成分，不表时态）。

5) 动词能用肯定、否定相叠方式表示疑问，介词则不能。

3. 介词的辨析

有些介词在运用时容易混淆，应注意区别。下面介绍一些常见介词的主要用法。

1) 对、对于、关于

这三个介词组成的介词结构都可以做定语和状语。但是，"对"和"对于"主要表示对象，"关于"主要是表示关涉的人、事物或者表示某种范围。在不是单纯表示对象或关涉的句子里，"对""对于"跟"关于"可以通用。如"对这个问题，我没有研究"，可以说成"对于这个问题，我没有研究"，也可以说成"关于这个问题，我没有研究"。一般来说，单纯表示对象的，用"对"或"对于"，单纯表示关涉或范围的，用"关于"。例如：

(10) 他对这里的情况不很了解。

(11) 对于旧社会和旧势力的斗争，必须坚决、持久不断，而且注重实力。

（鲁迅《对于左翼作家联盟的意见》）

(12) 我们讨论了关于汉语教学的问题。

例(10) 做状语，例(11) 做定语，都是表示对象，"对"和"对于"可以互换，但不能换用"关于"。例(12) 做定语，表示范围。

"对"的使用范围比"对于"大，"对"还有"向"和"对待"的意思。用"对于"的地方，一般都可以换用"对"，但用"对"的地方，不一定能换用"对于"。例如：

(13) 母亲对我说，凡是不必搬走的东西，全可以送他，可以听他自己拣择。

(鲁迅《故乡》)

(14) 她是一个无忧无虑的乐观主义者，对人十分热情，对事十分认真，妇女们都尊称她"桂大姐"。　　　　　　　　　　(陈残云《香飘四季》)

例 (13) 中"对"是"向"的意思，例 (14) 中"对"是"对待"的意思。两个"对"都不能换用"对于"。

"关于"还有提示作用，它所组成的介词结构，可用作书名或文章的题目。例如：

(15)《关于中国的两三件事》　　　　　　　(鲁迅《且介亭杂文》)

(16)《关于知识分子问题的报告》　　　　　　　　　　(周恩来)

下面是滥用或错用"对""对于""关于"的例子：

*(17) 教师对于学生提出严格的要求，是工作负责任的表现。

*(18) 某些简化汉字对有些同志可能不习惯。

*(19) 一年来对于文艺评论的文章，他在报刊上发表了好几篇。

*(20) 关于那种人剥削人的现象，在社会主义社会是不存在了。

例 (17) 按句意是"向"的意思，"对于"应改为"对"。例 (18) 颠倒了"对"的主体和客体，应改为"有些同志对某些简化字可能不习惯"。例 (19) 是说发表了哪方面的文章，应把表示关涉对象的"对于"改为表示关涉范围的"关于"。例 (20) 的"关于"是多余的，应删去。

2）把、被

这两个介词，都可以跟名词性词语组成介词结构，在句中做状语，但有区别。

"把"的作用，是把动词支配的对象提到动词前面，以强调对支配对象的处置。例如：

(21) 灰云又把月亮掩住；灯光更亮了，桥上分外的白、空、冷。

(老舍《骆驼祥子》)

例 (21)"把"和"月亮"组成介词结构，做谓语"掩"的状语。"月亮"是"掩"的支配对象，意思是"灰云掩住月亮"。这里用"把"将"月亮"提到"掩"前面，就含有对"月亮"进行处置的意味。

有些句子由于结构上的需要，也要用"把"，例如：

(22) 他把脑袋伸到人们腋窝底下，三撞两撞像泥鳅钻沙似的钻出人群。

(梁斌《红旗谱》)

(23) 把帽子一戴，把皮包一挟，瞧着天花板点点头，挺着肚子走了出去。

(张天翼《华威先生》)

例 (22) 谓语"伸"后面带有介词结构"到人们腋窝底下"，做补语。例 (23) 动词前边带有特殊状语"一"。这类句子是结构上需要采用"把"的句式，其本身没有什么强调的意味了。

"被"主要是跟名词性词语组成介词结构，用在动词谓语前面，介绍出动作行为的主动者，或者直接放在动词前面，表示动作行为的被动性。但是，表示被动意义的句子不一定都要用"被"。例如：

（24）忽然，她被天然气熏倒了。

（25）一个红衫的小丑被绑在台柱子上，给一个花白胡子的用马鞭子打了起来。

（鲁迅《社戏》）

（26）这篇文章写得很好。

例（24）"被"介绍出"熏"的主动者"天然气"，表示被动关系。例（25）"被"没有介绍出"绑"的主动者，而是直接放在"绑"的前面，表示"绑"的被动性。例（26）"文章"在意思上是被动者，可是没有用"被"。

"被"还可以跟"所"配搭：构成"被……所"的格式，引出动作行为的主动者。

（27）这个军队具有一往无前的精神，它要压倒一切敌人，而决不被敌人所屈服。

（毛泽东《论联合政府》）

使用"把"和"被"要注意如下几点：

第一，谓语动词必须是能够带宾语的动词，而且在意念上能够支配"把"后面的词语或"被"前面的主语。如例（21）的动词谓语"掩"在意念上能支配"把"后面的"月亮"。例（24）谓语"熏"在意念上能支配前面的主语"她"。

第二，谓语动词的前后往往要带一些附加成分。如例（21）、（24）"掩""熏"后面有补语"住""倒"。又如"刘宗敏把大腿一拍……"（姚雪垠《李自成》）、"苇塘的芦花被风一吹，就像下起鹅毛大雪一样"里的"拍""吹"前面都有"一"。

第三，如果要用否定副词和能愿动词，只能放在"把""被"的前面。如例（27）的"不"放在"被"的前面，又如"困难能把咱们压扁么？"的"能"放在"把"的前面。

下面是使用"把""被"不当的例句：

＊（28）我们把房间清洁了。

＊（29）你们现在把学习不搞好，将来就挑不起革命重担。

＊（30）这项艰巨的任务已经被胜利地完成了。

例（28）谓语"清洁"是形容词，在意念上不能支配"房间"，应改为能支配"房间"的动词"打扫"。例（29）否定副词"不"用在"把"的后边，不合习惯，应改放在"把"前。例（30）的主语"任务"是无生命的，省略"被"不致误解为主动者，所以"被"应删去。

（二）连词

1. 什么是连词

连接词、词组或句子，以表示两者并列、选择、递进、转折、条件、因果等关系的虚词叫连词。例如：

（1）我们全国人民有共同的根本利益和崇高理想，即建设和发展社会主义，并在最后实现共产主义，所以我们能够在共产党领导下团结一致。

(邓小平《目前形势和我们的任务》)

例（1）的两个"和"分别连接词组、词，表示并列关系；"并""所以"分别连接分句，表示递进关系、因果关系。这里的"和""并""所以"就是连词。

2. 连词的分类

连词只有连接作用，没有修饰限制或补充的作用。根据连词连接的不同语言单位，可分为：

1）经常连接名词、代词或以名词为中心的偏正词组的：

和　同　跟　与　及　以及　或　或者

2）经常连接动词、形容词或以动词、形容词为中心的偏正词组的：

和　与　或　或者　并　并且　而　而且

3）经常连接分句的：

不但　而且　虽然　但是　如果　即使　尽管　只有　只要　不论　不管
因为　于是

4）可以连接句子或段落的：

因此　所以　但是　然而

3. 连词的运用

连词的用法，在复句里还要讲，这里只介绍如下几组：

1）和、同、跟、与

"和""同""跟""与"最常连接名词、代词或名词性词组。例如：

(2) 山上长满松树、杉树和茶子树。　　　　　　　(周立波《山乡巨变》)

(3) 化肥同农药已运到。　　　　(吕叔湘主编《现代汉语八百词》〔增订本〕)

(4) 老孙头的爬犁拉着木箱子跟麻布袋。　　　　　(周立波《暴风骤雨》)

(5) 这时候最热闹的，要数树上的蝉声与水里的蛙声。(朱自清《荷塘月色》)

以上所有句子中的"和""同""跟""与"都可以互换。它们的区别在于语体色彩："跟"常用于口语，"和"口语和书面语都常用，"同"多用于书面语，"与"带有文言色彩，只用于书面。

"和""同""跟""与"是连词兼介词，一般可以这样来辨认：

第一，连词连接的两个部分是平等的，无主次之分，可以互换位置，互换后语意基本不变，如"我跟你一起走"可以说成"你跟我一起走"，意思一样。介词是表示动作对象的，同动作发出者有主次之分，前后两个部分不能互换，有时虽然可以互换，但互换后语意有所不同。如"我跟你打电话"，"我"是主动者，如果说成"你跟我打电话"，"你"就是主动者了。

第二，介词的前面可以插入其他词语，连词则不行。试比较：

(6) 每一事物的运动都和它的周围其他事物互相联系着和互相影响着。

例（6）前一个"和"是介词，它前面的"运动"是"联系""影响"的施动者，它后面的"事物"是"联系""影响"所关涉的对象，"运动"是主，"事物"是次，两者不能互换位置；"和"前面有修饰成分"都"。后一个"和"是连词，它连接的两个偏正词组"互相联系""互相影响"是并列关系，两者地位平等，可以互换位置；"和"的前面不能加"都"之类的修饰语。

第三，有时连词可以省去或用顿号代替，介词则不能。

一般来说，"和""与"多用作连词，"跟""同"多用作介词。

2）及、以及

"及"和"以及"是文言词，常用于书面语，都可以连接并列的名词或名词性词组。它们连接的各项，在意义上往往有主次之分，前项为主，后项为次，位置不能互换。例如：

（7）联合全市的医护人员及社会各界人士，为孤残儿童献爱心。

（吕叔湘主编《现代汉语八百词》〔增订本〕）

（8）我们两国人民都希望亚太地区以及整个国际局势保持稳定，使两国能够在和平的环境中建设各自的国家。

例（7）、（8）中的"及"和"以及"可以互换，两者的区别是，"以及"前面可以用逗号隔开，还可以连接分句。例如：

（9）老通宝抬起他那焦黄的皱脸，苦恼地望着他面前的那条河，河里的船，以及两岸的桑地。　　　　　　　　　　　　　　　　　　　　　　（茅盾《春蚕》）

（10）问题是你们怎么发现的，以及是怎么解决的？

3）而、而且

"而"经常连接语意相当的两项，表示并列或递进关系。例如：

（11）那瀑布从上面冲下，仿佛已被扯成大小的几绺，不复是一幅整齐而平滑的布。　　　　　　　　　　　　　　　　　　　　（朱自清《温州的踪迹》）

（12）我们必须坚持真理，而真理必须旗帜鲜明。

（毛泽东《对晋绥日报编辑人员的谈话》）

"而"也可以连接语意对立的两项，表示转折关系。例如：

（13）栀子花的香，浓而不烈，清而不淡，也是我乐意的。（朱自清《看花》）

（14）管的只有几个青年的学生，他们本应该安心读书的，而时局飘摇得让他们安心不下。　　　　　　　　　　　　　　　　（鲁迅《无花的蔷薇之二》）

"而"还可以连接状语和动词中心语，表示修饰和被修饰的关系。例如：

（15）朝阳四射，熏风南来，他在蕉园里徐徐而行，甚觉快意。

（陈残云《香飘四季》）

（16）为建设祖国而努力学习文化。（吕叔湘主编《现代汉语八百词》〔增订本〕）

"而且"的用法比"而"的用法窄，只表示它连接的两项中，后者比前者在语意上进了一层，它可以单用，也可以跟"不但""不仅"等配搭使用。例如：

（17）他的语气真是十二分诚恳而且谦逊。　　　　　　　　　（茅盾《腐蚀》）

（18）一幅精工的彩色木刻画不但是上等的工艺品，而且是比原画毫无愧色的艺术品。　　　　　　　　　　　　　　　　　　　（叶圣陶《荣宝斋的彩色木刻》）

(三) 助词

1. 什么是助词

附着在词或词组上面，表示一定附加意义的虚词，叫作助词。助词大都念轻声。例如：

（1）太阳刚刚下了地平线。　　　　　　　　　　　　　　　（茅盾《子夜》）

（2）她不闪眼地立在窗前石阶上，仰望着白纱窗帷。　　　　（巴金《家》）

例（1）"了"附着在动词"下"后面，表示动作已经完成。例（2）"地"附着在偏正词组"不闪眼"后边，表示"不闪眼"是状语。"了"和"地"是助词。

2. 助词的分类

助词根据不同的作用和不同的附加意义，可以分为以下几种。

1）结构助词：附着在词、词组的后面或前面，在句子中起结构作用。后附有"的""地""得"，前面附的有"所"。

2）时态动词：附着在动词、形容词的后边，表示动作、变化的时态。常见的有"着""了""过""来着"。

3）比况助词：附着在词或词组后边，组成比况结构，说明情况相似或者表示比喻。常见的有"似的""一样""一般"等。

此外还有其他助词，如附着在数词、数量词后边，表示概数的"来""把"等。

3. 助词的运用

1）的、地、得、所

"的""地""得"都是结构助词，用在词语之间，表示前后两部分的词语是修饰、限制和被修饰、被限制的关系。它们都读"de"，但书写形式不同。

"的"附着在词或词组后边，表示它前面的成分是定语；"地"附着在词或词组后边，表示它前面的成分是状语；"得"附着在动词、形容词后面，表示它后面的成分是补语。例如：

（3）他是愿意一个萝卜一个坑的人。　　　　　　　　　　　（老舍《骆驼祥子》）

（4）梅树确不少，密密地低低地整列着。　　　　　　　　　（朱自清《看花》）

（5）天井被装饰得那么美丽，那么纯洁。　　　　　　　　　（巴金《家》）

"的"的用法比"地""得"的用法多，它还可以附着在除副词以外的实词或词组后面，组成具有名词功能的"的"字结构。"的"字结构在句中只做主语和宾语。例如：

（6）男的是五短身材，微胖，满腔和气的一张脸。　　　　　（茅盾《子夜》）

（7）我要红的，不要绿的。

（8）我们要的只是和平与安定的边界。

下面是"的""地"用得不当的例子：

*（9）老政委笑容可掬的站起来。

*（10）阵阵热烈地掌声打断了我的回忆。

*（11）两山上的羊群有的互相追逐，有的呼哧呼哧的吃着青草。

*（12）他们俩交谈的很融洽。

例（9）"笑容可掬"是修饰谓语"立"的状语，"的"应改为"地"；例（10）"热烈"是修饰主语"掌声"的定语，"地"应改为"的"；例（11）"呼哧呼哧"是修饰谓语"吃"的状语，"的"应改为"地"；例（12）"很融洽"是补充说明谓语"交谈"的补语，"的"应改为"得"。

"所"经常用在动词前面，构成一个作用相当于名词的"所"字结构。如"所见所闻是很多的""按需分配，不是各取所需"。

"所"还经常跟"被""为"配搭使用，构成"被……所""为……所"的格式，表示被动。如"我们不能被表面现象所迷惑""我们无不为他公而忘私的精神所感动"。

2）着、了、过

"着""了""过"都是时态助词，但用法有区别。"着"表示动作行为或性状变化的进行或持续；"了"表示动作行为或性状变化已经完成；"过"表示动作行为或性状变化已经过去，或曾经有过某种情况和经历。例如：

（13）泥浆池翻滚着波浪。　　　　　　　　　　　　（张天民《创业》）

（14）我们过了江，进了车站。　　　　　　　　　　（朱自清《背影》）

（15）郁达夫也到过，查他的游记，是一九三三年十一月十二日。

（叶圣陶《记金华的两个岩洞》）

（16）他在抗日战争中流过血、立过功。

"着""了""过"也可以跟时间副词配搭使用。例如：

（17）门正开着呢。

（18）"讽刺"的生命是实事，不必是曾有过的实事，但必须是会有的事情。

（鲁迅《什么是"讽刺"》）

有些时间副词跟"着""了""过"互相排斥，用"着""了""过"而又同时用时间副词的时候，要注意它们的配合。下面的句子有毛病：

*（19）想想解放前咱们吃的是什么苦？想想现在世界上还有多少人时常过着牛马不如的日子？

*（20）广大农村正在掀起了一个科学种田的新高潮。

例（19）"着"表示动作正在进行，"时常"表示动作屡次发生，两者不对应，应去掉"时常"。例（20）"正在"表示动作在进行，"了"表示动作已完成，意思前后矛盾，应去掉"了"。

3）一般、一样、似的

"一般""一样"和"似的"都是附着在词或词组之后,组成比况结构,做谓语、定语、状语和补语,表示比喻或说明情况相似,只是"一般"和"似的"多用于书面语,"一样"口语和书面语都用。例如:

(21) 她的发不甚厚,但黑而有光,柔软而滑,如纯丝一般。(朱自清《阿河》)

(22) 改霞的思想,像她红润的脸蛋一般健康,她的心地像她的天蓝色的布衫一般纯洁。(柳青《创业史》)

(23) 炮弹和利箭密得像飞蝗一样。(姚雪垠《李自成》)

(24) 那是一个黑瘦的、乞丐似的男子。(鲁迅《铸剑》)

例(21)做谓语,例(22)做状语,例(23)做补语,例(24)做定语。

(四) 语气词

1. 什么是语气词

附着在句末,有时用在句中,表示说话语气的虚词,叫作语气词。语气词念轻声。例如:

(1) 这令我到底惦着江南了。(朱自清《荷塘月色》)

(2) 小波,你睡吧!(曲波《林海雪原》)

例(1)的"了"表示陈述语气,例(2)的"吧"表示祈使语气。这里的"了"和"吧"都是语气词。

2. 语气词的分类

语气词根据不同的作用,大致可分为下列几类:

1) 陈述语气词。常用的有"的""了""呢(呐)""罢了""而已""啦"等。例如:

(3) 这本书我看过的。

(4) 这本书我看过了。

(5) 星星也能摘得下呢。

(6) 没大病,只是一点感冒罢了。

例(3)"的"表示本来就看过,含有确定无疑的语气。例(4)"了"表示本来没有看过,现在看过了。例(5)"呢"指明事实带有夸张意味。例(6)"罢了"用来把事情往小方面说,含有冲淡语气的意味。

2) 疑问语气词。常用的有"吗""吧""呢""啦""啊""么"等。例如:

(7) 先生,你这真是为我写的吗?(郭沫若《屈原》)

(8) 你是明天走吧?

(9) 你对于那个问题不能解决么?那么,你就去调查那个问题的现状和历史吧!(毛泽东《反对本本主义》)

(10) 白玉山到底上哪去了呢?(周立波《暴风骤雨》)

例(7)、(8)、(9)是"是非问",句中不用疑问代词,要求听话人做肯定或否定的回答。例（10）是"特指问"，句中有疑问代词"哪"，要求对方做具体回答。

3）祈使语气词。常用的有"吧""罢""呀""啊""啦"等。例如：

（11）少说一点吧！

（12）别喝生水呀！

例（11）"吧"表示劝阻的语气。例（12）"呀"表示禁止的语气。

4）感叹语气词。常用的有"啊""啦"等。例如：

（13）他唱得多么雄壮有力啊！　　　　　　　　　　（杨沫《青春之歌》）

（14）我可见到你啦！

3. 语气词的运用

使用语气词时，要注意语气词"的"跟结构助词"的"的区别，语气词"了"跟时态助词"了"的区别。

语气词"的"附着于句末，去掉它，不影响句子的基本意思；表示前面成分是定语的结构助词"的"则附着在句中，不应去掉，如果去掉，语意就不明确。至于组成"的"字结构的"的"，是结构的有机组成部分，更不能去掉，否则就会使人不知所云。例如：

（15）你说的都是很中肯的意见，我是不会忘记的。

第一个"的"是结构助词，组成"的"字结构；第二个"的"是结构助词，联系定语和中心语；第三个"的"是语气词，表示肯定语气。

语气词"了"一般附着于句末，去掉它，对语意影响不大。时态助词"了"，只能用在动词（或某些形容词）后边，常在句子中间出现，不能去掉，否则也就不能正确表达原意。例如：

（16）我吃了饭了。

第一个"了"是时态助词，第二个"了"是语气词。

（五）叹词

1. 什么是叹词

表示感叹或呼唤应答的词叫作叹词。例如：

（1）嗳呀，好雨！　　　　　　　　　　　　　　　　（田汉《梅雨》）

（2）哎！生宝，那不算个事呀！……　　　　　　　（柳青《创业史》）

例（1）"嗳呀"表示赞叹，例（2）"哎"表示提醒。这里的"嗳呀"和"哎"就是叹词。

2. 叹词的分类

叹词根据表示不同的感情和意义，大致可分为以下几类。

1）表示赞叹。例如：

（3）哎！哎！多体面的姑娘啊！　　　　　　　　　　（老舍《全家福》）

（4）啊！这简直像一个晴天霹雳。　　　　　　　　　（峻青《黎明的河边》）

2）表示醒悟。例如：

（5）哦，我记得了。　　　　　　　　　　　　　　　　（鲁迅《故乡》）

3）表示伤心、痛苦。例如：

(6) 哎哟！救命哟！　　　　　　　　　　　　　　　　　　（老舍《方珍珠》）

4）表示轻蔑、愤怒或斥责。例如：

(7) "哼！"长生冷笑一声。　　　　　　　　　　　　　　　（克非《春潮急》）

(8) 呸！你这小伙子就没出息！　　　　　　　　　　　　　（老舍《女店员》）

5）表示呼唤或答应。例如：

(9) 喂！一手交钱，一手交货！　　　　　　　　　　　　　　（鲁迅《药》）

(10) "什么事也不要落在别人后面！"

"嗯，还有什么？"　　　　　　　　　　　　　　　　　（孙犁《荷花淀》）

叹词"啊"跟语气词"啊"有区别：叹词"啊"不念轻声，总是独立于句子结构之外，如例（4）；语气词"啊"念轻声，总是附着于句末，永远不独立，如"小伙子长得多结实啊！"

3. 叹词的特点

叹词是一种特殊的虚词。它不跟句子里的词、词组或句子成分发生结构上的关系，总是位于句子结构之外，单独使用，一般用于句首，有时插入句中，作为独立成分；有时，甚至一个叹词便能独立成句（即独词句）。

词的兼类

汉语的词，特别是名词、动词、形容词，总的来说，每类词的词性是固定的，但从具体词来说，有少数词经常具备两类或两类以上词的语法特点，而词的基本意义不变，这种词叫兼类词，又叫一词多类。例如：

(1) 中国代表在联合国大会上发了言。

(2) 我们党是代表着历史上最进步的无产阶级政党。

例（1）中"代表"这个词是名词，它具有名词的主要语法特征，能受数量词的修饰，不受副词修饰，在句中做主语。例（2）中"代表"这个词是动词，表示一种行为活动，它具有动词的主要语法特征，能受副词修饰，可带上宾语。可见"代表"兼属名词和动词两类。又如：

(3) 他的态度很端正。

(4) 他端正了态度。

例（3）中"端正"这个词是形容词，表示一种性质，具有形容词的主要语法特征，可以受程度副词"很"修饰，不能带宾语；只能重叠作"端端正正"，它在句中做谓语。例（4）中"端正"这个词是动词，表示一种行为活动，带有宾语，它不能受程度副词"很"修饰，只能重叠作"端正端正"，不能重叠作"端端正正"。可见"端正"兼属于动词和形容词两类。下面再举几个兼类的词：

武装　指示　领导　教育　　（动词兼名词）

密切　丰富　健全　团结　　（形容词兼动词）

科学　矛盾　理想　经济　　（名词兼形容词）

兼类词是由词的本身含义和人民群众在语言实践中约定俗成这两方面决定的。

兼类词是指它可以具有几类词的语法特点，但是在具体的句子里，它只能具有其中一类词的语法特点，不能同时兼属两类。

在汉语词类中，绝大多数词是不兼类的，兼类词毕竟只占少数。因此，不能以此得出"汉语无词类"或"词无定类"这个不正确的结论。

有些词，字形一样，读音相同，但意义上看不出有什么联系。如"白布"的"白"和"白说"的"白"，"花钱"的"花"和"花衣服"的"花"，"老干部"的"老"和"老是那样"的"老"等，这些词都是同音词，不属兼类，应当区分清楚。

第三节 句 法

句法也叫造句法，是现代汉语语法学的中心，包括词组（短语）、单句和复句等内容。

一、词组

词组（短语）是由两个或两个以上的词组合而成的语言单位，它比词大，比句子小，一般是作为句子的组成部分出现的。有时某些具体的词组带上特定的语调（书面上用句号、问号、叹号来表示）也可以表示完整的意思，成为句子，如"救火！""多么宁静的夜晚！"而词组仅仅用作造句材料，它是不包含语调在内的。

词与词组合成词组必须依照一定的结构规律。在汉语中，词与词的组合手段，一是依靠词序，二是依靠虚词。词序不同，可以构成不同的词组；用不用虚词，用什么虚词，也可以构成不同的词组。比如"工作积极"和"积极工作"，"研究问题"和"问题研究"，"学校和工厂"和"学校的工厂"，都分别属于不同结构关系的词组。汉语的词组里，词与词之间的结构关系有很多属于句法结构关系，是句子成分相互间的结构关系在词组构成方式上的反映。比如句法上有主语和谓语之间的结构关系，反映在词组构成方式上便有主谓词组；句法上有谓语和宾语之间的结构关系，反映在词组构成方式上便有动宾词组。

按照词与词之间种种不同的结构关系，词组的基本类型可分为以下八种。

（一）联合词组

由两个或两个以上的词语并列组成。例如：

文化教育　　　中国和巴基斯坦

工人、农民、知识分子

农业、工业、国防和科学技术

分析研究　　　继承和发扬

讨论并通过　　应该而且必须

生动活泼　　　又红又专

积极而热情　　伟大、光荣、正确

联合词组里，可以是名词与名词的联合，可以是动词与动词的联合，也可以是形容词与形容词的联合。词语之间的联合关系有的用顿号来表示，有的用虚词"并、而、和、又、或"等来联结；经常联合在一起使用的词，中间也有不用顿号或虚词的。

（二）偏正词组

前面的部分对后面的部分起修饰或限制的作用，前面的部分叫修饰语，后面的部分叫中心词。例如：

体育运动　　　　社会主义国家
我们的任务　　　伟大的事业
现有的条件　　　调查的结果
互相支援　　　　迅速发展
普遍地提高　　　勤奋地工作
很聪明　　　　　十分壮丽
非常英勇　　　　非常地雄伟

偏正词组包括中心词是名词和中心词是动词、形容词两种不同的情况。表示修饰、限制的词语与中心词之间有些要用上结构助词，名词性的中心词前面用"的"，动词、形容词性的中心词前面用"地"。

（三）主谓词组

前面的部分是陈述的对象，后面的部分对前面的部分起陈述的作用。例如：

精神集中　　　　物资交流
市场繁荣　　　　旗帜鲜明
理论联系实际　　工业支援农业

主谓词组前后两个部分之间虽然是一种陈述与被陈述的关系，但它在句子里只是作为一个构成部分，因此不同于句子。

（四）动宾词组

前面的部分表示动作，后面的部分是前面动作涉及的对象。例如：

热爱祖国　　　　攀登高峰
增加生产　　　　整理图书
建设社会主义
繁荣市场　　　　活跃气氛
纯洁队伍

上面例句中的"繁荣""活跃""纯洁"本来属形容词，带上宾语之后便具有动词的性质，成为使动用法，如"繁荣市场"，便是"使市场繁荣"的意思，也是动宾词组。

（五）谓补词组

前面的部分表示动作或性状，后面的部分对前面的部分起补充说明的作用。

例如：

吃饱　　　　　打不破
洗刷干净　　　写得生动
读几遍　　　　坚持下去
熟透　　　　　好得很
坚强无比　　　富裕起来

谓补词组的前后两个词语之间，有的要用结构助词"得"来表示相互间的关系，有些可以不用。

（六）同位词组

指同一事物，彼此间起着互相说明的作用，一般中间没有语间停顿。例如：

数学家陈景润

长篇小说《青春之歌》

咱们工人

他们俩

中国的首都北京

革命的圣地延安

有些同位词组形式上很像名词性的偏正词组，如"咱们工人"与"我们学校"就很相似，但偏正词组可以在前后两个词语之间加"的"，同位词组则不能，如"我们学校"可以说成"我们的学校"而"咱们工人"，"咱们"就是"工人"，所以不能说"咱们的工人"。同位词组两个部分的位置有时可以互换，互换后，关系不变，中间有语音停顿，如"北京，中国的首都"。

（七）连谓词组

指几个意义上连贯的动词性词语（包括动宾词组、谓补词组、中心语是动词性的偏正词组）接连起来，或动词性词语和形容词性词语连用，它们之间没有联合、偏正、动宾等关系，没有语音停顿，也不靠特定的关联词语来连接。例如：

打电话找人　　　坐下来学习
回宿舍做功课　　说起来容易
有决心搞好工作　听了很高兴
吃过早饭上图书馆查外文资料

连谓词组是一种比较复杂的词组，其内部结构可以做进一步分析，例如：

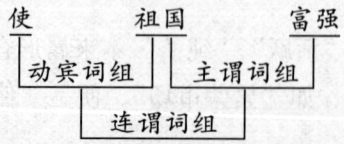

假若前后两个动词性或形容词性词语靠特定的关联词来联结，那就不是连谓词组，而是属于紧缩句的形式。例如：

一看就懂

再困难也要克服

(八) 兼语词组

指一个动宾词组和一个主谓词组套在一起，前边动词的宾语兼做后边动词的主语。例如：

使祖国富强

邀请外宾参加晚会

表扬他积极工作

有个朋友在北京

称他为球迷

带领我们前进

兼语词组也是一种复杂词组，其内部结构亦可做进一步分析。例如：

除了以上八种词组之外，还有在第一节谈词法时，我们曾提到的方位结构、介词结构、"的"字结构、比况结构等，如"桌子上""被撤职""男的""墨似的"等结构一般是属于实词和虚词的组合，是一种特殊词组。这几种结构，上面已有所论述，这里就不再赘说。

在词组里，词与词的组合是比较自由的，但有一些词组，词与词的组合是比较固定的，叫固定词组。它用以表示某些专用的名称或特定的事物和概念，造句时相当于一个词的作用，词语的次序不能随意更动，中间不宜插入别的词语。例如"和平共处五项原则"有其特定的含义，不能说成"五项和平共处原则"，也不能说成"和平地共处的五项原则"。

在汉语中，固定词组的种类不少，常见的有下面几种。

表示专有名称的。例如：

北京故宫博物院

中国社会科学院

中国共产主义青年团

中华人民共和国

表示特定事物的。例如：

野生动物　　　　　同步卫星

电子计算机　　　　宇宙飞船

洲际弹道导弹

卫星通信地面站

表示特定概念的。例如：

党八股　　　　　民主党派

群众路线　　　　四个现代化

社会主义民主

历史唯物主义

汉语中有丰富的成语，属于固定词组。成语是人民大众习用的结构固定的语言单位，多取四字一组的形式，具有语言精练、形象生动的特点。成语的结构具有词组的多种构成方式，例如：

雄心壮志　　铺天盖地（联合词组）

燎原烈火　　巍然屹立（偏正词组）

天花乱坠　　勤能补拙（主谓词组）

平分秋色　　丧尽天良（谓补词组）

引人入胜　　发人深省（兼语词组）

不过，成语在造句时是作为一个词来使用的，而且有些还保留着古汉语的某些词汇、语法特点，所以对成语不必做词组结构的分析。汉语中的复杂词组看似复杂，其实是上述词组和结构的套用，分析时稍加注意即可。例如：

（1）井冈山五百里林海里，最使人难忘的是毛竹。　　（袁鹰《井冈山记》）

句中的状语"井冈山五百里林海里"便是个复杂词组。它是个方位结构，由偏正词组"井冈山五百里林海"加上方位名词"里"构成，"井冈山五百里林海"又包孕着偏正词组"五百里林海"，其中"五百里"是由前边的数词限制后边的量词，也属于偏正词组。整个结构关系图示如下：

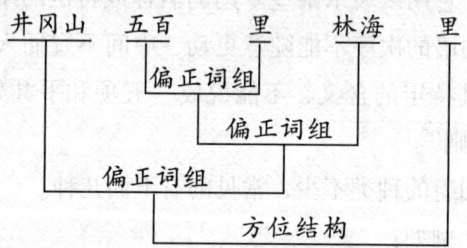

句中的主语"最使人难忘的"结构比较复杂，它是一个"的"字结构，由偏正词组"最使人难忘"和"的"组合而成。在这个偏正词组中，"使人难忘"是兼语词组，其中"使人"是动宾词组，"人难忘"是主谓词组。图示如下：

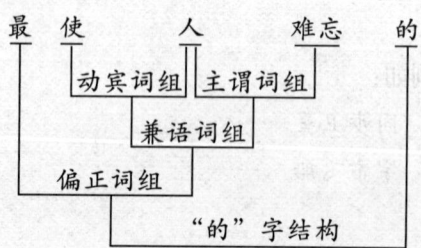

下面再举两例:

(2) 汽车在望不到边际的高原上奔驰。

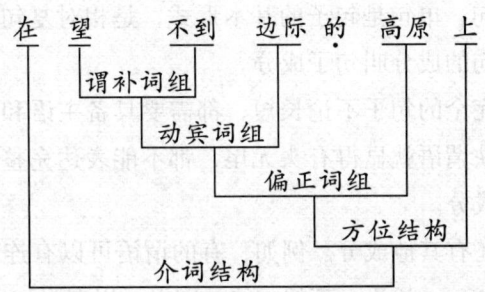

(3) 建设工人阶级知识分子的宏大队伍,是我们党的重大战略任务。

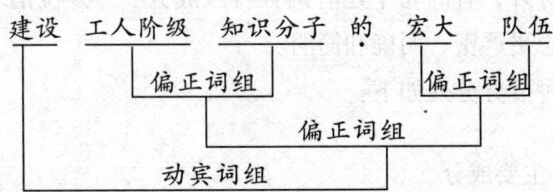

正确把握词组的结构关系,可以帮助我们识别和纠正结构混乱的语法毛病。例如:

*(4) 有些职工,由于沾染了旧社会遗留下来的旧意识,对自己的亲友来店吃饭时,总是要特殊照顾。

*(5) 高炉投产后提高了生产能力,使上半年的钢铁生产计划提前二十天完成了任务。

例(4)的"对自己的亲友来店吃饭时",其中"对自己的亲友"是介词结构,"自己的亲友来店吃饭时"是个偏正词组,两种不同结构不宜混在一起使用。应改成"对来店吃饭的亲友",或改成"当自己的亲友来店吃饭时"。例(5)的"使上半年的钢铁生产计划提前二十天完成了"是个兼语词组,再套上"完成了任务"这个动宾词组,造成了结构混乱,宜删去"任务"二字,也可以改成"使上半年提前二十天完成了钢铁生产任务"。

二、单句

(一) 单句的构成

说话是一句一句说的,一句话就是一个句子。句子是由词和词组按照一定规则组成、能够表达一个完整意思的语言单位。每一个句子都有一定的语调,句子与句子之间有较大的语音停顿,书面上用句号、问号、叹号表示。例如:

(1) 她年轻、单纯。　　　　　　　　　　　　　　(罗广斌、杨益言《红岩》)

(2) 共产党员为什么要进行修养呢?　　　　(刘少奇《论共产党员的修养》)

(3) 这一片阳光灿烂、山川明丽的大地原来是一百多年前的大战场!

(秦牧《古战场春晓》)

句子有长有短,一个词如果在具体的语言环境里能表达一个完整的意思,也就是一个句子。如有人敲门,你问:"谁?"这样一个词就是一个句子。而由许多的词和词组构成的表示一个完整意思的语言单位也是一个句子。

句子分单句与复句,单句是句子的基本形式,是相对复句而言的。这里讲的句子都是单句,构成单句的成分叫句子成分。

一般地说,一个完全的句子不论长短,都需要具备主语和谓语两种成分。缺主语就显得没头没脑,缺谓语就显得有头无尾,都不能表达完整的意思。因此,主语和谓语是句子的主要成分。

比较复杂的句子还有其他成分。例如,有的谓语可以有连带宾语、补语;有的谓语还可以有附加成分——状语;有的主语、宾语可以有附加成分——定语,等等。除以上六种基本成分外,有的句子还有两种特殊成分——外位语和独立语。这些成分可以使表达的意思更严密、明确和简明。

现将句子的八种成分分列如下:

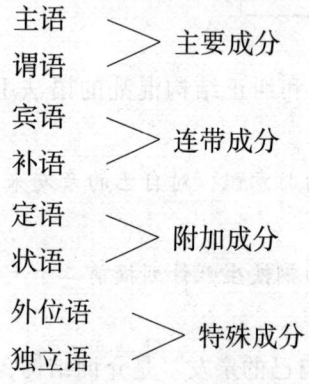

1. 主语

1)主语是什么

主语是一句话的话题,是谓语的表述对象,可以回答"谁""什么"等的问题,跟谓语发生主谓关系;主语一般都放在谓语前头。例如(下面加"="线的都是主语):

(1) <u>我</u>工作了。

(2) <u>阳光</u>灿烂。

例(1)主语"我"回答了"谁"的问题;例(2)主语"阳光"回答了"什么"的问题。

2)充当主语的成分

主语多由名词、代词来担任,除副词外,其他实词和各种词组也可以做主语。动词、形容词做主语有一定的条件:谓语必须是形容词,或者是"是、进行、停止、开始、加强、加以、给予、标志、象征、表示"之类的动词。例如:

(1) <u>劳动</u>光荣。

(2) <u>勤俭</u>是一种美德。

(3) <u>讨论</u>开始了。

3）主语的省略

一句话一般都有个主语，但在一定的语言环境中为了简洁明快，主语可以省略：

第一，对话省。两个人面对面谈话，每一句话的主语是什么，双方都清楚，主语可以省略。例如：

(1) 吴丽芳　　姑爷爷，〔　〕报告你个大喜事。
　　方凌轩　　（笑着）丽芳，你有什么喜事呀？
　　吴丽芳　　（满不在乎地）跟您一样，吴丽芳的大名上墙壁啦！
　　吴愫心　　〔　〕受表扬啦？
　　吴丽芳　　〔　〕挨批啦！　　　　　　　　（苏叔阳《丹心谱》）

(2) 贵他娘在后头问："闺女，〔　〕今儿多大啦？"
　　春兰返回身儿说："〔　〕十七啦。"　　　　（梁斌《红旗谱》）

例(1) 第一个方括号里省略了"我"，第二个省略了"你"，第三个也是"我"。
例(2) 第一个方括号里省略了"你"，第二个省略了"我"。

第二，自述省。一个人自言自语，或是向别人述说自己的事情，主语当然是说话人自己，不说出来，对方也明白，这时主语也可以省略。例如：

(3) 这故事很使我觉得做人之险，〔　〕夏夜乘凉，〔　〕往往有些担心，〔　〕不敢去看墙上，而且〔　〕极想得到一盒老和尚那样的飞蜈蚣。

（鲁迅《从百草园到三味书屋》）

(4) 我在乡上开了一早起会，〔　〕到这时还没吃饭哩！　　（柳青《创业史》）

第三，承上或借下省。主语如果在前头或后头的句子或分句里出现，为了避免重复，并在不致使人误会的情况下，也可以省略。例如：

(5) 梁三老汉在磨棚里磨玉米面，〔　〕听见发生了什么事。他本来已经下决心对"梁伟人"的事，采取不闻不问的态度了；但〔　〕听见这事，心在他胸膛里蛮翻腾。

（柳青《创业史》）

(6) 〔　〕看完了第一封信也是最后一封信，道静的眼泪反而停止不流了。

（杨沫《青春之歌》）

第四，无主句。有的句子根本就没有主语，并且一般也不能加上主语，这种句子叫无主句。常见的无主句有以下几种：

说明自然现象的。例如：

(7) 第二天早上，下暴雨。　　　　　　　　　　（罗广斌、杨益言《红岩》）
(8) 刮起惊人的寒风，把房子顶上的瓦片也刮起来了。　　（李立《转战南北》）
(9) 出太阳了。

"谁"或"什么""下暴雨了"，"刮起惊人的寒风"，"出太阳了"？说不出来。硬加上个"天"或"老天爷"可以，但很不自然，也没必要。

泛论事理的。例如：

（10）出水才看两腿泥。　　　　　　　　　　　　　　　　（梁斌《红旗谱》）

（11）留得青山在，不怕没柴烧。

（12）种瓜得瓜，种豆得豆。

这一类句子，似乎都能加上个主语，但由于它们的泛指性质（大部分成了格言、谚语或惯用语），加上主语显得很不自然，而且往往会失掉深刻的含义。

表示存在、出现或消失的。例如：

（13）院子当间摆着一张方桌子。　　　　　　　　　　　　（周立波《暴风骤雨》）

（14）我的脑里忽然闪出一幅神异的图画来。　　　　　　　（鲁迅《故乡》）

（15）昨天晚上走了两个客人。

这一类句子，句首常常有表示方位或时间的词语，但这种词语都不是主语，而是状语。

表2　主语一览表

类别		例子
主语的构成	名词和代词	朱老忠呵呵笑着。　你坐嘛！你怕啥？
	数量词	一米是三市尺。
	动词和形容词	讨论开始了。　虚心使人进步，骄傲使人落后。
	联合词组	运涛、大贵、江涛、二贵气呼呼跑过锁井大街。
	同位词组	首都北京已成为世界的大都市。
	动宾词组	种粮食合算。
	主谓词组	人多是好事。
主语的省略	对话省	〔　〕受表扬啦？ 〔　〕挨批评啦！
	自述省	这故事很使我觉得做人之险，〔　〕夏夜乘凉，〔　〕往往有些担心，〔　〕不敢去看墙上……
	承上或蒙下省	梁三老汉在磨棚里磨玉米面，〔　〕听见发生了什么事。 〔　〕看完了第一封信……，道静的眼泪反而停止不流了。
无主句	说明自然现象的	出太阳了。
	泛论事理的	出水才看两腿泥。
	表示存在、出现或消失的	院子当间摆着一张方桌。 我的脑里忽然闪出一幅神异的图画来。 昨天晚上走了两个客人。

2. 谓语

1）谓语是什么

谓语是用来表述主语的，可以回答"干什么""怎么样""是不是""有没有"等的问题，跟主语发生主谓关系，谓语一般放在主语后头，有的动词谓语后头还得有个宾语。例如（下面加"—"线的为谓语）：

(1) 她在<u>跳舞</u>。

(2) 她的生活很<u>幸福</u>。

(3) 我父亲<u>是</u>农民。

(4) 屋里<u>有</u>人。

(5) 屋里<u>没有</u>人。

例（1）谓语"跳舞"回答了"干什么"的问题，例（2）谓语"幸福"回答了"怎么样"的问题；例（3）谓语回答了主语"父亲"是不是农民的问题，并带宾语"农民"。例（4）、（5）回答了"屋里"有没有人的问题，带了宾语"人"。

2）充当谓语的成分

做谓语的主要是动词、形容词和一部分代词，各种词组也能做谓语。

3）谓语的省略

一句话一般都要有个谓语，但在一定的语言环境中为了简洁明快，谓语也可以省略。主要有下面两种情况：

第一，对话省。两个人一问一答，谓语不说出来，对方也能明白。例如：

(1) "谁在呼喊？""新来的几个学生〔　〕。"　　　（罗广斌、杨益言《红岩》）

(2) 她问："他们几个〔　〕呢？"水生说："还在区上。"　　（孙犁《荷花淀》）

第二，承上省。上文刚刚说过，后面可以不说。例如：

(3) 同志们叫他休息，他不〔　〕。

(4) 桌上放着一个荸荠式的圆篮；檐下〔　〕一个小铺盖。　　（鲁迅《祝福》）

(5) 他〔　〕北京人，我〔　〕四川人。

(6) 今天〔　〕星期六。

(7) 他〔　〕黄头发，〔　〕大眼睛。

(8) 我已经〔　〕四十岁的人了。　　　　　　　　　　（杨朔《三千里江山》）

(9) 工人阶级〔　〕铁打的汉。　　　　　　　（郭沫若、周扬《红旗歌谣》）

(10) 他家一共〔　〕十四口人。　　　　　　　　　　（赵树理《三里湾》）

这种句子并不是在任何条件下都可以省略"是"或"有"的。"他是一头老黄牛"不能说成"他一头老黄牛"，"团结就是力量"也不能说成"团结就力量"，"你是你，我是我"更不能说成"你你，我我"。在否定句里，如"今天不是星期六"，"他不是黄头发"，"我不是四十岁的人"，动词"是"都不能省略。省略"有"的句子里一般都有一个数量词。如"他家一共十四口人"，不能说成"他家人"；"他两个孩子了"，也不能说成"他孩子"。由于习惯而省略的"是"字或"有"字，随时随地都可以补出来。可见省略动词谓语只是个别的习惯说法，不是普遍的规律，不能类推，不能超出"习惯"的范围。

4）无谓句

无谓句也称独词句，是只有名词或以名词为中心的词组，没有做谓语的动词、形容词的句子。这种句子有两种：一种是独立成句的，一种是做分句的。独立成句的无谓句，大多是剧本里说明时间、地点，或者是表示感叹的。例如：

（1）一九七五年一月，四届人大闭幕的日子。
　　　方凌轩的家。

（苏叔阳《丹心谱》）

（2）敌人！

（3）好地方！　　　　　　　　　　　　　　　　　　　　（曲波《林海雪原》）

（4）火，火，好大的火呀！

5）谓语的位置

汉语主语和谓语的正常次序是主语在前，谓语在后。但为了表达的需要，在表示疑问、祈使、感叹的句子里，或者为了诗歌的押韵，主语和谓语也可以颠倒位次。

（1）怎么了，你？　　　　　　　　　　　　　　　　　　（孙犁《荷花淀》）

（2）出来吧，你们！　　　　　　　　　　　　　　　　　（孙犁《荷花淀》）

（3）多幽静啊，这个地方！

（4）来吧！你12级的台风！看！——我们社会主义的镇海楼风雨不动。

（贺敬之《十年颂歌》）

例（1）是疑问句，为了突出谓语所表示的意思而倒置。例（2）是祈使句。例（3）是感叹句。例（4）除了表示感叹，主要是为了"风"和"动"押韵而倒置。

表3　谓语一览表

类别		例子
谓语的构成	动词和形容词	你们来了。 安静是内心平静的表现。 林玉生的心情开朗了。
	代词	整个形势怎么样？ 她怎么啦？
	数量词	运涛二十一岁了。大贵十九岁。 桌子一张，椅子两把。
	联合词组	战士可亲、可爱。 我们继承和发扬了革命的传统。
	主谓词组	她性格和蔼。 这样的好同志，我们喜欢他。

续表

类别		例子
谓语的省略	对话省	"谁在呼喊?" "新来的几个学生〔 〕。" 她问:"他们几个〔 〕呢?"水生说:"还在区上。"
	承上省	同志们叫他休息,他不〔 〕。 桌上放着一个荸荠式的圆篮;檐下〔 〕一个小铺盖。
	习惯省	他〔 〕北京人,我〔 〕四川人。 他家一共〔 〕十四口人。
无谓句	名词或感叹词	飞机! 哎!
	偏正词组	方凌轩的家。
谓语的倒置	表示疑问	怎么了,你?
	表示感叹、祈使	出来吧,你们! 多幽静啊,这个地方!
	为了押韵	来吧!你十二级的台风!看!——我们社会主义的镇海楼风雨不动。

3. 宾语

1) 宾语是什么

宾语是动词谓语所涉及的对象、结果、处所等,可以回答"谁""什么事""何处"等的问题,跟动词谓语发生支配和被支配的关系;宾语都放在动词谓语后面。

例如(下面加"～"线的为宾语):

(1) 我把作业本交给了科代表。

(2) 他正在做功课。

(3) 爸爸去北京了。

例(1)宾语"科代表"回答了"谁"的问题;例(2)宾语"功课"回答了"做什么事"的问题;例(3)宾语"北京"回答了"去何处"的问题。

2) 充当宾语的成分

宾语和主语一样,多由名词、代词来担任,除副词外,其他实词和各种词组也能做宾语。

3) 双宾语

有的表示交与、告知意义的动词谓语,像"给、送、问、告诉、请教、通知"等,常常跟着两个宾语。第一个宾语多是指人的,叫近宾语;第二个宾语有的指物品,有的指事情,叫远宾语。例如:

(1) 我告诉你一个好消息。

(2) 我也曾送他两次东西。　　　　　　　　　　　　　　　(鲁迅《故乡》)

(3) 母亲教给我许多生产知识。　　　　　　　　　　　　(朱德《母亲的回忆》)

（4）你问问气象站明天有没有大雨。

（5）他通知我们明天外国朋友到学校参观。

（6）无茂屯的老百姓还是叫他肖队长。　　　　（周立波《暴风骤雨》）

有的句子，形式上很像双宾语句，但其中一个宾语在语意上不能单独跟动词发生动宾关系，而且转换形式跟双宾语句不同，不能算双宾语。例如：

（7）他占了我们很多便宜。

（8）哥哥拿走了我一支钢笔。

（9）孩子浪费了他很多时间。

这几个句子"我们""我""他"都不是动词谓语涉及的对象，都不能跟动词发生动宾关系。就整个句子看，不是"占了我们"，"拿走了我"，"浪费了他"，而是"占了我们的很多便宜"，"拿走了我的一支钢笔"，"浪费了他的许多时间"，"我们""我""他"都是定语，不是近宾语。双宾语句需要用"把"字将宾语提前时，只能提远宾语，如"他给了我一本书——他把一本书给了我"；这种句子需要将宾语提前时，必须连定语一起提，如"哥哥拿走了我一支钢笔——哥哥把我一支钢笔拿走了"。

4）宾语的省略

宾语和主语、谓语一样，在对话的承上的条件下，也可以省略。例如：

（1）晓燕放低了声音："你是个共产党员吗？""不是〔　〕。"道静的声音更低了。　　　　（杨沫《青春之歌》）

（2）你知道霆儿从学校回来了吗？知道〔　〕。　　　　（曹禺《北京人》）

以上两例都是在对话中既省略了主语，又省略了宾语。

（3）小芹去洗衣服，马上青年们也都去洗〔　〕；小芹上树采野菜，马上青年们也都去采〔　〕。　　　　（赵树理《小二黑结婚》）

（4）我总想参加共产党，可惜——我还没有能够参加〔　〕。

（杨沫《青春之歌》）

这都是承上省略宾语的例子。例（3）省略了"衣服""野菜"。例（4）省略了"共产党"。

5）宾语的位置

宾语是动词谓语涉及的对象，必须在动词谓语之后。如果由于表达的需要把宾语提到句首或动词谓语之前，这个宾语就不再是宾语，而是别的成分了。比较：

（1）我们准备好了船。

（2）船，我们准备好了。

（3）我们船准备好了。

（4）我们把〔船〕准备好了。

"船"在例（1）里是宾语，在例（2）里是主语，在例（3）里是主谓词组的主语，在例（4）里是状语（有的视为提前的宾语）。

表4 宾语一览表

类别		例子
宾语的构成	名词和代词	社员们都在高高兴兴地盖房子。 小林,我应该告诉你。
	数量词	一丈是十尺。 他买了许多画儿,还给我留了两张。
	动词和形容词	他特别喜欢游泳,不大喜欢跳舞。 老栓觉得爽快。
	联合词组	党要领导工业、农业、商业、文化教育、军队和政府。
	同位词组	东北有人参、貂皮、乌拉草三宝。
	动宾词组	禁止攀折花木。 严重的问题是教育农民。
	主谓词组	老百姓都知道红军好。 我们相信最后的胜利一定是我们的。
双宾语	人——物品	我也曾送他两次东西。
	人——事情	你问问气象站明天有没有大雨。
	人——称谓	大家都称呼他老大哥。
宾语的省略	对话省	"你是个共产党员吗?""不是〔 〕。" "你知道霆儿从学校回来了吗?""知道〔 〕。"
	承上省	小芹去洗衣服,马上青年们也都去洗〔 〕。 我总想参加共产党,可惜——我还没能够参加〔 〕。

4. 补语

1)补语是什么

补语是补充、说明动词、形容词的。可以回答"怎么样""多少次""何处""什么结果"等的问题,跟中心语发生附加的和被附加的偏正关系;补语都放在中心语后头,除了趋向动词、数量词和一部分形容词可以直接做补语外,一般都要用"得"字连接,时地名词常用"在""到"来介绍。例如(加〈 〉符号的都为补语):

(1) 你听得〈清楚〉吧? (曹禺《雷雨》)

(2) 这几个孩子全长〈大〉了。

(3) 道静的心突地动了〈一下〉。 (杨沫《青春之歌》)

(4) 她一直跑到〈西关〉,在一个小店面找见了玉秀。 (慕湘《晋阳秋》)

(5) 他躺在〈床上〉,一直睡到〈半夜〉。

(6) 他心绪烦乱地坐〈起来〉又〈躺下〉,躺〈下〉又坐〈起来〉,点上纸烟猛力吸了〈两口〉又摔掉。 (慕湘《晋阳秋》)

(7) 好得〈很〉,好〈极〉了!

例（1）、（2）补语回答了"怎么样"的问题，例（1）用"得"连接。例（3）补语回答了"多少次"的问题。例（4）、（5）补语"西关""床上"表示地点，"半夜"表示时间，回答了"何处、何时"的问题，都用介词"到""在"介绍。例（6）"起来""下"是趋向补语。趋向补语和动词谓语之间可以加"得"，但加"得"以后就不再表示趋向，而是表示结果。"上"和"下"这两个语言单位，有时不表示趋向，如例（6）的"点上"以及"恨上""派上""爱上""找下""定下"等，可看作词缀。例（7）的补语回答了"什么结果"的问题。

2）充当补语的成分

补语多由形容词、数量词、时地名词、趋向动词来担任，"极""透""很"等单音节副词和各种词组也常做补语。

3）补语的位置

补语一般都在谓语中心语后头，但在一定条件下也可以放在宾语后头。

数量词做补语，宾语是代词，一定要放在宾语后头。例如：

(1) 朱老忠一听，扭过头横了他〈一眼〉。　　　　　（梁斌《红旗谱》）

(2) 很想对他哭诉一场，几次想喊他〈一声〉，但都没有喊出口。

（慕湘《晋阳秋》）

(3) 我给过你〈两次〉东西。

趋向动词做补语，可以放在宾语后头。例如：

(4) 你帮我借一本书〈来〉吧。

(5) 咱们看电影〈去〉吗?

合成趋向动词做补语，可以一半放在宾语前头，一半放在宾语后头。例如：

(6) 不料积习又从沉静中抬〈起〉头〈来〉。　　　（鲁迅《为了忘却的记念》）

(7) 他从书包里掏〈出〉一张卡片〈来〉。

例（6）"头"是"抬"的宾语，"起来"是合成趋向动词做"抬"的补语。例（7）"出来"是"掏"的补语。

3）补语和宾语的区别

补语是补充、说明动词、形容词性中心语的，宾语是动词谓语所涉及的对象，它们的界限一般是明确的。但有时也不容易辨认。比较：

那种词典我买了〈两次〉。
那种词典我买了两本。
我跑了〈十来趟〉。
我跑了十来里。

这两组例句，前一句用的是动作数量词，是补充说明动词谓语的次数，是补语；后一句用的是事物数量词，是动词谓语的对象，是宾语。动作数量词后头加上名词，这个数量词仍是动词谓语的补语；而事物数量词后头加上名词，这个数量词就变成定语。

表 5 补语一览表

类别		例子
补语的构成	形容词	老婆婆咳嗽得厉害。 这几个孩子全长大了。
	数量词	道静的心突地动了一下。
	代词	大会开得怎么样？ 我就住在这儿。
	名词	她一直跑到西关，在一个小店面找见了玉秀。 他躺在床上，一直睡到半夜。
	动词	大家急忙坐起来。
	副词	好得很，好得很。 那里的天气热极了。
	联合词组	屋子里收拾得整洁、明净。 他把敌人打得喊爹叫娘。
	偏正词组	他说得很快。 大杨树长得比过去高得多了。
	动宾词组	孩子们把他气得直瞪眼睛。
	主谓词组	通讯员激动得脸都红了。 呼噜噜的鼾声吵得道静更加不能睡觉。
补语的变位	移后	朱老忠一听，扭过头横了他〈一眼〉。 我给过你〈两次〉东西。
	拆用	他从书包里掏〈出〉一张卡片〈来〉。（"出来"拆开用）

5. 定语

1）定语是什么

定语是限定、修饰名词性中心语的。可以回答"谁的""多少""什么样的"等的问题，跟中心语发生偏正关系；定语一般都放在中心语前头，除了数量词做定语外，定语和中心语之间一般都可以加"的"字。例如［加（）符号的为定语］：

(1)（我）的故乡绿水青山，白云悠悠，非常美丽。

(2)（一斤）苹果才一元钱。

(3)（进口）的香蕉味道还不错。

例（1）定语"我"回答了"谁"的问题；例（2）定语"一斤"回答了"多少"的问题；例（3）定语"进口"回答了"什么样的"问题。

2）充当定语的成分

定语多由名词、代词、形容词、动词、数量词来充当，少数副词和各种词组也可以做定语。例如：

(1)（原来）的教师大都回到了学校。

(2) 我们有（共同）的理想，有（共同）的目标。

例（1）、（2）的"原来""共同"都是副词。

3）定语的位置

定语的正常位置是在中心语之前。为了表达的需要，有时也可以移到中心语之后，或者移到动词谓语之前。定语后置或提前仍是定语，并不变成别的成分。例如：

(1) 荷塘四面，长着许多树，（蓊蓊郁郁）的。　　　　　（朱自清《荷塘月色》）
(2) 她到年底就生了一个孩子，（男）的，新年就两岁了。　　　（鲁迅《祝福》）
(3) 我们修好机车（十八台），客车（十六辆）。
(4) 墙壁上，（红的，绿的，黄的），贴满了标语。

例（1）"蓊蓊郁郁"是"树"的后置定语。例（2）"男"是"孩子"的后置定语。例（3）"十八台"是"机车"的后置定语，"十六辆"是"客车"的后置定语。例（4）"红的，绿的，黄的"是"标语"的提前定语。

表6　定语一览表

类 别		例　子
定语的构成	名词	故乡的山水也都渐渐远离了我。 这是一座木头房子。
	代词	我们的事业是正义的。 他做他的官，咱垦咱的房，种咱的地。
	形容词	欢乐的人群涌向了广场。 大街小巷贴满了红红绿绿的标语。
	数量词	两路不同的方法，说明了两个不同性格的人。
	动词	呼喊的群众像是来到了卫戍司令部的大门外。 这是一堆砍掉的树枝。
	副词	原来的教师大都回到了学校。 我们有共同的理想，有共同的目标。
	联合词组	伟大、光荣、正确的中国共产党万岁！
	偏正词组	战士，这是多么光荣的称号。 站在桥上的人就像浑身的毛孔全都闭住。
	动宾词组	有经验的同志很多。 我们打退了把守山中的敌人。
	主谓词组	他们要守的山头不高。 那是他刚买来的一本杂志。
	多个定语	学习是你们的主要任务。 《红楼梦》是一部形象的中国封建社会的没落史。
定语的变位	后置	荷塘四面，长着许多树，蓊蓊郁郁的。 我们修好机车十八台，客车十六辆。
	提前	墙壁上，红的，绿的，黄的，贴满了标语。

6. 状语

1）状语是什么

状语是修饰、限制动词、形容词性中心语的。可以回答"怎么样""何时""何地""为什么"等问题，跟中心语发生偏正关系；状语一般都放在中心语前头，除了一部分动词做状语之外，在状语和谓语之间一般都可以加"地"字，或者在状语前加介词。例如（加〔〕为状语）：

(1) 他〔突然〕睁开了眼睛。

(2) 弟弟〔春天〕来了北京。

(3) 〔唐山〕发生过大地震。

(4) 董存瑞〔为了全国的解放〕献出了宝贵的生命。

(5) 他〔顽强〕地和敌人斗争着。　　　　　　　　（杨沫《青春之歌》）

例（1）状语"突然"回答了他怎么样睁开眼睛的问题；例（2）状语"春天"回答了弟弟何时来的问题；例（3）状语"唐山"回答了何地发生过大地震的问题；例（4）状语"为了全国的解放"回答了董存瑞为什么献出宝贵生命的问题；例（5）状语"顽强"回答了他怎么样和敌人斗争的问题，并在状语和谓语之间加了"地"。

2）充当状语的成分

状语多由副词、形容词、代词来担任，用介词介绍的名词和各种词组也都可以做状语。

3）状语的位置

状语的正常位置是在谓语之前，但为了突出状语的意思，有时也可以提到主语之前，或者谓语之后。例如：

(1) 〔夜间〕，我们又谈些闲天。　　　　　　　　　　（鲁迅《故乡》）

(2) 〔在价目上〕，林先生也格外让步。　　　　　　（茅盾《林家铺子》）

(3) 他走过来了，悄悄地，慢慢地。

(4) 他要去福州，〔今天晚上八点钟〕。

例（1）、（2）都是提到主语前的状语。这种提前的状语一般都可以在不改变基本语意的情况下放回到谓语中心语之前。例（3）、（4）的状语后置。状语后置，既能突出状语的意思，又能使语句简短新颖。状语后置仍是状语，在状语前面一般都有语音停顿，书面上要用逗号隔开。

表7 状语一览表

类别		例子
状语的构成	副词	今天光惦着结婚，姚志兰才觉着没脸呢！ 老东山骇然地瞪大两眼。
	形容词	白茹急速地退了两步。 你听，啦啦地响了，猹在咬瓜了。
	代词	这里可以成立个进水灌溉站。 小红也这么大了。
	动词	王团长笑嘻嘻地拍了拍李勇奇坚实的肩膀。 剑波微笑着启发大家多提意见。
	数量词	汽笛一声吼叫。 他一把抓住那人的手腕子。
	名词	我今天去上海。
	联合词组	（他）亲切又耐心地倾听陈松林谈论自己的理想。
	偏正词组	郭松很感兴趣地听着。
	动宾词组	他骑着马上山了。
	主谓词组	他们天不亮就出发了。
	多个状语	我今天特别高兴。 我又一次向人民英雄们默默致敬。
状语的变位	提前	夜间，我们又谈些闲天。
	后置	他走过来了，悄悄地，慢慢地。

7. 外位语

1）外位语是什么

两个词或词组指同一事物，并叠用在一起组合成一个语言单位，这是第二章讲过的同位词组。如果两个词或词组指同一事物，却不叠用在一起，而是一个用在句中充当句子成分，另一个出现在句外，这种句外成分叫外位语。外位语一般在句子的前面，有时也可以在后面，多种多样。例如（下面加"。"符号的为外位语）：

（1）那个身段苗条、脸儿很秀气的女民兵，她叫黄云香。

（黎汝清《海岛女民兵》）

（2）远处的树，近处的草，那湿漉漉的衣服，那双紧闭的眼睛……，一切都像整个草地一样，雾蒙蒙的。

（王愿坚《七根火柴》）

（3）资产阶级、小资产阶级，（他们）的思想意识是一定要反映出来的。

（毛泽东《关于正确处理人民内部矛盾的问题》）

(4) 中国共产党——这是多么亲切、多么伟大的名字呵！（杨沫《青春之歌》）

(5) 我们常常想念您，敬爱的周总理。

(6) 草丛中被脚步惊起的一些小动物，有的窜下堤堰，有的振翼飞向云天。

(7) 我们两个哥哥：一个是工人，一个是解放军。

(8) 我国现有的知识分子，一部分是新中国成立前的，大部分是新中国成立后培养的。

例（1）、(2)、(4)、(6)、(7)、(8) 是外位主语，例（3）是外位定语，例（5）是外位宾语。外位语与句子的其他成分之间一般有语音停顿，书面上用逗号隔开，有时也用破折号，如例（4），或用冒号，如例（7）。

外位语可分两种：一种是称代式的外位语，如例（1）、(2)、(3)、(4)、(5)，句中与之相应的部分，一般是一个代词；另一种是总分式的外位语，如例（6）、(7)、(8)，外位语是总说，句中相应的成分是两个以上的分说。分别担任一个分句的主语。

2）外位语的功用

外位语具有两种作用：一是强调某些语意，突出表达重点；一是使句子结构严谨，条理清楚，语气活泼，意思显豁。

8. 独立语

1）独立语是什么

句中有些词语，它既不做句子的任何基本成分，也不起连接作用，在句中不同别的成分发生结构上的关系，这种成分就叫独立语。例如（下面加"·"符号的为独立语）：

(1) 你看，我不是听你的话进来了么？　　　　　　　　　　（曹禺《雷雨》）

(2) 我那时并不知道这所谓猹的是怎么一件东西——便是现在也没有知道——只是无端地觉得状如小狗而很凶猛。　　　　　　　　　　　　（鲁迅《故乡》）

(3) 辛亥革命是推翻清政府的中国资产阶级民主革命。发生在辛亥年，即一九一一年。

独立语位置比较灵活，一般在句中，也可以在句首或句尾。如例（1）在句首，例（2）在句中，例（3）在句尾。

2）独立语的功用

独立语在句子的结构上不是非有不可的，去掉后，句子并不失掉完整性；但在表达上却起着重要的作用，可使语意更加准确、周密，或使话说得更稳妥、委婉些。独立语的作用是多种多样的，一般有以下几个方面。

第一，表示招呼、应答或感叹。例如：

(1) 朋友们，为做一个祖国的英雄而发奋努力吧，不会有比这再光荣的了。

（魏巍《谁是最可爱的人》）

(2) 哦，多么激动人心的场面呵！　　　　　　　　　　　　（峻青《乡音》）

第二，引起对方注意，常用"你听""你看""你想""大家知道""众所周知"等词语。例如：

（3）你听，那孩子的嘴多巧。　　　　　　　　　　　（冯德英《苦菜花》）

（4）中华人民共和国的立场，众所周知，是坚定不移的。

第三，表示对情况的推测、估计、分析，含有保留的口气，常用"看来""看样子""充其量""说不定"等词语。例如：

（5）看样子，她儿媳妇倒可以再争取争取。　　　　　（冯德英《苦菜花》）

（6）就算这么做，那充其量也只能使出三十部，三十部犁又当什么事？

（徐怀中《我们播种爱情》）

第四，表示强调某些词语，常用"尤其是""特别是""首先是"等词语引出插入语。例如：

（7）它唤起全党同志，首先是党的干部，特别是高级干部，对于革命的责任心。

第五，表示注释、补充、举例等，常用"即""例如""比方"等词语引出插入语。例如：

（8）宣统三年九十四日——即阿Q将褡裢卖给赵白眼的这一天——三更四点，有一只大乌蓬船到了赵府上的河埠头。　　　　　　　　　　（鲁迅《阿Q正传》）

（9）我们班的许多同学，例如李志红、张海燕等，都是共青团员。

第六，有起承转合作用，使文章眉目清楚。常用"总之""由此可见"等词语。例如：

（10）不用说吧，总之什么都说了，只少跪下来对他叩头。　　（叶圣陶《夜》）

（11）她不蛮漂亮，但她不丑，脸模子、衣架子，都还过得去，由此可见，新郎是个又老实又不老实的角色。

（周立波《山那面人家》）

以上是构成单句的八大成分，了解它们，犹如了解我们人体的构造一样，对分析句子、造好句子和纠正偏误大有助益。

（二）单句的分析

前面已经对单句的各种成分分别做了介绍，这里就单句句子成分进行全面分析。分析单句的方法是先统观全句，从语法结构与意义两方面把句子分成主谓两个部分，找出句子的主语和谓语。然后看谓语后面是否有连带成分，分析出宾语和补语来。再次看主语、宾语前面是否有定语，谓语前面是否有状语，分析出定语、状语来。如果句中有外位语与独立语，也一一找出。总之，要"抓主干，明枝叶"，逐一地分析出句子成分来。

句子成分的分析用划线比较清楚。下面把已经介绍过的分析各种句子成分的符号，按照一般句子的词序表示如下：

独立语　外位语　主语　〔状语〕　谓语　〈补语〉　（定语）　宾语

例如：

你看，分布在全国各地、奋斗在各条战线上的青年，他们〔正在〕〔努力〕地建设〈好〉（自己）的祖国。

这是句子的一般词序，但是有些成分的词序比较灵活，如独立语等。下面再分析一些比较复杂的单句：

(1)〔曲曲折折的荷塘上面〕，弥望的‖是（田田）的叶子。

（朱自清《荷塘月色》）

(2)〔前年冬天潼关南原大战时〕（李自成部队）的勇猛善战，‖贺人龙记忆犹新。　　　　　　　　　　　　　　　　　（姚雪垠《李自成》）

(3)我们‖〔要〕〔把年富力强、有工作经验的知识分子〕选拔〈进〉（领导）班子。

(4)水生‖指着（父亲）的（小）房叫她小声〈一些〉。　（孙犁《荷花淀》）

(5)他‖〔从我国古代的史书、方志以及古人的日记、游记、诗词中〕寻觅（古代气候）的线索。

(6)〔第二年四月里的一天〕，市委‖派人到（陈然）家里通知他：党内出现了叛徒，《挺进报》应该尽快转移。

(7)（高里奥先生和郎倍梅尼太太会面）的经过，‖〔甚至〕使伯爵夫人〔从此〕〔不愿〕〔再〕〔同他〕住〈在一幢屋里。〉　（巴尔扎克著、傅雷译《高老头》）

(8)而（所有其他）的观点，说得更确切些，在因果问题上的另外一条哲学路线，即否认自然界的客观规律性、因果性、必然性的路线，‖〔被费尔巴哈〕〔公允〕地列为（信仰主义）的流派。　　　（列宁《唯物主义和经验批判主义》）

句子成分的构成可以是一个单词，也可以是一个词组或复杂词组。因此，对于一个由词组或复杂词组构成的句子成分来说，本身还包含一个复杂的结构关系。为了更好地掌握语言的内部结构，我们可以进一步对词组进行结构层次的分析，一直分析到单词为止。关于词组结构层次的分析方法，可以参看第三节句法词组部分。

（三）单句的类型

按照句子的语气、作用和结构的不同，可以分别把单句划分为以下几种类型。

1. 从作用和语气来看，单句有四种类型：

1）陈述句——陈述一个事实或回答一个问题。句尾用降调，书面用句号。例如：

(1) 科学是讲求实际的。　　　　　　　　　（郭沫若《科学的春天》）

(2) 墨写的谎话，决掩不住血写的事实。　（鲁迅《无花的蔷薇之二》）

(3) 上课了。

2）疑问句——询问一个问题，表示疑问。句尾用升调，书面用问号。疑问句主要有下面几种不同的格式。

第一种是特指问，这是用疑问代词发问，要求对方针对所问的事物做出回答。例如：

(4) 谁指使你来的？　　　　　　　　　　　　　　　　　　　(曹禺《雷雨》)
(5) 你学习外语的目的是什么？

有的特指问句没有用疑问代词，但它规定了回答的内容，也是特指问，例如：

(6) 你的帽子呢？

第二种是是非问，一般在陈述句后面加上疑问语气词，或用上扬的疑问语调表示疑问。例如：

(7) 迅哥儿，昨天的戏可好么？　　　　　　　　　　　　　　(鲁迅《社戏》)
(8) 他已经考上大学了？

第三种是选择问，一般用表示选择的关联词语连接前后两个部分，或者谓语部分用肯定和否定相叠的方式表示提问，回答时要求从中选择一个。例如：

(9) 暑假你是回上海还是留在北京？
(10) 博士，你饿不饿？　　　　　　　　　　　　　　　　　　(曹禺《日出》)

第四种是反诘句，用疑问句式表示肯定和否定，可以是肯定形式表示否定的意思，也可以用否定形式表示肯定的意思。例如：

(11) 你不觉得我们的战士是最可爱的人吗？　　(魏巍《谁是最可爱的人》)
(12) 你以为你能管住我吗？

3) 祈使句——要求、希望别人做某件事或不做某件事，以及表示祝愿等。句尾一般用降调，书面用叹号，语气不特别强烈时也可用句号。例如：

(13) 请你给我拿本书来。
(14) 全世界无产者，联合起来！　　　　　　　　　　　　　(《共产党宣言》)
(15) 趁你们年富力强的时候，为人民做出更多的贡献吧！

(郭沫若《科学的春天》)

4) 感叹句——表示惊、喜、悲、叹等强烈的感情色彩。句尾一般用降调，书面用叹号。例如：

(16) 多明丽的秋天哪！　　　　　　　　　　　　　(魏巍《依依惜别的深情》)
(17) 可是那大蒜头上的苗当真只有三四茎呀！　　　　　　　(茅盾《春蚕》)
(18) 中华人民共和国万岁！

2. 从结构来看，单句有四种类型：

1) 主谓句——有主语和谓语的句子。主谓句是句子的基本类型。例如：

(1) 我们民族历史上最灿烂的科学的春天到来了。　(郭沫若《科学的春天》)
(2) 中国是生育我们的母亲。　　　　　　　　　　　(方志敏《可爱的中国》)

2) 省略句——在一定的语言环境中，省略主语或谓语的句子，省略的部分是明确的。例如：

(3) "阿Q，你回来了！"

"（　）回来了。"

"发财发财，你是——在……"

"（　）上城去了！"

（鲁迅《阿 Q 正传》）

3）无主句——在形式上好像缺少了主语、只有谓语的句子。无主句说不出主语，也不需要主语。例如：

(4) 下雨了。　　　　　（说明自然现象）

(5) 禁止吸烟！　　　　（表示一般的要求）

(6) 吃一堑长一智。　　（说明一个真理）

4）独词句——只有一个词或一个偏正词组构成的句子。例如：

(7) 票！　　　　　　　（特定场合用语）

(8) 枪声。　　　　　　（说明出现的情况）

(9) 丙辰清明节。　　　（文史作品的背景说明）

(10) 好大的雪！　　　　（表示感叹）

三、复句

（一）复句的构成

复句是由两个或两个以上的单句形式构成的。构成复句的各个单句形式叫"分句"。分句之间在意义上有各种关系；在结构上，不互为句子成分；在书写形式上，一般用逗号、分号或冒号表示分句间的语音停顿。例如：

(1) 你要有知识，你就得参加变革现实的实践。　　（毛泽东《实践论》）

(2) 女人的鼻子里有些酸，但她并没有哭。　　（孙犁《荷花淀》）

(3) 看着人家那样辛苦的劳动，老通宝觉得身上更加热了。　（茅盾《春蚕》）

(4) 只要在什么时候再听到那种歌声，那声音的影片便一幕幕放映起来。

（吴伯箫《歌声》）

(5) 为了坚持和改善党的领导，必须加强党的纪律。

（邓小平《目前的形势和任务》）

(6) 多么美妙的夜晚，多么凉爽的天气，多么迷人的繁星呵！

（杨沫《青春之歌》）

复句有以下几个特征：

第一，分句间的意思都是密切相关的。它们有的是假设关系，如例（1）；有的是转折关系，如例（2）；有的是因果关系，如例（3）；有的是条件关系，如例（4）；有的是措施和目的关系，如例（5）；有的是表示并列关系，如例（6）。

第二，分句与分句之间都是相对独立的，一个分句不充当另一个分句的成分。这是复句与单句最重要的区别。单句无论多长，都能做句子成分的分析；复句不论多短，都互不做句子成分。如果把例（5）说成"我们认为：为了坚持和改善党的领导，必须加强党的纪律"，那就成了单句，因为"为了坚持和改善党的领导，必须加强党的纪律"充当了谓语"认为"的宾语。

第三，复句里往往使用表示分句组合关系的关联词语，如例（1）的"就"，例（2）的"但"，例（4）的"只要"和"便"。

第四，复句最少也得包含两个分句。分句可以是主谓句形式，也可以是非主谓句形式。如例（1）、（2）、（3）两个分句都是主谓句形式，例（5）两个分句都是独词句形式，例（6）三个分句都是独词句形式。

第五，复句不管包含多少分句，句末只能有一个比较大的语音停顿，书面上用句号、问号或感叹号来表示；分句之间有一个小的停顿，书面上用逗号、分号或冒号来表示。整个复句的语调是统一的，如果把例（2）的复句说成"女人的鼻子里有些酸。她没有哭。"那就成了两个单句了。由于两个单句之间是隔离性质的停顿，所以书面上就要使用句号，并且两个单句各自形成自己的独立语调。

（二）复句的类型

根据复句中分句间的关系和分句之间的关联词语，可以把复句分成以下几种类型。

1. 并列复句（A，B，C……）

这种复句各分句间所表示的是并列平行的关系。有些分句是分别描写或说明几种情况的，有些分句是表示相对、相反或同时发生几种情况的。常用的关联词语有"也""既……又……""不是……而是""一方面……另一方面……"等。这些关联词语，有时用，有时可以不用。

（1）对待同志要像春天般的温暖，对待工作要像夏天一样的火热，对待个人主义要像秋风扫落叶一样，对待敌人要像严冬一样残酷无情。　　（《雷锋日记》）

（2）周挺杉既为章易之痛心，又被他的讽刺所激怒。　　（张天民《创业》）

（3）这已经不是一个人在唱了，而是成百的人在合唱。（王愿坚《长征路上》）

（4）一方面必须对材料有高度的概括，另一方面又必须在"画龙点睛"之处做细腻的加工。　　　　　　　　　　　　　　（秦牧《园林·扇画·散文》）

2. 连贯复句（A→B→C……）

分句间表示动作或事件连续发生，表示这种关系的一般是靠分句的排列次序，也可以用关联词语"便""就""于是""后来""接着""然后"等等来表示。例如：

（1）战士们背起背包，挎上了枪，走向夹道欢迎的人群。

　　　　　　　　　　　　　　　　　　　　　　　　（魏巍《依依惜别的深情》）

（2）医生就把那颗带血的子弹头递到爹的手上，然后替爹裹好了腿上的伤口，就出去了。　　　　　　　　　　　　　　　　　（李心田《闪闪的红星》）

（3）过了那林，船便弯进了义港，于是赵庄便真在眼前了。　（鲁迅《社戏》）

连贯复句和连谓式的单句在形式上很相似，但实质上是不同的，它们的区别在于：

1) 连贯复句分句间有语音停顿,书面上用逗号表示,连谓式中一般没有语音停顿。试比较:

(4) 他开门进屋。(连谓式)

(5) 他开了门,走进屋去。(连贯复句)

2) 连谓式的几个动词谓语只能陈述同一主语,连贯复句各分句的主语,可以是相同的,也可以是不相同的。例如:

(6) 长山老头这么一说,老定脸刷地一下可红了。　　(李准《不能走那条路》)

3. 选择复句(或者A,或者B,或者C/不是A,就是B)

这类复句中的分句所说的事情不能同时并存,而是要从中选择一项。一般用"或者(或、或者)""不是……就是……""要么……要么……""是……还是……""与其……不如……""宁可……也不……"等关联词语。例如:

(1) 不能只有阴没有阳,或者只有阳没有阴。

(2) 不是东风压倒西风,就是西风压倒东风。

(3) 通宝,你是卖茧子呢,还是自家做丝?　　(茅盾《春蚕》)

(4) 我们要么被困难所吓倒,要么坚决战胜它。

(5) 石玉芝宁愿受点委曲,也不愿宣布自己的"秘密"。　(草明《姑娘的心事》)

选择复句大体可分两类:一类是"数者择一",有或此或彼的意思,叫"商选",语气较缓和,如例(1)、(3)。另一类是"二者必居其一",有非此即彼的意思,叫"限选",语气较强烈,如例(2)、(4)、(5)。

4. 递进复句(不但A,而且B)

这类复句,一般是后一个分句的意思较前一个分句的意思更进一层。常用的关联词有"不但(不仅、不光)……而且(并且)……""不但……还(也、又、更)……""不但……反而(反倒)……"等。例如:

(1) 我们将不但有一个强大的陆军,而且有一个强大的空军和一个强大的海军。　　(毛泽东《中国人民站起来了》)

(2) 我不但把下嘴唇咬得更紧,我还把右手紧紧捏成一个拳头。

(巴金《从镰仓带回的照片》)

(3) 工人阶级不仅改造了客观世界,而且在改造客观世界中改造了主观世界。

还有一种递进复句,前一分句从否定或反面来说,后一分句则从肯定方面把意思向前推进一步,也就是说向着相反的方面递进。例如:

(4) 生活改善了,我家不但不愁吃穿,并且还有富余。

(吕叔湘主编《现代汉语八百词》〔增订本〕)

5. 转折复句(虽然A,但是B)

前一个分句说了一个意思,后一个分句不是顺着前一个分句的意思说下去,而是拐了一个弯儿,说出同前一个分句全然相反或者相对的意思来。

转折复句有"重转"和"轻转"两种。

1）重转：前后两个分句在意思上有明显的对立，前一分句和后一分句有相互呼应的关联词语，全句转折的程度较重。常用的关联词语有"虽然（虽说、虽是、尽管、固然）……但是（但、可是、然而、却）……"。例如：

（1）宋老大虽然年纪大，但他对方奎的科学试验，一直是热心的拥护者与支持者。　　　　　　　　　　　　　　　　　　　　　　（西戎《宋老大进城》）

（2）尽管这条路上障碍重重，但是在蛤蟆滩上毕竟出现了社会主义的新生事物——梁生宝互助组。　　　　　　　　　　　　　　　（柳青《创业史》）

（3）这时候，雨虽然仍旧在哗哗地下着，可是，我的心已经不再焦躁了。
　　　　　　　　　　　　　　　　　　　　　　　　　　（峻青《黎明的河边》）

2）轻转：前后两个分句的对立关系不显著，前面分句没有转折的关联词语，全句转折的程度较轻。常用的关联词语有"不过""只是""却""然而"等。例如：

（4）我的确时时解剖别人，然而更多的是无情面地解剖我自己。
　　　　　　　　　　　　　　　　　　　　　　　　　　（鲁迅《写在〈坟〉的后面》）

（5）如今舅舅银霜满头了，精力却如此旺盛。　　　（张岐《金灿灿的贝壳》）

6. 假设复句（如果 A，就 B/即使 A，也 B）

假设复句可分两类：

1）一个分句提出一种假设，另一分句说明在这种假设情况下产生的结果。常用的关联词语有"如果（假如、假使、倘若、如若、要是）……那么（就）……"。例如：

（1）如果他没有群众的支持，那么他就什么都做不成。　（峻青《黎明的河边》）

（2）倘若有一处失利，商洛山中的局面就会不堪设想。　（姚雪垠《李自成》）

2）一个分句有退一步着想的意思，即先承认某种假设的情况，另一分句却从不同或相反的方面做出结论，也叫"让步复句"。常用的关联词语有"即使（尽管、就算、就是、纵使、哪怕）……也（仍然、还是）……"。例如：

（3）即使我们的科学技术赶上了世界先进水平，也还要学习人家的长处。
　　　　　　　　　　　　　　　　　　（邓小平《在全国科学大会开幕式上的讲话》）

（4）哪怕我回去帮你做碗热饭，也总算照顾你。　　　（李准《大河奔流》）

这类复句和转折复句的区别在于：前一个分句所说的是没有实现或还没有证实的事，而转折复句前一个分句所说的是已经证实的事。试比较：

（5）即使天气再冷，｜我们也要坚持锻炼。（假设复句）

（6）尽管天气很冷，｜我们还是坚持锻炼。（转折复句）

例（5）"天气再冷"还没有实现。例（6）"天气很冷"已经实现。

7. 因果复句（因为 A，所以 B/既然 A，就 B）

因果复句，偏句说明原因，正句表示结果。常用的关联词语有"因为（由于）……所以（因此、因而）……""之所以……是因为……"。例如：

(1) 因为我这样爱她，所以才为她的缺点着急，苦闷。

(老舍《我热爱新北京》)

(2) 由于现时中国革命不能离开中国无产阶级的领导，因而现时的中国新文化也不能离开中国无产阶级文化思想的领导，即不能离开共产主义思想的领导。

(毛泽东《新民主主义论》)

(3) 革命之所以成功，是因为执行了正确的政治路线和受到了广大人民群众的拥护。

也有不用关联词语的因果复句。例如：

(4) 院子里大概是起了风，梨树的枝桠不停地晃动。　　(康濯《春种秋收》)

还有一种推论式的因果复句，就是一个分句说明理由，另一分句表示论断。常用的关联词语是"既然（既）……就（便、则、那么）……"。例如：

(5) 既然文艺工作的对象是工农兵及其干部，就发生一个了解他们熟悉他们的问题。

(毛泽东《在延安文艺座谈会上的讲话》)

(6) 村里既然有报告，等调查调查再说吧！　　(赵树理《登记》)

8. 条件复句（只有 A，才 B／只要 A，就 B／不管 A，也 B）

条件复句，一个分句提出一个条件，另一分句说明在这个条件下产生的结果。常用的关联词是"只……就……""只有……才……""除非……才……"。例如：

(1) 一个人只要有革命志气，就什么人间奇迹都能够创造出来！

(张天民《创业》)

(2) 劳动者只有具备较高的科学文化水平，丰富的生产经验，先进的劳动技能，才能在现代化的生产中发挥更大的作用。

(邓小平《在全国科学大会开幕式上的讲话》)

(3) 除非是反革命文学家，才有所谓人民是"天生愚蠢的"，革命群众是"专制暴徒"之类的描写。　　(毛泽东《在延安文艺座谈会上的讲话》)

"只要""只有"和"除非"，都是表示条件关系的关联词语，但它们之间又有区别："只要"所提出的条件不是唯一的条件，"只有"和"除非"所提出的条件是唯一的条件。"只有"是从指定方面来说的，"除非"是从推断方面来说的。在使用条件复句时，要根据条件和结果的关系，准确地选择关联词语。既不要把唯一条件说成是"只要……"，也不要把不是唯一的条件说成"只有……"或"除非……"。

还有一种表示无条件的条件复句。这种复句，一个分句先排除一切条件，另一分句说明在任何条件下都会产生同样的结果。常用的关联词是"无论（不论、不管、任凭）……都（也、还）……"。例如：

(4) 无论张腊月和她的队员们怎样苦苦劝留，说什么也留不住。

(王汶石《新结识的伙伴》)

(5) 不管认识不认识，见到谁都打招呼。　　(吴伯箫《歌声》)

条件复句和假设复句有共同的地方：有的条件复句也有假设的意思，有的假设复句也有条件的意思。它们的区别是：假设复句着重假设，条件复句着重条件；它们所使用的关联词语也不一样。试比较：

（6）如果坚持下去，就能够成功。

（7）只有坚持下去，才能够成功。

9. 目的复句（为了 A，B/A，以便 B）

目的复句，一个分句表示措施、手段，另一分句表示目的。这类复句有时不用关联词语，有时用"为了""以便""以免""免得""以利于"等关联词语。例如：

（1）为了美化营地，他们简直成了传说中炼石补天的女神。

（魏巍《依依惜别的深情》）

（2）今冬要抓紧积肥，免得开春耽误播种。

（3）人们纪念他，种上许多松柏树。

用关联词"为了"的目的分句和用"为了"组成的介词结构充当状语的情况比较相似，但有区别。一般来说，"为了"后面带的是主谓结构或动宾结构的，可以看成目的复句的分句，"为了"后面带的是名词性词组，可以看成状语，试比较：

（4）为了实现四化，他贡献出全部精力。（目的复句）

（5）为了四化，他贡献出全部精力。（介词结构充当状语）

表8　复句类型与关联词语一览表

复句类型	常用的关联词语	备　注
并列复句	也、既……又……、不是……而是……、一方面……另一方面……	可以不用关联词语
连贯复句	便、就、于是、后来、接着、然后	可以不用关联词语
选择复句	或者（或、或是）、不是……就是…… 要么……要么…… 与其……不如……、宁可……也不……	
递进复句	不但（不仅、不光）……而且（并且）…… 不但……还（也、又、更）…… 不但……反而（反倒）……	
转折复句	虽然（虽说、虽是、尽管、固然）……但是（但、可是、然而、却）…… 不过、只是、却、但是、可是、然而	可以不用关联词语
假设复句	如果（假如、假使、倘若、如若、要是）……那么（就）…… 即使（尽管、就算、就是、纵使、哪怕）……也（仍然、还是）……	可以不用关联词语

续表

复句类型	常用的关联词语	备 注
因果复句	因为（由于）……所以（因此、因而）…… 之所以……是因为…… 既然（既）……就（便、则、那么）……	可以不用 关联词语
条件复句	只要……就……、只有……才…… 除非……才…… 无论（不论、不管、任凭）……都（也、还）……	
目的复句	为了、为着 以便、以免、免得 以利于	可以不用 关联词语

（三）紧缩复句

紧缩复句是由复句经过紧缩、用类似单句的形式表达复句内容的句子。所谓紧缩，就是压缩掉了复句中分句间的语音停顿或关联词语以及某些成分。例如：

（1）即使下雨，｜我们也去。（假设复句）
（2）我们下雨也去。（紧缩复句）
（3）这个人要是不问他，｜他是不会开口的。（假设复句）
（4）这个人不问不开口。（紧缩复句）

紧缩复句，从性质上说，它是由复句紧缩而成的；从关系上说，它表达了复句的并列、转折、假设、条件等关系；从形式上看，它像单句，但又不是单句，不互为成分；从修辞上说，它是一种紧凑、精练的表达形式。

紧缩复句跟一般复句一样，能表示分句间的联合与偏正等各种意义关系；它的分句，可以是完整的主谓句，也可以是省略句，无主句。例如：

（5）雪怕太阳草怕霜。　　　　　　（谚语）（连贯关系）
（6）斧头打凿凿打木。　　　　　　（谚语）（连贯关系）
（7）偷鸡不着蚀把米。　　　　　　（谚语）（递进关系）
（8）不是鱼死就是网破。　　　　　（谚语）（选择关系）
（9）称砣虽小压千斤。　　　　　　（谚语）（转折关系）
（10）家藏狐狸鸡不剩。　　　　　　（谚语）（因果关系）
（11）小树不扶容易弯。　　　　　　（谚语）（假设关系）
（12）有风方起浪。　　　　　　　　（谚语）（条件关系）

有些紧缩句有固定的格式。这种固定格式多数是由一些副词充当关联词语构成的，其位置都是放在各种分句谓语前边。例如：

（13）鼓不打不响。　　　　　　　　（谚语）（不……不……）
（14）刀越磨越亮。　　　　　　　　（谚语）（越……越……）
（15）泥鳅再滑也逃不出渔人手。　　（谚语）（再……也……）
（16）学习语言非下苦功不可。　　　（非……不……）
（17）你不说我也知道。　　　　　　（不……也……）
（18）一经做出决议就要坚决执行。　（一……就……）

第四节 篇 章

一、篇章是什么

篇章即为章法，指篇和章，泛指文章。我们写文章时，常常会发现这样一个问题：一个句子单独看时没有什么问题，但几个句子连起来一读却感到别扭，或者意思不连贯，或者语气欠通畅。例如：

①北京车站耸立在东单和建国门之间。②车站大楼正面可分中部和两翼三个部分。③这座宏伟的建筑物显示着首都大门所拥有的气魄、色彩和光辉。④中间顶端是一个新颖的大贝壳屋顶，屋顶的两旁对称地矗立着两座具有民族风格的钟楼。⑤钟楼的屋顶是用金黄色琉璃瓦盖的。⑥每座钟楼上各有一座四面大电钟，每面直径长达四米。⑦针和字标里面装着电灯，距离三四公里就能看到。⑧长短针和字标是用乳白色玻璃和金属框子做的。⑨钟面是用墨玉大理石铺贴的。

这段话共有9个句子，每句本身都没有什么毛病，但由于没有合理地组合，因此显得语无伦次，条理不清。组合好句子，写好文章，需要各种知识，其中篇章的知识尤其重要。

二、篇章的类型

不同的文体有不同的篇章结构，不同的篇章结构就有不同的写法。例如新闻报道这一体裁，一般都有导语、主体和结语三部分，如能顺着这一结构一一写来，一般就会层次清楚。

现在，一般把篇章分为"独白体"和"对话体"两种类型。对话是语言的原始形式，相对而言结构比较松散。独白体的篇章又可以分为：

（一）叙述体篇章

如小说、报告文学、新闻报道、散文等。

（二）论证体篇章

如论文、演讲稿、法庭陈述、思想评论、杂文等。

（三）说明体篇章

如解说词、说明书、科普说明文等。

在行文时，叙述体的篇章一般要遵从时间顺序，人物、场合也都应该有清楚的脉络，不能随意更换，小说还应当按铺陈、冲突、激发、冲突发展、高潮、冲突解开、最后的悬念、结尾等几个基本的构成要素来写。论证体的篇章，一般是按引言、论点、论证、结论等几个基本构成要素来写。说明体的篇章，行文时，一般是对事物的发生、发展、结果、特征、性质、状态、功能等进行解释、介绍和阐述。事物既可以是实体的，如花、草、树、虫、湖泊、器械、建筑等，也可以是抽象的事理，如立场、观点、名词概念、学术流派等。说明体篇章要求按对象的特征和规律，以严格的顺序进行说明，比如说明功能，可以先重要的，后次要的；说明建筑物，可以先外后里，先中间，后左右；说明药物，可以先成分、功用、用法，后可能发生的不良反应。上面所举的北京火车站的例子就是违反了这一原则，才造成了篇章混乱。

三、篇章的连贯

在篇章中，连接句子、段落等成分的关系，主要是靠时间和逻辑，下面是一些常用的连接成分的词语。

（一）表示时间关系

序列时间关系：首先　起初　最早　最后

先后时间关系：原先　本来　而后　后来　随即　接着　不久　久之

（二）表示逻辑关系

加合关系：相应地　再者　此外　无独有偶　更有甚者

阐明关系：这就是说　换句话说　具体而言

总结关系：总而言之　一句话　一言以蔽之

推论关系：由此看来　可见　显然　显而易见

让步关系：退一步说　当然　诚然　固然　自然

对比关系：相比之下　与此相比　相形之下

四、篇章的结构

上面介绍的篇章类型，可以说是篇章的宏观结构。要把文章写通，仅掌握篇章的宏观结构还不够，还应掌握它的微观结构。篇章的微观结构，大体和复句差不多，可以分为并列、连贯、选择、递进、转折、假设、因果、条件、目的等几种，可以参看本章复句的类型部分。这里只介绍两种常见的结构关系。

（一）总分关系

例如：

①大致说来，对拼音文字有三种态度。②一种态度是赞成改用拼音文字，恨不得立刻就执行。③另一种态度是一方面承认拼音文字在某方面胜过汉字，另一方面又觉得在某些方面不如汉字，疑虑重重。④第三种态度是不赞成拼音文字，或者认为行不通，或者认为没有必要，或者认为不利于继承文化遗产。

上面这段话由4个句子组成。①总提三种态度，②、③、④分述上面提到的三种态度。这种分述的形式，有的是用"第一种……第二种……第三种……"，有的是用时间词索引的，如"上午……中午……晚上……"，也有用其他方式的，如"当……的时候"，等等。

（二）解证关系

例如：

①育种工作者为了解决这个问题，往往采用回交的方法。②所谓回交，就是将杂种与亲本之一继续进行杂交。

上面这个例子的两个句子就是解证关系。①提出了一个术语——回交，②对"回交"进行了注解。可见，所谓的解证，就是有的句子提出某种看法、道理、事实和现象，有的句子则对它们加以解释、说明、补充和引申。

第五节 语法的规范

一、什么是语法规范

语法规范指句子结构要完整，成分的搭配要得当，词序要合理，复句里各个分句或句群里各个句子在意念上的关系——并列、递进、选择、承接、解脱、转让、因果、条件、目的等要明确，否则句子就会不通，影响交流，甚至产生误会。

二、常见的语法错误

常见的语法错误有下面几种。

（一）搭配不当

词语之间有一定的组合规律，违背这种规律就会犯搭配不当的错误。例如：

＊（1）全镇七所小学，一所中学，冬季都开展滑雪课。

"开展滑雪活动"通；"开展滑雪课"，则搭配不当。可改作"开设滑雪课"。

＊（2）实践证明，哪个队科研搞得好，哪里科学种田和单位面积产量就高。

"单位面积产量就高"是对的，但不能说"科学种田""高"。可改为"哪里科学种田就好，单位面积产量就高"。

＊（3）各专业的工程技术人员对火箭起飞前进行了最后的检查和操作，随即撤离现场，满怀激情地等待着发射时刻的到来。

"对火箭起飞前"如何"检查和操作"呢？应改为"在火箭起飞前对它……"或"对起飞前的火箭……"

（二）成分残缺

有些病句结构不完整，缺少必不可少的成分。例如：

＊（1）怎不叫一个还有一定忧国、忧民（　）的知识分子不说出自己内心的真话、不写出自己的切身体会和感想呢？

"有一定忧国、忧民"怎么讲？这里落了"之心"二字，致使宾语的中心语残缺了。

＊（2）球场的中央，一些小将围了一个圆圈，挤进去一看，原来是元老中的年轻人张宏根在做带球过人技术（　）。

"技术"之后应加"表演"或"示范"等。

＊（3）通过老师的讲解，使我们明白了许多。

缺主语，可把介词"通过"或"使"删去一个。

（三）赘余

有些病句是由于多余词语造成的。例如：

＊（1）这个问题实在值得我们每一个人的深思。

"的"多余，应去掉。

＊（2）在孔明与东吴的君臣谋士的辩难斗争中，使他智慧的个性闪闪在发光。

"在"和"中"多余，应删除，否则成了主语成分残缺的句子。

＊（3）有些同志对他们能否完成这些任务表示怀疑。

"否"应删掉。

(四) 语序不当

有些病句是因词语顺序安排不当,或者说词语位置放得不对引起的。例如:

*(1) 观察是特别的一种知觉。

"特别的一种"应改为"一种特别的"。

*(2) 这是中国人民一百多年来流血斗争求得的真理,不能丝毫动摇。

"不能丝毫"应改为"丝毫不能"。

(五) 杂糅

有些病句把不同的说法硬糅在一起,造成结构上的混乱。例如:

*(1) 他原籍是浙江人。

例(1)可说"他原籍是浙江",也可说"他是浙江人",但把两种说法糅在一起,就不通了。

*(2) 我们要做一个合格的共产党员,就要做知难而进,勇于思考,勇于探索,勇于创新,在四化中当闯将。

例(2)原句的意思可采用以下两种说法:

我们要做一个合格的共产党员,就要在四化中做知难而进、勇于思考、勇于探索、勇于创新的闯将。

我们要做一个合格的共产党员,就要知难而进,勇于思考,勇于探索,勇于创新,在四化中当闯将。

原句开始采用第一种句式,用了"做",却又中途易辙,改用了第二种句式,使得"做"失去了宾语的中心词"闯将",同后面的词语无法搭配。

把应该分开说的两句话硬凑成一句,也是一种杂糅。例如:

*(3) 我亲眼看到一位共青团员奋不顾身地抢救落水儿童/(他)的英雄行为给我留下深刻的印象。

"/"前应是一句话,之后又是一句话,一凑起来就不成话了。

(六) 指代不明

运用代词指代人或事物必须明确无误,如果含混不清,出现歧义,就会犯指代不明的语法错误。例如:

*(1) 他(卢嘉川)知道敌人如果真正得到了他们的名单,便不会再同他这么费劲了,正因为他不知道,所以他说"知道了"。

其中的"他"时而指卢嘉川,时而指敌人,很容易产生歧义。

*(2) 我跟我弟弟的年龄,其实只差三分钟——我们俩是双胞胎。我叫小文,他叫小武。咱俩的模样,简直叫人难分难辨:都是细高个儿,大脑袋,头顶上的头发都有一个旋,都是大眼睛、双眼皮,都是大蒜鼻子、大嘴巴。还有我们俩平时都穿同样的衣服,背同样的书包,连头发的式样、长短也都一模一样(我们俩总是一起去理发的)。

将"咱"和"我们"混用,造成混乱。

(七) 虚词使用不当

在使用虚词时,常有滥用、漏用、误用等语病,统称为虚词使用不当。这种语病和上述语病有交叉，考虑虚词使用中的语病较多，便单列出来，以引起重视。例如：

*（1）当你身处逆境时，难免不有朋友离开你，难道你都要同人家拼命吗？
"不"应删去。

*（2）连她自己也犹豫了，是继续留在这儿呢或者立即跟他回去？
关联词"或者"使用不当使意义关系不明，"或者"应改为"还是"。

*（3）他清楚，法网恢恢，不漏不纵，逃是逃不掉的，如其被捉就擒，不如来个送子投案。
"如其"应改为"与其"。

*（4）这位女诗人无疑已经为多数中青年作家和读者所不知了。
"不"应前移到"为"之前。

*（5）趁夜色潜入我方阵地的一股敌特已给我边防战士所击溃。
"给"应改用"为"或"被"。

（八）数量表达不清

有些病句是由于数量表达不清造成的。例如：

*（1）八百多人，几千条胳膊，就这样和暴雨、洪水搏斗了一天一夜。
"八百多人"只有一千多条的胳膊，怎么能有"几千条胳膊"呢？

*（2）当时，苏州河世界倒数第二黑。
如果是"倒数第二黑"，那么苏州河在世界河流中受污染的程度还算轻微的了。这显然与作者的本意相悖。

*（3）按科学方法养猪，育肥一头猪，时间缩短一半，饲料成本减少一倍。
"一倍"应改为"一半"。

（九）不合事实

有些病句是与事实不符或违背事理造成的。例如：

*（1）巍巍长城是伟大祖国的天然屏障。
长城是人工所造，说它是"天然"的与事实不符。

*（2）地面沉降则是地下水超采的主要原因。
这句话将因果说颠倒了。应改作：
地下水超采则是地面沉降的主要原因。
地面沉降的主要原因则是地下水超采。

在诊断语病时，要防止出现以下情况：有病说没病，没病说有病，A病说B病，病因说不清。还应注意的是，语法规范尽管相当稳定，但也不是一成不变的。我们要用辩证的发展的眼光来看待语法规范，既不盲目突破，又不墨守成规。

思考与练习

一、什么是语法？它包括哪些主要内容？

二、句子的八种成分指哪些？请用划线法标出下面句子的成分，并简述它们在句中的语序（位次）。

你看,首都北京的环境多么美丽,大家都看呆了。

三、什么是语法的规范?指出下面句子的错误,并做出修改。

示例:现在同志们都提出自己的决心,要在艰难困苦的环境中锻炼自己成为钢铁战士。

(谓语动词"提出"和宾语"决心"配搭不当,把"提出"改为"表示")

(1) 教室成了我们唯一学习的时间。
(　　　　　　　　　　　　　　　　　　)

(2) 通过学习,使我明白了学习语法的重要意义。
(　　　　　　　　　　　　　　　　　　)

(3) 这样问东问西,谈七谈八,不觉就走了十里路左右的距离。
(　　　　　　　　　　　　　　　　　　)

(4) 宦官和太监都是被阉割过的封建帝王的奴仆。
(　　　　　　　　　　　　　　　　　　)

(5) 韩于被应召到宫中去做供奉。
(　　　　　　　　　　　　　　　　　　)

(6) 化肥厂的烟囱高入云霄,它能容纳两千多工人。
(　　　　　　　　　　　　　　　　　　)

(7) 这是我们美丽的首都,我一边走,一边慢慢的观赏。
(　　　　　　　　　　　　　　　　　　)

(8) 我见到哥哥,高兴的很。
(　　　　　　　　　　　　　　　　　　)

第四章 文　字

第一节　汉字概说

一、汉字的起源

在世界文字之林中，汉字是一种历史悠久的自源文字，是汉族人民独立创造、逐步发展起来的文字符号体系。

汉字的诞生，使广大人民在社会生活中长期创造的成果和摸索的经验，包括政治经济、生产技术、天文历法、医术药理、宗教信仰、文学艺术等等，都可以用文字记录下来，直接传到远地，留给后人，标志着中国历史由传说时代进入信史时代，大大加快了中国社会的发展和进步，是中国文明开端的里程碑。由于信史和地下资料的限制，我们现在还不能准确、细致地描述汉字起源的具体情况。如从甲骨文算起，汉字已有3000多年的历史；如根据我国最早的古书之一《尚书·多士》所记载的"唯殷先人有册典"这一句话来推测，汉字至少在4000年前的夏代中期已经形成了；如果从刻划符号算起，汉字已有七八千年的历史。

汉字是我们的祖先发明创造的，对它的起源有种种的传说。在历史上影响较大的有"八卦说""结绳说"和"仓颉造字说"，但多认为汉字是古代劳动人民在生产实践中依靠集体智慧逐渐创造出来的，黄帝的史官仓颉也许是汉字的主要整理者和推行者。此外，还有认为汉字是起源于图画。西安半坡仰韶文化陶器上的刻划符号和殷商时期的甲骨文都留有图画的痕迹。（见表1、表2）

表1　西安半坡仰韶文化陶器上的刻划符号

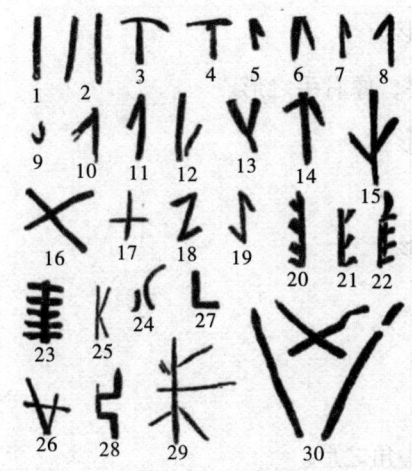

表2　甲骨文

1. 表示自然现象的：

　　日，像太阳之形，但因甲骨文是用铜刀刻在龟甲（或牛骨）上的，圆形记得成方形了。

　　月，像月亮之形。

　　星，五个"口"像繁星之形，生即"生"字，表示读音。（是个形声字。）

　　水，像水流和水滴之形。

　　雨，像落雨之形。

　　火，像火焰之形。

2. 表示山川地理的：

　　山，像几个山峰耸立之形。

　　州，即古"洲"字，像水中陆地。

　　土，"一"像地，"◊"像地上所长出的植物，合起来便是"土地"的"土"字。

　　阜，像高山之形。（"阜"音 fù）

　　京，人工堆成的高丘，象形。

　　六，古"陆"字，像土地隆起的样子。

3. 表示人体器官的：

　　人，像人垂手侧立之形。

　　自，即"鼻"本字，象形。

止,"趾"本字,像足趾。

目,像眼睛之形。

又,"手"本字,像右手之形。

齿,像口齿之形。

4. 表示动物牲畜的:

燕,燕子,象形。

马,象形。

犬,像狗形。

牛,像牛头、牛角之形。

羊,像羊头、羊角之形。

龟,象形。

5. 表示草木作物的:

屮,"草"本字,象形。

木,像树木之形,上像枝叶,下像其根。

竹,象形。

禾,下像根叶,上像禾穗。

麦,麦类总名,象形。

黍,像黍子形。

6. 表示劳动工具或武器用具的:

其,"箕"本字,像箕子之形。

网,像鱼网之形。

舟,像船形。

车,像车形。

戈,一种武器,象形。

鬲,一种古代陶制炊器,三空心足,象形("鬲"音lì)。

7. 表示生产操作的:

采,上像手,下像树,合起来表示采摘之意。

牧,左为牛,右边是一只手执一物,合起来表示放牧之意。

射,像弓与箭之形,箭在弦上,表示射击之意。

逐，上是豕（即猪），下是趾（人的足），合起来表示追逐牲畜之意。

隻，"获"本字。上是"隹"（短尾鸟），下是手。合起来表示捉到一只鸟的意思，因此是"猎获"之"获"。

渔，从水，从鱼，合起来表示在水中捕鱼之意。

二、汉字的发展

汉字起源于图画，因而最早的一批汉字是象形字，即按照物的体貌画出表示物的文字符号，例如人（亻）、手（扌）、口（凵）、耳（耳）、日（日）、月（月）、山（山）、水（氵）、木（木）、刀（刀）等。但是，用象形的方法造字，只能表示有形之物，难以表示无形的事，所以象形字数量很少。我国最早的字典——东汉许慎编撰的《说文解字》，共收字9353个，其中的象形字只有364个。我们的祖先，又以象形字为基础创造了"指事字"，即借助象形字，加注主观意念，创造新的文字。例如：在象形字"刀"口处加一点，创造新字"刃"（刀锋利的部位）；在象形字"木"上加一横，创造新字"末"（末梢）；在象形字"口"中加一点，创造新字"甘"（甜）。指事字实质上还是象形字，用"指事"的方法造字，仍然局限在"象形"上，造字功能十分有限。在《说文解字》里，指事字只有125个。象形字和指事字加起来还不到500个。

我们的祖先在造字实践中继续探索，又发明了"会意"和"形声"两种造字新法。"会意"有两层意思：一是合体，即将两个或多个独体字（象形字或指事字）组合成一个合体字；二是会意，即合体字的含义由组成合体字的独体字共同表示。例如："人"是象形字，两"人"相随会意为"从"。"木"和"日"都是象形字，日木合体组成两个新字：日上木下组成"杲"，表示日出树梢，会意为"明亮"；木上日下组成"杳"，表示日落树下，会意为"幽暗"；两个"止"（趾，即脚）一前一后，会意为"步"（下面的"止"倒写变形为"少"）；"步"的左旁加"氵"（水），会意为"涉"（在水中行走）；"步"的左旁加"阝"（阜，土山）会意为"陟"（登高）。"形声"造出的字也是合体字，但组成合体字的独体字有的表音，有的表义；起表音作用的不一定表原音，大多只表近似音；起表义作用的，也不一定表原义，大多只表"类义"，即表新字与它那一类事物有关系。例如：篮，从竹监声，"竹（⺮）"表义，"监"表音，竹制的容器；裤，从衣库声，"衣（衤）"表义，"库"表音，裤子；钢，从金冈声，"金（钅）"表义，"冈"表音，一种铁和碳的合金；颖，从禾顷声，"禾"表义，"顷"表音，稻、麦籽实的带芒的外壳；抹，从手末声，"手（扌）"表义，"末"表音，涂抹、擦掉；脾，从肉卑声，"肉（月）"表义，"卑"表音，人和高等动物的内脏之一。形声字的特点是音意相合，它的出现使汉字由表意向音意结合发展。用"会意"和"形声"方法还造不出来的字，就采用"假借"方法来解决，谓之"本无其字，依声托事"，即依照这个字的发音借一个同音字来表示这个字义。假借字，字形是借来的，与原字本义无关，实际上是个表音符号。汉语里含义比较抽象的词、外来词的音译和象声词，不少是假借字。从上述可知，汉字形体结构有一个基本规律：汉字的元件是象形字。独体字是象形字；合体字是用象形字作为元件组构而成的，把合体字拆开来，都是象形字。

随着历史的发展和社会的进步，语言日益发展，词汇日益丰富，但是，汉语体系没有采用出现一个新词就造一个新字的办法，而是采用"一字多义"的方法，用已有的文字表示新的词义，用有限的文字来表示无限发展变化的词语。所谓一字多义，即从字的本义出发，扩展其表示多种词义的功能，这叫作"引申"。所以，汉字的引申义虽然和本义不同，但两者存在"血缘"关系。

三、汉字的特性

汉字是中华民族的瑰宝，东方文明的一座高峰，是世界唯一传承下来的古文字。亚洲西部的苏美尔楔形文字、古埃及的圣书文字、中美洲的玛雅文字等一些古文字早已不再使用了。汉字之所以能永葆青春，延用至今，和它的特性有关系。它的特性主要有下面几点。

（一）具有多语言的适应性

学界现在普遍认为，文字是记录语言的符号，是交流思想文化的主要工具。汉字亦然，但不同于西文。汉字是表意文字，西文是表音文字。表意文字以形表意，见形知意。因此，尽管汉语有普通话和官话、晋语、吴语、徽语、湘语、赣语、客家话、粤语、闽语等方言，语音各异，但都可以用汉字来记录，即使不懂其音，也能知其意。如"山"，我们虽不知道它在吴语、闽语等一些方言中的读音，但却知道它的意义。汉字不仅可以记录汉语，还可以记录其他民族的语言。王峰在《追寻汉字传播和发展的历史足迹——陆锡兴教授〈汉字传播史〉评价》（《汉字文化》2016年第5期）中说："历史上，在以我国为中心的东亚地区，随着汉字的广泛传播和深入影响，先后形成了包括西夏文、契丹文、女真文、日文、越南喃字、方块壮文、汉字白文等在内的十几种汉字系文字，构成了一个多姿多彩的文字家族和文化宝库。这些文字的形成和发展，是汉文化和各民族文化密切交流的成果，也是汉字符号多语言适应性的体现。"汉字不仅能适应于多种语言，还能适应于各种书写工具。人类经历了造纸术、印刷术、打印机、计算机四次伟大的文化工具革命。汉字在这几次的文化革命中，都能适应跟进。原有许多人认为汉字适应不了计算机，计算机会成为埋葬汉字的坟墓，但经过努力，计算机的中文处理问题不仅解决了，而且胜于西文，汉字又一次焕发出了新的青春活力。可见汉字的适应性很强，具有世界文字的潜质。

（二）具有丰富的文化性

文字本身就是一种文化现象。不过汉字是世界上仅存的表意文字，因此文化内涵比表音文字更为丰富。中国是一个文明的古国，文化厚重。我国古代图书的分类方法"经史子集"在一定意义上是我国传统文化的一个缩影。"经"收录的是儒家典籍，主要是讲我国古代社会中的政教、纲常伦理和道德规范；"史"收录的是我国古代各种体裁的历史著作，分为正史、编年、纪事本末、别史杂史、诏令奏议、传记、载记、时令、地理、职官、政书、目录、史评等类，主要是讲历史故事和历史叙说；"子"收录的是诸子百家、三教九流、宗教等著作，主要是讲各种不同的思想、观点和见解；"集"收录的是历代作家的散文、骈文、诗词、散曲、文学评论、戏曲等著作，主要是讲情感，以情动人。汉字不但是中华文化的载体，传承和传播着中华文化，而且还蕴含着丰富的中华文化，一字一世界，字字有故事。就拿中华传统文化的核心价值观"仁义礼智信"这五个字来说，个个都体现了这一特色。"仁"是一个会意兼形声的字，从人从二，用二人会亲近，以人道待人之意，即对人亲善、同情、友爱，人兼表音。"义"繁体字为"義"，会意字，上面从羊，下面从我，"我"是刀锯，表示用刀锯屠宰牛羊以祭祀，基本意为言行或道理应公正合宜。"礼"繁体字为"禮"，甲骨文为"豊"，是一个会意字，从曲从豆，曲如丰盛的食物，豆如托盘一类的礼器，表示致礼之意。"智"与"知"同源，甲骨文从口从于（同亏，表示声气）从矢，用开口吐词如矢会言词敏捷之意，指聪明，善于言词和处理事情；金文加日旁，突出言词之意；隶变后楷书分别写作知和智，古代二字通用，后来表意才有分工。"信"金文、古文皆从人从口，篆文把口改为言，会人说话要真实之意，指诚信。可见仁爱、公正、礼仪、智慧、诚信这些中华民族的美德，均折射在这五个汉字之中。汉字不仅内在有文化，丰富多彩，其形体也是很优美的，各种书体异彩纷呈。汉字的书法艺术是独一无二的，深受世人所喜爱，誉满乾坤。

（三）具有民族的凝聚性

中国历史上下五千年，虽然不时发生纷争动乱，分分合合，如同《三国演义》所说，"天下大势，分久必合，合久必分"，但始终没有分裂为不同的国家。虽然原因有多种，但和汉字的凝聚力有着极大的关系。汉字初期以象形字、指事字、会意字为多，后期以形声字为多，形声字占汉字的90%以上。前期的汉字为表意文字，后期的汉字为意音文字，但它的表音功能较弱。正因为汉字为表意或意音文字，受语音影响不大，而字形、字义较为稳定，所以能超越时空，成为了中华民族书面交际的共同语，如"虎"，先秦读"ho"，汉魏以后读"hɑ"（上声），唐五代读"hǔ"，尽管它们读音不同，我们都认识它，指的都是"老虎"。汉字这一功能为传承和传播中华文化，凝聚民心，维护国家民族的统一奠定了坚实的基础，秦朝对汉字的整理规范，实行"书同文"，为国家民族的统一立下了千秋功业！

第二节　汉字形体的演变

汉字在数千年的传承使用中，不断改革，经历了许多沧桑演变，产生了多种字体，其结构和形态各不相同，下面加以简要介绍。

一、甲骨文

甲骨文是契刻（也有少量书写）在龟甲或兽骨上的早期汉字，19世纪末发现于河南安阳西北郊的小屯村。这里在历史上是商代后期的都城，当时称为"殷"。殷商被周王朝所灭，此地毁为废墟，即殷墟，所以甲骨文又叫"殷墟文字"。

受上古生产力水平低下所导致的思想观念的影响，商王非常迷信，崇尚鬼神，举凡大小事情，例如气候、年景、征战、出行乃至田猎、生育，等等，都要进行占卜以测凶吉，还设有后人称为"贞人"的官职掌管、执行占卜事宜。有时商王也亲自动手占卜。占卜的主要过程是这样的：预先在经过加工整治的乌龟腹甲或兽类（牛、鹿等）的肩胛骨的背面钻或挖出圆形的槽，占卜时在这些槽内烧灼，使正面相应的部位出现裂纹，根据裂纹的数目和形状（叫作"兆"）推断所卜问事项的凶吉或可能。在整个占卜过程结束或事情的结果出来以后，就把上述情况用文字刻写在该块龟甲或兽骨的一定部位，作为王室档案。这类文字，具有一定的格式（如"首辞""贞辞""占辞""验辞"等），叫作"卜辞"，是殷墟甲骨文的主体（图1）。少数只是一般记事乃至排列记日顺序的"干支表"，也是刻定在甲骨上，也属于甲骨文字。

图1　甲骨卜辞

据初步统计，从1899年发现甲骨文到现在，大约出土了10万多片甲骨；在这些甲骨片中见到的全部单字的总数，约为4600个左右，其中被考释辨认而已有定论的，目前还不及1800个。

甲骨文不仅在语言文字学方面具有极重要的价值，它还是研究我国古代社会，尤其是殷商时期社会的最可靠的第一手材料。例如，以卜辞中所见的商朝祖先、时王的名称、世系与汉代司马迁所编著的我国第一部大型通史《史记》的有关记载相对照，大多可以符合，证明了《史记》的记载基本可信，后者即使有不甚准确乃至错误之处，也可以用甲骨文材料加以纠正，这样就使我们对于古代历史的了解更为准确全面。

从甲骨文中还发现了大量有关古代天文、气象以及农业、畜牧业等科学技术的材料。例如武丁时期关于月食的记载："月㞢（有）食，闻，八月。""闻"就是"昏"，指月全食而天地昏黑。这些第一手科技材料的宝贵价值，不仅属于中华民族，而且属于整个人类文明。

二、金文

金文是指铸刻在古代青铜器上的文字。青铜是铜和锡的合金。从商代到周代，统治者和贵族广泛利用青铜铸造各种器具，如鼎、鬲（lì）、豆、爵、盘、钟、钲（zhēng）等食器、酒器、水器、乐器。在这些器具上头，常常铸刻文字，记载持有者是谁，铸造器具的缘起和目的，等等。因为古代的铜常称为"金"，所以这上面的文字就叫作"金文"。

青铜器的铸造跟现代的铸铁一样，一般也要使用泥质模型，叫作"陶范"。金文是预先雕刻在陶范上再铸造出来的，也有少数是铜器铸好后直接刻上去的。由于陶范质地较龟甲、兽骨松软，雕刻更为容易，所以早期金文具有比甲骨文更强的图绘性质，例如金文的"日"字比甲骨文显得更圆，更接近太阳的形状。和甲骨文一样，金文的形体也还没有定型化，同一个字常常可以有不同的写法。不过青铜器一般是要传之久远，"子子孙孙永宝用"的，所以比起只用一两次就束之高阁甚而废弃的甲骨文，金文的写法更为庄重，结构也更为严谨。

西周盛行青铜器，器上的文字也由最早的几个字的记名标记增加到几百个字的长篇铭文，如周宣王时的毛公鼎上的金文就有将近 500 个字（图2），记述比较复杂的事件，是研究当时历史和社会的珍贵材料。

到目前为止，商周青铜器上发现的不同单字的金文约有 3000 个，其中的 2/3 即约 2000 个可以正确释读。

春秋战国以后，文字不再被统治者和贵族垄断，使用的材料和范围也大为扩展，如兵器、货币、玺（xǐ）印、简牍、缯（zēng）帛、玉石上都可以铸刻或写文字。随着周王室统治势力的衰落，社会上对文字的神圣观念和规范意识大为淡薄，某种程度上出现了文字运用的无序状态。各诸侯国虽然都使用汉字，但是形体结构和书写风格都带有不同的地方特色，甚至彼此之间难以沟通，形成了现在叫作"战国文字"的混乱局面。

图2　毛公鼎铭文（部分）

三、小篆

文字使用的混乱无序状态，对于中央政令的畅通、经济和文化的交流都是非常不利的，所以雄才大略的秦始皇在结束战国纷争局面、统一中国之后首先要完成的大事之一就是"书同文",即规范、统一汉字。秦朝丞相李斯参与并主持了统一全国文字的工作。整个工作分为两个步骤,一是废除战国文字中和秦国文字不同的形体,二是将秦国原有文字的形体进行简省删改。这样就形成了一种新的正式字体——小篆(图3)。

相对于甲骨文、金文、战国文字,汉字发展到小篆阶段,表现出强烈的定型化趋势。

1. 轮廓定型

由甲骨文、金文、战国文字的长短大小高下参差不齐,变成基本整齐的长方形。例如:

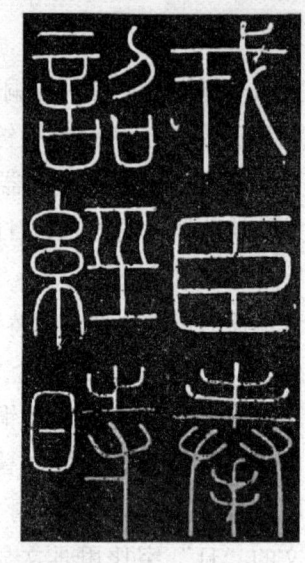

图3　峄山刻石(部分)

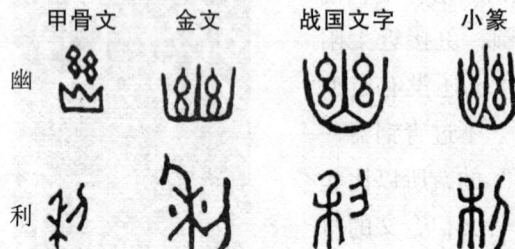

2. 笔画定型

由甲骨文、金文、战国文字的笔画方圆粗细不等,变成均匀圆转的线条。例如:

3. 结构定型

由甲骨文、金文、战国文字的部件上下左右自由书写,变成具有相对固定的位置,同一字而有不同形体的现象也大为减少了。例如:

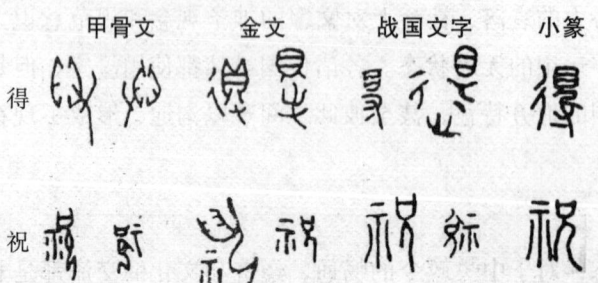

定型化了的小篆进一步削弱了汉字的象形意味，使汉字更加符号化，减少了书写和识读方面的混乱和困难。它是我国历史上第一次正式运用行政手段大规模地规范文字的产物，也是汉字在古文字阶段所迈出的最后一步。

以上介绍的甲骨文、金文、战国文字直至小篆，今天被统称为汉字的古文字。对于汉字的古文字的研究，也已形成了一种专门的学科，叫作"古文字学"。

汉字的古文字在今天已经基本丧失了实用的功能，但它们在书法、篆刻等艺术领域还占有相当重要的一席之地。古文字学的发展，对于促进中国古代历史、哲学、经济、法律、文化乃至科学技术的研究，都具有极其重要的意义。

四、隶书

战国时期，秦国由于僻处西隅，官方文字较为传统保守，保留西周金文的面目较多；可是民间使用的文字却有所不同，存在一种较为随意、潦草的字体，现在我们把它叫作"秦隶"，也叫"古隶"，就是早期的隶书。在秦始皇进行"书同文"、创制小篆之后，这种隶书由于书写便捷，依然在民间乃至基层官府流行。

隶书在秦朝灭亡后得到进一步的推广和流行。随着纸张的发明和毛笔的改良，进入西汉以后，隶书又出现了新的面目，轮廓由较方变为较扁，笔画中出现了较多的波磔（zhé），有所谓"蚕头燕尾"的说法，这就是"汉隶"。汉隶和古隶相对，也叫"今隶"。在我国的西北、华北地区，近几十年间发掘出大量的西汉简牍，有相当部分书写的已经是这种今隶了。东汉中期以后，隶书成为官方承认的正式字体。当时出现有大量的丰碑巨碣，正文书写用的都是今隶字体（图4）。小篆一类的字体，反而只能用作碑额（即标题）的书写了。

隶书比起小篆来，在笔画造型和形体结构方面都发生了较大的变化。

1. 符号化

将小篆不规则的曲线和圆转的线条变为平直方整的笔画，从而使汉字进一步符号化，几乎全部丧失了象形意味。例如：

图4　东汉曹全碑（部分）

这几个字在甲骨文、金文中都是描绘细致、形象逼真的象形字（为节省篇幅和排印方便，略去有关形体）。在小篆中虽然已经比较线条化、符号化，但还保留一定程度的象形意味，如残存了"鸟"的爪子与尾巴，"燕""鱼"的尾巴，"马"的腿和尾巴；但在隶书中都变成了四个点，就再也看不出象形的原形了。"衣"和"舟"写为隶书后，也是看不出它们原先多少像上衣和船的样子了。因此，隶书把汉字的象形字变成了"不象形的象形字"，这在汉字的发展史上是一个很大的变化。

2. 笔画减省

隶书的形体较之小篆往往有所减省。例如：

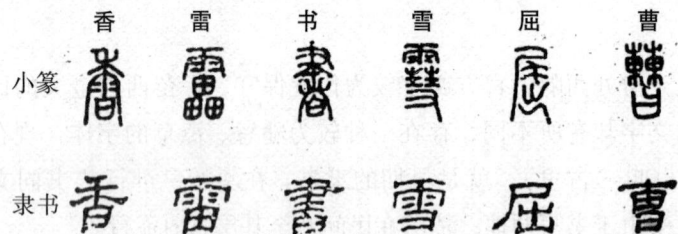

比起小篆的形体，隶书的"香"字减省了"丰"，"雷"字减省了"田田"，"书"字减省了"者"的上半部，"雪"字减省了"彗"，"屈"字减省了"毛"，"曹"字减省的就更多了，省去一个"東"，并将另一个"東"省为"曲"。

总体来说，汉字的形体从小篆变为隶书，有了很大的简化，也更便于书写了。

汉字由小篆演变为隶书，叫作"隶变"。隶变是汉字发展史上的一个重要的转折点。它结束了汉字的古文字阶段，而使汉字进入更为定型的阶段。隶变之后的汉字，接近今天使用的汉字，我们看起来就比古文字要容易辨认多了。

但是汉字的演变并未因为隶书的产生而终止，不久又由隶书演化出草书、楷书和行书等字体。

五、草书

草书是一种书写迅疾、笔画之间接续相连的字体。草书也是首先在民间出现并流行，后来经过文人、书法家的加工，就有了比较规整、严格的形体。约在东汉时期，产生了一种带有浓郁的隶书风格的草书，可以用在某些官方场合，如书写呈给皇帝阅看的奏章，所以叫作"章草"（图5）。

草书后来进一步发展，不但去掉了隶书的笔意，而且字与字之间也可以连写，形体更为简化，这样就形成了"今草"（图6）。我们今天所用的简化字，有些原来就是草书的形体，如"长""为""东""书""专"等。草书的书写有一定的规则，需要专门学习，一般人不易辨认，所以后来就逐渐失去了实用价值，只能作为书法艺术品供人观赏了。

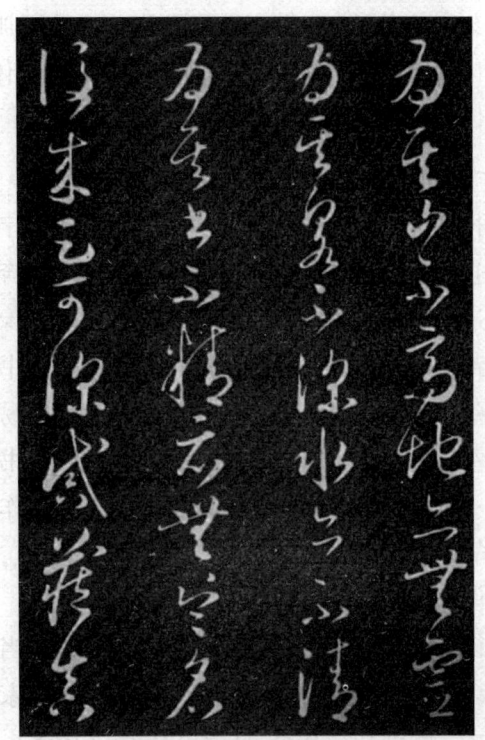

图5 章草《急就章》（部分）　　图6 唐·怀素草书

六、楷书

楷书也是直接脱始于隶书。它把隶书笔画的写法改变了，主要表现在横笔的末端不再向上挑，而是收锋；点笔由长形变为带圆状；撇笔的方向改为斜向下，出尖峰；钩笔不用慢弯，成了硬钩。更重要的是，它把汉字由隶书的扁形改为基本呈现方形。后来很多人常把汉字称为"方块字"，就是针对楷书讲的。

在形体结构方面，楷书和隶书则差不多。所以只要认识楷书的，一般都能辨认隶书。楷书还有另外的名称，叫"正书""真书"。这都说明楷书是供人学习和运用的正规书体。

楷书也大致产生于汉代，在整个魏晋南北朝时期经历了不少变迁，到隋唐之际才基本成熟。定型之后的楷书，笔画、结构都非常精致、严谨，像唐代著名书法家欧阳询（公元557—641年）的作品《九成宫醴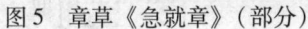泉铭》（图7）就是楷书的范本之一，历代学习写字的人，都要加以临摹的。

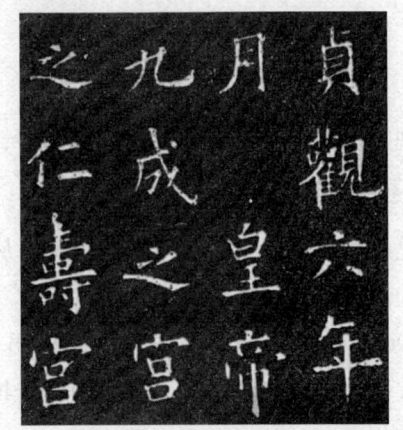

图7 欧阳询《九成宫醴泉铭》（部分）

作为我国古代四大发明之一的印刷术，就是以楷书作为印书的主要字体的。在宋代刻印的书籍中，楷书被美术化，写得更加规矩而漂亮，称为"宋体字"。后来还有模仿宋体字而加以变化的，叫作"仿宋体"。我们今天阅读的书籍报刊上所用的字体，大致还是这一种风格的楷书变体。

七、行书

行书，是介于楷书和草书之间的一种字体。它不像楷书那么工整，也不像草书那么奔放。过去有人打比方，楷书像人的坐，草书像人的跑，行书则像人的行走。因为行书比楷书随便些，可以写得快，又不像草书潦草得不易让人看懂，所以实用性最强。至今我们日常书写的一般都是行书。如果写得端正一点，叫作"行楷"；如果向草书靠拢，写得放纵一点，就叫作"行草"。

行书的产生年代也很早，魏晋时期就相当流行。被后人称为"书圣"的东晋大书法家王羲之，就创作了大量的行书作品（图8），长期以来备受人们的珍爱。

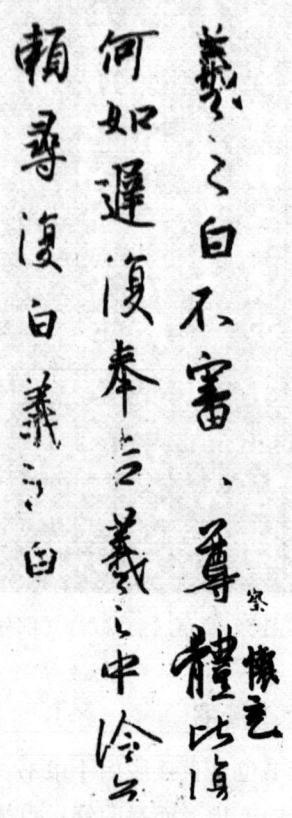

图8　王羲之行书

第三节　汉字的结构

现行汉字的结构可以从笔画、部件、笔顺三方面进行研究。

一、笔画

笔画是汉字最小的形体结构单位。从落笔到起笔，所写的点或线叫一笔或一画。笔画的具体形状称笔形。

1965年文化部和中国文字改革委员会发布的《印刷通用汉字字形表》和1988年国家语言文字工作委员会、中华人民共和国新闻出版署发布的《现代汉语通用字表》规定了五种基本笔画，即：

一（横）　丨（竖）　丿（撇）　、（点）　㇕（折）

其中前四种是单一笔画，最后一种是复合笔画。

笔画有主笔形、附笔形的区别。主笔形是一般的写法，附笔形是笔画在不同位置或部件中出现的各种不同变形。例如，横（一）是主笔形，提（㇀）是附笔形；竖（丨）是主笔形，竖钩（亅）是附笔形；点（丶）是主笔形，捺（㇏）是附笔形。

据《现代汉语通用字表》的统计，7000 个现行汉字的总笔画数是 75290 画，平均每字 10.75 画；最少的是 1 画（一、乙），最多的是 36 画（龘）。

表3　现代汉字笔画表

基本笔画		变化笔画		例字	基本笔画		变化笔画		例字
笔画	名称	笔画	名称		笔画	名称	笔画	名称	
一	横	一 ㇀	平横 提横	二 地			㇆ ㇋ ㇌ ㇁ ㇉ ㇈	横折钩 横折撇弯钩 横折弯 横钩 横折斜钩 横折弯钩	刀 阵 朵 买 飞 几
丨	竖	丨 丨 亅	短竖 长竖 竖钩	师 中 小	一	折			
丿	撇	丿 丿	平撇 竖撇	千 月			㇄ ㇟ ㄥ ㄣ ㇞ ㇡ ㇗	竖折 竖弯 竖提 竖折折 竖折折撇 竖弯钩 竖折折钩	山 四 民 鼎 专 儿 与
丶	点	丶 丶 丶 乀 ㇏	短点 长点 左点 平捺 斜捺	主 双 刃 之 人			㇜ ㇔	撇折 撇点	么 女
㇕	折	㇕ ㇖ ㇅ ㇎ ㇡ ㇋ ㇇	横折 横折提 横折折 横折折折 横折折折钩 横折折撇 横撇	口 计 凹 凸 乃 廷 水			㇁ ㇂	弯钩 斜弯钩	家 戈

笔画的组合有三种方式：

相离：二　三　川　八　小　儿　心　习

相接：人　入　几　乃　刀　工　上　山

相交：十　七　九　力　丰　井　也　韦

多数汉字是综合运用上述两种或三种方式构成的。如"干、千、天、升"运用了相接、相交两种方式，"么、亏、乞、亿"运用了相离、相接两种方式，"义、艺、斗、计"运用了相离、相交两种方式，"犬、仂、丹、匡"运用了相离、相接、相交三种方式。有时候笔画相同，由于组合方式不同，会形成不同的字，如刀—力、八—人。

二、部件

部件又称偏旁，是由笔画组成的具有组配汉字功能的构字单位，一个合体字一般由两个或两个以上的部件构成。部件是由笔画构成的，一个部件一般由两画或更多的笔画构成，如构成"字"的部件"宀、子"；少数部件可能是由一画构成的，如构成"亿"的部件"亻、乙"中的"乙"。

现行汉字中的部件按照不同标准可以分成不同的类型。1. 按照现在能否独立成字划分，可以分为成字部件和非成字部件两类。成字部件现在一般可以独立成字，如"岩、界、坐、盆、静、柴"等字中的"山、石、田、介、人、土、分、皿、青、争、此、木"等，其中有的在独立成字时笔画要做些调整，如"坐"中的"人（人）"。非成字部件现在一般不能独立成字，在古代一般可以独立成字，如"字、杉、侍、煮、恭、剔、限、牧"中的"宀（mián，房屋）、彡（shā，毛饰物）、亻（人的变体）、灬（火的变体）、忄（心的变体）、刂（刀的变体）、阝（在左，阜的变体）、牜（牛的变体）、攵（pū，支的变体）"。2. 按照能否再切分成更小的部件划分，可以分成单一部件和复合部件两类。单一部件又称单纯部件、基础部件，不能再切分成更小的部件，如"分、仍"的"八、刀、亻、乃"。复合部件又称合成部件，可以再切分成更小的部件。如"湖"，第一次切分出"氵、胡"，其中的"胡"是复合部件；第二次切分出"古、月"，其中的"古"是复合部件；第三次切分出"十、口"。3. 按照部件切分出来的先后划分，可以分成一级部件、二级部件、三级部件等。例如在"湖"中，"氵、胡"是一级部件，"古、月"是二级部件，"十、口"是三级部件。又如"礴"：

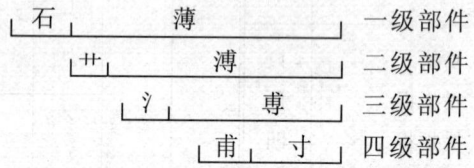

汉字的数量很多，但部件是有限的。国家语言文字工作委员会1997年12月1日发布、1998年5月1日实施的《信息处理用GB13000.1字符集汉字部件规范》所收20902个汉字共有单一部件560个，分成393组，每组1个主形部件，其余是附形部件。如"竹"是主形部件，"⺮"是附形部件。分析和研究汉字的部件，对于汉字的学习和运用可以收到以简驭繁的效果。

部件和部件的组合方式有下列几种：

1. 左右结构：明　许
2. 左中右结构：粥　辩
3. 上下结构：岩　界
4. 上中下结构：器　赢
5. 全包围结构：国　围
6. 半包围结构：凤　凶　区

7. 穿插结构：爽　噩

如果把左中右结构归左右结构，上中下结构归上下结构，全包围结构和半包围结构合称包围结构，就只有4种组合方式。

部首是具有字形归类作用的部件，是字书中的各部的首字。

采用部首给汉字归类，始于东汉许慎的《说文解字》。它把9353个汉字归为540部。明代梅膺祚的《字汇》合并为214部，其后《康熙字典》《中华大字典》《辞海》均为214部。新中国成立后编印的新《辞源》仍为214部，《新华字典》改并为189部，新《辞海》250部，《汉语大词典》和《汉语大字典》200部，《现代汉语常用字表》201部。

《康熙字典》等的部首基本上从造字法着眼，一般把同一形旁的字归为一部，包括变形部首在内，如"刀"部包括"刂"，"火"部包括"灬"，"犬"部包括"犭"。有的部首与实际字形不一致，如"阝"，做左边的部件在"阜"部，做右边的部件在"邑"部；带"辶"的字在"辵"部，带"王"的字在"玉"部，等等。《新华字典》、新《辞海》的部首从实际字形着眼，同一形旁的字不一定归为一部，同形旁"刀"的"劈、刊、辨"，分别属于"刀"部、"刂"部、"辛"部；把变形部首另列出来，"人、亻"分为两部，"阝、辶"也作为部首。

做部首的汉字部件，大都具有表示意类的作用。如"山"部的"岛、屿、岗、峦、峰、岭、峻、峭、崇、峙"等字，字义都跟山有关；"灬"（火字的变形）部的"热、烈、烹、熬、煎、煮、熟、焦"等字都跟火有关。在《新华字典》等辞书中，少数部首不表示意类，如"丨、丿、丶、乙"等。有些部中的少数字，部首可能做声旁，如《新华字典》"门"部的"问、闷、闻"等。

为便于教学，现把《现代汉语词典》（第7版）附录中的"汉字偏旁名称表"转列于下：

表4　汉字偏旁名称表

1. 本表列举一部分常见汉字偏旁的名称，以便教学。
2. 本表收录的汉字偏旁，大多是现在不能单独成字、不易称呼或者称呼很不一致的。能单独成字、易于称呼的，如山、马、日、月、石、鸟、虫等，不收录。
3. 有的偏旁有几种不同的叫法，本表只取较为通行的名称。

偏　旁	名　　称	例　字
厂	偏厂儿（piānchǎngr）； 厂字头（chǎngzìtóu）	厅、历、厚
厂	反字框（fǎnzìkuàng）	反、后、盾
匚	区字框（qūzìkuàng）； 三框（sānkuàng）	区、匠、匣
刂	立刀旁（lìdāopáng）； 立刀（lìdāo）	列、别、剑
冂（冂）	同字框（tóngzìkuàng）	冈、网、周

续表

偏　旁	名　　称	例　字
亻	单人旁（dānrénpáng）；单立人（dānlìrén）	仁、位、你
勹	斜刀头（xiédāotóu）；负字头（fùzìtóu）	争、危、象
勹	包字头（bāozìtóu）	勺、勾、旬
几	风字头（fēngzìtóu）；风字框（fèngzìkuàng）	凤、凰、夙
亠	京字头（jīngzìtóu）	六、交、亥
冫	两点水（liǎngdiǎnshuǐ）；冰字旁（bīngzìpáng）	次、冷、准
丷	倒八（dàobā）；兰字头（lánzìtóu）	并、关、首
冖	秃宝盖（tūbǎogài）	写、军、冠
讠	言字旁（yánzìpáng）	计、论、识
凵	凶字框（xiōngzìkuàng）	击、画、函
卩	单耳旁（dān'ěrpáng）；单耳刀（dān'ěrdāo）	卫、印、却
阝	双耳旁（shuāng'ěrpáng）；双耳刀（shuāng'ěrdāo）　左耳刀（zuǒ'ěrdāo）（在左）　右耳刀（yòu'ěrdāo）（在右）	防、阻、院邦、那、郊
厶	私字边（sīzìbiān）；三角（sānjiǎo）	允、去、矣
廴	建之旁（jiànzhīpáng）	廷、延、建
巴	仓字底（cāngzìdǐ）	仓、危、卷
扌	提土旁（títǔpáng）	地、场、城
扌	提手旁（tíshǒupáng）	扛、担、摘
艹	草字头（cǎozìtóu）；草头（cǎotóu）	艾、花、英
廾	弄字底（nòngzìdǐ）	开、弁、异
尢	尤字旁（yóuzìpáng）	尤、尨、尬
囗	国字框（guózìkuàng）；方框（fāngkuàng）	因、国、图
彳	双人旁（shuāngrénpáng）；双立人（shuānglìrén）	行、征、徒
彡	三撇儿（sānpiěr）	形、参、须

续表

偏　旁	名　称	例　字
犭	反犬旁（fǎnquǎnpáng）； 犬犹（quǎnyóu）	狂、独、狠
夂	折文儿（zhéwénr）； 冬字头（dōngzìtóu）	处、冬、夏
饣	食字旁（shízìpáng）	饮、饲、饰
丬（爿）	将字旁（jiāngzìpáng）	壮、状、妆
广	广字旁（guǎngzìpáng）	庄、店、席
氵	三点水（sāndiǎnshuǐ）	江、汪、活
忄	竖心旁（shùxīnpáng）； 竖心（shùxīn）	怀、快、性
宀	宝盖（bǎogài）	宇、定、宾
辶	走之（zǒuzhī）	过、还、送
彐	雪字底（xuězìdǐ）； 横山（héngshān）	归、寻、当
子	子字旁（zǐzìpáng）	孔、孙、孩
纟	绞丝旁（jiǎosīpáng）； 乱绞丝（luànjiǎosī）	红、约、纯
幺	幼字旁（yòuzìpáng）	幻、幼、兹
巛	三拐儿（sānguǎir）	甾、邕、巢
王	王字旁（wángzìpáng）； 斜玉旁（xiéyùpáng）	玩、珍、班
耂	老字头（lǎozìtóu）	考、孝、者
木	木字旁（mùzìpáng）	朴、杜、栋
牜	牛字旁（niúzìpáng）	牡、物、牲
车	车字旁（chēzìpáng）	轨、轮、轴
攵	反文旁（fǎnwénpáng）； 反文（fǎnwén）	收、政、教
爫	爪字头（zhǎozìtóu）	妥、受、舀
火	火字旁（huǒzìpáng）	灯、灿、烛
灬	四点底（sìdiǎndǐ）	杰、点、热
礻	示字旁（shìzìpáng）； 示补儿（shìbǔr）	礼、社、祖
龷	春字头（chūnzìtóu）	奉、奏、秦
罒	四字头（sìzìtóu）； 扁四头（biǎnsìtóu）	罗、罢、罪
皿	皿字底（mǐnzìdǐ）； 皿墩儿（mǐndūnr）	孟、益、盔

续表

偏旁	名 称	例 字
钅	金字旁（jīnzìpáng）	钢、钦、铃
禾	禾木旁（hémùpáng）	和、秋、种
疒	病字旁（bìngzìpáng）； 病旁（bìngpáng）； 病字头（bìngzìtóu）	症、疼、痕
衤	衣字旁（yīzìpáng）； 衣补儿（yībǔr）	初、袖、被
癶	登字头（dēngzìtóu）	癸、登、凳
覀	西字头（xīzìtóu）	要、贾、票
虍	虎字头（hǔzìtóu）	虏、虑、虚
𥫗	竹字头（zhúzìtóu）	笑、笔、笛
䒑	羊字旁（yíngzìpáng）	差、羚、羯
龹	卷字头（juǎnzìtóu）	券、拳、眷
米	米字旁（mǐzìpáng）	粉、料、粮
糹	绞丝底（jiǎosīdǐ）	素、紧、累
𧾷	足字旁（zúzìpáng）	跃、距、蹄
髟	髦字头（máozìtóu）	髦、髯、鬃

三、笔顺

笔顺是书写汉字时笔画的先后顺序。独体字和合体字都有书写顺序的问题。汉字笔顺的基本规则是：

先横后竖（十），　　　　　先撇后捺（人），
从上到下（二、芳），　　　从左到右（川、汉），
从外到内（月、同），　　　从外到内后封口（四、国），
先中间后两边（小、水）。

多数字的写法是以上规则的综合运用，如"撒"的笔顺是：一 十 扌 扌 扩 扩 扩 护 措 措 措 措 撒 撒。从偏旁看，是从左到右；从"扌"看，是先横后竖，从上到下；从"龹"看，则是先上后下，先左后右，先外后内；从"攵"看，是从上到下，先撇后捺。

关于汉字的笔顺，在中华人民共和国文化部、中国文字改革委员会1965年1月发布的《印刷通用汉字字形表》和国家语言文字工作委员会、中华人民共和国新闻出版署1988年3月发布的《现代汉语通用字表》中已经有了具体的规定。国家语言文字工作委员会、中华人民共和国新闻出版署1997年4月又专门发布了《现代汉语通用字笔顺规范》，在发布的联合通知中指出："《现代汉语通用字笔顺规范》是

在《现代汉语通用字表》的基础上形成的，将隐性的规范笔顺变成显性的，列出了三种形式的笔顺。同时明确了字表中难以根据字序推断出规范笔顺的'火''叉''鬯''爽'等一些字的笔顺，调整了'敝''脊'两个字的笔顺。"国家语言文字工作委员会 1999 年 10 月 1 日发布、2000 年 1 月 1 日实施的《GB13000.1 字符集汉字笔顺规范》规定了所收的 20902 个汉字的笔顺规范。按照这个规范，有些字应当特别注意，否则很容易写错。例如，"区"这个上左下包围结构，要先上、内，后竖折，类似的字有"匹（兀匹）、巨（㠯巨）、臣（㠯臣）、匠（斤匠）、匣（甲匣）"等。又如：

乃：乃乃（2画）

万：一丆万（3画）

义：丶乂义（3画）

叉：フ又叉（3画）

车：一乛乚车（4画）

丹：丿冂冂丹（4画）

火：丶丷少火（4画）

毋：乚丨毌毋（4画）

凸：丨丨丨凸凸（5画）

凹：丨冂冂凹凹（5画）

母：乚丨毌母母（5画）

臼：丿𠂉𠂉臼臼臼（6画）

舟：丿𠂉丨丨舟舟（6画）

忖：丶丶丨忄忖忖（6画）

垂：一二千千千千垂垂（8画）

乘：一二千千千千乖乖乘乘（10画）

鬯：丿乂乂乂彡彡鬯鬯（10画）

脊：丶丶丷丷乂米脊脊脊（10画）

敝：丶丷冂冂尚尚尚尚敝敝（11画）

渊：丶丶氵氵氵沪沪渊渊渊渊（11画）

第四节　汉字的造字法

汉字的造字法指汉字的构造方式。一般地说，古代汉字有象形、指事、会意、形声四种造字法；现代汉字同古汉字相比，又有一些特殊情况。

一、象形

象形就是用描绘事物形状来表示意义的造字法。用这种方法造的字就是象形字。

例如：

月　雨　口　牛　羊　车　舟　泉　瓜

古象形字有的像事物的整体轮廓，如"车、舟"等；有的像事物的特征部分，如"牛"像牛角上弯，"羊"像羊角下弯；有的除具体的事物外还有必要的附带部分，如"瓜"的瓜蔓。

象形这种造字法接近画图，但复杂的事物、抽象的概念无法象形，所以单靠这种方法造的字极少，但它是构成汉字的基础。

有些古代的象形字现在还有点像原物的样子，如"田、井、雨、网"等。大部分的古代象形字从现行汉字已经看不出原物的样子了，如"牛、马、豕、鱼"等。

二、指事

指事就是用象征性符号或在象形字上加上提示符号来表示字义的造字法。用这种方法造的字就是指事字。例如：

上　下　三　本　末　朱　甘　刃

指事字可分两种。一种是象征性符号的指事字，如用三条线表示"三"，用弧向上和向下的两条长弧线（或长横线）为基准，上边和下边各加一短线表示"上"和"下"。另一种是象形字加提示符号的指事字，如"本"原义是树根，在"木"下部加一个点，表示树梢的所在；"朱"原义是赤心树，"木"中加一个点，表示赤心的所在；"刃"是"刀"上加一个点，表示刀刃的所在。

现行的指事字，基本上是从古代的指事字演变来的。有些古代的指事字，在现行汉字中还可以看作指事字，如"一、二、三、刃"等。有些古代的指事字现在已不能看出其指事的意图，如"甘、朱、末"等。后起指事字极少。"乒、乓"是近音字"兵"减去一画，可以看作特殊指事字。

三、会意

用两个或两个以上能独立成字的部件合成一个字，并把这些部件的意义合成新字的意义，这种造字法叫会意。用会意方法造的字，就是会意字。例如：

武　休　取　明　涉　益　从　森

会意字有异体会意字、同体会意字两类。异体会意字用不同的能独立成字的部件组成。如"武"，从戈从止。止是趾本字，戈下有脚，表示人拿着武器走，有征伐或显示武力的意思。"休"，从人在木（指树）下，表示休息。"取"，从耳从又。又是右的本字，做部件用当手讲。"取"是手拿一只耳朵，古代战争中对敌方的战死者割左耳，用以记功。"明"，从日从月。"涉"，从水从步，甲骨文像两脚过河。"益"，从水从皿，水从皿中流出，是溢的本字。同体会意字用相同的能独立成字的部件组成。如"从"，两人一前一后，有随从的意思。"森"，从三木，表示森林。

现行的会意字多数是从古代会意字演变来的。古代有些会意字，现在还能理解它的意思，如"步氵（水）"为"涉"，"日月"为"明"，三"石"为"磊"，双"木"成"林"等。古代的有些会意字，如"弄、祝、祭、集、香"等，由于字形的演变、字义的变化，很难了解它们是如何会意的。有些过去的会意字如"郵、竄"，简化后变成了形声字"邮、窜"。有些过去的会意字如"轟、棗"等，简化成"轰、枣"，称为会意字就比较勉强。有些过去的会意字如"東、韋"，简化成"东、韦"，成了独体字，从现行汉字看就很难说是会意字了。后起会意字数量较少，但一般容易理解，如"小土"为"尘"，"目氵（水）"为"泪"，"出米"为"粜"，"竹毛"为"笔"等。有的后起会意字的偏旁兼表意义和读音，如"不用"为"甭"；有机化合物中含氢和硫的基（氢硫基），称为"巯"（qiú）等。这类字可以称为合形合音会意字。

四、形声

由表示字义类属的部件和表示字音的部件组成新字，这种造字法叫形声。用形声法造的字叫形声字。如"洋"（yáng），形旁氵（水）表示海洋有水，声旁羊（yáng），表示读音，组成从氵（水）羊声的形声字。形声字都是合体字。

形声字的形旁大都是象形字，如"芬、吩、氛、纷、汾、忿、份、盆"的形旁"艹、口、气、纟、氵、心、亻、皿"。象形字、指事字、会意字、形声字都可以做形声字的声旁，如"沐、沫、沽、湖"的"木、末、古、胡"。

有的形声字有省形和省声的情况。省形，是把做形旁的字省写了一部分。如"寐"从寢（梦的本字）省，未声；形旁寢省写成了宀。省声，是把做声旁的字省写一部分。如"嫪"，从孝，好省声；声旁好省写成了女。"绳"从纟（糸），蠅省声；声旁蠅省写成了黾。

还有一种亦声字，是会意兼形声字。如"牭"，四岁牛，从牛从四，四亦声；"政"，从攴（pū）从正，正亦声；"娶"，从女从取，取亦声；"功"，从力从工，工亦声。

形声字有表音成分，同语音的声音有一定的联系，比起没有表音成分的象形字、指事字、会意字有一定的优越性。同一个形旁加上不同的声旁，可以造出意义有关而读音不同的一批形声字，如形旁"木"，在通用字中就有"朴、机、杠、杖、杌、村、材、杉、权、杨、枝、枇、松、枪"等大量的意义同树木有联系的形声字。同一个声旁，也可能加上不同的形旁，组成读音有关而意义不同的一批形声字，如用"主"做声旁的"拄、麈、注、疰、炷、柱、砫、驻、蛀、住"等。后起字基本上是形声字。

现行汉字大部分是形声字。古代传下来的形声字，有些简化后声旁表音比过去准确了，如"偿（償）、担（擔）、递（遞）、钟（鐘、錘）"等。有些因用特定符号代替声旁，写起来简单，但表音不清楚了，如"鸡（鷄）、欢（歡）、叹（嘆）、邓（鄧）"等。下面重点谈谈形旁和声旁的有关问题。

（一）形旁和声旁的部位

形声字中形旁和声旁的部位大体有下列6类：

1. 左形右声。这类数量最多。如："河、梧、锡、堆、挑、谈、惜、肝、租、耕、冻、晴、帐、町、弦、购、酝、牦、灯、矿、跑、躺、豹"等。

2. 右形左声。如"都、切、劲、攻、战、瓴、群、雌、视、期"等。

3. 上形下声。如"芳、竿、宇、窍、露、崮、爸、翠"等。

4. 下形上声。如"勇、型、贷、岱、袋、姿、架、璧、劈、警"等。

5. 外形内声。如"囤、阁、匣、裹"等。

6. 内形外声。这类形声字最少。如"问、闻、瓣、辩"等。

另外有些字的形旁和声旁部位比较特殊。有的左上形，右下声，如"厅、府、病、屠"。有的左下形，右上声，如"进、越、飓"。有的右上形，左下声，如"翅、匙"。有的形或声在一个角上，如"荆"，从艹（艸），刑声；"颖"，从禾，顷声；"徒"，从辵（chuò），土声；"旗"，从㫃（yǎn），其声。

有时，同样的形旁和声旁由于部位不同而形成了不同的字，例如："架—枷、帛—帕、紊—纹、杳—呆、含—吟、忘—忙、召—叨、裹—裸、另—加—叻、吞—吴"等。

（二）形旁的作用和局限性

形旁的主要作用是表示字的意义类属，帮助了解和区别字的意义。例如，用"扌（手）"做形旁的字，一般同手的动作行为有关系，如"扎、打、扑、扒、扔、扛、托、扪、扠、扬、扶、抠、扰、扼、拖、抢、抢、扳、投、抵、抹、拔、拣、抽、拍"等。又如，用"劳"做声旁的形声字，在通用字中有"捞、崂、铹、痨、唠、耢、涝"等，这些字可以通过形旁了解其意义类属。适当运用汉字形体演变的知识，了解形旁在古时的形体和意义，有利于对字义的理解和辨析。

形旁的表意功能有很大的局限性。首先，由于社会的发展，客观事物的变化，有些形旁的意义不好理解。如"篇、简"为什么从竹，"货、贷"为什么从贝，如果不了解古代曾在竹简上写字，曾用贝壳做货币，就不会懂得这些形旁的作用。其次，由于字义的演变，假借字的存在，形旁也不好理解。如"颁、颗"为什么从页，"治、渐"为什么从水，如果不知道"颁"本是大头，"颗"本是小头，原义都同"页"的原义头有联系；如果不知道"治、渐"原义都是水名，这些字的形旁也不好理解。另外，由于字形的变化或位置特殊，有的形旁不好辨认了。例如"辨"从刀辡声，"恭"从心共声，"刀"和"心"都变了形。疆，从土彊声，形旁在左下角。楷书的形旁"月"，有的是月（朗、期），有的是肉（肺、脏），有的是舟（服）。

（三）声旁的作用和局限性

声旁的主要作用是表示读音，大约有 1/4 的形声字声旁和整个字的读音完全相同，例如，"换、唤、涣、焕、痪"等，读音同声旁"奂"（huàn）完全相同。虽然有些形声字同声旁的读音不完全相同，但也有一定的规律，通过它们读音的特点可以帮助区别形似字。例如，用"仑"做声旁的字，一般读 lun（抡、沦、轮、伦、论）；用"仓"做声旁的字，韵母一般有 ang（苍、舱、伧、沧、疮、怆、创、枪、抢、跄、炝）。了解这个情况，"抡—抢、伦—伧、沦—沧"等的辨别，就不困难了。另外，学习普通话可以利用声旁类推法纠正方音。例如有的方言 n、l 不分，只要记住有关 n 读音声旁和 l 读音声旁的代表字，就可类推分清字音，用它们组成的形声字的读音也就分清了。例如：

尼——ní 泥呢怩，nì 泥（拘泥）

利——lì 俐痢莉猁，lí 梨犁，li 蜊（蛤蜊）

声旁的表音作用也有局限性。首先，由于古今语音的演变等原因，大约有 3/4 的形声字，其声旁和整个字的读音不完全相同。如，用"寿"做声旁的"筹、畴、帱、踌、俦、铸、涛、祷、焘"等没有一个跟声旁的读音全同。还有的声旁在不同的形声字中表示多种读音，很不容易掌握。如，用"勺"（sháo）做声旁的字有 "sháo（芍）、zhuó（灼、酌）、shuò（妁）、bào（趵、豹）、yuē（约¹）、yāo（约²）、diào（钓）、liào（尥）、dì（的¹）、de（的²）"等读音。其次，有的声旁不容易分辨出来，如"在"，从土才声；"布"，从巾父声。省声字更不好分辨，如"夜"，从夕亦省声。另外，有些声旁现在不单用，一般人不知道它的读音，如"宅、温、滴、谬"中的"乇（zhé）、昷（wēn）、啇（dí）、翏（liù）"等。

古代讲的"六书"，除上面讲的四种造字法以外，还有转注、假借。

《说文·叙》中说："转注者，建类一首，同意相受，考、老是也。"即谓一类意义相同的字，应属于"一首"之下。后来各家解释不同。有以一首指字形上同属一部首的（"考"和"老"，同属"老"部）；有以一首指词源上同韵或同声的（"考"和"老"同属一韵，"颠"和"顶"同属一声）；有以一首指同一主要意义的（"考"和"老"两字主要意义相同，可以互训）。关于转注的解释，大致有如上"形转""音转""义转"三说。

《说文·叙》中说："假借者，本无其字，依声托事。"大意是语言中某些词有音无字，借用同音字来表示。如"来"的本义是小麦，借作来往的"来"；"求"（即裘字）的本义是皮衣，借作请求的"求"。

一般认为转注和假借是用字法，不是造字法，这里就不详细介绍了。

汉字虽然至今仍属于表意文字体系，但是却产生了大量形声字。殷商时代，形声字只占当时汉字的 20% 左右，东汉的《说文解字》形声字占所收 9353 个字的 80% 以上，清代的《康熙字典》形声字占 90%。形声字大量增加，成为汉字发展的主流。许多新造字基本上是形声字，如"铀、辘、氘、氧、钡"等。现在人们还在用形声造字法简化汉字，如"邮"（郵）、"忧"（憂）等。

第五节　汉字的规范

一、正确使用汉字

语言文字是人们表达思想、传递信息的重要交际工具。语言文字的规范化、标准化，对社会发展、科技进步和文化教育水平的提高都具有重要的意义，同时也反映了一个国家的文明程度。语言文字运用的能力和水平，往往能够最直接、最明显地反映一个人的综合素质和修养，不可掉以轻心。汉字是我国的法定文字，我们一定要正确使用，下面就简要谈谈这个问题。

汉字历经数千年的演变和改革，就我们现在日常接触和使用的形体结构来说，存在着繁体字和简体字两大系统。繁体字是历史遗留的传承字，它有正体和异体的区别。相当数量的异体字在20世纪50年代经过了整理和归并，除了极少数姓名用字之外，基本上不再使用；正体字则主要用于古籍整理、书法创作等方面。简化字在历史上随时产生，连续不断；不过这里指的是一种特定的书写体系，即20世纪五六十年代在文字改革中经过国务院审议批准推行的《汉字简化方案》和《简化字总表》里所涉及的汉字。今天所说的"规范汉字"，主要指的就是这一套简化字。

由于繁简两套系统的存在，所以汉字的现状比较复杂。目前存在使用混乱的情况，需要引起重视，加以克服。

从正字法的角度而言，我们要注意做到下列几点。

（一）不要书写错别字

错别字是错字和别字的统称。所谓"错字"，就是不能成为一个字的字，也就是错误的字形，表现为笔画的随意增加或减少，如把"长"写成"长"，"步"写成"步"，"真"写成"真"，"胸"写成"胸"，等等。所谓"别字"，就是该用某个字的地方用了另外一个字，有时因为字形相近，如"蜡烛"写成"猎烛"，"眨眼"写成"贬眼"，等等；有时是因为字音相同或相近，如"刻苦"写成"克苦"，"精简"写成"精减"，等等，这里还包括由于方言读音相同而造成的别字，如上海人常把"印象"写成"影响"。

如何避免并纠正错别字呢？可参考以下几点。

1. 了解汉字构形的一些规律，分清近似的形旁和声旁

汉字的形旁常常表示整个字的意义范畴，所以如果了解一些常用部首（一般是形旁）的意义，就不太容易写错字了。例如"贝"是古代的货币，"贝"旁的字一般与钱财及其使用有关；"目"是眼睛，"目"旁的字一般与眼睛及其使用有关。了解这些，就不会把"赡养"写成"瞻养"，也不会把"瞻仰"写成"赡仰"了。对声旁来说，读音相同的字常常有相同的声旁。例如用"舀"（yǎo）做声旁的字有"滔、韬、稻、蹈"等，读音都与ao有关；用"臽"（xiàn）做声旁的字有"陷、

馅、焰"等，读音都与 ian 有关，这两个声旁形近，构成的系列字容易相混，但从读音上可以区分开。

2. 了解常用的字义词义，是根治错别字的最好良方

字义一般又从字形入手，例如知道"炙"的本义是"火上烤肉"，会意字，而"灸"是形声字，指中医的一种治疗方法，就不会把"针灸"写成"针炙"，也不会把"脍炙人口"的"炙"写成"灸"了。又如，"必需"和"必须"是同音词，但前者着重指"需要"，后者着重指"应当"，意义的区别是很清楚的，了解后就不会混用而写出别字了。

3. 细心观察字形，书写不能"想当然"

汉字主要是靠不同的形体来互相区分的。每个汉字都有其"独特面目"，但有时候也表现为没有规律，只能细心观察，逐个记住，比如"戊、戍、戌、戎、戒"一组字，形体的区别很细微，但字音字义都不同，是各自不同的字；"少"字常用，但"步"的下部偏不写作"少"（如果了解"步"的古文字构形及其演变，知道"止"和"少"原都是"脚印"的象形，就不会写错了），又如繁体的"長"下部作"𧗊"，但简化后写为"长"，下部却少了一撇；"秀"字常用，但大书法家王羲之的"羲"字下部较"秀"字也少一撇；"粉碎"一词上下字的偏旁不同，不能写成"粉粹"。诸如此类的地方，如果"想当然"地随意类推，就难免会写错别字了。

不过需要指出一点：目前现代汉语的书面语中还存在不少"异形词"，就是一组词（一般是两个，也有两个以上）意义相同，读音也相同，但写法不同，如"笔画—笔划""片段—片断""附会—傅会""疙瘩—疙疸—圪垯"之类，也叫"异体词"，类似于"异体字"。但异体字许多是经过整理归并的，而异体词这方面的工作还做得远远不够，所以现在如果写了未曾整理归并的异形词（姑且以中国社会科学院语言研究所编撰的《现代汉语词典》为度，以上例子都见于该词典）是不能算错别字的。

（二）不要随意生造简化字

人们在日常书写汉字时，一般希望写得方便快捷，自然产生了简化的倾向。历史上的简化字就是这么来的。简化是汉字发展的总体趋势，也是一条主要规律。但前面我们说过，汉字不能无限制简化，必须保持足够的区别度，笔画过于简单，有时不易区别。同时，汉字的形体必须有一定的规范标准，不能由个人随意生造。这个道理是显而易见的，因为语言文字是用以交流信息的工具和载体，没有足够的公众性，没有一定的规范标准是不可想象的。

新中国成立以来，党和政府积极而慎重地进行了汉字改革，对传统汉字进行了大规模的整理和简化。现在所指规范的简化汉字，就是 1964 年 5 月由中国文字改革委员会、文化部、教育部联合公布发行的《简化字总表》中所收的 2238 个简化字，由这些简化字还可以类推出不少简化字，但都是有规律的（比如简化了偏旁部首：言—讠、车—车等）。1977 年 12 月上述有关部门公布了《第二次汉字简化方案（草

案)》(即"二简"),由于群众基础不够,自身也缺乏完善性,所以1986年6月国务院发文同意国家语言文字工作委员会关于废止"二简"的请示,指出:"今后,对汉字的简化应持谨慎态度,使汉字的形体在一个时期内保持稳定,以利于社会应用。"我们知道,现在汉字已经进入电子计算机的字库,每个形体都有相应的代码,如果随意变更,势必会引起混乱,造成人力、物力的极大浪费;仅仅从这一点考虑,国务院的上述指示就是非常重要、完全正确的。

由于"二简"曾经在社会上流行过一段时间,现在五六十岁上下的人当时正处于中小学学习阶段,所以难免受到影响,应加以警惕,注意消除,如"西藏"的"藏"写成"芷","内蒙古"的"蒙"写成"苎",都是"二简"的字,但现在都属于错字了。

此外,平时我们在街头或一些人的笔下时常能发现一些生造的所谓"简化字",如"鸡旦(蛋)"、"饼(镜)子"、"电子扦(插)座"、"豆办(瓣)孚(酱)"之类,这体现了书写者文化水平的低下,应该引以为戒,万万不可效尤。

(三)不要书写繁简夹杂的字

经国务院有关部门公布推行的简化字是标准规范的汉字,具有最广泛的群众基础,应正确使用。不过,现在许多人也喜欢书写繁体字,如果并非公务所需而是个人爱好,乃至进行书法创作,使用繁体字原也无可厚非,但是不少人对汉字知识掌握不够,常犯将繁简两套系统夹杂使用的毛病,难免贻笑大方,应该注意避免。

这里我们必须知道,汉字的繁简两套系统固然有不少是单纯的一对一的对应关系,如务—務、汉—漢、刘—劉、邮—郵等等,但也存在下述几种复杂情况。

1. 同一个简体字具有两个或两个以上的繁体字。例如:

坛—壇(花~),罎(~~罐罐);脏—臟(心~),髒(肮~);钟—鐘(~表),鍾(姓);发—發(出~),髮(头~);台—臺(~湾,亭~楼阁)、檯(写字~)、颱(~风)

这样,在书写繁体字时,就应当知道将简体字还原为哪一个繁体字才是正确的。如果不知道,在名片上把姓氏的"鍾"印成"鐘",就要闹笑话了;又如有的人把理发店写成"理發店",海淀区写成"海澱区",都是令人哭笑不得的错误。

2. 有的现行简化字本身在历史上就一直使用,由于同音又兼并了其他繁体字。例如:

干—干(~戈),乾(~净),幹(~部);

松—松(~树),鬆(轻~);

后—后(皇~),後(落~);

面—面(~貌),麵(~粉);

系—系(派~、~列),係(联~、关~),繫(~马)

许多人往往以为笔画简单的字就是简化字,只有笔画多的才是繁体字,所以我们不难遇见某些影视剧的字幕中有"皇後"的字样,甚至把打虎英雄武松写成"武鬆";

也有的大学生把自己所在的系写成"係",这些可以说都是难以原谅而又可笑的大错。

综上所述,总的来说只有一条:要正确使用汉字,就要切实了解汉字。有人难免认为:自己不是中文专业出身,基础差,怎么办?我们说:很简单,多观察,多请教就行;除了请教专业人员(如教师、编辑)之外,字典、词典更是我们最好的最可靠的老师(当然那些粗制滥造的伪劣产品不在此列)。对于没有把握的字(字形、字音、字义),一定要查字典、词典。只要勤查细查,养成习惯,逐渐积累,必然能够提高自己正确使用汉字的能力。

二、常见汉字误用例析

(一)形似字混淆误用

汉字数以万计,但只有横、竖、撇、点、折5种主笔形和提、钩、捺3种附笔形(变体),共8种笔形,所以许多的形体差异细微,容易混淆误用。例如下面各例。

(1) 已 己 ("不能自已"常错作"不能自己")

"已"和"己",形体差别细微("已"半封口,"己"不封口),含义差别却很大:已,本义"止";己,本义"自身"。已、己二字,通常不会用错,唯"不能自已"常错作"不能自己"。"自已"即"自止"。"不能自已"的含义是:不能控制自己,无法让情绪平静下来。

(2) 亢 吭 ("引吭"常错作"引亢")

亢是象形字,小篆写作𠅃,人的颈项之象形,本义就是"颈"。颈是人体仅次于头的高部位,因而引申为"高"和"举"。古汉语里有"亢山""亢轭"等词,亢山即高山,亢轭即举轭。由高、举又引申出"傲"义,成语"不卑不亢"中的"亢"即傲,"不卑不亢"形容言行自然、得体,既不卑微也不高傲。

吭是会意字,从口从亢,表示"颈内",会意为"喉"。"引吭"的含义是:放开喉咙。亢、吭二字读音也不同:亢音 kàng,吭音 háng。

(3) 犷 旷 ("粗犷"常错作"粗旷")

犷,形声字,从犬广声,本指恶犬凶猛的样子,引申为"粗野、强悍",这是"粗犷"的本义。"粗犷"还常用以形容性情和文风豪放,如"性情粗犷""粗犷的笔触"。

旷,会意字,从日从广。日,表示光明;广,表示宽阔;日广合体,会意为"阔大光明"。引申义有:"空阔"(空旷),"心境开阔"(心旷神怡),"超越"(旷世),"久远"(道旷),"荒废"(旷日废时)。犷,音 guǎng;旷,音 kuàng。人们常将"犷"误读作"旷",故常误写作"旷"。

(4) 汨 汩 ("汨罗江"常错作"汩罗江","汩汩"常错作"汨汨")

汨、汩二字,左偏旁都是水,区别在于右偏旁:一个是日,一个是曰。日、曰形似,极易混淆。

汩是形声字，从水日声，是一条河的名称，叫作"汩（mì）水"。汩水发源于江西修水，流入湖南与罗水汇合，改名"汨罗江"。

汨是会意字，从水从曰，曰本义"说"，引申为"达"（说即用语言"表达"），水曰合体，会意为"使水通畅"，所以汩字的本义是"治水"。屈原《楚辞·天问》"不任汩鸿"中"汩"的含义就是"治水"。汩，音 gǔ，常叠用（汩汩）形容水流动。韩愈有诗曰："汩汩几时休，以春复到秋。"

（5）券　卷（"入场券"常错作"入场卷"）

券，形声字，从刀关声，音 quàn，本义"契约"。上古时代的契约，用木片制作，一片剖为两半，在分半处用刀刻上特殊题记，以为日后对合核辨的标志。由契约引申为"凭证"，现代的"入场券""债券""证券"也是一种凭证。

卷，也是形声字，从㔾关声，音 juàn，㔾甲骨文作 ，人跪地之象形，故卷本义"膝曲"（《说文解字》）。汉以前的书，是用竹简编制卷起来收藏的。因而"卷"成了书的量词，后来逐渐演变为"书册"。"开卷有益""手不释卷"中的"卷"就是"书"。引申为"公文的分类编次""考试的题纸"，如"案卷""试卷"。

（6）佼　姣（"佼佼者"常错作"姣姣者"）

"佼佼者"是现代汉语的常用词，但常见错作"姣姣者"。佼本是姣的异体字，《集韵·巧韵》："姣，好也。或从人。"在现代汉语里，佼和姣，变成两个字，读音不同，含义也不同："佼"，音 jiǎo，义为"美好"；"姣"，音 jiāo，义为"貌美"。佼字叠用（佼佼），表示"胜过一般"。

（7）玷　沾（"玷污"常错作"沾污"）

玷，形声字，从玉占声，音 diàn，本义"白玉的斑点"。引申为"使有污点"，"玷污"即此义。又引申为"蒙受耻辱"，如"玷辱"。

沾，形声字，从水占声，音 zhān，本是古河名（沾水）。后世赋予沾"浸湿、浸染、附着、接触、分享"等含义。"玷污"和"沾染"含义接近，所以"玷污"常错写作"沾污"。

（8）州　洲（"九州"常错作"九洲"）

州，小篆作 ，象形字，水中陆地之象形，本义即"水中陆地"。《诗经·周南》："关关雎鸠，在河之州。"诗中的"州"即水中陆地。后来"州"被假借作为"大行政区域"的称谓，又造了个"洲"字取代"州"。"九州"即九大行政区域。相传大禹将天下（全国）划分为九大行政区域，称作"九州"。后来"九州"便成了"中国"的代名词。

（9）竞　兢（"竞争"常错作"兢争"）

竞，繁体作"競"，是由甲骨文 、小篆 演变而成的。甲骨文像二人对话，小篆由双言、双人组合而成，也是二人对话，都是会意字。《说文解字》："竞，彊语也。"彊，强的异体字；强语，争着说。因此，"竞"有"争胜负、比高下"的含义。"竞争""竞赛""竞走"都是"一比高下"的意思。

兢，小篆写作 𦮴，由双丰双兄组合而成。丰，象征草茂，兄，在兄弟中属于"长"，因而引申出"滋长"义。二草并长，令人起敬。由敬生畏，引申出"小心谨慎"的含义，如"兢兢业业""战战兢兢"。竞、兢二字含义不同，读音也不一样：竞读 jìng，兢读 jīng。

（10）第　笫（"床笫"常错作"床第"）

笫，形声字，从竹（⺮）朿声，音 zǐ，《说文解字》释义为"床簧"。簧即床板。《方言》指出："床，齐、鲁之间谓之簧，陈、楚之间或谓之笫。"可见，"床笫"就是"床"。

第字的本义是"次序"。古代科举考试，考中了叫作"及第"，没考中叫作"落第"，所以"第"又有"等级"的含义。由"等级"引申出"门第"（社会地位）。"床笫之私"错作"床第之私"，是不了解"床笫"含义所致。"床笫之私"的意思是"两口子的隐私"。

（11）炫　眩（"炫耀"常错作"眩耀"）

炫和眩，都是形声字，声旁相同，决定二字含义区分的是形旁。炫从火，表示与"火"有关系，本义"光耀"。"炫目"即本义（耀眼）。"炫耀"是耀眼的引申义：夸耀。眩从目，表示与"眼"有关系，本义"眼睛昏花"，如"头晕目眩"，没有夸耀的意思。

（12）赏　尝（"欣赏"常错作"欣尝"）

赏是"賞"的简化字。賞，会意字，从尚从贝。尚，有"尊崇"义，如"崇尚"；贝，上古时代的货币；尚贝合体，表示"赐有功"（《说文解字》），"赏赐""奖赏"都是本义。由"赏赐"引申出"欣赏"。"欣赏"的含义有二：①享受美好事物，如"音乐欣赏"；②喜欢，如"他欣赏国家体育场'鸟巢'的独特风格"。

尝是"嘗"的简化字。嘗，形声字，从旨尚声。旨，小篆作 𠤎。匕，"匙"；甘，"甜"；匕甘合体，会意为"味美"，如"甘旨"。隶变后，"匕"下的"甘"讹变为"日"。所以，《说文解字》认为："嘗，口味之也"，即吃一点试试，辨别滋味。"品尝"即本义。

（13）炮　泡（"如法炮制"常错作"如法泡制"）

炮，会意字，从火从包，本义"将生肉连毛一起烧烤"。《诗经·小雅·瓠叶》："有兔斯首，燔之炮之。"意思是：将兔子去头，合毛放在火上烤熟，音 páo。后来演变成一种烹调方法：烧烤或在旺火上快速炒肉片，如"炮（bāo）羊肉"（许多饭店误作"爆羊肉"）。炮还指火炮、爆竹等，音 pào。

泡，会意字，从水从包，本义是"浮在水面上的气泡"。水泡是气体在液体中生成的中空球状气泡，水泡一破便无踪无影，因此人们用"泡影"比喻破灭的希望。

炮和泡，单字使用一般不会混淆，但跟"制"组成"炮制"和"泡制"二词，却常见混淆错用，"如法炮制"错作"如法泡制"即一例。炮制（páozhì），本是中草药的一种制作方法：将生药放在热铁锅里炒，炒至焦黄爆裂。人们借"炮制"这个词，比喻胡编乱造，于是"炮制"成了贬义词，"如法炮制"即"如法编造"。泡制（pàozhì），是制作泡菜的方法，即将蔬菜洗净泡在凉开水里，加上盐、酒、花椒，沤到蔬菜变黄发酸。"炮制"和"泡制"含义完全不同。

（14）鸩　鸠（"饮鸩止渴"常错作"饮鸠止渴"）

鸩（zhèn）和鸠（jiū），是两种鸟。鸩是传说中的一种鸟，它的羽毛有毒，用鸩羽泡的酒，能使人中毒死亡，后来成了毒酒的代名词。"饮鸩止渴"直译是"用毒酒解渴"，作为成语比喻采用有害的办法救急而不顾严重后果。鸠是斑鸠、雉鸠的统称，鸠羽是无毒的，错作"饮鸠止渴"就不知何义了。

（15）沽　估（"沽名钓誉""待价而沽"中的"沽"常错作"估"）

沽，形声字，从水古声，音 gū，沽，水名（沽河，今名白河）。在古汉语里，沽是酤的通假字，作"买""卖""买卖人"解。"沽名钓誉"中的"沽"，是"买卖"的引申义：谋取、骗取。"沽名钓誉"的意思是：故意做作或用某种手段骗取名誉。"待价而沽"原作"待贾而沽"。贾（gǔ）：识货的商人。沽：买卖。"待贾而沽"直译即"等待识货的商人来买"，作为成语比喻怀才不遇等待赏识者，后来演变成"待价而沽"，比喻等待好职位、好待遇。

估，本义"评定物价的人"。估价与做买卖关系密切，故也有"经商"的含义。旧时衣肆出售的典当过期未赎之衣，就叫作"估衣"。估虽有"经商"义，但无"谋取""骗取""赏识"义，所以沽、估不能通用。

（16）恃　持（"有恃无恐"常错作"有持无恐"）

恃和持，都是形声字，声旁相同，二字含义的区分取决于形旁。恃从心，表示是一种心理现象，本义"赖"（《说文解字》），即自觉有所倚仗之意。"有恃无恐"的意思就是：因有所倚仗而不害怕。

持从手，表示是手的一种动作，本义"掌握""控制""拥有"等义，如"持有""自持"。但是，"有恃"和"持有"含义是完全不同的。

（17）矫　揉（"矫揉造作"常错作"娇揉造作"）

矫和揉，是两个意思正好相反的词：矫，使弯曲的变直；揉，使直的变弯。"矫揉造作"是个成语，比喻故意做作、很不自然。

娇，义为"女子、小孩的柔嫩、美丽可爱"，引申为"宠爱""意志脆弱"，如"娇宠""娇气"。矫、娇二字，读音也不同：矫，音 jiǎo；娇，音 jiāo。

（18）宕　岩（"跌宕"常错作"跌岩"）

宕字不常用，在现代汉语里用得多一点的只有"跌宕"一词，"宕"与"岩"形体近似，所以"跌宕"常错作"跌岩"。宕，会意字，从宀从石，音 dàng，本义"石室空洞"。石洞无门，引申为"通过""穿过"，再引申为"放纵""不受拘束"

"富有变化"。"跌宕"可以形容"性格洒脱"或"放荡不羁",如"跌宕风流""跌宕不羁";也可以形容"文笔富有变化",如"跌宕起伏"。岩,音 yán,含义为"岩石"和"岩石突起而成的山峰"。

(19) 狙　阻（"狙击"常误作"阻击"）

狙、阻二字形体近似,都可与"击"组词,常见的误用是将"狙击"误作"阻击"。狙击和阻击,是两个音义都不同的词:狙击,音 jūjī,含义是"埋伏伺机袭击";阻击,音 zǔjī,含义是"以防御手段阻止敌军增援、逃跑或进攻"。这两个词含义不同,源于狙、阻二字含义不同:狙,形声字,从犬且（祖本字）声,本义为"猕猴",后借表"伏伺"义。阻,形声字,从阜（土山,变形为"阝"）且（祖本字）声,本义"险",意思是"山势峻峭,险危难通",引申为"阻止"。

(20) 唾　垂（"唾手可得"常错作"垂手可得"）

"唾手"和"垂手"含义不同:唾手,动词,往手上吐唾沫,是准备动手使力气的一种动作。"唾手可得"又作"唾手可取",是个常用的成语,比喻非常容易得到。垂手,形容词,双手自然垂下,通常表示恭敬,如"垂手侍立",无"动手取得"义。

(21) 祟　崇（"鬼鬼祟祟"常错作"鬼鬼崇崇"）

祟,会意字,从示从出。示,地神。示出合体,表示本该在阴间地府活动的地神,却窜出地面为祸人间。鬼和祟,都是见不得阳光的,人们便用"鬼鬼祟祟"形容偷偷摸摸的行为。

崇,会意字,从山从宗。宗,祖宗,辈分高,在"崇"字里表"高"义。山宗合体,会意为"高山"。引申为"重视,尊敬",如"尊崇""推崇""崇敬""崇仰""崇尚"。

(22) 徙　徒（"迁徙"常错作"迁徒"）

徙、徒二字,都从"彳"（彳亍,chìchù,慢步）,表示都与"行走"有关系,它们的区别在于:徙,小篆写作𢓊,会意字,从彳从止（止,即之）,表示"行有所之",即有目的地行。《说文解字》释义为"迻"（移）。迁,离开原来的所在地,是"动";徙,移到新的地点,是"止"。"迁徙"即迁移。徒,形声字,从辵（楷书拆分为"彳止"）土声,本义"步行",如"徒步",没有迁移的意思。古代的"步卒"也称"徒",由此引申出"跟从",于是有了"门徒""信徒""党徒"等词。这些引申义跟"迁徙"就更不搭界了。

(23) 葺　茸（"修葺"常错作"修茸"）

葺和茸比较,都是上"草"下耳,只是"葺"中间多了个"口"。这个"口"正是二字区别所在。葺,形声字,从草昌（jī）声,音 qì,本义"用茅草覆盖屋顶",后泛指修缮房屋。"修葺"是个多义词,本义"修缮",引申为"修饰"。《徐霞客游记》有"修葺《鸡山志》",这个"修葺"不是修缮房屋,而是修饰文章。

茸，形声字，从草聪（省笔为"耳"）声，音 róng，本义"草初生纤细柔软的样子"。古代文人常将柔嫩的草苗称作"新茸"。茸字叠用（茸茸），形容小动物的毛发，如"毛茸茸"。

（24）偌　诺（"偌大"常错作"诺大"）

有学者考证说："偌"本是古代的姓氏，音 ruò。后来被借作指示代词，表"这么、那么"义，"偌大"的意思就是"这么大"。

诺，从言若声，音 nuò，本义"应允"，"诺言"即本义，意思是"应允别人的话"。诺字可以叠用（诺诺），表示答应的声音，如"诺诺连声"，引申为"一味顺从"，如"唯唯诺诺"。

（25）旋　弦（"旋律"常错作"弦律"）

旋，会意字，从㫃从疋。㫃，系于旌旗上的旗饰，疋即止（足），㫃疋合体，象征人挥旗杆不停转动，会意为"转动"。"旋转""盘旋""周旋""回旋"中的"旋"都是本义。引申为"返回"。"凯旋"中"旋"的含义就是"返回"（归来）。物体旋转是有节奏的，因而人们将乐音经过艺术构思而形成的有组织、有节奏的和谐运动称作"旋律"。

弦，形声字，从弓玄声，本义"弓弦"，即弓脊两端之间系着的绳状物，用牛筋制成，有弹性，引弦可以发射箭。乐器上的线，时钟内的发条，也叫作"弦"。弦无转动义。

（26）蛰　蜇（"蛰伏"常错作"蜇伏"）

蛰，是"蟄"的简化字，简化以后形体同"蜇"近似，因而造成混淆错用。蛰，形声字，从虫执声，音 zhé，本义"动物冬眠"，"蛰伏"就是"动物冬眠，隐藏起来，不食不动"。二十四节气有个"惊蛰"，在每年3月5日、6日或7日，表示大地回春惊醒冬眠动物。由动物冬眠引申为"人隐居"，如"蛰居"。

蜇，形声字，从虫折声，音 zhē，本义"蜂、蝎等用毒刺刺人或动物"。有一种海洋生物，叫作"海蜇（zhé）"。

（27）既　即（"既得利益"常错作"即得利益"，"即使"常错作"既使"）

辨别既、即二字，最好的办法是辨析这两个字的甲骨文。即，甲骨文作 ；既，甲骨文作 。二字都是会意字，左偏旁都是"豆"（饭锅），区别在于右偏旁：既，右偏旁是一个人背对饭锅起身要走的形象，表示"食毕"；即，右偏旁是一个人面对饭锅跪坐，表示"就食"。古人用"食毕"的形象表示"已经发生"，用"就食"的形象表示"正在或将要发生"。"已经发生"和"正在或将要发生"，就是既、即二字含义的本质区别。"既得"就是"已经得到"。"既然"和"即使"都是假设，但假设的前提不同：既然，已经发生；即使，并未发生。

（28）赅　骇（"言简意赅"常错作"言简意骇"）

赅，音 gāi，《正字通》释义为"兼该"，用现代语言说就是"包括"和"完备"。"言简意赅"的意思就是：言语简明而意思完备。

骇，音hài，《说文解字》释义为"惊"，即惊吓、震惊。如"惊涛骇浪""骇人听闻""骇然失色"。

（29）菅　管（"草菅人命"常错作"草管人命"）

菅，音jiān，会意字，从草从管（省笔作"官"），一种茎如细管的茅草，叫作"菅茅"。菅是野草，没有价值，古人用"草菅人命"形容任意杀人。这个成语出自《大戴礼记·保傅》："其视杀人若芟（割草）草菅然。"意思是：视杀人如同割茅草。

管，形声字，从竹官声，据说是黄帝时代的一种竹制六孔乐器。后世将竹制管状乐器，如笛、箫、竽、笙统称"管乐"。现代将凡是由管中空气振动而发音的乐器均称"管乐"。管乐的特征是：细长中空。于是人们将具备"细长中空"特征的东西都称作"管"，如"钢管""水泥管""血管"。管字后来又引申出"掌管""管理""管制""管教"等义。"管"和"草"不相干。

（30）擘　擎（"巨擘"常错作"巨擎"）

擘、擎二字形似，擎字常用而擘字不常用，故"巨擘"常错作"巨擎"。擘，形声字，从手辟声。有二音二义：①bāi，义同"掰"；②bò，义为"拇指"，由拇指引申为"杰出"，"巨擘"即杰出人物，又引申为"筹划、布置"，如"擘画"。

擎，形声字，从手敬声，音qíng，义为"持高"，"高擎"即本义，意思是"高高举起"，但带有庄严的意味。

（31）缜　慎（"缜密"常错作"慎密"）

缜，形声字，从丝真声，音zhěn，本义"把麻析分成丝"。引申为"细致"，"缜密"即细致周密。

慎，形声字，从心真声，音shèn，义为"谨慎小心"。缜的"细致"义和慎的"小心"义比较接近，加之不少人把"缜"误读作"shèn"，故将"缜密"错作"慎密"。

（32）缉　辑（"通缉"常错作"通辑"）

缉，形声字，从丝咠声，音jī，本义"绩"，即把麻丝搓成线。引申为"缝合、理顺"，又引申为"搜捕"，如"缉拿""缉毒""缉私"。"通缉"的含义是：司法机关通令缉拿在逃的犯罪嫌疑人或越狱的在押犯人。

辑，形声字，从车咠声，音jí，本义"车厢"（车上载人载物的地方）。引申为"集聚、纂合"，"编辑"即此义。

（33）赝　膺（"赝品"常错作"膺品"）

赝，形声字，从贝雁声，音yàn，义为"伪造"。"赝品"即伪造的文物。伪造的名人字画叫作"赝本"，伪造的货币叫作"赝币"。伪造的文物、名人字画，都是值钱的东西，所以赝字用"贝"（货币）字做表义的形旁。

膺，形声字，从肉（变形为"月"）鹰（省"鸟"）声，含义是"胸"。成语

"义愤填膺"中的"膺"即胸。由胸引申为"承担、承受",如"荣膺"。胸是肉体,所以"膺"用"肉"字做表义的形旁。

(34) 羸　嬴 ("羸弱"常错作"嬴弱")

羸,会意字,从羊从嬴(省"虫"),音 léi,本义"瘦"。古代以肥羊为美食,嬴是一种细腰土蜂,羊腰细如土蜂,会意为"瘦"。"羸弱"是书面语言,含义是"瘦弱"。

嬴,姓氏,秦始皇姓嬴名政。

(二) 音同(音近)字混淆误用

据著名语言文字学家吕叔湘先生的统计,现代汉字的音节有 1200 个,一般字典收字 10000 个,平均一个音节担负 8 个字。因此,同音字很多,混淆误用的概率很大。例如下面各例。

(1) 平　凭 ("平添"常错作"凭添")

平,小篆作𠀑,会意字,从于从八。古代字书认为:于,言气之舒;八,分也。把气均匀呼出,于八合体,会意"语平舒",即语气平和自然。引申为"自然"、"安宁"、"温和"、"不倾斜、无凸凹"("公正")等义。"平添"的意思就是"自然而然地增添"。类似的词语还有"平心静气""平心而论"。

凭,会意字,从几从任,几,小桌子;任,承担;几任合体,会意为"依几"(《说文解字》),即"靠着、倚仗"。引申为"凭借"。平添、平心,表达的都是一种状态,而不是靠着、倚仗或凭借等动作,所以不能写作"凭添""凭心"。

(2) 龙　拢 ("大桥合龙"常错作"大桥合拢")

"合龙"的"龙",是形容词,可以理解为"一个整体"。修堤或建桥,从两端施工,最后在中间接合,叫作"合龙",即接合成一个整体。

"合拢"的"拢",是动词,义为"闭合","合拢"即闭合在一起,如"合拢书本"。

(3) 冈　岗 ("井冈山"常错作"井岗山")

冈,小篆作𡉤,形声字,从山网声,隶变后变形为"冈",冈是"岡"的简化字。《说文解字》释义为"山脊"。"井冈山"因山脊有大小五井而得名。"冈"后泛指丘陵,如"山冈""冈峦"。

岗是后造字,明末出版的字书《正字通》说:岗,冈俗字。在现代汉语里,冈和岗,音义都不相同:冈,音 gāng,义为"较低而平的山脊";岗,音 gǎng,义为"高起的土坡"(岗子)。高处利于瞭望,因而引申为"岗哨"。由"岗哨"又引申为"岗位"。

(4) 合　和 ("附和"常错作"附合";"亲和力"常错作"亲合力";"凑合"常错作"凑和")

和,形声字,从口禾声。和有个异体字"龢"。和从口,龢从龠,造字思维却如出一辙。这"口"和"龠",都跟音乐有关系:"口"表声乐,"龠"(一种竹制管乐)表器乐。《说文解字》:"和,相应也。"所谓相应,就是跟着唱或为歌者伴奏。"附和"用的就是"相应"义,意思是"站在一旁帮腔"或"追随别人的意见或主张",写作"附合"是错误的。"亲和力"中的"和",表"和谐"的引申义"融洽、亲近"。"亲和力"比喻使人亲近、愿意接触的力量。

合是会意字,甲骨文作 合,二物上下相合的象形,所以本义"合拢",与"分"相对,例如"吻合""契合""符合"。"凑合"的"拼凑""将就"等含义,都是"合拢得不严密"的引申义,写作"凑和"是错误的。"合"没有"融洽、亲近"的含义,所以"亲和力"不可写作"亲合力"。

(5) 式　势 ("式微"常错作"势微")

式,形声字,从工弋声,本义"法"。(《说文解字》)这个"法",包含榜样、规矩、法度、样式、仪式、仿效等意思。但在"式微"一词中,"式"却是个语气词,没有实际的意义。"式微"语出《诗经·邶风·式微》:"式微,式微,胡不归?"汉代学者郑玄认为:"式,发声也。"唐代学者孔颖达解释说:"不取式为义,故云发声也。"《诗经》里的这首诗,说的是黎侯失国寄寓卫国、臣子劝他谋划归国的故事。"式微"的本意是"天将暮",后引申为"事物由盛而衰",如"家道式微"。

势,繁体作"勢",形声字,从力執声,义为"盛力权"(《说文新附》),即张大实力权威,"权势""势力""趋炎附势"等词中的"势"都是本义。可见,将"式微"写作"势微",意思就完全变了。

(6) 安　按 ("安装"常错作"按装")

安,会意字,从宀从女。宀,深屋,女子独居深屋,会意为"宁静"。引申为"平和""安全""满足""祥和""健康""从容"等义。做动词用,表示"加上""装上""放置""使有着落"等意思。"安装"的意思是:按照一定的方法、规格,把机械或器材固定在一定的地方。

按,形声字,从手安声,含义是"用手往下压",如"按住"。引申为"压住"("按兵不动")、"抑制"、"按捺不住"。

(7) 名　明 ("莫名其妙""不可名状"常错作"莫明其妙""不可明状")

名,会意字,从夕从口,寓意"两人夜遇互通姓氏",本义"姓氏"。《仪礼》中有"请问名"句,"问名"即"问姓氏"。后演变为人的称呼,如"名字""名号"。引申为地方、事物、职务等的名称。又引申为"声誉好、功业高、造诣深",如"名人""名家""名著""名声""名气""著名"等。"名"还有个特殊含义:"说出"。"莫名其妙"中的"名"就是"说出",意思是"没有人能说出它的奥妙"。"不可名状",意思是"不能用语言(说出)来形容"。

明,会意字,从日从月,会意为"照"(《说文解字》),所以古文里把"光""晓""昼"都称作"明"。由"光明"引申出"智慧高""视力好""了解通晓"

"昭示""揭露"等义。可能是"明"有"了解"的含义,人们将"莫名其妙"误解为"莫明(不了解)其妙"。

(8) 妨 防("妨碍"常错作"防碍")

妨,形声字,从女方声,《说文解字》释义为"害"。这个"害"是什么意思呢?唐代学者孔颖达解释说:"妨者,谓有所害。""妨害"的含义就是"有害于"。例如"吸咽妨害健康"即"吸烟有害于健康"。由"害"引申为"碍","妨碍"即"使事情不能顺利进行"。反之即"不妨""无妨",表示"可以这样做,不会有妨碍"。

防,形声字,从阜(土山,变形为"阝")方声,本义"堤",筑土如山为堤防洪。引申为"戒备"(防备、预防、防止)、"防御"(防守、防暴、防卫)。无"害""碍"义。

"不妨""无妨""妨碍"都是常用词,意思也不难理解,但很少有人去考究"妨"字的含义,这可能是"妨碍"常错作"防碍"的原因。

(9) 弛 驰("松弛"常错作"松驰")

弛和驰二字的区别在于:弛从弓,驰从马。弛从弓,表示与弓箭有关系,本义"弓解弦"(《说文解字注》),即放开弓弦。引申为"放松""解除","松弛"的含义就是"松散,不紧张"。驰从马,表示与马有关系,本义"大驱"(《说文解字》),即策马疾奔。后泛指"纵横奔跑",如"驰驱""驰骋""驰援"。引申为"迅速""远",如"驰电"(飞驰的电光)、"驰名"、"驰目"(放眼远望)。弛和驰,一松一紧,一缓一迅,含义完全不同。

(10) 坐 座("坐落""坐标"常错作"座落""座标")

坐,会意字,二人对坐在地(土)上。坐相对于走是静态,因此引申出表示建筑物位置的"坐落",能确定一个点在空间的位置的"坐标",固定在一个地方的"坐地",对别人的成败采取静观态度的"坐观",对该管的事故意不管的"坐视"等义。

座是汉以后造的会意字,从广(ān,屋)从坐,表示在屋里就坐,含义是"坐具"。"座位""在座""座上客""座右铭"等词中的"座",都是坐具的意思,都是名词,不能用作动词。所以,"坐落""坐标"不能写作"座落""座标"。

(11) 轫 韧("发轫"常错作"发韧")

轫,形声字,从车刃声,本义"碍车木"(《说文解字》)。何谓"碍车木"?古代的马车没有制动器,车停时要用一块楔形木块止住车轮,这个楔形木块就叫作"轫"。马车重新启动时,必须将"轫"拿开,在书面语言里称作"发轫",这是"发轫"的原始含义。后引申为"起程、出发",又引申为比喻新事物或某种局面的开始。

韧,会意字,从韦从刃。韦,柔革;刃,刀口;韦柔而刃坚,合起来产生韧字的含义:柔软而坚固。引申为"不易折断"和"顽强持久",如"韧性""韧劲""坚韧",跟车停车动不相干。

（12）官　观（"感官"常错作"感观"）

官，会意字，从宀从𠂤，众人在厅堂议事，会意为"吏"，这是本义。后假借表"机体器官"义，于是有了"官能"一词。"官能"即"机体器官的功能"。机体器官有多种功能，功能之一是"感觉功能"。有感觉（听觉、视觉、嗅觉、味觉、触觉等）功能的器官（耳、眼、鼻、舌、皮肤等），叫作"感觉器官"，简称"感官"。"感官刺激"指客观事物对感觉器官的刺激。

观，繁体作觀，形声字，从见雚声，本义"看"。引申为"景象或样子"（如"景观""改观"），又引申为"对事物的认识和看法"（如"人生观""价值观""乐观""悲观"）。观和感只能合成"观感"，含义是"看到事物以后所产生的印象和感想"。

（13）舶　泊（"舶来品"常错作"泊来品"）

舶，形声字，从舟白声，本义"海中大船"（《广韵》）。舶来，直译是"乘大船从海外来"，"舶来品"直译是"从海外运来的货物"，今通称"进口货物"。

泊，形声字，从水白声，本义"船舶停靠"。由"船舶停靠"引申为"人停留"，职业生活不固定，如同船儿随波逐流，所以常借用"漂泊"做比喻。"泊来"无解。

（14）犹　尤（"犹如"常错作"尤如"）

犹，繁体作"猶"，形声字，从犬（变形为"犭"）酋声。古代字书都说"犹"是一种动物，还说"犹"和"豫"性情相似，进退多疑，因此人们将迟疑不决谓之"犹豫"。在现代汉语里，"犹"主要表"如同""尚且"义，"犹如"取"如同"义，"犹可"取"尚且"义。

尤，甲骨文作，指事字，在手（彐）字上加注指事符号，表示"不同一般"，"尤异""尤物"都是本义。引申为"甚、更加"，如"尤其""尤为"。物极必反，"尤"过了头便走向反面变成坏事，所以"尤"又有"过失、坏事"的引申义，如"以儆效尤"（以此来警告那些想学做坏事的人）。

（15）青　亲（"青睐"常错作"亲睐"）

青，黑色，在"青睐"一词中，指代"黑眼珠"。睐，本义"瞳仁不正"，即斜视，常作"视"的同义词。"青睐"，看人时黑眼珠在中间，即"正眼看人"，跟"白眼看人"相对，比喻对人的喜爱和看重。

亲，繁体作"親"，形声字，从见亲声，本义"至"（《说文解字》），即"关系密切，情谊周至"，"至亲"即本义。因为"亲"所以"近"，由此引申为"自己"，如"亲身""亲手""亲历""亲知"等。有"亲眼"一词，含义是"用自己的眼睛看"，和"青睐"的含义完全不同。

（16）竣　峻（"竣工"常错作"峻工"）

竣，形声字，从立夋声。立就是停止不动，立夋合体，本义作"止"解。"止"

有"完毕"的意思，故一项工程完成称作"竣工"。

峻，形声字，从山发声，本义作"高"解，形容山势陡峭，如"高山峻岭"。引申义有"险"（峻阻）、"急"（峻急）、"严厉"（严峻）等，无"完毕"义。

（17）详　祥（"安详"常错作"安祥"）

详，形声字，从言羊声，本义"审议"（《说文解字》）。审议就须细察，由此引申为"细密、周备"，又引申为"从容、稳重"。"安详"就是从容稳重的意思。

祥，形声字，从示羊声，本义"福"，即吉利祥和，无"从容、稳重"义。

（18）炷　柱（"一炷香"常错作"一柱香"）

炷，形声字，从火主声，本义"灯中火主"（《说文解字》），俗称"灯芯"。《乐府》里有"然（燃）灯不下炷，有油哪得明？"灯盏里有油无炷是点不亮的。因为"炷"在灯中的重要作用，所以炷就成了灯的代名词。炷用作动词，相当于"点燃"（如"炷了香"）。炷还是可燃柱状物的量词，如"一炷香""一炷烛""一炷艾绒卷"。

柱，形声字，从木主声，本义"承梁之木"，俗称"柱子"。柱是房屋的直立构件，起支撑横梁作用，因而引申为"支撑"，如"支柱""台柱""柱石"。柱字不能用作"香"的量词。

（19）拇　姆（"拇指"常错作"姆指"）

拇，形声字，从手母声，手和脚的第一个指头。

姆，小篆作𡥹，形声字，从女每声（隶变后"每"讹变为"母"），本义"女师"（《说文解字》）。何谓女师？古代年过五十而无子，以妇道教人的老年妇女，称作"女师"。后来演变成为育婴和看护幼儿的妇女的称谓，今称"保姆"。

（20）沧　苍（"沧海"常错作"苍海"）

沧从水，本义"寒"（《说文解字》），"沧凉"即本义。苍从草，本义"草色"（《说文解字》）。一个表"寒"意，一个表"草色"，原本互不相干。但是，在古汉语里，"沧"也表"绿色"，是"苍"的通假字。随着语言的发展，沧和苍在表示"颜色"义时有了分工：苍表翠绿色，如"苍翠"；沧表青绿色，即蓝色，深海是蓝色的，所以用"沧海"来形容。

（21）阱　井（"陷阱"常错作"陷井"）

阱，会意兼形声字，从阜（变形为阝）从井，井亦声。阜，土山；井，地穴；在地上挖的深穴，叫作阱。阱是用来捕捉野兽的，野兽掉进深穴就上不来，所以叫作"陷阱"。

井，小篆作井，在"井"中加一点。井，表示栏杆；一点，表示井口；本义"汲水的井"。可见，阱和井不是同一事物。

（22）赃　脏（"赃款"常错作"脏款"）

赃，繁体作"臟"，形声字，从贝臧声。《广韵》："纳贿曰赃。"赃和贪是分不开的，因贪而受贿，受贿称作"贪赃"，接受贿赂的钱财，称作"赃款"。

脏，繁体作"髒"，形声字，从骨葬声，义为"肮脏"，没有"贪赃"的意思。

(23) 袒 坦（"袒胸露背"常错作"坦胸露背"）

袒，形声字，从衣旦声，本义"脱去或敞开上衣"，"袒胸露背"即本义。由"袒露"引申为"显示，表示"，"袒怀"就是显示或表示的意思。

坦，形声字，从土旦声，《玉篇》释义为"平"，《说文解字》释义为"安"。常用的"坦途"一词，兼有"平""安"二义，因"道路平坦"而得以"旅途平安"。由"宽广"引申为"胸襟开阔"，如"坦荡荡"。又引申为"直率"，于是有了"坦白""坦诚""坦率""坦陈"等词。

(24) 宣 渲（"宣泄"常错作"渲泄"）

宣，会意字，从宀从亘。宀，深屋；亘，（时间上或空间上）延续不断，在宣字中表"广"义；宀亘合体，会意为"大室"，即宽敞的厅堂。由"敞"引申为"明白""公开""传布"等义，"宣传""宣布""宣扬""宣读"都是公开的意思。"宣泄"本义"疏导"，即将积水排出去。引申为"舒散"，即（公开）吐露心中的积郁以达到舒散的目的。

渲，形声字，从水宣声，音xuàn，本是中国国画的一种画法，即用水墨或淡色涂抹画面起烘托效果。由"烘托"引申为比喻夸大，如"渲染"。渲字没有发泄的意思。

(25) 弈 奕（"博弈"常错作"博奕"，"神采奕奕"常错作"神采弈弈"）

弈，形声字，从廾（双手）亦声，本义"围棋"。"对弈"即下围棋。

奕，会意字，从亦从大。亦，小篆作亣，是"腋"的本字，指事字，在"大"（双臂伸开站立的人）的两侧各加一点，指出此处为"腋"。在"奕"字里，"亦"表"大"义。两大相合，会意为"盛大"，这就是"奕"字的本义。"奕"字还有三项别义：①美貌；②娴熟；③精神饱满。"神采奕奕"用的是别义③，含义是"精神饱满的样子"。在古汉语里，弈和奕通用。在现代汉语里，"弈"和"奕"不再通用。

(26) 拥 涌（"蜂拥"常错作"蜂涌"）

拥，原作"擁"，会意字，从手从雝，雝有"和睦相悦"义，手雝合体，会意为"抱"（《说文解字》）。"拥抱"即本义。小篆隶变后，讹变为"擁"，今简化作"拥"。由"抱"引申为"随从"。《唐书·窦威传》："身拥数百骑殿。"句中的"拥"即"随从"。又引申为"挤在一起"。"蜂拥"形容人们像蜂群似的拥挤着。

涌，形声字，从水甬声，本义"水或云气冒出"。做动词用，表示"从水或云气中冒出""急速地流淌"或"人或事物的大量出现"。如："涌出一轮明月"，"江水涌流"，"好人好事大量涌现"。做名词用，表示波峰呈半圆形、波长特别长、波浪特别高的海浪。"涌"没有"拥挤着"的意思。

(27) 练 炼（"简练"常错作"简炼"）

"练"和"炼"繁体字分别为練和煉,都是形声字,声符相同,都是"柬",故同音。它们的区别在于:练从丝,炼从火。

练从丝,本义"将生丝煮熟使之柔软洁白"。古文里有"练染"一词,"练染"即先练后染,练的目的是"使洁白,为染打基础"。"简练"一词中的"练",是"洁白"的引申义"明白","简练"即简要明白。"简练"有个同义词:洗练。

炼从火,本义"通过高温使物质纯净或坚韧"。炼铁、炼钢、炼乳,都是通过高温去掉杂质提高纯度。从对物质的冶炼提纯,引申为对文字的推敲。对情节的筛选,如"炼字""炼句""提炼情节"。

(28) 宵 霄 ("通宵"常错作"通霄")

宵,会意字,从宀从小从月。宀,屋子:月光照进屋子,表示夜至;随着夜渐深,月渐升,月亮显得越来越小;月出、月升、月落,表示一夜。所以,宵字的含义是"夜","通宵"即整夜。

霄,形声字,从雨肖声。本义"雨霰(xiàn)"。霰,成颗粒的雪子,雨霰,雨夹雪子。雨霰从天而降,由此引申为"天际","云霄""霄汉""霄月"等词中的"霄",都是天际的意思,"通宵"错作"通霄",就变成直通天际了。

(29) 诫 戒 ("告诫"常错作"告戒")

诫,会意字,从言从戒,会意为(用言语)"警告,劝告","告诫"即本义。在习惯上,"告诫"多用于上级对下级、长辈对晚辈。

戒,会意字,从廾(双手)从戈,双手持戈,会意为"警惕,防备",如"戒备""戒骄戒躁"。做动词用,表示"改掉(不良嗜好)",如"戒酒""戒毒"。

(30) 暄 喧 ("寒暄"常错作"寒喧")

暄,形声字,从日宣声,本义"暖"。寒和暄,即冷和暖,都是形容词。但是,"寒暄"作为词组却是动词,直译即"问寒问暖"。朋友相见,必先相互问好,在书面语言里称作"寒暄"。

喧,会意字,从口从宣。口,表示说话;宣,表示公开;口宣合体,会意为"大声说话",引申为"杂乱,热闹",如"喧哗""喧闹""喧腾""喧嚣"。喧字没有问好的意思。

(31) 盖 概 ("涵盖"常错作"涵概")

《正字通》:"盖,蓋俗字。"今作"蓋"的简化字。《说文解字》:"蓋,苫也。"苫,本指盖屋顶的茅苫,后泛指用茅草编制的覆盖物,引申为"建筑房屋"(盖屋)。由"覆盖"引申为器物上部有遮蔽作用的东西,如"锅盖""碗盖"。又引申为"高出",如"盖世"。用作副词,表示"包容","涵盖"即此义。

概,形声字,从木既声,本义"平斗斛之器"(《说文句读》)。斗、斛(hú)都是旧时计量器具,也是计量单位,10升为1斗,5斗为1斛。用斗、斛量粮食,要用一柄丁字形括板沿斗、斛上口边沿括去多余的粮食,这个括板就叫作"概",俗称"斗括子"。概字有三个引申义:①大略(概略);②一律(一概);③气度神情（气概）。"概括"的"总括"义跟"涵盖"的"包容"义相当接近，但还是有细微区别的，所以"涵盖"不可写作"涵概"。

（32）概　慨（"气概"常错作"气慨"）

上面说了，"概"有"气度神情"的引申义，"气概"表示的就是（在对待重大问题上表现的）"气度神情"。慨，形声字，从心既声。从心表示与心理有关系，本义"壮士不得志于心"（《说文解字》），有激愤、激昂、叹息等意思，"愤慨""慷慨""感慨"等词中的"慨"都是本义。慨没有"气度神情"的含义。

（33）溯　朔（"追溯"常错作"追朔"）

溯，会意字，从水从朔。朔，农历每月初一，即"一月之初"。水朔合体，会意为"逆流而上"（《集韵》）。"追溯"的本义就是：逆流而上，直趋其源。多用来比喻探索事物的由来。

朔，农历月初一日；晦，农历月末一天。由朔至晦，一个月过去。由晦至朔，新的一个月开始。朔还有一个别义：北。北方又称"朔方"，北风又称"朔风"。

（34）粹　萃（"精粹"常错作"精萃"）

粹、萃都是形声字，声符相同，都是"卒"，故同音。它们的区别在于：粹从米，萃从草。粹从米，本义"米纯而不杂"，"精粹"即本义。引申为"精华"，即事物最重要、最有价值的部分，如"国粹"。萃从草，本义"草丛生的样子"，引申为"聚集"，如"荟萃""出类拔萃"。

粹和萃跟"文"合成的"文粹"和"文萃"两词不是同义词：文粹，文章精华；文萃，文章汇集。

（35）援　源（"援引"常错作"源引"）

援，形声字，从手爰声，本义"引"（《说文解字》），即以手引之使前使上。有三个常用引申义：①救助，帮助（如"援救""援助"）；②握持（如"援笔"）；③引用，引荐，"援引"即此义。如："援引法律条文"（引用），"援引贤能"（引荐）。

源的本字是"原"。原，会意字，从泉从厂，泉水从厂（ān，岩洞）流出，会意为"泉水源头"。源字的本义就是"水流起头的地方"，没有"引用、引荐"的含义。

（36）副　付（"副职"常错作"付职"）

职务有正有副，如副校长、副导演、副经理。这个"副"常错作"付"。副，形声字，从刀（变形为刂）畐声，本义"劈"，即将物体一分为二。与"一分为二"相对的是"合二而一"，由此引申出"相称"，"名副其实""名实相副"都是名与实相称的意思。"副"的含义有三：①副职（副校长、副导演、副经理等）；②助手（大副）；③附带的（副业、副产品）。

付，会意字，从人从寸，寸即手，人手合体，象征持物予人，《说文解字》："付，予也。"有"付"的合成词都与"交给""交出""拿出"有关，如"交付"

"托付""支付""付印""付账"等,付字没有"副职""助手""附带的"等含义。

(37) 帧 桢 ("装帧"常错作"装桢")

帧,形声字,从巾贞声,本义"张画绘"(《集韵》),即将字画平整张开如巾。后作字画的量词。"装帧"指书画、书刊的装潢设计。

桢,会意字,从示贞声,本义"吉祥"(《说文解字》),与书画、书刊装潢不相干。

(38) 辐 幅 ("辐射"常错作"幅射")

辐,形声字,从车畐声,车轮中连接车毂和轮辋的木棍或钢条的名称,又称"辐条"。辐条是由车轮中心向各个方向直线伸展的,"辐射"一词表示的就是像辐条一样由中心向各个方向直线伸展的现象,如光辐射、热辐射、无线电波辐射。

幅,形声字,从巾畐声,《说文解字》释义为"布帛广",即布的宽度。"单幅布""双幅布""宽幅布"里的"幅"即本义。用作量词,平面物一方叫作一幅,如"半幅布""三幅画"。引申为泛指宽度,如"幅度""振幅"。又引申为国土面积,如"幅员"。

(39) 潦 撩 ("潦倒"常错作"撩倒")

潦从水,本义"雨水大貌"(《说文解字》)。潦字有两音三义:因大雨而地上积水,称作"积潦",这个"潦"读 lǎo;字迹不工整称作"潦草",颓丧失意称作"潦倒",这两个"潦"都读 liáo。

撩从手,本义"理",即料理。现代汉语已不用此义,而用引申义"撩拨、拂动",如"撩逗""撩动""撩惹"。又引申为"揭起、掀起",如"撩起帘子""撩起头发"。但这个"撩"不读 liáo 而读 liāo。原来有"撩倒"一词,意思是"把对手弄倒在地",跟"潦倒"含义不同,读音也不同,读作 liàodǎo。这个"撩"同"撂",今已做"撂"的异体字处理,所以"撩倒"一词已被"撂倒"取代。

(40) 湎 缅 ("沉湎"常错作"沉缅")

湎,会意字,从水从面,本义"酒形于色",后作"沉迷于酒"解。今泛指沉溺、迷恋、放纵。"沉湎"的含义是"沉迷酒色而不能自拔"。

缅,形声字,从丝面声,本义"微丝",即最细的丝。丝细则长,由长引申为"远","缅怀"用的即此义,意思是遥想、追思。

(41) 撼 憾 ("震撼"常错作"震憾")

撼,原作"摵",会意字,从手从咸。咸有"全体"义,以手摇物波及全物,会意为"摇"。"震撼"一词,用"震"修饰"撼",表示"摇动强烈",通常用来形容春雷(如"滚滚春雷,震撼大地"),或形容对人们心理产生强烈震动(如"震撼人心")。

憾,会意字,从心从感,本义"恨"(《集韵》)。这个"恨"不是"仇恨",而是"怨恨",是由感触引起的失望或不满足,如"缺憾""遗憾""憾事"。

（42）催　摧（"催促"常错作"摧促"）

催，会意字，从人从崔。崔，高山。高山压顶，令人急迫。所以"催"的本义是"相儔"（《说文解字》），即迫使人们迅速行动。"催促"以及"催办""催迫"，都是"相迫"的意思。引申为"使事物的产生和变化加快"，如"催生""催奶""催化"等。

摧，形声字，从手崔声，本义"折"（《说文解字》），即以手折断物体。引申为"挫折"（摧折）、"毁坏"（摧毁）、"攻陷"（无坚不摧）。

（43）躁　燥（"急躁"常错作"急燥"）

躁，小篆作𧾷，形声字，从走㬥声，本义"疾"（急速）。现代汉语里的"躁"，是"举动疾急"的意思。引申为"性急不冷静"。"急躁"的含义是：碰到不称心的事而激动不安，或急于达到目的，还没有准备好就仓促行动。

燥，形声字，从火㬥声，本义"缺少水分"，如"干燥"，没有疾急的意思。

（44）厮　撕（"厮杀"常错作"撕杀"）

《史记·张耳传》有"厮养卒"句，这个"厮"字古代有两种释义：贱者；析薪（劈柴）。早期白话小说里，称男仆为"小厮"，对人轻视称呼"那厮"，当系从"贱者"引申而来的。在现代汉语里，"厮"义为"相互""相处"。常用的词有："厮打"（相互扭打），"厮杀"（相互拼杀），"厮混"（同不三不四的人相处）。

撕，本作"斯"，会意字，从其从斤。其，即箕；斤，即斧；以斧剖竹制箕，会意为"剖析"。后来，斯和撕成了两个字：斯，在书面语言里做指示代词，义同"这""此""这个""这里"。在书面语言里还可做连词，义同"于是""就"。撕，义为"扯破""毁掉""抓破"。

（45）璨　灿（"璀璨"常错作"璀灿"）

璨，形声字，从玉粲声，本义"玉光"，后泛指光彩鲜明。与"璀"组成形容词：璀璨。意思是"像珠玉一样光辉灿烂"。如"璀璨的明珠"。

灿，形声字，从火山声，本义"耀眼的光"，用于形容阳光、灯光、光泽。如"灿若云锦"。

（三）成语、惯用语误用同音字

同音字混淆误用，在成语、惯用语里尤为突出，其原因：一是不明了成语的含义；二是不了解成语的典故；三是误解字义。下列例句中，（　）内的字是正字，（　）前的字是别字。

（1）一愁（筹）莫展

筹，会意字，从竹从寿（表"多"义），本义"壶矢"。"壶矢"是投壶用的竹签。投壶是古代的一种游戏，以筹投壶，中多者为胜。筹字因而有了"计数之具"的含义，如"筹码"。引申为"计策、办法、设法"，如"运筹""筹划""筹措"。"一筹莫展"的意思是：一点办法也没有。愁，会意字，从心从秋。古人说："何处合成愁，离人心上秋。"愁是一种心理活动：忧虑，忧伤。"一愁莫展"不通。

（2）一股（鼓）作气

"一鼓作气"典出《左传·庄公十年·曹刿论战》："公与之乘，战于长勺。公将鼓之。刿曰：'未可。'齐人三鼓。刿曰：'可矣。'齐师败绩。……既克，公问其故。对曰：'一鼓作气，再而衰，三而竭。彼竭我盈，故克之。"鼓，战鼓，此处做动词用：擂鼓进兵。作气，振作士气。后世用"一鼓作气"比喻趁士气高昂时而一举成事。"一股作气"无解。

（3）一如继（既）往

既字含义是"已经发生"，"一如既往"的含义是：完全跟过去一样。继，繁体作"繼"，会意字，从丝从𢇍（"绝"古字），绝即断，丝绝合体，会意为"复接"，即把断丝接好，含义是"继续，接续"，如"继任""相继""前仆后继""继往开来"。既、继不是同义词。

（4）一诺千斤（金）

诺，承诺。成语"一诺千金"有个典故：西汉时楚人季布，为人豪爽仗义，说到做到，楚地流传一句谚语："得黄金百，不如得季布一诺。"后来这句谚语演变为成语"一诺千金"，比喻做人信用极高。"千金"和"千斤"内涵完全不同："千金"指的是"价值"，"千斤"指的是"重量"。"一诺千金"用"千金"比喻诚信的价值。

（5）一泄（泻）千里

泄、泻都有"水流出"的意思，但具体含义不同。泄，本义为"溢"（《雅尔》），即水满外流。引申义有：发散（发泄），倾吐（宣泄），漏、露（泄漏、泄密），把液体或气体排出（泄洪、泄气）。泻，本义为"水向下倾注"（《集韵》），"一泻千里"形容的就是"水流又快又急"。"排泄"和"腹泻"，最能说明泄、泻二字含义的区别：生物把体内的废物排出体外，称作"排泄"；人得了急性肠炎，上吐下泻，称作"腹泻"。

（6）人才挤挤（济济）

济，音jǐ，古水名，即济水。济字叠用（济济），义为"众多的样子"。这个词最早见于《尚书·大禹谟》："禹乃会群后，誓于师曰：'济济有众，咸听朕命。'""人才济济""济济一堂"都是从"济济有众"演化而来的。"济"跟"挤"同音，"济"的"人多"和"挤"的"拥挤"含义又接近，所以"济济"常错作"挤挤"。

（7）人情事（世）故

世，小篆作𠀡，会意字，从卅（三十）从乙，本义"三十年为一世"。《礼记》云："三十曰壮有室，始有子。"人到三十，进入壮年，成家生子；再过三十年，儿子也三十岁了，也成家生子，就有第三代了。所以说"三十年为一世"。这个"世"表示的是"代代承继"的意思。后来，"世"的含义逐渐扩展，扩展到"人的一生"（一世）、"朝代"（周世、秦世）、"时代"（古世、今世）、"一百年"（世纪），又指"人间、社会"（人世、世间、世事、世态）。"人情世故"中的"世"，指的是在"人间、社会"待人接物，即所谓处世。故，在这里作"经验"讲，"世故"即处世经验。"人情世故"的含义是"为人处世的道理"。

（8）大名顶顶（鼎鼎）

鼎，三足两耳，古代煮东西用的器物，后用作摆设，象征权势。在书面语言中，鼎是"大""盛""有分量"的意思。如"鼎力""鼎盛""一言九鼎"。鼎字叠用，形容盛大。"大名鼎鼎"形容名气很大。顶，本义"人体最高部位"（头顶）。后泛指一切物体的最高部位，如屋顶、塔顶、山顶。顶字不能叠用。

（9）不加（假）思索

假，本义"不真"（《说文解字》）。引申为"借"（借来之物，非真我有）。"不假思索"中的"假"用的是"借助"的引申义：经过。"不假思索"就是"不经过思考就做出反应"，形容思维敏捷。"不假思索"语出《警世通言·二十六》："学士大惊，唤华安到来，出题面试。华安不假思索，援笔立就，手捧所作呈上。"想都没想，挥笔立就，形容华安思维敏捷。

（10）不茅（毛）之地

"不毛"，不长庄稼、草木。"不毛之地"，形容贫瘠的土地或荒凉的地区。茅，一种草本植物的名称，没有"不茅"这个词。

（11）不径（胫）而走

胫，本义"小腿"。走，古义"跑"。"不胫而走"直译为：没有腿却跑得很快。作为成语，比喻事物不待推行就迅速传播流行。径，本义"狭窄的小路"。没有"不径"这个词。

（12）不落巢（窠）臼

巢和窠，都是鸟窝，但"窠臼"并非鸟窝，它的含义是"现成格式""老套子"，多用以形容文章或艺术品缺乏独创性。"不落窠臼"则反其意：与众不同。写成"不落巢臼"就不知所云了。

（13）不饰（事）雕饰

事，名词，含义是"事情"，如"大事""小事""家事""国事"。"不事"一词中的"事"却是动词：从事。"不事雕饰"，不刻意雕琢装饰，形容朴实自然。

（14）山青（清）水秀

"山清水秀"错作"山青水秀"，原因是不了解这句成语的含义。"山清水秀"又作"山明水秀"，含义是"山水清净秀丽"，其内涵有清新妩媚的神韵。因此，古代诗人认为"山清水秀"是属于诗人的。"山青"只能和"水绿"搭配，因为"山青"和"水绿"形容的是山水的形色，而"山清水秀"形容的是山水的景色。

（15）水乳交溶（融）

溶和融，都有"化"的含义，"溶化"和"融化"同义。但"水乳交融"中的

"融",含义不是"化"而是"合",即几种不同的事物合成一体。"水乳交融"直译就是水和乳融合在一起。作为成语,"水乳交融"比喻意气相投、关系融洽或结合十分紧密。

(16) 以(倚)老卖老

倚,本义"靠着","倚门而望""倚马可待""倚天剑"中的"倚"都是本义。引申为"仗恃"(倚势)、"依托"(祸兮祸所倚)、"偏于一边"(不偏不倚)。"倚老卖老"中的"倚"是"仗恃"的意思:仗恃年纪大,卖弄老资格。以本义"用",如"以少胜多""以理服人""以牙还牙"。"以"也有"依"的意思,如"以次就座"。但这个"依"是"按照"的意思,无"仗恃"含义。

(17) 分道扬镳(镳)

镳,本指马嚼子两端露出嘴外的部分,后泛指马嚼子。扬镳,提起马嚼子。骑马人把马嚼子一提,马就立即奔跑起来。"分道扬镳"语出《魏书·元志传》:"(志)为洛阳令,不避强御。与御史中尉李彪争路,俱入见,面陈得失……高祖曰:'洛阳我之丰、沛,自应分道扬镳。自今以后,可分路而行。'及出,与彪折尺量道,各取其半。""分道扬镳"原意是把道路按直行一分两半,两人各走一边。后做成语,泛指由于目标或志趣不同而各走各的路。镖,古代的一种兵器,投掷出去杀伤敌人,与人的志趣无关。

(18) 甘败(拜)下风

甘,情愿。拜,行礼表示敬意。下风,风向的下方,比喻下位、下面。"甘拜下风"直译是"情愿在下风位置而向人礼拜",表示真心佩服对方。有"自认不如"的意思,但不是"情愿失败"。

(19) 世外桃园(源)

"世外桃源"典出陶渊明的《桃花源记》。作者在文中虚构了世外幽境,土地平旷,良田美池,阡陌交通,人们与世隔绝,怡然自乐,"不知有汉,无论魏晋"。后世用"世外桃源"比喻幻想中的美好世界。

(20) 央央(泱泱)大国

央,会意字,从冂从大。冂,坰的古字,义为"城郊",在央字里表"界内"义;大,人正立的形象;人居冂中,会意为"中心","中央"即本义。央字叠用(央央,读作 yīngyīng),含义有二:其一,鲜明的样子。如《诗经·小雅·车》:"出车彭彭,旂旐央央。"其二,声音和谐。如《诗经·周颂·载见》:"龙旂阳阳,和铃央央。"这两个"央央",音义均与"泱泱"不同。泱泱,读作 yāngyāng,义为"水面广阔",如"湖水泱泱"。引申为"风度气魄宏大","泱泱大国"的含义就是"大国的风度和气魄"。

(21) 出奇致(制)胜

"出奇制胜"错作"出奇致胜",问题出在对制字含义的误解上。人们以为:"制"的含义是"制造","制造胜利"显然不通;而"致"有"达到"一义,"达到胜利"似乎合理一些。其实"制"是一形二字,是制字,又是"製"的简化字,制和製原本是形和义都不相同的两个字。制,小篆作𫠜,会意字,从未从刀,未,表示枝繁叶茂、果实累累,用刀对未,会意为"取"。这个"制"与"制(製)造"不相干。"出奇制胜"的含义是:用奇兵或奇计战胜敌人,比喻用对方意想不到的方法来取胜。

(22) 出奇(其)不意

"出其不意"语出《孙子兵法·计篇》:"兵者,诡道也。……攻其不备,出其不意。"句中的"其"是代词,含义是"他(他们)的","出其不意"的意思是:趁对方没有料到(就采取行动)。

(23) 自抱(暴)自弃

"自暴自弃"语出《孟子·离娄上》:"言非礼义,谓之自暴也;吾身不能居仁由义,谓之自弃。"孟子这句话的意思是:一个人的言行若背弃仁义道德,就无异于自己糟蹋自己。后世用作成语,泛指自甘落后,不求上进。"自抱自弃"不通。

(24) 仗义直(执)言

执言,说公道话。直言,毫无顾忌地说出来,如"直言不讳"。"仗义执言"语出明代归有光《昆山县倭寇始末书》:"仪部王主政,不忍官民罹此荼毒,受此萎菲,挺身冒险,仗义执言,乃至暴没,皆愤愤不平之所致也。""仗义执言"的意思是:为了主持正义说公道话。

(25) 见风驶(使)舵

使,本义"派遣",引申为"使用、掌握"。"使舵"即掌舵。"见风使舵"直译是"看风向掌舵行船"。作为惯用语,用的是比喻义,比喻投机或看人眼色行事。驶,本义"马疾行",引申为泛指车马奔跑。在现代汉语里,"驶"有"驾驶"义,但无"掌握"义,没有"驶舵"这个词。

(26) 行(形)迹可疑

"形迹"是个多义词,用得多的义项有四个:①踪迹;②痕迹;③礼法,规矩;④举止神情。在"形迹可疑"里,"形迹"表"举止神情"义。"形迹可疑"的意思是:举止神情令人怀疑。"行迹"和"形迹"不是同义词,"行迹"又作"行踪",含义是"行动的踪迹",多指目前停留的地方,例如"行迹无定"。

(27) 走头(投)无路

走字古今含义不同:古义"疾行",即跑;今义"步行"。投,本义"掷",引申为"前去"。走投即"投奔"。本想投奔,却无人接纳,因而陷入绝境。这就是"走投无路"的原始含义。作为成语,比喻陷入绝境,没有出路。不是"走到头发觉无路可走了"。

(28) 耳熟能祥(详)

详:详尽。耳熟:听得多了,熟悉了。耳熟能详:听的次数多了,熟悉了,能够详尽地复述。祥,吉利。"能祥"不通。

（29）如影随行（形）

形，形体；影，形体在日光下的影子。有形才能有影，影是伴随形产生的。如影随形：如同影子总是跟随形体，形走影走，形停影停。比喻两个人十分亲密。

（30）关怀倍（备）至　倍（备）受欢迎　艰苦倍（备）尝

甲骨文"备"（㢝）字，是"盛矢之具"的象形字，含义就是"具"（器具）。演变到小篆（㣇），字形变了，含义增加了"慎"，兼有"具""慎"二义。由"具"引申为"具有"（具备），又引申为"完全"（齐备）。由"慎"引申为"预"和"防"（预备、防备）。"关怀备至"中的"备"，用的是"完全"义：关怀得全面周到。类似的成语还有"艰苦备尝"（什么艰难困苦都经历过）、"备受欢迎"（受到广泛的欢迎）。倍，形声字，从人咅声，是"背"的本字。古文里常用"倍"表示"反叛"，表示"背诵"。后来，"倍"的本义为后造字"背"取代，而被假借表示"跟原数相等的数"，又引申为"程度比原来深得多"，如"倍感亲切"（感到格外亲切）、"倍加呵护"（格外呵护）、"干劲倍增"。"倍"和"备"，虽然都表示"程度"，但具体含义不同：备表示的是广度，倍表示的是深度。

（31）声名雀（鹊）起

鹊，喜鹊；鹊起，比喻兴起、传扬。声名鹊起，比喻名声迅速高扬。雀，小鸟，常见的有燕雀。这种小鸟飞不高，常栖居农家屋檐，古代文人用它比喻庸人志短，有"燕雀安知鸿鹄之志哉"的名句。所以，"鹊起"不可写作"雀起"。

（32）言简意骇（赅）

赅，音 gāi。《正字通》释义为"兼该"，用现代语言说就是"包括"和"完备"。"言简意赅"的意思就是：言语简明而意思完备。骇，音 hài，《说文解字》释义为"惊"，即惊吓、震惊。如"惊涛骇浪""骇人听闻""骇然失色"。"言简意骇"无解。

（33）洁白无暇（瑕）

瑕：玉上的斑点，常被用来比喻人或物的缺陷，如"白璧微瑕""瑕不掩瑜"。无瑕：没有瑕疵。洁白：纯白色，即没有被其他颜色染污的白色。"洁白无瑕"形容人的纯洁和物的纯净。暇：空闲时间。无暇：没有空闲时间。"无暇"和"洁白"搭配不起来。

（34）迫不急（及）待

及，本义"达到"，引申为"赶上，顾到"。"来不及"的意思是：因时间短促，无法顾到或赶上。"迫不及待"直译是：急迫得来不及等待。作为成语，形容事情非常紧迫，不容片刻拖延。

（35）攻城掠（略）地

"掠"和"略"，都有"夺取"的含义，但在用法上，夺取的对象不同。掠，夺取的对象是人、财、物，如"奸淫掳掠"；略，夺取的对象是土地、城池，"攻城略地"即攻占城池。

(36) 针贬（砭）时弊

"针"和"砭"，都是名词。针：用作针灸的金属针。砭：远古时代治病用的石针。"针"和"砭"，都是治病的工具。"针砭时弊"里的"针砭"用作动词，当"指出"讲，"针砭时弊"即指出时下弊端。贬，本指货币购买力下降，即贬值，引申为"贬低""贬责"，无"指出"含义。

(37) 沤（呕）心沥血

呕心，即呕出心，形容费尽心思，多用于形容文艺创作用心过度。沥血，即滴血，多用以表示竭尽忠诚。后世将"呕心"和"沥血"合成为成语，形容费尽心血。沤，义为"长时间的浸泡"，"沤心"无解。

(38) 再接再励（厉）

"再接再厉"语出韩愈、孟郊合写的《斗鸡联句》："一喷一醒然，再接再砺乃。"原来，两位诗人一块儿观斗鸡。两只斗鸡斗了几个回合，便双双退出战斗，此时，两只鸡的主人便给鸡喷水，一喷水，两只鸡就像睡了一觉醒来，又精神抖擞起来。但是，它们并不立即厮斗，而是各自在地上磨喙。孟郊见此情景，脱口而出两句诗："一喷一醒然，再接再砺乃。""再接"即再斗，"再砺"即再斗之前先磨砺。厉是砺的本字，所以"再接再砺"本作"再接再厉"。成语"再接再厉"，比喻做事贵在坚持，要一次接着一次地不断努力。

(39) 穿（川）流不息

"川流不息"语意本于《论语·子罕》："子在川上曰：'逝者如斯夫！不舍昼夜。'"本意比喻时光永无休止地流逝。"川流不息"却不是比喻时光流逝，而是比喻行人、车马、船只连续不断。穿，会意字，从牙从穴，会意为"破、透"，"水滴石穿"即本义。由"透"引申为"通过"，如"穿行"，但没有"连续不断"的意思。

(40) 斧（釜）底抽薪

釜：做饭用的锅。薪：柴草，烧火做饭的燃料。"釜底抽薪"直译是"把锅底下的柴火抽掉"。把柴火抽掉，火自然会熄灭，饭就做不成了。作为成语，比喻从根本上解决问题。

(41) 明火执杖（仗）

仗，本义"兵器"，"执仗"即手持兵器。明火执仗：举着火把，拿着武器（不是"拿着棍棒"），公开抢劫。显然，"明火执仗"是强盗行为。

(42) 前扑（仆）后继 风尘扑扑（仆仆）

"仆"是一形二字："仆"字，又是"僕"的简化字。仆，形声字，从人卜声，本义"顿首"。引申为"向前倾倒"，成语"前仆后继"中的"仆"即此义：前面的人倒下了，后面的人继续前进。"僕"是个古老的字，产生于奴隶社会，本义就是"奴隶"。"僕"字叠用"僕僕"（仆仆），表示劳累。成语"风尘僕僕（仆仆）"，形容旅途劳累。"仆"、"僕"（仆）二字含义不同，读音也不同："仆"音

pū，"僕"（仆）音 pú。"扑"是"撲"的简化字，本义"以杖击背"（《说文解字》）。引申为"打击"（摧扑）、"拂、拭、拍"（扑面、扑粉、扑蝶）。"扑"字既不能表示"倒下"，也不能叠用表示"劳累"。

（43）烩（脍）灸（炙）人口

"烩灸人口"四个字错了两个，原因是不明了"脍炙"二字的含义，加之"烩"与"脍"、"灸"与"炙"形似。脍，形声字，从肉会声，意为"切得很细的肉"；炙，会意字，从肉从火，意为"烤肉"：脍炙，切得很细的烤肉。"脍炙"一词出自《孟子·尽心下》："公孙丑问曰：'脍炙与羊枣孰美？'孟子曰：'脍炙哉！'"后世用"脍炙人口"比喻优美的诗文或美好的事物得到人们交口称赞。烩，音 huì，一种烹调方法。灸，中医用燃烧艾绒卷熏穴位治病的疗法。"烩灸"无解。

（44）弱不经（禁）风

"弱不禁风"中的"禁"，不读 jìn，而读 jīn，含义也不是"禁止"或"监禁"，而是"承受"。"弱不禁风"形容的是：娇弱得连风都承受不住的那种病态。这个"禁风"和"经风雨"含义完全不同："禁风"的含义是"承受风"；"经风雨"的含义是"经历风雨的磨炼"。

（45）金榜提（题）名

古代科举考试分为乡试、会试、殿试三个等级，殿试的结果张榜公布，这个榜称作"金榜"。"题名"和"提名"含义不同。题名：榜上有名，表示已经及第。提名：提到名字，表示获得候选资格。"金榜题名"是古代学子奋斗的最高目标，是人生最大的荣耀。

（46）金璧（碧）辉煌

"金碧"是国画的两种颜料：泥金、石绿。用这两种颜料画出来的画，鲜亮耀眼。金碧辉煌，形容建筑物装饰华丽，光彩夺目。

（47）温文而（尔）雅

温：性情平和。文：柔和。尔：通迩，义为"近"。雅：高尚；不粗俗。"温文尔雅"的意思是：态度温和，举止文雅。

（48）要言不凡（烦）

"要"是个多义字，通常用得多的有：①重大，主要；②想，希望；③简明，不烦琐。"要言"兼有①、③两义，意思是简要而义切中实际的话语。烦：又多又乱。不烦，不多不乱，"要言不烦"的意思是，说话、行文简明扼要。凡：平常，平凡；不凡，不平常，不平凡，如"自命不凡"。"不烦"与"不凡"含义完全不同。

（49）趋之若鹜（鹜）

"鹜"和"骛"形似音同，其含义的区别在于，鹜从鸟，骛从马。鹜是禽类，即鸭子。骛与马有关系，本义"纵横奔驰"，引申为"追求"。"趋之若鹜"语出《史记·货殖列传》："走死地如鹜者，其实为财用耳。"李渔在《笠翁文集·与赵声伯文学》中，把"走死地如鹜者"缩成"趋之若鹜"："蝇头之利几何，而此辈趋之若鹜。"显然，"趋之若鹜"含有贬义，比喻成群的人追逐某一不正当事物。

（50）责无旁代（贷）

贷，本义"借入或借出"。贷方要守信，负起还贷的责任，不可推卸给别人。"责无旁贷"的含义是：自己应尽的责任，不能推卸给别人。而"代"义为"替代"，无"推卸"含义，所以"旁贷"不可写作"旁代"。

（51）挺（铤）而走险

铤，"铜铁朴也"（《说文解字》），即铜铁的粗料，唐以后称"锭"。但在这一成语里，"铤"作"快跑"解。走险，奔赴险处。"铤而走险"语出《左传·文公十七年》："又曰：'鹿死不择音（荫）。'小国之事大国也，德则其人也；不德，则其鹿也。铤而走险，急何能择。""铤而走险"的意思是：因为无路可走而采取冒险行动。挺，本义"直立"，引申为"伸直"或"凸出"，无"快跑"义。

（52）变本加利（厉）

"变本加厉"语出南朝梁萧统《文选·序》："盖踵其事而增华，变其本而加厉，物既有之，文亦宜然。""踵事增华，变本加厉"的含义，通常解释为"在前人创造的基础上增加华丽的成分"或"继续以前的事业并更加发展"。"变本加厉"作为成语，已经脱离了《文选·序》的原意，"厉"当"更加严重"讲，"变本加厉"的意思是：变得比原来更加严重。

（53）黄梁（粱）美梦

"黄粱美梦"原作"黄粱一梦"，它有个典故：有个卢生在邯郸旅店里遇到道士吕翁，两人交谈时，卢生自叹穷困。吕道士听了，从囊中取出青瓷枕，让卢生枕着睡觉。这时旅店主人正在做黄粱（小米）饭。卢生很快进入梦乡，在梦境中享受荣华富贵。卢生梦醒时，黄粱饭还没煮熟。苏东坡将这个典故用在诗里："只知紫绶（紫绶：最高一级系印丝带，指高官和权势）三公贵，不觉黄粱一梦游。"后世把"黄粱一梦"作为成语，比喻虚幻的梦境。

（54）悠（优）哉游哉

优，本义"饶"，即吃饱了。"饶"的第一引申义是"有余"，例如"有余力""有余暇"。"优哉游哉"里的"优"，是"有余暇"的引申义：悠闲。"优哉游哉"又作"优游"，形容悠闲自得的样子。

（55）悬梁刺骨（股）

"悬梁"和"刺股"，出自两个典故。"悬梁"典出《汉书》："（孙敬）好读书，晨夕不休，及至眠睡疲寝，以绳系头，悬屋梁。""刺股"典出《战国策》："（苏秦）读书欲睡，引锥自刺其股，血流至足。"后世用"悬梁刺股"形容发愤读书。

（56）珊珊（姗姗）来迟

姗姗，本是形容女子从容缓步的样子，后泛指行走缓慢。"姗姗来迟"语出

《汉书·外戚传·孝武李夫人》:"是邪,非邪?立而望之,偏何姗姗其来迟!"即为何慢腾腾地来得这么晚。跚,跛脚,如"蹒跚",没有"慢腾腾"的意思。

(57) 姿(恣)意妄为

恣:放纵;没有拘束。恣意:任意,任性。妄:荒谬不合理,用作副词表示"出了常规地"。妄为:胡作非为。"恣意妄为",形容任性放纵,胡作非为。姿,容貌,"姿意"无解。

(58) 流言非(蜚)语

蜚,《说文解字》释义为"臭虫负蠜"。臭虫和负蠜是什么昆虫?古代注家有臭虫、蝗虫、蟑螂、大蚂蚁诸说,总之是害虫。"流言蜚语"原作"流言飞语"。蜚,古通"飞",因此,"流言飞语"也作"流言蜚语"。"流言"和"蜚语"(或"飞语")是同义词,含义都是"没有根据的话"。

(59) 流光异(溢)彩

溢字的本义是"充满而流出来"。"流光溢彩"里的"溢"是"流动"的意思,"流光溢彩"形容光彩流动闪烁。异,繁体作"異",会意字,从廾从畀。廾,义为"双手";畀,义为"给予";手畀合体,会意为"分"。现代汉语里的"离异"中的"异"是本义。引申为"不同""别的""奇怪"等义,如"存异""异样""异味""奇异""怪异"。"异彩"和"溢彩"含义完全不同,它形容的是"奇异的光彩"(如"大放异彩""异彩纷呈"),比喻突出的成就或表现。

(60) 真知卓(灼)见

灼,本义"火烧",引申为"透彻";灼见,透彻的见解。卓,高;卓见,高明的见解。"高明"和"透彻"含义不同:"高明"意为"高超","透彻"意为"详尽而深入"。"灼见"(透彻的见解)是建立在"真知"基础上的,因此形成"真知灼见"这一成语。

(61) 按步(部)就班

"按部就班"语出晋代陆机《文赋》:"收百世之阙文,采千载之遗韵……然后选义按部,考辞就班。"部,指门类;班,指规则。"按部"和"就班"说的是选文和修辞,选文要分门别类,修辞要符合语言表达规则。后世将"按部就班"作为成语,引入学习和做事,强调学习要循序渐进,做事要遵循一定的程序。"按步就班"就不知何义了。

(62) 棉(绵)里藏针

绵,丝绵。"绵里藏针"直译就是"用丝绵裹着铁针",但这个"绵"用的是比喻义:柔和。"绵里藏针"有两个比喻义:其一,比喻外貌和善而内心刻薄;其二,比喻柔中有刚,常用来形容书法。

(63) 骨梗(鲠)在喉

骨鲠:鱼骨头,即鱼刺。"骨鲠在喉"直译为"鱼刺卡在喉咙里",作为成语,比喻有话憋在心里不吐不快。

（64）轻歌漫（曼）舞

曼，本义作"引"讲。引申为"使长"，即"拉长"，又引申为"长"。屈原《离骚》名句："路曼曼其修远兮，吾将上下而求索。"曼曼，形容路很长很长。由"长"引申为"柔"，"曼舞"中的"曼"用的是"柔"义，"曼舞"即"柔美的舞姿"。"轻歌曼舞"的含义是：轻快的音乐，柔美的舞蹈。漫字的本义是"水满外溢"，引申为"淹没"，又引申为"非常广阔"，如"漫无边际"。由"广阔"引申为"长"，如"漫长""长夜漫漫"，但没有"柔美"的意思，所以不能写作"漫舞"。

（65）旁证（征）博引

旁，小篆作旁，会意兼形声字，从二从冃从方。二是古上字，表示上下；冃表示左右；上下左右加四方，会意为"广泛"。征，"徵"的简化字，含义是"搜集"。"旁征"的含义是"广泛搜集"，"博引"的含义是"大量引证"。旁字的本义现在用得很少，而它的别义"侧边"却成了流行义，以致不少人只知"侧边"而不知"广泛"，于是想当然地将"旁征"（广泛搜集）误解为寻找"旁证"。

（66）蛛丝蚂（马）迹

"蛛丝马迹"语出唐代杨筠松《龙经·统说·破军星七》："引到平处如蛛丝，欲断不断马迹过，东西隐显梭中丝。"原意是形容地脉如蜘蛛之引丝，如马过之留迹。后世用"蛛丝马迹"作为成语，比喻隐约可寻的线索或迹象。"马迹"是马走过路上留下的蹄痕，不是蚂蚁的留迹。

（67）萎糜（靡）不振

萎：无精打采，不振作。靡：顺风倒下。萎靡不振：精神不振，意志消沉。糜，本义"粥"，引申为"烂"，如"糜烂"。又引申为"浪费"，如"糜费""奢糜"。糜和意志、精神无关。

（68）掩（偃）旗息鼓

偃，本义"人倒地若卧"，引申为"藏匿"。"偃旗息鼓"语出《三国志·蜀书·赵云传》：赵云从曹军的包围中冲杀出来，回到自己的营寨，"更大开门，偃旗息鼓"；曹操看到这种情形，疑有埋伏，不敢继续进攻。这一成语，用藏匿旗帜、不擂战鼓形容军中肃静无声、隐蔽行动。

（69）谈笑风声（生）

"谈笑风生"语出宋代李之仪《姑溪居士文集》："笑谈璀璨风生坐，翰墨纵横思涌泉。""风"指风趣，"生"是动词，即产生、发生。"谈笑风生"，形容人们兴致勃勃，谈笑自如，风趣盎然，"生"出欢快活跃的气氛。

（70）食不裹（果）腹

"果腹"语出《庄子·逍遥游》："适莽苍者，三餐而反，腹犹果然。"果，本指木本植物结的果实，庄子因其饱满圆胀而用以形容人饱足的样子。"食不果腹"

则相反，形容吃不饱肚子的贫苦生活。裹，用纸、布或其他片状物缠绕、包扎，没有"饱足"的意思。

(71) 鬼域（蜮）伎俩

蜮：传说中在水里暗中害人的怪物，鬼蜮即鬼怪。伎俩：不正当手段。"鬼蜮伎俩"的含义是：阴险害人的手段，比喻用心险恶。域：在一定疆界内的地方，引申为泛指某种范围，鬼域即鬼的世界，显然与成语所要表达的意思不同。

(72) 暗（黯）然失色

"暗""黯"二字同音，本义也相同，都作"光线不足"解。因此，暗和黯在表达本义时可以通用，如"暗淡"也作"黯淡"。但二字各自的引申义却不相同。暗引申为"隐藏""秘密的""糊涂""不明白"等义；黯引申为"失去本色""情绪低落""极度伤感"等义。"黯然失色"比喻人物或事物衰落，仿佛失去原有的色泽或光彩。还有"黯然神伤"（心神悲伤的样子）、"神色黯然"（情绪低落）、"黯然销魂"（极度沮丧，好像失魂落魄）中的"黯"，都不可换作"暗"。

(73) 淡薄（泊）明志

"淡泊"与"淡薄"二词含义不同。淡泊，语出《东观汉记·郑均传》：（郑均）"好黄老，淡泊无欲，清静自守。""淡泊"的含义为恬淡，不追求名利。"淡泊明志"语出诸葛亮《诫子书》："夫君子之行，静以修身，俭以养德，非淡泊无以明志，非宁静无以致远。""淡泊明志"的意思是：只有不为名利所羁，才能表现出高尚的志趣。淡薄，含义是"密度小"（空气淡薄）、"味不浓"（酒味淡薄）、"印象不深"（印象淡薄）等，与人的志趣无关。

(74) 破斧（釜）沉舟

破釜：砸破饭锅。沉舟：凿沉船只。"破釜沉舟"语出《孙子·九地》："焚舟破釜，若驱羊群而往。"据《史记·项羽本纪》记载，项羽率兵渡漳河击秦，曾用孙子这一兵法，渡河后破釜沉舟。楚兵后无退路，个个奋勇杀敌，无不以一当十，结果大败秦军。后世将"破釜沉舟"作为成语，比喻下定决心不顾一切干到底。

(75) 稍（少）安勿（毋）躁

"少安毋躁"的含义是：耐心一点，不要急躁。宋代诗人陆游曾在诗作《雨》中用了这个成语："上策莫如常熟睡，少安毋躁会当晴。"遇到大雨最好的办法是睡一觉，不要急躁，耐心等待，天终归会转晴的。

(76) 震（振）聋发聩

振与发同义，都是"唤起"的意思；聋和聩也同义，都是"耳聋"。"振聋发聩"比喻唤醒精神麻木的人。震，义为"震动"，如"震耳欲聋"，没有"唤起"的含义。"振聋发聩"与"震耳欲聋"含义完全不同。

(77) 蓬壁（荜）生辉

蓬：一种草的名称。荜：同筚，用荆条、竹子等编制的篱笆。蓬荜："蓬门荜户"的省略词，直译是"用草、荆条、竹子修建的房屋"，形容房屋简陋。"蓬荜生辉"是谦词，语出《醒世恒言》："尼姑道：'小尼僻居荒野，无德无能，谬承枉顾，蓬荜生辉。'"表示自己的陋室由于贵客的到来而增加了光彩。

(78) 羁（桀）骜不驯

桀，音 jié，原本是"鸡栖息的木桩"，《诗经·王风》有"鸡栖于桀，日之夕矣"句。引申为高出，特立，特指杰出的人，这个意义后来写作傑。桀、傑古今字。由高出又引申为不驯顺，强悍，凶暴。骜，音 ào，义为"傲慢、倔强"。桀骜不驯：形容性情倔强不驯顺。

(79) 额首（手）称庆

额手：以手加额，即把手放在脑门上。"额手"是人们在表示庆幸时的一种常见动作，所以常用来形容高兴、喜悦的情态。"额手称庆"的意思是：以手加额，表示庆幸。额是首（头）的一个部位，首和额是包容关系，"额首"在逻辑上说不通。

(80) 竭泽而鱼（渔）

鱼是名词，渔是动词，含义是"捕鱼"。渔字的甲骨文（ ）和金文（ ）都是会意字：甲骨文"渔"由手、丝、鱼组合而成，表示"持丝钓鱼"，金文"渔"由手、水、鱼组合而成，表示"从水中捉鱼"。演变成小篆，"手"省略了，剩下水和鱼，含义还是"捕鱼"。"竭泽而渔"直译是"排尽湖水捕鱼"，比喻一味索取而不留余地，只顾眼前利益而不顾长远利益。

(81) 渊（源）远流长

源远：源头的水深远。流长：水流过的地域长。后来演变为成语"源远流长"，比喻根源深远、历史悠久。渊：深水。渊和远搭配不起来。

(82) 淹（湮）没无闻

湮：埋没。"湮没"原作"湮灭"。"湮灭无闻"语出晋习凿齿《襄阳耆旧记》："羊公（祜）与邹闰甫（湛）登岘山，垂泣曰：'有宇宙便有此山，由来贤达登此远望者多矣，皆湮灭无闻，不得而知。念此令人悲伤。'"作者感叹许多贤达不为后人所知。因为"没""灭"同义，后世改作"湮没无闻"，比喻人才或事迹被埋没。淹，义为"大水漫过"，无"埋没"义。

(83) 遗（贻）笑大方

"贻笑大方"语出《庄子·秋水》，庄子讲了一个故事，说是秋水暴涨，小河的水都汇入黄河，黄河顿时变得宽阔起来，都看不清对岸的牛马了。黄河之神河伯沾沾自喜，以为黄河是天下最壮美的。他顺流而下，不觉到了北海。向东望去，无边无涯，只见天水相连。这时，河伯才感到自己太渺小了，不禁"望洋向若而叹曰：'吾长见笑于大方之家！'""大方之家"，即博学多才的行家，缩略为"大方"。"见笑于大方之家"后来演变成成语"贻笑大方"，意思是"让行家里手见笑"。"贻笑"为什么常错作"遗笑"？一是遗、贻同音，二是遗、贻都有"留下"的含义。但是，遗、贻二字的用法是不同的：表示一般"留下"义用"贻"；表示死人"留下"义用"遗"。"贻笑""贻误""贻害"三词中的"贻",表示的正是一般的留下。

(84) 磬(罄)竹难书

罄是会意字,上面是"磬"(省去"石"),下面是"缶",磬缶合体,会意为"尽"。磬缶合体为何会意为"尽"?缶,古代日用瓦器;磬,古代用石或玉制作的打击乐器。缶本是盛物用的,却挂起来当磬敲,表示"缶中空",会意为"尽"。竹,在这一成语中表示"竹简",古代的书写材料。"罄竹难书"语出《旧唐书·李密传》,李密是隋末瓦岗寨起义领袖,他写了一篇讨伐隋炀帝的檄文,在列举隋炀帝十大罪状之后,写了两句话:"罄南山之竹,书罪无穷;决东海之波,流恶难尽。"意思是:把南山的竹子都砍下来做成竹简,也写不完隋炀帝的罪行;把东海的水都放过来,也洗不尽隋炀帝的罪恶。后世把"罄竹难书"作为成语,比喻罪大恶极。

(85) 鼎立(力)相助

鼎:古代的一种烹饪器物,圆(或方)形三足两耳。人们常用"鼎立"(鼎的三足)比喻三方对立的局势。所以,"鼎立"和"相助"是矛盾的。"鼎立相助"应作"鼎力相助"。鼎后来越做越大,并且演变成帝业的象征。人们常用"鼎力相助"表示请托或感谢对方的大力协助。

(86) 默(墨)守成规

"墨守"即墨子之守。战国时期,楚惠王准备攻打宋国,要鲁班制造攻城器械。墨子得知,前去劝阻。楚惠王不听劝阻,墨子便解下衣带当城墙,当场与鲁班较量攻守。鲁班设计了九种攻城器械,都被墨子一一破了。楚惠王看了他们的较量,终于取消了攻打宋国的计划。因为墨子善守,人们便将牢守、固守称作"墨守"。后来演变为成语"墨守成规","墨守"的含义改变了,变成"因循守旧","墨守成规"比喻因循守旧、不知变通。默:不说话,不出声。没有"默守"这个词。

(87) 滥芋(竽)充数

竽,古代的一种竹制乐器。"滥竽充数"语出《韩非子》,说是有位南郭先生,拿着竽混进乐队,装模作样地"吹竽"。后来国王要他独奏,终于露了马脚,原来他不会吹竽。后人用"滥竽充数"这个典故,比喻没有真才实学的人混在行家里面充数。芋,一种多年生草本植物,其块茎叫作"芋头",可食用。竽、芋二字,读音也不同:竽音 yú,芋音 yù。

(四) 义近字混淆误用

汉字有一字多义、多字同义的情况,因此,含义相同但用法不同的字、含义接近的字,都容易混淆误用。例析如下。

(1) 才　材

才,小篆作才,象形字,草木初生之象形,含义就是"草木之初"(《说文解字》)。草木初生,生命力旺盛,因而引申出"有才能"的含义,于是有了"才干""才学""才思""才华""才智""人才""才子"等词。在古汉语里,"才"是"纔"的通假字,现代汉语将"才"作为"纔"的简化字,"才"因而成了一形二字。"才"作为"纔"的简化字,含义是"以前不久"。引申义有三:①表示只是在某种条件下才会怎样(如:"只有……才能……");②表示发生新情况,原本并非如此(如:"经他解释之后,我才明白缘由");③对比起来表示数量小、次数少、程度低(如:"这家工厂创办时,全厂职工才十个人")。

材,会意兼形声字,从木从才才亦声,本义"堪用之木",后泛指可用之物,如"木材""钢材""材料"。引申为"资料",如"教材""题材""素材"。又引申为"资质",孔子主张的"因材施教",意思就是根据受教育者的资质施行教育。由"资质"又引申为"有才能",这个引申义与"才"同义,所以在古汉语里表示此义时才和材通用。依据现代汉语规范,"材"不再表"有才能"义,因此,"人才""才干""才智""才德"中的"才"不可写作"材"。

(2) 分　份

分,会意字,从八从刀。八是"分"的本字,后来,"八"被假借用作数词,遂在"八"下加"刀"造新字,表示"以刀剖物使之两半",这是分字的本义。分与合相对立,因而引申出"离散"(分离、分裂)、"离别"(分别、分手)、"散布"(分布)、"辨别"(分辨)、"辩解"(分辩)、"隔离"(分隔)、"限度"(分寸)、"界限"(分界)等义。物质是可以无限分的,于是有"百分比""万分比"。物质的最小部分(微粒)称作"成分",由此引申出"职权限度",如"分内""分外""安分""本分""过分""非分""恰如其分"等词。又引申为"人与人相处的情感、情义"(情分)、"人与人遇合的机会"(缘分)等义。"成分"及其引申义的"分",不读 fēn,而读 fèn。

份是后造字,含义是:整体的一部分。如"份额""股份"。引申义有:分摊的部分(凑份子),表示搭配成组的东西(份饭)。用作量词,表示报刊、文件的单位(一份报纸,本合同一式两份),表示划分的单位(省份、年份、月份)等。

"成分"和"成份",在表示个人早先的主要经历或职业时,是同义异形词,以"成分"为首选词形。表示自身所处的地位或受人尊重的地位等意义,本应用"身分",但社会上多用"身份"(如"身份证"),本着"通用性"的原则,采用"身份"一词。

常见的使用错误是:在表示构成事物的各种不同的物质或因素时本应用"成分"而误用了"成份"。

(3) 订　定

订,本义"评议、评定"。《论衡·案书》:"两论相订,是非乃见。""相订"即比较评议。引申为"经过商议而签约"(签订)、"预先约定"(订报、订货)、"文字修改校正"(修订、校订)。

定，本义"安"，"安定""稳定""安邦定国"都是本义。引申为"固定的"（定式）、"不变的"（定论、定理、定数）、"必然的"（定然）、"最后的决定"（定案）等。

订、定二字，含义区别明显，一般不会混淆。但在"约定""预定"意义上，使用时却往往把握不住。与"约定"相关的词，常用的有：订货—定货，订单—定单，订购—定购，订婚—定婚。本来，这些词均应用"订"，表示"预先约定"。后来，人们为了强调确定性，改"订"为"定"。其实是不必要的。

与"约定"相联系的词，常用的有：预订—预定，制订—制定，审订—审定。使用这些词时，要注意它们之间的细微差别。

预订：预先订购，以得到某种拥有权或使用权。

预定：预先规定或约定。

制订：突出拟订、草拟、创制。

制定：突出确定下来，正式实施。

审订：突出查阅修订。

审定：突出审查认定。

(4) 长　常

长，实际上是一形二字：一读 cháng，意为"久远"；一读 zhǎng，意为"生长"。和"常"字音同义近的是表"久远"的"长"。由"久远"引申出"长"（长江、长城）、"高"（身长）、"远"（长远、长跑、长征）、"大"（长风）、"辽阔"（长天、长空）、"久"（长期、长年累月、长夜）、"永远"（长治、长眠、长辞）、"专精"（特长、擅长）、"两点之间的距离"（长度）、"多余"（长物）等。

常，本义作"旗"讲（《说文通训定声》）。古代天子王侯在宅第悬挂旗帜，上绘日月，象征崇高和尊贵。这种旗帜就叫作"常"。常，形如长巾，长一丈六尺，是古代长度"寻"的一倍，"常"因此也成了长度单位，两寻为一常。"两寻为一常"，是社会公认的长度单位，由此"常"又有了"一般、平凡"的含义，如"寻常""平常""日常""常人""常识"。又引申为"经常"（常常、时常）。又引申为"一定不变"，如"常性""常态""守常""常数""常规"。又引申为"法令、伦理"，如"国常"（国家法令）、"伦常"（父母兄弟相处的原则）。不正常或违反常规的事称作"反常"，很不正常的事称作"非常"。

"长"的"久远"义和常的"经常"义很接近，如"细水长流""长盛不衰""长生不老"与"四季常青""常胜将军""常备不懈"词义接近。但是，义近并不等于义同，它们的区别就在于：长表示的是"久远"；"常"表示的是"经常"。南朝诗人谢灵运有诗云："不怨秋夕长，常苦夏日短。"诗中长、常二字的运用，正确地反映了它们含义的区别。

(5) 汲　吸

汲，本义"引水于井"（《说文解字》），即从井中取水。后泛指打水、取水。

吸，从口，本义"纳息"（《说文解字》），即从口鼻中吸气入肺。

"汲取"和"吸取"，都有"吸收"的意思，但同中有异，其差异在于："汲取"本指液体或营养的吸收摄取，后也指"知识""经验教训"的吸收。"吸取"强调吸收采纳，如"吸取精华"。比较分析："吸取"应用范围比"汲取"宽一些。

（6）作　做

"作"最早见于殷墟甲骨文，写作"ᘓ"，即乍。演变成小篆（𠂇），"乍"左旁加了个"人"，《说文解字》释义为"起也"。这是"作"的本义。现代汉语仍在使用的"作息""枪声大作"中的"作"，都是"起"的意思。"乍"演变成"作"，增加了一含义：工作。所以，作字的引申义分别由"起"和"工作"二义而衍生：由"起"引申出"振作""发作""动作"等义；由"工作"引申出"制造""从事""充当""行为"等义。

"做"是后造字，明末出版的《正字通》这样为"做"释义："做，作俗字也。"这就是说，明代后期，"做"才作为"作"的俗字在社会上流行。著名语言文字学家吕叔湘认为，"做"字的流行，是一种"文白异读"现象。因此，他提出：区别作、做二字，"基本上还是用'文'和'白'做标准"。具体说：①内容抽象的或书面语言色彩重的词语，一般用"作"，内容具体的或口语色彩重的词语，一般用"做"；②表"身份""成绩""行为"等义的"作为"，书面语言色彩重，用"作"不用"做"；③做单音节动词用，多数用"做"，少数用"作"的，其宾语的含义也比较抽象；④动宾词组中宾语是动名词的，如"调查""报告""贡献""动员""处理"等，一般用"作"；⑤动宾词组中宾语是一般名词的，如"买卖""体操""游戏""家务""学问""功课""笔记""文章"等，一般用"做"；⑥吕叔湘先生还说，如果一时分辨不清楚，"宁可用'作'不用'做'"。

（7）会　汇

会字的甲骨文（ᘓ）和金文（ᘓ），都是象形字，用有盖器具形状，表上下相合之义，本义为"合"，楷书讹变为"會"（今简化作"会"），但含义没有变，还是"合"。

汇，繁体作"匯"，会意字，从匚从淮。匚，盛物的器具，在匯字里表"围"义；淮，淮河；围淮防汛，会意为"堤"。后来，汇字的本义被"堤"取代，而被假借表"两水合流"义。

会和汇都有"合"义，因此在表"合"义时，同音同义，可以通用。如"会合"与"汇合"，"会集"与"汇集"，"会聚"与"汇聚"，"会演"与"汇演"，都可以通用。但在特定语境里，会、汇用法又不同。例如："会师""会面""会客""会见"，都是人的行为，用"会"不用"汇"。"汇流""两河汇合""汇涓为海"，都是水流聚集，用"汇"不用"会"。会字还有"共同、一起"的引申义，如"会考""会试""会谈""会同""会晤""会诊"等，汇字无此引申义，这些词用"会"不用"汇"。现代金融术语"外汇""汇价""汇率""汇票""汇款"等词,用"会"可能产生歧义,所以用"汇"不用"会"。

还有一个和会、汇同音的字:彙,含义是"类聚、综合"。这个"彙",在汉字简化时用"汇"替代,例如"字汇""词汇""汇报""汇刊""汇编""汇展"等,这些词中的"汇"是"彙"的替代字,与汇本字无关。

(8) 记 纪

记,形声字,从言己声,本义"录言",即用文字把言语记录下来。"记录"即本义,记录在脑子里叫"记忆",用符号快速记录叫"速记",摘要记录叫"摘记",用文字叙事叫"记叙""记述",记叙人和事的作品叫"笔记""游记""传记"。

纪,形声字,从丝己声,本义"别丝"。丝各有一端,将若干丝端合为一束叫做"纪"。别丝,必须找到丝之绪,由此引申出"人纪"(人伦之道)、"法纪"(法律和纪律)。

记字问世早,纪是后造字,古代学者把它们列为同义字。《史记·五帝本纪索隐》:"纪者,记也,本其事而记之,故曰本纪。"在现代汉语里,记、纪二字的用法不同:纪只用于"纪念""纪年""纪元""纪实""纪传""纪要""纪行",其他地方均用"记"。把听到的话或发生的事记下来,叫作"记录";在一定时期、一定范围记载下来的最高成绩,叫作"纪录"。把事情记下来叫"记事",但作为一种文体的名称,仍沿用古汉语用法称作"纪事",如"纪事诗""唐诗纪要""纪事本末体"等。

(9) 凸 突

凸,象形字,物体向上鼓出之象形,本义"物高起"(高于周围),与凹(物下陷)相对。引申为"向上高出、向外伸出",如"挺胸凸肚""凸凹不平""凸面镜""凸角"等。

突,会意字,从穴从犬,犬从穴蹿出,会意为"突然跃出","突然"即本义。引申为"意外地"(突发、突如其来)、"急剧地变化"(突变)、"超过一般"(突出)、"猛冲,急速攻击,冲破"(突击队、突袭、突围)、"集中力量加快速度"(突击)等义。

"凸"的"物高起"与"突"的"超过一般"含义接近,因此"凸出"与"突出","凸起"与"突起","凸显"与"突显"等词容易混淆错用。这几组词,音同义近,但具体含义却是有区别的:凸出,高出周围;突出,超过一般或使超过。凸起,鼓出来;突起,突然发生或高耸。凸显,清楚地显露;突显,突然地显露。凸现,清楚地显现;突现,突然出现或突出地显现。

(10) 依 倚

《说文解字》说:"依,倚也。"又说:"倚,依也。"依、倚二字本义确实相同,都是"靠、赖"的意思,所以"依靠"和"倚靠","依赖"和"倚赖"是同义词。但是，同是"靠着"意思的"倚门而望""倚马可待""倚天剑"中的"倚"却不能换作"依"。依、倚二字的引申义更不一样。依的引申义有："傍着"（依傍），"从、附"（依从、依附），"仍旧"（依旧、依然），"模仿"（依照、依样），"眷恋"（依恋、依依不舍）。倚的引申义有："仗着"（倚仗、倚势、倚老卖老），"偏于一边"（不偏不倚）。这些词语中的"依"和"倚"是不能互换的。

（11）沿 延

沿，本义"顺水下行"，引申为"顺着"（沿途）、"靠近"（沿海）、"事物发展变化的历程"（沿革）等义。由"顺着"又引申为"依据以往的规矩"（沿袭、沿用、沿例）。

延，本义"长行"，即连续不断地行走。后世多用其引申义"长"，古汉语里有"延颈""延袖"等词。由"长"又引申为"向长的方向发展"，于是有了"延长""蔓延""绵延""延年""苟延"等词。又引申为"推迟、拖延、耽误、扩展"等义，于是又有了"延迟""延宕""延期""延误""延伸""延续"等词。"沿"字的"沿用"和"延"字的"延续"含义接近，因而"沿用"常错作"延用"，"延续"常错作"沿续"。

"沿用"和"延续"，含义十分接近，但具体含义是有区别的："沿用"的含义是"继续使用过去的方法、制度、法令、名称等"；"延续"的含义是"照原来的样子继续下去"。二者不是同义词。

（12）帐 账

帐，形声字，从巾长声，本义"床上幕"，即张于床上的幔帷。后泛指各种帷幕和形如帷幕的景象，如"蚊帐""帐篷""青纱帐"。账是后造字，《说文解字》上无此字。《康熙字典》这样为"账"释义："本义作'账……计簿也'解。"这个释义告诉我们：账字的含义是"计簿"，即关于货币、货物出入的记载，在"账"字没有出现的漫长岁月里，账字的概念是由帐字表示的，所以，账和帐在表示"记账"意义上是同义词。《现代汉语词典》在表示"记账"意义上把"帐"和"账"作为异形词处理，但首选"账"。

（13）帖 贴

帖，形声字，从巾占声，本义"帛书署"（《说文解字注》），即丝质书签。后泛指文书、契据、执照，如"租帖""说帖""请帖""军帖"。引申为"拓本"和"临摹字画的样本"，如"碑帖""字帖""画帖""临帖"。用作动词，表示"垂下"，引申为"服从、顺从"，如"服帖""俯首帖耳"。又引申为"妥当"，如"妥帖"。

贴，形声字，从贝占声，本义作"以物为质"解（《说文新附》），即以物抵押而借贷。《南史·孝义传》："及伯父兄弟亡，贫无以葬，身自贩贴与邻里，供敛送终之费。"即拿自己作抵押借贷安葬伯父兄弟。此古义今已不用，而用引申义："贴换"（以旧加钱换新），"贴现"（拿尚未到期的票据兑现或做支付手段），"贴补"

（从经济上帮助亲友，动用积蓄弥补日常消费）。此外，贴还有"粘"（剪贴）、"紧挨"（贴边、贴身）、"亲近"（贴己、贴心）、"恰当、合乎实际"（贴切、贴谱、贴疑）等义。

在古汉语里，在表"顺从""妥当"意义时，帖、贴通用，"服帖"亦作"服贴"，"妥帖"亦作"妥贴"。现代汉语以"服帖""妥帖"为规范词形。

（14）采　彩

采，会意字，从爪（手）从木，会意为"摘取"。后被假借表示"色"（颜色、神色、文辞华丽等）。所以，采是一形二字。后来，古人又创造了"彩"字，于是表示"色"就有了两个字：采、彩。在古汉语里，采、彩同义通用。现代汉语让采、彩分工：采，偏重神色，如"神采""风采""丰采""文采""兴高采烈"；彩，偏重形色，如"五彩""彩霞""彩虹""彩带""彩照"、"彩排"（化装排演）、"挂彩"（受伤流血）。有些词难分神色、形色，如"光彩"，"光彩照人"偏于神色，"流光溢彩"则偏于形色。类似的还有"精彩""喝彩"等，为了使用方便，这类词统一用"彩"。常见的错误是：将表示神色的"采"错作"彩"。

（15）连　联

《说文解字注》这样解释连、联二字的含义："联，连也。凡相连属之称，周人用联字，汉人用连字，古今字也。"这段话说得很清楚：联和连是古今字，周代人用联，汉代人用连，两字含义相同。随着语言文字的发展，联、连逐渐分道扬镳，发展成为含义不同的两个字：联表"联合"义；连表"连续"义。以"联播""连播"二词为例："联播"的含义是"联合播出"，即若干电台或电视台同时转播某台播送的节目。"连播"的含义是"把内容较长的节目分成若干次连续播出"。联字的"联合"义，构成"联合""联欢""联唱""联办""联保""联建""联盟""联手""联网""联姻""联宗"等词。连字的"连续"义，构成"连续""连篇""连载""连任""连日""连天""连夜""连阴天""连轴转""连射""连声""连台""连衣裙"等词。但是，由于连、联二字本义相同，二字的某些引申义难以彻底分割，因而存在许多同音同义词，如连接—联接，联结—连结，连绵—联绵，联翩—连翩，连通—联通，联属—连属，连贯—联贯，连缀—联缀，等等，语言学界把它们列为"异形词"，并提出各组异形词的首选词形（各组的前一个词为首选词形）。

（16）妆　装

妆，形声字，表义的形旁是"女"，本义"女子梳妆打扮"。与女子梳妆打扮有关的东西，也以"妆"称呼。如梳妆用的镜匣叫作"妆奁"，梳妆用的桌子叫作"妆台"，女儿出嫁时娘家陪嫁的衣物叫作"嫁妆"。

装，形声字，表义的形旁是"衣"，本义"人的衣着"，"服装""行装"都是本义。引申为"修饰打扮"，如"装饰""装束"。

"妆"和"装"都有修饰的意思，因而有了"妆饰"和"装饰"，"化妆"和

"化装"等近义词。但是,它们的具体含义是不同的。"妆饰"专指女子梳妆打扮,"装饰"则指物的粉饰点缀;"化妆"的目的是使女子漂亮,"化装"的目的是为了掩盖本来的面目。"装"有穿着义,而"妆"无穿着义。"化妆"本指女子头部、面部的修饰,后扩大到衣着装饰,于是出现了"红妆—红装""卸妆—卸装"两组近义词。前组词二者均指女子身上的装饰,故"红妆"与"红装"通用,在使用习惯上首选"红装"。后组词均指洗去脸上的脂粉或涂抹,在使用习惯上,"卸妆"专指女子卸除身上的装饰,"卸装"专指演员卸除化装时穿戴涂抹的装饰。

(17) 度 渡

"度"和"渡",都有"由此及彼"的含义,但具体含义却有区别:度,义为"由此时及彼时"(时间);渡,义为"由此岸及彼岸"(空间)。因此,可以这样规范度、渡的用法:凡是表示"时间"的,用"度",如"度假""度日""欢度春节""度过一生""虚度光阴";凡是表示"空间"的,用"渡",如"渡江""渡口""渡船""渡过难关"。只有"过渡"(如"过渡时期""过渡政府""过渡地带")是个例外,因为"过度"的含义是"超过适当的限度",而"过渡"表示的是"事物由一个阶段或一种状态逐渐发展变化而转入另一个阶段或另一种状态"。常见"度假"误作"渡假"。

(18) 消 销

"消"和"销",都是形声字,声旁都是"肖",故同音,它们的区别在于形旁不同:消从水,本义"水流尽","消失"即本义。销从金,本义"金属熔化",固体变成了液体,原来的形态消失了,也有"消失"的意思。所以,在"消失、除去"义项消、销通用,如"取消""消歇"也作"取销""销歇","撤销""销魂"也作"撤消""消魂"。但在使用习惯上,"取消""消歇""撤销""销魂"是首选词形。除此以外,消、销二字不能通用。"消息"本义"消长进退",引申为"音信"。"消除"用于除去不利事物(消除隐患、消除误会),"销毁"用于毁掉物质(销毁鸦片、销毁化学武器)。"消声器"中的"消声",义为"降低或消除气流噪声","销声匿迹"中的"销声",义为"不再露面"。上述词语中的消和销不能互换。

(19) 词 辞

先秦时期,"词"指单个的字词,"辞"指成句、成篇的话语。汉以后,这个界限不再存在,"词"和"辞"便成了同义词,并且形成一系列异形复合词。语言学家建议,依据通用性原则做如下选择:字词、词目、义正词严、遣词、词汇、词讼、辞采、辞赋、辞令、辞章、修辞。"词典"和"辞典",指称义略有不同:"词典"表示所收条目以词为主体;"辞典"表示所收条目以知识性词目为主体。

(20) 粘 黏

"粘"和"黏",原本是同字异形。《集韵》:"黏,相着也,或从米。"从字形分析,二字都是形声字,声旁均为"占",形旁一为"米"、一为"黍",但"米"

"黍"性质相同，都是做黏合材料的原料。所以，形虽异，义却同。在现代汉语里，"粘"和"黏"都是规范汉字，但音和义不再相同：粘，音 zhān，义为"使连接"，如"粘连""粘贴"；黏，音 nián，义为"具有使连接的性能"，如"黏性""黏结""黏合""黏附""黏膜""黏液"。

（21）象　像

"象"字早于"像"问世。殷墟甲骨文里就有象字，是个象形字，《说文解字》释义为"南越大兽之名"。像字是春秋时代才出现的，此前，"像"这个概念是借"象"来表示的。因此，《易经》说："象也者，像也。"在古代诗文里，"象""像"是通用的。在现代汉语里，"象""像"二字有了分工：象，表形状、仿效、模拟等义，常用词有：象形、象声、天象、气象、景象、印象、表象、抽象、具象、象征等。像，表相似、如同、人物形象的摹写或雕塑，常用词有：好像、相像、肖像、画像、塑像、音像等。"想象"一词，各种词典用法不一致，有的用"想象"，有的用"想像"，有的把"想象"和"想像"作为同义异形词。依据上述"象""像"二字的分工，从理据上分析，用"想象"更合理。《现代汉语词典》认为，"想象"含义有三：①对于不在眼前的事物，在记忆表象的基础上想出它的具体形象；②对于从未见过的事物，在知觉材料的基础上经过加工创造新的形象；③设想。三个释义，都与"形象"有关，"想象"是头脑里出现的意想的形象，所以应当用"想象"。

（22）秘　密

"秘""密"合成为"秘密"，说明它们是同义字。但是，为什么"揭秘"用"秘"而"解密"用"密"？原因在于"秘""密"二字的含义和用法有细微的差别。密，从山，《说文解字》释义为"山如堂者"，即山形如堂屋，环境比较封闭。"密不透风"即本义。由此引申出"与疏相对"，如"精密""紧密""亲密"，又引申出"隐蔽"，如"密谋""密电""密码""保密""机密"。秘，本字是"祕"，从示，表示与鬼神有关，《说文解字》干脆释义为"神也"。鬼神之事，人不可知，于是有了"神秘""奥秘""诡秘"等词。"秘"字的"神秘"和"密"字的"隐蔽"含义非常接近，但有细微差别："秘"是鬼神的事，侧重点在"不可知"；"密"是环境造成的，侧重点在"不让知"。"秘"是内容隐蔽，是客观的；"密"是隐藏内容，是主观的。"揭秘"揭开的是客观秘密，"揭"是探索、研究、揭示过程；"解密"揭晓的是人为秘密，是保密者故意不让人知道的，"解"是自觉揭晓。

（23）绝　决

"绝""决"二字，含义区别很大，但它们用在否定词前面，却容易混淆错用，它们含义和用法的差别是，"绝"用在否定词前面，表示排除任何可能性，含有客观判断的意思，如"绝非一朝一夕可以完成"；"决"用在否定词前面，表示不容怀疑、不可动摇，含有主观成分，如"决不妥协""决不退让"。

（24）陨　殒

"陨"和"殒"，都有"死亡"的意思，但并不同义。

陨，从阜（左阝），本义"从高下也"（《说文解字》）。常用于形容流星，如"星陨如雨"。星体从天际落下称作"陨落"，闯入地球大气圈摩擦燃烧而产生的光迹，叫作"星陨"，俗称"流星"。流星体没有烧毁而落在地球上叫作"陨星"，流星体毁灭了称作"陨灭"。人们常用"陨灭"比喻人的"死亡"（尤其是名人死亡）。

殒，形声字，从歹员声。歹，本义"残骨"，用歹字做偏旁的字，大多同死亡有关系，如"死"、"殉"（埋葬）、"殃"（致命灾祸）、"殊"（斩首）、"殍"（饿死）。歹员合体，含义就是"死亡"，如"殒灭""殒命""殒身"。

（25）嘈　噪

嘈，本义"喧杂"，常用来形容城市的喧杂。噪，金文作"喿"，树上三口，会意为"群鸟争鸣"。后加"口"从"噪"，引申为"喧哗、吵闹"，如"鼓噪""聒噪""噪音"。又引申为"（声名）远扬"，如"声名大噪"。常见"嘈杂"误作"噪杂"。

（五）错简

依据新闻出版署、国家语言文字工作委员会1992年7月7日发布的《出版物汉字使用管理规定》，收入1986年10月重新发表的《简化字总表》里的简化字才是规范简化字，1986年国家宣布废止的《第二次汉字简化方案（草案）》中的简化字，以及社会上出现的自造简体字，都不是规范简化字，都属于"错简"。新闻媒体和出版物中最常见的错简字有如下10个。

(1)"向往"常错作"响往"

向，象形字，甲骨文像墙上开的窗户，本义"窗"。古代房屋，坐北朝南，南面开门叫作"户"，北面开窗叫作"向"。"向"有"朝向"义，因而引申为表示动作方向的介词。如"向上、向下""向东、向西"。向，又是"嚮"的简化字，含义是"趋向、归向"。"向"是一形二字，"向往"即"嚮往"，表示对某事物的心理趋向，因热爱、仰慕某种事物或境界而希望得到或达到。响，义为"回声"，"回响"即本义，"响"不是"嚮"的简化字。

(2)"蓝天白云"常错作"兰天白云"

兰，"蘭"的简化字，不是"藍"的简化字，"藍"类推简化作"蓝"。蓝，本是一种草本植物，叫作"蓼蓝"，叶汁可以做蓝色染料，故又是一种颜色的称谓。

(3)"好像"常错作"好象"

"像""叠""覆""囉"四个字，曾经简化作"象""迭""复""罗"。1986年重新发表的《简化字总表》规定："象、迭、复、罗不再作像、叠、覆、囉的简化字处理。囉类推简化作啰。"恢复了"像""叠""覆"三字的原形原义，"囉"字恢复后类推简化作"啰"。

"像"字恢复使用后,"象""像"恢复分工:"象"表形状、样子、仿效、模拟等义,如"景象""天象""印象""抽象""想象""象形""象声""象征";"像"表相似、人物形象的摹写、如同等义,如"好像""肖像""塑像""实像""虚像"。"好像"写作"好象"是错误的。

(4)"重叠"常错作"重迭"

"叠"字恢复使用后,"迭"不再是"叠"的简化字,"叠"和"迭"又成了两个含义不同的字。叠,义为"一层又一层",表示的是空间上的上下关系,例如上下相加为"重叠",上下重合为"叠合",翻转物体的一部分,使同另一部分紧贴在一起为"折叠"。迭,义为"一次又一次",表示的是时间上的前后关系,例如前后交替为"更迭",前后相连为"迭起""迭出"。"重叠"写作"重迭"是错误的。

(5)"天翻地覆"常错作"天翻地复"

"复"是新造的简化字,曾是"復""複""覆"三字的简化字,"覆"字恢复使用后,"复"只作復(往复)、複(重复)二字的简化字。覆,义为"倾倒",如"覆水"(倒在地上的水)、"覆巢"(翻倒的鸟巢)、"覆辙"(翻过车的路)。这些词语中的"覆",都是倾倒的意思。由"倾倒"引申为"遮盖",如"覆盖""覆被"。又引申为"沉没、全部被消灭、灭亡",如"覆没""覆灭""覆亡"。"天翻地覆"直译是"天地倾倒",作为成语形容变化极大或闹得很凶。

(6)"啰唆"常错作"罗唆"

啰,本是语助词,用在句末,表示肯定的语气;后跟"唆"组成"啰唆",表示言语繁复,"啰"字恢复使用后,"啰唆"不再写作"罗唆"。

(7)"瞭望"常错作"了望"

瞭,曾简化作"了"。1986年发表的《简化字总表》第一表注:瞭,读 liǎo(了解)仍简作"了",读 liào(瞭望)时作"瞭",不简化。

(8)"钱塘江"常错作"钱圹江"

"圹""塘"是两个字,不少人将"圹"误作"塘"的简化字。"圹"是"壙"的简化字,音 kuàng,本义"堑穴",即掘坡而成的空穴。由"空穴"引申为"墓穴",如"打圹"(掘墓穴)。又引申为"空旷",如"圹埌"(原野空旷辽阔)。

"塘"字没有简化。"塘"是个多义字,本义"堤"。"钱塘江"就是"钱堤江"。《钱塘志》:"……主防海塘,募致土石一斛,与钱一千,来者如去……塘成,因名钱塘。"江因堤而得名。"塘"还是"池"的称谓,古代池塘,圆形的叫作池,方形的叫作塘,统称池塘。

(9)"黏性"常错作"粘性"

"粘"和"黏"原本是同字异形。1955年中国文字改革委员会发布的《第一批异体字整理表》,曾将"黏"作为"粘"的异体字予以淘汰。1988年国家语言文字工作委员会发布的《现代汉语通用字表》重新确认"黏"为规范汉字。从此,"粘""黏"二字并存,但重新分工:粘,音 zhān,表"使连接"义,如"粘连";

黏，音 nián，表"具有使连接的性能"义，如"黏性""黏合""黏土"。

（10）"萧条"常错作"肖条"

"肖"不是"萧"的简化字。"萧"本身就是简化字，繁体字作"蕭"，由草肅组合而成。"肅"简化作"肃"，"蕭"类推简化作"萧"。"肖"和"萧"，音义都不相同。萧，形声字，从草肃声，音 xiāo，本是一种蒿类植物。萧生于荒野，文人常用它形容冷落、凄清、稀疏，所以有了"萧条""萧疏""萧瑟""萧索""萧然"等词。萧字叠用，是象声词，如"风萧萧"；用作形容词，形容头发稀疏花白，如"白发萧萧"。

肖，会意字，从小从肉，音 xiào，本义"骨肉相似"。"肖像""惟妙惟肖"中的"肖"都是本义，所谓骨肉相似，本指子孙与父祖辈相似，所以志趣与父亲一样的儿子称作"肖子"。品行不端、辱没祖先的子孙称作"不肖子孙"。用十二种动物代表十二地支，表示人的出生年的"生肖"，是用的"相似"的引申义"相配"。"萧条"不可简化作"肖条"。"萧"和"肖"，还是两个姓氏，作为姓氏的"萧"也不可简化作"肖"。

（六）错繁

有些出版物，因为特殊需要，要求将简化字转换为繁体字。简转繁必须遵循一条原则：对应准确。转换对应错了，就会导致别字，成了"错繁"。常见的简繁转换对应错误，有如下三种情况。

1. "一简对多繁"转换对应错误

简化字里有一批字是一简对多繁的，即一个简化字兼做两个甚至三四个繁体字的简化字。这类简化字转繁时，就必须对应准确，对应错了，就会造成别字。例析如下。

（1）发，是"發"和"髮"两个繁体字的简化字

发（發），含义有 8 个：①射出（发射、发炮、发机、发箭）；②产生（发电、发病、发光、发明、发情）；③送出、公开（发表、发布、发单、发包）；④生发、膨胀（发达、发财、发福、发酵）；⑤放散（发潮、发霉、发臭、发热）；⑥开发（发掘、发策）；⑦感觉、表情（发愁、发怵、发呆、发疯）；⑧显现（发白、发黄）。上述"发"，转繁时应转作"發"。

发（髮），含义有两个：①头发（黑发、白发、金发、发廊、发际、发夹、发胶），外观像头发的（发菜、假发）；②古长度名（毫发）。上述"发"，转繁时应转作"髮"。

常见将"理髮"误转作"理發"，将"发生"误转作"髮生"。

（2）复，是"復"和"複"两字的简化字

复（復），从彳，本义"转过去或转回来"，引申为"回答""恢复""再""又"等义。常用词有：反复、往复、答复、复信、收复、恢复、复原、复婚、报复、复仇、复古、复辟、复归、复活、复苏、复兴、复壮、年复一年等。上述"复"，转繁时应转为"復"。

复（複），从衣，本义"夹衣"，引申为"重""繁"。常用词有：重复、复姓、复制、复印、复习、复数、复分解、复合、复式、复句、复方、复种、复眼、复辅音、复韵母、复本、复查、复本位制、复线、繁复、复杂等。上述"复"，转繁时应转作"複"。

常见将"重复（複）"误转作"重復"。

（3）汇，是"匯"和"彙"两字的简化字

汇（匯），本义"堤"，后演变成"两水合流"。引申为泛指"会合"。常用词有：汇流、汇集、汇合、汇演、外汇、汇价、汇率、汇兑、汇票、汇款等。上述"汇"，转繁时应转作"匯"。

汇（彙），古字书认为是"蝟"的本字，后来演成"同类者集于一起"。在现代汉语里，"彙"字的义项有二：①类聚；②综合。常用词有：字汇、词汇、汇报、汇刊、汇编、汇展等。上述"汇"，转繁时应转作"彙"。

常见将"词彙""彙编"误转作"词匯""匯编"。

（4）获，是"獲"和"穫"两字的简化字

获（獲），从犬，含义是"猎所获也"（《说文解字》）。引申为"猎取"（获取）、"得到"（获得）、"捉住"（捕获）、"被加上"（获罪）。还有三个地名用"获"字：获嘉、获鹿、获水。上述"获"，转繁时应转作"獲"。

获（穫），从禾，含义是"收割"，常用词"收获"本义"收割成熟的农作物"，后用作名词，比喻心得、成果，如"学习收获"。"收获"中的"获"，转繁时应转作"穫"。

常见将"收获（穫）"误转作"收獲"。

（5）历，是"歷"和"曆"两字的简化字

历（歷），从止，含义是"经过"，如"经历""历程""历史""历练""历久""历经""历尽""历险"。引申为"各次，各个"（历朝、历代、历次、历届、历任、历陈）、"遍，一个一个地"（历试、历访、历观）、"清晰"（历历在目）、"凌乱"（历乱、历落）。有些地方以"历"为名，如"历城""历山""历阳"。上述"历"转繁时应转作"歷"。

历（曆），从日，本义"历法"，也用于"年代"和"寿命"。常用词有：历法、阳历、农历、公历、日历、天文历、历书、历纪。上述"历"，转繁时应转作"曆"。

常见转繁时"歷""曆"不分。

（6）团，是"團"和"糰"两字的简化字

团（團），本义"圆形的"，如"团城""团茶""团花"。用作动词义为"揉成球状"，如"团弄""团泥球"。引申为"聚合"，如"团拜""团结""团聚""团圆"。用作量词，表示成团的东西，比喻没有原则或混乱不堪，如"一团毛线""一团和气""一团乱麻"。由"聚合"又引申为"工作或活动的组织""具有某种性质的集体""青少年的政治性组织"，如"代表团""主席团""旅游团""团队""共青团""儿童团"。上述"团"，转繁时应转作"團"。

团（糰），圆形食品，如"糯米团子""菜团子""面团""汤团"。上述"团"，转繁时应转作"糰"。

常见将圆形食品"团（糰）"误转作"團"。

（7）弥，是"彌"和"瀰"两字的简化字

弥（彌），本义"久远"，引申为"更加""遍，满""填补"等义，常用词有：弥留、弥坚、欲盖弥彰、弥满、弥漫、弥补、弥合。佛教的"弥勒""弥陀"，天主教的"弥撒"，都是音译词。上述"弥"，转繁时应转作"彌"。

弥（瀰），本义"水满的样子"。"弥漫"这个词，可以形容水满的样子，这个"弥漫"转繁时应转作"瀰漫"；也可以形容烟雾、风沙，如"烟雾弥漫""风沙弥漫"，这个"弥漫"转繁时应转作"彌漫"或"瀰漫"。

常见在"弥"转繁时不辨词义一律转作"瀰"。

（8）签，是"簽"和"籤"两字的简化字

签（簽），本义"在文件上亲笔署名或画押"，如"签名""签字""签署""签收""签到""签订""签约"。引申为"拟具简要意见"，如"签呈""签注"。古代官府差役拘捕犯人的凭证也称作"签"，如"签牌""朱签""火签"。上述"签"，转繁时应转作"簽"。

签（籤），《说文解字》释义为"验"。这个"验"，后代文字学家解释为"记识"。古代诗文中有"书签"一词，意思就是"记识"。后世多用作称呼"在竹片上刻写文字的卜具"（占卜用的），"抽签"即从卜具筒里抽出卜具。卜具中的文字叫作"签语""签诗""签书"。现代把细长尖锐的竹木条，记事或作标记、剔牙用的片状物，都称作"签"，如"牙签""竹签""签筹""书签""标签"。上述"签"，转繁时应转作"籤"。

常见将"书签""标签"误转作"簽"。

（9）纤，是"縴"和"纖"两字的简化字

纤（縴），音qiàn，本义"拉船用的绳子"，即纤绳。用绳子拉船叫作"拉纤"，拉纤的人叫作"纤夫"。现代"拉纤"有别义：房地产交易的中介活动。从事这种活动的人叫作"纤手"。这个"纤"，转繁时应转作"縴"。

纤（纖），音xiān，义为"细小"。常用词有：纤微、纤细、纤小、纤毫、纤尘、纤长、纤巧、纤弱、纤维。这个"纤"，转繁时应转作"纖"。

（10）坛，是"壇"和"罎"两字的简化字

坛（壇），本义"古代举行祭祀、誓师等大典用的台"，如"天坛""地坛""登坛拜将"。引申为"用土堆成的台"，如"花坛"。还指文艺界、体育界，如"文坛""体坛"。上述"坛"，转繁时应转作"壇"。

坛（罎），口小腹大的陶器，如"坛子""酒坛""泡菜坛""坛坛罐罐"。这个"坛"，转繁时应转作"罎"。

常见将陶器"坛"误转作"壇"。

（11）钟，是"鐘"和"鍾"两字的简化字

钟（鐘），本是打击乐器的名称，如"钟鼎""编钟""钟楼""钟声""洪钟"。引申为"外观像钟的"，如"钟乳石"。后又作计时器具的名称，如"时钟""挂钟""闹钟""钟表"。上述"钟"，转繁时应转作"鐘"。

钟（鍾），本是古代量器，十釜为一钟。引申为"（情感等）集中""美好的自然环境"，常用词有：钟爱、钟情、钟灵。还有形容年迈体弱、行动不便的"老态龙钟"。上述"钟"，转繁时应转作"鍾"。

常见"钟情""钟爱"的"钟"误转作"鐘"。

2. 传承字兼作简化字转换时对应错误

简化字里，有许多字是传承字，兼作一个或几个繁体字的简化字，是一形多字，常见转繁时将传承字误转为繁体字，或对应错误。例析如下。

（1）"台州""台鉴"的"台"误转作"臺"

"台"是传承字，兼作"臺""檯""颱"的简化字，是一形四字。

台，传承字，用作地名，如台州、台州湾、天台山、天台县、天台乌药；还是尊称对方的敬辞，如台鉴、台安、台驾、台甫、台函。这些地名中的"台"和用作敬辞的"台"，不可转作"臺"。

"台"（臺）字的含义有8个：①高而平的建筑物（楼台、平台、台基、台榭）；②像台一样的设备（台车、台秤、台阶、台地）；③戏台、舞台（台本、台词、台步、登台、台柱子、后台）；④搁置器物的底座（台灯、炉台、讲台、锅台）；⑤场面（台面、台盘、倒台、垮台）；⑥机构名称（电台、电视台、气象台）；⑦量词（一台戏、台班、台时）；⑧有些地名（台湾、丰台、茅台）。上述"台"转繁时应转为"臺"。

"台"（檯）字的含义是"桌子"，如球台、台案、台布、台历。上述"台"转繁时应转为"檯"。

"台"（颱）字的含义是"发生在海洋上的热带气旋"，俗称"台风"。"台风"转繁时应转换为"颱風"。

常见将上述地名中的"台"和做敬辞用的"台"（如"台甫""台鉴"）误转作"臺"，偶见未能准确区分气象学名词"颱風"和演员表演风度的"臺風"。

（2）"皇后"的"后"误转作"後"

"后"是传承字，兼作"後"的简化字，是一形二字。

后，传承字，本义"国君"，古代称天子为"元后"，称诸侯为"群后"。后来，"后"演变为皇帝嫡妻的称谓，于是有"皇后"这个词。"元后""群后""皇后"的"后"，均不可转作"後"。

后（後），本义"在背面的"（指空间，跟"前"相对）。引申为"次序"（跟"前、先"相对）、"未来的"（指时间，跟"以前"相对）、"子孙"（指辈分，跟"前辈"相对）等义。常用词有：后门、后院、后台、后面、后来、后会、后备、后方、后顾、后果、后患、后悔、后继、后生、后代等，这些词中的"后"，转繁

时应转作"後"。

（3）"长征"的"征"误转作"徵"

"征"是传承字，兼作"徵"的简化字，是一形二字。

征，含义是"走远路"，常用词有：长征、征途、征讨、征程。上述词的"征"，不可转作"徵"。

征（徵），本义"召，求，搜集"，常用词有：征召、征兵、应征、征募、征稿、征文、征调、征求、征集、征聘、征引、旁征博引。别义"证明，验证"，常用词有：征兆、征候、象征、特征。上述词中的"征"，转繁时应转作"徵"。

常见将"长征"误转作"長徵"。

（4）"前仆后继"的"仆"误转作"僕"

"仆"是传承字，兼作"僕"的简化字，是一形二字。

仆，本义"顿首"，引申为"向前倾倒"，成语"前仆后继"中的"仆"，就是"向前倾倒"，前面的倒下了，后面的继续前进，形容不怕牺牲、奋勇向前。这个"仆"不可转作"僕"。

仆（僕），本义"奴僕"。古代文人自谦称"仆"。古代有个官名叫作"太仆"，是朝廷大臣。"仆"字叠用，表示劳累，如"风尘仆仆"。这些"仆"转繁时均应转作"僕"。

常见将"前仆后继"中的"仆"误转作"僕"。

（5）"里程""里弄"的"里"误转作"裏"

"里"是传承字，兼作"裏"的简化字。

里，传承字，本义"居所"。引申为民居的区域、街坊，后来成为古代户籍管理的一级组织（周制：五家为邻，五邻为里）。常用词有：乡里、邻里、里弄、故里。做量词用，是表示长度的单位，如"公里""里程"。上述词中的"里"，不可转作"裏"。

里（裏），本义"衣服的内层"。引申为表方位，与"外"相对，表时间，附在"这""那""哪"后边表示地点。常用词有：表里、里外、里面、里应外合、城里、这里、那里、哪里、日里、夜里。由方位引申为"内行、行家"，如"里手"。上述词中的"里"，转繁时应转作"裏"。

常见将"里程""里弄"误转作"裏程""裏弄"。

（6）"整天价"的"价"误转作"價"

"价"是传承字，兼作"價"的简化字，是一形二字。

价，传承字，音 jiè，含义有二：①信使，仆役（贵价、小价）；②善（价人）。用作助词，读轻声，用在否定副词后面加强语气，如"不价""别价"。还用作某些副词后面的后缀，如"成天价""整天价"。上述"价"不可转作"價"。

价（價），音 jià，本义"价格，价值"。常用词有：价格、价值、价比、价目、物价、价单、价款、等价。引申为"人的声望地位"，如"声价"。还用作化学名词，如"价标""价带""价电子""化合价"。上述"价"，转繁时应转作"價"。

常见将"不价""别价""成天价""整天价"中的"价"误转作"價"。

（7）"准许"的"准"误转作"準"

"准"是传承字，兼作"準"的简化字。

准，传承字，本义"允许"，引申为"比照某类事物看待"。常用词有：准许、准予、核准、批准、准考、不准、准此、准将、准博士等，上述词中的"准"，不可转作"準"。

准（準），本义"平"（水平）。测水平的仪器，古称"準"，今称"水平仪"。引申为"标准""准确""确定""预备""类似的"等义，常用词有：准绳、准则、准星、瞄准、准定、准话、准时、准点、准数、准保、准谱、准备等。上述词中的"准"，转繁时应转作"準"。

（8）"子曰诗云"的"云"误转作"雲"

"云"是传承字，兼作"雲"的简化字。

云，本义"说"，"子曰诗云"中的"云"，即"说"。常用词有：古人云、云云、人云亦云、不知所云。表"说"义的"云"，不可转作"雲"。

云（雲），在空中悬浮的由水滴、冰晶聚集形成的物体。跟"云"有关的词有：云彩、云海、云朵、白云、黑云、云量、云气、云雾、云图、云烟。用作形容词，形容说话漫无边际（云山雾罩），形容事件或文笔变幻莫测（云谲波诡），形容景物灿烂绚丽（云蒸霞蔚）。还做地名、姓氏和某些植物、矿物的名称，如"云南""云梦平原""云杉""云母"。上述"云"转繁时均应转作"雲"。

（9）姓氏"范"误转作"範"

"范"是传承字，兼作"範"的简化字。

范，传承字，本义"蜂"。今只做地名和姓氏。地名如范县、范阳、范公堤。范姓名人如范蠡、范仲淹、范文澜。

范（範），本义"模型"，引申为"榜样""范围""限制"。常用词有：范式、范铸、范本、范例、范文、范畴、就范、防范。表"模型"义及其引申义的"范"，转繁时应转作"範"。

（10）"丰采""丰姿"的"丰"误转作"豐"

"丰"是传承字，兼作"豐"的简化字。

丰，传承字，含义是"美好的容貌或姿态"。常用词有：丰采、丰容、丰神、丰韵、丰姿。

丰（豐），义为"丰富，高大，茂盛"。常用词有：丰富、丰产、丰登、丰碑、丰功、丰草、丰茂、丰美等。还做地名和姓氏，如丰城、丰镐、丰润、丰台、丰子恺等。表上述义的"丰"，转繁时应转作"豐"。

许多人不知"丰"是传承字，简化字转繁时见到"丰"一律转为"豐"，常见"丰采""丰姿"误转作"豐采""豐姿"。

（11）"丑角"的"丑"误转作"醜"

丑是传承字，兼作"醜"的简化字。

丑，传承字，是"纽"的本字，后假借作地支名，是十二地支中的第二位。表时辰，夜间一时至三时为"丑"时。在十二生肖中，"丑"为"牛"。此外，"丑"还是戏剧中一个角色名，在戏剧中表演滑稽的三花脸叫作"丑角"，有丑旦、武丑、文丑、小丑、丑婆子之分。

丑（醜），本义"丑陋，不好看"，引申为"叫人厌恶或瞧不起"（丑态、丑闻）、"不好的、不光彩的事物"（丑事、丑史、家丑）等义。上述含义的"丑"，转繁时应转作"醜"。

（12）"白洋淀"的"淀"误转作"澱"

淀是传承字，兼作"澱"的简化字。

淀，传承字，浅的湖泊，如"白洋淀""荷花淀"。

淀（澱），本义"沉淀"，如"积淀"。将植物的子粒或块根、块茎粉碎溶化，经过过滤提取的白色物质叫作"淀粉"。"沉淀"和"淀粉"以及相关词中的"淀"，转繁时应转作"澱"。用作地名，有的用"淀"（如北京的海淀、天津的茶淀），有的用"澱"（如淀山和淀山湖），转繁时必须查找原来的地名。

（13）"茶几"的"几"误转作"幾"

几是传承字，兼作"幾"的简化字。

几，传承字，含义是"小桌子"，如茶几、几案、几阁、几席、几筵。几还是地名（几江、几山）、姓氏（几蘧）。这个"几"不可转作"幾"。

几（幾），含义有三：①近于（几乎、几率）；②危殆（几殆、几顿）；③细微（几初、几谏、几事、几微）。还有三个别义：①询问数目（几多、几许、几何、几时、几所）；②表示大于一小于十的数字（几百、几本、十几）；③科技术语和外国国名音译（几何、几何体、几何学、几内亚）。上述词中的"几"，转繁时应转作"幾"。

（14）大学院系的"系"误转作"係"

"系"是传承字，兼作"係""繫"的简化字。

系，上面一撇是"手"字的省笔，下面是一束丝，古人用"以手提丝"的会意法造字，表"联属关系"义，"系统""派系""水系""语系""世系""直系"等词中的"系"都是本义。引申为"悬挂"，如"系绊""系璧""悬系"。近代中国出现高等院校，用"系"作为学科专业的区分，于是出现了"中文系""物理系""化学系""系刊"等新名词。

系（係），本义"关联"，"联系""维系"即本义。在书面语中，"系"还表"是"义，如"确系""实系""成败系此一举"。系还有"捆绑""挂念"的含义，如"系累""系获""系羁"。科技读物上有"系数"一词，表示某种性质的程度或比率的数，如"安全系数""基化系数"。表上述意义的"系"，转繁时应转作"係"。

系（繫），含义是"捆绑、拘禁"，如"系马""系狱"。也有"挂念"的意思，如"系怀""系恋""系念"。表上述义时，繁同"係""繫"，又读jì，含义是"打结"，如"系领带""系鞋带""系围裙"。这个"系"转繁时应转作"繫"。

3. 将古字误转为繁体字

简化字里，有若干古字，是借来做繁体字的简化字的，并未改变古字的本义。常见简繁转换时误将古字转换为繁体字。例析如下。

（1）"党项"的"党"误转作"黨"

"党"是古字，古有"党项"，是古羌族的一支。

汉字简化时，借古党字作"黨"的简化字。这个"党"，最早是古代地方组织：五百家为党，设党正。后演变为"因私人利害关系结成的集团"，于是有了"党锢""党禁""党见""党徒"等词。引申为"褊袒"，如"党同伐异"、（君子）"群而不党"。又引申为"亲族"，如"父党""母党""妻党"。现代代表某个阶级、阶层或集团利益的政治组织，称作"政党"。上述"党"字转繁时应转作"黨"。

"党"和"黨"都是姓氏，不是同一姓氏，不能一律转作"黨"。

（2）"南宫适"的"适"误转作"適"

适，古字，本作"𠥞"，隶变成"适"，音 kuò，义为"疾速"（《正字通》）。古时多用于人名，春秋时有"南宫适"，其后人以"适"为姓。这个"适"不可转繁作"適"。

适（適），音 shì，本义"去，往"，"无所适从"的"适"即本义。引申为"出嫁，归向"，又引申为"适合，恰好，舒服"等义。常用词有：适人、适宜、适合、适当、适度、适量、适时、适才、适应、适用、适口、适可而止、舒适、适意、适值、适得其反。上述"适"，转繁时应转作"適"。

（3）"叶韵"的"叶"误转作"葉"

叶，古字，音 xié，含义是"和洽，相合"，如"叶洽""叶韵"。

叶（葉），本义"植物的营养器官之一"，通称"叶子"。像叶子的东西也称"叶"，如"叶轮""百叶窗"。历史时期的分段也称"叶"，如"20 世纪中叶"。"叶"还是地名和姓氏，如"叶城""叶县""叶挺""叶圣陶"。上述"叶"转繁时均应转作"葉"。

（4）"击筑"的"筑"误转作"築"

筑是古字，音 zhù，古代一种类似琴的弦乐器的名称，"击筑"即敲击弦乐，贵州省会贵阳市别称"筑"。古有"筑阳国"。常见"击筑"的"筑"误转作"築"。

筑（築），义为"建造，修建"。常用词有：建筑、筑路、筑堤、修筑、构筑。这个"筑"转繁时，应转作"築"。

第六节 汉字的书写

一、汉字书写的基本要求

这里说的汉字书写，是指通常所说的写字，与书法含义不同。写字是每一个运用文字的人都要从事的日常活动；而书法的范围要窄一些，它是一种写字的艺术，不包括一般的书写在内。因此，我们所说的"汉字书写的基本要求"是写字的最低要求，不像书法艺术的要求那样高。汉字书写的基本要求是正确、工整、熟练。

写得正确，就是要写得对，不能写错。字写出来总是要给别人看的，如果写得错乱，别人就会看不懂，甚至还会闹出问题来。因此，在写字时，必须先认识它，弄清它的笔画、笔顺和偏旁的部位，也要弄清它的意义。这样，写出来的字才不至于生疮长疖、缺胳膊少腿，也不至于头足倒置、奇形怪状。

写得工整，就是要写得清楚匀称，行款整齐。这就要求了解每个字的结构形式，字里各部分的大小比例、上下左右位置都要弄清，一笔一笔要清清楚楚，笔画不能重叠。注意行款，字序自左而右（右行横写），行序自上而下（下行），每个字的大小要保持一致，字距、行距也要一致，不要涂改或尽量少涂改。

写得熟练，就是逐步做到写得迅速。写字的速度快了，就便于运用，有利于提高学习和工作的效率。

正确、工整、熟练三个方面的要求是相辅相成的。正确是首要的、根本的。工整也是个重要要求，不工整也会影响文字的表达效果。熟练，是以正确、工整为前提的，要又好又快，不能潦草图快。鲁迅先生曾经说过："写字必须使人一看就认识，年轻人现在都太忙……他自己赶快胡乱写完了事，别人看了三遍五遍看不明白，这费了多少工夫，他不管。反正这费的工夫不是他的。这存心是不太好的。"（转引自萧红《回忆鲁迅先生》）我们要记住鲁迅的话，把字写好，在达到上述基本要求的基础上，力争写得更为美观。

二、写毛笔字的基本方法

日常使用的书写工具有钢笔、圆珠笔、铅笔和毛笔，其中毛笔是我国人民书写汉字的传统工具。钢笔、圆珠笔和铅笔笔尖细硬，只能写小字，只能写粗细一样的点画。毛笔柔软而有弹性，可写出轻重粗细有变化的点画，能写出各种大字，许多场合还要用到它。因此，我们要学习用毛笔书写正楷字。毛笔字写好了，钢笔字、铅笔字也一定能跟着写好；正楷字写好了，写行书字就不困难，学书法也有了基础。

（一）毛笔和写字本、字帖的选择

毛笔是用兽毛或禽羽制成的。不同的材料制成的笔有不同的性能，我们选用的时候要注意。狼毫较硬，羊毫较软，鸡毫最软。初学写字，用羊毫较适合。开始使用新笔时要把笔毛用水泡开，但不要把笔毛完全泡入水中，一般要留下上端的一、二分长的地方，以保留胶性，免得全部松散。用过后，要把笔毛洗净并挂笔架上晾干后套上笔帽，这样才不会损伤笔尖。蘸墨时要保持笔杆、砚台或墨汁瓶的清洁。

还要注意写字本的选择。初学时宜写大楷。可用田字格、九宫格或米字格的本子。

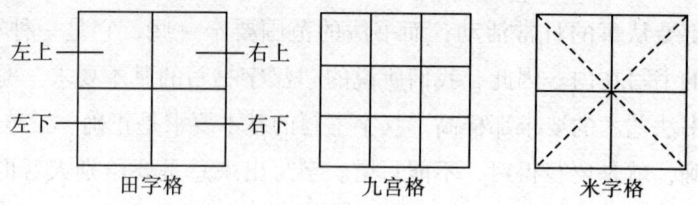

图9　田字格、九宫格、米字格示意图

初学写毛笔字，最好选用一本适宜的字帖进行临摹。选用字帖，可以从以下三点来考虑：1. 内容健康，最好选用现代人书写的字帖（学习书法艺术的人当然可以选用古代碑帖来临摹或作为借鉴，那又是一回事）；2. 字形规范，运笔清楚，字体为正楷；3. 大楷，字身宜大一点好，至少在一寸见方左右。

（二）写字的姿势和执笔方法

写字时的正确姿势是：坐得端正，上身要挺直，头略前倾，眼睛和纸保持一定的距离（一般是八寸至一尺左右），两臂自然地放在桌上，两腿自然弯曲放在桌下，纸或本子要端正地放在桌上，不要斜放着。

执笔方法：拿笔写字时要五指并用。大拇指上节端按住笔杆的左方；食指的上节端与大拇指相对，压住笔杆的右方。这样，大拇指与食指就把笔杆捏紧了。然后，中指的上节钩住笔杆的前、左两方，无名指指甲与肉相接的地方顶住笔杆的后、右两方，小指抵住无名指，给无名指以辅助力量（见图10）。为什么要这样握笔呢？这是有道理的：五指分布在笔杆的左右前后，能各尽其力，使笔能左能右，能压能抵也能钩，运用自如。

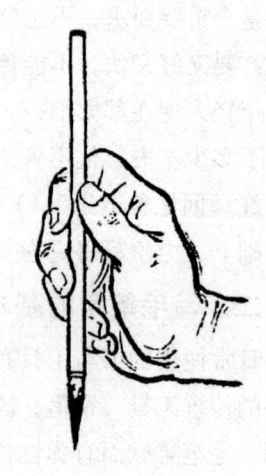

这就是前人所总结的"五指执笔法"（唐代陆希声归纳为"擫、压、钩、格、抵"五个字）。书写时笔杆

图10　五指执笔法示意图

要与纸面垂直，上端要正对写字人的鼻准，手掌要虚空，手腕要平放，拿笔的地方（无名指上节抵住笔杆的地方）离笔头大约一寸。

（三）运笔方法

运笔，就是如何使笔尖在书写点画时进行运动。它包括下笔（起笔、落笔）、行笔和收笔三个部分。这里谈谈各种笔画的一般运笔方法。

点：下笔时轻，然后顿一下，再转笔锋向左上方轻轻带过收笔。

横：下笔后稍顿一下，然后迅速引笔锋向右行，到收笔时稍微停顿，然后转笔锋向左提起收笔。

竖：下笔后稍顿一下，然后迅速引笔向下行，收笔时有的要顿一下（如"卜"），有的却不要顿笔（如"千"）。

撇：下笔后顿一下，随即引笔锋向左下方撇去，用力要逐渐减小，最后迅速收笔。

捺：下笔时要稍轻，迅速向右下方行笔，然后稍顿一下，再将笔锋向右，由重到轻，迅速带过收笔。

提：下笔时重，随即轻快地向右上提起，迅速收笔。

横折：横到要折的地方时，稍一顿笔，然后引笔锋转折向下行。

竖折：竖到要折的地方，笔锋向右行，然后稍顿，再回转笔锋向左轻轻带过收笔。

竖钩：写竖时均匀地写，到钩处即稍顿一下便斜转笔锋，又一顿，再向左上方轻轻挑去。

其他各种笔画，是这些笔画的变形或组合，练习笔画的写法时，主要练习上述九种。

要注意，写点时下笔不要过重，否则就不圆润，状如牛头；写横时，行笔要干净、整齐、匀平，下笔与收笔都不能太重或太随便，否则就会棱角突起，或像折断的木条，或像压弯了的扁担；写撇时，笔力要均匀地减轻，不能顿一下之后突然变得很细，否则就会像老鼠尾巴；写斜钩和弯钩时，要防止拐弯处行笔太快太细的毛病；写横折时，要防止两头轻细、中间粗重的毛病（参看下图）。

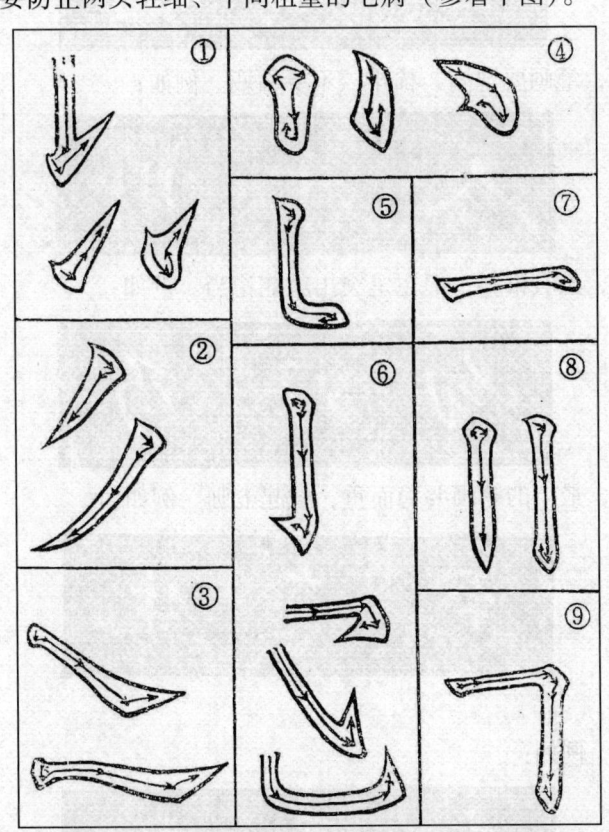

①提的写法　②撇的写法　③捺的写法　④点的写法　⑤竖折的写法　⑥钩的写法
⑦横的写法　⑧竖的写法　⑨横折的写法

图11　各笔画写法示意图

（四）怎样掌握结构

这里所说的结构，是指各种结构的汉字在书写时的形式。结构问题，主要包括重心摆布、空间疏密和笔画（以及偏旁）之间的互相照应等方面。一般说来，重心要平稳，要承得住全字的分量。重心一般是字的主笔或字的中心处。空间的疏密要适当，笔画少的要疏，笔画多的要紧密而匀称。笔画之间、偏旁之间的互相照应，一般要注意四点：①横平竖直，横与横之间、竖与竖之间要平行，距离要整齐，长短要变化参差；②撇捺要对称，多撇的要有伸缩变化，多捺的要注意做到"一字不重捺"（即保留其中主要的一捺，其余的变成点，如"黍""炎"）；③多点的应气势连贯而有变化，互相呼应；④合体字中偏旁之间要有一定的比例，有的偏旁要适当收缩，有的则要舒展，偏旁之间要互相呼应，向背分明。我们根据汉字的结构，分述如下。

1. 独体字

方圆平正的，有的要圆润，有的要方正不偏。例如：

笔画很少的，笔画要饱满、稀排，不要枯瘦。例如：

斜中取正的，虽有偏斜，但主笔突出就能稳当。例如：

下部宽大的，最下的笔画要稳而重，载起上画。例如：

2. 上下结构

上下相等的，例如：

上大下小的，上部约占2/3。例如：

上小下大的，下部约占2/3。例如：

3. 上中下结构

一般上下宜宽大，中间要小一点。例如：

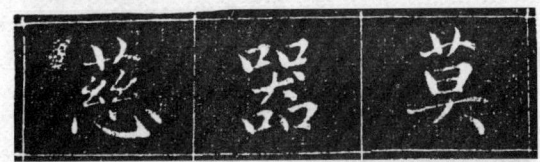

4. 左右结构

左右相等的，要左右各半，互不相让。例如：

左窄右宽的，要左边窄小，右边宽大，左边让右边。例如：

左宽右窄的，右边要让左边。例如：

5. 左中右结构

排列要匀称，各部大小要适宜。例如：

6. 全包围结构

上下两角要平齐,边框可适当缩小。例如:

7. 半包围结构

半包围要包得住,不能偏斜。例如:

8. 品字形结构

要铺排均匀,上部要稍大。例如:

三、汉字的书法艺术

(一) 书法艺术概说

中国的书法艺术是汉字的艺术,是中国文化的象征,是东方艺术之源,是中华传统文化宝库中的瑰宝之一。2009年9月30日,中国书法艺术被联合国教科文组织批准为"人类非物质文化遗产的代表作品"。

欣赏好的书法作品,犹如登山观海,听琴吟诗,使人赏心悦目,心旷神怡,美不胜收,妙不可言,无疑会得到美的享受,艺术的熏陶。正如著名书法家沈尹默先生在《谈中国书法艺术》一文中所说:"书法艺术无色而有图画之灿烂,无声而有音乐之和谐,引人欣赏,心畅神怡。"

但是,真正学会欣赏书法艺术,并不是一件轻而易举的事。由于书法艺术是一种通过汉字的笔画线条和墨色的变化来抒情达意的抽象造型艺术,看起来似乎很神秘,难以欣赏,其实,只要掌握了书法的特点和规律,是会游刃有余的。那么,如何掌握欣赏书法艺术的特点和规律呢?

首先要了解,中国书法有不同的书体,并各具特点。如果欣赏的书法作品是甲骨文、篆书、隶书、楷书(包括小楷),那么,这几种书体是具有共同规律的,也各具一定的法度和规范。如甲骨文的刀法是否有力度,结构是否合理;金文篆书,则看曲笔是否圆转委婉,用笔是否均匀;隶书则看字形是否扁平,横笔是否蚕头燕尾;楷书则看是否横平竖直。还有,用笔的藏锋、露锋、中锋、侧锋等是否得体。以上各体的共同规律是:章法布局是否严谨工整,即看作品的横竖行间是否整齐,墨色是否均匀，结字是否和谐，合乎体式，用笔是否到位，是否有来历，题款用章的位置是否和谐得体等。

各种书体之美，可以概括为不同的艺术风貌。如甲骨文具有古朴之美；金文大篆具有高雅之美，金石之美；秦小篆则具有婉转之美；隶书有端庄之美；楷书则具有方正敦厚之美；行书具有潇洒之美；草书具有飞动之美等，真可谓春兰秋菊、夏荷冬梅，各擅其美。

以上甲骨文、篆书、隶书、楷书诸体，法度很重要，因法度可影响书法的美感，它是书法作品取得艺术效果的客观基础。书法艺术家总是善于在严格的法度中施展其创作才能，只有灵活驾驭法度的书法作品才是上乘之作。

如果我们欣赏的书法作品是行书或草书，欣赏起来有些难度，不容易看懂。下面重点谈谈如何欣赏行书、草书艺术。

1. 首先要看行书、草书作品的章法之美

欣赏行书、草书作品时要先看作品的章法、布白的整体感觉，作品通篇是否引领管带，首尾呼应，一以贯之，一气呵成，看作品是否具有神采。正如南齐王僧虔在《笔意赞》中所说："书之妙道，神采为上，形质次之，兼之者方可绍于古人。"

所谓神采，就是指书法的笔势，具体来说就是指书法用笔的力度和张力所形成的气势美；也指汉字线条所表现的灵动自然、行云流水般的流动美。我国古代许多优秀的书法作品，都能给观赏者一种气势流畅、气息流动、神完气足的艺术感觉。有的气势雄伟，有的奔放激扬，有的有不可阻遏之势，有的起伏顿挫，有的神采飞扬，有的纡徐沉着，有的沉静茂密，有的静穆敦厚，有的淋漓酣畅，有的纵横舒展，有的精神团聚，等等。虽然风格不同，但无不纵意驰骋，心手双畅，给人一种气势动人的艺术感受，这就是笔势在书法艺术中的表现。反之，书法作品如果缺少笔势和神采，就如同泥塑木雕似的，毫无生气；整幅作品就会显得气松神散，毫无意趣，故书法的笔势之美、神采之美，是贯穿着整幅作品的一种精神境界。能否识"势"，也是欣赏书法艺术作品的重要标准。

总之，欣赏行书草书之美首先从宏观着眼，是给欣赏者的第一印象，而第一印象的好与不好至关重要。

2. 欣赏行书、草书的笔法和字法之美

如果说上面的章法之美是书法的宏观欣赏，那么，欣赏作品的笔法和字法则是微观的欣赏。

笔法也称用笔，指书法中要求行立、坐卧、偃仰、平直、弯钩、撇捺、点等各种笔画，应备尽情态。书法贵在用笔，用笔贵在用锋，用锋贵在得势。笔势是神采的基础。王羲之在《笔势论》中说："夫临文用笔之法，复有数势，并悉不同。"说明了笔势的多种和无穷的变化。用笔重笔力，是书法美的形成因素。东晋卫夫人在《笔阵图》中说："善笔力者多骨，不善笔力者多肉；多骨微肉者谓之筋书，多肉微骨者谓之墨猪；多力丰筋者圣，无力无筋者病。"说明了笔力是书法艺术的生命。梁启超曾把笔力之美作为欣赏书法作品优劣的主要依据。笔力也是书法笔墨技巧的集中表现。古人以"力透纸背""入木三分""锥画沙"来形容笔力的深刻有力。把笔力作为衡量书法艺术水平高低的重要准绳。历代书法家的作品都是以笔力著称。笔力分刚柔两种：刚劲之力如钢画银钩，坚挺方折；柔和之力则如绵里藏针，婀娜凝练。正如南齐王僧虔在《笔意赞》中所说："古今既异，无以辨其优劣，唯见笔力精绝耳。"

书法艺术的阳刚之美和阴柔之美，均用不同的线条和墨色来表现，并形成不同的艺术格调。如用粗线条、直线条、密线条，用墨则用浓墨或湿墨，来表现阳刚之美、气势之美，并形成诸如雄奇、刚劲、豪壮、奔放、严正、浑厚、静穆等风貌；用细线、曲线、疏线，墨色则用淡墨来表现阴柔之美，诸如清秀、妍丽、俊雅、流丽、飘逸、潇洒等风貌。

在书法艺术中，一个汉字的字法结构体，犹如一幢建筑物，其中有美学，也有力学，笔画形态的不同变化，不同的搭配，可以产生不同的结体，同样一个字，可以表现出不同的姿态，如有的严密，有的疏朗，有的明丽，有的舒展，有的庄正，有的奇宕，有的古朴，有的敦厚，有的峭瘦，有的丰腴等。字的不同姿态可表达不同的情感。元代书法理论家陈绎在《翰林要诀》中指出："书法中的喜怒哀乐，各有分数。喜则气和而字舒，怒则气粗而字险，哀则气郁而字敛，乐则气平而字丽。情有轻重，则字有敛舒险丽，亦有深浅，变化无穷。"

3. 欣赏行书、草书的章法布白之美

欣赏书法行书、草书的篇章结构之美，主要看汉字线条及墨色的组合和搭配方面，是否刚柔相济、轻重得当、疏密相宜、浓淡相谐、收放相适、高低相应、长短相须、疾徐相辅、大小相对等，这些相对的因素辩证统一，便出现抑扬顿挫的节律之美，和谐之美。看全篇布白的总体效果，就要看全篇是否变化多姿，起伏跌宕，波澜多彩，如烟如云。正如王羲之在《题卫夫人〈笔阵图〉后》一文中所云："行草书若平直相似，状如算子，上下方整，前后平直，便不是书，但得点画耳。"

明清时代的所谓馆阁体，可如此"上下方整，前后平直"的格式，对前边所谈的甲骨文、篆、隶、楷书诸体而言则合体式，对行书、草书来说则不合宜。

4. 欣赏书法艺术的"神韵"之美

如果说笔法、字法、章法是指书法艺术的动势和外观，那么，所谓"神韵"则指书法的文化内涵。

书法的"神韵"也称书法的风神、韵味。韵者，则包含书法的"风韵、风骨、风格、风趣"等因素。

晋代的书法"尚韵"，这里的"韵"主要表现在晋代书法家多追求清高隐逸的风骨，并形成了清秀潇洒、自然淡雅、超脱飘逸的风韵特征。王羲之的《兰亭序》

就是晋韵的代表作品。

从王羲之的《兰亭序》中，我们可以欣赏其笔法、字法和章法及其神韵。其笔法则以中锋为主，同时也见其中锋与侧锋交互兼用的用笔。其字法则结字灵活多变，大小、长短参差相宜，全篇出现的19个"之"字，则写法各异，姿态不同。在章法布局方面，则是疏密相宜，或避让或紧带，顾盼有情，错落有致，通篇意到笔随，心手双畅，自然天成。作品的刚柔相济、遒媚相间，表现出气韵生动、潇洒飘逸、冲虚恬淡、秀丽高雅的风神，可以说字字有力度，通篇有神韵，因而被誉为"天下第一行书"。

书法的"神韵"还表现在书法的意境方面。所谓意境就是指书法作品的情境交融，其中，主观的情意占主导地位。正如王国维在《人间词话》中所言，"境非独谓景物也。喜怒哀乐，亦人心中之一境界。故能写真景物，真感情者，谓之有境界，否则谓之无境界"，"一切景语皆情语也"。诗词如此，书法艺术的"意境"也如此。因此可以说，书法意境也是人的主观精神和情感的自然流露，是人对生命力的一种体验和展望。唐代书法家孙过庭在《书谱》中也说："书法乃穷变态于毫端，合情调于纸上。"当代美学家宗白华在《意境》一文中说："中国书法是节奏化了的自然，表现着深一层对生命的构想，成为反映生命的艺术。"古代名家的行书草书，均以汉字线条和墨色的变化来抒情达意。如王羲之的《兰亭序》抒发了人生旷达和恬淡愉悦之情；颜真卿的《祭侄文稿》则抒发了悲愤交加、爱憎分明的情感；苏轼的《寒食诗帖》则表达了凄清苍凉之情；岳飞的《出师表》则表达了慷慨激昂的爱国抗敌情怀。

书法艺术和人体一样，是具有灵魂、体魄、筋骨、血肉的统一体，而其中的"灵魂"即指书法的神韵，"体魄"则指书法的气势和气脉，"筋骨"则指书法的笔势，用笔的力度和张力，"血肉"则指书法的字法、章法和墨色等。总之，一幅优秀的书法作品，应具有吸人眼球的神采，并且气脉相通，笔意相连，流畅自然，字字有生气，通篇有神韵。

欣赏书法作品时，不仅要反复玩味，深入赏析，同时还要了解书写者的心态背景，这对深入体味书法作品大有益处。欣赏书法作品更要通过联想，用想象去深化理解书法作品的文化内涵，如书写者在什么心态背景或环境中宣泄情感，达到"怡情"作用的。例如王羲之在写《兰亭序》时的心态背景，是在天气晴朗、惠风和畅的明媚春光之下，他与几位诗友在兰亭下相聚会友，周围的环境是"崇山峻岭，清流急湍"，"茂林修竹映带其中"，并引曲水流觞，饮酒赋诗，当他在酒酣之际，意兴满怀而写下了这篇飘逸潇洒、流畅自然、俊雅妍美的千古名作，淋漓尽致地表达了他当时的惬意情怀、豪爽畅快的心境。

最后，还要看书法作品是否在继承传统的基础上有所创新，是否具有鲜明的时代特点和独特的个人风格。

我们认为，书法艺术的创新，必须在继承书法传统的基础上，经过"从有法到无法""从必然王国的临帖到自由王国的创新"的发展过程，逐渐从遵循法度到心灵解放的创新，并逐渐形成个人的独特风格。这个艰巨而漫长的磨炼过程，要通过"笔冢""墨池"苦练基本功。同时也要重视"书外功"，即多读书，多参观，多动脑，不断提高书法的文化品位和书卷气。如果耐不住冷板凳的寂寞，不练十年功，想走捷径，是不会成为名副其实的书法家的。

当前在中国书坛有一股不正之风，有些书法家以"创新""现代"为名，抛弃书法的传统，背离法度，肢解汉字，所谓"无法无天派""后现代派""前卫派""行为艺术派""表演秀派""丑书派"等五花八门，令人眼花缭乱，但各派的共同特点则是以西方某些艺术理论为指导，过分追求张扬个性，随意解构扭曲汉字，形成畸形怪状，结果所产生的书法作品走向"狂、野、丑、怪"的不经之途，甚至任意胡涂乱抹，令人厌弃。这类所谓"创新"的书法作品毫无艺术之美。

要想提高书法作品的文化品位和书法艺术的鉴赏能力，不仅要多读碑帖，多临碑帖，多参观，多练笔，同时还要重视"书外之功"，即多读书，多思考，因为一篇书法作品的雅俗之分，往往就在有无文化内涵。高雅的书法作品必然是具有较高的文化含金量，也称之为有"书卷之气"。总之，业精于勤，多在"勤"字上下功夫，别无其他捷径可走。

（二）作品鉴赏

1. 甲骨文

（1）商代《祭祀狩猎涂朱牛骨刻辞》

《祭祀狩猎涂朱牛骨刻辞》，是甲骨文断代第一期商王武丁时期的一块牛胛骨版记事刻辞。内容为商代社会生活和天气等方面的情况，有重要的文史价值。其字体瘦劲严整，风格豪放，字形大小错落，生动有致，各尽其态，是甲骨文书法中的经典之作。

图 12　商《祭祀狩猎涂朱牛骨刻辞》

(2) 商代《宰丰骨匕刻辞》

《宰丰骨匕刻辞》刻在一块牛骨上，其形如匕首，故称"骨匕刻辞"。此骨匕记载了帝乙或帝辛时期，宰丰（人名）受到商王赏赐之事。文辞系先书后刻，并加修饰，刻画粗肥，起讫刀痕明显，具有商末金文意味。其布局疏密得当，笔力雄健浑圆，结体错落有致，显示出卜辞书法成熟之美。

图 13 商《宰丰骨匕刻辞》

2. 篆书

(1) 西周武王《利簋铭文》

"利簋"又名"檀公簋"，铭文记载了武王伐纣这一重大的历史事件，曾作为我国夏、商、周断代的重要依据之一。《利簋铭文》是一件十分工整规范的作品。"利"（人名）获得武王赏赐而作器铭记，以示尊宠和荣耀，故书写时诚惶诚恐，严肃认真。作品整体感觉端庄肃穆，笔法平和凝重而内敛，字形结体在纵势协调的情况下，适当地做出极纵、宽狭、方圆、大小的变化，构成了规范而又有变化的节律。

图 14 西周《利簋铭文》

(2) 西周康王《盂鼎铭文》

"盂鼎"又名"大盂鼎",为西周康王时贵族"盂"所做的祭器,是西周最大的鼎铭文,记述康王命盂管理兵戎,并赐给香酒、命服、车马及奴隶之事,为研究西周奴隶制度的重要史料。其书法体势严谨,字形庄严凝重,布局质朴平实,用笔方圆兼备,时见"肥笔",起止处或尖或圆,极富变化,是西周早期金文书法的典范。

图15 西周《盂鼎铭文》(局部)

(3) 秦代《琅琊刻石》

秦始皇统一六国后,三登琅琊台。公元前219年,秦始皇第一次登琅琊台时,乐而忘归,后又下诏迁来居民三万户重建琅琊台。为颂始皇帝的盛德,在琅琊台顶山石上契刻了著名的《琅琊刻石》。

《琅琊刻石》是秦代传世最可信的石刻之一,原刻在山东诸城东南山上,因石质风化,早在宋代,刻石文字已泯灭。现仅存秦二世元年所加刻辞,也称"二世诏文",残石现藏中国国家博物馆。

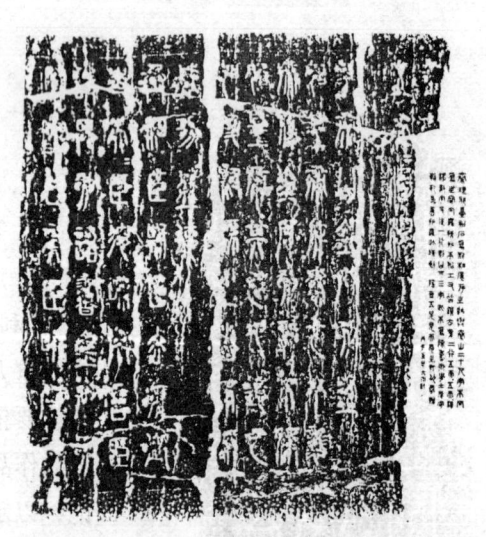

图16 秦《琅琊刻石》

《琅琊刻石》传世明拓本存86字,传为李斯书。其笔画接近《石鼓文》,字形较《泰山刻石》更为完美,堪称小篆书法的第一代表作。

（4）秦代《诏版铭文》

"秦诏版"也称"秦权量诏版"，青铜制。秦始皇统一中国后，统一度量衡，采用商鞅变法的政策，在标准器上加刻诏书，颁行全国作为标准。诏书除刻在权量上，也有的刻在权量所嵌铜板上。《诏版铭文》文字属篆书范畴，多为用刀刻成。除少数作品相对规整之外，多数则使转方折，错落有致，字迹草率，似民间俗体。书法较秦代泰山、琅琊等刻石草率，笔画折多转少，结字错落参差，颇多奇趣，或称之为"草篆"。

图17　秦《诏版铭文》

《诏版铭文》释文："廿六年皇帝尽并兼天下诸侯黔首大安立号为皇帝乃诏丞相状绾法度量则不壹歉疑者皆明壹之。"

3. 隶书

（1）东汉《鲜于璜碑》

《鲜于璜碑》全称《汉故雁门太守鲜于君碑》，是新中国成立以来发现的最为完整的汉碑。此碑笔画丰厚饱满，字体以方笔为主，辅以圆笔。笔势沉着，锋芒含蓄；笔法严谨，结体浑厚；笔力遒劲，严整丰腴；取势横扁，宽博厚重，掺以异势，自然生动。整体布局匀称，形态凝重端庄，意近《张迁碑》，但比《张迁碑》更丰腴。为汉碑"方正派"中极为重要之代表。

图18　东汉《鲜于璜碑》（局部）

(2) 东汉《衡方碑》

《衡方碑》全称《汉故卫尉卿衡府君之碑》，《衡方碑》属汉隶中古朴雄强一类。碑额阳刻"汉故卫尉卿衡府君之碑"十字，雄浑方正。碑文阴刻，用笔肥厚古拙，结体宽绰舒朗，各行之间、上下字之间茂密而不留空隙，集中体现出此碑"方""重""满"的鲜明特色。姚华说："《景君》高古，惟势甚严整，不若《衡方》之变化于平正，从严整中出险峻。"杨守敬评其"古健丰腴，北齐人书多从此出，当不在《华山碑》之下"。

图19　东汉《衡方碑》（局部）

(3) 清·金农《昔耶之庐记墨说轴》

金农（1687—1764），字寿门，号冬心。工书画，为"扬州八怪"中最具成就的书法家之一。其隶书早年"墨守汉人绳墨"，风格规整，笔画沉厚朴实，具有朴素简洁风格。到了50岁负有盛名之后，有意"骇俗"，独创"渴笔八分"、融汉隶和魏楷于一体的"漆书"，其苍逸稚拙之趣，令人叹服。

隶书《昔耶之庐记墨说轴》是其"漆书"典型作品。用笔一改以往，或圆厚，或方严，横画宽厚，扁笔侧锋，竖画瘦削纤细，墨色乌黑光亮，犹如漆成，对比强烈；结字则变扁方为竖长，且上部紧密，拉长撇画，使字形及气韵古穆灵动，

图20　清·金农《昔耶之庐记墨说轴》

别开生面。这种写法看似粗俗简单，无章法笔意可言，其实是大处着眼，剔除细节，直取磅礴气韵，是其"中得心源"后的超化。

(4) 清·邓石如《崔子玉座右铭》

邓石如作为清代中期书坛巨擘，篆、隶、楷、行、草书无所不工，尤以篆隶最为人称道。《崔子玉座右铭》大胆运用长锋软毫，提按起伏，以篆意写隶，又佐以魏碑之气力，体势由雅驯而趋开张，笔意由温润而趋劲豪，气格宏阔而无纵横习气，雄浑苍茫，独树一帜，开创了清人隶书之典范，是其隶书由厚积走向薄发之际的别致佳作。时人对邓石如的书艺评价极高，列其篆、隶书为"神品"。

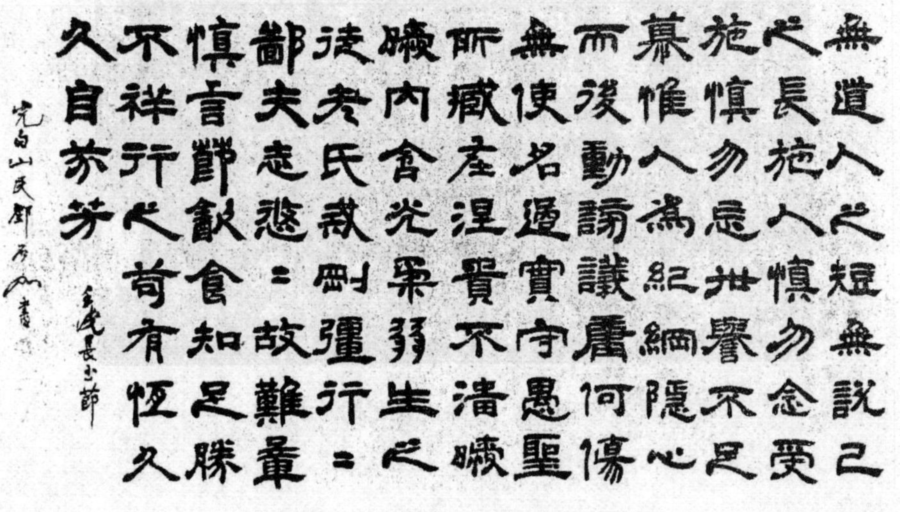

图21　清·邓石如《崔子玉座右铭》

4. 楷书

(1) 三国魏·钟繇《贺捷表》

钟繇（151—230），字元常，世称"钟太傅"，颍川长社（今河南长葛市）人，三国魏著名书法家。他所处的正是隶楷错变的时代，正如元袁裒《书学纂要·总论书家》所谓："汉魏以降，书虽不同，大抵皆有分隶余风，故其体质高古。"他的小楷行间茂密，体势微扁，点画厚重，醇古简静，带有浓厚的隶意，富有一种自然质朴的意味。唐朝张怀瓘《书断》评曰："真书古雅，道合神明，则元常第一。"钟繇传世书作有《贺捷表》《宣示表》《荐季直表》《力命表》等，都是早期楷书的杰出代表。

《贺捷表》又名《戎路表》《戎辂表》，钟繇于东汉建安二十四年（219）68岁时所书。内容为得知蜀将关羽被杀的消息时写的贺捷表奏，《宣和书谱》认为此帖"备尽法度，为正书之祖"。此帖书写自然，风格古朴，结字与章法茂密幽深，其字尚未脱尽隶书笔意。此帖"获"字的末笔与"舍"字的第一、二笔等，隶书的特点都还比较明显。徐邦达先生认为，此帖字体即羊欣在《采古来能书人名》中所提到的"八分楷法"。

图22 三国魏·钟繇《贺捷表》（局部）

(2) 唐代《灵飞经》

《灵飞经》，唐代著名小楷之一，无名款。有人认为是唐代的职业写经手所书，元人袁桷、明人董其昌皆以为是唐人钟绍京所书。钟绍京，字可大，虔州赣县（今江西兴国）人。官至中书令，受封越国公。书学"二王"（王羲之、王献之），时号"小钟"，个人收藏名家真迹数百卷。《灵飞经》笔势圆劲，字体精妙，笔法精熟，起笔常露锋直入，收笔顿挫自然，尤其是捺笔，十分飘洒大方；结构舒展合度，中宫紧密无间；章法随意而不乱，无意之间排列适当。微有不足之处即是与其他写经书法一样，略显重复单调，变化偏少。自从《灵飞经》问世以来一直为书法界推崇，被视为小楷的典范，后人初习小楷多以此为范本。

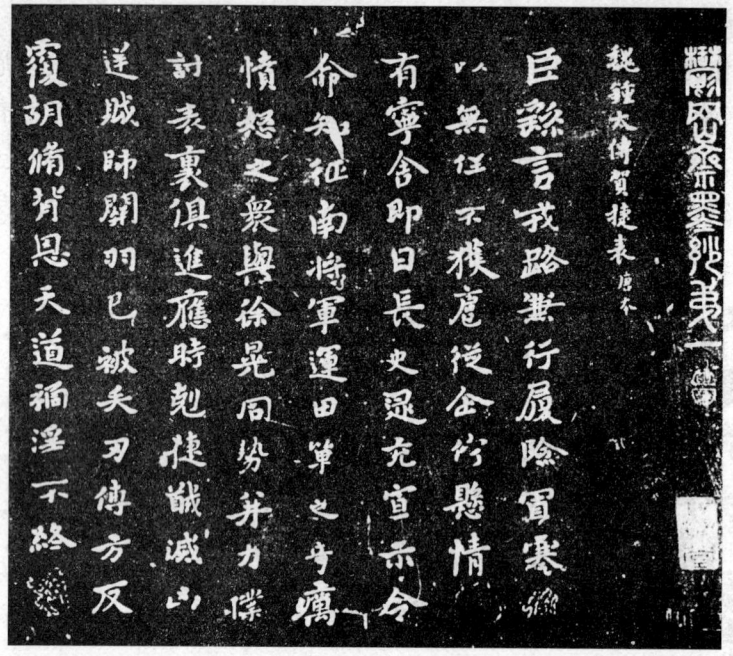

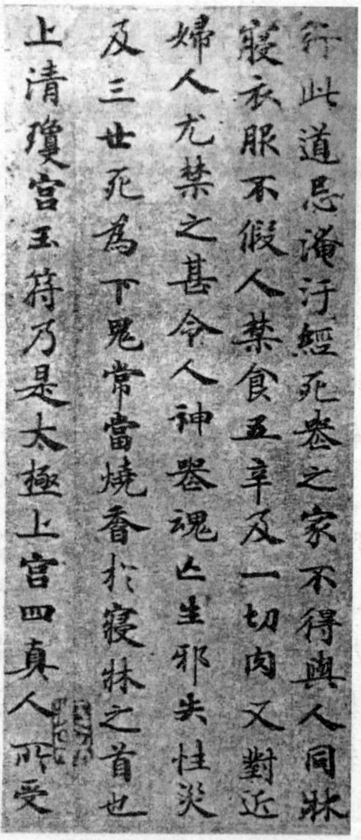

图23 唐《灵飞经》（局部）

(3) 唐·颜真卿《多宝塔碑》

《多宝塔碑》，全称《大唐西京千福寺多宝塔感应碑文》，乃颜真卿于唐天宝十一年（752）在其43岁时所作，是他早期楷书的代表作。碑文结体严密，笔画粗细变化不大，是他继承传统的作品，依稀可以窥见其师承王右军《黄庭经》的一些痕迹。此碑与他后来所书的《颜家庙碑》《麻姑仙坛记》风格迥异，而与唐人写经有明显的相似之处，说明颜真卿在向前辈书法家学习的同时，也非常注重从民间的书法艺术中汲取营养。明代孙鑛撰《书画跋跋》赞曰："此是鲁公最匀稳书，亦尽秀媚多姿，第微带俗，正是近世撰史家鼻祖。"此碑便于初学书法者临习。

图24　唐·颜真卿《多宝塔碑》（局部）

(4) 北宋·米芾《向皇太后挽词》

《向皇太后挽词》是米芾小楷的代表作，又称《向太后挽词》，纸本小楷，米芾于51岁书写该帖。

书法史上米芾以行书成就最高。而该帖是他传世墨迹中少见的楷书。他生平自负能提笔作小楷，笔画端谨，字如蝇头，而位置规模若大字。从字迹上看，应是提笔所书，故在结字和章法的规整中体现俊逸疏朗之气势。

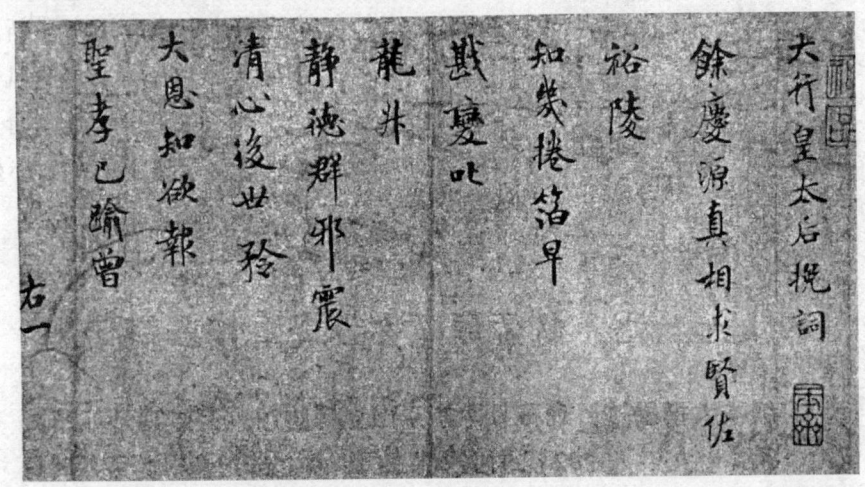

图25　北宋·米芾《向皇太后挽词》（局部）

(5) 北宋·赵佶《芙蓉锦鸡图题诗》

赵佶即宋徽宗。《芙蓉锦鸡图》笔法工细,设色艳丽,疑为画院中高手代笔,而为赵佶亲加楷书题诗:"秋劲拒霜盛,峨冠锦羽鸡。已知全五德,安逸胜凫鹥。"故后世多视为徽宗画。

赵佶真书参以褚遂良诸家,出以挺瘦秀润,融会贯通,变化二薛(薛稷、薛曜),形成自己的风格,号"瘦金体"。此幅题画诗,是展现其"瘦金书"神采的精品之一,其书法细瘦、挺拔,笔画舒展、遒丽,横画收笔带钩,竖画收笔带点,撇似匕首,捺如切刀,竖钩细长而内敛,连笔似飞而干脆,通幅极具精神。

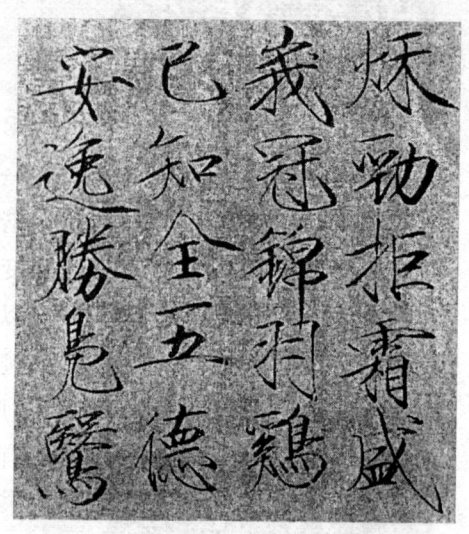

图26　北宋·赵佶《芙蓉锦鸡图题诗》

(6) 元·赵孟頫《汲黯传》

《汲黯传》,小楷册页,为赵孟頫67岁时所书之精品。赵为元朝书法泰斗人物,承晋唐之古意,开明清之新风。鲜于枢评其书艺"篆、隶、真、行、颠草为当代第一,小楷又为子昂诸书第一"。此帖小楷结体妍丽,用笔遒劲。通篇气韵连贯,古意上更出清新。正如他在篇后自题的"此刻有唐人之遗风,余仿佛得其笔意如此"。可见此帖是他临唐人刻本而得其意所出的得意之作。后世学小楷者均以此帖为范本就不无道理。

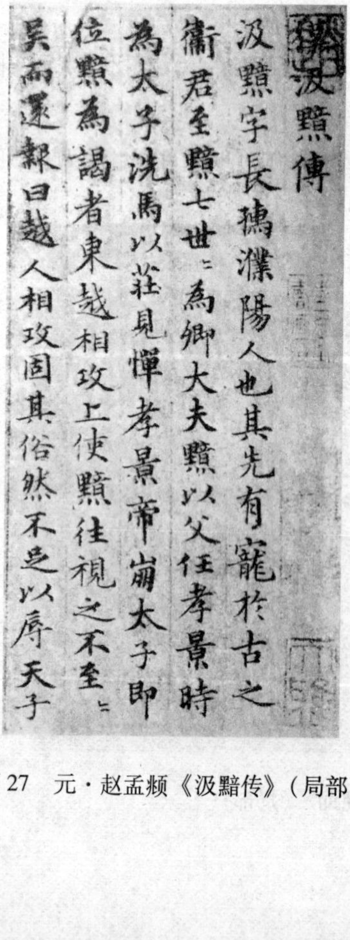

图27　元·赵孟頫《汲黯传》(局部)

（7）元·倪瓒《题渔庄秋霁图》

倪瓒为元代著名书画家，为元代四大家之一。此幅《渔庄秋霁图》题跋，每每提按顿挫，收放有致，字字逸气从中而来，或扁或长，一任天趣，是为上品。

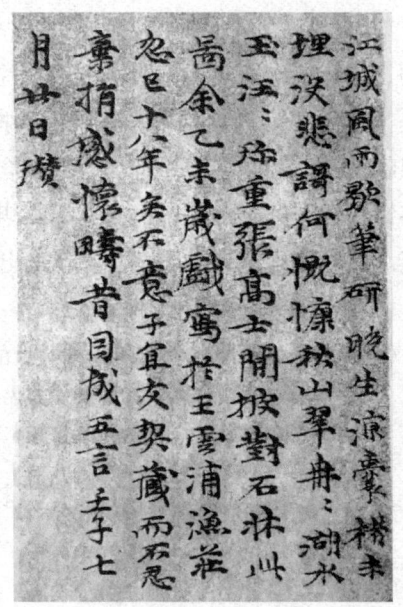

图28　元·倪瓒《题渔庄秋霁图》

5. 行书

（1）东晋·王羲之《兰亭序》

《兰亭序》是晋永和九年（353）三月王羲之为兰亭雅集诗集乘兴撰书的一篇序文，也是王羲之传世行书中唯一一件长篇巨制，历代奉为经典，尊其为"天下第一行书"。据载原迹于南朝时为王氏后人、陈僧智永所得，后辗转归隋僧智果及其弟子辨才，唐初归李世民，最后随葬昭陵。李世民酷爱王羲之书，称王书"尽善尽美"，贞观年间，命弘文馆拓书人冯承素等将《兰亭序》双勾廓填摹成副本，分赐近臣。传世《兰亭序》唐摹本，以冯承素所摹"神龙本"最著名，影响最大。虞世南、褚遂良的临本，以及欧阳询临摹上石的"定武本"，也很有名。

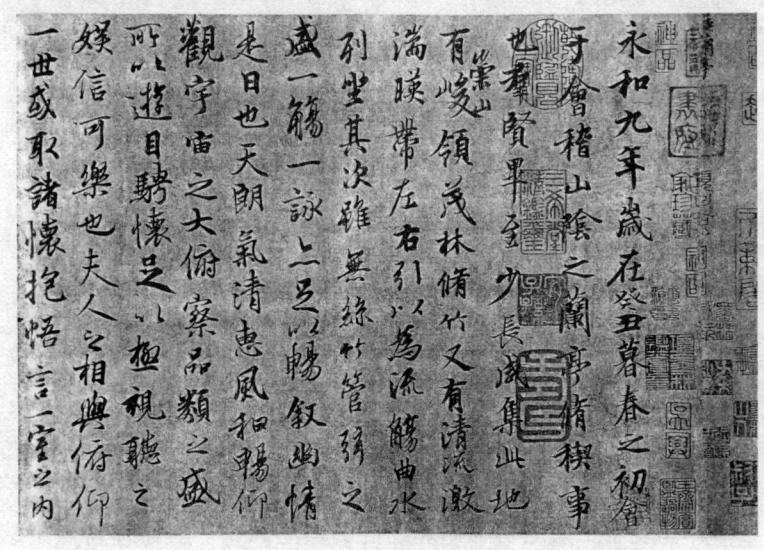

图29　东晋·王羲之《兰亭序》（神龙本局部）

"神龙本"《兰亭序》，现藏北京故宫博物院，旧题冯摹，勾摹细致入微，点画灵动，用笔起讫、转换分明，散锋及涂改处皆忠实原迹，得体不失自然，向来被认为是《兰亭序》最佳摹本。其用锋不拘正侧，笔法遒敛，若断还连，变幻莫测。结体似欹反正，侧媚多姿，神清骨秀，含质耀文。通篇气韵生动，浑然一体，寓变化于整饬，含刚健于婀娜，风格遒媚，堪称人工与天然、文意与"书境"完美结合的典范。最为人称道者，"之"字等重出之字，互不雷同，所谓"书到熟来，自然生变"。（清王澍《虚舟题跋补原》）

《兰亭序》是书法史上最为显赫的书迹。清代以后，其真实性受到怀疑。至1965年，乃引发一场由众多学者参与的关于《兰亭序》真伪的大讨论，即震惊中外的"兰亭论辩"。《兰亭序》真伪虽迄无定论，然不掩其光华。当然，神龙本《兰亭序》虽号称摹拓最精，但似乎染有较多的"唐气"，如起收过尖、挑剔过度、"三过折"笔法过于成熟、笔势略欠含蓄等，皆与传世王羲之其他行书作品笔法不侔，而与曾收藏《兰亭序》原迹的智永所书《真草千字文》墨迹颇多相合，故有人认为李世民所得《兰亭序》或为智永临摹本。

（2）东晋·王羲之《平安三帖》

《平安》《何如》《奉橘》三帖，唐摹本，勾摹精细，毫发毕现。三帖笔法、风格相近，合装为一卷，称"平安三帖"，三帖章法基本上字字分离，字间、行间疏朗开阔，唯《平安帖》偶有上下牵连，个别字作草书。唐代《怀仁集王羲之书圣教序》有些字即取自此三帖，二者对看，可知摹、刻之异。传世王羲之行书墨迹，除《兰亭序》之外，如此比较纯粹、少带草字的行书作品，并不多见。

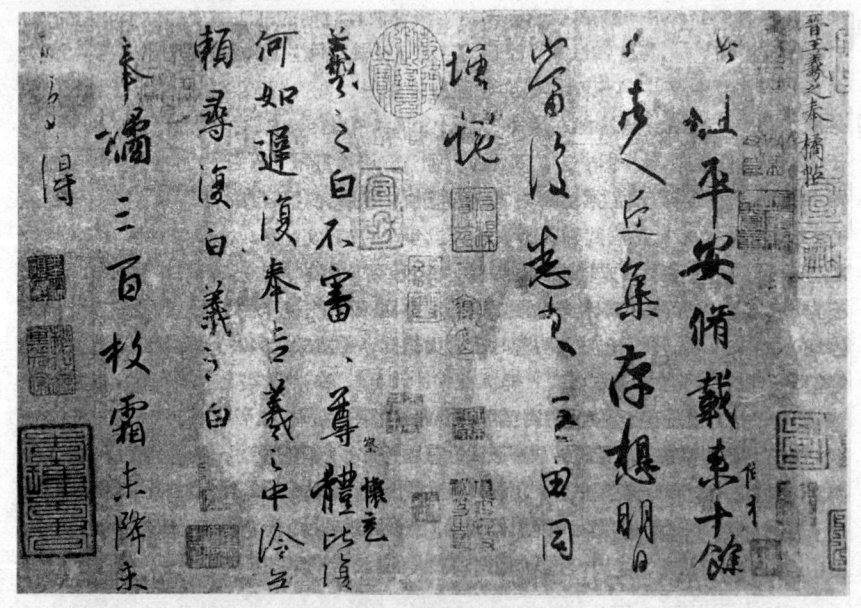

图30 东晋·王羲之《平安三帖》

《平安三帖》体现了王羲之行书遒媚劲健的典型风格。其总体特点是结字严谨、多取纵长、不拘平正；字间疏密得当、疏中有密；各行直中带曲、曲中含直，上下左右字不取平齐，各字疏密、斜正、大小、松紧，皆随字势而自然变化；用笔遒劲峻爽，中锋为主，笔画圆劲流利，转折处方圆互济；重笔遒劲挺拔，力透纸背，轻笔细如发丝，若断还连；捺笔多作垂缩而不出锋，精气内敛。比较而言，《奉橘帖》笔速较缓，笔法更细腻，笔画更清秀，上下字不相联属，字距、行距较大，布局疏朗宽敞；《平安帖》笔速较快，多轻重、大小变化，连笔增多，上下字联系更紧密；《何如帖》布局疏密介于二者之间，用笔、结字更加遒劲紧敛，笔势挺拔，字形修长，风格俏丽清逸。

(3) 唐·褚遂良《枯树赋》

褚遂良的传世书迹，以楷书为多，行书极少且真伪杂出。此帖书录北周庾信《枯树赋》一篇，仅有刻本传世，无书者名款，传为褚遂良书。

此帖结体欹侧纵长，但不同于欧阳询、虞世南的紧密狭长。书者采取接笔松动、笔断意连、揖让腾挪等手法，尽可能在点画之间、部位之间留出空白，使结构内部颇见宽绰疏朗。其字欹正纵横，错综变化，造型优美，富有飞动之势、舞蹈之姿。其横画多大幅度上扬，字的头部比较宽展，加强了字势的险峻，常靠右下一二笔平衡重心。其笔法融虞世南、欧阳询为一体，方圆互济，提按分明，抑扬有致，舒卷自如。下笔盘空取势，笔势警策。用笔沉着飞动，笔笔精神灌注，如锥画沙、印印泥，笔势灵动峻拔，细劲遒婉，寓贞刚于清绮，含静穆于流动，气骨清朗隽秀，气息舒畅悠远。

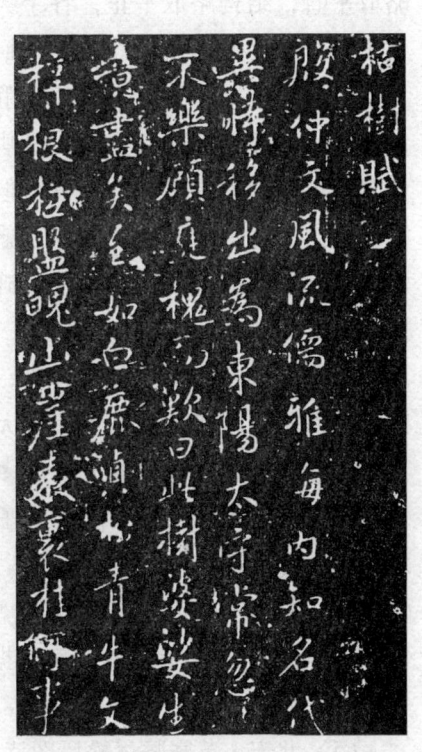

图31 唐·褚遂良《枯树赋》（局部）

此帖特别注重用笔的律动与线条的造型，在轻盈的起落、断续的衔接、纵横自如的使转、疾徐有致的牵掣以及字势的起承转合中，着重表现笔势盘旋游走的过程和点画字形的优美姿态。通篇如精金美玉，血脉流畅，神采飞扬，翩翩自得，摇曳多姿，字里行间洋溢着高情雅韵，富有节奏感和流动之美。

(4) 唐代《怀仁集王羲之书圣教序碑》

此碑刻成于唐高宗咸亨三年（672），其字由僧人怀仁据御府所藏王羲之书迹精心勾摹、编集而成。碑文包括贞观二十二年（648）唐太宗李世民为表彰玄奘赴西域诸国求取佛经、回国后翻译"三藏"要籍而撰写的序，皇太子李治（即高宗）所撰《述圣记》，以及玄奘奉诏所译《般若波罗蜜多心经》等。其中的序和记，又见于褚遂良楷书《雁塔圣教序》。

此碑各字，或整体取自王书，或取偏旁加以组合，同时酌情予以微量的取舍加工，以求章法协调统一，适应镌刻技术与碑版书法审美要求。总体看，此碑摹刻精细，章法和谐，较好地体现了王书的特点与神韵。因是集字碑刻，总体以行楷为基调，用笔略取平直，结构略取平正，各字大小及字距、行距相对均等，使字字独立，又能通篇和谐，不失王书平和简静的韵味。此碑开集字碑之先河，是唐代众多集王书碑刻中最好的一件，但也有作为集字碑不可避免的遗憾，盛中唐以后行书的敛入规矩，与受此碑的影响有很大关系。

此碑据以取字的王羲之真迹，今已无缘得见，即使是摹刻本，也大都不存，可见当时内府收藏王书之多及怀仁集字之辛苦。此碑如同一部王羲之行书字典，客观上保存了大量王书面貌，是研究王羲之书法及其流传情况的重要资料。其中部分单字，见于今存唐摹《兰亭》《何如》《奉橘》《得示》《孔侍中》《快雪时晴》等帖及有关刻帖，可据以比勘，其中颇有些细节，较今存摹、刻本更为清晰传神。

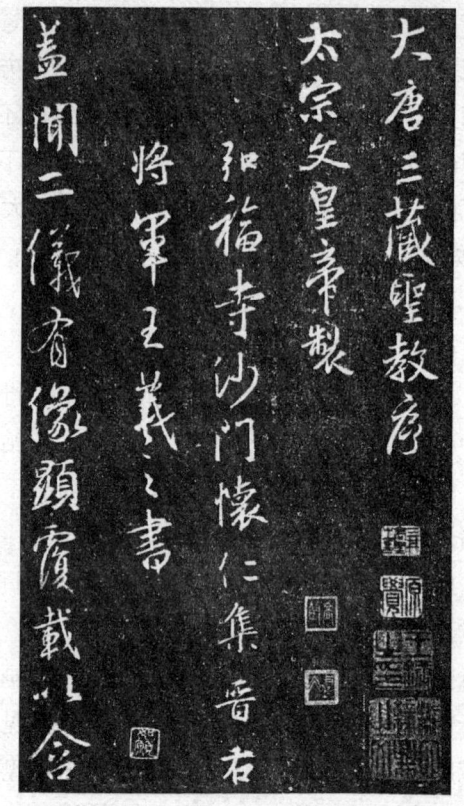

图32　唐《怀仁集王羲之书圣教序碑》

（5）北宋·黄庭坚《松风阁诗卷》

《松风阁诗卷》为黄庭坚（1045—1105）所作，书体为行楷，楷法较浓，用笔严谨，笔笔送到，点画圆浑饱满，力沉气厚，通篇于稳健中透着豪放。

此帖带有典型的"山谷体"特征，从笔法到字法，体现了山谷所强调的"起倒"与"擒纵"。其用笔破空杀纸，回腕竖锋，笔势跌宕起伏，一波三折，节节生力。起收多用逆笔，力在字中。结构呈"辐射状"，中宫紧收，四维极意扩张、参差；时有超长笔画跃出，如长枪大戟，望之森然，在"擒"与"纵"的对比中彰显出开张纵逸之气。其结体险峭而不失雍容，字之主干大都偏长，结构内部上下错落，层累而下，左右参差而争让明显。章法则字距紧密，行距宽疏，上下字重心间错，相互支撑，行式曲折；一行之中忽杂一二极扁之字，却十分和谐。此种章法，与其单字造型相辅相成，且使单字不因形体偏长、重心偏低、体势斜欹而给人以欲仆之感。近人启功概括"山谷体"特征云："用笔尽笔心之力，结字聚字心之势"，得"柳书之秘"。（《论书百绝》）此帖较前所书《寒食帖跋》《经伏波神祠诗卷》，已趋于沉稳平和,少飞跃、诡异之势,是黄山谷大字行书中最为严谨的作品。黄山谷大字行书多为行楷,有坚实的楷书功底做基础。

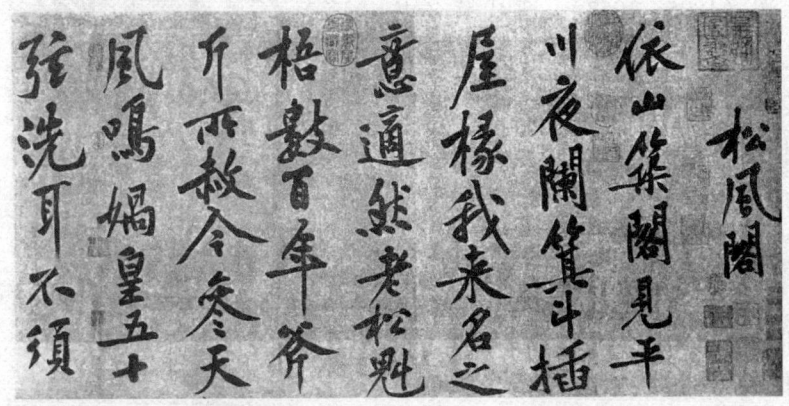

图33　北宋·黄庭坚《松风阁诗卷》(局部)

(6) 现代·郭沫若《咏北戴河诗轴》

郭沫若(1892—1978)的书法,颇有文气和豪情。他早年学颜鲁公,后心仪"苏(东坡)体",融汇碑帖,自成面目。他以"回锋转向,逆入平出"为学书八字要诀。其书以行草见长,笔力爽劲洒脱,奔放夭矫,雄奇变幻,与其文学风格上的浪漫主义精神——"狂飙式"特征相一致。沈尹默有诗评曰:"郭公余事书千纸,虎卧龙腾自有神。意造妙掺无法法,东坡元是解书人。"行书《咏北戴河诗轴》书于1962年,时郭沫若71岁。用笔凝练,线条瘦劲,粗细对比鲜明,结体宽博、朴茂,风格洒脱飘逸。

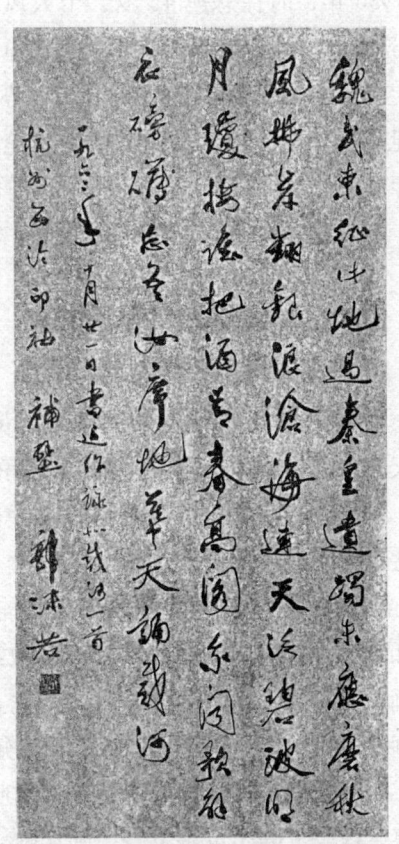

图34　现代·郭沫若《咏北戴河诗轴》

(7) 现代·徐悲鸿《劝君与尔七言联》

徐悲鸿（1895—1953），现代著名书画家、美术教育家。江苏宜兴人。历任北平艺术专科学校校长、中央美术学院院长、中国美术家协会主席。其书法不逊于绘画，而为画名所掩。

徐悲鸿书法受业于康有为，取法《经石峪》《爨龙颜》《张猛龙》《石门铭》《龙门造像记》，兼习《集王圣教序》《散氏盘》。他长于行书，大小皆精。其行书将碑版的凝重朴拙与王羲之的流动闲雅有机融合，浑穆雄健，洒脱奔放，调韵高远。《劝君与尔七言联》为唐诗集联，书于1936年，时徐悲鸿42岁，个人风格已十分鲜明。用笔、结字带有篆隶遗意，结构上开下合，字形多呈左高右低之势，与习见相反，但能做到抑而不坠。用笔圆润醇厚，锋芒内敛，拂去康有为的霸悍之气，而归于平淡冲和。赏其书，如晤高士，乍见平常，细品则回味无穷。

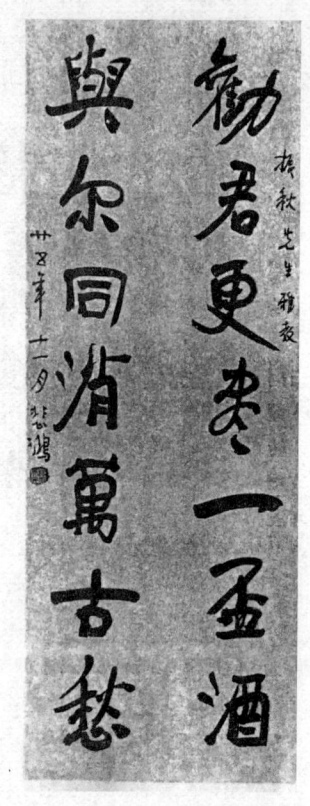

图35　现代·徐悲鸿《劝君与尔七言联》

6. 草书

(1) 东晋·王羲之《初月帖》

《初月帖》是东晋王羲之作品，墨迹为唐摹本，草书。书法风格逸笔草草，自然天真，率意畅达，有晋人倜傥任诞的气息。

东晋，在王羲之《初月帖》《十七帖》等作品中，章草发展为今草，同时绞转笔法取得了空前的成就。

《初月帖》和王羲之其他草书比较，具有古意，是较早的作品。此帖用笔、结字和章法都有很多特点。如其中倒数第二行之"道忧悴"，末行之"报"字，一点一画均非直过，而是具有丰富的变化。如"忧"字的首笔和末笔，"悴"字的左侧竖画，"报"字的最后一笔，笔画或短或长，或藏锋或露锋，都呈曲势，非一带而过，中间充满了微妙的变化。翁方纲所谓"中过"，包世臣所谓"善用曲"，"古人雄厚恣肆令人断不可企及者，则在画之中截"等，于此帖皆可领略一二。用笔以中锋为主，有些字如"山"字、"报"字使用侧锋也十分明显。结字大小不一，或长或短，或平正或欹斜，皆随字形和性情而定，行字不求垂直匀称，行距不求密疏划一，这就决定了此帖的错落跌宕、变幻莫测的整体面貌。

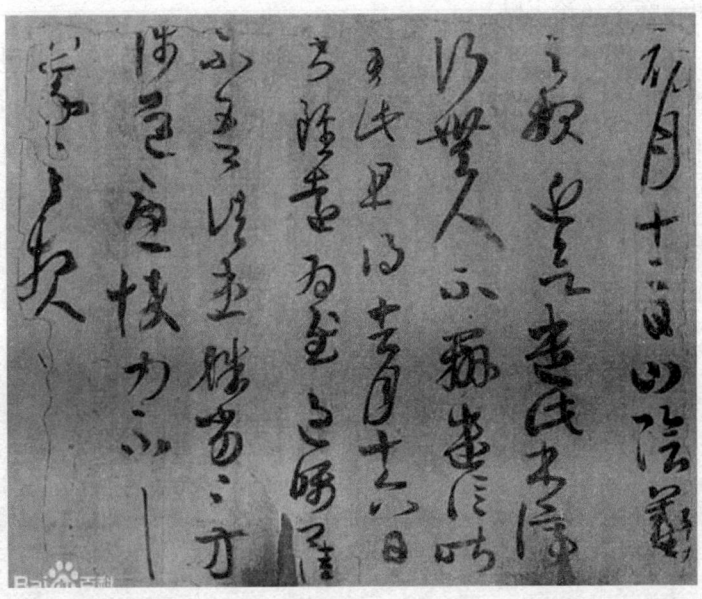

图 36　东晋·王羲之《初月帖》

（2）唐·怀素《苦笋帖》

《苦笋帖》，乾隆御书释为"苦笋及茗异常佳，乃可迳来。怀素白（上）"。此帖作为一封"感惠徇知"的短信，流露出怀素对友人深挚的情谊，其恬淡平和的心态溢于字里行间。在诸多书体中，草书是情感表达的最佳载体。但在瞬间的书写表现中，笔墨要遵循点画、用笔、草法的约束性，是草书的难处所在，这就必须具有深厚的功力作为基础。《苦笋帖》笔有篆籀味，线条圆浑连绵，点画顿挫分明，其法透露出怀素对晋人风规遗韵的继承。明代项元汴题跋曰："《苦笋》一帖，其用笔婉丽，出规入矩，未有越出法度之外畴。"

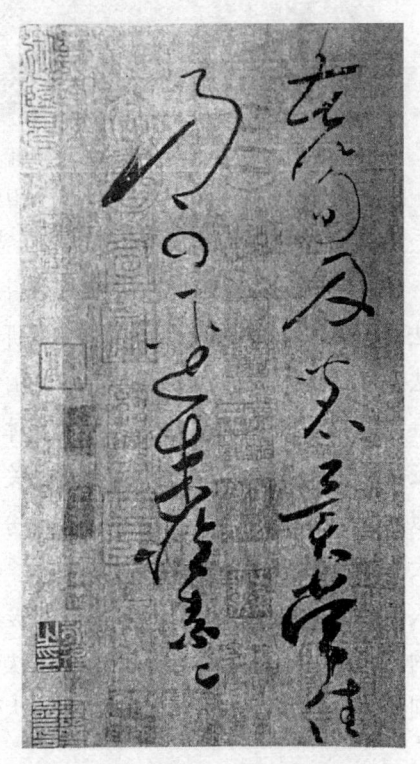

图 37　唐·怀素《苦笋帖》

（3）唐·怀素《论书帖》

怀素学书初习欧阳询，达到可以假乱真的地步，后拜张旭弟子邬彤为师，遂得张旭笔法，又于洛阳逢颜真卿，备受教益，故其书风历经几个阶段的变化。《论书帖》用笔如楷法，一笔一顿；单字结体完整，章法平稳，具有晋人法度。因此帖风格不同于怀素其他狂草书，故有人定其为早期作品。明鉴赏家项元汴跋《论书帖》曰："怀素平日得酒发兴，要欲字字飞动，圆转之妙，宛若有神。《论书》一帖，出规入矩，绝狂怪之形，要其合作处，若契二王，无一笔无来源。"

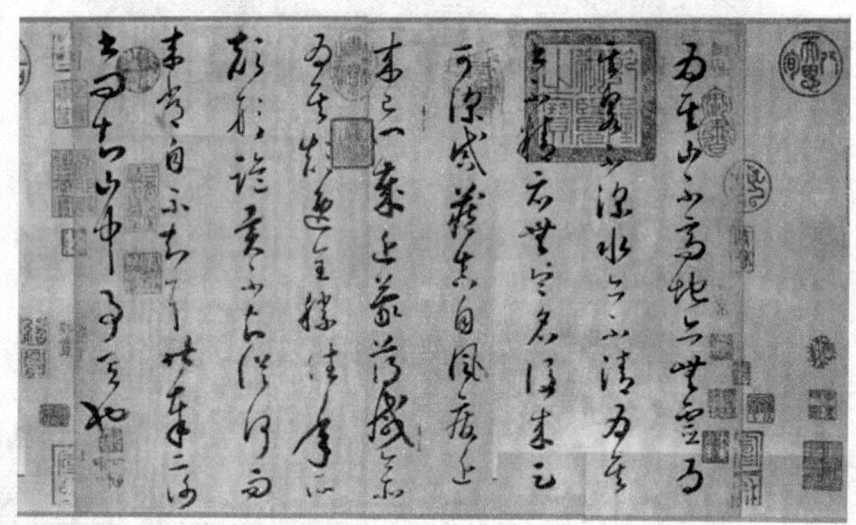

图38　唐·怀素《论书帖》

（4）现代·毛泽东《忆秦娥·娄山关》

毛泽东（1893—1976），字润之，湖南湘潭人。历任中国共产党中央委员会主席、中央军委主席、中华人民共和国主席。是中国杰出的政治家、军事家、诗人、书法家。毛泽东一生勤于读书，精心研究中国历史，于文、史、哲有独到见解。在书法上尤致力于草书，精研怀素、黄山谷、王铎等。所作狂草，大气磅礴，伟岸雄奇，恣肆奔放，形成独树一帜的"毛体"。《忆秦娥·娄山关》词写于1935年2月，在长征途中毛泽东与彭德怀凭借娄山关天险与敌浴血奋战，歼敌两个师，取得了长征以来的第一个大胜利。书法未署年份，约为20世纪60年代初所作。此卷为毛泽东大草中最为狂放、气势夺人的杰作。通篇似急风暴雨，翻江倒海，气吞山河，出神入化，把草书的意境推向宇宙观的极致，充分显示了其把握大草的能力和不同凡响的艺术个性。此卷不仅全篇淋漓痛快，大起大落，细审每一个点画、每一局部都达到了精彩绝伦与神完气足的境地，达到了词、书、境统一的完美高度。

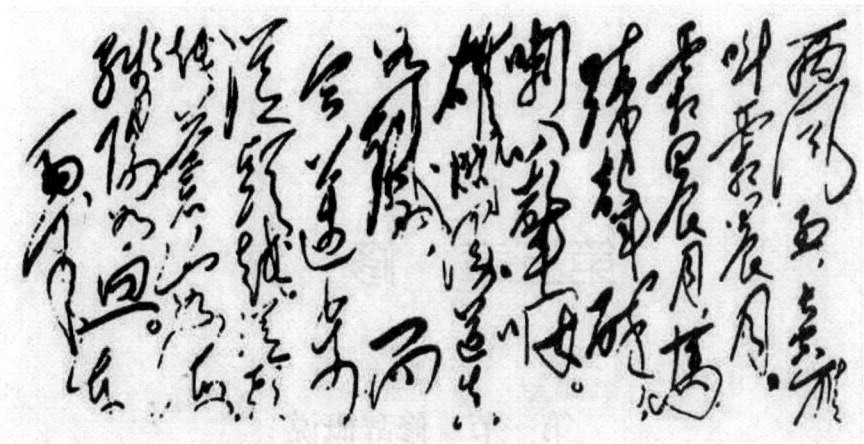

图39　现代·毛泽东《忆秦娥·娄山关》

思考与练习

一、汉字的主要特性是什么？

二、汉字有哪几种主要的形体？

三、汉字的结构有哪三方面？

四、汉字的造字法有哪几种？试各举一二例。

五、汉字规范的主要内容是什么？

六、改正下面的错别字：

不能自己（　　　）	汩罗江（　　　）
入场卷（　　　）	如法泡制（　　　）
井岗山（　　　）	莫明其妙（　　　）
苍海一粟（　　　）	蜂涌而上（　　　）
分道扬镳（　　　）	世外桃园（　　　）
材智双全（　　　）	欢渡春节（　　　）
响往未来（　　　）	兰天白云（　　　）
山峦重迭（　　　）	天翻地复（　　　）

七、组织一次书展（规模视情而定），并由老师或外请的书法家进行讲评。

第五章 修 辞

第一节 修辞概说

一、什么是修辞

修辞是语言运用的一个重要方面。早在两千多年前，我国《易经》里就有"修辞立其诚"这样一句话。这里"辞"指"说话"，"修"是"修饰"。两个字连在一起，是指说话要讲究修饰，把话说得准确、鲜明、生动，优美动听。学界把研究这门说话技巧的学科称为修辞学。

俗话说，一样的话几样说。说法改变了，表达的效果往往也就不同。譬如，我们说"祖国各地，形势很好"，也可以换一种表达方式说"祖国大地，春色满园"。两个句子的意思虽然基本相同，但说法不一样，后者使用比喻，显得生动形象一些。再如"祖国的春天多么美好！"也可以改变一种说法："多么美好啊，祖国的春天！"后者运用"倒装"，感情比较强烈，富有抒情气氛。

修辞可分为消极修辞和积极修辞两类。前者是指词语和句式的选择和锤炼，如上文后例一类；后者是指对修辞格的选择和锤炼，如上文的前例一类。本章将对这两类的修辞技巧做详细的介绍。

二、为什么要学修辞

古人说："言之无文，行而不远。"（《左传·襄公二十五年》）其中的"文"就是文采、文饰，也就是语言的艺术性。好的内容如果没有优美的形式来表达，也不容易流传开来，这说明了形式对内容的重要影响。学习修辞，熟悉并善于运用各种修辞手法，就可以提高表达效果，圆满地完成交流思想的任务。同时，还可以帮助我们正确地理解别人的文章，提高我们的阅读欣赏水平。

许多作品之所以能长期流传，和它讲究修辞不无关系。如朱自清的《荷塘月色》运用了许多的修辞手法。下面是该文的一段，我们不妨来研究分析一下：

曲曲折折的荷塘上面，弥望的是田田的叶子。叶子出水很高，像亭亭的舞女的裙，层层的叶子中间，零星地点缀着些白花，有袅娜地开着的，有羞涩地打着朵儿的；正如一粒粒的明珠，又如碧天里的星星。微风过处，送来缕缕清香，仿佛远处高楼上渺茫的歌声似的。
（朱自清《荷塘月色》）

在这段描写中，可以说是句句有修辞，处处有修辞。不仅使用了许多叠音词"曲曲折折""田田""亭亭""层层""粒粒""缕缕"等等，还选用了很多描绘性的修饰语"袅娜""羞涩""碧天""渺茫"等等；同时还采用了很多的比喻，如"像亭亭的舞女的裙""如一粒粒的明珠""如碧天里的星星""仿佛远处高楼上渺茫的歌声似的"等。如果我们不学习有关修辞的知识，就很难写出漂亮的文章，很难把握、理解作品中所含有的思想内容。

有人以为学习修辞是咬文嚼字，单纯追求华丽的辞藻，这种看法是不对的。修辞研究的虽然是语言的表达形式，但是语言的表达形式是为思想内容服务的，这里的原则仍然是内容决定形式，形式和内容要完美统一。因此，它同片面地讲究形式美，单纯地追求华丽辞藻的错误做法是根本不同的。也不能认为修辞"高深莫测"。修辞是讲求表达效果的，写文章需要它，说话也需要它，人人都离不开它，时时处处需要它，不存在"高深莫测"的问题。

三、怎样学习修辞

首先要了解和掌握修辞的手法。修辞手法虽然很多，但归纳起来只有消极修辞和积极修辞两大类，我们掌握的修辞手法越多，使用起来就越得心应手，说话写文章就越得体，越有文采，影响也就越大。

另外，要培养"推敲"的好习惯，也就是说要根据语境，认真选择字词、句式和修辞格，以求最好的表达效果。历史上著名的"推敲"故事，就是一个推敲词语的典型例证。唐代有个诗人叫贾岛，有一次月夜访友，骑在驴背上作了一首诗，其中有这样两句："鸟宿池边树，僧推月下门。"经过反复推敲，后来又把"推"改成了"敲"。"推"和"敲"是两个不同的词。"推门"和"敲门"是两种不同的动作，但在这一诗句里，二者可以互相代替。选用哪一个，不是"对不对"的问题，而是"好不好"的问题。在这里用"敲"字就比用"推"字好得多：它响亮悦耳，打破了夜空的沉寂，增强了语言的表现力和感染力，起到了画龙点睛的作用。

只要胸中有修辞手法，勇于运用实践，修辞的水平就会不断地提高。

第二节 消极修辞

消极修辞也叫"一般修辞""规范修辞"，与积极修辞相对应，是一种基本的普遍使用的修辞法。从内容上看要求意义明确和伦次通顺。意义明确即用词意义分明，词和词的关系分明；伦次通顺即词语要依顺序，相衔接，有照应。从形式上看要求词句平匀和安排稳密。词句平匀即要求选用现代的普通的词语；安排稳密即词句安排要同内容相贴切，要力避繁赘和疏缺。消极修辞的目的只在使人理会明白。如"一个人的力量是很有限的，什么大事都很难办好"。这句话简单明白地把"一个人难办大事情"的道理告诉了我们。下面分词语和句式的选用与锤炼两部分进行讲解。

一、词语的选用与锤炼

把词用对，这是运用语言的起码要求。但我们运用语言并不仅仅满足于这一点。把词用好、用巧，使自己说出的话、写出的文章能更准确、鲜明、生动地表达思想感情，则是语言运用的进一步要求。

句子里有一些关键性的词语，如果修炼有方，就像点铁成金、画龙点睛一样，可以大大增强语言的表现力和感染力。毛主席的著作、鲁迅先生的作品，在这方面都为我们树立了典范。但我们也常常看到一些文章，不善于锤炼词语，像吃菜没加盐一样，淡而无味。下面介绍一些词语选用与锤炼的方法，供大家学习、借鉴。

（一）词语意义的锤炼

意义是词语的内容、词语的灵魂，意义是选好词语的核心问题。从意义入手选用、锤炼词语，就能使词语准确、鲜明和生动，产生表达上精当贴切、简洁明晰、幽默风趣和含蓄深厚等效果。例如：

原句：眼看朋辈成新鬼，怒向刀边觅小诗。

改句：忍看朋辈成新鬼，怒向刀丛觅小诗。

（鲁迅《为了忘却的记念》）

这是鲁迅为悼念被国民党反动派杀害的青年革命作家而写的一首诗中的两句。作者改"眼看"为"忍看"，写出了被压抑的满腔愤恨；改"刀边"为"刀丛"，在程度和气氛上强化了严酷的白色恐怖和险恶的斗争环境，表现了作者面对强暴坚强不屈的斗争精神。

在词语意义的锤炼中，要注意词义的差异、语义的轻重、词义范围的大小、词义所适应的对象。例析如下。

讲—说

"讲"和"说"这两个词的基本含义相同，都是用话表示的意思。但其中也有细微的差别："讲"还有"讲解""讲求"的意思。例如：

（1）这本书是讲天文的。　（讲解）

（2）我们应该讲贡献，不应该讲享受。　（讲求）

"说"没有这样的意思，但"说"有时带表演的意味。例如：

（3）小王会说相声。　（表演）

"讲"便没有这种用法。

爱惜—珍惜

"珍惜"是特别珍重爱惜的意思，比"爱惜"语义重。例如：

（4）我们应该爱惜自己的青春，特别是要珍惜眼前有限的宝贵学习时间。

办法——措施

"办法"和"措施"都是针对处理问题而言。一般说来,"办法"是针对某一具体事情,范围较小;"措施"是针对某种情况,范围较大。例如:

(5) 阅览室里资料太少,应该想办法增订几份。

(6) 发展科学,引进外国先进技术是加速实现我国四个现代化的重大措施。

爱护——爱戴

都含有亲切喜爱的意思。用来指人时,前者用于上对下,后者用于下对上。如"爱护儿童""爱戴领袖"。

在辨析词义问题上,我们应该注意成语语义方面的特点。一般说来,成语的词和词的组合比较凝固、紧缩,它所表示的意义,往往是一个不可分割的整体,不同于它的组成成分各个词的意义的简单综合。它经常带有比况说理的意味。因此,切忌望文生义,比如,成语"走马看花"比喻对事物的观察了解不深入、不细致,并不是字面上说的骑着马去看花。同样,"胸有成竹"这个成语的意思,和胸腔里有没有竹子无关,而是用来比喻做事有把握,心中早有打算。有人错误地把成语"一衣带水"解释为"衣服、带子上都是水",都是由于不了解成语的语义特点,才造成了这种翻译上的失误。成语具有"言简意赅"的表达效果。正确地使用成语可以使语言简洁生动,富有表现力。例如:

(7) 我独不了解中国人何以于旧状况那么心平气和,于较新的机运就这么疾首蹙额;于已成之局那么委曲求全,于初兴之事就这么求全责备?

(鲁迅《华盖集·这个与那个》)

例(7)"心平气和""疾首蹙额""委曲求全""求全责备"都是成语。由于这些成语使用得非常恰当,虽然着语不多,却把旧中国保守势力那种维护旧制度,压制新生事物,反对革新、进步的阴暗心理和截然不同的两种态度,描述得非常具体而又深刻,语言的表现力很强。

选词造句如不注意同义词之间的这些差异,就会影响思想的正确表达,甚至造成混乱。下面是一些同义词使用不当的例子:

*(8) 我刚开过信箱,没有看到你的信件。

*(9) 表弟一直生活在城市,从来没有体会过农村劳动的艰苦生活。

*(10) 小舌颤音很难发,我练了很长时间基本上学会了,但是还不够正确,请你帮助我纠正。

*(11) 他是不小心毁坏了公物,不必再计较了。

例(8)"信件"是集体名词,应改作"信"。例(9)"体会"是指对某种意思、道理的理解而言,这里是指对"生活"的经历体察,应改为"体验"。例(10)"正确"指内容、方法等方面符合判断标准,"准确"指技巧掌握的程度完全合乎要求。这里应该用"准确"。例(11)"毁坏"一般指有意损坏,语义较重,这里应改作"损坏"。"计较"一般是指不应该提出的要求,这里应改作"追究"。

（二）词语色彩的锤炼

词语除了表示一定的意义外，还往往附带感情色彩、语体色彩和形象色彩。在用词时，辨别词语的色彩也非常重要。

1. 词语的感情色彩

由于说话人对所陈述事物持有不同的立场和态度，在用词方面往往带有褒奖、喜爱或贬斥、厌恶的色彩。带有前一种色彩的词叫"褒义词"，带有后一种色彩的词叫"贬义词"，另有一些词介于两者中间，不带褒贬色彩，叫"中性词"。例如下面这段文字：

我向来是不惮以最坏的恶意来推测中国人的。但这回却很有几点出于我的意外。一是当局者竟会这样地凶残，一是流言家竟至如此之下劣，一是中国的女性临难竟能如是之从容。　　　　　　　　　　（鲁迅《记念刘和珍君》）

这里作者对词语的意义选用就是充分考虑到了感情色彩。对"当局者""流言家"使用了"凶残""下劣"等贬义词，揭露了反动当局及那些御用文人的丑恶本质，抒发了作者对其极端憎恶的情感；而对刘和珍君等中国女性则使用了"从容"这个色彩鲜明的褒义词，充分表达了作者赞颂的情感。用三个色彩不同的褒贬词语鲜明地表现出作者的爱憎。

下面是一些具有褒贬色彩的同义词：

褒义	中性	贬义
成果	结果	后果
赞成	同意	附和
技巧	技术	伎俩
谨慎		拘谨
	宣传	宣扬
爱护		溺爱
	批评	指责

像词一样，成语也有褒贬色彩，例如：

呕心沥血—处心积虑

无微不至—无所不至

再接再厉—变本加厉

侃侃而谈—夸夸其谈

大张旗鼓—明火执仗

错用褒贬词，就不能准确地表达思想感情，容易引起误解，甚至造成立场观点的错误，应该引起注意。

2. 词语的语体色彩

有些词语虽然含义相同，但适用的场合不同，发挥的作用不同，这种风格上的差异，叫作词的语体色彩。词的语体色彩总的可以分为"口头语体"和"书面语体"两类。口头语体是指常用于日常生活的那些口语词的风格特点。这类口语词的语体色彩，是比较平易、朴素、自然，富有生活气息。和口语词不同，书面语词常用于文章写作，语体色彩比较谨严、庄重。如"妈妈"和"母亲"词汇意义相同，但语体色彩不同。前者常用于口语，后者常用于书面。鲁迅在小说《明天》里，描写单四嫂子回想宝儿："宝儿坐在身边吃茴香豆，瞪着一双小黑眼睛想了一刻，便说：'妈！爹卖馄饨，我长大了也卖馄饨……'"这儿用"妈"不用"母亲"；而在《故乡》里，是"我到了自家的房外，我的母亲早已迎着出来……"这里用"母亲"不用"妈妈"。一个是直接记载孩子的谈话，一个是间接叙述成年人"我"的阅历，使用的场合不同，风格也不同，前者显得活泼生动，后者显得庄重。下面是一些语体色彩不同的同义词：

聊天—谈话　　　　小气—吝啬
害怕—畏惧　　　　丢掉—遗失
吓唬—恐吓　　　　顶嘴—口角
生气—愤怒　　　　拿手—擅长

有些同义词，往往在口语里是单音节形式，而在书面语里是双音节形式。例如：

穷—贫穷　　　　看—观看
慢—缓慢　　　　住—居住
软—柔软　　　　唱—歌唱
冷—寒冷　　　　读—阅读

选用什么样语体色彩的词，跟文章的体裁和内容有很大关系。写议论文章，语体比较庄重、谨严，书面语词就用得多一些；写记叙文章，特别是文艺作品，语体比较生动活泼，口语词就较常出现。例如：

(1) 老马，你怎么还蹲在这儿不动窝？我希望咱俩下次见面的时候是在车间里！

马长友在乔光朴面前毫不拘束地说："钱挣得不算少啦，年纪不算小啦，哪儿也不去啦，就在这儿忍啦。"　　　　　　　　　　　　　（蒋子龙《乔厂长后传》）

(2) 十里长街上，肃静的人群低声啜泣，失声痛哭，泪眼凝望灵车在黯黯的余晖中驶向八宝山。那天，直到深夜，长安街头还有人在等候着，等候我们的总理归来……　　　　　　　　　　　　　　　　　　　　（袁鹰《十月长安街》）

上面加着重号的词语，例（1）口语色彩比较鲜明，例（2）书面语色彩比较浓厚。前者显得生动活泼，后者显得谨严庄重。文言词语具有浓厚的书面语色彩，例如：

(3) 那里似有美丽多姿的白鹤在飞翔舞蹈。……它踯躅徘徊，一飞千里。还有乐园鸟飞翔，有鸾凤和鸣，姣妙、娟丽，变态无穷。在深邃的教学领域里，既散魂而荡目，迷不知其所之。　　　　　　　　　　　　　　　　（徐迟《哥德巴赫猜想》）

在例（3）这段文字中，比较集中地使用了一些文言词语，庄重，凝练，更有助于抒发对那些攀登科学顶峰的科学家们的无限景仰和颂赞的感情。

谚语、歇后语是长期活在人们口头上的群众语言，具有鲜明的口语色彩。例如：

（4）有人在一个单位玩不转了就托人找关系，一走了之。这就助长干部身在曹营心在汉，骑着马找马。

（蒋子龙《乔厂长上任记》）

（5）说乔光朴把他当成了聋子耳朵——摆设，在政治上把他搞成了活哑巴。

（蒋子龙《乔厂长上任记》）

"身在曹营心在汉""骑着马找马"是谚语，"聋子耳朵——摆设"是歇后语。语言明白生动，富有生活气息。

口头语词和书面语词在应用上各有所宜，应该根据文体特点和语言环境加以适当选择。但总的说来，要尽量使用口语，因为口语通俗明白，活泼生动，富有表现力。例如：

（6）爹，你坐下休息（歇会儿）吧。　　　　　　　　　　　（《高玉宝》）

（7）人多工作少，这些孩子就找不到工作（活干）。　　　　（《高玉宝》）

（8）百分之百的农户（家家户户）装上了电灯和广播喇叭。

（《上华大队养猪事业大发展》）

上面例句中加着重号的字句是作品原版或初稿，括号里的字句是修改后的文字。显然，经过修改，语言更加口语化，更为活泼生动了。

外交场合往往谈及国家和民族间的重大事项，比较讲究礼仪，所以语言往往比较庄重、典雅和委婉。例如，说同别人见面，外交场合常用"会见""接见""谒见""拜见""朝见""面见"等词语。说人物间的谈话，常用"会谈""商谈""洽谈""密谈""交换意见"等词语，而且前面往往加上"热烈""坦率""亲切友好""真挚"等修饰语，以显示谈话的不同感情和气氛。

下面这些句子，有些词语在语体色彩上使用不当：

＊（9）开学第一天，王老师一走进教室就和我们同学进行了非常亲切热情的谈话。

＊（10）我弟弟学习很差，希望你能经常给予帮助。

＊（11）落花流水春去也，让资产阶级的魑魅魍魉和饕餮的蚊虫们进坟墓去吧！

例（9）"进行"这个词一般用在正式、严肃的场合，这里不宜使用。例（10）"给予"是文言词语，常见于公文用语，用在这里很不协调。例（11）卖弄辞藻，华而不实，是"学生腔"。

3. 词语的形象色彩

做诗行文有时讲求着色，即为了修辞的需要着意突出颜色。颜色可以给人最直接的刺激、最具敏感性的美，也就容易产生最富有感情的暗示、最有光彩的想象、最强烈深沉的情调，所以文字的着色像颜料的色彩一样，会给人以丰富的联想和感受。例如：

(1) 油油的绿意

　　闪闪的绿色

　　醉人的绿

　　奇异的绿

　　平铺着的、厚积着的绿

　　像少妇拖着的裙幅

　　有鸡蛋清那样软、那样嫩

　　宛然温润的碧玉　　　　　　　　　　　　　　　　　（朱自清《绿》）

作者着力渲染了绿，给这个普通的、单一的颜色创造出丰富多彩的形象说法，在引起人们美妙联想的同时，还给人浓重的色彩感和含蕴无边的意境美，真可谓情彩兼具。

(2) 一夜山雨，把小小的彝家村寨洗得清爽爽的。山，一片绿；芭蕉林，一片绿——就连那林荫里的一座座新瓦屋，都映得绿茵茵的。

太阳出山了。小溪边的那座竹楼，窗子打开了。绿茵茵的窗口，闪出一点红，火苗似的。噢，是个小女孩，红领巾在晨风里，微微地飘。（韩少华《金沙的歌》）

这里，作者用绿色的景和红色的物交相辉映，构成了一幅清新优美的图画。作者着意渲染"红""绿"两种颜色，色彩鲜明，把万绿丛中一点红的自然景象集中而概括地绘于纸上，把读者引入诗一般的境界中。

（三）声音的锤炼

一篇好文章总是声情并茂，读起来朗朗上口，音调和谐悦耳。诗歌尤其要讲究声调格律。比如"我骑着马儿过草原，清清的河水蓝蓝的天"这两句歌词，声调非常和谐优美，但是如果把原来的词语改作"我骑马过草地，澄清的河水蔚蓝的天空"，虽然意思没有什么改动，但听起来很不顺耳，兴味索然。这说明词语的声音对语言作品内容的表达有很大的影响，一定要注意。

一般说来，词语声音的锤炼，主要考虑下面两个问题。

1. 谐调

谐调是指字音组合的和谐优美。要使声音谐调，要注意下面几个问题。

音响

选词造句除了考虑语意内容是否合适，还要注意字词声音组合在一起是否优美。汉语中有些词语的声音组合非常和谐悦耳。例如：

(1) 五岭逶迤腾细浪，

　　乌蒙磅礴走泥丸。　　　　　　　　　　　　　　　　（毛泽东《七律·长征》）

(2) 那声音大概是横笛，婉转，悠扬……　　　　　　　　　（鲁迅《社戏》）

(3) 他们走过稻田，一边走一边看，拢一把稻穗，沉甸甸，捻几粒稻谷，圆滚滚，放进嘴里一咬，嘎嘣嘣，仔细品品滋味，香喷喷。

这些带有着重号的词语，它们的声音组合都包含一些相同或相近的语音成分，读着顺口，听起来悦耳。如"磅礴""悠扬"这两个词发音时声母相同，称作"双声"，

"逶迤""婉转"这两个词发音时韵母相同或相近,称作"叠韵";"沉甸甸""圆滚滚"等词都带有叠音的后缀。汉语里还有些叠音词,如"莽莽""滔滔""熠熠""姗姗"等。适当运用双声、叠韵和叠音一类词语,可以使句字音调和谐优美。

声调

汉字的声调除了具有辨义作用,在词语组合时如能适当地交替配合,还可以增强语言的音乐性。汉语中有些为人们所喜欢运用的成语,字调的交替搭配就很有规则。如"光明正大""谦虚谨慎"是"平平仄仄","异口同声""快马加鞭"是"仄仄平平","风调雨顺""山明水秀"是阴平、阳平、上声、去声四声相递,读起来都非常顺口悦耳,很适合于群众口头流传。

诗歌里非常讲究平仄搭配,在格律诗里形成一套固定的格式,例如唐人诗句"白日依山尽,黄河入海流",字调的搭配是"仄仄平平仄,平平仄仄平"。句内平仄交替,上下句平仄对立,排列非常严整。散文当然不必像诗歌那样强调平仄,但有些优秀的散文,由于字调搭配适当,文章抑扬顿挫,铿锵悦耳,大大增强了艺术的感染力量。例如:

(4) 海洋是多么活跃喧闹啊!有时它呼啸奔腾,排山倒海,百尺高潮蓦地而起;有时它碧浪皱皱,银波细细,温存地轻抚着沙滩;有时它互相追逐,与海鸥共作欢乐的喜笑;有时它深入谜一样的海底,滋育着玉树琼瑶。它要挟着温带和热带的暖流,乘长风而鼓万里浪,去消融南北极地的冰雪;它带着人民的愿望和战斗的友情,从东半球流到西半球。　　　　　　　　　　(杨石《水的赞歌》)

这里运用了不少平仄谐调的四字格词组。如"呼啸奔腾""排山倒海""百尺高潮""碧波皱皱""银波细细""玉树琼瑶"等,而且句末停顿处,上下句也往往是平仄交替,所以文章语言富有音乐美。

韵脚

押韵是指用在每个句子末了的一个字,必须韵母相同或相近。押韵可以使音节回环应合,优美动听。群众中流传的民歌、谚语大多是押韵的。如"三个臭皮匠,合成一个诸葛亮""只要功夫深,铁杵磨成针"等。旧体诗押韵很严格,新诗比较自由,但通常也都注意押韵。例如:

(5) 夜啊,静悄悄,
　　静悄悄
　　当祖国度过了沸腾的春天,
　　当人们从梦里发出甜蜜的微笑,
　　当熟睡的婴儿脸上现出幸福的酒窝,
　　当晶莹的露珠挂上嫩绿的幼苗,
　　同志啊,你可知道,
　　我们敬爱的周总理的办公室啊,
　　灯光又亮了通宵。　　　　　　(石祥《周总理办公室里的灯光》)

散文一般不押韵，但适当地使用一些押韵的句式，可以使语调和谐畅达，并能助长文章的情势。例如：

（6）浪费时间，与其说是个坏习惯，不如说是缺乏共产主义的一种表现。迟上班，早下班，是浪费时间；仅仅是按时上班下班，而不充分发挥自己的积极性和创造性，也是浪费时间；仅仅是从早到晚，忙乱不堪，而没有提高工作和学习的效率，也是浪费时间。　　　　　　　　　　　　　　（一丁《共产主义者的时间观念》）

押韵要注意自然，决不要为牵就韵脚，而生拼硬凑，影响了语言的健康和思想内容的正确表达。

节奏

节奏是指语音的起落停顿，像音乐的节拍一样，整齐匀称。

在连续的语音音段中，各个语义单位即词与词之间，都可以出现停顿，形成节拍。现代汉语词汇以双音词为多数，因此在语音停顿中，也以双音节拍为主。意义相关的词与词，结合在一起形成较大的语音停顿。我们选用词语，如果音节组合适当，语音停顿比较匀称，就可以形成鲜明的语音节奏。

诗歌往往用来吟诵演唱，具有比较鲜明的节奏形式。例如：

（7）投身｜革命‖即为｜家，

　　　血雨｜腥风‖应有｜涯。

　　　取义｜成仁‖今日｜事，

　　　人间｜遍种‖自由｜花。　　　　　　　　　　　　　（陈毅《梅岭三章》）

七言诗句的七个音节一般是按照"二、二、二、一"组成四个节拍（三个双音节拍和一个单音节拍），并分成上四下三两个音段（节拍之间用"｜"分开，音段之间用"‖"分开）。节拍之间的停顿较小，音段之间的停顿较大。

五言诗句的节拍形式基本上和七言相同，但音段的划分是上二下三。例如：

（8）攻城‖不怕｜坚，

　　　攻书‖莫畏｜难。

　　　科学‖有险｜阻，

　　　苦战‖能过｜关。

诗歌语言的节拍停顿，有时并不和一个语义单位，即词的语音停顿完全一致，如"有险阻"三个音节，它们之间可能出现的停顿通常应该是按照语义单位的划分，读作"有——险阻"。但在这里为了保持整个诗句的节奏韵律的谐调一致，仍然是按照"二、二、一"的节拍形式停顿。

散文虽然没有这样鲜明固定的节奏形式，但优秀的散文作品，同样是很注意语言的节奏的。例如：

（9）春分刚刚过去，清明即将到来。"日出江花红胜火，春来江水绿如蓝。"这是革命的春天，这是人民的春天，这是科学的春天！让我们张开双臂，热烈拥抱这个春天吧！

　　　　　　　　　　　　　　　　　　　　　　　　（郭沫若《科学的春天》）

从上面这段文字不难看出，语言的节奏感和词语音节的整齐、句式的匀称很有关系。这里基本上是使用双音词。在现代汉语词汇里双音词数量较多，双音节拍的停顿也比较谐调自然。散文的句式一般说来是不要求整齐的，但如果能在参差不齐的句式中，适当使用一些整齐匀称的句式，使句子和句子间形成比较均衡一致的停顿和间歇，就能大大增强语言的节奏感。

好的译文不仅要忠于原文，而且还应该能够传达原作的风格情趣。注意语言的节奏也是译文不应忽略的一个方面。例如，高尔基著名散文诗《海燕之歌》的译文：

（10）在苍茫的大海上，风聚集着乌云。在乌云和大海之间，海燕像黑色的闪电高傲地飞翔。

一会儿翅膀碰着波浪，一会儿箭一般地直冲云霄，它叫喊着——在这鸟儿勇敢的叫喊声里，乌云听到了欢乐。……

由于译文很好地注意到原作鲜明优美的语言节奏，运用了比较和谐的音节和整齐匀称的句式，因而生动地表现出了原作语言的风格情趣，深受读者的欢迎。

二、句式的选用与锤炼

要使语言具有准确、鲜明、生动的表达效果，除了要选词恰当外，还应该注意句式的选用与锤炼。我们运用语言往往可以用不同的句式表达相同或相近的内容。如"风驱散了乌云"和"乌云被风驱散了"，"我该去"和"难道我不该去"，"他乐于助人"和"他为帮助别人而高兴"，"英雄的各族人民前进"和"前进，英雄的各族人民"等，我们把这几组句式称为同义句式。同义句式意思虽然基本相同，但是，它们或者语意有细微差别，或者语气有所不同，或者语言风格、修辞效果不一样。由此可见，同义句式分别具有不同的作用和特点，适用于不同的场合，应该根据表达的需要细心加以选用。以下介绍几种常用句式的选用问题。

（一）主动句和被动句

一般地说，用主动句的时候较多，主动句比被动句干脆利落。如"大家的建议已被党委采纳了"就不如"党委已采纳了大家的建议"直截了当，因此，没有必要用被动句就不要用被动句。下面的被动句就用得不恰当：

＊（1）我军攻占了这个高地，敌军的退路就被我军堵住了。

＊（2）由于清朝政府的破坏，使馆被义和团围攻了五十六天，西什库教堂被围攻了六十三天，都没能攻下。

例（1）的后一分句，不如改为"就堵住了敌人的退路"。例（2）的一、二分句，单独地看，没有什么不好，但是，联系上下文来看，不仅没有突出施事者"义和团的地位"，而且同"都没能攻下"在语气上也不贯通。这两句应改为"义和团围攻了使馆五十六天，围攻了西什库教堂六十三天"。

但是，在以下情况，用被动句或加介词"被"就是必要的了。

第一，为了使前后分句的主语一致。例如：

（3）士兵正要离开，却被蒙太尼里突然一声喝住了；他们返回来，见他正弯着身子在审视那些皮带。　　　　　　　　　　　　　　　　（伏尼契《牛虻》）

例（3）如果把第二分句改为主动句，前后的主语就不一致，也影响语气贯通。

第二，为了强调某一事物，把宾语变为主语。例如：

（4）他的名字并不为许多人知道。　　　　　　　　　　（鲁迅《藤野先生》）

（5）有一只鞋，她怎样也找不到，另一只又被一个男孩拣起来抢跑了。

（安徒生《卖火柴的小女孩》）

如果把例（4）改为"许多人并不知道他的名字"，被强调的便是"许多人"而不是"他的名字"。如果把例（5）的后一句改为"一个男孩拣起另一只跑了"，就不能突出"另一只"，使"有一只"与"另一只"失去照应。

第三，为了使语意明确，避免歧义。例如：

（6）暑期里，大院的孩子们被组织起来了。

（7）被反对的只有少数人。

例（6）去掉"被"，就既可以理解为"孩子们自己组织起来了"，也可以理解为"孩子们被组织起来"。例（7）不加"被"，主语既可以看成"反对者"，也可以看成"被反对者"。

（二）肯定句和否定句

有时候，一个意思，用变换反义词的方法，既可以用肯定句表示，也可以用否定句表示。但是，两者在语气上是有差别的：肯定句的语气重一些，否定句的语气轻一些。试比较：

（1）a. 我赞成你的意见。

　　b. 我不反对你的意见。

（2）a. 我赞成，因为你讲得对。

　　b. 我不反对，因为你讲得不错。

上面 a 式是肯定句，b 式是否定句。b 式的语气都比 a 式平和委婉一些。

双重否定句都用否定的形式表示肯定的意思。它有几种格式。一般说来，它比肯定句的语气要重，但有的却比肯定句的语气轻。例如：

（3）我们厂里没有一个人不认识他。

（4）他知道非让他去不可。

（5）一个重要车间停了产，不会不影响全厂的生产。

（6）她不是不会唱，只是怕羞，不愿唱。

例（3）的"没……不"表示"全都"的意思，强调毫无例外，语气比肯定句重。例（4）的"非……不"表示"一定要……才……"的意思，强调条件的必要性，语气也比肯定句重。例（5）的"不……不"表示"必须、必定、必然"之类的意思，语气也比肯定句式轻。例（6）的"不……不"是"会"的意思，语气比肯定句要委婉一些。

肯定句、否定句、双重否定句的作用是表示强弱轻重的语气。选用句式时应注意它们的差别，并根据具体情况细心地选择，才能恰如其分地把语意和语气表达出来。

（三）反问句和设问句

反问句是一种用疑问的形式表示肯定或否定意思的句式。反问句有强烈的反诘语气，是无疑而问，同样的意思，用反问句来说比用一般的肯定句和否定句更有力量，语气更重。试比较：

（1）a. 那不是小王吗？　　　　（反问句）
　　　b. 那是小王。　　　　　　（肯定句）
（2）a. 谁愿意虚度年华？　　　　（反问句）
　　　b. 我不愿虚度年华。　　　（否定句）

反问句表示的意思与它的形式相反：形式是否定的，意思便是肯定的，如（1）a；形式是肯定的，意思便是否定的，如（2）a。

由于反问句具有强烈的反诘语气，在议论的过程中，恰当地选用反问句，可以增强文章的气势，使论证更加有力。例如：

（3）凭着崇高的理想，豪迈的气概，乐观的志趣，克服困难不也是一种享受吗？　　　　　　　　　　　　　　　　　　（吴伯箫《记一辆纺车》）

反问可以避免单调和沉闷，强调论述重点，提醒读者注意。作者不直说"克服困难是一种享受"，而让读者思索回味后，再得出正确结论，印象会更加深刻强烈。

设问句不是一般的疑问句，是一种自问自答的句式。运用设问句是为了引起对方的注意，启发对方的思考。在文章中，恰当地选用设问句，可以引人入胜，可以使句式有变化，文章有波澜。例如：

（4）人的正确思想是从哪里来的？是从天上掉下来的吗？不是。是自己头脑里固有的吗？不是。人的正确思想，只能从社会实践中来，只能从社会的生产斗争、阶级斗争和科学实验这三项实践中来。　（毛泽东《人的正确思想是从哪里来的？》）

（5）周总理，我们的好总理。
　　　你在哪里啊，你在哪里？
　　　你可知道，我们想念你，
　　　——你的人民想念你！　　　　　　　　（柯岩《周总理，你在哪里》）

例（4）在提出两个相关的问题时，并不急于回答，而是逐一用"不是"否定之后才从正面回答。这样写，一开头就抓住了读者，引导读者探寻个究竟，同时使句式活泼，文章有起伏。例（5）该诗以设问开头，然后逐段层层深入地回答开头提出的问题，歌颂了同人民心连心的好总理，表达了人民对周总理的怀念。这首诗构思巧妙，把设问的形式和思念的内容有机地统一在一起。

反问句和设问句都是明知故问，常用作修辞手段。反问句的主要作用是加强语气，设问句的主要作用是引起读者的注意和思考。

（四）白话句式和文言句式

写文章一般应力求通俗易懂，尽量用口语即白话句式。但根据文体需要，适当地使用文言句式可使文章的表达言简意赅，并给文章增添特殊的修辞色彩，增强表达效果。例如：

（1）要求于人的甚少，给予人的甚多，这就是松树的风格。

（陶铸《松树的风格》）

"要求于人"，拿现代汉语来说，就是"对人要求"。作者选用这种文言句式。是为了使"要求于人"与"给予人"在声音上谐调，在结构上匀称。

（2）毛主席亲自去重庆，更是为国家民族而置个人安危于度外的大义大勇的行为。单是这一点，已经是可以昭革命之大信于天下了。　　（方纪《挥手之间》）

"置个人安危于度外"是套用成语"置之度外"，这是宾语和介词补语用在谓语后边的一种文言句式。在后一句，作者又用了这种文言句式，使之前呼后应，两两相对。文章风格显得庄重、典雅，更有助于思想内容的表达。

（五）外来句式的取舍

外来句式是指带有外语语法特点的句式。外来句式有积极的方面，也有消极的方面。积极的方面是指那些能补汉语之不足又符合汉语基本规律的句式。这样的外来句式，应该被吸收进来，成为汉语的新型句式。例如：

（1）她不能、不肯、也不愿意看别的苦处。　　　　　（老舍《骆驼祥子》）

（2）她看见学程为难，觉得可怜，便排解而且不满似的说。（鲁迅《肥皂》）

（3）恩格斯在谈到十六世纪欧洲文艺复兴时曾经说过，那是一个需要巨人而且产生巨人的时代。　　　　　　　　　　　　　　　（郭沫若《科学的春天》）

这是一种新兴的联合词组，这种句式有一个特点，就是把可以分开说的话集中在一起说，使语言简洁，结构紧凑。

（4）我只要一朵花，一朵小小的白花。　　　　　　　（严文井《歌孩》）

（5）我想他，那负心的他。　　　　　　　　　　（徐志摩《巴黎的鳞爪》）

这是一种新兴的同位词组做宾语的句式。这种同位词组也是受外语的同位语的影响而出现的。这种同位词组有突出内容、加强感情的作用。

此外，汉语中出现带有长而复杂的定语、状语的长句，也是受印欧语影响的结果。

（六）整句和散句

结构相同或相似的一组句子叫整句。相反，结构不整齐，各式各样的句子交错运用的一组句子叫散句。

整句和散句各有用处，各有修辞效果。整句形式整齐，声音和谐，气势贯通，意义鲜明。这种句式在散文、诗歌、唱词中应用较广，适合于表达丰富的感情，能给人以深刻、鲜明的印象。例如：

（1）谁家办喜事，他登门祝贺。谁家遭不幸，他安慰周济。谁家屋漏，逢到雨季他必去检查。谁家有病人，他都去探视。　　（管桦《挂甲屯的爱和恨》）

（2）真的猛士，敢于直面惨淡的人生，敢于正视淋漓的鲜血。

（鲁迅《记念刘和珍君》）

（3）墙上草，随风倒，翻云覆雨，朝秦暮楚；大转弯，大变调，改换门庭，面无愧色。

例（1）是四个复句构成的排比，作者用这样整齐的句式，热情赞颂了彭德怀同志热爱人民、关心群众生活的深厚的无产阶级感情。例（2）用两个谓语字数相等的分句，既写出了鲁迅先生在白色恐怖下的激愤情绪，又表达了他对刘和珍的无比敬佩之情。例（3）的分句字数相等，结构相近，声音和谐悦耳，表意细致深刻，政治投机分子的嘴脸跃然纸上，惟妙惟肖。

散句结构不同，所用的句式也多种多样，因此它所表达的内容不像整句那么集中，但散而不乱，也比较灵活，容易避免单调、呆板，能取得生动、活泼的效果。例如：

（4）……一个炎热的夏天中午，地头树荫下坐着一群歇晌的人，忽然从大路上老远走过来一个人，大伙挺纳闷：是谁呢，顶着这么毒的日头赶路？

（柯岩《追赶太阳的人》）

例（4）由三个分句组成，但这三个分句结构都不相同。有的是主谓句形式，有的是非主谓形式，有的是主谓句里的省略形式，各种句式交错运用，层次起伏变化，收到了和谐统一的艺术效果。

散句和整句的使用，各有其表达的需要。一般情况，整句和散句交错运用，比单纯用整句或散句的时候多。例如：

（5）在斗争中，劳动中，生活中，时常会有些东西触动你的心，使你激昂，使你欢乐，使你忧愁，使你深思，这不是诗又是什么呢？　　（杨朔《东风第一枝·小跋》）

例（5）加着重号的地方都是排比形式，像这样结构整齐与不整齐交错着用，句式相同与不同并列着用，同样能收到表意深刻、语势连贯的效果。

用整句或散句，或整句、散句并用，都要根据表达的需要来决定，切忌硬要聚散为整或化整为散的形式主义倾向。

（七）长句和短句

长句是指词语多、结构复杂的句子；短句则相反，是指词语少、结构简单的句子（包括复句中的分句）。

长句和短句各有修辞效果。长句的修辞效果是表意周密、严谨、精确、细致，短句的修辞效果是表意简洁、明快、灵活。例如：

（1）一个夏天的早晨，在北京一个绿树成荫的宾馆里，服务员们高高兴兴地往大楼上挂起鲜红的标语："热烈欢迎劳模大会的代表！"

（2）全党全国人民一个共同认识是：实现四个现代化，必须实行民主集中制，造成一个安定团结的政治局面；如果不搞民主集中制，没有安定团结，也就没有四个现代化。

这两例都是长单句，例（1）共四个状语分别从时间、处所、情态等方面限制、修饰各自的中心语；宾语是同位短语，内部有定语。这个句子由于恰当地运用了一些附加成分，表达的内容就显得周密丰富。例（2）"是"的宾语长达53个字，是个复句形式，准确而严密地概括了我国人民的共同认识。

就长句的结构形式来看，一般包含下列四种情况：一是修饰语较多，二是联合成分较多，三是某一成分结构复杂，四是分句中结构层次较多。短句的表现形式则刚好相反。试比较下面两例：

（3）他是一个身体健康、学习刻苦、工作积极并且立志为四化奋斗终生的三好学生。（长句）

（4）他是个三好学生。他身体健康，学习刻苦，工作积极，立志为四化奋斗终生。（两个短句）

例（3）句子之所以长，是由于修饰语多，"学生"前有一个定语是联合短语，其中联合成分较多，也可以说该句成分较复杂，分析起来自然层次较多。例（4）是由一个单句和一个复句组成的句群，单句内的定语少而短，复句内的四个分句都没有定语和联合成分，由有联合关系的短分句组成联合复句。例（4）也可以用逗号代替第一个句号，变成前后有解说关系的复句，共五个分句，形式上都是短句。

政论、科技语体一般多用长句，文艺语体一般多用短句，但是在较多的情况下都是长短句配合使用的。例如：

（5）《中国工人》的出版是必要的。中国工人阶级，二十年来，在自己的政党——中国共产党的领导之下展开了英勇的斗争，成了全国人民中最有觉悟的部分，成了中国革命的领导者。中国工人阶级联合农民和一切革命的人民反对帝国主义和封建主义，为建立新民主主义的中国而斗争，为驱逐日本帝国主义而斗争，这个功劳是非常之大的。……《中国工人》的出版，就是为了这一个任务。

（毛泽东《〈中国工人〉发刊词》）

这段话，开头用一个短句提出一个论点，很醒目，突出了中心；中间用两个长句使申述细致、周密、有理据；最后用一个短句总括起来加以肯定。

短句各成分简单而且关系明显，有语病也容易发觉和改正；长句往往有一连串复杂的成分或多层关系交织在一起，一不留意，就会出现顾此失彼、搭配不当或多余、残缺的现象。

有时从内容和修辞上考虑，都不宜使用长句，我们可以把长句化为若干短句。长句化短，办法很多，常见的办法有：

第一，把长句的附加成分抽出来，变为复句里的分句，或者单独成句（可以是

单句,也可以是复句)。例如:

(6) 本着可开可不开的会议不开,可缓开的会议缓开,必须开的会议做好准备,缩短会议时间,能下去开的会议就下去开的精神,第一季度就减少了四次全县性的会议,需要召开的会议也缩短了召开时间。

在这个复句的第一分句里,由于"精神"一词带了一个由四个主谓短语构成的联合短语充当的长定语,介词"本着"同"精神"相距太远,从而整个复句也就显得冗长,叫人难以卒读。可以把它化为:

(7) 本着精简会议的精神,可开可不开的会议不开,可缓开的会议缓开,必须开的会议做好准备,缩短会议时间,能下去开的会议就下去开。这样,第一季度减少了四次全县性的会议,需要召开的会议也缩短了会议时间。

这样,将定语抽出来,让它们各自独立成为分句,于是句子便由长化短,文意就更清楚有力,而听起来也容易理解。

第二,把复杂的联合短语拆开,重复跟联合短语直接相配的成分,形成排比并列句式。例如:

(8) 这出戏一开始就给观众展现了草原上欣欣向荣的大好风光和牧民群众为开辟草原牧场、架设桥梁而战斗的动人场面。

这个单句要改短,可以拆开联合短语,删去"和",补上"展现了",就可构成包含两个并列分句的复句。

第三节 积极修辞

积极修辞也叫"修辞格",与消极修辞相对应,是修辞两大手法之一。积极地随情应景地运用各种表现手法,极尽语言文字的一切可能性,使所说所写的具体形象生动活泼,深刻有力。如"一棵树儿不成林,一根线儿难搓绳,一只鸟儿孤零零,一人难办大事情",这句话为了说明"一个人难办大事情"的道理,运用了打比方的特殊方法,不仅使人容易明白,而且使人获得深刻的感受。下面介绍一些常见的修辞格。

一、比喻、比拟、夸张、借代、拈连

(一) 比喻

利用乙事物来说明与其本质不同而又有相似之处的甲事物,这种修辞手法称为比喻,又名"譬喻"。比喻一般都要有被比喻物、比喻物、相似点三个基本要素。例如:

(1) 人的意志呀,在地狱的毒火中熬炼,像金子一般的亮,像金子一般的坚。

(罗广斌、杨益言《红岩》)

"人底(的)意志"是被比喻物,"金子"是比喻物,"亮""坚"是相似点。比喻

分为明喻、暗喻、借喻、引喻、较喻、事喻、物喻等类型。比喻是一种运用十分广泛、使用频率很高的修辞手法。它可以把人们感到陌生的事物变为熟悉的事物，把抽象深奥的道理表达得具体而浅显，把平淡无奇的事物描绘得形象生动。运用比喻，要注意贴切、浅显和新颖。

比喻中的被比喻物称为本体。例如：

（2）月光如流水一般，静静地泻在这一片叶子和花上。（朱自清《荷塘月色》）

"月光"是被比喻物，即本体。比喻中的比喻物称为喻体。例如：

（3）她只觉得人生前途正像火车走不完的路途，无限地向自己展开。

（钱锺书《猫》）

"火车走不完的路途"是比喻物，即喻体。比喻常见的有下面几类。

1. 明喻

这种比喻，被比喻物和比喻物同时出现，表示两者的一种相似关系。常用"像""如""似""仿佛""犹如""有如""一样""似的""一般""般"等比喻词连接。例如：

（1）你攀登过这样的大山吗？它高插云霄，有的山顶还有终年冰雪的帽子。云雾像是束在它腰上的轻纱。　　　　　　　　（秦牧《雄奇瑰丽的中国山水》）

云雾被喻为"束在它腰上的轻纱"，逼真形象。这类比喻是明显地在打比方。

2. 暗喻

这种比喻，被比喻物与比喻物同时出现，表示两者的一种相等关系。常用"是""变成""成为""等于""当作"等比喻词连接。又名"隐喻"。例如：

（1）我知道，这泪雨中的每一滴，都不是普通的眼泪，一颗，一颗，都是万金难买的友谊的珍珠。　　　　　　　　　　　　（魏巍《依依惜别的深情》）

"眼泪"被直接喻为"万金难买的友谊的珍珠"，用比喻词"是"连接。这类比喻，被比喻物和比喻物的关系是暗含着的，但更为紧密。

3. 借喻

这种比喻，借比喻物代替被比喻物，被比喻物和比喻词都不出现。例如：

（1）轻巧的手指向水底一捞，就提上了一串串红色的玛瑙，对着那淡淡的初月一眉，尝一尝新菱是什么滋味。　　　　　　　　　　　　（严阵《采菱歌》）

"红色的玛瑙"是比喻物，代替被比喻物"新菱"。隐去的被比喻物，在上下文中常常有所交代，使借喻易为人所理解。

（二）比拟

运用联想，把甲事物当作乙事物来描写，这种修辞手法称为"比拟"。例如：

（1）单是周围的短短的泥墙根一带，就有无限的趣味，油蛉在这里低唱，蟋蟀们在这里弹琴。　　　　　　　　　　　　（鲁迅《从百草园到三味书屋》）

（2）对了，我同你，我们可以飞，飞到一个真正干净、快乐的地方。

（曹禺《雷雨》）

前例把油蛉和蟋蟀当作人来写,后例把"我们"当作能飞的动物来写。比拟赋予了人或物以具体的形象,可以唤起人们的联想,给人以生动的感觉。比拟抓住了事物的特征,使之形象化;比拟有助于抒发感情,渲染气氛,表达作者的态度,加强文章的感染力。比拟可分为拟人和拟物两类。

1. 拟人

这种修辞格把人以外的生物或无生物直接当作人来描写,赋予人的思想感情和动作行为,称为"拟人"。例如:

(1) 他们来到一处温暖的草地上,那是细心的太阳怕他们在树荫里待长了会冷,钻过叶隙来照看他们。　　　　　　　　　　　　　　　　(航鹰《明姑娘》)

动词"怕""照看"使"太阳"人格化。拟人抒情性很强,给人以鲜明的印象和具体的感受。运用时要自然和谐,不要矫揉造作,强作多情。

2. 拟物

这种修辞格把人当作物或把此物当作彼物来描写,称为"拟物"。例如:

(1) 我到了自家的房外,我的母亲早已迎着出来了,接着便飞出了八岁的侄儿宏儿。　　　　　　　　　　　　　　　　　　　　　　　　(鲁迅《故乡》)

(2) 过了些日子,生活又合了辙,他把这件事渐渐忘掉,一切的希望又重新发了芽。　　　　　　　　　　　　　　　　　　　　　　　(老舍《骆驼祥子》)

例(1)把侄儿宏儿当作能飞的动物来写,例(2)把无生物"希望"当作可以发芽的生物来写。拟物有利于抒发人的思想感情,增强文章的感染力。

(三) 夸张

描述事物时,运用超出客观事实的语言来渲染强调事物,称为"夸张"。例如:

(1) 大王,听啊,越国的战马都叫着要上战场啦。我一头都想把夫差的万乘兵车,撞个粉碎!　　　　　　　　　　　　　　　　　　　　(曹禺等《胆剑篇》)

(2) 看呀,眨眼工夫,那机子已经耕到天边去了。　　　　(林斤澜《春雷》)

例(1)是对事物威力的夸张描写,例(2)是对事物速度的夸张描写。夸张是异乎寻常的表达,可以突出事物的本质特征,给人以鲜明深刻的印象;可以引起人们丰富的想象,使人们兴奋起来;可以充分宣泄作者的思想感情,引起读者的强烈共鸣。夸张必须以客观事实为依据,又要跟客观事实有较明显的距离,不能漫无边际地夸大其词,也不能与客观事实太接近,应该做到"夸而有节,饰而不诬"。夸张可分两类。

1. 程度夸张

这种修辞格是从某个侧面来扩大或缩小某个事物。例如:

(1) 不跑呢,那毒花花的太阳把手和脊背都要晒裂。　　　(老舍《骆驼祥子》)

(2) "咦啊!你把自己看成一寸高的人哩!"郭振山不摸她脑里想啥,只管进行教育,"瞧不起自己是旧社会女人的习气嘛。"　　　　　　　　(柳青《创业史》)

例(1)"把手和脊背都要晒裂"是从强度上扩大,例(2)"看成一寸高的人"是从数量上缩小。

2. 超前夸张

这种修辞格是叙述时，把后出现的事物放到先出现事物的前面出现。例如：

（1）他总是这样，人没到笑声先来了。　　　　　　　　　（杨朔《海天苍苍》）

（2）英——那个男孩——好似烧饼味还没放出来，已经入了肚一个。

（老舍《离婚》）

例（1）、（2）这类夸张的目的在于加深人们的印象。

（四）借代

不直接说出要表达的事物，而借用和该事物有密切关系的事物来代替，称为"借代"。本体、借体和相关性是构成借代的要素。例如：

（1）当然要把家庭带来的各种各样的习惯统一到领章帽徽下面来，要把平均年龄二十多岁的一群女孩子的心收拢来，总要有一个过程的。（徐怀中《西线轶事》）

（2）……指点江山，激扬文字，粪土当年万户侯。……

（毛泽东《沁园春·长沙》）

例（1）的借体"领章帽徽"是与部队有密切关系的事物，用来代替本体"解放军"。例（2）以"江山"代替"国家"，以"文字"代替"文章"，以"万户侯"代替"反动军阀、官僚地主"。一般说来借代的事物是在前文交代过的或是人们所熟知的，无须解释的。运用借代可以使语言具体形象，新鲜别致，可以引起人们的联想，加深人们的感受，可以使表达突出鲜明，又富于变化。借代是一种很有表现力的修辞格。

（五）拈连

叙述甲乙两个有关联的事物时，把适用于甲事物的词语顺势拈用于乙事物，称为"拈连"，又名"顺连"。这是改变词语搭配关系的一种修辞手法。甲乙两事物同时出现的属于"双项式拈连"。例如：

（1）棚子垮，不怕，只要大伙儿的决心不垮，就从头来，重新干。

（叶文玲《太阳的香味》）

只出现乙事物而不出现甲事物的属于"单项式拈连"。例如：

（2）只有这一片橹声咿咿呀呀，唱着一首童谣，载着一个梦。

（姜滇《清水湾，淡水湾》）

例（1）反映了选择组合和变异组合的全貌，除了用于文艺语体外，还可出现于政论语体中。例（2）完全是一种变异组合，只能出现于文艺语体中。拈连的前项是常规组合，后项则是变异组合，其拈用的词语一般是动词，很少用名词和形容词。拈连是变异组合，往往含义隽永，发人深思，有时前后对比，鲜明深刻；由于拈连拈用巧妙，语言就显得简洁凝练。

二、双关、仿拟、反语、通感、婉曲

(一) 双关

借助语言环境的帮助,利用语言声音或意义上的联系,使语句同时关涉两个事物,言在此而意在彼,称为"双关",又称"多义关联"。例如:

(1) 知了知了,停在树梢。不去采蜜,不把屋造。整天唱歌,快乐逍遥。秋风一吹,冻饿难熬。再想办法,迟了迟了。　　　　　　　　(张继楼《知了》)

这里"迟了迟了",巧妙地运用拟人与谐音双关相结合的手法,既摹绘了知了(蝉)的叫声,又表达对知了因懒惰而造成的不幸的感叹与批评,有趣而富有哲理。又如:

(2) 我刚打算往下跳,只见她扭回头来,两眼直盯着被惊呆了的孩子,拉长了声音说:"孩子,好好地听妈妈的话啊!"　　　　　　　　(王愿坚《党费》)

这里字面上是告诉"孩子",骨子里是告诉隐蔽在阁楼上的"我";"妈妈"字面上是指孩子的妈妈,实际上是指"党组织"。再如:

(3) 看客中间,八一嫂是心肠最好的人,抱着伊的两周岁的遗腹子,正在七斤嫂身边看热闹;这时过意不去,连忙解劝道:"七斤嫂,算了罢。人不是神仙,谁知道未来事呢?便是七斤嫂,那时不也说,没有辫子倒也没有什么丑么?况且衙门里的大老爷也还没有告示……"七斤嫂没有听完,两个耳朵早通红了……六斤刚吃完了一大碗饭,拿了空碗,伸手去嚷着要添。七斤嫂正没好气,便用筷子在伊的双丫角中间直扎下去,大喝道:"谁要你来多嘴!你这偷汉的小寡妇!"

(鲁迅《风波》)

"谁要你来多嘴!你这偷汉的小寡妇!"表面上是斥责六斤,骨子里则是对多事的八一嫂的辱骂。双关可分为谐音双关、借义双关和对象双关三类。

1. 谐音双关

这种修辞手法是利用语音相同或相近关涉两种事物。例如:

(1) 郎做天平姐做针,一头砝码一头银。情哥你也不必多敲打,我知得重和轻,只要针心对针心。　　　　　　　　(安徽民歌《只要针心对针心》)

例(1)的"针心"字面关涉"天平""针""砝码",利用谐音,实际上说的是"真心对真心"。

2. 借义双关

这种修辞手法是利用词语的多义性关涉两种事物。例如:

(1) 看到司令部,杨晓冬的心头又浮起他那个大胆的想法,专注地凝视着敌人的司令部,很久很久,他发誓般地说:"张牙舞爪跑到山里张狂,你们这里也有家底……"她在旁边提醒他:"别光顾说话,你可吃呀!""对,一定吃掉它。"杨晓冬答非所问地挥动着胳臂,业已忘记了他手里拿的是烧饼。

(李英儒《野火春风斗古城》)

这里的"吃"是个多义词。银环提醒杨晓冬吃烧饼的"吃"是食用的意思,杨晓冬回答的"吃掉它"的"吃",字面上是"食用"的"吃",实际上指的是"消灭"意思的"吃"。利用多义词的不同义项来双关是这类双关的特点。字面上说的是一种意思,暗含的意思才是表达者的真正意思。

3. 对象双关

一句话或几句话关涉两个对象,称为"对象双关",又名"彼此双关"。例如:

(1) 院子里,强英在喂猪。水莲和仁芳呼着歌子回到家里。强英白了她们一眼,挖一勺猪食骂一句:"死东西,哼呀哼的,看把你们自在的!"两头猪抢食吃,她用勺子敲黑猪,骂道:"再叫你这张狂嘴称霸道!"又用勺子敲白猪,骂道:"再叫你大白脸耍心眼!"水莲皱皱眉头没吱声。仁芳气鼓鼓地瞪了强英一眼,刚要发作,水莲向她使了个眼色,拉她进堂屋。强英拿一把青草,填进兔窝,又骂起来:"一窝狐狸不嫌臊,又挤鼻子又弄眼,明天就给你们分开窝!"仁芳忍无可忍,又从堂屋跑到院子,怒气冲冲地质问强英:"大嫂,你骂谁?"强英头一扬:"骂兔子骂猪骂畜生!你心惊什么?"仁芳:"有意见公开提,指桑骂槐我不爱听!"

(辛显令《喜盈门》)

这里强英的话字面上是骂兔子骂猪骂畜生,骨子里是骂二嫂水莲和妹妹仁芳。对象双关,对语境的依赖性特别强,表现了表达者机智灵活运用语言的能力,含蓄曲折,讽刺幽默,言此意彼,妙不可言。

(二) 仿拟

根据交际需要,故意依照现有的词语、句子或篇章,模拟出结构相似的词语、句子或篇章来,这种修辞手法称为"仿拟",又名"仿用"。常见的有仿词、仿句和仿篇等。例如:

(1) 女子总机班听到了"透露社"的消息,说上级决定不让她们上前线去。大家急了,吵吵嚷嚷要去问连长,凭什么不让去。 (徐怀中《西线轶事》)

例(1)是"仿词",将"路透社"谐音变序,临时仿造成"透露社"。

(2) 洞庭湖水深千尺,不及公主送我情! (越剧《柳毅传书》)

例(2)是"仿句"。是仿拟李白《赠汪伦》诗中的"桃花潭水深千尺,不及汪伦送我情"的句子。

(3) 千篇一律何时了,恋爱知多少?情场吃醋又争风,狂吻情杀连篇累牍中。"鸳鸯蝴蝶"宛然在,只是标签改。问君何事尚堪愁?插画酥胸大腿似洪流。

(《讽刺与幽默》1987年第5期)

例(3)是"仿篇"。是模仿李煜《虞美人》词写出的文坛讽刺诗。仿拟可以引起读者的想象,加强对读者的感染力,具有幽默、讽刺、诙谐的情趣。

(三) 反语

故意用意思相反的话来表达某种意思,称为"反语"。反语经常是把带有感情色彩的词语,反其意而用之。例如:

(1) 假如当时我已经能够记事儿，我必会把联军的罪行写得更具体，更"伟大"，更"文明"。　　　　　　　　　　　　　　　（老舍《小花朵集》）

例（1）这里的"伟大"就是"卑鄙"，"文明"就是"野蛮"。反语常用于揭露、批判，具有辛辣讽刺、幽默有趣的表达效果，增强了语言的战斗力。但有时反语也可用于表达喜爱、亲昵和诙谐的情趣。例如：

(2) 吴淑兰的心，被革命竞赛的热情燃烧着，早已飞回她队员中去，飞到田野里去了。无论张腊月和她的队员们怎样苦苦劝留，说什么也留不住。最后，张腊月无可奈何地笑骂道："我现在才认识了你，你是个顶坏顶坏的女人啊！"她们两人，虽说只相处了一天，可是她们的友情是那么诚挚深厚……　　（王汶石《新结识的伙伴》）

例（2）的"你是个顶坏顶坏的女人"其实就是"你是一个顶好顶好的女人"。反语可分嘲讽性反语和喜爱性反语两类。一般情况下，反语比正说、直说更有力量。

（四）通感

为了增强语言的感染力，用描写甲类感觉的词语去描写乙类感觉，有意地把人的不同感觉互相沟通起来，称为"通感"，又名"移觉"。例如：

(1) 她那略带东北土音的普通话甜丝丝的。　　　　（喻杉《女大学生宿舍》）

这里"普通话甜丝丝的"是听觉和味觉的沟通。有些视觉形象或心理活动，由于用了拟声词，有了听觉感受，增强了语言的形象性。又如：

(2) 晓燕闭着眼睛没有说话，泪水却顺着她的脸颊汩汩而下。

（杨沫《青春之歌》）

例（2）是听觉和视觉的沟通。"通感"可以通过人体感官各种感觉的沟通，进一步强化人们所得到的感受，使所要反映的事物表达得更为具体形象，鲜明生动，使人有耳目一新之感。

（五）婉曲

用委婉曲折的话来表达本意，称为"婉曲"，又名"委婉"。婉曲可分为婉言和曲语两类。例如：

(1) 妈，我知道旁人会笑话我，您不会不同情我的。　　　　（曹禺《雷雨》）

(2) 好一个娇女，走在公路上，小伙子看呆了，听不见背后汽车叫；走在街面上，两旁买卖都停掉；坐在戏院里，观众不往台上瞧……　　（高晓声《水东流》）

例（1）用双重否定句表示委婉的语气，语言平和动听；例（2）则不从正面刻画少女的娇美，而是通过侧面的描写，即通过对小伙子、两旁商店营业员以及戏院里的观众的反应，来曲折地表现"好一个娇女"的动人魅力。前者属于"婉言"，后者属于"曲语"。婉曲由于含蓄委婉，给读者留下了思考想象的余地，透过字面去了解言外之意。

三、对偶、排比、层递、顶真、回环

（一）对偶

用一对音节相等、结构相同的语句来表达相近、相关或相反的意思，称为"对偶",又名"俪辞"。对偶有严宽之分。除了音节相等、结构相同之外,词性相对、平仄相协、字面不重复的,称为"严对",也叫"工对"。例如:

(1) 红雨随心翻作浪,青山着意化为桥。　　　(毛泽东《七律二首·送瘟神》)

只是音节相等,结构相同或相近,个别字也可以重复的,词性和平仄也不做要求的,称为"宽对"。例如:

(2) 虎啸熊嗷,野猪成群,豹嗥鹿鸣,羚羊结队。入林仰面不见天,登峰俯首不见地。　　　(曲波《林海雪原》)

对偶的种类很多,除了一般的正对、反对、串对外,还有当句对、鼎足对、单对、偶对、双声对、叠韵对、借对、磋对、集句对等。对偶是汉语喜闻乐见的一种表现形式,运用十分广泛,适用于各种语体。春联、楹联,是独立的艺术形式。此外在文章标题、商品广告、领导题词以及谚语、格言中都经常运用对偶。对偶中两句内容交相辉映,相得益彰,具有映衬对照之美;对偶音节整齐,平仄相协,具有对称美和声律美。下面介绍一下正对、反对、串对三种常见的类型。

1. 正对

这种修辞手法,上下联语句表达的意思相近。例如:

(1) 研究学问也是如此。没有一个学者是全才全能的,像旧小说所写的"诸子百家,无所不能,九流三教,无所不通",这样的人物只能是虚构。

(吴晗《说谦虚》)

正对以不同的事物来表达相同或相近的意义,具有强调的作用。

2. 反对

这种修辞手法,与"正对"相对,上下联语句表达的意思相反。例如:

(1) 敌人害怕您静若悬剑,人民信赖您稳如磐石。　　　(公刘《沉思》)

反对是映衬对比性的对偶,既能够较好地揭示事物之间相反相成的对立统一关系,又能在对比映衬中使所表达的意思更加鲜明突出。

3. 串对

这种修辞手法上下联语句表达的意思相关相连,具有承接、条件、因果、递进等关系,又名"流水对"。例如:

(1) 春种一粒粟,秋收万担粮。　　　(农谚)

(2) 只恨人间多疫鬼,遂使中华失栋梁。　(《天安门诗抄·哭我中华失栋梁》)

串对承接连贯,因果分明,如行云流水,语势畅达。

(二) 排比

用一组结构相似的语句把相关的意思连续说出来,称为"排比"。例如:

(1) 狂风吹不倒它,洪水淹不没它,严寒冻不死它,干旱旱不坏它。它只是一味地无忧无虑地生长。松树的生命力可谓强矣!松树要求于人的可谓少矣!

(陶铸《松树的风格》)

由于表达的需要,还可以组成连续的排比或段落的排比。例如:

(2) 你的优美的歌声，你的庄静的姿态，你的娴雅的动作，你的一举手、一投足、一扬眉、一吐气，都塑造了美的典型。

（郭沫若《在梅兰芳同志长眠榻畔的一刹那》）

排比的成分一般是短语或句子。词的音节较少，排列在一起难以形成匀称的结构和畅达的气势，所以词的排列，一般不认为是排比。排比的成分应该是三个以上，两个结构相似的语句一般看作广义的对偶。排比一般都要重复一些词语，这些词语可称为"提纲词语"或"提挈语"。这是一个带有普遍性的规律，因此不能把它看成是"反复"。排比的修辞作用是"壮文势，广文义"。排比可以把道理阐述得透彻周详，可以把事物描述得细致入微；它常常选取几个典型的事物来表现一般，具有很强的概括力；它往往通过提纲词语把要表达内容的重点加以强调，给人鲜明突出的印象，的确起到了"广文义"的作用。它句式整饬，一气呵成，汪洋恣肆，连贯通畅，起到了"壮文势"的作用。

（三）层递

按照事物性状的大小、多少、深浅、高低、轻重、难易等顺序逐层递升或递降地描述事物、说明道理，称为"层递"。例如：

(1) 在他革命的一生中，他是真正做到了有一分热发一分光，永不变色，永远忠于党，忠于阶级，忠于人民。

（罗瑞卿《学习雷锋》）

(2) 距离愈来愈近了。八百、六百、四百、三百，李杰刚要开炮，忽见前面立起一根高高的白色柱子，眼看就撞上了。

（官伟勤《机场上的故事》）

例（1）为递升，例（2）为递降。层递一环紧扣一环，用于说理，可以使人的认识层层深入，加强说服力，还可以在幽默风趣中铸造意境。

1. 递升

修辞格"层递"中的一种。指的是将语句按照由小到大、由低到高、由少到多、由轻到重、由浅到深、由近到远等逻辑顺序进行排列的层递，又称"阶升"。例如：

(1) 对一般党员处理要宽些，对领导干部要严些，特别是对高级干部要更严些。

（邓小平《解放思想，实事求是，团结一致向前看》）

递升可使大家的感受逐层推进，达到顶点，从而增强语言的说服力和感染力，显示出很强的逻辑性。

2. 递降

修辞格"层递"中的一种。指的是将语句依照由大到小、由高到低、由多到少、由重到轻、由深到浅、由远到近等逻辑顺序进行排列的"层递"。例如：

(1) 可是当战士两年多，没有什么贡献，想起来真对不起革命，对不起上级，也对不起自己。

（刘白羽《无敌三勇士》）

一般来说递降比递升要用得少些。

(四) 顶真

用前一句结尾的词语做后一句开头的词语，使邻接的句子首尾蝉联，上递下接，称为"顶真"，又名"联珠""蝉联"。例如：

（1）嗯，这是我们江南的一个小村子，大龙溪很美，村子靠着山，山脚下有个大龙潭，龙潭的水流到村前成了小溪，溪水碧清碧清的。　　　　（叶文玲《心香》）

（2）严志和一见了土地，土地上的河流，河流两岸阴湿的涯田，涯田上青枝绿叶的芦苇，心上就漾着喜气。　　　　　　　　　　　　　（梁斌《红旗谱》）

（3）茵茵牧草绿山坡，
　　　山坡畜群似云朵，
　　　云朵游动笛声起，
　　　笛声悠扬卷浪波。

　　　浪波翻腾激情涌，
　　　激情滚滚似江河，
　　　江河流水深又长，
　　　长笛伴我唱新歌。

（古月《草原春早》）

顶真能更好地反映事物之间的有机联系，使语言结构紧密，活泼俏皮，语气贯通流畅，产生一种缠绵纠结的情趣。诗词歌曲常用这种修辞手法。

(五) 回环

通过语序回环往复的巧妙配合，表达两种事物相互制约或相互依存的密切关系，称为"回环"，又名"回文"。有些只是语序上做些调整，称为"完全回环"。例如：

（1）你，瘫痪着，却站立着；我站立着，却瘫痪着。（吴笛《致张海迪》）

有些除了语序上做些调整外，部分词语也做了变动，称为"部分回环"。例如：

（2）往日不见，一日就好像三年；今日相逢，三年却如同一百。

（郭沫若《棠棣之花》）

回环往往是两个对立方面的回环往复，便于揭示事物间的辩证关系，相互映衬，相得益彰，显得精辟警策。它的句式比较整齐，而又生动活泼，给语言增添了一种往复美、音韵美。回环在头尾顶接这一点上与顶真相似，但又有根本的不同。回环是在词语相同的情况下巧妙地变换词语的顺序，顶真是反映事物的顺接或联结关系的，从一个事物到另一个事物，顺连而上，其轨迹是直线型的。

四、对比、映衬、反复、设问、反问、警策、敬谦

(一) 对比

对比是把两个不同的事物或者同一个事物的两个不同的方面放在一起，互相比

较，互相映衬，从而使得事物的性质和特征更加突出、鲜明，给人留下更深刻的印象的一种辞格，也叫对照。实际上，对比就是正反对偶自由灵活的应用，只是它不受结构相同的条框的限制，而是把重点放在了表现意义的对立上。它可以分成两种类型。

1. 两体对比

这是将两种根本对立的事物拿来进行对照，使好的更显好，坏的更显坏，大的更显大，小的更显小。从这种正反的对比中，去揭示事物的本质意义。王夫之曾在其《姜斋诗话》中说："以乐景写哀，以哀景写乐，一倍增其哀乐。"这种说法非常明确地说出了对比在文章中的妙处。例如：

（1）有缺点的战士终究是战士，完美的苍蝇也终究不过是苍蝇。

（鲁迅《战士和苍蝇》）

例（1）就是用"战士"与"苍蝇"进行对比，讽刺了当时那些诬蔑革命者的人，坚定地站在了革命者的一边，支持革命的战士。

2. 一体两面对比

这是将同一个事物的两个对立的方面放在一起进行对比，从而使该事物得以更加透彻地说明。例如：

（1）朱总司令给我印象最深的是：他既是军队的统帅，又是人民的公仆。

（李树槐《是统帅又是公仆》）

例（1）就属于一体两面对比。把"统帅"与"公仆"作比，反映了朱总司令的两面性：既是身经百战、统帅千军万马的将军，同时又是时刻不忘为人民服务的人民公仆，体现了朱总司令作为开国元勋的崇高的革命品格。

对比和对偶是不相同的。虽然它们都要求"对"，但对比的基本特点是"对立"，而对偶的基本特点则是"对称"。对比主要是从内容上说的，所要求的是内容和意义上的对立，对结构形式并不做要求。对偶则主要是从结构形式上说的，它要求结构相同或相似，字数相等或相近。所以说对比和对偶既有交叉，也有不同。

（二）映衬

为了突出主体事物，用类似的或相反的、相异的事物做陪衬的辞格叫作映衬，也叫"衬托"。它的修辞作用，主要在于突出正面或反面、相异的事物，表达强烈的思想感情，使文章的中心思想深化。俗话说"红花还须绿叶扶"，有了陪衬的事物，被陪衬的事物才会显得突出，才能得到充分的说明。映衬分正衬和反衬两种类型。

1. 正衬

正衬就是利用同主体事物相类似的事物做陪衬。例如：

（1）俗话说：人逢喜事精神爽。偏巧，这天又风和日暖，一路上山溪婉转，鸟语花香。莲子虽然没坐上花轿，心里依然是喜气洋洋。

（2）这时候，我的脑里忽然闪出一幅神异的图画来：深蓝的天空中挂着一轮金黄的圆月，下面是海边的沙地，都种着一望无际的碧绿的西瓜，其间有一个十一二岁的少年，项带银圈，手捏一柄钢叉，向一匹猹尽力地刺去，那猹却将身一扭，反从他的胯下逃走了。　　　　　　　　　　　　　　　　（鲁迅《故乡》）

例（1）以景衬情，用"风和日暖""鸟语花香"等衬托莲子的喜悦心情。例（2）描绘海边沙地的美丽夜景，衬托少年闰土充满活力的形象。

2. 反衬

反衬就是从反面衬托，利用同主体事物相反或相异的事物做陪衬。例如：

（1）姑娘选种麦地里，
　　　沉甸甸麦穗打脸皮；
　　　手理头发怨自己，
　　　为啥长得这样低？　　　　　　　　　　（河南民歌《姑娘选种麦地里》）

（2）我曾亲眼看见大片大片熟透的稻子被敌人浇上汽油，烧在地里；整棵整棵苹果树挂上了炸弹，腿断腰斜，横在半山坡上。……但是就在昨天破坏的果树园里，东风一吹，满园子摆动着一片彩云似的花朵。　　　　　　（杨朔《春在朝鲜》）

例（1）用姑娘埋怨自己长得低来反衬麦子长得高，颗粒饱满，大丰收在望。例（2）以美国侵略者到处烧杀轰炸，造成悲惨的情景，反衬出朝鲜人民重建家园、积极建设的坚强意志。

衬托与对比不同。衬托有主次之分，陪衬事物是说明被陪衬事物的，是用来突出被陪衬事物的。对比是表明对立现象的，两种对立的事物并无主次之分，而是相互依存的。

（三）**反复**

为了强烈地表达思想感情，有意让某一词语或句子重复出现，称为"反复"。例如：

（1）她从制造出来就没学过顶嘴、吵架，她是用顺从的水掺和着顺从的土合成的顺从的泥巴。她就是顺从的化成，她是用九十九个顺从加一个顺从做成的性格。

（魏雅华《温柔之乡的梦》）

反复有强调的作用，可以抒发强烈的感情，也可以增强叙述的条理性和生动性。唱词、诗歌往往通过反复咏唱，增添旋律美，加强节奏感。反复有两种类型：

1. 连续反复

同一词语或句子连续重复出现，称为"连续反复"。例如：

（1）最前面的是一个穿红衣裳的小女孩，她就像迸射出的一团火，飞也似的向他扑来。她越跑越近，越跑越近，越跑越近……　　　　　　（张贤亮《灵与肉》）

连续反复有明显的强调作用，还可以形象地描叙事物的演进过程，也可以用来表现人物的特定情态。例如：

（2）二诸葛一夜没有睡，一遍一遍念："大黑怎么还不回来？大黑怎么还不回来？" （赵树理《小二黑结婚》）

这里表现的是人物焦急难耐的情绪。

2. 间隔反复

同一词语或句子间隔地重复出现，称为"间隔反复"。例如：

（1）捂着半边脸，走马灯一般旋转起来：排队，挂号；排队，就诊；排队，皮试；排队，划价；再排队，记账；再排队，取药；再排队，注射。

（任正平《第八颗是智齿》）

间隔反复有反复强调的作用，例（1）反复强调了看病中的"排队"之苦。间隔反复有时还可以增强语势。例如：

（2）这孤零零的老人，这一同住了将近一个月，最后又给了自己莫大帮助的老人，今生也许再也见不到了。 （杨沫《青春之歌》）

在散文和诗歌中，间隔反复还可以调节音律，显示层次，前后照应，给人一种回环往复的节律之美。

（四）设问

为了提起下文、引起别人注意而提出问题，接着自己作答或只问不答，让对方去思考体会，称为"设问"。设问可分为三种类型。

1. 单独设问

单独设问，即一问一答。例如：

（1）有人问：世界上什么东西的气力最大？回答纷纭得很，有的说大象，有的说狮子；有的开玩笑似的说，是金刚。金刚有多少气力，当然大家不知道。结果，这一切完全不对，世界上气力最大的是植物的种子。一粒种子可以显现出来的力，简直是超越一切的。 （夏衍《野草》）

2. 集中设问

集中设问，即数问一答。例如：

（1）为什么鸡蛋能够转化为鸡子，而石头不能够转化为鸡子呢？为什么战争与和平有同一性，而战争与石头却没有同一性呢？为什么人能生人不能生出其他的东西呢？没有别的，就是因为矛盾的同一性要在一定的必要的条件之下。

（毛泽东《矛盾论》）

3. 连续设问

连续设问，即数问数答。例如：

（1）五四以来，中国青年们起了什么作用呢？起了某种先锋队的作用，这是全国除开顽固分子以外，一切的人都承认的。什么叫作先锋队的作用？就是带头作用，就是站在革命队伍的前头。 （毛泽东《青年运动的方向》）

设问的主要表达效果是唤起听读者的注意，加深印象，对于后面的答案有突出强调的作用。用于文章的标题，有提挈全篇的作用；用在段落之间，有承上启下、过渡照应的作用；用在叙述或论证之中，可使叙述和论证波澜起伏，跌宕多姿。连续设问往往一环紧扣一环，有步步深入、引人入胜之妙；在分析问题时，连续设问像剥笋子一样，逐层剖析，能把问题分析得十分透彻。所以在政论语体、科技语体、演讲语体中，设问是经常使用的。

（五）反问

为激发本意而问，只问不答，答案暗含在反问句中，称为"反问"，又名"反诘"。例如：

（1）谁说一见钟情总是轻浮的呢？在某种机缘下，突然遇见自己或朦胧向往或苦苦追求而始终未能获得的美好事物，怎能不一见生情呢？

（冯君莉《青海湖，梦幻般的湖》）

（2）在旧社会，多少从事科学文化事业的人们，向往着国家昌盛，民族复兴，科学文化繁荣。但是，在那黑暗的岁月里，哪里有科学的地位，又哪里有科学家的出路！

（郭沫若《科学的春天》）

反问也可分为单独反问，集中或连续反问。反问用否定句式表示肯定的意思，或用肯定句式表示否定的意思。反问能起到肯定有力、发人深思的修辞效果，还可以表达激动的感情，加强文章的感染力。反问句也常用于政论语体、科技语体和演讲语体中。

（六）警策

使某些语句语简言奇、含意深刻并富有哲理性的辞格叫警策，也叫"精警"或"警句"。它分下面三种类型。

1. 主宾重复判断

用判断词"是"使主语和宾语重复，突出强调了语意。例如：

（1）年轻人就是年轻人。

（2）假的总是假的，谬误终究还是谬误。

例（1）"年轻人就是年轻人"，初看起来像是废话，仔细琢磨，它蕴含着丰富的意义。它告诉人们：年轻人精力充沛，干劲大，思想解放，勇于开拓。例（2）重复判断概括了丰富的内容，假的、谬误的东西是客观存在的，弄假成真或以谬代真都是难以持久的，假象终究会被揭露，真理必定战胜谬误。

2. 表意相反相成

从表面上看互相对立，从实质上说互相联系，矛盾统一，表意深刻。例如：

（1）革命和革命战争是进攻的，但是也有防御和后退——这种说法才是完全正确的。为了进攻而防御，为了前进而后退，为了向正面而向侧面，为了走直路而走弯路……

（毛泽东《中国革命战争的战略问题》）

(2) 他的世界
又小又宽广，
他的路径
又短又漫长，
每天呵每天，
上上下下，
在书的丛林中，
采摘精神果实忙。　　　　　　　　　（方敬《图书管理员》）

例（1）中的"进攻"和"防御"，"前进"和"后退"，"正面"和"侧面"，"直路"和"弯路"，都是互相矛盾对立的，它们在发展过程中又是辩证统一的。例（2）是歌颂图书管理员的。"他的世界"指图书馆，就图书馆的空间说是"小"的，然而它藏的书却反映了大千世界，所以说它"又宽广"。管理员在图书馆走的路是"短"的，然而他把古往今来的书送到读者的手里，从这个意义上说，他走的路又是"漫长"的。

3. 看似无关，实则紧密相连

表面上好像没有联系，实际寓意深刻，联系紧密。例如：

（1）黑夜，静寂得像死一般的黑夜！但是，黎明的到来，毕竟是无法抗拒的。索洛警告美国人当心枕木下的尸首，我也想警告某些人，当心呻吟着的那些锭子上的冤魂！　　　　　　　　　　　　　　　　　　　（夏衍《包身工》）

（2）有的说："可是朱桂棠，杀人做大户，咱们滴的血，他做聚宝盆，咱们的骨头，他做摇钱树。"　　　　　　　　　　　　　　　　（田间《赶车传》）

例（1）是《包身工》的最后一段，作者揭示了这样一个真理：黎明要代替黑夜，剥削越重，反抗越强，并对剥削者提出了严重警告。例（2）的"杀人"和"大户"、"血"和"聚宝盆"、"骨头"和"摇钱树"，表面看没有什么联系，而实际上是相关联的，因为朱桂棠的发家就是建立在杀人吸血基础上的。

警策的运用要根据内容表达的需要，力求言简意奇。它常借助于比喻等方法来表达。例如：

（3）1978 年 6 月 16 日 16 时 50 分，一颗中国当代科学文化的巨星，拖着万丈光芒从我们头上飞逝了，陨落了！他并没有陨落，他永远不会陨落。他永远在广漠的宇宙中，横空飞驰。　　　　　　　　　　　　　　　　（冰心《悼郭老》）

这是把郭沫若的逝世比作巨星陨落。"陨落了"和"没有陨落"是矛盾的，这"看似"违犯"矛盾律"，而"实际"上并不矛盾，这就是"意奇"。因为作者是从不同的角度去判断的："陨落了"是指形体消逝，"没有陨落"是说精神永存。这深刻地表达了作者对郭老由衷的哀悼和深沉的怀念。

（七）敬谦

根据不同对象（如长辈或晚辈，上级或下级）选用带尊敬或自谦色彩的词语来表达思想感情的辞格叫敬谦。例如：

(1) 尊兄以为如何？　　　　　　　　　　　　　　　　（陈独秀《答黄凌霜》）

(2) 这不是信罢，可不可以看呢？——哦，是一篇作品，一定是你的大作了……　　　　　　　　　　　　　　　　　　　　　　　　　　（茅盾《腐蚀》）

(3) 印章二方，先生的和词及孙女士的和词，均拜受了。

（毛泽东《致柳亚子》）

(4) 拙著至浅陋，只是引龙出水的意思而已。　　　　（陈独秀《致胡适》）

(5) 吴兄，方才敝人听了你的演说，激昂慷慨，真是好口才呀！

（李英儒《虎穴伉俪》）

上面五例中的"尊兄""大作""拜受""拙著""敝人"都是敬谦词语，前三例表尊敬色彩，后两例表自谦色彩。敬谦词语很丰富，如"久仰""久违""拜访""莅临""失敬""指教""包涵""斧正"等，使用时要视人身份用对。

以上是一些常见的辞格，但辞格远不止这些。例如，为了避免语句平板单调，把本可写成整句的句式特意写得长短错落，这种辞格叫错综；为了有力地说明问题而借用现成的话，这种辞格叫引用；再如把原来适用于甲事物的描写性词语移于乙事物以求表达新鲜有趣，这种辞格叫移就，等等。

五、辞格的综合运用

有时在一句或一段话里，同时使用几种辞格，这就是多种辞格综合运用，辞格综合运用可以收到几重修辞效果。综合运用常见的有连用、兼用、套用三种基本类型。

（一）辞格的连用

辞格的连用是指在一段文字中接连使用同类辞格或异类辞格。可分为同类辞格连用和异类辞格连用两种形式。例如：

(1) 离开渔船，走上堤岸，只见千百条水渠，像彩带似的，把无边无际的田野，划成棋盘似的整齐方块，那沉甸甸的稻谷，像一垄垄金黄的珍珠；炸蕾吐絮的棉花，像一厢厢雪白的珍珠；婆娑起舞的莲蓬，却又像一盘盘碧绿的珍珠。

（谢璞《珍珠赋》）

(2) 桃花听得入神，禁不住落下了几点粉泪，一片一片凝在地上。小草听得大醉，也和着声音的节拍一会倒，一会起，没有镇定的时候。（许地山《春底林野》）

例(1)是比喻的连用，具体地描绘了"水渠""田野""稻谷""棉花""莲蓬"等各不相同的生动形象，引人联想。例(2)是比拟连用，把"桃花""小草"人格化，使它们充满了生机和活力。

(3) 摇动的车轮，旋转的锭子，争着发出嗡嗡嘤嘤的声音，像演奏弦乐，像轻轻地唱歌。　　　　　　　　　　　　　　　　　　　　（吴伯箫《记一辆纺车》）

(4) 总理的轿车开动了，我们的心哪，跟着总理向前，向前，……忘记了卸装，忘记了时间，忘记了春寒……许久许久，周总理的音容笑貌，在我脑际萦绕；周总理的谆谆教诲，在我心中回响。　　　　　　　（吴瑛《十里长街送总理》）

例（3）、例（4）两例是异类辞格连用。例（3）是比拟和比喻连用，把纺车描写得绘形绘声，具有美的形象。例（4）是比拟、反复、排比、对偶的连用。比拟真切写出了多少颗心被牵动，两次反复有深化思想感情的作用，三个"忘记了……"突出了对总理专注的思想感情，对偶则强调了总理给人印象之深。它们有机地强烈地抒发了对周总理炽烈如火的真挚感情。具有不同修辞效果的辞格前后配合，交错使用，互补互衬，珠联璧合，可以把思想内容表达得更加丰富多彩，更加鲜明有力。

（二）辞格的兼用

辞格的兼用是指一种表达形式兼有多种辞格，也叫"兼格"。

兼格从这一角度看是甲格，从另一角度看是乙格。一身多用，你中有我，我中有你，浑然一体，修辞效果突出。例如：

（1）真正的铜墙铁壁是什么？是群众，是千百万真心实意地拥护革命的群众。

（2）勤奋是点燃智慧的火花，

懒惰是埋葬天才的坟墓。

（3）英雄门第出英雄，英雄来自群众，

光荣人家增光荣，光荣属于人民。

例（1）是设问和比喻的兼用。作者运用设问的同时巧妙地融进了本体和喻体的关系。例（2）整齐对称的形式跟一体两面对比紧密结合，是对比与对偶兼用。例（3）兼用了对偶、顶真、反复辞格，突出了英雄出自群众、光荣归于人民的观点。恰当地运用兼格，可以使多种修辞效果相得益彰，多姿多彩，从多方面为文章的表达增添文采和力量。有时是表现形式上的再加强，如排比兼顶真；有时则是表达形式和思想内容的双管齐下、兼取并得，如对偶与对比的兼用，设问与排比的兼用等。辞格在运用时的相互借助，是形成兼用的原因。有些辞格之间关系密切，因而它们相互兼用的机会格外多，如比喻和比拟，比喻和夸张，对偶和对比，排比和反复，排比和设问，排比和映衬等。

（三）辞格的套用

辞格的套用是指一种辞格里又包含着其他辞格，分层组合，形成大套小的包容关系。例如：

（1）看吧，狂风紧紧抱起一层层巨浪，恶狠狠地将它们甩到悬崖上，把这些大块的翡翠摔成尘雾和碎末。　　　　　　　　　　　（高尔基《海燕》）

（2）一站站灯火扑来，像流萤飞走，

一重重山岭闪过，但浪涛奔流，……　　（贺敬之《西去列车的窗口》）

例（1）是比拟里套用了比喻。整个句子是比拟（拟人）。"这些大块的翡翠"是比喻"一层层巨浪"的。由于比拟里套用了比喻，所以强烈的憎恨之情跃然纸上，收到了寓情于物的修辞效果。例（2）是对偶里套用了比喻，比喻里又套用了比拟。第一个层次是对偶。对偶的上句和下句分别由比喻构成第二个层次。比喻的本体"一站站灯火扑来""一重重山岭闪过"又是比拟，为第三个层次。由于它主要是三个辞格有层次地运用在一个句子中，所以效果上给人以层出不穷的形象逼真之感。

（3）大理花多，多得园艺家定不出名字来称呼。大理花艳，艳得美术家调不出颜色来点染。大理花娇，娇得文学家想不出词句来描绘。大理花香，香得外来人一到这苍山下，洱海边，顿觉飘飘然，不酒而醉。　　　　　　　（茅盾《春城飞花》）

（4）春天像刚落地的娃娃，从头到脚都是新的，它生长着。春天像小姑娘，花枝招展的，笑着走着。春天像健壮的青年，有铁一般的胳膊和腰脚，它领着我们上去。　　　　　　　　　　　　　　　　　　　　　　　　　（朱自清《春》）

例（3）作者以排比形式表达了大理花的无与伦比，各排比分项又分别用顶真形式赞美了大理花的品种、花色、花形、花香几个方面，而各顶真形式的蝉联部分再以夸张形式对上述几方面予以渲染。整段文字的辞格结构形式是：排比（第一层次）包含着顶真（第二层次），顶真再包含着夸张（第三层次）。例（4）作者按照人的成长变化顺序把"春天"分别比喻为"刚落地的娃娃""小姑娘""健壮青年"，又分别给以人格化的动作，赞美了春天的新生，她的可爱与活力。整段文字的辞格结构形式是：层递（第一层次）套着比喻（第二层次），比喻中又套着比拟（第三层次）。辞格套用的形式多种多样，异类辞格可以套用，同类辞格也可套用。

套用的修辞效果是：几个辞格灵活组合，分层包容，形成一体，使大层次辞格得以借力发挥，使小层次辞格得以依托挂联，各得其所，互相配合，从而使整段文字的表达更加严密细致，更加有文采、活力，也更加富有变化和表现力。

分析综合运用的辞格时，要注意下面几点：

第一，要从把握思想内容的整体入手，弄清各种辞格在一个统一体中的相互关系；

第二，同一表达形式，由于分析角度不同，可能分析出不同辞格来，究竟怎样确定，要由表达的思想内容和语境来判定，不能因强调一种辞格而忽视和否定另外辞格的存在；

第三，辞格综合运用的形式往往有主次之分和隐显之别，应该突出主要辞格的作用。

第四节　修辞问题例析

由于各种原因，修辞在具体的运用中也会出现问题。例析如下。

一、韵律配合不协调

（一）音节不匀称

汉语有单音节词、双音节词和多音节词，写作时可以根据需要灵活选用。音节不整齐不匀称，就会减弱诗文的节奏感和气势。音节不整齐匀称，多采用"删、添、换"的办法加以调整。例如：

（1）原文：他的命就是数学。

　　改文：他的生命就是数学。　　　　　　　　　　　（徐迟《哥德巴赫猜想》）

(2) 原文：两人手接触着手，眼端详着眼，她就有了全世界。
　　　　改文：两人手触着手，眼看着眼，她就有了全世界。

（叶圣陶《被忘却的》）

例（1）原文中的"命"是单音节词，改文把"命"换成双音节词"生命"，这就与后面的双音节词"数学"配合得整齐匀称。例（2）原文中的"接触"和"端详"改为单音节词"触"和"看"，用字简洁，音节更匀称，读起来顺口，听起来清脆。

（二）平仄不相间

平仄是使声调悦耳的重要条件。如果韵文不讲究平仄相间，使同声调的字相连过疏或过密，就会失去音韵美；非韵文也应适当调配平仄。例如：

　　(1) 明白从前苦，方知今天甜。
　　(2) 前年，桃花初开之时，他全家急匆匆南归家乡，访亲寻根。

例（1）前一分句的字是四平一仄，后一分句的字都是平声，全句读起来就不顺口，听起来感到平直，如果把它改为"了解从前苦，方知今日甜"，使平仄交替，就比较上口顺耳了。例（2）全句22个字，只有"访"字是仄声，几乎一平到底，语感上过于平板。把"初开"改为"乍开"或"初放"，把"急匆匆"改为"急切切"，把"家乡"改作"故里"，平仄错落，语感就大不一样了。

（三）押韵不和谐

诗歌讲究押韵，给人以回环美；如不押韵，就失去了这种美感。例如：

　　(1) 原诗：石不烂抬起头，
　　　　　　　穷岭上，
　　　　　　　红灯出。
　　　　改诗：石不烂抬起头，
　　　　　　　穷岭上，
　　　　　　　红灯亮。

（田间《赶车传》）

例（1）把原诗中的"出"变为改诗中的"亮"，就是为了押韵，增加了声音美。

诗歌押韵不能单纯追求形式，为押韵而押韵，以免"因韵害意"。如果意思不明白，押韵也就失去了作用。例如：

　　(2) 隆隆的雷声，把闪电追赶，
　　　　急风摇着芦苇，抖抖满天雨线，
　　　　好黑的夜呀，伸手不见拳！

例（2）为了押韵，作者故意把"五指"或"掌"改用"拳"，不符合习惯，影响了表达效果。

二、词语选用不精当

（一）词语表意不确切

选用词语时，要特别注意前后的意义配合关系，否则表意就不确切。例如：

(1) 山舞银蛇，原驱腊象，欲与天公试比高。（毛泽东《沁园春·雪》初稿）

(2) 今日洞庭，诗意盎然，彩笔难绘，简直是一个用珍珠砌成的崭新世界！

（郭璞《珍珠赋》初稿）

(3) 一则电文：惊悉家父仙逝，足下不胜哀伤，特致沉痛哀悼。

例（1）是毛泽东词的初稿，1957年1月《诗刊》正式发表这首词时，毛泽东把"驱"改为"驰"，使"象"由被动变为主动，具有了生命力；后来，毛泽东又接受臧克家的建议，把"腊象"改为"蜡象"，正好与"银蛇"相对，对仗工整，表意深刻。例（2）用颗粒状的珍珠来"砌成……"，不贴切。后来把"砌"改成"缀"，它有连缀组合与装扮的意思，形象地描绘出了洞庭湖的新气象。例（3）滥用文言词语。文言词语是古汉语词汇，具有鲜明的书面语风格色彩。在合适的场合运用，会使表达显得典雅凝练，庄严隆重，收到特殊的修辞效果，但不要滥用。例（3）属于不了解文言词语的确切含义而误用。"家父"是自称谦辞，错用到对方身上，"足下"是他称敬辞，错用到了自己身上，完全搞反了。可以改成：惊悉令尊仙逝，鄙人不胜哀伤，特致沉痛哀悼。

（二）词语的感情色彩不相宜

有些词语本身就带有明显的褒贬色彩，有时变换词的形式能附加感情色彩。这些词语调配得当，就能收到好的表达效果；调配失当，就会出现感情色彩上的问题。例如：

(1) "比去年都不如，只有五块钱！"伴着一副懊丧到无可奈何的嘴脸。

（叶圣陶《多收了三五斗》初稿）

(2) 他长着一副微黑透红的脸膛，稍高的个儿，站在那儿，像秋天田野里一株红高粱那样淳朴可爱。

（魏巍《谁是最可爱的人》初稿）

例（1）中的"嘴脸"，修订时，作者把它改为"神色"。因为"嘴脸"是指面貌、脸色，带有贬义，而作品写的是贫苦农民，用中性词"神色"比较妥当。例（2）中的"稍高"是中性词，改文把它改为"高高"，形容词重叠，用来修饰"个儿"，带有适中和喜爱的感情色彩。

（三）词语的语体色彩不相称

有些词语常用于口语，因此就带有口头词语色彩；有些词语常用于书面语，因此就带有书面词语色彩。例如：

(1) 在劳动的过程中，很少人为了个人的什么去锱铢计较；倒是为集体做了些什么有意义的事情，才感到真正的幸福。 （吴伯箫《记一辆纺车》初稿）

(2) 最近这里工作很紧张，到处都是冒着风雪劳动的人。发动机、卷扬机、混凝土搅拌机和空气压缩机的响声，震荡山谷。 （杜鹏程《夜走灵官峡》初稿）

例（1）中的"锱铢计较"比较深奥难懂，不常用，而改文把它换作"斤斤计较"，又常用，又通俗易懂。例（2）中的"响声"可指小的声音，也可以指大的声音，是普通用词；而改文把它改为"吼声"，特指很大的声音，是文艺用词，这就形象而有力地描写了工人在灵官峡热火朝天的劳动景象。

三、句子表意不畅达

（一）句式选择不恰当

汉语的句式有多种，根据表情达意的需要，可以灵活选用。所谓句式选择不当，主要是指同义句式选用不当，常见的有下面几种。

1. 单句和复句方面的

（1）原文：

我们爱韶山的杜鹃像烈火……

我们爱韶山的杜鹃像朝霞……

我们爱韶山的杜鹃像鲜血……

我们爱韶山的杜鹃遍地开放……

改文：

我们爱韶山的红杜鹃，韶山的杜鹃像烈火……

我们爱韶山的红杜鹃，韶山的杜鹃像朝霞……

我们爱韶山的红杜鹃，韶山的杜鹃像鲜血……

我们爱韶山的红杜鹃，韶山的杜鹃遍地开放……

（毛岸青、邵华《我们爱韶山的红杜鹃》）

原文和改文是文章两个结构段开头的句子。原文是单句，改文是复句。为什么把单句改为复句？因为全文的主旨是"我们爱韶山的红杜鹃"，把单句改为复句，有利于突出中心，读起来语气舒缓，有助于抒发缅怀、喜爱、颂扬之情。

2. 常式句和变式句方面的

（1）原文：

它为哥儿和哥儿的姊妹兄弟们不休不歇地歌唱。

改文：

它接连不断地唱，为哥儿，为哥儿的姊妹们。 　　（叶圣陶《画眉》）

例（1）原文是常式句，改文把状语"为哥儿和哥儿的姊妹们"拆散并后置，这就使句子的主语跟谓语中心靠近，结构紧凑，语气舒缓，更加突出了状语。

3. 长句和短句方面的

（1）原文：联系到解放后，周总理以自己的工资抚养过不少革命先烈子弟，但被抚养者直到长大成人，都只知道是国家抚养的事实，周伯伯的这种崇高品质，使我深受感动。 　　（《深情忆念周伯伯》，《北京师范大学学报》）

改文：解放后，周总理用自己的工资抚养过不少烈士子弟，而受抚养者直到长大成人，却只知道是国家抚养的。周伯伯这种崇高品质，使我深受感动啊。

（《深情忆念周伯伯》，中学语文课本）

例（1）原文的"联系到……事实"中间有一个由复句形式充当的定语，读起来吃力不顺口。改文把原来的长句变成了两句，删去了多余的词语，简练明快，突出了表达的对象。另外，原文末"使我深受感动"，只是从个人感受来说的，改为"使人感动"后,语意更深刻广泛,改文字数少了,句子的容量反而增加了。

4. 散句和整句方面的

(1) 原文:度过了讨饭的童年生活,少年时在马房里睡觉,青年时代他又在秦岭荒山里混日子,他不知道世界上有什么可以叫作"困难"!

改文:他童年时候讨过饭,少年时候在财东马房里睡过觉,青年时候又在秦岭荒山里混过日子。……

例(1)原文是一个散句,前三个分句是由动宾短语、偏正短语、主谓短语构成,结构比较松散。改文是一个整句,由三个结构相似、语气一致的语句构成,句式比较整齐,也更有条理。

(二) 句子不简练

1. 语意重复

(1) 原文:1000多万万颗,你一口气数下去,不休息,不停歇,得数1000多年。

改文:一千多亿颗,你一口气数下去,得数一千多年。

(郑文光《宇宙里有些什么》)

(2) 如何合理密植的问题,是提高单位面积产量的重要问题。我们必须认真研究这个问题,认真解决这个问题。

例(1)原文中语意重复。"一口气"就是"不休息,不停歇"的意思。改文删去"不休息,不停歇",简练明确。例(2)中词语重复。"问题"一词重复出现四次,应删去开头的"的问题"和后面两个"这个问题";第二个"认真"也重复,也应删去后一个。"解决"前头加"和"字,删逗号。

2. 词语堆砌

(1) 你看,那一只只璀璨夺目、熠熠闪光、银光四射、晶莹耀眼的国产手表,构成了一幅幅五彩缤纷的图画。

例(1)堆砌了不少漂亮的形容词,它们都是表示光亮耀眼的意思,选用一个"璀璨夺目"也就可以了。另外,"五彩缤纷"是指颜色繁多,非常好看,用来形容手表是不贴切的。

(三) 句子表达不连贯

1. 分句之间脱节

(1) 由于树木茂密,我们的骑兵队伍起初没有被发现,直到听了马蹄声,山上的敌军才鸣枪报警。

(2) 许多青年同志喜欢读诗。不管为了读诗还是写诗,都不应该忘记我国诗歌的优良传统,我们自然会想起唐诗,寻找这个诗歌的艺术宝藏。

例(1)有四个分句,第二分句是以我军为主语的被动句,后两个分句是以敌军为主语的主动句,前后文意脱节,不连贯。第二个分句可改为"敌人没有发现我们的骑兵队伍",删去第四分句的"山上的敌军"。例(2)"……优良传统"与"我们自然……"中间衔接不上。如果加"只要一谈到诗"这一连接性的语句,文气就流畅了。

2. 句子之间脱节

（1）他敏感、机灵，脑子反应很快。无论遇到什么事情，都能随机应变，化被动为主动。在政治运动中，他表现得更为突出，每次都当上积极分子。人们称他"一贯正确"。

例（1）这个句群有四个句子，孤立地看，前三句都是褒义句，后一句是反语句。前后连起来看，句意背谬，不衔接，语气很不协调，应当改写。

四、辞格运用不恰当

由于各种原因，有些辞格在运用当中常会出现错误。这些辞格主要是比喻、比拟、借代、夸张、仿词、对偶、排比、顶真、映衬、设问、仿拟、婉曲等。

（一）比喻不当

（1）今晚，
　　在人民公园，
　　我们狂欢。
　　十万人像蚂蚁一样，
　　挤成一团。

（2）从走廊的那一头，走出白求恩和奥布莱安，记者们像捕获到野兽似的扑上前去……

例（1）、（2）是明喻，喻体表达的思想感情是错误的。例（1）把狂欢的人们比作"一团蚂蚁"，形象不美，又有贬义色彩。例（2）中的"白求恩"是人们非常敬佩的大夫，用"捕获到野兽"来比喻记者们围住白求恩等人，思想感情完全错误。

（3）那一棵一棵的大树，像我们的俘虏似的狼狈地躺在工地上。

（4）无数条淙淙流淌的小河就像大地上的脉搏一样在不停地流动着，跳动着。

例（3）、（4）表面上好像是明喻，实际上本体和喻体没有相似点，构不成比喻。例（3）把放倒的大树比作"俘虏"，又"狼狈地躺在工地上"，很难想象出它们的相似点。例（4）把"小河"比为"脉搏"，很难理解："脉搏"可以"跳动"，但不能"流动"；"淙淙流淌的小河"可以"流动"，但不能"跳动"；"大地上的脉搏"又不知所云。总之前后矛盾，两种事物没有相似点，构不成比喻。

（5）原文：我算你什么太太，我只是你诈骗的工具么！
　　改文：我算你什么太太，我只不过是你鱼钩上一条蚯蚓么！

（胡万春《蛙女》）

例（5）原文用的比喻不合语境。小说《蛙女》中有一个黑头目，他用老婆的美貌去诈骗别人。原文用"工具"作比，不符合黑头目老婆的身份和习惯。改文用"鱼钩上的一条蚯蚓"作比，既形象，又符合语境，表达效果较好。

（二）比拟不当

（1）谷穗已经黄了，沉甸甸地垂着。我们一镰刀一镰刀地割着，大片大片的稻子倒下了。田野里一片丰收的景象。剩下的田头一小块没割的稻子，都低下了头，愁眉苦脸，忧心忡忡。

(2) 秋雨跳着欢快的舞，一下就是几天，什么活也干不了，真闷死人。

例（1）、（2）两例用了拟人的手法，但是拟人与描绘的环境气氛不相协调，例（1）是"丰收的景象"的环境，而用拟人的方法描写了"一小块没割的稻子，都低下了头，愁眉苦脸，忧心忡忡"，这很不相宜。例（2）是秋雨连绵，闲待着没事干，使人烦闷，这里却用拟人手法给"秋雨"以欢乐的动作和感情，这和人物的心情是很不协调的。

(3) 天气虽然不暖，蒲公英却已经开了，柔弱的茎上顶着小黄花，雄赳赳地站在路旁。

例（3）用了拟人手法，但是没有注意被拟事物本身的特点："蒲公英"既然是"柔弱的茎"，就很难使人想象出它会"雄赳赳地站在路旁"。

(三) 借代不当

(1) 三十多颗心，就在这块新耕耘的土地上踏出了一条新路，不到一个小时，把堆积在路边的一堆粪肥担到了大车进不去的地块。

例（1）用了借代方法。用"心"代替"人"，缺乏明确性和代表性，很容易让人误解。

(2) 月光里，一个披黑香云纱褂子的中年男子显得满脸不高兴……张参谋已经跨进门坎，越过天井，往堂屋里走去。短褂子跟着。

例（2）上文没有交代清楚谁穿着"短褂子"，这里就用"短褂子"来称代人，使读者感到突然、费解。

(四) 夸张不当

(1) 那年黄梅季节，呼和浩特一带足足有五六十天阴雨不断，谷子、高粱都霉烂，连人也发霉了。

例（1）中的夸张手法违背了现实。呼和浩特一带终年雨量稀少，说"足足有五六十天阴雨不断"，甚至说"连人也发霉了"，这种夸张缺乏真实基础，成了假话。

(2) 坚强的李刚视死如归，然而他受尽了折磨，身躯也像草秆一般瘦。

例（2）中的夸张与思想感情不协调。"身躯已像草秆一般瘦"，是通过比喻来夸张的，给人以脆弱的感觉，它同"坚强的李刚"的思想感情很不协调。

(3) 中国人民力量大，

　　　指山，山搬家，

　　　指地，地就陷，

　　　指天，天就塌。

例（3）中的夸张没有实际基础，是虚张声势，特别是后两分句是说大话、空话、假话。

(五) 仿词不当

(1) 这项工作的意义不是很渺小，而是很渺大。

例（1）的"渺"本身是"微小"的意思，与"小"相搭配是合理的；若与"大"搭配，"又小又大"，自相矛盾，这是生造词。

(2) ……老周惨死在日本鬼子监工的棍棒之下。老人回想着，眼眶里淤满一层潮湿的泪雾。

例（2）仿照"烟雾""雨雾"生造了"泪雾"一词。"雾"要在较大的空间形成，眼眶里的间隙太小，很难形成"泪雾"。另外，"雾"是不能"淤满"的。

（六）对偶不当

（1）公园里，人群喧闹，小孩嬉笑；百花争艳，桃李争妍，一派春意盎然的景象。

例（1）中有些词语的意义有包容关系，对偶不当。这里的"人群"包括了"小孩"，"百花"包括了"桃李"，因而"人群喧闹"和"小孩嬉笑"，"百花争艳"和"桃李争妍"各是两个相对的表意范围大小不同的语句，不宜构成对偶。下面的例句更不宜作对偶看。

（2）花明柳媚春光好，
　　　大江南北庆丰收。

例（2）上下两句的结构和词性都不相对。粗看其节奏都是四三式，但从句法结构上来剖析："花明""柳媚""春光好"都是主谓结构，其中"春光好"是二一式。"大江"是偏正结构，"南北"是联合结构，"庆丰收"是动宾结构，又是一二式。因此这两句更不宜作对偶看。

（七）排比不当

（1）为了严防敌人进犯，我们要坚决保卫好海防线！我们的海，是人民的海；我们的防，是人民的防；我们的线，是人民的线！

例（1）为了使用排比句，故意乱拆词语，以致"我们的防……"和"我们的线……"两部分意思含糊，表达生硬。

（2）为革命刻苦钻研技术，连续三年不出次布的阿珍师傅，是我们学习的好榜样，是我们学习的好表率，是我们学习的好模范！

例（2）为了凑成整齐的句式，硬把重复的意思组成排比，使人感到空洞、啰唆。其中"榜样""表率""模范"在这里意义上没有什么差别，选用一个就可以了。

（3）走进大门一看，啊，这里的一切是多么优美！高大的楼房，黄墙灰瓦，广阔的操场，碧绿的草坪，平平整整，挺拔的松树……真使人心胸为之一畅！

例（3）中，表面上看像用了排比，实际上不符合排比的要求。其中"高大的楼房"与"广阔的操场""碧绿的草坪""挺拔的松树"结构一样，都是偏正短语，如果把它们组成排比，就可以提高表达效果。但是中间插入了"黄墙灰瓦"和"平平整整"，于是把三个偏正短语打散了，破坏了句子结构、语气的一致性，影响了表达效果。

（八）顶真不当

（1）电影散场后，我徒步回家，回家路上骤然落雨，雨越下越大，大雨把我淋成了落汤鸡，落汤鸡的我很狼狈！

例（1）的意思很简单，既没有什么相互依存的事理上的内在联系要说明，也没有什么深厚的情意可抒发，滥用顶真，弄得文字牵强、生硬，也很拉杂。这段话可以改成：

电影散场后，我徒步回家，忽然下起雨来，并且越下越大，把我淋成了落汤鸡，好狼狈啊！

（九）映衬不当

（1）一场夜雨，洗落了天上的尘沙，东方燃烧的朝霞，放射出万道霞光，清凉的晨风，吹来了野花的香味。这诱人的高原美景，使人多么陶醉啊，我不禁想起了那景色一样美丽的同老根据地人民相处的日子。

例（1）用了映衬手法。但它过分地渲染了陪衬事物，被陪衬事物反而不突出了。可以改为：

一场夜雨，洗落了天上的尘沙。东方燃烧的朝霞，放射出万道霞光。清凉的晨风，吹来了野花的香味。这诱人的高原美景，使人多么陶醉呀，然而使我更陶醉的是那同老根据地人民相处的日子。

（2）红日跃上山巅，霞光万道，晴空千里，烟消雾散，山林金光闪烁；舟来船往，小溪人声鼎沸。时间过得真快，人们怀着焦急的心情问："汽车怎么还不来呢？"

例（2）陪衬事物与被陪衬事物不相合。前面一大段景色描写，脱离被陪衬事物。怀着焦急心情的人们，哪有闲情逸致去欣赏水光山色？从容不迫地描写山水景色，又怎能烘托出人们"焦急的心情"？

（十）设问不当

（1）清晨，你一走进公园就可以看到有的在打太极拳，有的在舞剑，有的在对刀，等等。这就是我国具有民族风格和悠久历史的武术运动，它深受广大群众的喜爱。可是，你是否知道舞剑对身体有什么好处？武术有什么内容？太极拳是怎样产生的？

例（1）后半部用了三个设问句，但语义层次不清，语序不对，缺乏条理。第一个和第三个设问句说的是武术中的具体项目，第二个设问句说的是武术这个总项目。这三个设问句在内容上有互相包容的关系，不应当把大的概念放在当中，硬把它们连在一起。如果调换语序，改为"你是否知道武术有些什么内容？舞剑对身体有什么好处？太极拳是怎样产生的？"这样条理就显得清楚，意思也就更明确了。

（十一）仿拟不当

（1）他来找我，开门见湖地说："我想自杀。"我以为大白天碰见了鬼，有这样的吗？想自杀你自杀不就得了，发什么预报，又不是气象台。

例（1）中"开门见湖"的仿拟，因为缺乏上下文的照应，突兀而生硬，使人莫名其妙，显得完全没有必要，不如直接用"开门见山"。可见仿词要仿得自然生动，不能不顾上下文是否需要，也不能不顾上下文是否照应周全而盲目使用。只有注意了这一点，所仿之词才能别有风趣。例如：

有时四个孩子捉对打，可以算是一部"四国演义"。我总是耐心地一个一个去安慰，避免发脾气，再写出一部"五国演义"来。　　（子敏《"纯真"好》）

这段表达因为上下文中有人数的明确交代，有"打架"的背景照应，就水到渠成地仿出了"四国演义""五国演义"，具有极强的表现力。

（十二）婉曲不当

（1）兹定于星期五下午全院卫生大检查，各系部处办公室、各系教研室、各系教室均需留人，不得铁将军把门。周知。

婉曲这种修辞技巧是不直接说出本意，而是用曲折含蓄的表达来暗示、烘托本意。但是运用婉曲要区分场合，区分语体，该清楚明白、直截了当表达的，就没有必要转弯抹角。因为婉曲的作用是在于使表达委婉、含蓄，所以在科技论文、日常应用文中就不宜使用。例（1）是通知，提出的要求必须明确，没有必要拐一个弯，直接提出"不要锁门"就可以了。所以，运用婉曲，首先是要注意语言环境，绝不能不顾表达是否需要而一味婉曲。

思考与练习

一、什么是修辞？为什么要学修辞？

二、修辞分哪两大类？各类的主要内容是什么？

三、试改正下面不合修辞的词语。

（1）有些同志在这个问题上思想错乱，分不清是非。
（　　　　　　　　　　　　　　　　　）

（2）小王病了，我去看他，见他在床上痛心疾首，翻来覆去。
（　　　　　　　　　　　　　　　　　）

（3）班长讲的和我想法一样，我完全附和他的意见。
（　　　　　　　　　　　　　　　　　）

四、试改正下面不合修辞的词语，使声音节奏更为谐调：

（1）学习画应当常常练写生。
（　　　　　　　　　　　　　　　　　）

（2）真是动人的事数说不尽，丰收的喜讯到处传。
（　　　　　　　　　　　　　　　　　）

（3）我想靠这窗放张桌，好看书写字。
（　　　　　　　　　　　　　　　　　）

五、试把下面的长句化为短句。

（1）人民群众欢迎坚持社会主义道路、具有马列主义的基本观点、遵守党纪国法、具有一定专业知识和专业能力的领导干部。
（　　　　　　　　　　　　　　　　　）

（2）在科学研究中要想不付出辛勤的劳动、不经过失败和挫折就轻易地获得成果的想法只是幻想。
（　　　　　　　　　　　　　　　　　）

六、指出下面句子中修辞格的具体类型。

（1）我扑在书籍上，像饥饿的人扑在面包上一样。
（　　　　　　　　　　　　　　　　　）

(2) 你们是初升的太阳，希望寄托在你们身上。
(　　　　　　　　　　　　　　　)
(3) 党委的同志必须学好弹钢琴。
(　　　　　　　　　　　　　　　)
(4) 拿中国的情形来说，我们所依靠的不过是小米加步枪，但是历史最后将证明，这小米加步枪比蒋介石的飞机加坦克还要强些。
(　　　　　　　　　　　　　　　)
(5) 桃树、杏树、梨树，你不让我，我不让你，都开满了花赶趟儿。
(　　　　　　　　　　　　　　　)
(6) 帝国主义和反动派张牙舞爪的时代已经过去了。
(　　　　　　　　　　　　　　　)
(7) 他们看见那些受人尊敬的小财主，往往垂着一尺长的涎水。
(　　　　　　　　　　　　　　　)
(8) 他只知攀登，在千仞深渊之上；他只管攀登，在无限风光之间。
(　　　　　　　　　　　　　　　)
(9) 延安的歌声……它是黑夜的火把，雪天的煤炭，大旱的甘霖。
(　　　　　　　　　　　　　　　)
(10) 代表主任今天和她说的话，只有路旁的嫩草、渠里的流水和地里复种的青稞知道，它们不会说话。
(　　　　　　　　　　　　　　　)

七、下列句子综合使用了哪些修辞格？

(1) 那凝视着的窗口，那伸展的机翼，那沉默的机头，在寒风中一动不动。它好像在等待，又好像在回忆。
(　　　　　　　　　　　　　　　)
(2) 那黄河和汶河可恰似两条飘舞的彩绸，正有两只看不见的大手在耍着；那连绵不断的大小山岭，却又像许多条龙灯一齐滚舞。——整个山河都在欢腾着啊！
(　　　　　　　　　　　　　　　)
(3) 由谁来教育文艺工作者，给他们以营养呢？马克思主义的回答只能是：人民。人民是文艺工作者的母亲。
(　　　　　　　　　　　　　　　)

第六章 逻 辑

第一节 逻辑概说

一、什么是逻辑

逻辑是两千多年前由希腊哲学家亚里士多德开创的一门古老的科学。"逻辑"是一个音译词,是英语 logic 的音译,源于古代希腊语 λογος。希腊语"逻辑"兼有"思维"和"语词"两个意思,这个名称正反映了思维和语言的密切关系。除古代希腊之外,古代中国和古代印度也都有逻辑学的研究。古代逻辑学是把思维活动和语言联系在一起进行研究的。后来,逻辑学和语言学逐渐分别独立出来,"逻辑"成为一门专门研究思维形式及其规律的科学,获得了很大的发展,逐步形成了"形式逻辑"的体系。19 世纪,德国哲学家黑格尔把思维的内容和思维的形式结合起来研究,建立了"辩证逻辑"体系,但是,他的辩证逻辑是唯心主义的。19 世纪 40 年代,随着马克思主义的诞生,马克思主义经典作家建立了科学的"辩证逻辑"。辩证逻辑从思维内容和思维形式的统一中研究人的思维活动,研究人的认识的辩证发展规律,是内容极为深刻丰富的逻辑学说。它属于马克思主义哲学的范畴,我们这里不去讲它。近百年来又形成了"数理逻辑"这样一门学科。它用数学方法研究推理、证明等问题。近年来,数理逻辑开始在自动化系统、计算机设计等方面得到应用,并有新的发展。数理逻辑与形式逻辑虽然有联系,但它们是不同的学科。我们所讲的是作为一门文化基础课的"形式逻辑",重点是讲最基本的思维形式及其规律,同时也涉及一些简单的逻辑方法。我们把这些内容纳入语文基础知识的范畴,侧重说明它们与语言表达的关系。

那么,到底什么是形式逻辑呢?简单来说,形式逻辑是研究思维形式及其规律的科学。思维,就是动脑筋想问题。所谓思维形式,就是我们思考问题的时候所用的一些形式,如"概念""判断""推理"。所谓思维规律,就是我们在运用概念、判断和推理进行思维活动的时候,必须遵守的一些规律,比如"同一律""矛盾律""排中律"和"充足理由律"。这些规律要求人们思考问题和表达思想的时候不能"东拉西扯",不能"自相矛盾",不能"模棱两可",要有充足的理由,等等。形式逻辑告诉我们，在进行逻辑思维的时候，在运用语言表达思想的时候，概念要明确，判断要恰当，推理要合乎逻辑，论证要有充分的说服力；思维过程要遵守同一律、矛盾律、排中律、充足理由律。——这就是通常所说的"学点逻辑"的基本内容。

比起语法和修辞来，逻辑对我们来说好像更生疏一些。有人觉得逻辑是一门高深的学问，一定不好学。其实不然。我们平时思考问题，表达思想，读书看报，说话写文章，处处都和逻辑有关系；特别是形式逻辑，它跟语言表达的关系就更密切了。

我们先举两个例子来说。

(1) 这个经验值得文教工作者和中小学教师重视。

这个句子，乍看起来好像没什么问题，它到底有没有毛病呢？语文修养比较好的人会想到："中小学教师"不也是"文教工作者"吗？怎么能说"文教工作者和中小学教师"呢？觉得不应该把"中小学教师"跟"文教工作者"并列起来，从而判定这个句子有毛病。这样判断是对的。那么，这个句子的毛病出在哪里呢？为什么"中小学教师"和"文教工作者"不能并列呢？这当中就有一个逻辑问题了。原来，"文教工作者"和"中小学教师"是两个"概念"，"文教工作者"这个概念比较大，它指的是在各种岗位上从事文教工作的人，当然也包括"中小学教师"在内；而"中小学教师"这个概念比较小，"中小学教师"是"文教工作者"当中的一部分。这两个概念不是并列的关系，而是从属的关系。在这个句子里，"文教工作者"是"属概念"，"中小学教师"是"种概念"。种概念和属概念是不能并列的。这就像我们不能说"学生和中学生""书和科技书"一样，都是同一个道理。所以，这是一个有逻辑错误的句子。这句话的正确说法应该是："这个经验值得文教工作者特别是中小学教师重视。"把句子中的连词"和"改成"特别是"这样一个表示突出的词语，就正确地反映了两个概念之间的关系。上面提到的"概念"，以及后面将要陆续讲到的"判断""推理"等等，就是我们进行思维活动时用到的一些"形式"，逻辑上叫作思维形式。可见，我们平时想问题、说话、写文章，都和逻辑有关系，逻辑并不是什么深奥的东西。

再举一个例子：

(2) 这个车间还恢复建立了干部巡回检查制，定期到各班组检查制度执行情况。

这句话有什么毛病呢？细心的读者会发现："恢复建立"这种说法有问题，到底是"恢复"呢，还是"建立"呢？"干部巡回检查制"如果过去就有，后来中断了，现在又搞起来了，这叫"恢复"；如果以前根本就没有，是现在新搞起来的，那就是"建立"。要么是"恢复"，要么是"建立"，不可能既是"恢复"，又是"建立"。从逻辑上讲，说这句话的人违反了人们思考问题的时候所必须遵守的一条思维规律——"矛盾律"。这条规律要求，在同一个思维过程当中，从同一个方面，对同一个事物，不能既肯定它是这个，又肯定它是那个，否则就会自相矛盾。这句话既说是"恢复"，又说是"建立"，那不是自相矛盾了吗？如果把"恢复建立"改成"恢复健全"，或者从"恢复建立"两个词当中去掉一个，这句话就没有毛病了。至于这三种改法到底应该采用哪一种，那要根据这个车间的实际情况来决定。

上面讲的这两个例子，一个是在使用"概念"这种思维形式上出了毛病，一个是违反了"矛盾律"这样一条思维规律，这都属于形式逻辑问题。我们思考问题，表达思想，说话写文章，要想不犯这类毛病，就要正确使用思维形式，遵守思维规律。形式逻辑就是研究思维形式及其规律的一门学问。

二、为什么要学点逻辑

为什么要学点形式逻辑呢？我们可以从以下几方面来认识。

第一，学点形式逻辑可以使我们发展逻辑思维能力，使思维趋于精密和有条理，有助于学习各种知识和做好工作。

不论是工作还是学习，不论是学习自然科学还是学习社会科学，我们随时随地都要思考，都要运用概念，做出判断，进行推理，进行论证。学一点形式逻辑，懂得人是怎样进行思维活动的，从自发的思维变成自觉的思维，就使我们有意识地加强思维的逻辑性，从而提高学习和工作的效率。从古希腊到现代，在许多国家的学校教育中，形式逻辑都被列为文化基础课，摆在跟语文、数学差不多的地位上。这说明，人们早已认识到，形式逻辑是学习各种专门科学的文化基础之一，是掌握各类知识的一个必要的工具，它的用处是非常广泛的。

长期以来，由于我们缺少形式逻辑这门基础知识的教育，许多人的逻辑思维能力比较差，不善于精密地思考，不善于进行逻辑分析，不善于准确清晰地表达思想。有一个学生在总结平面几何的学习内容时，写了这样一句话：

我们学过的几何图形有三角形、四边形、正方形、矩形、多边形、平行四边形、菱形、直线形以及圆和椭圆。

这位同学把学过的几何图形大都提到了，但是却把它们随便堆在一起，概念间的关系不明确，层次不清楚，让人感到杂乱无章，看不出头绪。我们说，他的思维是混乱的。为什么会出现这种情况呢？原因就在于这位同学的逻辑思维能力差。形式逻辑告诉我们：概念的划分必须逐级进行，每次划分必须按照同一个标准。这位同学分不清概念间的关系，不懂得"划分"的规则，因而造成了这样的混乱。按照"划分"的规则，上面这句话应该改成这样：

我们学过的几何图形有直线形、圆形和椭圆形，直线形当中有三角形、四边形和多边形，四边形当中有平行四边形、菱形、矩形和正方形。

可见普及逻辑知识，学点形式逻辑是很有必要的。

第二，学点形式逻辑，还可以提高我们运用语言的能力，加强语言的科学性和准确性，正确地表达和论证思想，少犯或者不犯逻辑错误。

思维和语言的关系非常密切。人的思维活动是借助语言来进行，并且通过语言表现出来的。马克思说："语言是思维的直接现实。"只有想得准确清楚，才能说得准确清楚，才能写得准确清楚。思维混乱，就会语无伦次。对此，我国著名语言学家吕叔湘、朱德熙先生曾经说过："要把我们的意思正确地表达出来，第一件事情是要讲逻辑。一般人所说的'这句话不通'，多半不是语法上有毛病，而是逻辑上有问题。"学一点形式逻辑，不仅可以使思维准确清楚，还可以了解思维和语言的对应关系，使自己的语言能更好地表达自己的思维。比如，概念是通过词和词组表现出来的，判断一般是用句子表现出来的，推理是通过复句和句群表现出来的，当我们懂得了这样一些规律以后，我们说话和写文章就可以通过恰当的用词造句，准确清楚地表达思维过程中的概念、判断和推理；我们说的话、写的文章就能合乎逻辑，从而避免语言表达上的许多错误。

前面提到的那个有逻辑错误的病句，"这个经验值得文教工作者和中小学教师重视"，就是由于没有形式逻辑的常识，不明白"文教工作者"和"中小学教师"这两个概念是从属关系，在表达这两个概念的两个词组之间错误地使用了"和"这样一个表示并列关系的连词，而造成了逻辑错误。如果明确这两个概念是从属关系，就会选用"特别是"这个说法来代替"和"这个连词，说成"文教工作者特别是中小学教师"，那就能正确地表示出这两个概念间的从属关系，从而避免语言表达上的逻辑错误了。毛泽东同志提倡文章应该具有准确性、鲜明性和生动性。他曾经指出："准确性属于概念、判断和推理问题，这些都是逻辑问题。"可见，为了使我们的语言科学，不犯逻辑错误，就需要学一点形式逻辑。

学点形式逻辑，还有助于提高分析概括和谋篇布局的能力。毛泽东同志曾经说："写文章要讲逻辑。就是要注意整篇文章、整篇说话的结构，开头、中间、尾巴要有一种关系，要有一种内部的联系，不要互相冲突。"我们常读常写的各类文章，其中的观点和材料、条理和顺序、章法和结构等等，都有逻辑问题在里边。至于说明文和议论文里经常用到的定义、分类、归纳、演绎、类比、论点、论据、证明和反驳等等，都属于形式逻辑研究的范围；阅读和写作这类文章跟形式逻辑的关系就更密切了。学点形式逻辑，我们在阅读的时候就能对文章进行逻辑分析，看出内在的联系，准确地理解和把握它的内容；在写作的时候，就能从逻辑角度进行构思，使写出来的文章逻辑性强，有条有理，结构严谨，顺理成章。

第三，学点形式逻辑，还可以帮助我们从逻辑上揭露和驳斥对方的诡辩和谬论。

在政治斗争和理论斗争中，我们经常会遇到这种情况：对方手里没有真理，于是就玩弄诡辩术，混淆视听，欺骗人。对于他们的诡辩，我们要用马列主义的理论武器和客观事实加以揭露和批判；与此同时，从形式逻辑的角度揭露其矛盾和混乱，也是进行论战的重要方式之一。

比如，在我们党的历史上，曾有人打着批判"唯生产力论"的旗号，谁抓生产就说谁搞"唯生产力论"。其实，"唯生产力论"和"生产"是两个不同的概念，各自有不同的内涵和外延，根本不是一码事。这些人出于自己的政治需要，故意混淆字面上相似的这两个概念，以便拿棍子打人，制造混乱，破坏社会主义建设。运用形式逻辑的知识，我们就可以揭露他们玩弄的"偷换概念"的手法，批倒他们的谬论。

总体来说，学点形式逻辑是非常必要的，它有助于我们发展逻辑思维能力，养成严密思考和准确表达的好习惯。在阅读方面，它可以帮助我们准确地理解文章中的概念、判断、推理和论证，看出文章内部的逻辑关系，深入领会文章的内容或发现其中的问题，在写作方面，它可以帮助我们正确地用词造句，谋篇布局，准确有力地表达和论证自己的思想。

三、怎样学习逻辑

首先，要破除"逻辑难学"的想法，树立学好逻辑的信心。形式逻辑在历史上曾经长期被包括在哲学领域之内，过去我们对它接触得比较少，自然生疏一些。但是，形式逻辑是从人们的实际思维活动中归纳出来的，并不难理解，也并不高深。可以说，它并不比中等数学或现代汉语语法难学，具有一般文化程度的人就完全可以理解和接受。只要我们肯于思考，循序渐进，就一定能掌握初步的逻辑常识，逐步养成逻辑思维的良好习惯。

第二点，也是最重要的一点，这就是：学习形式逻辑要和学习语文紧密地结合起来，要特别注意思维和语言的对应关系。我们把"逻辑常识"列入语文基础知识，这说明我们主要是从提高理解和运用语言文字的能力这个角度来学习有关的形式逻辑知识，而不是把"逻辑"作为独立的学科拿来做系统的研究和学习。因而，在学习过程中，要自始至终十分注意思维和语言的对应关系，十分注意概念、判断、推理、论证这些思维形式与词语、句子、篇章的对应关系，要养成从逻辑角度分析研究语言、分析研究文章的习惯，要把学到的逻辑知识运用到阅读和写作实践当中去。

学习形式逻辑应该注意的第三点是：在理解的基础上，注意运用，反复练习，逐步培养运用逻辑知识的技能和技巧。

上面讲过，初步的形式逻辑像语文、数学一样，是一门文化基础课、工具课。工具课一般都要注意技能的培养和技巧的训练。学习这类课程，仅仅懂得、理解了还是不够的，还必须学会运用，经过反复练习，培养熟练的技能和技巧。前面我们学过语法，学习逻辑和学习语法一样，不但要懂，还要会用；不但要知道什么是概念、判断、推理、论证，什么是同一律、矛盾律、排中律、充足理由律，还要能够正确地运用它们，无论想问题还是说话写文章，都要力求做到概念明确，判断恰当，推理合乎逻辑，论证有说服力，处处符合思维规律。

第二节 概 念

形式逻辑是研究思维形式及其规律的。思维形式包括概念、判断和推理，其中概念是最基本的思维形式，是思维的基本材料。离开了概念，就不能做出判断和进行推理，就不能形成思想；这就好比离开了词语就不能形成语言，离开了建筑材料就不能盖成房子一样。本节介绍一下什么是概念，概念与词语的关系，以及怎样使用概念。

一、什么是概念

什么是概念呢？简单来说，概念是反映客观事物本质的思维形式，它是客观事物的本质、全体、内部联系在人们头脑中的反映。

在我们周围有各种各样的事物，像自然界的日月星辰、山川草木、飞禽走兽，像人类社会的生产生活、物质文明、思想文化，等等。我们在实践当中多次地反复地接触一种事物，对它的认识就会逐步深入，经过比较、分析、综合，就可以发现它不同于别的事物的最主要的性质、特有的属性，这就是它的本质。事物的本质反映到我们的头脑中，就形成了概念。比如，我们在生活中接触过各种各样的桌子，大桌子、小桌子，方桌子、圆桌子，书桌、饭桌，等等。类似的感觉和印象反复了多次，我们就会发现所有桌子共同具有的一些属性，也就是桌子不同于其他事物的最主要的、特有的属性，即桌子是由桌面和桌腿构成的、能放置东西的、日常生活中所必需的一种家具。这样，在我们脑子里就形成了"桌子"这样一个概念。再比如，"人"这个概念。我们接触了许许多多各种各样的人，大人、小孩，男人、女人，工人、农民、知识分子，中国人、外国人，白种人、黄种人、黑种人，等等，逐渐地发现了人不同于别的事物所特有的属性是：有思维，会说话，能制造并且使用生产工具。这就是人这种客观事物的本质，反映到我们的脑子里，形成的"人"的概念。这个概念舍掉了许多具体的东西，舍掉了大人、小孩的区别，男人、女人的区别，中国人、外国人的区别，等等，只剩下了所有的人共同具有的、区别于其他动物的最本质的特点。所以，"人"这个概念就是我们对于人的本质的、全体的、内部联系的认识。

毛泽东同志在《实践论》中对概念是怎样形成的，什么是概念，有一段精辟透彻的论述。他说："社会实践的继续，使人们在实践中引起感觉和印象的东西反复了多次，于是在人们的脑子里生起了一个认识过程中的突变（即飞跃），产生了概念。概念这种东西已经不是事物的现象，不是事物的各个片面，不是它们的外部联系，而是抓着了事物的本质，事物的全体，事物的内部联系了。"由此可见，概念是反映客观事物本质的一种思维形式。概念形成之后，就成为客观事物的代表，人们就用它作为基本材料来进行思维。

概念既是思维的基本材料，又是人类科学思维的成果和总结。人类对客观世界的认识都是用概念固定下来的，科学家、思想家的许多发现和研究成果，都是通过制定各种概念来总结和概括的，比如"电""万有引力""战争""剩余价值"等。概念作为认识的一定阶段的总结，是以压缩的形式表现大量知识的手段。因此，正确地了解和使用概念，是学习各类知识和进行科学研究的一项基本要求。

二、概念的内涵和外延

每一个概念都有它自己的内涵和外延。概念的内涵，就是概念的含义，也就是它所反映的事物的特有属性，事物的本质。比如，"三角形"这个概念。什么是"三角形"呢？三角形就是"不在一条直线上的三个点用线段连接起来构成的封闭平面图形"，这是所有三角形区别于其他图形的特有属性，也就是三角形的本质。这就是"三角形"这个概念的内涵。概念的外延是概念所适用的范围，也就是它所反映的所能指示的那一类具体事物。比如，"三角形"这个概念的外延就是所有的三角形，包括锐角三角形、钝角三角形、直角三角形、等腰三角形、正三角形，等等。再比如，"武器"这个概念，它的内涵是"用以杀伤敌人、保护自己的工具"，它的外延包括大刀、长矛、枪、炮、炸弹、原子弹、中子弹、导弹，等等。

概念的内涵和外延有什么关系呢？我们拿"文字"和"汉字"这两个概念做例子来说明。"文字"这个概念的内涵是"记录和传达语言的书写符号"；它的外延比较大，包括记录传达各民族语言的各种文字。而"汉字"这个概念，比起"文字"来，它的内涵增多了，增加了"汉民族的"这样一个属性；而它的外延比起"文字"的外延来就小了，不包括其他民族的文字，只指记录传达汉民族语言的那种文字。可见，一个概念的内涵越多，它的外延就越小；反过来，概念的外延越大，它的内涵就越少：二者成反比例。再看下面几组例子：

马—白马—白色战马

学校—大学—重点大学

建设—现代化建设—社会主义现代化建设

这几组概念都是这样：随着内涵的增多，外延越来越小；随着外延的缩小，内涵越来越多。

懂得什么是概念的内涵和外延以及它们二者的关系是很重要的。只有确切地了解一个概念的内涵和外延，才能准确地理解这个概念，全面地掌握它，正确地使用它。

三、概念间的关系

概念是反映客观事物的，而客观事物是按照不同的关系互相联系着的，所以概念和概念之间也都具有一定的关系。概念间都有些什么样的关系呢？下面我们分别来说。

（一）同一关系

比如"北京"和"中国的首都"，"长方形"和"矩形"，"按劳分配的制度"

和"社会主义的分配制度",每组里面的两个概念,内涵虽略有不同,而外延全部重合,这叫"同一概念"。

(二) 交叉关系

比如"工人"和"运动员","高产作物"和"经济作物","科技书"和"精装书",每组里两个概念的内涵不同而外延有一部分重合,这叫"交叉概念"。

(三) 从属关系

比如"钢铁工人"和"工人","生物学"和"自然科学","刑法"和"法律",每组里一个概念的外延被另一个概念的外延全部包含,它们的内涵一个多,另一个少,这叫"从属概念",其中外延大的叫"属概念",外延小的叫"种概念"。

以上这三种关系有一个共同点,这就是:两个概念的外延至少有一部分重合。我们把它们统称为"相容概念"。

(四) 对立关系

比如"支持"和"反对","分解"和"化合","马克思主义思想"和"反马克思主义思想",每组里两个概念的外延互相排斥,而它们的外延相加之后又小于最邻近的属概念的外延,这叫"对立概念",又叫"反对概念"。

(五) 矛盾关系

比如"男学生"和"女学生","金属"和"非金属","正义战争"和"非正义战争",每组里两个概念的外延也是互相排斥的,而它们的外延加起来正好等于最邻近的属概念的外延,这叫"矛盾概念"。

对立关系和矛盾关系有一个共同点,这就是:两个概念的外延互相排斥,没有重合部分,我们把它们统称为"不相容概念"。

(六) 并列关系

指的是同一个属概念之下各个种概念之间的关系,比如:"大学生""中学生"和"小学生"。并列关系的概念,有的是不相容的,像"锐角""钝角"和"直角",它们的外延互相排斥;有的是相容的,像"数学家""化学家"和"物理学家",它们的外延可以互相重合。

以上的各种情况,概念之间的关系都比较近,彼此可以进行比较,这称为"可比较概念"。如果概念所反映的事物彼此相离很远,极不相同,很难对它们进行比较,那就称为"不可比较的概念",比如"汽车"和"细胞","羊毛"和"车床","幸福"和"长方形"等,就都是不可比较的。形式逻辑只研究可比较的概念间的关系。

我们在思考问题和表达思想的时候,常常要一连用到几个概念。弄清概念之间的关系,有助于正确地使用概念,准确地反映事物之间的关系。

上面介绍了什么是概念,概念的内涵和外延,概念间的关系,这都是有关概念的一些最基本的知识。下面我们进一步研究怎样使用概念,着重介绍明确概念的逻辑方法,以及明确概念与使用词语的关系。

四、明确概念的逻辑方法

概念明确，是逻辑思维的基本要求之一。概念不明确，我们对事物的认识就会模糊不清，就不可能正确地判断和推理。概念要明确，包括以下三方面的含义：从概念的制定来说，要力求使概念的内涵正确地反映事物的特有属性；从接受概念来说，一定要明确它的内涵是什么，它的外延有哪些；从运用概念来说，要使它的内涵和外延都十分确定。

怎样使概念明确呢？使概念明确，就是使概念的内涵和外延明确。通常有以下几种方法：（一）定义法，（二）划分法，（三）限制法，（四）概括法。

（一）定义法

定义法，是通过准确地揭示概念的内涵来明确概念的一种逻辑方法。给一个概念下定义，也就是明确这个概念的定义。从语言表达上说，下定义就是用简短的话揭示事物的本质，使人们对事物形成科学的认识。在说明事物的文章和科学论著中，常常采用下定义的方法。比如：

（1）正方形是四边相等、四角为直角的四边形。

（2）商品就是用来进行交换的劳动产品。

例（1）、（2）两个定义，准确地揭示了"正方形"和"商品"这两个概念的内涵，从中我们可以对"正方形"和"商品"这些客观事物获得明确的科学的认识。

怎样下定义呢？给概念下定义的最基本方法是"属＋种差"。所谓"属"，就是这个概念最邻近的那个属概念；所谓"种差"，就是这个概念与同一"属"下其他概念的差别，也就是这个概念不同于同一"属"下其他种概念的那些属性。例如，"商品就是用来进行交换的劳动产品"这一定义，就是由最邻近的"属"（"劳动产品"）加上"种差"（"用来进行交换的"）组成的。再比如，"天文学是研究天体结构和演化的科学"这一定义，是由最邻近的"属"（"科学"）加上"种差"（"研究天体结构和演化的"）组成的。

要使定义下得正确，必须遵守以下规则：

第一，定义者和被定义者的外延必须相等，二者必须相称；

第二，定义要从正面阐述，不能用否定形式；

第三，定义要清楚确切，不能用比喻的说法；

第四，下定义不能前后循环。

例（1）、（2）的两个定义就都符合这四条规则。

再看下面给"文学"下定义的几个例子：

＊（3）文学是艺术。

＊（4）文学不是自然科学。

＊（5）文学是社会生活的一面镜子。

＊（6）文学是文学家创造的艺术。

以上这几种说法，作为给"文学"下的定义，都是不妥当的。例（3），定义者比被定义者外延大，这就不可能准确揭示"文学"这个概念的内涵。例（4），采用了否定的形式，没有给人以正面的认识。例（5），用的是比喻的说法，不确切。例（6），前后循环，谁也说明不了谁。按照上面讲的定义的规则，应该这样给"文学"下定义：

（7）文学是用语言文字为工具形象地反映社会生活的艺术。

这个定义是科学的、严密的，它准确地揭示了"文学"这个概念的内涵，可以使人们对"文学"有一个确切的了解。

定义法多数用在科学著述中，要求精确、完整、严密。我们平时说话写文章需要阐明概念的时候，常常采用一种比较简便灵活的方法，叫作"释义"。释义，是根据需要，从某个方面或者某些方面对概念做解释。比如说"文学是一种语言艺术"，"字典是帮助我们学习语文的工具"，这就是采用了释义的方法。这种方法也有助于概念的明确，经常使用，也比较容易掌握。

（二）划分法

划分法，是通过说明概念的外延来明确概念的一种逻辑方法。通过划分，可以对概念所反映的事物进行分类，使人对事物获得具体全面的了解。划分的基本方法是把一个"属"分为几个"种"。比如，毛泽东同志在1949年写的《论人民民主专政》这篇文章中指出：

（1）人民是什么？在中国，在现阶段，是工人阶级，农民阶级，城市小资产阶级和民族资产阶级。

这里使用"划分"的方法，指出了当时"人民"这个概念的外延，使人们明确哪些阶级属于人民的范围，"人民"这个概念就比较明确了。再如：

（2）现代自然科学的基础学科可以分为天文学、地学、生物学、化学、数学和物理学。

经过这样的划分，我们对现代自然科学的基础学科有了比较具体、全面的了解，"现代自然科学的基础学科"这个概念就比较明确了。

要做出正确的划分，必须遵守划分的规则，其中最主要的有两条：

第一，每次划分应当按照同一个标准，各个子项应当互不相容。

比如，我们可以根据工人的性别，把工人分为男工和女工；根据年龄，分为青年工人、中年工人和老年工人；根据工种，分为车工、钳工、电工、木工。这样划分的结果，就是各个子项互不相容。

如果在一次划分当中，同时使用几个标准，就会使子项之间出现相容的情况，因而造成混乱。例如：

*（3）图书馆新购进的图书很多，有科技方面的、外国的、现代的、文艺方面的、古典的和中国的。

这里又按时代分，又按内容分，又按国别分，同时用了三个标准，结果造成了混乱。

正确的分法应该是:"图书馆新购进的图书很多,有科技方面的、文艺方面的,有古典的、现代的,有中国的、外国的。"分三次划分,每次按照一个标准,这样就清楚了。

第二,连续划分时要按层次逐级进行,不能跳跃划分。比如,我们对科学的学科进行连续划分,应该先划分为"自然科学"和"社会科学";然后,再把"自然科学"划分为"天文学""地学""生物学""化学""数学""物理学"等,把"社会科学"划分为"历史学""法学""经济学""美学"等。如果把"科学"直接划分为"天文学""地学""生物学""化学""数学""物理学""历史学""法学""经济学""美学"等,就违反了逐级划分的规则,层次不清,不能使人对事物有清楚的了解。

违反划分的规则,不但达不到划分的目的,还会引起对概念的错误理解和认识上的混乱。

定义法和划分法是使概念的内涵和外延明确的两种基本逻辑方法。我们运用概念的时候,不但要求概念的内涵外延明确,而且还要求概念的内涵和外延十分确定,也就是说,要使概念准确地恰如其分地反映我们所要指示的事物、所要表达的思想,这就要用到另外两种明确概念的逻辑方法——限制和概括。

(三)限制法

限制法,是由外延较宽的概念过渡到外延较窄的概念的一种逻辑方法。它用增加内涵、缩小外延的方法使概念的含义和所指的范围更加准确。例如:

(1)我们是要搞现代化,但我们要搞的是社会主义现代化,是带有中国特点的社会主义现代化。

用"社会主义"和"带有中国特点的"对"现代化"这个外延比较宽的概念加以限制,就使人们对常说的"四个现代化"有了更确切的了解,划清了其同其他各种"现代化"的界限,避免了思想的混乱。

对概念进行限制,从语言表达方面说,就是在中心词前面增加适当的限制词语。比如,普通物理学中有名的帕斯卡定律:

(2)(加在密闭液体上的)压强,能够〈按照原来的大小〉,〈由液体〉〈向各个方向〉传递。

这个定律的表述,通过对概念进行一系列限制,精确地表达了它的科学内容。"加在密闭液体上的"这个限制语(语法上叫"定语"),对"压强"这个概念进行限制,使它的外延缩小,从而严格地规定了这一定律成立的客观条件。在"传递"这个概念的前面加上"按照原来的大小""由液体"和"向各个方向"三个限制语(语法上叫"状语")对它进行限制,使它的内涵增加,从而准确、全面地阐述了这一定律的具体内容。如果不进行限制,去掉这些限制语,说成"压强能够传递",这个定律不仅说得不确切、不清楚,而且也没有多大意义了。由此可见,对概念进行恰当的限制,对于精确严密地表达思想具有非常重要的意义。

(四) 概括法

概括法，是由外延较窄的概念过渡到外延较宽的概念的逻辑方法。例如：

(1) 知识分子是脑力劳动者，是劳动者。

从"知识分子"到"脑力劳动者"，再到"劳动者"，就是对概念进行概括的过程。使用概括的方法，可以使我们的认识逐步从个别到一般，从具体到抽象，一步步地概括化和原则化，从而把握事物的根本性质。

使用"概括"这种方法，要注意符合事物固有的内在联系。当从一个小概念过渡到一个大概念的时候，不能生拉硬扯，不能随意升级，不能大而不当。比如，把某些认识上、学术上、作风上的具体问题或工作中难免的缺点错误，随便往原则上拉，任意夸大，说成是思想问题、政治问题、品质问题，甚至扣上"敌我问题"的帽子，这既不符合客观实际，违反科学，也是一种极端恶劣的作风。

使用概括的方法，从语言表达方面说，有时是通过减少限制词语的方法来实现的。例如：

＊(2) 无产阶级政党的最终目标是消灭一切非正义战争。

我们知道，无产阶级政党的最终目标是消灭"一切战争"，而不只是"非正义战争"。"非正义战争"这个概念用在这里，外延过窄。把"战争"前面的"非正义"这个限制词语去掉，使它的外延变宽，这句话就科学了，准确了。

以上，我们简单介绍了明确概念的几种逻辑方法——定义法、划分法、限制法和概括法。实际上，我们平时思考问题，说话，写文章，经常在有意或无意地使用这些方法。现在我们从理论上懂得了这些方法的意义、作用和规则，就可以更自觉、更正确地使用它们了。

五、概念和词语的使用

前面已经说过，概念是通过有实在意义的词和词组表达的。从这个意义上说，词语是概念的语言形式，概念是词语的思想内容。明确的概念要用准确的词语表达出来。我们说话、写文章的时候，为了使概念明确，就要注意用词的准确和组词的恰当。具体来说，主要有以下几个方面。

(一) 弄清词语

要切实了解词语所表示的概念的内涵和外延，也就是弄清词语的含义和适用范围，选用合适的词语来表达概念。如果用词不当，就会造成概念不清的错误。例如：

＊(1) 还在土地革命、抗日战争和解放战争中，人民解放军立下了不朽的功勋。

例 (1) "人民解放军"是一个专用名词，它所表示的概念的内涵是"解放战争时期和新中国成立后中国共产党所领导的人民军队"；其外延不包括土地革命和抗日战争时期的人民军队。写这句话的人，由于对这个专用名词所表示的概念的内涵和外延了解得不确切，造成了概念上的错误。应该把这句话里的"人民解放军"这个词改为"人民军队"。"人民军队"这个词组所表示的概念，外延比较大，包括了各个时期党所领导的人民军队——红军、八路军、新四军和解放军，用在这里就恰当了。再如：

*（2）近年来科学家发现了一种憎水玻璃，它将为戴眼镜的人解除一部分苦恼。

例（2）"发现"这个动词所表示的概念的内涵是"找到或认识到原已存在而前人没有找到或没有认识到的事物"。"憎水玻璃"不是原已存在而前人未找到的事物，而是用科学方法创造出的一种新事物。创造了以前未曾有过的新事物叫"发明"。写这句话的人，对"发现"这个词所表示的概念了解得不确切而误用了它，造成了概念不清的错误。在这句话里，"发现"应改为"发明"。

（二）正确使用关联词语

一连使用几个概念，要弄清它们之间的关系，注意正确选用关联词语来连接它们，避免划分不当的逻辑错误。例如：

*（1）星期天来听科普讲座的大部分是青年和学生。

例（1）"青年"和"学生"这两个概念之间是交叉关系，青年中有学生，学生中有青年；而"和"这个连词是用来表示并列关系的。说这句话的人，没有弄清"青年"和"学生"这两个概念之间是交叉关系，误用了"和"这个连词，这就造成了划分不当，致使意思含混不清。根据作者的意思，这句话可以改成这样："星期天来听科普讲座的大部分是青年，其中多数是学生。"这样说，就合乎逻辑了，可以给人以明晰的印象。再如：

*（2）主要日用工业品，如棉布、化学纤维、合成洗涤剂、自行车、缝纫机、手表、书籍、儿童玩具等的销售量，也比去年同期增加很多。

"书籍"和"儿童玩具"不属于"日用工业品"的范围，"书籍""儿童玩具"这两个概念和"主要日用工业品"这个概念不是从属关系。上面这句话把"书籍""儿童玩具"同"棉布""自行车""手表"等概念并列起来，也当成"主要日用工业品"，结果造成了划分上的混乱，出现了逻辑错误。可见，弄清概念间的关系，对于正确地进行划分和列举是非常重要的。

一般来说，同一关系的概念，用"即""就是"这类词语来连接，比如"社会主义分配制度即按劳分配的制度"；并列关系的概念，用"和""以及"这类连词来连接或者用顿号来表示并列关系，比如"小学生、中学生和大学生"；从属关系的概念，常用"其中有""包括""特别是"这一类词语来表示其关系，比如"工人特别是钢铁工人……"；对立关系和矛盾关系的概念，常用"与""或者"这样的连词来连接，比如"战争与和平""支持或者反对"。交叉概念多数是由于按不同标准进行划分而出现的，一般不能连用，不能直接用关联词语来连接它们，否则就要出现划分不当的逻辑错误。

（三）要正确使用修饰语

定语和状语对中心词进行修饰限制，正确使用会使概念准确、具体。前面说过，限制是明确概念的一种重要的逻辑方法。对概念进行限制，在语言表达上是靠正确地使用定语和状语来实现的。定语和状语用得恰当，概念就明确，意思就准确；反过来，该用定语和状语而不用，或者不该用而用了，或者用得不合适，都会造成概念的模糊，影响意思的表达。例如：

＊（1）青年技术员张远，几年来坚持刻苦自学，利用业余时间读完了大学的全部课程。

大学有文科、理工科、医农科，有各种各样的专业，每个专业都有很多门课程。"大学的全部课程"，这个概念的外延太大了。几年的业余时间怎么可能读完"大学的全部课程"呢？这是不符合实际的，令人难以置信的。作者原来的意思，可能是指这位工人利用业余时间读完了与他所从事的专业有关的大学课程。这句话在"全部课程"前面加上"有关专业的"这样一个定语，对"全部课程"这个概念加以限制，使它的外延缩小，内涵加多，意思就明确了，就符合实际了。再如：

＊（2）落实党在农村的各项政策，减轻农民不合理的负担，是目前农村中一项刻不容缓的工作。

例（2）本来的意思是讲要"减轻农民的负担"。作者在"负担"这个中心词前面用了"不合理的"这样一个定语来限制，结果使"负担"这个概念的外延变窄，造成了概念不清，甚至会使人误解原意。既然是"不合理的负担"，就应该全都取消，为什么只"减轻"呢？难道还要保留一部分"不合理的负担"吗？可见，该用定语、状语的，一定要用，而且要用得恰当；不该用的，一定不能用。只有这样，才能使概念明确，意思表达得确切。

第三节　判　断

一、什么是判断

概念是最基本的思维形式。但是，只有一个个的概念还不能形成思想；必须运用概念做出判断，才能形成明确的思想。

我们思考问题，表达思想，经常要对客观事物进行断定，或者肯定些什么，或者否定些什么。判断就是对事物进行断定，也就是对事物有所肯定或有所否定的一种思维形式。例如：

（1）中国是社会主义国家。

（2）自然界不是静止不变的。

这就是两个判断。例（1）对中国的国家性质进行断定，肯定它是社会主义国家；例（2）对自然界的属性有所断定，否定它是静止不变的。

判断是由概念构成的。在"中国是社会主义国家"这个判断中,"中国"是表示判断对象的概念,我们把它叫作"主项","社会主义国家"是表示判断对象所具有的属性的概念,叫作"谓项";"是"表示主项和谓项的关系,叫"联项"。

前面说过,在语言中,概念是用词或者词组来表达的,而判断则是通过句子来表达的。上面举的两个例子,从逻辑上讲,它们是两个判断;从语法上讲,它们是两个句子。我们研究判断,一定要处处和句子联系起来。要学习运用有关判断的知识去分析句子,推敲句子。

世界上的事物是多种多样的,所以,对事物进行断定的思维形式——判断,也就有许多种。简要地说,判断可以分成两大类:简单判断和复合判断。简单判断指的就是直言判断;复合判断包括假言判断、选言判断和联言判断。下面对这两种类型的判断分别进行介绍。

二、直言判断

(一) 什么是直言判断

有些判断直接对事物做出肯定或否定,比如前面举的两个例子,"中国是社会主义国家","自然界不是静止不变的",这叫直言判断。这类判断只包括一个主项、一个谓项和一个联项,所以也叫"简单判断"。在汉语中,直言判断是用单句来表达的。

(二) 直言判断的种类

直言判断又有各种不同的形式。从不同的角度,按不同的标准,可以把直言判断分成许多种。

直言判断按质来分,可以分为肯定判断和否定判断。例如:

(1) 能量是守恒的。

例(1)判断肯定"能量"具有"守恒"的属性。这叫肯定判断。

(2) 经济规律不是主观的。

例(2)判断否定"经济规律"是"主观"的。这叫否定判断。

例(1)、(2)这两个判断的"质",是通过联项"是"和"不是"表现出来的。"是"表示肯定判断,叫肯定联项;"不是"表示否定判断,叫否定联项。

直言判断按量来分,可以分为单称判断、特称判断和全称判断。例如:

(3) 这本书是很受群众欢迎的。

例(3)的判断是对"这本书"这个单独对象进行断定的,这叫单称判断。

(4) 有些金属比水轻。

例(4)的判断是对"金属"这一类对象当中的一部分进行断定的,这叫特称判断。

(5) 任何领袖人物都不是神。

例(5)的判断是对"领袖人物"这类对象的全体进行断定的,这叫全称判断。

以上这三个判断的"量",是通过"这本""有些""任何"这三个词表现出来的。它们是用来表示判断的对象即主项的数量范围的,我们把它叫作"量项"。

如果把质和量两个方面结合起来,按这样的标准来分,直言判断可以分成六种:全称肯定判断、全称否定判断、特称肯定判断、特称否定判断、单称肯定判断和单称否定判断。例如:

(6) 所有的金属都导电。

例(6)的判断肯定"金属"这类物质的全体都具有"导电"的属性,按质分是肯定的,按量分是全称的。这叫全称肯定判断。

(7) 凡是搞阴谋诡计的人都没有好下场。

例(7)的判断对所有"搞阴谋诡计的人"进行断定,否定他们"有好下场",既是全称的,又是否定的。这叫全称否定判断。

(8) 有些金属是放射性的。

例(8)的这个判断对"金属"中的一部分进行断定,是特称的;肯定它们具有"放射性",又是肯定的。这叫特称肯定判断。

(9) 车间里只有少数设备不是国产的。

例(9)的判断按质分是否定的,按量分是特称的。这叫特称否定判断。

另外的两种,"单称肯定判断"和"单称否定判断",比较好理解,前面已经举过例子,这里不再具体说明了。

对直言判断进行分类,除了按质和量来分以外,还有一种分法,就是按主项和谓项联系的方式来分。这样可以分成实然判断、或然判断和必然判断。比如下面三个判断:

(10) 台湾是中国的一个省。

(11) 火星上或许有生物。

(12) 在标准气压下,水加热到100°C就一定沸腾。

例(10)说的是客观事实,主项和谓项的联系方式是确实性的,叫实然判断。例(11)说的是一种推测,主项和谓项的联系方式是可能性的,叫或然判断。例(12)说的是种规律性的认识,主项和谓项的联系方式是必然性的,叫必然判断。

上面介绍了直言判断的内涵、构成、与句子的关系、种类等一些基本常识。懂得了这些常识,我们就能更好地使用直言判断。

(三) 直言判断的应用

在政治斗争、生产活动、科学研究和日常生活中,经常要对事物有所肯定或否定,随时都要用到直言判断。怎样正确地使用直言判断呢?主要有以下几方面。

1. 判断要合乎事实

一个判断是不是正确,首先要看它合不合乎客观事实。合乎事实的是真判断,不合乎事实的是假判断。毛泽东同志曾经举过"坐井观天"的例子来说明这个问题。毛泽东同志说:"一个蛤蟆坐在井里说:'天有一个井大。'这是不对的,因为天不止一个井大。如果它说：'天的某一部分有一个井大。'这是对的，因为合乎事实。"

要使判断合乎事实，就要有正确的立场、观点和方法，就要有实事求是的科学态度，否则就会做出违反事实的错误判断、假判断。例如：

(1) 人类社会发展史就是阶级斗争的历史。

例(1)判断就是不合乎事实的，因为人类社会发展史包括原始社会，而原始社会是没有阶级和阶级斗争的。再说，生产活动是人类最基本的社会活动；说到人类社会发展的历史，只讲阶级斗争，不讲生产活动，也是不合乎事实的。

2. 判断要恰当

判断不仅要合乎事实，而且要恰如其分地反映客观事实。客观事物是千差万别的，在质的方面、量的方面和确实性程度方面，都有各自不同的情况。要想准确地反映客观事物，下判断就必须恰当。判断要恰当，是逻辑思维的基本要求之一，它包括以下几方面的内容：判断的质要恰当，判断的量要恰当，判断肯定和否定的程度要恰当。

判断的质要恰当

在对事物做出判断的时候，要正确地加以肯定或否定，该肯定的不能否定，该否定的不能肯定。恰当地选用不同质的判断，正确地使用联项，可以使认识表达得正确鲜明。例如：

(1) 事物发展的根本原因，不是在事物的外部，而是在事物的内部。

例(1)包含了一个否定判断和一个肯定判断，由于判断的质恰当，联项"是"和"不是"用得合适，因而准确地科学地说明了事物发展的根本原因，鲜明地阐述了唯物辩证法的一个基本观点，与形而上学划清了界限。

为了加强判断的力量，有的直言判断用双重否定的形式，也就是用两个否定词来表示肯定。例如：

(2) 没有什么事物是不包含矛盾的。

例(2)这个判断用"没有……是不……"这种双重否定的形式表示"所有事物都是包含矛盾的"，这就使肯定的意思强化了，语气也更决断了。需要强调指出的是：使用双重否定的形式一定要细心，否则反而会把意思弄拧了。例如：

*(3) 经济管理上存在的问题，经过努力，不是不难解决的。

例(3)就是在双重否定中造成了判断的质的混乱，把意思弄反了，应该说"是不难解决的"，或者说"不是很难解决的"。下面这个判断也是由于否定词使用不当而造成了质的混乱：

*(4) 我们不否认这部影片没有不足之处，例如某些对话显然过长了些。

例(4)根据作者的原意，应该将"没有"改为"有"，说成："我们并不否认这部影片有不足之处，例如某些对话显然过长了些。"

在句子中，判断的"联项"是用动词"是"或者否定副词"不"表达出来的。

肯定判断的"联项",多数用"是""有"之类的词来表示;否定判断的"联项",多数用"不是""没有"之类的词来表示;双重否定常用"不是不""不是没有""不能不""非……不可"之类的词语来表示。为了使判断的质恰当,要正确选用这些词语。

判断的质要恰当,还包含一层意思,就是在下判断的时候,肯定和否定的分寸和范围也要恰如其分。例如:

(5) 这项工程基本上完工了。

在"完工"之前加了"基本上"这样一个词语,就把完工的程度表示出来了,说明不是"最后完工",而是"基本完工"。

在句子中,肯定和否定的分寸经常用"基本上""大体上""某种程度上"等词语来表示;肯定和否定的范围经常用"仅仅""只有""都""永远"等词语来表示。下判断的时候,为了使肯定、否定的程度和范围恰当,要正确选用这些词语。

判断的量要恰当

判断在量上有单称、特称和全称的区别。在下判断的时候,要弄清是对某一个事物做断定,还是对一类事物中的一部分做断定,还是对一类事物的全体做断定,分出不同情况,恰当地选用单称判断、特称判断和全称判断,正确地使用不同的"量项"。例如:

(6) 珠穆朗玛峰是世界最高峰。

(7) 对于学习科学文化知识,大多数青年工人比较重视,有些青年工人重视不够,个别人还根本没有认识到它的重要性。

(8) 我们的一切工作都要围绕现代化建设这个中心,为这个中心服务。

例(6)、(7)、(8)这三个例子,就是根据对事物的深入调查研究,分别做出了单称、特称和全称判断。其中,例(6)和例(7)正确地使用了"大多数""有些""个别""一切"这样一些"量项",所以,判断的量都是十分恰当的。再看下面的例子:

＊(9) 在我们国家里,所有青年都是朝气蓬勃、积极向上的。

＊(10) 工作中的缺点,有些是应该认真克服的。

例(9)、(10)这两个判断在量上都是不恰当的。例(9),应该用特称判断而误用了全称判断。说"所有青年都是朝气蓬勃、积极向上的",这不符合事实,应该把量项"所有"改成"绝大多数"。例(10)应该用全称判断而误用了特称判断。工作中的所有缺点都是应该认真克服的,怎么能说只是"有些"缺点应该认真克服呢?难道说还有些缺点不需要认真克服吗?这个判断中的量项"有些",应该改为"所有"。由此可见,如果判断的"量项"用得不合适,判断的量就会不恰当,这样不仅会违反客观事实,还可能造成原则性的错误。

在句子中,判断的量项一般是通过表示数量范围的词语来表示的,有时直接用数量词来表示。全称判断大多使用"所有""一切""凡是""任何""无不"以及

"百分之百"等等词语；特称判断大多使用"有些""有的""少数""不少""多数""大部分""百分之××"等词语；单称判断的量项经常不出现，有时候也用"某一个""这一个"等来表示。要想使判断的量恰当，就要细心地选用这些词语。

判断肯定和否定的程度要恰当

前面说过，判断还有实然判断、或然判断和必然判断的区别。在下判断的时候，要分析清楚我们所认识到的是事物的实在性，还是可能性，还是必然性，而分别采用实然判断、或然判断和必然判断。例如：

（11）实现社会主义的四个现代化，是一场极其深刻的革命。在这场革命中，必然会遇到许多我们没有遇到过的新矛盾。但是，只要我们实事求是地妥善解决这些矛盾，我们前进的步伐可能比预想的还要快一些。

"实现社会主义的四个现代化，是一场极其深刻的革命"，这是客观事实，作者用了实然判断；"在这场革命中会遇到新的矛盾"，这是必然的，作者用了必然判断；"前进的步伐比预想的要快一些"，这只是一种可能性，作者用了或然判断。这段话在谈到四个现代化及其前程的时候，做了科学的分析和正确的论断，恰当地使用了三种不同的判断，把意思表达得非常准确、严密。再看下面的例子：

*（12）他气色不好，肯定是有慢性病。

*（13）不按客观规律办事，可能要碰钉子。

例（12），一个人气色不好，可能是有慢性病，但不一定是有慢性病；气色不好还可能是由其他原因引起的，比如过度疲劳，营养不良，等等。这里应该用或然判断而误用了必然判断。例（13），不按客观规律办事，不是可能要碰钉子，而是肯定要碰钉子。这里应该用必然判断而误用了或然判断。所以，这两个判断都不恰当，由于混淆了可能性和必然性，都不能正确反映客观事物的规律，都犯有逻辑错误。

在句子里，实然判断常用"确实""的确"等词语来表示，或然判断常用"可能""或许"等词语来表示，必然判断常用"必定""一定"等词语来表示。要想使判断肯定或否定的程度恰当，就要正确选用这些词语。

3. 判断的结构要正确

直言判断的结构比较简单，包括主项、谓项和联项三部分。主项表示判断的对象，而谓项表示判断对象的属性；因此，主项和谓项必须对应。上面我们所举出的许多判断，主项和谓项都是对应的，结构都是正确的。再看下面这个判断：

*（1）发扬艰苦奋斗的创业精神，是能否搞好四个现代化的重要保证。

这个判断的主项是"发扬艰苦奋斗的创业精神"，只有一个方面，而谓项却有两个方面——"能否搞好四个现代化的重要保证"。显然，主项只能跟谓项中"能"的一方面对应，而跟"否"的一方面就不对应了。这就造成了主项和谓项不对应的毛病。由于这个判断的结构存在问题，内容也就是不科学的。应该把它改成"发扬艰苦奋斗的创业精神，是搞好四个现代化的重要保证"。这样，主项和谓项都只有一个方面，前后对应，这个判断的结构就正确了。以下几个直言判断的结构也都有毛病：

*（2）承认不承认、坚持不坚持实践是检验真理的唯一标准，是捍卫马克思主义辩证唯物主义认识论的重大原则问题。

*（3）有利于四个现代化是衡量文艺作品好坏的重要标准。

*（4）商品包装的美化与否会引起顾客的购买欲，这是不容争辩的事实。

根据上面讲的道理，为了使主项和谓项对应，例（2）、（3）、（4）这三个判断应改为：

（5）承认和坚持实践是检验真理的唯一标准，是捍卫马克思主义辩证唯物主义认识论的重大原则问题。

（6）是否有利于四个现代化是衡量文艺作品好坏的重要标准。

（7）商品包装的美化会引起顾客的购买欲，这是不容争辩的事实。

关于怎样使用直言判断，归纳起来有三个方面：一是判断的内容要合乎事实；二是判断的质、量、肯定否定程度要恰当；三是判断的结构要正确，主谓要相对应。其中最重要的是判断要恰当。所谓"判断要恰当"，说通俗一点就是：对事物下判断，要有适当的分寸，说"多"了不行，说"少"了也不行；说"深"了不行，说"浅"了也不行；该说"活"的说"死"了不行，该说"死"的说"活"了也不行。总而言之，要不"多"不"少"，不"深"不"浅"，恰如其分。只有这样，才能正确地反映客观事物，精确地表示我们的认识，准确地表达我们的思想。

三、复合判断

（一）什么叫复合判断

直言判断是比较简单的判断，它一般是用单句来表达的。复合判断是比较复杂的判断，是由两个或两个以上的简单判断组成的。例如：

（1）如果我们对帝国主义的扩张政策丧失警惕性，那就会上大当，吃大亏。

（2）物体的状态或者是固体，或者是液体，或者是气体。

（3）革命不能输出，也不能输入。

例（1）是说，假如"丧失警惕性"，就会"上大当，吃大亏"，有一个假设条件作为判断的前提。例（2）列出物体可能有的三种状态，不直接断定一种。例（3）对相关的两个方面同时做断定。这三个判断跟我们前面讲的直言判断不同，不是直接对事物做断定，而是在一定的假设条件下对事物做断定，或者是列出几种可能，选择其中一种做断定，或者是对相关的事物同时做出断定。它们的结构比直言判断要复杂，是由两个或两个以上的部分组成的。这一类判断叫复合判断。

（二）复合判断的种类

复合判断又分为三种：假言判断、选言判断和联言判断。在汉语中，复合判断是用复句来表达的：假言判断用假设条件复句来表达，选言判断用选择复句来表达，联言判断用并列复句、递进复句和转折复句来表达。下面分别做一下介绍。

1. 假言判断

1) 什么是假言判断

假言判断是反映事物之间条件与结果关系的判断，它表示某一事物情况假如发生与存在，会促使另一事物情况的发生与存在。上面例（1）的"如果我们对帝国主义的扩张政策丧失警惕性，那就会上大当，吃大亏"，就是一个假言判断。它断定"对帝国主义的扩张政策丧失警惕性"这一情况的发生与存在，就会导致"上大当，吃大亏"这一情况的发生与存在。

每一个假言判断都可以分成三部分：前件、后件、联系词。表示假设或条件的部分叫"前件"，表示推断或结果的部分叫"后件"，联系前件和后件的叫"联系词"。上面举的假言判断，其中"我们对帝国主义的扩张政策丧失警惕性"是前件，"上大当，吃大亏"是后件，"如果……就……"是联系词。

2) 假言判断的种类

由于客观世界中存在着三种类型的条件关系，因此，假言判断又分成三种。

A. 充分条件假言判断

（1）物体只要受到摩擦，就会发热。

（2）如果没有群众的支持，我们就什么事情都做不成。

例（1）、（2）是两个充分条件假言判断。例（1），"物体受到摩擦"是前件，只要有了这个条件，就一定会有后件——"发热"这个结果。例（2）也是这样，"没有群众的支持"是前件，一旦出现这种情况，就一定会有后件的结果——"什么事情都做不成"。这两个假言判断的共同特点是：只要有前件的条件，就一定会有后件的结果；前件对于后件来说是充分条件。这就叫"充分条件假言判断"。充分条件假言判断就是断定某一事物情况是另一事物情况的充分条件的判断。

充分条件假言判断在汉语中是用假设关系复句来表达的，常用的关联词是"如果……就……""只要……就……""假如……就……""当……则……"。

B. 必要条件假言判断

（3）种子必须有一定的水分才能发芽。

（4）领导者只有先做群众的学生，才能做群众的先生。

例（3）、（4）是两个必要条件假言判断。在例（3）这个判断中，"种子有一定的水分"是前件，只有具备这个条件，才会有后件的结果——"发芽"；如果不具备"一定的水分"这个条件，就一定不会有"发芽"这个结果。例（4）也是这样，必须有"先做群众的学生"这个条件，才会有"能做群众的先生"这样的结果。这两个判断的共同特点是：必须有前件的条件，才可能有后件的结果；如果没有前件的条件，就一定没有后件的结果；对于后件来说，前件是必要的条件，缺了它是不行的。这就叫"必要条件假言判断"。必要条件假言判断就是断定某一事物情况是另一事物情况的必要条件的判断。

必要条件假言判断在汉语中是用条件关系复句来表达的，常用的关联词是"只有……才……""必须……才……""除非……才……"。

　　C. 充分必要条件假言判断

　　假言判断除了充分条件和必要条件关系之外，还有这样的条件关系：一类情况既是另一类情况的充分条件，同时又是它的必要条件。例如：

　　（5）人不犯我，我不犯人。

　　（6）当，并且仅当三角形的三条边相等时，三角形的三个角才相等。

在例（5）这个判断中，"人不犯我"是前件，"我不犯人"是后件。前件和后件是什么关系呢？一方面，只要别人不侵犯我们，我们就一定不侵犯别人；这就是说，只要有前面的条件，就一定有后面的结果，前件是后件的充分条件。另一方面，必须是在别人不侵犯我们的条件下，我们才不侵犯别人；这就是说，必须有前面的条件，才能有后面的结果，前件又是后件的必要条件。例（6）也是这样，三角形的"三个边相等"这个前件，对于后件"三个角相等"来说，既是充分条件，又是必要条件。上面这两个判断的共同特点是：有前件的条件，一定有后件的结果；没有前件的条件，一定没有后件的结果；前件对于后件来说，既是充分的又是必要的条件。这一类假言判断叫"充分必要条件假言判断"。充分必要条件假言判断是断定某一事物情况既是另一事物情况的充分条件又是它的必要条件的判断。充分必要假言判断在日常生活中又叫唯一条件。例如：

　　（7）只有太阳从西边出来，我才会同意你的意见。

　　在汉语中，充分必要条件假言判断既可以用假设关系复句来表达，使用"如果……就……"这一类关联词；又可以用条件关系复句来表达，使用"只有……才……"这一类关联词。一般是根据意思的侧重点来决定选用哪一种复句和哪一类的关联词。

　　3）假言判断的应用

　　假言判断的用处很广泛。许多自然科学和社会科学著作常用这种判断表述客观事物相互依存关系的规律。使用假言判断也必须恰当。其中最重要的是：切实弄清客观事物之间的关系，不同的条件关系要用不同的假言判断来反映。如果把条件关系弄错了，把充分条件和必要条件混淆了，做出的判断就会不恰当，就要犯逻辑错误。例如：

　　*（8）物体只有受到摩擦才会发热。

诚然，物体受到摩擦会发热，但是，物体不一定非要受到摩擦才会发热。物体发热还可以由其他原因引起，比如用火烘烤，日光照射，电流通过，等等。这就是说，"受到摩擦"是"物体发热"的充分条件，而不是必要条件。例（8）这个判断用了必要条件假言判断，说"物体只有受到摩擦才会发热"是错的；应该改用充分条件假言判断，说成是"物体如果受到摩擦就会发热"就对了。再如：

　　*（9）种子只要有了一定的水分就会发芽。

"有一定的水分"是种子发芽的一个必要条件，但不是充分条件。除了要有一定的水分之外，还要有一定的温度和足够的空气，种子才会发芽。所以，这里应该用必要条件假言判断，说成"种子只有有了一定的水分才会发芽"。上面的判断说"种子只要有了一定的水分就会发芽"，就是把条件关系搞错了，误用了充分条件假言判断，因而是不恰当的。

下面举出的几个假言判断，都是条件关系搞错了，都是不恰当的，都有逻辑错误，都不能正确反映客观事物相互间的条件关系。

*（10）如果敢于斗争，就能取得胜利。

这里不应该用充分条件假言判断，而应该用必要条件假言判断，说成是"只有敢于斗争，才能取得胜利"。因为"敢于斗争"是"取得胜利"的必要条件，却不是充分条件。

*（11）只有缺乏水分，植物才会死亡。

"缺乏水分"是使"植物死亡"的充分条件而不是必要条件。这里应该用充分条件假言判断，说成是"只要缺乏水分，植物就会死亡"，这样就恰当了。

*（12）如果破坏旧的腐朽的东西，就能建设新的健全的东西。

诚然，要建设新的健全的东西，就要破坏旧的腐朽的东西，但是，破坏了旧的腐朽的东西，并不一定就能建设新的健全的东西。"破坏旧的腐朽的东西"是"建设新的健全的东西"的必要条件，却不是充分条件。所以，这里应该用必要条件假言判断，说成是"只有破坏旧的腐朽的东西，才能建设新的健全的东西"。

从以上这些例子可以看出来，假言判断是否恰当，与使用什么样的关联词有着密切关系。要恰当地运用假言判断，就必须在弄清客观事物内在关系的基础上，慎重地选用恰当的关联词。

还有一点要说的是，一个假言判断是否正确和恰当，不取决于前件和后件本身的真假，而取决于前件和后件之间是否确实存在着这种条件关系。有时候，前件和后件两个判断都是假的，但二者确实存在着一定的条件关系，那么这个假言判断也是正确的。例如：

（13）如果马克思主义害怕批评，如果它可以被批评倒，那么马克思主义就没有用了。

其中的前件"马克思主义害怕批评""它可以被批评倒"以及后件"马克思主义没有用"，都是假判断，但是，这两种情况之间确实有条件和结果、假设和推论的关系，所以这个假言判断是正确的，没有问题的。

总之，假言判断是否正确和恰当，关键在于它是否正确恰当地反映了两个事物之间的条件关系。

2. 选言判断

1）什么是选言判断

选言判断是反映事物有几种可能情况的判断，它断定在几个事物情况之中至少有一个事物情况存在。例如：

(1) 或者把老虎打死，或者被老虎吃掉，二者必居其一。

这就是一个选言判断，它表示在一定的条件下，事情有两种可能性可供选择："把老虎打死"或"被老虎吃掉"。

选言判断总是由两个或两个以上的简单判断构成。构成选言判断的各个简单判断叫"选言支"。例（1）这个选言判断就有两个选言支：一个是"把老虎打死"，另一个是"被老虎吃掉"。

在汉语中，选言判断是用选择关系复句来表达的。

2）选言判断的种类

选言判断的几个选言支之间的关系，有两种情况；根据这两种不同情况，选言判断可以分成两类。

A. 不相容的选言判断

一个选言判断列出的几种可能，不能同时并存，只能有一种存在，也就是说，几个选言支当中只能有一个是真的，其他的选言支都是假的。例如：

(2) 某数要么大于a，要么小于a，要么等于a。

很明显，"大于a""小于a""等于a"这三种情况，只能有一种存在；这三个选言支，对于某数来说，只能有一个是真的。这几个选言支不能同时成立，它们是互相排斥的，互不相容的。这种选言判断叫"不相容的选言判断"。不相容的选言判断常用的关联词是"要么……要么……""不是……就是……"。

B. 相容的选言判断

一个选言判断所列出的几种可能性，可以同时存在；几个选言支可以同时都是真的。例如：

(3) 不从实际出发，违背了马克思列宁主义的普遍真理，或是犯右倾的错误，或是犯教条主义的错误，或者两种错误兼而有之。

"犯右倾的错误"和"犯教条主义的错误"这两种情况，这两个选言支，不是互相排斥的，是可以同时存在的，两者可以同时都是真的。这样的选言判断叫"相容的选言判断"。相容的选言判断常用的关联词是"或……或……""或者……或者……"。值得注意的是，这类关联词的意义并不十分确定，有时也可以用来表示不相容的选言判断。所以常常加上另外的词语（如"兼而有之"），以使其意义明显、准确。

3）选言判断的应用

在客观实际中，事物有时存在着几种可能性，这就要用选言判断来反映。有时，人们对客观事物的认识还没有十分确定，需要做出几种可能的估计，在这种情况下，也要使用选言判断。使用选言判断，需要注意以下几个问题。

第一，一个选言判断中，至少要有一个选言支是真的；否则，这个选言判断就是假的，错误的，或者是没有意义的。例如：

＊(4) 这些学员成绩好的原因，或是脑子特别灵，或是专会找窍门。

这个选言判断只有两个选言支，两个选言支都是不合乎事实的假判断，所以这个选言判断是假的,是错误的。

第二,使用选言判断,特别是不相容的选言判断,要把事物的各种可能性都列出来,不要遗漏应有的选言支,否则判断就不周密。例如:

*(5) 这一个三角形,要么是锐角的,要么是钝角的。

这个选言判断只列出了两种可能——锐角的和钝角的,还有一种可能性——直角的——没有提出来,遗漏了一个重要的选言支,因而,这个判断是不周密的。

第三,使用选言判断,还要区分清楚所要反映的事物的几种可能性是相容的还是不相容的,而分别采用两种不同的选言判断。否则,判断就会不恰当,就会出现逻辑错误。例如:

*(6) 他学习成绩不好的原因,要么是不努力,要么是基础差,二者必居其一。

"要么……要么……"和"二者必居其一"都是不相容选言判断的语言标志。但是,作为学习成绩不好的原因,"不努力"和"基础差"这二者并不是不相容的,不是互相排斥的。一个人学习成绩不好,可能既是由于"不努力",又是因为"基础差",两个原因同时都存在。所以,这里使用不相容的选言判断就错了,应该用相容的选言判断,说成"他学习成绩不好,或是由于不努力,或是因为基础差,或者两个因素都有",这样就恰当了。

3. 联言判断

1) 什么是联言判断

联言判断是反映事物有几方面情况的判断,它同时断定几种事物情况都存在。例如:

(1) 革命不能输出,也不能输入。

这就是一个联言判断,它同时断定"革命不能输出"和"革命不能输入"这两种情况都存在。

联言判断也是一种复合判断,它是由两个或两个以上的简单判断构成的。构成联言判断的各个判断叫"联言支"。

2) 联言判断的种类

联言判断的各个联言支之间有各种不同的关系。根据联言支之间关系的类型,联言判断可以分为三种。

A. 并列的联言判断

(2) 谦虚使人进步,骄傲使人落后。

例(2)是并列关系的联言判断。"谦虚使人进步"和"骄傲使人落后"这两个联言支之间的关系是并列的。这种并列关系的联言判断,在汉语中一般是用并列复句来表达的,常用的关联词是"……也……""又……又……",也可以不用关联词。

B. 递进的联言判断

(3) 科学工作的目的不但在于认识世界,而且在于改造世界。

例（3）是递进关系的联言判断。"科学工作的目的在于认识世界"和"科学工作的目的在于改造世界"这两个联言支之间的关系是递进的，后一个联言支的意思比前一个联言支的意思向前推进了一步。这种递进关系的联言判断，在汉语中一般是用递进复句来表达的，常用的关联词是"不但（不仅、不只、不光）……而且（并且、还）……"。

C. 转折的联言判断

（4）他虽然没上过大学，但他的专业知识很丰富。

例（4）是转折关系的联言判断。"他没上过大学"和"他的专业知识很丰富"这两个联言支之间存在着一种转折关系，从断定一方面转向断定与之相反的另一方面。这种转折关系的联言判断，在汉语中是用转折复句来表达的，常用的关联词是"虽然（尽管）……但是（可是、然而、却）……"。

3）联言判断的应用

当我们对客观实际中相关的几种事物同时进行断定时，就要使用联言判断。使用联言判断要注意以下两个问题：

第一，一个联言判断只有当它所包括的所有联言支都是真判断时，这个联言判断才是真判断；只要有一个联言支是假判断，也就是说只要有一个联言支所断定的情况不存在，这个联言判断就是假的。比如"她既聪明好学，又踏实肯干"这个联言判断，只有"她聪明好学"和"她踏实肯干"这两个联言支都是真的，这个联言判断才是真的；只要"她聪明好学"和"她踏实肯干"这二者之中有一个是假的，这个联言判断就是假的。

第二，联言支之间的关系必须正确地反映所断定的客观事物之间的关系，否则联言判断就不恰当。比如："他完成了规定的任务"和"他超额完成了任务"这二者之间是递进关系，后者比前者在意思上推进了一步。当用联言判断来同时断定这二者的时候，必须使用递进关系的联言判断，说成"他不但完成了任务，而且超额完成了任务"；而不能使用并列关系的联言判断或转折关系的联言判断，不能说成"他既完成了任务，又超额完成了任务"，也不能说成"他虽然完成了任务，但超额完成了任务"。

上面介绍了直言判断、假言判断、选言判断和联言判断，并介绍了怎样正确使用这四种判断。判断是一种非常重要的思维形式，逻辑思维的基本要求之一是判断要恰当。在思考问题和表达思想的时候，要想做到判断恰当，归纳起来说，应该从以下三方面下功夫：一是要有正确的立场、观点、方法和科学的态度，善于观察、调查、研究、分析，对事物有正确的认识；二是要了解和熟悉判断的各种形式，以便根据客观事物的不同情况选用不同形式的判断来表达；三是要了解判断和句子的关系，掌握各种判断的语言标志和表达形式，正确地选用词语和组织句子，把判断的内容准确严密地表达出来。

第四节 推 理

一、什么是推理

上面介绍了概念和判断两种基本的思维形式，说明了逻辑思维的两项基本要求——概念要明确和判断要恰当，同时还讲了概念与词语以及判断与句子的关系。这一节介绍另一种基本的思维形式——推理，说明逻辑思维的另一项基本要求——推理要合乎逻辑，同时还要介绍推理与复句和句群的关系。

人的认识是不断发展、不断深化的。当我们运用概念做出判断之后，还常常经过由此及彼的思维过程，做出新的判断，取得新的认识。比如，某工厂有四个车间，生产科经过统计和调查，知道一车间提前完成了全年生产计划，二车间提前完成了全年生产计划，三车间和四车间也提前完成了全年生产计划。于是，生产科得出结论说：全厂各车间都提前完成了全年生产计划。像上面这个例子所讲的这种由一个、两个或者更多的判断推出另一个新判断的思维形式，叫作推理。

在日常生活、学习和工作中，在科学研究中，人们经常要进行推理。正确的推理可以使我们从已有的认识推出新的认识，做出符合实际的新的判断。

推理是由前提和结论两部分组成的。作为根据的原有的判断叫前提，由原有的判断推出的新判断叫结论。

在汉语中，推理一般是用复句或句群来表达的，它常常用"因为……所以……""由于……因此……"这一类表示因果关系的关联词作为语言标志。

推理有许多种类，这里介绍归纳推理、演绎推理和类比推理三类，其中归纳推理和演绎推理是最常用的。下面分别介绍。

二、归纳推理

（一）什么是归纳推理

我们先举一个例子。某工厂的一个车间有三十名青年工人。通过调查，我们了解到，其中有五人参加了电视大学的学习，二十人在业余学校学习文化和技术，还有五人坚持业余自修。于是，我们做出一个判断：这个车间的青年工人都在努力学习文化科学技术。像这种由一些个别的事实推出一般性结论的推理，叫归纳推理。归纳推理是从个别到一般的推理。我们都知道，人们认识事物总是先认识个别的特殊的事物，逐步地发展到认识一般的事物，这是认识事物的普遍规律。所以，归纳推理是一种很重要的思维形式。

（二）归纳推理的种类

归纳推理的形式很多，最常用的有以下三种。

1. 完全归纳法

在观察研究中发现某一事物中的每一个事物全都有某一种性质，无一例外，从而推出这类事物的全体都具有这种性质，这种归纳推理叫完全归纳法。前面举的那个例子，某工厂的生产科由于对全厂的每一个车间都做了统计，知道它们全都提前完成了全年生产计划，从而做出了全厂各车间都提前完成了生产计划的结论，用的就是完全归纳法。再如：

（1）水星、金星、地球、火星、土星、木星、天王星、海王星、冥王星都是按椭圆轨道绕太阳运转的。这九大行星是太阳系已发现的所有行星。因此，太阳系已发现的所有行星都是按椭圆轨道绕太阳运转的。

例（1）这个推理也是用的完全归纳法。

从上面的例子可以看出来，用完全归纳法进行推理，所得出的结论是确实可靠的。我们平时进行调查统计，写总结报告，常用到这种方法。需要强调的是：使用完全归纳法，必须考察一类对象的全体，不能有遗漏；而且对每一个对象做出的判断，也就是每一个前提，都必须是真实的。

2. 简单枚举归纳法

如果我们所研究的某一类事物数目非常多，不可能对其中每一个都进行考察，完全归纳法就不适用了。在这种情况下，常常使用简单枚举归纳法。简单枚举归纳法是根据一类事物中的一部分对象（不是全部）都具有某种性质，并且还没有遇到过相反的情况，从而推出这一类事物的全体都具有这种性质。比如，通过观察和实验，人们发现金、银、铜、铁、锡等金属都能导电，而且还没有遇到过不能导电的金属，于是做出一个推断：所有金属都能导电。这用的就是简单枚举归纳法。

简单枚举归纳法是一种初步的简单的归纳推理。它考察的是一部分对象，而不是全部对象；它只是根据部分事例的枚举做出归纳，并没有研究事物的内在因果联系。所以，用这种推理得出的结论是带有或然性的，不一定是确实可靠的，还需要经过实践的进一步检验。其结论可能随着枚举数量的不断增多，可靠性不断增加；也可能由于相反事实的出现而被否定，被推翻。比如，过去人们经过对许多种鱼的观察，发现它们都用鳃呼吸，于是，用简单枚举归纳法做出了"鱼都是用鳃呼吸的"这样一个结论。可是，后来在南美洲发现了一种用肺呼吸的鱼——肺鱼，上面的结论就被推翻了。

尽管简单枚举归纳法得出的结论带有或然性，不一定都可靠，但它还是很有用处的。在日常生活中，人们常用这种方法积累自己的经验，或做出一些常识性的判断。在生产和工作中，这种方法应用得也很广泛，比如工厂进行产品质量检验，地质勘探中确定地下矿藏的成分，农业上对作物进行估产，试验得出种子发芽率，等等，实际上都是采用的简单枚举归纳法。在科学研究中，当然不能用简单枚举法直接得出普遍的结论，但也常常把简单枚举归纳法得出的或然性结论作为进一步研究的出发点。

在使用简单枚举归纳法的时候，为了提高结论的可靠性，要尽量多做考察研究，尽可能多占有材料。考察的单个对象越多，这些对象分布面越广，结论的可靠性就越强。如果只根据少数事例，甚至不注意实际存在着的相反事例，就做出一般性的结论，那就会犯"轻率概括""以偏概全"的逻辑错误。这是需要特别注意的。

3. 科学归纳法

科学归纳法是根据对一类事物中部分对象的因果关系的分析，推出关于这一类事物的一般性结论的推理方式。它和上面介绍的简单枚举归纳法一样，都是不完全归纳法；但是，它不像简单枚举归纳法那样只依据某种现象的多次重复和没有例外来推出一般结论，而是通过对部分对象的因果关系的科学分析来推出一般结论，所以也叫求因果关系法。比如，人们给一些金属加热，发现全都出现体积膨胀的现象；通过长期的大量的观察、实验、比较、研究，发现"给金属加热"与"金属体积膨胀"这二者之间有因果联系。这样，人们就推出一个结论：给任何金属加热，它的体积都会膨胀。这就是用科学归纳法得出的结论。

使用科学归纳法的关键是判明事物之间的因果联系。人们在长期的实践和认识过程中，逐渐积累总结出了一整套求因果关系的方法，主要有求同法、求异法、求同求异并用法、共变法和剩余法五种。下面分别举例做一些简要的说明。

求同法

求同法也叫契合法，是在不同事例的比较中寻求共同原因的一种方法，即异中求同。具体来说就是：如果在所研究的现象出现的两个或两个以上的场合中，有一个而且只有一个情况是共同的，那么，这个共同的情况就与所研究的现象之间有因果联系。例如：

（1）棉花能保温。积雪也能保持地面温度。为了找出它们保温的原因，我们进行了观察研究，看到棉花是疏松多孔的。据测定，新降落的雪有40%至50%的空气间隙。棉花是植物纤维，雪是水的结晶；二者之间只有一个情况是共同的——都有疏松多孔的特点。由此得出结论，疏松多孔的东西能保温。

这就是一个使用求同法的归纳推理。

求异法

求异法也叫差异法，即同中求异，是从两个情况的差异中寻求原因的一种方法。具体来说就是：如果所研究的现象出现的场合与它不出现的场合相比较，有一个情况而且只有一个情况不同，即在一个场合中有某个情况出现，而在另一个场合中没有这个情况出现，那么，这个情况与所研究的现象之间就有因果联系。例如：

（2）为了寻找提高白薯产量的方法，把一批白薯种分成两部分，一部分用温水浸过，另一部分则不用温水浸。把这两部分白薯种分别种在条件完全相同的两块地里。结果，用温水浸种的那块地白薯的产量比没用温水浸种的那块地的产量高。由于其他条件都相同，唯一不同的只是一块地的薯种用温水浸过，另一块地的薯种没用温水浸过，于是，我们可以推出结论：用温水浸种是白薯增产的原因。

例（2）就是一个使用求异法的归纳推理。

求同求异并用法

求同求异并用法也叫契合差异并用法，指的是这样一种方法：如果在出现所研究现象的几个场合中都存在着一个共同情况，而在所研究现象不出现的几个场合中都不存在这个情况，那么，这个情况与所研究的现象之间就有因果联系。例如：

（3）我们研究分析同一个高中毕业班学生的高考语文成绩，发现凡是高考语文成绩好的学生平时都很注意课外阅读，而成绩差的学生平时都很少看课外书。将这两方面的情况加以归纳，于是我们就可以推出一个结论：平时注意课外阅读是语文成绩良好的重要原因。

例（3）就是一个使用求同求异并用法的归纳推理。

共变法

共变法指的是这样一种方法：如果在某一现象发生变化之后，另一现象也随之发生变化，那么，第一个现象就可能是另一现象的原因。例如前面我们举过的例子：

（4）通过观察和实验，人们发现给金属加热，它的体积就膨胀。这就是说，温度变化之后，金属的体积也随之变化。由此，我们便可以推出一个结论：加热是使金属体积膨胀的原因。

例（4）就是一个使用共变法的归纳推理。值得注意的是：两个现象有共变关系常常是在一定限度之内；超出一定限度，这种共变关系就不再出现了。例如，我们经过观察实验，知道密植可以使庄稼高产，但密植要有一定限度，如果过度密植，庄稼反而会减产，所以应该说：合理密植可以使庄稼增产。

剩余法

剩余法是一种求因果关系的方法。一种情况有多种（复合）因果现象，把已知的因果现象排除，从而推断出所剩余那部分现象之间的因果关系。人们常用居里夫人发现镭元素的经过作例子来说明这种方法：

（5）居里夫人已知纯铀发出的放射线的强度，并且已知一定量的沥青矿石所含纯铀的数量。但是，她观察到一定量的沥青矿石所发出的放射线要比它所含的纯铀所发出的放射线强许多倍。这是什么原因呢？由此，她推出在沥青矿石中一定还含有其他的放射性元素。经过反复实验，她终于发现了镭这种元素。

居里夫人在发现镭的过程中实际上使用了剩余法这种归纳推理方法。

以上介绍了求因果关系的五种方法。我们可以看到，这些方法都是从研究现象到归纳出原因，从研究若干个别的事实而得出带有一般性的结论，所以都属于归纳推理的范畴。人们在分析问题、进行科学研究和表达论证思想的时候，实际上经常在使用这些方法，不过许多人是不自觉地在使用。现在我们从道理上懂得了这些方法，就可以在分析问题进行推理时自觉地使用它们。

值得注意的是，使用这五种方法所得出的结论也都是带有或然性的。使用这些方法所得出的结论当然比简单枚举法所得出的结论可靠性大，但是也不能片面地夸大这些方法的作用。要得出完全确实的结论，还要靠大量占有材料和对事物进行深入的科学分析。比如，人们用共变法得出了给金属加热会使它们的体积膨胀的结论之后，又进一步研究这种现象的原因，认识到物体膨胀与物体分子之间的距离有关。金属一受热，分子之间的凝聚力就减弱，而分子间的距离就加大了。这样，上面的结论就得到了科学的解释而成为确实性的了。

总之，科学归纳法是在研究事物因果关系的基础上进行推理的，所以，用这种方法推出的结论是比较可靠的。这种推理方法避免了完全归纳法和简单枚举归纳法的缺点和局限性，是更有实用价值的归纳推理方式。我们常说的"典型调查""解剖麻雀""用典型材料说明观点"等，就是科学归纳法的具体运用，科学上的一些定理、定律也是用科学归纳法得出来的。

在日常生活、学习和工作中，在科学研究中，简单枚举归纳法和科学归纳法常常配合起来使用。例如：

（6）人群统计、动物试验和人体病理解剖检查的大量材料说明，吸烟对人体的危害是很大的。

例（6）这里所说的"人群统计"就是简单枚举归纳法；"动物试验"和"人体病理解剖检查"则是用的科学归纳法。"吸烟对人体的危害是很大的"这个结论，是用这两种归纳法得出来的。

不论是完全归纳法、简单枚举归纳法还是科学归纳法，这各种不同的归纳推理形式在语言中都是通过因果关系的复句或者具有因果关系的句群表达出来的，常用的关联词是"因为……所以……""由于……因此……"以及"由此可知""由此可见""于是"等等。我们在使用归纳推理的时候，一定要注意正确地恰当地使用因果关系复句或因果关系句群，正确使用表示因果关系的关联词，避免由于随便使用因果关系的复句和关联词而造成推理错误。

三、演绎推理

（一）什么是演绎推理

上面介绍了归纳推理及其与复句和句群的关系，下面介绍演绎推理及其与复句和句群的关系。

什么是演绎推理呢？先看下面两个例子：

（1）凡金属都能导电，锌是金属，所以锌能导电。

（2）没有调查就没有发言权，你没有调查，你还是不要忙着发表意见吧！

例（1）、（2）两个推理都是从一般到个别、从普遍到特殊的推理。这种从普遍性前提出发推出特殊性结论的推理，叫演绎推理。当我们知道了一般性的原理、原则或定律后，就可以运用演绎推理推论与这个原理、原则或定律有关的个别事物，从而得出结论。从个别到一般，又从一般到个别，这是人们认识事物的两个互相区别又互相联系的过程。当人们认识了一类事物的共同性质之后，就可以拿这种认识作为指导，去研究那些尚未认识的事物。所以，演绎推理也是一种使用很广泛的思维形式。

演绎推理通常是由大前提、小前提和一个结论构成的，所以也叫"三段论"。大前提提出一般原则，小前提指出个别事物，结论表明推论的结果。

（二）演绎推理的种类

根据大前提的不同，演绎推理可以分为三种：直言三段论、假言三段论和选言三段论。这三种三段论各有自己的特点、作用和规则，下面分别进行介绍。

1. 直言三段论

1) 什么是直言三段论

直言三段论是以直言判断做前提构成的演绎推理。例如：

（1）所有的客观规律都是不以人们的意志为转移的，经济规律是客观的，所以，经济规律是不以人们的意志为转移的。

例（1）就是一个直言三段论。从这个例子可以看出来，一个三段论包括三个概念，每个概念都出现两次。其中只在大前提中出现、不在小前提中出现的那个概念（"不以人们的意志为转移的"）叫"大项"；只在小前提中出现、不在大前提中出现的那个概念（"经济规律"）叫"小项"；在大前提和小前提中都出现而在结论中不再出现的那个概念（"客观规律"）叫"中项"，由于它在推理过程中起媒介作用，所以又叫"媒介项"。

我们思考问题、认识事物，经常用到直言三段论。但是，在说话和写文章的时候，三段论的"三段"往往不全出现。例如：

（2）你是共青团员，你应该起模范带头作用。

这是一个省略了大前提的三段论，大前提是"共青团员都应该起模范带头作用"。又如：

（3）我们的事业是正义的，正义的事业是任何敌人也攻不破的。

这是一个省略了结论的三段论，结论是"我们的事业是任何敌人也攻不破的"。例（1）、（2）说明，活跃在人们口头语言和书面语言中的三段论，常常是以省略形式出现的，省略的部分一般是非常明显、不言而喻的。这叫三段论的省略式。使用省略式，可以使语言简洁有力。另外，三段论的一般顺序是：大前提—小前提—结论；在语言实践中，表达三段论的复句或句群却往往不按这样的顺序，而把需要强调的那一段摆到前面。例（3）"我们的事业是正义的，正义的事业是任何敌人也攻不破的"，就是小前提在前，大前提在后，结论省略了。我们在阅读和写作中，无论分析三段论还是使用三段论，都要注意这个特点。

2) 直言三段论的应用

一个正确的推理必须具备两个条件：一是前提真实，一是推理过程合乎规则。

使用直言三段论，首先要注意前提是否真实。结论是从前提推出来的，前提不真实，就不可能推出正确的结论。比如下面这个三段论：

＊（4）语言是有阶级性的，汉语是语言，所以汉语是有阶级性的。

例（4）"汉语是有阶级性的"是一个错误的结论，因为这个三段论的大前提"语言是有阶级性的"是一个不真实的判断，它既不符合语言现象的实际，又不符合马克思主义关于"语言不是上层建筑"这个基本观点。又如：

*(5) 他的普通话说得好，他肯定是北京人。

例（5）是一个省略了大前提的三段论，省略掉的大前提是"凡是普通话说得好的人都是北京人"。当我们把这个大前提补出来的时候，就会发现它是不真实的，因而这个三段论的结论是错误的。由此可见，当三段论以省略形式出现的时候，尤其要注意省略掉的前提是否真实，否则就发现不了其中可能隐藏着的逻辑错误。

使用直言三段论，除了前提必须真实之外，还必须合乎推理的规则。如果违反了推理的规则，即使前提是真实的，也不可能推出正确的结论。直言三段论的规则，最主要的有以下三条：

第一，一个三段论中只能有三个不同的概念，也就是说，"中项"必须是同一个概念。否则就会出现逻辑错误。例如：

*(6) 群众是真正的英雄，他是群众，所以他是真正的英雄。

例（6）这个三段论，大前提中的"群众"是指由亿万群众组成的整体，而在小前提中的"群众"却是指的一个人，从表面上看是同一个词，实际上却是两个不同的概念。这样，在这个三段论中就出现了四个概念。由于"中项"是两个不同的概念，它不能起媒介作用，不能把"大项"同"小项"联系起来，所以，得出的结论是错误的。这在形式逻辑上叫"四概念错误"。同一个词语可以表示两个不同的概念，说话写文章，如果不注意这一点，就很容易犯"四概念错误"。有些论敌在玩弄"偷换概念"的手法时，也往往借此来掩人耳目。对此，我们应该特别注意。

第二，中项在前提中至少要有一次是周延的。如果中项在大小前提中都是不周延的，推理就会出现逻辑错误。例如：

*(7) 凡金子都是发光的，这块材料是发光的，所以这块材料是金子。

例（7）这个三段论中，中项是"发光的"，在大前提中，它不是指所有"发光的"东西，"发光的"东西不止有金子，还有其他许多东西也是发光的，所以它是不周延的；在小前提中，它是指"这块材料"，而"发光的"东西不止这块材料，还有其他许多东西也是发光的，所以它也是不周延的。"发光的"这个"中项"在大小前提中都是不周延的，所以，这个推理是错误的。为什么是错误的呢？所谓"周延"，说通俗一点，就是"全说到"，也就是在一个判断中对一个概念的全部外延做断定；所谓"不周延"，就是"没全说到"，也就是在一个判断中只对这个概念的一部分外延做断定。中项在大小前提中都不周延，意思就是说，大小前提所断定的都只是这个概念全部外延中的一部分。于是，就会出现这样的情况：大项和中项的一部分外延发生关系，小项和中项的另一部分外延发生关系，这样，中项就不可能把大项和小项必然地联系在一起，就不可能在二者之间起到媒介作用，所以推出的结论就是不可靠的。拿上面举的这个三段论来说，中项"发光的"，它的全部外延包括"金子"和"虽然发光而并非金子的东西"这样两部分，大前提所断定的只是其中"金子"这一部分，而小前提中所断定的却可能是"虽然发光而并非金子的东西"那一部分中的一个对象，结果"金子"和"这块材料"之间就没有必然联系了，所推出的结论也就是不可靠的了。这在形式逻辑上叫"两次不周延错误"。

第三，在前提中不周延的概念，在结论中也不应周延。否则也会出现逻辑错误。例如：

*（8）所有发烧的人都是病人，他不发烧，所以他不是病人。

在例（8）这个三段论中，大前提说的是"所有发烧的人"都是病人，并没有说到"所有病人"怎么样，"病人"这个概念在这里是不周延的。但是，在结论中，"他不是病人"，这个"病人"却是指"所有病人"了，把"不发烧的病人"也包括进去了。这就是说，在大前提中不周延的概念到结论中变成周延的了，因而结论就是错误的了。

上面介绍了什么是直言三段论和直言三段论必须遵守的规则，并且说明了违反这些规则就要出现的逻辑错误。

2. 假言三段论

1）什么是假言三段论

以假言判断做大前提的演绎推理叫假言推理，也叫假言三段论。例如：

（1）只要有帝国主义和社会帝国主义存在，就存在着战争的危险。现在世界上有帝国主义和社会帝国主义存在。因此，现在世界上仍然存在着战争的危险。

这就是一个假言三段论。大前提"只要有帝国主义和社会帝国主义存在，就存在着战争的危险"，是一个充分条件假言判断，小前提"现在世界上有帝国主义和社会帝国主义存在"对大前提中的前件进行肯定，从而得出了肯定后件的结论。由此可见，运用假言三段论可以借助于事物之间的一般的条件关系推出关于个别事物的结论，使我们由某个事物情况是否存在推出另一事物情况是否存在。所以，它是我们根据一般原理、原则和定律去分析认识个别事物的一种重要的推理形式。

2）假言三段论的应用

上面介绍过，假言判断分为充分条件假言判断、必要条件假言判断和充分必要条件假言判断三种。假言三段论是以假言判断做大前提的，所以也分为三种：充分条件假言三段论、必要条件假言三段论和充分必要条件假言三段论。这三种不同的假言三段论各有自己的特点和规则。下面分别举例来说明。

A. 充分条件假言三段论

它的大前提是充分条件假言判断，其前件是后件的充分条件而不是必要条件。所以，使用这种假言三段论必须遵守以下的规则：

第一，肯定前件，就能肯定后件；否定前件，却不能否定后件。比如，大前提是"只要有桥，就能过河"，我们可以这样推论："现在有桥，所以现在能过河"；但是，不能这样推论："现在没有桥，所以现在不能过河"。后一个推论是错误的，因为没有桥有船也能过河。

第二，否定后件，就能否定前件；肯定后件，却不能肯定前件。还拿上面的例子说，大前提是"只要有桥，就能过河"，我们可以这样推论："现在不能过河，所以现在一定是没有桥"；但是，不能这样推论："现在能过河，所以现在一定是有桥"。后一个推论是错误的，因为，现在能过河可能是因为有了其他过河的条件，而不一定是因为有了桥。

思考问题，说话写文章，在使用充分条件假言三段论的时候，如果违反上述的规则，就会出现逻辑错误。例如下面这段话：

*（2）在一般情况下，如果风调雨顺，小麦就能增产。这十几个县今年小麦产量都有大幅度增长，可见从去年秋天以来这个地区气候雨量条件都很好。

例（2）是一个充分条件假言三段论。前件是"风调雨顺"，后件是"小麦增产"。根据上面讲的第二条规则，否定后件就能否定前件，肯定后件却不能就肯定前件。这个三段论通过肯定后件就肯定了前件，所以是不合逻辑的。事实上，小麦增产并不一定全是由于"风调雨顺"，也可能是由于有了其他条件，比如"经过抗灾斗争"而取得的。

B. 必要条件假言三段论

它的大前提是必要条件假言判断，其前件是后件的必要条件却不是充分条件。所以，使用这种假言三段论必须遵守以下的规则：

第一，否定前件，就能否定后件；肯定前件，却不能肯定后件。比如，大前提是"必须有一定的温度，种子才能发芽"，我们可以这样推论："现在没有一定的温度，所以种子不能发芽"；但是，却不能做出这样的推论："现在有一定的温度，所以种子一定能发芽。"后一个推论是错误的，因为，有了一定的温度而没有其他必要的条件，种子也不能发芽。

第二，肯定后件，就能肯定前件；否定后件，却不能否定前件。还拿上面的例子说，大前提是"必须有一定的温度，种子才能发芽"，根据这条规则，我们可以这样推论："现在种子能发芽，说明有一定的温度"；但是却不能做出下面这样的推论："现在种子没有发芽，说明现在没有一定的温度。"后一个推论是错误的，因为"种子不能发芽"不一定是由于"没有一定的温度"，也可能是由于其他原因，比如"没有一定的水分"等等。

在使用必要条件假言三段论的时候，如果违反上述的规则，也会出现逻辑错误。例如：

*（3）只有道德高尚的人，才能成为一个人民所爱戴的艺术家。陈伊玲道德如此高尚，她一定能成为一个人民所爱戴的艺术家。

例（3）是一个必要条件假言三段论，前件是"道德高尚"，后件是"成为一个人民所爱戴的艺术家"。前件是后件的必要条件却不是充分条件。因此，否定前件就能否定后件，肯定前件却不能就肯定后件。这段话违反了这条规则，通过肯定前件就肯定了后件，所以是不合逻辑的。事实上，一个人道德高尚，并不一定就能成为一个人民所爱戴的艺术家；要成为人民所爱戴的艺术家还需要有其他的条件，比如"很好的艺术修养和艺术才能"等等。

C. 充分必要条件假言三段论

它的大前提是充分必要条件假言判断，其前件既是后件的充分条件，也是后件的必要条件。使用这种假言三段论应该遵守以下的规则：

第一，肯定前件，就要肯定后件；否定前件，就要否定后件。比如，大前提是"当三角形的三个边相等时，它的三个角就相等"，我们可以这样推论，"某三角形的三个边相等，所以它的三个角相等"；我们也可以这样推论："某三角形的三个边不相等，所以它的三个角不相等。"

第二，肯定后件，就要肯定前件；否定后件，就要否定前件。还拿上面的例子说，"当三角形的三个边相等时，它的三个角就相等"，我们可以这样推论："某三角形的三个角相等，所以它的三个边相等"；也可以这样推论："某三角形的三个角不相等，所以它的三个边不相等。"

以上介绍的是关于假言三段论的几种形式和使用时应该遵守的规则。

3. 选言三段论

1）什么是选言三段论

以选言判断做大前提的演绎推理叫选言推理，也叫选言三段论。例如：

（1）一个三角形，或是锐角三角形，或是钝角三角形，或是直角三角形。某三角形不是锐角三角形，也不是钝角三角形，所以，它是直角三角形。

这就是一个选言推理，小前提否定了大前提中的两个选言支，从而肯定了另一个选言支，得出了结论。选言三段论也是从一般到个别的一种推理形式，它可以帮助我们划出研究的范围，提出研究的线索，进而对各种可能性进行逐个分析，最后决定取舍，做出结论。

2）选言三段论的应用

上面介绍过，选言判断分为不相容的和相容的两种。选言三段论是以选言判断为大前提的，所以它也分为两种：不相容的选言三段论和相容的选言三段论。

不相容的选言判断的几个选言支是互相排斥的，其中必定有一个是真的，而且只能有一个是真的。所以，使用不相容的选言三段论要遵守下面的规则：否定一部分选言支，就要肯定余下的一部分选言支；肯定一部分选言支，就要否定其他选言支；不能同时肯定也不能同时否定所有的选言支。比如，大前提是"一个企业或是盈利，或是亏损，或是不盈不亏"，我们可以这样推论："某企业没有盈利，也没有亏损，所以它是不盈不亏"；也可以这样推论："某企业是盈利的，所以它没有亏损，也不是不盈不亏。"但是，我们不能说："某企业既是盈利的，又是亏损的，又是不盈不亏的"；也不能说："某企业既不是盈利的，也不是亏损的，也不是不盈不亏的。"

相容的选言判断的几个选言支不是互相排斥的，其中必定有一个是真的，也可能几个都是真的。所以，使用相容的选言三段论要遵守下列的规则：否定一部分选言支，就要肯定另一部分选言支；但是，肯定一部分选言支，却不能就否定另一部分选言支。比如，大前提是"一个工厂产品成本降低，或是由于劳动生产率提高，或是由于原材料或动力节省"，据此，我们可以做出这样的推论："某工厂产品成本降低，不是由于劳动生产率提高了，所以是由于原材料或动力节省了"；但是，我们却不能做出下面这样的推论："某工厂产品成本降低是由于劳动生产率提高了，所以，不是因为原材料或动力节省了。"后面这个推论是错误的，因为"劳动生产率提高"与"原材料或动力节省"这二者可以同时存在，共同构成产品成本降低的原因。

直言三段论、假言三段论和选言三段论的规则说起来比较复杂，实际上并不难掌握。这些规则都是根据人们长期以来思维活动的实践经验和客观事物内在联系的实际情况归纳出来的。

四、类比推理

类比推理，也称类比法，是根据两个或两类事物在某些属性上相同，从而推断它们在另一属性上也相同的推理。例如，荷兰科学家惠更斯，在研究光的性质时，将光与声做比较，发现它们之间在许多性质上相同，如直线传播、反射、折射和干扰等，并且已知声的传播有波动状态，由此推断，光的传播也可能有波动状态，从而提出了"光波"这一科学概念。

公式：

$$
\begin{array}{ll}
\text{对象} & \text{属性} \\
A & — \quad a、b、c、d \\
B & — \quad a、b、c \\
\hline
\end{array}
$$

所以，B 可能有 d

类比推理的特点：①前提是由两个或两类对象比较构成；②结论是对前提中某一个或一类对象的可能性推断。

提高结论可靠程度要注意：

第一，类比对象之间相同的属性越多，结论可靠程度越高。如试验一种新药的疗效，必须用一些高等动物做试验，如用与人相同属性较少的低等动物，则难以说明疗效。

第二，类比对象的相同属性与类推的属性之间具有必然联系，结论可靠程度高。如我国著名地质学家李四光，把我国松辽平原的地质结构与中亚细亚一带的地质构造做类比，运用地质力学理论，分析了生油条件与地质构造的关系，揭示了二者之间的必然联系，从而推断我国松辽平原也可能蕴藏着石油。大庆油田的开发证明这个推断是正确的。

第三，类比推理过程中，如发现有与类推属性不相容的属性，则不能推出可靠结论。如，有人根据地球与月球有许多相似之处，推断月球上有生物存在。但月球上没有水，空气稀薄，不具有生物生存的条件，不能据此推断月球也会有生物存在。

类比推理的应用很广泛，如在破案过程中，常常遇到一个现发案件与一个久未侦破的案件，在作案情节的许多方面都相同或相似，推断可能是同一人作的案，从而使两案一并得到解决。

运用类比推理要注意避免"机械类比"的错误。所谓"机械类比"，就是仅根据对象间的表面相似就推断出结论的错误。例如，某人在清理冻鱼时，刺破了手指，手掌肿胀出现了红斑，医生根据症状诊断为类风湿关节炎。继而手肿得像个面包，疼痛难忍，经住院检查，抽出液体进行细菌培养，结果分离出了海水分枝杆菌，立即对症治疗，才治好了这种病。

如果把两个完全不同的事物进行类比，硬要找出表面相似的某种现象，就会犯"荒谬类比"的错误，如有神学家把宇宙的产生与钟表的制作做类比，认为，宇宙的和谐统一，就像钟表的各种部件和谐统一是由人创造出来的一样，是由上帝创造出来的。这种类比显然是荒谬的。

类比推理往往是形成科学假说的先导。所谓"假说"，就是根据已知事实和科学原理，对事物的未知原因及规律性的假定解释。假说是科学发展的形式。假说的形成，要经过提出假设、做出推测、进行验证三个步骤。被证实的假说则成为科学理论。类比法、归纳法和演绎法，都是假说的基本推理方法。

类比推理对科学发现和技术创新具有重要意义。许多重要的科学发现及创新，都是借助类比法获得的。在现代科学中，类比推理是模拟方法和仿生学的基础，如飞机制造、大型水坝的模拟试验，以及模拟蝙蝠、企鹅、蜻蜓等生物的某种特性，制作出具有新性能的设备和工具，等等。

上面分别介绍了归纳推理、演绎推理和类比推理的一些基本的、最常见的形式和各自的规则。下面综合起来讲一讲怎样正确使用推理。

恩格斯曾经指出："如果我们有正确的前提，并且把思维规律正确地运用于这些前提，那么结果必定与现实相符。"（《反杜林论》）这就明确地告诉我们，要想使推理合乎逻辑，符合客观实际，必须具备两个条件：一是前提正确，一是推理总结出来的。只要我们的思维是清楚的、严密的、正确反映客观实际的，一般就是符合这些规则的，并不需要死记硬背这些条文，也不可能机械地按照这些条文去思考问题，组织思想，说话写文章。但是，懂得了这些规则，却可以保证我们在说话和写文章的时候使推理过程更严密；一旦发现自己或别人的谈话或文章中的推理有可疑的地方，就可以拿这些规则去检查，从而发现和纠正其中的逻辑错误。

归纳推理在语言中是用因果关系的复句和句群来表达的。演绎推理也是用因果关系的复句和句群来表达的。演绎推理的前提用"因句"来表达，结论用"果句"来表达；前提和结论之间常用的关联词是"所以""因此"等等；直言三段论的前提常常由并列关系的两个单句来表达，假言三段论的前提常常由一个假设条件复句和一个单句来表达，选言三段论的前提常常由一个选择复句和一个单句来表达：这就是演绎推理与复句和句群的一般关系。我们说话写文章的时候，如果用到演绎推理，要注意细心周密地组织复句和句群，正确恰当地使用关联词，让推理合乎规则。

我们知道，作为推理前提的都是判断，或是直言判断，或是假言判断，或是选言判断。因此，我们在研究别人的谈话或文章中的推理或者自己进行推理的时候，首先要检查一下作为前提的各个判断是不是真实和恰当，是不是符合客观实际，是不是正确揭示了客观事物之间的内在联系。只有这些判断是真实的、恰当的、正确的，推理才可能是正确的。

其次，我们要检查一下推理过程是否合乎上面讲的那些规则。合乎规则的是正确的，不合乎规则的是错误的。

前面说过，在语言中，也就是在说话或写文章时，推理是通过复句和句群来表达的；前提和结论之间的逻辑联系是用"因为""所以""由于""因此"这一类表示因果关系的关联词表现出来的。所以，在研究别人的推理或自己使用推理的时候，要特别注意复句中各分句的关系安排得是否妥当，句群中各个句子组织得是否严密，表示因果关系的关联词使用得是否合适。

第五节 形式逻辑的基本规律

前面分别介绍了概念、判断和推理这几种思维形式；说明了它们与词语、句子和句群的关系；介绍了逻辑思维的基本要求——概念要明确，判断要恰当，推理要合乎逻辑；同时说明了如何通过正确地用词造句来达到这些要求。在思考问题和表达思想的时候，要正确地使用这些思维形式，使之符合逻辑思维的这些基本要求，就必须遵守形式逻辑的基本规律。

形式逻辑的基本规律，是人们在进行正确思维的时候必须遵守的最基本的共同准则，无论使用概念、做出判断、进行推理，都必须遵守它。形式逻辑的基本规律有四条，这就是：同一律、矛盾律、排中律和充足理由律。其中，同一律、矛盾律和排中律是古希腊哲学家亚里士多德总结出来的，充足理由律是17世纪德国哲学家莱布尼茨总结出来的。这些规律是从人们逻辑思维的实践中概括出来又在实践中得到证明的，反过来，它又对人们的思维活动起着制约和指导的作用。

下面分别对这四条规律做些简要的介绍，同时说明这四条规律与语言表达的逻辑性的关系。

一、同一律

同一律是使思维和语言表达具有确定性的一条规律。例如：

*（1）在我们国家里，劳动是光荣的，不劳动者不得食。为了更好地了解生产，组织生产，指挥生产，领导干部和科室人员更应该定期到车间和班组参加劳动。

长期脱离劳动，就要犯官僚主义和主观主义的错误。

例（1）这段文字，我们会感到意思很混乱。问题出在什么地方呢？分析一下，我们发现：在这段话里，作者四次使用了"劳动"这个概念；在"劳动是光荣的""不劳动者不得食"这两句中，"劳动"所指的包括体力劳动和脑力劳动，而在后面的"领导干部和科室人员更应该定期到车间和班组参加劳动""长期脱离劳动，就要犯官僚主义和主观主义的错误"这两句当中，"劳动"所指的却只是体力劳动了。这就是说，在同一段话里，"劳动"这个概念的含义不同，在上下文里没有保持同一个确定的内容，这就造成了意思上的混乱。在逻辑上，这叫"偷换概念"，也就是违反了同一律。

同一律要求，在同一个思维过程中，思想必须保持同一性，它包括两个方面的含义：

第一，一个概念必须保持确定的同一内容，不能任意变更；

第二，一个论题也必须保持同一性，不能任意转换。

同一律的公式是：甲是甲。

上面举的例子就是在使用概念的时候没有保持同一内容，同一段话里，也就是同一个思维过程中，"劳动"这个概念指的不是同一事物，这就是违反了同一律。前面介绍直言判断的规则的时候，曾经举过这样一个例子：

*（2）群众是真正的英雄，他是群众，所以他是真正的英雄。

在例（2）这个三段论中，"群众"这个概念也没有保持同一内容，前一个"群众"是指亿万群众组成的整体，后一个"群众"是指某一个人。由于违反了同一律，而造成了推理上的"四概念错误"。

我们知道，概念是通过词语来表达的。值得注意的是：同一个词语可以表达不同的概念，这在词汇学上叫"多义词"。为了保持概念的同一性，说话写文章的时候，使用多义词要特别谨慎细心。一段话或一段文章中，一个词的词义要保持一致。这也就是说：在一段话或一段文章中，如果一个词语表达某一个概念，它就必须都表达这一个概念，不能同时表达两个或几个概念。

同一律的第二方面的含义是说，在同一个思维过程中，一个论题也必须保持同一性，不能任意转换。例如：

*（3）在新诗创作中，有人往往片面强调"景色"，在写景时堆砌一大堆华丽的辞藻，使景色描写游离于主题之外。这样的景物描写丽则丽矣，却不真实，也不感人。其实，在阶级社会里，不同的阶级绝无共同的感情和语言，因而也没有什么可供共同欣赏的景色。

例（3）这段话的思路显然是混乱的。这里且不去评论其中的观点是否正确，我们只从形式逻辑的角度来看它怎样违反了同一律。短短的一段话，几次转移话题。开始，说的是写景与主题的关系；没说几句，又去说景色描写的真实性问题；刚把话题引出来，忽而又扯到了什么"景物描写的阶级性"问题上去了。东拉西扯，让人不知所云。这是一个违反同一律、任意转换论题的典型例子。

论题保持同一，不能任意转换，表现在语言表达上就要求一席话或一段话、一篇文章或一段文章都要有中心，都要围绕一个中心展开，而不能东拉西扯。

由此可见，在思维过程中遵守同一律是非常重要的。掌握了同一律，我们就可以自觉地保持思维的确定性，要思考什么就思考什么，要谈论什么就谈论什么，要论述什么就论述什么；无论想问题、说话、写文章，都有确定的内容，明确的中心，而不忽东忽西，以至下笔千言，离题万里。

二、矛盾律

矛盾律是使思维和语言表达保持一致性的一条规律。

我国古代思想家韩非的著作《韩非子》里有一个著名的寓言故事，叫"自相矛盾"，说的是有一个卖矛又同时卖盾的人，他夸口说："我的盾非常坚固，什么东西也不能刺穿它。"一会儿，他又夸口说："我的矛非常锋利，什么东西都能被它刺穿。"别人问他："用你的矛去刺你的盾，该怎么样呢？"那人无话可答了。这则寓言生动地说明了矛盾律的道理。

矛盾律要求在同一个思维过程中，从同一方面，对同一事物，不能既肯定它是这个，又肯定它是那个，或者既肯定它是这个，又否定它是这个。矛盾律的公式是：甲不是非甲。

我们思考问题和表达思想，如果违反了矛盾律的这些规定，就会出现"自相矛盾"的逻辑错误。这类错误主要表现为两种：

一种是运用概念上的自相矛盾，也就是对于同一事物，对于同一对象的同一方面，同时使用两个互相矛盾的概念去表示它。例如：

*（1）这个厂最近还改进建立了奖励制度。

既说是"改进"，又说是"建立"，"改进"和"建立"这两个概念同时用在这里是矛盾的。要么是在原有基础上"改进"，要么是原来没有，新"建立"，说"改进建立了奖励制度"，就形成了自相矛盾。

在语言中有不少反义词或含义相悖的词，它们多数都表达一对矛盾概念或对立概念。我们说话写文章，在从同一方面谈到同一对象时，如果同时使用一对反义词或含义相悖的词，就会造成违反矛盾律的逻辑错误。

违反矛盾律的另一种情况是：对同一个事物同时做出两个互相矛盾的判断。比如，在关于真理标准的讨论中，有人这样说：

*（2）应该承认，实践是检验真理的唯一标准，不过，革命理论也是检验真理的重要标准。

这里包括两个判断：前一个判断说"实践是检验真理的唯一标准"，也就是说只有这一个标准，不能有别的标准；后一个判断又说"革命理论也是标准"，这就是说不只一个标准。这两个判断显然是互相矛盾的，这种矛盾反映了说话人思维的混乱。

由此可见，矛盾律的实质就是排除思维中和语言表达上的自相矛盾。它告诉我们，无论使用概念还是做出判断，都要首尾一贯，前后一致。这对于我们正确地进行思维和表达思想都是有重要意义的。

三、排中律

排中律是使思维和语言表达具有明确性的一条规律。

毛泽东在《论人民民主专政》一文中谈到革命人民应该如何对付国内外反动派的时候说，"或者把老虎打死，或者被老虎吃掉，二者必居其一"，"我们要学景阳冈上的武松"。这是对排中律的一个形象生动的说明，也是运用排中律的一个典型例子。如果有一个人说，"我既不想把老虎打死，也不想被老虎吃掉"，那他就是违反了排中律。

排中律要求，对同一个事物，真与假、是与非不能两者都否定；在同一个思维过程中，对两个互相矛盾的判断不能同时都否定，而要做出不是这个就是那个的明确选择。排中律的公式是：甲或者是非甲。

我们在思考问题和表达思想的时候，如果对事物的性质没有明确的认识，分辨不清真假是非，或者由于种种原因，不敢或不想明确表示自己的态度，回避矛盾，就会做出含混不清的判断，就会违反排中律。例如：

*(1) 我认为，这篇文章的观点不能说是全面的，不过，也不能说它是片面的。

一篇文章的观点，要么是"全面"的，要么就是"片面"的，二者必居其一。这里既否定它是"全面"的，又否定它是"片面"的，说这话的人所做的判断意思含混不清。这就是违反了排中律。

违反排中律的另一种情况是：对两个互相矛盾的判断全都否定，不做明确的选择，态度暧昧，模棱两可。比如，某工厂领导干部开会，讨论采用什么方式选举车间主任，有一位同志这样发言：

*(2) 这次选举不外两种办法，一是协商，一是投票。协商的办法不能充分体现大家的意志，恐怕不合适，投票选举过去没搞过，可能会出偏差，我看先别用这办法。

在这里，"协商"和"投票"是两种互相矛盾的办法，二者必须选择一种。可是，发言的这位同志对两种办法都采取否定态度，含含糊糊，模棱两可，使人无法了解他到底是什么意思。从逻辑上说，这就是违反了排中律。

由此可见，排中律的实质就是排除思维中和语言表达上的含混不清、含糊其词和模棱两可。遵守排中律可以保证我们在思考问题和说话写文章的时候观点明确，态度鲜明。

四、充足理由律

充足理由律是使思维和语言表达具有论证性的一条规律。

在日常生活、学习和工作中，我们常要对事物做出判断，用判断表示我们的看法主张。这类表示自己看法主张的判断，一般称为论断。

充足理由律要求，任何正确的论断都要有充足的理由。它的公式是：之所以甲，是因为乙。

充足理由律包括以下两方面的具体内容：

第一，支持论断的理由必须是真实的。理由一般有事实和道理两种，事实必须是确实的，道理必须是正确的。如果用作理由的事实是虚构的或是与客观实际有出入的，用作理由的道理是错误的或是尚待证明的，那么，这样的事实和道理就不是真实的理由。例如：

*（1）普通工人农民在科学技术上不可能有重大的发明创造。在科学技术发展史上有重大发明创造的都不是普通工人农民。没有高深的书本知识，要在科学技术上有重大发明创造是不可能的。

这段话包括一个论断和两个理由。第一个理由是"在科学技术发展史上有重大发明创造的都不是普通工人农民"。只要懂得一点科学技术发展的历史就会知道，许多重大发明创造正是出自普通工人农民。有人曾经收集了二百多年来机械、电气技术史上41个主要发明家的材料，证明其中大多数发明家都是从劳动人民中产生出来的。可见，这第一个理由是虚构的，是不符合客观实际的。第二个理由是"没有高深的书本知识，要在科学技术上有重大发明创造是不可能的"。这也是错误的。我们知道，书本知识固然重要，但是，实践出真知，许多重要的发明创造是生产者在实践中经过深入观察和反复实验取得的。因而，不能说没有高深的书本知识就一定不可能有重大的发明创造，这第二个理由所讲的道理是错误的。经过这样一分析，我们看到，支持论断的两个理由，一个是虚构的事实，一个是错误的道理，都不是真实的，所以，前面的论断就不能让人信服。这就是违反了充足理由律。

第二，理由和论断之间必须有逻辑联系。例如：

*（2）我们车间第三季度的产值计划一定完成得不好，因为这两个月我们狠抓了产品质量。

例（2）说话的人做出的论断是："第三季度的产值计划一定完成得不好"，他举出的理由是："我们狠抓了产品质量"。"狠抓了产品质量"是事实，是真实的，但是，它却不能成为上面那个论断的充足理由。说"狠抓了产品质量，就要影响产值计划的完成"，这是不能令人信服的，因为这二者之间没有必然的逻辑联系。这在逻辑上说，就是违反了充足理由律。

由此可见，充足理由律也是十分重要的，它可以使我们的思想具有论证性，使我们在思考问题和说话写文章时不犯言之无据、理由虚假和强词夺理的逻辑错误。

以上我们分别介绍了形式逻辑的四条基本规律——同一律、矛盾律、排中律和充足理由律。我们的思维和语言表达符合这四条规律就具有确定性、一致性、明确性和论证性。掌握了这些规律，我们在思考问题和说话写文章的时候，就可以自觉避免和纠正东拉西扯、自相矛盾、模棱两可和言之无据等的逻辑错误。

这四条基本规律是相辅相成的,它们和前面我们所讲的使用概念、做出判断和进行推理时应该遵守的具体规则是相一致的。我们要把这四条规律和前面讲过的若干具体规则联系起来领会、掌握和运用。

第六节 论 证

一、论证的概述

(一) 什么是论证

论证是根据已知的真实判断,确立某一判断真实性的思维过程。论证的应用极其广泛,科学研究中提出的每个论点,数学中的每项定理,实际工作中制订的计划、方案,工程的设计,各种开发项目,以及日常的说理和论辩,都需要论证。

论证,广义理解包括证明和反驳;狭义理解,与证明同义。证明可分为事实证明和逻辑证明。所谓"事实证明",也称"实践证明",是指根据事实或实践所得真实材料,确立某一判断真实性的证明。例如,要证明盐是咸的,尝一尝就知道;要知道桂林的山水是美的,亲眼看一看就能证明;要确认某人是否犯罪,拿出真实的物证,找出人证,即可证明;等等。而"逻辑证明",是根据已知的真实判断,来确立某一判断真实性的证明。例如,要证明"鲸鱼是用肺呼吸的",根据"哺乳动物都是用肺呼吸的"和"鲸鱼是哺乳动物"两个已知的真实判断,用三段论推理方法,即可推证出"鲸鱼是用肺呼吸的"是真判断。

(二) 论证的组成

论证由论题、论据和论证方式三部分构成。其要求为:论题是要确立其真实性的判断,如上例中,"鲸鱼是用肺呼吸的";论据是用来确立论题真实性的已知真实判断,如上例中"哺乳动物都是用肺呼吸的"和"鲸是哺乳动物";论证方式是用论据来确立论题真实性的推理方式,如上例中所运用的三段论推理方法。

论证不同于推理,但要用推理来完成论证,因此二者关系密切。论题相当于推理的结论,论据相当于推理的前提,论证方式相当于推理形式。如图示:

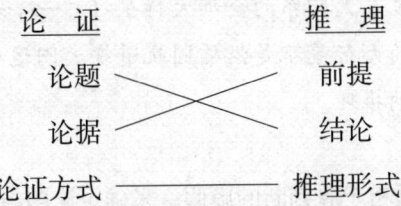

(三) 论证的种类

根据论证中运用的推理不同,可分为演绎论证、归纳论证和类比论证。演绎论证是运用演绎推理的论证,其被证明的论题必然为真。归纳论证和类比论证,是运用归纳推理和类比推理的论证,其中除完全归纳推理论证的论题为必然真外,其余论证的论题都是或然为真。

根据论证中是否直接证明论题,可分为直接论证和间接论证。直接论证是从论据的真直接推出论题为真的论证;间接论证是通过确定与论题相关的其他判断的虚假,来确立论题为真的论证。

二、论证的方法

下面主要介绍直接论证中的三段论证法、假言证法、完全归纳论证法,以及间接论证中的反证法和选言证法。

(一) 三段论证法

这是运用三段论推理的论证方法。例如:

论题:食盐是化合物(S是P)。

论据:凡是由两种物质化合后形成的新物质,都是化合物(M是P);食盐是由两种物质化合后形成的物质(S是M)。

结论:食盐是化合物(S是P)。

论证方式:三段论推理。

(二) 假言证法

这是运用假言推理的论证方法。例如:

论题:我国必须不断进行科技创新(q)。

论据:如果要走进知识经济时代的先进行列,就要不断进行科技创新(如果p,就q);我国要走进知识经济时代的先进行列(p)。

结论:我国必须不断进行科技创新(q)。

论证方式:充分条件假言推理肯定前件式。

(三) 完全归纳论证法

这是运用完全归纳推理的论证方法。例如:

论题:所有太阳系的大行星都是沿椭圆轨道绕太阳运行的(所有s都是p)。

论据:经考察确认:水星、金星、地球、火星、木星、土星、天王星、海王星和冥王星是沿椭圆轨道绕太阳运行的(s_1—s_9都是p);

并且确认:这九颗星是太阳系的全部大行星(s_1—s_9是全部的s)。

结论:所有太阳系的大行星都是沿椭圆轨道绕太阳运行的(所有s都是p)。

论证方式:完全归纳推理。

(四) 反证法

这是通过确定与论题相矛盾判断的虚假,来确定论题为真的间接论证方法。例如:

论题:我国必须加强法制(p)。

设反论题:我国不必加强法制(非p)。

论据:如果我国不加强法制,社会就不得安宁(如果非p,就非q);

社会必须安宁（q）。

结论：我国必须加强法制（p）。

论证方式：充分条件假言推理否定后件式。

（五）选言证法

这是通过否定与论题相关的几种可能，来确定论题为真的间接论证方法，也称"排除法"。例如：

论题：某盗窃案件是内部作案（p）。

论据：某盗窃案件或者是内部作案，或者是外部作案，或者是内外勾结作案（p或q或r）；

经查实：既不是外部作案，也不是内外勾结作案（非q且非r）。

结论：某盗窃案件是内部作案（p）。

论证方式：选言推理否定肯定式。

三、论证的规则

（一）论题必须清楚、明确

论题是论证的对象，论证的目的就是求得论题的真实性。因此要求论题本身必须是清楚明确的，不能有含混或歧义。由于论题是由概念构成的判断，因而要求其中概念的内涵和外延要明确，判断要有准确恰当的断定。违反此项规则的错误，叫作"论题不明"或"论旨不明"。例如，一篇短论的标题是"共产主义理想是中华民族的精神支柱"，共产主义学说只有一百多年的历史，如何能成为已有几千年历史的中华民族的精神支柱，这一论题的断定有失准确。

（二）论题必须保持同一

论题在论证过程中应自始至终保持同一，不得任意改变或偷换。如果违反此项规则，就会犯"转移论题"的错误。例如，有人说："共产党员任何时候都不应将个人利益放在第一位，而应处处发挥党员的模范带头作用。"但在论证过程中，却又说："比如，在领奖金、享受福利待遇方面，就不应当考虑个人的利益，该放弃的就该放弃。"这就将论题"共产党员不应将个人利益放在第一位"改变为"共产党员不应考虑个人利益"，犯了"转移论题"的错误。

此外，在论证过程中，还常有扩大或缩小论题的程度或范围的情况，也是违反论题同一的要求，叫作"证明过多"或"证明过少"的错误。例如，有人论证"自学也可成才"，但结论却是"自学必能成才"，犯了"证明过多"的错误。有人论证"鲁迅的杂文是投向敌人的匕首"，而论证过程中，只涉及鲁迅早期几篇杂文，不足以证明论题，犯了"证明过少"的错误。而且论题本身也有失准确，"鲁迅的杂文"概念外延过宽，并非每篇杂文都是投向敌人的。

（三）论据必须真实、充分

论据是确立论题的根据，如果论据虚假，就无法推断论题的真实性。违反此项规则的错误，叫作"论据虚假"或"虚假理由"。例如，中世纪有人提出"地球中心说"，其根据是太阳日夜围绕地球转，显然，这个论据是根本错误的，犯了"虚假理由"的错误。又如，某作案人否认到过作案现场，以此作为论据，企图论证自己与作案无关。但有人亲眼见到他在现场，而且现场发现了作案人的指纹，作案人的论据则成为"虚假理由"。

论据不但要真实，还要充分全面，否则就会犯"论据不足"或"片面理由"的错误。例如，我国抗日战争时期，有人宣扬"亡国论"，当时，人们用"敌人虽强，但是小国，中国虽弱，但是大国"作为论据来反驳亡国论。虽然论据是真实的，但并不充分，毛泽东在《论持久战》中指出：

亡国论者看到敌我强弱对比一个因素，从前就说"抗战必亡"，现在又说"再战必亡"。如果我们仅仅说，敌人虽强，但是小国，中国虽弱，但是大国，是不足以折服他们的。他们可以搬出元朝灭宋、清朝灭明的历史证据，证明小而强的国家能够灭亡大而弱的国家，而且是落后的灭亡进步的。如果我们说，这是古代，不足为据，他们又可以搬出英灭印度的事实，证明小而强的资本主义国家能够灭亡大而弱的落后国家。所以还须提出其他的根据，才能把一切亡国论者的口封住，使他们心服，而使一切从事宣传工作的人们得到充足的论据去说服还不明白和还不坚定的人们，巩固其抗战的信心。

（四）论据不得使用未经证实的判断

论据要真实可靠，才能论证论题的真实性，但有时引用的论据，尚无法证实其真实性。如果以未经证实的判断作为论据，就会犯"预期理由"的错误。例如，有人提出"地球上飞来的不明之物是宇宙人发射的探测器，因为现代科学认为，外星球可能存在比人类更高级的宇宙人，他们会向地球发射宇宙飞行器"。但是，外星球存在宇宙人还只是推测，至今未能证实，不能成为真实论据。

（五）论据不得依赖论题

论据应当是已被证实的真实判断，而不应依赖论题来证明，否则，就会造成互为论据的"循环论证"的错误。例如，有人说"月光是白色的，因为人感觉月光是白色的；而人所以感觉月光是白色的，因为月光是白色的"。

（六）由论据必须能推出论题

论题明确，论据真实，还必须能由论据合乎逻辑地推出论题，才能完成一个逻辑证明。如果由论据不能合乎逻辑地推出论题，就会犯"推不出来"的逻辑错误。例如，有人说"他一定是位大夫，因为他穿着白大褂"，这段话是一个三段论证法的省略式。论题是"他一定是位大夫"，论据是"他穿着白大褂"，省略了三段论推理的大前提"凡穿白大褂的都是大夫"或"有些穿白大褂的是大夫"。如果是前者，则前提不真；如果是后者，则违反推理规则，犯了"中项不周"（"穿白大褂的"中项在前提中两次不周延）的逻辑错误。从论证过程看，就是犯了"推不出来"的逻辑错误。

四、反驳及其方法

（一）什么是反驳

反驳是根据已知真实判断确定某一论题虚假或不能成立的思维过程。反驳与证明同属论证，其区别在于：证明的目的是求真；反驳的目的是斥假。反驳是驳斥谬误的重要手段。例如，有人认为"凡是大科学家都是从小聪明过人"，对这一论题，只要举出一二位大科学家小时候并不聪明过人，就可以证明"有些大科学家不是从小聪明过人"这一判断为真，并且与对方论题构成互相矛盾的判断，根据矛盾律的要求，二者不能同真，必有一假，从而可推断对方的论题为假，达到了反驳的目的。

由此可见，反驳实际上就是用一个证明去推翻另一个证明，也可说是一种特殊的证明形式，因此，证明的规则也适用于反驳。在论证过程中，反驳与证明是相反相成的。证明是"立论"，反驳是"驳论"，二者结合运用，可增强议论的论证性和说服力。例如，在抗日战争时期，毛泽东提出的"持久战"观点，除去对这一论点做了充分的论证以外，还对与之相反的"速胜论"和"亡国论"两种错误观点，进行了有力的反驳，从而使"持久战"的观点更具有说服力。

（二）反驳的组成

反驳作为一种思维形式，它的组成包括三部分。

1. 被反驳的论题

即被确定为虚假的判断。如上例中"凡大科学家都是从小聪明过人"。

2. 反驳的论据

即用来确定被反驳论题虚假的判断。如上例中"有些大科学家不是从小聪明过人"。

3. 反驳的论证方式

即反驳中运用的推理形式。如上例是运用了直接推理形式，推断出被反驳论题为假。

由此可见，反驳虽然也如同证明一样，有论题、论据和论证方式三个部分，但其论题却是对方的被反驳论题，并且要推断其为假。被反驳的对象还可以是论据或论证方式，这也是与证明所不同的。

（三）反驳的类型

根据反驳的对象不同，可以分为反驳论题、反驳论据和反驳论证方式三种反驳类型。

1. 反驳论题

这是根据已知的真判断推断被反驳论题为假。驳倒对方论题是最直接、最有力的反驳。例如，有人说"世界上的天鹅都是白色的"，只要举出一只黑天鹅的事实，即可推翻对方的论题。因此，在论辩中，如果能驳倒对方论题，则是最直截了当的有效反驳，可使对方没有任何回旋余地。

2. 反驳论据

这是根据已知真判断推断对方论据为假，从而使对方论题不能成立。但必须注意，虽然驳倒了论据，但不等于论题必假，只是丧失了根据而不能成立。例如，有人说"小张是北京人，因为他的户口在北京，而凡是户口在北京的都是北京人"，当我们指出其中的论据"凡是户口在北京的都是北京人"是一个虚假的判断时，对方的论题"小张是北京人"丧失了根据而不能成立，但小张是不是北京人，仍是不能肯定的。

3. 反驳论证方式

这是指出对方的论据与论题之间没有必然推出的关系，从而确定论题不能成立。由于证明过程是借助推理来完成的，所以，如果指出其推理不合逻辑，其论题也就不能成立。例如，有人说"小李是位女性，因为小李是幼儿园教师，而大多数幼儿园教师是女性"，这一论证过程应用了一个三段论推理，但是，其中的中项"幼儿园教师"在前提中两次都不周延，违反了推理规则，因而其论题不能成立，但小李是不是女性，仍是不能肯定的。

（四）反驳的方法

在各种反驳类型中，可运用多种不同的反驳方法。根据反驳方法中运用推理的不同，可分为演绎反驳和归纳反驳；根据反驳中是否直接针对反驳对象，可分为直接反驳和间接反驳。下面介绍几种常用的反驳方法。

1. 直接反驳

这是根据事实或科学原理的真实性，直接推断出被反驳论题为假，或直接指出其论据或论证方式错误的反驳方法。其使用的论据或是事实，或是科学原理，或是推理规则，它们都是已知为真，无须再证明的。例如，有人说"橘子都是有核的"，我们只要举出有无核橘子的事实，就可以推断对方论题是错的。又如，有人说"陈某是近视眼，因为，凡戴眼镜的人都是近视眼，而陈某是戴眼镜的"，我们可以指出其作为论据的"凡戴眼镜的都是近视眼"是不真实的判断，不能据此推断出"陈某是近视眼"，其论题不能成立。再如，有人说"小李是编辑，因为，许多记者都是编辑，而小李是记者"，我们可根据三段论推理规则指出其论证方式的推理方法违反了推理规则，中项"记者"在前提中两次不周延，推理无效，其论题不能成立。

直接反驳的公式：

被反驳论题：p（或论据或论证方式）。

用来反驳的论据：证明 p 假或不能成立的事实、原理或推理规则。

结论：非 p（或 p 不能成立）。

反驳的方式：直接反驳。

2. 间接反驳

即不是直接推断对方论题（或论据）为假，或论证方式错误的反驳方法。主要有"独立证明"和"归谬法"两种。

1）独立证明

这是通过证明与对方论题（或论据）相矛盾或相反的判断的真实性，根据矛盾律，从而确定对方论题（或论据）为假的反驳方法。例如：

被反驳论题：骑自行车不必遵守交通规则（p）。

设反论题：骑自行车必须遵守交通规则（非p）。

反驳的论据：凡是驾驶车辆在道路上行驶，都必须遵守交通规则，骑自行车是驾驶车辆在道路上行驶，所以，骑自行车必须遵守交通规则（非p真）。

结论："骑自行车不必遵守交通规则"是错误的（p假）。

反驳方式：运用三段论推理的独立证明。

2）归谬法反驳

这是通过假定对方论题为真，或假定对方论证方式正确，结果推导出谬误，从而确定对方论题为假，或论证方式错误的反驳方法。例如：

（1）*被反驳论题*：我们不必清理网吧（p）。

反驳的论据：如果不清理网吧，就会对青少年造成毒害，我们不能让青少年受到毒害，所以，我们必须清理网吧（非p真）。

结论："我们不必清理网吧"是错误的（p假）。

反驳方式：运用充分条件假言推理否定后件式的归谬法。

（2）*被反驳论证方式*：你是我的反对者，因为，我的反对者是批评我的，而你是批评我的，所以，你是我的反对者。

反驳的论据：如果你的论证是对的，那么下面的论证也应是对的："你是鹅，因为，鹅是吃白菜的，而你是吃白菜的。"但这个论证显然是荒谬的（违反了三段论推理的规则，中项"吃白菜的"在前提中两次不周延），所以，你的论证是不对的。

结论：对方的论证方式错误。

反驳方式：运用充分条件假言推理否定后件式的归谬法。

第七节　逻辑错误例析

一、概念错误

（一）概念错用

概念错用是由于对概念的内涵和外延理解错误造成用词不当的逻辑错误。

＊（1）为了庆祝祖国70周岁生日，各大城市都在筹办各种纪念活动。

例（1），"祖国"的含义（内涵）是"自己的国家"，它所指的范围（外延）是古往今来相对每个国人自己所属的国家。显然，"祖国"与1949年10月1日建立的"中华人民共和国"（或"新中国"）表达的不是同一个概念，其内涵和外延都不相同，不能等同使用。"祖国"在中国岂止存在70年，她已有五千年的历史，应改为"庆祝中华人民共和国（或'新中国'）70周岁生日"。

（二）概念不明

概念不明是由于使用不能明确表达概念内涵和外延的语词造成概念模糊的逻辑错误。

＊（1）由上海开往北京的列车于明日凌晨40分到达，请准时接站。

例（1），"凌晨"是指"天快亮的时候"。"凌晨40分"，是一个没有明确内涵和外延的模糊概念，无法确定具体的时间，应在"40分"前加上钟点，如"凌晨3点40分"。

（三）概念歧义

概念歧义是由于使用多义词或多义词组造成概念歧义的逻辑错误。

1. 多义词概念歧义

＊（1）外地民工进京后，吃、住难靠用工单位解决。

例（1），"难"字多义，做形容词是"使感到困难"的意思；做动词是"不容易"的意思。句中的"难"既可解释为"民工感到吃、住困难，靠用工单位解决"，也可解释为"民工的吃住问题，用工单位难以解决"。由于"难"的多义，同一个词表达了两个不同的概念，造成了概念歧义的逻辑错误。

2. 多义词组概念歧义

＊（1）我们今天下午去单位要学习文件。

例（1），"学习文件"是一个多义词组，既可以是动宾关系词组，也可以是偏正关系词组。多义词组一般在上下文中可以不造成歧义，但在上面例句中的"学习文件"却无法排除歧义。句子本身既可理解为"去单位要了学习文件（偏正）"，也可理解为"要去单位学习文件（动宾）"。同一个词组表达了两个不同内涵的概念，造成了概念歧义的逻辑错误。

需要说明的是：这里是从概念角度分析概念歧义的错误，而判断歧义往往是因概念歧义造成的。因此，要分析判断歧义的错误，有些也离不开对概念歧义（多义词或多义词组）的分析。

（四）概念矛盾

概念矛盾是由于使用含义矛盾的词组造成概念矛盾的逻辑错误。

＊（1）县公安局派出两名公安人员，于案发当日，将嫌疑犯陈某抓获。

例（1），"嫌疑犯"作为名词性词组，是一个包含"嫌疑人"和"罪犯"两重内涵相矛盾的概念。"嫌疑"是指"被怀疑有某种行为的可能性"，"罪犯"是指"有犯罪行为，正依法被执行刑罚的人"，显然，"被怀疑"和"已定罪服刑"是两种性质完全不同的状态。法律术语必须严谨明确，上句应改为"将犯罪嫌疑人陈某抓获"。（注：2016年第7版《现代汉语词典》中有"犯罪嫌疑人"条目，指"被公安、检察机关立案查处而尚未被提起公诉的涉嫌有犯罪行为的人"；同时列"嫌犯"条目，解释为"指犯罪嫌疑人",将"嫌犯"作"涉嫌犯罪"理解。)

另外,有些约定俗成的习惯用语虽然词义矛盾,但已为大众认可,不会产生误解,无严格区分的必要,如"未婚妻""没来北京以前"等。

(五)概念混淆

概念混淆是由于把两个同音词或两个近义词混同使用造成概念混淆的逻辑错误。

1. 同音词概念混淆

*(1)某监狱中20名犯人,均已表示认罪伏法,痛改前非,积极改造。

例(1),"伏法"是指"被执行死刑","服法"是指"服从法律的制裁",二者读音相同,含义迥别,不能混淆。应将"伏法"改为"服法"。

2. 近义词概念混淆

*(1)他是一位出生在国外、已入法国籍的华侨,非常热爱自己的医生职业。

例(1),"华侨"是指旅居国外的中国人,如已入了外国籍,就不能称为华侨;而"华人"是指取得所在国国籍的中国血统的外国公民,应将"华侨"改为"华人"。

(六)概念赘余

概念赘余是由于使用在内涵和外延上发生重复的概念造成的逻辑错误。

*(1)小小理发店备有十几种杂志刊物,供顾客阅读。

例(1),"杂志"即"刊物",其含义相同,作为概念其内涵和外延完全重复。应去掉"杂志"或"刊物"其中一个。

(七)误用集合

误用集合是由于将集合概念误认为是非集合概念造成的逻辑错误。

*(1)他这篇文章中有两个词汇使用不当。

例(1),"词汇"是指"词的总汇",属"集合概念"。集合概念的特点是反映事物的群体,不能用来表示群体中的个体,如"词汇"不能表示词汇中的每个词,只能指称各种不同的词汇。如"汉语词汇""英语词汇"等。因此,集合概念一般不能用表示个体的数量词来修饰,不能说"两个词汇",应改为"两个词"。

(八)外延过宽

外延过宽是由于使用概念的外延过大,不能准确表明对象范围造成的逻辑错误。

*(1)根据我国历来正月初一有吃饺子的风俗习惯,我们做了猪肉馅和牛肉馅的饺子。

例(1),"我国历来的风俗习惯"是指"全国",作为概念,其外延过宽,因为"吃饺子"只是我国北方的风俗习惯。应在"我国"后加"北方"。

(九)并列不当

并列不当是由于将两个具有属种关系或交叉关系的概念并列使用造成的逻辑错误。

1. 属种并列不当

*(1)我在英国留学期间,非常喜爱英国文学和欧洲文学。

例（1），"英国文学"和"欧洲文学"是具有属种关系的两个概念。逻辑上将大小两个在外延上具有包含和被包含关系的概念，叫作属种关系概念。在语言表达中，具有属种关系的两个概念一般不应并列使用，否则会使人误解为两个概念完全排斥，外延上没有关系。如例（1）中将"英国文学"和"欧洲文学"并列，给人的印象是二者无关，其实"欧洲文学"已经包括了"英国文学"。处置的办法是：如果属概念在前，种概念在后，可在中间加强调语词，改为"非常喜爱欧洲文学，尤其是英国文学"；如果种概念在前，属概念在后，可在中间加"及其他"，改为"非常喜爱英国文学及其他欧洲文学"。

有些并列使用的属种关系概念是约定俗成的习惯用语，如"团员和青年""他和所有英雄一样……"等。

2. 交叉并列不当

＊（1）这种新款多功能手机刚一上市，就受到许多青年和女同志的青睐，争相购买。

例（1），"青年"和"女同志"是具有交叉关系的两个概念。逻辑上将两个在外延上具有部分相容关系的概念，叫作交叉关系概念。在语言表达中，具有交叉关系的两个概念一般不应并列使用，如例（1）中将"青年"与"女同志"并列使用，给人的印象是二者在外延上没有关系，其实二者具有部分相容关系，"青年"中有部分是"女同志"，"女同志"中有部分是"青年"。处置的办法为将"女同志"改为"女青年"，使其二者变为属种关系，中间再加强调语词，改为"许多青年尤其是女青年的青睐"。

并不是所有的交叉关系概念都不能并列，如在概括具有两重或多重属性的群体（"青年干部""男女老少"）或揭示某对象的多重属性（"他是一位数学家、物理学家、天文学家"）时，可以并列使用具有交叉关系的概念。

（十）限制不当

限制不当是由于使用不恰当的限制词，未能准确缩小概念外延造成的逻辑错误。

＊（1）这些商品除了从正常的渠道进货的外，有不少是商店千方百计从外地自行采购来的。

例（1），"渠道"用"正常的"加以限制，虽然缩小了"渠道"概念的外延，但用"正常"来限制，在句中是不恰当的。这就意味着，"商店千方百计从外地自行采购"是不正常的渠道。应将"正常的"改为"通常的"。

（十一）概括不当

概括不当是由于对某个或若干种概念不恰当地概括到属概念造成的逻辑错误。

＊（1）美联超市最近增添了新款手机、液晶电视、数码相机、可视电话、频谱饮水机、纳米杯等最新电器产品。

例（1），"手机""相机""饮水机""纳米杯"都不属于"电器产品"。这些产品与电器产品之间没有属种关系，因此不能概括为"电器产品"，可改为"高科技产品"。

（十二）定义错误

定义错误是由于下定义概念不能准确揭示被定义概念内涵，违反定义规则造成的逻辑错误。

1. 定义过宽

*（1）法律就是由国家政权保证执行的行为规则。

例（1），定义规则要求下定义概念与被下定义概念外延必须同一。上例定义中的被定义概念"法律"与下定义概念"由国家政权保证执行的行为规则"之间并非同一关系，后者的外延大于前者，犯了"定义过宽"的逻辑错误，应在"由"字后面增加"立法机关制定"，使下定义概念与被定义概念外延达到同一。

2. 定义过窄

*（1）企业就是从事现代化生产的经济活动部门。

例（1），定义中的被定义概念"企业"与下定义概念"从事现代化生产的经济活动部门"之间，在外延上不具备同一关系，后者的外延小于前者的外延，犯了"定义过窄"的逻辑错误。许多非现代化生产部门，如运输、贸易等经济活动部门也属于企业范围，应将下定义概念的外延扩大为"从事生产、运输、贸易等经济活动的部门"，使下定义概念与被定义概念的外延达到同一。

3. 循环定义

*（1）新闻就是新闻界报道的新闻。

例（1），定义中的下定义概念"新闻界报道的新闻"，只是重复被定义概念的语词"新闻"，未能揭示出"新闻"概念的内涵，犯了"循环定义"的逻辑错误。"新闻"的定义应是"报社、通讯社、广播、电视等媒体报道的消息"。

（十三）划分错误

划分错误是由于在将属概念划分为种概念时，未能完整揭示属概念外延，违反划分规则造成的逻辑错误。

1. 划分不全

*（1）文学形式有诗歌、戏剧、小说三种。

划分规则要求被划分概念的外延与划分出的各概念外延之和必须等同。例（1）中被划分概念"文学形式"的外延与划分出的概念"诗歌""戏剧""小说"三者的外延之和并不等同，缺少了"散文"一项，犯了"划分不全"的逻辑错误。应加上"散文"才能构成对"文学形式"完整的划分。

在日常语言表达中，并不总需要完整的划分。常见应用的是列举法，也可看作是划分的省略形式，即举出属概念中的几个种概念，最后加"等"字，如"金属有金、银、铜、铁等"。

2. 多出子项

*（1）直系亲属包括父母、夫妻、子女和兄弟姐妹。

"直系亲属"是指和自己有直接血缘关系或婚姻关系的人。例（2）中把"直系亲属"作为被划分概念,但在划分出的概念中,"兄弟姐妹"不属于直系亲属,犯了"多出子项"的逻辑错误。

3. 子项相容

*(1)儿童玩具的种类很多,有木制玩具、塑料玩具、电动玩具、智能玩具等。

划分规则要求被划分概念划分出的概念之间,在外延上必须直接相排斥,不能有相容关系。例(1)中被划分概念"儿童玩具"划分出的概念中,"木制玩具""塑料玩具"与"电动玩具""智能玩具"之间在外延上有相容关系,犯了"子项相容"的逻辑错误。如果对"儿童玩具"进行科学分类,就要按不同的标准进行不同的分类,如果仅是商场做一般商品介绍,可表述为"有木制玩具、塑料玩具,其中有电动的,也有智能的"。

4. 混淆根据

*(1)邮局的工作人员对所有邮件进行分类时,要分出国内件、国外件、航空件、平寄件四类。

划分规则要求每一次划分只能有一个依据标准。例(1)的划分,将被划分概念"邮件"一次划分为"国内件、国外件、航空件、平寄件"并列的四项,并不是依据一个标准做出的划分,事实上也是做不到的。原因是:把依据投递范围划分出的"国内件"和"国外件",与依据投递方式划分出的"航空件"和"平寄件"并列为一次划分,犯了"混淆根据"的逻辑错误。应依据实际需要先后在两种不同层次上依据不同标准进行划分,如先分为国内件和国外件,对国内件和国外件分别再做第二层划分为航空件和平寄件。

二、判断错误

(一)判断歧义

判断歧义是在同一语句中包含不同断定造成多重含义的逻辑错误。

1. 多义词判断歧义

*(1)张某向李某借款14000元,在张某还了4000元欠款后,写下欠条:"张某向李某借款人民币14000元,今还欠款4000元。"

例(1),"今还欠款4000元"中的"还"字多义。"还"做动词(huán),表示"归还"(还了钱);做副词(hái)表示"现象继续存在"(没还钱)。该句既可理解为"已还(huán)欠款4000元",也可理解为"还(hái)欠款4000元","还"在句中因其多义可以表达不同的概念,造成了判断歧义。可改为"今已还欠款4000元,尚欠10000元"。

2. 结构性判断歧义

*(1)我市十五个出版社的门市部都粉刷一新。

例(1),"十五个出版社的门市部"限制范围不明,既可理解为十五个"出版社的门市部",也可理解为"十五个出版社"的"门市部"。由于"十五个出版社的门市部"可以分解为结构不同的词组表达不同的概念,造成了判断歧义。应根据实际情况改为"十五个属于出版社的门市部",或"十五个出版社的所有门市部"。

3. 施受关系判断歧义

*(1) 旅游的人找到了导游就放心了。

例(1),该句包含两个施受关系不同的断定:如果施事者是"旅游的人",就是受事者"导游"被找到了;如果施事者是"导游",就是"旅游的人"被找到了。由于施受关系不同,同一个语句可做出两种相反的断定,造成"判断歧义"的逻辑错误。

4. 断句不同判断歧义

*(1) 吴某在温州打工多年,忽收到家人发来短信:"母病故速归。"吴某弄不清确切含义,到底是母亲病了,还是母亲去世了。

例(1),"母病故速归"是一个包含歧义的判断。既可断句为"母病,故速归",也可断句为"母病故,速归"。同一个语句(复句)因断句不同造成"判断歧义"的逻辑错误。

5. 三重判断歧义

*(1) 泰坦尼克号沉没了,杰克深情地看着罗丝慢慢地沉入海底。

例(1),后一句包含了三重不同的断定。一是:杰克深情地看着罗丝,罗丝慢慢沉入海底;二是:杰克深情地看着罗丝,自己慢慢沉入海底;三是:杰克深情地看着罗丝,两人一起慢慢沉入海底。同一个语句可做出三种不同的断定,造成三重判断歧义的逻辑错误。

(二)主谓失合

主谓失合是在性质判断中主项与谓项之间外延关系不当的逻辑错误。

1. 主谓"全异"误作"相容"

*(1) 小吴的家乡是广东中山县人。

例(1),主项概念"小吴的家乡"与谓项概念"广东中山县人",其外延为全异关系,没有任何相容关系,不能构成肯定判断。应将主项改为"小吴",与谓项"广东中山县人"构成具有相容关系的属种关系,表达为"小吴是广东中山县人"。

2. 主谓"相容"误作"全异"

*(1) 鲸不是哺乳动物,是生活在水中最大的鱼。

例(1),"鲸不是哺乳动物"是错误的判断,鲸应属于哺乳动物;因此,主项概念"鲸"与谓项概念"哺乳动物",其外延之间是属种关系,不是全异关系,不能构成否定判断。应将前一句中的"不是"改为"是",同时将后一句中的"是"改为"不是"。

3. 主谓"属种"误作"同一"

*(1) 美国总统是有着黑人血统的奥巴马。

例（1），主项概念"美国总统"与谓项概念"有着黑人血统的奥巴马"，其外延之间为属种关系。"美国总统"概念的外延包括了美国历史上所有的美国总统，不能仅仅断定为一个"有着黑人血统的奥巴马"。应将主项改为"美国前任总统"，谓语"是"改为"包括"，使主谓项成为同一关系。

（三）量项不当

量项不当是性质判断中对主项概念外延数量限制不当的逻辑错误。

1. "特称"误作"全称"

*（1）武汉那城市没有一天是晴天，那里没有一天不下雨。

例（1），从前后两句的结构上看，其判断形式可做如下转换：即"没有 s 是 p"等于"所有 s 都不是 p"；"没有 s 不是 p"等于"所有 s 都是 p"。此例所表达的判断是："武汉每天都不是晴天，那里每天都下雨。"显然，说武汉每天都下雨，没有晴天，是不符合实际的，应将全称量项"每天"改为特称量项，表达为"武汉很多时候不是晴天，那里时常下雨"。

2. "全称"误作"特称"

*（1）有些私分紧缺货的行为是不正之风。

例（1），"有些"是表达特称判断的量项。说"有些是"，在逻辑上虽然不排除"所有都是"，但也不排除"有些不是"，因此为了避免误解，还是做全称表达为好，删去"有些"。

（四）误用否定

误用否定是性质判断中误用否定词造成联项不当的逻辑错误。

1. 双重否定误用

*（1）在铁证面前，他还矢口否认没犯罪行。

例（1），"矢口"是"一口咬定"之意，"矢口否认没犯"就是"一口咬定否认没犯"；而"否认没犯"为双重否定，表达的是"肯定犯"，与原意相悖。应去掉一个否定词，改为"他还是矢口否认所犯的罪行"。

2. 三重否定误用

*（1）谁也不能否认治理污染，搞好绿色环保不重要。

例（1），"不能否认"是双重否定，表达肯定。全句表达的是"谁都认为治理污染，搞好绿色环保不重要"，显然与原意相违，应将"重要"前的"不"去掉。

（五）关系不合

关系不合是在关系判断中缺少关系项，或使用关系词、关系项不当造成的逻辑错误。

1. 缺少关系项

*（1）新丰县目前小麦长势喜人。小麦单产普遍增加两成至三成。

例（1），"增加"是一个表示前后有比较关系的关系词。要表示小麦产量增加多少，必须说明在什么基础上，什么与什么相比，才能表达清楚。其中的关系词应是表达三项关系的"……比……增加……",但句中缺少了"……比……"的第一和第二两个关系项。另外,前句只是说"目前"的情况,而后句又用肯定语气说预测的结果,应将后句改为"小麦单产估计今年比去年普遍增加两成至三成"。

2. 关系词不当

*(1) 受灾地区的各级政府,正在全力恢复地震破坏造成的创伤。

例(1),逻辑上可以将有施受关系的动宾结构的句式看作关系判断,句中的"受灾地区的各级政府"为关系前项,"地震破坏造成的创伤"为关系后项,"恢复"为关系词,表示关系前项与关系后项之间有"恢复与被恢复"的施受关系。"创伤"岂能"恢复",显然误用了关系词"恢复",应改为"医治";也可以保留"恢复",将关系后项改为"生产和正常的工作秩序"。

3. 关系项不当

*(1) 小林到了海边,尽情地呼吸着清新的空气、海水和阳光。

例(1),"呼吸"与"空气"可以发生呼吸与被呼吸的关系,而"海水和阳光"却是无法"呼吸"的。显然,作为关系后项中的"海水和阳光"使用不当,应删去;或者增加一个关系词"沐浴",改为"沐浴着海水和阳光"。

(六) 模态混淆

表示必然性或可能性的概念就叫模态概念。模态混淆是在模态判断中使用模态词(必然、可能)不当的逻辑错误。

1. "必然"误作"可能"

*(1) 贩卖毒品可能触犯刑律。

例(1),贩卖毒品是犯罪行为,必然要触犯刑律,误用了模态词"可能",应将"可能"改为"必然"。

2. "可能"误作"必然"

*(1) 今天上午天气晴好,到了下午就阴云密布了,看来明天必然是个雨天。

例(1),由今天预测明天的天气情况,仅凭个人的感觉,就做出必然的判断,是不准确的,只能做出或然的判断,应将"必然"改为"可能"。

(七) 规范不当

规范不当是在规范判断中使用规范词(必须、允许)不当的逻辑错误。

1. "允许"误作"必须"

*(1) 根据婚姻法的规定,小张和小王男女双方都已超过了应当结婚的年龄,他们要结婚是应该的。

婚姻法规定的最低结婚年龄是:男不得早于22周岁,女不得早于20周岁。也就是说男女到达了这个年龄才可以结婚,但不是必须结婚。日常语言表达中用"应当"相当于"必须",用"可以"相当于"允许"。例(1)中应将规范词"应当"改为"允许"或"可以"。

2. "必须"误作"允许"

*（1）执行公务的交警可以着装上岗，既便于群众识别，也便于执行公务。

交警必须着装上岗是公安部门规定的行为规范。例（1）用"可以"就降低了规范要求，应将"可以"改为"必须"。逻辑上认为"必须"比"允许"规范程度高。断定"必须"为真，可以包容"允许"为真，而断定"允许"为真，却不能包容"必须"为真。因此，对行为规范需要做明确规定的，在规范程度的要求上，该必须的不能表达为允许，该允许的也不能表达为必须，二者不能混淆。

（八）联言不当

联言不当是在联言判断中联言支或联结项使用不当的逻辑错误。

1. 联言支不当

*（1）土地的好坏是形成超额利润的自然条件。

例（1）是一个联言判断的紧缩式，也称复合主项的联言判断。主项一是"土地的好"，主项二是"土地的坏"。"土地的坏"不能构成获得超额利润的自然条件。联言判断的逻辑要求是联言支必须都真，只要有一假，联言判断就不能成立。应将"坏"字去掉，将主项改为"好的土地"。

2. 联结项不当

*（1）是非定要辨清，原则却不能谦让，但为的是探求真理，不是为争我高你低。

例（1），从判断形式上看，这是一个由转折关系复句构成的联言判断。四句话用了两个转折关系的联结词，但是，"却"与"但"分别联结的句子之间，都没有转折关系。应将"却"改为"也"，同时删去"但"，改为由并列复句构成的联言判断。

（九）选言不当

选言不当是在选言判断中选言支或联结项使用不当的逻辑错误。

1. 选言支不当

*（1）对死者调查取证后，他认为死因或者是他杀，或者是投毒致死。

例（1）是一个由选择复句构成的选言判断。"或者"是其中的选言联结词，但其所联结的选言支"是他杀"与"是投毒致死"之间为属种关系，即"他杀"包括"投毒致死"，二者之间不能构成选择关系。如果已明确认为是投毒致死，就没有必要再说是他杀。

2. 联结项不当

*（1）该案已审理结束，两名同案犯被分别判处有期徒刑5年或4年。

例（1）是一个由"或"构成的选言判断。"或"只表示对两个选言支的选择，也就是说，分别对这两名同案犯的判处，究竟是5年，还是4年，尚无定论，而审判结论应是明确的刑期断定，应将"或"改为"和"。

3. 遗漏选言支

*（1）本届象棋大赛竞争很激烈，每个参赛选手都面临着非输即赢的局面。

例（1）中的"非……即……"等同于"不是……就是……"，是表达不相容选言判断的联结词。下棋的结局并不只有输赢两种，还可能出现和局，不应使用"非此即彼"的选言联结词。该句可不做选言表达，将"非输即赢"改为"输赢未卜"。

（十）假言不当

假言不当是在假言判断中混淆条件或条件不当的逻辑错误。

1. "必要"误作"充分"

*（1）在全国青年歌手选拔赛中，如果嗓子好，唱得生动感人，就能被选入决赛。

例（1）是一个由假设复句表达的充分条件假言判断，连接词是"如果……就……"。充分条件假言判断的逻辑要求是前件真，后件必真。这里的前件"嗓子好，唱得生动感人"与后件"能被选入决赛"之间，并没有充分条件关系。嗓子好，只能是被选拔的必要条件，但不是充分条件，还要考察知识、听辨能力等其他条件。应将"如果……就……"改为"只有……才……"。

2. "充分"误作"必要"

*（1）正常人的血压是不会高的，只有患了高血压症，血压才会升高。

例（1）后一句是由一个条件复句表达的必要条件假言判断，连接词是"只有……才……"。必要条件假言判断的逻辑要求是前件假，后件必假。这里的前件"患了高血压症"与后件"血压会升高"之间，并没有必要条件关系。患了高血压症，血压会升高；而没有患高血压症，血压有时也会升高。因此，"患高血压症"不是"血压升高"的必要条件，而是充分条件。应将"只有……才……"改为"如果……就……"。另外，第一句"正常人的血压是不会高的"是一个不真实的判断，实际上正常人的血压有时也会升高。

3. 条件不当

*（1）老人最好不吃小摊上的食品，以免发生食物中毒。

例（1），句中虽然没有假设复句的连接词"如果……就……"，表达的却是一个充分条件假言判断："（如果）老人不吃小摊上的食品，（就）不会发生食物中毒。"但是，作为充分条件假言判断的前件"老人不吃小摊上的食品"与后件"不会发生食物中毒"之间，并没有充分条件关系。老人不吃小摊上的食品，也会因吃了不是小摊上的不卫生食品而中毒。而且，"老人不吃小摊上的食品"，也不是"不会发生食物中毒"的必要条件，而老人吃小摊上的食品，也不一定会发生食物中毒。因此，这里的前件与后件之间，既没有充分条件关系，也没有必要条件的关系，属于条件不当的错误。可将原句改为"老人最好不要吃小摊上的食品，以免因吃小摊上的不洁食品而发生食物中毒"。

三、推理错误

（一）前提虚假

前提虚假是在推理的前提中包含有虚假的判断而导致结论不真的推理错误。

1. 完整式前提虚假

*（1）陈某在北京居住，而凡在北京居住的人都是北京人，所以陈某是北京人。

例（1）是一个大前提置后的三段论推理完整式。虽然推理形式正确，符合推理规则，但大前提"凡在北京居住的人都是北京人"并不是一个真判断，因此推出的结论不必然为真。

*（2）如果能上重点中学，将来就能上重点大学；如果连重点中学都上不了，就谈不上将来能上重点大学。小张既然上了重点中学，将来就一定能上重点大学。

例（2）这段表述包含了一个完整的充分必要条件假言推理的肯定前件式。其中第一个复句是用"如果……就……"表达的充分条件假言判断；第二个复句是用"如果……就不……"表达的必要条件假言判断，相当于"只有能上重点中学，将来才能上重点大学"（只有……才……）。两个复句合起来表达的是一个充分必要条件假言判断；然后通过肯定其前件（小张上了重点中学），推出肯定其后件（将来一定能上重点大学）为结论。即：如果（而且只有）能上重点中学，将来就（才）能上重点大学（大前提），小张上了重点中学（小前提），所以，小张将来能上重点大学（结论）。

由于作为大前提的充分必要条件假言判断"如果（而且只有）能上重点中学，将来就（才）能上重点大学"，是一个不真实的假言判断；其前件"能上重点中学"，既不能构成"将来能上重点大学"的充分条件，也不能构成必要条件。上了重点中学，将来未必能上重点大学；没上重点中学，将来未必不能上重点大学。因此，虽然其推理形式正确，也不能推出必然为真的结论。

2. 省略式前提虚假

*（1）他住豪宅，他一定是"大款"。

例（1）是一个三段论推理的省略式，其被省略的大前提"凡住豪宅者都是'大款'"被隐去了，显然，这个大前提并不真实，因此推理不能成立。也可分析为充分条件假言推理的省略式，其省略的判断是"如果住豪宅，就是'大款'"，然后通过肯定前件，推出肯定后件为结论。虽然推理形式正确，但仍然犯了"前提虚假"的错误，不能得出真实结论。

*（2）国际旅游小姐总部迁至郑州后，将在政治、经济、文化、社会等方面对河南产生深远的影响。

例（2）这段话实际表达了一个省略大前提的充分条件假言推理的肯定前件式，即：如果国际旅游小姐总部迁至某地，就会对某地的政治、经济、文化、社会等方面产生深远影响（大前提），国际旅游小姐总部迁至郑州（小前提），所以，国际旅游小姐总部将对郑州乃至河南在政治、经济、文化、社会等方面产生深远影响（结论）。

显然，上文只说了推理中的小前提和结论，省略了大前提，其前件"国际旅游小姐总部迁至某地"不能构成后件"对某地的政治、经济、文化、社会等方面产生深远影响"的充分条件，因此，虽然推理形式正确，但由于前提不真，不能推出必然为真的结论。

（二）直接误推

直接误推是在以性质判断、关系判断、模态判断或规范判断为前提的直接推理中违反推理规则的逻辑错误。

1. "全称肯定"换位误推

＊（1）任何一个人犯罪，都是触犯法律的行为，所以，凡是触犯法律的行为就都是犯罪。

法律上认为"犯罪"与"违法"是有区别的。只有当违法行为的社会危害程度依照刑法应受到刑事处罚时，才构成犯罪，因此，"犯罪"是违法行为中触犯刑法的严重违法行为；并不是所有违法行为都是犯罪，违反民法、行政法等也是违法，但不是犯罪。从逻辑上分析，例（1）的表述是一个用换位法进行的直接推理。即：任何犯罪都是触犯法律的行为（前提），所以，任何触犯法律的行为都是犯罪（结论）。这是一个由全称肯定判断通过调换主谓项构成的直接推理。根据换位法"在前提中不周延的项到结论中不得变为周延"的规则，对全称肯定判断换位，不能简单交换主谓项，必须对换位后的主项进行限量，表达为特称，才能使原判断中不周延的谓项"触犯法律的行为"，到结论中变为主项后，仍保持不周延。应将上例中的结论改为特称肯定判断，即"有些触犯法律的行为是犯罪"，这样才是既合乎逻辑又合乎事实的有效结论。

由此可见，不是什么话都可以倒过来说。凡是主谓项之间是真包含于关系（前种后属）时，不能直接简单换位。如说"北京是首都"，不能说"首都是北京"；"李白是唐代诗人"，不能说"唐代诗人是李白"等。如果主谓项之间是同一关系（包括定义），就都可以倒过来说，如"北京是中华人民共和国首都""直径是通过圆心的弦"等，都可以倒过来说。

2. "反对关系"误推

＊（1）有人说青年出版社的编辑都是年轻人，其实青年出版社的编辑并不都是年轻人，也可以说，青年出版社的编辑都不是年轻人。

例（1）这段话中根据对一个全称肯定判断（A）的否定（"青年出版社的编辑并不都是年轻人"）推出一个与其主谓项相同的全称否定判断（E）为真（青年出版社的编辑都不是年轻人）。根据性质判断AEIO对当关系的规则，A判断与E判断之间为反对关系，不能由一个假推断另一个真。根据矛盾关系的真假推断规则，可以由A判断假，推出O判断真，应将结论改为"青年出版社的有些编辑不是年轻人"。

3. "差等关系"误推

＊（1）经检查，天星书屋出售的书有些是盗版书，据此不能认为天星书屋的书都是盗版书。

例（1）这段话中根据一个特称肯定判断（I）为真（"天星书屋出售的书有些是盗

版书"），推出一个与其主谓项相同的全称肯定判断（A）为假（"不能认为天星书屋的书都是盗版书"）。根据差等关系真假推导规则，由特称肯定判断（I）的真，不能推断全称肯定判断（A）的真假。天星书屋出售的书有可能都是盗版书，也有可能不都是盗版书。

4. "下反对关系"误推

＊(1) 我市有些高薪纳税人能做到按时交税，由此可知，我市有些高薪纳税人不能做到按时交税。

例(1) 这段话包含一个性质判断对当关系之间的下反对关系直接推理。根据一个特称肯定判断（I）为真（"有些高薪纳税人能做到按时交税"），推出一个与其主谓项相同的特称否定判断（O）为真（"我市有些高薪纳税人不能做到按时交税"）。根据下反对关系真假推导规则，由特称肯定判断（I）真，不能推断特称否定判断（O）的真假（不能排除所有高薪纳税人都能按时交税的可能）。只能根据矛盾关系，由I判断真，推出E判断假。应将结论改为"不能认为我市所有高薪纳税人都不能按时交税"。

5. "非对称关系"误推

＊(1) 因为我帮助过他，所以，他也一定会帮助我。

例(1) 是一个以关系判断"我帮助过他"为前提的直接关系推理。其中"帮助"是具有非对称性的关系词，即a帮助b，b不一定帮助a。因此，不能用"帮助"作为对称关系词，推出"他也一定会帮助我"，只能推出"他可能会帮助我"。

6. "非传递关系"误推

＊(1) 这局棋你赢了我，而我又赢了他，所以，你一定能赢他。

例(1) 是一个以关系判断"你赢了我"和"我赢了他"为前提的间接关系推理。其中"赢了"是具有非传递性的关系词，即a赢了b，b赢了c，a不一定能赢c。因此，不能用"赢了"作为传递关系词，推断出"你一定能赢他"，只能推出"你可能赢他"。

7. "不必然"误推"必然不"

＊(1) 张某说："我不认为今年下半年房价必然会涨。"陈某接话说："根据你的说法，你是认为今年下半年房价必然不会涨了。"张某说："你理解错了，我的意思是今年下半年房价可能不会涨。"

例(1) 这里包含了一个以模态判断为前提的直接模态推理。陈某以张某说的"我不认为今年下半年房价必然会涨"（否定"必然肯定判断"）为前提，推断出"你认为今年下半年房价必然不会涨"（肯定"必然否定判断"），是不能成立的。根据模态推理的真假推断规则，必然肯定判断与必然否定判断为反对关系，不能由一个必然肯定判断的假，推出一个必然否定判断为真，只能推出一个与必然肯定判断为矛盾关系的或然否定判断（"今年下半年房价可能不会涨"）为真。

8. "允许"误推"必须（应当）"

＊(1) 因为国家允许通过银行贷款购房，所以，你们必须到银行去贷款购房。

例（1）是一个以规范判断为前提的直接规范推理。由一个允许肯定判断"国家允许通过银行贷款购房"，推断出一个必须肯定判断"你们必须到银行贷款购房"。根据规范推论的真假推断规则，允许肯定判断与必须肯定判断为差等关系，不能由一个允许肯定判断的真，推出一个必须肯定判断为真。根据矛盾关系，由允许肯定判断的真，可推出必须否定判断为假，即"你们不必须不到银行贷款购房"。逻辑上的规范词"必须不"等同于"禁止"，因此也可以表述为"国家不禁止到银行贷款购房"。

（三）三段误推

三段误推是在三段论推理中违反推理规则的逻辑错误。

1. "四概念"误推

*（1）温州人是很会经商的，小金是温州人，所以，小金是很会经商的。

例（1）表达的是三段论推理。但在前提中的两个中项"温州人"，虽然语词相同，却不是同一概念。大前提中的"温州人"是反映温州人总体的集合概念，而小前提中的"温州人"是非集合概念，因而违反了"三段论中只能有三个不同概念"的规则，犯了"四概念"错误，不能推出必然为真的结论。

*（2）李欣教孩子英语没问题，因为他是有多年经验的外语老师。凡是英语教师都能教孩子英语，李欣是外语老师，难道还不能教孩子英语吗？

例（2）表述实际是一个三段论推理。即：凡是英语教师都能教孩子英语（大前提），李欣是外语教师（小前提）。所以，李欣能教孩子英语（结论）。

根据"三段论中只能有三个不同概念"的规则，上述推理中的中项在大前提中是"英语教师"，而在小前提中却是"外语教师"。"英语教师"与"外语教师"并不是同一概念，而是具有属种关系的两个不同的概念。英语教师不一定会教其他外语，外语教师可以包括英语教师，但具体到一个教师，他又未必一定是英语教师，也可能是其他语种的教师，如德语教师、法语教师等。因此，上述推理犯了中项不同一的"四概念"错误，不能推出必然为真的结论。

*（3）古希腊著名智者欧布利德对求教者说："你没有失掉的东西就是你有的东西，对吗？"求教者回答："对。"欧布利德进一步推论说："你没有失掉头上的角，所以，你的头上是有角的。"求教者摸摸自己的头，以为真的有角呢。

将欧布利德前后说的话联结起来是一个三段论推理。即：

你没有失掉的东西就是你有的东西（大前提），头上的角是你没有失掉的东西（小前提），所以，头上的角是你有的东西（结论）。

例（3）是一个形式上有效的三段论推理。即：M 是 P，S 是 M，所以，S 是 P。但其前提中的中项（M）"你没有失掉的东西"，在大前提中是指原来就有而没有失掉的东西；在小前提中却是指原来没有而没有失掉的东西。这样，中项（M）分别在大、小前提中是语词相同而含义不同的两个概念，违反了"三段论中只能有三个不同概念"的规则，犯了"四概念"错误，不能推出必然为真的结论。这种"四概念"错误常常是用"偷换概念"的手段构成貌似有理的诡辩。

2. "中项不周"误推

*(1) 这辆新式电动自行车是海福公司的产品。海福公司生产的许多产品质量很好，近年又搞了体制改革、科技创新，开发了一批新产品。这辆新式电动自行车质量一定过硬。

例（1）是一个将大前提置后、将小前提置前的三段论推理。恢复其典型结构即：海福公司生产的许多产品质量很好，这辆新式电动自行车是海福公司的产品，所以，这辆新式电动自行车质量过硬。

根据三段论"中项在前提中至少周延一次"的规则，其中项（M）"海福公司生产的产品"在大前提中是特称判断的主项，不周延；在小前提中是肯定判断的谓项，也不周延。因此违反上述规则，犯了"中项不周"的逻辑错误，不能推出必然为真的结论。可图示证明如下：

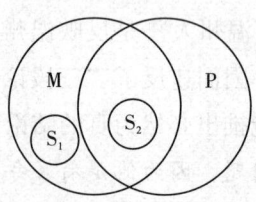

M：海福公司生产的产品
P：质量很好
S：这辆新式电动自行车

图示表明：小项"S"与大项"P"之间有"S_1-P"和"S_2-P"两种可能的组合关系，S既可以属于P，也可以不属于P，因此该推理不能推出一个必然为真的结论。

3. "大项扩大"误推

*(1) 丽苑小区所有买了三居室住房的住户都办了财产保险，而本区住户张小敏没有买三居室住房，由此可知，他没有办财产保险。

例（1）表述是一个三段论推理。即：丽苑小区所有买了三居室住房的住户都办了财产保险（大前提），本区住户张小敏没有买三居室住房（小前提），所以，他（张小敏）没有办财产保险（结论）。

根据三段论"在前提中不周延的项到结论中不得变为周延"的规则，该三段论大前提中的大项（P）"办了财产保险"，是肯定判断的谓项，不周延，而到结论中成为否定判断（他没有办财产保险）的谓项，变为周延，违反了上述规则，犯了"大项扩大"的逻辑错误，不能推出必然为真的结论。事实上，不能排除没有买三居室住房的住户也会有办财产保险的。可图示证明如下：

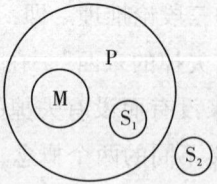

M：所有买了三居室住房的住户
P：办了财产保险
S：本区住户张小敏

图示表明：小项"S"与大项"P"之间有"S_1-P"和"S_2-P"两种可能的组合关系，S既可以属于P，也可以不属于P，因此该推理不能推出一个必然为真的结论。

4．"小项扩大"误推

＊（1）实行新政策后，农民劳动好坏与收入多少直接挂钩，劳动好的人收入就多，同时，劳动好的人对社会贡献也大，所以，收入多的人就是对社会贡献大的人。

例（1）表达的是三段论推理，即"劳动好的人是对社会贡献大的人，劳动好的人是收入多的人，所以，收入多的人是对社会贡献大的人"，但是，前提中的小项"收入多的人"在前提中不周延，而到结论中变为周延，违反"在前提中不周延的概念到结论中不得变为周延"的规则，犯了"小项扩大"的逻辑错误，不能推出必然为真的结论。

5．"前提双否"误推

＊（1）经济适用房不是商品房，廉租房不是商品房，所以，廉租房不是经济适用房。

例（1）表达的是三段论推理。但大小前提皆为否定判断，根据"两个否定前提不能推出结论"的规则，犯了"双否误推"的逻辑错误。虽然结论符合实际，但作为三段论推理是不能成立的。

6．"前提双特"误推

＊（1）有些青年是硕士生，有些青年是公司经理，所以，有些公司经理是硕士生。

例（1）表达的是三段论推理。但大小前提皆为特称判断，根据"两个特称判断不能推出结论"的规则，该推论犯了"双特误推"的逻辑错误，不能推出必然为真的结论。

（四）选言误推

选言误推是在选言推理中违反推理规则或遗漏选言支的逻辑错误。

1．"相容选言"由肯定误推否定

＊（1）商场出售的商品或价廉，或物美，光明商场出售的商品质量很好，所以，它的商品价钱不会便宜。

例（1）表达的是相容选言推理，根据相容选言推理的规则，不能由肯定一个选言支（光明商场出售的商品质量很好），推出否定另一选言支（它的商品价钱不会便宜）做结论，光明商场出售的商品可能既价廉又物美。该推论犯了"相容选言由肯定误推否定"的逻辑错误。

2．遗漏选言支误推

＊（1）我家来信说：今年我们家乡的粮食没有丰收。我想一定是歉收无疑了。

例（1）表达的是不相容选言推理。其中省略了作为前提的选言判断：今年我们家乡的粮食或是丰收，或是歉收。由于遗漏了选言支"平产"，因而不能由否定"丰收"，推断为必然"歉收"。

(五) 假言误推

假言误推是在假言推理中违反推理规则的逻辑错误。

1. "充分条件"由后件真误推前件真

＊(1) 他一定是位医生，因为，如果是医生，上班时就要穿白大褂，他上班时是穿的白大褂，所以，他一定是位医生。

例(1) 这段话中"因为"后面表达了一个充分条件假言推理。根据充分条件假言推理规则，不能通过肯定后件（他上班时是穿白大褂）推出肯定前件（他是位医生）做结论，事实上许多实验室人员也都穿白大褂，犯了"充分条件由后件真误推前件真"的逻辑错误。

2. "必要条件"由前件真误推后件真

＊(1) 现在请老王给大家介绍一下北京的颐和园，因为我们这里只有老王是去过北京的。

例(1) 这段话表达的是必要条件假言推理：只有去过北京才能去颐和园，老王是去过北京的，所以老王去过颐和园。但必要条件假言推理没有通过肯定前件推出肯定后件的正确式。肯定老王去过北京，并不能肯定老王一定去了颐和园，犯了"必要条件由前件真误推后件真"的逻辑错误。

(六) 二难误推

二难误推是在二难推理中违反推理规则或遗漏选言支的逻辑错误。

1. 违反假言推理规则误推

＊(1) 小张想改善住房条件，是买房还是租房一时拿不准主意，对家里人说："如果买房，就会加重经济负担；如果租房也要每月增加支出。或是不买房，或是不租房，总之，或是不加重经济负担，或是不每月增加支出。我看还是算了，既不买，也不租房为好。"

例(1) 中小张的话表达的是二难推理。即：

如果买房，就会加重经济负担；

如果租房，就要每月增加支出；

<u>或是不买房，或是不租房；</u>

总之，或不加重经济负担，或不每月增加支出。

但是其中的假言推理违反了充分条件假言推理的规则。充分条件假言推理不能通过否定前件推出否定后件为结论；而小张却由否定前件（不买房、不租房）推出否定后件（不加重经济负担、不每月增加支出）。事实上，不买房未必就没有加重经济负担的事；不租房也未必就没有每月增加支出的事。

2. 遗漏选言支误推

＊(1) 赵某看到某地区经常天旱无雨，有时又久雨不停，对人说："这片地区如果天旱无雨，农作物就会受害；如果久雨不停，农作物也会受害。或是天旱无雨，或是久雨不停，总之，农作物总会受害。"

例（1），赵某对人说的话表达的是二难推理，但是前提中的选言判断"或是干旱无雨，或是久雨不停"，并没有说出所有可能的天气情况。即使这两种情况经常出现，也不能排除"雨水适量"的时候，因此上述推出的结论不必然为真。

（七）轻率概括

轻率概括是在不完全归纳推理中，仅根据若干个别性判断，就推出一般性必然结论的逻辑错误。

*（1）英杰牌保健床垫含有纳米级远红外纤维、抗离子纤维、抗菌纤维等，能改善人体微循环、净化空气、消除疲劳、全面提高人的抗病能力。经全国一千余人的临床应用，证实本产品对所有微循环不佳以及心血管疾病患者，都有很好的治疗作用。对保健产品的宣传，只能介绍其产品成分、功能特点等，不能涉及对疾病的治疗效果，以免误导消费者。而例（1）宣传内容，却根据一千余人的使用，就推断出"对所有微循环不佳以及心血管疾病患者都有很好的治疗作用"，犯了"轻率概括"的逻辑错误。

（八）机械类比

机械类比是在类比推理中，仅根据两类对象在某些方面偶然或表面的相同或相似，就推出其他方面也必然相同的逻辑错误。

*（1）某研究所进行一次体检，老陈说："我一定得了糖尿病，最近经常口渴、尿多、吃得多，以前情报室的老黄就是常口渴、尿多、吃得多，结果是患了糖尿病。我现在和他差不多，所以我也一定是得了糖尿病。"

例（1）中老陈仅根据体检时的若干表面症状与老黄的症状相同或相似，就推断自己也患了糖尿病，显然犯了"机械类比"的逻辑错误。类比推理属于或然性推理，不能推出必然为真的结论。虽然老陈的许多症状与老黄的症状相似，但也可能是其他病因所引起的，不能推断他必然是得了糖尿病。

四、逻辑规律错误

（一）偷换概念

偷换概念是在同一思维与表述过程中，有意或无意变更某一概念，违反同一律的逻辑错误。

1. 多义词偷换概念

*（1）老师在讲课，一学生戴着收音机的耳塞在听收音机。老师说："好好听课！"看了戴耳塞的学生一眼。戴耳塞的学生答道："我一直在听。"

例（1）老师说的"听"是听课的"听"。戴耳塞的学生说的"听"是听收音机的"听"。这位学生偷换了概念，违反了同一律。

2. 近义词偷换概念

*（1）北京体育杂志社出版的《健康之友》开始征订，上海邮局得到消息后，打来电话要求征购3万册。

例（1）中前面说的"征订"，是指对发行的杂志"征求订购"，后面却把上海邮局要求征订说成"征购"。"征购"是指"国家向生产者或所有者购买（农产品、土地等）"。"征订"与"征购"虽词义相近，都有征求之意，但含义有别，不能混同，以此代彼，属于偷换概念，违反了同一律。

3. 改变外延偷换概念

*（1）拍卖会前，有几位画家说这幅画不错，既然所有画家都说很好，可以考虑买；那幅画所有看过的人都说很好，我看即使多数看过的人都说很好，未必就不错。

例（1）这段话的前半段中，前面说"几位画家"，后面说成"所有画家"；后半段中，前面说"所有看过的人"，后面说成"多数看过的人"。前者是将"画家"概念的外延扩大，后者是将"看过的人"概念外延缩小，两者都犯了"偷换概念"的逻辑错误。另外，前半段中对画的评价，前面说"不错"，后面说成"很好"；后半段中前面说"很好"，后面说成"不错"。"不错"与"很好"程度有别，内涵并不完全相同，也属于"偷换概念"，违反了同一律。

（二）转移话题

转移话题是在同一思维与表述过程中，偷换概念或改变判断造成转移话题违反同一律的逻辑错误。

1. 偷换概念转移话题

*（1）青年人应有远大理想，因为青年是祖国的未来，那么，什么样的青年最理想呢？体魄健全，思想进步才是最理想的青年……

例（1）前面的话题是要说"青年应有远大理想"，后面却把话题转到"什么样的青年最理想"，前后都用了"理想"这个概念，但是前面是指"远大理想"，后面是指"理想青年"，前后概念的含义变了，导致由概念构成的话题（判断）也就被改变，违反了同一律，犯了"转移话题"的逻辑错误。

2. 改变判断转移话题

*（1）有人说"我国刑法宽了，对打击犯罪不利"，实际上，我们运用刑法的目的是为了从根本上教育和改造犯罪分子，使犯罪分子不但受到应有的惩罚，也要接受教育和改造，重新做人，所以我国刑法是重在教育和改造，在这方面我们已经积累了不少经验……

例（1）前面提出的话题是"我国刑法宽了，对打击犯罪不利"，后面的话题没有说我国刑法是否宽了，而只说"我们运用刑法的目的是重在教育和改造"，再往下又说这方面的经验。后面的判断改变了前面的话题，违反了同一律，犯了"转移话题"的逻辑错误。

（三）自相矛盾

自相矛盾是在同一思维与表述过程中，对互相矛盾或互相反对的语句同时都加以肯定，违反矛盾律的逻辑错误。

1. 词组中自相矛盾

*（1）边防战士守卫在远离祖国的边疆，虽生活艰苦但使命光荣。

例（1）中的"远离祖国的边疆"，结合上下文理解是一个以"边疆"为中心词的偏正词组，却含义矛盾。"远离祖国"是指在祖国以外，"边疆"是指国家边界以内地区。是"边疆"就不会"远离祖国"，是"远离祖国"就不会有"边疆"。这样自相矛盾的词组也属常见，如"近三年来""英勇的烈士""含苞怒放""嫌疑犯""今夜零点"等，都犯了"自相矛盾"的逻辑错误。

2. 单句中同时肯定互相矛盾的判断

*（1）我国有世界上没有的万里长城。

例（1）中包含了两个互相矛盾的判断："我国有万里长城"和"世界上没有万里长城"。句中同时断定这两个互相矛盾的判断，违反了矛盾律，犯了"自相矛盾"的逻辑错误。

3. 单句中同时肯定互相反对的判断

*（1）中国园林建筑始于汉唐宫室。

例（1）包含了两个互相反对的判断："中国园林建筑始于汉宫室"和"中国园林建筑始于唐宫室"（还可以始于其他朝代）。句中同时断定这两个互相反对的判断，违反了矛盾律，犯了"自相矛盾"的逻辑错误。

4. 复句中同时肯定互相矛盾的判断

*（1）相传当年建关时，一位老工匠计算用料精确，竣工时砖瓦刚好用完，只剩一块砖。

例（1）前面说"竣工时砖瓦刚好用完"，后面又说"只剩一块砖"，前后两句自相矛盾，违反了矛盾律。

5. 复句中同时肯定互相反对的判断

*（1）张局长因贪污受贿，被撤销党内外一切职务，并且受到行政降职处分。

例（1）前面说"被撤销党内外一切职务"，后面又说"受到行政降职处分"。处分种类中的"撤销一切职务"与"降职"（还有其他可能的处分）之间是互相否定的反对关系。是"撤销"就不是"降职"，是"降职"就不是"撤销"，二者不能同时为真。上段复句中两个单句同时肯定互相反对判断为真，违反了矛盾律，犯了"自相矛盾"的逻辑错误。

（四）模棱两否（"两不可"）

模棱两否（"两不可"）是在同一思维与表述过程中，对互相矛盾或互相为反对关系（特称判断之间）的语句同时加以否定，违反排中律的逻辑错误。

1. 复句中同时否定互相矛盾的判断

*（1）有人说："这家超市卖的都是进口高档商品。"也有人说："这家超市卖的不都是进口高档商品。"我认为他们说的都不对，事实上，这家超市卖的都不是进口高档商品。

例（1）前面两个人说的话是互相矛盾的判断。第一句是全称肯定判断"所有 S 都是 P"，第二句是对第一句"所有 S 都是 P"的否定，即"所有 S 不都是 P"，相当于特称否定判断"有 S 不是 P"。根据性质判断 AEIO 之间的对当关系，"所有 S 都是 P"（A）与"有 S 不是 P"（O）之间为矛盾关系，其中必是一真一假，既不能同真，也不能同假，所以，对这两种说法同时予以否定，违反了排中律，犯了"两不可"的逻辑错误。最后又说"这家超市卖的都不是进口高档商品"，表达了一个全称否定判断"所有 S 都不是 P"（E）。但根据对当关系，并不能由对 A 判断或对 O 判断的否定，推出对 E 判断的肯定。因为，根据反对关系，由 A 的假不能推出 E 的真；根据差等关系，也不能由 O 的假推出 E 的真。根据以上分析，最后一句话（E 判断）只能是根据事实来判断，而不是逻辑上推断的。

2. 复句中同时否定互相下反对的特称判断

*（1）有人说："这张方子上开的有些药是处方药。"又有人说："这张方子上开的有些不是处方药。"我认为他们说的都不对，我认为这张方子上开的所有药都是处方药。

例（1）前面两个人说的话是互相为下反对关系的判断。第一句是特称肯定判断"有 S 是 P"（I），第二句是特称否定判断"有 S 不是 P"（O）。根据性质判断 AEIO 之间的对当关系，I 与 O 之间为下反对关系，二者可以同真，不能同假。所以，对这两种说法同时予以否定，违反了排中律，犯了"两不可"的逻辑错误。最后又说"这张方子上开的所有药都是处方药"，表达了一个全称肯定判断"所有 S 都是 P"（A）。根据对当关系规律的矛盾关系，对 O 判断的否定，可以推出 A 判断为真，但根据差等关系对 I 判断的否定又能推出 A 判断为假，结果只能陷于自相矛盾。所以，最后的 A 判断不可能由"两不可"推断出来，只是说者的妄断。

五、论证错误

下面将违反论证规则的错误及若干非形式谬误（包括诡辩）的错误类型一并予以简要介绍，并举例辨析，以供参考。

（一）论题不明

论题不明的概念或判断的论证错误。

1. 论题概念含糊

*（1）题目：当今社会仍应继承和发扬古代先贤的品质和精神。

例（1）题目（论题）中的文字虽可简约压缩，但其表达的概念应有明确的内涵和外延。标题中的"古代先贤的品质和精神"，其概念的内涵和外延都不明确，含义模糊笼统。"继承和发扬"的不可能是古代先贤的所有"品质和精神"，应根据论文内容予以明确。

2. 论题概念歧义

*（1）题目：勿向职业乞丐租房。

例（1），"租"字兼有"租用""出租"二义，因而"租房"这个词可以表达两个不同的概念：一是"出租房"，二是"租用房"。作为文章题目不应有歧义，以免文不对题，使读者误解。作者原意是不要租房给职业乞丐，应改为"勿向职业乞丐出租房屋"。

3. 论题判断不确

*（1）题目：论《红楼梦》小说的思想性或艺术性。

例（1）"论《红楼梦》小说的思想性或艺术性"表达的是一个相容选言判断。"或"在判断中的逻辑意义是表示其中有三种断定都是真的：一是"论《红楼梦》小说的思想性"，不论艺术性；二是"论《红楼梦》小说的艺术性"，不论思想性；三是"论《红楼梦》小说的思想性和艺术性"。题目本身是一个含义不确定的判断，论述再好也不能使文章扣题，应在三种断定中明确其一。

4. 论题判断失当

*（1）题目：只有点穴按摩才是养生和治病的最佳途径。

例（1），论题表达了一个必要条件假言判断。按照必要条件的前件假后件必假的关系，其含义是：没有"点穴按摩"，就没有"养生和治病的最佳途径"，但事实并非如此。虽然中医的点穴按摩确是一种养生治病的有效手段，但并不能判断"点穴按摩"对所有的养生和疾病的治疗都是最佳途径。以此为论题的论文很难得出令人信服的结论。

（二）论题不同一

论题不同一是在论证过程中有意或无意改变论题的论证错误。

1. 偷换论题

*（1）共产党员不应将个人利益放在第一位，也就是说，作为一个党员，在享受福利、荣誉等面前，不应考虑个人利益……

例（1），前面提出的论题"共产党员不应将个人利益放在第一位"，而后面接下来的论述中，却把原论题改变为"共产党员不应考虑个人利益"。"不应将个人利益放在第一位"与"不应考虑个人利益"，不是同一个判断，犯了"偷换论题"的错误。

2. 证明过多

*（1）论题："谈自学也可以成才"。经过论证后得出的结论是："由此可知，自学途径是艰苦的，但经过努力，自学必能成才。"

例（1），论文的论题是"自学也可以成才"，而结论却是"自学必能成才"，由一个可能性判断，推出一个必然性判断为真，改变了原判断含义，提高了判定的程度，犯了"证明过多"的论证错误。

3. 证明过少

*（1）论题："论鲁迅杂文的思想性及社会意义"。论证的结论是："总之，通观鲁迅前半生所写的杂文，我们的结论是……"

例（1），论文的论题是"论鲁迅杂文的思想性及社会意义"，而结论却变为"鲁迅前半生所写的杂文"。原题目中"鲁迅杂文"这一概念的外延被缩小，与论题失去一致，犯了"证明过少"的论证错误。

（三）论据虚假

论据虚假是在论证过程中用来证明论题的判断虚假的论证错误。也称"虚假理由"。

＊（1）这幅清代刘墉的书法作品是真迹，因为上面有清康熙皇帝的御览印章。

例（1），论证"清代刘墉书法作品是真迹"的论据是作品上有"清康熙皇帝的御览印章"。但刘墉是康熙、雍正以后乾隆时期的人，他的书法作品上不可能有康熙的御批，显然这个论据是虚假的。

（四）论据不足

论据不足是在论证过程中，论据真实但不充分，不足以证明论题为真的论证错误。也称"片面理由"。

＊（1）戚继光长大后之所以成为一名智勇双全的军事帅才，是由于家教严格，使他拥有了一切成才条件。

例（1），论证"戚继光成为军事帅才"的论据"由于家教严格"是真实的，也是一个重要条件，但不是起决定作用的充分条件。只有严格的家教，并不能"使他拥有一切成才条件"，还需要家教以外的许多其他条件。上述论证犯了"论据不足"（或"片面理由"）的论证错误。

（五）论据预期

论据预期是在论证过程中，论据使用了未被证实的判断。也称"预期理由"。

＊（1）在这个人迹罕见的深山密林中，是有野人存在的，因为许多探险者在山林中多次发现了野人的足迹、粪便，甚至跟踪过野人。

例（1），论证"这个深山密林中有野人存在"的论据是"探险者发现野人的足迹……"，但这些发现，只能是一些看到的现象，究竟是不是野人，有没有野人，一直未被科学家证实。用一些尚未证实为真的判断，其本身就不可靠，如何能证明论题必然为真？上述论证犯了"论据预期"（或"预期理由"）的论证错误。

（六）论据无关

论据无关是在论证过程中，论据使用了与论题根本无关的判断。也称"论据不相干"。

＊（1）我买的股票今天下跌，是因为昨天我在证券交易所门前跌了一跤。

例（1），证明"我买的股票今天下跌"的论据是"昨天我在证券交易所门前跌了一跤"，显然论据与论题之间没有任何关联，风马牛不相及，犯了"论据无关"（或"论据不相干"）的论证错误。

（七）循环论证

循环论证是在论证过程中，论据尚需用论题来解释。也称"同语反复"。

＊（1）月光是白色的，因为人感觉月光是白色的；而为什么人感觉月光是白色

的，因为月光是白色的。

例（1），论题是"月光是白色的"，用来证明论题的论据是"人感觉月光是白色的"，论据只是重复了论题，对论题没有提出任何充分的理由来证明。反过来看，论据本身还需要由论题"月光是白色的"来解释，只能造成同语反复，车轱辘话来回说，犯了"循环论证"的论证错误。

（八）推不出来

推不出来是在论证方式中使用的推理违反规则，由论据推不出论题的论证错误。

*（1）他一定是位运动员，因为，只有体格健壮的人才能成为运动员，他的体格健壮，所以，他一定是位运动员。

例（1），论题是"他一定是位运动员"，论据是"只有体格健壮的人才能成为运动员，他的体格健壮"，推出结论"他一定是位运动员"。论证方式中运用了必要条件假言推理，但是必要条件假言推理不能通过肯定前件推出肯定后件作结论。"体格健壮的人"未必都是运动员，结论不能保证必然为真，所以，由论据不能必然推出论题为真，犯了"推不出来"的论证错误。

（九）无效反驳

无效反驳是在反驳的论证过程中违反论证规则的逻辑错误。

*（1）有人说："公司老板高强必有豪宅，因为，凡是公司老板都很有钱，他们都要购买豪宅，高强也不例外。"这种说法并不对，因为并不是所有公司老板都会购买豪宅，有些老板也只住一般商品房。所以，高强也不会购买豪宅。

例（1），被反驳的论题是"公司老板高强必有豪宅"，被反驳的论证方式是三段论推理：凡公司老板都要购买豪宅，高强是公司老板，所以，高强必有豪宅。后面用来反驳的方式也是三段论推理：并不是所有公司老板都购买豪宅（有些公司老板不会购豪宅），高强是公司老板，所以，高强不会购买豪宅。虽然反驳三段论的大前提"并非所有公司老板都购买豪宅"否定了被反驳三段论的大前提，但反驳的推理过程违反了三段论推理的"中项在前提中至少周延一次"的规则，其中项"公司老板"在大小前提中都不周延，此推理无效，因此不能推出"高强不会购买豪宅"，也就不能推断被反驳论题"公司老板高强必有豪宅"为假，此反驳无效。其实根据被反驳三段论的大前提"凡公司老板都要购买豪宅"不真，即可判定被反驳三段论推理无效。

（十）谬误论证

广义而言，前述的所有逻辑错误都属于谬误。下面介绍的是除上述违反论证规则以外的一些常见的论证谬误（包括诡辩）。

1. 诉诸人身

诉诸人身也称"以人为据"，是根据某人的身份、职业、言行、优缺点等，推断其人言行是否可信的谬误，主要有"人身攻击""诉诸权威""诉诸感情""同语反诉"等。

*(1) 某公司职员张某向公司经理说:"陈某不能被提拔,因为他性格急躁,过去犯过错误,不能提拔他。"

例(1),张某提出的论题是"陈某不能被提拔"。理由是"他性格急躁,过去犯过错误",实际上这些理由都不是决定能不能信任或提拔一个人的决定性依据,这种言论属于"人身攻击"谬误。

*(2) 李某说:"今年下半年房价一定会跌,现在不要买房,因为有位权威经济学家说,根据他对房价经济的研究,认为今年下半年房价有走低的趋势,所以,现在不要着急买房。"

例(2),李某认为"今年下半年房价一定会跌"是论题,论据是"有位权威经济学家说……今年下半年房价有走低趋势"。实际上,房价的变化不完全按经济学理论上的规律运行,房价的价值规律要受许多方面的因素影响。某经济学家的分析只能参考,不能作为充分的论据推断出"下半年房价一定会跌"的结论,否则就会犯"诉诸权威"的谬误。

*(3) 吴大妈对法官说:"黄某虽犯盗窃罪,请从宽处理,因为,黄某平时工作积极,乐于助人,老母患病,生活困难,我真不忍心见他因一时糊涂犯罪入狱……"

例(3),吴大妈为黄某说情,提出"从宽处理"的理由都是黄某过去平时的表现及家境情况。黄大妈只是出于"不忍心",从感情出发提出的一些论据,并不能成为"从宽处理"的充分依据,犯了"诉诸感情"的谬误。

*(4) 林某指责高某说:"你登在学报上的那篇文章是抄袭别人的,不应当这样做。"高某对林某说:"你没有权利指责别人,因为你去年也发过一篇抄袭别人的文章。"

例(4),高某认为"你没有权利指责别人",理由是"你去年也发过一篇抄袭别人的文章",这种用对方与自己相同错误的行为来推论对方"没有权利指责别人"的言辞,只是为自己错误开脱,犯了"同语反诉",也称"你也如此"的谬误。

2. 诉诸众人

诉诸众人也称"三人成虎",是根据若干人的相同看法推断该看法必然为真的谬误。

*(1) 老王听说本地区最近可能还有地震,开始不相信,后来又听到一些人也说可能要地震,就信以为真,赶快做了许多防震措施。但过了两个月,地震并没有发生。

例(1),老王从听说到相信本地区最近可能有地震,根据就是有一些人这样说。这种只根据有多人怎样说就认为是怎样的推断,只是一种从众心理,没有必然推断的科学依据,属于"诉诸众人"的谬误。

3. 诉诸无知

诉诸无知是因不能证明某情况存在而推断其相反情况存在的谬误。

＊（1）某人说："他在银行一定有存款，因为，没有人能证明他在银行没有存款。"

例（1），某人认为"他在银行一定有存款"，理由是"没有人能证明他在银行没有存款"，这种由不能证明"非A"为真，就证明"A"为真，逻辑上是不成立的。逻辑上立论都要有证明，只有通过证明来否定"非A"（否定他在银行没有存款），才能推断"A"为真（他在银行有存款）。不能证明等于没证明，任何没有证明为真的判断，都不能用来作论证的论据。这种谬误也可以反过来表现为由不能证明"A"真，推断"非A"为真，也属于"诉诸无知"的谬误。

4. 合举误推

合举误推是把个体的属性推论到总体的谬误。

＊（1）这支足球队整体水平一定很高，因为，这支足球队的队员个个球都踢得好。

例（1），论题是"这支足球队整体水平一定很高"，理由是"这支足球队的队员个个球都踢得好"。但是，队员个个踢得好，只是证明个人的踢球技术水平高，不能必然推出球队的整体水平高；还要有好的教练，团队的集体精神等重要条件，才能使整体水平高。该论证犯了"合举误推"的谬误。

5. 分举误推

分举误推是把总体的属性推论到个体的谬误。

＊（1）某中学高二甲班的学生个个都是优秀生，因为，高二甲班是全校的优秀班集体。

例（1），论题是"某中学高二甲班的学生个个都是优秀生"，理由是"高二甲班是全校的优秀班集体"。但是，一个班集体被评为优秀班是根据对班集体评判的标准做出的评价，不等于对集体中的每个学员的评价，因此，不能从班集体的优秀推断班中的每个学生都优秀。该论证犯了"分举误推"的谬误。

6. 因果倒置

因果倒置是将原因推断为结果的谬误。

＊（1）我的歌唱得不好，是因为大家不喜欢听我唱歌。

例（1），论题是"我的歌唱得不好"，原因是"大家不喜欢听我唱歌"，其实，恰恰相反，是因为"我的歌唱得不好"，才会出现"大家不喜欢听我唱歌"的结果，该论证犯了"因果倒置"的谬误。

7. 偶然关联

偶然关联是把偶然现象推断为必然现象的谬误。

＊（1）我们下次郊游，最好别选周日去，因为前几次选周日去，不是刮风，就是下雨。

例（1），根据过去几次周日发生的情况，就推断以后的周日也必然发生该情况，这种把偶然联系推断为必然联系的错误，称为"偶然关联"的谬误。

8. 样本误推

样本误推是将小样本统计结果推断为大范围一般结果的谬误。

*（1）某市一次调查市民住房购买力，经对城市中的政府机关干部、大中型企业职工的调查统计，得出70%的人买得起房的结论，于是就认为该城市70%的市民有住房购买力。

例（1），根据对城市中的政府机关干部和大中型企业职工调查所获得的数据，就推广到全市市民也是同样的数据是不准确的，其间没有必然能推出的关系，犯了"样本误推"的谬误。

9. 均数误推

均数误推是将总体的平均数推及其个体的谬误。

*（1）高某应聘于某公司做职员，该公司招聘时说，公司平均工资为2400元，高某上班一个月后却只拿到1200元，高某认为这与公司招聘时所说工资数不符。一个公司的工资平均数，是指公司所有人其中包括经理、职员以及勤杂服务人员等不同人员的平均值，并不是每个公司人员的实际月工资数。例（1）高某犯了"均数误推"的谬误。

10. 数据误比

数据误比是将没有可比关系的数据进行比较做出推断的谬误。

*（1）有人统计，近年某市喝牛奶的人增长比率同患癌症的人增长比率都很高，于是得出患癌症与喝牛奶有关，甚至喝牛奶致癌的结论。

例（1），仅从两者都有比率趋高的现象，并不能揭示出"喝牛奶"与"患癌症"之间有什么必然联系。要判断喝牛奶是否能致癌，必须有科学的实验与分析为依据，才能做出准确的判断，不能仅根据某一项比较的数据就做出结论，犯了"数据误比"的谬误。

11. 相对误推

相对误推是将相对性认识推断为普遍性认识的谬误。

*（1）去美国访问的中国某代表团一位副团长，向一位美国华裔老人问候家人时说："向您爱人问好！"老人听后很不高兴地说："我这么大年纪，你怎么竟问起女友了！"

例（1），"爱人"这个词在中国是对夫妻双方互相的称谓，而在美国是可指女友、情人等的称谓。把相对不同条件下有不同理解的语词认为任何条件下都适用，就会犯"相对误推"的谬误。

12. 以偏概全

以偏概全是将某特例或某些个别案例的情况推断为一般情况的谬误。

*（1）林老板见到李老板在顺昌路边开了一家饭馆，生意很红火，就认为在这条路上开饭馆一定都能红火，于是就在李老板饭馆旁边也开了一家饭馆，结果生意一直不好。林老板又在另外一条兴隆街上看到有好几家饭馆生意都不错，又认为在

这里开饭馆一定会不错，林老板又在兴隆街上开了一家饭馆，结果仍然火不起来。
例（1），根据某一个特例，或几个相同的案例，不能推断为一般情况都是如此。林老板只是从表面上看到某些饭馆的生意红火，并没深入分析其生意红火的原因，就概括出只要在这条街上开饭馆就能生意好的错误认识，犯了"以偏概全"的谬误。

13. 以总概偏

以总概偏是将总体的认识当作全称认识否认特例的谬误。

＊（1）这是一个全市医疗水平最高、声誉最好的三级甲等医院，应当不会出现误诊及医疗事故等情况，可是最近我就见到该医院正在处理一件因误诊造成的医疗事故。

例（1），对一个医院判断它是"医疗水平最高、声誉最好的三级甲等医院"，是对医院的一个总体评价，不是一个全称的对医院里每件事情、每一位医生的个别评价，不能因医院中有与总体评价不符的事件，就否认其总体的评价。我们在理解任何一个总体评价时，不能排除总体中有某些特例存在，否则就会犯"以总概偏"的谬误。

14. 非黑即白

非黑即白是将多种可能误认为只有两种极端可能并做出非此即彼推断的谬误。

＊（1）张先生要买一座高层楼房中的一套住房，选楼层时表示要选最高层的房，妻子不同意说："不能选最高层的，我有恐高症。"张先生说："不选最高层的，难道你让我选底层的吗？"

选楼层有多种可能，"最高层"和"底层"是"黑"与"白"两种极端的选择。此外，还有"中层"的许多选择。例（1）张先生反驳妻子的说法时，无视其他的选择，只在两种极端的选择即"最高层"和"底层"之间，做出了"非此即彼"的推断，犯了"非黑即白"的谬误。

15. 复杂问语

复杂问语是用隐含预设的问句诱导对方肯定预设前提的谬误。

＊（1）您已经同意投资办学，因为，我曾问您"这次投资办学，您能投资100万元吗？"您虽然回答"不能投资100万元"，但您并没否认"您同意投资"这个前提，所以，您是同意投资办学的，至于投资多少，我们可以再商量。

隐含预设的问句，逻辑上叫作"复杂问语"，如问"你戒烟了吗？"无论回答"戒了"，还是回答"没戒"，都肯定了问句中的预设：你是抽烟的人。上例中的问句："这次投资办学，您能投资100万元吗？"无论回答"能"，还是"不能"，都肯定了"您同意投资"这个隐含的预设，并以此来证明"您同意投资"这个前提判断。按常理应当首先商谈是否同意投资，对方同意投资，再说投资数额问题。例（1）这种用"复杂问语"诱导对方肯定预设的"语言陷阱"，犯了"复杂问语"的谬误。

16. 赌徒谬误

赌徒谬误是对两种连续自然出现的可能情况推断为必然交替出现的谬误。

*（1）过去，有一位妻子对丈夫说："这次生了个女孩，下次再生一定是个男孩。"结果连续生了好几胎都是女孩，第五胎才生了男孩。丈夫对妻子说："下次再生不会是男孩了。"结果连着又生了一个男孩。

参加赌博的人有一种心理：认为既然输赢参半的结局，"输"或"赢"其概率都是1/2，那么输赢就会交替出现。一旦输了，就认为下次会赢，赢了就认为下次不太会再赢，而事实是，虽然输赢的概率都是1/2，但不等于输赢的结局会交替出现。例（1）这对夫妻都犯了"赌徒谬误"。实际上，生男生女没有必然交替出现的规律，只是连续每次出现同一种情况后，出现另一种情况的可能性会增加。

17. 稻草人谬误

稻草人谬误是歪曲对方论题后再反驳对方的谬误。

*（1）某人写文章说："北京的塔多建在中轴线的西部"，有人写文章反驳说："北京的塔并不是都建在中轴线西部，实际上，在北京中轴线的东部也有些塔……"

例（1），某人文章的论题是"北京的塔多建在中轴线西部"，而反驳者却将这个论题篡改为"北京的塔都建在中轴线西部"，然后加以反驳，其结果只能是射击脱靶，打倒的不是真人，而是自己虚设的"稻草人"。

18. 诡辩谬误

诡辩谬误是貌似合乎逻辑实则违反逻辑的谬误论证。

*（1）张先生在公园玩得又渴又饿，来到一家咖啡厅，先要了两份汉堡包，正要付钱的时候，又想先喝杯咖啡，问老板："两份汉堡包多少钱？"答："5元。"又问："一杯咖啡多少钱？"答："5元。"张先生说："我不要汉堡包，价钱一样，换咖啡可以吧！"老板说："可以。"张先生喝完咖啡起身就要走，老板拦住说："请付钱！"张先生说："我不是用汉堡包换的咖啡吗？"老板说："您的汉堡包没给钱。"张先生说："汉堡包我并没吃，为什么要给钱？"老板语塞，一时无言以答。

例（1），张先生认为"我不应付钱"，理由是：咖啡是用汉堡包换的，汉堡包并没吃已退还，所以不应付钱。听起来似乎有道理，其实是一种偷换概念的诡辩。张先生的理由中所说的"汉堡包"，本来是"尚未付钱的汉堡包"，却被张先生在思维中偷换为"已经付钱的汉堡包"，用已付钱的汉堡包换来等价的咖啡，当然不需要再付钱了。老板只需指出："您原来要了后来又退的汉堡包并没有付钱，用没付钱的汉堡包换来的咖啡，当然也是没付钱的，请付了钱再走。"

*（2）陈博士向刘教授学习法律，师生签下协议：陈先付一半学费，待两年学完后第一次参与诉讼，并获得胜诉，再付另一半学费。陈两年学成后，却迟迟未参与诉讼，刘教授等得不耐烦，要到法院告陈博士。陈博士却对刘教授说："这场官司如果我打赢了，根据法庭的判决，我不付那一半学费；如果我打输了，根据师生协议，我还是不付那一半学费，总之，我不付那一半学费。"刘教授听后一笑，针锋相对地说："这场官司如果我赢了，根据法庭判决，你要付那一半学费；如果我

输了,根据师生协议,你第一次获得胜诉,还要付那一半学费。"师生二人僵持不下,谁也说服不了谁。

例(2)中,陈博士提出的"不付那一半学费"的理由,先后用了两个不同的依据,先依据法庭判决,后依据师生协议,这是不合逻辑的。逻辑上要求对同一类事物的划分,一次只能有一个依据,不能同时用两个依据,否则就犯了"混淆根据"的逻辑错误。如果只根据法庭判决,或只根据师生协议,输赢自有定论。刘教授采用同样的方法,以子之矛攻子之盾,以诡辩对诡辩,形成双方僵持的局面。问题是到了法庭如何解决?有一种解决办法是:法庭可以根据师生协议,因陈博士没有第一次出庭胜诉的情况,判陈胜诉,然后,刘教授再告,根据协议,陈已有第一次胜诉记录,又可判刘教授胜诉。

思考与练习

一、什么是逻辑?逻辑的思维形式和思维规律主要有哪些?

二、什么是概念?概念之间有哪些关系?明确概念有哪些主要方法?

三、什么是判断?判断由哪几部分构成,有哪几种类型,各类型在应用中需要注意哪些问题?

四、什么是推理?推理由什么组成的,有哪几种主要类型,各类型在应用中需要注意哪些问题?

五、思维和语言在表达时,要遵守哪几条形式逻辑基本规律?

六、什么是论证?它由哪几部分构成?在论证中,应注意哪些规则?

七、指出下列加黑点的词语在概念上犯了哪一种逻辑错误,并予改正。

(1)共产党员李德宏五次办喜事没收一分礼。
(　　　　　　　　)

(2)上海新时装表演队造诣深,水平高,他们的表演华而不艳,美而不俗,恰到好处,这一点很值得以后的效尤者注意。
(　　　　　　　　)

(3)王先生主编的这部方言词典约有三百万字左右。
(　　　　　　　　)

(4)有个别人去旅游区、风景区随意猎捕鸟类,致使鸟类数量减少,有些鸟类已看不到了。
(　　　　　　　　)

(5)爱迪生发明了灯。
(　　　　　　　　)

(6)各种水果四季皆有,价格也不贵,但通常的食品价格如蔬菜、西红柿、鱼、虾、牛肉等价格要比我们国内高得多。
(　　　　　　　　)

（7）区委对领导干部和党员干部中严重存在的歪风邪气，不能姑息迁就。
（　　　　　　　　　　　　　　　　　　　）

（8）一开门，出来一个男的小伙子。
（　　　　　　　　　　　　　　　　　　　）

（9）植物的生长，都要吸收土壤里的水分、氮、磷、钾等肥料。
（　　　　　　　　　　　　　　　　　　　）

八、指出下列句子在判断上犯了哪一种逻辑错误，并予以改正。

（1）大会将表彰五十七个先进集体和先进工作者。
（　　　　　　　　　　　　　　　　　　　）

（2）在农村期间，报晓的雄鸡就是我们炊事员起身烧早饭的信号。
（　　　　　　　　　　　　　　　　　　　）

（3）凡到过西安的人，无不去华清池一游。
（　　　　　　　　　　　　　　　　　　　）

（4）公孙龙是我国古代一位重要的逻辑家，谁也不能否认他对后来没有影响。
（　　　　　　　　　　　　　　　　　　　）

（5）我们要努力加强教育质量。
（　　　　　　　　　　　　　　　　　　　）

（6）法院在审理终结前，既不肯定被告者有罪，也不否定被告者无罪。
（　　　　　　　　　　　　　　　　　　　）

（7）显然，他对现行的劳动工资制度可能持否定态度，也可能持反对态度。
（　　　　　　　　　　　　　　　　　　　）

（8）物体只有受到摩擦，才会发热。
（　　　　　　　　　　　　　　　　　　　）

九、指出下列句子在推理上犯了哪一种逻辑错误。

（1）雷锋之所以成为共产主义战士，是因为他出身好。
（　　　　　　　　　　　　　　　　　　　）

（2）因为一切小说都是有故事情节的，所以，一切有故事情节的都是小说。
（　　　　　　　　　　　　　　　　　　　）

（3）昨天，小刘来养鸡场找我，提起过去的往事，我俩都不胜感慨。他劝我学外语，我想，我又不当翻译学那个干什么。
（　　　　　　　　　　　　　　　　　　　）

（4）我家来信说，我们家乡没有丰收。我想一定是歉收无疑了。
（　　　　　　　　　　　　　　　　　　　）

（5）近两年来，由于我国对外交往的扩大和旅游事业的发展，一些边境、沿海地区走私和投机倒卖进口物资的犯罪活动日渐猖獗，目前已向内地和农村蔓延。
（　　　　　　　　　　　　　　　　　　　）

（6）北宋大政治家寇准先后做了三十年宰相，没有为自己建造住宅，有人赞他"为官居鼎鼐，无地起楼台"。由此可见寇准廉洁俭朴。
（　　　　　　　　　　　　　　　　）

（7）我读了一篇小小说，只有一千字，文字很流畅，后来那篇小小说得了奖，你写的这篇也有一千字，文字也挺流畅，也一定能得奖。
（　　　　　　　　　　　　　　　　）

十、指出下列句子犯了哪种逻辑规律错误。

（1）有些美的东西，无产阶级觉得美，资产阶级也不会说不美，例如，杭州西湖，外宾不是赞美不绝吗？
（　　　　　　　　　　　　　　　　）

（2）售票员发觉她可能没买票，便喊住她，车上乘客也纷纷喊道："乘车为何不买票？"女青年一回头说："嚷嚷什么，还要不要五讲四美？"
（　　　　　　　　　　　　　　　　）

（3）我自己一向就是常常这样做的。
（　　　　　　　　　　　　　　　　）

（4）有无灵魂的争论，我不参与，因为我觉得没有多大意思，对于他们的两种观点我都不赞成。
（　　　　　　　　　　　　　　　　）

十一、指出下列句子在论证上犯了哪种逻辑错误。

（1）……名人未出于名门者，为实更多。值得注意的是，越是注意查看一些名人的经历，就越是发现他们的出身并不高贵，其家庭不是有万贯余财的富户，其先父远祖也不具备后辈名人所擅长的技艺，以至于可以祖传世袭。因此，我们可以说，所有名人都是从无名小辈过来的，从没有生下就是名人的先例。
（　　　　　　　　　　　　　　　　）

（2）胡也频是在上海被蒋介石枪毙的，他一定是革命的。
（　　　　　　　　　　　　　　　　）

（3）我想，自己脑袋小，知识装不进去，这说明学习不好的原因就在这倒霉的长相上。
（　　　　　　　　　　　　　　　　）

（4）有人说：价廉未必物美。事实并非如此。北京人民服装厂生产的编织衬衫，采用的是特丽灵面料，胸前有一块用手工编织的小方格，谁见了谁说好看，每件只卖十三元左右。
（　　　　　　　　　　　　　　　　）

第七章　标点符号

第一节　标点符号概说

一、什么是标点符号

语言是人类最重要的交际工具。随着文字的出现，人类的语言就有了口头和书面两种形式。在书面语中，除了词语形式之外，还有用来表示停顿、语气和标明词语的性质、作用的符号。这种用来表示停顿、语气和标明词语的性质、作用的符号，就是标点符号，简称"标点"。

一句话用嘴说出来，可以把停顿、语调原原本本地表达出来；可是写到纸上，就没有专门表示这种停顿和语调的文字。我们平时说话，有表情、手势、腔调的帮助，哪一句只说了一半，哪一句是表示讽刺或引用别人的，一句话里哪些地方表示突转或迟疑，都可以表达得清清楚楚；但是用笔写出来，这些东西就看不见了。怎么办？用标点符号来表示。标点符号是书面语言不可缺少的辅助工具，它能够帮助文字正确精密地记录语言。

请比较下面的例子：

（1）下雨了
（2）下雨了。
（3）下雨了？
（4）下雨了！

这四个例子的末尾，有的没用标点，有的用了标点，例（1）没用标点，我们无法理解它究竟是要表达什么意思。例（2）的末尾用了句号，表明这句话是客观地向别人陈述一件事情，希望别人能够知道。例（3）的末尾用了问号，表明这句话是向别人询问一件事情，希望得到别人的回答。例（4）的末尾用了叹号，表明这句话是抒发一种情感。比如，在久旱之后下雨，我们说"下雨了！"就是表达一种高兴的感情，希望引起别人的共鸣。标点不但可以帮助我们确切地表达思想感情，还可以帮助我们确切地理解言语的意思。我们知道，在我国，新式标点是到了近代随着西洋书籍的翻译出版而逐渐介绍进来的。汉语的古代书面语是没有标点或者没有严格意义上的标点的。一篇文章或一部著作，从头到尾，字字相连，句句相接，人们要阅读它，理解它，首先就得断句。古代言语作品不用标点，这必然会在一定程度上给一般的读者带来阅读上的困难，断句不对，就有可能有造成误解，或者使人难以理解。

我们平时阅读现代言语作品，在很大程度上就是通过标点来把握作品中语句的结构和语气，从而理解语句所表达的意思的。语句无标点，或误用标点，都会使人感到费解。

正因为标点在人们的书面表达和理解中起着很重要的作用，所以语言大师们都非常重视标点的使用。郭沫若就认为："标点不正则言不顺。"并把标点比作人的五官。他说："标点之于言文有同等的重要，甚至有时还在其上。言文而无标点，在现今是等于人而无眉目。"又说："标点一定要恰当。标点好像一个人的五官，不能因为它不是字就看得无足轻重。标点错了，意义也就变了。"（《沸羹集》）叶圣陶也说："标点很要紧。一个人标点不大会用，说明他语言不够清楚。"

二、标点符号的作用

标点符号的作用具体表现在以下几个方面。

（一）表示停顿

人们在说话的时候，只能一句一句地说，因为需要换气，要换气，就得有停顿；另一方面，言语本身的结构和意义也需要有停顿。停顿有长有短。在书面语中，不同的停顿就是靠不同的标点来表示的。有时候一个句子，由于标点不同，表示的停顿就不一样，句子的结构也不相同，句子的意思也有区别。请比较下面一个句子的几种不同的标点：

（1）为了女儿艳梅我不怕吃苦。

（2）为了女儿，艳梅、我不怕吃苦。

（3）为了女儿、艳梅，我不怕吃苦。

（4）为了女儿，艳梅，我不怕吃苦。

（5）为了女儿，艳梅我不怕吃苦。

（6）为了女儿艳梅，我不怕吃苦。

例（1）句中没用标点。这个句子是有歧义的，我们可以做不同的理解。例（2）句中两处用了标点，表示有所停顿，其中"女儿"后边的逗号所表示的停顿比"艳梅"后边的顿号所表示的停顿要长一点；同时，顿号还表明"艳梅"和"我"之间是一种并列关系。例（3）"女儿"的后边用顿号，表示的停顿比较短，还表明"女儿"和"艳梅"之间是一种并列关系；"艳梅"后边用逗号，表示的停顿比"女儿"后边的停顿要长一点。例（4）"艳梅"的前后都用逗号，表示前后停顿相同，同时还表明"艳梅"是一个独立语。例（5）句中只在"女儿"的后边用了逗号，"艳梅"的后面没用标点，没有停顿，这表明"艳梅"和"我"之间是复指关系，同指一人。例（6）句中只在"艳梅"的后面用了逗号，而"女儿"的后面没用标点，没有停顿，这表明"女儿"和"艳梅"之间是复指关系，同指一人。这组例子就说明，标点除了表示停顿之外，还标明句中词语之间的结构关系和语义关系。

　　需要说明的是，我们话语中的停顿是用标点来表示的，但并不是话语中的每一处停顿在书面上都要用标点表示出来。事实上，句中的有些停顿有时是不用标点的。例如：

　　（7）马克思列宁主义是从客观实际产生出来又在客观实际中获得了证明的最正确最科学最革命的真理。（毛泽东《整顿党的作风》）

这个句子比较长，我们很难一口气把它读完，也就是说，句中需要有些停顿，可是在书面上，这些句中需要停顿的地方并没有用标点表示出来。因为如果每处停顿都用标点，有时就有可能把句子弄得支离破碎。由此可见，标点和停顿并不是绝对一致的，一方面，停顿要用标点来表示，另一方面，并非凡是停顿就一定要用标点，用还是不用，要根据需要来定。

　　（二）表示语气

　　句子都是带有一定语气的：或是陈述语气，或是疑问语气，或是祈使语气，或是感叹语气。口头说话时，句子的各种语气是通过语调和语气助词来表达的。而在书面上，语气的表达就得借助于标点了。标点不同，所表示的句子的语气就不一样。例如：

　　（1）试验成功了。
　　（2）试验成功了？
　　（3）试验成功了！

例（1）用了句号，是一种陈述的语气，说明一件事情；例（2）用了问号，是一种疑问的语气，表示不相信，提出疑问；例（3）用了叹号，是一种感叹的语气，抒发一种情感。这组例子中，三种不同的标点分别表示了三种不同的语气。又如：

　　（4）让我们捧起一把泥土来仔细端详吧！这是我们的土地啊！怎样保卫每一寸土地呢？怎样使每一寸土地都发挥它的巨大潜力，一天天更加美好起来呢？党正在领导着我们前进。青春的大地也好像发出巨大的声音，要求全国人民都做出回答。

这是秦牧的散文《土地》中结尾的一段。这段话中共有六个句子，句末用了三种标点。前两句用的是叹号，表示的是感叹语气；中间两句用的是问号，表示的是疑问语气；后两句用的是句号，表示的是陈述语气。

　　（三）标明词语的性质和作用

　　有的标点在句中是用来标明词语的性质和作用的。例如：

　　（1）我想看看鲁迅的故乡。
　　（2）我想看看鲁迅的《故乡》。

例（1）中"鲁迅的故乡"是指处所，具体指的是浙江绍兴；例（2）中"鲁迅的《故乡》"，"故乡"用了书名号，具体指的是一篇散文。又如：

(3) 不料这秃儿却拿着一支黄漆的棍子——就是阿Q所谓哭丧棒——大踏步走了过来。

(鲁迅《阿Q正传》)

(4) 鲁迅曾批评过这种人,他说:"辱骂和恐吓决不是战斗。"

(毛泽东《反对党八股》)

例(3)句中两处用了破折号,表明"就是阿Q所谓哭丧棒"是插入句中的解释性成分。例(4)句中的引号标明"辱骂和恐吓决不是战斗"是鲁迅的原话。

由于标点可以用来标明词语的性质和作用,因而在书面表达中,我们可以省去一些有关词语的性质和作用的说明性文字,使语言更加精练。最明显的是,有了引号,"××说"之类就可以少用许多。比较:

(5) 鸡叫的时候,水生才回来。女人还是呆呆地坐在院子里等他,她说:"你有什么话,嘱咐嘱咐我吧。"

"没有什么话了,我走了,你要不断进步,识字,生产。"

"嗯。"

"什么事都不要落在别人的后面!"

"嗯。还有什么?"

"不要叫敌人汉奸捉活的。捉住了要和他们拼命。"这才是那最重要的一句。女人流着眼泪答应了他。

(孙犁《荷花淀》)

(6) 孟子谓齐宣王曰:"王之臣有托其妻子于其友而之楚游者。比其反也,则冻馁其妻子,则如之何?"

王曰:"弃之。"

曰:"士师不能治士,则如之何?"

王曰:"已之。"

曰:"四境之内不治,则如之何?"

王顾左右而言他。

(《孟子·梁惠王》)

例(5)是水生和水生的女人之间的一段对话。这段对话中只有一处用了"她说",点明了问话人,其余各处问答的对象都未交代,但由于用了引号,谁问谁答,清清楚楚,丝毫也不混淆。如果对话中的每处都用上"她说""水生说"之类就显得有些啰唆了。例(6)也是一段对话——孟子和齐宣王之间的一段对话。原文本无标点,上面的标点是我们为了方便阅读加上去的。这段对话中每处都用了"曰"和"王曰"来点明问话和答话的对象。因为那时没有标点,所以,"曰"和"王曰"这类说明性成分是不可不用的,否则,谁问谁答,读者不容易一下子看清楚,或者无法看清楚。从比较中我们看到,有了标点的帮助,言语的表达就更加精练了。

(四)标明句子的层次

话语中,有的句子结构比较简单,而有的句子结构却很复杂。句子结构之所以复杂,往往是由于句中词语组合的层次多。书面表达中,我们可以运用不同的标点来标明句中词语组合的不同层次。例如:

（1）新人化石所显示的体质特征是：身体比较高大；四肢的特点是前臂比上臂长，小腿比大腿长；直立行走的姿势和现代人一样，不像古人那样弯腰曲背；颅骨高度增大，额部隆起，下巴突出；平均脑量与古人相同，但大脑皮层的结构更复杂化。

（李四光《人类的出现》）

例（1）是个复句，句中用了冒号、分号和逗号，分别标明复句中分句组合的三个不同的层次；冒号标明的是第一层次——并列（解注）关系；分号标明的是第二层次——并列（平列）关系；逗号标明的是第三层次，前四个逗号的前后分句之间也是并列（平列）关系，后一个逗号的前后分句之间是转折关系。这些句子尽管结构层次复杂，但由于句中使用了不同的标点来区分词语和分句组合的不同层次，所以我们读起来感到层次分明，关系清晰，很容易理解。

三、标点符号的种类

古人写作不用标点，因此给后人阅读带来了许多不便。到了近代，虽说引进了新式标点，但在体系上有待完善。20 世纪中叶，我国政府非常重视标点的使用。当时的中央人民政府出版总署在系统总结了标点使用的基本规律后，于 1951 年 9 月 26 日在《人民日报》上刊发了《标点符号用法》。同年 10 月 5 日，中央人民政府政务院又发出《关于学习标点符号用法的指示》，要求全国遵照实行。1951 年公布的标点符号共有 14 种。此后的近 30 年，标点的用法又有了某些发展变化，原有的规定已不完全适合实际的使用情况。为此，国家语言文字工作委员会和中华人民共和国新闻出版署根据当前标点使用的实际情况，对 1951 年刊发的《标点符号用法》进行了修订，由原来的 14 种标点增加到 16 种。修订后的《标点符号用法》于 1990 年 4 月 19 日在《人民日报》上正式公布。这 16 种标点是：

1. 句号（。）
2. 问号（？）
3. 叹号（！）
4. 逗号（，）
5. 顿号（、）
6. 分号（；）
7. 冒号（：）
8. 引号（""）
9. 括号〔（）〕
10. 破折号（——）
11. 省略号（……）
12. 着重号（．）
13. 连接号（—）
14. 间隔号（·）

15. 书名号（《 》）

16. 专名号（＿＿＿）

其中连接号和间隔号是新增的。

根据作用的不同，可以把标点分为两类：一类是标号，一类是点号。标号的主要作用在于标明。就是说，标号主要是用来标明词语的性质和作用的。它包括上面所列的后 9 种，即"引号"到"专名号"。其中有的有几种形式，如引号分双引号（""）和单引号（''），书名号也分双书名号（《》）和单书名号（〈〉），连接号分一字线（—），占一个字的位置，其辅助形式有浪纹线（～），还有短横线（-），习惯上叫半字线；括号除了最常用的圆括号〔( )〕外，还有方括号（[ ]）、六角括号（〔〕）和方头括号（【】）。

点号的作用在于点断。就是说，点号主要是用来表示说话时的停顿和语气的。它包括上面所列的前 7 种，即"句号"到"冒号"。其中句号、问号和叹号既表示停顿，又表示语气；逗号、顿号、分号和冒号只表示停顿，不表示语气。从停顿方面来看，这 7 种点号所表示的停顿，长短是不一样的。根据停顿时间的长短，可以把它们分为四级：句号、问号和叹号是第一级，停顿的时间最长；分号是第二级，停顿的时间次长；逗号是第三级，停顿的时间比较短；顿号是第四级，停顿的时间最短。即：

。
？ ＞ ： ＞ ， ＞ 、
！

冒号有点特殊，它所表示的停顿时间不是很固定，要视具体情况而定。有时候它用在单句里边，表示的停顿跟逗号相近；有时候用在分句之间，表示的停顿跟分号相近；当和分号同现，用于上一层次，分号用于下一层次时，表示的停顿又比分号稍大；有时候还用在段落的末尾，表示的停顿跟句号相近。当然，点号按停顿时间的长短分成四级，这只是就一般情况来说的，是相对而言的，并不是绝对的，因为在实际的运用当中可能会有些变化。由于不同的点号可以用来表示句中长短不同的停顿，因而也可以用来标明句中高低不同的层次。一个句子内部用了不同级的几种点号，就可以清楚地显示出词语或分句组合的不同层次来。关于这一点，我们在前面已经做了说明。

还需要说明的是，我们把标点符号分为标号和点号两类，这在界限上也不是十分严格的，因为有的符号是兼有"标"和"点"两种作用的。如破折号和省略号，除了主要起标示的作用外，还常常有表示停顿的作用。

第二节　标点符号的使用

下面分别介绍各种标点符号的用法及其一些需要注意的问题。

一、句号

（一）句号的基本用法

陈述句末尾用句号。例如：

（1）中国是世界上历史最悠久的国家之一。

（2）你明天在家休息休息吧。

（3）他问你什么时候出发。

（二）提示

1. 中文和外文同时大量混排（如讲解英语语法的中文书），为避免中文小圆圈的句号"。"和西文小圆点的句号"."穿插使用的不便，可以统统采用西文句号"."。例如：

（1）这个句子应当翻译成 He loves sports.

2. 科技文献有时涉及大量公式，为避免中文句号"。"同字母 o 及数字 0 相混，也可以采用西文句号"."。例如：

（1）焦耳定律的公式是：$Q = I^2RT.$

二、问号

（一）问号的基本用法

1. 疑问句末尾用问号。例如：

（1）今天你怎么没给我打电话？

（2）那里的冬天冷吗？

（3）你是吃米饭还是馒头？

2. 反问句末尾一般用问号。例如：

（1）所有这些，难道不是事实吗？

（二）提示

1. 选择问句问号的位置。一般的情况是，选择项之间用逗号，问号用在最后一个选择项之后。例如：

（1）是英雄造时势，还是时势造英雄？

2. 选择问句如果选择项比较短，选择项之间也可以不用逗号。例如：

（1）会议是上午还是下午？

3. 选择问句如果要强调每个选择项的独立性，可以在每个选择项后都用问号。例如：

（1）是历来惯了，不以为非呢？还是丧了良心，明知故犯呢？

4. 倒装句中，问号应该放在全句的末尾。例如：

（1）明天放假吗，张老师？

5. 位置禁则：问号不出现在一行之首。

三、叹号

（一）叹号的基本用法

1. 感叹句末尾用叹号。例如：

（1）这里的风景多美啊！

2. 语气强烈的祈使句末尾用叹号。例如：

（1）你不要再废话了！

3. 语气强烈的反问句末尾用叹号。例如：

（1）你怎么能这样对待一个不懂事的孩子呢！

4. 标语口号末尾一般用叹号。例如：

（1）全国各民族大团结万岁！

（二）提示

1. 在表示极其强烈的感叹时可以使用"！！"或"！！！"这样的叹号叠用形式。但是请注意：1）要得体，不要滥用。2）要使用半角标点，让它们挨在一起。例如：

（1）宁为玉碎，不为瓦全。她要揭露！要控诉!! 要以死做最后的抗争!!!

2. 带有强烈感情的反问句允许问号和叹号并用。但是请注意：1）要得体，不要滥用。2）要使用半角标点，让它们挨在一起。例如：

（1）"什么？"男人强烈抗议道，"你以为我会随便退出娱乐圈吗?!"

3. 带有惊异语气的疑问句允许问号和叹号并用。例如：

（1）周朴园：鲁大海，你现在没有资格和我说话——矿上已经把你开除了。

鲁大海：开除了?!

4. 像上面问号和叹号并用的形式，因为问多于叹，所以建议采用"?!"的形式，而不采用"!?"的形式。

5. 位置禁则：叹号不出现在一行之首。

四、逗号

（一）逗号的基本用法

1. 单句内部成分与成分之间需要停顿时用逗号。例如：

（1）因亏损严重，这家无力清偿债务的建筑公司，日前法院宣告破产。

（2）升学，是几乎所有的教师和家长都不敢小视的问题。她呀，已经毕业好几年了。

（3）值得注意的是，这次检查发现的问题全部出在联营柜台上。

（4）"九五"期间，我市增加了对能源工业的投入，推动了能源工业的技术进步。

（5）没事，老王，您就别说这些见外的话了。

（6）童年的往事，无论是苦涩的，还是充满欢乐的，都是永远值得回忆的。

2. 复句内部各分句之间的停顿用逗号。例如：

（1）一方面必须对材料有高度的概括，另一方面又必须在"画龙点睛"之处做细腻的加工。

（二）提示

1. "第一""第二""第三"和"其一""其二""其三"等表示序次的词语后面用逗号。

2. 位置禁则：逗号不出现在一行之首。

五、顿号

（一）顿号的基本用法

句子内部并列的词语之间需要停顿时，用顿号。例如：

（1）在人类发展史上，产权载体已先后出现了自然物、劳动产品、商品、货币、债券与股票等多种形式。

（二）提示

1. 并列词语如果结合较紧，中间没有明显的停顿，不要用顿号分隔。例如：

（1）工农兵‖长江中下游‖上下班‖父母亲‖男女青年‖中小学生‖红白喜事‖离退干部

2. 并列词语间如果有较长的停顿，或为了突出并列各项，也可以在并列词语间用逗号。例如：

（1）严格的教育，严格的训练，严格的管理，使交警支队成为济南市文明的一个标志。

3. 相邻两个数字表示概数，要用汉字数码，中间也不要加顿号。例如：

（1）两三个‖三五天‖二十七八岁‖六七点钟

4. 相邻两个数字连用，有时不是表示概数，而是一种缩略形式，中间要加顿号。例如：

（1）初中一、二年级‖国棉六、七厂‖八、九两个月‖退居二、三线‖17、18号楼‖102、103路无轨电车

5. 并列的引语、并列的书名、并列的括号，中间通常不用顿号，若有其他成分插在并列的引号之间或并列的书名号之间，宜用顿号。因为引号、书名号和括号在视觉上有分隔作用，可以避免满纸"黑瓜子"（顿号）。例如：

（1）在这个句子里，"伟大""光荣""正确"都是形容词。

（2）中国古典四大名著是《三国演义》《水浒传》《西游记》《红楼梦》。

（3）例（1）（2）（3）都是错误的说法。

6. "一""二""三"和"甲""乙""丙"等表示序次的词语后面用顿号。

7. 位置禁则：顿号不出现在一行之首。

六、分号

(一) 分号的基本用法

复句内部各并列分句之间的停顿用分号。例如：

(1) 一根普通电话线，只能通三路电话；一条微波线路，可通十万路电话；而一条光缆线路，可以通一亿路电话。

(2) 墙上芦苇，头重脚轻根底浅；山间竹笋，嘴尖皮厚腹中空。

(3) 管理人员只要一出现，小贩们就互相报信，赶快收摊；管理人员一走，他们就又继续倒卖。

(二) 提示

1. 如果分句比较简单，内部没有出现逗号，分句间也就用不着分号。例如：

(1) 谦虚使人进步，骄傲使人落后。

(2) 我渐渐爱上这些孩子了，孩子们也爱上了我。

2. 位置禁则：分号不出现在一行之首。

七、冒号

(一) 冒号的基本用法

1. 用在称呼语后面，表示提起下文。例如：

(1) 同志们：

第十六届体育运动大会现在开幕。

2. 用在"问、答、说、想、认为、指出、宣布、证明、发现、透露、表明、例如"一类动词的后面，表示提起下文。例如：

(1) 我常常想：诸葛亮的先见之明也不宜于过分夸大，实际上他并非任何时候对任何事都有先见之明。误用马谡，以致失守街亭，这不是缺乏先见之明吗？

(2) 绝大多数人都这样认为：昆虫度过了严寒的冬季，到了春天，天气转暖，它就会苏醒过来活动。

3. 用在总说性词语后面，表示提起下文。例如：

(1) 军队政治工作的三大原则：第一是官兵一致，第二是军民一致，第三是瓦解敌军。

4. 用在需要解释的词语后面，表示引出解释和说明。例如：

(1) 本店经营品种：服装鞋帽、钟表、玩具和家用电器。

(二) 提示

1. 冒号的形式是"："，左偏下，不要与上下左右居中的比号"："混淆。比号是数学符号。

2. 冒号的提示范围。一般说来，冒号用在句子内部，它的提示范围到一个句子完了为止。但是，它的提示范围有时也可以超出一个句子，管几个句子，甚至是几个段落或成篇的文字。如人们写信时在开头收信人的称呼后用的冒号，又如讲话稿一般在开头的称呼语后面用的冒号。

3. "问、答、说、想、认为、指出、宣布、证明、发现、透露、表明、例如"一类动词的后面，有时也可以不用冒号而用逗号。例如：

（1）他在讲话中指出，做伟大时代的创业者，必须立足本职岗位，矢志艰苦奋斗。

4. "问、答、说、想、认为、指出、宣布、证明、发现、透露、表明、例如"一类动词的后面，如果宾语不长，这些词语后没有什么停顿，就不必用标点符号。例如：

（1）他说今晚不回来吃饭。

（2）事实证明我错了。

5. 位置禁则：冒号不出现在一行之首。

八、引号

（一）引号的基本用法

1. 行文中直接引用的话，用引号标示。例如：

（1）要普及现代信息技术教育，"计算机要从娃娃抓起"。

2. 行文中需要着重说明的词语，用引号标示。例如：

（1）"坤包、坤表、坤车"里的"坤"，意思是女式的，女用的。

3. 行文中具有特殊含义的词语，用引号标示。例如：

（1）像这样奉行本本主义、不懂得理论联系实际的"理论家"越少越好。

（二）提示

1. 引号的形式分双引号" "和单引号' '。引号里面还要用引号，外面一层用双引号，里面一层用单引号。如果偶尔出现三层引号，最里一层引号用双引号。例如：

（1）《毛泽东选集》对"李林甫"是这样注释的："李林甫，公元八世纪人，唐玄宗时的一个宰相。《资治通鉴》说：'李林甫为相，凡才望功业出己右及为上所厚、势位将逼己者，必百计去之；尤忌文学之士，或阳与之善，啗以甘言而阴陷之。世谓李林甫"口有蜜，腹有剑"。'"

2. 在"某某说"的后面点号的用法。这要根据"某某说"的位置而定。

1）如果"某某说"在引语前，它后面一般应该用冒号，而不应该用逗号。例如：

（1）林小姐哭丧着脸说："妈呀，全是东洋货！明儿叫我穿什么衣服？"

2）如果"某某说"在引语后，它后面要用句号。例如：

（2）"妈呀，全是东洋货！明儿叫我穿什么衣服？"林小姐哭丧着脸说。

3）如果"某某说"在引语中间，它前后的引语是一个人说的话，它后面要用逗号。例如：

（3）"妈呀，"林小姐哭丧着脸说，"全是东洋货！明儿叫我穿什么衣服？"

4）如果"某某说"后面不是直接引语，而是转述"某某"话的大意，不用引号。"某某说"的后面一般用逗号。例如：

（4）女朋友去看了回来报告说，最喜欢那套短打扮：紧身的花色皮衣，很孩子气的。

3. 既有直接引语又有间接引语时，引号的使用。直接引用的部分用引号，间接引用的部分不用引号。直接引语后面的句末点号放在后半个引号后边。例如：

（1）他指出，科学是没有地区性局限的，"真正具有普遍性的是现代科学和现代技术，以及形成这种科学技术的哲学思想"。

4. 连续引用一篇文章的几个段落，引号的使用。一般要在引文的每个自然段的开头加上前引号，而只在引文的最后一个自然段的结尾才使用后引号。这样的多段落引用，还可以采用另外字体（如仿宋或楷体），每行左缩进两个字，就不再需要另外用引号了。

5. 引文末尾标点的位置。

1）如果引者是把引语作为完整独立的话来用，那么为了保持引语的完整独立性，末尾的标点应该放在引号之内。例如：

（1）总之，在任何工作中，都要记住："虚心使人进步，骄傲使人落后。"

2）如果引者只是把引语作为自己的话的一个组成部分，那么末尾的标点必须放在引号外面。例如：

（2）大革命虽然失败了，但火种犹存。共产党人"从地下爬起来，揩干净身上的血迹，掩埋好同伴的尸首，他们又继续战斗了"。

6. 竖排规则：竖排（直行）文稿的引号形式是双引号"﹃﹄"和单引号"﹁﹂"。为跟横排方式照应，外面一层用双引号，里面一层用单引号。

7. 位置禁则：引号的前一半不出现在一行之末，后一半不出现在一行之首。

九、括号

（一）括号的基本用法

行文中注释性的文字，用括号标示。例如：

（1）当时，市委决定由一名叫李什么茹（我记不清名字了）的演员领衔主演《白蛇传》。

（2）征集摄影、美术创作稿。请寄相质优良的彩扩片或彩色反转片（照片请加硬纸衬背，以防折损）。

（3）计算机信息系统的安全保护，应当保障计算机及其相关的和配套的设备、设施（含网络）的安全，运行环境的安全，信息的安全，计算机功能的正常发挥，以维护计算机信息系统的安全运行。

(4) 在全球范围内，艾滋病迄今已经夺去 2000 多万人的生命，有 3500 万人感染了人类免疫缺陷病毒（HIV）。

(二) 提示

1. 括号常用的形式是圆括号"（ ）"。此外还有方括号"［ ］"、六角括号"〔 〕"和方头括号"【 】"。

2. "一""二""三"和"甲""乙""丙"等，以及阿拉伯数字，用括号括起来，表示序次。带括号的序次后面不能再用顿号或逗号。

3. 行文中补缺或订误，用方括号标示。例如：

(1) 这位挺有名气的歌星在递过来的本子上草草写了几个字："海内存知［己］，天涯若比邻。"

(2) 她留给丈夫的遗书只有一行字："我园［圆］满了，我脱离了苦难，升天了。"

4. 国际音标用方括号标示。例如：

(1) friend［frend］名词①朋友，友人。②自己人；支持者，同情者；助手。

5. 公文编号中的发文年份，用六角括号标示。例如：

(1) 国发〔2000〕23 号文件《国家行政机关公文处理办法》对此做了明确的规定。

6. 作者的国籍或朝代，用方括号或六角括号标示。例如：

(1)［法］司汤达《红与黑》

(2)〔宋〕柳永《虞美人》

7. 行文中的注释序号，用六角括号标示。若最大的序号不超过两位数，一般用圆注码①②③。例如：

(1) 世上最可笑的是那些"知识里手④"，有了道听途说的一知半解，便自封为"天下第一"，适足见其不自量而已。

注：④里手，湖南方言，内行的意思。

(2) 第三个例子是我在一篇文章里用过的。②

注：②《吕叔湘语文论集》，商务印书馆 1983 年版，第 154 页。

8. 尽量避免括号套用。同一形式的括号不得套用。必须套用括号时，可采取六角括号与圆括号配合使用。一般情况下，里面用圆括号，外面用六角括号。若里面或外面的一种已有定式，可首先照顾它的形式而做变通。例如：

(1) 自然界存在的铜矿有三种形式：自然铜、氧化矿和硫化矿。其中氧化矿有赤铜矿（Cu_2O）、黑铜矿（CuO）和孔雀石〔$Cu(OH)_2 \cdot CuCO_3$〕等。

(2)〔须臾（yú）〕片刻，一会儿。

(3) 例 22 把山海似深恩掉在脑后（董西厢：〔黄钟调·侍香金童·尾〕）。

(4) 电流的基本单位是 A（安〔培〕）。

9. 工具书的条目，用方头括号标示。例如：

(1)【标点】biāodiǎn　①标点符号。②给原来没有标点的著作（如古书）加上标点符号：~二十四史。

10. 位置禁则：括号的前一半不出现在一行之末，后一半不出现在一行之首。

十、破折号

（一）破折号的基本用法

1. 行文中解释说明的语句，用破折号标示。例如：

（1）亚洲大陆有世界上最高的山系——喜玛拉雅山，有目前地球上最高的山峰——珠穆朗玛峰。

2. 话题突然转变，用破折号标示。例如：

（1）我在珠海的公司干得挺顺心。老板对我不错，工资也挺高，每月三千多呢！——我能抽支烟吗？

3. 表示话语的中断。例如：

（1）"班长他牺——"小马话没说完就大哭起来。

（2）他很大了——并且他以为他母亲早就死了的。

4. 表示声音延长，用破折号标示。例如：

（1）"顺——山——倒——"林子里传出我们伐木连小伙子的喊声。

5. 事项列举分承，各项之前用破折号标示。例如：

（1）中央与地方的关系，是国家政治经济体制的核心问题之一。当前迫切需要确立的主要原则是：

——民主集中制法制化原则；

——党的领导法制化原则；

——充分发挥中央与地方两个积极性的原则；

——政企职责分开的原则。

6. 表示引出下文。这种由破折号引出的下文常常是另起一段。例如：

（1）在一篇题为《论气节》的文章里，他对"五四"以来中国知识分子的历史道路与现实处境做了这样一番总结——

（2）小姑娘的相貌神态酷似她的母亲，我的心一颤。眼前又浮现出十年前我在槐树村生活的情景——

7. 用在副标题的前面。例如：

（1）语言与哲学
　　——当代英美与德法哲学传统比较研究

8. 用于引文后标明作者。例如：

（1）日出江花红胜火，春来江水绿如蓝。

　　　　　　　　　　　　　　　　　　——白居易

（二）提示

1. 破折号和括号都有标明补充说明的语句的作用，但是破折号标明的补充说明性语句是正文的一部分,比较重要,需要读出来,而括号标明的补充说明性语句不是正文,一般可以不读出来。应根据表达的需要加以选择。例如:

(1)每当肝疼发作时,他就采取自己的"压迫止痛法"——用茶壶盖、烟嘴、玻璃球、牙刷把顶住肝部,从来没有因为肝疼影响工作。

2. 解释说明或补充的语句如果是插在句子中间的,可以前后各用一个破折号。例如:

(1)太阳系除了9个大行星——水星、金星、地球、火星、木星、土星、天王星、海王星和冥王星——以外,还有40个卫星,为数众多的小行星、彗星和流星体等。

(2)直觉——尽管它并不总是可靠的——告诉我,这事可能出了什么问题。

3. 位置禁则:破折号不能排作"--",也不得一分为二,分居两行。

十一、省略号

(一)省略号的基本用法

1. 话语的省略,用省略号标示。例如:

(1)那孩子含着泪唱着:"……世上只有妈妈好,没妈的孩子像根草……"

(2)各种鲜花争奇斗艳:菊花、玫瑰、马蹄莲、郁金香……

2. 话语的断断续续,用省略号标示。例如:

(1)他吃力地张开嘴:"要……坚持……下……去……"

(二)提示

1. 中文省略号的形式是"……",六个小圆点,占两个汉字的位置,居中。

2. 一个或几个自然段文字的省略,诗行的省略,可以用12个小圆点独居一行。

3. 省略号前后的标点

1)省略号前如果是句号、叹号、问号,说明前面是完整的句子,那么句号、叹号、问号应保留。例如:

(1)不受制约的权力将产生腐败现象。但是,谁来制约?谁来监督?谁能制约?谁能监督?……尚有一系列问题需要深入探讨。

2)省略号前的顿号、逗号、分号一般要省掉。例如:

(2)一群马,在公孙龙的眼里是"非白马",是黑马、青马、黄马、棕马……的综合。

3)省略号后的点号一般应去掉。因为连文字都省了,点号自然也不必保留。例如:

(3)雄伟庄严的人民大会堂,是首都最著名的建筑之一……那壮丽的廊柱,淡雅的色调,以及四周层次繁多的建筑立面,组成了一幅绚丽的图画。

4. 列举之后煞尾,"等"的后面可以带有前列各项的总计数字。例如:

(1)中国有长江、黄河、黑龙江、珠江等四大河流。

（2）这学期我们学了语文、代数、几何、化学、英语等五门课程。

5. 位置禁则：句末省略号不要出现在一行之首，并且不能独居一行。

十二、着重号

提示读者特别注意的字、词、句，用着重号标示。例如：

（1）说"这个人说的是北方话"，意思是他说的是一种北方话，例如天津人和汉口人说的都是北方话，可是是两种北方话。

十三、连接号

（一）连接号的基本用法

1. 表示连接。连接相关的汉字词、外文符号和数字，构成一个意义单位，中间用连接号（应用半字线）。

1）连接两个中文名词，构成一个意义单位。例如：

（1）原子-分子论 ‖ 物理-化学作用 ‖ 氧化-还原反应 ‖ 焦耳-楞次定律 ‖ 万斯-欧文计划 ‖ 赤霉素-丙酮溶液 ‖ 煤-油燃料 ‖ 成型-充填-封口设备 ‖ 狐茅-禾草-苔草群落 ‖ 经济-社会发展战略 ‖ 芬兰-中国协会 ‖ 一汽-大众公司

2）连接外文符号，构成一个意义单位。例如：

（2）Pb－Ag－Cu 三元系合金

3）有机化学名词。例如：

（3）d-葡萄糖 ‖ α-氨基丁酸 ‖ 1，3-二溴丙烷 ‖ 3-羟基丙酸

4）连接汉字、外文字母、阿拉伯数字，组成产品型号。例如：

（4）东方红-75 型拖拉机 ‖ MD－82 客机 ‖ 大肠杆菌-K12 ‖ ZLO－2A 型冲天炉 ‖ 苏-27K 型舰载战斗机

2. 表示起止。连接相关的时间、方位、数字、量值，中间用连接号（一字线或浪纹线）。

1）连接数目，表示数值范围的起止（科技界习惯用浪纹线）。例如：

（1）200～300 千瓦 ‖ 20%～30% ‖ 15～30℃ ‖ －40～－30℃ ‖ 40% 乐果乳剂 800～1000 倍液

2）连接日期、地点名词，表示时间、地点的起止（不要用浪纹）。例如：

（2）孙文（1866—1925） ‖ 1997—1998 年 ‖ 1997 年—1998 年 ‖ 北京—上海特别快车 ‖ 北京—旧金山—纽约航班 ‖ 秦岭—淮河以北地区

3. 表示流程。连接几个相关项目表示事物递进式发展，中间用连接号（一字线），也可以用箭头。不过箭头不属于标点。例如：

（1）人类的发展可以分为古猿—猿人—古人—新人这四个阶段。

（2）在 1942 年，我们曾经把解决人民内部矛盾的这种民主的方法，具体化为一个公式，叫作"团结—批评—团结"。

（3）邮局汇兑的基本过程：汇款人→收汇局→兑付局→收款人。

(二) 提示

1. 连接号的常用形式为一字线"—",占一个汉字位置。此外还有半字线"-"和浪纹线"～"。

2. 中文半字线连接号与西文连字符（hyphen）长短不同,不可混用。

3. 用于表示时间、数字、量值的起止,一字线与浪纹线的功能相同,出版物可选择其中一种。科技文章中常出现负号"-",为避免与一字线勾连,连接号一般习惯使用浪纹线。

4. 位置禁则：连接号最好不出现在一行之首,而应放在一行之末。

十四、间隔号

(一) 间隔号的基本用法

1. 外国人和一些少数民族人名内部的分界,用间隔号标示。例如：

(1) 诺尔曼·白求恩‖爱新觉罗·玄烨

2. 书名与篇（章、卷）名之间,用间隔号标示。例如：

(1)《史记·扁鹊仓公列传》‖《中国大百科全书·语言文字》

3. 诗的标题、词的标题与诗体、词牌名之间,用间隔号标示。例如：

(1)《七律·长征》‖《江城子·咏史》

4. 用汉字数字表示节日或事件的日期,只在一、十一和十二月后用间隔号；用阿拉伯数字表示,月、日之间用间隔号。例如：

(1) "一二·九"运动‖"3·15"消费者权益日

5. 用几个并列词语做标题,词语之间可以用间隔号标示。例如：

(1) 人性·法律·社会‖信号·符号·语言‖人·兽·鬼

(二) 提示

1. 外国人名如果是外文缩写字母与中文译名并用,外文缩写字母后面不用中文间隔号,应用下角点（齐线小圆点）。例如：

(1) E. 策勒尔‖D. H. 劳伦斯‖A. 罗伯特·李

2. 外国人名如果有两个缩写部分,要么都用中文,要么都用外文字母。例如：

(1) 副总裁比·哈·帕蒂‖副总裁 B. H. 帕蒂

3. 用月日汉字数字表示历史事件或节日,如果是一月、十一月和十二月,要用间隔号,并且加引号。其他月份则不加间隔号,是否加引号,视知名度而定,为人们所熟知的历史事件或节日,不必加引号。例如：

(1) 五四运动‖二七大罢工‖五一劳动节‖六一国际儿童节‖八一建军节‖"一二·九"运动‖"一·二八"起义

4. 由媒体创造的用阿拉伯数字表示事件的形式,予以认可,但不要把这种形式扩大到重要的历史事件和节日。例如：

(1) "3·15"消费者权益日‖"12·25"抢劫案‖"3·20"重大交通事故

5. 位置禁则：间隔号最好不出现在一行之首，而放在一行之末。

十五、书名号

（一）书名号的基本用法

1. 书名、篇名、报纸名、刊物名，用书名号标示。例如：

（1）《三国演义》‖《人的正确思想是从哪里来的?》‖《参考消息》‖《大众电影》‖《瞭望》杂志‖《中华儿科杂志》

2. 法律、规章、规定、合同等文书的标题，用书名号标示。例如：

（1）《新闻出版统计管理办法》‖《汉语拼音方案》

3. 文化产品（电影、戏剧、绘画、歌曲、舞蹈、摄影、邮票等）的题目，用书名号标示。例如：

（1）影片《红高粱》‖小提琴协奏曲《梁祝》‖独舞《月光下》‖黑白摄影《救死扶伤》‖董希文的《开国大典》‖石雕《和平》‖湘绣《龙凤呈祥》‖特种邮票《中国皮影》‖相声《钓鱼》‖小品《英雄母亲的一天》‖游戏软件《仙剑奇侠传》

4. 报纸、杂志、电台、电视台的栏目与版块名称，用书名号标示。例如：

（1）该报《人民子弟兵》专栏‖副刊《笔会》‖中央电视台专题节目《体育沙龙》‖北京文艺台《周末三人谈》专题节目

（二）提示

1. 书名号的形式分双书名号"《》"和单书名号"〈〉"。书名号里面还要用书名号时，外面一层用双书名号，里面一层用单书名号。偶尔出现三层书名号时，最里面一层书名号用双书名号。例如：

（1）《〈中国工人〉发刊词》发表于 1940 年 2 月 7 日。

（2）他的毕业论文《鲁迅先生〈《呐喊》自序〉试析》获得一致好评。

2. 单书名号的形式是"〈〉"，不可用数学上的小于号和大于号的组合形式"＜＞"代替中文单书名号。

3. 书名、篇章名等如果使用缩略形式，照样要用书名号。例如：

（1）阅读《毛选》四卷‖参见《现汉》第 234 页‖《沙》剧的布景设计

4. 丛书名用引号，不用书名号。至于"丛书"一词放在引号里面还是外面，要看图书本身书名（主要指封面上）是否有"丛书"字样。例如：

（1）"万有文库"‖"四库丛刊"‖"汉译世界学术名著丛书"‖"中国音乐文物大系"‖"20 世纪心理学通览"丛书‖"往事与回忆"传记丛书

5. 书籍、报刊的版本、版别的位置。因为不是书报名称本身，只是一个注释说明，通常的做法是用括号把它们括起来，紧接着放在书名号之后。也可以不用括号，直接跟在书名号后面，或放在书名之前。例如：

（1）采用黄伯荣、廖序东主编《现代汉语》（增订二版）‖编辑《北京大学学报》(社科版) ‖ 发行《咬文嚼字》(学生版) ‖ 订阅《读者文摘》中文版 ‖ 订阅中文版的《读者文摘》 ‖ 参看《现代汉语词典》(修订本)第345页

6. 法令、规定、方案、条例等"草案""初稿""试用稿"之类字样，如果包含在文书标题之中，则应放在书名号里面。这类字样在书名号里是否括注，依据原件模式。例如：

(1) 公布《汉语拼音正词法基本规则（试用稿）》‖ 见《中华人民共和国民事诉讼法（试行）》第十六条 ‖ 发表《普通话异读词审音表初稿》

7. 报社、杂志社名，如果着眼于单位，指称报社、杂志社、编辑部，一般不用书名号。如果指的是那个文字载体本身，用书名号。如果报刊名称易与普通名词混同，无论哪种情况都要加书名号。例如：

(1) 新闻出版署报纸司和新闻出版报连续组织报纸编校质量评比，就是在为纯洁祖国语言文字方面做出自己的努力。今后可在《新闻出版报》上开辟专栏，定期公布对报纸编校质量抽查评比的结果。

(2)《山西青年》向一稿多投宣战。

(3)《青年记者》注意民意调查。

(4)《少男少女》请宏志班学生在广州做报告。

8. 教科书名称用书名号，但课程名称不用书名号。例如：

(1) 这学期开设微积分课，需要买一本高等教育出版社出版的《微积分》。

9. 位置禁则：书名号的前一半不出现在一行之末，后一半不出现在一行之首。

10. 竖排规则：竖排（直行）文稿的书名号的形式是"︾"和"︽"。必要时也可采用浪线式书名号，标在字的左侧。

十六、专名号

(一) 专名号的基本用法

人名、地名、朝代名等专名下面，用专名号配合标示。例如：

(1) 刘邦、项羽先后攻入咸阳，秦最后统治权被推翻。

(二) 提示

1. 专名号只用在古籍或某些文史著作里面。这类著作横排时，如果使用专名号，书名号可以用浪线（放在书名下面）。

2. 文史著作和辞书，专名号除了用于人名、地名、朝代名以外，还用于国名、民族名、年号、宗教名，也有用于官署名、组织名。

3. 竖排规则：竖排（直行）文稿专名号和浪线式书名号标在字的左侧。

第三节　标点误用例析

一、句号误用

（一）一逗到底

一个带有陈述语气的语言片段，只要意思表达完整了，无论长短都是一个句子，都应当在末尾用句号。但有的作者在文章中说完一个意思，该断句却不用句号而用了逗号，使几个本来是相对独立的句子牵连在一起，甚至很长一段文字一逗到底，最后才用一个句号，致使表述庞杂，语气拖沓。

＊（1）公交总公司各级领导对搞好内部治安防范工作给予了大力支持，并将此项工作纳入议事日程，日前，三公司领导亲自带队，对易发案的财务部门、票务室、月报发售点、加油站等重点部门进行了多次安全大检查，并组织制定和修改了一系列有关的规章制度。

＊（2）许多有分量、高质量的学术著作目前见不到书评，这不利于学术思想的传播，学术著作书评缺乏的现象，应该尽快改变，我们期待在新的一年里，书评市场能把成熟和繁荣同时呈现在读者面前。

例（1）应在"日前"前面用句号，前后分成两句话。例（2）其实是由三个互有联系的句子组成的，开始到"传播"是第一句，"学术"到"改变"是第二句，"我们"到末尾是第三句，应把第一句和第二句末的逗号改成句号。

（二）该连却断

＊（1）新中国成立后，作者曾于 1950 年和 1952 年两次赴朝。同中国人民志愿军生活战斗在一起。

＊（2）假如艺术不能把真理的火种传播于人间，假如艺术不能为人类的现在和未来而战斗，假如艺术不能拂拭去人们心灵上的锈迹和灰尘，假如艺术不能给予人民以支援和裨益。这样的艺术就毫无价值，也毫无意义。

不该用句号而断句，就会把一个意思完整的句子硬性拆散，使得语义支离破碎。常见的是该用逗号的地方用了句号。例（1）、（2）两句都是前后承接，表达一个完整的意思。例（1）"赴朝"后的句号应改为逗号。例（2）"裨益"后面错用了句号，因为至此只说了一个完整意思的前一部分，前面的四个分句和后面的分句连起来才构成一个完整的复句，错用了句号就隔开了前后的联系，应改为逗号。

二、问号误用

（一）含有疑问词的非疑问句误用问号

＊（1）他推开父亲，将我拉到远远的无人处问到底是谁让我干的？

＊（2）我们不要忘了八国联军为什么要焚烧圆明园？那是要毁掉我们这个民族几千年的文明。

＊（3）他们的行为举止、政治态度、审美趣味，甚至读什么书？用什么材料装饰居室？坐什么车？使用什么化妆品？都在媒介的掌握之中。

疑问句大多会使用疑问词如"谁""什么""怎么""哪儿"等，但是疑问词也可以用在非疑问句中。例如：

（4）早上醒来，我一点都不记得昨晚自己做了什么梦。

例（1）不是直接引用别人的问话而是用陈述语气间接引述别人的问话，句末的问号应改为句号，例（2）前一句末尾错用问号，例（3）句子中间的停顿错用问号，都应改为逗号。说和读的时候，上面几处错用了问号的地方也不能带上疑问语气。

（二）包含选择性疑问结构的非疑问句误用问号

＊（1）大家也不知道她是开玩笑随便说说的，还是真想那么做？

＊（2）干部决策是否科学？管理是否得当？都与人民利益息息相关。

有的句子内包含选择性的疑问结构如"是……还是……""是否"等，但全句不是疑问语气，句末或这些疑问结构之后也不能用问号。这两例都是陈述句，例（1）句末不能用问号，要用句号，例（2）句中两处疑问结构后的停顿也不能用问号而应该用逗号。

（三）问号叠用失当

＊（1）我越想越纳闷：他俩到底想干什么呢？？

＊（2）老屋依旧，主人却早已长逝。自己贸然去拜访新主人合适吗？她若是追根究底问起我和故人的关系，我该怎么说呢？？碰到小楠，我又怎么说呢？？

有时候为了表示疑问语气特别强烈或表示问话的声音很大，有的人喜欢把两个甚至三个问号叠用在一起。这种形式偶尔用用也未尝不可，但是不能用得过多过滥。例（1）、（2）两例中叠用的问号都不合适，最好改为单用。

三、叹号误用

（一）滥用叹号

＊（1）苏云看到这里，双眉扬起，蓦地觉得浑身热血直往上涌！

＊（2）山顶上风很大，一股股迅猛的山风像轮番进攻的拳击手，又准又狠地朝人的口鼻砸来！

＊（3）他在讲话中首先表示向教卫系统全体党员，特别是向我们的老前辈、老党员致以亲切的问候和同志的敬礼！

感叹号用于感叹句末尾，陈述句末尾一般是不能用叹号的。不能认为句子里有带感情的词语，就要在句子末尾用叹号。例（1）、（2）、（3）尽管句子中有如"蓦地""热血""又准又狠"等带有某些感情色彩的词语，但句子的语气都不是感叹而是一般的陈述，因此句子末尾不能用叹号，应改用句号。例（3）"向……致以亲切的问候和同志的敬礼"虽带有强烈的感情，如果独立成句，确实可以在末尾用叹号，但在此它是做整个句子的宾语来用的，全句是陈述语气，应改用句号。

（二）叹号叠用失当

*（1）刘燕气哼哼地说："搞什么名堂！别理他！！"说着气冲冲地推门走了。

*（2）这才是真正的天籁之音呢！你就看反响吧。老百姓辨得出好坏！！

*（3）各族人民大团结万岁！！！

例（1）、（2）、（3）句中都已经有了说明感情强烈的文字描写，不必叠用叹号，三例叠用的叹号都应改成单用。

有人把两个或三个叹号叠用，用以表示特别强烈的语气。不能否认这种用法有它独特的表现力，特别是先单用，再顺次叠用，表示感情、语势的逐渐加强，用在人物对话或描写性文字里还是有特殊表达效果的。例如：

（4）他不说话。他仍在那个世界里徘徊。

"倒酒！"兀地他吐出两个字。

秋兰压住心头微微的不满，说：

"你还是去躺躺，天都没亮。你一夜没睡。"

"倒酒！！倒酒！！！"

秋兰只得从橱子里给他拿出一瓶酒、一个酒盅。

（5）轰！！！

在这天崩地塌的声音中，女娲猛然醒来，同时也就向东南方直溜下去了。

例（4）中重复同一句话"倒酒"，先是用单个叹号，接着叠用直至三个，表示语气越来越重，越来越坚决。例（5）用在拟声词后表示巨大声响。叹号的叠用形式一定要在确实需要时使用，不宜多用，如果已经有文字描写说明了感情的强烈、声音的巨大等，就不一定再以叠用的叹号表示了。如果用，比较多的是先单用，再叠用，叠用至三个也就到头了，没必要再多。

（三）问号和叹号并用失当

*（1）一部《天鹅湖》火了中国芭蕾，一个贝多芬火了中国的交响乐，那么，中国的歌剧呢？《图兰朵》会不会是一个契机呢？！

*（2）如果这些设想都是可能的，你到底相信哪一个？！

*（3）在这场抗洪抢险的战斗中，涌现出了多少可歌可泣的英雄事迹啊？！

*（4）这事是不太好办，可是你不是已经答应人家了吗？！

问号和叹号的并用形式"？！"有时候有特殊的表达效果。例如：

（5）说那么多，无非是嫌昆仑山苦。不苦，要我们这些人干吗？！

（6）"今晚？！"小毛兴奋得简直要跳起来了。

例（5）的"不苦，要我们这些人干吗？！"是反问句，表示的感情、语气很强烈。例（6）的"今晚？！"是疑问句，但语气里还含有特别惊喜、激动的感情色彩。当需要表示上面所说的两种特殊语气时，可以使用"？！"形式。但也不是非用不可，如果例（5）就用叹号，例（6）就用问号也完全可以。问叹并用一定要恰当，如果不是感情、语气特别强烈的反问句，或不是含有惊异、感叹语气的疑问句，就不能用"?!"。例（1）、例（2）都是疑问句，语气没有什么特别的，用问号就可以了。例（3）是一个感叹句，应用叹号。例（4）虽是个反问句，但语气并不特别强烈，用问号就可以了。应当注意在一篇作品中不要过多地使用问叹并用形式，用多了，有时反倒不能突出那种特别的语气。还要注意，问叹并用所表达的语气问多于叹，使用时形式统一为问号在前、叹号在后比较好，不要一会儿用"?!"，一会儿又用"!?"。问叹并用组成的是一个整体，使用时占一个字的位置。

四、逗号误用

（一）该用其他点号时误用逗号

＊（1）菜场就是要姓"菜"，菜场经营蔬菜，大副食品为主的方向不能动摇，要充分发挥菜场调控市场的作用。

＊（2）没有任何根据可以得出这样一种结论，市场经济越发展，消极腐败越严重。

＊（3）观众可不是那么好伺候的。你以为有意思的，他们未必买账，他们看得津津有味的，你恰恰不屑一顾。

逗号误用，有一种是该断句的时候不用句号而用逗号，即"一逗到底"，使句子失去相对的独立性，一段话前后牵连过多，表述纷乱；还有一种是有停顿，却不加分辨一律使用逗号，结果使句子表意不明确。其实，表示句子内部停顿的点号还有顿号、冒号和分号，它们各有各的职司，要视情使用，以为逗号万能是错误的。例（1）"菜场经营蔬菜，大副食品为主的方向不能动摇"中间的逗号应为顿号，误用逗号甚至有碍意思表达。例（2）"没有任何根据可以得出这样一种结论"是一句提示性的话，后面用冒号更明确。例（3）"买账"后的逗号应改为分号，因为前后是并列分句，意思联系较紧，并且分句里已经用了逗号，因此改用分号层次才更清楚。

（二）无须停顿而误用逗号

＊（1）我的确没有想到这件事，后来怎么发生了那样急转直下的变化。

＊（2）无论处于多么艰难的境遇之中，都能找到欢乐和情趣的人，才是真正的强者。

＊（3）他几步跨了过去，把小孙子搂在怀里，左边亲了，右边亲。

逗号要用在一句话中确实有必要停顿的地方。有的地方，无论从句子结构还是说话的语气上看都无须停顿，或不能停顿，如果用上逗号，就会中断语气，肢解语意，影响正常表达。例（1）"这件事"后面不该有停顿，用了逗号反而会造成结构关系的混乱，影响了意思表达，这个逗号应去掉。如果觉得宾语长，要停顿也只能在谓语动词之后，但该例谓语动词"想到"后用不用逗号都可以。例（2）是复句形式"无论……都……"做定语，中间不宜用逗号断开，逗号也应去掉。例（3）"左边亲了右边亲"说的时候语气连下来，中间没有停顿，逗号也要去掉。

五、顿号误用

（一）非并列关系的词语之间误用顿号

*（1）昨天，陕西省戏曲研究院青年实验团、秦腔小生新秀李小锋拜著名京剧小生艺术家叶少兰为师。

*（2）1984年，第一家台资企业、上海联华合纤股份有限公司在沪诞生。

*（3）日前，新闻媒介披露了近三十种因质量不合格、被取缔的儿童食品。

例（1）顿号前后短语"陕西省戏曲研究院青年实验团"和"秦腔小生新秀李小锋"是领属关系，例（2）"第一家台资企业"和"上海联华合纤股份有限公司"是同位语关系，例（3）"因质量不合格"和"被取缔"是因果关系，中间都不能用顿号。例（1）、例（3）顿号去掉，例（2）顿号可以改用破折号，也可以什么标点都不用。

（二）不区分层次一律用顿号

下面的句子里不区分层次都用了顿号：

*（1）在中国历史上，家训文化内涵十分丰富，包括治家之道、教子之道、修身、涉务之道。

*（2）现实中的国有小企业由于规模小、技术、产品、管理水平落后、面临的竞争程度高、市场需求变化快，因而政府承担的风险要大于收益。

并列词语内又包含有并列词语，并列词语之间的停顿不能一概用顿号，应当根据停顿所在的不同层次使用顿号或其他点号，以免混淆结构层次。例（1）"治家之道"等三个并列短语之间如果保留顿号，"修身、涉务"之间的顿号就去掉；或者保留"修身、涉务"之间的顿号，而把另外两处顿号改为逗号。例（2）第一层次的并列也应改用逗号，次一层的用顿号，并配之以连词"和""以及"等。可以改为：

现实中的国有小企业由于规模小，技术、产品和管理水平落后，面临的竞争程度高，以及市场需求变化快，因而政府承担的风险要大于收益。

（三）"特别是……、包括……"等插说前的停顿，误用顿号

*（1）现在，在全球范围内，人们对社区和社区发展的概念、尤其是政治行动者对它的关注呈上升趋势。

*（2）正如人们不应当割断历史一样，人们不应当、也不可能割断历史智慧同现代科学知识和认识能力之间的联系。

*（3）以往一些先进人物的宣传过分地强调人物身上的社会价值，而忽略了、甚至消失了人们身上的自我价值。

*（4）最近出版的这一百多种新书、包括一些外国文学名著，在书市上大受青年读者的欢迎。

"特别是……、尤其是……、无论……、甚至……、也……、而且……、包括……、或者……"等短语可以插在句子当中，表示强调、补充等意思。这些短语之前如果

有停顿,要用逗号,不要用顿号。例如:

(5) 地膜覆盖技术的大范围推广对提高单产,特别是对积温不足、干旱地区的农业生产产生了革命性的影响。

(6) 好在纠正这类偏向并不甚困难,几个月内已经大体上纠正过来了,或者正在纠正着。

(7) 最后,也是最重要的,法律移植必须坚持以我为主的原则。

例(1)、(2)、(3)、(4)中顿号的使用犯了同样的错误,各例句中顿号都应改用逗号。

(四) 没有明显停顿的并列词语间误用顿号

*(1) 元世祖继续进攻南宋,占领长江中、下游许多地方,遭到南宋军民的英勇抵抗。

*(2) 我们那里就不是这样,一听要跳舞,无论男、女都兴高采烈,有的人还暗暗买书来学呢。

*(3) 我们的老祖宗最懂得辩证法,把生与死视作"红、白喜事"。

*(4) 偏偏在这方面崔世诚一窍不通,老师教了一遍、又一遍,他只是傻呵呵地站在那儿。

并列词语之间的停顿一般用顿号,但并不是说所有并列词语都要用顿号隔开。有些并列词语,并列的部分相互结合得很紧密,一般说起来都不停顿,中间不能用顿号隔开,用了顿号与一般习惯不符,也不便于阅读,如"东西南北""上下班""男女生""青少年""中小学""动植物""离退休"等。例(1)、(2)、(3)、(4)中并列词语之间的顿号都应去掉。

(五) "七八个"这类概数表示形式的相邻数字中间误用顿号

*(1) 南宋造船工匠能造各种船只,一般的大海船可以载五、六百人,较小的也能载二、三百人。

*(2) 公司成立六年来,接手的版权交易越来越多,平均每年经手的版权交易书目数量在四、五十件以上。

相邻的数字连起来用如果是表示概数,如"七八个人、两三天、三四个小时、十一二岁"等,说的时候两个数字中间没有停顿,结构上也无须分开,中间不能用顿号。使用这种表达形式时误用顿号的特别多。例(1)应写作"五六百人""二三百人",例(2)应写作"四五十件"。

六、分号误用

(一) 单句内并列短语之间误用分号

*(1) 历史中的战火硝烟;历史中的时代变迁;历史中的爱国志士;历史中的文化光辉,一次次震动着我的心。

*(2) 跨世纪学校体育必将形成既是体育,又是文化;既是运动,又是教育;

既是锻炼,又是玩乐;既能参与又能观赏的社会文化教育现象。

分号用于复句内分句之间,分号表示的停顿和分隔的层次大于逗号和顿号。单句里词或短语之间的停顿用顿号,有时可以用逗号,一般不能用分号。例(1)、(2)都是单句。例(1)分号隔开的是句子中并列的四个短语,不是分句,不能用分号,应把分号改为逗号。例(2)并列的四个复句形式"既……又……"做句子成分(定语),中间也不能用分号,可改为逗号,此外,"既……又……"结构中间的逗号也可以去掉,使语气更紧凑。

(二) 不必要处使用分号

*(1) 历史是无情的;历史也是无私的。

*(2) 有些鱼身上有鳞片;有些鱼的皮很光滑;还有一些鱼的皮像砂纸一样粗糙。

*(3) 这些智慧,一方面可以通过大量的物质财富折射出来;一方面又可以以精神产品的形式积累和传承。

分号表示复句内并列分句之间的停顿,但并列关系的分句也不一定都要用分号,如果表述不复杂,层次没那么多,相连的分句语气比较紧凑,分句内部也没有逗号,分句之间就没有必要使用分号,用逗号就可以了。例如:"好奇是追求学问的先声,想象是科学研究的翅膀。"例(1)、(2)、(3)的相连的分句语气都比较紧凑,分号都应改为逗号。

(三) 非并列分句之间误用分号

*(1) 两头老母牛同时叫了一声;又将各自的孩子唤到了自己的身边;然后,虎视眈眈地盯着就要跑近的两个孩子,一股凛然不可侵犯的样子。

*(2) 虽然马雅可夫斯基生前遭到辱骂;他死后却被政府承认为苏联伟大的诗人。

*(3) 这些众多的外来事物石雕,不仅再次体现了盛唐时期广泛吸收、大胆使用的消化吸收能力之旺盛;而且也是盛唐时中外友好往来、广泛交流的见证。

分号要用在并列关系的分句之间,不是并列关系,一般不能用分号。例(1)是连贯关系复句,中间停顿用逗号就可以。例(2)是让步转折关系复句,例(3)是递进关系复句,而且都是简单复句,分句之间应当用逗号,不能用分号。

(四) 并列分句不处在多重复句的第一层次,却误用分号

*(1) 只要在全社会形成"抓经济必须抓职业教育"的共识;只要全社会真正把重视职业教育落到实处,我国的中专教育,乃至整个职业教育就会迎来充满希望的春天。

*(2) 虽然尼布尔受欧洲巴特派抗议运动的影响;虽然在巴特和尼布尔作品之间可以找出相似之处,但是两人之间某些明显的分歧却随尼布尔思想的发展而发展。

*(3) 如果是这样,那么我将对不起唐才常等"庚子六君子";对不起血染菜市口的谭嗣同等"戊戌六君子";对不起在多次起义中牺牲的成百成千烈士;对不

起四万万人民!

如果是多重复句,第一层是并列关系,这个并列分句间的停顿较大,要用分号。例如:"春选择小草,‖因为它清新自然;｜冬选择白雪,‖因为它洁白而高雅;｜我选择面对风雨、奋发向上,‖因为风雨过后,我依然有笑对彩虹、拥抱阳光的激情。"不在第一层次而是在以下层次上的并列,分句之间的停顿不能用分号,否则结构层次就乱了。例(1)、(2)、(3)都是多重复句,但其中并列关系都不在第一层次而在次一层次上,其中的分号都应改为逗号。只注意到分句的关系是并列,却忽略了这个并列所在的层次,因而造成了此类误用。

(五)用逗号的句子里包含了分号;用分号的句子里包含了句号

*(1)动物吃植物的方式是多种多样的,有的动物会把整个植物吃掉,如原生动物和鱼类取食单细胞的浮游生物;有的动物会把植物的大部分吃掉,如鼠类和某些暴食性昆虫;有的动物因吃去植物的要害部位而引起植物的死亡,如鸟类吃掉发芽植物的嫩芽和小蠹虫沿着松树树干咬去一圈韧皮层。

*(2)第一,请你不要翻看我的东西;第二,家里有客人,你的任务只是端茶倒水,要是再违反,我可要送你回家了。

*(3)全书分成两大部分。第一部分"社会学范畴学说",集中阐述了马克斯·韦伯的"理解社会学",他研究和论述的出发点是实际行动着的人及其环境。第一部分是理解与研究第二部分的前提条件,进而是理解与研究马克斯·韦伯的社会学和政治思想的重要基础;第二部分"经济与社会制度及权力"亦即"具体的"社会学部分。在这一部分里对事实的分析和论述则充分体现了马克斯·韦伯的特殊方法论。

句号是句末点号,分号和逗号都是句内点号。分号所表示的停顿或分隔的层次大于逗号小于句号。因此,用分号的几个并列分句不能由逗号统领,也不能由逗号总结。用了句号的句子也不能包含在用分号的句子里。例(1)开始一句是总括性地说动物吃植物方式多样,后面三个并列句是在总括之下具体列举各种方式。分说的并列分句之间用了分号,前面的总括句后就不能用逗号,应改为大于分号的句号,或改用冒号。例(2)是先分说,后总结,总结是对前面说的"第一、第二"两种情况的,但例子中并列的两个分说句之间用分号,完了却用逗号引出总结,似乎后面的总结句只是对第二个分说句而言而不管前一句,这样有违原意,因此"端茶倒水"后那个逗号应改为句号。例(3)"第二部分"前的分号要改成句号。

(六)分号使用不一致

*(1)针对目前存在的专业结构和课程结构不合理、教学内容老化等问题,应采取以下对策:1.调整专业结构,拓宽专业口径,增强人才培养的针对性和适应性;2.优化课程设置课程结构,3.强调课程内容的弹性与灵活性,4.增强实践性教学环节,提高学生应用知识的能力;5.实行主辅修制,以增强学生的竞争适应能力。

*(2)《环境保护责任书》规定各区县的工作任务是:一、加强本地区环境综

合整治工作领导；二、组织制定并实施本地区环境保护规划和年度计划；三、组织环境保护执法检查，严格执行国家和地方各项环境保护法规，四、组织制定并完成每年的环境保护实施任务。

并列关系的各分句之间如果使用分号就应该统一都使用分号，不能一会儿用分号，一会儿又用逗号或句号，造成不一致，影响表达。例（1）中并列的一、四两项后面用了分号，可是二、三两项后却用了逗号，可能觉得一、四两项内部已经有了逗号，所以末尾就用了分号，而二、三两项比较短，就用逗号了，但是这种用法是不对的。为了统一，这里应该把二、三两项后的逗号改成分号。要么第三项后句号改为分号，要么第一、二两项后的分号改为句号，总之是用分号就都用分号，用句号就都用句号，一致起来。例（2）也是分号使用不一致。

七、冒号误用

（一）没有停顿处误用冒号

＊（1）本着："保护为主，抢救第一"的文物工作方针，今年上半年，本市调动各方面资金积极抢修文物建筑。

＊（2）一个人为了自己的利益对别人说："你为什么不学雷锋？"的时候，他已经亵渎了道德。

冒号是句内点号，要用在句子中有停顿的地方，没有停顿的地方不能用冒号。例（1）的"本着"和后面的宾语部分之间都没有停顿，误用了冒号，把前后联系断开了，应去掉。例（2）"一个人为了自己的利益对别人说：'你为什么不学雷锋？'"如果单独成句，"说"后可以用冒号表示停顿，但在这个例子中它是后面成分的定语，所以中间不能有停顿，不能用冒号，误用了冒号，破坏了结构的完整性，应去掉。

（二）非提示性话语后面误用冒号

＊（1）专家们一看：眼睛都瞪直了，直"吸溜"着喘气，他们看了又看，最后拍了几张照片走了。

＊（2）上学期间和刚毕业的时候，几乎每一个同学都抱有成就一番事业的强烈愿望，所谓："书生意气，挥斥方道"。

例（1）冒号应改为逗号。例（2）冒号应去掉。

（三）套用冒号

＊（1）还有一个好消息：据建行总行住房与建筑业信贷部透露：1998年的个人住房贷款业务不受贷款规模限制，充分满足个人贷款需求。

＊（2）关于总的目标和要求，概括地说有三点：第一点是：我们的党建工作要紧紧抓住一个主题：把党建设成社会主义现代化建设的更加坚强的领导核心；第二点是：要努力提高党的执政水平和领导水平；第三点是：要进一步增强党组织自身的凝聚力。

一般来说,在一个冒号概括的范围内不要再出现另一个冒号。套用两个甚至更多冒号的情形应当尽可能避免,否则会造成层次不清。例(1)两个冒号套用,似乎第一个冒号管着第二个冒号。可以把前一个冒号改为逗号,也可以把后一个冒号改为逗号。例(2)一连套用了三个冒号,该例只需保留一处,即保留第一层次中的冒号就可以了。第二层次的"第一点是""第二点是""第三点是"后面的冒号应去掉,改说成"一是……二是……三是……"。第三层次"要紧紧抓住一个主题"后的冒号也应去掉,改用逗号。这样稍做调整后是:

关于总的目标和要求,概括地说有三点:一是我们的党建工作要紧紧抓住一个主题,就是把党建设成社会主义现代化建设的更加坚强的领导核心;二是要努力提高党的执政水平和领导水平;三是要进一步增强党组织自身的凝聚力。

可见,有时候表面看只是冒号套用,其实和句子表述得不够好有关系。因此当出现冒号套用的时候,可以考虑重新组织一下句子,避免套用。

(四)插在引文中间的"某某说"后误用冒号

＊(1)"太晚了,你也累了,"妈妈轻声说:"明天还得早起,快睡吧。"

＊(2)"哎哟,"一个小男孩惊叫起来:"大家快来看啊,这儿有一窝小老鼠!"

行文中直接引用别人的话,一般要用"某某说"等指明话是谁说的。"某某说"后面怎样使用点号,要根据它所在的位置来定。"某某说"在引文之前,它后面常用冒号。例如:

老汪说:"好吧,交给我来办。让他直接跟我联系。"

"某某说"在引文之后,而且是句子末尾,它后面要用句号。例如:

"丁先生,我有件事忘了说。"他说。

"什么事?"我回头看着他。

"某某说"插在引文中间,前后引文是同一个人的话,"某某说"后面要用逗号。例如:

"下雨总归好,"她说,"冲冲城市里的尘土。"

例(1)、(2)这种情况不能用冒号。用了冒号,好像"某某说"只管后面不管前面,前一半是谁的话就没了着落,应把冒号都改为逗号。

八、引号误用

(一)直接引用而未用引号

＊(1)走了一段路,李小文忽然说我把袋子忘在餐馆里了。他回去拿袋子,我站在路边等了他好久也不见回来。

＊(2)校领导对她说:这不是给你的奖金,这是你的科研成果转让后,按市政府的政策,按生产力要素分配,给你的转让收益。你应该心安理得地拿。

直接引用他人的话或书中的语句,一般都要用引号标明,否则与写作者自己的话区别不开。例(1)"说"后应加冒号,"我把袋子忘在餐馆里了。"用引号引起来。

例（2）冒号后是"校领导"对"她"说的原话，四处使用"你"，是直接引用，应当用引号引起来。该例如果想用转述方式表达，不用引号，那么，冒号后的一段话里的四处"你"应相应改为"她"才对。

（二）词语无特殊意义而滥用引号

*（1）连日来持续高温，公共汽车热得像"烤箱"，司售人员们坚持运营，十分辛苦。

*（2）一些村还与有关院校联手，建立"农民夜校""农业广播大学""农业科技培训学校"等等。

*（3）并不是说高炉酒厂早先就没有章法。过去有，而且有据可查的规章制度还不少，有"七章""八十三节"之多。

*（4）二十多年过去了，她又一次来到老陆家，她仍然感受到了陆夫人的"亲切"。

有些词语用在某种特定场合下，含义和作用跟一般情况下有所不同，所以要用引号标明。给没有特殊意义或特殊作用的词语加引号，是滥用引号的一种表现。滥用引号有时甚至会妨碍对文意的正确理解。例（1）、（2）、（3）中加了引号的词语都是正常意义上使用，没有什么特殊之处，引号的使用全无必要，应当去掉。例（4）中"亲切"一词用了引号，但该例从作者本意看并没有什么特殊意思，由于加了引号，反倒显得有什么特别，节外生枝，不好理解，应把引号去掉。

（三）引文末尾标点使用不当

*（1）在20世纪70年代初他曾写过："思想大门洞开，情绪轻松愉快。锻炼、营养、药物，健康恢复快哉"。这四句话也许就是老人长期保持身心健康的秘诀。

*（2）"白发三千丈，"是一种夸张；如果说"白发三尺长，"就什么意思都没有了。

*（3）吴祖光虽然打赢了官司，却并未感到欣慰，他在胜诉后仍认为"这是一种悲哀。"

引文末尾点号要根据不同情况做不同处理，如果是完整引用别人的话，引文独立运用时，引文末尾标点保留在引号里。例如：

*（4）我国战国时代的孟子，有句很好的话："富贵不能淫，贫贱不能移，威武不能屈，此之谓大丈夫。"

如果把引文作为作者自己表述的一个组成部分，引文末尾的点号要去掉，再在后引号的后面根据需要决定加或不加标点，加什么标点。例如：

（5）"言之无文，行而不远"这句话，说明了文采的重要。

（6）司马迁为了完成《史记》的写作，使之"藏之名山，传之其人"，忍受了人间最大的侮辱，最后才达到目的。

（7）爱因斯坦非常赞赏玻尔的直觉，认为"很少有谁对隐秘的事物具有这样一种知觉的理解力，同时又兼有这样强有力的批判能力"。

例(1)引文是作为完整独立的话用的,句末原句号应保留在引号内,即后引号和句号位置调换。例(2)两对引号里面的逗号都要去掉,在后引号后面用逗号,表示句子内部的停顿。例(3)引号里面的句号去掉,后引号后面加句号,这个句号表示全句末尾的停顿。

九、括号误用

(一)括注位置错误

*(1)在气温接近皮肤温度时(33℃),出汗就明显了。

*(2)不料许多病人买回这种草药服下后,发现对身体的康复根本没有什么帮助,而且价格昂贵,(每500毫升售价24元多)于是顾客纷纷要求退款,酿成许多纠纷。(有的甚至告到法院)

*(3)主人公顽强地抵抗着(这里又一次使用了逆光拍摄技巧)。

主人公中弹了(这里使用的也是逆光,并且再次使用了高速)!

*(4)我忍不住喊道:"你,快点回来!(我怎么用的是命令口气?大概是怕显出自己的胆怯吧。)"

"来了来了。"他应声跑过来。

句内括号要紧挨着被注释的词语,放在句内或句末的标点之前。句外括号要用在句末点号的后面。例(1)括号里的话是注释"皮肤温度"的,应紧接在"温度"之后。例(2)第一个括注是针对"价格昂贵"的,第二个括注是针对"纠纷"的,都没有紧跟着被注释的词语。应把前一个括注移到"昂贵"之后、逗号之前,后一个移到"纠纷"之后、句末点号之前。例(3)的两处括注都是针对前面整句话的,所以应把第一个括注移到句号之后,第二个移到叹号之后。例(4)括号里的话是对前面整个引语部分做补充评论的,不属于引语,因此这个句外括注应移到后引号后面才对。

(二)滥用括号

*(1)这种人造海蛰跟天然海蛰外观很相似,只是吃起来口感(口中的感觉)比天然海蛰稍微差一点。

*(2)有意者请于登报之日起15日内将个人简历(有关证件、证书复印件,联系地址、电话等)寄给本院人事处。

*(3)世上有两种人(品格高尚的君子和品格低劣的小人),照理说,君子应受人尊重,小人应遭到唾弃,但偏偏有人怕招麻烦,宁可得罪君子,不得罪小人。

行文中要不要用括号应根据是不是需要解释或补充说明而定。有时候根本用不着解释补充却用上个括注,或者本应归入正文说的话却被当作解释补充性的,硬是用括号括起来,造成滥用括号的错误。例(1)中的"口感"是很常用的词,根本不必加注。例(2)括号里的内容不是对"简历"的注释或补充,而是跟"简历"并列,同样重要,即简历和有关证件、联系地址、电话等都需要,不得有缺,因此应作为正文看待，去掉括号，同时在"简历"后加一个逗号。例（3）被放在括号中的话并不是可有可无的，而正是作者要谈论的话题，应拿到正文里说，所以括号应去掉，括号后面的逗号改为句号，同时"两种人"后加一个逗号或冒号。

（三）括号内文字标点使用不当

＊（1）长期以来，人们（包括个别专门从事民间文学研究的"内行"，）往往只注意到民间文学作为"文学"的这一面，却忽视甚至无视民间文学作为科学研究资料的另一面。

＊（2）我们只能顺应市场运行的规律，对市场进行必要的干预，减弱其负面效应或其负面效应的社会后果（如对被淘汰企业的职工实行失业保障制、进行失业职工的再培训等。）。

句内括号里的话如果不长，中间没有停顿，就什么点号也不用，如果有停顿，根据表达需要，中间可以使用各种句内点号，但末尾不能用句号。有的句内括注甚至可能不止一个句子，这样句内括号里就会用到句号；但即使这样，括注文字末尾也不能用句号。句外括号里面的话简短的，句内句末都不必用点号；如果中间有停顿或不止一个句子，末尾可以用句号。例如：

（3）在我所认识的朋友中，就有不少是自修（开始当然需要人教，但不一定要入学校）外国文而能够阅读外国文书报的。

（4）可是，"可持续"（顺便提一句，"可持续"中的"可"似乎可以去掉，去掉了，更顺口。把 sustainable development 译为"可持续发展"是直译，不是意译）终究是只回答了社会发展的一个侧面，只为解决当前与长远之间的矛盾提供了理论依据。

（5）这个诗意神话的破灭虽无西方式的剧烈的戏剧性，但却有最地道的中国式的地久天长的悲凉。（在这一点上，身为洋人的金介甫先生反倒比我们有更敏锐的体验和论述。）

问号和叹号虽然也是句末点号，但由于这两种点号还兼有表示语气的作用，所以句内括号里语句末尾可以使用问号和叹号。例如：

（6）日本出版行业也问题重重，其一即编辑人员日益"上班族化"（机关干部化？）。尤其大出版社编辑，安于现状，拿不出好选题，因而更依赖编辑制作公司。

（7）我到西树岭（变化多大呀！）不久，就得知两位老人已经过世好几年了。

显然，例（1）后括号前的逗号、例（2）后括号前的句号都应去掉。

十、破折号误用

（一）滥用破折号

＊（1）这个计划由国家拨款一百亿，其中包括七个领域的十五个主题项目——这七个领域是：生物技术、航天技术、信息技术、激光技术、自动化技术、能源技术、材料技术。

*(2) 1986年4月5日——她走了。走得那么从容、平静、安详。

*(3) 中华武术，广义而言——它包括各民族的武技拳术；狭义而言——它泛指汉民族诸多流派的武术。

*(4) 阿格布拉着流浪人——拉吉的手，给他讲起自己当兵的事情。

破折号的用途比较多，用法也比较复杂。用得好，确实有一定的表现力；但也很容易用错，应当注意要在确有必要时才用，否则对表达没有帮助，甚至有害文意。例（1）破折号与后面的语句"这七个领域是"作用都是进一步解释说明，同时使用是不必要的重复，应把破折号改为逗号或句号。例（2）"1986年4月5日"是句子的时间状语，后面只是一般性的停顿，用逗号就可以，不必用破折号。例（3）"广义而言""狭义而言"是两个插入语，后面就是一般性的停顿，应用逗号表示，去掉破折号。例（4）"拉吉"和"流浪人"是同位语关系，不是注释和被注释的关系，两部分关系紧密，说和读的时候也是连起来、没有什么停顿的，因此破折号多余，应去掉。

（二）破折号与括号混淆

*(1) 盛夏时节，北京城里暑气蒸人，而门头沟区两座名山（灵山和百花山）上，却凉爽宜人，温差在10℃以上。

*(2) 说句良心话，对你，咱可从来没有脊梁上长茄子（有二心）。

*(3) 据不完全统计，截至去年年底，我国各类民办学校——包括幼儿园已有两万多所。

*(4) 数学文化在现阶段的一个显著特色是数学尽管分支众多——主要分支达八十多种，发展迅猛，但仍是一个统一的思想体系。

破折号和括号虽然在标明注释说明或补充性语句这一用法上有相近之处，但两者还是有区别的。一般来讲，在写作者看来是比较重要的解释说明，就用破折号，破折号引出的解释说明是正文的一部分，读的时候要连着正文一起念出来。在写作者看来重要性比较一般的解释说明，不要它也不影响句子意思完整性的，就常常用括号。括号里面的话不算正文，只是一个注释，不必连着正文念出来。例如：

(5) 哈雷收集了从1337年到1698年间各种书刊上有关彗星的记录，在牛顿思想的启发下终于认出了他所关注的彗星（后人称之为哈雷彗星）。

(6) 我们要战胜日本侵略者，除其他一切外，还必须努力于经济工作，必须于两三年内完全学会这一门；而在今年——1945年，必须收到较前更大的成绩。

例（5）"后人称之为哈雷彗星"只是个注释，可以不念出来。例（6）的"1945年"相比就显得比较重要，是正文，要读出来的。这两例中的括号和破折号从表达需要看，是不能互换的。有时候同样是解释说明的话，用括号还是用破折号，跟作者的表达意图也很有关系。使用中把这两个标号混淆了，就会造成错误。例（1）、（2）两个病句都是宜用破折号而用了括号。例（1）括号内的"灵山和百花山"是该句里很关键的内容，是重要信息，不宜以括注形式出现，宜作为正文处理，把括号去掉，在"两座名山"后用一个破折号。这个破折号引出后面的解释说明，而且还有提起注意的作用。例（2）用了一个歇后语，歇后语的后一部分是表达的重点，可以只说前一部分，不说出后一部分，但如果要说出来，就不能用括号而要用破折号。例（3）、（4）两例情形相反，破折号都宜改为括号。例（3）的"包括幼儿园"和例（4）的"主要分支达八十多种"都与下文接不上，不宜作正文处理，宜改用括号。

（三）破折号与冒号混淆

＊（1）某大学，一位西方很有权威性的社会学家兼经济学家曾问我——你对你们这一代人如何评价？

我毫不迟疑地回答——他们是中国当代社会的中坚。

对方又问——何以见得？

——他们的存在保持了时代的稳定。

——也就是中国目前的样子？

我不禁一怔。

＊（2）为纪念在第二次世界大战中英勇牺牲的战马，匈牙利首都布达佩斯市建造了一座铝质战马塑像，底座上有这样一行字：——"献给忠诚的战友们"。

＊（3）"小铁，想认识一下吗？这就是地区少年摔跤比赛冠军赵强：我的表哥。"

用破折号引出下文的具体内容，有时有强调和提起注意的作用。这一点和冒号有些相似。但破折号和冒号毕竟是不同的两个标点符号，不可混淆。例（1）是一组对话，问话和答话都用的是直接引语，直接引语前的提示性话语后应用冒号。因此例中的前三处破折号都应改为冒号，后两处破折号去掉，并把五句问答加上引号。例（2）"底座上有这样一行字"后面已经有冒号表示提起下文，不必再用个破折号，这个破折号应去掉。例（3）"我的表哥"是注释说明"地区少年摔跤比赛冠军赵强"的，适合用破折号而不适合用冒号，应把冒号改为破折号。

十一、省略号误用

（一）省略号和"等""等等""之类"并用

＊（1）应该说，股票、证券投资、收购产权、金融信贷……等，都是资本经营的一种形式。

＊（2）那整版整版的所谓"传真"，除了声色犬马的娱乐新闻，就是花样翻新的贩毒、诈骗、走私、绑架……之类，让人眼花缭乱。

＊（3）该书涉及现代汉语语法学的各个方面，如语法研究的视野、语义与语法、语用与语法、变换分析、词类的划分、动词研究、句型研究、复句研究等等……深入而又系统地介绍了语法研究的各种专门知识。

表示列举未完有所省略时，省略号的作用相当于"等""等等""之类"。用了省略号,就不必再用"等""等等"或"之类",用了"等""等等"或"之类",也就不需要用省略号了。常见有两者并用的错误用法。例(1)应把省略号去掉,保留"等"。例(2)可以保留省略号,但要把"之类"去掉;或者去掉省略号保留"之类"。例(3)"等等"后省略号用得更无道理,应去掉。

(二)省略号前后标点存去不当

*(1)人需要的是空气中的氧气。可是空气里什么都有,灰尘、细菌、粉末、……样样俱全。

省略号前面的标点,一般原则是,如果是句末点号,说明前面是完整的句子,应予以保留。如果是句内点号,则一般不必保留。例如:

(2)我们在饭桌上背《岳阳楼记》,背《木兰辞》,背昆明大观楼的长联……大家抢着背,看谁背得多。

(3)毛泽东同志在《整顿党的作风》中曾说:"我们党内的主观主义有两种:一种是教条主义,一种是经验主义。……但是在这两种主观主义中,现在在我们党内还是教条主义更为严重。"

(4)看见别人用公款大吃大喝,我至少也得小吃小喝一番。你多占三间房,我多占一间也行。你开得后门,我有什么开不得?……于是,对于种种不正之风,尽管不满,却又往往不免沾点边。

显然,例(1)中省略号前的顿号应去掉。

*(5)关于科学发现问题,他有一段话:"每一种假说都是想象力发挥作用的产物,而想象力又是通过直觉发挥作用……但直觉常常变成一个很不可靠的同盟者,不管它在构成假说时是如何不可缺少。"

省略号后面的标点,一般的趋势是不用,因为连文字都没有了,标点当然也可以不要。但是省略号后面如果还有别的话,省略的文字和后面的话不连着,有停顿,这时省略号后面可以用点号。例如:

(6)"主席!"腰板微微地一弯,"各位先生!"腰板微微地一弯,"兄弟首先要请求各位原谅:我到会迟了点,而又要提前退席。……"

(7)罗布人的生活所需都是取自身边,针是红柳针,斧头是石斧,衣服是水鸟羽绒或罗布麻织就,房屋是芦苇和土坯垒起……。他们无法抗拒的,是外来的传染病。

显然,例(5)省略号前应加句号。

(三)滥用省略号

*(1)老汉打了个冷噤,说:"你不要讲了,叫福生今天抽空来一趟吧。"……

*(2)我一再告诫自己,务必要保持清醒的头脑,谦虚谨慎,再接再厉,把下一步的训练和比赛搞得更好,为中国的中长跑运动做出更大的贡献。……

*(3)73岁的萨马兰奇先生手捧大信封,正稳健地迈入专设的多功能新闻大厅。在这里,萨翁将亲自开启信封,向全世界揭示这一秘密……

省略号的使用要得当，不要随意使用。应该让读者知道的意思不能省，不必用省略号；不想让读者知道的内容就不必说，也无须用省略号。但有的文章里省略号用得比较多，特别是文章末尾，似乎多用省略号就可以造成余味无穷的效果，其实单单一两个省略号是没有那么大作用的。例（1）"老汉"的话已经说完，后面的省略号属多余。例（2）也一样，意思已经表述完了，下面并没有什么未尽之意，用句号断句就可以了。例（3）是客观地叙述一个场面，尽管那一"秘密"很牵动人心，但作为一个叙述句已经讲完了，没有更多的意思蕴含其中，句末应改用句号收住。

十二、着重号误用

（一）着重号与引号混淆

＊（1）知己知彼，是战争认识的主要法则，是"知胜"和"制胜"的认识基础。

＊（2）连词因为通常用在句子开头，后面用所以，如："因为他老是说话不算数，所以大家都不太爱跟他打交道。"

着重号的作用是标明请读者特别注意的字、词、句，是表示重要和强调的。引号的一种用法是用来标明行文中要论述的对象。两者是有区别的。例如：

（3）语法和修辞的学习是只能帮助阅读和写作，不能代替阅读和写作的。

（4）这种态度就是实事求是的态度。"实事"就是客观存在的一切事物，"是"就是客观事物的内部联系，即规律性，"求"就是我们去研究。

例（3）用着重号，是强调"帮助"和"代替"的不同，请读者注意。例（4）"实事""是""求"都是要具体解释论述的词语，用引号。两例中的着重号和引号不能互换。但使用中常有把这两种标点混淆的。例（1）"知己知彼"是要论述的对象，可以用引号，不应该用着重号。例（2）加引号的例句中"因为""所以"下面标着重号是可以的，目的是为醒目，请读者注意，当然不用也可以，因为前面的文字已经做了说明。但前面的说明部分里"因为""所以"是作为论述对象的，不能用着重号，应改用引号。

（二）滥用着重号

＊（1）赵小强发现，尽管他说这些话时非常真诚、自然、优雅，听他这些话的人却大多显出迷惑不解乃至不安的神色。

＊（2）"那么你呢?"隆隆挑衅地说，而且故意说"你"。

着重号应在必要时使用，用多用滥了，反而起不到应起的作用。满篇麻麻点点不好看，还会影响正常阅读。例（1）"迷惑不解乃至不安"下面不标着重号读者也会根据阅读习惯自然地比较注意这些词语，因此这几个着重号用得多余，应去掉。例（2）"而且故意说'你'"的描写已经是对前面用"你"字的说明了，所以"你"字下面的着重号也应去掉。下面一例是着重号用得太多了：

＊（3）小说所表现的爱情内容是否真正符合爱情的理想，是否真是一种历史的

逻辑趋势，是否是历史轨迹的必然结果，这是科学的任务。

例（3）密密麻麻的着重号，令读者无所适从，根本不能很好地突出重点，宜把所有着重号都去掉。

十三、连接号误用

（一）连接号过长，误作破折号

＊（1）11月1日，巴以加沙——杰里科委员会第4次会议结束，巴勒斯坦代表拒绝了以方提出的从被占领土加沙撤军的计划。

＊（2）当前，世界发展的一个基本现实，就是大国间抢夺世界主导权的斗争已经从谋取战略优势的军备竞赛转变为以科技——经济为核心的综合国力较量。

＊（3）健康成年人最适宜的运动强度是运动后心率在140——150次/分之间，50至60岁者运动后心率在120——130次/分，60岁以上老年人运动后心率在100——120次/分比较合适。

连接号和破折号不同。连接号的基本形式是一个横线，占半个字或一个字的位置。破折号是一个长横，占两个字位置。连接号的作用在于连，破折号的作用在于断。两者不能相混。例（1）地名"加沙"和"杰里科"中间应该用短横线连接号，表示这是一个特殊的地理区域。例（2）"科技"和"经济"合起来构成一个复合的意义整体，中间应用短横线连接号，写作"科技-经济"。例（3）连接数字表示数值范围，不应该用长横，可改用一字线连接号或浪纹线连接号。

（二）连接号过短

＊（1）陈景润（1933-1996）‖北京-杭州特快列车‖每立方毫米血液约含10万～30万个血小板

表示起止或数值范围的连接号用一字线，也可以用占一个字位置的浪纹线，但不能用半字线或占半个字位置的浪纹线。例（1）中前两处连接号应改为占一个字位置的一字线，最后一处应改为占一个字位置的浪纹线。

（三）误将连接号作"到"或"至"使用

＊（1）他对罗布荒原当时已经发现的楼兰王国遗迹做了统一标号，从LA—LT，一共20个，并被沿用至今。

如果行文中用"从……到（至）……"的表达方法，其中的"到"或"至"不能写成连接号，只能写汉字。如不能写成"从1960～1990年的三十年间""从北京—广州的高速列车"（如果不用"从"字，连接号当然可以用）。例（1）中错用连接号代替了汉字。

十四、间隔号误用

（一）该用顿号的地方误用间隔号

＊（1）《道德·功利及其他》‖《货币·信用与商业》‖《篱笆·女人和狗》‖中央宣传部·新闻出版总署（中宣发〔2004〕7号）

间隔号可以用于文章标题或书名,把并列又有关联的词语间隔开来。这种用法的间隔号与顿号及连词"和"有所不同,如下面标题中的顿号不能改用间隔号:

(2)《知识、风格和道德》‖《灵魂、基础和根本保证》‖《生命的过去、现在和未来》

平等并列的署名之间也应使用顿号,例如:

(3)中央宣传部、新闻出版总署(中宣发〔2004〕7号)

例(1)中间隔号用得不对,均应改用顿号。

(二)间隔号与西文中的缩写符号混淆

*(1)M·普朗克‖C·F·高斯

外国人名中有用缩写字母的,缩写字母后用下脚点。这个下脚点是西文中的缩写符号,不是中文的间隔号,不能随便移到居中的位置,特别是一个名字当中又有缩写字母又有汉字的时候,字母后常用下脚点,译成汉字的部分和它后面的部分之间用间隔号,不能写错。例如:

(2)M. 普朗克‖C. F. 高斯‖A. 罗伯特·李

例(1)居中的写法是错误的。

十五、书名号误用

(一)滥用书名号

*(1)《长征四号》火箭‖颁发《敬老证》‖《甘肃文物精华展》‖《全国食用天然色素应用研讨会》‖开展《青工技术大比武》活动‖以《地球·人口·资源·灾害·环境》为题的大型宣传活动‖成立《钟山合唱团》‖青少年《神龙杯》书法大赛‖开设《现代企业财务管理》课程

尽管书名号不限于标明书名、篇名等,但也不能随意使用,品牌、证照、展览、会议、活动、项目、团体、奖项、比赛、课程等名称不能用书名号标明。例(1)中书名号都应去掉,必要处用引号。

(二)书名号位置不准确

*(1)《人民邮电报》‖《歌曲月刊》‖《编辑之友杂志》‖《红旗杂志》

报、刊名是专有名称,有的专有名称本身就带有"报、周报、月刊、杂志"等词,如《电脑报》《英语周报》《小说月报》《文史月刊》《中华血液学杂志》等,有的则没有。不带有这些词的报、刊名称,书名号内不能有这些词,否则与实际名称不符。例(1)应为《人民邮电》《歌曲》《编辑之友》《红旗》。

*(2)《现代汉语词典·第五版》‖《人民日报·海外版》‖《人民日报(海外版)》

标明不同版本、版别的文字,如书的"修订版""重排本",刊物的"合订本",报纸的"海外版"等,可以不看作书报刊名本身,而只是一个注释说明。因此,行文中称述带有这类注释说明的书报刊等时,常用括号把它们括起来放在书名号外面。

例如：

(3)《辞源》（修订本）‖《新华字典》（大字本）‖《人民日报》（海外版）‖《内科疾病鉴别诊断学》（第三版）‖《语文建设通讯》（香港）‖《建筑施工手册》（缩印本）

也可以不用括注，而跟在书名后补充说明或在书名前事先交代，例如：

(4)《新华字典》大字本‖香港《语文建设通讯》

法令、规定、方案、条例等的"草案""试用稿""初稿"等文本说明，常以括注形式紧跟文件主体名称之后放在书名号里面，可以看作是文件名的一部分。例如：

(5)《中华人民共和国义务教育法（草案）》‖《中华人民共和国民事诉讼法（试行）》‖《汉语拼音正词法基本规则（试用稿)》

可见，例（2）的用法不对。

思考与练习

一、什么是标点符号，它有什么作用，现有多少种，说出它们的名称。

二、改正下面句子中用错的标点符号（把正确的标点符号写在括号里，或用文字说明）。

(1) 现代都市人常常渴望逃出钢筋水泥的城堡，去体验乡间的淳朴生活，（   ）乡村旅游应了现代人追求自然的渴望，所以刚刚兴起便迅速走俏（   ）相信随着现代生活水平的提高，城市节奏的加快，会有越来越多的人加入到这项旅游活动中来。

(2) 生产成本居高不下的原因，一个是设备落后，能耗高。（   ）另一个是管理不善，浪费严重。

(3) 我不知道这件事是谁做的？（   ）但我猜做这件事的人一定对我们的情况比较熟悉。

(4) 我也不知道你喜欢不喜欢这种颜色？（   ）

(5) 看到这里，他愤怒得浑身热血直往上涌！（   ）

(6) 那优美的琴声啊！（   ）令我如痴如醉。

(7) 毫无疑问（   ）对这种人我们只能诉诸法律。

(8) 她暗下决心，一旦成婚，就把支持丈夫干好本职工作，（   ）作为今生今世最大的追求。

(9) 城市发展的近期和远景规划，包括土地的开发与利用、（   ）基础设施、生活服务设施的建设与管理、（   ）环境的治理与保护、（   ）信息的收集、处理和应用、（   ）吸引投资的网络组织、营销方式和鼓励措施等。

(10) 新建小区内的住宅共24幢、（   ）396套，绿化率达到45%。

(11) 由于商品供求往往随着不同区域、不同季节、（   ）甚至不同客流成分的变化而变化，所以采购者应当及时把握需求信息。

(12) 报名者携带户口簿；(　　) 身份证；(　　) 高中毕业证书；(　　) 体检证明；(　　) 两张近期免冠二寸照片。

(13) 这些展品不仅代表了两千多年前我国养蚕、纺织、印染、刺绣和缝纫工艺方面所达到的高度水平；(　　) 而且也显示了我国古代劳动人民的聪明智慧和创造才能。

(14) 心理学研究表明：(　　) 影响儿童心理发展有三个重要因素：遗传、环境和教育。

(15) 厂领导及时提出：(　　) "以强化管理抓节约挖潜，以全方位节约促成本降低，以高质量、低成本开拓市场、增效益"的新思路。

(16) 樱花飘落时，就像漫天的"雪花"(　　) 在飞舞。

(17) 如果国家主权遭到贬损或剥夺，个人的一切就将失去保障（包括人权在内）(　　)。

(18) 这次得奖的论著（正如中国科学院公布的评审经过说明中所说的）(　　) 大都是在学术上有创造性而又具有一定的国民经济意义的。

(19) 专家们经分析认为，打捞俄潜艇，最可能被采用的方式便是混合打捞法——(　　) 即先行封舱，将内水抽干增加潜艇自身浮力，再利用浮吊、浮筒来起浮沉艇。

(20) 在亲人金珠玛米——解放军——(　　) 的帮助下，我很快就恢复了健康。

(21) 为什么街头小青年满口脏字？为什么摩登女郎徒有其表，一张口就是污言秽语……？(　　)

(22) 在另一领域中，人却超越了自然力，如飞机、火箭、电视、计算机……(　　) 等等。

(23) 连词因为 (　　) 通常用在句子开头，后面用所以 (　　)。

(24) 孩子自私的心理是否强烈，主要取决于父母的培育方式和父母对孩子的态度 (　　)。

(25) 1986 年太阳能研究所从加拿大引进当时具有国际先进水平的铜——(　　) 铝复合生产线。

(26) 您可以用尺子量一下，腰围减了 2－(　　) 6 厘米。

(27) 从 6 月 10 日—(　　) 7 月 10 日，凡在指定经销商处购买诺基亚手机者，即可获赠精美礼品。

(28)《汉语大词典·缩印本》(　　) 已经出版发行。

(29)《长征二号》(　　) 运载火箭‖《永久牌》(　　) 自行车‖《桑塔纳》(　　) 轿车‖颁发《身份证》(　　)‖持有《经营许可证》(　　)‖附有《产品合格证》(　　)‖办理《营业执照》(　　)

(30) 参观天坛《祈年殿》(　　)‖住在《北京饭店》(　　)

第八章　古代汉语

汉语不仅有现代汉语，还有古代汉语。前面七章讲了现代汉语，本章讲古代汉语。

什么叫古代汉语呢？古代汉语是古代汉民族的语言，是和现代汉语相区别的。进一步细分可以分为上古汉语、中古汉语和近代汉语。它包括文言和白话两个方面。例如清代蒲松龄的《聊斋志异》就是一部用文言写的短篇小说集；清代曹雪芹《红楼梦》就是一部用白话写的小说。用文言写的读起来障碍较多，比较难读，用白话写的读起来障碍较少，比较容易读。

古代汉语和现代汉语一样，都是一种交际工具，是中华文化的载体和传播者，它在传承中华文化、复兴中华中都具有十分重要的意义。但由于时间的变迁、社会的发展变化，古代汉语和现代汉语虽有许多相同之处，但也出现了不少的差异。这些差异主要表现在语言和文字上，还有文化，如姓氏字号、官职、地理、历法等的差异，但影响人们读古书最大的，还是语言文字的差异，了解、掌握古今汉语的差异，犹如掌握开启古代汉语大门的钥匙。下面分别对古代汉语的主要内容——音韵、词汇、语法和文字做简要的介绍。在介绍时，侧重于与读古籍有关的一些知识。前面讲过的，尽量不再重复。

第一节　音　韵

一、学习音韵的用处

音韵指汉字字音的声、韵、调，既包括汉语现代的读音，也包括汉语古代的读音，但偏重于古音，所以现在一般都指古代汉语的读音。所谓的音韵学或声韵学，是指研究汉语语音结构和演变的一门科学。隋朝《切韵》是我国音韵学正式确立的标志。

音韵学是一门比较深奥的学科，人们称之为绝学，入门不易，能"唱"的不多，能"和"的更少。但这门学科还是有很多的用处的，主要有下面两方面。

（一）对理解古代通假现象很有帮助

所谓的通假，就是用音同或音近的字来代替本字。古书中有许多通假现象，如果不懂得古音知识，对古代词义就不可能有彻底的了解。古书中的通假字，看起来是文字问题，实际上是语音问题。清人戴震讲："夫六经字多假借，音声失而假借之意何以得，故训音声相为表里，故训明，六经乃可明。"（《六书音韵表·序》）例如："归孔子豚。"（《论语·阳货》）"归"是"馈"的通假字，训馈赠，馈即馈。"请以遗之"（《左传·宣公二年》）、"相遗以水"（《韩非子·五蠹》），这两个"遗"字即"馈"字，从贵得声，当读贵，旧注音wèi。"实维我特"（《诗经·鄘风·柏舟》），韩婴所传授的《诗经》中作"实为我直"，"直"是"特"的假借字。上古音直、特同属定母。"君冯轼而观之"（《左传·晋楚城濮之战》），冯上古音读凭。上古轻唇音读重唇音，这是一条古音规律。在古书中，通假字很多，例如借"光"为"广"，借"有"为"又"，借"蛊"为"故"，借"贡"为"功"，借"犹"为"由"，借"粒"为"立"，等等。

（二）有助于古代诗歌、韵文的创作和欣赏

中国古代的诗歌、韵文很讲究韵律之类，因此十分重视押韵。通音韵，明韵书，对当时的文人是不可或缺的知识。隋朝的《切韵》是中国韵书的标志。《唐韵》是《切韵》改的名，有112韵，唐诗的押韵都是根据《唐韵》。宋时，《唐韵》改为《广韵》，有206韵。元时，干脆取消206个韵目改为106韵，名为《诗韵》，因为是宋末平水刘渊整理过的，也叫《平水韵》，一直沿用至今。古代的文人墨客，就凭这些韵书，写出成千上万朗朗上口、悦耳动听的诗文。

但是由于几千年来字音发生了变化，许多押韵的字，现在读起来已经不押韵了。如果按照古音去读，它们都押韵，而且十分和谐。《诗经·关雎》："求之不得，寤寐思服。悠哉悠哉，辗转反侧。"得、服、侧同在职部。"帝高阳之苗裔兮，朕皇考曰伯庸；摄提贞于孟陬兮，惟庚寅吾以降。"（《离骚》）降与庸叶韵，古读若洪。"千山飞鸟绝，万径人踪灭。孤舟蓑笠翁，独钓寒江雪。"（柳宗元《江雪》）诗里的"绝、灭、雪"三个入声韵押韵，现代普通话"绝"读阳平，"灭"读去声，"雪"读上声，声调不相同了。历史上也有些文人，由于缺乏音韵学知识，不懂语音发展演变的道理，不仅不能领略到这些诗文的韵律之美，而且还误以为是作者失笔押错了韵，有的甚至还用当时的语音对它进行了"改正"，误导了后人。

音韵学除在读古书、诗文创作的应用价值外，在方言调查、语音溯源等方面也大有作为。唐作藩的《普通话语音史话》（语文出版社2000年版）运用音韵学知识，对普通话的声、韵、调进行了溯源，回答了一些人说普通话时为什么会zh、ch、sh和z、c、s，n和l，f和h等分不清的原因，帮助了大家更好地了解了普通话的历史，掌握了有关普通话的知识，促进了普通话的推广。

从上面的介绍中可以看到，了解古音韵有诸多用处，尤其是对阅读古书用处更多。但也要防止主观随意，利用古音妄加解释。我们要了解古代汉语语音基本知识，了解音理，掌握古音系统，才能运用好古音。

二、学习古音韵的方法

学习古音韵的方法很多，了解、掌握语音学常识、古音的基本概念尤为重要，现在分述如下。

（一）语音学常识

语音学是研究古音韵的基础，必须具备语音学的基本知识，特别是弄清古音韵的基本概念，才能有效地进行古音韵的讨论。关于语音学常识，本篇第一章"语音"已做了比较系统的介绍，这里不再做更多的介绍，只着重介绍一些古音的基本概念。

（二）古音的基本概念

1. 声母和韵母

1）声母和韵母是我国研究汉语语音的人定出来的专门术语。它是近代"注音字母"产生后的名称。西方语音学称辅音、元音。中国旧称声纽、韵部。汉字的每一个字音基本上都是由声和韵相拼而成，声在前，韵在后。声就是一个字的发声；韵就是一个字的收声。一般说来，"声"等于"声母"，"韵"等于"韵母"。把一切声韵归纳为若干字称字母，才称声母、韵母。《切韵》《广韵》的东、冬、钟、江是韵部、韵目，不算韵母。还有声纽有时称"纽"。这些都要分别清楚。

2）声母、韵母和辅音、元音的关系及其异同。声母一般都是辅音，但也有一些字是只有"韵"而无"声"。例如"衣"（i）、"乌"（u）、"于"（ü）、"恩"（en）、"安"（an），我们仍旧把它们看作有声母，只不过声母是零，就是所谓"零声母"。辅音当然可以做声母，但它也可以做韵尾。例如"山"（shan）中的n。所以辅音同声母不同，不能一概而论。

韵母是不是元音呢？也不可以一概而论。一个元音当然可以做韵母，而韵母往往包含元音、半元音和辅音。有些韵母就是三者结合而成。因此音韵学上又把韵母分为韵头、韵腹和韵尾三个部分。其中韵腹是主干，每个字音不能缺它，韵头和韵尾有些字就可以有也可以无。例如"表"（biao），除了声母b，剩下的都是韵母。在韵母iao里边i是韵头，即介母，a是韵腹，o是韵尾。"良"（liang），声母l，韵母是iang，i是韵头，a是韵腹，ng（国际音标作［ŋ］）是韵尾，是鼻音声母。

中古语音较复杂，韵头也有i、u两个（现在的韵头ü是iu复合韵头发展到明清单音化才产生的），韵尾鼻音有-m、-n、-ŋ，入声有-p、-t、-k等韵尾。现代北京话只有-n、-ŋ两个韵尾鼻音。今广东话还保存《广韵》这些音系。如"三"［sam］，"一"［iat］，"六"［lɔk］，"十"［səp］。入声字在北京语音中全失掉了，有些浊声母也失掉了。如p（清）、b（浊），t（清）、d（浊），k（清）、g（浊），s（清）、z（浊），f（清）、v（浊），清浊成对，在《广韵》中很清楚，今还保存在吴语（上海一带方言）中，因此，今天我们研究中古、上古音韵比较麻烦。

2. 双声、叠韵

双声、叠韵这两个概念在音韵学上是很重要的。可以利用双声、叠韵的字制造新词，可以增加语言的音乐美。我们弄明白声和韵是怎么回事之后，双声、叠韵也就好解释了，不必像古人费了好些话还讲不清楚。所谓"双声"就是指两个声母相同的字，有不少双音词是双声词。例如"仿佛"（fang fu），仿和佛的声母都是 f。"流离"（liu li），流和离的声母都是 l。它们每个词的前一部分都是相同的，所以叫双声。"叠韵"就是指两个韵母相同的字。例如"葫芦"（hu lu），这个双音词的韵母都是 u。"泛滥"（fan lan），这个双音词的韵母都是 an。这里应该指出，古人所谓叠韵字，必须是韵腹韵尾相同，至于韵头不一定相同。例如"堂皇"（tang huang）是叠韵词，都有相同的韵腹和韵尾，但皇字有韵头 u，堂字没有，但它们仍然是叠韵字。

3. 五音、七音

我国古代音韵学家有一套分析声纽（声母）的方法。他们很早就能按照发音部位的不同把声纽分成喉音、牙音、舌音、齿音、唇音五类。这是受梵文（印度古文）的影响。梵文是拼音字母。梁顾野王《玉篇》前面附有五音声论，《广韵》末有辨字五音法，可见隋唐时代已有五音之说了。后来宋元等韵学家把声纽分成七类。在原来五音之外，又立"半舌音"和"半齿音"，于是有了七音之说。从语音学的角度来看，这些名称所指的发音部位不怎么准确，但是它们在音韵学上早已广泛使用，我们讲古音时还应该知道。

这里把"七音"的旧名同语音学的新名称列表对照如下：

1）唇音

　　重唇——双唇　例如 b [p]

　　轻唇——唇齿　例如 f [f]

2）舌音

　　舌头——舌尖中音　例如 d [t]

　　舌上——舌面音　例如 [ȶ]

3）齿音

　　齿头——舌尖前音　例如 z [ts]

　　正齿——舌叶音和舌面音　例如 [tʃ] 和 j [tɕ]

4）牙音——舌根音　例如 g [k]

5）喉音——喉音和零声母　例如 h [x] 和 Ø

6）半舌音——舌尖的边音　例如 l [l]

7）半齿音——舌面鼻音加摩擦　例如 [ȵʑ]

4. 清音、浊音

发音时声带颤动叫作带音，声带不颤动叫作不带音。元音都是带音的。辅音有带音的，例如（b）[p]、（d）[t]、（g）[k]，有不带音的，例如（p）[p']、（t）[t']、（k）[k']。一般说来，清音就是指不带音的辅音；浊音就是指带音的辅音。

现代北京话中清音占绝大多数，浊音只有［m］、［n］、［l］、［ŋ］和［ʐ］等几个。古代浊音比较多，古代音韵学家在分析声纽时给它们分了类。清音又分全清和次清，浊音又分全浊和次浊（或叫"不清不浊"）。

1）全清——不送气不带音的塞音、擦音和塞擦音三种。塞音 b［p］、d［t］、g［k］，擦音 f［f］、s［s］、sh［ʂ］、h［x］，塞擦音 z［ts］、zh［tʂ］、j［tɕ］等辅音。

2）次清——送气不带音的塞音、塞擦音。塞音 p［pʻ］、t［tʻ］、k［kʻ］，塞擦音 c［tsʻ］、ch［tʂʻ］、q［tɕʻ］等辅音。

3）全浊——带音的塞音、擦音和塞擦音。塞音［b］、［d］、［g］，擦音 v［v］、［z］、［ʐ］、［j］，塞擦音［dz］、［dʐ］、［dʑ］，鼻音塞音［ȵ］等辅音。

4）次浊——带音的鼻音、边音和半元音。鼻音 m［m］、n［n］、ng［ŋ］，边音 l［l］，半元音［y、w、j］等音。此外，还有一种带音的鼻音加摩擦［ȵʐ］。

5. 三十六字母

中国传统音韵学上有所谓三十六字母，也就是发声的三十六个代表字。由于汉字不是拼音文字，只好找出三十六个汉字作为代表字。钱大昕说："三十六字母，唐以前未有言之者，相传出于僧守温，盖温亦唐末沙门也。"据《辞海·语言文字分册》（1978），下面对"三十六个字母"略做说明。

1）见溪群疑是舌根音，即 g［k］、k［kʻ］、［g］、［ŋ］

2）端透定泥是舌尖音，即 d［t］、t［tʻ］、［d］、n［n］

3）知彻澄娘是舌面音，即［ȶ］、［ȶʻ］、［ȡ］、［ȵ］

4）帮滂并明是双唇音，即 b［p］、p［pʻ］、［b］、m［m］

5）非敷奉微是唇齿音，即 f［f］、［fʻ］、v［v］、［ɱ］

6）精清从心邪是舌尖前音，即 z［ts］、c［tsʻ］、［dz］、s［s］、［z］

7）照穿床审禅是舌面音，即 zh［tʂ］、ch［tʂʻ］、［dʐ］、sh［ʂ］、［ʐ］或 j［tɕ］、q［tɕʻ］、［dʑ］、x［ɕ］、［ʑ］

8）影是个零声母，即［Ø］喉塞音；晓匣是舌根擦音，即 h［x］、［ɣ］；喻是半元音，即 y［j］；来是舌尖音，即 l［l］；日是舌面音，即［ȵʐ］

6. 四声平仄

四声就是四个声调。声调就是字音的高低升降。声调是汉语的特点之一，是每个字音不可缺少的东西。它是辨义的。我们在分析字音的时候就不能忽视声调。一个字音应包括声母、韵母、声调三个部分。普通话中的四个声调是：阴平声、阳平声、上声、去声。古代的四个声调是：平声、上声、去声、入声。入声在现在北方的大部分和西南的大部分地区的口语里已经消失，只是在江、浙、闽、粤等省和北方的山西、内蒙古、河北等省区的部分地区还保留着入声。魏李登编的韵书《声类》就是以五声命字，这五声就是宫商角徵（zhǐ）羽，是指的声调，是《切韵》按四声分韵的开始。到了晋张谅编《四声韵略》，齐梁时周颙编《四声切韵》，沈约编《四声谱》,那时四声之名就定了。汉语的声调本来很复杂,现在河北方言中还有三调、四调、五调的不同。吴语、粤语、闽语更有六调、七调、八调、九调之分。

平仄是声调的关系。古人为了诗歌声律抑扬的需要,把四声分成两类:即平声和非平声,后者称为仄声(包含上、去、入三声在内)。

7. 反切

反切本是受印度悉昙字(拼音文字)的影响,是利用两个汉字来拼注另一个字音。反切起源于东汉而盛行于六朝以后,它在唐中叶以前叫作"反",公元 800 年左右才用"翻",同时也是"切",合称反切。翻是二字翻复读成一音。从魏晋人竞造反切,于是从此出现了韵书,韵书用来注音的工具就是反切。至今《康熙字典》上还保存《唐韵》《广韵》《集韵》等反切,中古字音当以《切韵》《广韵》为标准,反切是承袭了《切韵》。反切读法容易,只需知切上字读其声母,切下字读其韵母和声调,一声一韵即切出被切字的读音,毫无窒碍。例如:

昏,呼昆切 = 呼 h(u)+ 昆(k)un ⟶ 昏 hūn

孩,何来切 = 何 h(a)+ 来(l)ai ⟶ 孩 hái

这种方法当然不如用现代"拼音方案"来注音直截了当,而且由于反切不搞代表字,弄得很复杂,结果搞成切上字 530 字,切下字共 1339 字,太不容易记住了。此外,还需分别五音、清浊、开合、洪细四等、阴阳等,很难掌握。但是反切法的发明和应用,反映了古代学者远在将近两千年前就能对汉字的字音进行科学分析了,这是值得我们高度赞扬的。

三、古音概述

语音是在发展演变的,音韵学家根据各时期古音的特点,把汉语的古音划分为上古音、中古音和近古音(或称"近代音")。上古音指先秦至魏晋(公元前 10 世纪—公元 5 世纪)的语音,以《诗经》的韵脚系统为代表。中古音指南北朝至唐宋(5 世纪—17 世纪)的语音,以《切韵》《广韵》的语音系统为代表。近古音指元、明、清(13 世纪—19 世纪)的语音,以元周德清《中原音韵》的语音系统为代表。

由于古代记录语音的方法、手段、工具受到当时历史的限制,不是用拼音和录音,而汉字又是拼形文字,非西方的拼音文字,因此,研究汉语的古音相当困难。但经音韵学家长期的努力,取得了辉煌的成就,在世界音韵的研究上,我国是首屈一指的。现在,对上古音的看法、异议较多,对中古音和近古音的看法比较一致。为方便大家学习和使用,近年,中国社会科学院语言研究所林连通、郑张尚芳,主持编纂了《汉字字音演变大字典》(江西教育出版社 2012 年版)。该书有上古、中古、近代、现代等音的拟音,同时收录了 9000 多个汉字(包括简化字),并对其中有语音演变史的汉字进行了各时期音貌的描写,展现其发展的历程。为方便大家的研究,还把高本汉、李方桂、王力、李荣、邵荣芬、杨耐思、宁继福等一些音韵学家的不同看法注在括号中。该书对音韵的学习、研究和教学很有参考价值。例如:

白⁰ bái

【上古】鐸部並母：braag（高本汉 XⅦ/17 部：bʻăk，李方桂魚部：brak）
后期：bræag（王力鐸部並母：beǎk）
【中古】《廣韻》入聲陌韻：傍陌切 梗攝 開口二等並母：bɣæk（高本汉：bʻɐk，王力：bɐk，李荣：bɐk，邵荣芬：bak）
【近代】《蒙古字韻》佳入韻並母入聲：pɦaj 《中原音韻》皆來入韻幫母平聲陽：pai（杨耐思：pai，宁继福：pai）
【现代】怀来辙阳平：pai35

百¹ bǎi

【上古】鐸部幫母：praag（高本汉 XⅦ/17 部：pǎk，李方桂魚部：prak）
后期：præag（王力鐸部幫母：peǎk）
【中古】《廣韻》入聲陌韻：博陌切 梗攝 开口二等幫母：pɣæk（高本汉：pɐk，王力：pɐk，李荣：pɐk，邵荣芬：pak）
后期：pɰæk
【近代】《蒙古字韻》佳入韻幫母入聲：baj 《中原音韻》皆來入韻幫母上聲：pai（杨耐思：pai，宁继福：pai）
【现代】怀来辙上声：pai214

皂² zào

【上古】幽1部從母：zuuʔ（高本汉 XXⅢ 28 部：dzʻɔg，李方桂魚部：dzəgwx）
后期：dzuuʔ（王力幽部從母：dzəu）
【中古】《廣韻》入聲皓韻：昨日切 效攝 开口一等從母：dzɑuʼ（高本汉：dzʻɑu，王力：dzɑu，李荣：dzɑu，邵荣芬：dzɑu）
【近代】《蒙古字韻》蕭韻從母上聲：tsɦaw 《中原音韻》蕭豪韻精母去聲：tsau（杨耐思：tsau，宁继福：tsɑu）
【现代】遥迢辙去声：tsɑu51

的³ dì

【上古】藥2部幫母：pleewɢ（高本汉 XXⅣ/25 部：piok，李方桂宵部：piǎkw）
后期：peeug（王力藥部幫母：piǎkw）
【中古】《廣韻》入聲錫韻：都歷切 梗攝 开口四等端母：tek（高本汉：tiek，王力：tiek，李荣：tek，邵荣芬：tɛk）
后期：tiek
【近代】《蒙古字韻》支入韻端母入聲：di 《中原音韻》齊微入韻端母入聲：ti（杨耐思：ti，宁继福：ti）
【现代】衣齐辙阳平：ti35

下面附上《汉字字音演变大字典》中的《郑张尚芳汉语历代音系拟音表》（包括上古音系、中古音系、近代音系、现代音系），以供参考，表中有关拟音的说明较为复杂艰深，如不做专业的研究，略知即可，毋庸深究。

附录一：上古音系

一、上古声母表

辅音及基本声母有 30 个，其中 25 个为基本声母（后加 -h 皆表送气，严格些是作上标ʰ），另外，j、w 只做垫音，ʔ、h、ɦ 可做喉冠音使用。表中/号后是较晚变体：

k 见	kh 溪	g 群匣	ŋ 疑	ŋh 哭
q/ʔ 影	qh/h 晓	ɢ/ɦ 云匣		
p 帮	ph 滂	b 並	m 明	mh 抚
t 端	th 透	d 定	n 泥	nh 滩	l 以	lh 胎
s 心	sh/tsh 清	z/dz 从			r 来	rh 宠

引用者若不能打音标，可用 ng 代 ŋ，用 ' 代 ɦ，用 ' 或 q 替代 ʔ。

[表注]

（1）清鼻流音及舌齿复声母——lh、rh 表送气清流音 [l̥ʰ、r̥ʰ]，ŋh、mh、nh 表送气清鼻音 [ŋ̊ʰ、m̥ʰ、n̥ʰ]。中古"透彻昌、滂敷"母字所谐声符为鼻流音的，可依声符本音分归于各清鼻流音声母，如："rh 獭体梛瘳离、lh 通畅汤滔笞、nh 帑聃慝丑耻退（内声）、mh 改奼赗、mhr' 蠹、ŋh 髡甑、ŋhl' 癡、ŋhj 杵。"

精母 ʔs、sl'-、邪母 lj -及知章庄组和部分端组字都来自复声母，见下面说明。

（2）后垫音——4 个后加垫音形成基本复声母：- j（在章组和邪母）、- w（在见系合口）；- r（在二等及重纽三 β，加在心组后形成生、初、崇母）、- l（在其他各等，限跟以母来母通谐的字）；

r、l 还有塞化变体：- r'（塞音化的 r，可使喉牙唇音变成知组二等）、- l'（塞音化的 l，使喉牙唇音变成端、知组，使心母变成精母：sl'/ts）。- l' 主要变为中古端组，各母的来源分布是：端 pl'、kl'、ql'、ʔl'，透 phl'、khl'、qhl'、hl'，定 bl'、gl'、ɢl'、ɦl'，泥 ml'、ŋl'（在鼻流音前 ʔ、h、ŋ 还有别的塞音来源，故 ʔl 组与 ql 组分列，最常见的 ɦl' 可简化作单 l'）。

中古章组由后加垫音-j 各母变来：见帮端三组加 j 依发音方法不同分别形成章、昌、禅、日母，但影组（带 l 或不带 l）的 qlj 变章母，而 qhlj 变书母，ɢlj 变船母；lj 变邪母。带清喉冠的鼻音 hŋj [烧]、hnj [恕]、hmj [少] 也变书母。

（3）前冠音——复声母带有 5 类前加冠音（偶或带轻短元音）：哑冠 s -，喉冠 ʔ -，h -，ɦ -，鼻冠 m -、n -、ŋ -，流冠 r -，塞冠 p -、k -、t -。

见帮端三冠 s -依发音方法变精、清、从母，影组 sq 变精而 sqh、sɢ 变心、邪。喉冠音使鼻流音变影、晓、云匣母；ʔ -使擦音 s、z 变精母，造成 cl、cr 流音塞化；ɦr' 变澄，可简为 r'；ɦ -还能使 br、gr 的浊 b、g 母脱落。鼻冠音也使浊 b、g、d 母脱落。

r -加在同部位的舌音前也形成知组二等（rd、rl 都变澄母）。

p -能使喉音形成帮滂并母：p - h 烹。t -、k -则变端组和见组。

（4）上古后期为汉魏音。至后期小舌 q、qh、ɢ 变喉音 ʔ、h、ɦ。齿音 ʔs、sh、z 变 ts、tsh、dz。流音 l 声基变 ʎ，再变中古 j 入三等；带喉冠的 hl、ɦl 后期变 hʎ、ɦʎ，再变中古书 ɕ、船 ʑ 母，也入三等与 hlj、ɦlj 混同，但 lj -变 z；hlji -变 s、ɦlji 变 dz 别成齿音。

清鼻流音 mh、ŋh 变 ph、kh，而 nh、rh、lh 变 th。

带塞化流音的 ʔl'、hl'、ɦl'、ql'、qhl'、ɢl'、kl'、khl'、gl' 分别变 t、th、d。鼻音 nl'、ml'、ŋl' 则都变 n。ʔr'、hr'、ɦr'、qr'、qhr'、ɢr'、kr'、khr'、gr' 分别变 tr、thr、dr、nr。带 j 的清塞音 pj、kj、ʔlj 都变 tj，清送气 phj、khj、lhj、nhj、ŋhj 都变 thj，浊塞音 bj、gj 都变 dj，鼻音 mj、ŋj 都变 nj。

前冠 r 的舌音换位带 r 垫音：rt、rth 变 tr、thr，rd、rl 变 dr，rn、rm、rŋ 变 nr。

前冠 ʔ、h 的鼻音消失只留 ʔ、h，但使之带鼻化色彩，这样"鄦"hma 才并同"许"hŋa。

二、上古韵母表

（1）元音——有6对元音，i、ɯ、u、e、a、o，各分长短（长元音用双写字母表示）：

$$i\ 脂部 \quad ɯ\ 之部 \quad u\ 幽部$$
$$e\ 支部 \quad a\ 魚部 \quad o\ 侯部$$

中古一二四等韵上古为长元音（一四等是锐钝元音互补），三等韵为短元音（上古无 i 介音无标记，仅"麻昔海齐"各韵长元音的三等字前面有 j）。二等、三等 B 类前有 r-垫介音。

常见的变式是 ɯ > ə，e > ɛ，在唇舌韵尾前 o > oa，例如童 dooŋ 不变，瞳 thooŋ 变 thoan。

（2）韵尾——有5个乐音韵尾 -m、-n、-ŋ、-l/-i（后变 -i）、-w（等于 -u）及开音节韵尾○，有6个噪音韵尾 -b、-d、-g、-wɢ/-ug、-q/-ʔ、-s/-h。六对元音都可与所有韵尾结合。

无声调。后来乐音尾形成平声，浊塞尾形成入声，-q（-ʔ）尾可加在乐音尾后形成上声，-s（-h）尾可加在乐音尾及塞音尾后形成去声（只 -bs 并入 -ds 变 -s 再变 -ih 入祭泰夬废等韵，其他都直接变 -h）。上古中后期上声已经以 -ʔ 为主（ʔ 也可标成表紧喉的 '），但为打印方便可仍作 -q。

（3）韵类——分30韵部，58韵类，连塞尾带 -s 为81韵类（据1981年《汉语上古音系表解》改一些分部代表字）：

	-0	-g	-gs/h	-ŋ	-w/-u	-wɢ/ug	-wɢs/h	-b	-bs/-s	-m	-l/-i	-d	-ds/-s	-n
a	魚	鐸	鐸₂暮	陽	宵₁高	藥₁虐	藥貌	盍	盍₁盖	談₁	歌	月₁曷	月₄/祭泰	元₁寒
e	支	錫	錫₂賜	耕	宵₂堯	藥₂的	藥₃溺	盍₂夾	盍荔	談₂兼	歌₂地	月₂滅	月₅/祭祭	元₂仙
o	侯	屋₁	屋₂寶	東	宵₃夭	藥₃沃	藥₆暴	盍₃會	盍乏	談₃贛	歌₃戈	月₃脫	月₆/祭兌	元₃筭
ɯ	之	職	職₂代	蒸	幽₁蕭	覺₁肅	藥₅嘯	緝	澀	緝₄位	侵音	微₁尾	物₁迄	物₂/隊 氣	文₁欣
u	幽媼	覺₂睦	覺₄奥	終	=幽₁	=覺₁	=覺₄	緝₂納	緝₅内	侵枕	微₂畏	物₃術	物₄/隊隊	文₂諄
i	脂豕	質	質₄節	真	幽₃叫	覺₃	覺₆吊	緝₃揖	緝₆摯	侵₃添	脂	質₁	質₃/至至	真₁

引用者若不能打音标，可以 -' 或 · 代 ʔ；用 y 或 w 代 ɯ（用 w 代 ɯ 时，要以 v 代 w）。

（4）上古后期音（汉魏，以东汉为主）：

元音短 a 变 ɯa（带尾同）；wɯ 变 wu（-g、-ŋ 尾同）。

垫音 -raa 变 -ræa（带尾同）；短歌 ral 变 raj 再变支 re。

韵尾 ig 变 id；-w 变 -u，-wɢ 变 -ug；

-l 变-j，ol、on、od 变 uaj、uan、uad；

-s、-gs 变-h；-ds、-bs 变-s。

附录二：中古音系

一、中古声韵母表

中古音系以《切韵》音系为代表。切韵音系的拟音从高本汉到王力、李荣、邵荣芬各家都有所不同，郑张尚芳拟音系统于各家都有所采择扬弃，概要介绍如下。注意切韵所代表的是南北朝的书音音系，为中古音前期音，而唐代为中期，晚唐五代为晚期。等韵图《韵镜》《七音略》系代表中古后期音系的，以帮非组分化、庄章并为照组、日母从鼻擦音变流擦（与来母同属半舌半齿音）为特征，等韵图音系跟切韵音系已有很大变异。

（一）《切韵》声母表（37 母）

帮滂並明	p	ph	b	m		
端透定泥来	t	th	d	n		l
知彻澄娘	ʈ	ʈh	ɖ	ɳ		
精清从心邪	ts	tsh	dz	s	z	
庄初崇生俟	tʃ	tʃh	dʒ	ʃ	ʒ	
章昌禅日书船	tɕ	tɕh	dʑ	ȵ/ȵz	ɕ	ʑ
见溪群疑	k	kh	g	ŋ		
影晓匣（云）以	ʔ	h	ɦ			j

[表注]

（1）唇音"帮滂並明"逢三等，在中腭介音 i 唇化为 ɥ→ʋ 的影响下，后期变为"非敷奉微" pf、pfh、bv、ɱ。

（2）浊塞类声母原不送气，中唐以后变送气。

（3）ʈ 组实际部位是舌尖面混合音，与 ʃ 同部位（也可如《切韵音系》那样写为 ʈ 组而说明与 ʃ 同部位，实际是非 ʃ 非 ʈ 的中间音_{云南福贡阿侬怒语ʈ组的音值也如此}，缺合适音标）。

（4）依陆志韦、邵荣芬所考，及上古来源，列"船"母为擦音，"禅"为塞擦音。

（5）"章"组后期同"庄"组并混，合为"照"tʃ 组。"日"母后期由 ȵz 变ʑ，邵雍《声音图》表明至宋初尚为次浊，没有变全浊擦音。

（6）依喉牙分类，定"晓" h、"匣云" ɦ 为喉擦音，不作舌根擦音，匣三等"云"后期与"以"合并为"喻" j 母。

（7）见系一四等合口为圆唇声母：kw、khw、gw、ŋw、ʔw、hw、ɦw。

（二）《切韵》韵母表 （95 韵，分重纽 AB 则 107 韵母，再分魂没灰之外的开合口共 151 韵母）

等	一	三	三	二	三	二	三四	四	三四	一	三	一	二	三	一	三	一	三
元音	ɑ			ɣa	ia	ɣɐ	yieB	e	yie B	ə	ɨ	ʌ	ɣʌ		uo		u	
		iɑ	iɐ		(yæ yiæ)		i ɐA →ie		ii A					iʌ		io		iu
-0	歌	歌		麻	麻	佳	支		脂		之			鱼	模	虞		尤
-ŋ-k	唐铎		阳药	庚陌	庚陌	耕麦	清昔	青锡		登德	蒸职		江觉		冬沃	钟烛	东屋	东屋
-m-p	谈盍		严业 [凡乏]	衔狎		咸洽	盐叶	添帖	侵缉			覃合						
-n-l	寒曷		元月	删鎋		山黠	仙薛	先屑	臻栉 真质	痕没 魂没	殷迄				(魂没)			文物
-i	泰		废	夬		皆	祭	齐			微			哈灰	(灰)			
-u	豪			肴			宵	萧	幽						侯			
	低元音			前元音						央元音		后元音						

[表注]

（1）元音——切韵有元音 11：ɑ、ɐ、a、ɛ、e、ɪ、ə、ɨ、ʌ、o、u（宽式 ɑ、ɐ 可并入 a）。

元音 /ɛ/ 在二等较开近 [æ]，在三等较闭近 [E]。

元音 ɪ 即是 /i/，是在介音 i-、ɣ- 后的开化变体（臻韵作 ɣɪ）。

庚韵后期变 [æ]。鱼韵中期变 iə [ɨɤ]，后期变 iɯ。东韵后期变开口 əu-。

（2）介音——有腭介音 3，由后而前：二等 ɣ-（由上古 r 垫音变来，后期又变 ɯ-，它引起古高元音低化或央化，因此在切韵非 i 元音前出现时就成为"外转"的标志），三等 i-（遇唇音及圆唇介音变 ʉ，在锐元音 ɪ、ɛ 前变 ɨ），四等后期增生 i-。

有合口介音 2：w-、u-。w 见于见系一四等，后并入 u。三等合口有 ɯ、iu 复合介音。低元音与前元音栏的非 -m、-p、-u 尾各韵皆分开合口，央元音栏的"登德职微"也分开合。连"魂没灰"共计有合口韵 54 个。其中一等带 u- 的灰韵魂韵各有元音圆唇化的变读 uoi、uon，故与哈痕不同韵。

（三）切韵声调表 （4 调）

四声依沈约等定名，附注唐释处忠《元和韵谱》、明释真空所传《玉钥匙门法》口诀解释。

平声 33——平声哀而安；平道莫低昂

上声 ʔ35——上声厉而举；高呼猛烈强

去声 41——去声清而远；分明哀远道

入声 3——入声直而促；短促急收藏

中期已依声母清浊各分阴阳，分化为 4 声 8 调，阳调低于阴调。后期口语 4 声 7 调，全浊上声并入阳去。

中期 8 调拟值如下（据日释安然《悉昙藏》所记惟正、智聪音，破折号后摘引其描写该调原文。"金"声则指朝鲜金礼信所传吴音,其调值接近切韵,去入不分,平上则已分调,而阳上已读顿折调,近似22ʔ4):

阴平(平声轻)33——金平声直低,有轻有重(了尊《悉昙轮略图抄》变初昂后低43)

阳平(平声重)11——(释了尊云:初后俱低)

阴上(上声轻)43ʔ5——似相合金平声轻重,始平终上突呼之(了尊云初低后昂45)

阳上(上声重)22ʔ4——似相合金平声轻重,始重终轻呼之(不突呼,了尊初低后昂24)

阴去(去声轻)42——去有轻重,重长轻短;似自上重角引为去(了尊云:初昂后偃)

阳去(去声重)232——音响之终,直止为轻,稍昂为重(了尊云:初低后偃)

阴入(入声轻)4——入有轻重,重低轻昂(了尊云:初后俱昂)

阳入(入声重)2——(了尊云:初后俱低)

全浊上归去可能因后来阳上受浊母影响,调尾弱化而为233,于是并于阳去232;同时也可能因去声降调前产生一个短的升调头,变为342、232,因调头趋近上声而易相混。此系据汉越语去声调值34、331推想,郑张尚芳前亦曾做此拟构。

附录三:近代音系

一、《蒙古字韵》声韵母表

《蒙古字韵》初称《蒙古韵略》,元初据金代王文郁《平水新刊韵略》改编,实际反映金代科考所用标准音。原本用八思巴字母拼音,这里用郑张尚芳1998年的转写系统,改动旧习用龙果夫转写系统处如下:

声母方面把对古"全清"的浊音字母都写为清化浊母,对古"全浊"的清音字母都写为清母带浊流;"合匣奉"母也都依此系统化,统一写作清音浊流的 h ɦ,而鱼母写作吴语式的 0(带 ɦ 的元音起头)。并改日母为 ʎʒ,微母为 υ。韵母方面改 -hi 为 ɿ、改 -h- 为 ɯ;改 ė 为 i-(在拼蒙古文时它是加在元音 a、o、u 前表阴性元音 ä、ö、ü 的腭化符号〔好些学者因不理解它的这一作用而把表 ä 的零形式转写成 e〕,在拼汉语和朝鲜语时它就表腭介音 i-,龙果夫等也同样因不理解它的这一作用才转写为 ė);并取消所有只在晓母 h、合母 hɦ 后,i 元音前出现的 ė,因为那只是正字法上一个避免 h—i 连接的隔音符号,所以只在晓合两母后出现的 ėi 为元音的那些韵也都要相应删除,并入 i 元音韵。"玄匣"母后加的 ė 才作 i 介音处理。改介音 i 为 j,与 i(ė)严格相区分,并认为 e 应读成复元音 [ɪɛ]。

蒙韵声母表（非敷两母、知照两组实皆并混同音，号称三十六字母，实35母）：

帮滂並明	b̥	ph	pɦ	m	非/敷 奉微	ʋ	ɦʋ	ʋ
端透定泥来	d̥	th	tɦ	n	l			
精清从	d̥z	tsh	tsɦ		心邪	s	sɦ	
知彻澄娘	d̥ʒ	tʃh	tʃɦ	ɲ	审禅日	ʃ	ʃɦ	ʑ
见溪群疑	g̥	kh	kɦ	ŋ				
影	ʾ				晓合鱼	h	hɦ	0/ɦ
幺	ʾj				匣喻	hj	ɦj	

蒙韵韵母表（47韵，合口韵未列，连合口66韵母）

	a	ja	ɯa	ia	e [ɪɛ]	i	i	ɨ	o	io	u	iu
-0	打怛	嘉戛		嗟结	迦讦	羁讫	鸡吉	赀栉	歌葛		孤谷	居菊
-ʔ	冈	(江→姜)	庄	姜			京经	亘	(黄)		公弓	
-m	甘	缄		兼	箝		金	簪				
-n	干	间		坚	革建	巾	紧	根	官	卷	昆	钧
-j	该	佳格						克				
-w	高各	交觉		骁爵	骄脚		鸠樛	钩			浮	哀

蒙韵有元音7：ɑ、ɛ、ɪ、i、ɨ、o、u。

介音5：i、j、ɯ、u、w。

韵尾5：ŋ、m、n、j、w。

蒙韵声调表 分4声：平、上、去、入。

二、《中原音韵》声韵母表

声母表（21母）

帮滂明非微	p	ph	m	f	ʋ
端透泥来	t	th	n	l	
精清心	ts	tsh	s		
知彻审日	tʃh	tʃɦ	ʃ	ʑ	
只溪疑晓	k	kh	ŋ	h	
影	Ø				

韵母表（19韵47韵母）

支母	ɨ		
鱼模	u	iu	
家麻	a	ja	ua
歌戈	o	io	uo
车遮	iɛ		uiɛ

齐微	ei	i	uei	
皆来	ai	jai	uai	
尤侯	əu	iəu		
萧豪	au	jau	uau	
真文	ən	in	uən	iun
寒山	an	jan	uan	
先天		iɛn		iuɛn
桓欢	on			
侵寻	əm	im		
监咸	am	jam		
廉纤		iəm		
庚清	ə	iŋ	uəŋ	iuəŋ
东锺	uŋ	iuŋ		
江阳	aŋ	iaŋ	uaŋ	

[表注] j 只见于见组二等。萧豪韵帮母泥母一二等不同音, 杨耐思不别, 宁继福沿用切韵 "ɑ、a" 之别, 本表依 "鹤镬" 之别增-uau 韵, 帮泥母二等也入 uau。

三、声调表

平声阴　　44/43
平声阳　　22/21
上声　　　45/5
去声　　　41/411
清入作上声

附录四：现代音系

一、字母表（22 母）

p 玻	ph 坡	m 摸	f 佛
t 得	th 特	n 讷	l 勒
tʂ 知	tʂh 蚩	ʂ 诗	ɻ 日
ts 资	tsh 雌	s 思	
tɕ 基	tɕh 欺	ɕ 希	
k 哥	kh 科	x 喝	Ø 厄

[表注] 日母实际其性质是舌尖后进音, 非浊擦音 ʐ。

二、韵母表（依王力分 16 辙, 37 韵母）

支思	ɿ	ʅ	ɚ
衣齐	i		
居鱼	y		

姑苏	u			
麻沙	ᴀ	iᴀ	uᴀ	
梭波	o		uo	
车遮	ɣ			
乜斜		iɛ		yɛ
怀来	ai		uai	
灰堆	ei		uei	
遥迢	ɑu	iɑu		
尤求	ou	iɛu		
言前	an	iɛn	uan	yɛn
人辰	ən	in	uən	yn
江阳	ɑŋ	iɑŋ	uɑŋ	
中东	əŋ	iŋ	uŋ	yʊŋ

三、声调表

阴平 55
阳平 35
上声 214
去声 51

拟音说明

1. 古音拟音是依韵书反切及谐声韵部，按郑张尚芳历代音系推定，音韵地位主要依照丁声树《古今字音对照手册》，参考沈兼士《广韵声系》和《汉语大字典》所定。包括后起通用字形有异韵书字的（如"裤"依"袴"、"躺"依"逿"定音）。但中古鱼韵皆从合口改列开口。

2. 附见各家乃按音韵对应规则推出其相当拟音，不一定都见于原书，不见原书的有的也用＊号标记。韵书所收有的后起字其声符可能反映后起音，这类字上古音推衍可信度差，仅供参考，或也前加＊，严些可删。

3. 拟音有两种可能变化的用斜线分隔列出，如上古后期 k/q 表汉代非三等舌根声母也读小舌间，中古后期 ɨɤ 或 ɯ。

4. 李方桂-w 只见于圆唇喉牙音，非喉牙音合口字如有误加 w 的应予删除，重纽三等如有误加 r 介音的也应删除。高、李、王三家上古四等都标有 i 介音，如有脱漏应补上。

第二节 词 汇

　　文字是记录语言的符号，而语言是社会的现象，它是随着社会的发展而发展的，语言里的每一个词，都有一定的意义。所谓词的意义，就是人们在社会生活实践过程中确定下来的含义，只有听的人和说的人都了解这个含义，才能交流思想。词在语言里应用久了，意义往往会发生变化，因为社会生活不断地有所改变，人对客观的事物和现象的认识也不断地有所发展，旧的概念形成为新的概念的时候，词义也就有了变化。

　　词义的发展、改变，是语言发展的必然规律。在语言长期发展过程中，有些词因为生命力比较强而长期保存下来，有些词因为被时代淘汰而不存在了，很多词在原义之外产生了新的意义，并逐渐成为了主要的意义，旧义慢慢消失了。所以今人阅读古文时，有的词不认识，对有的词甚至会产生误解。显然，了解古今汉语词语的异同非常重要。

　　经比较，古今汉语词语的异同，大体上可以分为下列几类。

一、古今词形词义相同

例如下面的单音词：

天 风 电 雨 山 水 土 地 田 人 手 心 夜 父 母 牛 马
钢 铁 老 少 草 米 车 动 起 来 有 爱 怨 笑 抱 大 小
长 短 方 圆 正 直 轻 重 冷 热

这种单音词大半都是从远古传下来的词，已成为基本词汇，具有很大的稳固性，而且是语言中构成新词的基础。新词是在已有的基本词汇的基础上构成的。例如："天"可以构成"春天""秋天""今天""明天""天气""天下"之类，"人"可以构成"人民""人类""人力""人口""人家""人情""人事""人权""人才""人物""人工""人为""男人""女人"等等。又如下面的多音词：

蟋蟀　蝴蝶　天文　地理　国家　婚姻
山水　聪明　逍遥　若干　如此　浩大
渊博　充沛　频繁　艰巨　屹立　振奋
飞翔　措施　经营　发挥　选择　滑稽

这种词在古代汉语里是有生命、有作用的一些词，现在还在使用着，尤其是在书面语里。虽然是从古代书面语里来的，但仍然是现代语词汇中的组成部分。

二、古今词形相同而词义不同

(古)	(今)	(古)	(今)	(古)	(今)	(古)	(今)
走	跑	走	行	江	长江	江	（通名）
去	离开	去	往	河	黄河	河	（通名）

回：拐弯	回：返	股：腿	股（单位词）
说：劝说	说：言	乐：快活	乐：笑
捉：握	捉：捕	从：跟随	从：自
兵：兵器	兵：士卒	贼：叛逆	贼：盗
快：称心	快：疾	吃：结巴	吃：食

又如下面的多音词：

国语：（古）书名；（今）现代中国标准语。

数学：（古）阴阳变化之学；（今）算学。

交通：（古）交际、勾结；（今）客货和邮电往来。

书记：（古）图书；（今）缮写员、职位名。

口舌：（古）言语；（今）争论。

中心：（古）心里；（今）正中。

大意：（古）大概的意思；（今）疏忽。

消息：（古）生灭盛衰；（今）音信、新闻。

时髦：（古）一时的英才；（今）一时的崇尚。

比较古今词义的异同，如果从词义变化的结果来看，可以综合为词义的扩大、词义的缩小和词义的转移三种现象。这三种现象在本篇第二章词汇部分已有介绍，这里再做一下进一步的阐释。

（一）词义的扩大

有些词应用范围原来比较狭小，可是后来包括了更多的意义，应用的范围比以前广泛了，这就是词义的扩大。例如：

嘴：古代写"觜"，只指鸟嘴，现在用于一切动物的嘴。

红：古代只指浅红色，现在用于一切红色。

哭：古时候只指有声音的，没有声音的叫"泣"，现在不管有没有声音都叫"哭"。

想：古时候只是"想念""惦着"的意思，现在变成了一般的想，和古代的"思"相当。

苦：古代只指"甘苦"的"苦"，很早就见于《诗经·谷风》："谁谓荼苦，其甘如荠。"苦指苦味而言。可是词义逐渐扩展，凡在生活上、工作上有困难、感觉不愉快都叫"苦"，如"愁眉苦脸"等，而竭力尽心也叫苦，如"苦思""苦干"等，这些都是由"甘苦"的"苦"引申演变来的。

可怜：古代是可喜、可爱的意思。白居易《曲江早春》："可怜春浅游人少，好傍池边下马行。""可怜"是可喜的意思。李白《清平调·其二》："借问汉宫谁得似，可怜飞燕倚新妆。""可怜"是可爱的意思，怜爱也就有怜惜的意思，因此"可怜"又转为可惜。陆游《示儿》："齿豁头童方悟此，乃翁见事可怜迟。"可怜就是

"可惜"的意思。我们现在又把对于遭遇不幸的人表示同情叫"可怜",也是从爱惜的意思发展来的。

慷慨:古代是意气激昂的意思,例如陶渊明《拟古·其四》:"古时功名士,慷慨争此场。"后来把竭诚待人、肯帮助人叫"慷慨",例如"慷慨大方"。

(二) 词义的缩小

跟上面说的相反,有些词现在的意义比古代的范围缩小了。例如:

汤:古代指热水,如《孟子·告子上》说:"冬日则饮汤。""汤"就是热水,现在只指饭桌上里面有菜的汤,原义只保存在成语"赴汤蹈火"里。

丈人:古代是指一般的年长的人。《论语·微子》篇说:"子路从而后,遇丈人,以杖荷蓧。""丈人"就是年长的人。唐以后称妻父为"丈人",变成了一个专用的称呼了。

文学:古代指文章学术,后来泛指一切作品,比我们现在所说的文学范围广得多。"小说"也是如此。古人所谓"小说"指杂记、异闻、琐谈,范围很广,跟后来所指的文学作品中的一种体裁有所不同。

兄弟:古代包括"兄"和"弟"两方面。《诗经·邶风·柏舟》:"亦有兄弟,不可以据。"古人女子也以兄弟分长幼。例如《孟子·万章上》:"弥子之妻与子路之妻,兄弟也。"现在我们说"兄弟"专指弟弟,就把全名作为偏名来用了。

妻子:古代包括"妻"与"子"。杜甫《兵车行》有"耶娘妻子走相送"句,正是兼指"妻"与"子"两方面而言。也跟"兄弟"一样,现在把全名做偏名来用,意义缩小了。

(三) 词义的转移

上面所说词义的扩大和缩小都是指一个范围内所发生的变化。假如由甲范围变到乙范围去了,或者用甲代乙,或者产生好坏强弱不同的相反的意义,这些都是词义的转移。例如:

权:古代指"秤砣",因而衡量轻重也叫"权"。例如"权然知轻重"(《孟子》),就是衡量的意思。人对于事物有支配和指挥的力量,我们也称为"权",例如"掌握大权"的"权"就是由权衡的意思转变来的,"权"的原义差不多消失了。

闻:古代耳朵听到叫"闻"。"耳无闻,目无见"就是耳朵听不见、眼睛看不见的意思。现在我们说"听"不说"闻"。可是用鼻子分辨气味叫"闻",意义已经改变了。

脚:古代是指"脚胫"。《说文》"脚,胫也",就是现在说的"小腿"。现在我们说"脚",指从脚趾到脚跟这部分,相当于古人所说的"足"。

又有一些词,现代的意义古代已经有,但不是主要的意义,主要的意义现在已经完全不用。例如:

偷:古代指苟且,《礼记·表记》"安肆日偷",这是古代"偷"字的主要意义、窃、盗，这是其古代的次要意义，但却成为现代"偷"的唯一意义。

慢：古代指对人不礼貌，轻慢。《孟子·公孙丑下》："恶得有其一以慢其二哉！"这是其古代的主要意义；徐、不疾，这是其古代次要的意义，但却成为其现代的唯一意义。

又有一些词，主要意义已经改用别的词，可是引申的意义倒还保存着。如"口"的主要意义已改用"嘴"，可是"出口""入口""井口""瓶口"都还是用"口"。"面"的主要意义已经被"脸"字替代了，可是"面子""地面""桌面""门面"里还是用"面"字。

有些词的意义由好变坏，由坏变好，或由强变弱，由弱变强，这也是词义的转移。例如：

喽啰：亦作"偻儸"，原文是彪悍矫健的意思。《五代史·刘铢传》有"诸君可谓偻儸儿"的话。《水浒》里的"喽啰"也没有贬义。后来把帮助恶势力的人称为"喽啰"，词义由好变坏了。

乖：本来是指小孩慧黠、狡黠的意思，可是，现在说小孩子安顺叫"乖"，词义由坏变好。

取：原来是"捕得""攻取"的意思。例如《左传·庄公九年》的"齐人取子纠杀之"，《左传·哀公九年》的"宋皇瑗帅师取郑师于雍丘"。现在的"取"和"跟""拿"的意思相同，词义由强变弱了。

郑重：原来是"一再""频繁"的意思。《颜氏家训·勉学篇》说："此事遍于经史，吾亦不能郑重，聊举近世切要，以启寤汝耳。"现在"郑重"变成"审慎""严正"的意思，词义由弱变强了。

从以上所述词义的扩大、词义的缩小和词义的转移看来，都可说明词义的演变是由于古今时代的不同，它是随着社会的发展而不断改变着。尤其是词义的扩大，是汉语词义发展和改变的主要方面，这和词义的引申和假借有很大的关系。词汇日渐增加，词义不断地有所发展，语言自然一天比一天丰富起来。

三、古今词语部分相同

例如：

鼻子　孙子　鸭子　橘子　带子　珠子　银子　猫儿　盆儿　口儿
根儿　绳儿　名儿　事儿　舌头　指头　拳头　石头　木头　前头
外头　老鼠　老虎　老鹰　老师
耳朵　眉毛　胸脯　肩膀　膝盖　翅膀　月亮　云彩　螺蛳　蝗虫
国家　窗户　睡觉　欺负　头发　嘴唇　巴掌　蚂蚁　螃蟹　蛇蚤
兄弟　毛病　干净　热闹　讨厌　可怜　相信　呵欠

以上加点的，在古代汉语中是一个单音词，跟现代汉语中的一个多音词相当。

四、古今词语全不相同

（一）都是单音词

（古）	（今）	（古）	（今）
目：	眼	足：	脚
冠：	帽	履：	鞋
食：	吃	饮：	喝
击：	打	引：	拉
甘：	甜	辛：	辣

这一类的例子很多。前面所引的一些例子，有好些个分开来看，都可以归入这一类，如"走：跑，行：走"。

（二）都是多音词

（古）	（今）	（古）	（今）
蚯蚓：	曲蟮	苜蓿：	金花菜
侏儒：	矮子	肩舆：	轿子
怂恿：	撺掇	纵容：	放任
义父：	干爹	后母：	继母
汤饼：	面条儿	蒸饼：	馍馍，馒头

（三）古汉语中是单音词，现代汉语中是多音词

（古）	（今）	（古）	（今）
颊：	嘴巴子	须：	胡子
日：	太阳	犊：	小牛
雉：	野鸡	蛙：	田鸡
廉：	便宜	樵：	打柴
绛：	大红	汲：	打水
弈：	下棋	博：	赌钱
忆：	想起	举：	提起
遣：	打发	罢：	取消
弛：	放松	敛：	收缩

除了以上所举各类以外，还有古汉语所特有的词语，现代汉语里没有词语跟它相当的，如"冕、笏、骖、騑、魑魅、魍魉"等等。跟这相对，又有现代汉语所特有、古代汉语没有词语跟它相当的，如"糊涂、马虎、尴尬、张罗、鼓捣、磨蹭、索性"等等。

关于词汇，我们应该注意的是古代汉语跟现代汉语不同的那些词语，尤其是表面相同而实际不同的词语，那些古今一致的，知道便可以，无须多去费心。

第三节 语 法

古汉语的语法大体上跟现代汉语的语法相去不远，但在下面几方面还要注意。

一、词语的变性和活用

现代汉语里的词语有时也能改变词性，但不及古汉语里常见。

（一）动词和形容词用如名词

（1）吾见师之出而不见其入也。　　　　　　　　（《左传·僖公三十二年》）
（2）宁武子……其知可及也，其愚不可及也。　　（《论语·公冶长篇》）
（3）夫心之精微，口不能言也；言之微妙，书不能文也。（《汉书·张敞传》）
（4）摧枯拉朽；乘坚策肥；欺贫爱富；骄上凌下。　（《汉书·食货志上》）

（二）名词用来修饰动词

（1）豕人立而啼。　　　　　　　　　　　　　　（《左传·庄公八年》）
（2）游说之徒，风飙电激。　　　　　　　　　　（汉·班固《答宾戏》）
（3）入则心非，出则巷议。　　　　　　　　　　（《史记·秦始皇本纪》）
（4）星罗棋布；土崩瓦解；乌合，星散；瓜分，蚕食。

　　　　　　　　　　　　　　　　　　　　　　　（《史记·秦始皇本纪》）

（三）名词变动词

（1）衣冠而见之。　　　　　　　　　　　　　　（《战国策·冯谖客孟尝君》）
（2）喜怒不形于色。　　　　　　　　　　　　　（《三国志·蜀志·先生传》）
（3）但观之，慎弗声。　　　　　　　　　　　　（明·魏禧《大铁椎传》）
（4）老父曰："履我。"　　　　　　　　　　　　（《史记·张良遇圯上老人》）
（5）以其兄之子妻之。　　　　　　　　　　　　（《论语·公冶长篇》）

（四）形容词变动词

（1）苦其身，勤其力。　　　　　　　（清·郑燮《范县署中寄舍弟墨第四书》）
（2）敬鬼神而远之。　　　　　　　　　　　　　（《论语·述而》）
（3）相公厚我厚我。　　　　　　　　　　　　　（《四库全书·宗子相集》）

（五）形容词和名词变动词，有"以……为……"意

（1）滕公奇其言，壮其貌，释而不斩。　　　　　（《汉书·淮阴侯列传》）
（2）渔人甚异之。　　　　　　　　　　　　　　（晋·陶渊明《桃花源记》）
（3）不远千里而来。　　　　　　　　　　　　　（《孟子·梁惠王上》）
（4）登东山而小鲁，登泰山而小天下。　　　　　（《孟子·离娄下》）
（5）孟尝君客我。　　　　　　　　　　　　　　（《战国策·冯谖客孟尝君》）

例（1）可变换为"滕公以其言为奇，以其貌为壮，释而不斩"的格式，其他亦然。

（六）名词、形容词和一般动词变成有"致使"意的动词

（1）适燕者北其辕……适越者南其辕。　　　　　　　　　　　　　（《辨志》）

(2) 正其衣冠，端其瞻视。 （汉·牟融《理惑论》）
(3) 赵孟之所贵，赵孟能贱之。 （《孟子·告子上》）
(4) 小子，鸣鼓而攻之，可也。 （《论语·先进》）
(5) 进不满千钱，坐之堂下。 （《史记·高祖本纪》）

二、句子各部分的次序

句子的格局是语法中最保守的部分，所以古代汉语里句子各部分的次序，跟现代汉语比较起来，并没有多大的不同。重要的差别只有下面这几点。

（一）用疑问代词作宾语，放在动词之前

(1) 吾谁欺？欺天乎？ （《论语·子罕篇》）
(2) 子何恃而往？ （清·彭瑞淑《为学一首示子侄》）
(3) 何为则民服？ （《论语·为政篇》）
(4) 泰山其颓，则吾将安仰？ （《礼记·檀弓上》）

（二）否定句里用代词作宾语，放在动词之前

(1) 时不我待。 （《论语·阳货》）
(2) 岂不尔思，子不我即。 （《诗经·国风·郑风·东门之墠》）
(3) 盖有之矣，我未之见也。 （《论语·里仁篇》）
(4) 楚君之惠，未之敢忘。 （《左传·僖公二十八年》）
(5) 尔毋我诈，我毋尔虞。 （《左传·宣公十五年》）
(6) 不患莫己知，求为可知也。 （《论语·里仁篇》）
(7) 每自比于管仲、乐毅，时人莫之许也。 （魏晋·陈寿《隆中对》）

（三）倒装的宾语跟动词中间有"之"或"是"字

(1) 吾斯之未能信。 （《论语·公冶长篇》）
(2) 非夫人之为恸而谁为？ （《论语·先进篇》）
(3) 君人者将祸是务去。 （《左传·隐公三年》）
(4) 且吴社稷是卜，岂为一人？ （《左传·昭公五年》）

这一类句子又往往在前面有"唯"字。"唯……是……"构成一个熟语，现在还残留在"唯你是问"这句话里。

(5) 不知稼穑之艰难，不闻小人之劳，唯耽乐之从。 （《尚书·无逸篇》）
(6) 父母唯其疾之忧。 （《论语·为政》）
(7) 除君之恶，唯力是视。 （《左传·僖公二十四年》）
(8) 率师以来，唯敌是求。 （《左传·宣公十二年》）

（四）"以"字的宾语常常放在前头

(1) 礼以行之，逊以出之，信以成之。 （《论语·卫灵公篇》）
(2) 勤以补拙，俭以养廉。 （《格言联璧·从政类》）
(3) 其有不合者，仰而思之，夜以继日。 （《孟子·离娄章句下》）

(4) 若晋君朝以入，则婢夕以死；夕以入，则朝以死。唯君裁之。

（《左传·僖公十五年》）

复合连词"是以"也就是用的这个格式。

（五）宾语倒装，常在动词之后补一个代词

(1) 俎豆之事，则尝闻之矣；军旅之事，未之学也。 （《论语·卫灵公》）

(2) 晋侯在外十九年矣。险阻艰难，备尝之矣；民之情伪，尽知之矣。

（《左传·僖公二十八年》）

(3) 死马且买之五百金，况生马乎？ （《国策·燕策一》）

(4) 是疾也，江南之人常常有之。 （《祭十二郎文》）

（六）"以……"和"于……"的位置

"以……"和"于……"往往跟现代汉语里"拿……""在……"的位置不同。例如：

(1) 与以钱，不受。（拿钱给他）

(2) 晓之以理，动之以情。（拿道理说给他听，拿感情打动他）

（《论语·为政》）

(3) 一人脱衣，双手捧之，而承以首。（拿脑袋顶着） （《李龙眠画罗汉记》）

(4) 遇之于涂。（在路上遇见他） （《论语·阳货》）

(5) 杂植竹木于庭。（在院子里种了些树跟竹子） （《项脊轩志》）

(6) 努力于此，毕生不懈。（在这件事情上努力）

可是跟现代汉语里位置相同的也很多。例如：

(7) 臣以神遇而不以目视。（我用精神接触，不用眼看）

（《庄子·庖丁解牛》）

(8) 以一指探鼻孔，轩渠自得。（拿一个指头掏鼻孔） （《李龙眠画罗汉记》）

(9) 久之，能以足音辨人。（能凭脚步声音辨别是谁走过） （《项脊轩志》）

(10) 寓书于其友。（写信给他的朋友） （《清史稿·孝义传》）

(11) 其术不传于外。（不流传到外边）

(12) 于心终不忘。（心里一直忘不了） （《孟子·滕文公章句上》）

(13) 非所当于道路问也。（在路上问） （《汉书·丙吉传》）

三、句子各部分的省略

（一）主语的省略

主语的省略，古代汉语跟现代汉语同样常见，也许比现代汉语里主语的省略更多，因为古汉语文言少一个可以用作主语的第三人称代词——"之"和"其"不用作主语，"彼"字语气太重——所以不是重复上文的名词就是省去不说。尤其应该留意的是不止一个主语被省略的时候。例中〔〕为省略的标志。例如：

(1) 却子至，请伐齐，晋侯不许。〔〕请以其私属，〔〕又弗许。

（《左传·宣公十七年》）

(2)〔〕射其左,〔〕越于车下;〔〕射其右,〔〕毙于车中。

(《左传·宣公二年·齐晋鞌之战》)

(3) 陈太丘与友期行,期日中。〔〕过中不至,太丘舍去,〔〕去后〔〕乃至。

(《世说新语·陈太丘与友期行》)

(二) 宾语的省略

1. 第一个动词之后的宾语兼做第二个动词的主语省略。例如:
(1) 寡人有弟不能和协,而使〔〕糊其口于四方。 (《左传·隐公十一年》)
(2) 勿令〔〕入山,山中虎狼恶。 (《聊斋志异·张诚》)
(3) 日出,乃遣〔〕入塾。 (《婴砧课诵图》)
(4) 今而后吾将再病,教〔〕何处呼汝耶? (《祭妹文》)
(5) 夏蚊成雷,私拟〔〕作群鹤舞空。 (《闲情记趣》)
(6) 乃公推〔〕为乡长。
(7) 三保以〔〕为难,却其言不用。

2. "以"字后的宾语省略。例如:
(1) 古之为关也,将以〔〕御暴;今之为关也,将以〔〕为暴。

(《孟子·尽心章句下》)

(2) 以〔〕攻则取,以〔〕守则固,以〔〕战则胜。 (《论语·阳货》)
(3) 贫者自南海还,以〔〕告富者。 (《为学一首示子侄》)
(4) 以四事相规,聊以〔〕答诸生之意。 (《教条示龙场诸生》)

3. "与"字后的宾语省略。例如:
(1) 见外犬在道甚众,走欲与〔〕为戏。 (《临江之麋》)
(2) 客不得已,与〔〕偕行。 (《大铁椎传》)
(3) 向察众人之议,专欲误将军,不足与〔〕图大事。

(《三国志·吴书·周瑜鲁肃吕蒙传》)

(4) 可与〔〕言而不与〔〕言,失人;不可与〔〕言而与〔〕言,失言。

(《论语·卫灵公》)

4. "为"字后的宾语省略。例如:
(1) 先生不羞,乃有意欲为〔〕收责于薛乎? (《战国策·冯谖客孟尝君》)
(2) 即解貂复生,为〔〕掩户。 (《左忠毅公逸事》)
(3) 余思粥,担者即为〔〕买米煮之。 (《闲情记趣》)
(4) 我死,幸为〔〕转达。 (《与妻书》)

5. "从"字后的宾语省略。例如:
(1) 八龄失母,寝食与父共,从〔〕受国文,未尝就外傅。 (《与妻书》)
(2) 时过其家,间从〔〕乞果树。 (《张季子九录·良农海门刘叟墓碣》)

6. 宾语后跟着"以……"或"于……"的时候,宾语省略。例如:
(1) 余告〔〕以故,众咸叹服。 (《闲情记趣》)

（2）其畜牛也，卧〔〕以青丝帐，食〔〕以白米饭。　　　（《庸闲斋笔记》）

（3）乃合父老子弟，刑牲而盟，授〔〕以器，申〔〕以约，课〔〕以櫾耡，齐〔〕以步伐，导〔〕以和睦。

（4）取部大鼎于宋，纳〔〕于太庙。　　　（《臧哀伯谏纳部鼎》）

（5）家贫，无从致书以观，每假借〔〕于藏书之家而观之。

（《送东阳马生序》）

7. 其他宾语省略的例子：

（1）求〔〕则得之，舍〔〕则失之。　　　（《孟子·尽心章句上》）

（2）为之，则难者亦易矣；不为〔〕，则易者亦难矣。　　　（《为学》）

（3）何者？功多，秦不能尽封〔〕，因以法诛之。　　　（《资治通鉴·秦纪》）

（4）主要恐其扰，不敢见〔〕。　　　（《武训传略》）

（5）张建封美其才，引〔〕以为客。　　　（《太平广记·儒行》）

（6）褚公名字已显而位微，人多未〔〕识。　　　（《世说新语·雅量》）

（7）熙宁中高丽入贡，所经州县，悉要地图。所至皆造〔〕送〔〕。

（《梦溪笔谈》）

（三）介词"以""于"的省略

除主语和宾语可以省略之外，"以"和"于"这两个介词也常常省去。

1. "以"的省略。例如：

（1）陈人使妇人饮之〔以〕酒。　　　（《左传·庄公十二年》）

（2）客闻之，请买其方〔以〕百金。　　　（《庄子·逍遥游》）

（3）〔以〕目送而送之，曰："美而艳。"　　　（《左传·桓公元年》）

（4）群臣后应者，臣请〔以〕剑斩之。　　　（《汉书·霍光传》）

2. "于"的省略。例如：

（1）予自束发，读书〔于〕轩中。　　　（《项脊轩志》）

（2）或失足〔于〕田中，或倾身〔于〕岸上。（《庸闲斋笔记·婺州斗牛俗》）

（3）饮〔于〕旅馆中，解金置〔于〕案头。　　（《笠翁一家言·秦淮健儿传》）

（4）秦始皇大怒，大索〔于〕天下。　　　（《汉书·张良传》）

（四）"曰"字前面主语以及主语连同"曰"字的省略

（1）孟子曰："许子必种粟而后食乎？"

〔陈相〕曰："然。"

"许子必织布而后衣乎？"

曰："否。许子衣褐。"

"许子冠乎？"

曰："冠。"……　　　（《孟子·滕文公章句上》）

"曰"字相当于现代汉语的"说"。我们叙述两个人的对话，不得不交代清楚，这句话是谁说的，那句话是谁说的；所以旧小说里一定不厌烦地左一个"某某道"，右一个"某某道"。现在有了标点符号，各人说的话前后用引号标明，自然不至于相混，所以我们可以省去一部分"某某说"。谁知两千年前的古人已经有这种办法。可是古书是没有标点的，两个人的话连写在一起，完全要靠文义来分别，一不留心便会弄错，所以读古书的时候要十分当心。

四、虚词的使用

古汉语的句法虽然跟现代汉语大致相同，但所用的虚词却大多数不相同，因此给阅读古汉语带来了许多的困难。为让大家学习、研究方便，这里除了对古汉语的虚词进行简要、系统的介绍外，还附有"古汉语常见虚词简释表"。此表是根据吕叔湘《文言虚字》（上海教育出版社1979年版）附录的"开明文言读本"导言"五、虚字"略做调整而成的，以供查阅。

（一）副词

主要用于修饰动词或形容词，有时也修饰名词性谓语或整个句子。当副词位于动词、形容词、名词性谓语或整个句子前时，叫状语。例如：

（1）独学而无友，则孤陋而寡闻。　　　　　　　　　　　　　（《礼记·学记》）
（2）举世皆浊我独清，众人皆醉我独醒，是以见放。　　　　　（《楚辞·渔父》）
（3）每风止日出，江水伏息，子瞻杖策载酒，乘渔舟乱流而南。

（《栾城集·武昌九曲亭记》）

当它位于动词后时叫补语。例如：

（4）春风得意马蹄疾，一日看尽长安花。　　　　　　　　　　（《孟东野集·登科后》）

古汉语中动词谓语占绝对优势，与这种情况相适应，副词也比较多。按其作用大致可分以下几类。

1. 表示动作的时间、速度、次数或频度。这种用法的副词最多。例如：

长 常 尝 畴 初 前 日 宿 夙 向（嚮乡） 昔 先 早（蚤）
雅 永 素 恒 久 时 方 甫 今 近 垂 将 行 首 末 讫 卒
遂 果 寻 业 已 本 归 后 暇 豫 累 新 余（馀） 肇 正 终
　　比 始 会 既 适 连 临 遄 仍 登 动 顿 俄（蛾睋） 疾
刚 告
忽 即 亟 遽 剧 且 卒 间 应 倏（儵儵） 旋 辄 骤 便 暴
还 速 立 突 欻（歘） 徐 暂 蹔 乍 朝 重 频 趣（促） 次
荐（薦） 坐 数 复 更 每 又 再 随

表示动作的时间（过去、现在或将来），例如：

（1）昔者吾舅死于虎，吾夫又死焉，吾子又死焉。　　　　　　（《礼记·檀弓下》）
（2）阖庐病创将死，谓太子夫差曰："尔忘勾践杀尔父乎？"

（《史记·伍子胥列传》）

（3）徐行后长者谓之弟，疾行先长者谓之不弟。　　　　　　　（《孟子·告子下》）

(4) 欻如飞电来，隐若白虹起。　　　（《李太白全集·望庐山瀑布二首》）
表示动作的次数或频度，例如：
(5) 秦赵战于河漳之上，再战而再胜秦；战于番吾之下，再战而再胜秦。四战之后，赵亡卒数十万。　　　　　　　　　　　　（《战国策·齐策一》）
(6) 速从之，其御屡顾，不在马，可及也。　　（《左传·成公十六年》）

2. 表示动作行为或状态的程度。这种用法的副词也比较多。例如：

极　更　暴　备　煞　深　胜　索　泰　痛　危　纯　大　殆　诞　鼎　的
饶　洵　雅　丕　渐　浸（寝）　孔　良　略　弥　颇　甚　实　滥　酷　了
慕　潜　奄　烝　正　恰　殊　庶　率　徒　信　益　尤　犹　愈（俞逾）
至　兹　滋　属　卒　过　洪　浑　加　剧　绝　钧（均）　丕　祁　致　最
薄　才（纔　裁　财）　希（稀）　罕　鲜　差　粗　浅　轻　小　些　第
几　尚　少　稍　微　止　没　奇

例如：
(1) 涉浅水者见虾，其颇深者察鱼鳖，其尤深者观蛟龙。　　（《论衡·别通》）
(2) 孔璋章表殊健，微为繁富。　　　　　　　　　（《文选·与吴质书》）
(3) 善待问者如撞钟，叩之以小者则小鸣，叩之以大者则大鸣。
　　　　　　　　　　　　　　　　　　　　　　　　（《礼记·学记》）
(4) 轻拢慢捻抹复挑，初为《霓裳》后《绿腰》。　（《白居易集·琵琶行》）

3. 表示动作行为的状态或方式。例如：

端　格　分　数　更　迭　递　公　躬　广　佹　难　借　漫　窃　中　众
枉　别　代　诞　好　和　横　互　浑　继　夹　假　间　交　较　介　径
竞　空　匡　肆　类　历　谬（缪）　偶　判　偏　潜　疆　切　皋　善　擅
身　慎　生　私　妄　宛　伪　猥　兀　屑　幸　虚　阳　义　易　由　杂
增　诈　争　逐　专　转　恣

例如：
(1) 日月不时，寒暑杂至。　　　　　　　　　　　　　　（《墨子·非攻》）
(2) 於是梁亭乃每暮夜窃灌楚亭之瓜，楚亭旦而行瓜，则又皆以灌矣。瓜日以美。　　　　　　　　　　　　　　　　　　　　　　　（《新序·杂事》）
(3) 又帝舅大将军耿宝、皇后兄大鸿胪阎显更相阿党，遂枉杀太尉杨震。
　　　　　　　　　　　　　　　　　（《后汉书·列传·宦者列传·孙程传》）
(4) 君子生非异也，善假于物也。　　　　　　　　　　　（《荀子·劝学》）

4. 表示范围。例如：

皆　悉　俱　全　尽　毕　遍（徧）　并（併　竝　并）　独　举　咸　一
备　半　别　都　多　凡　广　总　率　借　胥　相　众　通　徐　要　大
共　兼　同　浑　交　具　历　竟　两　偶　齐　金　取　群　舍　但
第（弟　地）　仅　祇　秖　只　专　鲜　止　单　各　特　徒　直　劣

例如：

(1) 关中多蒺藜，帝使军士二千人著软材平底木屐前行，蒺藜悉著屐，然后马步俱进。　　　　　　　　　　　　　　　　　　　　　（《晋书·宣帝纪》）

(2) 王如用予，则岂徒齐民安，天下之民举安。　（《孟子·公孙丑下》）

(3) 小人有母，皆尝小人之食矣，未尝君之羹，请以遗之。

（《左传·隐公元年》）

(4) 岸路中断四五丈，中以木为偏桥，劣得通行。（《水经注·浊漳水》）

(5) 即墨人从城上望见，皆涕泣，俱欲出战，怒自十倍。

（《史记·田单列传》）

5. 表示否定或禁止。例如：

不　非　棐　匪　否　弗　靡　蔑　莫　没　末　叵　罔　妄　微　未　亡　毋　勿　休　憯（憯）　皇　遑　曼

例如：

(1) 故不登高山，不知天之高也。　　　　　　　　　（《荀子·劝学》）

(2) 布目备曰："大耳儿最叵信！"　　　　　　　　（《后汉书·吕布传》）

(3) 城濮之役，王思之，故使止子玉曰："毋死。"（《左传·文公十年》）

6. 表示肯定。例如：

必　定　断　笃　端　合　还　决　判　期　情　审　宛　允　真　成　诚

例如：

(1) 今天下三分，益州疲弊，此诚危急存亡之秋也。

（《三国志·蜀志·诸葛亮传》）

(2) 以公灭私，民其允怀。　　　　　　　　　　　　（《尚书·周官》）

(3) 马队主王广之曰："得将军所乘马，判能平合肥。"

（《资治通鉴·宋纪·明帝泰始二年》）

7. 表示疑问或反问。例如：

安　害　何　曷　盍（阖）　胡　岂　乌　恶　讵　焉　定　庸　那　难　渠

例如：

(1) 邓艾口吃，语称"艾艾"，晋文王戏之曰："卿云'艾艾'，定是几艾？"对曰："'凤兮凤兮'，故是一凤。"　　　　　　　　　　　（《世说新语·言语》）

(2) 彼，丈夫也我，丈夫也。吾何畏彼哉？　　　　（《孟子·滕文公上》）

(3) 禹伐共工，汤伐有夏，文王伐崇，武王伐纣，齐桓任战而霸天下，由此观之，恶有不战者乎？　　　　　　　　　　　　　　　（《战国策·秦策一》）

8. 表示顺承、转折或加重等，有时还有连接小句的作用。例如：

乃　才　盖　或　聊　赖　式　爽　作　繄　唯　包　却　宁　竟　顾　反　还

例如：

(1) 知彼知己，胜乃不殆；知天知地，胜乃可全。　（《孙子兵法·地形》）

(2) 君王之于越也，繄起死人而肉白骨也。　　　　（《国语·吴语》）
(3) 宁信度，无自信也。　　　　　　　　（《韩非子·外储说左上》）

9. 表示谦敬。例如：

伏　敢　窃　试　备　垂　惠　敬　钧（均）　蒙　谬（缪）　辱　忝　猥　幸

例如：

(1) 今乘舆已驾矣，有司未知所之，敢请。　　　　（《孟子·梁惠王下》）
(2) 此楚庄王之所忧，而君说之，臣窃惧矣。　　　　（《吴子·图国》）
(3) 先帝不以臣卑鄙，猥自枉屈，三顾臣于草庐之中。

（《三国志·蜀书·诸葛亮传》）

10. 表示动作的处所或方位。例如：

比　近　内　旁　前　后　先　往　左　右　中　转

例如：

(1) 闻战，顿足徒裼，犯白刃，蹈煨炭，断死于前者，比是也。

（《战国策·秦策一》）
(2) 梁丘据左操瑟，右挈竽，行歌而出。　　　　（《晏子春秋·杂上》）
(3) 人既受教，竞相作为，转货他郡，家既就殷。　　（《辍耕录·黄道婆》）

11. 表示约数或估计。例如：

垂　将　计　料　虑（闾）　汜　似　脱　约

例如：

(1) 初，帝好文学，以著述为务，自所勒成垂百篇。

（《三国志·魏书·文帝纪》）
(2) 若此诸王，虽名为臣，实皆有布衣昆弟之心，虑亡不帝制而天子自为者。

（《汉书·贾谊传》）

12. 表示应对。例如：

唯　然　诺　俞

例如：

(1) 老子曰："子自楚之所来乎？"南荣趎曰："唯。"　　（《庄子·庚桑楚》）
(2) 帝曰："畴若予工？"佥曰："垂哉！"帝曰："俞！咨垂，汝共工。"

（《尚书·舜典》）

（二）介词

带名词或其他成分做宾语，构成介宾短语，修饰动词或形容词。它的主要用途是引入与动作行为有关的时间、对象、处所、工具、方式、条件、原因或目的等。多数介词都用于动词前面，常见的如"为""与""从""由""因"等；有的可前可后，如"以""於""自""于"等，有的只能在后，如"乎""诸"等。

有的介宾短语如"於+宾""乎+宾"可用于形容词之后，引入比较的对象等。

介宾短语用于动词前做状语时，有时介词的宾语可承前省略；用于动词后做补语时，不能省略宾语。

具体作用分类如下。

1. 引入动作行为开始、经过或终结的时间

自 由 当 方 乎 及 即 洎 尽 于 於 爰 粤 至 迟 迨 逮(遝) 作 终 在 先 介 投 涉 讫 临 迪 侯 黎(黎 犁)

例如：

(1) 自此，冀之南，汉之阴，无陇断焉。　　　　　　（《列子·汤问》）
(2) 洎周衰秦兴，采诗官废。　　　　（《白居易集·与元九书》）
(3) 王丞相俭节，帐下甘果盈溢不散，涉春烂败。　（《世说新语·俭啬》）
(4) 先帝知臣谨慎，故临崩寄臣以大事也。　（《诸葛亮集·前出师表》）

2. 引入动作行为所涉及或比较的对象。例如：

化 从 平 于 於 及 为 与 缘 用 除 代 对 共 合 逐 在 由 依 循 向 和 后 假 随

例如：

(1) 余不爱衣食於民，不爱牲玉於神。　　　　　　（《国语·鲁语上》）
(2) 敌以众勇无畏乎孟贲矣；以众力无畏乎乌获矣，以众视无畏乎离娄矣；以众知无畏乎尧舜矣。夫以众者，此君人之大宝也。　　（《吕氏春秋·用众》）
(3) 张敞者，吴人，不甚稽古，随宜记注，逐乡俗讹谬，造作书字耳。
　　　　　　　　　　　　　　　　　　　　　　　（《颜氏家训·书证》）

3. 引入动作行为的起点、趋向、有关的距离或经由的处所。例如：

并 从 乎 于 於 即 尽 向 繇 至 诸 自 傍(旁) 抵(底) 披(陂 波) 投 循 在 垂 中 介 交 横 徂 到 道

例如：

(1) 有悬水三十仞，圜流九十里……有一丈夫方将厉之，孔子使人并涯止之。
　　　　　　　　　　　　　　　　　　　　　　　　　（《列子·说符》）
(2) 繇膝以下为揭，繇膝以上为涉，繇带以上为厉。　　（《尔雅·释水》）
(3) 晏子为齐相，出，其御之妻从门间而窥其夫。　（《史记·晏平仲传》）
(4) 网虫垂户织，夕鸟傍櫩飞。　　　　　　　（《文选·学省愁卧诗》）

4. 引入动作行为的工具、方式、条件、依据等。例如：

以 因 用 乘 历 依 由 逐 案

例如：

(1) 因其凶也而攻之。　　　　　　　　　　（《左传·僖公二十八年》）
(2) 百工为方以矩，为圆以规，直以绳，正以县。　　　（《墨子·法仪》）
(3) 杜蒉入寝，历阶而升。　　　　　　　　　　　　（《礼记·檀弓下》）

5. 引入动作行为的原因或目的。例如：

乎 於 为 因 坐 用 赖

例如：
(1) 王前欲伐齐，员强谏；已而有功，用是反怨王。（《史记·越王勾践世家》）
(2) 诞麾下数百人，坐不降见斩。（《三国志·魏书·诸葛诞传》）
(3) 始知文章合为时而著，歌诗合为事而作。（《白居易集·与元九书》）

6. 引入动作行为的施事者。例如：

於　于　被　乎　为

例如：
(1) 襄公以师败乎人，而不骄其敌，何也？（《穀梁传·僖公二十二年》）
(2) 劳心者治人，劳力者治於人。（《孟子·滕文公上》）
(3) 今未曾有为天所厌者也。曰："天厌之"，子路肯信之乎？

（《论衡·问孔》）

7. 引入形容词比较的对象。例如：

於　于　乎

例如：
(1) 青，取之於蓝而青於蓝；冰，水为之而寒於水。（《荀子·劝学》）
(2) 城之大者，莫大乎天下矣。（《庄子·盗跖》）

（三）连词

主要用在句与句之间起连接作用，表示前后两项之间顺承、转折、并列、让步、因果、选择等各种关系。有时也连接词或短语。复句的两个小句有时用一个连词连接，但往往是用两个连词在两个小句中互相呼应。

1. 表示前后两项之间的顺承关系。例如：

安　并　故　而　以　乃　则　焉　案　咫　言　肆　意　者　是故　是以
是用　至于　然后

还有相互配合的词。如：
"不……则……""岂……则……""使……则……"

例如：
(1) 其阴则生之楂梨，其阳安树之五麻。（《管子·地员》）
(2) 入竟而问禁，入国而问俗，入门而问讳。（《礼记·曲礼上》）
(3) 齐侯盟诸侯于葵丘，曰："凡我同盟之人，既盟之后，言归于好。"

（《左传·僖公九年》）

(4) 故君子敬其在己者，而不慕其在天者，是以日进也。（《荀子·天论》）

2. 表示前后两项的转折关系。例如：

但　第　而　顾　则　然　抑　乃　案　皇　却（卻）　顾反　然则　然而　然且

例如：
(1) 海子大可千亩……亦有溪流贯其间，第不可耕艺，以其土不贮水。

（《徐霞客游记·滇游日记》）

(2) 人心之不同，如其面焉。吾岂敢谓子面如吾面乎？抑心所谓危，亦以告也。　　　　　　　　　　　　　　　　　　　　（《左传·襄公三十一年》）

(3) 夫市之无虎明矣，然而三人言而成虎。　　　　（《战国策·魏策二》）

3. 表示前后两项的并列关系。例如：

且　而　以　及　与　有　则　共　和

例如：

(1) 狄应且憎，是用告我。　　　　　　　　　　（《左传·成公十三年》）

(2) 高祖为人，隆准而龙颜，美须髯，左股有七十二黑子。

　　　　　　　　　　　　　　　　　　　　　　　　（《史记·高祖本纪》）

(3) 老冉冉兮花共柳，是栖栖者蜂和蝶。

　　　　　　　　　　　　　　　　　（《稼轩长短句·饯郑衡州厚卿席上再赋》）

(4) 赋《常棣》之七章以卒。　　　　　　　　　　（《左传·襄公二十年》）

4. 表示有选择关系的前后两项。例如：

抑　妄　意　将　其

还有若干互相配合的词或词组。如：

"其……其……""与……不如……""与……宁……""与其……不如……"
"与其……孰若……""与其……宁（其）……""若……若……"

例如：

(1) 呜呼！其真无马邪，其真不知马也？　　　　（《韩昌黎全集·杂说》）

(2) 襄而言戏乎？抑有所闻之乎？　　　　　　　　（《国语·晋语二》）

(3) 诚病乎？意亦思乎？　　　　　　　　　　　　（《战国策·秦策二》）

5. 连接有因果关系的前后两项，有词和词组。例如：

故　以　则　是故　是以　是用

例如：

(1) 学至乎没而后止也，故学数有终，若其义则不可须臾舍也。

　　　　　　　　　　　　　　　　　　　　　　　　（《荀子·劝学》）

(2) 百工居肆，以成其事。　　　　　　　　　　　（《论语·子张》）

(3) 居安思危，思则有备，有备无患。　　　　　　（《左传·襄公十一年》）

6. 连接有让步关系的前后两项。例如：

虽　唯　则　纵　宁　自非

还有若干组互相配合的词。如：

"虽……不（弗、无）……""虽……亦……""虽……然……""宁……不（无）……""既……则……"

例如：

(1) 故君虽尊，以白为黑，臣不能听，父虽亲，以黑为白，子不能从。

　　　　　　　　　　　　　　　　　　　　　　　　（《吕氏春秋·应同》）

(2) 美则美矣，抑臣亦有惧矣。　　　　　　　　　　（《国语·晋语九》）
(3) 重岩叠嶂，隐天蔽日，自非亭午夜分，不见曦月。（《水经注·江水》）

7. 连接表假设（或条件）的从句。例如：

当　第　苟　或　即　既　借　其　之　如　若　若夫　若乃　使　向使　倘
（傥　党）　微　为　抑　况　假　设　脱

例如：

(1) 夫苟不好善，则人将曰："诶诶！予既已知之矣。""诶诶"之声音颜色距人于千里之外。　　　　　　　　　　　　　　　　　　　　（《孟子·告子下》）
(2) 若兵敌强弱，将贤则胜，将不如则败。　　　　　　（《商君书·战法》）
(3) 微夫子之发吾覆也，吾不知天地之大全也。　　　　（《庄子·田子方》）

8. 连接表示反问的分句。例如：

矧　况

例如：

(1) 相彼鸟矣，犹求其声；矧伊人矣，不求友生？　　（《诗·小雅·伐木》）

9. 有些副词也兼有连接小句的作用。例如：

乃　才　岂

可见（一）副词的"8."。

（四）助词

用于句首、词的首尾或结构之中。助词独立性最差，本身具体含义不大明显，主要用于表示或强调一种语气、状态，标志重言，区别词性，变换或组成某种结构等。可分为以下几类。

1. 主要用来表示或强调一种语气，增强某种感情色彩，这种助词也可以叫作语气助词（简称语助词）。大多位于句首，有时位于谓语之前。这种作用在朗读时可通过声调表达出来。语助词与语气词的区别：语助词大多位于句首（主语前后），多出现于诗歌中，有的出现在比较正式的场合或议论中，语气词常位于句末，多出现在对话中。语助词主要有：

夫　其　唯　伊　聿　爰　云　薄　侯　謇（蹇）　末　羌　式　逝　思　员
载　烝

例如：

(1) 夫战，勇气也。　　　　　　　　　　　　　　　　（《左传·庄公十年》）
(2) 既见君子，云胡不喜？　　　　　　　　　　　　　（《诗经·郑风·风雨》）
(3) 蟋蟀在堂，岁聿其莫。　　　　　　　　　　　　　（《诗经·唐风·蟋蟀》）
(4) 式微式微，胡不归？　　　　　　　　　　　　　　（《诗经·邶风·式微》）
(5) 禹拜曰："都！帝，予何言？予思日孜孜。"　　　　（《尚书·益稷》）

2. 位于结构之中，用以变换词序或改变结构的性质。这种助词可以叫作结构助词。主要有：

之　是　实　焉　所　者　攸　来

起变换词序的作用，使宾语前置。如：

之　是　实　焉

例如：

(1) 女罪之不恤，而又何请焉？　　　　　　　　　　（《左传·昭公二年》）
(2) 小国将君是望，敢不唯命是听！　　　　　　　（《左传·襄公二十八年》）
(3) 鬼神非人实亲，惟德是依。　　　　　　　　　　（《左传·僖公五年》）

起改变结构性质的作用。如"所""者"等，它们所结合的对象不限于一个词，也可以是短语或句子。

〔"所"+动词（动词短语或句子）〕→名词性短语。例如：

(4) 上舍法，任民之所善，故奸多。　　　　　　　　（《商君书·弱民》）

〔动词（动词短语或句子）+者〕→名词性短语。例如：

(5) 使其主有大失于上，臣有大罪于下，索国之不亡者，不可得也。

（《韩非子·孤愤》）

3. 把修饰成分与中心词连接起来，组成偏正结构的名词短语。如：之。

〔△（形容词、动词或名词）+之+名词〕→名词性的偏正短语。例如：

(1) 邪正之人，不宜共国，亦犹冰炭不可同器。　　　（《后汉书·傅燮传》）

4. 用于形容词前，作为该形容词重言的标志。当它与单音节形容词结合之后，起着加强形容的作用，使整个结构跟重言相当，如"思皇多士"即"皇皇多士"；"北风其凉"即"北风凉凉"。此类助词主要有：思、有、其、斯等。例如：

(1) 思皇多士，生此王国。王国克生，维周之桢。济济多士，文王以宁。

（《诗经·大雅·文王》）

(2) 不我以归，忧心有忡。　　　　　　　　　　　　（《诗经·邶风·击鼓》）
(3) 北风其凉，雨雪其雱。　　　　　　　　　　　　（《诗经·邶风·北风》）
(4) 其泣喤喤，朱芾斯皇。　　　　　　　　　　　　（《诗经·小雅·斯干》）

5. 用于形容词、副词或动词之后，表示事物或动作的状态，使整个结构起副词的作用，在句中做状语，有时用作谓语。此类助词主要有：然、若、如、尔、个（箇、個）、其、焉、而等。例如：

(1) 聚室而谋曰："吾与汝毕力平险，指通豫南，达于汉阴，可乎？"杂然相许。

（《列子·汤问》）

(2) 朝，与下大夫言，侃侃如也；与上大夫言，誾誾如也。（《论语·乡党》）
(3) 桑之未落，其叶沃若。　　　　　　　　　　　　（《诗经·卫风·氓》）
(4) 嘑尔而与之，行道之人弗受；蹴尔而与之，乞人不屑也。

（《孟子·告子上》）

(5) 百神翳其备降兮，九疑缤其并迎。　　　　　　　（《楚辞·离骚》）
(6) 老翁真个似童儿，汲水埋盆作小池。　　（《韩昌黎全集·盆池五首之一》）

6. 用在指人、事、物的名词或代词后，表示多数或同类别；一般不单说，有的语法书把它们叫作语缀（后缀）或代词。此类助词主要有：辈、曹、等、侪、属等。例如：

(1) 贫者，士之常，焉得登枝而捐其本？尔曹其存之。（《世说新语·德行》）
(2) 疾者前入坐，见佗北壁悬此蛇辈约以十数。（《三国志·魏书·华佗传》）
(3) 吾侪小人皆有阖庐以辟燥湿寒暑。 （《左传·襄公十七年》）
(4) 权大悦，即遣周瑜、程普、鲁肃等水军三万，随亮诣先主，并力拒曹公。

（《三国志·蜀书·诸葛亮传》）

7. 用在名词或代词前，构成复音词，或表示称谓。有的语法书把它们叫作语缀（前缀）或词头。主要有：有、阿。例如：

(1) 我不可不监于有夏，亦不可不监于有殷。 （《尚书·召诰》）
(2) 阿母谓阿女，汝可去应之。……阿兄得闻之，怅然心中烦。

（《古诗源·古诗为焦仲卿妻作》）

（五）语气词

多用于单句或分句之末，配合上、下文表示肯定、疑问、反诘、惊讶、感叹等各种语气，大都有着明显的感情色彩。主要有：

也 矣 乎 哉 尔 耳 夫 兮 焉 邪（耶） 已 欤 与 唉 而 居
来 为 粤 者 只 诸 忌 且 麽 那 些 思 休 胥 许 猗 员
止 咫

例如：

(1) 众者胜乎？则投算而战耳。富者胜乎？则量粟而战耳。

（《孙膑兵法·客主人分》）
(2) 论者之言，一似管窥虎欤！ （《曹操集·论吏士行能令》）
(3) 代水不可涉，深不可测只。 （《楚辞·大招》）
(4) 汉之广矣，不可泳思！江之永矣，不可方思！ （《诗经·周南·汉广》）
(5) 群居终日，言不及义，好行小惠，难矣哉！ （《论语·卫灵公》）

（六）助动词

常用于动词前，表示可能与必要，或表示愿望等。主要有：

得 敢 会 见 可 能 容 须 欲 足 好 合 堪 克 肯 耐 忍
任 憗（憖） 应 愿 职

例如：

(1) 故布衣皆得风议，何况公卿之吏乎！ （《盐铁论·刺议》）
(2) 主明臣贤，左右多忠，主有失，皆敢分争正谏，如此者，国日安。

（《新序·杂事》）
(3) 帝笑曰："任城肯行，朕复何忧！"（《资治通鉴·齐纪·明帝建武三年》）
(4) 我一身挺入汝营，任汝拘絷，我麾下将士须与汝战。

（《旧唐书·回纥传》）

（七）感叹词

大多用于语句开头，单独成句；主要用来表达说话人在说话时的喜、怒、哀、乐、惊等情绪。需要留意的是，同一感叹词，在不同的上下文中可以有不同的感情色彩，需要结合文义仔细品辨。主要有：

嘻（譆 熙 愽） 嗟 呼 恶 咄 皋 嚇 嘆 夥 呜（於） 吁 哑
猗欤 猗嗟 噫 意 懿 咨（訾）

例如：

(1) 恶！是何言也？　　　　　　　　　　　　（《孟子·公孙丑上》）
(2) 庄王方削袂，闻之曰："嘻！"投袂而起。　　（《吕氏春秋·行论》）
(3) 文惠君曰："嘻！善哉！技盖至此乎！"　　　（《庄子·养生主》）
(4) 颜渊死。子曰："噫！天丧予！天丧予！"　　（《论语·先进》）

（八）代词

不少虚词都兼有代词用法，这些词大都收入本书。本节顺带还介绍了几个只用作代词的词，因为它们用法较活或者还不太为一般读者所熟悉。疑问代词又常常可以用作疑问副词，历来讲虚词的书都收入。

1. 代词。主要有：

彼 此 而 尔 夫 或 厥 每 靡 莫 乃 其 然 若 时 是 斯
焉 伊 云 旃 之 诸 兹 自 卬 辰 匪 简 渠 末 某 那 恁
儂 戎 身 他 许 台 余 朕

有些代词还起指示作用，它的主要作用可分为两大项。

其一，用作主语、宾语，或用作表领属关系的修饰语。例如：

(1) 夫差！而忘越王之杀而父乎？　　　　　　　（《左传·定公十四年》）
(2) 得之若惊，失之若惊，是谓宠辱若惊。　　　（《老子·十三章》）
(3) 工欲善其事，必先利其器。　　　　　　　　（《论语·卫灵公》）

其二，用在名词或名词短语前，起指示作用。例如：

(4) 迨天之未阴雨，彻彼桑土，绸缪牖户。　　　（《诗经·豳风·鸱鸮》）
(5) 之二虫又何知？　　　　　　　　　　　　　（《庄子·逍遥游》）

2. 疑问代词。主要有：

安 何 曷 胡 孰 谁 恶 以 畴 抵 焉 害 曷 遐 台

主要作用可分以下两项。

用作主语和宾语，代人、事、物或处所，或做名词的修饰语。例如：

(1) 君若以德绥诸侯，谁敢不服？　　　　　　　（《左传·僖公四年》）
(2) 角宿未旦，曜灵安藏？　　　　　　　　　　（《楚辞·天问》）
(3) 此夜曲中闻折柳，何人不起故园情！　　（《唐诗别裁集·春夜洛城闻笛》）

用作疑问副词，在动词前做状语，表示对原因、时间等的询问。例如：

(4) 不狩不猎，胡瞻尔庭有悬狟兮？　　　　　　（《诗经·魏风·伐檀》）

(5) 中心好之，曷饮食之？　　　　　　　　　　（《诗经·唐风·有杕之杜》）

（九）不定数词

主要有：

余（馀）　许　所

主要用于数（量）词、名词之后，表示约数。例如：

(1) 潭中鱼可百许头，皆若空游无所依。（《柳河东集·至小丘西小石潭记》）

(2) 茂问曰："子亡马几何时？"对曰："月馀日矣。"

（《后汉书·卓鲁魏刘列传》）

(3) 今庆已死十年所。　　　　　　　　　　　　（《史记·扁鹊仓公列传》）

附录：古汉语常见虚词简释表

一　画

1. **一、壹** 1) 一概，全都（曹参为相，凡事一遵萧何约束）。2) 竟（不意其懦怯一至于此）。3) 真是，实在：**一似**（子之哭也，壹似重有忧苦）；**一何**（上有弦歌声，音响一何悲）。

二　画

2. **乃、廼** 1) 你的（竖儒！几败乃公事！）。2) 是（此书乃后人伪作）；实在是（我非知君者，知君者乃苏君也）；原来是，表示出于意料之外（至拜大将，乃韩信也）；是，解释原因（乃官吏畏事，故为此说，非真有其事也）。3) 就，于是（中原大乱，乃南渡江）。4) 方才，然后（有此父乃有此子）。5) 竟，表示出于意外（名父乃有此不肖之子）。6) **乃至**：以至，一直到了（琴棋书画，骑射拳棒，乃至医卜星相，无所不学）。

3. **几、幾** 1) 兼有现代汉语"几"和"多少"的用法，不限于计数的事物（若作三千人食者，已有几米？），也不限于较小的数（将军度羌虏何如？当用几人？），后面可以不跟名词（畏首畏尾，身其馀几？）。2) 几（jī）乎，差点儿（竖儒！几败乃公事）。3) **几曾**：何尝（几曾识干戈？）。

三　画

4. **与、與** 1) 和、跟，连词（鱼与熊掌，不可得而兼）。2) 和、跟、对，介词（与士卒共甘苦；不如早与之绝）。3) 给（以低利之借款放与农民）。4) 与其（与人刃我，宁自刃）。5) 同"欤"。

5. **也**　这是文言里用得最多的一个语气助词，跟现代的"也"（你十五岁，我也十五岁）没有关系，跟早期近代语的"也"（我去也）也没有关系，大体上近于现代的"啊"。1) 用于判断句句尾（项籍者，下相人也；孺子可教也）。2) 表示解释的语气：说明是怎么回事（山有野蔌，杂然而前陈者，太守宴也）；说明原因或理由（剖竹以代瓦，以其价廉而工省也）；说明结果（饮少辄醉，而年又最高，故自号曰醉翁也)。3) 加强肯定或否定的语气 (环滁皆山也; 未之闻也)。4) 表示疑问 (何也?)。5) 表示感叹 (以一钱之微而死三人, 吁, 可悲也!)。6) 表示禁止语气 (君如知此, 则无异于民之多怨望也)。7) 用在句中, 表示停顿 (向也不怒而今也怒, 何也? 大道之行也, 天下为公; 祈祷也, 祭告也, 忏悔也, 立种种事神之仪式)。

6. 已 1) 太, 过 (其细已甚, 民弗堪也)。2) 已经 (老父已去, 高祖适从旁舍来)。3) 后来, 常与"而"连用 (废以为侯, 已又杀之; 已忽不见; 已而释之)。4) 语气助词, 大略同"矣" (吾知其无能为已)。

7. 凡 1) 一切, 所有 (凡今之人, 莫如兄弟)。2) 总共, 都 (在途凡三十五日)。

8. 亡 (wú) 1) 同"无"。2) 同"否"。3) **亡其**: 抑, 还是 (秦之攻赵也, 倦而归乎? 亡其力尚能攻, 爱王而不攻乎?)。

9. 之 1) 这个 (之子于归, 远送于野)。2) 做宾语用的代词, 指人 (=他), 指物 (=它), 也指事 (吾爱之重之, 愿汝曹效之, 姑妄言之, 姑妄听之; 无之; 总之; 均之)。3) 的 (是谁之过欤? 虎狼之国; 丧家之犬)。4) 加在句子的中间, 取消句子的独立性 (余之识君, 且二十年)。5) 用在倒置的宾语和动词的中间 (父母唯其疾之忧)。

10. 于、於 1) 在, 表动作的静境 (遇之于涂; 君生于光绪壬寅年; 此非可于道路言也; 余于次年始入中学), 注意汉语的"于……"多数放在谓语动词之后。2) 表动作的趋向, 到 (世世秘其术, 不传于外; 百有馀年于兹矣); 给 (寓书于其友, 假而观之); 现代汉语无相当的介词 (是不亦近于以五十步笑百步乎? 难民之结群过江者几于无日无之)。3) 从 (家贫无书, 每假借于藏书之家; 而卒赖老仆脱之于难)。4) 由于 (生于忧患, 死于安乐)。5) 被 (善战者致人, 不致于人)。6) 对于 (有损于人而无益于己; 口之于味也, 有同嗜焉)。7) 比 (苛政猛于虎)。8) 在……方面 (其民勇于私斗而怯于公战)。9) **于是**: 这就 (于是饮酒乐甚); 这才 (然后知吾向之未始游, 游于是乎始)。

四　画

11. 为、爲 1)、2)、3)、10) 读 wéi, 其余读 wèi。 1) 是 (尔为尔, 我为我)。2) 做 (山树为盖, 岩石为屏); 变作 (高岸为谷, 深谷为陵)。3) 被 (不为酒困)。4) 给, 替 (为天下兴利除害; 善为我辞焉)。5) 因为 (天不为人之恶寒也辍冬; 樗栎虽大, 匠者不顾, 为其无用也)。6) 为了 (正确地使用祖国的语言, 为语言的纯洁和健康而斗争)。7) 对, 向, 和 (不足为外人道也; 道不同不相为谋)。8) **为之**: 因此 (昂首视之, 项为之强)。9) **所为**: 为5) (此有识之士所为长叹息者也); 为6) (无所为而为者, 不考虑个人利害之谓也)。10) **何以……为**: 做什么 (匈奴未灭, 何以家为? =要家做什么?)。

12. **无、無**〔也作毋，尤其是2)、3)、9)〕　1) 没有。2) 别，表禁止（无道人之短，无说己之长）。3) 等于"不"，用在表示使令、得能、愿欲、即令、庶冀、比较等意思的句子（我不欲人之加诸我也，吾亦欲无加诸人；可以取，可以无取，取伤廉；夜行者能无为奸，不能禁狗使无吠已也；彼不能自使其无死，安能使王长生哉？今币重而言甘，诱我也，不如无往）。4) **无以**：无所以……之物，之道（某生无以答；初学于其乡之画工，终其技，师无以为教）。5) **无何**：无几何时（无何，至醉者之家）。6) **无奈……何**：同现代"无奈"（闻匈奴中乐，无奈候望急何）。7) **无乃**：只怕（许之而不予，无乃不可乎？）。8) **无亦**：只怕（汝无亦谓我老耄而舍我？）。9) **无宁**：宁可（不自由，无宁死）。10) **无为，无事**：不必，不值得（子当立志复仇，无为俱死也；某于义不得不死，诸君无事空与此祸）。

13. **勿**　比较无2)、3)。1) 等于"无之"（无友不如己者，过则勿惮改；救赵孰与勿救？）。2) 后起的用法，等于"无"（闻毁勿戚戚，闻誉勿欣欣）。

14. **夫**　1) 这个，那个（夫人不言，言必有中；君独不见夫朝趋市者乎？）。2) 句首助词，用在议论开端的时候（夫人必自侮，然后人侮之）。3) 语末助词，表感叹（悲夫！逝者如斯夫！）。

15. **方**　1) 正在（国家方危）。2) 刚才（方出城门，便逢骤雨）。3) 方才（用久方知）。

16. **及**　1) 和（阴以兵法部勒宾客及子弟）。2) 到了（吾所以有大患者，为吾有身；及吾无身，吾有何患？）。3) 乘（彼众我寡，及其未济击之）。4) 来得及（时促，未及偏观）。

17. **从、従**　1) 同现代"从"（有一人从桥下走出；公等皆去，吾亦从此逝矣）。2) 向（从昆弟借贷，犹足为生，何至自苦如此；从所识索一饭之资）。3) 听凭（鸳鸯绣取从君看，不把金针度与人）。

18. **比**（bì）　1) 到了（有托其妻子于其友而之楚游者，比其反也，则冻馁其妻子）。2) 频，连（比年伤水灾；间者数年比不登）。3) 近（比来不审尊体动止何似？）。4) **比比**：每每（那因比比地动；比比然也）。

19. **少**　1) 些，点儿（楼下有少酒，与卿为别）。2) 稍微（可以少安）。

20. **止**　只（止可远观，不足近玩）。

21. **曰**　是，列举时用（曰水，曰火……；一曰水，二曰火……）。

22. **云**　1) 语末助词，多数有"据说如此"意（闻其言不见其人云）。2) **云云**：如此如此（何子之言云云也?）。3) **云何**：如何，为何（不有舟车，云何得达?）。4) **云尔**：A. 如此（安乐令栾弘……赋诗见赠，答之云尔）；B. 而已（公明仪曰："宜若无罪焉。"曰："薄乎云尔，恶得无罪?"）；C. 焉，只用在一篇之末（惧或乖谬，有亏大雅君子之德，所以战战兢兢，若履深薄云尔）。

23. **兮**（xī）　舒缓语气的助词，多见于韵文，用在句末和句中（归去来兮！田园将芜，胡不归？力拔山兮气盖世）。

24. 见　1）被（苏武使匈奴，见留二十年）。2）有代"我"字的作用（家叔以余贫苦，遂见用于小邑＝用我）；间或也代第三身（恐帝长大后见怨）。

25. 乌　哪儿，岂（齐楚之事又乌足道哉?）。

五　画

26. 乎　1）表疑问，与"吗"相当（许子必种粟而后食乎? 可以人而不如鸟乎?）。2）表疑问，与"呢"相当（且夫发七国之难者谁乎? 滕，小国也，间于齐楚：事齐乎? 事楚乎?）。3）表推测，常兼感叹，与"吧"相当（此君小异，得无是乎? 泰山其颓乎! 梁木其坏乎! 哲人其萎乎!）。4）表感叹，与"啊"相当（惜乎，子不遇时! 嗟乎，子卿!）。5）表呼而告之，与"啊"相当（天乎，吾无罪）。6）表语中停顿（焕乎其有文章；于是乎有黠者出，乘机施其技）。7）等于"于"（是所重者在乎珠玉而所轻者在乎人民也）。

27. 以　1）拿，用（哑者以手为口；以理喻之；喻之以理）。2）把（尔以我为可侮乎? 乃以所乘马赠之）。3）因为（未尝以贫废学；其地多云雾，以四界逼于高山也）。4）依（众客以次就坐，园有门，以时启闭）。5）在，关于时日（余以八月十九日返，而君以中秋后一日行，终不得一晤）。6）表示目的（继续努力，以求贯彻）。7）表示结果（发愤忘食，乐以忘忧）。8）表示方式与情态，与"地"或"着"相当（呱呱以啼，哑哑以笑；谈笑以死；白衣冠以送之）。9）连接两个形容词（其责己也重以周，其待人也轻以约）。10）从……往（六十分以上为及格；五岭以南，古称百粤）。11）**以至**：一直到了（自王公卿相以至工艺杂流，凡有名者皆留像于馆）。12）**以故**：所以（世皆称孟尝君能得士，士以故归之）。

28. 且　1）将要（积资且千万）。2）暂且（我醉欲眠卿且去）。3）尚且，连……都，多用于两件事情比况句（明日且未可知，况明年乎?）。4）连接两个形容词，又……又……（邦无道，富且贵焉，耻也）；常和"既"连用，见"既"2）。5）一边……一边……（且歌且饮，旁若无人）。6）连接选择问句，抑、还是（敌之不进为畏我耶? 且有所待也?）。7）并且，而且（公语之故，且告之悔；邀之未必来，且来亦何济于事? ……且君侯何不思昔者也? 有昔者必有今日）。

29. 弗（fú）　1）等于"不之"（得之则生，弗得则死）。2）后起的用法，等于"不"（后家居长安，长安诸公莫弗称之）。

30. 未　1）没有，不曾（未之闻也；君言竟未? 吾亦欲有所言）。2）不（人固不易知，知人亦未易也；又见于"未可""未必"）。3）**未几**：没有多少时候（初习法语，未几而敢习英语）。

31. 由　1）从（由此观之，爱之适以害之也）。2）归（设理事五人，由会员共推之）。3）因为（由此杨氏与郭氏为仇）。

32. 用　1）拿，凭（卫青霍去病亦以外戚贵，然颇用材能自进）。2）因（用此，其将兵数困辱）。3）**何用，焉用**：为什么（何用弗受也；邻之厚，君之薄也，焉用亡郑以倍邻？）

33. **令** 倘若（令冬月益展一月，是吾事矣）。

34. **可** 1）能（无可奈何）。2）可以（可去矣）。3）用于命令句，"可以"之意甚少（吾今日不喜饭，可具粥）。4）该（但可遣人问讯，不足自往）。5）大概（年可十六七）。6）**可得**：能（可得闻欤？）。

35. **宁、寧** 1）宁可（与其害于民，宁我独死；宁人负我，无我负人）。2）宁可，用于选择句（人之情，宁朝人乎，宁朝于人也？）。3）岂、难道，用于反诘句（居马上得之，宁可以马上治之乎？）。4）可，用于真性问句（质通达长者也，宁有子孙不？）。

36. **正** 1）恰好（正唯弟子不能学也）。2）只（莫作孔明择妇，正得阿承丑女）。3）即，即使（正使死，何所惧？况不必死耶？）。

37. **只、祇、秖、衹** 1）适足以，徒然（虽杀之，无益，只益祸耳）。2）后世常用来代"止"，作"只"讲（所部只二百人）。

38. **他** 1）别的（子不我思，岂无他人？于是沛公乃夜引兵从他道还）。2）别的东西（他无所取），别的事情（王顾左右而言他），别的缘故（无他，专心而已），别的用心（闭门谢客，以示无他）。3）**其他**：同2）。

39. **尔、爾** 1）你。2）那个（尔夜风恬月朗）。3）然，那么样（贵土风俗何以乃尔乎？诸葛亮见顾有本末，终不尔也）。4）然，形容词语尾（子路率尔而对；夫子莞尔而笑）。5）而已，罢了（吾军亦有七日之粮尔，尽此不胜，将去而归尔）。6）近似"呢"字的语气（用臣之谋，则今日取虢而明日取虞尔）。7）**尔许**：那么些（此鼠子自知不能保尔许地也）。

六 画

40. **伊** 1）那个（所谓伊人，在水一方），后世专以"伊人"为怀想中的女子。2）通俗文言中代词，他（我就伊无所求，我实亦无可与伊者）。3）**伊谁**：谁。

41. **此** 这个，指人（此壮士也），指物（贤者亦乐此乎？），指地（予居于此，多可喜，亦多可悲），指时（盖风习移人，贤者不免，百有馀年于此矣），指事（此所谓妇人之仁也）。

42. **如** 1）像（文如其人；爱民如子；如此；如故；如下）。2）像，举例用（常绿树如松、杉，落叶树如槐、柳）。3）形容词的语尾，同"然"（三月无君，则皇皇如也）。4）假如（如耻之，莫者不为）。5）**如此，如是**：这么样（其愚如此；如是其难也）。6）**如何**：怎么（究应如何办理，伫候明教）。7）**如之何**：怎么样（竭力以事大国，则不得免焉，如之何则可？）。8）**如……何**：怎么样（不能正其身，如正人何？＝如何正人？），把……怎么样（君如彼何哉？）。

43. **而** "而"字是古汉语中用得最多的一个连词，所连接的两个部分可以是两个词，也可以是两个句子；可以是顺在一边，可以是互相背戾，还可以是既不相承，也不相背。1) 顺接，两个形容词（语其浅而近者如此），两个动词（觉而起，起而归），两个句子（价廉而物美）。2) 转接，等于"但是"，两个形容词（东道夷而远，西道险而近），两个动词（知其不可为而为之），两个句子（价廉而物不美）。3) 连接表方式或情态的词语于动词，和"地"或"着"相当（侃侃而谈；默尔而笑；攀援而登；不劳而获）。4) 连接时间副词于动词（已而复如初；既而悔之；俄而客至；久而习与俱化；始而喜，继而疑）。5) 连接用如副词的名词于动词（朝而往，暮而归；一日而行千里；一言而决）。6) 连接各种副词性短语于动词（由小而知大；自古而然；为利而来；人材以培养而出）。7) 从……往（宜昌而东，江行平地；今而后吾不复言矣）。8) 到（自小学而中学而大学；一而十，十而百；小而一家，大而一国，莫不有其特有之问题）。9) 用在主语和谓语的中间，有"可是"的意思（匹夫而为百世师，一言而为天下法）。10) 用在主语和谓语的中间，有"要是"的意思（人而无志，终身无成）。11) **而已**：罢了（江山之外，第见风帆沙岛，烟云竹树而已；夫子之道，忠恕而已矣）。12) 形容词语尾（颀而长兮；已而，已而！）。13) 你的（若归，试从容问而父）。

44. **自** 1) 自己，副词性，现代说"自己骗自己"，文言只用前一个"自"字，如"自欺"（夫人必自侮，然后人侮之）。2) 从（有朋自远方来；自古至今）。3) 连，虽然（自京师不晓，况于远方？）。4) 附在"故、正、移、犹"等副词后，本身无显明意义（此儿故自可人；正自不易言；终自有尽时）。5) **自非**：除非（自非圣人，外宁必有内忧）。6) **自馀**：除此以外（自馀文人莫有逮者）。

45. **至** 1) 极（其理至浅，何以不达？）。2) 到、一直到，指方所，有时加"于"（上至公卿士夫，下至贩夫走卒；东至于海；至于犬马，皆能有养）。3) 到了，指时间（至日中，所期不来；至死不悟）。4) 到了，指程度，有时加"于"（后之亡者多至数十百人；深怀忧惧，至废寝食；至于废寝而忘食）。5) 到了，另提一事，有时加"于"（诸将易得耳，至如信者，国士无双；至于日常事务，一以付之属吏）。

46. **因** 1) 依，顺着（因山构屋；因势利导）。2) 由……居间（魏使人因平原君请从于赵）。3) 因为（因前使绝国功，封骞博望侯）。4) 因此、于是、就，有时加"而"字（及至颎当城，生子，因名曰颎当；避仇至沛，因家焉；草木为之含悲，风云因而变色）。

47. **会、會** 1) 恰好遇着（抵罪远戍，数年会赦，乃归）。2) **会当**：总得要（男儿居世，会当得数万兵千匹骑着后耳）。

48. **有** 1) (yòu) 又（是后六十有五年，而山戎越燕而伐齐）。2) **有以**：有所以……之物，之道（杀人以梃与刃，有以异乎？王语暴以好乐，暴未有以对也；惟足下有以督教之）。

49. **亦** (yì) 1) 同现代汉语"也"。2) 也就是，只是（王亦不好士耳！何患无士？子击因问曰："富贵者骄人乎？且贫贱者骄人乎？"子方曰："亦贫贱者骄人耳"）。

50. **耳** 1) 而已，罢了（前言戏之耳）。2) 呢（诸将易得耳，至如信者，国士无双；若虽长大，好带刀剑，中情怯耳）。

51. **行** 1) 将（日月易得，别来行复四年）。2) 且（既痛逝者，行自念也）。

52. **安** 1) 哪儿，何处（王室多故，予安逃死乎？汝安从知之？）。2) 哪儿，如何，多数用在"得、能、可、敢"等字前（君安得高枕而卧乎？吾亦欲东耳，安能郁郁久居此乎？）。

53. **岂、豈** 1) 难道，表反诘（岂有此理；虽曰天命，岂非人事哉？）。2) 难道，表测度性的疑问（家岂有冤，欲言事乎？）。

54. **许、許** 1) 附在数词之后表约数，"来"（可容三千许人；留饮十许日）。2) **少许**：一点儿；**多许**：许多；**几许**：多少。3) **尔许，如许**：如此（"许多"就是"尔许多"之省）。4) **何许**：何处（不知何许人）。

55. **设、設** 假使（设中途有变，何以善其后？）。

56. **讵（詎）、渠、巨** 岂，哪儿（讵可便以富贵骄人？沛公不先破关中，公巨能入乎？），常与"庸"连用，见"庸" 2）。

57. **则、則** 这是文言里用得很多的连词，和"而"字比较起来，"而"字是圆的，软的，"则"字是方的，硬的。1) 表示两事在时间上的联系，跟"就"字相当（诸儿见家人泣，则随之泣；叩其门，则其妻应声出）。2) 表因果或情理上的联系，跟"（要是……）就"相当（凡物热则涨，冷则缩）。3) 原来是，原来已经（就而视之，则赫然死人也；及诸河，则在舟中矣）。4) 表两事对待，但不一定两句都用，跟重重地说的"是"字相当（衣则不足以蔽体，食则不足以充腹；人皆好逸而恶劳，我则异于是；量则多矣，质皆不佳）。5) 用于"此、是"等字之后，跟"就是"相当（此则言者之过也；是则贪多务得而不求其精之故也）。

七　画

58. **何** 这是文言里应用最广的疑问代词，兼有现代"什么、为什么、怎么、哪儿"等用处，结合语很多。1) 什么（内省不疚，夫何忧何惧？以此攻城，何城不克？）。2) 为什么（彼丈夫也，我丈夫也，吾何畏彼哉？）。3) 怎么（子在，回何敢死？）。4) 怎么，感叹（何子之不达也！）5) 哪儿（轸不之楚，何归乎？）。6) **何者，何则**：为什么，用于自问自答（何者？功多，秦不能尽封，因以法诛之；何则？皆不欲齐秦之合也）。7) **何如，何若**：怎么样，用作谓语（读书之乐乐何如？吾欲东家食而西家宿，何如？我视君何若？）。8) **何如**：用在比较的两个事物中间（与秦地何如勿与？长安何如日远？）。9) **何以**：拿什么，怎么样（虽然，何以报我？不为者与不能者之形何以异？）。10) **何以，何为**：为什么（德、日、美之敌国，何以扶植之若此？战胜未可必，何为战？）。11) **何自，何由，何从**：从哪儿，怎么样（乱何自起？起不相爱；何由知吾可也？若不申辩，何从得直？）。12) **何可，何得，何足，何须，何必，何至，何尝**："何"都作问情理的"哪儿"

讲；"何至"，哪儿要弄到；"何尝"，哪儿（何尝有此言？=哪儿有过这个话？）。13）**何……之有**：有什么……的（何难之有？何不利之有？）。14）**何有**：A. 哪儿有……的道理（将军何有当尔？何有乱头养望，自谓宏达耶？）；B. 何难之有（能以礼让为国乎，何有？）；C. 何爱之有（除君之恶，唯力是视，蒲人狄人，余何有焉？）。

59. **况、況** 何况，常与"而"连用，上句又往往有"尚、且、犹"等字相呼应（此不足以欺童子，况我辈乎？困兽犹斗，况一国之民乎？死且不惧，况未必死乎？天地尚不能久，而况于人乎？）；注意文言只用在问句中，不用在现代用"况且"（=而且）的地方，文言在这种地方一般用"且"字。

60. **矣** "矣"字是次于"也"字而应用最广的语气助词。这两个字的分别，简单地说，"也"字是静性的，表示本然之事，"矣"字是动性的，表示已然或将然之事，即经过一番变动而成之事。大多数"矣"字和现代的"了"字的语气相当。1）表已然之事，有"已经"的意思（晋侯在外，十九年矣；险阻艰难，备尝之矣；民之情伪，尽知之矣）；有"现在"的意思（孺子可教矣）。2）表将然之事，或是说话的人自己宣告的（夜半，客曰：吾去矣），或是根据目前事态估计的（天下从此多事矣），或是假设的结果，多与"则"字呼应（民为邦本，民困则国危矣）。3）表感叹，在句末者（交友之道难矣！），在句中者（甚矣，人之不可以无耻也！）。4）用于命令句（先生且休矣，吾将念之。）

61. **每** 1）个个（每人而悦之，日亦不足矣）。2）每逢（每一念至，何时可忘？）。3）**每每**：往往，常常（值欢无复娱，每每多忧虑）。

62. **更** 1）再、又，否定句多于肯定句（即日行事，不更计议；孟尝君有一狐白裘，入秦献之昭王，更无他裘；欲穷千里目，更上一层楼）。2）更加（洗脂除粉，转更妩媚）。3）递互（九卿更进用事）。

63. **抑** 1）还是，用于选择问句（敢问天道乎，抑人故也?）。2）可是（若圣与仁，则吾岂敢，抑为之不厌，诲人不倦，则可谓云尔已矣）。

64. **犹、猶** 1）像，跟……一样（吾今日见老子，其犹龙邪！）。2）尚，还（其民犹有先王之遗风；蔓草犹不可除，况君之宠弟乎？）。

65. **但** 1）只（不闻耶娘唤女声，但闻黄河流水鸣溅溅）。2）只是，但是（无他，但手熟尔）。

66. **足** 常与"以"字连用。1）够（是四国者，专足畏也；适足以结怨深仇，不足以偿天下之费）。2）**不足**：不值得（公幸有亲，吾不足以累公；竖子不足与谋！）；不必（不足为外人道也）。

67. **否、不** 1）称代性否定词（晋人侵郑以观其可攻与否=不可攻；二三子用我，今日，否，亦今日=不用我）。2）用于反复问句后，古多作"不"（尊君在不；春初得书，寻即裁谢，不审得达否？如此则动心否乎？）。3）否定的应答词，与"然"相对（"许子必织布而后衣乎？"曰："否"）。

68. 初 1）头一回（初至一地，必问民俗）。2）当初（初，吏捕条侯，条侯欲自杀，夫人止之）。3）才（天下初定未久）。4）本来、从来，专用在否定句中（初不中风，但失爱于叔父，故见罔耳；恨见君晚，群臣初无是言也）。

69. 纵 即使（纵江东父兄怜而王我，我何面目见之？）。

70. 欤、与 句末语助词，用法跟"乎"1）至4）相同。1）表疑问，与"吗"相当（子非三闾大夫欤？何故而至此？）。2）表疑问，与"呢"相当（吾言之而听者谁欤？）。3）表推测兼感叹，与"吧"相当（孝弟也者，其为仁之本与！）。4）表反诘兼感叹（可不慎与！）。

八　画

71. 其 1）那个（其地无井泉，恃雨水为饮）。2）他的，用在名词前（工欲善其事，必先利其器）。3）意义同上，但用在动词或形容词前，在现代语里说"他"比"他的"更合适（见其生，不忍见其死；鸟，吾知其能飞）。4）其中之（其一能鸣，其一不能鸣；孔融幼时，与诸兄食梨，取其小者）。5）殆、大概、恐怕，表测度或拟议（知进退存亡而不失其正者，其唯圣人乎？）。6）可，表命令或劝勉（子其有以语我来！尔其无忘乃父之志）。7）还是，用于选择问句（诚爱赵乎？其实惜齐乎？）。

72. 彼 1）那（我欲易之，彼四人辅之，羽翼已成，难动矣）。2）那个（由是观之，在彼不在此；彼亦一是非，此亦一是非）。3）那个人，他（彼必自负其材，故受辱而不羞）。

73. 所 这是文言里特有的一个指示词，加在动词之上而指受动之物。1）有受动的名词（牛所耕之田，牛所耕田＝牛耕的田；所读之书，所读书＝读的书）。2）词无受动的名词，"所"字兼有代词性质（目之所见、耳之所闻，目所见、耳所闻＝眼睛看到的、耳朵听到的；所见所闻＝看见的、听见的）。3）为……所：合起来跟"被"字相当（月氏为匈奴所败，乃远去）；但"火药为中国所发明"＝是中国发明的。4）何所：所……者为何，译成现代汉语可以不理会这个"所"字（问女何所思？＝姑娘，你想什么？何所见而云然？＝你根据什么说这个话？）。5）无所（女亦无所思＝不想什么；终其身无所成＝没有成就什么；不廉则无所不取，不耻则无所不为＝什么都要，什么都做得出）。6）有所（有所恃而无恐＝有个什么可倚赖；人必有所不为，而后能有所为＝必得有不肯做的事，才能做出点儿事）。7）所以：跟现代汉语里的用法不同，应特别注意。A．"所以……"等于"……的缘故"（人类之所以为万物之灵者，尚智而不尚力也；人类尚智而不尚力，此其所以为万物之灵也）；B．"所以……"等于"拿来……的东西"（所以自奉者甚薄；所以维系之者唯一时之利害耳）。

74. 非 不是（子非鱼，安知鱼之乐？）。

75. 宜 1）应该，表合宜（是宜为君，有临民之心；止可少尝，不宜多食）；

2) 应该，表测度和拟议（帝问："天下谁爱我？"曰："宜莫如太子"）。3) 似乎（宜若无罪焉）。

76. **定** 1) 确实（闻陈王定死，因立楚怀王孙心为楚王）。2) 到底，毕竟（卿云"艾艾"，定是几"艾"？）。

77. **审、審** 1) 真的（高喜曰：吾王审出乎？泄公曰：然）。2) 如果（王审用臣之议，大则可以王，小则可以霸）。

78. **固** 1) 坚，硬（朱公欲遣少子，长男固请欲行）。2) 本来（臣固知王之不忍也）。3) 本来如此、是啊，应对之词（固也，吾欲言之久矣）。4) 固然（成固所愿，不成亦可以自勉）。

79. **果** 1) 果然（趋而视之，果其子也）。2) 究竟，用于疑问句（客果何为者？）。3) 如果（果能此道矣，虽愚必明，虽柔必强）。

80. **尚** 1) 还（赵王使使者视廉颇尚可用否；如仆，尚何言哉！尚何言哉！禽兽尚知合群，而况人乎？）。2) 命令语气助词（呜呼，尚飨！）。

81. **使** 假使（使天下无农夫，举世皆饿死矣）。

82. **或** 1) 有，多与"未"字同用（有一于此，未或不亡；自古以来，未之或失也）。2) 有人（或谓孔子曰：子奚不为政？）。3) 有的（凡六出奇计，或颇秘，世莫能闻也）。4) 或者，也许（或数年不至，或一年数来）。

83. **並、竝** 1) 一同（诸侯並起）。2) 都（卜之，並吉）。3) 连同（並前在京所得，共三千餘册）。4) 连……也（厌疾奢侈者，至于並一切之物质文明而屏弃之）。

84. **奈** 1) 奈何：A. 怎么（男儿死耳，奈何效新亭对泣耶？）；B. 怎么办（食尽援绝，奈何？祸成矣，无可奈何矣）。2) 奈……何：A. 把……怎么样，怎么对付他（此皆上圣，无奈下愚子何）；B. 叫……怎么样，怎么安顿他（吾君老矣，国家多难，伯氏不出，奈吾君何？虞兮，虞兮，奈若何？）；C. 怎么办（其言信美，奈国人不信何？＝国人不信，奈何？）。

85. **弥、彌**（mí） 1) 连，用于时日（盗贼起，弥年不定）。2) 满，遍（茂林修竹，弥望皆是）。3) 越发，愈加（退而修诗书礼乐，弟子弥众）。

86. **者** 1) 的（黄冈之地多竹，大者如椽；爱人者人恒爱之，敬人者人恒敬之；君子务知大者远者，小人务知小者近者；得骏马日行千里者二）。2) 样，件（鱼与熊掌，二者不可得而兼；此数者，用兵之患也）。3) 谁……者（君即百岁后，谁可代君者？＝可代君者谁？）。4) ……似的（叩之不应，若未闻也者；吾视郭解状貌不及中人，言语不足采者）。5) 用于语词后，表停顿（古者，言之不出，耻躬之不逮也）；待解释（风者，空气流动而成）。6) 用于小句后，表停顿（客如复来见者，吾必唾其面）；待解释（不即言者，有所待也）。

87. **诚、誠** 1) 真，当真（嗟乎，利诚乱之始也；沛公诚欲倍项羽邪？）2) 当真，如果（诚如父言，不敢忘德）。

九　画

88. **是** 1) 这个（诚哉，是言也！币厚而言甘，是诱我也＝这个〔是〕……）。2) 用在倒置的宾语和动词的中间，常和"唯"字同用（唯余马首是瞻；唯利是视）。3) **是以**：因此，所以（见其生不忍见其死，闻其声不忍食其肉，是以君子远庖厨也）。4) **是故**：为了这个缘故，所以（其言不让，是故哂之）。

89. **哉** 1) 表感叹，或在句中（异哉，此人之教子也！），或在句末（小不忍而乱大谋，惜哉！）。2) 表反诘，常与"岂"字同用（岂可人而不如鸟哉？秦以不闻其过亡天下，又何足法哉？）。3) 表疑问，仍带感叹（君如彼何哉？强为善而已矣）。

90. **耶、邪** 用法大致同"乎"字前三项。1) 表疑问，与"吗"相当（将军怯耶？）。2) 表疑问，与"呢"相当（子何为者耶？傥所谓天道，是耶？非耶？）。3) 表推测，与"吧"相当（先生所处之境其有与余同者耶？）。

91. **故** 1) 因为……的缘故（乱故，是以缓；财物丧失，贪无厌故），后一种句法多见于佛教经典。2) 所以（死亦我所恶，所恶有甚于死者，故患有所不避也）。3) 从前（燕太子丹故尝质于赵）。4) 故意，特地（我今故与林公来相看）。5) 与"自、复、应、当"等副词连用，本身没有多少意义（其人不足称，其诗故自佳；卿故复忆竹马之好否？故当是妙处不传；使真长来，故应有以制彼）。

92. **若** 1) 你（若归，试从容问而父，然毋言吾告若也）。2) 这个，那个（君子哉若人！）。3) 这么样，那么样（以若所为，求若所欲，犹缘木而求鱼也）。4) 像（山有小口，仿佛若有光；其人视端容寂，若听茶声然）。5) 形容词语尾，同"然"（桑之未落，其叶沃若）。6) 若是，假如（王若隐其无罪而就死地，则牛羊何择焉）。7) 至于，常与"夫"字连用（若仆，则形格势禁，言之无益也；若夫为不善，非才之罪也）。8) 或是（以万人若一郡降者，封万户）。9) **不若**：不如（与其哀不足而礼有馀也，不若礼不足而哀有馀也）。10) **若此，若是**：同"如此，如是"。11) **若何**：怎么（此非国家之利也，若何从之？）。12) **若之何**：怎么样（寇深矣，若之何？）。13) **若……何**：把……怎么样（无若群臣何）。

93. **虽、雖** 1) 虽然（门虽设而常关）。2) 即使（虽鞭之长，不及马腹）。3) 连（苟非吾之所有，虽一毫而莫取）。4) **虽然**：虽说如此（人生莫不有死，死亦何足惧？虽然，要不可以轻死）。

94. **苟** 1) 苟且，马马虎虎（临财毋苟得，临难毋苟免）。2) 姑且，不过（苟自救也，社稷无损，多矣）。3) 假如（苟得其养，无物不长）。

95. **即** 1) 就是，用在主语和表语中间（梁父即楚将项燕）。2) 就，表时间连接（岁馀，高后崩，即罢兵）。3) 就，表上下两事相因，与"则"2) 同（先即制人，后则为人所制）。4) 就在，下接表处所词语（天子使使者持大将军印，即军中拜车骑将军青为大将军）。5) 就在，下接表时间词语（项羽即日因留沛公与饮＝当日；贼素闻其名，即时降服＝当时）。6) 假使（所贵于天下之士者，为人排患释难，解纷乱而无所取也；即有所取者，是商贾之人也）。7) 即使（仆即无状，何至认贼作父?)。

96. **信** 1) 真的,果然(卜人皆曰吉,发书视之,信吉)。2) 果真,表假设(信能行此五者,则邻国之民仰之若父母矣)。

97. **殆**(dài) 大概,只怕(张仪天下贤士,吾殆不如也)。

98. **相** 1) 互相(诸侯相送不出境)。2) 有替代"你、我、他"的作用(当以一枚相赠=送你;何不早相语?=告诉我;生子无以相活,率皆不举=养活他)。3) **相与**:一块儿,共同(遂至承天寺寻张怀民,怀民亦未寝,相与步于中庭)。

99. **独、獨** 1) 一个人(吾何为独不然)。2) 只(子所言者,其人与骨皆已朽矣,独其言在耳)。3) 偏偏(今君独跨敝马子子而来)。4) 难道,用于反诘句,尤其在"不、无"等字前(君独不见夫朝趋市者乎?公奈何众辱我,独无闲处乎?将军虽病,独忍弃寡人乎?)。

100. **某** 1) 代不知道的人名,或是失传(于是使勇士某者往杀之),或是泛概的替代(其式:某率子某顿首)。2) 代真实人名,为了避讳,或记载者图省事(师冕见……皆坐,子告之曰:某在斯,某在斯),因为师冕是个瞎子,所以孔子历举在坐的人,但记下来只作"某"。3) 古时有自己称名的习惯,记下来也常作"某",因此"某"又等于"我"(诸君赖遭某,故得有今日耳)。4) 用在表时间、处所、或其他名词前(某时使公主某事,不能办,以此不任用公;具为区处,某所大木可以为棺,某亭猪子可以祭)。5) **某甲,某乙**:代人名,同上1) 2)。

101. **适、適** 1) 恰好(身中大创十馀,适有万金良药,故得无死)。2) 刚刚、只,多用于"适足以、适所以"(其知适足以知人过,而不知其所以过;所以为子孙者适所以祸之)。3) 刚才(适启其口,匕首已陷其胸)。

102. **爰**(yuán) 乃,于是(爰伸笔濡墨而记之)。

103. **垂** 快要(吾年垂六十;垂暮抵家)。

104. **复、復** 1) 又,再,重新(遂入关,收散兵复东;虽舜禹复生,弗能改已)。2) **亦复**:也还(亦复不恶)。

105. **皆** 都(故言富者皆称陶朱公)。

106. **甚** 1) 很(惧者甚众矣)。2) 利害(太后曰:"丈夫亦爱怜其少子乎?"对曰:"甚于妇人。"太后笑曰:"妇人异甚。"对曰:"老臣窃以为媪之爱燕后,贤于长安君。"曰:"君过矣,不若长安君之甚")。3) **甚至**:甚而至于,表程度之极甚(甚至夜不安眠)。

107. **矧**(shěn) 而况(求其生而不得,则死者与我皆无恨也,矧求而有得耶?)。

108. **尝、嘗** 曾经(广尝与望气者王朔燕语,曰:自汉击匈奴,而广未尝不在其中)。

109. **胡** 1) 怎么(人尽夫也,父一而已,胡可比也?)。2) 为什么,多用于否定句(胡不下?吾乃与而君言,汝何为者也?)。3) **胡为**:为什么(此秋声也,胡为乎来哉?)。

110. 曷（hé） 1) 几时（时日曷丧，予及汝偕亡！中心好之，曷饮食之?）。2) 怎么（侠客之义又曷可少哉?）。3) 曷为：为什么（曷为久居此围城之中而不去?）。4) 岂（曷若是而可以持国乎?）。

111. 既 1) 已经（单于既立，终归汉使之不降者）。2) 又……（又……）（既能诗，又善画；既醉且饱）。3) 既然，为下文转折张本（吾辈既以壮士自许，当仗剑而起）。4) 既而：后来又（誓之曰："不及黄泉，无相见也！"既而悔之）。

十 画

112. 奚（xī） 1) 什么（卫君待子而为政，子将奚先?）2) 为什么（或谓孔子曰：子奚不为政?）3) 奚以：何以（奚以知其然也?）。4) 奚自：从哪儿（水奚自至?）。

113. 盍（hé） "盍"古音收 p，是"何"字受了"不"字的影响，音变而成，所以只见于"不"字的前面，或是本身就等于"何不"。1) 见于"不"字前（盍不起为寡人寿乎?）。2) 等于"何不"（盍各言尔志?）。

114. 匪 1) 不是，同"非"（匪来贸丝，来即我谋）。2) 不（夙夜匪懈）。

115. 俾（bì） 使，表目的或结果（敢终布之执事，俾执事实图利之）。

116. 倘、傥 1) 或者，也许（慎无多言，傥幸得脱）。2) 倘若（傥急难有用，愿效微躯）。

117. 徒 1) 只是（天下汹汹数岁者，徒以吾两人耳）。2) 徒然（于事无补，徒自苦耳）。

118. 特 1) 只是（臣之所见，特其小小者耳）。2) 只是、不过，有连接作用（此其属意非止此也，特畏高帝吕太后咸耳）。

119. 借、藉 1) 假使（借使子婴有庸主之材……秦之地可全而有）。2) 即使，就算（人而无自治力，则禽兽也，非人也。借曰人矣，小儿也，非成人也）。

120. 益 更加，愈（毛血日益衰，志气日益微）。

121. 差（chā） 稍微，比较（山后有小径，往来差近）。

122. 殊 1) 极（丞相特前戏许灌夫，殊无意往，军皆殊死战）。2) 殊不：一点儿不；殊无：一点儿没有（孔明拜于床下，公殊不令止；奋战益力，殊无降意）。

123. 容 1) 或许（诸王子在京，容有非常，宜亟发遣，各还本国；求之密迩，容或未尽）。2) 可、该，只用在问句和否定句（父殁何容辄呼? 事实昭彰，不容曲解）。

124. 致 同"至"4)（浑沦而吞之，致酿成消化不良之疾）。

125. 恶（wū） 1) 哪儿（君子去仁，恶乎成名? 为民父母行政，不免于率兽而食人，恶在其为民父母也?）。2) 哪儿，跟"能、足"等字连用（先生饮一斗而醉，将恶能饮一石哉? 虽有江河，恶足以为固?）。3) 感叹词，表惊讶（恶！是何言也?）。

126. 请 1) 等于"我请你"（君请择于斯二者）。2) 等于"请你让我"（王好战，请以战喻）。

127. **诸** 1)"之于"合音（我不欲人之加诸我也，吾亦无欲加诸人）。2)"之乎"合音（有美玉于斯，韫椟而藏诸？求善价而沽诸？）。3)"之"字受后面"乎"字的影响，音变为"诸"（能事诸乎？曰：不能）。

128. **顾、顧** 1) 反而（足反居上，首顾居下）。2) 只是（吾每念痛于骨髓，顾计不知所出耳）。

十一画

129. **率** 大率，以此为常例（一岁中往来过他客，率不过再三过）。

130. **旋** 不久，只能紧接动词，不能用在主语之前（病旋已）。

131. **脱** 1) 或许（事既未发，脱可免祸）。2) 倘若（脱有缓急，奈何？）。

132. **庸** 1) 哪儿，岂（患难相从，庸可弃乎！）。2) **庸讵**：哪儿（用在"知"字前）（庸讵知吾所谓知之非不知邪？庸讵知吾所谓不知之非知邪？）。3) **无庸**：不必，不用（窃为君计，莫若与民休息，无庸有事于民也）。

133. **庶** 1) 幸而、或许，有连接作用，以下句表上句之目的（君姑修政而亲兄弟之国，庶免于难；后之人与我同志，嗣而葺之，庶斯楼之不朽也）。

134. **将** 1) 表未来之副词，或含意志作用，"打算"（君将何以教我？）；或不含意志作用，"要、会"（发愤忘食，乐以忘忧，不知老之将至；若不然，后将悔之无及）。2) 带领（自以为久宦不达，遂将家属客河东），早期近代汉语里"将"作"拿、把"讲，就是从这个意义变来的。3) 表选择问，"还是"（如其巧奸而用之邪？将以为贤也？）。

135. **惟** 1) 只（不惟许国之为，亦聊以固吾圉也）。2) 只是、但是、不过（霜又与雪之形状颇相类似，惟霜乃近地面空气中水汽之凝结而非由高空下降者）。3) 语首助词，常用在年月之前（惟二月既望，越六日己未，王朝步自周，则至于丰）。

136. **唯** 1) 同"惟"1)（方今唯秦雄天下）。2) 表希望（寡君将率诸侯以见于城下，唯君图之）。3) 同"虽"（相如使时，蜀长老多言通西南夷不为用，唯大臣亦以为然）。4) 应诺之词（秦王曰：先生何以幸教寡人？范雎曰：唯，唯。若是者三）。

137. **盖、蓋** 1) 大概，语气较确定（吾闻之周生曰：舜目盖重瞳子）。2) 承接上文，解释缘故，仍多少带点"大概"的意思（孔子罕称"命"，盖难言之也）。3) 用在一段话的开头，有很少的一点"大概"的意思（朕闻：盖天下万物之萌生，靡不有死；盖闻王者莫高于周文，霸者莫高于齐桓）。

138. **得** 1) 能（卒得不死）。2) 可以，准许（五十分以上者得补考）。3) **得无**：只怕，表测度（日食饮得无衰乎？得无难乎？）。

139. **莫** 1) 没有……的（女五嫁而夫辄死，人莫敢娶；乐莫乐兮新相知，悲莫悲兮生别离）。2) 没有人，没有东西（狂者伤人，莫之怨也；莫非命也，顺受其正）。3) **莫……者**：同1)（及平长，可娶妻，富人莫有与者）；同2)（诸侯贵人争欲揖章，莫与京兆尹言者）。4) **莫若**：不如（为君计，莫若早为之所）。5) 勿

（劝君莫惜金缕衣，劝君惜取少年时）。

140. **焉** 1) 等于"于之、于是"（晋国，天下莫强焉；爱其幽胜，有终焉之志）。2) 等于"之"（众好之，必察焉；众恶之，必察焉）。3) 哪儿，等于"于何"（人焉廋哉？）。4) 哪儿，问情理，多用在"得"字前（又焉得不凉凉也哉？）。5) 语助词，大体跟现代"呢"字相近（宅边有五柳树，因以为号焉；吾于足下有厚望焉）。6) 语助词，用在句中停顿处（少焉，月出于东山之上）。

141. **孰** 1) 哪一个（弟子孰为好学？战与和孰利？）。2) 谁（孰能为我使淮南？）。3) 什么（是可忍也，孰不可忍也？）。4) **孰与、孰若**：用在比较句中，或有用为比较标准的形容词（战孰与和利？），或无形容词，乃比较两事之得失，常与"与其"呼应（求人孰若求己？与其求人，孰若求己？）。

142. **第** 1) 只要，用于祈使句（君第重射，臣能令君胜）。2) 假使（公等遇雨，皆已失期，失期当斩；借第令毋斩，而戍死者固十六七）。

143. **辄、輒** 就，多表习惯性的行为（有一人从之，辄予五十金，以明不欺；沛公不好儒，诸公冠儒冠来者，沛公辄解其冠溲溺其中）。

144. **属、屬** 1) (shǔ) 辈（雍齿尚为侯，我属无患矣）。2) (zhǔ) 适，刚巧（下臣不幸，属当戎行）。3) (zhǔ) 适，刚才（天下属安定，何故反乎？）。

十二画

145. **然** 1) 如此（知其当然而不知其所以然；有毅力者则不然）。2) 是，对，用作应答之词（此言有之乎？——然，有之），用作谓语（雍之言然）。3) 形容词语尾（欣欣然有喜色；油然作云，沛然下雨）。4) ……似的（人之视己，若见其肺肝然）。5) 等于"然而"（书益多，世莫不有，然学者益以苟简）。6) **然而**：转折连词（饮食所以养身，然而饮食无节亦足以伤身）。7) **然则**："既然如此，那么"（为善则中心安乐，为恶则无时不在畏惧悔艾之中，然则吾人又何苦不为善而为恶？）。

146. **斯** 1) 这个（斯人也而有斯疾也）。2) 这儿（有美玉于斯）。3) 则，就（我欲仁，斯仁至矣）。

147. **曾** (céng) 1) 曾经（庞曾一入，尚率车骑击之）。2) 简直、竟，用于否定句（谁谓河广？曾不容刀；此两人言事，曾不能出口），或问句（尔何曾比予于管仲？＝为什么竟把我跟管仲相比？）。

148. **厥** (jué) 1) 其，那个（有其善，丧厥善；矜其能，丧厥功）；其，他的（盘庚既迁，奠厥攸居，乃正厥位）。2) 乃（左丘失明，厥有国语）。3) **厥后**：其后（自时厥后＝从此以后）。

149. **寖、浸** (jìn) 渐渐（盗贼寖多；灾异寖甚）。

150. **滋** 愈加，越发（若是，则弟子之惑滋甚）。

151. **微** 1) 倘若没有（微管仲，吾其被发左衽矣）；即使没有（微子之言，吾亦疑之）。2) 非，不是（微我无酒，以遨以游；微君之故，胡为乎中露？）。3) 稍微，隐约（微露其意；微闻其事）。

152. 遂 1）一直，到了（及归，遂邈不见；此人后生无比，遂不为世所称，亦是奇事）。2）于是，就（缪公用之，遂霸西戎）。

153. 蔑（miè） 无（虽甚盛德，其蔑以加于此矣）。

154. 靡（mǐ） 1）没有，无（靡事不为）。2）没有人，没有东西，没有……的，用法同"莫"，但几乎限于"靡不"和"靡得"（万物萌生，靡不有死；其详靡得而记焉）。

155. 辈、軰 1）用在代词和名词之后，等于"们"（情之所钟正在我辈；奴辈利吾家财）。2）"此辈"等于"这些人"（右侯舍我去，令我与此辈共事）。3）用在数字后，本来是集体的意义，略同"起"（诸使外国，一辈大者数百，少者百馀人……一岁中使，多者十馀，少者五六辈），后世把它当"人、个"用（群儿结数十辈攻之）。

第四节 文 字

汉字是以形表意的文字，因此了解、掌握汉字的字形和字义的关系，对阅读尤其是读古文十分重要。例如《汉书·高帝纪》："上留止，张饮三日。"《左传·桓公十三年》："宋多责赂于郑。"在这里"张""责"是何意呢？如果按现在的字义去解读就无法理解了，如果学习了文字学，知道张与帐、责与债是古今字，此处可通用，其意就迎刃而解了。有关文字学的理论和知识，在本篇第四章讲现代汉语时已做了大体的介绍，不再赘述，下面再讲几个与读古书较有关系的问题。

一、古今字

汉字出现之初，数量比较少，音有假借，义有引申，所以一个字往往兼表几种意义。后来为了把这几种意义加以区别，就另造新字来代表其中的某一义项。就这个义项来说，先造字和后起字的关系，就是古今字的关系。古和今，是就造字的先后说的，就其实质来看，古今字就是区别字，以不同的字形来区别其不同的字义。例如："说"在先秦兼有"说解"和"喜悦"等意义，后来为了加以区别，就另造一个从"心"旁的"悦"字，来代表其中的"喜悦"这个意义。这样，在"喜悦"这个义项上，"说"和"悦"就成了古今字。《论语·学而》："学而时习之，不亦说乎？"这句话中的"说"字就是"悦"的古字。又如："舍"字本来具有"屋舍"和"舍弃"等意义，后来又另造了一个从"手"旁的"捨"字来代表其中"舍弃"的意思（现又简化作"舍"）。《左传·隐公元年》："公赐之食。食舍肉。"这里的"舍"就是"捨"的古字。按说，今字产生并为社会公认之后，就不应再用古字。实际上却往往是古字今字通行不悖。《说文》中收了"捨"字，这说明汉以前就产生了这个今字。但是在唐人韩愈的《答李翊书》中仍用古字"舍"。

下面再举一些古今字的例子（古字在前，今字在后）：

昏婚 取娶 禽擒 内纳 莫暮 道導 章彰 景影 縣懸 虛墟

孰熟　弟悌　知智　贾價　竟境　厌厭　尝嚐　反返　戚感　要腰
责债　冯憑　属嘱　田畋　卷捲　队坠　敛殮　沽酤　和龢　谐龤

有的古字兼义很多，所以和它相对应的今字往往就不止一个。例如：

敝—蔽、弊

厉—砺、励

共—供、拱、恭

辟—避、僻、闢、璧、譬

今字和古字的关系，从字形上看，今字一般是在古字的基础上增加意符（如反和返、禽和擒）或更换意符（如说和悦、敛和殮）；从语音上看，今字一般是以古字为声符（如昏婚）或沿用古字的声符（如沽和酤）；从字义上看，今字所代表的只是古字兼有的几个义项中的一项。由字义的引申而产生的今字，其声符兼表字义，同古字是同源关系。

人们常常把古今字看作是通假的关系，认为在"喜悦"的意义上用了"说"字，就是"悦"的假借，在"日暮"的意义上用了"莫"字，就是"暮"的假借，这是不对的。"悦"和"暮"都是后起字，当初没有这类字，怎么能说是它的假借呢？当然，用"说"来表示喜悦的意思，也可说是一种假借，但这是"本无其字"的假借，同本有其字通假是不同的。至于"莫"的情况又有不同。"莫"的本义是日暮，因为后来借作否定词，所以另选一个"暮"字以示区别。用"莫"表示日暮，用的是本义，同假借毫无关系。

前面说过，古今字实际上就是区别字，不单纯是先造字和后起字的关系。所以，如果先造字和后起字表示的是同一概念，在字义上没有任何区别，那就是异体字，而不是古今字。如"网"是先造字，"纲"是后起字，两者只是形体不同，意义完全相等，这就应属于异体字，而不是古今字。其他如厷和肱、皃和貌、𠶷和渊、厽和垒、处和處、㝵和得等，也属于这种情况。

下附"常见古今字字表"，以供查阅。表中"："前面的字为古字，后面的为今字；括号中的字为简化字，个别的也标注特殊的读音。

附录：常见古今字字表

A

爱（爱）：嫒（嫒）

卬：昂、仰

敖：遨、廒

B

巴：芭

伯：霸

霸：灞

罢（罢）：吧

版：板、钣（钣）

辨：辦（办）

榜：膀

包：胞

保：堡、褓

北：背、偝、褙、揹

畐：偪逼

自：鼻
秕（粃）：癟（瘪）
比（妣）：篦
畢（毕）：罼
辟：避
扁：匾
猋：飆（飙）
表：裱、婊、錶
賓（宾）：儐（傧）、擯（摈）
頻(频)：瀕（濒）、濱（滨）、顰（颦、嚬）
屏：摒
薄：箔
餔（哺）：晡
布：佈
步：埠

C

才：材
采：採、彩、綵、睬
粲：燦（灿）
倉（仓）：艙（舱）
草：騲
叉：杈、釵（钗）、扠、靫、岔
茶：搽
柴：紫、寨
差：瘥
產（产）：鏟
倡：娼、唱
鈔（钞）：抄
朝：潮
巢：轈
辰：蜃、晨、振、脤
湛：沈、沉
牚：撐、撑

蛊：嗤、媸
廚（厨）：櫥（橱）、幮（幮）
囪：窗
創（创）：瘡（疮）
垂：陲
蓴：蒓（莼）
慈：磁
从：從
湊（凑）：輳（辏）
徂：殂
卒：猝
寸：忖

D

逮：迨
儋：擔（担）
淡：氮
當（当）：襠（裆）、擋（挡）
刀：刁
道：導（导）
到：倒
登：蹬、凳（櫈、橙）
眙：瞪
氐：柢、低、抵
弟：第、娣、悌
點（点）：玷
鳥（鸟）：屌
疊（疊、叠）：碟（楪）
丁：釘（钉）、叮、盯、疔、訂（订）
豆：痘
度：渡、鍍（镀）
段：鍛（锻）、腶、碫、緞（缎）

E

鄂：萼、愕
而：耏（髵）

爾（尔）：薾

F

伐：閥（阀）
橃：筏
法：砝
颿：帆、篷
番：蹯
反：返
防：坊
放：倣、仿
肥：淝
匪：篚
分：份
風（风）：瘋（疯）、諷（讽）
奉：俸
不（fǒu）：否
不（fū）：柎、跗
孚：孵、俘
服：箙
府：腑
父：甫、駁
付：咐
赴：訃（讣）
負（负）：偩、蝜

G

該（该）：賅（赅）
句（丐）：給（给）
甘：柑、苷
岡（冈）：崗（岗）
剛（刚）：鋼（钢）
告：誥（诰）
哥：歌
隔：膈

閣（阁）：擱（搁）
共：拱、恭、供
頍：汞
句（guō）：勾、鉤（钩）
冓：構（构）、搆、遘、覯（觏）
古：詁（诂）、故
縠：瀔
固：痼
雇：僱
刮：鴰
毌：貫（贯）、慣（惯）、慣、遺
圭：珪
匱（匮）：櫃（柜）、鐀
或（guó）：國（国）、域、惑

H

含：唅（琀）
感：憾、撼
翰：瀚
亢：吭
杭：航
合：盒
覈：核
何：荷
赫：嚇（吓）
衡：蘅
曶：笏
畫（画）：劃（划）
環（环）：鬟
回：洄、迴
昏：婚
火：伙（夥）
隻（huò）：獲（获）

J

其（jī）：箕

結（结）：髻
家：傢
甲：胛、押
加：架
賈（贾）：價（价）
柬：揀（拣）
楗：鍵（键）
煎：餞（饯）
監（监）：鑑（鉴、鉴）
檻（槛）：艦（舰）
驕（骄）：嬌（娇）
桀：傑（杰）
絜：潔（洁）
渴：竭
介：界
盡（尽）：燼（烬）、儘（尽）
精：睛
竟：境
久：灸
居：踞、倨
匊：掬
局：跼
巨：矩（榘）
苣：炬
距：拒
卷：捲
券：倦
龜（龟）(jūn)：皸（皲）

K

豈（岂）(kǎi)：愷（恺）、凱（凯）
康：穅（糠）
考：拷
槁：犒
扣：叩
快：筷

匡：筐、框、眶

L

闌（阑）：欄（栏）、攔（拦）
撩：捞（捞）
勞（劳）：痨（痨）
類（类）：襯
黎：黧
釐（厘）：嫠
離（离）：罹、鸝（鹂）
利：痢
栗：慄
厲（厉）：礪（砺）
歷（历）：曆（历）
麗（丽）：儷（俪）
斂（敛）：殮（殓）
梁：樑
兩（两）：輛（辆）、緉、倆（俩）
亮：喨
涼（凉）：晾
列：裂
烈：颲
領（领）：嶺（岭）
盧（卢）：鑪、爐（炉）、矑、瞜
鹵（卤）：滷
虜（虏）：擄（掳）
吕：臎
婁（娄）：屢（屡）
鸞（鸾）：鑾（銮）
格(luò)：烙

M

馬（马）：碼（码）
曼：漫、蔓
芒：鋩（铓）、茫
猫：錨（锚）

冒：帽（褦）
每：莓
某：梅（楳）
黴：霉
美：媄
祕：秘
綿（绵）：棉
瞑：眠
免：娩
面：靣
眇：妙
閔（闵）：憫（悯）
名：銘（铭）
冥：瞑
摩：磨
没：殁（歾）
佰（伯）(mò)：陌
牟：眸
莫：暮

N

內：納（纳）
兒：齯
聶（聂）：囁（嗫）
爾：鑈（镊）
嚙：嚙（啮）
帑：孥
那：挪

O

禺：偶
歐（欧）：嘔（呕）

P

把（pá）：爬
旁：傍

抱：抛
抛：礮（砲、炮）
妃（pèi）：配
佩：珮
亨（pēng）：烹、享
奉（pěng）：捧
平：評（评）
馮（冯）(píng)：憑、凭（凴）
魄：粕
樸（朴）：璞、鎂（镁）
暴：曝

Q

西（qī）：棲、栖
戚：慼（憾）
跂：岐、歧
齊（齐）：臍（脐）、劑（剂）
气：氣、餼（饩）
契（契）：鍥（锲）
千：仟、阡
槍（枪）：搶（抢）
削：鞘
伽：茄
切：砌
禽：擒
欽（钦）：撳（揿）
清：圊
輕（轻）：氫
丘：邱
求：裘
曲：笛（笛）
取：娶
全：痊
權（权）：顴（颧）

R

然：燃

人：仁
任：妊（姙）
頌（颂）(róng)：容
茸：絨（绒）
煣：揉
蓐：褥
內 (ruì)：枘
兌 (ruì)：銳（锐）

S

思：顋（腮）、鰓（鳃）
塞：賽（赛）
額（颡）：嗓
嗇（啬）：穡（穑）
沙：紗（纱）、鯊（鲨）
扇：搧、煽、騙（骗）
澹：贍（赡）
舍：捨
申：電（电）、神
信 (shēn)：申、伸
震 (shēn)：娠
尸：屍
師（师）：獅（狮）
食：蝕（蚀）
時（时）：鰣（鲥）
矢：屎
式：軾（轼）
耆：嗜
飾（饰）：拭
受：授
獸（兽）：狩
叔：菽
疏：梳、蔬
孰：熟
蜀：蠋
俞：腧

野：墅
霜：孀
斯：撕、廝（厮）
四：駟（驷）
司：伺
食：飼（饲）
松：淞
蘇（苏）：穌（稣）甦
素：愫
衰：蓑、縗（缞）
瑣（琐）：鎖（锁）

T

它：他、蛇
大：太
淡：痰
炭：碳
唐：塘
黨（党）：儻（傥）、倘
湯（汤）：燙（烫）
匿：慝
天：顛（颠）、癲（癫）
沾 (tiān)：添
田：佃、畋
餂（恬）：舔
佻：桃
帖：貼（贴）、怗
聽（听）：廳（厅）
廷：庭
亭：停
童：僮、瞳
愉：偷
投：骰
涂：塗、途
屯：囤
佗：馱（驮）、駝（驼）

W

彎（弯）：灣（湾）
輓（挽）：挽
罔（网）：網、惘、謂
韋（韦）：違（违）、圍（围）
爲（为）：僞（伪）
彙：蝟（猬）
文：紋（纹）
隱（隐）：穩（稳）
屋：幄（幄）
於：烏（乌）、嗚（呜）
午：忤、迕

X

夕：汐
希：稀
息：熄、瘜
奚：嫫
羲：曦
席：蓆
喜：憙、嬉
烏：磡
陜：狹（狭）、峽（峡）
夏：廈（厦）
弦：絃
見（见）：現（现）
箱：廂（厢）
羊：祥
向：嚮
象：像
效：傚
夾（夹）：挾（挟）
解：懈
寫（写）：瀉（泻）
謝（谢）：榭

刑：型
生：性、姓
幸：倖
匈：胸
羞：饈（馐）
臭：嗅
于：吁
須（须）：鬚
虛：墟
畜：蓄
縣（县）：懸（悬）
熏：燻
徇：殉
孫（孙）（xùn）：遜（逊）

Y

椏（桠）：丫
雅：鴉（鸦）
厭（厌）：壓（压）、饜（餍）
牙：芽、衙
邪：琊
厓：崖、涯
訝（讶）：迓
偃：鼴、堰
雁：贗（赝）
詳（详）：佯
蚌：瘍（痒）
養（养）：氧
像：樣（样）
夭：妖
要：腰
肴：餚
耶：爺（爷）
亦：腋、掖
鷖：瑿
也：匜

台：怡
詒（诒）：貽（贻）
義（义）：儀（仪）
夷：痍
已：以
倚：椅
易：埸
益：溢
埶：蓺、藝（艺）、勢（势）
意：憶（忆）
溢：鎰（镒）
釋（释）：懌（怿）
翳：瞖
陰（阴）：蔭（荫）、廕
淫：霪
英：瑛
嬰（婴）：櫻（樱）
景：影
庸：傭（佣）、慵
又：右、佑（祐）、有
羑：誘（诱）
淤：嶼（屿）
魚（鱼）：漁（渔）
欲：慾
御：馭（驭）
瘉：愈
豫：預（预）
諭（谕）：喻
爰：援
原：源
員（员）：圓（圆）
戉：鉞（钺）
說（说）：悅
龠：籥、鑰（钥）
云：雲
隕（陨）：殞（殒）

均：韻（韵）
尉（yùn）：熨、慰

Z

贊（赞）：讚
臧：贓（赃）、臟（脏）、藏
草：皁（皂）
齊（齐）：齋（斋）
笮：窄
責（责）：債（债）
展：輾（辗）
章：嫜、樟
杖：仗
張（张）：脹（胀）、帳（帐）
障：嶂、瘴、幛
濯：櫂、棹
徹（彻）(zhé)：轍（辙）、澈、撤
者：這（这）
貞（贞）：偵（侦）
振：賑（赈）
陳（陈）：陣（阵）
丞：拯
爭（争）：（净）
證（证）：症
支：枝、肢
直：值
止：趾
志：識（识）誌、幟（帜）、痣
制：製
知：智
致：緻
質（质）：礩
摘：擲（掷）
冬：終（终）
州：洲
周：週

祝：咒（呪）

朱：絑、硃

豬（猪）：瀦（潴）

柱：拄

屬（属）：囑（嘱）、矚（瞩）

主：炷

宁：佇（伫、竚）、貯（贮）

注：註、疰

箸：著、着

蠱：蛀

爪：抓

轉（转）：囀（啭）

裝（装）：妝（妆）

隊（队）：墜（坠）

卓：桌

子：籽、仔

從（从）(zōng)：蹤（踪）、縱（纵）

卒：猝

族：鏃（镞）

尊：樽、罇

左：佐

乍：作、做

坐：座

胙：祚

二、异体字

异体字就是音同、义同而形体不同的字。这类字在任何情况下都可以互相替代。

汉字的历史悠久，使用的人多，形体结构繁复，一个字有不同的写法是难免的。早在甲骨文、金文的时代，异体字就很多。有的字甚至有五六个异体字，例如：

窗（窻、窓、窻、牎、牕）、携（攜、擕、撱、擤）

到了战国时期，诸侯异政，文字形体的分歧就更大了。秦始皇统一中国之后，针对六国文字形体有严重分歧的情况，实行"书同文"的政策，对异体字进行了一次大规模的整理，成效是很大的，但也没有完全解决这个问题。就以《说文》所收的小篆来看，异体字就不少。如祀和禩、玩和貦、看和翰、羴和羶等等。楷书通行以后，尽管流行的字书、韵书起着正字的作用，但仍然控制不住异体字的衍生。从历史上看，一方面旧的异体字不断被淘汰，一方面新的异体字又在不断地产生。新旧相加，就使汉字的数量大大增加。中华人民共和国成立后，政府有关部门对异体字进行了整理，1955年公布了《第一批异体字整理表》，确定了标准字，废除1055个异体字。这对文化的普及创造了很好的条件。但是我们要阅读古书，异体字的问题仍然回避不了。古书中异体字是相当多的，如果只知道正体字，而不认识异体字，阅读就会发生困难。所以认识一个字，往往要同时掌握几个不同的形体。掌握异体字，是有规律可循的。我们了解了异体字的各种情况，摸清了其结构上的特点，就可以由此及彼，举一反三，扫清阅读古代汉语的障碍。

异体字主要有这样几种情况。

（一）形声字的意符不同

意符与字义有联系，可是同字义有联系的意符往往不止一个。于是就出现了一些声符相同而意符不同的异体字。例如：

盤槃　窺閵　暖煖　瓶缾

驅敺　輝煇　寓庽　哲悊

特别是有些意符所表示的意类关系密切，往往可以通用。有些异体字就是由于更换了这些可以通用的意符而产生的。如口、欠（小篆作𠙵，表示人在呵气）、言有相通之处，所以就产生了嘆和歎、咏和詠、歌和謌这类异体字。目、见有相通之处，所以"睹"又写作"覩"，"視"又写作"眎"。

（二）形声字的声符不同

声符表示读音，而表示同一读音的声符往往不止一个，所以又产生一些意符相同而声符不同的异体字。例如：

掩揜　餽饋　洩泄　綫線

褲袴　仙僊　猿猨　鱔鱧

（三）偏旁位置不同

例如：

期朞　峰峯　群羣　和咊

秋秌　概槩　稿稾　慙慚

应当注意的是，不要认为所有的偏旁位置不同的字都是异体字，因为有些字变换了偏旁位置就成了另外一个字，如吟—含、忠—忡等。

（四）造字方法不同

例如：

飛（小篆作飛，象形）—蜚（形声）

𠀐（小篆作𠀐，指事）—絭（形声）

泪（会意）—淚（形声）

岩（会意）—巖（形声）

异体字的情况比较复杂，除上列四种外，还有的是意符、声符都不相同，如："盌"，从皿，夗声；而"椀"则从木，宛声。"剩"，从刀，乘声；而"賸"则从贝，朕声。也有的异体字是因为两个字互相影响而产生的。如凤凰的"凰"，原作"皇"，后因受风的影响而加"几"。联绵词的字形与字义没有联系，所以往往一词多形，如委蛇，又作逶迤、逶迱、威夷、逶移等。

古汉语中有这样一些字，它们本来是有分工的，但是在一定的意义上或一定的条件下可以通用，如亡、无，游、遊，唯、惟、维，雕、彫、凋等。这类字不是在任何情况下都可以互相替代，所以不能算作异体字。

下面附上 1955 年 12 月 22 日由中华人民共和国文化部、中国文字改革委员会联合发布的《第一批异体字整理表》。表中括号内的为异体字。这些异体字虽在现在的报纸、杂志、图书中一律停止使用了，但在古书中常出现，现附录于下，供读古书查阅。

附录：第一批异体字整理表

A	奔[犇奔逩]	can	敕[勅勑]	匆[怱忽]
	beng	参[叅]	痴[癡]	葱[蔥]
an	绷[繃]	惭[慙]	**chou**	**cou**
岸[岍]	**bi**	**cao**	仇[讎]	凑[湊]
庵[菴]	秕[粃]	草[艸]	酬[酧詶醻]	**cu**
暗[闇晻]	秘[祕]	操[捺撡]	瞅[瞧䁅]	粗[觕麤]
ao	逼[偪]	**ce**	**chu**	蹴[蹵]
坳[垇]	痹[痺]	册[冊]	厨[廚厨]	**cuan**
拗[抝]	弊[獘]	厕[廁]	锄[鉏耡]	篡[篹]
翱[翶]	毙[獘]	策[筞筴]	橱[櫥]	**cui**
鳌[鼇]	**bian**	**cha**	蹰[躕]	脆[脃]
	遍[徧]	查[查]	**chuan**	悴[顇]
B	**biao**	插[挿]	船[舩]	**cun**
ba	膘[臕]	碴[鍤]	**chuang**	村[邨]
霸[覇]	**bie**	察[詧]	床[牀]	**cuo**
bai	瘪[癟]	**chan**	创[剏剙]	锉[剉]
柏[栢]	鳖[鼈]	镵[劖]	窗[窓窻窓牕牎]	
稗[粺]	**bing**	**chang**		**D**
ban	冰[氷]	场[塲]	**chui**	**da**
坂[岅]	并[併並竝]	肠[膓]	捶[搥]	瘩[瘩]
bang	禀[稟]	尝[嚐甞]	棰[箠]	**dai**
榜[牓]	**bo**	**che**	锤[鎚]	呆[獃騃]
膀[髈]	脖[頸]	扯[撦]	**chun**	玳[瑇]
帮[幫幇]	博[愽]	**chen**	春[旾]	**dan**
bao	钵[缽盋]	趁[趂]	唇[脣]	耽[躭]
刨[鉋鐁]	驳[駁]	嗔[瞋]	淳[湻]	啖[啗噉]
褓[緥]	**bu**	**cheng**	莼[蒓]	**dang**
褒[襃]	布[佈]	乘[乗椉]	醇[醕]	荡[盪]
宝[寳]		塍[堘]	蠢[惷]	挡[攩]
bei	**C**	撑[撐]	**ci**	**dao**
杯[盃桮]	**cai**	澄[澂]	词[䛐]	岛[嶋]
背[揹]	采[寀採]	**chi**	糍[餈]	捣[擣搗]
悖[誖]	彩[綵]	吃[喫]	辞[辤]	**de**
备[俻]	睬[倸]	耻[恥]	鹚[鶿]	德[悳]
ben	踩[跴]	翅[翄]	**cong**	**deng**

凳[櫈]	扼[搤]	**fu**	耕[畊]	嗥[嗥獆]
di	峨[峩]	佛[佛髴]	鲠[骾]	**he**
抵[牴觝]	婀[娿媠]	附[坿]	**gong**	和[龢咊]
堤[隄]	讹[譌]	俯[俛頫]	躬[躳]	盍[盇]
蒂[蔕]	萼[蕚]	妇[媍]	**gou**	核[覈]
diao	腭[齶]	麸[䴸麬]	够[夠]	**heng**
吊[弔]	鹅[鵞鵝]	**G**	钩[鉤]	恒[恆]
雕[彫鵰琱]	额[額]		构[搆]	**hong**
die	鳄[鱷]	**ga**	**gu**	哄[閧鬨]
喋[啑]	**en**	嘎[嗄]	雇[僱]	**hou**
叠[疊曡疊]	恩[㤙]	**gai**	鼓[皷]	糇[餱]
蝶[蜨]	**er**	丐[匄匃]	**gua**	**hu**
ding	尔[尒]	概[槩]	挂[掛罣]	呼[虖嘑謼]
碇[椗矴]	**F**	**gan**	**guai**	胡[衚]
dong		杆[桿]	拐[枴]	糊[粘䐶]
动[働]	**fa**	秆[稈]	怪[恠]	**hua**
dou	法[灋㳒]	乾[亁乹]	**guan**	花[苍蘤]
豆[荳]	珐[琺]	干[幹]	管[筦]	哗[譁]
斗[閗鬭鬬]	筏[栰]	赣[贑灨]	馆[舘]	话[話]
兜[兠]	罚[罸]	**gang**	罐[鑵]	**huan**
du	**fan**	扛[摃]	**gui**	浣[澣]
妒[妬]	凡[凢]	杠[槓]	规[槼]	獾[貛狟]
睹[覩]	帆[帆颿]	肛[疘]	瑰[瓌]	欢[權讙驩]
dun	泛[汎氾]	**gao**	**guo**	**huang**
惇[憞]	繁[緐]	皋[臯皐]	果[菓]	恍[怳]
敦[敵]	翻[飜繙]	槁[槀]	椁[槨]	晃[爌]
遁[遯]	**fang**	稿[稾]	**H**	**hui**
墩[墪]	仿[髣倣]	糕[餻]		迴[廻迥]
duo	**fei**	**ge**	**han**	蛔[蛕蚘痐]
朵[朶]	痱[疿]	个[箇]	函[圅]	蜖
垛[垜]	废[癈]	胳[肐]	捍[扞]	汇[滙]
跺[跥]	**fen**	阁[閤]	悍[猂]	毁[燬譭]
	氛[雰]	歌[謌]	焊[釬銲]	辉[煇]
E	**feng**	**gen**	**hao**	徽[微]
e	峰[峯]	亘[亙]	蚝[蠔]	**hun**
厄[阨阸]	蜂[蠭蠭]	**geng**	皓[皜暠]	昏[昬]

魂[蒐]	**jie**	狷[獧]	**ku**	荔[茘]
huo	劫[刦刧刼]	眷[睠]	裤[袴]	厘[釐]
祸[旤]	杰[傑]	**jue**	**kuan**	苈[藶沥]
	届[屆]	决[決]	款[欵]	栗[溧慄]
J	捷[捷]	撅[噘]	**kuang**	狸[貍]
ji	秸[稭]	橛[橜]	况[況]	梨[棃]
迹[跡蹟]	阶[堦]	**jun**	矿[礦]	犁[犂]
期[朞]	洁[絜]	俊[儁伃]	**kui**	里[裡]
楫[檝]	**jin**	隽[雋]	愧[媿]	璃[瓈瓈]
赍[賫齎]	斤[觔]	浚[濬]	窥[闚]	历[歷曆]
绩[勣]	晋[晉]		馈[餽]	历[厤]
鸡[雞]	紧[緊繄]	**K**	**kun**	隶[隸隷]
羁[覊]	**jing**	**kai**	坤[堃]	**lian**
jia	阱[穽]	慨[嘅]	昆[崑崐]	廉[亷廉]
夹[裌袷]	净[淨]	**kan**	捆[綑]	炼[鍊]
戛[戞]	径[逕]	刊[栞]	**kuo**	奁[匳奩籢]
假[叚]	胫[脛]	坎[堿]	括[梧]	敛[歛]
jian	粳[秔稉]	侃[偘]	阔[濶]	镰[鐮鎌]
奸[姦]	**jiong**	瞰[矙]		**liang**
减[減]	迥[逈]	**kang**	**L**	凉[涼]
碱[堿]	炯[烱]	炕[匟]	**la**	梁[樑]
笺[牋椾]	**jiu**	糠[穅粇]	辣[辢]	**lin**
剑[劍]	纠[糺]	**kao**	腊[臘]	吝[悋]
缄[緘]	韭[韮]	考[攷]	**lai**	淋[痳]
茧[蠒]	厩[廄廐]	**ke**	赖[賴]	邻[隣]
鉴[鑑鉴]	救[捄]	尅[剋]	**lan**	磷[燐粦]
舰[艦]	揪[揫]	咳[欬]	婪[惏]	麟[麐]
jiang	**ju**	疴[痾]	懒[嬾]	**ling**
奖[獎]	巨[鉅]	**ken**	**lang**	菱[蔆]
僵[殭]	局[侷跼]	肯[肎]	琅[瑯]	**liu**
缰[韁]	矩[榘]	**keng**	螂[蜋]	柳[桺栁]
jiao	据[據]	坑[阬]	**lei**	留[畱雷畄]
叫[呌]	举[舉]	**kou**	泪[淚]	琉[瑠瑠]
脚[腳]	飓[颶]	叩[敂]	**leng**	碌[磟]
剿[勦勦]	**juan**	扣[釦]	棱[稜]	瘤[癅]
侥[僥]	倦[勌]	寇[寇冦]	**li**	**long**

弄[衖挵]	幂[羃]	你[妳]	碰[掽踫]	峭[陗]
lu	**mian**	昵[暱]	**pi**	荞[荍]
虏[虜]	绵[緜]	霓[蜺]	匹[疋]	憔[顦瘄]
戮[剹勠]	麺[麪]	拟[儗]	毗[毘]	锹[鍫]
橹[艪樐艣樐]	**miao**	**nian**	**piao**	跷[蹺]
炉[鑪]	妙[玅]	年[秊]	飘[飃]	**qie**
lü	眇[䏚]	拈[撚]	**ping**	悏[悥]
绿[菉]	渺[淼淼]	念[唸]	瓶[缾]	**qin**
lüe	**mie**	**niang**	凭[凴]	琴[琹]
略[畧]	咩[哔哔]	娘[孃]	**po**	勤[懃]
lun	**min**	**niao**	迫[廹]	寝[寑]
仑[崘崙]	泯[冺]	裊[嫋嬝裒]	**pu**	撳[揿]
luo	**ming**	**nie**	铺[舖]	**qiu**
裸[倮蠃]	命[佲]	捏[揑]		丘[坵]
骡[臝]	冥[冥冥]	涅[湼]	**Q**	虬[虯]
	mo	啮[齧囓]	**qi**	秋[烁穐]
M	謨[暮]	孽[孼]	弃[棄]	球[毬]
	馍[饝]	**ning**	栖[棲]	**qu**
ma	**mu**	宁[寧寗]	凄[凄悽]	麴[麯]
麻[蔴]	畝[畂畮畞畆畝]	**nong**	戚[慼慽]	驱[駈歐]
蟆[蟇]	畞]	农[辳]	啓[啟啔]	**que**
骂[駡傌]	幕[幙]	**nu**	棋[碁棊]	却[卻郤]
mai		衄[衂䚏]	旗[旂]	权[摧榷]
脉[脈衇脈]	**N**	**nuan**	憩[憇]	**qun**
mao		暖[煖暵煗]	**qian**	裙[帬裠]
卯[夘夘]	**na**	**nuo**	愆[諐]	群[羣]
牦[氂犛]	拿[舒拏挐]	挪[捼捼]	铅[鈆]	
冒[冐]	**nai**	糯[稬稬]	潜[潛]	**R**
猫[貓]	乃[迺廼]			**ran**
帽[帽]	奶[嬭妳]	**P**	**qiang**	冉[冄]
mei	**nan**		羌[羌羗]	髯[髥]
梅[楳槑]	楠[枏柟]	**pao**	强[彊強]	**rao**
meng	**nao**	炮[砲礟]	槍[鎗]	绕[遶]
虻[蝱]	闹[閙]	疱[皰]	墙[牆]	**ren**
mi	**nen**	**pei**	樯[艢]	妊[姙]
眯[瞇]	嫩[媆]	胚[肧]	襁[繈]	衽[袵]
觅[覔]	**ni**	**peng**	**qiao**	

韧[靭]
饪[飪]
韧[靭靭靱]

rong
冗[冘]
绒[絨毯]
融[螎]

ru
蠕[蝡]

ruan
软[輭]

rui
睿[叡]
蕊[蕋蘂蘃]

ruo
箬[篛]

S

sa
飒[颯]

sai
腮[顋]

san
散[散]
伞[傘繖]

sang
桑[桒]

se
涩[澀濇]

sha
厦[廈]

shan
删[刪]
姗[姍]
珊[珊]
棚[栅]

膳[饍]
膻[羶羴]
鳝[鱓]

shao
筲[箱]

she
射[躲]
蛇[虵]
慑[慴]

shen
深[湙]
参[葠蓡]
慎[昚]

sheng
升[陞昇]
剩[賸]

shi
尸[屍]
虱[蝨]
柿[柹]
是[昰]
时[旹]
视[眎眡]
实[実]
谥[謚]
湿[溼]
倏[儵儵]
庶[庻]
疏[疎]
漱[潄]
薯[藷]

si
似[佀]
祀[禩]

俟[竢]
饲[飤]
厮[廝]

sou
搜[蒐]
嗽[瘶]

su
宿[宿]
诉[愬]
溯[泝遡]
苏[蘇甦]

sui
岁[歲]

sun
笋[筍]
飧[飱]

suo
挲[挱]
蓑[簑]
琐[瑣]
锁[鏁]

T

ta
它[牠]
拓[搨]
塔[墖]

tan
袒[襢]
叹[歎]
罎[罈壜]

tang
趟[跿蹚蹫]
糖[餹]

tao
掏[搯]

缭[絛绦]

teng
藤[籐]

ti
剃[薙鬀]
啼[嗁]
蹄[蹏]

tiao
眺[覜]

tong
同[仝衕]
峒[峝]
筒[箽]

tou
偷[媮]

tu
兔[兎兔]

tui
腿[骽]
颓[穨]

tun
臀[臋]

tuo
托[託]
拖[扡]
驮[馱]
驼[駞]

W

wa
蛙[鼃]
袜[韈韤]

wan
玩[翫]
挽[輓]
碗[盌椀㼽]

wang
亡[亾]
冈[罔]
往[徃]
望[朢]

wei
喂[餵餧]
猬[蝟]

wen
吻[脗]
蚊[蟁蚉]

weng
瓮[甕罋]

wu
污[汙汚]
仵[铻]
坞[隖]

X

xi
席[蓆]
晰[晳皙]
溪[谿]
熙[熈熙]
嘻[譆]
膝[厀]
戏[戲]

xia
狭[陿]

xian
仙[僊]
弦[絃]
籼[秈]
涎[次]
闲[閒]
衔[銜啣]

嫺[嫻]
綫[線]
鮮[尟尠尐]
xiang
享[亯]
厢[廂]
饷[餉]
嚮[曏]
xiao
笑[咲]
效[効傚]
消[殽]
xie
邪[衺]
泄[洩]
脅[脇]
継[絏]
携[攜擕攜]
鞋[鞵]
蝎[蠍]
燮[爕]
蟹[蠏]
xing
幸[倖]
xiong
凶[兇]
洶[汹]
胸[胷]
xiu
修[脩]
绣[繡]
锈[鏽]
xu
叙[敘敍]
恤[卹賉卹]
勖[勗]

婿[壻]
xuan
萱[蕿蘐薏憲]
喧[諠]
楦[楥]
璇[璿]
xue
靴[鞾]
xun
巡[廵]
徇[狥]
勋[勳]
寻[尋]
埙[壎]
熏[燻]
Y
ya
丫[枒椏]
鸦[鴉]
yan
岩[巖巗嵒]
咽[嚥]
烟[煙菸]
宴[醼]
胭[臙]
雁[鴈]
腌[醃]
焰[燄]
燕[鷰]
檐[簷]
赝[贋]
验[驗]
魇[魘]
艳[豔豓]

yang
扬[颺敭]
yao
夭[殀]
肴[餚]
咬[齩]
窑[窰窯]
耀[燿]
ye
夜[亱]
野[埜壄]
烨[燁]
yi
以[㕥㠯]
异[異]
咿[吚]
移[迻]
翳[瞖]
yin
因[囙]
吟[唫]
姻[婣]
殷[慇]
阴[陰]
淫[婬滛]
堙[陻]
喑[瘖]
饮[歈]
蔭[廕]
ying
映[暎]
颖[頴]
罂[甖]
鹦[鸚]
yong
咏[詠]

涌[湧]
悥[愿恖]
雍[雝]
you
游[遊]
yu
欲[慾]
逾[踰]
寓[庽]
愈[癒瘉]
鬱[欎欝]
yuan
冤[寃寬]
猿[猨猨]
yue
岳[嶽]
yun
韵[韻]
Z
za
匝[帀]
雜[襍]
zai
再[冄冉]
灾[災裁菑]
zan
咱[喒偺偺
偺]
暂[蹔]
簪[簮]
赞[賛讚]
zang
葬[薬塟]
zao
皂[皁]

唣[啅]
噪[譟]
糟[蹧]
zha
扎[紥紮]
札[剳劄]
咤[吒]
闸[牐]
榨[搾]
zhai
寨[砦]
斋[亝]
zhan
占[佔]
沾[霑]
盏[琖醆]
崭[嶄]
甎[磚]
zhang
獐[麞]
zhao
棹[櫂]
照[炤]
zhe
哲[喆]
浙[淛]
辄[輒]
谪[謫]
zhen
珍[珎]
砧[碪]
针[鍼]
侦[遉]
鸩[酖]
zhi
厄[戹]

址[阯]	冢[塚]	箸[筯]	桌[槕]	zu
志[誌]	衆[眾]	**zhuan**	**zi**	卒[銊]
帙[袠裵]	**zhou**	専[耑]	姊[姉]	**zuan**
侄[姪妷]	咒[呪]	撰[譔]	眦[眥]	纂[籑]
祇[祗秖]	周[週]	砖[甎塼]	资[貲]	钻[鑚]
栀[梔]	帚[箒]	馔[籑]	**zong**	**zui**
纸[帋]	**zhu**	**zhuang**	偬[傯]	最[寂冣]
跖[蹠]	伫[竚佇]	妆[粧]	棕[椶]	罪[皋]
置[寘]	注[註]	**zhuo**	踪[蹤]	**zun**
稚[稺穉]	猪[豬]	斫[斮斲斵]	鬃[騌騣鬉]	樽[罇]
zhong	煮[煑]			

三、繁简字

我们现在使用的是简化汉字，而古籍上所用的多是繁体字。简化汉字给人们的书写带来了方便，但由于古籍多用繁体字，阅读古籍又增添了一层障碍。读古籍就要认识繁体字。学习繁体字，首先要了解一下汉字简化的原则，另外还要注意繁简字之间的关系。

（一）汉字简化的主要原则

1. 将繁难的偏旁改成简单的

例如：

燈 — 灯　　機 — 机

憐 — 怜　　遷 — 迁

黏 — 粘　　膚 — 肤

2. 删去原字的一部分

例如：

務 — 务　　條 — 条

習 — 习　　處 — 处

雖 — 虽　　開 — 开

3. 草书楷化

例如：

會 — 会　　東 — 东

門 — 门　　書 — 书

韋 — 韦　　當 — 当

4. 采用笔画简单的古字

例如：

禮 — 礼（古异体字）

啓 — 启（古异体字）

薦 — 荐（古通用字）

誇 — 夸（古通用字）

雲 — 云（古今字）

捨 — 舍（古今字）

5. 同音替代

例如：

穀 — 谷　　麵 — 面

醜 — 丑　　後 — 后

餘 — 余　　徵 — 征

知道繁体字是怎样变成简化字的，就会有助于我们由简化字去了解和掌握繁体字。

(二) 简化字与繁体字的关系

1. 一对一的等同关系

绝大多数的繁体字和简化字是一对一的等同关系。这类字比较容易掌握，只要把繁体字记住就行了。例如：

国 — 國　　学 — 學　　递 — 遞　　隶 — 隸

2. 一对多的关系

本来是词义不同的两个或两个以上的字，只是因为读音相同或相近，就归并成一个字，用一个简化字来代表，如余—余、餘，"余"是第一人称代词，而"餘"是剩的意思，两字绝不相混。"以残年餘力"（《愚公移山》）的"餘"不能写成"余"；同样，"仆夫悲余马怀兮"（《离骚》）中的"余"也不能换成"餘"。这类字不少，例如：

谷 — 谷（山谷）、穀（五穀、善）

只 — 只（仅）、隻（量词）

丑 — 丑（地支名）、醜（醜恶）

几 — 几（几案）、幾（幾何，近）

折 — 折（断）、摺（摺叠）

里 — 里（里程、乡里）、裏（裏外）

干 — 干（干戈）、乾（乾燥）、幹（才幹）、榦（树榦）

台 — 台（古读 yí，我）、臺（楼臺）、檯（桌子）、颱（颱风）

发 — 發（發出）、髮（头髮）

复 — 復（反復）、複（重複）

3. 交叉关系

由两个不同的字归并而成，但这两个字有时可以通用，有其相等的关系，也有不相等的关系。例如：

征 — 征、徵："征"有远行、征伐、征税等意义；"徵"有徵召、验证、徵求等意义。在征税的意义上两字可以通用，而别的意义则不相通。

才—才、纔：在方才的意义上两字可以通用，但才能的"才"不能写作"纔"。

借—借、藉：在凭借的意义上两字可以通用，但借贷的"借"不能写作"藉"。

累—累、纍：在劳累的意义上两字可以通用，但积累、牵累的"累"不能写作"纍"。

制—制、製：在制作的意义上两字可以通用，但制裁、法制的"制"不能写作"製"。

这后两种情况特别值得注意。如果对这些意义和用法有区别的繁体字只知其一，不知其二，那么在阅读古籍时就会发生误解。现在出版的字典对这类字都加以注明，可供查检。

下面附上"简化字始见时代一览表"（括号里的字为繁体字，括号前的字为各时代的简体字），以供读古籍和简化字溯源查阅。

附录：简化字始见时代一览表（一、二类字）

先秦　冲(衝)　虫(蟲)　从(從)　达(達)　尔(爾)　范(範)　丰(豐)　个(個)　巩(鞏)　谷(穀)　后(後)　回(迴)　获(獲—穫)　荐(薦)　借(藉)　卷(捲)　克(剋)　夸(誇)　累(纍)　里(裏)　历(歷—曆)　粮(糧)　麦(麥)　蒙(矇濛懞)　辟(闢)　凭(憑)　朴(樸)　启(啟)　气(氣)　洒(灑)　舍(捨)　涂(塗)　万(萬)　网(網)　无(無)　向(嚮)　须(鬚)　痒(癢)　踊(踴)　余(餘)　郁(鬱)　御(禦)　云(雲)　征(徵)　制(製)　钟(鍾—鐘)　筑(築)　（一类）　电(電)　丽(麗)　（二类）

秦汉　贝(貝)　才(纔)　长(長)　单(單)　当(當—噹)　东(東)　堕(墮)　粪(糞)　复(復複)　盖(蓋)　干(乾幹)　汉(漢)　号(號)　胡(鬍)　继(繼)　夹(夾)　将(將)　据(據)　来(來)　乐(樂)　垒(壘)　离(離)　礼(禮)　门(門)　扑(撲)　千(韆)　秋(鞦)　沈(瀋)　时(時)　属(屬)　孙(孫)　台(臺)　洼(窪)　为(爲)　系(係繫)　衅(釁)　隐(隱)　鱼(魚)　与(與)　质(質)　致(緻)　准(準)　讠(言)　纟(糸)　䒑(䒑)　（一类）　仓(倉)　车(車)　迟(遲)　带(帶)　发(發)　关(關)　浆(漿)　奖(獎)　酱(醬)　房(廎)　金(僉)　书(書)　韦(韋)　写(寫)　饣(食)　昜(易)　钅(金)　（二类）

魏晋南北朝　笔(筆)　递(遞)　淀(澱)　断(斷)　肤(膚)　国(國)　合(閤)　了(瞭)　乱(亂)　确(確)　丧(喪)　随(隨)　袜(襪)　赃(贓)　折(摺)　只(祇)　壮(壯)　圣(至)　（一类）　牵(牽)　庆(慶)　肃(肅)　寻(尋)　盐(鹽)　尧(堯)　（二类）

隋唐　碍(礙)　宝(寶)　蚕(蠶)　尘(塵)　籴(糴)　冬(鼕)　顾(顧)　刮(颳)　还(還)　尽(盡儘)　竞(競)　怜(憐)　龟(龜)　杀(殺)　师(師)　寿(壽)　双(雙)　台(臺—檯)　粜(糶)　兴(興)　证(證)　朱(硃)　庄(莊)

	(烨)	(一类)						
	谗(讒)	缠(纏)	飞(飛)	桨(槳)	龙(龍)	乌(烏)	亚(亞)	(二类)
宋(金)	称(稱)	出(齣)	辞(辭)	独(獨)	几(幾)	类(類)	刘(劉)	娄(婁)
	庐(廬)	炉(爐)	驴(驢)	霉(黴)	梦(夢)	齐(齊)	迁(遷)	亲(親)
	声(聲)	势(勢)	献(獻)	渊(淵)	灶(竈)	斋(齋)	毡(氈)	执(執)
	装(裝)	讴(嘔)	亦(繫)	(一类)				
	标(標)	鸟(鳥)	(二类)					
元	爱(愛)	办(辦)	边(邊)	搀(攙)	馋(饞)	尝(嘗)	刍(芻)	担(擔)
	胆(膽)	当(當)	党(黨)	灯(燈)	对(對)	赶(趕)	冈(岡)	广(廣)
	过(過)	画(畫)	会(會)	戋(戔)	监(監)	拣(揀)	节(節)	旧(舊)
	两(兩)	芦(蘆)	仑(侖)	罗(羅)	庙(廟)	窃(竊)	寝(寢)	穷(窮)
	权(權)	劝(勸)	热(熱)	伤(傷)	圣(聖)	实(實)	帅(帥)	虽(雖)
	体(體)	条(條)	铁(鐵)	厅(廳)	听(聽)	稳(穩)	务(務)	雾(霧)
	阳(陽)	养(養)	医(醫)	义(義)	阴(陰)	应(應)	犹(猶)	园(園)
	远(遠)	昼(晝)	烛(燭)	妆(妝)	状(狀)	浊(濁)	庐(臨)	(一类)
	齿(齒)	风(風)	壶(壺)	亏(虧)	练(練)	马(馬)	岂(豈)	湿(濕)
	显(顯)	(二类)						
明	坝(壩)	别(彆)	参(參)	丑(醜)	处(處)	点(點)	夺(奪)	构(構)
	观(觀)	怀(懷)	艰(艱)	恳(懇)	灵(靈)	么(麽)	蔑(衊)	难(難)
	聂(聶)	签(籤)	晒(曬)	兽(獸)	县(縣)	响(響)	协(協)	战(戰)
	总(總)	(一类)						
	层(層)	买(買)	严(嚴)	(二类)				
清	罢(罷)	帮(幫)	表(錶)	宾(賓)	惩(懲)	触(觸)	聪(聰)	坟(墳)
	奋(奮)	妇(婦)	凤(鳳)	柜(櫃)	轰(轟)	坏(壞)	欢(歡)	环(環)
	汇(匯—彙)	伙(夥)	鸡(鷄)	家(傢)	见(見)	举(舉)	惧(懼)	
	联(聯)	陆(陸)	恼(惱)	脑(腦)	仆(僕)	乔(喬)	扫(掃)	啬(嗇)
	松(鬆)	袭(襲)	药(藥)	爷(爺)	页(頁)	愿(願)	枣(棗)	赵(趙)
	这(這)	郑(鄭)	专(專)	圣(䨱)	邑(邑)	(一类)		
	图(圖)	悬(懸)	(二类)					
民国	袄(襖)	报(報)	归(歸)	龟(龜)	沪(滬)	际(際)	价(價)	茧(繭)
	硷(鹼)	惊(驚)	壳(殼)	块(塊)	困(睏)	腊(臘)	邻(鄰)	临(臨)
	卖(賣)	亩(畝)	拟(擬)	苹(蘋)	琼(瓊)	区(區)	让(讓)	苏(蘇)
	岁(歲)	坛(壇)	叹(嘆)	头(頭)	戏(戲)	虾(蝦)	吓(嚇)	选(選)
	压(壓)	样(樣)	亿(億)	忆(憶)	优(優)	誉(譽)	杂(雜)	凿(鑿)
	只(隻)	脏(臟)	钟(鐘)	(一类)				
	炼(煉)	农(農)	伞(傘)	(二类)				

新中国成立后 帘（簾）（一类）

说明：1. 各朝代中的一类字均指与今简化字完全相同的字形（个别字未类推简化），与之接近的简化字形可能出现在更早的时代中。

2. 括号中两个繁体字中间用一字线连接的，说明该朝代已出现两（繁体）字通用的情况，而括号外的简化字形尚未出现。

四、同源字

弄清同源字的道理，对掌握和辨别古汉语的词义是有帮助的。所谓的同源字，是指音义俱近或音近义同的字。由于汉字是方块字，一个字一般都具有音、形、义三个部分，一个字就相当于一个词，所以，同源字实际上也就是同源词。例如：

（1）子有钟鼓，弗鼓弗考。（《诗经·唐风·山有枢》，毛传："考，击也。"）

（2）遂率子孙荷担者三夫，叩石击壤，畚箕于渤海之尾。（《列子·汤问》，叩，击也，见《淮南子·说林》注）

（3）譬若钟然，扣则鸣，不扣则不鸣。（《墨子·公孟》，同一书中的《非儒下》作"击之则鸣，不击则不鸣"。）

（4）鸟宿池边树，僧敲月下门。（贾岛《题李凝幽居》）

例（1）至例（4）的"考""叩""扣""敲"四个字，古时都属溪母，韵部也相近，意义上都有敲击的意思，可见是同源字。又如：之、至、抵、底、诣、适、造、到、臻等字，古声母都属端母，韵部相同或相近，意思都是往、到，也是同源字。例如：

（5）陈涉少时，尝与人佣耕，辍耕之垄上。（《陈涉世家》，《尔雅·释诂》："之，往也。"）

（6）甘茂至魏。（《战国策·秦策二》）

（7）行遂从井陉，抵九原。（《史记·秦始皇本纪》，正义："抵，至也。"）

（8）日月底于天庙。（《国语·周语上》，韦注："底，至也。"）

（9）仆迫从上祠雍，未得诣前。（《汉书·杨王孙传》，注："诣，至也。"）

（10）北郭骚沐浴而见晏子曰："夫子将焉适？"（《吕氏春秋·士节》，高注："适，之也。"《小尔雅·广诂》："之，适也。"适、之互训。）

（11）（北郭骚）著衣冠，令其友操剑奉笥而从，造于君庭。（同上，《说文通训定声》："此字从辵（chuò），本训当为至。"《广雅·释言》："造，诣也。"）

（12）夫齐，虽隆薛之城到于天，犹之无益。（《战国策·齐策》，高诱注："到，至也。"）

（13）祸灾荐（重）臻。（《国语·楚语下》，韦注："臻，至也。"）

同源字是记录同一词族的词的文字。这些字都有同一来源，常以某一概念为中心，以语音的细微差别（或同音）表示相近或相关的几个概念。如草木缺水为"枯"，江河缺水为"涸"，为"竭"，人缺水欲饮为"渴"。弄清同源字的道理，对掌握和辨别古汉语的词义是有帮助的。如例（1）的"子有钟鼓，弗鼓弗考"，如果不知道"考"和"敲"是同源，怎么也解释不通。

怎么判别同源字呢？判别同源字，一般有以下几种依据。

(一) 语音相近，在意义上可以互训、同训、通训的

互训的如：

《说文》："稻，稌也"，"稌，稻也"。

《说文》："顶，颠也"，"颠，顶也"。

《说文》："掘，揎也"，"揎，掘也"。

《吕氏春秋·赞能》："荐，进也。"《吕氏春秋·论人》："进，荐也。"

同训的如：

《说文》："政，正也。"《国语·楚语上》："征，正也。"

《诗经·大雅·板》注："怿，悦也。"《国语·晋语》注："怡，悦也。"

《国语·晋语》注："偪，迫也。"《尔雅·释言》："逼，迫也。"

《说文》："逸，失也。"《尚书·盘庚》传："佚，失也。"

通训的如：

《说文》："屏，屏蔽也。"屏、蔽音近义通。

《说文》："颇，头偏也。"颇、偏音近义通。

《说文》："致，送诣也。"致、诣音近义通。

《说文》："房，室在旁也。"房、旁音近义通。

(二) 音义相近，同声相训的

例如：

《释名·释采帛》："缣，兼也。"

《释名·释言语》："佐，左也。"

《释名·释州国》："郡，群也。"

《说文》："葬，藏也。"

《说文》："曷，何也。"

《说文》："改，更也。"

(三)《说文》中的形声字，声符和字义密切相关的

例如：

乔　木高为乔。《说文》："高而曲也，从夭从高，会意。"《说文通训定声》朱骏声按："高，亦声。"

侨　人高为侨。《说文》："高也。从人乔声。"《左传》僖公四年、文公十一年、成公二年都训侨为"人之高也"。

骄　马高为骄。《说文》："马高六尺为骄，从马乔声。"

蹻　举足为蹻。《说文》："举足行高也。从足乔声。"《说文通训定声》按："足举小高，今多以翘为之。"

桥　横于并高出水面为桥。《说文》："水梁也，从木乔声。"

以上从乔得声的字，都同高的意思有联系。再如《说文》中从卑得声的形声字，有不少同卑的意思有联系。例如：

婢　旧指女之卑贱者。《说文》："婢，女之卑者也。从女从卑，卑亦声。"

庳　指屋之低者。《说文》："中伏舍，从广卑声。谓两旁高，中低伏之舍，或读若逋。"（据《说文通训定声》）

陴　指城上的矮墙。《说文》："城上女墙，俾倪也。从阜卑声。"《说文通训定声》："城上为短墙，有孔穴，可以窥视城外。亦曰堞曰俾倪，亦作"埤垸"。《广雅·释室》："埤，女墙也。"

猈　指腿短的狗。《说文》："短胫狗，从犬卑声。"

箄　指圆形而小的竹器。《方言十三》："簙（同笞）小者谓之箄。"注："今江东亦名笼为箄。"

鼙　指小鼓。《说文》："骑鼓也。从鼓卑声。"《说文通训定声》按："《仪礼》有朔鼙、应鼙，小鼓也。"

稗　指结实小的禾类植物。《说文》："禾别也。从禾卑声。"《广雅·释诂》："稗，小也。"《说文通训定声》按："稗，一名稊子，亦人所种，实小亦可食。"

（四）区别字

即一个字兼职过多，后人又另造一字加以区别。区别字也称古今字，一般都是同源字。例如：

景　本来就当影讲，影字是后造的。

县　本来就当悬讲，悬字是后造的。

果　本来就当水果讲，菓字是后造的。

舍　本来就有捨的意义，捨字是后造的。

责　本来就有债的意义，债字是后造的。

昏　本来就有婚的意义，婚字是后造的。

反　本来就有返的意义，返字是后造的。

王力的《同源字典》（商务印书馆1982年版）是研究汉语同源字、同源词的专门著作，收古代同源字3000多个，具有较高的学术价值和实用价值。

下面附上"常见同源字字表"，供读古书参考。

附录：常见同源字字表

A

昂：仰	安：晏	岸：巌	暗：闇陰	隘：陋
安：宴	按：摩	昂：仰		

B

白：皤	并：並	蔽：箑袯	捕：搏	百：佰(伯)
背：北	币：帛	并：駢	坂：坡	背：負
别：辨	播：簸	半：泮	倍：培	并：餅
搏：團	包：胞	莑：丰	賓：儐	踣：仆
包：冤	蹦：蹄	濱：瀕	不：弗	报：復
比：篦	濱：瀕	逋：亡	卑：婢	比：頻
柄：秉				

C

材：才	朝：潮	囪：窗	怊：聾	粲：餐
徹：澈	徂：殂	超：跳	滄：冶	陳：展
萃：集	超：卓	側：仄	陳：陣	瘁：悴
倡：迫	側：昃	塵：勉	村：桙	臭：嗅
惻：慘	櫬：楣	存：在	出：苗	茶：茶
赤：赭	囪：窗	踔：躍	柴：紫	崇：崧
疇：孰				

D

大：太	當：襠	盜：偷	跌：顛	斷：段
代：遞	道：導	頂：顛	斷：剚	待：俟
登：鐙	逗：住	遁：遜	碹：琢	遞：迭
讀：萌	墮：墜	貸：貣	顛：跌	讀：誦

E

鵝：胹	二：貳	爾：然	惡：安

F

燔：騰	肤：脅	輔：傅	非：微	反：返
伏：服	撫：拊	紛：芬	方：舫	凫：鶩
撫：憮	焚：燔	非：匪	罘：單	負：背
豐：芃	非：誹	浮：秤	副：駙	輔：賻
非：弗	福：富	復：複		

G

改：革	古：故	革：尊	歸：饋	甘：柑
古：涸	格：架	郭：椁	剛：鋼	谷：壑
哿：可	國：域	剛：堅	關：鍵	根：跟
沽：酤	剛：棡	貫：擐	梗：鯁	過：堝
廣：曠	工：功攻	沽：賈	高：驕喬	構：桷
構：篝	割：辖羯犍			

H

害：忠	回：違	宏：弘	合：闔	函：涵
回：選	呼：戲	合：拾	函：匣	鏵：謹
合：翕	耗：眊	畫：劃	合：協	皓：縞
荒：凶	何：盍	皓：嗥	煌：晃	曷：何
號：吼	獲：穫	回：還	橫：衡	合：盒
回：環	弘：宏			

J

擊：傺	浸：漸	踐：躪	鉅：鋼	饑：飢
莖：頸	箭：錀	聚：湊	堅：監	驚：警
姣：嫡	聚：轇	饑：饉	句：鉤	角：較
聚：最	亟：急	井：阱	佼：姣	踞：倨
疾：捷	景：影	皎：皦	遽：懼	疾：徇
頸：到	矯：躡翹	健：偈	舉：揭挈	警：噭
叫：詛	卷：拳	極：窮	脛：絎	解：懈
決：缺玦闕	忌：替	境：疆	介：甲	掘：措
跽：跪	境：界	兼：纖鶼	絕：截	髻：紒
究：恐	謹：喧	浚：深	加：蓋	久：售
勁：強	間：隙	加：駕架枷	就：競	浸：漸
見(現)：顯	假：格	局：偶	間：澗	

K

開：圖	喟：慨	叩：敲	空：孔	軻：痾胸
饋：飢	叩：考	傀：偉	可：哿	潰：膿釀溲積
窺：圓	孔：好	克：堪	匱：困	跨：騎
擴：強	坑：埂	歸：巍	貺：祝	闊：寬
坑：坎	閫：丸			

L

老：耄	漏：隙	潦：澇	瀝：灑	雷：疊
倫：類	列：例	廉：稜	逻：愕	裂：制
斂：殮	冷：凉	螺：朋	領：嶺	涼：冷
氀：毯	驢：旅	令：命	粮：糧	癘：癩
麗：儷	遼：遙	兩：輛(兩)	率：帥	率：遵
濾：漉				

M

買：賣	旄：氂	蒙：旨	命：令	勱：勉
冒：帽	禰：褵	饃：酶	盲：矇	貿：贅
靡：蔑	莫：晚	瞑：眠	沒：歿(委婉语)	苗：嚴
謀：謨	暮：晚	悶：閉	民：圖	鍪：冒
目：蒙	蒙：隊朦淼	暝：幣		

N

乃：而	男：農	能：犍驪呢	虐：糖	逆：迎
鬧：攔	能：耐	年：稔	乃：面	內：人
逆：忤	怒：蒿	惡：忸		

O

偶：憇	耦：偶			

P

盘：爨	偏：頗	鹏：雁	頗：跛	旁：房
飘：飆	捧：奉	溥：旁	鹏：鵝	迫：薄
毗：氓	闢：寬	鹏：鳳		

Q

期：蜞	瞿：懼	侵：祿	闋：勳	欺：棋
曲：局	勤：倦	捲：拳鬈卷	其：暝	曲：踢
寝：漸	全：栓	旗：旄	取：娶	青：蒼
犬：孵	起：興	去：竭	清：淨	碻：腎
憇：歇	去：祛	求：輯	強：剛	乾：嘆
趣：促	區：鍋	強：健	乾：嘆娛	乾：与
歉：慊	篋：緘			

R

人：納	如：若	鞣：肉	糅：标	融：鎔
汝：若	如：奈	弱：萌	柔：幔	軟：懦
柔：弱				

S

三：參	深：甚	施：設	抒：紓	瑟：筝
沈：耽	施：延	属：癇	裳：常	生：腥
濕：隰	属：漏	少：叔	省：相	十：什
術：述	少：小	斯：析	石：柘	豎：樹
奢：侈	失：辅	拾：释	數：速	賒：貰
施：設	食：飫(飼)	帥：率	赦：釋	獸：狩
實：是	順：馴	慴：疊	算：筐	釋：赦舍(捨)
鑠：銷	申：展	遂：隊	首：頭	斯：是
四：駟	碎：屑	受：授		

T

它：蛇	特：直	蹄：蹣	庭：廷	耀：罪
途：唐	逖：遏	停：亭	踏：蹀	疼：痛恫慟
涕：淚	霆：電	踢：躍	騰：乘	田：佃
挺：蜓	太：大	提：擲	填：珀	梃：杖
貪：饕	題：定	填：瑱	通：捕	韜：強
吐：唾	調：琢	僮：童	聽：聆	緹：踢
跳：躍	徒：但	聽：廳	脫：蛻	

W

彎：灣	威：畏	屋：幄	無：莫	丸：圜
微：激	往：廷	無：亡	玩：翫	為：偽
吾：我	蔇：然	味：嘴	吾：卬	寤：悟
亡：滅	蔚：鬱	文：紋	霧：雰	王：妊

X

夕：汐	柙：檻	獻：享	小：筱	昔：夕
夏：廈	獻：饗	哮：嘵嘷	息：熄	衡：珩
相：省	胥：須	熙：嬴	限：厄	香：馨
噓：呼	襲：侵	限：殞（委婉語）	箱：廂	旭：煦
細：屑	縣：棉	銷：鑠	學：效	雪：薇
小：少				

Y

崖：涯	曳：引	蔭：庇	汙：穢	迓：迎
淤：瘀	霪：霖	餘：羨	咽：噎	夜：夕
引：網	覦：欲	言：語	一：殪	嬰：甖
悅：懌	顏：額	宜：義	盈：溢	與（歟）：邪
演：延衎	乙：燕	影：景	傴：迫	釀：釀
倚：依	永：詠	遇：逻	揚：颺	意：億
右：佑	遇：晤	窈：幽	溢：盈	於：于
燠：郁	冶：鎔	悅：豫	紆：迂	鬱：蘊
曳：撒	或：郁	彧：鬱		

Z

在：存	綻：莫	直：特	注：屬	阻：江
張：服漲	止：已	腫：疽	贊：薦	張：帳掌
旨：晦	著：彰	早：夙	障：嶂	趾：址
造：就	招：召	至：臻	轉：這	噪：唱
知：智	至：致	贅：贄	簪：第	爪：搔
志：識	斫：斷	譖：讒	照：昭	陟：登
濯：滌	增：層	珍：琛	族：叢	兹：此
斬：芟	爭：靜	住：駐	紫：茈	增：眉
汁：潘	中：仲	總：統	札：牒	走：趨
終：冬	斬：殺	枝：肢	疐：躓	躓：跌

五、通假字

（一）什么叫通假字

通假字，是指古代汉语的书面语言中有一些音同或音近的字可以通用和假借。

如《史记·陈涉世家》："卜者知其指意。""指",《说文》："手指也。"这里通假为"恉"。《说文》："恉,意也。"《广雅·释诂三》："恉,志也。""指意"是同义连用,是指意思、意图。先秦两汉的书面语言中,"恉"常常写作"指"。这说明古人在写文章时有写通假字的习惯。

（二）通假字产生的原因与作用

通假字产生的原因大概有两种。一种是古人笔误,写了错字,如把"早"写成"蚤"。还有一种是本无正字,借以代之,如疑问代词"與"字,借用动词"與"字,后才造出"歟"字;语气词"邪"字,借用形容词"邪"字,后才造出"耶"字。

通假字的提出,为我们摆脱字形的束缚、正确理解词义提供了一个方法。我们在阅读古汉语时,可通过这个方法去寻求本字,对词做出正确的解释。例如：

归　本指女人出嫁。《诗经·周南·桃夭》："之（此）子于归,宜其室家。"这里用的是归本字的意思。可通假为"馈",指送人食物或财物,如"归孔子豚"（《论语·阳货》）。又可通假为"惭愧"的"愧"（媿）,如"（苏秦）形容枯槁,面目黎黑,状有归色"（《战国策·秦策》）。

共　本指共同。《说文》："共,同也。"可通假为"供给"的"供",如"尔贡包茅不入,王祭不共"（《左传·僖公四年》）。又可假借为"恭",如"率（行）事以信为共"（《左传·昭公十二年》）。又可假借为"拱",如"则天子共己而已矣"（《荀子·王霸》,"共己",指拱手而治,表示不费什么劲）。

矢　本指箭。《说文》："矢,弓弩所发矢也。"可通假为"誓",如"夫子矢之曰：'予所否者,天厌之！天厌之'"（《论语·雍也》）。又可假借为"屎",如"然与臣坐顷之,三遗矢矣"（《史记·廉颇蔺相如列传》）。

信　本指诚实。《说文》："信,诚也。"可通假为"伸",如"此所谓能信而不能诎（屈）也"（《战国策·秦策》）。

畔　本指田界。《说文》："畔,田界也。"《韩非子·难一》："历山之农侵畔。"用的是本字的意思。可通假为"叛",如"群臣百官皆畔"（《史记·李斯列传》）。

锡　本指锡矿物。《说文》："锡,银铅之间也。"可假借为"赐",如"孝子不匮,永锡尔类"（《诗经·大雅·既醉》）。

财　本指财货。《说文》："财,人所宝也。"可假借为"裁",如"财非其类以养其类"（《荀子·天论》）。

错　本指镀金。《说文》："错,金涂也。"可假借为"措",如"故错人而思天,则失万物之情"（《荀子·天论》）。

（三）通假字与同源字的区别

通假字和同源字非常近似。有相当数量的同源字《说文通训定声》都列为通假字。通假字和同源字的区别,主要有两点：

1. 通假字和本字,只是语音相同或相近,而在意义上没有联系。同源字之间,不仅语音相同或相近,而且意义上有密切联系。

2. 通假字一般只能单方面通假,如信可通假为伸,伸不能通假为信；锡可通假为赐,赐不能通假为锡；财可通假为裁,裁不能通假为财；错可通假为措,措不能通假为错。通假字只和本字有联系，而同源字是同音义俱近的字都可发生联系，可以多达几个、十几个甚至几十个。

古书上常有通假字，懂得通假的道理，就可以增加训诂学方面的知识，提高破译古文的能力。

例如：《诗经·魏风·伐檀》："坎坎伐檀兮，置之河之干兮。""干"为何意？原来"干"通"岸"，为水畔。

下面附上"常见通假字字表"以供查阅。表中"："前面的字和后面的字可以通用和假借，前者为假借者，后者为本字。

附录：常见通假字字表

A

哀:爱	艾:乂(yì)刈	隘:阨	案:按	敖:傲
骜:傲				

B

罢:疲	般:班斑	傍:旁	苞:包	胞:庖
保:堡	葆:保宝	埤:卑	北:背	倍:背
被:披	悖:勃	贲:奔偾	弊:敝蔽币	敝:币
必:毕	毖:踣	辟:躄避譬僻闢擘	辩:辨徧(遍)变	猋:飙
宾:傧摈	摈:傧	傧:摈	濒:浜	浜:濒
秉:柄	并:屏	並:傍	波:播陂	剥:扑
伯:霸	勃:悖	薄:迫泊	泊:薄	不:否

C

才:材	材:才裁财	财:材才纔	参:三骖	憯:惨
仓:苍	策:册	厕:侧	差:瘥	柴:寨(砦)
常:尝长	倡:唱	唱:倡	鬯:畅	彻:撤
湛:沈(沉)耽	陈:阵	成:盛诚	承:乘拯	呈:程
持:恃	翅:啻	饬:敕饰	敕:饬	赤:尺
斥:尺柝拓	崇:终	雠:售酬	畴:俦酬	畜:蓄
疮:创	创:疮	垂:陲	醇:纯淳	淳:纯醇
次:恣	从:纵	徂:殂	毳:脆橇	厝:措
错:措				

D

绐:诒	待:恃	殆:怠	单:殚	亶:殚但
澹:淡赡	当:倘	党:傥	道:导	到:倒
得:德	德:得	翟:狄	邸:抵	氐:抵
抵:低	底:抵砥	点:玷	雕:彫凋	吊:淑
谍:牒	斗:陡	渎:黩窦	度:渡	兑:锐悦
队:隧	楯:盾	顿:钝	堕:惰瘰	

E

| 蛾:蚁娥 | 搤:扼 | 阨:隘 | 而:如汝能 | 尔:迩耳 |

F

发:废	蕃:藩繁	反:返	方:旁并	放:仿
蜚:飞	妃:配	非:诽	匪:非不(不是)彼	风:讽疯
冯:凭	逢:丰	奉:俸	否:鄙	桴:枹
拂:弼	佛:拂	伏:服	服:箙	府:腑
负:妇背	復:覆複	富:福敷附	父:甫	

G

盖:盍害	甘:酣	干:竿岸	感:憾撼	割:害
更:经	功:工攻	公:功工	攻:工功	躬:穷
共:供恭拱	媾:讲	构:搆讲	购:讲	垢:诟
遘:觏构	关:弯贯	贯:惯弯	光:广旷	孤:辜
沽:贾	酤:贾	估:贾	故:固顾诂胡	固:故姑痼
规:窥	归:馈	轨:宄	匮:柜篑	过:祸

H

害:曷	捍:悍	杭:航	豪:毫	盇:盍曷
阖:盍	何:荷呵(诃)	核:覈	荷:苛	恨:很
亨:烹	衡:横	红:工	壶:瓠	奂(奐):焕(煥)涣(渙)
还:旋环	皇:遑惶况	麾:挥	回:违	惠:慧
昏:婚瞀	混:浑滚	祸:过	或:惑	

J

几:机讥冀岂	机:几	疾:嫉	辑:集	集:辑
即:则	棘:戟亟	极:亟殛	籍:藉借	伎:技妓
家:姑	挟:浃夹	假:暇遐嘉格	奸:干	简:拣
俭:险	践:翦	监:鉴	降:隆	徼:邀儌
拣:矫	矫:拣	佼:交姣狡	较:校皎	结:髻
桀:杰	絜:洁	解:懈	介:甲个芥界	矜:鳏
进:賮赆	尽:进賮	经:径	景:影	径:经
竟:境	埩:静旌	静:靖净	鞠:鞫菊	举:与
距:拒	具:俱	钜:巨	惧:瞿	踞:倨
倨:踞	决:诀	诀:决	爵:雀	扣:掘
钧:均				

K

| 亢:抗 | 伉:抗 | 抗:亢 | 苛:呵诃 | 可:何 |

克：剋刻	剋：克刻	空：孔穷（或作穹）	扣：叩	苦：盬
夸：誇跨	款：窾叩	况：貺	圹：旷	

L

兰：阑	落：络	累：缧	鬲：隔膈	离：罹丽
黎：黧	厘（釐）:禧僖嫠贲	李：理	立：位栗	厉：砺励方癞
亮：谅	寮：僚	列：裂烈	烈：列	遴：吝
陵：凌	领：岭	流：留游	隆：降	陇：垄垅
娄：屡	卤：掳鲁橹	戮：僇勠	僇：戮勠	路：露
略：掠	论：伦			

M

貍：埋	谩：慢	慢：嫚	芒：茫	萌：氓甿
蒙：冒	靡：摩縻	弥：弭	免：娩勉俛	藐：邈
眇：渺妙	妙：眇	蔑：灭末寝	闵：悯	明：盟
瞑：眠	命：名	缪：谬穆	摩：磨	没：殁昧
莫：暮幕漠	墨：默	嘿（嘿）：默	侔：牟	牟：侔
幕：漠				

N

耐：能奈	挠：桡	内：纳	能：耐而乃	匿：慝
溺：尿	女：汝			

O

呕：讴	欧：呕殴驱	偶：耦	耦：偶	

P

盘：磐蟠	畔：叛	泮：判	平：评	

Q

其：期	齐：剂济脐斋	耆：嗜	蕲：祈	圻：畿垠
跂：企	契：栔锲挈	讫：迄	嗛：谦慊衔	强：彊
憔：悄	寝：浸	禽：擒	情：诚	请：情
诎：屈	趋：促	屈：倔崛	渠：讵遽	取：娶趣（趋）聚
趣：趋促	泉：钱	阙：掘缺		

R

然：燃	攘：让	让：攘	人：仁	仁：人
仍：乃	荣：营	如：与而	儒：懦	若：汝

S

洒：洗	搔：骚	啬：穑	擅：禅	嬗：禅
尚：上掌小	少：小	舍：捨敨释	摄：慑	申：伸

身：娠	慎：顺	生：性	盛：成	施：弛移
食：饰蚀	时：是伺	实：寔	矢：誓屎	释：舍(捨)赦
是：时氏	饰：饬	式：轼试	失：逸泆（佚）	适(適)：敌嫡谪啻
视：示	示：视	氏：是	逝：誓	待：待恃
士：仕事	仕：士事	醳：释	守：狩	受：授
疏：蔬	孰：熟	属：嘱瞩	术：述遂	数：速
衰：缞	率：帅	帅：率	税：脱	顺：慎训
说：悦脱	司：伺	寺：侍	竦：悚耸	耸：悚
讼：颂公容	颂：容诵	宿：夙	夙：宿	素：愫
虽：唯	遂：坠邃	隧：坠	孙：逊	所：许

T

态：態	汰：泰	泰：太	唐：塘	帑：奴孥
剔：剃	嚏（谛）：啼	填：镇	田：畋佃	跳：逃
帖：贴	廷：庭	庭：廷	童：瞳同	僮：童

W

亡：忘无	忘：亡妄	微：非	畏：威	危：诡
威：畏	唯：虽	维：惟	为：谓伪如与	伪：为
谓：为	胃：谓	闻：问	问：闻	洿：污
无：毋	毋：无	庑：芜	午：迕忤	寤：悟牾
悟：晤牾忤				

X

锡：赐	熙：嬉	昔：夕	希：稀晞	郤(郄)：隙
戏：麾	侠：夹	陕：狭	夏：厦	闲：娴
险：俭	县：悬	乡：向响享	箱：厢	详：祥
宵：小	小：少	效：校	偕：皆	邪：斜也
写：泻	谢：榭	信：伸	形：刑型	刑：形型
性：生	匈：讻	兄：况	胥：须	虚：墟
许：所	眩：幻	学：教	循：揗巡	训：顺
徇：殉巡				

Y

牙：芽	崖：厓涯	檐：儋	严：俨	炎：焰
奄：阉淹	燕：宴	厌：压餍	鞅：怏	阳：佯
卬：仰	养：痒恙	要：腰邀	耶：爷	也：邪
掖：腋	诒：贻	疑：拟凝	夷：彝痍	挹：辑挹
以：已	已：以矣	意：亿抑	邑：悒	佚：逸轶迭
溢：镒佚	谊：义	轶：逸迭辙	逸：轶	挹：揖抑
义：仪议	翼：翌	阴：荫	婴：撄缨	荧：营

营：营	赢：盈	雍：壅	拥：壅	庸：佣用
佣：庸	邮：尤	繇：由徭	由：犹	犹：由
有：又友	牖：诱	宥：囿侑右	俞：愈	逾：遥
喻：遥	媮：愉偷	愉：偷	鱼：吾	虞：娱
与：欤予预豫为举	圄：圉	圉：讶迓	誉：豫	鬻：育粥
豫：预与	遇：愚	员：圆	圜：圆	原：源
元：原	怨：蕴	芸：耘	陨：殒	殒：陨
賨：陨				

Z

杂：匝（币）	菑：灾	臧：藏赃	蚤：早爪	责：债
则：即	择：释	泽：释	仄：侧	曾：增层
增：层	旃：毡	张：帐胀	章：彰	杖：仗
招：昭韶	晁：朝	召：招诏	折：制	潒：臻蓁
振：赈震	震：娠	酖：鸩	争：诤	诤：争
正：政征证	政：正征	支：肢胑枝	枝：肢支	知：智
直：值恃	置：植	植：殖	指：恉（现简化为"旨"）	咫：则
智：知	质：贽锧	志：识	挚：贽质	致：縶质
制：折	衷：中	中：忠仲	周：赒	粥：鬻
祝：注咒	颛：专	抟：专团	壮：庄	赘：缀
姿：资	挚：孜滋	兹：滋	訾：资贽疵	子：慈嗞
卒：猝				

六、句读

汉语的古籍一般是不断句的，古人读书时要自己断句。汉代时出现了句读（dòu），也叫"句逗"。"句"是语意完整的一小段；"逗"是句中语意未完，语气可停的更小的段落。古代断句用"、"作为标志。《说文解字》说："、（zhǔ）有所绝止而识之也。"有人认为这就是句读（dòu）的"读"的本字。前人在语意未完而需要停顿的地方，点在两个字的中间，在句终的地方，点在字的旁边，后来用圈作为句终的标志。古代又有一个"㇉"（jué）字，《说文解字》说"㇉，钩识也"，这也是古人读书时所用的句读标志。

句读的使用看起来简单，其实很不简单，如缺少古汉语的修养，常会误断，例如：

﹡（1）收天下之兵。聚之咸阳，销锋镝铸。以为金人十二。以弱天下之民。

这句断句的主要问题，是将"销锋镝铸"连读，正确的断句应当是：

收天下之兵，聚之咸阳，销锋镝，铸以为金人十二，以弱天下之民。

﹡（2）使尽之，而为之箪食，与肉，置诸橐以与之。

这句是说，"给他预备一筐饭和肉，放在口袋里给他"。第一个"与"应该是连词的

"与",第二个"与"应该是动词的"与",标点者连、动不分,通通视为动词,因此把标点标错了,正确的断句应当是:

使尽之,而为之箪食与肉,置诸橐以与之。

*(3) 彗星复见西方。十六日,夏太后死。

这句是说,彗星又在西方出现,一共经过十六天,夏太后才死,不是说夏太后死在十六日那天,因为古人都是用干支记日的,如九年四月"己酉"、三十七年十月"癸丑"等。用数字记日,大概起自东汉,但史书和其他正式的文件,一般仍用干支记日。显然断句不当,正确的断句应该是:

彗星复见西方十六日。夏太后死。

*(4) 泰山耸左为龙华山。耸右为虎嵩。为前案。淮南诸山。为第二重案。

泰山、华山、嵩山都是属于五岳的。泰山是东岳,在北京之左,所以说耸左为龙;华山是西岳,在北京之右,所以说耸右为虎;嵩山是中岳,在北京之前,所以说嵩为前案。断句的人没有弄清楚这一地理关系,错误很大,这话变得完全不可理解。正确的断句应该是:

泰山耸左为龙,华山耸右为虎,嵩为前案,淮南诸山为第二重案。

*(5) 厩焚。子退朝。曰。伤人乎不。问马。

古汉语没有这种在疑问语气词后再加"不"字的疑问句。正确的断句应当是:

厩焚,子退朝,曰:"伤人乎?"不问马。

*(6) 养气自守,适食则酒,闭明塞聪,爱精自保。适辅服药引导,庶冀性命可延。斯须不老,既晚无还,垂书示后。

"守""酒""保""导""老""后"都是韵脚。"延"字后面用句号是不对的,因为"延"字不是韵脚;"老"字是韵脚,句号应该移到"老"字后面。"斯须不老"是"暂时不老"的意思,和"性命可延"的意思是连贯的。正确的断句应该是:

养气自守,适食则酒。闭明塞聪,爱精自保。适辅服药引导,庶冀性命可延,斯须不老。既晚无还,垂书示后。

总之,正确地标点古书是个不是十分容易的事情,要避免标点古书的错误是没有简单的办法的。一方面要重视音韵、词汇、语法、文字以及古代文化等各方面的知识积累;另一方面还要多读古书,多掌握材料,并进行适当的句读练习。等到音韵、词汇、语法、文字、文化等各方面的知识都具备了,又读了一定数量的古文,自然就会断句了。

从上面的讲述,我们可以知道,今人阅读古籍,为什么会遇上许多的困难,主要原因就是古今言殊,文字有异。因此,我们在读古籍时,要有发展演变的观点,善于了解和掌握它们的殊和异。

思考与练习

一、什么叫古代汉语?今人读古书为什么会发生困难?

二、什么叫音韵?汉语语音分哪几个主要的时期?为什么要学习音韵?

三、古今汉语词语的异同可分几类,尤其要注意哪几种现象?举例说明。

四、阅读古书时，在语法上应注意哪几方面？指出下面的句子是属于哪一方面的语法现象(如"词语的变性和活用"等)。

(1) 豕人立而啼。
(2) 相公厚我厚我。
(3) 吾谁欺？欺天乎？
(4) 时不我待。
(5) 吾斯之未能信。
(6) 君人者将祸是务去。
(7) 却子至，请伐齐，晋侯不许。〔 〕请以其私属，〔 〕又不许。
(8) 日出，乃遣〔 〕入塾。
(9) 春风得意马蹄疾，一日看尽长安花。
(10) 论者之言，一似管窥虎欤！

五、利用所学古汉语的知识，翻译下面的古文（注意下面加点圈的字词）。

(1) 老翁逾墙走，老妇出门看。
(2) 可怜春浅游人少，好傍池边下马行。
(3) 子路从而过，遇丈人以杖荷条。
(4) 冬日则饮汤。
(5) 敬鬼神而远之。
(6) 子何恃而往？
(7) 勤以补拙，俭以养廉。
(8) 寡人有弟不能和协，而使糊其口于四方。
(9) 是谁之过欤？虎狼之国；丧家之犬。
(10) 且夫发七国之难者谁乎？
(11) 天乎，吾无罪。
(12) 黄冈之地多竹，大者如椽。
(13) 项籍者，下相人也。

六、汉语古书中常使用古今字、异形字、繁简字、同源字、通假字，翻译下面句子，并指出下面加黑点的字是属于哪类字。

(1) 巴蕉绿遍题春雨，荠卜香传弄晚风。
(2) 乔国老曰："令爱已许刘玄德为夫人，玄德已到，何故相瞒。"
(3) 王好战，请以战喻之。
(4) 子有钟鼓，弗鼓弗考。
(5) 日月底于天庙。
(6) 羽（关羽）闻之，住不渡，而结柴营。

七、翻译下面这篇古文，并加上标点符号：

楊子之鄰人亡羊既率其黨又請楊子之豎追之楊子曰嘻亡一羊何追者之衆隣人曰多歧路既反問獲羊乎曰亡之矣曰奚亡之曰歧路之中又有歧焉吾不知所之所以反也

（《列子·說符》）

中

写作篇

总　论

随着我国科技文化的发展，写作的重要性越来越被人们所认识。目前，许多高等学校都在低年级开设了写作课，教学目的比较明确，主要是让学生掌握写文章的一般规律，能够写出观点正确、内容充实、条理清楚、文字清通、文风端正的文章。

下面着重谈两个问题。

一、为什么要学习写作

语言是人类交流思想的工具。运用语言工具表达思想，最常见的有两种方式，一是口头表达，一是书面表达。口头表达叫讲话，书面表达叫写作。自从有了记录语言的符号文字，写作便成为人类交流思想的重要方式。

有一种误解，认为写作是摇笔杆子人的事，不当作家，不当记者，不当秘书，用不着练习写作。这里把"写作"理解得太狭窄了。不创作小说、诗歌，不撰写通讯、评论，人们总得写信、写日记、写便条、写博客、写短信、写微信吧。其实，用书面形式表情达意，交流思想，都叫写作。可见，生活中离不开写作。至于做工作，要较好地完成任务，更得具备一定的写作能力。比如搞科技工作的，科研论文、实验报告、产品说明、工作小结，总不能不写，如果文字水平低，笔不从心，怎么能行？从事党团工作，或担负企事业单位的行政管理工作，写东西也是家常便饭，写作能力低，文不达意，工作就会感到吃力。所以说，不管做什么工作，都应该学会写文章，这是搞好工作必须具备的一项基本能力。所以，早在延安时期，毛泽东同志就提出："一个革命干部，必须能看能写，又有丰富的社会常识与自然常识，以为从事工作的基础与学习理论的基础，工作才有做好的希望，理论也才有学好的希望。"（《文化课本序》，见《论语文学习》，人民教育出版社）当前，在世界上，科学技术发达、讲求工作效率的国家普遍重视读写能力。我国已步入了创新时代，科学技术越来越发达，因此对人们写作能力的要求便越来越高。现在写作水平已成为了考核学生、干部的一个重要内容，进一步提高写作水平，不仅是大学中文系学生的事，也是所有文科、理工医农各科学生和在职干部的事。

二、提高写作水平的主要方法

怎样才能提高写作水平呢？鲁迅先生曾就这个问题发表过意见："文章应该怎样做，我说不出来，因为自己的作文，是由于多看和练习，此外并无心得或方法

的。"(《致赖少麒》)

鲁迅先生用"多看和练习"把学习写作的方法做了精辟、科学的概括。自古至今，世界上的著名作家在谈到自己的写作经验时，不外乎鲁迅先生所说的"多看和练习"。实践经验证明，要提高写作水平，必须采取这种方法，别无捷径可寻。正如学打篮球，光看球赛，不下场训练，只能当个"球迷"，不会成为选手；反之，光练不看，不观摩名手的球艺，自己的球技也很难长进。写文章也同此理，"看"和"练"缺一不可。倘若光读书不动笔，容易"眼高手低"，好文章看得再多，自己依旧笔不从心，"多读乃借人之工夫，多做乃切实求己工夫，其益相去远也"（清·唐彪《读书作文谱》卷五）。如果注重写而忽视读，不认真研究优秀作品和典范文章，眼力上不去，"眼低"手也高不了，不可能写出像样的文章。只有多看又多写，眼高手也高，才能写出称心如意的文章。

下面介绍一下怎样"多看和练习"。

（一）博览精读

"多看"主要是指多读书，多看书籍报刊。关于读书对于提高写作能力的作用，许多作家谈过自己的体会。"读书破万卷，下笔如有神"是杜甫的经验之谈，"破万卷"，是指读书要多，涉猎要广。茅盾先生曾说过："一个作家常常阅读古今中外的名著而能深刻领会其构思、剪裁、塑造形象的妙处，并且每再读一遍会有新的心得，这就意味着他的欣赏能力在一步一步提高；而欣赏力的步步提高又反过来会提高表现能力。"（《漫谈文艺创作》，见《茅盾论创作》，上海文艺出版社）

"多看"对于写作的用处可以概括为三句话：开阔视野，广泛了解社会；增长知识，充实写作内容；学习技巧，提高表现能力。要达到这个目的，阅读时须注意两点：一是要博览，再是要精读。

博览是指读书面要宽广。"必尽读天下之书，尽通古今之事，然后可以放笔为文。"（清·万斯同《与钱汉臣书》）在科学文化迅猛发展的当今世界，读尽"天下之书"自不可能，但须尽量多读。作家秦牧曾说："一个作家应该有三个仓库：一个直接材料仓库，装从生活中得来的材料；一个间接材料仓库，装书籍和资料中得来的材料；另一个就是日常收集的人民语言的仓库。有了这三种，写作起来就比较容易。"（《一个报告文学者谈报告文学》，《长江文艺》1978 年 6 月）

广读博览固然重要，然而要达到以读助写的目的，还得既博览又精读。所谓精读须是在广览的基础上，有计划、有重点地研读一些优秀的作品。

如何精读？茅盾先生在《杂谈文学修养》中说："读名著起码读三遍，第一遍最好很快地把它读完，这好像在飞机上鸟瞰桂林城的全景，第二遍要慢慢地读，细细地咀嚼，注意到它的炼句炼字。"（《茅盾论创作》）虽然说的是读文学作品，但是这种先略看后细读、先分析内容再揣摩表现技巧的精读方法，也适用于议论、记叙等类文章。

有一点须顺带指出。为练习写作而阅读，要边读边注意积累。所谓"积累"，是在阅读时遇到有用的知识、材料，认真笔录；对精彩的章、段要下力气背记。这样，天长日久，好的材料，好的技法，好的词语储存多了，写起文章来便能够得心应手。

（二）勤写多练

写作如同绘画、雕塑，专靠听讲和看书是学不会的。有人问苏轼："学文如何？"苏轼回答："前辈但看多做多而已。"（苏籀《栾城先生遗言》）。提高写作能力除了多看，必须勤写多练。

其实，这是老生常谈，人人皆知。但是初学写作者，却往往喜欢多读，不愿多写。"人之不乐多做者，大抵因艰难费力之故；不知艰难费力者，由于手笔不熟也。"（唐彪《读书作文谱》卷五）。不愿意多写，是因为"手笔不熟"，越不动笔，手笔越涩，提高写作水平岂不成为空谈。所以，练习写作，首先要强迫自己多写。

作为练笔，文章可长可短。写文章除了要学会布局谋篇立意、选材、结构安排之外，掌握叙述、描写、议论、抒情等表达手法也很重要，这是文章写作的基本功。要提高议论能力，可以常写一事一议、就事议理的短论、杂文等；要提高记叙、描写及抒情的能力，可以多写记人记事的速写、随笔等。

语言是表达思想的工具，要提高写作水平，必须在文字锻炼上认真花一番力气。初学写作者往往文字表达比较吃力，笔不从心，文不尽意，有的甚至语句不通顺，文字不简洁。提高了文字表达能力，写文章便会顺手得多。

怎样提高文字表达能力？一是在阅读时细心体会名著名篇语言运用的妙处；二是下力气丰富词汇，在生活中，在阅读时，随时留心搜集富有表现力的词语，并记住它，掌握它的用法；三是常常动笔，老舍先生说过："文字要从多方面来练习，记日记，写笔记，写信……都是锻炼文字的机会，哪怕写一个便条，都应该一字不苟。"（《出口成章》）

（三）掌握规律

初学写作的人，往往急于求成，渴望得到一种写作秘诀，以便迅速闯过写作关。自然，这种秘诀并不存在；但是，没有秘诀并不等于写文章没有规律可循。"梓匠轮舆，能与人规矩，不能使人巧。"（《孟子·尽心下》）意思是做木工的梓匠和做车子的轮匠，可以向人传授基本技法，但不能使人成为巧匠。作文也是这样，"可授受者，规矩方圆；其不可授受者，心营意造。"（章学诚《文史通义·文理》）靠别人指点成为文章高手，根本办不到；但是，经别人指导，加上自己的练习，掌握"规矩方圆"写作基本方法，写出合乎规律的文章，是完全可能的。

大学里的写作课，以及写作教材，都是指引学生去掌握写作基本技法。不过，不能迷信写作课和写作书，光靠听听课、看看书，写作水平很难提高。但是，全盘否定写作课和写作书的作用也不对。固然，会写者不一定看过写作书，看过书的不一定能学会写。但是，学写作，如果全靠自己从实践中探索规律，难免不走弯路。有的人，文章中有的地方写得不错，若问他为什么这么写，往往回答不出来。显然，这是在盲目地运用一些从阅读中学到的写作方法。欲克服这种盲目性，就得学习文章写作的基本原理。

　　初学写作，难免不出现一些违背写作基本规律的文病，所以这样，就是因为"不懂得作文章的起码知识"。所以说，初学写作者，学点写作知识，看点写作书，掌握写作基本规则和方法是十分必要的。当然，不能把写作知识拿来死记硬背，要结合阅读和写作实践来消化：一方面通过阅读和作文来进一步领会写作书里讲的道理和方法，一方面运用学到的写作理论练习写作和分析作品。如果要把如何提高写作水平用一句话来回答的话，那就是：除了多看多写之外，也要适当学习写作基础理论，掌握写作基本方法。下面分别介绍写作的基本方法。

第一章 布局谋篇

布局谋篇，是指在写作前对文章内容的总体规划、安排和设计，主要包括主题、材料、结构、标题四大部分。下面对这四大部分的内容和要求分别做一下简要的介绍。

第一节 主 题

一、主题的重要性

"主题"这个概念起源于德国音乐理论，意为"主旋律"。我国古代文论家和作家，称之为"命意"。"五四"之后，人们通常把记叙文中的"中心意思""中心思想"看作"意"，把论说文的"基本论点""中心论点"看作"意"，把文艺作品的"主题""主题思想"，也看作"意"，所谓的"立意"就是确立主题。现在，人们为了分析的方便，又普遍以"主题"这个概念来取代上述种种的称说。

什么是文章的主题呢？所谓主题，即作者在说明问题、发表主张或反映生活现象时，通过文章全部内容所表达出来的基本观点或中心思想。如唐传奇小说《枕中记》，写卢生在邯郸旅舍中遇道士吕翁，自叹贫困，吕翁拿一个枕头叫他枕上，卢生即入梦中，娶崔氏女，中进士，屡次升官，历尽人间富贵，但醒来却是倏忽一梦，连火上的小米饭都未煮熟。这篇小说，就是通过这个梦，来表现一种人生如梦，富贵如烟的思想。这个思想，就是文章作品的主题。

"主题"不同于写作的"内容"。写作"内容"是指文章或作品的写作对象，包括范围和主要材料；而"主题"则是通过这些"内容"所表述出的某种看法或主张，是从"内容"中挖掘出来的思想意义。

"主题"也不同于"问题"。"主题"不是文章所提出的主要问题，而是作者对这些"问题"所持的回答及评价。例如毛泽东同志的《人的正确思想是从哪里来的？》的开头："人的正确思想是从哪里来的？是从天上掉下来的吗？不是。是自己头脑里固有的吗？不是。"这里，作者一连串提出了三个问题。这三个问题都不是主题，主题是对这三个问题的回答："人的正确思想，只能从社会实践中来，只能从社会的生产斗争、阶级斗争和科学实验这三项实践中来。"

写文章为什么要先确立主题呢？这是由主题在文章作品中的地位决定的。

"主题"是文章的灵魂。如果我们把文章比作一个有生命的机体的话，那么主题就是文章的灵魂，材料是文章的血肉，结构是文章的骨骼，标题是文章的眼睛。一个人，血肉再丰满，骨骼再强健，眼睛再明亮，倘若没有灵魂，没有健全的思想，这样的人，也还只能是废人，于社会毫无意义。文章也一样，一篇文章，所选入的材料再新鲜生动，结构再天衣无缝，标题再吸引人，语言也很清新流畅，但只要失掉了主题，这篇文章于社会也就毫无意义了。关于这一点，古人早有认识。比如南朝宋代的史学家、文学家范晔说，文章应"以意为主，以文传意"（《狱中与诸甥侄书》）。唐代文学家杜牧说："凡为文以意为主，以气为辅，以辞采章句为之兵卫。"（《樊川文集·答庄充书》）

"主题"是文章作品的"统帅"。在军队中，"统帅"的作用是众所周知的。失去统帅的军队，就是一群乌合之众，官不能战，兵不会行，车马多而无用，武器多而不能操演，多么威武雄壮的军队也不战自乱。军事上如此，写作上也同于此理。失去"主题"的文章作品，犹如军队失去"统帅"一样，会一片混乱。材料便枝枝蔓蔓，无所节制；语言会随意跳跃，不着边际；结构会松松垮垮，前后紊乱。所以清代王夫之说，"意犹帅也；无帅之兵，谓之乌合"。

可见，主题在文章作品中起着举足轻重的作用。构成文章的文气、语辞、章句、韵律、节奏、风格、情调等各种因素都要受主题的管束和调遣。一篇文章或作品质量的高低，价值的大小，生命力的强弱首先取决于主题的价值。例如法国著名的文学家雨果的《悲惨世界》，由于不仅反映了资本主义制度下贫苦阶层的不幸，表现了摈弃邪恶、改革社会的人道主义思想，而且正面描述了巴黎人民的起义斗争，表现了同情他们的进步倾向，主题思想深刻，因此在世界文学史上占有一席光辉的地位。

我国南宋时代的诗人陆游，一生存诗九千余首，由于十有五六主张收复北方失地，"恢复神州"，沸腾着强烈激情的爱国主义主题，震撼着人们的心灵，因此广为流传。

现在，有的作者提倡"无主题"论，甚至认为无主题比有主题更能使作品产生魅力，这显然是错误的，不足取的。

二、主题的基本要求

人们写文章，都想有一个好的主题。那么什么样的主题才是好的主题呢？一个好的主题，应符合下面这些要求。

（一）主题要正确

所谓正确的主题，就是宣传健康的、美好的事物，批判消极、错误的事物。

文章作品为什么需要有正确的主题呢？因为文章是表达思想的工具，也是宣传教育的手段，正如毛泽东同志所说，文章"是专为影响人的"，所以主题的好坏，不是个人的事，而是直接关系到国家和人民利益的一件大事。

怎样才能获得正确的主题呢？关键在于作者要有正确的立场、观点和方法，有健康的思想感情和正确的指导思想。为什么呢？因为文章是客观物质和人的主观思想相结合的结果，主观思想正确与否，就决定于文章的主题正确与否。鲁迅先生说过："我以为根本问题是在作者可是一个'革命者'，倘是的，则无论写的是什么事件，用的是什么材料，即都是'革命文学'。从喷泉里出来的都是水，从血管里出来的都是血。"（《而已集·革命文学》）这里，鲁迅先生清楚地告诉我们，一个作者，假如没有健康的思想感情和正确的指导思想，就会迷失方向，就不能科学地处理材料，从具体材料中引出正确的结论。例如，自古以来，选取渔翁垂钓题材入诗者甚多，但由于作家的思想境界各不相同，此题材新反映的主题意义也就大不相同。唐代柳宗元有诗云："千山鸟飞绝，万径人踪灭。孤舟蓑笠翁，独钓寒江雪。"（《江雪》）在鸟绝人无的雪地里，渔翁孤舟垂钓，一幅多么凄凉的景象！这里，柳宗元的命意在于写出孤独寂寞的氛围，以抒发自己横遭贬斥、抑郁不得志的凄苦心情。我们再来看唐代作者张志和的词："西塞山前白鹭飞，桃花流水鳜鱼肥。青箬笠、绿蓑衣，斜风细雨不须归。"（《渔父歌》）这是一幅清心恬淡、飘忽迷离的画面。画面的勾勒和主题一样也是与作者的主观思想分不开的。作者张志和自号"烟波钓叟"，隐居江湖间，他的隐逸思想，使他塑造了一位"斜风细雨不须归"的我行我素、浪漫飘逸的"隐士"形象。有一首渔翁垂钓的歌词还把含辛茹苦的渔民生活，写成"乐陶然"的生活："渔翁乐陶然，驾小船，身上蓑衣穿，手持钓鱼竿，船头站，捉鱼在竹篮，金色鲤鱼对对鲜……"（《渔翁乐》）明代孙承宗的诗，却一反诸意："呵冻提篙手未苏，满船凉月雪模糊。画家不解渔家苦，好作寒江钓雪图。"（《渔家》）在这首诗里，作者看到的不是渔夫的孤寂，不是渔夫的隐逸，不是"渔家乐"的欢愉，而是渔夫的操劳，渔夫不得不在"凉月雪模糊"的寒冬天气下，搓着手，不停地呵气的惨状，诗歌里充满了作者对劳动人民的理解和同情，也表达了对柳宗元一类垂钓诗词的否定。

可见，主观思想对主题起着决定性的作用，正如古人云："人高则诗亦高，人俗则诗亦俗"（徐增《而庵诗话》）要确立正确的主题，必先"正其心志"（魏庆之《诗人玉屑》）。在当代社会中，只有站在巨人的肩膀上，只有努力掌握马克思主义的世界观，我们才能高瞻远瞩，才能获得提炼和确立正确主题的金钥匙。

（二）主题要深刻

什么叫深刻？深刻就是要透过现象看到本质，看到事物之间的内在联系，而不是就事论事，只满足于表面现象的罗列。换一句简单的话来说，就是要"说到点子上"。一篇文章有个观点并不难，有个正确的观点也是可以做到，而要做到深刻那就不太容易了。

例如松树，自古以来，不断被人们赞颂。有人称赞它不畏严寒的品质，有人颂扬它伟岸、粗犷的气魄，有人赞赏它雄健挺拔的形象。而陶铸1959年写的散文《松树的风格》，却不袭前人旧意，不步古人后尘，他从松树"郁郁苍苍，生气勃勃，傲然屹立"的形象中，挖掘出了"松树的风格"，并由物及人，将笔触伸展进了社会领域，从松树"要求于人的甚少，给予人的甚多"的风格，联想到共产主义风格。作品最后写道：

  具有这种风格的人是越来越多了。这样的人越多，我们的社会主义建设也就会越快。我希望每个人都能像松树一样具有坚强的意志和崇高的品质；我希望每一个人都成为具有共产主义风格的人。

这可谓是"卒章显其志"了。作品之"志"，就在于对共产主义风格的赞扬和提倡。回顾历史，一九四九年到一九五九年，我们年轻的共和国刚十岁，从人们的思想意识来说，正是新旧更替的转换时期，作者抓住了我国50年代末期的时代特点，捕捉住了人们为当时刚刚制定的社会主义建设总路线奋发拼命的忘我精神，尽情讴歌那些"不顾个人的得失，不顾个人的健康，夜以继日，废寝忘食，为加速我们的社会主义建设而不知疲倦地苦干着"的社会主义新人，歌颂在这些新人身上所反映出来的可贵的共产主义风格，并号召人们学习新人、发扬这种风格。这个"意"，显然高于以往任何赞美松树篇什的"意"。在陶铸同志的笔下，松树的形象，就这样放射出了时代的光彩，获得了新的寓意。

  那怎样才能使主题深刻呢？要做到深刻，就需要对写作的材料进行"去伪存真，由此及彼，由表及里"的研究和分析。清初思想家黄宗羲说："每一题，必有庸人思路共集之处缠绕笔端，剥去一层，方有至理可言。"黄宗羲所说的"庸人思路"，即一般人谁都能讲的道理。这种道理要剥去一层，才能讲出"至理"来，即透过现象，抓住本质。那怎么样才能抓住问题的本质呢？一般说来，写人的记叙性文章，应着眼于对人物"思想"的发掘，不仅要写人物做什么，而且要写出他为什么要这样做。记事的记叙性文章，则应该着力于对事件"意义"的发掘。理论的文章，则要在纷纭复杂的矛盾中，高屋建瓴地树立起自己的观点。

（三）主题要新颖

  什么叫新颖呢？也就是文章作品的思想观点有独特的见地，有新意。

  古今中外的文论家，对文章作品主题的新颖非常重视。宋代吕本中引用前人论述说："徐师川曰：作诗自立意，不可蹈袭前人。"（《童蒙诗训》）清代方东树说："凡前人已道过之意与词，力禁不得袭用。"（《昭昧詹言》）法国的艺术大师丹纳谈到文学时，认为："真正天才的标识，他的独一无二的光荣，世代相传的义务，就在于脱出惯例与传统的窠臼，另辟蹊径。"（《艺术哲学》）俄国的文学评论家别林斯基也主张创新："任何真实的内容，其特点在于有生命，因此它是向前移动的，发展的，而不是麻木地停留在一个地方，或者像鹦鹉一样老是用同一些字句重复同样的东西。"（《波列查耶夫的诗》）。显然，他们都很重视文章主题的新颖问题，把它看作"真正天才的标识""独一无二的光荣""世代相传的义务"的象征，看作有无生命的象征。

纵观我国这几年的文坛状况，有一种风气很值得我们注意。对这种状况，王蒙同志打了个很形象的比方。他说，一个题材、一个主题一出现，大家就"竞相模仿，一拥而上"，出现了"拥挤和撞车"。他认为，"踩着别人的脚印走不行"，"我们的能力有大有小，标的新可以大，可以小，但它必须是'新'。他创造一座新的大山，我本事小，就创造一粒沙。如果是模仿的，跟着行情上去的，哪怕你弄出来的是一座大山，也没有什么意义。"（《短篇小说创作三题》）

那怎么才能避免跟着别人的脚印走，不去模仿，不去拥挤，不去撞车呢？办法大概有二。一是积极思索，敢于发现，敢于标新，发现的即使不是一堆光焰照人的大火，而是一点儿火花，只要能够促使人们去思索，去探求，那也是好的。二是要了解情况。去写人人心中有而笔下无的东西。

（四）主题要有针对性

什么叫针对性？就是要回答现实生活中人们需要回答的问题，也就是说要有的放矢，解决实际问题。因为只有具有针对性的文章，才有生命，才能在社会中发生巨大的影响，引起广大人民的关注。例如，在国家机关工作人员中，有些人搞特权，少数人成了"特殊公民"，他们千方百计谋求特殊照顾，目无法纪，有的甚至成了地区和单位的"小霸王"，人民群众对此十分不满。中央人民广播电台评论组在1950年10月，及时写了短评《绝不允许有"特殊公民"》，对少数干部的不正之风进行了揭露和抨击，当时被人们誉为"为党为民代言"的好文章，受到了广大群众的普遍欢迎，并评选为1950年的好新闻。这篇评论之所以引起群众的共鸣，就是因为它针对性强，拨动了群众心弦的结果。

三、表现主题的方法

心中有了好主题，在文章中并不是人人都能把它很好地表现出来。像"茶壶里煮饺子——有口说不出"的人，在初学写作的人中，大有人在。他们在文章主题上常犯的毛病大体有二。一是主题不鲜明，二是多主题。关于这两个问题，目前文坛上看法不一。有的人认为这不是毛病。这是一个学术问题，可以探讨。但在尚未统一看法之前，我们仍用传统的说法，在习作中，大家如愿用新的说法做一下尝试，写出象征意蕴强、"横看成岭侧成峰"的文章，我们也不反对。下面介绍人们写文章时表现主题常用的几种方法，供大家参考。

（一）轮辐向心

这种表现主题的方法，正如古人所云，"以意役法"。就是以"意"（主题）为中心，其他的因素，如材料、结构、表现手法等都来为之服务，犹如轮辐向心、众星捧月那样。

例如陶铸的《松树的风格》就是一篇轮辐向心、主题鲜明的文章。这篇文章就是勉励人们要像松树那样，具备要求于人的甚少，给予人的甚多的共产主义风格。为了鲜明地表现这个主题，作者先从松树"郁郁苍苍，生气勃勃，傲然屹立"的雄姿写起，接着又从两个方面说明松树的可贵之处：一是它不择地势，不畏严寒酷暑，不需要人们施肥除虫、浇水灌溉，从而说明"松树要求于人的可谓少矣"！一是它全身上下，从树干、树脂到树枝、树根，处处有用；另外它还能盛夏遮阴，夜晚照明，从而说明松树"为了人类，它的确是做到了'粉身碎骨'的地步了"。通过分析，作者总结说："要求于人的甚少，给予人的甚多，这就是松树的风格。"接着作者又用鲁迅的话"我吃的是草，挤出来的是奶、血"，通过松树与杨、柳、桃李的比较，进一步说明了松树风格的可贵，并指出，这种风格也就是共产主义的风格，每个人都应该"具有像松树那样的崇高品质"，鼓励人们向革命艰苦年代和社会主义建设中具有高尚品质的人们学习，使自己成为具有共产主义风格的人。可以看出，文章的每一层意思都是为主题服务的，主题"要求于人的甚少，给予人的甚多"像一根红线贯穿全篇。

（二）直说主题

就是在适当的地方，或开头，或中间，或结尾，用画龙点睛之笔，把文章的主题（作者的观点）直接说出来。政论、杂文、通讯等，常用这种方法。这种方法，可使主题鲜明，文章具有很强的战斗性。例如毛泽东同志的《中国社会各阶级的分析》，在文章的开头就把"谁是我们的敌人，谁是我们的朋友，这个问题是革命的首要问题"这一主题点了出来。陶铸的《松树的风格》是在文章的中间把主题点了出来。范仲淹的《岳阳楼记》的主题"先天下之忧而忧，后天下之乐而乐"是在篇末点出。

（三）自然流露主题

直说主题法虽然可以使文章的主题鲜明，但主题鲜明的文章并不一定都要用这种方法，自然流露主题也同样可以鲜明地表现文章的主题。所谓的自然流露主题，是通过对人物、事件的描写、叙述和情节的发展，自然而然、不知不觉地把作者的观点或文章的主题告诉读者。这种表现主题的方法，一般散文和记叙性的文章适用。例如康劲、黄贵彬、马勇强《"见字如面"23年》这篇文章就是用这种方法，从含蓄中求鲜明：

"全忠，2月14日，咱们一家三口站台上见。"这是一本普通家庭日记本上的留言。这样的日记一写就是23年，用掉了12本日记本，留下6820多条只言片语，长达24万余字。

写下这段留言的妻子叫任亚娟，是兰州铁路局兰州客运段武威南车队队长。丈夫李全忠，是兰州客运段宁波车队副队长。虽然同在一个单位上班，但因为从事不同车次的客运管理工作，夫妻两人在家碰面的机会少之又少。1995年，两人步入婚姻殿堂不久，甜蜜的家庭生活就被忙碌的工作带走了——夫妻二人一个值乘北京列车，一个值乘乌鲁木齐列车，每隔3周才能相聚一次。

"那时候哪有手机、微信这么方便的沟通平台？我们就把家里需要办的事情都记在日记本上交代给对方，一来二去，日记本就成了我们两人之间最主要的沟通纽带。"任亚娟回忆说,他们出乘回家后的第一件事,就是看看日记本有没有留言。"看到了熟悉的文字,就像见到了本人一样。"丈夫李全忠这样形容。

翻开一本本泛黄的日记本,上面密密麻麻记录着夫妻二人23年来的点点滴滴。如今,这些留在家庭日记上的"微记录",被同事们翻出来,赞为"最美留言"。

"亚娟,昨晚在列车上没合眼吧?一回来就趴在沙发上睡着了,看着好心疼。你最喜欢的冬果梨汤熬好了,在茶几上,醒来记得喝,我先出乘去了。"

"亲爱的,这两天武威温度下降得厉害,你的毛衣毛裤我洗好放在卧室第一个衣柜里了。记得穿上,保重!"

"全忠,女儿说什么时候咱们一家三口能坐在一起吃上你做的臊子面?我都不知道哪一天,心凉!"

"亚娟,你荣获全局十大'最美贤内助',真替你高兴。但我觉得这个奖,颁给我也合适呢,哈哈!"

……

"现在翻一下,23年的辛酸与牵挂历历在目。"李全忠说。

23年,经历了传呼机、手机短信、微博微信等不同的通信工具,但是所有的一切似乎都比不上"见字如面"的纯情与质朴。随手写下的留言,笔笔写出的爱意,期待与牵挂,相知与守候,与子偕老的"家庭心灵史"尽在其中。

每到春运、暑运和黄金周,正是家家团圆或休闲度假的时候,但对于这对夫妻来说,却是最繁忙的时候。女儿李卓蔚,已经21岁了,在她的记忆里,一家人却没有一起过过一次春节。

任亚娟的父母去世得早,公婆也在客运段上班,李卓蔚很小就没有人带,平时只能将女儿寄放在邻居家,到了春节就送到陕西姨姥姥家。"别人家的小姑娘都是捧在手心里养,我们却是'散养',真是觉得对不住她。"一提到女儿,任亚娟的眼里总是泛起泪花。

懂事的女儿不仅没有埋怨过父母,还做起了他们情感的"联络员"。她在家庭日记本上识字、认字、写字,渐渐地也开始留字。

高三那年,学校开家长会,夫妻俩都在列车上值乘检查。李卓蔚既没打电话也没发短信,在家庭日记本上写下了一条留言:"爸妈,后天要开家长会,我英语竞赛考了全校第2名,想着让你们看看我的成绩!"

3天后,出乘回家的妻子任亚娟一进家门就发现这条留言。"觉得自己这父母当得太失职,孩子都长这么大了,可我们参加家长会的次数却屈指可数。"

忙碌的工作依旧,但今年新年以来,家庭日记本上的内容更多了。

"爸,我跟着电视学,做了一盘您喜欢吃的红烧肉!您回来尝尝!"

"爸妈,我在网上给你们订了一款对戒,样子暂时保密,不过保证你们喜欢!"

……

2月14日,李全忠乘坐K1040从宁波返回兰州,妻子却要乘坐T6601次列车前往武威。女儿带上精心挑选的对戒，一家三口相聚在了兰州火车站站台上，而这次相聚只有短短的37分钟……

在聚少离多的日子里，一家三口仍旧在用"见字如面"的方式守护着纯情家风。浸润在字里行间的牵肠挂肚，还将在家庭日记本上延续。

（《人民日报》2017年3月18日）

这篇短文，用朴实无华的文字，记录了一对夫妻23年里聚少离多、牵肠挂肚的平凡故事。文章语言简练，娓娓道来，通过一个个小小的细节，一句句质朴的话语，带领读者不知不觉中体会到这世上最普通也最触动人心的亲情之美、家庭之美、人性之美。通篇没有一句颂扬的话，却很好地传递了社会正能量和作者的思想倾向。

自然流露是一种文学的表达方式，有些初学写作的人对它很感兴趣，但常常把含蓄写成隐晦，把明朗写成朦胧，甚至让人读了不知所云，这就成了缺点。自然流露，主题仍需鲜明，应该记住。

以上介绍的三种方法，其实只有"直说主题"和"自然流露主题"两种方法。因为"轮辐向心"是这两种方法都必须具备的，离开了"轮辐向心"，"直说主题"和"自然流露主题"这两种方法也就失去了基础，无法立足了。

第二节 材 料

一、材料的重要性

我们要盖一座楼房，就需要钢筋、水泥、白灰、砖瓦、木料，有了这些材料，楼房才能建成。写文章也是这样。写作总是为了表达一定的思想内容，内容主要是由主题和材料构成的。材料用在文学作品里叫作题材，它一般是由人物、事件、环境等基本要素组成；在非文学作品里就是用来说明观点的具体事件、情况、数字、引语，等等。

文章里的材料是表现主题，为主题服务的。没有材料，文章就会空洞，主题也难以实现。例如京剧《智取威虎山》，它以1946年冬人民解放军贯彻毛主席"建立巩固的东北根据地"的指示为历史背景，以解放军小分队英勇剿灭美蒋走狗顽匪座山雕为中心事件，通过对杨子荣、少剑波这些无产阶级英雄形象的塑造，热情地歌颂了毛主席人民战争思想和英明正确的战略方针，展示了人民解放军全心全意为人民服务的崇高精神和革命品质。要没有这些形象、事件、环境，这个主题也表现不出来。因此，毛泽东同志在《改造我们的学习》一文中谆谆告诫我们：学习和研究问题，应当"不凭主观想象，不凭一时的热情，不凭死的书本，而凭客观存在的事实，详细地占有材料，在马克思列宁主义一般原理的指导下，从这些材料中引出正确的结论。"学习和研究问题如此，写文章也是这样：正确的"结论"是在马列主义一般原理指导之下，从占有的详细"材料"之中"引"出来的。由上可知，材料和主题在文章中是有机地联结在一起的。一定的主题要寓于一定的材料之中，一定的材料又必须由一定的主题来统帅。没有材料，主题将无法单独存在；没有主题，材料本身也无多大意义。因此，写作时要做到材料和主题的统一，要用主题驾驭材料，统帅材料，使材料更好地为它服务；另一方面，又要把材料加工、提炼、组织好，使主题表现得更为深刻、鲜明、有力。

二、材料的类别

文章的种类很多，写文章用的材料包罗万象，凡是为写作而搜集掌握的原始资料和经过作者选择写入文章的事情和道理，都属于写作的材料。前者称"素材"，后者叫"题材"。

材料分类有不同的标准，从材料获得的方式看，有直接材料（第一手材料）和间接材料（第二手材料）；从材料的时间性看，有历史性材料和现实材料；从材料的使用价值看，有正面材料和反面材料；从材料的详略看，有具体材料和概括性材料；从材料的形态特点看，有事实材料和观念性材料。事实材料指人、事、物、景、数字等，观念性材料指人们（含作者）对事物的理解、体验、评价、主张等理性认识。写记人叙事的文章，以事实类材料为主；写议论文，除事实材料外，较多使用的是观念性材料（也称"事理"材料）。

三、材料选用的要求

写文章选用材料必须遵循一条原则，即扣紧主题选用材料。材料是为主题服务的，是表现主题的依据，选用材料必须根据主题的需要。如果过多从生动与否的角度考虑，选用与主题无关的材料，非但无助于主题的表达，反而会起到冲淡、干扰主题的反作用。除了遵循扣紧主题选用材料的原则之外，要把文章写好，在选用材料时，还要注意下面几点：

（一）材料要真实

以真人真事为写作对象的记人叙事文章，如新闻文章、人物传记、简报等，所选用的材料必须真实确凿，不能虚构编造。否则，不仅会削弱文章的说服力、感染力，甚至将造成不良后果。在写真人真事的文章里出现材料不真实的弊端，主要有三个原因：1. 观察、调查不够仔细，尤其对间接得来的第二手材料未认真核实；2. 使用材料时添枝加叶，为了使原本很真实的材料更加生动、形象，作者运用"合理想象"加以补充，使得材料变形走样、有失真实；3. 写作态度不够端正，为了达到某种目的，有意地胡编乱造、无中生有。对于材料的真实性，文章不同，要求有别，写真人真事的文章，材料必须绝对真实，确有其人，确有其事，既不可夸大，也不能缩小；写允许艺术虚构的文章，如文学散文，可以在真实材料的基础上适当地进行艺术加工。这类文章不一定写真人实事，但也不能留下编造的痕迹，要做到艺术的真实。

（二）材料要典型

典型材料是指具有一定代表性、能够有力地说明问题表现主题的材料。真实是对材料的基本要求,要把文章写好,有力地表达主题,材料仅仅真实还不够,因为真实的材料并不一定有代表性,不一定能反映事物的本质。列宁曾指出:"如果不是从全部总和,不是从联系中去掌握事实,而是片断和随便地挑出来的,那么事实就只能是一种儿戏,或者甚至连儿戏也不如。"在社会生活中有许多确实存在的事实,只是一种现象,不能代表生活的本质,用这种材料去反映生活或说明某一问题,便违背材料的典型性,容易产生片面性。典型材料不一定是重大事件,一件小事、一个细节,只要能反映事物的本质,具有代表性和说服力,都可用作典型材料。

(三)材料要新颖

新颖是指文章所选用的材料能够给人以新鲜感。文章贵在有新意,或主题思想新,或选用材料新。多用人们熟知的材料,势必会造成文章内容陈旧,削弱读者的阅读兴趣,影响文章主题的表达。新颖的材料,不仅指新发生的事情,新出现的事物,也包括虽然不是新发生的,但别人使用较少、读者尚不熟知的事情。把这类材料写入文章,也能给人以新颖感。另外,有些材料,虽不新颖,但是在使用时换个新角度,也能够收到变旧为新的效果。

四、材料使用的方法

使用材料也是文章写作的重要环节,材料选择出来,如果不会使用,文章依然写不成功。这就如同虽有强兵精械,而不善于用兵布阵,也难打胜仗;虽有精美衣料,拙于裁制,也难成高档服装。写文章不可忽视使用材料的功夫,须学会精心剪裁、主次结合、新旧搭配以及灵活使用陪衬材料。

(一)精心剪裁

缝制衣服须量体裁衣,否则肥瘦不当难以合体。写文章使用材料也得适当剪裁,否则把有用材料掺和在多余材料之中,必然造成文章内容芜杂、主题不清。材料是为主题服务的,剪裁的原则是从主题的需要出发,对于表现主题作用大的材料少剪多留,作用小的多剪少留,不起作用的全剪不留。经过剪裁,使文章材料精当,重点突出,有利于表现主题。

(二)主次结合

演戏有主角和配角,打球有主力和一般队员,虽然"主角""主力"在舞台和球场上起着主要作用,但"配角"和"一般队员"也不可缺少。写文章使用材料得分出主要材料和次要材料,前者通常叫"骨干材料",指那些非常典型,表现主题生动有力的材料。后者"次要材料",是相对而言的,同样是表达主题所不可缺少的。使用材料时能否分出主次,是会不会写文章的一个重要标志,初学写作往往对材料一视同仁,致使文章主次不分、重点不明,影响文章的说服力和感染力。有经验的作者在使用材料时,很注意根据表达主题的需要分出主次,主要材料、骨干材料多占篇幅、多用笔墨,写细写足,充分发挥它们的作用;次要材料占篇幅少,或简要表述,或一笔带过。这样主、次材料搭配使用,可使文章重点突出、疏密得当,产生既有说服力，又有感染力的效果。

（三）新旧搭配

要使文章出新意，多用新颖材料非常重要。但这种材料相对较少，取之困难。尤其长幅文章材料较多，全使用新颖材料困难很大。解决此矛盾的办法是新旧材料进行搭配，以新材料为主，穿插一些旧的材料。旧材料用于充实文章的内容，新材料用来增强文章的新颖感。

（四）巧用衬托

选用材料必须紧扣主题，但并不是说与主题没有直接关系的材料一点也不能使用。相反，要把文章写得丰满、生动，适当使用些衬托材料十分必要，"当衬者不衬，则匡郭狭小，意味单薄，无华瞻之致矣。"（清·唐彪《作文读书谱》）古今优秀文章经常使用衬托性材料。衬托的方法多种多样，可以以人衬人、以物衬物、以景衬景，也可以物衬人、以景衬人。如老舍在小说《骆驼祥子》里，重笔描绘烈日酷晒和暴雨狂泻的情景，用这种恶劣的天气衬托祥子为生活苦苦挣扎的痛苦心情。又如碧野的《天山景物记》，把天鹅与湖水相映衬，突出了湖水的美，从正面"烘云托月"。为了使湖面更显"幽静"，又写了天鹅的叫声，以动衬静，从反面衬托。

五、积累材料的途径

写文章感到材料不足，往往是因为缺少生活经验和缺乏书本知识。积累材料必须从这两个方面下工夫：

（一）生活经验的积累

主要有两条途径，一是通过日常生活、工作积累材料，再是通过调查采访积累材料。观察生活要有饱满的政治热情，要从身边的人和事观察起，注意捕捉事物的特征，丰富自身的体验感受。

（二）书本知识的积累

书本、报刊可以提供丰富的间接材料。积累的方法有两种：一是靠日常阅读，点滴收集有用的材料；二是根据写作的需要，有目的、有计划地翻阅报刊等书面资料。积累写作材料须养成仔细看、认真想的习惯，尤其对观察到的事物要多思索，加深对事物的认识和体验；另外，要养成动笔的习惯，遇到自己感到有用的材料及时记录下来。如果条件允许，常记观察日记将有助于丰富写作材料。

第三节 结 构

一、结构的重要性

文章的结构，是作者根据主题的需要和体裁的要求，按照事物的内部联系和发展规律，对材料进行处理和安排的方式，简单地说，就是文章的组织、构造。

如果说主题是文章的灵魂，那么结构就是文章的"骨架"。结构是为表现主题服务的。文章通过这种组织和安排，把有关的材料组成一个有机的整体。就像装配汽车一样，不论零件怎么齐全，不把它们以车身为主体装配在一起，造成汽车，也是一句空话。

　　文章的结构，一般包括材料详略的处理，开头、中间和结尾的安排，段落的划分和过渡，前后的交代和照应，等等。这些虽然可以找到一定的规律，但由于客观事物是不断变化的，而作者的思想水平、看问题角度不同，文章的具体内容也有差异，所以安排的方法自然也就不同。因此，文章如何结构，没有固定不变的程式。

　　文章的结构，实质是一个如何认识和反映客观事物的问题，是客观事物的内部联系，通过作者的构思，在文章中有层次地反映。它体现了作者由认识事物、掌握其规律性一直到构思、写成文章的全部过程。例如，一件事情一般都有发生、发展和结束的完整过程，文章的结构也就必须符合这个规律。可见，文章的结构是由客观事物的规律性所决定的。结构严谨、清晰，反映了作者思维的严密性，对客观事物本质认识的深刻性；结构松散、混乱，正说明作者还没有抓住事物的本质及其内部联系。

二、结构的主要要求

（一）结构要符合客观事物的规律性

　　结构尽管千变万化，但文章是客观事物的反映，它必须符合客观事物的规律性。应按照事物的内部联系构成一篇文章，而不应单单按照事物的外部标志构成文章。如果结构符合客观事物的规律，文章就会准确地反映客观事物。反之，如果违反客观事物的规律，也就很难谈到准确、鲜明、生动地反映客观事物了。

　　例如毛泽东的《中国社会各阶级的分析》这篇论说文，是根据当时党内在革命的同盟军问题上，存在着的两种倾向的客观情况和中国社会各阶级的本质特点、发展规律，按照提出、分析和解决问题三部分构成文章的，所以文章条理性强，结构很严谨，准确地反映了中国社会各阶级的情况，解决了中国革命中最主要的同盟军问题。

（二）结构要服从主题的需要

　　主题是文章的中心，因此，考虑文章结构时，无论是材料详略，段落和过渡，开头和结尾，交代和照应，都必须服从主题思想的需要。只有围绕主题思想来结构，才能更好地为突出主题服务。例如毛泽东《中国社会各阶级的分析》一文，开头提出了问题："谁是我们的敌人？谁是我们的朋友？这个问题是革命的首要问题。"接着用一小段过渡后，用六段对中国社会各阶级的情况做了详细的分析。最后对全文作结论，回答开头提出的问题。文章三部分材料的组织安排，是服从"明确革命的领导阶级，团结真正的朋友，攻击真正的敌人，取得革命斗争的胜利"这一中心论点的。由于结构严谨、完整，层次清楚，重点突出，因而使文章的中心论点得到了更突出的表现。

结构和主题思想是互相依存的辩证关系。如果一篇文章主题好，但结构不完整，主题也就难以表现得深刻鲜明。因此，我们要重视结构，认真地研究它，以便更好地为表达内容服务。

（三）结构要考虑不同体裁的要求

体裁不同，文章的结构也不相同。论说文一般是按照事物的内部联系来安排结构的，记叙文一般是按照事物发展的自然顺序来安排结构的（有时用"倒叙"和"插叙"的方法来记叙，但它并没有违反客观事物发展的规律性）。

例如毛泽东的《反对自由主义》，全文可分为四部分：提出为什么要反对自由主义这个问题；列举自由主义的十一种表现；分析自由主义的危害性及其根源；指出克服自由主义的办法。第一部分是全文的中心思想。文章开始就提出"我们主张积极的思想斗争"，"但是自由主义取消思想斗争，主张无原则的和平，结果是腐朽庸俗的作风发生，使党和革命团体的某些组织和某些个人在政治上腐化起来。"这就是反对自由主义的原因。既然要反对自由主义，就要明确什么是自由主义，所以第二部分列举了自由主义的十一种表现。第三部分进一步指出自由主义的危害性及其根源，更深刻地论证了反对自由主义的必要性。自由主义的危害这么大，那么怎样克服它呢？第四部分指出了克服的办法。这样，文章就达到了从提出问题，经过分析问题到最后解决问题的目的。显然，论说文的各部分之间都有严密的内在联系，因此结构也必然要求严谨、有条理。在分析论说文的结构时，要从具体内容出发，不要机械地理解，在形式上一定都是按照提出、分析和解决问题三大段构成。事实也不然，有的是先提出结论，再进行分析；有的是先摆事实、讲道理，然后下结论；还有的是边分析边作结论。

记叙文是以记人、记事为主，所以对所记事物的时间、地点、人物、事件几方面，都要交代清楚，要有事物发生、发展、结束的完整过程。在结构上往往是根据事物发生的时间顺序和空间位置来安排。也有时根据内容或时间，相对分成几部分，分别用小标题的形式来结构文章。要求有头有尾，层次分明，交代清楚，前后照应。例如《生命线》（《人民日报》1972年3月7日）这篇通讯，就是按照事情发展的时间顺序，分成四部分，用小标题的形式来结构文章的。文章一开头就交代了时间、地点，接着按时间顺序首先记叙了1971年12月22日夜晚，一辆救护车停到张家口南站后，客运值班班长刘玉荣同志立即请示调度，病人急需到北京抢救。调度所党支部决定，按重点列车掌握，立即发车。其次，记叙了在飞驰的"特别货车"上，铁路工人对小孩及亲属的无微不至的关怀。再次，记叙了深夜，一辆解放军的小汽车，朝北京郊区的三家店车站奔来。小汽车刚在车站月台上停下来，零九六次列车也驶了进来。在这同一时刻里，北京工农兵医院有关科室在党委的领导下，正在开动员会。凌晨两点十分，汽车驶进医院，开始手术。最后，记叙小学斌要出院了，医务人员纷纷向张沛浓夫妇告别。12月31日，张沛浓夫妇抱着小孩回到家里。文章是按照事情发展的时间顺序结构的，记叙得有头有尾，十分清楚。

(四) 结构要完整

文章是客观事物的反映,而客观事物是曲折复杂的,各种事物之间又有着紧密的联系,因此在安排文章结构时,要注意有头有尾,有交代有照应,要考虑文章的完整性和统一性。

例如,毛泽东在《中国社会各阶级的分析》一文中的开头,提出了"谁是我们的敌人?谁是我们的朋友?"这个革命的首要问题及怎样才能分辨真正的敌友。然后毛主席对中国社会各阶级的情况做了阶级的分析。最后把分析的结果综合起来,得出了明确的结论,回答了开头提出的问题。文章有理有据,有头有尾,中心思想突出,给人以完整的印象。

有的人写文章前没做周密的安排,想到哪写到哪,结果出现结构残缺不全的现象。不是有头无尾,就是开头以后很快就结尾,文章不能展开,这就直接影响了中心思想的表现。

三、结构的主要内容

(一) 材料详略的处理

确定了主题,选择好材料之后,就要根据主题需要,组织和安排材料,以便把材料组成有机的整体。在这中间,对材料的处理要有详有略,详略得当。

详和略在结构中表现为材料的取舍和段落的组织安排,这好像是形式问题,实际上它反映着作者对所写的问题的本质认识。有的人写文章不重视这点,不能很好地区分详略,不是写得太详细,满篇啰唆话,使读者抓不住中心,就是写得太简略,三言两语,没有表达明白。因此,详不等于多而杂,略不等于少而空,详和略是相对的,只有二者结合得好,文章才更有高度。那么在一篇文章里,怎样区分详略,使详略得当呢?

1. 要看主题的需要

详,就是根据主题的需要,把重要材料写得具体些,详尽些;略,就是把次要材料写得概括些,简略些。详写是为了突出重点,使文章主题更鲜明,略写是为了照顾全局,使主题更完整。

例如毛泽东在《反对党八股》一文中,第六自然段论述了五四运动文化革命的功绩,而对五四运动"反对帝国主义的功绩"一提而过,这不是因为"反对老八股老教条"的功绩比反对帝国主义的功绩还重要,而是因为毛泽东在这里不是全面论述五四运动的功绩,重点是在谈"反对党八股",因此,对党八股的历史及罪状论述、分析得十分详细,对其他则非常简略,这就是根据主题的需要确定详略的。

有的习作,不善于处理材料,结果详略不当。如《做一个"忠诚党的教育事业"的先锋战士》这篇习作,是新学员入学教育的一篇思想总结。文章对接到体检的通知后,他怎么想的,别人怎么说的;接到入学通知书后,他又是怎么想的,别人又是怎么说的;他哪天到校的,到校后又怎么做的……这些写得非常具体。可是,最后只用简单的几笔写道:"入学教育,对自己帮助很大,今后决心不辜负贫下中农的期望,做一个'忠诚党的教育事业'的先锋战士。"显然,作者没有抓住最能表现他入学教育后,思想上有了很大提高的那些材料详写,结果篇幅长,重点不突出。

2. 要看文章的体裁

论说文是用概念、判断、推理的方法来阐明观点的,因此,它在用事实作论据时,一般说来就可以略写。如《"友谊",还是侵略?》一文,毛主席虽然用大量的事实深刻地揭露了艾奇逊当面撒谎、将侵略说成"友谊"的真实面目,但每件事实都写得很简略。

记叙文是以记人、记事为主,因此抒情和议论方面就要略写,起到画龙点睛的作用就可以了。如报告文学《三口大锅闹革命的人们》(载报告文学选《红日照征途》),当作者写完三口大锅闹革命的创业者们,炼出了第一锅油,沉浸在巨大的欢乐之中后,议论道:"昨天,她们还是家庭妇女,终日围着锅台转;今天,是毛主席的光辉革命路线把她们彻底解放出来,为革命烧火炼油,为建设社会主义添砖加瓦,她们能不乐吗!"简单的几笔,写出了在毛主席革命路线指引下,这些家庭妇女的新贡献。

3. 要看读者对象

毛泽东在《反对党八股》一文中曾说:"射箭要看靶子,弹琴要看听众,写文章做演说倒可以不看读者不看听众么?"这就明确地告诉我们写文章要看对象,要根据读者的不同情况决定材料的详略。

例如毛泽东在《反对党八股》这篇讲演里,谈了党八股的八大罪状,其中"第七条罪状是:流毒全党,妨害革命。第八条罪状是:传播出去,祸国殃民"。毛泽东对其他条罪状谈得很具体,而对七、八条谈得很简略,是根据听众的具体情况,觉得"这两条意义自明,无须多说",所以略谈。但有的初学写作者却把读者熟知的事写得详细,把应该写详细的反而简略了,说明作者对读者不熟悉,调查研究还不够。

(二) 开头和结尾

开头和结尾是文章不可缺少的组成部分。开头,就是指从什么问题写起,从哪里下笔。它是全篇的第一步,和全文血肉相关,所以开头必须考虑全篇,如果离开全篇结构,孤立地考虑开头,必然会走完一步,不知下步,开头成为脱离全篇内容的多余部分。

文章开头很重要,开头写得好,能使读者很快地把握文章的中心。开头写得不好,离题很远,或者干干巴巴,读者就不愿意再看下去。有的文章不管是否需要,开头先绕圈子,堆砌一些华丽辞藻,或者做不必要的解说、抒情,结果是"下笔千言,离题万里"。

有的人把开头看得非常难,甚至好长时间也写不出一句话来,其实并不是难不可及的,只要把自己要写的问题想明白,对全篇的结构也有周密考虑,开头的问题也就好解决了。下面介绍几种常见的开头方法。

1. 开头揭示主题

从全文内容出发，一开始就直接揭示主题，先给读者一个总印象。如茅盾的《白杨礼赞》开头写道：

白杨树实在是不平凡的，我赞美白杨树！

又如苏洵的《六国论》开头写道：

六国破灭，非兵不利、战不善，弊在赂秦。

开门见山，直接揭示主题思想，一下就把读者的注意力集中到了主题上。

有一篇题为《继承先辈英雄志》的习作，写的是参观当年解放战争某战役的现场，听了讲述那时解放军和人民团结在一起，打击国民党反动派的英雄事迹。内容很好，可是开头却用大量篇幅谈如何朝气蓬勃地从学校出发，一路风尘一路歌，看见了农村的大好景象，等等，绕了很远，才回到主题上，这样的开头就不够好。

2. 开头交代人物、事件、环境

在记叙文中，往往先交代出主要人物，给读者打上深刻的烙印，进而揭示主题。如通讯《中国工人阶级的先锋战士——铁人王进喜》（《人民日报》1972年1月27日）一文的开头：

我国工人阶级的先锋战士，大庆油田的英雄代表，铁人王进喜同志逝世已经一年多了。

也有的记叙文，开头点明时间、地点、环境，这样便于展开情节，刻画人物，揭示主题。如小说《传统》的开头：

初春的浙江山区，已是柳枝吐芽，嫩草发香。经过一天的长途急行军，部队来到了南岭山区。南岭，山峰林立，地势险要；南临大海，东依大江。看样子，野营部队要在这儿驻训一个阶段。

还有的文章，开头就抒发作者的感情，抓住读者。抒情的语言，往往是经过提炼的最能表达主题思想的语言。如报告文学《铁水奔流铸红心》（《胸怀朝阳的人们》，天津人民出版社）的开头：

渤海浪翻，歌颂着工人阶级战天斗地、不怕风险的英雄气概！

海河波涌，抒发着工人阶级敢想敢干、创造奇迹的壮志豪情！……

3. 开头概括全篇的主要内容

开头概括全篇主要内容，能帮助读者把握全文。如毛泽东在《矛盾论》中的开头写道：

事物的矛盾法则，即对立统一的法则，是唯物辩证法的最根本的法则。……这些问题是：两种宇宙观；矛盾的普遍性；矛盾的特殊性；主要的矛盾和主要的矛盾方面；矛盾诸方面的同一性和斗争性；对抗在矛盾中的地位。

4. 开头交代写作目的

开头就交代写作目的，使读者了解写这篇文章的原因，更好地把握文章的内容。

如毛泽东在《中国社会各阶级的分析》一文中，开头第一段就交代了写作目的：

我们要分辨真正的敌友，不可不将中国社会各阶级的经济地位及其对于革命的态度，作一个大概的分析。

此外，文章的开头还和体裁有密切关系。在记叙文中，一般是按照事情发展过程写，以故事的开头作为文章的开头，也有从故事的结果写起的。论说文为了把道理论述得更明白，往往是一开头就接触主题，概括文章的内容。

文章的结尾，是全文的总结束，因此也很重要。结尾结得好，可以给读者留下深刻的印象；结得不好，就会影响文章的效果。有的文章结尾时，不是"草率收兵"，就是加上口号式的语句，结果是画蛇添足。

文章结尾，大致有三种情况：

1. 总括全文

把全文的思想内容，在结尾时总结在一起，点明主题。论说文常用这种方法。如《中国社会各阶级的分析》一文，对提出的问题进行分析后，结尾指出：

综上所述，可知一切勾结帝国主义的军阀、官僚、买办阶级、大地主阶级以及附属于他们的一部分反动知识界，是我们的敌人。……

2. 引人深思

文章主体部分虽然结束了，但结尾几句含蓄深刻，引人思考。如毛泽东的《星星之火，可以燎原》的结尾：

……它是站在海岸遥望海中已经看得见桅杆尖头了的一只航船，它是立于高山之巅远看东方已见光芒四射喷薄欲出的一轮朝日，它是躁动于母腹中的快要成熟了的一个婴儿。

文章用了一连串的排比句子，形象地比喻了中国革命高潮快要到来的大好形势，描绘了一幅雄伟壮丽的革命高潮的图画，把我们带到了即将到来的革命高潮的美好意境中，增强了我们革命的必胜信心和斗争的勇气，鼓舞我们继续前进。

3. 指明前进方向，发出号召或提出希望

这种结尾能加强文章的感染力，鼓励读者有所行动。如通讯《中国工人阶级的先锋战士——铁人王进喜》一文的结尾：

让我们满怀豪情地重温铁人的事迹，缅怀英雄的风貌，使"铁人精神"在千百万人民的心目中，更加发扬光大吧！

总之，结尾应该按照文章的内容发展和作者的思想脉络自然地写出，要干净利索，不要拖泥带水。结尾有各种各样的形式，不能生搬硬套，机械地模仿哪一种方式，而应该在写作实践中不断创新。

（三）段落和过渡

段落是文章中最基本的结构形式。客观事物发生、发展和结束这个变化过程的阶段性，在文章中是通过段落、层次体现出来的。

一篇文章从开头到结尾是一个连续的整体，但它不是一下子表达出来的，必须通过几个部分一段一段有层次地表现出来。这就构成了文章的段落和层次。

文章每一段虽然有相对的独立完整性，但它是全文的一部分，只负担表现主题的部分任务。

一般地说，一篇文章如果不分段就会冗长，脉络不清，内容混杂。相反，如果分段过细，也会使文章凌乱，分散内容。只有正确地划分段落，才能有条理、有层次地表现主题，并使读者掌握作者的思路，更好地理解文章的内容。

划分段落是很重要的，那么怎样才能划分好段落呢？最重要的是要对客观事物进行深入细致的调查研究，认识事物的本质，掌握事物发展过程和内在联系。一般地说，段落是按照逻辑推理，问题性质，时间、空间顺序和表现的主要内容来划分的。但不同的体裁，分段的方法也不同。如小说、戏剧等文学作品，一般按情节的发展来分段。记叙文一般按事件发生的先后，或材料的层次来分段。论说文一般按思想发展的过程即提出、分析、解决问题来分段。下边介绍几种常用的分段方法。

1. 按照逻辑推理分段

按照逻辑推理分段，通常是把主要问题加以总说或是先提出问题，然后分析，最后归纳得出结论。《改造我们的学习》一文就是这种分段方法。

2. 按照问题的性质来分段

如果文章的内容主要是以说明问题为主，就可以按问题的性质分段。如毛泽东《青年运动的方向》一文，就是按照中国青年运动方向的六方面问题来分段的。

3. 按照客观事物发展的时间顺序分段

如果文章的内容是按照客观事物发展的时间的先后安排的，段落就可以以时间为线索来划分。如通讯《生命线》，就是按照抢救小孩这件动人的事情的时间顺序分段的。

4. 按照空间的位置来分段

参观记、游记一类的文章，段落可以按照空间位置的变换来划分。

此外，还可以根据文章所写的人物或事件来分段。总之，分段的方法很多，但一定要从文章的具体内容和不同体裁的实际情况出发，只要能鲜明地表达主题，清晰地表现层次就可以。

有的文章，常常出现上下段缺乏内在联系，一段中往往脉络不清的毛病。原因是多方面的，但主要在于安排材料的时候，只抓事物的表面现象，没有分析事物的内在联系，只按照事物的外部标志，把材料用"甲乙丙丁"开中药铺的办法罗列起来，条理似乎也很清楚，但材料之间缺乏内在联系，主次关系不分明，结果很混乱。

一篇文章的层次、段落之间，不但要有内在联系，而且在层次与层次，段落与段落之间，往往需要过渡句或过渡段来自然地衔接，使上下文的内容很好地连贯起来。过渡在文章中起桥梁作用。文章过渡得好，就能使全文条理清楚，结构严谨。过渡得不好或需要过渡而没有过渡，就会使文章不连贯，甚至使读者不理解文章的内容。

在一篇文章中，当作者的思路有所变化，由一个问题转到另一个问题时，就需要过渡。说明原因或转入相反意思时常用"因为""所以""虽然""可是""然而"等关联词语过渡。毛泽东在《改造我们的学习》一文中，由第一部分"……所有这些，都是很好的现象"转到第二部分"但是我们还是有缺点的，而且还有很大的缺点……"，就是用"但是"这个转折连词过渡的。

有的用提出问题的方法过渡。如毛泽东的《中国社会各阶级的分析》一文中的第二自然段。"中国社会各阶级的情况是怎样的呢？"用这个设问句从上文过渡到下文，然后对各阶级进行具体分析。

有的用承上启下的方法过渡。如毛泽东的《改造我们的学习》一文第二部分的第五自然段，"上面我说了三方面的情形：不注重研究现状，不注重研究历史，不注重马克思列宁主义的应用。这些都是极坏的作风。这种作风传播出去，害了我们的许多同志。"这个自然段对文章起到了承上启下的作用，从上面说的三方面的情况转到了这种坏作风传播出去的危害性上。

（四）交代和照应

为了把思想内容表达得更清楚，使文章脉络清晰，结构严谨，给读者以完整印象，往往会用交代和照应的方法。交代就是后边说的重要的话或事情，在前面适当的地方先交代一下，使读者知道事情的来龙去脉，不感到突然。照应就是指前边交代过的话或事情，后面还要有着落，使读者知道前边作者为什么要做那样的交代。交代和照应是互相依存的。

交代和照应不仅是使文章结构严谨的重要方法，而且能使文章中的重要问题、典型事件、个性化的语言等更明确、更突出，给读者打上深刻的烙印。

交代和照应是有计划、有目的使用的，因此，文章是否需要交代和照应，什么时候需要，应从每篇文章的实际情况出发。比如文章的结尾常用照应的方法，把开头交代、说明或提出的问题，再一次给以说明、补充或回答，使文章更加严密、完整。如毛泽东的《改造我们的学习》开头是："我主张将我们全党的学习方法和学习制度改造一下。"接着作者论述了改造的理由。结尾写道："……我们在学习问题上的这一改造，我相信一定会有好的结果。"这样使首尾照应，给人以完整的印象。又如《沙家浜》中的第二场，当沙奶奶怀着满腔仇恨，忍不住向亲人诉说苦难家史后，小王要找刁老财去算账，沙奶奶说："……刁老财死了！他还有个儿子，前几年听说在东洋念书，现在也不知道哪儿去了。"这就把刁老财的儿子交代出来了。在第四场中，胡传魁来到春来茶馆后对阿庆嫂说："好好好，我给介绍介绍，这是我的参谋长，姓刁，是本镇财主刁老太爷的公子，刁德一。"这样使前边的交代有了着落。在《智取威虎山》中的第一场，杨子荣侦察回来后，向参谋长报告："我们奉命化装侦察，在偏僻的山坳里，救了个哑巴孩……"第三场常宝对她爹说："那两个皮货商，可是好人，要不是他们在雪地里救了我，我早就冻死了！"这与第一场杨子荣报告的侦察情况相互照应，使情节不断发展。

第四节 标 题

一、标题的作用

标题是文章的名称，是文章的有机组成部分，对于突出文章主题，表现文章内容，有重要关系。

标题也叫题目，"题"是前额，"目"是眼睛，是人们身体最显眼的部分。文章的标题读者最先看到，因而好的标题起到画龙点睛的作用，容易给读者留下鲜明印象，引起读者阅读的兴趣。

二、标题的制作

在论说文和记叙文中，标题的制作不太一样，下面分头介绍一下。

（一）论说文的标题

论说文的标题，要求准确鲜明，最常见的制作法有两种：

1. 直接标明文章的主题（论点）

作者赞成什么，反对什么，一目了然。如《反对自由主义》《将革命进行到底》《辱骂和恐吓决不是战斗》《"人梯"精神赞》。

有些论说文通过形象的比喻或带倾向性、象征性的词语做标题，作者的主张、态度暗含其中，实际也是直接表明观点的标题。例如《星星之火，可以燎原》，作者通过形象的比喻批判了悲观主义的思想，表现了坚信革命高潮一定能够到来的信念；郭沫若在全国科学大会闭幕式上的讲话，题为《科学的春天》，表现了在打倒"四人帮"之后，科学事业得到重新发展的大好形势。《别了，司徒雷登》等，也是这一类。

2. 标明文章所论问题的内容及范围

例如《关于正确处理人民内部矛盾的问题》《党委会的工作方法》《松树的风格》《"友邦惊诧"论》等。

（二）记叙文的标题

记叙文和文学作品的标题比论说文要灵活多样，常见的制作法有下面几种：

1. 直接揭示或暗示主题

例如《为了六十一个阶级弟兄》（王石、房树民）、《扬眉剑出鞘》（理由）、《可爱的中国》（方志敏）等。

2. 以所写的对象和题材为题

例如《记一辆纺车》（吴伯箫）、《长江三日》（刘白羽）、《荔枝蜜》（杨朔）等。

3. 用人名、地名为题

例如《藤野先生》（鲁迅）、《潘虎》（邓洪）、《三里湾》（赵树理）。

4. 用与主题和文章内容有密切关系的一事、一物、一细节为题例如《挥手之间》（方纪）、《红玛瑙》（刘白羽）、《雪浪花》（杨朔）、《哥德巴赫猜想》（徐迟）。

三、标题的要求

（一）准确

标题要与文章的内容相称，含意要清楚。如《榜上无名，脚下有路》（舒展），这是对老作家严文井同志一篇专访的标题，文章介绍了严文井同志曾四次报考大学，都没有被录取，后来通过自学，成了著名作家。这篇文章发表在1980年大学考试发榜之前，当时有很多考生及家长，都在为考不上大学怎么办的问题着急，这篇文章用"榜上无名，脚下有路"八个字为题，准确表现了严文井同志自强不息的精神，同时也有针对性地回答了部分考生及家长的问题，这个标题因为准确明白、富有意义而受到好评。

（二）简明

标题的文字不能拖泥带水，要做到简洁明快。《愚公移山》《反对党八股》《荔枝蜜》《谁是最可爱的人》等这些标题文字都很精练简明，叫人一看就懂。有些作者不大注意锤炼标题的文字，例如《〈阿舒〉的人物剖析和情节结构如何表现主题和人物性格》，文字多达二十几个，意思也有好几层，这样的标题怎么叫人喜欢呢？

（三）生动

标题生动活泼，叫人看了感到新鲜，这样的标题最容易给读者留下印象，并引起阅读兴趣。如《别了，司徒雷登》，这个标题生动地表现了在中国人民取得胜利之后，美国驻华大使被迫撤走的狼狈情景，文题暗含讽刺，表现了中国人民的自豪感情。又如1980年10月24日《工人日报》刊登读者来信，揭发凭祥市商业局等单位的不正之风，用了"20台'飞人'（牌）缝纫机 台台'飞'进领导家"为题，巧妙地借用商标"飞人"中的"飞"字，既生动又深刻，它一方面表明缝纫机是某些领导用不正当的手段弄到手的，同时说明这些一般顾客买不到的东西，领导因为有了"特权"，弄到手是多么容易。一个"飞"字，把某些人的坏作风形容得惟妙惟肖，这样的标题读者是喜欢的。

四、标题的种类

标题除了正题外，还有副标题，也称副题，表示方法是在副题前加破折号，写在正题的下面，副标题的作用是对正标题的内容加以补充和说明。正标题要求简明生动，文章内容有时在正题中不能完全表达清楚，遇到这种情况，往往需要加副标题。例如：

为了周总理的嘱托（正题）
——记农民科学家吴吉昌（副题）

亚洲大陆的新崛起（正题）
——从李四光走的道路看新中国地质科学的跃进（副题）

以上两个正标题都很精当，但从正题中看不出文章内容写的是什么，有个副标题加以说明就清楚了。

除上述的类型外，有些标题比较特殊，和文章主题没有多大关系。如《无题》《偶感》《断想》《琐忆》之类，即是如此。

有个别文体，标题比较复杂。如新闻，其标题的层次就可以较多。正题前面，还可以有"引题"，也称"眉题"；正题下面，可以有一行到两行"副题"。这样，就形成了所谓"多行标题"。不过，这种情形只出现于新闻文体之中，下面讲新闻写作时详讲，这里了解一下即可。

有些文章篇幅较长，头绪较多，一路写下来，不容易看清文章的层次，如果把这种文章分成几部分，每部分加上一个小标题，读者读起来就清楚多了。如毛泽东的《湖南农民运动考察报告》，全文共分八部分，每部分都加了小标题，看起来显得眉目很清楚。又如鲁迅的《论"费厄泼赖"应该缓行》，全文共分八节，每节都有分题，条分缕析，眉清目楚。这种"小标题"我们会常常用到，要注意掌握。

思考与练习

一、为什么要学习写作？提高写作水平的主要方法是什么？

二、好文章的主题应符合哪些要求？表现文章主题有哪几种方法？

三、文章写作对材料有哪些要求？材料使用有哪几种方法？积累材料有哪几种主要途径？

四、文章结构有哪些要求？它包括哪些主要内容？

五、文章的标题有哪几种？标题制作有哪些方法，各有什么要求？

六、按照本章学过的写作方法，自拟题目，写一篇文章，字数不限。

第二章　表达方式

表达方式是指布局谋篇后,即思想内容确定之后,表现文章思想内容的工具。主要包括语言和技法两种,其中语言尤为重要,它是表现文章思想内容的主要工具,如果掌握不好这一工具,再好的思想内容也无法表达出来,各种写作的技法如叙述、描写、议论、抒情、说明也都会成为无源之水,无本之木。下面把这两种表达方式做一下简要的介绍。

第一节　语　言

写文章,对语言的最起码要求是用语准确,句子通顺。当然,仅做到这一点并不够。要增强文章的表达效果,语言还必须简洁明快、生动有力。作为初学写作者,在使用语言时,先力求把语句写通顺,把意思说明白,然后再进一步向文字简洁、语言生动方面努力。语言不通顺,词不达意,就说不上简洁、生动。当然,仅仅做到文从字顺,而语言干干巴巴,缺乏文采,文章也不会有说服力和感染力。如何使用语言,语言篇都做了详细的介绍,这里从文章写作的角度,简要介绍一下怎样才能使文章的语言做到准确、简练、生动。

一、准确

语言作为人类交际、交流思想的工具,作为思想的表达形式,首先要求准确。

(一) 用词要做到精确无误

词是语言的建筑材料。一篇文章的语言质量如何,与选词的准确程度关系极大。怎样做到用词准确呢?

1. 精选最恰当的词语

词汇的海洋辽阔无比。每个词代表着不同事物的概念和状貌,反映着不同的景象和感情。从纷繁富丽的词汇海洋里,选取那唯一的、完善的词语去准确地叙事、状物、表情、达意,这是一项十分艰苦的劳动。马克思常常花很多时间力求找到需要的字句,一丝不苟,有时到了咬文嚼字的程度。鲁迅是运用语言的巨擘。他的语言最突出的特色之一,就是用词准确、精巧。例如,《故事新编》中有一篇《出关》,描写老子和他的学生孔子见面的事。孔子拜见老子,谈他三个月来思索的心得。老子听后,说:"对对!您想通了!"接着描绘两个人的神态,原文是:"大家都从此没有话，好像两块呆木头。"后来，鲁迅把"块"改为"段"。这样一改，语意精确了。"块"与"木头"连在一起，给读者的联想是含混的。"块"的形状，可方可圆；用以形容人的体态，也不够贴切。"段"表示长形，写大体形态自然贴合。

  伟大的作家无不呕尽心血寻找最确切、最恰当的字眼。我国古人不是有"吟安一个字，捻断数根须"，"为求一字稳，耐得半宵寒"的故事吗？据说福楼拜写《包法利夫人》时，常常为了一个形容词和他的朋友讨论半天；托尔斯泰在选词上付出的巨大劳动，常常使读过他的笔记本的人吃惊。这些语言大师力求词不虚发，表意准确的刻苦精神，正是我们学习语言时应当效法的榜样。

  2. 精心辨析词义

  汉语里近义词非常多。有些近义词，粗看起来，意思区别不大，细细考究，含义完全不同，如"反应"和"反映"，"消亡"和"消灭"，"克服"和"克复"，"收集"和"搜集"，等等，必须经过精心辨析，才能准确地使用。比如，"消灭"和"消亡"，虽然只是一字之差，但意义完全不同。"消灭"必须借助于外力；"消亡"则表示自行消失。显然，"敌人已经被消灭了"和"世界上有许多语言已经消亡了"的"消灭"和"消亡"是不能对调使用的。

  写文章的时候如果不注意辨析词义，随便乱用，就很容易造成误解。比如，"农民积极完成国家的副产品征购任务。"这句话里的"征购"应当改为"收购"，因为，国家向农民只"征购"粮食，对于副产品并不"征购"，而是用合理的价格"收购"。

  3. 仔细区别词的感情色彩

  词语的感情色彩是很细微、精妙的，遣词造句的时候，必须仔细地体味、揣摩。首先要区别词义的褒贬色彩，如"坚定""顽强"是褒义词，"固执""顽固"是贬义词，"急急忙忙"无所谓褒贬，"慌慌张张"就有贬义了。其次要分清词的分量的轻重。比如，"满意"和"满足"是两个意思相近的褒义词，但"满意"比"满足"的程度要浅，分量要轻。"不满"和"愤怒"意思也有相近之处，但"愤怒"比"不满"的程度要深，分量要重。

  此外，在现代语言里，还活跃着一批有生命的文言词语，运用得好，可以使语言简洁有力，生动形象。但是，首先要正确地理解其含义。这一点，鲁迅早有告诫，他说，学习古人语言"也是必要的，但一须选择，二须有字典以确定所含的意义"。（鲁迅《人生识字糊涂始》）绝不能从旧书上抄一些向来就没有弄明白的形容词之类，搬到自己的笔下来，影响了文字的明确性。同时，还要注意文言词语的时代性，了解词义的历史变化，从需要出发，恰当选用。

  古人说："一字之失，一句为之蹉跎。"（刘淇《助字辨略·自序》）准确地选词是如此重要，我们应当严肃对待，不能掉以轻心。周恩来同志曾告诫重庆《新华日报》的工作人员说："不能错用一个字的。应该认清每一个字的分量，它有时甚至与四亿五千万人民的利益有关！"（龙飞虎《跟随周副主席十一年·新华日报的斗争》）我们要把这句话铭刻在心上，随时提醒自己。

（二）造句要合乎语法规则

句子是文章的骨干。所谓文章的语言，最基本的就是遣词造句问题。如果造句能够文从字顺各司其职，那么文章的语言就达到最起码的要求了。句子构造是不是正确，除取决于事理（思想内容）说得对不对以外，还取决于是不是符合大家说话的共同习惯，即是不是合乎现代语言的语法规则。

这里，我们不再系统地谈论专门的语法知识，只从写文章的角度，提出几个应该注意的地方：

1. 句子成分要完整

构成一个句子的最基本的成分是主语、谓语和宾语；在比较复杂的句子里，还有定语、补语、状语等连带成分和附加成分。在一般情况下，句子的成分，特别是主干部分是不能随意省掉的。如果省掉了不该省略的成分，句子就残缺不全了。例如："车间里有个身材不高，身体非常健壮、干起活来好像小老虎似的，赤着背，一直在那里苦干。"这句话把宾语丢掉了，于是就没有交代清楚车间里究竟有个"什么"。应该在"身材不高……像小老虎似的"等一连串定语后面，补上宾语"青年人"，句子才算完整。造句时一定要抓住"主干"，理清"枝叶"，使句子的"主干"部分（主语、谓语、宾语）完完整整，结结实实；使句子的"枝叶"部分（定语、补语、状语）整整齐齐，有条有理。

2. 相关词语要搭配

在句子当中，词与词的相互搭配以及词序的安排，都是有一定条件的。句中的各种成分如果搭配不当，也会出现语法错误。例如："他们的社会主义觉悟、学习、身体都大大提高了。"这是一个联合词组充当主语的句子，谓语"提高"，只能陈述"社会主义觉悟"和"学习成绩"的状貌，陈述"学习"、"身体"则不妥当，应改为"社会主义觉悟、学习成绩都大大提高；身体也比以前健康了"。有时，由于词序安排不当，相关的词语也搭配不上。例如："他用了一种很严肃的口气望了一下周围的人说。""严肃的口气"是用来形容"说话"的语气和神态的，不是用来修饰观望动作的，应改为："他望了一下周围的人，用一种很严肃的口气说。"

3. 事理要合乎逻辑

有些句子，从语法形式看，成分不缺，搭配也不能说不合适，但是仍然不准确，原因是文章所反映的事理，顾此失彼，不合逻辑。例如："蓝蓝的天空，万里无云，一丝微风也没有，只见树梢轻轻地摆动着，天空飘着朵朵白云。"显而易见，这是不合事理的。既然"蓝蓝的天空，万里无云"，又怎么会"飘着朵朵白云"了呢？既然"一丝微风也没有"，"树梢"又怎么能"轻轻地摆动"了呢？

4. 关联词语要扣紧

在文章中，尤其在论说文里，关联词是很多的，用得好，可以使文意紧连密锁，准确有力，增强文章的逻辑性。例如，毛泽东在《一个极其重要的政策》中，提醒党和军队的领导人员必须事先看到抗战第五、第六两年形势的特点时说："如果他们不能事先看到，那他们就只会跟着时间迁流，虽然也在努力工作，却不能取得胜利,反而有使革命事业受到损害的危险。"(毛泽东《一个极其重要的政策》)请注意引者加了着重点的那几个关联词,用得多么妥帖紧凑,不仅论述精密而简要,文字也显得曲折婉转。如果关联词用得不好,就会破坏句子的完整性和连贯性。

二、简练

简练,就是用最少的文字表达尽量多的内容,做到"文约而事丰"。(刘知几《史通·叙事》,《史通通释》,上海古籍出版社1978年版168页)

世界上任何事物,不论多么庞杂,都是能用简单明了的话语表达出来的。我们要努力学习凝练的艺术,以"惜墨如金"的态度,下功夫炼字、炼句,力求用最经济的语言表达更丰富的内容。

(一)提炼最精粹的词语

精粹的词语,是从丰富的语言材料中提炼出来的。这个提炼的工作,一般来说可以从节约用字、删繁就简、努力压缩等三个方面入手去做。

1. 节约用字

能少说一句话就少说一句话,能少用一个字就节省一个字。例如,鲁迅的小说《离婚》描写两个"老女大"在船舱里观察、品评爱姑时的动作,不过"互视,努嘴,点头"六个字。《聊斋志异·婴宁》刻画婴宁的各种笑态时,用词也很简约,却情态毕现。唤婴宁进屋与王生见面那个场面,不过就是"户外嗤嗤笑不已。婢推之以入,犹掩其口,笑不可遏"几个字。进屋以后,没有说几句话,她便"以袖掩口,细碎连步而出,至门外,笑声始纵"。寥寥数语,把婴宁怎样在门外笑着不进来,丫鬟怎样推了她一把,她在生人面前怎样捂着口笑个不停,后来,又怎样迈着小碎步迅速跑出门外才放声大笑起来等情态,描述得淋漓尽致,有声有色。到王家以后,王生的表兄弟想见见她,开始她"浓笑不顾",不愿意出来,后来在王母的催促下"始极力忍笑,又面壁移时,方出。才一展拜,翻然遽入,放声大笑"。全文从始至终写婴宁的"笑",许多地方只用两三个字,就造成一个形象:"笑语自去""忍笑而立""复笑不可仰视""狂笑欲堕""且笑且下,不能自止""笑又作,倚树不能行""但闻室中,吃吃皆婴宁笑声"等,用词的精粹,可以说登峰造极了。

2. 删繁就简

把一切与表达主题不相干的多余部分统统删去,特别是那些不必要的重复和解释。高尔基说,这些重复和解释,只"说明您不信任自己也不信任读者的理智"(转引自富曼诺夫《论创作》,《论写作》,人民文学出版社1957年版230页),只会使文字累赘、啰唆,没有任何积极意义。例如"每每读了毛主席的著作以后,总不免动手动笔写自己的心得、感受。"这句话一共27个字,其实,只需要"每次读毛主席著作,我(或他)总要写心得"14个字就够了。写"心得"只能在"读了……以后";写"心得"必须"动手动笔";既是"心"得,当然是"自己的",这些话都无须说明,而"心得"和"感受"在这句话里是同样的意思,留一个就够了。

3. 努力压缩

这里所说的压缩，就是缩写。缩写是从浓缩意思到凝练文字的全面改动，是文章整体的重新布局；不仅仅是对于个别文句的删改。"压缩"比"删繁"更难一些，但是也更彻底一些。经过压缩的文字，才是最简练的文字。

（二）熔炼含蓄的词语

写文章时不能把话说尽，不要把意思全部浮现在字面上，应该在必要的地方含而不露，留有余地，这样既可以增加读者的兴味，又可以节省许多笔墨，求得言简意远的效果。

例如，辛稼轩（即辛弃疾）的《跋绍兴辛巳亲征诏草》，就是一段话中有话的精彩文字：

使此诏出于绍兴之初，可以无事雠（仇）之大耻。使此诏行于隆兴之后，可以辛不世之大功。今此诏与此房犹俱存也，悲夫！

这篇短跋写在宋宁宗嘉泰四年（1204年），距宋高宗南迁后的绍兴元年（1131年）73年，距宋高宗起草"亲征诏"的"绍兴辛巳"（1161年）43年。作者在"跋"中说，如果在绍兴初年，也就是开封（北宋都城）失陷以后的两三年间，就下诏亲征，是可以避免向金朝侵略者屈己称臣、割地输款的奇耻大辱的，可是，当时没有这么办。如果在隆兴之后（宋孝宗隆兴元年是1163年），能够趁金海陵王完颜亮南侵身亡，内部大乱，南宋军民群情激愤的大好时机，举行北伐，也可以完成收复失地、洗雪国耻的"不世之大功"，可是，腐败不堪的南宋统治者，苟且偷安，坐失良机，到了七十多年后，仍然只是空留着几张"亲征诏书"的草稿，而敌人则猖狂如故。这是多么令人悲愤的现状啊！这篇短跋所包含的内容是这么广阔、丰富，可以说概括了南宋朝廷丧权辱国、苟安江南的一部耻辱史，然而，仅仅说了3句话，46个字，大部分意思藏于句中，留给熟悉这段历史的读者自己去回味、联想。这是何等简练的文字！

又如，鲁迅的《为了忘却的记念》，用含蓄的语言表达出许多郁愤至极的感情：

天气愈冷了，我不知道柔石在那里有被褥不？我们是有的。洋铁碗可曾收到了没有？……但忽然得到一个可靠的消息，说柔石和其他二十三人，已于二月七日夜或八日晨，在龙华警备司令部被枪毙了，他的身上中了十弹。

原来如此！……

要写下去，在中国的现在，还是没有写处的。年青时读向子期《思旧赋》，很怪他为什么只有寥寥的几行，刚开头却又煞了尾。然而，现在我懂得了。

"原来如此"下面是有许多话的，但作者不说了，留给读者去补充。"然而，现在我懂得了"，懂得了什么？作者也不讲了，留给读者去思索。这都是"句下有句"的含蓄之笔，能够用少量的文字带出大量意思的。

再如，《左传·鲁宣公十二年》记载晋楚邲之战时有这么一句话："中军下军争舟，舟中之指可掬也。"这是一个"句中有句"的例子。从字面看，是说船里面的手指头，可以用两手捧起来，而蓄于句中的意思，却是晋军将帅无威，士不用命，争舟逃命，乱刀剁手的惨状。短短一句话，把晋师大败后的混乱状态，描写得如在眼前。读完这几个字，完全可以把作者含蓄于句中的丰富意思想象出来。

（三）巧妙使用古语

我国古代文言文，包括成语、典故，文辞简严，巧妙使用可以收到文笔凝练的效果。例如毛泽东同志在《新民主主义论》中运用"以排山倒海之势，雷霆万钧之力，磅礴于全世界，而葆其美妙之青春"这个文言句式，描述共产主义思想体系和社会制度的伟大生命力，简练生动，寓意深刻。尤其是"葆"字，取其做动词用的"包含着、宝藏着"的意思，给人一种肯定、结实、饱满的感觉。鲁迅的作品中，运用文言词语的地方也很多。鲁迅《阿Q正传》第六章采用肃然、赧然、凛然、悚然、欣然等五个文言词语，简练而生动地表现了好奇的未庄人，在阿Q自叙"中兴史"时，那种瞬息数变的神态。可见，文言词语使用得当，可以使语言简洁、干练，显得分外精神。

总之，文章的语言应当力求简练；但是，不能为简而简，变成了"苟简"。这就同文章的长短一样，要以能否达意为准，该长就长，该短就短。文章不该长而写得长，是毛病，文章该长而写得太短，以至于意思表达不清楚，也是毛病。因此，不能为求文字简练而一概否定重复。文章有因重复而形成烦冗的，但是也有因重复而生色的。例如，鲁迅《秋夜》的开头："看见墙外有两株树，一株是枣树，还有一株也是枣树"，我们并不觉得累赘。又如鲁迅《社戏》中描写主人公等待名角出场的心情："看小旦唱，看花旦唱，看老生唱，看不知什么角色唱，看一大班人乱打，看两三个人互打，从九点多到十点，从十点到十一点，从十一点到十一点半，从十一点半到十二点——然而叫天竟还没有来"，我们也不感到冗长，因为这样的描写正切合人物当时的心境，是文章思想内容的需要。另外，也不能为求文字简练而一概否定"闲笔"。有些表面上看来是"闲笔"的文字，其实是有用处的。

由此可见，文字的繁简没有定则，应该各随其宜，做到简而不陋，繁而不芜。当然，要做到这一步，不是一朝一夕的事，必须经过由简到繁，再由繁到简的磨砺过程。只有经过去粗取精，去伪存真，由此及彼，由表及里的改造、提高，才能达到真正的简练。这里，知识的积累，对事物的了解、认识非常重要。只有知道得详尽，才能写得简练，只有对事物有了全面、深刻的认识，才能从大量的事实和现象中，把最确切而又富于表现力的词语精选出来；运用语言时，才有余地。所以，炼字、炼句必先炼意。炼意乃是精炼语言的根基。如果思想混乱，内容芜杂，语言表达势必枯燥、繁冗。

三、生动

不仅要追求准确、简练，还应追求生动，绘声绘色，让人如临其境，闻其声，如见其人，以强烈的艺术魅力，吸引读者去深刻地领会文章的内容。怎样才能使文章的语言生动呢？可以从下面几方面考虑、用力：

（一）形象性

语言的生动性和形象性是分不开的。形象化的语言会使人读完文章以后，有一种身临其境的感觉，好像摸得着、看得见似的。

例如，阅读柳宗元的《至小丘西小石潭记》，你就会觉得好像是在游览一个有山有水的园林，又像是在听一首悠扬悦耳的乐曲。作者选用形象有感触的字眼，触发读者丰富的联想，如那潭水中游动的鱼儿"皆若空游无所倚"。"空游"一词，明写鱼群的动态，暗示水的透明，好像游动的鱼群，刚从你的眼前闪过。如那远去的潭水"斗折蛇行，明灭可见"。寥寥八个字，写了那么多情景：先用两个比喻，写出了水貌的动态和静态，然后透过视线和溪身的交错，借光线的明暗，表现出水面的光亮，好像正在闪烁着耀眼的光芒。

又如《水浒传》第三回，鲁达挥动醋钵儿大小的拳头，一拳打得郑屠"鼻子歪在半边"，又一拳打得他"乌珠迸出"，第三拳打得他"挺在地上"；"歪""迸""挺"这三个形象有感触的字眼，配合原文中三个精彩的比喻，构成一幅生动、具体的图像，把事件的情态活灵活现地展示给读者，唤起读者丰富的联想，构成了立体的形象感。

（二）音乐性

语言和音乐一样，也是有节奏的。"从传统的汉语诗律学上说，平仄的格式就是汉语诗的节奏。这种节奏，不但应用在诗上，而且还应用在后期的骈体文上，甚至某些散文作家在他们的作品中也灵活地用上了它。"（王力《略论语言形式美》）在文章的语句中，灵活地运用平仄格式，在上下两句自然而然地交替出现，就可以利用声调的高低、升降、长短的变化，形成抑扬顿挫的音响，使语言具有优美的节奏感。

老舍有一次谈论戏剧语言的时候，比较详尽具体地谈到了语言的节奏和声音之美的问题，对于我们认识语言的音节美很有帮助。他说：

在汉语中，字分平仄。调动平仄，在我们的诗词形式发展上起过不小的作用。我们今天既用散文写戏，自然就容易忽略了这一端，只顾写话，而忘了注意声调之美。其实，即使是散文，平仄的排列也还该考究。是，"张三李四"好听，"张三王八"就不好听。前者是二平二仄，有起有落；后者是四字（按京音读）皆平，缺乏扬抑。四个字尚且如此，那么连说几句就更该好好安排一下了。"张三去了，李四也去了，老王也去了，会开成了"这样一顺边的句子大概不如"张三、李四、老王都去参加，会开成了"简单好听。前者有一顺边的四个"了"，后者"加"是平声，"了"是仄声，扬抑有致。……如"今天你去，明天他来"。或"你叫他来，不如自己去"。"来"与"去"在尾句平仄互相呼应，相当好听。

……在通俗韵文里，分上下句。我们的对话虽用散文，也可以运用此法。上下句的句尾若能平仄相应，上句的末字就能把下句"叫"出来，使人听着舒服、自然、生动。

（老舍《对话浅论》）

优秀的散文作家都是很重视这个规律的。他们总在巧妙地运用它，使自己的作品情文并茂，音义兼美。试以刘白羽《长江三日》的一段话为例：

……听说长江发源于一片冰川，春天的冰川上布满奇异艳丽的雪莲，而长江在那儿不过是一泓清溪；可是当你看到它那奔腾叫啸，如万瀑悬空，砰然万里，就不免在神秘气氛的"童话世界"上又涂了一层英雄光彩。……（刘白羽《长江三日》）

作者在有意无意之间，让"川""莲""溪""空"等平声字和"啸""里""彩"等仄声字在意义停顿的地方交替出现，给文章的语言带来了一种抑（仄声）扬（平声）顿挫的节奏变化，拍节协调，铿锵悦耳，犹如滔滔江水，顺流而下，自然而优美。

语言的音节美，光用眼睛看是体会不到的，必须三番五次地诵读才能领会。叶圣陶先生说："盖今人为文，大多说出算数，完篇以后，惮于讽诵一二遍，声音之美，初不存想，故无声调节奏之可言。"（转引自王力《略论语言形式美》）这是十分中肯的批评，也是颇有见地的指导。他告诉我们：要通过"讽诵"，检查自己的文章在声调节奏方面的失当之处；也要通过"讽诵"，吸收典范文章在声调节奏方面的精华。

（三）装饰美化

语言和房屋一样应当有适当的装饰美化，这和朴素并不矛盾。苏轼有云："欲把西湖比西子，淡妆浓抹总相宜。"（苏轼《饮湖上初晴后雨二首·其二》文章的语言也是这样，只要"相宜"，那就不论是配以装饰的"浓抹"，还是朴素大方的"淡妆"，都能够增加语言的生动性。

运用比喻、叠字、重复、拟人等修饰手段，乃至于生动的俚语、俗语、谚语、歇后语等"化妆品"，都可以增强语言的艺术魅力。例如：

直到一九四八年冬天，翠娥一睁眼，在她生命的海平线上忽然泛起红光，一轮红日腾空跳出生活的海洋，于是上天下地闪射着一片光明。

（杨朔《东风第一枝·渔笛》）

这段话的含义，如果用日常生活的语言来表述，应该是这样：直到一九四八年冬天，家乡解放了，翠娥才获得了新生。可是作者不去直说，而是用红日照射大地的景象加以比喻，拿艺术的色笔装饰了一下，文字显出异彩，成为具有艺术美感的生动语言。

富有音乐美和浓郁的感情色彩的叠字是增强语言生动性所常用的"装饰品"。它可以用来细腻而生动地描写景物，烘托气氛，抒发感情。叠字的形式很多，有单字重叠的（慢慢、悠悠、寥寥、青青），两字重叠的（冰凉冰凉、雪亮雪亮、溜光溜光），三字后重叠的（甜丝丝、香喷喷、红彤彤、绿油油、软绵绵、雄赳赳），三字前重叠的（蒙蒙亮、排排坐、团团转），其他还有"糊里糊涂""傻里傻气""慢慢悠悠""一蹦一跳""一忽闪一忽闪"等形式，真是千姿百态，变化无穷。朱自清写散文就很爱用叠字，据统计，《荷塘月色》用了 27 处，《桨声灯影里的秦淮河》

竟达72处之多。

叠句也有一种奇特的魅力。秦牧说:"在要表达深刻的思想、复杂的事物、沸腾的感情时,在作品中'节骨眼'的地方,适当运用叠句,常常能给人一种'百转千回,绕梁三日'那样的感受。"(《叠句的魅力》)当我们读到"漳河水,九十九道湾,层层树,重重山,层层绿树重重雾,重重高山云断路"(阮章竞《漳河水》)这精彩的诗句时,沸腾的感情不是在随着叠句的不断出现而盘旋直上吗?

论说文并不完全是用抽象概念和逻辑推理表述思想的。感人的说理也常常利用比喻所造成的形象化效果、反义词的映衬所构成的对称美感等手段,来增加文字表述的生动性和喻理的明确性。如毛泽东《星星之火,可以燎原》的结尾,用精彩的比喻揭示了事物的深刻含义,使一个难于明言的复杂道理,突然间简单明了起来。又如毛泽东《论持久战》中,用"小国,地小、物少、人少、兵少"和"大国,地大、物博、人多、兵多"以及"小国、退步、寡助"和"大国、进步、多助"的映衬、对比,澄清了是非,廓清了黑白,预示了中国必胜、日寇必败的战争结局,击破了"亡国论者"的无耻谬论。

(四) 幽默感

幽默是借助于想象,机智而巧妙地运用引人发笑的技巧,使读者在轻松活泼的气氛中,通过笑的媒介,领悟到作者宣示的旨趣,甚至是深奥的哲理,同时还给语言带来生动的效果。恩格斯认为,幽默是具有智慧、教养和道德上的优越感的表现。例如,廖承志为"何香凝中国画遗作展览"而写的回忆录《我的母亲和她的画》,是一篇感情深厚、语调平和而又饱含幽默笔触的好散文。他描述他的母亲抵制"裹脚"的那一段文字就很幽默风趣:

……我母亲自小时候起,在外祖父家里常偷听亲戚和朋友谈及太平天国的故事,悠然神往。于是立定决心,无论如何不裹脚。外祖父、外祖母勃然大怒了,用尽了一切手段,迫着她裹小脚。她晚上就用剪刀把那些裹脚布通通剪开。剪了的翌日又被裹,当晚又剪成了飞花蝴蝶。这样的英勇奋斗,大概经过了好几十个回合吧,最后我外祖父母叹了一口气,由她去了。原因简单,原来我母亲有十一个姊妹兄弟,她排行第九,即三个兄弟,八个姊妹,"人丁旺盛",因此就不知怎地网开一面,让她漏过来了。据我母亲说,她被免除"苛捐杂税"以后,就凭着一双大脚,腾云驾雾,到处飞奔,上树爬山,非常快活云云。

作者选择的虽然是一个生活中的细节,却从侧面展示了何香凝老人一生英勇斗争的精神,而笔触又如此地轻松和悦,内刚而外柔。这正是老舍所说的那种既不呼号叫骂,也不顾影自怜,只是把事情的可笑之点,巧妙地写出来的典型的幽默手法——"笑里带着同情,而幽默乃通于深奥。"(老舍《谈幽默》)

幽默常常和讽刺一块儿出现,"由婉刺而进为笑骂与嘲弄。"(老舍《谈幽默》)例如老舍的《宝船》中写小孩子不知道"驸马"是什么,因而猜想是"驴"。这既符合儿童心理,又富有讽刺意味。又如,歌剧《刘三姐》中三姐和秀才的对歌:

秀才问：莫逞能，
　　　　三百条狗四下分，
　　　　一少三多要单数，
　　　　看你怎样分得清。
三姐答：九十九条打猎去，
　　　　九十九条看羊来，
　　　　九十九条守门口，
　　　　还剩三条狗奴才！

三姐的对答活泼辛辣，妙语双关，幽默中带着讽刺，表现了劳动人民的高度智慧和不畏强暴的勇敢斗争精神。

幽默是群众语言的一个显著特色。人民的口语中有许多朴拙动听的幽默话。我们要虚心地向人民群众学习，摸索掌握幽默的艺术，增强语言表达的生动性。

（五）多样化

文似看山不喜平。遣词造句要有适当变化，忌避重复和落套，这也是语言生动的一个重要条件。如果一篇文章的语言格式过于呆板，那就非让人厌倦、倒胃不可。若能按照主题的需要把叙述、议论、设问、反话、比喻、举例、刻画形象、插进解释等交叉起来，相错成文，这样，文章就会显出变化，读起来就有兴味了。

例如毛泽东同志的《质问国民党》，虽然是一篇驳论文章，但是语言那么活泼多变、生动引人，很值得学习研究。

假如你们也没有什么对付日本人的"蒙汗药"、"定身法"，又没有和日本人订立默契，那就让我们正式告诉你们吧：你们不应该打边区，你们不可以打边区。"鹬蚌相持，渔人得利"，"螳螂捕蝉，黄雀在后"，这两个故事，是有道理的。你们应该和我们一道去把日本占领的地方统一起来，把鬼子赶出去才是正经，何必急急忙忙地要来"统一"这块巴掌大的边区呢？大好河山，沦于敌手，你们不急，你们不忙，而却急于进攻边区，忙于打倒共产党，可痛也夫！可耻也夫！

这段话不仅庄谐并作，语态潇洒，雅俗结合，内容丰赡，而且散偶交错，句式多变，能够感觉到一种语言的"内部弹性"。

（六）新鲜感

文章最忌随人后。使语言生动的一切努力，都必须在刻意求新的前提下完成。如果人云亦云，拾人牙慧，变来变去还是在老套子里面打转悠，语言仍旧生动不起来。

每一个新的主题，都要求新的语言形式给以配合。一个词如果用得太频繁，就会失去它的新鲜性和形象性，变得软弱无力了。我们要善于发掘未经别人触动过的语言宝藏，大胆创新。诗人艾青《垦荒者之歌》这样写道：

我的家在钱塘江上，
　那儿是鱼米之乡；
同志，请你告诉我：

哪儿是你的家乡？

说什么家乡不家乡，
灶王爷贴在腿肚子上——
祖国的河山到处都可爱，
人在哪儿哪儿就是家乡；
……

"灶王爷贴在腿肚子上——"，"人在哪儿哪儿就是家乡"，这话多么新鲜！诗人用自己创造的独特语言，表达了很多人都表达过的革命者"四海为家"的思想。

语言做到新鲜感，"自铸伟词"，"不蹈袭前人一言一句"是不容易的，对于初学者来说，首先应做到语言出于己心，从自己的脑子里找话，真正反映自己的真情实意。这样写出来的东西，即使称不上"自铸伟词"，却也是"词必己出"。我们应该锻炼一种能力，一种对于客观事物的形象、艺术的感受能力，通过独特的切身感受，选取新的角度，寻觅新的语言形式，去反映丰富多彩的现实生活。

第二节 技 法

文章写作，不仅要讲究语言，还应当讲究技法。所谓的技法，就是写作的技巧、方法、手法。在写作中，如能恰当地使用各种写作技法，文章就会更加精彩，收到更好的效果。下面介绍五种常见的写作技法。

一、叙述

叙述是作者对人物、事件、环境所作的说明和交代。叙述技法运用得好，能使文章清楚、具体。在叙述过程中要注意四点：一是交代明白，叙述一件事，要交代清楚时间、地点、人物、事件、原因、结果，使读者对所叙述的事件有清楚、全面的了解；二是线索要清楚，让人读起来感到有条不紊，即使写许多的人和事，也不感到庞杂零乱；三是要具体，切忌空洞、抽象；四是分清主次，详略得当，不要平铺直叙。常见的叙述技法有下面几种：

（一）顺叙

如果按照事件发生、发展的先后顺序来写，叫顺叙。这是最基本、最常见的一种叙述方法。采用顺叙的写法，事情的来龙去脉容易交待得清楚、明白，可以一目了然，这种叙述方式符合人们的思维、认识过程。

报告文学《为了周总理的嘱托》一文就是采用顺叙写法的。文章开头先写1966年1月周总理在一次会议上，把研究棉花落铃的任务交给了全国植棉模范吴吉昌，此后就写吴吉昌在十年内乱当中，受到残酷迫害的情况下，如何时刻不忘总理嘱托，一次次挣扎奋斗，终于取得了可喜的成果。从1966年，写到全国科学大会召开前夕，从始至终按时间发展顺序介绍人物的事迹，头绪十分清楚。这就是顺叙的写法。

（二）倒叙

倒叙俗称"倒插笔"。这是一种把后发生的事放在前边讲，先发生的事放在后边说的写法。倒叙，可以先叙述事情的结局，也可以先叙述关键性的情况，或某一段动人情节，然后再写事情的开头和经过。采用这一写法，可使文章有起伏，有波澜，不平淡。例如，鲁迅的短篇小说《祝福》的开头就采用了倒叙的写法。作者为了突出表现祥林嫂的悲惨遭遇，先写她已经沦为乞丐，在春节前夕惨死于雪地之中的情景，然后再回过头来叙述她不幸的一生。这样写，充分展示出故事的悲剧色彩，鲜明地揭露了封建礼教对人的戕害，有助于深刻地表现主题。

运用倒叙手法，要特别注意上下文的过渡和照应，使得顺叙和倒叙之间的衔接、过渡自然紧密，不致使读者感到突然。仍以《祝福》为例，当写出祥林嫂惨死于雪地之中的结局之后，就要开始从头叙述她的经历了，此处安排了这么一小段话："然而先前所见所闻的她的半生事迹的断片，至此也联成一片了。"小说从倒叙转入顺叙时用了这样一个过渡段，使前后文的衔接显得十分自然。

（三）插叙

在顺叙过程中，由于内容需要，让原来的叙述暂时中断，而插入另一应叙述的内容，这样的写法叫插叙。

插叙的内容可以是追叙，也可以是补叙。

追叙，是指行文中追忆过去情况的文字，有时介绍历史情况，有时介绍人物经历等。鲁迅小说《风波》一文中，当写到七斤一家正在土场上吃饭时，赵七爷来了。叙述到这里，突然中断，插入了一段对赵七爷某些经历的介绍：

> 赵七爷是邻村茂源酒店的主人，又是这三十里方圆以内的唯一的出色人物兼学问家；因为有学问，所以又有些遗老的臭味。他有十多本金圣叹批评的《三国志》，时常坐着一个字一个字的读；他不但能说出五虎将姓名，甚而至于还知道黄忠表字汉升和马超表字孟起。革命以后，他便将辫子盘在顶上，像道士一般；常常叹息说，倘若赵子龙在世，天下便不会乱到这地步了。七斤嫂眼睛好，早望见今天的赵七爷已经不是道士，却变成光滑头皮，乌黑发顶；伊便知道这一定是皇帝坐了龙庭，而且一定须有辫子，而且七斤一定是非常危险。因为赵七爷的这件竹布长衫，轻易是不常穿的，三年以来，只穿过两次；一次是和他呕气的麻子阿四病了的时候，一次是曾经砸烂他酒店的鲁大爷死了的时候；现在是第三次了，这一定又是于他有庆，于他的仇家有殃了。

这是一段追叙，介绍了赵七爷的过去和他的为人。有了这一段介绍，再看他此时此刻的行为，即听到张勋复辟的消息后，幸灾乐祸地找上七斤家门来，就丝毫也不觉得突然了。

补叙，是补充说明文章内容的文字，可对上下文之中的某些内容加以诠释、说明或补充。例如《风波》中的这段文字："这村庄的习惯有点特别，女人生下孩子，多喜欢用秤称了轻重。便用斤数当作小名。"这段补叙就是对于上下文中出现的几位人物的名字的来由,包括六斤、七斤、八一嫂、九斤老太等加以注解和说明。

补叙还有一种用法,就是在一篇文章的最后,再补充说明一些内容。《风波》一文的最后一段就是补叙,这一段并非文章的结局。结局前边已经有了,是指张勋复辟失败后,赵七爷又将辫子盘在头顶上,读他的"三国"了。这一段补叙是这样写的:

现在的七斤,是七斤嫂和村人又都早给他相当的尊敬,相当的待遇了。到夏天,他们仍旧在自家门口的土场上吃饭;大家见了,都笑嘻嘻的招呼。九斤老太早已做过八十大寿,仍然不平而且康健。六斤的双丫角,已经变成一支大辫子了;伊虽然新近裹脚,却还能帮同七斤嫂做事,捧着十八个铜钉的饭碗,在土场上一瘸一拐的往来。

显然,这一段所写的内容是指故事发生后一年或几年后的情景,原来七十九岁的九斤老太早已做过了八十大寿,小六斤也长大了许多,但是村镇里的生活状况和风俗习惯却依然如故,这段补叙,对于渲染张勋复辟这场政治丑剧的喜剧色彩,是有明显作用的。

为了避免单调,在一篇文章中,顺叙、倒叙、补叙这三种叙述方法可交替使用。但不管用哪种方法,都要注意叙述的人称。所谓的人称,是叙述者在一篇文章里所处的地位,或者称之为立足点。叙述时,作者必须有个明确的立足点,也就是说一篇文章的人称必须相对稳定,否则会形成表达上的混乱,使读者看不明白,或摸不清头脑。譬如有一篇习作写一个农村商店的售货员到偏僻的山村里去送货,作者在村里遇上了这个女售货员。文章是用第一人称写的,下面摘引其中的一段文字:

这一天我赶到一个深山村里,在村口上遇见一个高个子的姑娘,她衣着朴素,看上去只有十八九岁,背着个背篓,篓子里横七竖八地摆满了东西。我好奇地跟在她后头走。只见这个姑娘敲开了坡上一家人家的大门,开门的是个老大爷,他满脸堆着笑,热情地把姑娘迎了进去,顺手关上了门。"闺女,大爷正等着你呢!"大爷边说边从灶上的锅里端出一大碗热腾腾的红薯来,说:"趁热快吃吧。"

看了后面这段文字不禁让人纳闷:老大爷家房门紧闭,那么"我"怎么知道屋里的人在干些什么说些什么呢?其中第一段所写的内容是"我"亲眼观察到的,没有什么问题,而第二段里的"我"(观察者、目击者)忽然不见了,实际上变成了第三人称的写法。这不但造成了人称的混乱,同时也给人留下了一种不真实的印象。所以说人称是重要的,人称的混乱容易造成表达内容的含混不清。关于叙述的人称,下列几个问题是需要明确的。

1. 两种人称

叙述的人称包括第一人称和第三人称两种。

第一人称是一种直接的表达方式。以"我"或"我们"的口吻来叙述。文中的"我"可以是作品中的人物,也可以是事情的目击者、见证人,用第一人称叙述,所讲的是亲眼见到、亲耳听到的事,因此使人感到真实、亲切,同时也便于直接表述叙述者的看法。散文、游记、回忆录等体裁的文章多用第一人称。

第三人称则比较客观，作者本人不露面，把所要叙述的人物、事件展现在读者面前，以"他"或"他们"如何的口吻叙述。第三人称的叙述因不受时间与空间的限制，因此比较灵活，有很大长处。记叙文常采用第三人称的叙述，特别是通讯、报告文学等。

2. 第二人称代词的使用

写文章有没有第二人称呢？因为人称是作者的立足点，如果承认存在第二人称的话，就等于说作者站到读者的地位上去了，作者与读者成了同一概念，这是不可能的。因此说，没有第二人称，但是有一部分文章里可以出现第二人称代词。

所谓第二人称代词，是指"你"或"你们"。在一部分诗歌（尤其是朗诵诗）、散文（以悼念性的文章居多）中时有出现。第二人称代词的运用，便于倾诉感情，容易打动读者，引起读者情感上的共鸣。譬如袁鹰的散文《井冈翠竹》中就采用了这一写法。文章描写了井冈山五百里林海中的青翠毛竹，指出它在革命战争中以及社会主义建设中的重要作用。文中写道：

你看，那边山路上走来了两位老表，一人提着一只竹筒。……

你看那毛竹做的扁担，多么坚韧，多么结实，再重的担子也挑得起。……

如今，你若是从井冈山许多山坳走过，便能看到一条条修长的竹滑道。……

你看，你看，这不是又一批新砍的毛竹滑下山来了吗？

这篇文章是用第三人称叙述的，其中穿插使用了第二人称代词"你"，像是作者和我们面对面地交谈，使人感到亲切、动人。

有些文章用第一人称叙述，同时可以穿插使用第二人称代词。

3. 人称的变换

一篇文章的人称，中间能不能变换呢？一般来说，不宜变换，应从始至终保持用一种人称来叙述。但是也不排除两种例外，一是篇幅较长的文章，譬如长篇小说，为了叙述的方便，中间允许改换人称；至于一般的文章，为了表达的需要，也可以改换人称。鲁迅的小说《祝福》就是一个改变人称的例子。文章开头用第一人称，作为"我"耳闻目睹的事实，叙述了祥林嫂惨死的情景，其后描述她的经历时，改用了第三人称，文章的最后，又恢复了第一人称叙述。

改换人称时，一定要把两种人称衔接、过渡的地方交代清楚，使读者能够跟上作者的思路。

还有一种情况，从表面上看，文章里并没有改换人称，可是实际上却改变了叙述的角度。例如莫伸的短篇小说《窗口》，始终是用第一人称写的，前面和后面都是以记者的口吻在讲述故事，中间的一部分却由故事的主人公小韩自己来介绍经历，虽然用的还是第一人称，可前后并非出自一人之口。文章里出现这种情况时，也需注意过渡和衔接。

二、描写

描写是对客观事物（包括人物、景色等）进行具体刻画和生动描绘的一种表达写法。描写的作用，就在于把人物、景色等客观事物的具体形象栩栩如生地再现出来。为此，在描写中要千方百计地抓住事物的特点，力避千篇一律，或"千人一面""千口一腔"，写到正面人物时，总是"目光炯炯"，写到老人，都是"精神矍铄"，写到年轻姑娘一律是"一双水汪汪的大眼睛"。

描写是文章写作的重要技法。从描写的对象可分为人物描写、景物描写和场面描写，从描写的方法可分为细节描写、白描和侧面描写，下面分别做一下简要的介绍。

（一）人物描写

人物描写的方法也是多种多样的，下面介绍常见的几种：

1. 肖像描写

所谓肖像描写就是对于人物的容貌、服饰、姿态、气派等外形特征的描绘。

生动的肖像描写可以做到"以形传神"，通过外形特征的描写来表现一个人的内心世界和精神状态。以《祝福》为例，请看作者对祥林嫂外貌的描写：

> 我这回在鲁镇所见的人们中，改变之大，可以说无过于她的了：五年前的花白的头发，即今已经全白，全不像四十上下的人；脸上瘦削不堪，黄中带黑，而且消尽了先前悲哀的神色，仿佛是木刻似的；只有那眼珠间或一轮，还可以表示她是一个活物。她一手提着竹篮，内中一个破碗，空的；一手拄着一支比她更长的竹竿，下端开了裂：她分明已经纯乎是一个乞丐了。

这一段写年纪不过四十左右的祥林嫂，已经衰老得不像样子了。不但写出了她的衰弱不堪，也写出了她的贫穷困苦，竹篮、破碗、开裂的长竹竿，这些都表明了她乞丐的身份。更主要的是写出了祥林嫂的精神状态，她如同木刻的一般，已没有一点活力和生气了。这不正说明她精神上遭受了重大打击和严重摧残吗？这段肖像描写对于表现人物深重的灾难和悲惨的遭遇，具有很大作用。

在描写中，不求全面，而要抓住人物的特点，尤其是眼睛，寥寥数笔，将人物的模样勾勒出来，起到画龙点睛的作用。

2. 行动描写

行动描写是刻画人物的重要手段和基本方法。俗话说，看一个人不只是看他的宣言，还要看他的行动，这就强调了行动描写的重要性。

优秀文学作品中的典型人物，大约都有作者对这个人物的出色的行动刻画。武松，如果离开了景阳冈打虎的行动描写，他的英雄本色怎么能够充分体现呢？鲁智深，如果没有三拳打死镇关西的那一段行动刻画，怎么足以表现他的见义勇为呢？写张飞，如果没有长板桥那一声巨吼，杀退曹兵百万，又怎能显示出张飞的"猛"呢？写关羽，如果没有过五关斩六将的一段描写，又怎能表现出他的"义"呢？

可见，行动描写至关重要。那么怎样进行行动描写呢？恩格斯曾经这样说过："人物的性格不仅表现在他做的什么，而且表现在他怎么去做。"这就是说，行动描写不能空洞、抽象，不能流于一般化，也不能只简单地写出做了些什么，而是要具体、生动地展示出人物行动的步骤、方式方法等。

在《阿Q正传》的第一章里，作者写到主人公阿Q连个姓氏都没有，给我们记叙了这样一段故事：

那是赵太爷的儿子进了秀才的时候，锣声镗镗的报到村里来，阿Q正喝了两碗黄酒，便手舞足蹈的说，这于他也很光采，因为他和赵太爷原来是本家，细细的排起来他还比秀才长三辈呢。其时几个旁听人倒也肃然的有些起敬了。那知道第二天，地保便叫阿Q到赵太爷家里去；太爷一见，满脸溅朱，喝道：

"阿Q，你这浑小子！你说我是你的本家么？"

阿Q不开口。

赵太爷愈看愈生气了，抢进几步说："你敢胡说！我怎么会有你这样的本家？你姓赵么？"

阿Q不开口，想往后退了；赵太爷跳过去，给了他一个嘴巴。

"你怎么会姓赵！——你那里配姓赵！"

阿Q并没有抗辩他确凿姓赵，只用手摸着左颊，和地保退出去了，外面又被地保训斥了一番，谢了地保二百文酒钱。

这是一段生动的行动描写，说明阿Q所处的地位是多么低下，就因为本村赵太爷家姓赵，他就连姓赵的权利都没有！只因为和赵太爷认了个本家，就招来了一通斥骂，还挨了嘴巴，被地保敲诈勒索一番。同时这段行动描写也表现了阿Q的思想和性格，阿Q虽然很穷，但是他偏偏看不起穷人，很有点自轻自贱的味道，想攀个阔本家，而且还得意洋洋地说自己比秀才高三辈，这真是一种盲目的自大感。但是当他面对有钱有势的赵太爷的斥问的时候，就吓得一声不吭，连忙后退，连辩白的话都不敢说上一个字，这和他手舞足蹈地当众宣布自己姓赵的情况不是恰好形成了鲜明的对照吗？这说明了他的怯弱以及欺软怕硬的特点。总之，这段行动描写对于表现阿Q身上存在的精神胜利法是形象、逼真的。这段描写，不但写出了人物在做些什么，而且回答了怎么做的问题。譬如写阿Q，他行动的脉络十分清楚，先是写他在众人面前炫耀自己姓赵，流露出得意忘形的样子，再写他在赵太爷面前吓得不开口，直往后退，挨了嘴巴之后摸着左颊退了出去，等等，一步步展示得非常具体。又譬如写赵太爷训人的时候，是"满脸溅朱""抢进几步"，而且是"跳过去"扇嘴巴，这就把他蛮横、凶狠的态度惟妙惟肖地刻画出来了。

3. 语言描写

言为心声，人物语言是思想的直接体现。因此，语言描写对刻画人物、表现人物的性格、思想和感情具有重要的作用。

孙犁的小说《荷花淀》中就有十分精彩的对话描写。譬如写到村里的几个青年参军之后，他们的妻子想去看望一下自己的丈夫，这几个青年妇女聚在水生家里商量。其中有这样一段对话：

"听说他们还在这里没走。我不拖尾巴，可是忘下了一件衣裳。"

"我有句要紧的话,得和他说说。"

"听他说,鬼子要在同口安据点。……"水生的女人说。

"哪里就碰得那么巧?我们快去快回来。"

"我本来不想去,可是俺婆婆非叫我再去看看他——有什么看头啊!"

这段对话非常生动,虽说是几个青年妇女七嘴八舌讲出来的,但是可以看出她们此时此刻急切地盼望见到丈夫的心情,而且对话中也表现了每个人的不同特点。其中有的还算直言不讳,承认是想和丈夫说句要紧的话;有的遮遮掩掩,借口是为了去送件衣裳;还有的欲盖弥彰,非说是婆婆让自己去,自己并不想去等。这段对话把几个青年妇女的情态描绘得逼真,表现得活泼自然,写出了一定的生活情趣,人物语言是性格化的,它使我们如闻其声,如见其人。

对话是语言描写的主要写法。此外,还有独白,也就是让人物自言自语,例如碰到一件困难的事情,自言自语地说:"这件事困难,我来干!"

语言描写,人物的语言尽量简洁、自然,不要长篇大论,累赘、烦琐。除此之外,在表现人物对话时还应该注意,认真推敲对话的语气,哪怕是一个不太引人注意的语气词、感叹词的使用,甚至小到一个标点符号的用法等,都要切合人物身份,有助于表现人物的思想和性格。

4. 心理描写

心理描写是指对于人物思想活动的描写,它是直接揭示人物内心世界的一种写法,也是刻画人物的重要手段之一。

心理描写有两种不同的写法,一种是直接去表现心理活动,另一种是间接地去写。先谈直接的写法。

《阿Q正传》一文中,写阿Q有一次赌钱时赢了钱,却又糊里糊涂地被人把钱抢去,写了他的心理:

很白很亮的一堆洋钱!而且是他的——现在不见了!说是算被儿子拿去了罢,总还是忽忽不乐;说自己是虫豸罢,也还是忽忽不乐:他这回才有些感到失败的苦痛了。

但他立刻转败为胜了。他擎起右手,用力的在自己脸上连打了两个嘴巴,热剌剌的有些痛;打完之后,便心平气和起来,似乎打的是自己,被打的是别一个自己,不久也就仿佛是自己打了别个一般,——虽然还有些热剌剌,——心满意足的得胜的躺下了。

他睡着了。

这一段对阿Q思想活动的描写主要是直接表现的,写阿Q在丢了一堆洋钱的情况下是怎么痛苦,又怎么自抽嘴巴之后转败为胜的。这一段写出了潜藏在他思想意识中的精神胜利法;其实这精神胜利法纯粹是自欺欺人的。阿Q依靠它只能可怜巴巴地取得精神上的一点暂时安慰罢了。

心理描写在小说中使用得较为广泛,尤其是长篇作品。在描写中,既可以由作者描述，也可以让人物直接倾吐；此外，还可以用环境烘托、行动表现等简洁的手法来描写。譬如说，当一个人心情愉快的时候看天气，天似乎都格外晴朗；不高兴的时候看天，天色也像是阴沉了许多，这说明人物的观察所见和人物心理有直接关系。

（二）景物描写

在叙事的文章和作品里，作者有时插入几笔生动的景色描写，就像是加进了催化剂，能使形象性增强，感染力增加。写景的作用，概括起来说，有以下几点：

1. 烘托人物

人物和景物本来就是密切相关的。每个人都生活在一定的环境当中，人物思想、性格的形成，和周围环境有很大关系，因此写景对于表现人物是至关重要的。例如，孙犁的《荷花淀》的开头，就是借助写景来烘托人物的：

这女人编着席。不久在她的身子下面，就编成了一大片。她像坐在一片洁白的雪地上，也像坐在一片洁白的云彩上。她有时望望淀里，淀里也是一片银白世界。水面笼起一层薄薄透明的雾，风吹过来，带着新鲜的荷叶荷花香。

这里的景色写得很美，而且是人物、景物交织着描写的。这个妇女编出的席子和淀上的风光连成了一片，那皎洁的明月，雪白的苇席，银光闪闪的水面，淡淡透明的薄雾，等等，这一切构成了一幅美丽的画面。这个青年妇女坐在荷花飘香的小院落里编着席。这一段景物描写不但渲染了宁静的气氛，也烘托了人物，写出了白洋淀妇女在这和平、宁静的环境中从事劳动的美好情景，同时也表现出了这个青年妇女在劳动中的愉快心境。

2. 渲染气氛

作者常常可以通过对于周围环境的描写来创造一种气氛。这气氛有可能是欢快的，热烈的，还有可能是静谧的，安宁的，也有可能是凄凉的，悲壮的，等等。至于创造一种什么样的气氛，要看作品和文章的需要。因为每篇文章都有它自己的基调，写景要为表现这一基调服务。例如，鲁迅小说《故乡》一文开头的景物描写：

我冒了严寒，回到相隔二千余里，别了二十余年的故乡去。

时候既然是深冬，渐近故乡时，天气又阴晦了，冷风吹进船舱中，呜呜的响，从篷隙向外一望，苍黄的天底下，远近横着几个萧索的荒村，没有一些活气。我的心禁不住悲凉起来了。

这一段景物描写所渲染的气氛，正如作者所形容的那样，是悲凉的。这悲凉的气氛和《故乡》一文中所描写的辛亥革命后农村的破产，农民生活的艰难困苦，在格调上完全一致。这就加深了读者对于主题的理解，也增强了文章的感染力。

3. 传达感情

写景常常是为了抒发作者的感情。近代学者王国维在《人间词话》中说"一切景语皆情语也"，点出了情与景二者之间息息相关、密不可分的关系。通常可以借景抒情，因为通过景物描写便于表现作者对于生活的热爱，对于大自然的赞美。另一方面，从读者的角度来说，生动、逼真的景物描写往往可以引起读者的共鸣，起到陶冶感情的作用。例如，李若冰在散文《初入柴达木盆地》中，对盆地周围的山峰的描写表现了作者对于柴达木的热爱：

透过云雾，在盆地的南方，矗立着昆仑山；它气势雄伟，戴着银盔，披着银铠，真像一个老当益壮的将军。在盆地的北方，屹立着阿尔金山；它脸面清秀，俊俏英武，显得非常干练可爱，很像一个年轻有为的少年。这两座山是多么好，又是多么不同呵！

读了这段文字会强烈地感受到作者对于祖国山川的热爱。他对柴达木盆地周围的景色尽情地讴歌、赞美，语言带有强烈的感情色彩，是寓情于景的。作者描写出这两座山峰独具的神态和特点，像是一老一少，用对比的手法去表现，形态鲜明突出。而且用了拟人手法，形象生动的比喻，把两座山的雄姿，清晰地勾画出来了。文字也简洁明快，寥寥几笔，既能写意，又抒发了作者的感情。

综上所述，景物描写的作用是很明确的。我们平时在写作当中，也要处理好这个问题。不要毫无目的地去写景，或是为了写景而写景。在这个问题上如果处理不当，效果会适得其反。譬如一篇赞美自己家乡的习作，写到近几年来家乡的巨大变化，其中有一段是写景，是作者站在家乡的小山上向下眺望时的所见：

公路上黄豆虫一样的汽车，铁路桥上毛毛虫似的火车，高井发电厂的大烟囱像几根烟卷点燃后戳在那里，真是美极了！

我们读了这一段写景的文字之后，不会感受到风景的优美。作者在这里用"黄豆虫""毛毛虫"和几根"烟卷"这些比喻来形容，就把美感破坏了，因为这些形象本身并不美。为什么好端端的一篇文章里会出现这样的败笔呢？除了作者运用比喻的方法不够得当之外，就是由于写景的目的还不够明确。

（三）场面描写

场面描写在叙事性的文章和作品中是经常出现的，它是对以人物活动为中心的生活画面的描绘。在一篇文章里，场面描写可以推进情节的开展，也可以用来表现人物或烘托气氛。

现实生活中的生活画面是多姿多彩的，场面描写的内容也很丰富，可以有热烈、欢庆的场面，有悲哀、严肃的场面，有紧张、惊人的场面。场面描写，既要写出人物存在、活动的环境，要有鸟瞰，写出全场的动态，同时也可以有个别人物活动的特写。描写场面能起到推进情节发展、推波助澜的作用，因此场面有时安排在情节的高潮阶段。为了能够引人入胜，有时也在文章的开头出现。例如穆青、陆拂为、廖由滨《为了周总理的嘱托》一文，就始于场面描写。文中写道：

一九六六年一月。寒风呼啸，中南海的湖面上冻结着厚冰。周恩来总理刚从全国第五次棉花生产会议上作完报告，又立即请几十位植棉劳模来国务院会议室座谈。

当头裹白头巾，身穿黑棉袄的农民科学家吴吉昌进门时，总理指指自己右侧的座位说："老吴同志，坐这里来。"

总理对大家说:"毛主席又给咱们任务了。主席指示:要粮棉并举,学会两条腿走路;要继续研究解决棉花落蕾落桃问题。主席把任务交给我,我依靠大家。"

总理和大家亲切地谈了一个多小时。临走时,他握着吴吉昌的手,炯炯有神的目光凝视着吴吉昌说:"我把解决落桃的任务交给你,你把它担起来!"吴吉昌迟疑地说:"中,可我是个大老粗,一没文化,二来岁数也大了……"总理打断他的话问:"你多大了?"吴吉昌答:"五十七。"总理说:"你五十七,我六十七,毛主席比我们都大得多。我跟你说,再过二十年,我八十七,你七十七,咱们一起用二十年时间,把毛主席交给的任务完成,行不行?"热血涌上了吴吉昌的脸,他紧紧握着总理的手,响亮地回答:"行!"

这是一段生动、感人的场面描写,所表现的是周总理向吴吉昌交代任务的"嘱托"场面。虽然在场的人很多,出席这次座谈会的有几十位植棉劳模。但这段文字中重点表现的是总理和吴吉昌两人。会议的气氛是严肃、庄重而热烈的。总理代表国务院把解决棉花落蕾落桃的任务交给了老吴,他实际上是担起了全国近十亿人口的穿衣问题的重担。这段场面描写层次十分清楚,先写座谈会的情况,包括召开的时间、地点、召集人、参加者和召开背景等。接下去写总理在会议上交代任务。最后详细写出总理和吴吉昌的一场谈话。开始时,吴吉昌对于接受这一繁重任务还有些迟疑,后来,被总理的一番话感动了。总理针对他的顾虑,作了充满信心的、热情洋溢的谈话,老吴深受鼓舞,他热血直涌,斩钉截铁地回答了一个字:"行!"千言万语都包括在这个独语句之中了,它表明了有总理的关怀,国务院作后盾,用二十年时间,反复进行科学试验,是有成功把握的。至此为止,会议的庄重、热烈气氛表现得极为突出,同时也为全文情节的开展打下了良好的基础。精彩的场面描写对于表现主题、渲染气氛都是相当重要的。

从描写对象来区分,主要有上面三种写法。下面再简要介绍一下细节描写、白描和侧面描写。

(一) 细节描写

在叙事性的作品里,多离不开细节描写。成功的细节描写,具有很强的艺术效果。大家所一致称道的《儒林外史》中对于严监生的那则细节的描绘,就是突出的一例。严监生临死时,一连三天不能说话,可总是伸着两个指头,咽不了气。一家人围在床边纷纷猜测,有的说,一定是还有两个亲人没见到面,所以不想闭眼;也有的说,可能是还有两笔存着的银子没有交代,就不想死;还有的说,兴许是两位舅爷不在跟前,故此挂念。听着这些话,严监生只是伸出两个指头不动。最后还是他的爱妾说:"爷,只有我能知道你的心事。你是为那灯盏里点的是两茎灯草,不放心,恐费了油。我如今挑掉一茎就是了。"灯草刚被挑掉,这个土财主就一命呜呼了。这一细节,把个守财奴的丑态表现得淋漓尽致,入木三分,给人留下了难以磨灭的印象。这就是细节描写的威力。

细节描写,是对于一些细微末节的刻画与描绘。表面看来这些细节的分量很轻,微不足道，但是它们却能够小中见大。细节可以用来记人、记事、写景、状物等，应用范围是比较广泛的。

（二）白描

什么是白描呢？白描一词是借用绘画方面的术语。它的原意是指中国国画的技法之一，是指用墨线勾描的、素淡的、不着颜色的画法，也有的略施淡墨。我们借用这个词是指文学上的一种表现技法，也就是指使用简练的笔墨，不加烘托和渲染，把形象鲜明、生动地勾勒出来的一种写法。

鲁迅先生在《作文秘诀》一文中有一段话，对于理解白描手法是很重要的。他说："白描却并没有秘诀。如果要说有，也不过是和障眼法反一调：有真意，去粉饰，少做作，勿卖弄而已。"在这篇文章里，鲁迅极力反对写文章的时候使用障眼法。所谓"障眼法"，就是用难懂的、朦胧的，或是用晦涩的、花哨的写法，就如同故意要把读者的眼睛遮盖住一样。鲁迅概括了白描手法的优点和长处，道出了它的真谛，这就是："有真意，去粉饰，少做作，勿卖弄"，这十二个字突出强调了这一技法的质朴无华的特点。

正因为白描手法具有这些优点和长处，因此，千古文章重白描。举古典名著《三国演义》中的一个例子来说，第一回写到曹操这个人物的时候，写了他幼年时的一些情况：

操幼时好游猎，喜歌舞，有权谋，多机变。操有叔父，见操游荡无度，尝怒之，言于曹嵩。嵩责操。操忽心生一计，见叔父来，诈倒于地，作中风之状。叔父惊告嵩。嵩急视之，操故无恙。嵩曰："叔言汝中风，今已愈乎？"操曰："儿自来无此病；因失爱于叔父，故见罔耳。"嵩信其言。后叔父但言操过，嵩并不听。因此，操得恣意放荡。

这段是写曹操早在幼年的时候，就用欺骗的手段，骗过了他的叔父和父亲。他在叔父面前装成是中了风的样子，父亲来看望他时，他说自己从来就没有得过这种病，就因为叔父不喜欢他，才这样冤屈他。俗话说：小儿无戏言，曹嵩轻信了儿子的谎话，受了骗。这是一段非常出色的人物描写，《三国演义》的作者罗贯中像是给我们画了张像，使我们看清了幼年的曹操就是一个足智多谋、诡计多端的人。一个小孩骗过了两个大人，就是自己的父亲他也要骗。难怪后人称曹操是"治世之能臣，乱世之奸雄也"，从幼年时候起，不也可以看出一点儿苗头吗？这一段对曹操的描写用的就是白描手法，是用简练笔墨勾勒出人物形象的，没有做任何的渲染和烘托，可是写得非常传神。它完全是用事实说话，注重客观的、冷静的叙述和描绘，而不是靠形容词、修饰语，没有使用比喻或夸张手法，没有给人一种五光十色、眼花缭乱的感觉，读后使人感到清新、质朴，这就是白描的好处。

当然，白描只是描写手法的一种，并不是唯一的写法。提倡白描，也并不等于否定其他写法。

（三）侧面描写

侧面描写也称之为"间接描写"或烘云托月之法。这种描写技法不是直接入手的，而是从主要描写对象周围的其他人物或环境着眼，去表现它。因为世间的人或事都不是孤立存在的，而是互相依存，互助联系的。间接描写就是着重表现这种相互储存关系的，也就是要通过甲来表现乙，或通过乙来表现甲。

侧面描写，古代有一个很有名的例子，那便是《陌上桑》。在这首汉乐府中，塑造了一个机智、勇敢的少女形象，描写罗敷的美丽时，是这样写的：

秦氏有好女，自名为罗敷。罗敷喜蚕桑，采桑城南隅。……行者见罗敷，下担捋髭须。少年见罗敷，脱帽著帩头。耕者忘其犁，锄者忘其锄。来归相怨怒，但坐观罗敷。使君从南来，五马立踟蹰。使君遣吏往，问是谁家姝？……

诗中，极写罗敷的美丽，但主要笔墨放在侧写上，从行者、少年、耕者、锄者、使君等见到罗敷后的行动上，烘托出了这个少女的美丽。这一段描写，是极高明的，文字不多，富于特色，很好完成了描写的任务。这样的描写技巧，值得我们学习、借鉴。

赵树理在《小二黑结婚》中，描写小芹的漂亮，也用了侧写。文章写道：

小芹今年十八了，……青年小伙子们，有事没事，总想跟小芹说句话。小芹去洗衣服，马上青年们也都去洗；小芹上树采野菜，马上青年们也都去采。

作者从青年小伙子的表现上，烘托了小芹的漂亮。如果不这么写，当然也是可以的，但人长得漂亮，怕也难于诉诸笔墨，往往容易抽象或一般化。作者用侧写，着墨不多，描写的效果却不错，这便是侧写的好处了。

我们为了行文的方便，专门举了侧写的例子，在具体文章中，却往往是正面描写和侧面描写并用，以便收到更好的艺术效果。与正面描写并用时，则用烘托创造气氛，以加强正面描写的力量。例如《红楼梦》第三回中，写林黛玉到了贾府，黛玉与众人一一相见后，王熙凤出场。对王熙凤的容貌、衣饰、身材等正面描写前，作者用了烘托之法：

一语未完，只听后院中有笑语声，说："我来迟了，没得迎接远客！"黛玉思忖道："这些人个个皆敛声屏气如此，这来者是谁，这样放诞无礼？"心下想时，只见一群媳妇丫鬟拥着一个丽人，从后房进来。这个人打扮与姑娘们不同，……

作者从黛玉眼中、心里来写王熙凤的"放诞无礼"与周围人的"敛声屏气"，侧写王熙凤的势派，为她的出场，为正面描写制造了气氛。这种烘托之法，是正面描写的铺垫，能加强描写人物的效果。

三、议论

议论就是讲道理，作者站在一定的立场上，对某一个问题或某件事情进行直接或间接的分析评论，表明作者的观点、态度和感情。议论是论说文写作的基本技法，也是其他文体写作的辅助技法。

在议论文中，一篇或一段的议论一般总是由论点、论据和论证三要素组成。掌握好这"三要素"对写好论说文非常重要，下面对它们做一下简要的介绍：

（一）论点

所谓的论点，就是作者提出的观点。论点应正确，赞成什么，反对什么，要鲜明。例如，下面这一段话：

语言的使用是社会经济政治文化生活的重要条件，是每人每天所离不了的。学习把语言用得正确，对于我们的思想的精确程度和工作效率的提高，都有极重要的意义。很可惜，我们还有许多同志不注意这个问题，在他们所用的语言中有许多含糊和混乱的地方，这是必须纠正的。

这是 1951 年《人民日报》的一篇社论《正确地使用祖国的语言，为语言的纯洁和健康而斗争！》当中的一段话。这段话分析、评价了语言的重要性，并指出了应该正确地使用语言的问题。在这段话里，作者的观点和态度非常明朗地表现出来了，它尖锐地指出了存在着不重视语言的现象，对此必须加以纠正。作者分析了现状，阐明了道理，赞成什么，反对什么，十分鲜明。这就是议论。

（二）论据

所谓的论据，就是用来说明论点的材料。在论说中，可用作论据的材料很多，一般包括事实和事理两个方面。事实如事例、数据、图表、调查报告等；事理如马列主义原理、名人名著中的话、科学公理、定义、古语、成语、谚语、典故等，也可以称为道理或引语。论据要求确凿有力，能说明论点。通常所说的"事实胜于雄辩""有理走遍天下"，意思就在这里。例如：邓拓的杂文《生命的三分之一》就是用具体事例和数据证明论点的。这篇文章是讲应该充分利用每天晚上的时间，珍惜生命的三分之一。其中有不少具体事例，譬如介绍《汉书》上所记载的当时劳动妇女每晚纺织的例子，有古书上记载的秦始皇每天夜间看书学习的例子，还有春秋战国时师旷劝七十岁的国君晋平公秉烛夜读的例子等。这些事例说明古人尚且知道利用每晚时间的重要，何况我们呢？这就有力地说明了论点。这篇文章里也有具体的数字，例如说到古代妇女每晚纺织，这是"一月之中，又得夜半为十五日，共四十五日"，一个月本来只有三十天，她们又多争取了十五天，于是一个月就等于四十五天了，这是个简单的加法，靠这些翔实的数字雄辩地证明了论点。

（三）论证

阐明论点的过程叫论证，也就是摆事实讲道理的方法。论证的方法，即阐明论点的方法，常见的有下面几种：

1. 例证法

对具体事例作推论，从而证明论点的方法就是例证法。这种论证方法是"从个别到一般"的归纳推理形式在议论中的应用。

毛泽东同志在《和美国记者安娜·路易斯·斯特朗的谈话》一文中有一段就是运用例证法的：

一切反动派都是纸老虎。看起来，反动派的样子是可怕的，但是实际上并没有什么了不起的力量。……沙皇不过是一只纸老虎。希特勒不是曾经被人们看作很有力量的吗？但是历史证明了他是一只纸老虎。墨索里尼也是如此，日本帝国主义也是如此。

这一段议论通过对沙皇、希特勒、墨索里尼、日本帝国主义是纸老虎这些事例的归纳，证明了"一切反动派都是纸老虎"这个论点。这里用的就是例证法。例证法中的事例可以是具体的，也可以是概括的，还可以是一些统计数字之类，所引的事例可以是几个，也可以是一个，只要事例是典型的，能反映出一般规律就行。

2. 分析法

这是一种通过分析问题进行论证的方法。作者通过分析问题、剖析事理，来揭示论点和论据间的因果关系，从而证明自己的观点是正确的，把论点建立起来。

鲁迅先生在《对于左翼作家联盟的意见》这篇讲演中就运用了分析法。鲁迅先生提出了一个很重要的论点——"我以为在现在，'左翼'作家是很容易成为'右翼'作家的"。论证这个问题，使用了分析的方法。说明这个论点，有三个分论点：第一，不和实际的社会斗争接触，关在房子里，怎样"左"都可以，但一碰到实际就要撞碎了。所以，容易高谈彻底的主义，也最容易"右倾"。第二，不明白革命的实际情形，也容易变成"右翼"。第三，以为诗人、文学家高于一切人，工作比谁都高贵，这是不正确的，不知其错误，也容易成为"右倾"。其中第二点是这么分析的：

倘不明白革命的实际情形，也容易变成"右翼"。革命是痛苦，其中也必然混有污秽和血，决不是如诗人所想象的那般有趣，那般完美；革命尤其是现实的事，需要各种卑贱的、麻烦的工作，决不如诗人所想象的那般浪漫；革命当然有破坏，然而更需要建设，破坏是痛快的，但建设却是麻烦的事。所以对于革命抱着浪漫谛克的幻想的人，一和革命接近，一到革命进行，便容易失望。……

鲁迅先生对问题进行了具体细致的剖析，很好回答了"为什么"的问题。这样，读者明白了论点和论据间的前因后果，说理中肯、逻辑性强。

用分析的方法论证问题，最后往往要加以综合概括。分析可以使问题深入下去，引出结论来；综合则能够集中起来，加以概括，把问题提到原则高度。缺乏分析，议论难于细致深入；没有综合，议论难于汇总和提高。当然，这也不能形成框框，不需要综合，也可以不加以综合。

例证和分析两种方法，是证明问题时最为常用的，也可以说是证明的基本方法。这两种方法，在实际运用时，总是结合在一起的。单纯用例证或分析，都是少见的，我们分开讲，完全是为了行文的方便。比如，上边所举鲁迅先生那个例子，文章中除了分析之外，还有许多生动、具体的例子。实际上，例证离不开分析，分析问题也需要举例说明。只有二者巧妙地有机地结合起来，才能把论点很好地树立起来，才能使议论具有说服力。

3. 引证法

以一般事理为前提进行推论，从而证明论点的方法就是引证法。这种论证方法是"从一般到个别"的演绎推理形式在议论中的应用。如《为人民服务》中的一段：

> 为人民利益而死，就比泰山还重；……张思德同志是为人民利益而死的，他的死是比泰山还要重的。

这段议论中的第一句"为人民利益而死，就比泰山还重"是人们公认的一般事理，第三句"他的死是比泰山还要重的"是作者要证明的论点，而第二句"张思德同志是为人民利益而死的"则是揭示前后句因果联系的中间纽带。这里用的就是引证法。引证法所引的论据可以是经典著作的言论，可以是科学的公理和定理，也可以是日常生活中的常理，但所引的必须都是正确的，经过实践检验的。引证法的优点是能使议论具有权威性，真理性，但它的局限性是行文不易亲切活泼，过多使用会使议论失去生气。

4. 类比法

对同类事物的某些相同方面进行比较、推论，用甲事物的真假来证明乙事物的真假的论证方法就是类比法，这种方法是"从个别到个别"的类比推理形式在议论中的运用。毛泽东同志在《质问国民党》一文中运用了这一方法，写道：

> 敌人汉奸要解散新四军，你们就解散新四军；敌人汉奸要解散共产党，你们也要解散共产党；敌人汉奸要取消边区，你们也要取消边区；……既然和敌人汉奸的所有这些言论行动一模一样，毫无二致，毫无区别，怎么能够不使人们疑心你们和敌人汉奸互相勾结，或订立了某种默契呢？

将敌人汉奸的行径与国民党的行径进行比较，用敌人汉奸的反动来推论、证明国民党的反动，这就是用的类比法。类比法的优点是能够从已知推论未知，扩大议论的范围，但在运用时一定要注意所类比的事物必须具有本质方面的相同点。

5. 喻证法

用与论点有着某种关系的形象或形象群为论据进行推论，从而证明论点的方法就是喻证法，也就是通常所说的用打比方来说理的间接论证方法。这是一种最常见的论证方法。喻证法的优点是生动活泼、深入浅出，易于为人们接受。但任何比喻都是有缺陷的，不完全科学的，所以它不能代替直接论证，而只能是证明的一种辅助形式。

6. 对比法

将正反两个方面的事物作比较，以突出一方面的性质，从而证明论点的方法就是对比法。这种论证方法在逻辑方式上与例证法一样属于归纳推理。如毛泽东同志在《纪念白求恩》一文中就是将白求恩与"不少的人"在对工作、对同志、对人民的两种不同态度进行对比，突出了白求恩的"真正共产主义者的精神"，从而论证了"每个共产党员都要学习他"的观点。运用对比法可以强调论据的意义，使论点更加鲜明突出，增强议论的气势和说服力，但所引的事例必须是性质相反或是有差异的事物。对比法既可以对不同时期的同一事物作纵向的比较，也可以对同一时期的不同事物作横向的比较。

7. 反证法

从反面间接地证明论点的方法就是反证法。即作者为了证明一个论点的正确，先从反面入手证明与论点相矛盾的反面论点和材料的错误，从而论证正面论点的正确。如鲁迅先生的《论"费厄泼赖"应该缓行》一文的论点是必须痛打落水狗，在第四节中，他从反面入手论述辛亥革命后，革命党不打"落水狗"，听凭绅士们爬上岸来，结果"伏到民国二年下半年，二次革命的时候，就突出来帮着袁世凯咬死了许多革命党人"，证明了不打"落水狗"的危害性，从而论证了"必须痛打落水狗"这个正面论点的正确性。

在议论文写作中，当正面论证的途径艰深曲折，难以畅行时，运用反证法往往可以出奇制胜，但反证法毕竟不是一种直接论证的方法，因此，在更多的时候，它是和正面论证结合在一起运用，以加强说服力的。

8. 引申法

将假定的论点作合乎逻辑的引申，从而推出新的结论的方法就叫引申法。这种方法用于驳论时又叫归谬法。例如鲁迅在《文艺的大众化》一文中驳斥资产阶级文人散布的所谓"作品愈高，知音愈少"的论调时，就运用了引申法：

倘若说，作品愈高，知音愈少。那么，推论起来，谁也不懂的东西，就是世界上的绝作了。

先假定敌论"作品愈高，知音愈少"是成立的，然后对其作合乎逻辑的引申，推出"谁也不懂的东西，就是世界上的绝作"这个更加荒谬的结论，从而驳倒敌论，这就是引申法的妙用。运用引申法进行反驳，可以充分暴露敌论的荒谬、虚伪，并且富于幽默感，讽刺意味更浓。但在运用时应注意由敌论推出的结论的荒谬性必须是显而易见的，而且应该是能够自然而然地推出来的。

上面说的是议论类文章中的议论，下面谈一谈记叙类文章中的议论。

记叙类文章中的议论是特殊的议论层次，它是作者在叙述、描写等手段的基础上，阐发自己对生活本质的思想认识和对事件意义的理性判断。记叙类文章的议论不要求具备"三要素"，也不要求使用什么严密的推理形式，它往往是精辟警策、画龙点睛的哲理概括。例如鲁迅的《故乡》结尾处：

我想，希望是本无所谓有，无所谓无的。这正如地上的路；其实地上本没有路，走的人多了，也便成了路。

这一段凝练精辟、饱含深情的议论，将作品中自然而然流露出来的思想升华到了一个新的高度，鼓舞人们为创造新生活去奋斗。记叙文中的议论可以是先叙后议，也可以是先议后叙，也可以边叙边议，但都必须符合内容表达的需要。在记叙类文章写作中，恰当运用议论，可以帮助读者加深对文中思想内容的理解，增强文章的表达效果。但要注意言论不宜过多，不能空发议论，不要随意拔高人物和事件的意义，还要注意议论的情韵，议论的文字应该是文章整体的有机组成部分。

四、抒情

抒情是指作者在文章中表露感受、抒发情怀的一种技法。它是文章写作的辅助方法，但也很重要。恰当地运用抒情技法，不仅可以使记人叙事的文章增强感染力，也有助于提高议论文的说理效果。抒情要求健康、动人，切忌空泛、造作，无病呻吟。抒情的方法很多，主要有下面两种：

（一）直接抒情

直接抒情就是人们所说的直抒胸臆，即作者直接抒发为事物所唤起并激发的感情。例如《谁是最可爱的人》中的一段就运用了直接抒情的方法：

> 他们是历史上、世界上第一流的战士，第一流的人！他们是世界上一切伟大人民的优秀之花！是我们值得骄傲的祖国之花！我们以我们的祖国有这样的英雄而骄傲，我们以生在这个英雄的国度而自豪！

这里，作者对志愿军战士的歌颂礼赞之情是以直接的方式吐露出来的。直接抒情的优点是感情浓烈，能深深打动读者，但这种手法若用得过多又往往较易流于空泛。

（二）间接抒情

间接抒情，就是作者在记人、叙事、写景、状物时，将这些事物所唤起的情感渗透在字里行间，自然而然地流露出来。由于触动感情的对象不同，间接抒情又可分为寄情于人、寓情于事、情景交融、咏物抒情、融情于理这几种。

寄情于人、寓情于事的抒情，如朱自清的《背影》：

> 我看见他戴着黑布小帽，穿着黑布大马褂，深青色棉袍，蹒跚地走到铁道边，慢慢探身下去，尚不大难。可是他穿过铁道，要爬上那边月台，就不容易了。他用两手攀着上面，两脚再向上缩；他肥胖的身子向左微倾，显出努力的样子。这时我看见他的背影，我的泪很快地流下来了。

这一段文字，人——父亲；事——买橘子；情——父子之间的至情，融为一体了。读者看到这一段文字，便仿佛亲眼看到了"父亲"的背影，看到了这感人的场面，便会在感情上产生强烈的共鸣。这便是将记人、叙事与抒情巧妙结合的范例。

将情感渗透在对景物的描写中，如冰心的《笑》：

> 雨声渐渐的住了，窗帘后隐隐的透进清光来。推开窗户一看，呀！凉云散了，树叶上的残滴，映著月儿，好似萤光千点，闪闪烁烁的动着。——真没想到苦雨孤灯之后，会有这么一幅清美的图画！

这里，对窗外雨后月色的描写含蓄地流露出作者的赞美之情。正所谓景中有情，情景交融。

咏物抒情和融情于理的，如杨朔的《荔枝蜜》：

> 我的心不禁一颤：多可爱的小生灵啊。对人无所求，给人的却是极好的东西。蜜蜂是在酿蜜，又是在酿造生活；不是为自己，而是在为人类酿造最甜的生活。蜜蜂是渺小的，蜜蜂却又多么高尚啊！

在此之前文章对蜜蜂的生活习性等特点作了记写，这里便针对蜜蜂的精神品质阐发生活的哲理，抒发感情，既是议论，又是抒情。

间接抒情的优点是能将情感这种精神果实与唤起它的原因糅为一体，使人一望而知情感何由而生，可触可感，便于把握，容易发生共鸣。这种抒情其实是一种多功能的表达手段，可视为抒情的极致。

不论运用直接抒情，还是间接抒情，都要注意感情真实、健康、生动、具体，能引起人们的共鸣。不能架空抒情，要有凭借物。直接抒情其实也离不开凭借物——人、事、景、物，所不同的是直接抒情是直接抒发，而间接抒情是间接寄托，寓情于人、事、景、物之中。

五、说明

说明就是用言简意明的文字，把事物的形状、性质、特征、成因、关系、功用等解说清楚，或者把人物的经历、特征等表述明白。

在文章写作中，说明的使用是很广泛的，方法也是多样的，下面分别做一下介绍：

（一）说明的应用范围

1. 介绍人物的经历

对于人物的经历，往往需要用说明的文字加以介绍，这在文章中是较为常见的。例如：

阿尔伯特·爱因斯坦对现代物理学作出了开创性的伟大贡献。他是二十世纪最有影响的自然科学家。……

由于狭义相对论震动了物理学界，他从一九〇九年起，先后被苏黎世大学、布拉格大学和母校苏黎世联邦高等工业学校聘为教授。一九一三年普朗克和能斯特代表普鲁士科学院邀请他回德国工作。一九一四年他到柏林担任威廉大帝物理研究所（第二次世界大战后改名为麦克斯·普朗克研究所）所长兼柏林大学教授。这在欧洲大陆上是一个极为崇高的学术职位。一九三三年因纳粹迫害，他迁居美国，任普林斯顿高级学术研究院教授，一九四〇年取得美国国籍，一九五五年病逝于普林斯顿。

（周培源《举世景仰的科学巨匠》）

这是周培源在纪念伟大的科学家爱因斯坦诞辰一百周年大会上的报告中的一段文字，概括介绍了这位科学家的一段经历，简明扼要，清楚明白。

2. 说明事物的性质、形状、特征等

在说明中，这样的文字也是常见的，例如：

赵州桥非常雄伟，全长五十点八二米，两端宽约九点六米，中部略窄，宽约九米。桥的设计完全合乎科学原理，施工技术更是巧妙绝伦。……这座桥的特点是：（一）全桥只有一个大拱，长达三十七点四米，在当时可算是世界上最长的石拱。桥洞不是普通半圆形，而是像一张弓，因而大拱上面的道路没有陡坡，便于车马上下。（二）大拱的两肩上，各有两个小拱。这个创造性的设计，不但节约了石料，减轻了桥身的重量，而且在河水暴涨的时候，还可以增加桥洞的过水量，减轻洪水对桥身的冲击。同时，拱上加拱，桥身也更美观。（三）大拱由二十八道拱圈拼成，就像这么多同样形状的弓合拢在一起，做成一个弧形的桥洞。每道拱圈都能独立支撑上面的重量，一道坏了，其他各道不致受到影响。（四）全桥结构匀称，和四周景色配合得十分和谐；桥上的石栏石板也雕刻得古朴美观。……

（茅以升《中国石拱桥》）

这段文字，详尽地介绍了赵州桥，把它的形状、特征等作了说明，条理清楚，表述明白。

3. 说明事物的发展变化

表述事物的发展变化，常常用叙述这种表现方法，但也可以用说明。例如在《向沙漠进军》里，气象学家竺可桢用生动的文字来解说了事物的变化：

沙漠逞强施威，所用的武器是风和沙。风沙的进攻主要有两种方式。一种可以称为"游击战"。狂风一起，沙粒随风飞扬，风愈大，沙的打击力愈强。春天四五月间禾苗刚出土，正是狂风肆虐的时候。一次大风沙袭击，可以把幼苗全部打死，甚至连根拔起。沿长城一带风沙大的地区，农民常常要补种两三次才能有点收获。一种可以称为"阵地战"，就是风推动沙丘，缓缓前进。沙丘的高度一般从几米到几十米，也有高达一百米以上的。沙丘的前进并不是整体移动的。当风速达到每秒五米以上的时候，沙丘迎风面的沙粒就成批地随风移动，从沙丘的底部移到顶部，过了顶部，由于风速减弱，就在背风面的坡上落下。所以部分沙粒的移动速度虽然相当快，每天可以移动几米到几十米，可是整个沙丘波浪式地前进，移动速度并不快，每年不过五米到十米。几个沙丘常常联在一起，成为沙丘链。沙丘移动虽然慢，可是所到之处，森林全被摧毁，田园全被埋葬，城郭变成丘墟。

（竺可桢《向沙漠进军》）

竺可桢很形象地解释了沙丘移动、沙粒飞扬的自然规律，说明了沙丘变动、沙漠成灾的自然现象。用浅显的文字来解释事物的变化规律，是说明文中较为常见的。竺可桢这段文字写得很成功，文字清晰，对自然现象讲解得极明白，而且生动形象，读起来不仅不感到枯燥，而是很有兴味，这是科普读物的范本。

4. 讲解事物的客观意义

对于事物的客观意义讲解明白，是说明应用的又一个范围。阐明事物的客观意义，常用的方法是议论，但是，有时候也可以用说明。例如：

《清诗别裁集》中不乏反映社会现实和民间疾苦的作品，所选作者的专集不少已很难得或竟失传，一些作品藉这部书得以保存。沈德潜的大量评语也可供研究文学史和文学批评史之用。作为研究清前期历史和文学史的资料来说，这部反映清中叶以前诗歌概貌及其流派的选本，还是有一定参考价值的。

（沈德潜《清诗别裁集·出版说明》）

（二）说明的方法

1. 定义说明

指对于某种事物的本质属性或一个概念的内涵和外延作简要、确切的说明，俗称"下定义"。这是在自然科学和社会科学论著以及教科书、科技文献、科普读物中经常使用的一种说明方法。如"多面角"，其定义是"具有一个共同顶点的三个以上的平面所围成的角"；"工资"，定义是"作为劳动报酬按期付给劳动者的货币或实物"。定义说明须用判断句,准确地表达被说明对象的本质特征,体现出与其他事物或事理的根本区别。

2. 诠释说明

诠释说明,就是对事物的状况、性质、特征、成因等做简要的概括的解说。诠释说明与定义说明有点类似,但又有不同。定义要求完整——从外延来说,定义要求被定义的对象与所下的定义外延要相等;从内涵来说,定义要求从一个方面完整地揭示概念的全部内涵。而诠释并不要求完整,只要能揭示出概念的一部分内涵就可以了,被诠释的对象与做出的诠释的外延也可以不相等。例如:"钢笔,是书写的工具。"这是一种解说,也说明了钢笔的性质,但并不是钢笔的定义。

有时候,给概念下科学的定义,或没有必要,或比较困难。这时,就可以用诠释说明。例如李械、张卫国《一次大型的泥石流》中的一段文字:

在一些山区的沟谷中,由于地表径流对山坡和沟床不断地冲蚀掏挖,山体常常崩塌滑坡,塌滑下来的大量的泥沙石块等固体物质被水流挟带搅拌,变成黏稠的浆体,在重力和惯性力的作用下急速奔泻。这就是人们常说的泥石流。

这段话诠释了泥石流的性质、特征、形成原因、出现地点等,虽不是下定义,读者读了却明白易懂,非常清楚。

3. 分类说明

写文章时,可以把比较复杂的事物按照一定的分类标准划分成若干类项,然后分类说明。分类说明方法有两种:一是依据同一个标准给事物分类,叫"一次分类法";二是从不同角度按不同标准进行多种分类,然后逐类说明,叫"多次分类法"。如《环境的生物污染》一文对生物污染做了分类:"生物污染,按污染源分,可分为动物性、植物性和微生物污染;按污染的对象分,可分为大气、水、土壤、食品等生物污染。"(转引林连通主编《现代汉语使用手册》)接下去便分别说明造成空气、水、土壤、食品污染的原因及危害。

4. 引用说明

指在说明事物时,适当引用有关的名言佳句、历史文献、权威论述,以增强说明的效果。如《打开知识宝库的钥匙——书目》一文在介绍书目的作用时,使用了引用说明的方法:"古今中外,许多大学问家都十分重视目录学,认为目录学是读书治学的入门之学,是基础知识。清代学者王鸣盛说:'目录之学,学中第一要紧事,必从此问途,方能得其门而入。'目录学专家张之洞也说:'读书不知要领,劳而无功;知某书宜读而不得精校精注本,事倍功半。'"(转引林连通主编《现代汉语使用手册》)使用这种说明方法要注意两点:1)引用要准确,不可断章取义;2)引用要精当,不仅与被说明的事物完全吻合,并且要少而精。

5. 比较说明

把要说明的事物与别的事物作比较,叫比较说明。这种方法,多是用具体的、读者熟悉并易于理解接受的事物,与抽象的或者读者生疏的事物进行比较。如《奇特的激光》一文为了说明激光线路的优越,便将其与普通电话线和微波线路作了比较:"一根普通电话线只能通三路电话;一条微波线路,可通十万路电话;而一条激光通讯线路,可以通一亿路电话!就是说,两亿人可以同时通过一条线路讲话而互不干扰,听得清清楚楚。"(转引林连通主编《现代汉语使用手册》)比较说明,可以用同类事物进行比较,或者不同类事物进行比较,也可以用同一事物的不同情况进行比较。

6. 图表说明

把要说明的事项制成表格或绘成图形(如表示升降的曲线图),叫图表说明。用这种方法说明事物的情况或展示事物的发展变化,可以收到一目了然的效果。

7. 数字说明

为了具体、确切地表明事物的某种特点或情况,列举数字是常用的说明方法。例如,为了说明地球上有些生物体积大得惊人,可以用数字说明方法:"巨杉,最高的可达142米,直径有12米;海洋里的鲸,最大的体长可达35米,体重有15多万千克。"数字说明有多种方法,如,用倍数说明事物的变化("报考人数增加了一倍"),用百分数说明事物的比例、比重("严重缺碘者占被调查人数的20%")。运用数字说明事物或情况,必须简明、准确。

8. 比喻说明

指用一事物做喻体(打比方),说明另一事物的方法。这对于说明复杂、抽象及读者感到生疏、不易明白的事物十分有效。如《白果树》一文,为了形象地说明白果树的形状,用了比喻:"它幼小的树形像座塔,后来枝条散开,成了伞状的大树。……它的叶子有长柄,叶身像内地扇炉子用的'火扇'。"(转引林连通主编《现代汉语使用手册》)

9. 举例说明

这是一种用具体、浅近事例解说深奥事物、抽象事理的方法。例如,为把气压对植物的生长有一定影响这一抽象问题阐释清楚,以植物在不同气压条件下生长的不同情况为例进行说明。

运用说明这种方法要讲究技巧。一是要善于说明事物的特点;二是要努力说明事物的疑似处,把相似事物的不同点揭示出来;三是说明要客观,不要像记叙文或论说文那样发表作者的见解;四是要浅显、准确、详尽,让人一看就能明白。

文章写作的表达技法主要有上述五种。这五种技法常是综合使用,但不同的文体则有侧重,具体如何选用,请看下节"文体知识"的分解。

思考与练习

一、语言是文章写作的重要表达方式,在运用时要注意哪几点?

二、文章写作有哪几种主要的表达技法?试用各种技法写一篇几百字的短文。

第三章　文体知识

文章（包括文学作品）是社会生活的反映，社会生活丰富多样，文章表现形式也就多种多样。所谓的"文体"，也就是人们在长期写作实践中形成的文章形式，亦称文章形态、体制、体裁，犹如各个时代的衣冠一样，各有定式。

为了便于学习和掌握各类文体的写作，人们早就对文体进行了研究。例如南朝梁萧统（501—531）编的《文选》，就将所选的七百余篇诗文分为赋、诗、骚、七、诏、策等三十八类。由于文体的复杂和不断的发展变化，对它的分类至今还没有一个统一的看法。为了便于教学，这里我们根据文章在内容、结构、表达方式等的主要特点，把现代的文章分为"新闻文体""议论文体""说明文体""应用文体""文学文体"五大类，前四类写真人真事，后一类可虚构，下面分别做一下简要的介绍。

第一节　新闻文体

新闻是社会的记录，是时代的镜子。

"新闻"这个名词，在我国虽然出现于唐宋年间，但新闻这种形式，却早在汉武帝刘彻时期（公元前140—前87）就有了。当时，各郡（州郡）、国（诸侯国）设在京都长安的办事处（当时称为"邸"），为了把皇帝的谕旨、臣僚的奏议以及有关的政治情报及时传回本郡国，便搞了一种手抄的文本，叫作"邸报"，也叫"邸抄""朝报""条报""杂报"。这可以说是我国最早的报纸。"邸报"上刊登的文体，也就是新闻文体了。因此，我国的新闻文体是源远流长的。

今天，我们所说的新闻文体包括报纸、广播中常用的消息、通讯、报告文学等体裁，它们有一些共同的特点：

第一，真实性。真实性是新闻文体的生命线。如果新闻文体中出现了不真实的报道，我们的报纸与广播就得不到人民的信任，就会产生很坏的影响。

第二，时效性。报道的事情不仅要新鲜，而且要迅速及时，不允许拖拖拉拉，放马后炮。如果没有新和快就失去了新闻文体存在的价值。重大事件、动态、动向的报道，如果延误了时机，就会给社会主义建设、党的工作、人民的生活造成一定的甚至很大的损失。

第三，可读性。新闻要写得易读、清楚、有趣味。新闻文体不是公文、命令，不能强制读者、听众去看、去听，要讲究写作的艺术，要善于选取典型生动的事例，用准确、鲜明、生动的语言表达出来，使读者爱读，听众爱听，收到引人入胜的效果。

第四，倾向性。由于作者思想倾向的不同，对一件事情常有不同的报道，甚至褒贬迥异。我们的报纸与广播是党的喉舌，因此新闻文体的写作应该以宣传党的方针政策为自己的任务。新闻文体的作者，要自觉遵守党的宣传纪律，一字一句，都要注意到党的影响。

消息、通讯和文学报告作为新闻文体，虽有许多共同之处，但也有区别，下面分别对它们做一下简要的介绍。

一、消息

（一）消息的含义

消息，又称新闻，或新闻消息，是报纸、广播中最常用的一种文章体裁。消息是以记叙为主要表达方式，对新近发生的有社会意义的事实的简短报道，是新闻的重要体裁。

（二）消息的种类

消息的种类较多，可以从不同的角度做出不同的分类。

以报道内容为依据，可分：政治新闻、经济新闻、工业新闻、农业新闻、文教新闻等；以报道方法为准绳，可分：综合报道、典型报道；以文字繁简为尺度，可分：普通新闻和简明新闻；从写作特点角度分类有：动态性新闻、评论性新闻、公报性新闻、特写式新闻、谈话式新闻等。现在，我们用较为通行的分法，把新闻分为四类：

1. 动态消息

它的显著特点是：篇幅短，简洁明快，表达直接；能够迅速及时地报道国内外的重大事件和社会主义现代化建设的新气象、新成就。

重大消息和简讯都属于动态消息。如《首都各界隆重吊唁宋庆龄同志》（《人民日报》1981年6月1日）、《〈求是〉杂志发表习近平总书记重要文章〈为打赢疫情防控阻击战提供强大科技支撑〉》（《中国社会科学报》2020年3月16日）都是重大消息。这类消息报道的事件重大，意义深远，报道时在报纸上占显要地位。简讯，又叫短讯、简明新闻。它内容单一，文字简短，几十个字，或一两百个字，见报时常归类编排，前面冠以不同的栏头，如"要闻简报""祖国各地""休息消息""友好往来"等。近年，还出现了"数字新闻"的栏头，行文的开头用数字，这个数字是报道的关键信息。例如：

> **数字新闻**
>
> **81** 记者 11 月 6 日从侵华日军南京大屠杀遇难同胞纪念馆获悉，南京大屠杀幸存者杨桂珍老人于 11 月 5 日晚去世。据统计，今年已有 10 位幸存者陆续去世，登记在册的幸存者仅存 81 人。杨桂珍出生于 1917 年 12 月 15 日，生前曾留下证言："南京大屠杀暴行发生时，我 20 岁，日本人到处烧房子、杀人，我们只能藏在地洞里躲避追捕，我为了防止被日本人施暴，就用土灰糊在脸上。后来，为了躲避日本人，我们一家跟着同乡跑反，途中日本飞机仍在炮轰。"（摘自 11 月 7 日《山西晚报》）
>
> **4.18 亿** 财政部应急管理部 11 月 7 日向山西、安徽、江西、湖北、湖南、广西、重庆 7 省（区市）下拨中央救灾资金 4.18 亿元，其中用于支持帮助受灾地区抗旱减灾工作 2.5 亿元，用于受灾群众生活救助工作 1.68 亿元。7 月下旬以来，湖北东部、湖南中东部、江西大部、安徽南部、福建中北部等地降水量较常年同期偏少 5 至 9 成，气温普遍偏高 1 至 3 摄氏度，气象干旱迅速发展。（摘自 11 月 8 日《人民日报》）
> ……
>
> （见《老年文摘》2019 年 11 月 11 日）

2. 典型报道

这是一种报道典型经验的消息，又称"经验消息"。它通过对一些具体部门、单位的典型经验、成功做法的报道，带动全局，指导一般，以推动党的方针政策的贯彻、落实。

典型报道的主要特点是：情况介绍具体，指导性强；通过交代情况，叙述做法，来反映变化，总结经验，揭示事物的规律性。如《努力实践勇于创新》（《人民日报》1978 年 1 月 28 日），这条消息就是通过具体生动的事实，报道了山东农村电影放映队在深入农村、努力实践的基础上，勇于创新，将幻灯片演成了"活电影"。为发展幻灯艺术闯出了一条新路，为放映队提供了经验。

3. 综合消息

这是综合报道全局性情况的一种消息。它常常是把不同地区、不同单位的若干事实，围绕着同一主题，综合起来加以报道。如综合报道节日的动态，报道对某一重大事件的反映或某一战线的新情况、新面貌等。

综合消息的显著特点是：报道面广，概括性强，综合大量事实，并集中表达一个鲜明的主题。

《上海工业每分钟创造的价值》（《人民日报》1957年6月20日）就是一篇报道上海工业战线每一分钟为国家创造的财富和所做贡献的综合消息。

《隆重纪念敬爱的周恩来总理逝世一周年》（《人民日报》1977年1月9日）是一篇报道首都人民和全国各省市、自治区人民怀着深厚的感情，开展各种活动以怀念周总理、赞颂周总理为革命事业建立了不朽功勋的综合消息。

4. 评述消息

又称"新闻述评""记者述评"。它除具有消息的一般特征外，还在叙述事实的同时，由作者直接发一些议论，鲜明地表示出作者的观点，是一种夹叙夹议、边叙边评的新闻体裁。它针对问题，分析形势，研究动向，总结经验，揭示事物的本质，指出发展方向，推动工作，帮助读者加深认识和理解。

评述消息的显著特点是：有事实，有评论，但仍是以报道事实为主，在报道事实的基础上进行评论；分析一针见血；议论画龙点睛，就事论理。如报道扬州玩具厂生产、销售"小熊猫"玩具的消息《小熊猫为什么能畅销几大洲?》（《人民日报》1979年6月15日）就是一篇饶有兴味的评述消息。作者在报道事实的过程中，采取边叙边评的方式，说明了国产玩具"小熊猫"起死回生、畅销国际市场的原因，总结了经验，鲜明地提出了自己的看法和主张。

（三）消息的标题

标题是文章的眼睛，是报纸的眉目，在消息中它还是内容提要。它能够帮助读者阅读和了解消息的内容。标题拟得好不好，关系着一篇消息是否吸引读者，是否能更好地收到宣传效果。

消息的标题十分重要，也很特殊，和一般文章不同，一般文章通常只有一个标题，有时加个副题。消息大都是采用多行标题，除正题外，前面还常常有引题，后面还常常有副题。例如：

征地造房为啥等煞人？　　　　　　　　　　　　〔引题〕

一道公文背着39颗印章旅行　　　　　　　〔主题〕

希望有关部门舍繁就简，多办
实事，加快住宅建设步伐　　　　　　　　　　〔副题〕

（《文汇报》1980年9月19日）

为丰富我国天气预报理论和改进
预报方法做出突出贡献　　　　　　　　　　〔引题〕

雷雨顺全部身心献给气象科研事业　　　　〔主题〕

国家气象局党委授予他优秀共产党员称号　　　〔副题〕

（《光明日报》1983年1月23日）

正题也叫主题、母题，是整个标题的中心。它的作用是概括说明文章的中心思想和主要事实。

引题也叫肩题、眉题。它的作用是交代背景，烘托气氛，引出正题。

副题也叫辅题、子题。一般用来提要式地标明消息的重要事实或事件结果，对正题进行补充。

不是所有的消息都是"多行"标题，有些可以有引题、正题，有些则可以正题、副题并用，有些也只标正题，多数短消息，即简讯，只标正题。

对消息标题的拟定，要认真对待，精心考虑。标题的主要要求是准确、鲜明、简洁和生动。

准确，是对标题的最基本要求。标题要准确地反映消息中的主要事实和中心思想，揭示事物的本质，给人以启示。例如，1980年10月25日，《光明日报》发表了一条消息，报道河南省沈丘县实行联产到户等责任制以后，出现了很多可喜的现象：科技书籍销售量猛增，科技广播的听众日益增加，种子公司的良种备受欢迎，农业科技人员到处有人请教，被待为"上宾"……拟定什么样的标题来反映这种现象呢？消息的作者，正题仅用了八个字《联产到户　科学吃香》，就概括了消息的主要内容，既准确，又简洁。

鲜明，是指标题要有鲜明的政治和情感倾向性。标题，特别是主要标题，政治倾向性最强，赞成什么，反对什么，态度应当十分鲜明。例如，1979年11月12日，《文汇报》和《工人日报》分别在第四版上刊登了新华社的一条电讯，报道鞍钢中型轧钢厂工程师高振文被错划右派得到改正后，参加了中国共产党的事实。两家报纸的标题不同。《文汇报》的标题是：

工程师高振文双喜临门

错划右派改正后光荣入党

《工人日报》的标题是：

工程师高振文右派改正后被吸收入党

两则标题相比较，《文汇报》的标题起得好。用"双喜临门"这个带感情色彩的常用词语，准确地概括了高振文平反和入党这两件大喜事，鲜明地表达了作者对这件事的态度和感情。

简洁，指标题要高度概括、凝练，要以尽可能简练的文字，概括说明消息的主要内容和观点，使人一目了然。如报道为马寅初先生的"新人口论"平反的消息，题目是《错批一人，误增三亿》；报道我国体育战线人才辈出、成绩猛进的一则新闻消息，标题是《冲出亚洲，面向世界》，既简洁，又鲜明。

拟定标题，在做到确切、鲜明、简洁的基础上，还应力求新鲜活泼、生动形象。例如《一道公文背着39颗印章旅行》《20台"飞人"缝纫机　台台"飞"进领导家》(《工人日报》1980年10月24日)。这两则标题分别运用了拟人、重叠等修辞手法，比较生动，不呆板。在第一则标题中把盖有39颗图章的文件到处传递，比作一个人背着沉重的包袱到处旅行,既有力地揭露了官僚主义的弊端,又生动形象。在第二则标题里,"台"字的重叠,说明了问题的严重性。"飞"字的运用,形象生动,寓意深刻。说明群众常年买不到的紧俏商品,却飞快地进入某些领导干部家,生动形象地揭露了某些商业部门的不正之风。

精彩的标题能启迪读者,吸引他们看消息的内容,从而达到宣传教育的目的。有经验的作者都很讲究标题的艺术,都是精心拟定标题的。

(四)认真安排结构

各种消息在取材范围、担负的宣传任务等方面虽然有所不同,但它们的结构大体一致。一般都是由导语、主体、结语三个部分组成,下面分别做一下介绍。

1. 导语

导语就是消息的开头。有较多分段的消息,第一段话就是导语;较短的不分段的消息,往往第一句话就是导语。简讯文字少,一般没有导语。

较长而多段的消息,一般开头都有明确的导语。它要求用简明生动的文字,写出消息中最主要的事实,一般要告诉读者什么时间,什么地点,什么人(某单位),什么事,以及经过和结果。也有很多消息在导语中,只写出何时、何地、何事,把事件的经过和结果放在主体和结语中交代。消息采用这种所谓"倒金字塔"式的结构居多。这种"倒金字塔"的格式,始于第一次世界大战。当时的记者到战地采访,需用电讯马上把战报发回后方。由于初期的电讯设备还未臻于完备,而且在战争的情况下,常常在电讯发播的过程中因遇到障碍而告中断。为了保险起见,记者就把消息最主要的事实,如战果等,放在前头,即便发报中出了问题,也能使人们从中得到一点重要战况,于是导语就成了举足轻重的组成部分。后来转入建设时期,大家都忙于工作,无暇仔细读报,精心写作导语又成了吸引读者的一种手段。这种概要的表述方法有两种效果:一是开宗明义,提纲挈领地帮助读者领会消息的主旨;一是开门见山,引人非一气读完不可。

由于报道的内容和角度不同,导语的形式也多种多样。常见的写法有以下几种:

1)直叙式

直叙式导语是消息写作中最基本、最常用的写法。它用叙述的方法,把消息中最主要的事实概括地写出来。如《女工陈春花应邀赴美作绣花表演》(《中国青年报》1980年2月14日)一文的导语:

青年绣花女工陈春花,应邀于本月十一日乘飞机赴美国作绣花工艺技术表演。这条导语仅用了24个字,就把时间、地点、人物和消息中最主要的新闻事实——到美国作绣花工艺技术表演,都交代得清清楚楚,简洁明了。

2)描写式

用描写的手法,引出导语,以突出消息所报道的人物或事件的特点。如《北京北海公园、景山公园重新开放》(《人民日报》1978年8月2日)一文的导语:

三月一日,北京城里风和日丽,春光明媚。刚刚修复一新的北海公园和景山公园,在欢庆五届人大和五届政协胜利召开的日子里,重新开放了。

这种导语,描写不宜太长,略作渲染,即应转入叙述。

3)提问式

先揭露矛盾,鲜明地提出问题,引人注意,然后作答。如《清洁工人辛勤劳动首都街道常年整洁》(《人民日报》1972年2月19日)一文的导语:

北京这个几百万人口的大城市,每天要产生两千七百多吨垃圾。但首都街道却保持着常年整洁。这样大量的垃圾是怎样处理的?不久前记者随同垃圾清运车目睹了这个紧张战斗的过程。

提问式导语,能够引起人们的关注和深思,增强力度。"经验消息"多采用这种导语,发问以后,即将经验或做法一一写出。

4)结论式

先写出结论,然后再叙述事实。如《苏联领导集团的一次重要人事变动》(新华社莫斯科1980年6月23日消息)一文的导语:

今天下午在苏联最高苏维埃会议即将结束时突然发生的苏联政府首脑更迭,是一九六四年以来苏联领导集团的一次重要的人事变动。

在导语中,先把这次苏联政府首脑更迭是1964年以来,苏联领导集团的一次重要的人事变动这个结论写出来,然后再在主体中叙述更迭的具体情况。这种把结论列于开头的写法,能够集中、鲜明地突出消息的思想内容,以引起读者对某一问题或观点的重视,吸引读者看下去。结论式导语在消息写作中较为常用。

5)评论式

对所报道的事实进行评价,说明意义,唤起读者注意。例如共同社北京1978年12月23日电:

中国共产党十一届三中全会的各项决定,就以社会主义现代化为中心的全部内外政策,提出了比去年八月召开十一次代表大会时更加具体的前进路线,从这一点来说,这是一次非常重要的会议。

6)比兴式

这种导语借鉴了我国古典诗歌中的比、兴手法,"比"即比喻,"兴"即联想。用诗句、口号、谚语、民谣作为开头,然后引出事实的写法,都叫作比兴式导语。例如《解放军报》1980年9月23日一文的导语:

"经过一场自然灾害,党在农村的经济政策就像经霜的白菜——更有甜味了。"这是南京部队某团战士们听了慰问受灾战士家庭访问组的报告后,对农村经济政策的赞扬。

此外,消息的导语还有引语式、对比式、混合式等,这里就不一一列举了。

导语在消息写作中很重要,有人把它比为"诱饵"或"眼睛"。有经验的新闻工作者,无不在导语上绞尽脑汁,找出新闻中的要点。

2. 主体

主体是消息的主干和中心部分。它承接导语，围绕主题全面展开消息的事实，对导语所概括的内容或提出的问题进行具体阐发，进一步表现和深化主题。一篇消息的质量怎样，关键在于主体部分写得如何。因此，消息写作要把主要精力用在这一部分上。对主体部分写作的主要要求是：

1）用事实说话，以叙述为主

消息写作一定要坚持用事实说话，选择典型的、有说服力的事实来展开主体，表现主题。例如《随县县委书记走访鼓励包产户》（《湖北日报》1980 年 7 月 30 日）这条消息，宣传了十一届三中全会以来党在农村实行家庭联产承包责任制，搞活经济的方针政策的正确性。作者没有直接阐述这个道理，也没有干巴巴地重复政策条文，而是通过县委书记的走访活动，具体地介绍了包产户方银志种植包产田的情况，如在过去"种一斗，收一升"的三亩"孤山野洼、冲梢塝田"里，如今种出了长势良好的棉花、芝麻等典型事实，生动地说明了党的现行农村经济政策的正确，实行家庭联产承包责任制，广开致富门路深受群众欢迎。消息通篇坚持了用事实说话，使用"白描手法"，记事写实，没有架空的议论和渲染，将观点、道理、指导性寓于事实之中，使主题思想表达得清晰而有力。

消息以叙述为主，但也不排斥其他表达手法。为了加强消息的指导性和战斗性，有时在叙述事实的基础上进行必要的画龙点睛式的议论，也是允许的；为了渲染气氛，增强感染力，有时也用一点简洁的描写。

消息的记叙和一般记叙文也不一样。它不要求详尽地展开事件的情节或细节，而只是简明扼要、精练概括地记叙事实的轮廓和梗概。

2）条理清楚，层次分明

消息常见的结构形式有两种：

一种是按时间顺序写，根据事件发生的先后顺序安排层次。如《女子围棋好手孔祥明》（《文汇报》1979 年 4 月 1 日）一文，就是按照孔祥明成长过程的时间顺序组织结构的。这种结构形式的优点是：容易把事件写得有头有尾，来龙去脉一清二楚。但这种写法容易写成平铺直叙的流水账。因此，采用这种写法，要紧扣主题，精心选材和剪裁，突出重点。这种写法还可以采用倒叙的方法，由近及远，从现在写起，再追溯到过去。

一种是按逻辑关系写，就是根据事物的内在联系，按事件的逻辑关系，用典型材料分别从各个侧面或不同角度加以说明。如《政策落实，成群鸭子涌进合肥市》（《人民日报》1978 年 8 月 28 日）一文，就是按照逻辑关系组织层次，展开叙述的。这篇消息，导语之后，主体部分首先说明现在是春鸭上市的季节，最近几天就有 20 多万只春鸭涌进合肥市市场。接着说明养鸭有利种稻，又可供应秋、冬、春三季市场的需要，对改善人民生活有利，一举两得；可是前几年由于"四人帮"极"左"路线的破坏，看不到成群结队的鸭子了；如今取缔了限制养鸭的"土政策"，养鸭业得到发展；目前，合肥市鸭子供应充足，价格便宜。这条消息层次清楚，条理分明，只用了 500 多字，便把合肥市养鸭业的今昔情况、养鸭同种稻的关系以及同市场供应的关系都交代得清清楚楚，令人信服地说明了落实政策的重要意义。依据事物的逻辑关系组织材料，一般都是先写主要的、具有特点的事实，而后写较次要的材料。每段大都能独立存在。

以上两种方法，在实际写作中常常结合起来运用。在时间顺序里包含着逻辑顺序；在逻辑顺序中又包含着时间顺序。无论采用何种形式，要从具体内容和报道意图的需要出发，不能有固定化的程式，而且要条理清楚，层次分明。

3）内容充实，生动形象

消息的主体是对导语所概括的内容进行具体阐发。主体部分的写作要力求充实具体，生动形象，有感染力。首先要选取生动有力的典型事例，展开主体，表现主题。其次要有具体的描述，写得具体，才能形象生动。下面是消息《经济学家赶集》（《市场报》1980 年 4 月 25 日）对主体部分的描述：

三月四日下午，经济学家薛暮桥到北京北太平庄农副产品市场赶集。

这位七十五岁高龄的老人，兴致勃勃地挤进人群，东瞧西看，问这问那。见到卖鲜鱼的，便问是怎么运进城里来的。有几个顾客和卖主讨价还价，最后达成协议：一元二角一斤。薛暮桥同志高兴地说："好，我也买一条。"卖鱼的拣了一条又大又肥活胖头鱼，一称，五斤重。薛暮桥一边付钱，一边说："看来还是两个市场好。"买完鱼，又买了一条擀面杖。这时，一个老头在叫卖挖耳勺。他赶忙过去花三分钱买下一个，说："我很早就想买这么个小东西，总买不着，今天算是盼着了。"

这条消息的第一段是导语，它概括地介绍了消息的主要内容：经济学家到农副市场赶集。第二段是主体。把经济学家薛暮桥赶集的情况，进行了具体的描述。通过经济学家"挤进人群"，"东瞧西看"，"问这问那"，形象逼真地反映了集市的繁荣热闹。写薛暮桥买活鱼，买擀面杖，以及花了三分钱买到一个很早就想买而总是买不着的挖耳勺等细节，生动地反映了农副市场对国营经济的补充作用，从而揭示了主题。这条消息选材典型，善于捕捉现场镜头和生动的细节。富有浓厚的生活气息，读者读起来饶有趣味。

总之，一则比较好的消息，它的主体应该是：在内容方面，既要充实具体，又要简短精当；在叙述方法上，既要有高度概括、凝练、以一当十的文字，又要用形象生动、富有表现力的语言，对典型材料和细节作有声有色的描述。

3. 结语

结语又叫结尾，是消息的结束部分。有的新闻有结语，有的没有。一般地说，结语是消息的最后一句话或最后一段话。常见的结语有下面几种：

1）小结式

对主体部分所陈述的事实进行简要的概括，使读者读到最后有一个完整的印象。例如《中国科学院破格选人才》（《人民日报》1978 年 2 月 7 日）的结尾就是这样写的：

中国科学院的同志认识到：向科学技术现代化进军，基本任务是出成果，出人才。最重要的是出人才，有了人才，才能出成果。要广开才路，采取多种措施培养人才。要大抓特抓尽快尽早尽多地造就工人阶级又红又专的第一流的科学家和工程技术专家。

2）评论式

对所报道的事实画龙点睛，说明实质。这种评论可以由记者直接叙述来表达，也可以引用新闻中人物的谈话来表达。例如《中原我军占领南阳》（新华社郑州1948年11月5日电）的结尾：

王凌云到襄阳，大概是接替宋希濂当司令官，但是从南阳到襄阳，并没有走得多远，襄阳还是一个孤立据点，王凌云如不再逃，康泽的命运是在等着他的。

这个结尾的评论，就是由记者直接叙述来表达的。

3）启发式

结尾时不把话说尽，或提出一个问题，启发读者去积极思考。例如《餐桌上的假左真右要打扫》（《人民日报》1978年6月25日）的结尾：

一位省委书记看了城市饭馆、工人食堂和社员家庭的饭桌以后，语重心长地说：当年老百姓把脑袋系在裤腰带上，跟着我们共产党打天下，求解放，难道就是图个吃不上好饭好菜吗？

4）号召式

根据新闻所报道的事实，发出号召，唤起读者响应。例如《解放过来的台湾籍士兵如今生活安定幸福》（《文汇报》1979年1月21日）的结尾：

廖先景兴奋地对孩子们说："我们大家都要努力工作，努力学习，以实际行动，促使祖国统一的早日到来。"

5）激励式

从新闻事实中受到鼓舞，在结尾部分再作激励。例如《不拿名不符实的一等奖》（《人民日报》1978年10月11日）的结尾：

横沥公社党委勇于纠正错误的做法，受到广大群众的欢迎。社员们说：我们支持党委不拿这个名不符实的一等奖。我们要进一步发扬党的实事求是的优良传统和勇攀高峰的精神，拿真正的、过得硬的一等奖。

6）照应式

在结尾部分，与标题或导语提到的主要事实照应一下，以便加深读者或听众的印象。例如《上海第十六丝织厂十六位女工"回城不变心"》（上海人民广播电台1981年12月27日广播），导语是这样写的："最近，上海第十六丝织厂表扬了十六个'回城不变心'的女工，教育全厂青年在恋爱婚姻问题上，发扬社会主义新道德新风尚。"在结尾部分，作了这样的照应：

十六个女工"回城不变心"的崇高思想，在十六丝织厂引起了强烈反响，青年们纷纷表示要向她们学习。

新闻的结尾,应尽量避免与导语雷同;另外,结尾要写得新颖活泼,尽量避免用空泛陈旧的套话。

(五) 消息的背景

所谓背景,就是指事物的历史状况和它存在的环境、条件。背景材料是消息的从属部分,它一般穿插在主体部分里,有的也穿插在导语和结尾当中。

消息一般都要适当地交代背景。目的在于说明事物发生、发展的具体条件和基础,充分显示所写事物的意义,起烘托和深化主题的作用。

消息使用背景材料,常见的有三类:

1. 对比性材料

就是对所记叙的事物,进行前后、左右、正反的对比,用以烘托报道的事件,突出其意义。例如《从邮局看变化》(新华社乌鲁木齐1980年1月17日电)一文的背景材料:

前几年,由于林彪、"四人帮"极"左"路线的干扰破坏,新疆副食品供应非常紧张。每年春节期间,人们只好把钱寄到关内,委托亲友帮助买吃的东西。于是,从关内邮寄香肠、腊肉、糖、花生米等的包裹猛增。单是花生米一项,最多的时候一天就寄来16吨。……

今年,自治区邮电管理局接运包裹的"旺季"突然不旺了。据初步统计,去年十二月和前年同期相比,寄往关内的汇款减少了六万四千多元,即减少了百分之五十;从关内寄来的包裹减少了一万二千多件,即减少了三分之一。原来新疆市场上,香肠、腊肉等都可以买到,核桃、瓜子很多,食品商店里的砂糖、糖果和糕点也很丰富。过节需要的副食品,这里大体都有了。

通过上述对比性材料的交代,清楚地反映了党的十一届三中全会以后,我国经济形势的变化:农副产品日益增多,市场好转。材料内容生动具体,突出了消息的主题。

2. 说明性材料

说明性材料,是说明、介绍与报道对象有关的地理环境、政治背景、历史演变、思想状况、物质条件等,以说明事物产生的原因、条件和环境。如《人民日报》1980年3月19日二版刊登的湖北兴山县昭君村将成为柑橘之乡的消息,中间写了这样一段背景:

昭君村是汉明妃王昭君的故乡。这里依山傍水,香溪河贯穿其中,气候适宜,日照、水源充足,土壤含磷丰富,可利用的荒山有二千多亩,是发展柑橘的好地方。这段背景,叙述了昭君村的地理环境与自然资源,说明了昭君村发展柑橘生产的有利条件。

3. 注释性材料

为了使读者看懂,有时要做些必要的注释。如人物的出身、经历、性格特点,产品的产地、用途、性能,技术性问题,名词术语等。如《屯溪徽墨生产日益兴旺》(《人民日报》1979年6月16日)一文中有如下的背景材料:

徽墨创于唐朝末年的李廷珪,宋、明、清三代有很大发展。人们熟悉的清代四大制墨家之一的胡开文,就是在乾隆四十七年(公元1782年)在屯溪开设墨店的。他继承了历代制墨家的经验,在选料配方和制作工艺上都有独创。他的墨,色泽黑润,香味浓郁,舐笔不胶,入纸不洇。现在的屯溪徽州墨厂,就是在胡开文墨店的基础上发展起来的。

这些注释性材料,不仅帮助读者理解了消息的内容,还介绍了徽墨的产生、发展和特点等知识。

消息写作中,适当地交代背景材料是十分必要的。但要与主题有关,适可而止,不要喧宾夺主,否则会让人生厌。

二、通讯

(一)通讯的含义

通讯和消息一样,是新闻报道的重要体裁,是报刊、广播经常使用的一种文体。通讯是以记叙为主兼用描写、议论、抒情等多种表达方法,迅速地反映现实生活中的人物和事件,用真实、具体的事实教育感染读者的文章。

通讯题材广泛,形式活泼,写法多种多样,自由灵活。它可以写重大的社会问题,重大事件,也可以写人民生活中的日常小事;可以侧重写人,也可以侧重记事;可以报道、歌颂先进人物、动人事件,也可以揭露、抨击社会上存在的不良现象;有的通讯选取若干典型事例,比较完整地报道某个人物的先进事迹,某个事件的发生发展,某项工作的经验教训,某个地区的形势风貌,等等,容量大,篇幅较长,有的则只选取某个生活片断、事情的侧面,情节简单,篇幅短小,叫作小通讯。通讯反映现实迅速,写作手法灵活,有广泛的群众性,能产生普遍的社会影响。

(二)通讯的分类

通讯一般分为四类:

1. 人物通讯

这是以写人物为中心的通讯。人物通讯一般以报道先进人物为主,通过先进人物的成长过程和先进事迹来展现人物的革命精神和崇高品德,为广大群众树立前进的路标、学习的楷模。

人物通讯有的写"全人全貌",表现人物战斗的一生,为人物全面"立传"。例如通讯《伟大的战士》(《解放军报》1963年2月8日)简洁生动而又重点突出地记述了雷锋同志平凡而又光辉的一生。但大多数通讯都是集中笔墨,写人物的某一段生活,某个生活片段或某一方面的事迹。例如报道军医吕士才事迹的通讯《党的好儿子 人民的好军医》(《解放军报》1980年1月2日)只是表现了自上级决定吕士才带领一支手术队参加对越自卫还击战到他病逝约十个月的生活片断。通过他带病出征,战地救治伤员,病重住院和去世前教育子女等情节,集中反映了他的忘我献身精神,深刻地揭示了他高尚的精神境界。报道老贫农邢自德舍身拦车救外宾的小通讯《真是活雷锋》(《人民日报》1977年11月30日),则只记写了一件事情、一个场面,通过这一件事生动逼真地反映了老农民舍己为人的高尚品质,题材单一,篇幅短小,内容生动感人。

写先进集体,写"群像"的,也属于人物通讯。例如《他们的心灵多么美——记在西安市康复路抢救沼气中毒的老农民的英雄群众》(《光明日报》1982年9月19日),是一篇描述群体形象的人物通讯。作者以深挚的情感,记叙了以张华为主的八个人物的英雄事迹,展示了这群普通人"舍己救人"的高尚思想情操。这篇通讯具有鲜明的时代特征,是一曲对共产主义思想的颂歌。

2. 事件通讯

是以写事件为主的通讯,要求比较完整地记叙现实生活中发生的重大事情或有意义的事件。

事件通讯也不是孤立地记事,"事因人生",事与人很难分开,所以,也要着重刻画、揭示与事件有关的人物的思想风貌。一般不集中笔墨刻画某一个人物,而是紧紧围绕事件来写。例如报道我民航人员生擒劫机歹徒事件的通讯《粉碎劫机阴谋始末》(《文汇报》1982年7月28日)通讯反映了现实生活中发生的重大事情,生动、具体地记述了机智英勇的杨继海机组人员与歹徒搏斗、终于生擒他们的情景,深刻地揭示了杨继海等人为国为民舍生忘死的革命英雄主义精神。

3. 概貌通讯

概貌通讯,通过记叙一条战线、一个地区、一个单位、某个工程的变化或概述某一活动的基本面貌,反映现实生活中的新气象、新成就或新问题,"纪行""巡礼""散记"等均属概貌通讯。许多概貌通讯常用概括介绍与形象描绘相结合的手法,也常常用今昔对比手法来突出特点,说明变化,显示成绩。如《今日白帝城》(《人民日报》1978年8月30日)记叙了粉碎"四人帮"以后白帝城的新风貌。文章思路开阔,纵说古今,文笔优美,是一篇颇具特色的概貌通讯。通讯《兰考人民的新民风》(《光明日报》1982年9月5日)通过兰考人民生活中的各个侧面:农民待客非常热情,兰考姑娘图文明户,不图厚彩礼,干群关系好转,家庭关系改变等,有叙有议,生动地展示了兰考县人民在精神文明建设方面的可喜变化。

4. 工作通讯

又叫经验通讯,这是对某单位或部门贯彻执行党的方针政策或完成某项工作任务的经验体会的报道。如通讯《为什么蜈蚣能收购这么多》(《人民日报》1978年2月21日)通过对荆门县收购蜈蚣这项具体工作的报道,介绍了贯彻落实党的经济政策的做法和经验,材料具体,经验实在,针对性强,是一篇很好的工作通讯。

(三) 通讯的特点

作为一种独立的新闻体裁,通讯的特点是鲜明的。主要特点是:

1. 真实性

作为报道现实生活中真人真事的通讯,在真实性方面的要求,和消息完全一致。内容必须真实准确,不容许虚构、不容许添枝加叶、改头换面。但在实际写作中,由于思想认识问题，或追求情节的生动，常发生失实的问题。我们的报刊、广播在人民群众中享有很高的威信，严肃认真地把好真实性这一关十分重要。

2. 时间性

通讯有很强的时间性。在这方面它与消息有共同点，都要求迅速及时地反映社会现实，但通讯不像消息要求得那样严格。

一件事情发生后，通讯一般不如消息报道得快。例如报道国民党空军少校飞行考察官黄植诚驾机起义回归祖国大地的新闻，新华社在1981年8月11日就发了消息，而反映这一内容的通讯《飞向光明》(《中国青年报》1981年8月13日)、《和平统一　人心所向》(《人民日报》1981年8月14日)，则迟发了两三天。

还有些通讯的内容，并不是当前现实生活中发生的事，而是十几年前或几十年前发生的事，但适合当前某种形势的需要，也符合通讯的时间性要求。如抗日时期八路军援救并送还美穗子姐妹一事，已过去四十余年，但《日本小姑娘，你在哪里？》的通讯以及随后有关报道，竟成了中日两国的热门新闻，就是因为它们适合宣传中日友好的时宜，有"时效性"。因此，关于通讯的时间性，既要看报道是否迅速及时，也要看是否有"时效"，合时宜。

3. 形象性

形象性，是通讯区别于新闻消息的一个显著特点：消息是以记叙为主，概括地报道新闻事实，一般不要求展开情节；而通讯则是运用记叙、描写、议论、抒情等多种表达方式，具体地报道事实，形象地再现生活。通讯一般都要求展开情节，生动地写出事实的来龙去脉；运用多种描写手法，刻画人物；描绘出具有典型意义的情节与场景，揭示出所记述的人物或事件所蕴含的思想意义。一篇好的通讯，应该不仅能使人在思想上受到教育，得到启示，也能使人在感情上产生共鸣，受到感染。

例如表现中年光学专家蒋筑英事迹的通讯《为中华崛起而献身的光辉榜样》，文章从追悼会写起，开头是这样写的：

在摆满鲜花和花圈的灵台上，挂着一位中年人的大幅遗像：一头黑发，瘦长脸儿，长得很英俊；一双闪烁着智慧光芒的眼睛，好似正深情地瞧着俱乐部大厅正在垂泪的人们。不少人举目仰望灵台上那张熟悉的面容，禁不住失声恸哭。这哭声和那低回的哀乐声在大厅里萦回，穿过窗户，飘向蓝天……

这段简洁的文字，对蒋筑英的肖像和场景的描述是形象、生动感人的，一下子就紧紧扣住了读者的心弦。

通讯是一种战斗性很强的体裁，写作时除了把握好它的特点以外，还要注意深入调查，详尽地占有材料，精心提炼主题，努力写好人物，适当运用议论和抒情手法，使读者得到深刻的启示，与作者产生感情共鸣。

三、报告文学

(一) 报告文学的含义

报告文学是用文学的手段直接地报道现实生活的一种文体。它描写的对象是当代的真人真事。通过这种文体，人们能够比较及时地、生动地看到现实生活发生的急剧变化和时代前进的步伐。由于报告文学这种文体机动灵活，内容真实生动，富有影响力，因此人们称它是"文艺战线的轻骑兵"。

报告文学比起诗歌、小说、散文、戏剧来，是一种新兴的文体，出现在第一次世界大战以后。美国记者约翰·里德在十月革命期间所写的见闻《震撼世界的十天》是当时报告文学的代表作。我国的报告文学大致产生于五四运动之后。30年代夏衍《包身工》的发表是我国报告文学成熟的标志。在抗日战争、解放战争、抗美援朝战争以及社会主义革命和建设的年代，都涌现了一批优秀的报告文学作品。改革开放后，报告文学更是蓬勃发展，成为当代文学中最有影响的文学样式之一。例如，徐迟的《哥德巴赫猜想》，穆青、陆拂为、廖由滨的《为了周总理的嘱托》，黄宗英的《大雁情》，柯岩的《船长》，理由的《扬眉剑出鞘》，陈祖芬的《祖国高于一切》等都是。

（二）报告文学的特点

报告文学和消息通讯一样，都有自己的特点，主要有下面几点：

1. 新闻性

报告文学要求写的必须是真人真事，而且一般说来，是当前发生的与人民生活密切相关的、具有新闻报道价值的事情。因此，报告文学不同于小说，小说是允许虚构的，报告文学则排除虚构，必须完全真实。这种真实，不仅仅在反映事物本质方面要求艺术的真实，而且要求全部细节的真实，包括时间、地点、人物的职业、身份、音容笑貌以及彼此间的关系等，都来不得半点虚假。

2. 文学性

报告文学要求比一般的新闻报道、一般的通讯或访问记具有更浓的文学色彩。报告文学要用具体生动形象的手法描写生活，再现生活，使人仿佛身临其境，如闻其声，如见其人，受到艺术的感染。

那么，究竟报告文学与通讯的区别在哪里呢？一般说来，报告文学情节比较完整，人物性格比较鲜明，形象比较丰满，但是在时间性方面，不如通讯要求的那么快，那么及时。这两者通常是可以分清的，但有时也很难划出界限来，因为文学色彩的浓与淡，没有绝对的尺度，每个人的看法不完全一致。郭小川曾主张，有一定的文学色彩的，就可以算是报告文学。

报告文学是兼有新闻性和文学性两种特性的文体。由于它的新闻性，使它和小说之类允许虚构的文艺作品区分开来；由于它的文学性，使它和一般的消息通讯又有所不同。在这里，新闻性是第一性的，因为它是"报告"性的文学。

3. 政论性

政论性是报告文学的又一特点。所谓政论性是指作者在描述人物和事件中，直抒自己的看法，提示事物的本质，使作品显现出强烈的思想倾向。在当代报告文学写作中，作者常常以第一人称出现在作品里，体验生活，干预生活，呼唤人生，

"我"成为作品有机的组成部分。黄宗英的《大雁情》中,庄严美丽的西安引起"我"对历史的回顾,荒芜杂乱的植物园激起"我"对现实的思考,压抑人才的现象令"我焦急",令"我慨叹":

我焦急,我慨叹,不是因为当时看到了被"四人帮"破坏的情景;我焦急,我慨叹的是听不到、看不见园主在粉碎"四人帮"以后大打翻身仗的激情和壮志。难道他们是在等待吗?等待什么呢?……

直抒胸臆,热切真挚;思想深刻,引人共鸣。

报告文学的写作,除把握好它的特点以外,更重要的是所写的内容要有典型性和时代性,并具有艺术的感染力和号召力。

四、作品鉴赏

(一)消息

作品一:

中原我军占领南阳

新华社郑州 1948 年 11 月 5 日电 在人民解放军伟大的胜利的攻势下,南阳守敌王凌云于四日下午弃城南逃,我军当即占领南阳。南阳为古宛县,三国时曹操与张绣曾于此城发生争夺战。后汉光武帝刘秀,曾于此地起兵,发动反对王莽王朝的战争,创立了后汉王朝。民间所传二十八宿,即刘秀的二十八个主要干部,多是出生于南阳一带。在过去一年中,蒋介石极重视南阳,曾于此设立所谓"绥靖区",以王凌云为司令官,企图阻遏人民解放军向南发展的道路。上月,白崇禧使用黄维兵团三个军的力量,经营整月,企图打通信阳、南阳间的运输道路,始终未能达到目的。最近蒋军因全局败坏,被迫将整个南部战线近百个师的兵力,集中于以徐州为中心和以汉口为中心的两个地区,两星期前已放弃开封,现又放弃南阳。从此,河南全境,除豫北之新乡、安阳,豫西之灵宝、阌乡,豫南之确山、信阳、潢川、光山、商城、固始等地尚有残敌外,已全部为我解放。去年七月,南线人民解放军开始向敌后实行英勇的进军以来,一年多时间内,除歼灭了大量的国民党正规部队以外,最大的成绩,就是在大别山区(鄂豫区)、皖西区、豫西区、陕南区、桐柏区、江汉区、江淮区(即皖东一带)恢复和建立了稳固的根据地,创立了七个军区,并极大地扩大了豫皖苏军区老根据地。除江淮军区属于苏北军区管辖外,其余各军区,统属于中原军区管辖。豫皖苏区、豫西区、陕南区、桐柏区现已联成一片,没有敌人的阻隔。这四个军区并已和华北联成一片。我武装力量,除补上野战军和地方军一年多激烈战争的消耗以外,还增加了大约二十万人左右,今后当有更大的发展。白崇禧经常说:"不怕共产党凶,只怕共产党生根。"他是怕对了。我们在所有江淮河汉区域,不仅是树木,而且是森林了。不仅生了根,而且枝叶茂盛了。在去年下半年的一个极短时间内,我们在这一区域曾经过早地执行分配土地的政策,犯了一些策略上的"左"的错误，但是随即纠正了，普遍地利用了抗日时期的经验，执行了减租减息的社会政策和各阶层合理负担的财政政策。这样，就将一切可能联合或中立的社会阶层，均联合或中立起来，集中力量反对国民党反动统治势力及乡村中为最广大群众所痛恨的少数恶霸分子。这一策略，是明显地成功了，敌人已经完全孤立起来。在我强大的野战军和地方军配合打击之下，困守各个孤立据点内的敌人，如像开封、南阳等处，不得不被迫弃城逃窜。南阳守敌王凌云统率的军队是第二军、第六十四军以及一些民团，现向襄阳逃窜。襄阳也是国民党的一个所谓"绥靖区"，第一任司令官康泽被俘后，接手的是从新疆调来的宋希濂。最近宋希濂升任了徐州的副总司令兼前线指挥所主任，去代替原任的杜聿明。杜聿明则刚从徐州飞到东北，一战惨败，又逃到了葫芦岛。王凌云到襄阳，大概是接替宋希濂当司令官。但是从南阳到襄阳，并没有走得多远，襄阳还是一个孤立据点，王凌云如不再逃，康泽的命运是在等着他的。

作品二：

人民解放军百万大军横渡长江

新华社长江前线1949年4月22日22时电 人民解放军百万大军，从一千余华里的战线上，冲破敌阵，横渡长江。西起九江（不含），东至江阴，均是人民解放军的渡江区域。二十日夜起，长江北岸人民解放军中路军首先突破安庆、芜湖线，渡至繁昌、铜陵、青阳、荻港、鲁港地区，二十四小时内即已渡过三十万人。二十一日下午五时起，我西路军开始渡江，地点在九江、安庆段。至发电时止，该路三十五万人民解放军已渡过三分之二，余部二十三日可渡完。这一路现已占领贵池、殷家汇、东流、至德、彭泽之线的广大南岸阵地，正向南扩展中。和中路军所遇敌情一样，我西路军当面之敌亦纷纷溃退，毫无斗志，我军所遇之抵抗，甚为微弱。此种情况，一方面由于人民解放军英勇善战，锐不可当；另一方面，这和国民党反动派拒绝签订和平协定，有很大关系。国民党的广大官兵一致希望和平，不想再打了，听见南京拒绝和平，都很泄气。战犯汤恩伯二十一日到芜湖督战，不起丝毫作用。汤恩伯认为南京、江阴段防线是很巩固的，弱点只存在于南京、九江一线。不料正是汤恩伯到芜湖的那一天，东面防线又被我军突破了。我东路三十五万大军与西路同日同时发起渡江作战。所有预定计划，都已实现。至发电时止，我东路各军已大部渡过南岸，余部二十三日可以渡完。此处敌军抵抗较为顽强，然在二十一日下午至二十二日下午的整天激战中，我已歼灭及击溃一切抵抗之敌，占领扬中、镇江、江阴诸县的广大地区，并控制江阴要塞，封锁长江。我军前锋，业已切断镇江、无锡段铁路线。

(二) 通讯

作品一：

丰饶的战斗的南泥湾

吴伯箫

"自己动手，丰衣足食。"

响应着毛泽东同志这个伟大的号召，我们革命军队经过春天竞赛开荒和播种，南泥湾荒野变成了良田；经过夏天突击除草和战斗中辛苦的经营，南泥湾长遍了蓊郁的稼禾；现在是秋天，成熟和收获的季节！南泥湾，正满山遍野弥漫着一片丰饶的果实。

南泥湾有群山环绕。一望不断的山峦，恰像海洋里波涛起伏；有密林大树，吃不尽的野果：野杜梨，一颗像一撮果子酱；甜美多浆的野葡萄，还有山里红、野林檎……。大树可以作梁作柱，作建筑木材。纯朴的农家，家家呈现着一种安乐气象；妇孺老人都吃得红红胖胖的，透露出饱暖健康的颜色；树边散放着牛羊，屋顶窑前堆放着鲜红的辣椒，金黄的包谷，硕大的南瓜。军队和人民像一家人似的亲切，遇到旅长，一大群人又笑又说地问："同志哪哒去？"这里是繁荣而又热闹的，像朱总司令说的，是"花花世界"！

据说一两百年前，南泥湾曾经繁盛过一个时期，山庙里残碑记载，说这里曾有过街市，后来满清专制，造成的民族牢狱，逼得陕甘回民群起暴动，这一带的居民才纷纷逃难，奔走他乡；在这里新开窑洞的时候，曾开到过旧窑，里边古老的碗钵家具还历历可辨，想是那时居民一听乱信，连收拾都来不及，就慌忙逃跑了，情景该是很惨的。自那以后，这里田园就交给了荒野，窑洞房屋任风雨侵蚀倒塌，日久年远，就遍地是蓬蒿，遍地是梢林乱树，成了豺狼野兽的巢穴，成了土匪强盗出没的场所。

我们革命队伍，八路军，到这里屯田，是一个翻天覆地的革命事业。自己动手，从榛莽丛里开出道路。曾必须露宿野餐，就荒山坡上开窑洞，盖房屋；从烧石灰，烧砖瓦，伐树解板，安门窗梁柱，以至钉头木楔，置备桌椅家具，无一不是自己动手，终于有了安适的住处的。住处安置未完，就开始垦荒种田，朱总司令说："生产与战斗结合"，这开荒正是一场剧烈的战斗；征服自然，而又改造自然。

开荒计划，每人六亩，随后变成群众突击、竞赛运动。两位团长的手上两次三次地磨起了泡，一连、九连出现了一天开荒五亩的劳动英雄。最后，纪录打破到这种程度：每人平均开到二十亩，三十亩！走到无论哪个单位听听，都是一些惊人的数字；二营一个连开二三千亩，"美洲部"二万亩，一个模范排长，一个人开了四十亩，保证一天是一亩八分到二亩，迷信的人会说："这怕有神灵帮助吧！"但我们革命者要告诉他：这是集体主义的威力，是革命英雄主义！

现在的南泥湾：上下屯直到九龙泉，一连一二十里都是排列整齐的窑洞，窑里窑口用石灰粉得雪白。列在山脚下的房屋顶泥上了白垩，或盖了青瓦，一条山沟，成了宽阔绵长的街衢。山沟溪流的两岸,自然修齐的树行,伸展着清幽的林荫路。另一处有造纸厂、木工厂、铁工厂。造纸厂,用马兰和稻草造纸,足够战士学习及办公应用,还有多余的用来换书报读物。木工厂里造着精致坚固的桌椅、风车、纺锭;铁工厂,造铁铣、镢头、各种农具,也打锋利的梭标,给群众以保卫边区的武装。又一处有闹市,三十户至六十户的商家,有合作社,也有私人营业。他们每天早晨把街道扫得干净利落,熙来攘往的军人和农民,亲切地招呼着,呈现出一种蓬勃活泼的气象。——就在这里,映入我眼前的一座楼房,那是一座休养所。建筑都照科学方法:壁炉、阳台、通气道,各种设备都有。这是屯垦的战士自己动手为我们休养员建造的,从设计,取材,烧砖瓦石灰,到垒墙架柱,铺地板,安门窗,完全出自战士的心裁与劳力。这是革命战士爱护自己阶级战友的表现,是精神行动团结一致的典型。

现在的南泥湾:水地种稻,旱地种麻,种菜蔬,种烟叶,山地种谷子,糜子,洋芋,杂粮。还没开垦完的水草丰茂的地方,就是天然的牧场。稻田傍着清溪,一路蜿蜒迤逦而去,恰似用黄绿两色铺绣而成的地毯。沉甸甸的稻穗,已吐露了成熟的颗粒。论麻,只"美洲部"就种了四千亩,麻子可收三百五十石至四百石,估计榨油两万斤,食油灯油足够全部自给。二营种的,每个战士可分五斤麻,足够打三四双草鞋。论菜蔬,长的茶碗般大的大宗洋芋不算在内,只南瓜、辣椒、茄子、西红柿,每班战士门口都红红绿绿堆满了。其他秋白菜、萝卜、葱,细致些的如芹菜、芫荽、茴香,还都长在地里。贺营长说:"战士们一个班像一个小家庭,除了全团、全营大家种植而外,他们还各有小单位的经营。利用整训闲暇,分工劳动,你种烟,我种辣椒、西红柿,他种地瓜、甜瓜。我们战士今年每个人吃了二十个西瓜呢……"×团里,战士吃西瓜没有这样多,每人吃了十四个,但每人却又外加了一筐甜瓜!

谷子、糜子是部队的主要食粮,自然也是主要的生产。因此在南泥湾,只要抬头一望,满眼都是谷子、糜子,亩数是没有方法确切统计的。谷子长得好,大都是齐腰那样高,穗头大的有一尺六寸,普通在一尺左右。糜子稍差,因为正当应该除草的时候,部队开到前方,以致失了农时。但估计收获,成绩还是可观的,某营四十二个劳动英雄,每人可收八石粮,在营部整修下可盛一千八百石的米仓。今年部队粮食全部自给是绰绰有余的。目下,各部门准备秋收已鼓起了热潮,处处都预备齐了扁担、绳架、镰刀;修好了筐篓、地窖、仓库(仓库怕遭老鼠,都填了石灰,又铺了木板;粮食怕潮湿生霉,仓底下特别预备了火坑)。一个战士王子耕在他们班的墙报上写着:"秋收要注意两点:不要糟蹋一粒粮食,用突击精神来完成……"从这里可以看出战士对秋收的热诚和信心。

农业生产外,有工业生产。捻羊毛线在普遍经常地进行着,每两捻到四十丈到八十丈,每斤按成品质量,分别分给四十、一百到二百元的奖金。每人缴了四斤羊毛的毛线,到今年阳历年底,就可都有一身黄呢子军衣。此外,绩麻、编筐、打草鞋,用桦树皮制玲珑的饭盒、菜盒、墨盒,各有熟练的技巧。

除了农业生产和工业生产还有畜牧。部队单位附近，常常有成群的牛、羊、马匹。牛不穿鼻，马不系辔，就那样无拘无束地啃草、饮水，用尾巴打着蝇虻。关于养猪，这里部队研究出了最好的科学方法：猪卧的地方（要干燥，特别打了窑，铺了木板），散步的地方，大小便的地方，喂食的地方，都隔了木栅栏，分的清清楚楚；为了防备狼和豹子，周围又打了土墙。因此，猪也能保持它应有的清洁，不瘟，不病，一天喂三顿食：酒糟、糠秕、剩菜、剩饭、碎洋芋。架子猪（三十斤以内）每天可长四两肉，肥猪可长十二两。因此战士能保证，每人每月吃大秤四斤肉，现在军队首长又提出号召：今年年底要做到战士一人一只羊，两人一口猪，十人一头牛。张团长说："我们一定要完成！"有谁惊讶地说："这不成了'地主老财'了么？"是的，这是革命"地主"，建设的是革命家务。这地主，不剥削人，用地利，和自己的劳力，白手起家，大家动手，大家享受，真是再好也没有！我们每个战士，节约储蓄，加入军人合作社的，三十元一股，常常有人入到三十、四十股呢。过中秋节，每人吃到半个西瓜，三个月饼。

其实，八路军在南泥湾，生产还是次要的，但已做到了全部自给，衣食住行，不要群众一粒米，一寸布，还反过来帮助群众，保护群众，成了古往今来世界上少有的军队。——它主要的还是整训与教育。关于习武，营房附近，处处都是靶场，投掷手榴弹场。靶场里从早到晚都有步枪声，机枪声，战士普遍打起靶来都是十环，八环，特等射手，更是百发百中。投掷场里，也是从黎明就有人拿了手榴弹练起来，连文书、炊事员都参加。掷得又远又准的投弹手，各单位天天都有出现。在文化教育方面：每个战士都要识字，学文化。战士差不多都能写日记，有很多能听讲记笔记。学习模范朱占国同志就在这里。随便拿一个战士郭文瑞的"练习写作"的本子来看，就可以发现这样简洁朴素内容具体的文字！

卫生员高苏文同志，入伍前不识多少字，可是他对学习很虚心，特别是在开始生产以来。

上山劳动时，大家都休息、吸烟，他一个人坐在一边，目不转睛地看书。手里还拿着一根小棍在地上画字。不认识的字就把它记在小本子上，回到家脸也顾不得洗，就向指导员问字。

劳动一天够疲劳了，夜晚他还在灯光下面写日记。从开始生产到现在，他的日记从没间断过。

他已经读完了很多青年读物：如怎样把庄稼种好，地球和宇宙，小尾巴的故事，临机应变、水等等。

他现在已识了二千字。日记写得通顺。他的学习是在一天一天地进步着。

"当了三天八路军，什么都学会了。"副团长说。的确是这个样子。在一个班的墙报上有一张画，题字是"擦拭武器，打击敌人！"竟也画得极生动有力呢！在部队里文盲是肃清了的。

更真切地说，八路军生产、教育、解决供给，提高质量，更大的目的是为了战斗，那战斗是保卫国家、保卫人民的。在敌人后方，抗击敌军伪军，八路军是常胜军，是世界闻名的武装，日本强盗听了常打哆嗦，在这里，抗日民主根据地，为了保卫边区，保卫中国共产党的中央，它更表现了忠贞与英勇。

去南泥湾的道路是开阔的，汽车可径直上下，大车畅行无阻。那是革命军队自己动手开辟的路。是走向崭新的幸福的社会的路。

（《解放日报》1943年10月24日延安）

作品二：

西瓜兄弟

王　匡

记者随军路过淮阳县李楼村时，听到群众间流传着西瓜的故事。当地有李姓西瓜兄弟两人，每年每人种亩把好西瓜，这方圆一二十里地内，也只有他们兄弟俩种西瓜，因此大家就叫他们做"西瓜兄弟"。西瓜老大的地在村东大路边上，西瓜老二的地在村西南小路边上，今年虽然雨水多，可是他们的瓜地高，西瓜还是长得又大又甜。

瓜刚熟的时候，村东走过了一队国民党保安团，那些饿狼一看见老大的瓜，顿时你抢我夺的，不一会儿，一亩多地西瓜就一个也不剩了，地里只留下一片踩烂的瓜藤瓜叶与吃剩的瓜皮瓜子。

在保安团过去二十天后，村里忽然来了八路军，巧的是这回八路军从村西南西瓜老二的瓜地边过。"我这瓜地完了！"西瓜老二想："我这命也不要啦，我就躺在瓜地里，看他八路军摘我的瓜吧。"西瓜老二灰心丧气地往西瓜棚底下一坐，看着八路军过来。谁知道队伍有多少呢？往北看不见尾。"这西瓜长得好呀！"领头的一个兵说。"还有三白瓜哇！""这瓜一个怕有三十斤。""吃上两个才解渴呢。"路过的兵你一句我一句地接着赞叹不置。一听见说西瓜两个字，西瓜老二的心就痛得像刀扎；但是他却奇怪，这些人说说就完啦，连脚都不停，一股劲往前走。西瓜老二把头偏西边一看，南已看不见队伍的头，北还不见队伍的尾，他自言自语地说："这八路军就是怪呀！"说着就站起来，提着瓜刀，跑到地里抱起一个大西瓜，往路边一放，刺刺地切开了，"吃西瓜，弟兄们！"西瓜老二向八路军叫，但都没有人答应他。"走路渴啦，来吃块瓜！"西瓜老二又向另外一些兵士叫着，但回答都是："谢谢你，老乡！俺不吃。"这一下西瓜老二可急了，大声嚷起来："看你们八路军！把瓜切开了怎的不吃呀？"这时有个十六七岁的小司号员向他问："老乡！你这西瓜多少钱一个？""不要钱，随便吃吧。"西瓜老二边说，边拿起瓜往小司号员跟前送，小司号员连说："俺不吃，俺不吃！"脚不停地就朝前走了。西瓜老二捧着瓜，直愣愣地在西瓜地边站着。队伍还是肩并肩地往南走，前不见头，后不见尾。

（选自《军事报道文选》）

附注：文中加黑点的字是编者修改的。

思考与练习

一、新闻文体有哪些共同的特点？

二、新闻消息一般由哪三部分组成？

三、通讯和报告文学各有哪些特点？

四、自拟题目，写一篇新闻消息（报道），要求有标题、导语、主体和结语，主体尽可能有背景材料，字数不限。

第二节 议论文体

议论文又叫说理文，历史上也曾叫论说文。它是一种议事论理的文章体裁。凡是直接阐发作者对客观事物的看法、主张或批评别人的观点、意见，以使人信服的文章都是议论文。例如毛泽东的《星星之火，可以燎原》、《反对自由主义》，鲁迅的《论"费厄泼赖"应该缓行》都是议论文体。

我国很早就有以"论"为名的文章，如南朝梁萧统《文选》专列"论"为一门，集中收入这一类的文章。而后，又出了不少以"说"为名的文章，如唐代柳宗元的《天说》、韩愈的《师说》等。所以，历来统称说理辨析的文章为论说文，从这个意义上来讲，议论文就是论说文。但是，时代在发展，文体也有所变化，我们今天所提到的论说文，包括了议论文与说明文两种不同的文种，范围扩大了。从这个意义上来讲，议论文与论说文则是不能画等号的。因此，本章把议论文体和说明文体分开介绍。

议论文的写作中心是"理"，即摆事实讲道理，以说服人为成功。议论文一般具有论点、论据和论证三要素。其中论点是灵魂，论据是基础，论证是连接论点和论据的桥梁，三个要素相辅相成，互为一体，只要有一个要素不能成立，出了问题，则会失去说服力，甚至全盘皆输。在表达方式上，议论文多不同于文学作品，要求语言要精准、中肯、概括，运用的技法应以议论为主。（详见第二章表达方式）

议论文既是宣传的工具，又是科研成果的主要载体，其应用范围十分广泛。根据不同的标准，它可以分成许多类型，这里只介绍学术论文和评论两种。这两种是工作中最常用的议论文体。

一、学术论文

（一）学术论文的含义

所谓的学术论文，就是把自己的科研成果记下来，其目的是便于和同行进行交流，推动研究工作的发展和进步。现在世界的竞争，其实就是科研水平的竞争；科研水平的竞争，其实就是人才的竞争。因此，大学生、研究生、博士生，其任务不单纯是接受知识，而且还要进行研究工作。可见，了解和掌握学术论文的写作非常重要。

（二）学术论文的种类

按论文的内容，可分为自然科学和社会科学两大类论文。自然科学包括数学、物理、化学、天文、地理等众多学科，社会科学包括政治、经济、历史、哲学、文学、语言等众多学科。

按论文的用途，可分为交流性学术论文（如刊物发表或学术会议宣读）和考核性学术论文（如学年论文、毕业论文、学位论文）。

按论文的性质和功能，可分为论说型、综述型和评论型三大类。论说型即为通过大量的资料和数据，正面阐述或证明自己关于某一个问题的科研成果的学术论文。综述型即为对某一时期某一课题的有关文献进行概括和总结之后，分析和叙述该领域研究的现状、问题和发展趋势的学术论文。评论型即为对某学科的某个学术问题提出商榷评论或对某学科的论著作出评价的学术论文。

（三）学术论文的特点

学术论文除了具有议论文中的一些特点外，还有自身的一些特点，主要有三：

1. 学术性

学术是指专门而有系统的学问。学术论文反映本门学科的研究成果，必然也具有专门而有系统的内容，对课题的渊源、现状、实质、特点、功能以及未来趋势等方面都要有全面系统的阐述。毛泽东的《中国革命战争的战略问题》《论持久战》等论著都是结构严谨、说理透彻、具有学术性的佳作。

2. 科学性

与学术性相联系，学术论文的另一特点是科学性，这是由科学研究的任务决定的。科学研究的任务就是揭示事物发展的客观规律，探求客观真理，使之成为人们改造世界的指南。科学性是学术论文孜孜以求的一种境界，同时也是学术论文的生命。学术论文的科学性主要体现在结论和思想方法的科学性上。

3. 创造性

学术论文还有一个重要特点，就是创造性。创造性是学术论文的价值所在，主要表现在以下三方面：拓展新的领域；深化前人的研究课题；校正旧说通说之误。校正旧说通说之误，虽然不是拓开新的研究层面，也不是在别人已有的成果基础上的进一步深化，但也具有独创性，被称为"争鸣型"独创，常常用商榷形式表现。

（四）学术论文的选题

所谓学术论文的选题，就是选择和确立学术论文写作的内容与题目。学术论文内容和题目的选定，对写好学术论文具有非常重要的意义。一篇学术论文质量的高低、价值的大小，主要取决于选题是否有意义、是否深刻。古人曾经说过这样的话："山不在高，有仙则名；水不在深，有龙则灵。"（刘禹锡《陋室铭》）如果把这话借用于论文写作，那选题则是山中之"仙"，水中之"龙"。如果选题不当，论文就会黯然失神；如果选好了，论文就会神采流动。所以，有些人把选题比作论文的"灵魂""统帅"，是有道理的。

那么，怎么样才能做好选题工作呢？

1. 了解科研的动态

首先，要了解一下学科研究的概况，做到宏观在胸。另外，在这一基础上，进一步详细了解一下自己准备研究的具体项目的研究情况，尤其是那些最新的、最具有前沿性的研究成果的情况。如果我们能做到宏观在胸，微观在握，选题工作就有可能做好，至少可以不重复撞车，少浪费我们的时间、人力和财力。

2. 选题要有新意

创新是一个民族进步的灵魂，是国家兴旺发达的不竭动力。因此选题需要有新意。所谓的新意，就是要有新的东西，不要老调重弹。它常常体现在观点、内容、材料、理论方法、手段等上面。比如语言学，都是研究汉语上古的声调，但有的认为上古有四个声调，有的认为有五个声调，有的认为有两个声调，观点不同。都是研究同一个地点的方言，但有的研究词汇，有的研究语法，内容不同。都是研究音韵，但有的用韵书做研究对象，有的用方言做研究对象，所用材料不同。都是研究某部专书的词汇，有的用例举的方法，有的用统计的方法，所用的理论方法不同。都是研究声调，有的用口、耳来分辨调类和调值，有的用计算机，手段不同。有的论文只提出问题没有去解决问题，这也应当肯定。因为提出问题是解决问题的一半，有所发现。

但是，一篇论文很难处处都有新意，有一两个亮点就可以了。因为科研是摸着石头过河，如果要求太苛刻，不利于科研的发展。

当然，也不能为了新意而新意，想当然，标新立异。历史告诉我们，没有价值、不科学的研究成果，即便是有新意，也不能流传久远。在讨论语言的起源时，有许多不同的观点，其中有一些貌似有新意，如神授说、摹声说（对动物等周围声音的模仿），其实是一些怪诞之说，结果都被历史淘汰了，只有"劳动创造语言"的说法流传于世。因此在立意时，就要考虑选题的科学性和价值。

3. 选题宜小不宜大

北京大学中文系王力教授在给他的学生讲论文写作时，再三强调论文的范围不宜太大。要小题目做大文章。他说，学年论文在万字左右，毕业论文在两万字左右也就可以了。他还说，照他所知，在外国大学里，博士论文，一般也就相当汉字两万字左右，他们也反对写大本的书。为什么选题宜小不宜大呢？王先生讲了两点理由，主要是时间不够，另外范围大了就不容易写好，讲得不深、不透。（参看王力、朱光潜等《怎样写学术论文》，北京大学出版社，1981年）王先生讲得非常有道理。作为学生，确实有个时间的问题，而作为研究人员，时间虽然不是一个主要的问题，但篇幅也不要太长，言简意赅效果会更好。这里可能有一个误区，认为只有长文章才有分量。其实不然，有些短文章也同样有分量。王力先生曾表扬过周定一先生在

《中国语文》1979 年第 5 期发表的那篇《所字别义》的论文。王先生说，这篇论文虽只有万把字，却把"所"字的一种意义写得很深入，别人不注意，没有讲到，他从现代北方话一直追溯到宋代，甚至追溯到先秦。他认为这样的文章应当提倡。王先生还非常赞赏清王引之的《经传释词》，认为它是一部好书，书中每一个虚词的解释独立出来都是一篇很好的论文，但都只有千把字。

当然，这不是说选题越小越好，文章越短越好。太小的选题和文章，轻而易举，不费力气，不利于锻炼。关键要看我们肚子里的货，文字的驾驭能力和时间。现在学术界里也存在着另一种不正确的倾向，有些人由于缺乏学习和研究，搞不了大的选题，写不出长的论文，一看到人家的大选题和长的论文，不管三七二十一就摇头否定，这也不对。总之，要从实际出发，量体裁衣，看菜吃饭，视自己的能力和条件而定。但作为学生来说，一般选题小一点，可能更能胜任，更有把握把论文写好。

（五）学术论文的写作

有人说，好的选题确定之后，就等于文章完成了一半。如果这一种说法可以成立的话，那文章的另一半，就应该是具体的写作了。

论文的具体写作很重要，如果写不好，就有可能半途而废，或者不能保证质量，出次品。下面就这方面的问题，按写作的次序，谈几点看法。

1. 题目要显豁

文章的题目可以因为文章的体裁不同，有着不同的风格。例如，散文的文章题目，就可以含蓄委婉一些，而学术论文的题目似乎就不行了，它的题目风格应该是显豁的。那什么是显豁呢？《现代汉语词典》（第 7 版）解释说，显豁就是"显著明白"。也就是一目了然的意思，看了论文题目，就知道你的论文的大体内容。有些论文的题目往往比较宽泛，太大，不能高度而具体地概括出论文的内容。例如语言学的论文《近代汉语的"着"》这样的论文题目就有失显豁。因为论文只研究"着"的助词义，至于近代汉语"着"的实词义、语音、字形都未涉及。如果把这个题目改为《近代汉语的助词"着"》，那题目就显豁了，人们就可以一望而知了。自古以来，文章家们都非常重视文章题目的确立，他们把题目比为龙的眼睛。大家知道，画龙时即便身子画得再好，如果没把龙的眼睛点好，那这条龙照样没生气，腾飞不起来。同样，如果我们只顾论文的内容，不注意论文的题目，也会影响论文的质量。因此，要认认真真把文章这条龙的眼睛点好，做到内容、文题并美。

2. 材料要丰富、可靠，详略得当，层次分明

材料是构成论文的重要因素之一。它是形成观点的基础，表现观点的支柱。人们常说的"摆事实，讲道理"，事实就是材料，道理就是观点。因此，老一代的专家学者非常重视论文的材料。他们的"例不十，法不立"（即没有众多的材料，不立法则或观点）的思想，一直在影响着人们。只要写过论文和书的人，都会有一个共同的体会，如果不占有足够的材料，写作就会寸步难行。论文的材料，大概来源

于两个途径。一个是亲自调查或实验得来的，这类材料称为活材料。还有一个是从书本中搜集来的，称为死材料。这些材料根据它的内容，一般可以分为三类：一类是同意人家意见的材料；一类是不同意人家意见的材料；还有一类是有新见的材料。材料的获取是一件艰苦、细致的工作，要深入，不能马虎，因为一旦材料失实，尤其是骨干的材料一旦失实，那论文就站不住了，就会前功尽弃。因此为了保证材料的可靠性，对材料要筛选，鉴别，去粗取精，去伪存真，选用可靠的材料。

经过筛选后的材料，是不是就可以让它们全部上阵呢？还是不行的！能说明问题的材料应当细说，一般的材料应当少说，做到详略得当，繁简适度，"按需分配"，不能"吃大锅饭"，胡子眉毛一把抓。凡是材料"吃大锅饭"的论文，中心论点往往会不突出，让人有一种不得要领的感觉。

另外，在材料的安排上，还应当做到层次分明。所谓的层次分明，就是围绕着论点，有条不紊地一一道来。有些论文出问题就出在这里，层次混乱，不知所云。

3. 要做好概括、分析

学术论文的写作，不能只在几个术语或概念上颠来倒去，或者把一大堆材料堆放在那里，而要进行概括和分析。缺乏必要的概括和分析，论文就会茫无头绪，难以阅读。

那么什么是概括呢？所谓的概括，就是把我们搜集来的语言材料，进行分门别类，把有共同点的材料归结在一起。例如语言学《方言》杂志上发表的有关方言词汇研究的论文，有些是按"天文、地理、时令（时间）、工、农、商、交通、动物、植物、房屋、器具、衣服、穿戴、食物、交往、婚丧、生育，……副词、其他虚词"等等来概括分类的。试想，那一堆词儿，我们如果不把它概括分类，让它各就各位，井然有序地排列好，岂不是乱成一堆麻了嘛，谁看了都会头疼。概括分类，表面上看简单，其实不然，也有许多难点。比如分类的标准，严格要求应当是一个标准，并一贯到底。可是，由于工作的需要和事物的复杂，有时就很难做到。比如上举方言词汇的概括分类，绝大部分都是按词汇意义分的，但"副词、其他虚词"这两部分却是按语法分的，出现了双重标准，但词汇表上，又不能不反映此类词儿，因此只能灵活处理。因为论文是供同行们看的，在某种情况下，需要是压倒一切的。又如现代汉语词类的划分，也遇到很多的问题。由于有一些词儿正在演变中，性质未定，因此就很难把它划到某一类去。为了解决这一个难题，有的搞了一个兼类或跨类，暂时把这些词儿收容进去。但由于汉语词儿的特点，如果对兼类或跨类不再做一些严格的界定，恐怕会有许多的词儿要进入这个收容所啦。可见，不能小觑概括分类。

学术论文只停留在概括分类上还是远远不够的。因为概括分类只能解决论文的清晰问题，却还不能解决论文的深、透问题。要把论文写深、写透，就要进行分析，探究原因。那么什么是分析呢？《现代汉语词典》（第7版）解释说："把一件事情、一种现象、一个概念分成较简单的组成部分，找出这些部分的本质属性和彼此之间的关系（跟'综合'相对）。"《现代汉语词典》讲得非常严谨。简单说，分析就是讲为什么，讲原因，追根求源。也就是讲你研究的那些事实、现象为什么会存在，让人们不仅知其然，还知其所以然。例如研究新冠病毒，只知其表征、类型还不够，还应了解它产生的原因和条件，以便防治。

如果我们能把概括和分析这两件事做得比较好，那论文就会条理清楚，而且有一定的深度。当然，在概括和分析时还要注意科学性，如果以偏概全，以点代面，违背逻辑，即使论文眉清目秀，头头是道，也是没有什么价值的。

学术论文的写作，除了要注意上面讲的三大问题外，还要注意政治、文字和体式等一些问题。在政治上，要注意内容健康，在文字上要平实、简洁和通顺，在体式上要完整，具体见下面的专题讲解。

（六）学术论文的体式

体式又称格式。学术论文（下称论文）由前置部分和主体部分构成。每部分包含若干个必要的组成部分。前置部分包括：题名、作者姓名及单位、摘要（提要）、关键词；主体部分包括：引言、正文、结论、注释、参考文献、致谢。但一篇论文，并非都要各项均有，如有的论文不需要注释，注释这项就可以不要。下面把各项做一下简介。

1. 题名

题名又称题目或标题。论文标题分单标题和双标题，使用双标题时，主标题表明写作内容或中心论点，副标题标明研究对象及范围。论文题目要求显豁简洁。

2. 作者姓名和单位

署名一定要真实可靠，一是为了表明文责自负；二是记录作者的劳动成果；三是用于文献检索。其内容要素包括姓名、工作或学习的单位等，多个作者联合署名时，按照研究和写作中所起作用的大小排序；其中作者的姓名置于题目下面，作者的单位有的置于"关键词"下面，有的置于文末，视老师或刊物的要求而定。

3. 摘要

摘要或提要是对论文内容不加注释和评论的简短陈述。主要介绍论文的新见和所解决的问题或意义。其作用是让读者不用阅读论文全文即能获得论文的必要信息。论文摘要的文字必须十分简练，内容也需充分概括，篇幅大小一般不超过论文字数的5%，例如，一篇6000字的论文，其摘要一般不超出300字。论文摘要不要列举例证，不讲研究过程，不用图表，不给公式，不分段，也不要作自我评价。为便于交流，最好也有英文摘要。

4. 关键词

关键词是从论文中选取出来的单词或术语。一篇论文可选取3~8个词作为关键词。

5. 引言

引言又称前言，属于整篇论文的引论部分。其实写作内容包括：研究的理由、目的、背景、前人的工作和知识空白，理论依据和实验基础，预期的结果及其在相关领域里的地位、作用和意义。引言的文字不可冗长，措辞要精练，能吸引读者读下去，长短可视情而定。

6. 正文

正文是一篇论文的本论，属于论文的主体，它所占论文的篇幅最大。论文所体现的创造性成果或新的研究结果，都将在这一部分得到充分的反映。因此，要求这一部分内容充实，论据充分、可靠，论证有力，主题明确。为了满足这一系列要求，同时也为了做到层次分明、脉络清晰，常常将正文部分分成几个大的段落，这些段落即所谓逻辑段，一个逻辑段可包含几个自然段。每一逻辑段落可冠以适当标题，段落的划分，应视论文性质与内容而定。

7. 结论

论文的结论部分，应反映论文的学术见解。一般应包括以下几个方面：本文研究结果说明了什么问题；对前人有关的看法做了哪些修正、补充、发展、证实或否定。本文研究的不足之处或遗留未予解决的问题，以及解决这些问题的可能的关键点和方向。

8. 注释

在论文写作过程中，有些问题需要在正文之外加以阐述和说明的，以注释的形式表示出来，一般有脚注和尾注两种形式。

9. 参考文献

在学术论述后需要列出参考文献。其作用有：反映出真实的科学依据；体现严肃的科学态度，分清是自己的观点或成果还是别人的观点或成果；对前人的科学成果表示尊重，同时也是为了指明引用资料的出处，便于检索。

10. 致谢

说明致谢的原因和对象，凡对论文提过有价值的建议，帮助收集和整理过材料，提供了科研经费或条件的人和单位，都应在此致以谢意，以示尊重和感谢。

此外，行文要求准确、完整、明确、精练，文字规范、清通。

(七) 学术论文样例

《试论新时代〈现代汉语词典〉的编纂》这篇样例是作者杜翔先生为纪念《现代汉语词典》主编丁声树先生诞辰110周年撰写的，属综述型的学术论文。《现代汉语词典》是按国务院指示编写的，以推广普通话、促进汉语规范化为宗旨，风行四海，久享盛誉。该文对《现代汉语词典》的成功经验和新时代的新要求进行了论述，选题很有意义。主体部分总结的"坚持学术领航""崇尚大业精神"的成功经验和新时代提出的"研发系列化衍生产品""适应数字化大形势""助力汉语国际化传播"的新课题，对《现代汉语词典》甚至我国辞书的编纂、发展都具有指导和促进的作用。题目显豁、体式完备、内容条理清楚、文字规范清通。其文对学术论文的写作有参考价值。

试论新时代《现代汉语词典》的编纂*

杜 翔

【提 要】文章总结了《现代汉语词典》坚持学术领航、崇尚大业精神的成功经验。中国特色社会主义进入新时代,给《现汉》编辑出版工作提出了研发系列化衍生产品、适应数字化大形势、助力汉语国际化传播等新课题。

【关键词】新时代 辞书编纂 《现代汉语词典》

《现代汉语词典》(以下简称《现汉》)以其权威性,对推广汉语普通话、提高全民的科学文化素质做出了重大贡献;以其科学性,对促进我国语言文字规范的普及与推广做出了重大贡献。《现汉》的贡献不仅体现在语文教育、语文应用以及文化普及、文化建设等方面,也在汉语的国际传播、推动中国文化走向世界方面发挥了重要作用。

一、《现汉》的成功经验

《现汉》的成功不仅仅因为有长期稳定的专业队伍、有科学合理的规划、有强大的学术支撑,更重要的是老一辈圣贤在编修过程中逐渐形成的"与时俱进的创新精神、严谨求实的敬业精神、不计名利的奉献精神、齐心协力的团队精神",被学界概括为"《现汉》精神"。按照我的理解,《现汉》的成功经验概括起来主要有以下两点。

（一）坚持学术领航

辞书的根基是学术。没有学术作后盾,不可能编纂出精品辞书。正是在编写过程中《现汉》充分吸收已有的学术研究成果,才有了无可争辩的创新性、原创性。《现汉》是为落实1956年2月6日国务院发布关于推广普通话的指示而编写的。1956年7月,原隶属文化部出版事业管理局的新华辞书社(《新华字典》的编纂机构)、原隶属中国文字改革委员会的中国大辞典编纂处(民国时期《国语辞典》的编纂机构)合并到语言研究所,和研究所的部分人员一起,组建了40人的词典编辑室,由时任语言研究所副所长的吕叔湘先生兼任主任并担任《现汉》主编。1958年夏,《现汉》开编,1960年印出试印本广泛征求意见。1961年3月,丁声树先生接任《现汉》主编和词典编辑室主任,对全部词条继续进行审定修改。1965年印出试用本后,分送有关方面审查。1973年利用"试用本"纸型出版内部发行本。1978

---

* 1909年3月9日,丁声树先生出生于河南省邓县(今邓州市)。谨以此文纪念丁先生诞辰110周年。

年12月,《现汉》正式出版发行。在国家文化战略部署的顶层设计下,《现汉》编纂工作由国家组织全国最权威的辞书编纂机构和最有成就的语言学家来承担,学术起点卓尔不凡。

辞书工作是一种复杂的创造性的精神劳动,丁先生常说:"别人做得正确的,我不要再去重复劳动;我做的工作,不要别人再去重复劳动。"每一个词条背后都蕴含着细致深入的思考和研究,《现汉》的编者始终保持对学术的敬畏,确保进入词典文本的都是精挑细选、千锤百炼的,让读者在最节省的篇幅和最简短的时间里获得最有用的价值。《现汉》以科学性、规范性、实用性和创新性将我国的语文词典编纂工作提高到了新的高度。

丁先生十分重视辞书编纂的专题研究,在日记①中多次提到,如1962年9月16日的日记:"现在工作是通读《现代汉语词典》稿,没有做研究工作。在通读中遇到许多问题大都超乎语言学范围外,就是语言学以内,也有很多问题需要长期的深入的研究,而时间不许可。词典编纂也需要有研究工作。希望在《现代汉语词典》交印以后,大力开展专题研究,大力培养干部。"在今后工作中应注意继承《现汉》坚持学术领航的传统,坚持工作任务专题化。围绕工作目标,明确阶段性任务,将任务分解到平时工作,区分辞书编纂的常规性工作与创新性工作,每位辞书编辑力争"一岗双责",既承担常规性工作,又承担创新性的专项研究工作,做到辞书编纂与辞书研究相结合。同时,广泛吸纳学界已有研究成果,组织社会各界优势资源参与到《现汉》编写修订工作中来。

(二)崇尚大业精神

张志毅先生(2012)认为一流的辞书人才必须有大业精神:"职业精神,对大业稍有帮助;事业精神,对大业大有帮助;只有大业精神,才能确保完成经国济世的千秋大业。"《现汉》虽然不是主编吕先生、丁先生个人的学术专著,但他们在时代和事业最需要的岗位上,倾注了大量心血,起到了一代学术大师应起的作用。

"文革"中许多专家学者受到冲击,丁声树先生未能幸免。据李荣先生(1989)回忆,有一天,丁先生回家还手不释卷。妻子说:"你还看书?!"言外之意是读书闯了这么大祸,整天挨批挨斗,回家该歇歇了。丁先生回答:"黑牌也挂了,街也游了,小锣儿也敲了,还不让看点儿书呀!"在批判大会上,轮到丁先生说话时,他坦然地说:"我觉得,我实在没有做过对不起人民的事,没有做过对不起中华民族的事。"最后,他一字一顿地要求:"我要工作!"丁先生说的工作就是编写《现汉》。"四人帮"粉碎后,丁先生要词典室的同志们用最快的速度,把"开门编词典"时搞的"大杂烩"全部筛掉。他在那间小屋里每天加班加点,全身心地投入到词典修订中去。

1948年8月,丁先生告别妻女离开美国回到中央研究院历史语言研究所工作,这年冬天,中央研究院迁往台湾,他拒绝随迁。他在1949年2月的一则日记中写道:"我已准备大苦难,履大艰险,与贫民共生死,这样也许肉体上受若干苦痛,但良心上却很安慰。"丁先生1961年开始到词典编辑室主持词典工作,直至1979年病倒,十九年如一日,就像春秋时代晋国公子重耳出亡在外十九年一样"险阻艰难,备尝之矣"。丁先生一生谦虚谨慎低调,品格和学问素为学界钦佩敬仰,被尊称为"丁圣人"。从丁先生身上我们可以看到,《现汉》老一辈作者在工作中表现出来的这种崇高的大业精神。

二、新时代给《现汉》的新课题

中国特色社会主义进入了新时代,我国社会主要矛盾的变化,对我们的各项事业提出了新的要求,同时也给《现汉》的编辑出版工作提出了新课题。

(一)研发系列化衍生产品

英语辞书产业是被业界称为"六大家族"的六大出版社控制的,呈现出系列化的特点(王东海等,2014)。我们同样需要围绕《现汉》母本进行系列化研发,以满足细分化与精简化信息传递过程的要求,维护品牌优势。《现汉》原先就有《现代汉语小词典》《倒序现代汉语词典》《〈现代汉语词典〉补编》等系列衍生产品。据刘庆隆先生(2009)回忆:1978年年底《现汉》正式出版后,丁先生为读者着想,紧接着又主持编写《现代汉语小词典》,精选条目,减少篇幅,降低书价。《现代汉语小词典》于1979年出版,2007年出至第5版。另外,适合倒序查检的《倒序现代汉语词典》于1987年出版,补收《现汉》未收条目的《〈现代汉语词典〉补编》于1989年出版。上述辞书都产生了很好的社会反响,现在应随着《现汉》的修订更新而继续跟进。

广大学生是《现汉》读者对象的主体,为了更好地满足这部分读者需求,《现汉》学生版项目已经启动。作为学习词典的一种,学生版更需要以读者的需求为中心,在选词立目、释义配例方面首先把握频率原则,其次才是词汇、词义系统原则。学生版篇幅将控制在《现汉》篇幅的一半以内,凸显其教学功能,帮助学生正确、规范地使用祖国语言文字。

(二)适应数字化大形势

李宇明(2006)指出:"计算机网络也许可以算作20世纪人类最重要的发明之一,这一网络催生出信息时代,并为人类构造了一个与现实空间相关联的虚拟空间。……虚拟空间的语言生活,正在造就新文化,不断酝酿新技术,陆续形成新产业。"在数字化的大形势下,不少品牌辞书的内容能在互联网上提供搜索,不再单纯依赖纸质版辞书。我们需要创新编纂理念和手段,尽早做好顶层设计,开发新的辞书品种,拓展新的辞书门类,提高辞书编纂的总体水平。《现汉》要在纸质版的基础上,开发数字版、APP,进行多媒体立体开发,通过线上、线下分众传播,为读者提供更加便捷、更加优质的阅读体验。目前,商务印书馆研发的《现汉》第7版APP即将面世。

现代化信息资源是当今衡量一个学科发展状况的重要依据。语料库建设是新时代辞书编纂的先决条件和重要基础,当年编《现汉》就收集了上百万张卡片的资料。与人工卡片相比,语料库具有许多优越性:不仅省时省力,而且具有鲜活性和广泛性,使编者能够选择自然语言中完整、典型的例句,编者选取时只需适当改动即可。因此,应该加强辞书编纂人员与计算机技术人员的通力合作,围绕《现汉》等精品辞书建设好大规模、高质量的结构化数据库,研发辞书编纂平台。基于辞书编纂平台制定严格科学高效的编纂工作流程,推进辞书编纂现代化、数字化。注意辞书编纂过程中的数据充实与积累,已被认可的辞书编纂与研究的有关成果按照专项标注的形式在数据库中进行标注。任何人的修订意见均须经过专题研究,确认成熟后才能标注到数据库中,避免因个别修订而造成系统性疏漏。

《现汉》的核心资源是内容本身。辞书语料库建设的重要内容是《现汉》内容的结构化,其中一项重要工作是利用《现代汉语分类词典》(苏新春,商务印书馆2013年)的框架给《现汉》词目进行语义分类的标注,打破了《现汉》从词到概念,即以字统词、音序排列的原有体例,变成从概念到词,即按照义项进行语义分类排列,为《现汉》基础内容建设提供了一个好的底本。从大的方面来看,上述工作又是对《现汉》以往编纂的再审视、再提高,给下一版的修订工作提供较为充分的材料,做好各项准备,将避免重复批注式修订的老路。基于这项工作,可适时研发语义分类版的《现汉》。

(三)助力汉语国际化传播

改革开放以来,我国辞书事业发展很快,品种多、数量大,堪称辞书大国,但还远不是辞书强国。在当下全球化的大形势下,《现汉》不能再囿于国内市场,应加强与国际社会的交流与合作,积极借鉴和吸收其他文化和文明的优秀成果。这不仅有利于助力汉语国际化传播,推动中国文化走向世界,也有利于新时代我国改革开放事业的进一步发展。目前,《现汉》汉英双语版的翻译工作已接近完成,商务印书馆与牛津大学出版社联合组建了国际编辑部,推进这个项目的进程。同时,格鲁吉亚语版、阿拉伯语版、俄语版、西班牙语版、波斯语版的翻译工作都陆续启动。在作者方、出版方以及社会各界的共同努力下,《现汉》这部记录和承载中华文化的国家文化重器能够更好地走出去,在新时代续写新辉煌。

根据时代发展和辞书发展需要,加强辞书编纂的数字化和现代化,2017年,中国社会科学院辞书编纂研究中心正式成立,统筹领导语言研究所既有的词典编辑室、应用语言学研究室和新设立的《新华字典》编辑室(新华辞书社)、新型辞书编辑室。《新华字典》编辑室(新华辞书社)专门承担《新华字典》的修订以及相关系列辞书的编纂;新型辞书编辑室承担数字化辞书以及面向国际汉语教育的《现汉》学习版等辞书的编纂;应用语言学研究室进行《现代汉语词典》《新华字典》及相关辞书的数据库建设,为传统辞书编纂出版手段的数字化和现代化提供技术支持。研究中心将切实担负起辞书编纂领域国家队的文化责任、社会责任和历史责任,探讨并构建当代辞书学的理论体系,加强对辞书事业发展的领导、管理与规划,及早规划并组织编纂时代、社会急需的各种辞书，奋力推进社会主义文化强国建设。

注释

①丁声树先生日记由其女儿丁炎女士提供。

参考文献

李　荣 1989《丁声树先生》，《中国语文》第 4 期。

李宇明 2006《构建健康和谐的语言生活》，《中国语言生活状况报告（2005）》序言，商务印书馆。

刘庆隆 2009《丁先生是有远见的好领导人》，《学问人生大家风范：丁声树先生百年诞辰纪念文集》，商务印书馆。

王东海、张　晖、张志毅 2014《辞书强国梦正圆——谈新辞书规划的推进措施》，《中国编辑》第 5 期。

张志毅 2012《辞书强国——辞书人任重道远的追求》，《辞书研究》第 1 期。

（作者系中国社会科学院辞书编纂研究中心秘书长、语言研究所词典编辑室主任）

（通信地址：100732　中国社会科学院语言研究所）

（载《汉字文化》（理论卷）2019 年第 5 期）

二、评论

（一）评论的含义

评论是指用议论说理的方法直接表明作者观点、主张、意见的文章，属于议论文。其目的是揭示事物的本质，提高人们的认识，推动社会的进步。

评论古已有之。唐代韩愈就写过不少思想评论，他的《原毁》《师说》就是抨击当时社会上流行的恶习的文章。古人评论思想问题的准则跟我们现在的准则可能会有不同，但是针对社会上出现的普遍性倾向加以评论，或褒或贬，或提倡或反对，则是古今思想评论的共同点。

（二）评论的种类

广义的评论指报刊上发表的各种评述性的文章。按其内容划分有政治评论、经济评论、思想评论、文艺评论等。按其评论的规格、档次划分有社论、专论，以及以"本刊评论员"或"特邀评论员"的名义发表的评论。此外，还有篇幅短小的"短论"。狭义的评论是指报刊针对社会某一件事、某些情况撰写的文章，所议论的都是人们所关注的、具有普遍性和现实意义的问题。"社论"是属于高档的新闻评论文章；"专论"是聘请专家、学者或某方面的权威人士撰写的评论，其规格不及社论，但高于其他议论文章。

（三）评论的特点

评论的主要特点有：

1. 具有概括性

尽管评论涉及的是具体问题、具体现象，却要求作者能提高到理论上来解释说明，从感性上升到理性，帮助读者抓住问题的本质。

2. 具有雄辩性

说理总要明辨是非，一个问题，怎样认识是正确的，怎样认识是错误的，为什么这样是正确的，那样是错误的，总要清楚明白、毫不含糊地给以回答，这就需要论辩，以理服人。

3. 具有针对性

有的放矢，理论与实际结合，是写任何类型的议论文都要坚持的原则；评论一般篇幅不长，要求明快、集中，针对某一论题把道理说透，真正解决问题。

（四）评论的写作

评论的写作，除了要体现评论的特点外，还要注意下面几个问题：

1. 深入调查，选好论题

写作前，先要对社会或学科进行深入的调查，把发现的思想、言行、现象等问题记录下来，然后把有意义的内容筛选出来，作为写作的论题。论题、论点是评论的灵魂，非常重要，要认真选好。筛选时，首先要注意立场和角度。宋代苏轼诗云："横看成岭侧成峰，远近高低各不同。"（《题西林壁》）这说明看同一个事物所站的立场、角度不同，得到的结论就不同。写评论要站在党和人民的立场上，文章方有影响和价值。此外，所选的论题要有针对性、典型性，接地气，为人们所关心，对提高认识，推动工作和社会的进步有所帮助。

2. 说理妥帖，析理精当

所谓的说理妥帖，是指说话时，无论是褒还是贬，要把握好分寸，避免绝对化。例如《半月谈》1991年第8期刊登的《密切联系领导随想》一文，就较好地把握了尺度。一方面对这种只联系领导、不联系群众的唯上作风提出了尖锐的批评，另一方面对其产生的原因做了客观公正的分析，指出这种现象与我们对干部任免升黜的办法、标准和制度不无关系，只要群众不能参与对干部的考评，这种唯上的作风就很难避免，甚至还会蔓延开来。这种实事求是的剖析，是会为读者所接受的。

所谓的析理精当，是指对具体的问题分析时，要抓住本质，不在枝节问题上纠缠。

例如1992年2月10日《人民日报》刊登的《说"找找"》一文说到当前社会上有些人凡事都要找人找关系的不正常现象时，进行了透彻的分析：

其一，本来按政策规定可以享受的待遇，你如果不找，就可能化为泡影。……其二，一些合情合理又合乎规定，只需要到某个部门签个字，盖个章一类的事情，也要踏破铁鞋七找八找，否则，休想痛痛快快地办妥。其三，一些本来不符合政策规定的事，只要有人不惜代价、不辞劳苦地去挖门子、找关系，就能使政策规定成为可伸可缩的橡皮筋。……还有一个原因，无非是有些地方个别掌握权力的部门或个人把手中的权力当资本，待价而沽，迫使"愿"者上钩，从中既赚人情又得实惠而已。

析理精当，一针见血。

3. 用事实说话，切忌乌龙

事实胜于雄辩。写评论，除了讲好道理以外，还应当会摆好事实。摆事实，首先所摆的事实，无论是褒的，还是贬的，都要有根据，不能乌龙，捕风捉影。另外，所选的事例要典型，既不要以偏概全，还不要杂乱无章。要做到这一点，深入工作和生活，细心观察调查很重要。

4. 行文合逻辑，生动精彩

行文合逻辑，主要体现在两方面。一，文章布局合理，条理清楚。二，表达符合逻辑规律，如概念明确、判断恰当、推理严密等。例如，下面的行文就有毛病：

曹雪芹的《红楼梦》历百年而不衰，成为国际性的一门"红学"。

例中的"红学"，本应指研究《红楼梦》这部著作的学科，而这判断的主项是《红楼梦》。"红学"与《红楼梦》是两个含义与范围不同的概念，由于说话的人划分不清，结果就下了一个不恰当的判断。

评论的表达虽不同于文艺作品，比较严肃、谨慎，但也要尽量写得生动精彩，吸引读者。如何做到生动精彩呢？办法很多，可考虑下面的几种做法：一，有矛盾、有波澜、不平淡，使文章尖锐泼辣，扣人心扉。例如刊登在 1992 年 2 月 17 日《人民日报》上的《从陈毅登门道歉谈起》一文，一开始就叙述了一件往事：1940 年 10 月，苏北参政会参政员施文舫当面批评陈毅对某个贪污腐化、瞒上欺下的干部偏听偏信，陈毅闻之色变，两人不欢而散。陈毅同志认识到自己的做法不妥，次日清晨，连早饭也没吃，步行到施家道歉，严肃认真地做了自我批评，直到陈毅同志 63 岁生日时，还写诗抒情云："难得是诤友，当面敢批评。有时难忍耐，猝然发雷霆。继思不大妥，道歉亲上门。"然后由此事生发开来，谈起"批评与自我批评"的必要性、可贵性，写得有波澜、有起伏、动人心扉。二，晓之以理，动之以情，有感情色彩。以情动人是以理服人的必要条件，只有动之以情，才能晓之以理。因此在写作中自己首先要有真情，用真情之火去点燃他人之心。例如刊登在《党的建设》杂志 1991 年第 1 期的《树立什么样的"官念"》一文，就具有这种特色。作者的感情充沛，激昂慷慨，对旧时的"官念"和共产党人的"官念"作了分析，指出旧时的"官念"实质上是荣华富贵的同义词，而共产党人的"官念"则是"当官就是受苦，有权就是负责"。作者列举周总理为人民鞠躬尽瘁、死而后已和焦裕禄为兰考人民呕心沥血、倒在岗位上的动人事迹；又抨击了个别领导干部以权谋私、贪赃枉法的丑恶行径，使人愤慨。三，适当运用描写、典故、比喻等文学手法。《解放军报》1992 年 1 月 4 日的《莫笑"刘姥姥"》一文，为了批评那种哄笑新战友的不良思想，就借用了《红楼梦》中刘姥姥的典故，说她"初到人地生疏的大观园，'见了满门的轿马，不敢进去'；待到进得园来，也是眼发直，人发呆，说话不得体，吃饭受拘束，着实闹了不少笑话。"然后笔锋一转："无论是谁，初到一个新的环境，都会有某些不适应，难免当一回或几回'刘姥姥'，谁也不必笑话谁。"行文幽默风趣，可读可悟。

（五）评论的例文

《新时代呼唤蓬勃的青年精神》是刘涛先生所撰，获 2017 年度第二十八届中国新闻奖。推荐者对该文做了充分的肯定，说"这是一篇激扬青春、鼓舞干劲、凝聚力量的优秀评论。评论站位高、立意远、挖掘深，针对当前'佛系青年'这一热点话题，从社会、文化、价值三个维度剖析其成因及社会影响，进而提出'新时代呼唤蓬勃的青年精神'的核心论点，呼应习近平总书记的讲话精神。整篇评论观点鲜明，论据充分，论证层次推进，说理循循善诱，传播了正能量，激发了社会共识，在营造积极向上的网络文化方面发挥了正确的舆论引导功能。"其文对评论的写作有参考价值。

新时代呼唤蓬勃的青年精神

刘　涛

2017 岁末，各种"盘点"集中登场，其中"佛系青年"成为各大媒体竞相讨论的一种文化现象。

所谓"佛系青年"，并不是真的出家，而是形容一些青年人的生活态度：无欲无求，看淡一切，心若止水，怎么都行。显而易见，"佛系青年"是一个群体与一种哲学的结合，其现实土壤是当前青年人的生存处境，究其实质则是一些青年人逃避现实压力的一种精神选择。客观而言，"佛系青年"的说法微妙而传神地还原了当下一些青年人的精神面貌，而究其根本，它脱胎于网络空间方兴未艾的一种文化谱系——丧文化。

谈及丧文化，不能不提那张著名的"葛优瘫"照片：演员葛优饰演的一个角色浑身瘫软地半躺在沙发上，满脸胡茬、双目无神，不少青年人看到后都大呼一声"那就是我"。从此，"葛优瘫"成为网络空间里颓废的代名词，也成为丧文化的典型意象。丧文化某种程度上反映出当下一些青年人在现实问题面前的焦虑、失落和无奈，而"佛系青年"一定程度上是对丧文化的延续，表面上是对一种颓废状态的"诗意拯救"，但本质上还是一种"犬儒化生存"。

简单来说，面对现实问题和生存处境，"佛系青年"给出的答案就是回避，即对虚幻、痛苦、冲突统统采取回避的态度，从而寻求内心的平静。然而，作为一个社会中的人，真的就存在"无我之境"吗？如果一切都随大流，一切都无所谓，我们如何理解并诠释责任、主体性、生命意识这些不能回避的问题？

党的十九大报告指出，"青年兴则国家兴，青年强则国家强。青年一代有理想、有本领、有担当，国家就有前途，民族就有希望。"实现中华民族伟大复兴的中国梦，无疑需要一代代青年的接力奋斗。因此，新时代的青年人需要有公共担当，需要有直面社会问题的参与意识。站在这个高度上看，网络空间中存在的一些包含颓废、消极等负能量的文化形式，某种程度上类似于一种"精神胜利法"。

有人或许会说，所谓"佛系青年"不过是一些青年人的一种戏谑说法或自嘲。其实，从文化维度来看，"佛系青年"是一种典型的青年亚文化。亚文化和主流文化有很大一部分是重合的，然而在一些特别的面向上，二者存在巨大的冲突。英国伯明翰学派的研究发现，如果一种亚文化可以赋予特定群体更具有辨识度的身份属性和精神风貌，那往往会潜移默化地影响并改写一个群体的价值观念与生活方式。换言之，"佛系青年"虽诞生于网络，但其影响却可能延伸到真实的社会空间，这是我们绝不能忽视的。

因此，关注"佛系青年"，不仅仅是关注青年人的精神价值问题，同样是关注网络空间的文化选择问题：我们究竟需要什么样的青年精神，我们又需要什么样的网络文化？

2017年9月，由中共中央文献研究室编辑的《习近平关于青少年和共青团工作论述摘编》正式出版，全景式地呈现了习近平总书记的青年工作思想。习近平总书记指出，"为实现中华民族伟大复兴的中国梦而奋斗是中国青年运动的时代主题"。如何实现这一宏大的社会使命，习近平总书记反复强调要发扬青年精神，"勇做走在时代前列的奋进者、开拓者、奉献者"。

作为网络空间的一种亚文化，"佛系青年"排斥人的社会状态，强调人的反社会状态。在现实问题和矛盾面前，当青年人尝试将自我悬置起来，实际上也将生命意识和主体责任一并悬置起来了，而这显然不利于他们"做走在时代前列的奋进者、开拓者、奉献者"。这就涉及网络文化建设这一命题。

营造风清气正的网络空间，需要我们敢于抵制一切负能量，更需要我们铸就网络文化空间的新时代青年精神。因此，要强化青年人的社会主义核心价值观教育，以真正挽救一些青年人精神上的消沉与退缩。此外，也要加强网络文化空间的舆论生态建设和引导。

青年人群体的一些行为可能会带来重大的文化或者社会变化，面对当下网络上存在的含有负能量的文化氛围，我们有必要呼唤青年人在社会问题和生存现实面前的担当、抱负与梦想。

(载《中国教育报》2017年12月29日)

思考与练习

一、学术论文的含义是什么？为什么要学习学术论文写作？

二、学术论文有哪些主要的特点？

三、学术论文写作要注意哪些问题？

四、根据你所学习专业的情况，或写一篇学术论文，或写一篇评论，题目自拟，字数不限。

第三节 说明文体

说明文是以说明为主要表达方式的一种文体，对事物的发生、发展、结果、特征、性质、状态、功能等进行解释、介绍、阐述。这种被解释、介绍、阐述的事物，可以是实体的，例如器械、山岳、湖泊、花、草、虫、鱼等；也可以是抽象的事理，例如立场、观点、名词概念、学术流派等。说明时持客观的态度。

说明文在我国有着悠久的历史，《尚书·禹贡》《周礼》《仪礼》可以说是我国早期的说明性文章，东汉许慎的《说文解字》、魏郦道元的《水经注》和贾思勰的《齐民要术》中也多有说明性文字。唐宋时期出现的"记""杂识""笔谈"一类的文章，其中也有许多是属于说明的文体，如韩愈的《画记》、白居易的《荔枝图序》、沈括的《梦溪笔谈》。到明清两代，运用说明文撰写的论著很多，如宋应星的《天工开物》、李时珍的《本草纲目》、清康熙御定的《数理精蕴》、郑复光的《镜镜詅痴》等。我国"说明文"名称的确立，大约在清朝末年。但叫法不一，或称"说释文""著述文"，有时又称之为"解说文"，直到1936年，叶圣陶在开明书店出版了《文章例话》《阅读与写作》《国文百八课》（后两种与夏丏尊合著），才明确地列出了"说明文"一类，从此一直沿用到现在。

说明文具有这样几个基本的特点：

第一，说明性。所谓的说明性，是指说明文体所用的主要表达方式是说明，它要用言简意明的文字，把事物的形状、性质、成因、关系、功用等解说清楚，如下面一段介绍塑料的说明文字：

塑料是一种应用很广的工业材料。它是怎样制造的呢？大自然里有很多东西，如煤、石油、食盐、石灰石等，都可以制造。拿煤来说，先从煤里提炼出制造塑料的原料，再把原料同化学药品一起放在锅里加热，制成像糖浆一样的东西，这叫合成树脂。合成树脂是塑料的基本成分。然后根据需要给合成树脂加进各种配料，制成各种性质不同的塑料，如加进纤维就不容易折断；加进石棉，就能够耐热；加进各种颜料，就有不同的颜色。我们常见的各种美观而耐用的塑料，就是用不同的合成树脂加进不同的配料制成的。

这段文字，用的就是说明的方法，把怎样从煤里提炼原料、怎样制成塑料的方法说清楚了。

第二，知识性。说明文是介绍知识的文章，知识性比较强。1935年，叶圣陶在《作文概说》中说得很明确："解说文是传授知识的文字。"如《辞海》中，对"花生"是这样解释的：

亦称"落花生""长生果"。豆科。一年生草本。茎匍匐或直立，有棱，被茸毛。按茎的生长习性可分直立、蔓生等型。羽状复叶。腋生总状花序，花黄色，受精后子房柄迅速伸长，钻入土中，子房在土中发育成茧状荚果。种子（花生仁）呈长圆、长卵、短圆等形，有淡红、红等色。喜高温干燥，不耐霜，适宜砂质土壤栽培。原产于热带。我国栽培极广，以黄河下游各地为最多。我国主要类型有普通型、多粒型、珍珠豆型、蜂腰型等四类。种子富含蛋白质、脂肪，主要用作油料或作副食、糖果。果壳可制酒精、糠醛等，油粕、荚、叶可作饲料。

这是一段说明文，解释了花生的形状、习性、功用等，是客观的介绍，不带主观的感情色彩。现代作家许地山写过一篇《落花生》，他的写法与上述从《辞海》中引用的那段文字就有显著的不同了。许地山写花生，是要托物寓意，表达"做人也要做一个像花生那样有用的人"这个主题。在文章中，充满了作者对花生的赞美之情，有强烈的主观色彩。所以，《落花生》不是一篇说明文，而是一篇散文。

第三，条理性。条理性对说明文尤为重要。张寿康在《说明文的写法·序》中说，在说明事物、阐述事理的时候，要有一定的条理，或由表及里，或由总到分，或由分到合，或由概念到举例，或由此及彼，或由远到近，或由浅入深，或由质量到数量，或由特征到区别，或由因及果，或由内容到形式，应分层说明事物、事理主与次的各个方面，给人以清楚的了解。北宋沈括《梦溪笔谈》中的《般坞》一文堪为范例：

国初，两浙献龙船，长二十余丈，上为宫室层楼，设御榻，以备游幸。岁久腹败，欲修治，而水中不可施工。熙宁中，宦官黄怀信献计，于金明池北凿大澳，可容龙船，其下置柱，以大木梁其上。乃决水入澳，引船当梁上，即车出澳中水，船乃笐于空中。完补讫，复以水浮船，撤去梁柱。以大屋蒙之，遂为藏船之室，永无暴露之患。

这篇说明文，记载了我国早年利用船坞修船的方法。开头写龙船的长度、构造、设饰和用途；再写天长日久，船腹损坏，需要修理，可是在水中无法施工。接着写解决难题的办法：先在水道旁边开凿可供停船用的大澳，安置若干柱子，柱上架梁。然后放水进澳，将龙船引到梁上，再将水车出，船便高架在空中，便于修理。等到修理工程完毕，重新放水浮船，撤去梁柱，并用帐幔覆盖船坞，作为维护之用。全篇的说明都是按施工顺序来进行的，安柱、置梁、导水、引船、排水、架船、修船，一道工序接一道工序，说明的条理相当清楚。

在社会生活中，说明文的应用范围相当广泛，传播科学知识，记载科研成果，制订规章制度，都需要用说明文。说明文的种类很多，大致可以分两类：一类是用平实语言写的，如教科书、科普书、辞书、说明书、实验报告以及其他注释说明资料等；一类是用文学语言写的，如科学小品、一些解说词等。

要写好说明文并非易事，不可小觑。掌握说明文的特点，运用好说明的技法，如"定义说明""诠释说明""分类说明""引用说明""比较说明""图表说明""数字说明""比喻说明""举例说明"等（详见写作篇第二章第三节技法）尤为重要。这里，介绍解说词、说明书、科普说明文等几种常用说明文的写法。

一、解说词

解说词是对事物、人物进行讲解说明的一种说明文体。例如，产品展销、文物陈列、书画展览、标本说明、园林介绍、影剧解说、人物介绍等，都要运用解说词。随着时代的发展，人们对解说词的运用，越来越广泛。

（一）解说词的特点

1. 扣物写话，言简意明

解说词是配合实物或图画的文字说明，篇幅都比较短小，它要求扣住所要解说的"物"的特点来写"话"，用通俗简洁的语言，把实物或图像的内容介绍给观众，观众可以借助简明的文字介绍，在观看实物或图画时获得更深刻的认识。例如浙江人民出版社出版的《杭州游览手册》，在介绍著名的白堤的时候，在一幅白堤的照片旁配上了这样的解说词：

白堤，东起断桥，经锦带桥而止于平湖秋月，全长一公里，是一条由少年宫广场通向孤山的游览长堤。

白堤，早在一千多年前的唐朝时，就以风光旖旎而著称。当时著名诗人白居易曾有"乱花渐欲迷人眼，浅草才能没马蹄。最爱湖东行不足，绿杨荫里白沙堤"的诗句，可见那时叫白沙堤。后来，人们以为这条堤是白居易主持修筑，就叫它"白堤"。实际上白居易在杭州时（公元822年至824年）主持修筑的那条堤，是在旧日钱塘门外的石函桥附近，早已荒圮。

白堤横亘湖上，平舒坦荡。堤上两边，各有一行杨柳、碧桃。每逢春季，翩翩柳丝泛绿，树树桃颜带笑，犹如湖中的一条锦带。"飘絮飞英撩眼乱"，"间株杨柳间株桃"，描绘这里的春景，最为贴切。

近年来，堤上新置装饰路灯，整砌了堤墈、园路，还更换了植株大小匀称、株间距离相等的垂柳、碧桃，铺设草地，将使白堤呈现出崭新的风貌。

这段说明文字，解说了白堤的地理位置、名称由来及春景风光，紧扣画面，用语简明，有助于读者了解白堤的面貌。

2. 程序恰当，节段分明

解说词是按照实物陈列顺序或画面推移顺序编写的，陈列的实物或画面都有相对的独立性，相互之间又有一定的联系，作为反映实物或画面的解说词，应该做到程序恰当，节段分明。优秀的解说词都具有这个特点。安徽人民出版社出版的《安徽旅游》一书中，有一节介绍省会合肥市的解说词，开头先介绍了合肥的地理位置、名称由来、历史演变，接下去就对合肥的几个名胜古迹分别作了介绍：先解说教弩台，其次解说逍遥津，再次解说包公祠，最后解说大蜀山。每个名胜古迹都附有照片，解说词对几个名胜古迹一个一个作介绍，好像是电影摄影机的镜头在逐步往后推移,脉络相当清晰,读者看了,对合肥的印象也十分清晰。

《长江三峡名胜古迹介绍》,各个名胜古迹各写一节,用标题标明。《体坛明星——一九七九年度我国十名最佳运动员介绍》,一个运动员写一段,把运动员名字写在段首,空格,用黑体字标明。纪录片《敬爱的周恩来总理永垂不朽》的解说词,一个场面写一段,中间用空行表示。分节分段,有助于解说员对准实物解说,也有助于观众领会每个画面的意思。

(二) 解说词的写作

1. 研究解说对象,把握事物条理

解说词的解说对象是实物和图像,这些实物与图像又是异常复杂的客观世界的反映。一个作者,如果对解说对象不作仔细的研究,不了解这个对象的历史与现状,不掌握这个对象与周围事物的联系,就不可能写出能抓住事物本质特征的解说词。上海人民出版社在1970年出版了一本名叫《看云识天气》的画册,分别介绍了毛卷云、钩卷云、密卷云、伪卷云、卷积云、絮状高积云、雨层云、碎层云、浓积云等29种云的形态及它们与气象的关系,书中有29幅彩色的照片,再配以29段解说词。例如解说钩卷云:

云体的形状像小钩子,云丝呈横线一样,顶部向上弯曲。云层薄而透明,太阳光透过云层照在地面上,物体有阴影。这种云出现后,接着就有浓密的云,天空将会渐渐变阴。"天上钩钩云,地上雨淋淋",就是指有钩卷云出现,天将会下雨。

再如解说浓积云:

云块像宝塔一样直立在空中,云体臃肿,云顶像鸡冠花顶,有时也像锅里的开水那样翻腾,但是没有显著的柔丝般结构。这种云在夏天往往是由淡积云发展而成,一般不会下雨,最多也只能下些小阵雨。如果夏天的早晨有浓积云出现,到了下午,由于对流作用会更旺盛,常常发展成下雷雨的积雨云。因此有"早晨乌云盖,无雨也风来"的说法。

试想,如果作者对云没有经过仔细的观察与翔实的研究,是不可能写出紧扣各种云彩特点的解说词来的。

客观事件之间有着多种多样的关系,如并列关系、先后关系、总分关系、主次关系、轻重关系等。解说词在反映客观事物的时候,也应该体现出这些关系,这样才能条理清楚,有条不紊。如江苏人民出版社出版的《苏州风物志》一书,在解说苏州名园拙政园的时候,开始是总说,概述拙政园的历史及三十一景的总体布局,使读者了解到这是一个以水为主的风景园,"现在水面约占全园面积的五分之三,总体布局也以水池为中心,主要建筑物均临水而筑,朴素简雅。在纵长的水面和苍翠满目的林木中,各式楼阁亭轩,交相掩映。而在亭馆花木之间,辟为幽静的水院,具有开朗大方、平淡自然的风格。池水的交汇与转曲处,每以桥梁或走廊相连,人们的视线随着它的起伏望去,境界更为深远。而老树傍岸,垂柳点水,柳阴路曲,楼台掩映，是从传统的山水风景画构图脱胎而来的池水妙构，堪称江南芦汀山岛、烟水弥漫的山乡景色的艺术再现。"

继这个总说之后，接下去是分说，分别解说东园、中园、西园的风光景色，其中中园是重点，花的笔墨最多，作者按照空间位置转换的次序，依次介绍了各个富有特色的厅堂楼榭、假山小溪、曲径回廊，读者读了这段解说词后，感到目不暇接，美不胜收，但又觉条理分明，仿佛跟着导游者亲自游了一趟拙政园。

2. 运用多种形式，增强解说效果

解说词的写作形式是多种多样的，作者可以用平实的语言，也可以用文学的语言；可以用散文的形式，也可以用韵文的形式；可以三言两语，也可以写成一篇完整的文章。

像纪录片《敬爱的周恩来总理永垂不朽》的解说词，就如一篇感人的抒情散文：

1976年1月8日9时57分，伟大的无产阶级革命家、杰出的共产主义战士周恩来同志的心脏停止了跳动。中共中央、人大常委会、国务院以极其沉痛的心情发出讣告。全党全军全国各族人民都为失掉了敬爱的总理而感到深切的悲痛。

群山肃立，江河挥泪，辽阔的祖国大地沉浸在巨大的悲痛之中。

敬爱的周总理和我们永别了。中国无产阶级失去了敬爱的好总理。

……

敬爱的周总理，您立场坚定，爱憎分明，您横眉冷对千夫指，俯首甘为孺子牛。阶级敌人怕您恨您陷害您，我们亿万人民对您更亲更爱更崇敬。

周总理啊，周总理，全国人民都在哀悼您，都在呼唤您，都在想念您。八亿双眼睛都想再看一看您，八亿颗心哪，都在为您哭泣。人们手捧讣告热泪流，千言万语涌心头，哀思无限，难以诉说。

从首都到边疆，从北国到南方，从工厂、矿山到农村、营房，人民的眼泪流成了河。敬爱的总理啊，八亿人民都在您身旁。

敬爱的周总理，您为祖国山河添光辉，您为中华儿女振声威，您不朽的业绩永世长存，您光辉的名字青史永垂。

……

作者在这篇解说词中，倾注了浓烈的感情，综合运用了说明、叙述、描写、抒情、议论的表现手法，把全国人民痛悼周总理的感情写得淋漓尽致。

但是有些解说词，写得就比较平实了，如报纸上刊登的一些新闻图片的说明以及连环图画的解说词等。有的时候，解说词还可以穿插在电影、电视、戏剧的剧情进展中播出，如电视连续剧《夜幕下的哈尔滨》中那个"说书人"所说的解说词，就是穿插在剧情进行之中来说的，起到了串联情节、评论事件或人物的作用。

二、说明书

说明书是一种用简要的说明性语言对事物、人物等进行说明的文体。如对工农产品、书籍资料出版，电影戏剧演出等的介绍说明。其目的在于使读者对某种产品、书籍、影视剧等有所了解，并能正确地掌握、使用和阅读欣赏。

（一）说明书的主要特点

1. 实用

实用，是说明书的基本特点。例如《双喜压力锅说明书》，其中对于"使用方法"是这样介绍的：

双喜压力锅使用方法：

①食物和佐料不得超过锅内容量五分之四。

②合盖前要检查阀座孔是否畅通。然后按锅上箭头所示"关"的方向转动（即顺时针方向），直到两手柄全重合才算盖好。

③当限压阀因放气抬起时，应减火保持限压阀在似起非起的状态，直到食物熟了为止；但如烹调易熟食物，此时可将锅移出火外，保温到所需时间。

④开盖前，锅内如有气压时，应进行冷却降压。可以自然冷却，也可用冷水强制冷却，也可取下限压阀放气降压（做稀饭只能采用自然或强制冷却）。

⑤取下限压阀后，确认阀座不再放气时，再按锅上箭头所示"开"的方向（即逆时针方向）转动手柄，打开锅盖。

这些说明，都是为了用户能正确使用，不致因误用而出现意外；掌握了使用方法，就能充分发挥这种压力锅的作用。从实用性的基本特点出发，要求说明书必须写得准确，有科学性。它必须做到概念准确，使用程序准确；从语言上说，要求用词准确，不能有歧义，不能模棱两可。只有这样，才能使读者把握说明对象的性质、特点、结构和使用要求。双喜压力锅使用方法的说明就是如此。它不但准确地说明了压力锅的使用程序——容量、合盖、扣阀、排气、降压、开盖，而且对每一步骤的要求也说得十分准确。

2. 简明

简明是说明书在语言上的又一特点。这不仅是为了缩短篇幅，更主要的是为了强调特征，突出重点和关键。上文压力锅的使用方法，只用了二百多个字就把它的使用步骤和要求交代得十分清楚明白。使用方法的说明中，突出了密封、限压的特点和注意安全的要求。

（二）说明书的写作

1. 掌握说明书的形式

说明书有三种形式：一种是条款式，一种是解释式（分点式），还有一种是短文式。

条款式说明书，一般多用于程序性的内容说明。压力锅的说明就是一例。它的优点是醒目、突出、条理清楚；它的缺点是偏于罗列条目，容易零碎而不够连贯。

解释式（分点式）说明书，是把一个个事物或一幅幅图景，用几句话进行解释说明，用语十分简约，各点之间联系不很紧密。如《黄山导游》说明书中"游山指要"部分关于北海风景区的一些风景点的介绍：

  北海宾馆　这是1958年建造的，属于黄山大宾馆之一，连同散花精舍在内，一夜能接待三百多名游客。这里海拔一千七百余米，夏季气候凉爽，通常气温比温泉宾馆区要低摄氏十度左右。

  排云亭　从北海宾馆左折西行约三华里，有一个石亭，叫排云亭，亭前有铁索石栏，游客可以在此观赏日落和深壑幽谷的奇景。这里仿佛是巧石陈列馆，许多巧石像精致的青田石雕。远处石人峰上有"仙人踩高跷"，近处有"仙人晒鞋""仙人晒靴"，左边高峰上有"仙女绣花"，右边石峰上有"武松打虎"等奇观。沿亭后新辟山径可攀松林峰，此峰古松成海，一片葱郁，在此瞭望西海群峰和九龙峰另有一番情趣。

  狮子峰　狮子峰活像一只卧倒的雄狮。狮头昂在丹霞峰、铁线潭的上空；清凉台是狮子的腰部；曙光亭是狮子的尾巴；狮子张嘴的地方是庙宇。狮子峰一带风景多而集中，寺院门前，原有一副对联，上联是"岂有此理说也不信"；下联是"真正妙绝到者方知"。民间亦有"没到狮子峰，不见黄山踪"之说，无论游客从哪一路上山，都希望到此一游。

  ……

这是导游解说，作者选取黄山典型的风光点，抓住各自的特殊之处，从不同侧面用生动形象的语汇描述名胜的面貌。这类说明有时候与解说词相通，和广告也类似，它采取化整为零的手法，以说破一点为目的，它常常与图片、绘画相配合，图文并茂，解说灵活自由。从单个看它简单，从整体看它又别具一格。

  短文式说明书，多用于介绍性的内容说明。如戏剧、电影和书籍的内容介绍说明。它的优点是简明、连贯、完整；缺点是不醒目，不易突出重点。下面是王晓鹰任总导演、刘深编剧、邹一正导演的戏剧《平凡英雄》的介绍说明：

  在抗美援朝的战场上，他带领三位战友，冒着密集的炮火向朴达峰上的敌人发起猛攻，攻克三个敌占山头，歼敌二百余名，捣毁敌指挥所一个！孤身一人坚守阵地，同敌人展开殊死搏斗，身负重伤！他是谁？

  他是战斗英雄，特等功臣，却遍寻不见，他去了哪里？

  重伤痊愈后，他领取了三等乙级残疾军人证书和复员费后，光荣退伍，回乡务农，他是乡亲们的眼中，默默为党，为家乡，为人民辛勤工作，做着贡献的平凡普通邻家老汉，他是谁？

  他隐姓埋名三十三年，对自己的辉煌过往，彪炳功勋从不提及，他只是对党忠诚，敢于担当，淡泊名利，无私奉献，他又是谁？

  他是一级战斗英雄，志愿军特等功臣，朝鲜一级自由独立勋章，中共中央颁发的"七一勋章"获得者！

他是英雄，他也是普通人，他是千千万万平凡英雄中的一员，他的名字叫柴云振！

在写作中，以上三种说明形式，应采用哪一种，要视说明的对象、目的而定。上举这篇短文式说明书就不宜用条款式或解释式写。因为剧情是连贯的，背景、主题、人物等都渗在剧情发展之中。如果用条款式按照一剧情、二背景、三主题、四人物介绍下来，就把一出完整的统一的戏剧肢解了，用解释式介绍亦都会严重影响表达效果，只有用短文式进行介绍，整出戏才能给读者以完整的印象。而压力锅使用说明书，则不宜用短文式，否则各项内容连成一片，使用程序不明晰，用户就难以抓住要领，说明的目的也就难以达到。

3. 要突出特点

在短小的篇幅中，怎样才能较好地完成说明任务呢？这就要抓住重点，在说明特征上下功夫。重点就是必须说明读者急切需要了解的内容。说明要尽量精简扼要，一目了然。对那些可有可无的说明要坚决删去。上海手表二厂"宝石花"手表的说明书写得比较好。

宝石花

性能、使用、保养

走时日差小于 30 秒，延续走时 36 小时。每天上满发条，拨针后柄头推回。避免强烈震动，勿接触强磁场，切勿接触腐蚀性物质。

整个说明书只有三句话，第一句说性能，第二句谈使用，第三句讲保养。突出了手表的特点，强调了"宝石花"的特征，说明了走时精确度和特别要注意表柄与防磁、防腐的要求。

4. 语言力求通俗

在准确、简明的基础上，说明书还必须写得通俗。因为它面向广大群众，要让他们看得懂，所以语言必须浅显、通俗，切忌雕琢卖弄，要尽量选用普通词语，多用短句，使人便于接受和理解。例如：

豆腐粉食用说明书

①将豆腐粉放入容器中，加少量温水，调成糊状，再加入适量的温开水，调成豆浆，用急火加热煮沸。

②将小袋凝固剂放在另一个容器中，加少量水调成液态。

③将热豆浆倒入凝固剂容器中，放着不动，五至十分钟后即成豆腐。

这个说明书，简明朴素，通俗易懂。再加上它附的"配料表"，人们一看就会制作了。

三、科普说明文

科普说明文是科普创作中经常用的一种文体，它有两种：一是一般科学说明文，一是科学小品。前者一般用平实笔调说明；后者可用文学的笔调说明。科普说明文在我国有着悠久的历史，前面我们提到过的北宋沈括所著的《梦溪笔谈》就是科普说明文。现代由于科技的发展，国家的重视，我国写科普说明文的作家很多，如高士其、周建人、顾均正、贾祖璋、董纯才、邓拓、石工、叶永烈等。下面简要介绍一下科普说明文的特点和写作。

(一) 科普说明文的特点

1. 普及知识

科普说明文都是以普及科学知识为自己的主要内容的，著名科学家茅以升说："要过河就需要桥和船。科普就是传输科学技术的桥和船。因为先进的科学技术成果如果不向人民群众推广普及，就不能为社会所接受，变成改造世界的物质力量，也就不可以跨越科学研究与实际应用之间的那条河。"(《科普是传输科学的桥和船》)例如我国著名科学家竺可桢写的《向沙漠进军》，普及的则是征服沙漠的知识。作者告诉我们，抵御风沙袭击的方法是培植防护林，抵御沙丘进攻的方法是植林种草，征服沙漠的最主要的武器是水。

2. 短小精悍

科普说明文尤其是科学小品，篇幅都比较短小，一般一两千字，介绍一种知识，说明一个科学现象。如茅以升的《石拱桥》介绍的就是石拱桥的知识，朱志尧的《太阳石》介绍的就是煤的知识，陶世龙的《石钟乳的故事》介绍的就是石钟乳的知识。科普说明文的篇幅虽小，内容虽单一，但却能小中见新，在很短的篇幅里，用新的材料、新的成就，或从新的观点、新的角度，向群众普及新的知识。如顾均正在 30 年代写的《月球旅行》《超显微境》，用一两千字就把当时世界上最新的一些科学理论知识介绍给了读者。

3. 生动活泼

科普说明文一般都写得较平实，但不能板起面孔，用枯燥的科学术语来说教，而应该用一些形象的语言，如比喻、有趣的联想等，把严肃的科学道理尽量说得生动些，雅俗共赏，尤其是科学小品。例如祝贺写的科普说明文《太阳的光和热》中有这么一段：

春天来了，大地在太阳光的下面苏醒过来。雪开始融化，河上的冰也解冻了，溪水从山上流下来，草儿发了青，树枝上长出绿芽，躲在洞里过冬的动物，也都钻了出来。到了夏天，那更热闹了：河流好像在赛跑；鸟儿歌唱着；池塘里的青蛙也成日成夜地叫着；牛群和羊群在草原上奔跑；路旁的槐树，披着一身浓绿的枝叶，在风中舞动……

这些生气勃勃的现象，是从哪里来的呢？是太阳给的。

这种语言比较生动，把春天明媚的景色描绘了出来，作者在形象的描绘中，普及了关于太阳的光和热的知识。

(二) 科普说明文的写作

1. 选题目的要明确

科学是为生活服务的，科普说明文也要为现实的生产与科学实验服务，为极大地提高中华民族的科学文化水平作出自己的贡献。因此，写科普说明文要有明确的目的，这样才能抓住重点，选准角度，突出中心。如王谷岩《眼睛与仿生学》一文，介绍了视觉仿生学，目的是说明怎样仿照人和动物的眼睛的构造和性能，制造性能良好的仪器和机器，所以它就抓住人眼、蛙眼、鹰眼和蜻蜓眼睛的特征，说明生物眼睛的构造、功能，以及对于发展现代科学技术的意义。整篇文章都是围绕这一中心，按照上述目的来选择材料，安排结构的。又如《科学家谈21世纪》这本科普读物，里面收集了李四光、华罗庚、茅以升、卢鹤绂、谢希德等25位著名科学家写的25篇科普说明文，分别介绍了地质学、数学、桥梁学、原子能、半导体等学科到21世纪的发展前景，这对于丰富少年儿童的科学知识，启发他们更好地去想象未来的科学世界，引导他们树立远大的科学理想，为人类美好的未来而发愤学习，是会起很大作用的。

2. 态度要严肃、科学

科普说明文在介绍科学知识的时候，一定要严肃认真，一丝不苟，不能有知识上的差错。1962年少年儿童出版社出版的《十万个为什么》第六册有一处说："目前世界上每年所生产的石油，大概一半是从大海里开采出来的。"这种说法是不怎么科学的。有关石油生产的资料告诉我们，到70年代海底石油的产量也不过仅占石油总产量的五分之一左右，60年代比这更少。为了使科普说明文不出科学知识上的差错，我们在写作时要尽可能查到第一手的材料，要多读书，多积累，必要时还得迈开我们的双腿亲自去考察。

3. 善于运用语言

前面说过，写科普说明文既可以用平实的笔调，也可以用文学的笔调。例如《一次大型的泥石流》中有一段是这样写的：

云南省东北部的乌蒙山区中，有一条南北走向注入金沙江的河流，名叫小江，小江下游有一条跟小江近乎成直角相交的沟，就是蒋家沟。这条沟长十二公里，流域面积四十七点一平方公里。这样的一条支沟，平时山泉汇成的沟水流量不过每秒一立方米，却年年爆发泥石流，少的年头十多次，多的达三十次。爆发规模大的时候，泥石流总量可达三十七万立方米；延续的时间可达十二小时；最大瞬间"龙头"流量高达每秒二千四百立方米。这样爆发频繁、规模巨大的泥石流，在我国其他地方是罕见的，在世界上也是少有的。

从上文可以看出，不管是说明泥石流的性质、危害，还是介绍云南蒋家沟泥石流的具体情况，笔调平实，都很少运用描写的方法加以渲染。当然，这不是绝对的，有时为了把某一现象说得更加清楚，也可运用文学的笔调来加深读者的印象。例如贾祖璋写的《萤火虫》，是从农村夏夜纳凉场上的所见所闻写起的，作者写得富有诗情画意，仿佛把读者带到了夏夜的江南水乡，和作者、乡亲们一起纳凉，一起去追扑萤火虫。高士其写的《燃料的家庭》，用讲故事的形式，把燃料分为固体燃料、液体燃料、气体燃料三大"房"，在固体燃料这一"房"内又有五个兄弟：大哥名叫木材，二哥是无烟煤，三哥叫烟煤，四弟名唤褐煤，五弟叫作泥炭……在生动有趣的叙述中，介绍了燃料知识。为了增强科普说明文的文学性，也可适当引用一些古诗词，如讲到萤火虫，可引用唐代诗人杜牧《秋夕》中的诗句"轻罗小扇扑流萤"；讲到鸭子，可引用宋代诗人苏轼的诗句"春江水暖鸭先知；"讲到荔枝，可引用清代陶稚云的《珠江词》"青青杨柳被郎攀，一叶兰舟日往还。知道荔枝郎爱食，妾家移住荔枝湾。"这不但能增加科普说明文的情趣，还能使读者从中鉴赏到一些中国古诗词中的名句。在写作中采用哪种笔调，主要看读者的对象和作品的用途。

（三）科普说明文作品鉴赏

作品一：

"鬼 火"

在郊游时，一些人晚上在野外会看到忽然出现的蓝绿色的火焰，若隐若现，飘忽不定。这也是古代传说中的"鬼火"，所谓人死后会变成鬼，鬼害怕光，所以白天不敢出来，只在晚上出现。在荒野坟茔，有时晚上也会出现一团团绿幽幽或浅蓝色的火焰，跳跃不定。更奇怪的是，它会跟着人走，人停它也停，你跑它也跑。这真的是"鬼火"吗？当然不是了，那它是什么呢？

其实，这是由磷元素引起的。原来人类与动物身体中含有磷，这些磷既不是白磷，也不是红磷，而是以磷的化合物的形式存在的。当人、兽死后被埋在地里，尸体腐烂，磷化合物长期被烈日灼晒、雨露淋洗后逐渐渗入土中，发生分解形成磷化氢。磷化氢气体有好多种，其中有一种叫作"联磷"，它和白磷一样，在空气中会燃。这种气体从地里泄漏出来，与空气中氧气接触，由于夏天的温度高，易达到磷化氢气体着火点而自燃，产生蓝绿色的微弱火焰，所谓"鬼火"就出现了。其实，不管白天还是黑夜，都有磷化氢冒出，只不过白天日光很强，看不见罢了。这就是为什么夏夜在墓地里常看到"鬼火"的原因。

那为什么"鬼火"还会追着人"走动"呢？这是因为在夜间，特别是没有风的时候，空气一般是静止不动的。由于磷火很轻，如果有风或人经过时带动空气流动，磷火也就会跟着空气一起飘动，甚至伴随人的步子，当人停下来时，没有任何力量带动空气，空气也自然不动，"鬼火"也就停了下来。因此，"鬼火"只是化学现象，根本不是什么鬼，所以，亲爱的小读者，在碰到很多奇怪却又解释不清的事情时，要学会用科学的目光看待。

（李元秀主编《趣味百科》，内蒙古出版集团、内蒙古人民出版社，2011 年）

作品二：

语言智能

周建设

什么是语言智能？通俗地说，语言智能（Language Intelligence）就是机器模仿人说话的科学。人机对话是语言智能，计算机题诗作对写文章是语言智能，机器批改文章指导写作还是语言智能。

严格说来，语言智能是研究人类语言与机器语言之间同构关系的科学。同构关系是指结构关系的一致性。人类语言与机器语言之间同构关系表现在两个方面。一是意识层级的同构关系，二是符号层级的同构关系。意识属心智范畴，符号属物质范畴。这样，语言智能研究必然涉及脑语智能和计算智能两个领域。脑语智能研究基于人脑言语生理属性、言语认知路径、语义生成规律，依据仿生原理构建面向计算的自然语言模型。计算智能研究基于语言大数据，利用人工智能技术，聚焦自然语言模型转化为机器类人语言，设计算法，研发技术，最终实现机器写作、翻译、测评以及人机语言交互。

语言智能研究与自然语言信息处理，在语言符号处理层面基本相同，但最大的不同在于，语言智能必须深入研究脑语智能。就是说，虽然语言智能同样需要处理语言符号，但它的符号计算必须完全基于人脑自然语言的语义和情感表达规律，否则，机器语言就会变成机械语言，而不是类人语言。正因为如此，语言智能研究需要融合多学科，包括神经科学、认知科学、思维科学、哲学、逻辑学、心理学、语言学、计算机科学等。

作为人工智能范畴的"语言智能"概念是周建设教授在2013年正式提出来的。这一思想酝酿、术语提出与概念形成大致经历了三个阶段：（1）语言来源认识阶段，探究语言与思维的关系，从思维活动的基本元素入手，认识语言组织单位产生的根源及其在思维活动中的依存地位；（2）语言结构认知阶段，探索汉语词项与言语生成的基本规律，构拟汉语词项生成模型和语句生成模型，揭示汉语表达结构的组织原理；（3）语言智能实现阶段，聚焦人机意识同构关系，探索机器表达汉语的智能模型、全信息测评模型、主题聚合度计算模型和情感分析四维模型，实现从言语智能生成到文章智能测评的计算机全自动操作。

2013年6月北京市语言文字工作委员会批准建立了北京语言智能协同研究院。2016年国家语言文字工作委员会批准建立了中国语言智能研究中心，由教育部语言文字信息管理司直接领导。同年，教育部批准中国语言智能研究中心设立国内首个语言智能博士点。作为国家新兴学科，语言智能研究集中在三个方向，即语言智能理论、语言智能技术和语言智能应用，目标是发展语言智能科技，培养语言智能人才，推进语言学科教育智能化，促进教育高质量发展，助力国民语言能力和人文素养提升。

语言是音义结合体。语音层面的智能化研究，科大讯飞取得了诸多成就，为我国普通话推广、语音智能社会服务作出了卓越贡献；语义层面的智能化研究，北京理琪科技的研究颇具影响，其智能写作训练系统被日本工程院任福继院士评价为"达到国际领先水平"，并广泛用于我国高校，反响良好。广西大学2018年起全校本科学生开设写作智能训练课，2021年荣获广西壮族自治区本科一流课程。

（作者周建设，国家语委中国语言智能研究中心主任、首都师范大学原副校长）

思考与练习

一、说明文有哪些特点？解说词、说明书、科普说明文的写作要注意哪些问题？

二、结合自己的专业或生活，自拟题目，写一篇科普说明文，字数不限。

第四节　应用文体

应用文这个概念是清代学者刘熙载在他的《艺概·文概》中提出的，又称为实用文，通常指那些处理事务、具有某些惯用格式的文章，如报告、通知、计划、总结、书信、条据等。应用文是人们生活、学习、工作和公务活动中经常使用的工具，应用十分广泛，历史也非常悠久。殷商时甲骨文记载的"卜辞"是我们今天所能见到的我国最古老的公文，也是世界最古老的应用文之一。"诰""命"是周天子和诸侯用来赏赐、任命和告诫臣子的文章，"誓"类似今天的动员令。

到了春秋时期出现的《尚书》，把上古的应用型文字统称为"书"。后来，各朝各代应用型文种越来越多：下对上或臣对君的有手本、对、条陈、状、表、刺、奏、章、策等；平行的有关文、咨文、移书、牒等；下行的有命、令、圣旨、告示、诏书、制书、教、敕等。

应用文有下面几个主要特点：

第一，真实性

由于应用文直接服务于人们的工作和生活，故所写的内容必须真实确凿。真实是应用文的生命。

第二，实用性

写应用文的目的性十分明确，就是为了传递信息、处理事情、解决问题，它是实用性很强的文体。

第三，简明性

应用文须内容具体明确，文字准确简洁，言简而意明。

第四，有固定的惯用格式

由于应用文的使用既经常又广泛，于是在实践中就逐渐形成了各种各样约定俗成的惯用格式。有了格式，眉目清楚，易于理解，易于领会，易于掌握，给处理问题提供很多方便，能有效地提高认识，处理问题，推动生产，做好工作。有了格式，就是有了规矩。写应用文,不能随心所欲,如果不合格式,就不会被别人理解和接受,因而也就达不到应用的目的。

例如书信的惯用格式一般包括五项内容:

1. 称呼:对收信人的称呼应当同平时的称呼一致。同志、朋友之间只称名不道姓,表示亲近,如××同志,××同学。给长辈写信,表示尊敬,只写称呼,不写姓名,如爸爸、爷爷。给集体单位写信,可以写单位的名称,如"××大学",也可以写单位全体成员,如"××大学全体老师"。

称呼写在信的第一行,顶格写,表示对收信人的尊敬,称呼后面加上冒号,表示要写的内容在后面。

2. 正文:正文要另起一行,开头应空两格。正文是书信的主要部分,能不能把信写好,关键在这一部分,一定要在这一部分把自己要说的话写清楚。

3. 结尾:应根据同写信人的关系,写一些表示敬意或勉励的话,如"此致敬礼""祝你进步"等。习惯上"此致""祝你"等字接在正文之后,或在正文下面另起一行写,前空两格。"敬礼""进步"等字再换一行,顶格写。有人喜欢把"敬礼""进步"等字写得特别大,这是不必要的。

4. 署名:在信的末尾写上写信人的名字或写信单位名称。署名写在离正文约三四行处的右边为宜。

5. 日期:写在署名下面一行的右边,写明×月×日,必要时可写上年份。

又如公文,由于它是处理公务的文件,在政治上有更重要的意义,因此,要求更高。它对用纸的技术指标、纸张的尺寸、公文页边与版心之间的距离、字号和行数都有国家规定的统一标准;对组成公文的各要素及每个要素标志的方法均有严格要求。《公文处理办法》规定,公文一般由秘密等级(秘密、机密、绝密)和保密期限、紧急程度(急、特急)、发文机关标志、发文字号、签发人、标题、主送机关(上级单位)、正文、附件说明、成文日期、印章、附注(需要说明的事项)、附件、主题词(用于标明公文主要内容和文种的词,如:绿化 保护 通报)、抄送机关(平级或下级单位)、印发机关和印发日期等部分组成。上述组成公文的要素划分为"眉首""主体""版记"三部分。置于公文首页红色反线(横隔线)以上的五项要素统称眉首;置于公文首页红色反线(横隔线)以下至主题词(不含主题词)的各要素统称主体;置于主题词以下,用两条分栏线隔开的各要素统称版记。其版式见下面的图1和图2。

```
                                          机密★一年
00068                                      特□急


          ×××××文件
                  △
                  △
            ×××［2001］5号
```

```
                  △
                  △
          关于×××××的通知
                  △
      ××××××××:
          ××××××××××××××××××
      ××××。××××××××××××××××。
          ××××××××××××××××××××
      ××××××××××××××××××××××
      ××××××××××××××××××××××
      ×××××。
          ××××××××××××××××××
      ×××××××××××××××。
```

说明：△表示空一行；□表示空一字格。

图1　公文首页版式

```
┌─────────────────────────────────────────────┐
│                                             │
│        ××××××××××××××××××                   │
│        ××××××××××××××××                     │
│        ××××××××××××××××××                   │
│        ×××××××××。                          │
│                △                            │
│        □□附件：1.×××××                      │
│               2.××××                        │
│                                             │
│                      二〇〇一年六月三日□□□□ │
│        □□（××××）                          │
│                                             │
│                                             │
│        主题词：××□×××□××□×××□             │
├─────────────────────────────────────────────┤
│                                             │
│        □抄送：×××××，×××××××，××××         │
│              ×，×××××××。                   │
├─────────────────────────────────────────────┤
│                                             │
│        □××××××          2001年6月3日印发 □  │
├─────────────────────────────────────────────┤
│                                             │
│                                  共印68份 □ │
└─────────────────────────────────────────────┘
```

图 2　公文末页版式

对公文的每一项内容都有具体的要求,写公文时必须根据具体情形确定项目的多少和写作方法。

应用文的格式是人们长期以来写作经验的概括总结,只有按照格式写才能充分表达人们的思想感情,才能堵塞表达中的一些漏洞和缺陷。当然,格式也不是一成不变的,它是为内容服务的,如果它限制了内容的表达,就有可能被淘汰。

应用文的种类很多。这里按照应用文的内容特点和主要作用把它们分成"公文文书""事务文书""专用文书""常用应用文"四大类,并对一些常用的文种进行简要的介绍:

一、公务文书

这部分包括公告、通告、报告、通报、通知、请示、批复、议案、函、会议纪要等。

(一) 公告

公告主要用于公布需要社会和群众广为人知的公务事项,有的还提出规定和要求,需要有关人员照此执行。例如:

交通运输部关于发布《公路工程标准体系》的公告

现发布《公路工程标准体系》(JTG1001—2017),作为公路工程行业标准,自 2018 年 1 月 1 日起施行,原《公路工程标准体系》(JTG A01—2002)同时废止。

《公路工程标准体系》(JTG1001—2017)的管理权和解释权归交通运输部,日常解释和管理工作由中国工程建设标准化协会公路分会负责。

请各有关单位注意在实践中总结经验,及时将发现的问题和修改建议函告中国工程建设标准化协会公路分会(地址:北京市海淀区西土城路 8 号,邮政编码:100088),以便修订时研用。

特此公告

交通运输部
2017 年 10 月 31 日

(二) 通告

这是一种公告性文件。机关或团体要群众注意什么,或提出什么要求要群众遵守、照办,可写通告。

例一:

关于健全门卫管理制度的通告

为维持学校秩序,保证教学、科研、生产、工作的顺利进行,经校长办公会议讨论,决定进一步健全门卫管理制度,望全校师生员工和来访者自觉遵守执行。

1. 本校师生员工出入校门,应主动出示证件。

2. 外单位来校联系工作，须凭介绍信办理登记手续。

3. 探亲访友者，按会客时间，凭本人证件填写会客单方得进校；离校时，会客单由被访或接待人员签名后交还门卫。

4. 携带物品出校，须凭主管部门出具证明，经门卫检查后方可携带出校。

××学院
××××年×月×日

例二：

××区人民委员会通告

建（×）字第×号
××××年×月×日

本区下水道工程定于5月17日开工。自长白路至德昌路为第一期施工地段，自5月17日起，这一地段禁止车辆通行，各种车辆统改由中华路绕道行驶。特此通告。

（三）报告

这是下级向上级请示工作、汇报情况的公文。例如：

报 告

市教育局：

我校附属中学是我校教育科学研究的实验基地。"文化大革命"前是市的重点中学，"文化大革命"期间，与我校脱离关系，遭到严重破坏。粉碎"四人帮"后，于1979年由我校收回，现为一般学校，这给办成教育科学研究的实验基地带来很多困难。为了创造条件把附中办成教育科学研究的实验基地，我们要求将附中恢复为重点中学。特此报告，请予审批。

××师范大学
××××年×月×日

（报告也可在第一行即写明事由：关于××的报告）

（四）通报

有特殊事情（有什么人或事要表扬，或批评或提出警告）要让一定范围内的人知道并引起重视的，用通报。

例：

××市商业局
关于市百货公司针织品仓库
严重火灾事故的通报

市商字（××）第××号

各所属市公司、各区商业局：

××××年×月×日夜，市百货公司保管员×××，在针织品仓库值班时，违反规定，私自燃火取暖，后因私事离开，又不将火熄灭，以至酿成火灾。虽经积极抢救，但仓库中大部分商品已烧毁，给国家造成达×万元的巨大损失。

公安机关已将×××拘留审查。

各单位应当吸取这一严重教训，抓住这个典型，及时教育职工，提高警惕，加强责任心，防止今后再发生类似事故。

抄报：市财办

抄送：市公安局

××××年×月×日

（抄报对上级，抄送对下级或平级）

（五）通知

通知，是向特定受文对象告知或转达有关事项或文件，让对象知道或执行的一种应用文书。通知是一种下行文或平行文，即一般为上级向下级或平级间发出。通知是众多应用文体中使用频率最高、使用范围最广的一种，可以用于转发公文、发布法令规章、传达事项、部署工作、任免聘用干部等。例如：

通　知

公司各科室：

为确保我司2013年道路春运安全工作顺利进行，树立"安全第一，预防为主，综合治理"的思想理念，减少和杜绝道路交通事故的发生，经公司安委会研究决定，召开一月份安全例会，现将有关事项通知如下：

一、时间：2013年1月24日下午15：30

二、地点：公司会议室

三、参会人员：全体管理人员

四、会议内容：

1. 对近阶段的安全工作进行总结；

2. 对即将来临的春运安全工作做出安排。

五、会议要求：

请参会人员准时参加，不得迟到早退，不得缺席。

××××公司

2013年1月23日

（六）请示

请示是用于向上级机关请求指示、批准的一种呈请性上行（下级向上级）公文。请示要在事前进行，在上级未批准前，不能抄送给下级机关。

例一：

关于《中国公民自费出国旅游管理暂行办法》的请示

国务院：

随着对外改革开放的不断扩大，人民生活水平不断提高，近年来，中国公民自费出国旅游不断增加，为适应改革开放形势，加强中国公民自费出国旅游的管理，特制定了《中国公民自费出国旅游管理暂行办法》。

附：中国公民自费出国旅游管理暂行办法

以上暂行办法如无不妥，请批转发布执行。

国家旅游局（盖章）
公安部（盖章）
1997 年 2 月 28 日

例二：

胜达制衣厂关于改建车库的请示

胜达总公司：

  我分厂在前年翻修汽车库时，因用地需要拆除了司机、装卸工宿舍，保卫科、后勤科等办公室共计 510 平方米。致使今年职工宿舍、办公用房用地困难，且工厂用地紧张，不能另建厂房。故我厂拟将车库改建为二层楼房，一层做车库，二层做办公室和宿舍使用，全部工程约需资金 200 万元，资金可由厂内自行解决。现向总公司申请批准对厂内车库的二层改建。

  请批示。

××胜达制衣厂
2007 年 3 月 10 日

附注：（联系人：××××，电话：××××××××××）

（七）批复

批复用于上级机关答复下级机关的请示事项，是一种回复性下行（上级对下级）公文。上级机关对下级机关单位的请示，要作出明确具体的批示和答复，并要及时，以免贻误工作。结语一般可写上"此复""特此批复""专此批复"等语，也有的提出希望号召，这部分也可省略。

例一：

关于《中国公民自费出国旅游管理暂行办法》的批复
国函〔1997〕209 号

国家旅游局、公安部：

  国务院原则同意《中国公民自费出国旅游管理暂行办法》由你们发布施行。

  附：中国公民自费出国旅游管理暂行办法

国务院
1997 年 3 月 17 日

例二：

胜达总公司关于同意胜达制衣厂车库改建的批复

胜达制衣厂：

你厂《关于改建车库为宿舍及办公二层综合用楼的请示》（胜达办〔2007〕7号）收悉。

同意胜达制衣厂将车库改建为宿舍、办公室二层综合用楼的计划。

上述改建计划所需经费由你厂自行解决。

胜达总公司
2007 年 3 月 10 日

（八）议案

议案是用于各级人民政府按照法律程序向同级人民代表大会或人民代表大会常务委员会提请审议事项的建议性公文。属于上行文。

议案的结构包括发文字号、标题、主送机关、正文、签署、日期、主题词、印刷版记等部分。发文字号可以在标题右上方，也可以在标题右下方，甚至可以省略。结语一般用"现提请审议""请审议决定""现提请审议，并请做出批准的决定"等习惯用语，显得诚恳而谦和。议案的签署和别的公文不同，它要以政府机关行政负责人个人或人民政府的名义签署，其他任何签署均视作无效。如以个人名义签署，在姓名之前要标明职务，以示庄重和负责。标明的职务下无冒号，姓名空一格起头。无论是以政府首长个人名义或人民政府的名义签署议案均需加上相应印章，它是议案公文生效的凭证。其一般样式为：

××〔20××〕×号

××××关于提请审议《××××××》的议案

××人民代表大会（或人民代表大会常务委员会）：

《××××××××》×××××××××。××××××××××××××，现提请审议。

××××（签署）
××××年×月×日

主题词：××××、××××、××××

×××××（制发机关）　　　　　　××××年×月×日印

（共印××份）

"议案"和"提案"有区别。一般说来，"提案"专用于人民政协，而"议案"大多用于人大，人民政协只有在特殊情况下需要对某一重大事项做出决定才用议案。

（九）函

函包括公函和便函，一般是平行或相隶属的机关团体间接洽事情用的公文。上级机关对下级机关有所询问或答复时，也可用公函。公函比较郑重，用于比较重要的事情,要编号,便函不必编号。例一为公函范文,例二、例三为便函范文。

例一:

××大学联系实习函

沪×字（81）×号

××报社:

  我校新闻系学生毕业实习即将开始,经研究拟分配二十名学生到贵报实习,时间三个月(自九月二十日至十二月二十日)。具体分哪个部门,请安排落实,且给予指导。

  此致

敬礼

  附上实习计划一份

××大学（盖章）
1981年9月5日

例二:

××乡:

  我校生物系三年级学生64人(其中男40人,女24人),将于今年十一月十日至十二月十日,到你乡××山区进行野外实习,但住宿问题尚未妥善解决,望你乡能大力支持,帮助解决。如蒙允诺,当即派人前往联系。盼及早函复。

  此致

敬礼!

××大学（盖章）
1993年10月20日

例三:

关于环保核查工作制度有关问题解释的复函

北京市环境保护局:

  你局《关于申请对环保核查工作制度有关问题予以解释的函》(京环函〔2014〕729号)收悉。经研究,现函复如下:

  一、为贯彻落实中央关于简政放权、转变政府职能的决策部署,我部按照"减少行政干预、市场主体负责"的原则,改革调整上市环保核查工作,印发了《关于改革调整上市环保核查工作制度的通知》(环发〔2014〕149号),要求各级环保部门不再组织开展上市环保核查。

  二、为贯彻落实《环境保护法》,切实落实企业环境保护主体责任,强化地方各级环保部门的监督责任,我部优化调整了重点行业环保核查工作。今后,我部不再直接组织开展重点行业环保核查,我部之前在各类文件中发布的有关行业环保核查的相关要求不再执行。地方政府对开展重点行业环保核查另有规定的,地方环保部门可根据地方政府的要求开展核查,但须严格遵循"自愿、透明、公平、公开"

的原则,并不得收取任何费用。

三、为贯彻落实《行政许可法》和中央依法治国精神,环保部门原则上不应再为企业出具环保达标守法证明等文件,之前我部提出的要求企业出具环保证明文件的相关要求自本文件发布之日起予以废止。

四、地方各级环保部门要按照我部关于污染源环境监管和企业事业单位环境信息公开要求,及时、完整、真实、准确地公开企业环境违法行为行政处罚、排污许可证发放、监督性监测、突发环境事件等环境信息,以便于相关政府部门以及社会机构查询。地方各级环保部门应加快推进建立企业事业单位环境行为信用评价制度,协助相关部门做好企业征信系统建设工作。

特此函复。

环境保护部办公厅(盖章)
2015 年 2 月 10 日

(十) 会议纪要

会议纪要是用于记载、传达会议情况和议定事项的一种公文。其主要作用:一是向上级汇报,让上级了解情况;一是向下传达,以便下级机关遵照执行。

正文开头导言主要写会议的指导思想、目的、时间、地点、主持人、参加会议的单位和人员、会议的基本议题和主要活动、对会议总的评价等。主体主要写会议所讨论的工作或问题的意义;对过去工作的回顾、评价;会议研究的问题、讨论的主要意见、取得的效果;对会后工作的指导思想、要求和措施等。结尾主要是提出希望、发出号召,希望和号召有关人员认真贯彻会议精神,把会议精神努力落实到实际工作中去。有的会议纪要不写结尾。例如:

2010 年×××机关党支部党建工作会议纪要

2010 年 1 月 28 日,×××机关党支部书记×××在四楼会议室主持召开了机关党建工作会议,机关全体党员参加了会议。

会议认为:为加强机关党建工作,充分调动和发挥党员的积极性和主动性,成立了党员活动中心,还组织开展了一系列慰问党员活动。虽然我们在党建工作中做了大量工作,但由于年龄结构、文化层次、思想状况参差不齐,为党建工作、党员活动的开展带来了一定的难度。从整体情况看,党员的思想状况、精神面貌是良好的,特别是在维权、帮扶中做出了积极贡献,为地区经济社会发展和社会政治稳定发挥了积极作用。但由于以上原因的存在,使其部分党员感觉不到党组织的温暖,党性观念不强、带头作用逐步弱化。因此,做好党建工作,切实解决好党员反映的问题,真正发挥党员的先锋模范带头作用就显得尤为重要和迫切。

会议强调:

1. 要切实加强机关党组织的自身建设。党的基层组织建设是党的全部工作和战斗力的基础,党支部作为党的最基层组织,要表现出党的先进性和充分发挥战斗堡垒作用，一是加强党支部的硬环境建设。解决部分党支部无办公场地、无活动经费的问题。二是加强对班子的培训和管理。组织班子成员不断加强科学文化的学习，学习市场经济知识、现代科学技术知识、现代管理知识、法律知识等，不断提高科学文化素质，引导班子成员学习马克思列宁主义、毛泽东思想、邓小平理论、"三个代表"重要思想、科学发展观，努力提高班子整体的理论水平和运用理论解决实际问题的能力。

2. 不断创新党员教育管理的方法。针对党员的不同特点，党组织应以大党建为着眼点，分类别分层面，采取不同的方式，进行教育管理。主要应从政治、思想、生活上关心他们，依据他们的所想、所盼、所需进行教育管理。从实际出发，因人制宜，发挥其职业特长，让他们在工作中发挥先锋模范作用。通过逐步完善楼道党员公示制度、在职党员登记制度、党员志愿者制度等，从而引导他们在工会建设中发挥示范带头作用，努力改变党员管理中的断层现象。

二、事务文书

这部分包括计划、总结、调查报告、简报等。

（一）计划

计划是单位或个人对未来一定时间内要做的工作从目的、任务、要求到措施预告做出设计安排的事务性文书。计划是一个统称，规划、纲要、安排、设想、方案、要点、打算等都属于计划的范畴。一般来说，规划、纲要是长远计划，而纲要比规划更概括；安排是短期计划；设想、打算是非正式的计划；方案的可操作性较强；要点是粗线条式的计划。如果计划还需要批准和通过，要在标题下面用括号注明"草案""初稿"或"供讨论用"等字样，待正式定稿后，再去掉这些括号。如果是下发的计划，结语还应提出希望，发出号召；或者指明注意事项，提出检查、修订的方法等；如是请求上级批转的计划，结尾应写明"以上意见如无不当，请批转各地研究贯彻"等要求。这个部分也可以略去不写。落款包含两项内容：一是计划的制定单位名称；二是计划的制定日期。有的计划的标题已包含制定单位名称，为避免重复，落款也可不再写单位。如需上报或下发的计划，最后还应写明主送（上级单位）、报送单位。例如：

××××学校应急演练计划

一、指导思想

加强学校安全工作力度，强化学生安全教育，提高学生应急应变能力和自救自护、安全撤离的能力，保证学校平安校园工程的实施，确保学生遇到重大突出事件能有效地、安全地撤离，最大限度地减少伤亡。

二、演练要求和工作分工

1. 召开学校领导、各级主任、班主任会议，周密布置演练的各项工作和各个环节。

2. 对参加演练的负责人员提出明确要求，明确分工，责任到人，负责到底。

3. 学校分管领导具体负责，教导处配合落实。

4. 全体人员提高安全意识，听从学校统一指挥。

5. 各级主任调度本级部、班级撤离顺序，安排任课老师定岗维护安全秩序，保证学生安全撤离。

6. 教导处制订演练方案，制订评估标准，组建评委，拿出评估成绩，纳入班级量化评估考核。

7. 班级做好演练前的安全常识教育，让学生懂得演练的意义，了解演练中的注意事项和应采取的保护措施。

8. 各班主任演练后做好活动记录，上交教导处，搞好班级总结，保证安全教育。

9. 教导处做好演练记录，做好总结，按照成绩，进行奖励，做好广播宣传。

10. 具体事宜见演练方案。

2013 年 × 月 × 日

（二）总结

总结是单位或个人对过去一个时期实践活动作出系统的回顾归纳、分析评价，从中得出规律性认识并用以指导今后工作的事务性文书。总结的正文一般包括基本情况、成绩与经验、问题与教训、今后的意见等几部分内容。

例一：

2010—2011 学年个人学习总结

转眼间，又一年过去了，我应该利用暑假对这一学年的学习情况做一些总结，以迎接新学年的到来。

在这一学年里，我学习了成本会计、管理会计、审计原理、经济法、计算机应用、外贸会计、大学英语、应用文写作、体育、职业道德、概率论等课程。考试成绩分别为：成本会计 82 分，管理会计 86 分，审计原理 80 分，经济法 89 分，计算机应用 90 分，外贸会计 90 分，大学英语 72 分，应用文写作 68 分，体育 85 分，职业道德是优，概率论是中。总的来说，成绩还是可以的，在班上属中等水平。其中，计算机应用、职业道德和外贸会计成绩优秀，而大学英语、概率论和应用文写作成绩不够理想。出现这些情况，主要是因为时间分配不合理。大学英语、概率论和应用文写作这三门课程的实操性比较强，需要多花一些时间做练习。以后要调整好各学科的学习时间，另外，效率和方法也很重要。

下一学期，我要继续努力，争取取得更好的成绩，要求每科都在 80 分以上，这样就可以获得奖学金，减轻家庭的经济负担，更可以在择业时增加自己的实力。

会计一班 李　明

2011 年 7 月 20 日

例二：

2016—2017 学年个人工作总结

×××系　×××

时间飞逝，转眼间一学年已接近尾声。一年来，在系领导以及各位老师的指导帮助下，我严格按照学院要求，加强师德修养，增强学习意识，改进工作方法，探索新课程，提升教学理念，认真教书育人。现将本人一年来的思想和工作总结如下：

一、思想方面

一年来，我认真学习了党的教育方针以及党的十九大重要精神，不断提高自己，充实自己，树立正确的世界观、人生观和价值观。在日常工作中时刻注意学习他人的长处，遵守纪律，团结同志；并且教育目的明确，态度端正，钻研业务，勤奋刻苦。我平时注意主动帮助其他同志干一些力所能及的事，自己也在做的过程中得到了锻炼，增长了知识，提高了工作的能力。

二、教育教学方面

在教育教学方面，我努力加强教育理论学习，提高教学水平。具体表现在以下几个方面：

（一）加强师德修养，提高道德素质

过去的一年中，我一直担任建筑设备工程技术专业课程教学。在实践过程中，我认真加强师德修养，提高道德素质。我认真学习邓小平理论和"三个代表"重要思想，对待学生做到：民主平等，公正合理，严格要求，耐心教导；对待同事做到：团结协作，互相尊重，友好相处；对待家长做到：主动协调，积极沟通；对待自己做到：严于律己，以身作则，为人师表。

（二）加强教学理论学习，练好扎实的教学基本功

在教育教学方面，我努力加强教育理论学习，提高教学水平。要提高教学质量，关键是上好课。为了上好课，我做了下面的工作：

1. 课前准备：备好课。认真学习贯彻教学大纲，钻研教材。了解教材的基本思想、基本概念、结构、重点与难点，掌握知识的逻辑。

了解学生原有的知识技能，他们的兴趣、需要、方法、习惯，学习新知识可能会有哪些困难，采取相应的措施。

考虑教法，运用恰当的教学方法，把已掌握的教材内容传授给学生，包括如何组织教学、如何安排每节课的活动。

2. 课堂上：组织好课堂教学，关注全体学生，注意信息反馈，调动全体学生的积极性。同时，激发学生的情感，使他们产生愉悦的心境，创造良好的课堂气氛，课堂语言简洁明了，课堂提问面向全体学生，注意引发学生学习的兴趣，课堂上讲练结合，布置好课外作业。

3. 提高教学质量，做好课后辅导工作。

在课堂讲授后,注意做好课后辅导工作。及时了解学生在学习中存在的问题,给予必要的指导并鼓励学生进行探索,帮助学生在课余时间养成良好的学习习惯。

(三)加强素质教育理论学习,提高教育教学水平

我积极投入到高职教育的探索中,学习、贯彻教学大纲,加快教育、教学方法的研究,更新教育观念,掌握教学改革的方式方法,增强了驾驭课程的能力。在教学中,我大胆探索适合于学生发展的教学方法。

为了不断提高自己的教学水平,我都努力去听其他老师的课,向他们学习好的教育理论、方法,弥补自己在教学过程中的不足之处。上课时务求每一课都上得生动、活泼、高效,力争通俗易懂,深入浅出,耐心对待每一个学生提出的问题。

三、存在问题

工作中对高职教育理论理解学习得不够深入,教学方法还不够灵活,现代化教学手段运用得还不够熟练。在以后的工作中,我将吸取过去的经验教训,提高自己的业务水平,并为学院的示范性建设和长远发展尽到自己最大的努力。

××××年×月×日

(三) 调查报告

调查报告是作者对某一事件、某一情况、某一问题或某一经验进行深入周密的调查,占有丰富的材料,然后对材料进行科学的分析研究,揭示出事件的本质,从中找出规律性的东西和正确的结论,最后把情况、分析和结论写成有叙有议的文章。调查报告的开头部分要对调查的单位、地点、方式、目的、意义、范围、人,以及为此而做的准备工作,作一个简明扼要的说明,为主体部分的展开作好铺垫。调查报告往往由上级机关或其他部门,有目的地进行调查研究,以第三者(第三人称)立场进行分析评价。

例文:

大学生网络素质现状调查

(2010年4月19日)

近年来,网络剧烈地影响和改变着我们的生活,与"水能载舟,亦能覆舟"一样,利用好网络,我们的生活受益无穷,错用了它也会让我们掉入无底的深渊。在众多网民中,大学生占有很大一部分比例,这高素质的一群,有多少人在利用网络,如何利用网络成为各界关心的问题。就这个问题,本人在班里进行了调查,现报告如下:

(一)七成学生用网络娱乐

调查结果显示,100%的同学都接触过网络,这是因为这学期开设了网络课程,大部分同学懂得用QQ聊天,10%的同学不懂得发电子邮件,20%的同学不懂得下载网络程序。

（二）因友而忙

在上网的学生中，90%以上的同学有一个QQ号码，60%的同学有两个或两个以上的号码，40%的学生沉迷于聊天。在网络犯罪的案例中，由网络聊天引发的事件不少。例如与网友见面被骗东西，被伤害甚至被杀害。

（三）因坛而坠

论坛，也称BBS，在里面"灌水"也深受不少学生网民的喜爱，班里85%的同学上过论坛，70%以上的学生在论坛上乱发帖子，10%以上的学生在论坛上有过不文明行为。

（四）因戏而废

不少学生痴迷网络游戏。调查表明，90%的学生玩过网络游戏，其中85%是男生，5%是女生，30%的学生沉迷于玩CS之类的网络游戏，班上的同学虽没有因为玩网络游戏而旷课，但其他一些学校，很多学生因为玩网络游戏旷课太多导致多门功课不及格，面临退学的危险。

（五）因网影响健康

60%以上的同学有过通宵上网的情况，40%是经常在周末通宵上网，20%偶尔通宵上网。有45%的同学通宵上网是为了看电影，有55%的同学是为了玩游戏。通宵上网缺乏睡眠，会导致身体免疫力下降，情感冷漠，心理活动异常，感知、记忆、思维、言语等各种反应能力显著下降等问题。

以上调查表明，大学生对网络认识有偏差，主要是因为大学生上网多在课余时间，放下繁重的课程，上网时便希望能放松，而不再是学习。在没有人正确引导下，聊天、游戏等易学、大众化的消遣性娱乐自然成了大学生们的最爱。

在调查中了解到，40%的学生认为上网是因为学校的课外活动过于单调，一些娱乐只能通过网络实现。此外，多所大学的网站上教程一个月难得更新一次，因而谈不上让学生们利用校园网进行学习。

其实网络可以用得很精彩，不少世界顶尖的网络高手都是在校大学生。利用网络可以帮助自己查找各种学习资料，提高学习效率和拓展学习深度、广度；可以找到各种实践、兼职、打工、招聘的信息，为自己的前途找到好的信息渠道；通过网络可以认识更多志同道合、积极发展的社会各界朋友；利用网络写稿不仅可以养活自己，还能结交优秀编辑记者们，积累社会关系，开阔视野，也培养了综合能力，所以说网络的好处无处不在。

互联网功过皆有。作为有知识、素质高的大学生群体，更应在网络中学会"取其精华，去其糟粕"，将网络中有用的部分变为自己的财富，运用网络使大学生活变得更精彩。

×××

××××年×月×日

（四）简报

简报是一种汇报工作、反映问题、帮助领导掌握情况的一般文件，它不能代替正式公文。简报有一定的格式，一般如下：

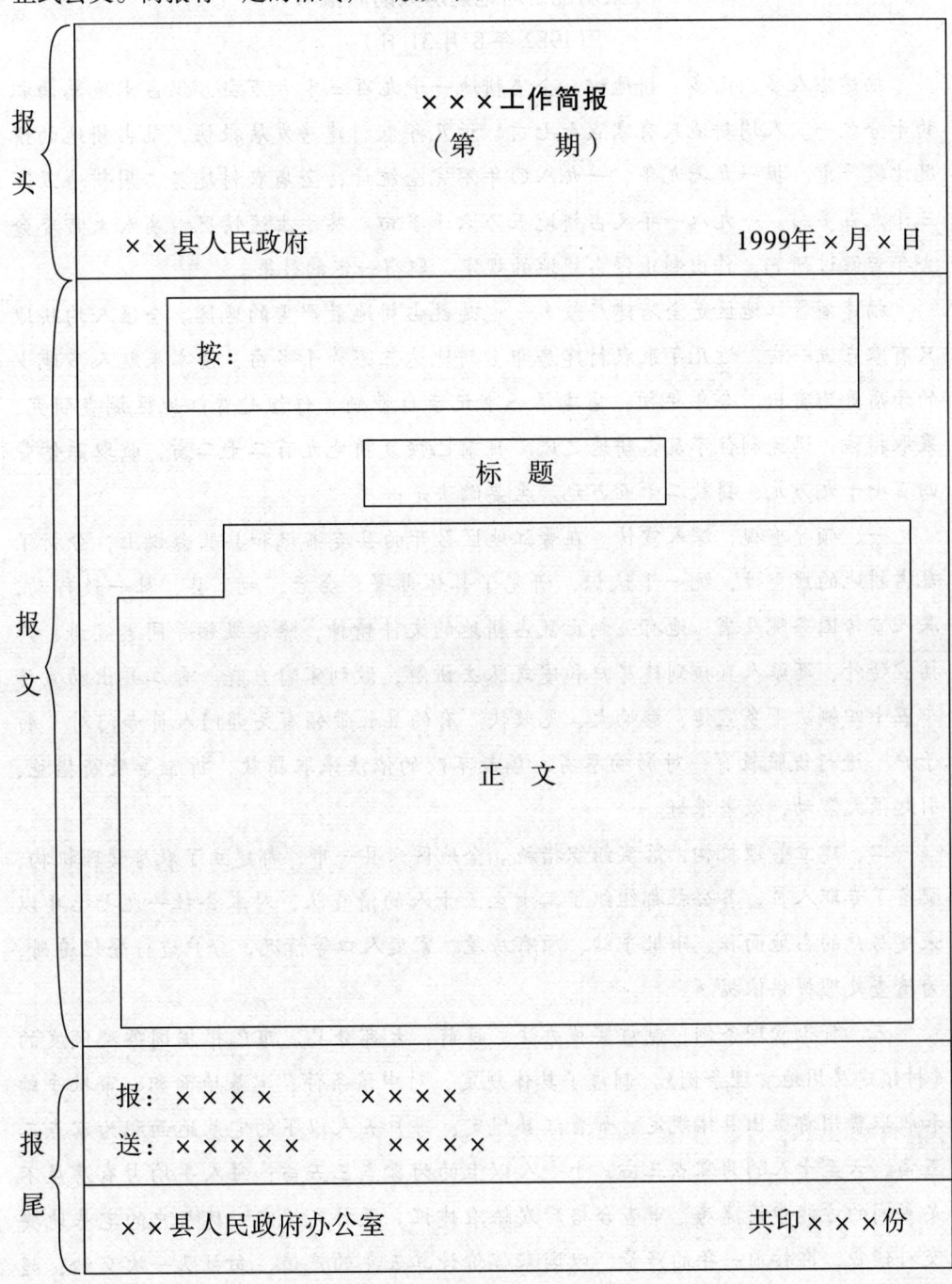

例文：

城乡建设环境保护部关于福建省晋江地区
狠刹乱占耕地建房风的简报

（1982年8月31日）

　　福建省人多、山多、耕地少。全省耕地一千九百三十六万亩，仅占土地总面积的十分之一。人均耕地只有零点七七亩。近几年农村建房发展很快，乱占耕地的情况比较严重。据一九七九年、一九八〇年不完全统计，全省农村建房占用耕地五万三千九百多亩。一九八一年又占耕地五万六千多亩。鉴于上述情况，省人大常委会去年曾做过研究，作出制止侵占耕地的规定，取得一定的效果。

　　福建省晋江地区是全省建房最多，也是乱占耕地最严重的地区。全区人均耕地只有零点五一亩。近几年来农村建房即占耕地达三万六千多亩，使本来就人多地少的矛盾更为突出。今年年初，省委第一书记亲自带领工作组赴晋江地区调查研究，采取措施，迅速刹住了乱占耕地之风。目前已恢复耕地九百二十二亩，收取赔偿费四百七十九万元，罚款二十五万元。主要做法是：

　　一、领导重视，深入宣传。在晋江地区召开的县委书记和县长会议上，分析了乱占耕地的严重性，统一了认识，研究了具体部署。会后，地、县、社一致行动，深入宣传国务院及省、地有关制止乱占耕地的文件精神，除各级领导同志宣讲、广播宣传外，还派人直接到建房户和建筑队去讲解，做到家喻户晓。晋江县出动宣传车五十四辆次下乡宣传，影响大，见效快。有的县长带领有关部门人员专门对"钉子户"进行说服教育，对影响恶劣、屡教不改的依法采取罚款、拆除等果断措施，引起很大震动，效果很好。

　　二、建立管理机构，落实组织措施。全地区六县一市，都建立了农房管理机构，配备了专职人员，各公社都组织了二十至五十人的清查队，对本公社一九七七年以来建房户的占地面积、审批手续、原有房屋、家庭人口等情况，分户进行登记造册，为清查处理提供依据。

　　三、贯彻管理条例，制订实施办法。目前，大部分县、市已根据国务院颁发的《村镇建房用地管理条例》，制订了具体规定，对申请条件、宅基地面积、审批手续和收取费用都做出具体规定。如晋江县规定：每户五人以下的宅基地面积为零点二五亩，六至十人的为零点三亩，十一人以上的为零点三五亩；每人平均占有房屋不足半间的方能申请建房，审查合格后发给准建证。还补充规定，建房户的宅基地要交补偿费，即按前一年的产量，以国家牌价计算五年的产值，向社队一次交纳；超过标准的用地加收二至五倍的补偿费。有的还加收土地管理费，按土地好坏，分等级收费。

　　四、对严重违法建房户，特别是领导干部违法建房的，进行严肃处理。如泉州市委对一位市委副书记和一位副市长非法占地建私房问题，进行了严肃批评，并将那位副书记已建成的房屋收归公有，责令那位副市长将已打好的房基挖掉，恢复耕地。南安县对三名副县长和财办主任、工商管理局局长、交通局副局长等人利用职权占地建私房的问题，正在研究处理。对少数"钉子户"和有经济犯罪行为的非法占地户也作了严肃处理。

五、搞好规划，加强管理。为迅速适应村镇建设的需要，晋江地区在抓清查处理的同时，加强了规划工作。他们一方面准备委托华侨大学举办短期训练班，培养规划、设计人员；一方面地、县、区层层抓规划试点，以点带面，搞好村镇建设。如泉州市郊北峰公社肖盾大队，是个半山区，共一百六十户，大队党支部坚持统一规划、统一施工，建的新村依山就势，不占耕地，生产和新村建设都搞得很好，目前已有四分之一的民户住进了新房。这个大队的经验，正在总结推广。

三、专用文书

这部分包括合同书、营销策划书、诉状等。

（一）合同书

合同书是人（或单位）经协商依法签订用以确定双方权利与义务的文书。凡是按照合同法签订的合同，均具有法定效力，双方必须遵守所签订的条款，任何一方不得擅自更改或解除合同。合同的种类很多，如租赁合同、购销合同、工程承包合同、借贷合同、技术转让合同、图书出版合同、劳务合同等。各个行业都有自己专用的各种合同书。合同书一般都有固定的格式；为行文方便，常在单位（或个人）名称后面用括弧注明"甲方""乙方"或"供方""需方"。例如：

北京市房屋租赁合同

出租人（甲方）：_____　　证件类型及编号：_____
承租人（乙方）：_____　　证件类型及编号：_____

依据《中华人民共和国民法典》及有关法律、法规的规定，甲乙双方在平等、自愿的基础上，就房屋租赁的有关事宜达成协议如下：

第一条　房屋基本情况

（一）房屋坐落于北京市_____区（县）_____街道办事处（乡镇）_____，建筑面积_____平方米。

（二）房屋权属状况：甲方持有（□房屋所有权证/□公有住房租赁合同/□房屋买卖合同/□其他房屋来源证明文件），房屋所有权证书编号：_____，或房屋来源证明名称：_____，房屋所有权人（公有住房承租人、购房人）姓名或名称：_____，房屋（□是/□否）已设定了抵押。

第二条　房屋租赁情况及登记备案

（一）租赁用途：_____；如租赁用途为居住的，居住人数为：

_____，最多不超过_____人。

（二）如租赁用途为居住的，甲方应自与乙方订立本合同之日起 7 日内，到房屋所在地的社区来京人员和出租房屋服务站办理房屋出租登记手续。对多人居住的，乙方应将居住人员情况告知甲方，甲方应建立居住人员登记簿，并按规定报送服务站。本合同变更或者终止的，甲方应自合同变更或者终止之日起 5 日内，到房屋所在地的社区来京人员和出租房屋服务站办理登记变更、注销手续。在本合同有效期内，居住人员发生变更的，乙方应当自变更之日起 2 日内告知服务站，办理变更登记手续。

居住人员中有境外人员的，（□甲方/□乙方）应自订立本合同之时起 24 小时内到当地公安派出所办理住宿登记手续。

租赁用途为非居住的，甲方应自订立房屋租赁合同之日起 30 日内，到房屋所在地的房屋行政管理部门办理房屋租赁合同备案手续。

第三条　租赁期限

（一）房屋租赁期自_____年_____月_____日至_____年_____月_____日，共计_____年_____个月。甲方应于_____年_____月_____日前将房屋按约定条件交付给乙方。《房屋交割清单》（见附件一）经甲乙双方交验签字盖章并移交房门钥匙及_____后视为交付完成。

（二）租赁期满或合同解除后，甲方有权收回房屋，乙方应按照原状返还房屋及其附属物品，设备设施。甲乙双方应对房屋和附属物品、设备设施及水电使用等情况进行验收，结清各自应当承担的费用。

乙方继续承租的，应提前_____日向甲方提出（□书面/□口头）续租要求，协商一致后双方重新签订房屋租赁合同。

第四条　租金及押金

（一）租金标准及支付方式：_____元/（□月/□季/□半年/□年），租金总计：人民币_____元整（¥：_____）。

支付方式：（□现金/□转账支票/□银行汇款），押_____付_____，各期租金支付日期：_____，_____，_____。

（二）押金：人民币_____元整（¥：_____）租赁期满或合同解除后，房屋租赁押金除抵扣应由乙方承担的费用、租金，以及乙方应当承担的违约赔偿责任外，剩余部分应如数返还给乙方。

第五条　其他相关费用的承担方式

租赁期内的下列费用中，_____由甲方承担，由乙方承担：(1) 水费 (2) 电费 (3) 电话费 (4) 电视收视费 (5) 供暖费 (6) 燃气费 (7) 物业管理费 (8) 房屋租赁税费 (9) 卫生费 (10) 上网费 (11) 车位费 (12) 室内设施维修费 (13) _____费用。

本合同中未列明的与房屋有关的其他费用均由甲方承担。如乙方垫付了应由甲方支付的费用，甲方应根据乙方出示的相关缴费凭据向乙方返还相应费用。

第六条　房屋维护及维修

（一）甲方应保证房屋的建筑结构和设备设施符合建筑、消防、治安、卫生等方面的安全条件，不得危及人身安全；乙方保证遵守国家、北京市的法律法规规定以及房屋所在小区的物业管理规约。

（二）租赁期内，甲乙双方应共同保障房屋及其附属物品、设备设施处于适用和安全的状态：

1. 对于房屋及其附属物品、设备设施因自然属性或合理使用而导致的损耗，乙方应及时通知甲方修复。甲方应在接到乙方通知后的_____日内进行维修。逾期不维修的，乙方可代为维修，费用由甲方承担。因维修房屋影响乙方使用的，应相应减少租金或延长租赁期限。

2. 因乙方保管不当或不合理使用，致使房屋及其附属物品、设备设施发生损坏或故障的，乙方应负责维修或承担赔偿责任。

第七条　转租

除甲乙双方另有约定以外，乙方需事先征得甲方书面同意，方可在租赁期内将房屋部分或全部转租给他人，并就受转租人的行为向甲方承担责任。

第八条　合同解除

（一）经甲乙双方协商一致，可以解除本合同。

（二）因不可抗力导致本合同无法继续履行的，本合同自行解除。

（三）甲方有下列情形之一的，乙方有权单方解除合同：

1. 迟延交付房屋达_____日的。
2. 交付的房屋严重不符合合同约定或影响乙方安全、健康的。
3. 不承担约定的维修义务，致使乙方无法正常使用房屋的。
4. _____。

（四）乙方有下列情形之一的，甲方有权单方解除合同，收回房屋：

1. 不按照约定支付租金达_____日的。
2. 欠缴各项费用达_____元的。
3. 擅自改变房屋用途的。
4. 擅自拆改、变动或损坏房屋主体结构的。
5. 保管不当或不合理使用导致附属物品、设备设施损坏并拒不赔偿的。
6. 利用房屋从事违法活动、损害公共利益或者妨碍他人正常工作、生活的。
7. 擅自将房屋转租给第三人的。
8. _____。

（五）其他法定的合同解除情形。

第九条　违约责任

（一）甲方有第八条第三款约定的情形之一的，应按月租金的_____%向乙方支付违约金；乙方有第八条第四款约定的情形之一的，应按月租金的_____%向甲方支付违约金，甲方并可要求乙方将房屋恢复原状或赔偿相应损失。

（二）租赁期内，甲方需提前收回房屋的，或乙方需提前退租的，应提前_____日通知对方，并按月租金的_____%向对方支付违约金；甲方还应退还相应的租金。

（三）因甲方未按约定履行维修义务造成乙方人身、财产损失的，甲方应承担赔偿责任。

（四）甲方未按约定时间交付房屋或者乙方不按约定支付租金但未达到解除合同条件的，以及乙方未按约定时间返还房屋的，应按标准支付违约金。

（五）_____。

第十条　合同争议的解决办法

本合同项下发生的争议，由双方当事人协商解决；协商不成的，依法向有管辖权的人民法院起诉，或按照另行达成的仲裁条款或仲裁协议申请仲裁。

第十一条　其他约定事项

_____
_____
_____
_____。

本合同经双方签字盖章后生效。本合同（及附件）一式_____份，其中甲方执_____份，乙方执_____份。

本合同生效后，双方对合同内容的变更或补充应采取书面形式，作为本合同的附件。附件与本合同具有同等的法律效力。

附件：（略）

出租人（甲方）签章：	承租人（乙方）签章：
委托代理人：	国籍：
联系方式：	委托代理人：
	联系方式：
年　　月　　日	年　　月　　日

（二）营销策划书

营销策划书是企业根据市场变化和企业自身实力，对企业的产品、资源及产品所指向的市场进行整体规划的计划性书面材料。营销策划书是关于营销活动及其行动方案设定的文字载体，为企业营销行为做出周到的事前安排。例如：

手机营销活动策划书

一、概述

公司已经实行全国连锁销售,现在准备在××市建立手机连锁店。我们在该市做了全面的调查,通过10天的调查和研究,对该市人文情况有一定的了解,了解了该市的手机市场,并于××月××日完成了本公司在该市连锁经营的营销方案,该方案可以帮助公司了解该市的手机市场,也可以指导我们开发该市市场的实际营销工作。

二、市场现状分析

(一) 用户分析

1. 目标市场

通过发放市场调查问卷,随机抽查的结果显示,我们的产品消费人群主要是追求时尚,处在时尚前沿的人群,主要由工厂职工、学生、刚毕业的大学生和其他追求时尚的青年构成,此外,一些老年人和听力差的人群也会成为我们的客户。

工厂职工和青年购买我们的手机,是为追逐时尚,但他们消费能力较低,一般在1000元左右。老年人和听力差的人群,主要是看重音量大、音质好、字体清晰的效果,老年人虽有购买能力,可是不会轻易购买,我们可以从亲情的角度,以礼品的方式打入市场。听力差的人群也是该手机的主要消费人群。要注意的是青年人以男性为主,老年人则无须考虑性别。

2. 消费偏好

在市场调查中发现:消费者普遍容易接受中低档产品;喜欢进口的品牌机和质量好的国产手机;消费者希望手机个性化,希望有专门量身定做的手机;消费者购买手机的主要用途是与人联络、工作需要和顺应流行趋势;手机最多的用途是打电话和发短信。

3. 购买模式

在市场调查中发现:普通大众更换手机的时间是2年左右;价位在1000~2000元;通常在专卖店或大卖场购买手机;最注重的是手机的功能、品牌和款式。为客户提供所需要的产品是我们连锁企业的优势。

4. 信息渠道

在市场调查中发现:消费者了解一款新上市的手机主要是通过电视、网络、宣传单和同学朋友之间的相互交流,宣传单的效果较差,因此,电视与网络能够加大我们手机在消费者之间的知名度。消费者接触最多的媒体是CCTV-5、CCTV-8、CCTV-3和本地电视台以及报纸杂志等,他们最信任的媒体是中央电视台。

(二) 竞争情况分析

目前市场中国外的品牌有:诺基亚、摩托罗拉、三星、索爱、西门子、飞利浦、松下；国内的品牌有：夏新、天宇、联想、波导、明基、TCL、CECT、中兴、康佳等。

这些手机中市场上比较受欢迎的国外品牌有：诺基亚、摩托罗拉、三星、索爱，比较受欢迎的国内品牌有：夏新、联想、波导等。这些比较受欢迎的国内品牌只是和国内其他品牌相比要受欢迎一点。实际上这些受欢迎的国内品牌远比不上国外那些品牌。市场上的主流品牌基本上是国外的品牌，分别是诺基亚、摩托罗拉、三星、索爱。尤其是诺基亚，它的价格也是比较低的，且耐摔，很受大众喜爱。这些品牌的手机在大多数连锁店都有。

三、市场机会与问题分析

用 SWOT 法分析如下。

优势（Strength）：特色服务。

我们的手机附加有娱乐、学习、理财等应用软件的功能且价格低廉，这很符合消费群体的要求。并且从我们这里购买的手机功能齐备，如照相机、MP3/MP4、游戏、手写/按键两用、看电视、上网等功能全部具备，此外还有一些特别的手机保养，如手机贴膜、手机美容。

缺点（Weakness）：知名度低，担心售后问题的处理。

机会（Opportunity）：手机市场日益饱和，客户的需求呈现多样化，消费者以功能方面的需求为主。手机的用途改变了通信市场的产品结构和人们的生活方式，给人们的生活沟通带来了极大的便利。中国人口基数大，人们的收入水平在不断提高，与此同时，技术的成熟，使手机的价格不再是天价。人们有时往往喜欢怀旧，复古的款式可以成为时尚的潮流。

根据市场竞争情况分析我们注意到，各大连锁企业都在转向手机的基本服务，但是在手机增值方面的服务尚未涉足。竞争企业把手机品牌（包括国外品牌、国内品牌）价格低、功能多、待机时间长，集中于一身，却没有了解客户真正的需要，这样就不能让客户在所需要的功能中有所选择，这为那些享有增值业务的连锁企业带来了竞争的机会。

威胁（Threats）：就目前市场情况而言，大品牌的手机连锁企业（如苏宁、国美等）占有相当大的市场，所以我们面对的压力还是相当大的。根据对市场潜力与广东市场消费水平的分析，我们的消费群体数量毕竟是有限的，所以我们必须以一定的独特的服务方式来打动更多的潜在客户。

四、营销目标

根据市场调查的结果，我们的连锁店在打入市场前三个月，应达到的销售额主要是由潜在客户的群体决定。我们的目标是：使市场的占有率达到 3.3%～5%；二是提高企业的知名度。

调查分析如下：

根据市场调查，对一个大卖场（如国美等）而言，其员工人数为 30 个左右，他们每人一个月的销售目标一般为100部手机。所以一个大卖场一个月大约可以卖掉3000部手机。而市场上的手机种数大约为20种,所以每种手机的月平均销售量为100~200部。但每种手机的类型又有多种,对于一种新款手机其月销售量大约为80~160部。且通过对市场进行分析,诺基亚、摩托罗拉、三星等知名品牌销售量偏高。

如广东某城市的大卖场大约有30个,所以一个月的销售总量为"$M = 100 \times 30 = 3000$(个)",三个月的销售额为"$Y = 3000 \times 900 \times 3 = 810$(万元)",市场占有率为"$Q = 100/3000 = 3.3\%$"。在三个月内根据市场上手机总数和我们入市以后所要进行的促销和宣传,我们的市场占有率将会达到3.3%~5%。随着品牌的推广和大众的认可,我相信市场占有率将会达到一个新的高度。

五、营销战略

(一)销售渠道

1. 现有渠道

根据对广东某城市市场的调查,发现选择手机专营店和家电连锁(如国美、苏宁等)这两种销售模式在消费者中占大多数,所以我们可以以上述两种渠道为主要模式。

2. 渠道开发

连锁企业的建立和销货方式:和手机大卖场一样建立自己的专人专柜,由我们的销售代表销售,穿我们提供的统一制服,负责专业培训,实行提成制(销售一部手机提2个点)。

铺货:在市中心繁华大街进驻门店。因为像此类卖场多集中在市中心地带,所以可以以相同数量进行铺货,每个连锁系统100部手机,我们的店面可根据情况增减铺货。根据资料显示:卖场大约有40家,所以我们大约需要公司提供4000部手机。

(二)促销策略

在导入期,可以根据消费者喜好,用以下方法来宣传。

(1)路牌广告,传单的发送。

(2)在电视上播放广告。

广告策划文案如下。

广告目标:提高连锁店的知名度。

广告主题:时尚,具有朝气,激情,充满生命力。

广告口号:……

内容:……

(3)报纸:运用漫画形式介绍我们的手机。

(4)网络:与商业网站如阿里巴巴、淘宝等达成商业联盟关系。

(5)大小型的活动宣传和销售。

在活动中可采用多种方法来宣传和销售。

（1）赠品。分为实物和非实物。a. 实物：如电脑包、酷夏太阳眼镜、T恤、手表、台历、剃须刀等。b. 非实物：如手机话费、上网费、增值服务等。

（2）抽奖。

（3）展示。

（三）产品策略（售后服务）

产品品牌要形成一定的知名度、美誉度，树立消费者心目中的知名品牌，必须建立优质的售后服务。（附：《售后服务指南》。供渠道成员培训和内部员工使用。）

（四）价格策略

统一市场零售价格为938元。

（1）对消费者价格为938元，配合促销活动随赠礼品。

（2）对渠道成员：让利8%，价格为863元。如果各渠道成员达成销售目标，返2个点以鼓励。

六、策划方案各项费用预算

（略）

七、方案调整

（1）若时机成熟可建立自己的专卖店，并进行相关方式的促销活动。

（2）根据市场动态与现实客观条件随机应变。

（3）根据市场反映的信息做出相应的改变。

该例文是一个手机营销活动策划书。策划书首先对本次策划的主要目标和建议做简明扼要的概述，接着从四个方面分析了市场现状，在第三部分有针对性地分析了自身的机会与问题，在此基础上，第四部分制定了符合实际情况的策划目标，进而在最后的部分提出了具体的营销战略，整份策划书做到了内容全面、思路清晰、定位准确、语言简洁明了。

（三）刑事诉状

刑事诉状是指刑事案件的自诉人（受害人自己）或者他的法定代理人，根据事实和法律直接向人民法院提起诉讼，控告被告人侵犯自身权益，要求追究刑事责任的一种司法专用文书。这种诉状，证据要有力、全面，理由要有法律依据，所请求的事项要合理，目的是维护自己合法的权益。其格式如下：

刑事诉状

原告人：姓名、性别、年龄、民族、籍贯、职业、工作单位、住址。

被告人：姓名、性别、年龄、民族、籍贯、职业、工作单位、住址。

请求事项：_____

事实与理由：_____
_____
_____

此致

_____人民法院

具状人_____

（签名盖章）

附：
1. 本状副本_____份；
2. 证物_____件；
3. 书证_____件。

_____年_____月_____日

此诉状格式系刑事、民事通用；事实和理由部分空格不够用时，可增加与状纸同样大小的续页。下面为刑事诉状的例文：

刑事诉状

原告人：李××，男，47岁，工人，现住：××区××路××号。

被告人：杨××，女，42岁，家庭妇女，现住：××区北站外体育场临建×排×号。

被告人：李×发，男，21岁，××区××面包厂临时工，住址同杨××。

被告人：马××，男，46岁，油漆工人，现住：××区北站外体育场临建×排×号。

请求事项：①对被告人李×发、杨××虐待原告人的行为给予刑事处分。

②对被告人马××给予训诫处分。

③坚决与被告人杨××离婚。

④坚决与被告人李×发分家，将家中财物、家具平分。

⑤将来分配房屋时，单另分给原告人一间房，并另立户口。

事实与理由：原告人与被告人杨××系夫妻关系，被告人李×发系原告人的第四个儿子。被告人杨××与马××自一九七九年八月开始在一起鬼混，白天趁原告人不在家之机，两人就去逛马路，晚上有时原告人没回家，被告人杨××即去被告人马××家，由于被告人马××是单身汉，被告人杨××的这些行为自然引起原告人的不满。为此，原告人曾规劝被告人杨××改正这种行为，但她不听，继续与之鬼混。有一次原告人朝她吐了几口唾沫。被告人杨××怀恨在心，即挑唆儿子李×

发,证陷原告人曾企图强奸李××发的对象杜×。被告人李××发曾因持刀伤人被判处二年徒刑,并且是一个蛮不讲理的人。在被告人杨××的挑唆下,他不分青红皂白,也不调查了解,即动手殴打原告人。共计打过原告人三次,其中一次把原告人的头部打破,鲜血直流。对此,有书证可以证明,同时证人张××以及民警萧××同志均可证明。

现在原告人不敢回家,只得夜宿马路。即便如此,被告人杨××尚不死心,将原告人的口粮卡住,不给原告人粮票,还唆使被告人李×发持刀尾随原告人,并扬言要用刀捅死原告人。现在原告人处于生活无保障,吃饭无粮票,住宿无房屋的状况之下,而且随时有被杀死的可能。原告人是老工人,曾为建设社会主义尽到了自己的一份力量。被告人的所作所为,实为社会主义道德所不容,更为社会主义法律所不许。以上事实证明被告人杨××、李×发已违反了《中华人民共和国刑法》第一百八十二条之规定。被告人李×发还违犯了《中华人民共和国婚姻法》第十三条第一款之规定,已构成了虐待罪。原告人和被告人已完全丧失了夫妻、父子的情义。

此外,家中现有高低柜一只、木箱一只、连桌一只、双人桌一只、旧被子四条、褥子两条以及炊具等。

为了保障原告人的生活安宁与人身安全,特依法起诉,请判准如上请求事项。

此致
××市××区人民法院

起诉人李××
1980年3月20日

附:1. 证人:××区××路派出所民警萧××同志;
　　　张××,男,现住××区北站外体育场临建×排×号;
　　2. 书证:一九七九年十月十六日××市××区××卫生院诊断证明书一张。

××市第一法律顾问处律师×××代书

这是一份原告人受到侵害,受到妻子与奸夫、儿子的虐待,为维护合法权益而提起诉讼的刑事诉状。但是附带有民事问题——要求离婚与分家。写法上基本合乎规格,表述方面事理清晰,并援引了法律根据,举出了人证、书证。

四、常用应用文

这部分包括求职信、简历、感谢信、倡议书、邀请函、海报、启事、收条、欠条、借条、请假条、对联等。

(一) 求职信

求职信是求职人向用人单位介绍自己情况以求取某一职位的信函,可以分为自荐信和应聘信。主要介绍自己的一般情况、能力专长和主观愿望,让人了解自己,相信自己,内容简明,行文要注意称呼和问候语的使用。多数用人单位都要求求职者先寄送求职材料,通过求职材料对众多求职者有一个大致的了解后,再通知面试或面谈人选。因此,求职信写得好坏直接关系到求职者是否能进入下一轮的角逐。

例一:

求职信

尊敬的领导:

您好,我是一名即将从××机电职业学院会计专业毕业的大学生。很荣幸有机会向您呈上我的个人资料。在投身社会之际,为了找到符合自己兴趣的工作,更好地去发挥所长,谨向各位领导做一自我推荐,现将自己的情况稍做介绍。

步入大学后,我已经在自己的专业领域洒下了辛勤的汗水和宝贵的青春,收获也异常丰厚。在父母殷切的期望和师友的指点迷津下,我具备了扎实的理论基础知识,几年的学习生涯中,我所学习的内容包括从会计学的基础理论知识到动手实践等许多方面。具备了一定的实际操作能力和技术,能够熟练使用 Windows 98/2000 系统和用友、金蝶等各种财务应用软件。通过对这些知识的学习,在大一暑假我以会计基础78.5分、财经法规92.5分顺利取得了会计从业资格证,大二在没参加任何培训的情况下以经济法基础81分、初级会计实务94分通过了助理会计考试。此外,我热爱文学,曾在院报上发表了优美散文《冬之畅想》和《觅秋》。

大学四年,我一直担任班级班干部,这些工作使我更进一步学会了做人,学会了如何与人共事,很大程度上锻炼了组织能力和沟通、协调能力,培养了吃苦耐劳的精神,更重要的是塑造了我胆大心细、热情创新的个性特点。

祖辈们教我勤奋、尽责、善良、正直,母校教会了我明德崇技,自强不息。我清楚地认识到:过去的并不代表未来,勤奋才是真,我有很多东西需要学习,走上工作岗位后,我会坚持不懈地虚心学习,严格要求自己,踏踏实实做好本职工作,在实践中得到锻炼、提高。我热爱贵单位所从事的事业,殷切地期望能够在您的领导下,为这一光荣的事业添砖加瓦,我会尽力为贵公司付出我的一份赤诚的力量,真心地希望贵单位能给我一个展现自己的机会!

非常感谢您在百忙中所给予我的关注,愿贵公司事业蒸蒸日上,屡创佳绩,祝您的事业百尺竿头,更进一步!

剑鸣匣中,期之以声。非常期望能与您进一步面谈!

此致

敬礼

×××

××××年×月×日

例二：

求职信

尊敬的先生/小姐：

您好！本人欲申请贵公司网站上招聘的网络维护工程师职位。我自信符合贵公司的要求。

今年7月，我将从××大学毕业。我的专业是计算机开发及应用，论文内容是研究Linux系统在网络服务器上的应用。这不仅使我系统地掌握了网络设计及维护方面的技术，同时又使我对当今网络的发展有了深刻的认识。

在校期间，我认真学习专业知识理论，阅读了大量计算机书籍。在专业考试中屡次获得单科第一。获学院××届优秀毕业设计奖。同时对于法律、文学等方面的非专业知识我也有浓厚的兴趣。

我曾担任院学生会成员、副班长等职，现任计算机系团总支组织部部长。多次组织系部、班级联欢会、春游等活动，受到老师、同学一致好评。我品质优秀，思想进步，笃守诚、信、礼、智的做人原则。在校期间，光荣加入中国共产党。

实践动手能力是我的强项，曾在××新区的富士通公司、高达公司实习。在××集团、××电信科学技术研究院参加工程项目。在校期间多次深入企业实习，进一步增强了社会实践能力。

互联网促进了整个世界的发展，我愿为中国互联网和贵公司的发展做出自己的贡献。随信附有我的简历。如有机会与您面谈，我将十分感谢。

　　此致
敬礼

求职者：×××
××××年×月×日

例一称呼得体，用语恳切，信中详细介绍了自己专业方面和班干部工作方面的成绩，突出了个人的优势，还提到了自己发表的文学作品，凸显了求职人的特长，并流露出渴望获得工作机会的热情，是一篇比较规范的求职信。例二开门见山指出应聘岗位并详细阐述个人与此岗位相关的学习经历和实践能力，信中还提到个人的班干部工作的成绩和政治思想的进步，简洁明了，字里行间流露着自信的气质，是一篇个性特点突出的求职信。

（二）简历

简历就是对个人学历、经历、特长、爱好及其他有关情况所作的简明扼要的书面介绍。简历的类型多种多样，介绍时可视对方的需要有所侧重，应简明扼要，实事求是。例如：

姓名	×××	性别	男	出生年月	1984.2	照片
籍贯	××××	民族	汉	身体状况	良好	
身高	178cm	政治面貌		党员		
毕业学院	××××大学	学历	本科	学位	经济学学士	
所学专业	工商管理	特长	沟通与组织能力强；计算机应用与操作			
毕业时间	2007年7月		联系电话	××××××××××		
求职意向	愿到企事业单位中从事行政管理、人力资源管理、文秘、行政助理等相关工作		邮政编码	××××××		
			个人网站	××××××××		
			E-mail	××××××		
社会实践和实习情况	2006年4月—2006年8月在××省工商管理局合同处实习。主办"××省重合同、守信用企业协会"的成立事务，熟练运用办公自动化设备，起草及审查各种办公室文件；打理办公室日常事务，与其他各单位、部门做好协调，协助本部门领导做好管理工作等。对于实习期间的工作，处长和科长们给予我很高的评价和奖励。 2005年6月—2005年9月在暑假期间，在当地的市政府部门里担任办公室助理职务，处理各项管理事务，协调领导做管理工作，受到领导们的一致好评和肯定。 2004年6月—2004年9月在××市电影公司实习，负责办公室的日常事务，从事人事和企业行政管理工作，在实习结束后，各领导给予我极高的评价并给予奖励。					
学习经历	2003年9月—2007年7月　　××师范大学　　工商管理专业 2000年9月—2003年7月　　××省××市××××中学					
计算机及英语水平	全国计算机三级水平（成绩优秀） 大学英语四级（480分）、六级（438分）					
在校期间获奖情况	2006学年荣获"实习积极分子"称号。在实习工作中，主办了"××省重合同、守信用企业协会"成立事务，被××省工商行政管理局评为优秀信用组织协会。 2004—2005学年荣获"优秀党员"称号。 2003—2004学年荣获"三好学生"称号。					
在校期间任职情况	2005年5月—2007年5月担任系学生会副主席 2003年9月—2005年5月担任班长职务					
自我评价	管理理论知识结构牢固，能较好地运用于实际中； 踏实稳重、自我约束力强； 富有团结合作精神和集体意识。					
相信您的信任与我的实力将为我们带来共同的成功！ 希望我能为贵单位贡献自己的力量！						

（三）感谢信

感谢信是用于向帮助、关心和支持过自己的集体（党政机关、企事业单位、社会团体等）或个人表示感谢的信件。

例一：

感 谢 信

尊敬的老板、老板娘：

  你们好！

  很高兴，也很荣幸这一年多时间能与你们相处与合作。感谢××公司给了我人生中的第一份正式工作。

  在这一年多的时间里，我从一个懵懂无知的少年，成长为职场新人，学到了许多工作方面的专业知识以及为人处世的道理。感谢老板娘对我工作上错误的包容和谅解，更感谢老板对我工作上的信任与支持。没有你们的关心和照顾就没有小程现有的今天。

  天下无不散的筵席，美好的时光总是那么的短暂而让人怀念。小程由于个人原因离开了××公司，但是在小程心中会一直铭记着××公司给我的这个美好的开端。最后，衷心地祝福公司的规模不断扩大，业绩不断提升，祝愿公司各位同事工作顺利，生活愉快！

  此致

敬礼

程××
××××年×月×日

例二：

感 谢 信

尊敬的学校领导：

  你们好！

  我叫×××，××××年9月考入××大学，现为××大学文学院××××级新闻班学生，在班上担任生活委员。这次能获得宋庆龄基金会"××大学生助学金"，我内心非常高兴。借此机会我代表全体受助学生和我的家人对你们的资助表示由衷的感谢和崇高的敬意！

  我出生在一个经济状况极为普通的家庭，从小立志要通过自己的努力改变家庭的状况，××××年9月，怀着儿时的梦想、对大学生活的向往和父母的期望，我考入了××大学。然而自入学以来，除了学习上的压力外，更多的是来自家庭经济上的窘迫给我带来的无形的压力。每当因为这些我心情低落的时候，老师和同学们就会充当我心灵上的支柱，他们开导我，安慰我，鼓励我，让我在生活的现实中学会了坚强，学会了挑战自我。这次荣获宋庆龄基金会"××大学生助学金"，对于我们家而言，在很大程度上减轻了经济负担。对于我个人来说，缓解了我经济上的压力，我可以用这笔助学金支付我下一学年的部分学习和生活费用，使我能够抛开思想包袱，全身心地投入学习中，取得更加优异的成绩。我真切地感受到了社会大家庭的关爱，在我遇到困难的时候，我知道在我背后有很多的人在关心着我，支持着我。这不但是对我经济上的资助，而且对我人格的塑造也有着极大的帮助。我想，这也将成为我今后更加不懈奋斗的动力。

现在，我还是个在校的学生，我没有更好的办法甚至不能用自己的实际行动来回报社会对我的帮助。在今后的学习和生活中，我会全心全意地做一名成绩优秀、品行端正的学生，以此作为我对社会、学校、老师和同学们的回报。今后，我会像你们关心我一样去关心身边需要帮助的同学，让他们知道，在他们遇到困难的时候，背后有很多人和他们站在一起。

此时此刻，我唯能用的言语就是感谢，感谢一年来关心、爱护我成长的校、院领导和老师们，感谢生活上给过我莫大帮助的同学们。更要感谢的是中国宋庆龄基金会及××有限公司，在你们爱的手臂下，我不再畏惧风雨艰辛，在你们爱的庇护下，我的心灵得到了健康成长。请你们相信，今天受到过你们帮助的学生，一定不负你们的期望，一定会把这份爱变成将来对祖国、对社会最好的回报。

谢谢你们！真心地谢谢你们！

××大学文学院××××级新闻班×××
××××年×月×日

例一是一位初出茅庐的年轻人写给他即将离职的第一个工作单位领导的感谢信，信件内容完整、格式规范，充满着浓浓的真挚情感。例二是一个在校贫困大学生写给学校的感谢信，对学校给予助学金表示感谢。信件首先概括介绍了个人基本情况，并对学校的帮助给予由衷的感谢和崇高的敬意；其次叙述了自己在生活上遇到的经济困难；再次详述了获得助学金对个人的重要意义，在表达谢意之后表示要以实际行动回报祖国和社会。信件用语朴实，措辞中肯，值得借鉴。

（四）倡议书

倡议书是由某一组织或社团、个人拟订，就某事向社会提出建议或提议社会成员共同去做某事的书面文章。倡议书作为日常应用写作中的一种常用文体，在现实社会中使用广泛，比如倡议向模范人员学习，倡议共同遵守文明公约，倡议向灾区或困难人员伸出援助之手，等等。例如：

节约一粒粮倡议书

粮食是人类生存之本，是经济社会发展之基。改革开放以来，我国粮食产量大幅提高，粮食安全保障能力稳步增强。但是，人多地少的矛盾日益突出，淡水资源紧缺和耕地质量下降等问题呈加剧趋势。同时，在粮食生产、流通、加工、消费环节存在大量损失浪费现象，每年损失浪费的粮食相当于2亿多人一年的口粮。

党中央、国务院高度重视节粮减损工作，习近平总书记明确要求：浪费粮食的不良风气必须坚决刹住。值此2014年世界粮食日和爱粮节粮宣传周之际，我们向全社会倡议：从我做起，节约一粒粮。

大力弘扬勤俭节约的传统美德，让爱粮节粮成为社会优良风尚。媒体将爱粮节粮作为经常性的宣传内容，报道先进典型、曝光浪费粮食的行为。单位、企业等各类组织、机构采取适当方式开展爱惜粮食、节约粮食的宣传。加强对大中小学生爱粮节粮教育，持续抓好以节约粮食为主题的团日、队日活动，广大青少年从小树立节粮光荣、浪费可耻的观念。广大干部群众把爱粮节粮作为树立社会主义核心价值观、提升道德水平的重要内容。

从每个人每个家庭做起，养成节约爱惜粮食的良好习惯。广泛深入开展"爱粮之家"和"节粮小窍门"评选活动，引导更多家庭精打细算、科学用粮，粗细搭配、注重营养、健康饮食，不过分追求米面的"精、白、亮"。外出就餐不过度消费，剩饭剩菜打包带回，杜绝餐桌上的浪费。

各级党政机关、事业单位、社会团体、国有企业以及广大党员干部，要率先垂范，严格执行中央八项规定，落实公务接待、商务宴请等活动的节约措施，杜绝任何形式的食物浪费。切实抓好在全国大中学校开展的"光盘行动""文明餐桌"等活动，把学校食堂建成爱粮节粮的典范，引导幼儿园、托儿所和各类学校爱惜粮食、健康消费。单位食堂和各类餐馆、饭店要认真执行配餐规范和用粮标准，堵住各种浪费粮食的漏洞。

采取各种措施，减少粮食生产、流通、存储、加工环节的损失浪费。引导和帮助农民做好粮食收获和储存，努力做到颗粒归仓。流通和仓储企业发扬"宁流千滴汗、不坏一粒粮"的优良传统，不断提高科学储粮、节粮减损的能力和水平。粮食加工企业严格执行国家标准，提高成品粮转化率，延长产业链条，搞好原粮综合利用。

"一粥一饭，当思来之不易"，让我们积极行动起来，从我做起，节约每一粒粮食，努力使爱粮节粮在全社会蔚然成风。

国家粮食局　农业部　共青团中央　全国妇联
2014年10月16日

（五）邀请函

邀请函用于邀请亲朋好友或知名人士、专家等参加某项活动时所发的请约性书信。它是现实生活中常用的一种日常实用文，是表达礼仪的一种重要方式，在商务活动及团体活动中使用频率尤其高，比如公司举行庆典活动、社团活动等需要宾朋时。邀请函的标题可以简单地用"邀请函"三字，也可以由"活动名称"＋"邀请函"组成，还可以包括个性化的活动主题标语，如"网聚财富主角·阿里巴巴年终客户答谢会邀请函"，体现了举办方特有的企业文化特色。称呼使用"统称"，并在统称前加敬语。如"尊敬的×××先生/女士"或"尊敬的×××总经理（局长）"，以冒号结尾。正文主要是主办方告知被邀请方举办活动的缘由、目的、事项及要求，写明活动的日程安排、时间、地点，并对邀请方发出得体、诚挚的邀请。

结尾一般要写常用的邀请惯用语，如"敬请光临""欢迎光临"等。落款要写明礼仪活动主办方的单位全称或个人姓名及成文日期。如果是单位发出的，还要加盖公章。例如：

邀请函

尊敬的×××教授：

　　为进一步促进我省教育改革和发展，交流彼此研究成果，我所决定于××××年××月××日至××月××日在××大学学术交流中心举办××省第三届教育发展与研究理论报告会，恭请您就我省教育的现状与发展发表高见。务请拨冗出席，如蒙应允，不胜感谢！

　　此致
敬礼

××省教育科学研究所
××××年××月××日

（六）海报

海报是机关、团体向受众报道或介绍有关戏剧、电影、体育比赛、文艺演出、报告会等消息的张贴，它是广告的一种，言简意明，文图并茂，具有很强的吸引力。

例一：

海　报

上海杂技团演出精彩杂技，大型魔术

表演新颖　滑稽幽默　来去无踪　变幻莫测

演出时间：10月11—13日，晚8时

演出地点：田汉大剧院

票价：50元、40元、30元

联系电话：2223698

例二：

讲座海报

题目：WTO与中国汽车工业前景

主讲人：××大学博士×××

时间：5月25日下午2点

地点：报告厅

第八届校园科技节组委会
××××年×月×日

例三：

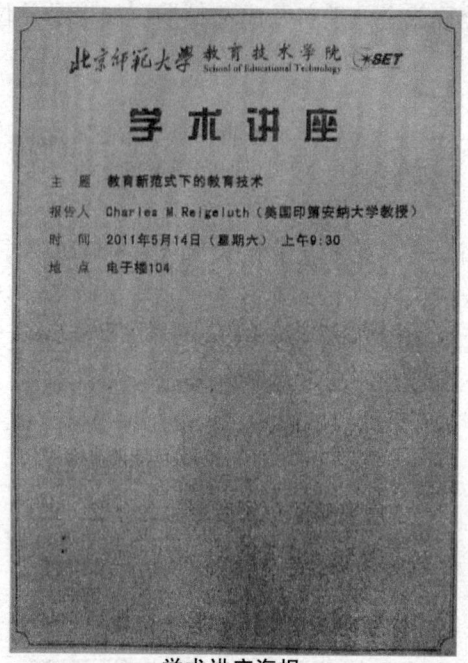
学术讲座海报

校园活动海报

（七）启事

单位或个人，在有什么需要公开向大家说明或者希望大家协作办理的事情时，把它简明扼要地写出来，张贴在公共场所或登在报刊、杂志上的短文，就是启事。启事使用广泛，种类很多。

例一：

失物招领启事

本店拾到皮夹一个，内有人民币和粮票若干，望失主前来认领。

幸福村副食品商店

这则启事只写拾到的是什么东西，告诉遗失东西的人到哪里认领。至于人民币和粮票的数量，以及拾到的时间和地点，都没有写明。这些，要让失主在认领时自己说明，经过核对属实，才准许领走，以免发生差错。

例二：

寻物启事

本人不慎于元月二十五日乘七路公共汽车时，将部队复员证、驾驶证、复员介绍信、粮食关系遗失。有拾到者请与××厂机修车间×××联系，必有重谢。电话：×××××。

启事人：×××
1982年1月30日

寻物启事与招领启事不同，所以要写清楚在何时、何地丢失何物。最后写上寻物者的单位、姓名、住址、电话号码，以便联系。

例三：

寻人启事

×××，女，67岁，身高一米六左右，神志有时不清，穿灰的确良中式罩衫，黑裤子，灯芯绒鞋（小脚），耳聋，牙齿已掉完，河北口音，带一根木质手杖，二月二日出走至今未归。有知者请告××市×××厂×××，定有重谢。电话：×××××。

启事人：×××
1982年2月4日

寻人启事要把被寻找人的基本特征和启事人的联系地址写清楚。这种启事可以张贴，也可以登报或广播。张贴或登报时，还应登出被寻找人的照片。

例四：

《××××》杂志征求订户启　事

《××××》杂志是一九××年×月创刊的。一九××年×月，在"四人帮"的干扰破坏下，被迫停刊。现经上级批准，定于一九××年×月复刊。

《××××》杂志以广大青少年，特别是中学生和知识青年为主要对象。它除了发表有关青少年修养、学习、生活等方面的文章外,还发表一定数量的小说、诗歌等文艺作品。内容丰富,形式多样,图文并茂,生动活泼,是青少年的良师益友。

《××××》杂志每月×日出版,十六开本,每期四十八页,每册定价二角。从一九××年×月起,在全国发行。欢迎广大读者,到当地邮局订阅。

《××××》杂志编辑部

19××年×月×日

这则启事写明了《××××》杂志的性质、任务以及预订的办法等,有关单位或个人可根据需要去订阅。

例五:

征稿启事

今年,一场突如其来的新冠肺炎疫情给老龄老干部工作带来前所未有的挑战。当前,我国新冠肺炎疫情防控向好态势进一步巩固,防疫防控工作已从应急状态转为常态化。在疫情防控常态化形势下,老龄老干部工作该如何转变工作思路,守正创新,成为我们当下需要研究的重要课题。

当前,全国各地各级老干部工作系统深入学习贯彻习近平总书记疫情防控工作系列重要讲话和重要指示批示精神,以及全国离退休干部"双先"表彰大会和全国老干部局长会议精神,积极化危为机,"危"中求"机",探索出了很多好经验好做法,如打造线上线下相互补充、相互促进的离退休干部思想政治教育模式;加强信息化建设,加快信息技术在离退休干部服务保障工作中的应用;党建引领老干部工作向基层延伸,让老同志能就近就地参加学习,接受教育等,这些经验做法,进一步深化并引领老龄老干部工作创新发展。

为进一步探索疫情防控常态化条件下老龄老干部工作的新思路新举措,我报特向全国各地老龄老干部工作部门及个人征集疫情常态下的老龄老干部工作创新稿件,欢迎大家踊跃投稿。本报将以专栏或专版等形式刊发。征文结束后对征文来稿评出一、二、三等奖,并颁发获奖证书。

征稿主题:

1. 对疫情防控常态化下老龄老干部工作的创新性思考。
2. 对疫情防控常态化下老龄老干部工作治理的思考探索。
3. 对老龄老干部工作的新议题、新思考。

文章体裁:通讯、理论文章均可。

字数要求:2000字以内。

截稿时间:2020年9月30日。

投稿邮箱:×××

联系电话:×××

请在邮件标题中注明"征稿"字样。

中国老年报社

这则启事写明了征文的目的、意义、内容、形式以及注意事项等,要求大家积极支持,踊跃投稿。

例六:

招考演员启事

为活跃职工群众文化生活,培养职工业余文艺人才,在建设"两个文明"中做出贡献,××工人文化宫决定组织"××市职工业余文艺团队"。

报考办法,限本市范围内的厂矿、企业职工,学校的教工,年龄不限,持单位工会介绍信,均可报名。

报名项目及录取名额:器乐:30名;声乐:30名;话剧:30名;舞蹈:30名;曲艺:20名。

报名时间:1982年2月22日至24日上午8:30—11:30,下午2:30—5:30

××工人文化宫
1982年2月20日

这则招生启事,把招生的目的、名额、报名的条件、报名的时间和地点、应带的证件都写得清清楚楚,一目了然。

例七:

××门市部开业启事

本门市部翻修工程已顺利完工,定于五月一日正式开始营业,经营四季时装。欢迎广大顾客选购。

××门市部
1982年4月28日

(八) 收条

收条是收到别人或单位送到的钱物时写给对方的一种凭证性应用文,也称作收据。原来借钱物或欠钱物一方将所欠、借的钱物还回时,借出方当事人不在场,而只能由他人代收时可以写收条。当事人在场,则不必再写收条,而已把原来的欠条或借条退回或销毁即可。

个人向单位或某一团体上缴一些有关费用或财物时,对方需开具收条,以示证明。

个人与个人之间有钱物收受时,必要时收到方应该开具收条给付方。

单位和单位之间的各种钱物往来,均应开具收条。

单位开具的收条一般为统一印制,由专人经手,以单位名义开具并盖有单位公章。

例一：

收　条

今收到×××交来国庆集资出游钱款贰仟叁佰元整。特此为证。

收款人：×××
2015 年 9 月 25 日

例二：

今收到

×××交来 2015 年 10 月份房租贰仟叁佰元整（￥2300.00）。特此为证。

收款人：×××
2015 年 9 月 25 日

（九）欠条

欠条是个人或单位在欠款、欠物时写给有关单位或个人的一种凭证性的日常实用文。待还清欠款、欠物后，欠方应索回欠条并进行销毁性处理。落款如果是单位开具的，要加盖公章。如果是单位中某人经手的，一般要在姓名前署上"经手人"字样。为尽可能避免争议，可以在人名后附上身份证号码，钱款数量可以同时用阿拉伯数字和中文大写两种方式注明，可以在落款签名处加按手印。

例一：

欠　条

本人因向×××（身份证号为……）购买钢材 4 吨，合计人民币壹万陆仟元整（￥16000.00），已付壹万壹仟元（￥11000.00），尚欠尾款伍仟元（￥5000.00）。本人承诺该尾款于 2015 年 10 月 30 日前还清。立此为据。

欠款人：×××（手印）
身份证号：……
2015 年 9 月 25 日

例二：

今　欠

×××（身份证号为……）2015 年 10 月—2015 年 12 月（共计 3 个月）店租共计人民币陆仟元整（￥6000.00），本人承诺该款项于 2015 年 10 月 30 日前付清。若逾期未付清，愿意每拖延壹天则多支付伍拾元滞纳金。立此为据。

欠款人：×××（手印）
身份证号：……
2015 年 9 月 25 日

（十）借条

借条是指向他方借现金或物品时写给对方的凭证性条据，也称借据。钱物归还后，借款人收回条据并进行销毁性处理。例如：

借　条

　　为购买房屋，本人现收到×××（身份证号为……）以现金出借的人民币伍万元整（￥50000.00），借款期限自 2015 年 9 月 25 日起至 2016 年 9 月 25 日止，共计 12 个月，利率为每月 8‰（千分之捌），不计复利，利息共计人民币肆仟捌佰元整（￥4800.00），全部本息共计人民币伍万肆仟捌佰元整（￥54800.00），本人承诺于 2016 年 9 月 26 日一次性还清全部本息。若到期不能足额还清，则每拖延一天多支付伍佰元（￥500.00）滞纳金。立此为据。

　　证明人确认：本人证明以上内容经×××与×××友好协商而成。

借款人：×××（手印）

身份证号：……

证明人：××（手印）

身份证号：……

2015 年 9 月 25 日

（十一）请假条

　　请假条是请求领导或老师等准假不参加某项工作、学习、活动等的一种日常实用文。请假的事由一般包括病假和事假两类。正文写完后，应该写上"此致""敬礼"类的祝颂语。例如：

请假条

尊敬的王经理：

　　因本人已和男友商定于 5 月 20 日举办婚礼，现需从 5 月 18 日开始请假，5 月 25 日恢复上班，共请假 8 天。本人目前手头工作可以确保在 5 月 17 日完成，请假期间的工作也已委托同事××代为处理。恳请批准！

　　此致

敬礼

请假人：××

2015 年 5 月 15 日

（十二）对联

　　对联是写在纸上、布上或刻在竹子上、木头上、柱子上的对偶语句，又叫联对、楹联、桃符等，分上联和下联，是一种日常实用文。它历史悠久，大概起源于唐，形成于五代。对联的写作古代要求较严，现在稍宽一些。一般要求内容要合时宜，不能张冠李戴，驴头不对马嘴；形式要美，上下联字数相等，结构相似，词性基本相同，节拍一样，不要求押韵，但上联最后一个字要求用仄声（即普通话的第三声〔上声〕和第四声〔去声〕），下联最后一个字用平声（即普通话的第一声〔阴平〕和第二声〔阳平〕）。

例一：

浓墨重彩画不尽九州春色
千歌万曲唱不完四化凯歌
————歌舞团春联

兢兢业业培育桃李芳天下
勤勤恳恳造就栋梁兴中华
————教育机关或教育工作者春联

一片金霞迎旭日
万条彩线织春光
————纺织工人春联

东风万里送春色
红日普照暖人心
————通用春联

喜看春来六畜兴旺
笑望秋后五谷丰登
————农家春联

艺苑繁花沐春雨
文坛异彩赖领航
————文联春联

例二：

声驱千骑疾
气卷万山来
————钱塘观潮亭联

兴废总关情，看落霞孤鹜，秋水长天，幸此地湖山无恙；
古今才一瞬，问江上才人，阁中帝子，比当年风景如何？
————南昌滕王阁联

四面湖山归眼底
万家忧乐到心头
————岳阳楼联

高阁逼层霄，举头红日近
远山收入画，回首白云低
————祈门黄山高台联

例三：

七十二健儿，酣战春云湛碧血
四百兆国子，愁看秋雨湿黄花
————黄兴挽黄花岗烈士

福如东海长流水
寿比南山不老松

——通用寿联

萱草凝碧辉南极
梅花舒芬绕北堂

——女寿

夫妻同心建四化
鸳鸯比翼奔长征

——婚联

碧沼红莲开并蒂
芸窗学友结同心

——同学婚联

梅开二度花复艳
月缺重圆光更明

——复婚联

喜报英雄门第
春临光荣人家

——贺立功

前辈英雄，开创革命千秋业
后代健儿，永保江山万代红

——贺参军

例四：

铁肩担道义
妙手著文章

——李大钊赠杨子惠

春风南岸留晖远
秋雨韶山洒泪多

——毛泽东挽母联

深山隐高士
盛世期新民

——刘少奇赠盛多贤

有关家国书常读
无益身心事莫为

——徐特立题赠青年

民国万税
天下太贫

——刘师亮讽南京政府

对联主要有春联、装饰联、专用联、交际联四种类型。春联是专用于庆祝春节的对联，用的时间较短，内容针对性较强，千差万别。装饰联主要用于亭、台、楼、阁、古迹名胜、书房卧室等的装饰，用的时间较长，因此内容较概括，并含有一点哲理。专用联主要用于婚、丧、喜、庆等，时间短，要求感情真挚，切合双方的交谊和地位。交际联是用于人们交往的对联，由于人际关系复杂，是褒，是贬，还是讽，要视情而定，恰到好处。以上四例，分属这四种类型，内容和形式都符合对联写作的要求，应当说都是好联。例如例一纺织工人的春联"一片金霞迎旭日，万条彩线织春光"，内容很有特色，形式也合要求。上联和下联都是七个字；上联"一片金霞迎旭日"是主谓结构，下联"万条彩线织春光"也是主谓结构，结构相同；上下联的词性也一一对应，"一片"和"万条"都是数量词，"金霞"和"彩线"都是名词，"迎"和"织"都是动词，"旭日"和"春光"都是名词；上下联的节拍都是四拍：一片 | 金霞 | 迎 | 旭日，万条 | 彩线 | 织 | 春光；上联最后的一个字"日"（rì）为仄声，下联最后的一个字"光"（guāng）为平声，也合要求。由于这一对联讲究节拍、韵律，因此读起来有节奏感，顺口，悦耳。春联、装饰联常带横批，其他的一般不带。横批多由四字组成，独语无对，内容要与联语相配合。例如：日新月异江山如画（上联），国泰民安天下太平（下联），政通人和（横批）。

思考与练习

一、应用文有哪些主要的特点？

二、试写一封求职信。

三、试写一副春联。

第五节　文学文体

　　文学是以语言文字为工具形象地反映客观现实的艺术。文学是意识形态的一种，由于作者的立场和对生活的认识不同，对人对事常褒贬不一，因此文学作品都具有一定的倾向性，好的文学作品，表达的不仅是作者个人的襟怀，而且是一种时代的呼声、民众的愿望。

　　在我国，文学这个概念经历了一个相当长的演变过程。先秦时期将哲学、历史、文学等书面著作统称为文学。以后随着文化的发展，文学才独立出来。在现代，文学则专指用语言作材料塑造形象以反映社会生活、表达作者思想感情的一种艺术。因此，文学又称作"语言艺术"，以便和其他不是用语言作材料塑造形象反映社会生活的艺术区别开来，如造型艺术的绘画、雕塑，表现艺术的音乐、舞蹈、建筑等。因为文学在艺术中具有突出的地位，所以有时把它和艺术并列统称为文学艺术，简称为文艺。文学的分类也经历了一个历史演变过程。魏晋南北朝时期将文学分为韵文与散文两大类；现代通常把文学分为诗歌、散文、小说、戏剧等四种体裁，在各种体裁中又有多种多样的样式。

　　文学作品和上面所介绍的新闻、议论、说明、应用文等文体的文章相比，具有下面两个主要的特点：

　　第一，内容可以虚构。文学作品可以用虚构、典型化的创作方法艺术地反映生活，所描写的情节、刻画的人物往往源于生活而高于生活，而文章却不允许虚构，必须实实在在地反映现实生活。

　　第二，以情节和形象影响人。从社会作用看，文学作品多是通过故事情节和人物形象感染、影响读者的思想感情，而文章是直接被人们用作传递信息、办理事情、处理问题的工具。如新闻文章，用于向读者传播主要的事实；议论文文章用于作者对某些事物、问题直接表明态度、发表意见、提出主张；说明文文章，用于对人、事和物进行客观的介绍；应用文的文章，例如公文、书信、启事等，更是直接服务于人们的工作和生活。所以在文学写作中要善于虚构，让情况能跌宕吸引人，让塑造的人物、景物、场面、环境等形象能栩栩如生感染人。

　　下面就诗歌、散文、小说、戏剧做一下简要的介绍。

一、诗歌

（一）诗歌的源流

　　诗歌是用凝练、形象化、富有节奏感的语言，高度概括地反映社会生活、反映作者感情的一种文学体裁。

　　在各种文学样式中，诗歌诞生最早，算得上是个享有威望的"老大哥"，是文学皇冠上最绚丽的宝石。

诗歌是由劳动人民创造出来的。鲁迅说:"人类是在未有文字之前,就有了创作的,可惜没有人记下,也没有法子记下。我们的祖先的原始人,原是连话也不会说的,为了共同劳作,必须发表意见,才渐渐地练出复杂的声音来。假如那时大家抬木头,都觉得吃力了,却想不到发表,其中有一个叫道'杭育杭育',那么这就是创作;大家也要佩服、应用的,这就等于出版,倘若用什么记号留存下来,这就是文学……"(《且介亭杂文·门外文谈》)后来有了文字,这些原始诗歌便部分地被记录下来,像卜辞中的"今日雨?其自西来雨?其自东来雨?其自北来雨?其自南来雨?"(郭沫若《卜辞通纂》)就是古人在祈雨时吟唱的诗歌,也是我们现在所见到的最早的歌词。后来《诗经》中的"其雨?其雨?杲杲日出",以及《汉乐府》中的"江南可采莲,莲叶何田田!鱼戏莲叶间:鱼戏莲叶东,鱼戏莲叶西,鱼戏莲叶南,鱼戏莲叶北",显然和它是一脉相承的。

《诗经》是我国最早的一部诗歌总集。它内容丰富,体制多样,共收自西周初年至春秋中叶约五百多年间的诗歌三百零五篇,按乐曲的不同分为"风""雅""颂"三部分,它标志着我国诗歌早在春秋时期就已进入了"成熟期"。战国后期,在南方产生了具有楚文化独特风采的新诗体,即楚辞。楚辞以六言、七言为主,长短不齐,灵活多变,多用语气词"兮"字。伟大的爱国诗人屈原,运用楚辞形式创作了《九歌》和《九章》等诗篇。其代表作《离骚》是我国古代文学史上最宏伟瑰丽的长篇抒情诗。西汉时,刘向把屈原、宋玉等楚辞文体的作品汇编成书,名为《楚辞》。《诗经》和《楚辞》,在文学史上并称"风骚",共同开创了我国古代诗歌现实精神和浪漫色彩并驾齐驱、融会发展的优秀传统。后来的乐府民歌、汉魏古诗、唐诗、宋词、元曲,以及在五四运动中兴起的白话诗(新诗)都是在它们的基础上发展起来的。

(二)诗歌的特点

1. 抒情性

诗歌以抒情为主,有浓厚的感情色彩,情歌、颂歌、哀歌、挽歌、牧歌和讽刺诗等尤为突出。这类作品不要求描述完整的故事和人物形象。例如《诗经·关雎》,诗人即景言情,生动地抒发了相思之情,真切感人。岳飞的《满江红》,诗人抒发了收复失地精忠报国的强烈的爱国情怀。

2. 概括性

为了用较短篇幅表现丰富的内容,诗歌必须具有很强的艺术概括力。例如,杜甫用"朱门酒肉臭,路有冻死骨"来揭示封建社会的贫富不均。毛主席的七律《长征》,只用了八句话五十六个字,回顾了万里长征爬雪山、过草地、涉金沙、攀铁索的千回百折、艰苦卓绝的战斗历程,犹如一首气壮山河的史诗。

3. 想象性

"没有想象便没有诗"。(艾青《和诗歌爱好者谈诗》)诗人只有用丰富的想象才能将抽象的思想感情化为具体的艺术形象。毛主席在七律二首《送瘟神》诗小序里说:"读六月三十日《人民日报》,余江县消灭了血吸虫。浮想联翩,夜不能寐。

微风拂煦,旭日临窗。遥望南天,欣然命笔。"毛主席看到余江县消灭了血吸虫,心情非常激动,连续涌现出来的想象,像群鸟展翅飞翔。他想到南方人民在旧社会"无奈小虫何",千村万户"人遗矢"、"鬼唱歌",今天"春风杨柳万千条,六亿神州尽舜尧","借问瘟君欲何往,纸船明烛照天烧"。心潮澎湃,联想起伏,旭日临窗,竟不能睡,遥望南方,欣然提笔,写出这壮丽的诗。

4. 音乐性

音乐性是诗歌形式的主要特征。诗句的节奏和韵律能够表现作者的感情变化,增强诗歌的艺术感染力。例如陕北民歌《咱们的领袖毛泽东》:

　　高楼万丈平地起,
　　盘龙卧虎高山顶,▲
　　边区的太阳红又红,……▲
　　咱们的领袖毛泽东,……。

这首民歌每句都有鲜明的类似的节奏,韵脚响亮,二、三、四句尾押韵(▲),读起来朗朗上口,增强了人们热爱领袖毛主席的感染力。

（三）诗歌的种类

诗歌的种类较多。按内容可以分为抒情诗和叙事诗两大类:

1. 抒情诗

抒情诗重在抒发作者的生活感受,表达喜、怒、哀、乐、爱、憎、思、盼等感情。抒情诗的表现方法多种多样。可以直抒胸臆,也可以"寓情于事",通过描写自身的经历、描述生活细节抒发情怀,或者借描写景物等具体细节"托物言志"、"借景抒情"。按抒情诗的内容性质,可分为情歌、颂歌、哀歌、田园诗、山水诗、讽刺诗,毛主席的格律诗都是抒情诗,用各种手法抒发了他的革命思想感情,表达了广大人民的理想和意志。

2. 叙事诗

叙事诗通常有完整的情节,对于写到的人、景、物等客体有具体的描绘,但一般没有小说那样细致,如我国汉代诗歌《孔雀东南飞》。该诗长一千七百多字,叙述了主人公焦仲卿和刘兰芝一对恩爱的夫妻在焦母的威迫下无奈分离,最后以身殉情的故事。诗歌详尽地写出了一个封建家庭悲剧的全部经过,有力地揭露了封建礼教的罪恶。叙事诗依据其内容与形式上的相对差别,还可分为下面几种:

1) 故事诗。它是作者满怀激情地歌唱一个有深刻教育意义的故事,其特点是故事性比一般叙事诗较强。

2) 诗剧。它是用诗歌体对话构成的剧本,这是诗剧特点。其他特点同一般戏剧一样。

3) 诗体小说。它是用诗歌形式写的小说。其他特点同小说一样,具有完整的故事情节,要刻画人物性格,有具体细致的描绘。

4) 史诗。它是能够较全面地反映一个时代的社会现实,具有历史意义的长篇叙事诗。

诗歌按形式可以分为格律诗、自由诗、散文诗、歌谣诗等几大类型,分述如下:

1. 格律诗

格律,指创作诗歌要遵守的格式、规律。大体包括全首诗的句数,每句诗的字数;押韵,平仄声调;对仗等。中国古典诗歌中的近体诗(也叫"今体诗",是唐代形成的律诗和绝句的统称),格律尤为严整,因此叫它格律诗。词和曲也讲究格律,但不那么严整,可视为别体。新诗有的也讲格律,但不受严整的格律限制。中国古典格律诗中常见的形式有律诗、绝句,还有词、曲,下面分别做一下介绍。

1) 律诗

律诗,它产生于南北朝,到唐初成熟了。唐代盛行作律诗。律诗的主要特点:

第一,律诗每首四联(1、2句为首联,3、4句为颔联,5、6句为颈联,7、8句为尾联,共4联)八句。五字一句(五言),简称五律;七字一句(七言),简称七律。六律很少见。八句以上者叫长律。长律一般都五言。长律又叫"排律"。

第二,押四韵或五韵。在第二、四、六、八句尾字押韵,通常押平声。首句押不押都行。

第三,律诗平仄声搭配上也要求合乎一定的格律。平,在古代汉语里即指四声(平、上、去、入)里的"平声",在现代汉语里指阴平、阳平(一声、二声)。仄,在古代汉语里指上、去、入三声,在现代汉语指上声、去声(三声、四声)。古代的"入声",由于音变,分别并入现代汉语的"阴平、阳平、上声、去声"四声之内了,现在念不出来了。

第四,律诗中间的两联(即颔联和颈联)必须对仗。

根据每句诗的数字,律诗分为下面两类:

第一,七律。七律即七言律诗,根据平仄调搭配的不同和首句是否押韵,七言律诗又分为下面四种常见的格式(即诗谱),它是做七言律诗的依据。格式中带○的平仄,表示平仄不拘,△表示押平声韵:

第一种格式:

⊕平⊕仄仄平平　　⊕仄平平仄仄平
⊕仄⊕平平仄仄　　⊕平⊕仄仄平平
⊕平⊕仄平平仄　　⊕仄平平仄仄平
⊕仄平平平仄仄　　⊕平⊕仄仄平平

例如:

红军不怕远征难,　　⊕平⊕仄仄平平
万水千山只等闲。　　⊕仄平平⊕仄平
五岭逶迤腾细浪,　　⊕仄⊕平⊕仄仄

乌蒙磅礴走泥丸。　　㊀平㊀（应仄）仄仄平平
金沙水拍云崖暖，　　㊀平㊀仄平平仄
大渡桥横铁索寒。　　㊀仄平平㊀仄平
更喜岷山千里雪，　　㊀仄㊀平㊀仄仄
三军过后尽开颜。　　㊀平㊀仄仄平平

（毛泽东《长征》）

这种格式，每首八句，每句七个字，共五十六字。一般首句押韵，二、四、六、八句也押韵。中间的颔联（三、四句）和颈联（五、六句）要对仗。该格式属于"平起式首句入韵"的平仄格式。《长征》这首律诗就是用这种格式创作的。首句入韵，押"-an"韵，平声，二、四、六、八句尾字也押了"-an"韵；颔联、颈联对仗，"五岭"句同"乌蒙"句对仗，"金沙水"句同"大渡桥"句对仗。

第二种格式：
㊀平㊀仄平平仄　→　㊀仄平平仄仄平
㊀仄㊀平平仄仄　　　㊀平㊀仄仄平平
㊀平㊀仄平平仄　　　㊀仄平平㊀仄平
㊀仄㊀平平仄仄　　　㊀平㊀仄仄平平

例如：
曾惊秋肃临天下，　　平平㊀仄平平仄
敢遣春温上笔端。　　仄仄平平仄仄平
尘海苍茫沉百感，　　㊀仄平平平仄仄
金风萧瑟走千官。　　平平㊀仄仄平平
老归大泽菰蒲尽，　　㊀平仄仄平平仄
梦坠空云齿发寒。　　仄仄平平仄仄平
竦听荒鸡偏阒寂，　　仄仄平平平仄仄
起看星斗正阑干。　　㊀平㊀仄仄平平

（鲁迅《亥年残秋偶作》）

这一格式和第一格式主要有两点不同，一是首句不押韵，二是平仄格式不同，它是第一格式后半首格式的重叠，属于首句不押韵的平仄格式。

第三种格式：
㊀仄平平仄仄平　→　㊀平㊀仄仄平平
㊀平㊀仄平平仄　　　㊀仄平平仄仄平
㊀仄㊀平平仄仄　　　㊀仄平平㊀仄平
㊀平㊀仄平平仄　　　㊀仄平平仄仄平

例如：

别梦依稀咒逝川，	仄仄平平仄仄平
故园三十二年前。	(平)平(仄)仄仄平平
红旗卷起农奴戟，	平平仄仄平平仄
黑手高悬霸主鞭。	仄仄平平仄仄平
为有牺牲多壮志，	仄仄平平平仄仄
敢教日月换新天。	(仄)平(仄)仄仄平平
喜看稻菽千重浪，	(仄)平(仄)仄平平仄
遍地英雄下夕烟。	仄仄平平仄仄平

（毛泽东《到韶山》）

这个格式也是首句用韵，因此它也是逢一、二、四、六、八句押韵。《到韶山》押的是-an 韵，诗中"喜看稻菽千重浪"的"看"字，这里读平声。

第四种格式：

(仄)仄(平)平平仄仄 →	(平)平(仄)仄仄平平
(平)平(仄)仄平平仄	(仄)仄平平仄仄平
(仄)仄(平)平平仄仄	(平)平(仄)仄仄平平
(平)平(仄)仄平平仄	(仄)仄平平仄仄平

例如：

剑外忽传收蓟北，	仄仄(平)平平仄仄
初闻涕泪满衣裳。	平平仄仄仄平平
却看妻子愁何在？	(仄)平(仄)仄平平仄
漫卷诗书喜欲狂！	仄仄平平仄仄平
白日放歌须纵酒，	仄仄(平)平平仄仄
青春作伴好还乡。	平平仄仄仄平平
即从巴峡穿巫峡，	(仄)平(仄)仄平平仄
便下襄阳向洛阳。	仄仄平平仄仄平

（唐·杜甫《闻官军收河南河北》）

这一种格式是第三种格式后半首格式的重叠。句首不用韵，二、四、六、八句用韵，押的是-ang 韵。

七言律诗押仄声韵的非常少见，这儿就不举例了。在这四种格式中，以首句用韵最常见，因此第一种格式和第三种格式用得较多。这两种格式是七言律诗的基础，同时五言律诗、七言绝句、五言绝句也可以从这两个格式推导出来。

第二，五律。五律即五言律诗。每首共八句，每句五个字，共四十个字。从字数上来说，五言律诗和七言律诗每句少两个字。从用韵来说，五言律诗和七言律诗相同。

就平仄格式来说，我们可以把五言律诗看作是七言律诗格式的缩短，因它和七言律诗一样，常见的也是四种格式，只是每句减去前两字，剩下后五字。下面以五言律诗的第一种格式和七言律诗的第一种格式试做比较，减去的前两字，用○○表示：

五言律诗　　　　　　　七言律诗
○○仄仄仄平平　　　　平平仄仄仄平平
○○平平仄仄平　　　　仄仄平平仄仄平
○○平平平仄仄　　　　仄仄平平平仄仄
○○仄仄仄平平　　　　平平仄仄仄平平
○○仄仄平平仄　　　　平平仄仄平平仄
○○平平仄仄平　　　　仄仄平平仄仄平
○○平平平仄仄　　　　仄仄平平平仄仄
○○仄仄平平　　　　　平平仄仄仄平平

例如：

天质自森森，　　　仄仄仄平平
孤高几百寻。　　　平平仄仄平
凌霄不屈己，　　　平平平仄仄
得地本虚心。　　　仄仄仄平平
岁老根弥壮，　　　仄仄平平仄
骄阳叶更阴。　　　平平仄仄平
明时思解愠，　　　平平平仄仄
愿斫五弦琴。　　　仄仄仄平平

（宋·王安石《孤桐》）

这是一首五言律诗。全诗八句，每句五字，共四十个字。一、二、四、六、八句押韵，首句入韵，押-en韵。中间颔联和颈联对仗。五言律诗的其他格式，按此推导，不再一一赘述。

2）绝句

绝句就是"绝诗"，也叫"截句""断句"，截、断、绝都有短截的意思，定格仅有四句，故叫绝句。绝句可分为下面两类：

第一，七绝。七绝即七言绝句。全首诗四句，每句七个字，共二十八个字，其句数、字数恰好是七言律诗的一半。平仄格式常见的有四种，也恰好是七言律诗第一种格式和第三种格式的前半首和后半首，不用对仗。其具体的平仄格式如下。

第一种格式：

平平仄仄仄平平　　→　　仄仄平平仄仄平
仄仄平平仄仄　　　　　　平平仄仄平平

例如：

朝辞白帝彩云间，　　　平平仄仄仄平平
千里江陵一日还。　　　⊘仄平平仄仄平
两岸猿声啼不住，　　　仄仄平平平仄仄
轻舟已过万重山。　　　平平仄仄仄平平

（唐·李白《早发白帝城》）

《早发白帝城》这首七绝是用第一格式创作的，一、二、四句押韵，押的是-an 韵，首句入韵。

第二种格式：

⊘平⊘仄平平仄　　→　　⊘仄平平仄仄平
⊘仄⊘平平仄仄　　　　　⊘平⊘仄仄平平

例如：

飞来峰上千寻塔，　　　平平⊘仄平平仄
闻说鸡鸣见日升。　　　⊘仄平平仄仄平
不畏浮云遮望眼，　　　仄仄平平平仄仄
自缘身在最高层。　　　平平⊘仄仄平平

（宋·王安石《登飞来峰》）

《登飞来峰》这首七绝是用第二格式创作的，二、四句押韵，押的是-eng 韵，首句不入韵。

第三种格式：

⊘仄平平仄仄平　　→　　⊘平⊘仄平平仄
⊘平⊘仄平平仄　　　　　⊘仄平平仄仄平

例如：

飒爽英姿五尺枪，　　　仄仄平平仄仄平
曙光初照演兵场。　　　⊘平⊘仄仄平平
中华儿女多奇志，　　　平平⊘仄平平仄
不爱红装爱武装。　　　仄仄平平仄仄平

（毛泽东《为女民兵题照》）

《为女民兵题照》这首七绝是用第三种格式创作的，一、二、四句押韵，押的是-ang 韵，首句入韵。"场"字北京读上声，例外。

第四种格式：

⊘仄⊘平平仄仄　　→　　⊘平⊘仄仄平平
⊘平⊘仄平平仄　　　　　⊘仄平平仄仄平

例如：

两个黄鹂鸣翠柳，	仄仄平平平仄仄
一行白鹭上青天。	⊕平仄仄仄平平
窗含西岭千秋雪，	平平⊗仄平平仄
门泊东吴万里船。	⊗仄平平仄仄平

（唐·杜甫《绝句》）

这首七绝，是用第四种格式创作的，二、四句押韵，押的是-an韵，首句不入韵。

第二，五绝。五绝即五言绝句，是绝句的一种主要类型。每首四句，每句五个字，共二十个字。从句数、字数来说，刚好是五言律诗的一半。就平仄来说，五言绝句的平仄格式，恰好是五言律诗第一种格式和第三种格式的前半首和后半首。五言绝句的格式常见的也是四种，如和七言绝句相比，只是七言绝句各种格式每句前面减去两个字。

下面以七言绝句和五言绝句的第一种平仄格式做一下比较：

五言绝句	七言绝句
○○⊗仄仄平平	⊕平⊗仄仄平平
○○平平仄仄平	⊗仄平平仄仄平
○○⊕平平仄仄	⊗仄⊕平平仄仄
○○⊗仄仄平平	⊕平⊗仄仄平平

例如：

墙角数枝梅，	⊗仄仄平平
凌寒独自开。	平平仄仄平
遥知不是雪，	平平⊕仄仄
为有暗香来。	仄仄仄平平

（宋·王安石《梅花》）

《梅花》这首五言绝句是用第一种格式创作的。一、二、四句押韵，押ai韵，首句入韵，"梅""开"普通话不同韵，但在古代可以押韵。五言绝句的第二、三、四的格式是在七言绝句第二、三、四种格式上，每句句首减去两个字，不再赘述。

3）词

它是一种韵文形式，由五言诗、七言诗和民间歌谣发展而成，起于唐代，盛于宋代。原是配乐歌唱的一种诗体，句子的长短随着歌调而改变，所以又叫"长短句"。后来词逐渐脱离了乐谱的音律拍节，成为诗的别体，因此称之为"诗余"。词虽是诗的别体，但具有自己的特点，主要有：

第一，有词牌。词的种类很多，每首都有自己的名称词牌，如"西江月""蝶恋花"等。每个词牌都有个来历。如"沁园春"因东汉沁水公主园得名，"采桑子"

来源于古乐府采桑曲，"渔家傲"来源于宋代晏殊的词"神仙一曲渔家傲"句，"西江月"从李白《苏台怀古》的"只今唯有西江月，曾照吴王宫里人"句得名，等等。词牌下面多有题目，但无题的也不少。题目是作者依据所填词的内容起的，一般与词牌名称无关。如毛主席的《菩萨蛮·黄鹤楼》，词牌"菩萨蛮"与题目"黄鹤楼"内容上一点儿联系也没有。

第二，句子长短不一。如毛主席的《十六字令》：

山，

快马加鞭未下鞍。

惊回首，

离天三尺三。

这一首第一句1个字，第二句7个字，第三句3个字，第四句5个字，字数不一，参差不齐。

第三，词的篇幅各有定数。依据词的字数，词大致分为小令、中调、长调三种。小令篇幅较短，如"十六字令"。唐宋词人用短篇小调即席填词，以行酒令，遂得名。但称"令"的词尚有"百字令"，并不都是小令。一般说，五十八字以内者叫小令。中调篇幅长短适中，一般说，五十九字至九十字为中调。长调篇幅较长，一般说，九十一字以上者为长调。

第四，词可分段。依据词的段落多少，词调体格（即体式）可分为单调、双调、三叠、四叠。词的一段叫阕或片。单调的词不分段，如毛主席的《十六字令》三首、《如梦令·元旦》等即是。词中最常见的形式是双调。双调一般是上、下两阕，字数相等，平仄也相同（或基本相同）。例如毛主席的《浪淘沙·北戴河》即是，下面词谱中加○的平仄不拘，加△表示押平声韵：

大雨落幽燕，　　　　　⊠仄仄平平

白浪滔天，　　　　　　⊠仄平平

秦皇岛外打鱼船。　　　⊙平⊠仄仄平平

一片汪洋都不见，　　　⊠仄⊙平平仄仄

知向谁边？　　　　　　⊠仄平平

往事越千年，　　　　　⊠仄仄平平

魏武挥鞭，　　　　　　⊙仄平平

东临碣石有遗篇。　　　⊙平⊠仄仄平平

萧瑟秋风今又是，　　　⊠仄⊙平平仄仄

换了人间。　　　　　　⊠仄平平

这首词54字，双调词谱。双调词并非上下阕都是相同的，如《沁园春》《水调歌头》等。

第五，词韵比诗韵宽。

词韵基本上就是诗韵，但比诗韵宽。诗韵多为平声韵，一韵到底不换韵。词韵平仄可互押。如《西江月》规定前后阕的第二、三句押平韵，第四句押仄韵。但平仄必须是同韵部字。有些词调规定平仄互换韵。互换的字不是同韵部的。

第六，词的对仗比律诗宽。

为了更好地表达内容，出于修辞上的要求，在词的恰当位置上可用对仗，但要求比律诗宽。词的对仗允许同字对，律诗避免同字对仗；词的对仗可以平仄字相对，律诗对仗原则上要求以平对仄，以仄对平；因词是长短句，必须是字数相等的两个句子，在一起才有可能对仗，所以词的对仗很少，有固定的位置。例如毛主席的诗七律《长征》《送瘟神（二首）》《到韶山》《登庐山》《答友人》《冬云》等，都在中间两联对仗，而毛主席的词《水调歌头·游泳》《满江红·和郭沫若同志》也用了许多对仗，但位置都不固定。

学习词，除了解词的特点外，还应知道各种词牌的词谱。词谱是词人填词的依据。词谱的内容主要是填词的各种规则，如各种词牌的字数、句数、句式、平仄相配规律、押韵位置及规定、词牌来源等。收录词谱最多的书，主要有清人舒梦兰编的《白香词谱》、万树编的《词律》，还有康熙时编的钦定的《词谱》。词谱的数目很多，下边只举一些常见的。在举例时，左列为词，右列为词谱。词谱中加圈的㊉㊋，表示平仄不拘。平仄和词谱偶有不合的，字下加"·"符号，称为"拗句"，加△为平声韵，加▲为仄声韵。

（1）《如梦令》。共三十三字，单调，共六句。第五句是个叠句，第三句不押韵，其他各句押仄声韵。第一、二、四、六句的格式相同。例如毛主席的《如梦令·元旦》：

宁化、清流、归化，　　　　㊋仄㊋平平仄▲

路隘林深苔滑。　　　　　　㊋仄㊋平平仄▲

今日向何方，　　　　　　　㊋仄仄平平

直指武夷山下。　　　　　　㊋仄㊋平平仄▲

山下山下，　　　　　　　　平仄平仄（叠句）
　　　　　　　　　　　　　▲　▲

风展红旗如画。　　　　　　㊋仄㊋平平仄▲

（2）《十六字令》。共十六字，单调，共四句，逢一、二、四句押平声韵。例如毛主席的《十六字令》：

山，　　　　　　　　平
　　　　　　　　　　△

快马加鞭未下鞍。　　㊋仄平平仄仄平
　　　　　　　　　　　　　　　　△

惊回首，　　　　　　平平仄

离天三尺三。　　　　平平㊋仄平
　　　　　　　　　　　　　　△

　　　　　　　　　（或㊋仄仄平平）
　　　　　　　　　　　　　　　△

(3)《忆江南》也叫《望江南》《江南好》。共二十七字，单调，共五句，逢二、四、五句押平声韵。例如唐白居易的《忆江南》：

江南好，	平⊕仄
风景旧曾谙。	⊗仄仄平平△
日出江花红似火，	⊗仄⊕平平仄仄
春来江水绿如蓝。	⊕平⊗仄仄平平△
能不忆江南？	⊗仄仄平平△

(4)《渔歌子》也叫《渔父》。共二十七字，五句，单调，逢一、二、四、五句押平声韵。例如唐张志和的《渔歌子》：

西塞山前白鹭飞，	⊗仄平平仄仄平△
桃花流水鳜鱼肥。	⊕平⊗仄仄平平△
青箬笠，	平仄仄
绿蓑衣，	仄平平△
斜风细雨不须归。	⊕平⊗仄仄平平△

(5)《采桑子》也叫《丑奴儿》。共四十四字，双调，前后阕各四句，同调。第一句不用韵，其他三句都押平声韵。例如毛主席的《采桑子·重阳》：

人生易老天难老，	⊕平⊗仄平平仄
岁岁重阳。	⊗仄平平△
今又重阳，	⊗仄平平△
战地黄花分外香。	⊗仄平平⊗仄平△

一年一度秋风劲，	⊕平⊗仄平平仄
不似春光。	⊗仄平平△
胜似春光，	⊗仄平平△
寥廓江天万里霜。	⊗仄平平⊗仄平△

(6)《蝶恋花》也叫《鹊踏枝》。共六十字，双调，前后阕各四句，同调。每句都押仄声韵。例如毛主席的《蝶恋花·从汀洲向长沙》：

六月天兵征腐恶，	⊗仄⊕平平仄仄▲
万丈长缨要把鲲鹏缚。	⊗仄⊕平⊗仄平平仄▲
赣水那边红一角，	⊗仄⊕平平仄仄▲
偏师借重黄公略。	⊕平⊗仄平平仄▲

百万工农齐踊跃，	⊗仄⊕平平仄仄▲

席卷江西直捣湘和鄂。　　㔃仄㔃平㔃仄平平仄
国际悲歌歌一曲，　　　　㔃仄㔃平平仄仄
狂飙为我从天落。　　　　平平㔃仄平平仄

(7)《浪淘沙》。共五十四字，双调，前后阕各五句，同调，逢一、二、三、五句押平声韵。例如毛主席的《浪淘沙·北戴河》：

大雨落幽燕，　　　　　　㔃仄仄平平
白浪滔天，　　　　　　　㔃仄平平
秦皇岛外打鱼船。　　　　平平㔃仄仄平平
一片汪洋都不见，　　　　㔃仄㔃平平仄仄
知向谁边？　　　　　　　㔃仄平平

往事越千年，　　　　　　㔃仄仄平平
魏武挥鞭，　　　　　　　㔃仄平平
东临碣石有遗篇。　　　　平平㔃仄仄平平
萧瑟秋风今又是，　　　　㔃仄㔃平平仄仄
换了人间。　　　　　　　㔃仄平平

(8)《渔家傲》。共六十二字，双调，前后阕各五句，每句入韵，一韵到底，押仄声韵。例如毛主席的《渔家傲·反第二次大"围剿"》：

白云山头云欲立，　　　　㔃仄㔃平平仄仄
白云山下呼声急，　　　　平平㔃仄平仄仄
枯木朽株齐努力。　　　　㔃仄㔃平平仄仄
枪林逼，　　　　　　　　平㔃仄
飞将军自重霄入。　　　　平平㔃仄平平仄

七百里驱十五日，　　　　㔃仄㔃平平仄仄
赣水苍茫闽山碧，　　　　㔃平㔃仄平平仄
横扫千军如卷席。　　　　㔃仄㔃平平仄仄
有人泣，　　　　　　　　平㔃仄
为营步步嗟何及！　　　　㔃平㔃仄平平仄

(9)《江城子》。共七十字，双调。前后阕各八句，同调，逢一、二、三、五、八句押平声韵。例如宋苏轼的《江城子·密州出猎》：

老夫聊发少年狂，　　　　㔃平㔃仄仄平平

左牵黄，	仄平平△
右擎苍，	仄平平△
锦帽貂裘，	⊙仄平平
千骑卷平冈。	⊙仄仄平平△
为报倾城随太守，	⊙仄⊕平平仄仄
亲射虎，	平仄仄
看孙郎。	仄平平△
酒酣胸胆尚开张，	⊕平⊙仄仄平平△
鬓微霜，	仄平平△
又何妨！	仄平平△
持节云中，	⊙仄平平
何日遣冯唐？	⊙仄仄平平△
会挽雕弓如满月，	⊙仄⊕平平仄仄
西北望，	平仄仄
射天狼。	仄平平△

(10)《卜算子》。共四十四字，双调，前后阕各四句，同调，逢二、四句押仄声韵。例如宋陆游的《卜算子·咏梅》：

驿外断桥边，	⊙仄仄平平
寂寞开无主。	⊙仄平平仄▲
已是黄昏独自愁，	⊙仄平平仄仄平
更着风和雨！	⊙仄平平仄▲
无意苦争春，	⊙仄仄平平
一任群芳妒。	⊙仄平平仄▲
零落成泥碾作尘，	⊙仄平平仄仄平
只有香如故。	⊙仄平平仄▲

(11)《破阵子》。共六十二字，双调，前后阕各五句，同调，逢二、四、五句押平声韵。例如宋辛弃疾的《破阵子·为陈同甫赋壮词以寄之》：

醉里挑灯看剑，	⊙仄⊕平⊙仄
梦回吹角连营。	⊕平⊙仄平平△
八百里分麾下炙，	⊙仄⊕平平仄仄
五十弦翻塞外声。	⊙仄平平⊙仄平△

沙场秋点兵。　　　　　　仄平⊕仄平
　　　　　　　　　　　　　　△

马作的卢飞快，　　　　　仄仄⊕平⊕仄
弓如霹雳弦惊。　　　　　平平仄仄平平
　　　　　　　　　　　　　　△
了却君王天下事，　　　　仄仄⊕平平仄仄
赢得生前身后名。　　　　⊕仄平平⊕仄平
　　　　　　　　　　　　　　△
可怜白发生！　　　　　　仄平⊕仄平

(12)《西江月》。共五十字，双调，前后阕各四句，同调，第一句不用韵，第二、三句押平韵，第四句押仄声韵。例如宋辛弃疾的《西江月·夜行黄沙道中》：

明月别枝惊鹊，　　　　　仄仄⊕平⊕仄
清风半夜鸣蝉。　　　　　平平仄仄平平
　　　　　　　　　　　　　　△
稻花香里说丰年，　　　　⊕平⊕仄仄平平
　　　　　　　　　　　　　　　△
听取蛙声一片。　　　　　⊕仄⊕平⊕仄
　　　　　　　　　　　　　　▲

七八个星天外，　　　　　仄仄⊕平⊕仄
两三点雨山前。　　　　　平平仄仄平平
　　　　　　　　　　　　　　△
旧时茅店社林边，　　　　⊕平⊕仄仄平平
　　　　　　　　　　　　　　△
路转溪桥忽见。　　　　　⊕仄⊕平⊕仄
　　　　　　　　　　　　　　▲

(13)《南乡子》。共五十六字，双调，前后阕各五句，同调，逢一、二、四、五句押平声韵。例如宋辛弃疾的《南乡子·登京口北固亭有怀》：

何处望神州？　　　　　　仄仄仄平平
　　　　　　　　　　　　　　△
满眼风光北固楼。　　　　仄仄⊕平平仄平
　　　　　　　　　　　　　　　△
千古兴亡多少事？　　　　仄仄⊕平平仄仄
悠悠。　　　　　　　　　平平
　　　　　　　　　　　　△
不尽长江滚滚流。　　　　⊕仄平平仄仄平
　　　　　　　　　　　　　　　△

年少万兜鍪，　　　　　　仄仄仄平平
　　　　　　　　　　　　　　△
坐断东南战未休。　　　　仄仄⊕平仄仄平
　　　　　　　　　　　　　　　△
天下英雄谁敌手？　　　　仄仄⊕平平仄仄
曹刘！　　　　　　　　　平平
　　　　　　　　　　　　△
生子当如孙仲谋。　　　　⊕仄平平⊕仄平
　　　　　　　　　　　　　　　△

(14)《虞美人》。共五十六字，双调，前后阕各四句，同调。头两句押仄声韵，后两句押平声韵，每两句一韵，共用四个韵。例如宋辛弃疾的《虞美人》：

当年得意如芳草，　　　㊣平㊣仄平平仄
日日春风好。　　　　　㊣仄平平仄
拔山力尽忽悲歌，　　　㊣平㊣仄仄平平
饮罢虞兮从此奈君何。　㊣仄㊣平㊣仄仄平平

人间不识精诚苦，　　　㊣平㊣仄平平仄
贪看青青舞。　　　　　㊣仄平平仄
蓦然剑袂却亭亭，　　　㊣平㊣仄仄平
怕是曲中犹带楚歌声。　㊣仄㊣平㊣仄仄平平

(15)《清平乐》。共四十六字，双调，前后阕各四句，不同调。前阕每句都押仄声韵，后阕第三句不押韵，其他三句押平声韵。例如毛主席的《清平乐·会昌》：

东方欲晓，　　　　　　平平㊣仄
莫道君行早。　　　　　㊣仄平平仄
踏遍青山人未老，　　　㊣仄㊣平平仄仄
风景这边独好。　　　　㊣仄㊣平㊣仄

会昌城外高峰，　　　　㊣平㊣仄平平
颠连直接东溟。　　　　㊣平㊣仄平平
战士指看南粤，　　　　㊣仄㊣平㊣仄
更加郁郁葱葱。　　　　㊣平㊣仄平平

(16)《忆秦娥》也叫《秦楼月》。共四十六字，双调，前后阕各五句，不同调。前后阕逢一、二、三、五句押仄声韵，多用入声字。每阕第三句叠第二句后三字。例如毛主席的《忆秦娥·娄山关》：

西风烈，　　　　　　　平平仄
长空雁叫霜晨月。　　　㊣平㊣仄平平仄
霜晨月，　　　　　　　平平仄
马蹄声碎，　　　　　　㊣平㊣仄
喇叭声咽。　　　　　　㊣平平仄

雄关漫道真如铁，　　　㊣平㊣仄平平仄
而今迈步从头越。　　　㊣平㊣仄平平仄
从头越，　　　　　　　平平仄
苍山如海，　　　　　　㊣平㊣仄
残阳如血。　　　　　　㊣平平仄

(17)《浣溪沙》。共四十二字，双调。前后阕各三句，不同调。前阕和后阕头一句平仄格式不同，第二、三句平仄格式相同。后阕第一句不押韵，其他各句押平声韵。例如毛主席的《浣溪沙·和柳亚子先生》：

长夜难明赤县天，　　　㊁仄平平仄仄平
百年魔怪舞翩跹，　　　平平㊀仄仄平平
人民五亿不团圆。　　　平平㊀仄仄平平

一唱雄鸡天下白，　　　仄仄㊀平平仄仄
万方乐奏有于阗，　　　平平㊀仄仄平平
诗人兴会更无前。　　　平平㊀仄仄平平

(18)《水调歌头》。共九十五字，双调，前后阕不同调。前阕九句，逢二、四、七、九句押平声韵，后阕十句，逢三、五、八、十句押平声韵。这个调的平仄灵活，常用一些拗句，如毛主席的《水调歌头·游泳》的"子在川上曰"等句。下为毛主席的《水调歌头·游泳》全词：

才饮长沙水，　　　㊀仄平平仄
又食武昌鱼，　　　㊀仄仄平平
万里长江横渡，　　　㊀仄㊀平㊀仄
极目楚天舒。　　　㊀仄仄平平
不管风吹浪打，　　　㊀仄㊀平㊀仄
胜似闲庭信步，　　　㊀仄㊀平㊀仄
今日得宽余。　　　㊀仄仄平平
子在川上曰：　　　㊀仄平平仄
逝者如斯夫！　　　㊀仄㊀平平

风樯动，　　　㊀平仄
龟蛇静，　　　平㊀仄
起宏图。　　　仄平平
一桥飞架南北，　　　㊀平㊀仄平仄
天堑变通途。　　　㊀仄仄平平
更立西江石壁，　　　㊀仄㊀平㊀仄
截断巫山云雨，　　　㊀仄㊀平㊀仄
高峡出平湖。　　　㊀仄仄平平
神女应无恙，　　　㊀仄平平仄
当惊世界殊。　　　平平仄仄平
　　　　　　　　　（或㊀仄仄平平）

(19)《满江红》。共九十三字,双调,前后阕不同调。前阕九句,逢二、五、七、九句押仄声韵,后阕十句,逢二、四、六、八、十句押仄声韵。此调押韵多用入声字;而且常用一些对仗句。如毛主席的《满江红·和郭沫若同志》:

小小寰球,	(仄)仄平平
有几个苍蝇碰壁。	(平)(平)仄(平)平(仄)仄▲
嗡嗡叫,	平(仄)仄
几声凄厉,	(仄)平平仄
几声抽泣。	(仄)平平仄▲
蚂蚁缘槐夸大国,	(仄)仄(平)平平仄仄
蚍蜉撼树谈何易。	(平)平(仄)仄平平仄▲
正西风落叶下长安,	仄(仄)平(仄)仄仄平平
飞鸣镝。	平平仄▲
多少事,	平(平)仄
从来急;	平(仄)仄▲
天地转,	(平)(仄)仄
光阴迫。	平平仄▲
一万年太久,	仄(平)平仄仄
只争朝夕。	(仄)平平仄▲
四海翻腾云水怒,	(仄)仄(平)平平仄仄
五洲震荡风雷激。	(平)平(仄)仄平平仄▲
要扫除一切害人虫,	仄(平)平(仄)仄仄平平
全无敌!	平平仄▲

(20)《沁园春》。共一百一十四字,双调,前后阕不同调。前阕十三句,逢一(第一句也可以不用韵)、三、七、十、十三句押平声韵。后阕十二句,逢一、二、六、九、十二句押平声韵。前阕后九句与后阕后九句字数平仄相同。此调一般用较多的对仗句。例如毛主席的《沁园春·雪》:

北国风光,	(仄)仄平平△
千里冰封,	(仄)仄平平
万里雪飘。	仄仄仄平△
望长城内外,	仄平平仄仄
惟余莽莽;	(平)平(仄)仄
大河上下,	(平)平(仄)仄
顿失滔滔。	(仄)仄平平△

山舞银蛇，	⦵仄平平
原驰蜡象，	⦵平⦵仄
欲与天公试比高。	⦵仄平平⦵仄平
须晴日，	平⦵仄
看红装素裹，	仄⦵平⦵仄
分外妖娆。	⦵仄平平

江山如此多娇，	⦵平⦵仄平平
引无数英雄竞折腰。	⦵⦵仄平平⦵仄平
惜秦皇汉武，	仄⦵平⦵仄
略输文采；	⦵平⦵仄
唐宗宋祖，	⦵平⦵仄
稍逊风骚。	⦵仄平平
一代天骄，	⦵仄平平
成吉思汗，	⦵平⦵仄
只识弯弓射大雕。	⦵仄平平⦵仄平
俱往矣，	平⦵仄
数风流人物，	仄⦵平⦵仄
还看今朝。	⦵仄平平

(21)《菩萨蛮》。共四十四字，双调，前后阕各四句，不同调。前后阕头两句用仄声韵，后两句用平声韵。例如毛主席的《菩萨蛮·大柏地》：

赤橙黄绿青蓝紫，	⦵平⦵仄平平仄
谁持彩练当空舞？	⦵平⦵仄平平仄
雨后复斜阳，	⦵仄仄平平
关山阵阵苍。	⦵平⦵仄平（或平平仄仄平）

当年鏖战急，	⦵平平仄仄
弹洞前村壁。	⦵仄平平仄
装点此关山，	⦵仄仄平平
今朝更好看。	⦵平⦵仄平（或平平仄仄平）

(22)《念奴娇》也叫《百字令》《酹江月》。共一百字，双调，有仄韵和平韵十二体，一般以押仄韵的为多，押仄韵又以押入声韵的为多。这里只选宋苏轼的一首《念奴娇·赤壁怀古》，前阕九句，逢二、四、七、九句押韵，后阕十句，逢三、

五、八、十句押韵。

大江东去，	平平⃝仄仄
浪淘尽，千古风流人物。	仄平⃝仄仄⃝平平仄
故垒西边，	仄仄⃝平
人道是、三国周郎赤壁。	平仄仄⃝仄⃝平仄仄
乱石穿空，	仄仄平平
惊涛拍岸，	⃝平⃝仄
卷起千堆雪。	仄仄平平仄
江山如画，	平平⃝仄
一时多少豪杰！	仄平平仄平仄
遥想公瑾当年，	⃝仄⃝仄平平
小乔初嫁了，	仄平平⃝仄
雄姿英发。	平平仄
羽扇纶巾，	⃝仄⃝平
谈笑间，樯橹灰飞烟灭。	平仄仄⃝仄⃝平平⃝
故国神游，	⃝仄平平
多情应笑我，	⃝平⃝仄仄
早生华发。	仄平平仄
人生如梦，	⃝平⃝仄
一樽还酹江月。	⃝平平仄平仄

4）曲

曲是一种韵文形式，从词发展而来，在形成中受到了民间歌曲的影响。它起于南宋和金代，盛于元代，与唐诗、宋词一样，被誉为我国古典诗歌发展史上的一座高峰。

曲可以分为杂剧和散曲两大类。杂剧是把音乐、舞蹈、对话熔于一炉的综合性舞台艺术，有如元代的戏曲和歌舞剧，如元关汉卿的《窦娥冤》《救风尘》《望江亭》《调风月》《拜月亭》《单刀会》，王实甫的《西厢记》等，为戏剧文体，这里不做介绍，只介绍散曲。所谓的散曲则是用来清唱的曲文或歌词，又称清曲。它可以分小令和套曲两种。小令又叫叶儿，体制短小，通常只是一支独立的曲子（少数的也有两支或三支曲子），它又分寻常小令、重（chóng）头、带过曲。寻常小令指单支的曲子，大都一韵到底，是小令中最简单的形式，相当于诗的一首，词的一片。重头指一曲中上下几首声律格调完全相同的曲，即后几首是第一首的重复，其重复次数没有规定，少的仅两首，多的达百首；重头还据曲调的异同分为同调重头和异调重头。宫调与曲调均同者为同调重头，宫调同而曲调异者为异调重头。带过曲通常由一组宫调相同、曲调各异的曲子连缀而成，一般以两三支曲子为宜，标名时可用"带过""带""过"或"兼"字，也可以省略"带过"等字样，把几个曲牌连写在一起，如《〔正宫〕叨叨令带折桂令》《〔仙吕宫〕哪吒令带鹊踏枝、寄生草》等。除小令外，曲的另一大类为套曲。套曲又叫套数、散套、大令，由两支以上宫调相同、曲调相异的单曲连缀而成；要求一韵到底；体制长，每支套曲最少要有一支正曲、一个尾声，复杂的套曲多达三十四支；曲与曲连缀时，哪个曲牌做引子（开头），哪些曲牌做过曲（中间部分），哪个曲牌做煞尾（结尾），须合声律谐和的要求，不能任意安排。

从形式上，散曲和词很相近，但在体制形式上曲也有许多特点，它们的异同主要体现在下面几方面：

第一，宫调。宫调是指中国古代音乐的调式。曲与词使用的宫调基本相同，南北曲常用的有五宫四调，统称九宫或南北九宫，包括有正宫、中吕宫、南吕宫、仙吕宫、黄钟宫等五宫，大石调、双调、商调、越调等四调。曲的每一个宫调都有各自的风格，各具声情，或伤悲或雄壮，或缠绵或沉重。在度曲（即作曲）时，多要求标出宫调的名称。例如周文质《〔正宫〕叨叨令·悲秋》、张云庄《〔双调〕收江南·急流勇退》，"正宫""双调"都是曲里宫调的名称。但填词时就没有这一要求。

第二，曲牌。词有词牌，曲有曲牌，填词、度曲时都要求标上。俗称"曲子"，是对各种曲调的泛称，各有专名，如《点绛唇》《山坡羊》等，数目很多。每一个曲牌都有一定的曲调、唱法，同时也规定了该曲的字数、句法、平仄等。曲牌大都来自民间，一部分由词发展而来，故曲牌名也有和词牌名相同的，但是内容并不完全一致。此外，还有专供演奏的曲牌，但大多只有曲调而无曲词。曲牌下面有的有题目。题目是作者依据所度曲的内容起的，与曲牌没有什么关系，这点和词一样。如上举例子的"叨叨令""收江南"是曲牌，"悲秋""急流勇退"是题目。

第三，结构。词一般为双调体，分上片、下片（或上阕、下阕），曲则只有一片，为单调体。

第四，押韵。汉语的语音发展到元代，入声消失了，派入了平上去三声，平声还分出阴阳，声调和现在普通话的四声一样，度曲则要依此安排。曲押韵时，可以重韵（即韵脚字重复出现），可以赘韵（即逐句押韵），词则不准重韵，极少赘韵。此外，曲韵还通行平上去通押，词则或平押，或仄押，平仄转押者少，通押罕见。

第五，平仄。曲韵通行平上去通押，词则或平押，或仄押，平仄转押者少，通押罕见。但曲对仄声要求很严，有些字位须辨上、去，词则不然。

第六，对仗。曲的对仗要求比较自由，可平仄相对，也可平声相对，即平声对平声，仄声对仄声。曲的对仗形式有"两字对""首尾对""衬字对"等十三种，在语言的运用和词序组合上有许多特点，主要表现在：有工对也有宽对，但宽对的现象更普遍；句中自为对；错综成对或倒字为对，如"忠臣不怕死，怕死不忠臣"；

以俗语入对。

第七，衬字。曲和词一样，都是长短句，也都有谱，但曲比词自由，可以突破固定的谱式，在句中任加一些字，称为衬字。甚至可以增加或减少一些句子，叫作增损。因为关系到押韵，衬字大都用在句首或句中，句尾一般不用衬字。衬字用法比较自由，字数、平仄、虚实均不受限制，少则一二字，多则二十余字。小令中用的衬字多，尤以元明清戏曲中常见。如张云庄的《〔双调〕收江南·急流勇退》（下面"⌢"为衬字）：

　　向花前莫惜酒颜酡，
　　古和今都是一南柯。
　　紫罗兰未必胜鱼蓑，
　　休只管恋他，
　　急回头好景亦无多。

又如周文质的《〔正宫〕叨叨令·悲秋》：

　　叮叮当当铁马儿乞留玎琅闹，
　　啾啾唧唧促织儿依柔依然叫。
　　滴滴点点细雨儿渐零渐留哨，
　　潇潇洒洒梧叶儿失流疏剌落。
　　睡不着也末哥，
　　睡不着也末哥，
　　孤孤零零单枕上迷彪模登靠。

第八，风格。词讲究艳丽高雅，曲则追求通俗易懂、口语化，不避俚语俗语。

学习曲，除了解曲的特点及其与词的异同外，还应知道各种曲牌的曲谱。曲谱和词谱一样，是度曲的依据，讲度曲的各种规则。清人王奕清的《曲谱》是一部颇有影响的曲谱。

曲谱的数目很多，下面举一些典型的例子。例中左列为曲文，右列为曲谱。为说明方便，曲谱均改用符号表示：－平声，｜仄声，＋可平可仄，∨上声，∧去声，△平声韵，▲仄声韵，⌢衬字：

（1）小令

例一　丹秋先生《〔黄钟〕出队子》

　　林泉深邃，　　　　　＋－－∧▲
　　景清幽人迹稀。　　　｜－－－∨－△
　　绕林玉气趁云飞，　　＋－＋｜｜－－△
　　出户丹光掩月辉。　　＋｜－－＋｜－△
　　夜半鹤鸣松径里。　　＋｜－－∧∨▲

"黄钟"为宫调名称，"出队子"为曲牌。

例二　卢挚《〔黄钟〕节节高·题洞庭鹿角庙壁》

雨晴云散，　　　　　＋－－∧
满江明月。　　　　　＋－－∧
　　　　　　　　　　　　▲
风微浪息，　　　　　－－∧∨
扁舟一叶。　　　　　＋－∨∧
　　　　　　　　　　　　▲
半夜心，　　　　　　＋｜－
三生梦，　　　　　　＋－｜
万里别，　　　　　　＋｜－
　　　　　　　　　　　　△
闷倚蓬窗睡些。　　　＋｜－－∧－
　　　　　　　　　　　　　　△

"黄钟"为宫调名称，"节节高"为曲牌，"题洞庭鹿角庙壁"为题目。下如无特殊情况，不再一一说明。

例三　马致远《〔仙吕〕醉中天·黄粱梦》

旋酸心村醪嫩，　　　＋｜－－∧
　　　　　　　　　　　　▲
自折野花新，　　　　＋｜｜－－
　　　　　　　　　　　　　△
独对青山酒一尊。　　＋｜－－＋｜－
将朱顶鹤相引，　　　＋｜－－｜▲
归去松阴满身。　　　＋｜＋－｜－
　　　　　　　　　　　　　△
等的月高风韵，　　　＋－－∧
　　　　　　　　　　　　▲
只教吹断云根。　　　＋｜－－
　　　　　　　　　　　△

例四　关汉卿《〔南吕〕四块玉·闲适（其一）》

适意行，　　　　　　＋｜－
安心坐，　　　　　　－－｜
　　　　　　　　　　　　▲
渴时饮醉时歌，　　　＋－｜｜－－
困来时就向莎茵卧。　＋－＋｜－－∧
　　　　　　　　　　　　　　▲
日月长，　　　　　　｜｜－
天地阔，　　　　　　－｜｜
　　　　　　　　　　　　▲
闲快活。　　　　　　－｜－
　　　　　　　　　　　　△

（2）带过曲

例一　无名氏《〔仙吕宫〕哪吒令过鹊踏枝寄生草》

（哪吒令）

青芽芽柳条，　　　　｜－
　　　　　　　　　　　△
接绿茸茸芳草。　　　＋－－｜
　　　　　　　　　　　　▲
绿茸茸芳草，　　　　－｜
　　　　　　　　　　　▲
间碧森森竹梢。　　　－－｜－
　　　　　　　　　　　　△

碧森森竹梢，　　　　｜ー
　　　　　　　　　　　△
接红馥馥小桃。　　　＋｜ーー
　　　　　　　　　　　　△
娇滴滴景物新，　　　＋｜ー
笑吟吟闲行乐，　　　＋ー∧
一步步扇面儿堪描。　＋｜ーー
　　　　　　　　　　　　△
（鹊踏枝）
声沥沥巧莺调，　　　｜ーー
　　　　　　　　　　　△
舞翩翩粉蝶飘。　　　｜ーー
　　　　　　　　　　　△
忙劫劫蜂翅穿花，　　＋｜ーー
闹炒炒燕子寻巢。　　＋｜ーー
　　　　　　　　　　　　△
喜孜孜寻芳斗草，　　ーー∧∨
　　　　　　　　　　　　▲
笑吟吟南陌西郊。　　＋｜ーー
　　　　　　　　　　　△
（寄生草）
曲弯弯穿出芳径，　　　　ーー∧
慢腾腾行过画桥。　　　　｜｜ー
　　　　　　　　　　　　　△
急飑飑酒旗儿斜刺在茅檐外桃，　＋ー＋｜ー∧∨
　　　　　　　　　　　　　　　　　　　　▲
虚飘飘彩绳儿闲控在垂杨裹，　＋ー＋｜ーー｜
　　　　　　　　　　　　　　　　　　　　▲
韵悠悠管弦声齐和在花阴下闹。　＋ー＋｜ーー∧
　　　　　　　　　　　　　　　　　　　　▲
骨刺刺坐车儿碾破绿莎茵，　＋ー＋｜｜ーー
吉蹬蹬马蹄儿踏遍红尘道。　＋ー＋｜ーー∧

例二　顾德润《〔越调〕黄蔷薇过庆元贞·御水流红叶（其一）》
（黄蔷薇）
步秋香径晚，　　＋ーー∧∨
　　　　　　　　　　　▲
怨翠阁衾寒。　　＋｜｜ーー
　　　　　　　　　　　△
笑把霜枫叶拣，　＋｜ーー∧∨
　　　　　　　　　　　　▲
写罢衷情兴懒。　＋｜ーー∧∨
　　　　　　　　　　　　▲
（庆元贞）
几年月冷倚阑干，　＋ー＋｜｜ーー
　　　　　　　　　　　　　　△
半生花落盼天颜，　＋ー＋｜｜ーー
九重云锁隔巫山。　＋ー＋｜｜ーー
　　　　　　　　　　　　　　△
休看作等闲，　　＋ー＋｜ー
　　　　　　　　　　　△
好去到人间。　　＋｜｜ーー
　　　　　　　　　　　△

例三　顾德润《〔南吕宫〕骂玉郎过感皇恩采茶歌·夏日》

（骂玉郎）

衔泥燕子穿帘幕，	＋－＋｜－－∧
早池塘贴新荷，	｜－－｜－△
庭槐堤柳鸣蝉和。	＋－＋｜－－∧
扇影罗，	＋｜－
巾岸葛，	－｜｜
花盈座。	－－∧

（感皇恩）

暑气无多，	＋｜－△
雨声初过。	＋－－∧
倚东床，	｜－－
开北牖，	－｜｜
梦南柯。	｜－△
灯前恣舞，	＋－∧∨
醉后狂歌。	＋｜－△
书慵注，	＋－｜
琴倦抚，	－｜｜
剑羞磨。	｜－△

（采茶歌）

挂青蓑，	｜－△
钓苍波。	｜－△
世尘不到小行窝。	＋－＋｜｜－△
笑拥青娥娇无那，	＋｜－－－｜∧
年来放我且婆娑。	＋－＋｜｜－△

（3）套曲

例一　庾天锡《〔商角调〕黄莺儿》

（黄莺儿）

怀古，	－｜▲
怀古，	－｜▲
废兴两字，	＋－｜｜
干戈几度。	＋－｜｜
问当时富贵谁家，	＋｜－－
陈宫后主。	＋－∧∨

〔踏莎行〕
残照底西风老树，	＋｜－－｜｜▲
据秦淮终是帝王都。	＋－＋｜｜－－△
爱山围水绕，	＋－｜｜
龙蟠虎踞。	＋－｜｜▲
依稀睹，	－｜｜▲
六朝风物。	＋－－∧▲

〔盖天旗〕
光阴迅速，	＋－｜｜▲
多半晴天变雨。	＋｜－－∧∨
待拣搭溪山好处，	＋｜－－｜｜▲
吞一杯，	－｜－
嚎数曲。	－｜｜▲
身有欢娱，	＋｜－－▲
事无荣辱。	＋－｜｜▲

〔应天长〕
引一仆，	｜｜－△
着两壶。	｜｜－△
谢老东山，	＋｜－－
黄花时好去，	－－｜｜
适意林泉游未足。	＋｜－－－∧∨▲
烟波暮，	－－∧▲
堪凝伫，	－－∧▲
谪仙诗句。	＋－－∧▲

〔尾〕
一线寄乌衣，	＋｜｜－－
二水分白鹭。	＋｜－－∧▲
台上凤凰游，	＋｜｜－－
井口胭脂污。	＋｜－－∧▲
想玉树后庭花，	＋｜｜－－
好金陵建康府。	＋－｜－｜

例二　马致远《〔中吕〕粉蝶儿》

〔粉蝶儿〕
| 寰海清夷， | ＋｜－－△ |

扇祥风、太平朝世，	｜－－、｜－－△
赞尧仁、洪福天齐。	｜－－、＋｜－－△
乐时丰，	｜－－
逢岁稔，	－｜｜
天开祥瑞，	＋－－△
万世皇基。	＋｜－－△
股肱良庙堂之器。	｜－－、｜－－△

（迎仙客）

寿星捧玉杯，	｜｜－△
王母下瑶池，	｜－－△
乐声齐众仙来庆喜。	＋－＋｜－△∨
六合清，	｜－－
八辅美。	－｜｜△
九五龙飞，	＋｜－－△
四海升平日。	＋｜－－△

（喜春来）

凤凰池暖风光丽，	＋－＋｜－－△
日月袍新扇影低，	＋｜－－＋｜△
雕栏玉砌彩云飞。	＋－＋｜｜－△
才万里，	－｜｜△
锦绣簇华夷。	＋｜｜－－△

（满庭芳）

皇封酒美，	＋－｜｜△
帘开紫雾，	＋－｜｜
香喷金猊。	＋｜－－△
望枫宸八拜丹墀内，	＋－＋｜－－△
衮龙衣、垂拱无为。	｜－－、＋｜－－△
龙蛇动、旌旗影里，	－－｜、－－｜｜△
燕雀高、宫殿风微。	｜｜－、＋｜－－△
道德天地，	｜－－△
尧天舜日，	－－｜｜△
看文武两班齐。	＋｜｜－－△

（尾）

祝吾皇万万年，　　　　+ − | | −
镇家帮万万里。　　　　+ − | | −
　　　　　　　　　　　　　　△
八方齐贺当今帝，　　　+ − + | − − ∧
　　　　　　　　　　　　　▲
稳坐盘龙亢金椅。　　　+ | − − | − |
　　　　　　　　　　　　▲

2. 新诗

新诗又叫自由诗，它是在段数、行数、句数、字数、音韵等各方面都比较自由的诗歌。新诗不受格律的约束，它是依据要表达的内容安排段、行、句、字的。虽然不讲究格律，但也要有节奏，也要押韵，押什么韵不限制，可根据诗的内容情调决定。韵位虽不固定，但大体上到诗意完整的拍节就应押韵。在一首新诗内，依据诗的情绪和表达内容的变化，可以转韵，诗句可以缩短或拉长。不过，在不影响表达内容的前提下，应尽力做到语言凝练，诗句整齐，节奏鲜明，音韵和谐。

新诗在我国，自五四运动以来开始流行。现在于报刊上所见到的诗歌，多为自由体、民歌体新诗。这些诗，千姿百态，有仿古的，学习西方的，也有模拟民歌的，尚无定式，从数量上看下面四种形式最具有代表性：

1）方阵式

这类诗歌形式上的特点是：每节由四句或多于四句组成，句子的长短大体相等，排在一起，整整齐齐，就像受检阅的部队方阵。它是我国诗歌的传统形式，音节整齐，便于记诵。冰心于 1936 年写的《一句话》就属此类。读起来低昂有致，仅是节奏和音韵就给人以美的感受：

那天湖上是漠漠的轻阴，
湿烟盖住了泼剌的游鳞。
东风沉静地抚着我的肩头，
"且慢，你先别说出那一句话！"

那夜天上是密密的乱星，
树头栖隐着双宿的娇禽。
南风戏弄地挨着我的腮旁，
"完了，你竟说出那一句话！"
……

这首诗写得含蓄委婉、情致深远，优美的音节和深沉美好的感情相表里，显得格外动人。当然方阵式也有局限性，那就是难于表现大起大落、大开大合的情势。

2）长短句

如果说方阵式近似旧体诗中的律诗和绝句，那么，长短句则是词、曲的绵延和发展。这种形式比较自由奔放，如天马行空，不受羁绊。当然过于自由了，就不免显得散漫，有的向散文靠近，诗歌的特征越来越少。但最富创造性的好诗也多以这种形式出现，它实际上是革新思想在诗歌形式上的反映。唐弢先生在谈到民歌逐步突破五七言的体式时说："由于生活——也由于表达这种生活感情的语言日益复杂，民歌的形式起了变化，民歌作者已经不能满足于比较单纯的五七言体，不断地用衬字，用不同的句法，在探索着新的形式了。"（《创作漫谈·从"民歌体"到格律诗》[增订本]）五四运动以后热心于诗歌革新的作家如刘半农、刘大白、蒲风等也在诗歌的体裁与音节上做了大胆的探索。刘大白后期写的诗，句式变化较大，已经完全突破了五七言体的框框。当代诗人中用长短句写诗的相当普遍。昌耀《我的街》就是这方面的例子：

这是和平的街道。
这里有和平的法典。
三个
手秉排笔的妇女
是三个圣人。她们
躬行在车流之间
正把友爱、秩序和荣辱的戒条，
用白漆
抽象为一条明朗的点线，
刷在这曾被暴力蹂躏的大路。

写这种体式的诗要注意安排好音节，不然它就会成为分行写的散文，没有音乐美，也就不会显得饶有诗意和诗味。

3）双句式

这类诗两句为一小节，句子长短不拘，但要求高度凝练，人们写哲理诗以及含蓄深沉的抒情诗大都采用这种形式。它的局限性在于不适于叙事，也不适于表现细微的物态和情态。这类诗都比较短小，节与节之间留有较大的空白，有时会给人捉摸不定的感觉，如艾青的《海水和泪》：

海水是咸的，
泪也是咸的。

是海水变成泪？
是泪变成海水？

亿万年的泪，
汇聚成海水。

总有一天，
海水和泪都是甜的。

这首诗是对苦涩的生活境遇的回顾，也是对光明未来的展望。它寓意较深，要反复吟咏，方可感受其味。

（4）阶梯式

这类诗把长句化短，使其相隔相接，这样音组划分得清清楚楚，读起来节奏分明，排列的形式也像阶梯那样一级一级由高及低，跌落而下。苏联马雅可夫斯基的诗多采用这种形式，我国当代诗人贺敬之也常写这种体式的诗，下面是他《雷锋之歌》中的一节：

　　呵，念着你呵
　　　　——雷锋！
　　呵，想着你呵
　　　　——革命！
　　一九六三年的
　　　　春天，
　　使我们
　　　　如此地
　　　　　　激动！——
　　历史在回答：
　　　　　　人
　　　　　　　　应该
　　　　　　　　　　怎样生？
　　　　　　　　路
　　　　　　　　　　应该
　　　　　　　　　　　　怎样行？

这样的形式当然也有缺点，那就是把本来连缀成一体的句子，分割成一个个片断，处理得不好，就显得支离破碎，无法给人以和谐统一的印象。

上面介绍的是新诗当中比较有代表性的四种形式。其他形式的作品也有，但若具体地加以分析，不外是这四种形式的演变，是它们通过这样那样的方式的结合。

3. 散文诗

它是兼有抒情散文和抒情诗特点的一种诗体。用散文的语言形式表达抒情诗的内容。篇幅短小，有诗的意境。不分诗行，不押韵。拿鲁迅的散文诗《野草·题辞》篇为例，来看散文诗上述的特点：

当我沉默着的时候，我觉得充实；我将开口，同时感到空虚。

过去的生命已经死亡。我对于这死亡有大欢喜，因为我借此知道它曾经存活。死亡的生命已经朽腐。我对于这朽腐有大欢喜，因为我借此知道它还非空虚。

生命的泥委弃在地面上，不生乔木，只生野草，这是我的罪过。

野草，根本不深，花叶不美，然而吸取露，吸取水，吸取陈死人的血和肉，各各夺取它的生存。当生存时，还是将遭践踏，将遭删刈，直至于死亡而朽腐。

但我坦然，欣然。我将大笑，我将歌唱。

我自爱我的野草，但我憎恶这以野草作装饰的地面。

地火在地下运行，奔突；熔岩一旦喷出，将烧尽一切野草，以及乔木，于是并且无可朽腐。

但我坦然，欣然。我将大笑，我将歌唱。

天地有如此静穆，我不能大笑而且歌唱。天地即不如此静穆，我或者也将不能。我以这一丛野草，在明与暗，生与死，过去与未来之际，献于友与仇，人与兽，爱者与不爱者之前作证。

为我自己，为友与仇，人与兽，爱者与不爱者，我希望这野草的死亡与朽腐，火速到来。要不然，我先就未曾生存，这实在比死亡与朽腐更其不幸。

去罢，野草，连着我的题辞！

一九二七年四月二十六日，
鲁迅记于广州之白云楼上。

这首散文诗反复写道："但我坦然，欣然。我将大笑，我将歌唱。"突出了鲁迅"鞠躬尽瘁，死而后已"的高大形象；表现了鲁迅为革命、为人民大众勇于献身的斗争精神、牺牲精神。这首诗完全具备散文诗的特征，它具有浓厚的抒情诗意，但不分诗行，不押韵，篇幅短小。

4. 歌谣诗

歌谣诗是劳动人民伴随着劳动、斗争生活创造出来的一种诗体。歌谣诗，从内容上看，有劳动歌谣、政治歌谣；从形式上看，有民歌、民谣、儿歌、童谣等。在中国古代，以合乐的为歌，徒歌为谣，现代统称为歌谣。其中民歌，因流行的地区不同，又有许多种，如陕北民歌（《翻身道情》《工农齐武装》等）、东北民歌、内蒙古的爬山歌、川北陕南的盘歌等。

歌谣诗的主要特点是：

第一，它多为民众创作，有鲜明的政治倾向性和现实性。

第二，感情热烈，想象丰富。

第三，诗句简练，大多押韵，风格朴实清新，能唱易传。多用夸张、比喻、重叠、反复等表现手法（这些手法，其他类诗歌中也常使用）。例如陕、甘革命民歌《山丹丹开花红艳艳》，就体现了上述歌谣诗的特点：

一道道的那个山来哟一道道水，
咱们中央（噢）红军到陕北。

一杆杆的那个红旗哟一杆杆枪，
咱们的队伍势力壮。

千家万户把门开,
快把咱亲人迎进来。

热腾腾儿的油糕摆上桌,
滚滚的米酒捧给亲人喝。

围定亲人热炕上坐,
知心的话儿飞出心窝窝。

满天的乌云风吹散,
毛主席来了晴了天。

千里的那个雷声噢万里的闪,
咱们革命的力量大发展。

山丹丹的那个开花哟红艳艳,
毛主席领导咱打江山。

这首民歌是陕、甘人民创作的。它歌颂了毛主席的英明领导:"毛主席来了晴了天","毛主席领导咱打江山"。它道出了军民的鱼水深情:"千家万户把门开,快把咱亲人迎进来。""热腾腾儿的油糕摆上桌,滚滚的米酒捧给亲人喝。""围定亲人热炕上坐,知心的话儿飞出心窝窝。"它风格朴素明快,感情热烈,诗句凝练。它每两句一押韵,韵脚多变,这是陕北《信天游》的特点。它使用了重叠、反复等修辞方法,如"一道道的那个山来哟一道道水……"既是重叠又是反复。

(四) 诗歌的写作

要把诗写"像"、写好,并非一件易事。据臧克家先生回忆,过去有个名叫"一石"的人,酷爱写诗。他在北平读书时,把吃饭省下来的钱拿去印自己的诗集。一次,他拿着集子去请教胡适,胡适翻开书,眼睛落在一首题为《夜过女子师大》的小诗上,一边吟咏着其中的两句:"想那异性的同胞们,都已朦胧入睡了。"一边笑着问他:"人家睡了,关你什么事?"后来,一石又印了第二本、第三本诗集,其中有首诗这样写道:"我从城里回来,迎面碰着弟弟,从牛棚里出来,面目枯黑。走进内屋,看见父亲在那里喷云吐雾(指吸鸦片),剥削我们一家……"鲁迅看后批评说:"太质白,致将诗味掩没。"意为缺乏想象力,这位一石先生虽很努力,终未能成为一名真正的诗人。下面谈谈诗歌创作应该注意的几个问题以供参考:

1. 掌握诗歌的特点

无论是格律诗,还是新诗、散文诗、歌谣诗,各自都有自己的特点,如果掌握了它们的特点,在写诗时,在形式上也就会像诗了,如若再注意节奏和押韵,诗的味道也就有了。

2. 构思新颖别致

诗歌来自生活。但生活提供的只是原料,只是"米",诗人不但要把这"米"煮成"饭",而且要把它酿成"酒",酿成浓香四溢的"美酒"。酿"酒"的过程就是构思的过程,或者说主要是构思的过程。一首诗写得是好是坏,是成是败,起决定作用的就是构思。诗的构思要有坚实的基础,那就是不可抑制的情绪波动。司马迁说:"诗三百篇,大抵贤圣发愤之所为作也。"(《史记·太史公自序》)有了某种激情,就等于有了酵母,有了催化剂,才可能酿出"酒"来。构思平庸,不论辞藻怎样华美,也注定要失败;构思新颖别致,即使语言不十分精巧,也不会落入下乘。构思要新颖别致,除了避"陈",不穿旧鞋走老路,还要除"俗",一切经过自己独立思考,一切以严肃的态度加以对待,决不为时风众势所左右。例如张海迪的事迹和精神,各方面宣传报道得很多,文艺界也陆陆续续发表过不少作品,要写诗予以颂扬,很容易落入常套。诗人雷抒雁独具慧眼,从大半个身子已经麻痹瘫痪的张海迪身上看出"飞翔"的特点来。"飞翔"和"麻痹瘫痪"显然是矛盾的,但正因为有"飞翔"的理想,并且已在艰难地、不折不挠地腾飞,才使这个麻痹瘫痪的身躯焕发出奇丽的光彩。张海迪精神之所以有着巨大的感召力和鼓动性,原因也就在此。诗写得很短,但新颖别致,处处有形象可见:

做过一千种梦,
每个梦中我都在奋力飞翔。
太阳照耀着大地,
彩色的河在我翼下流淌。
不要说梦都是虚伪的,
我的梦中有信念和力量。
虽然不能在大地上奔跑,
毅力和奋斗却给我
折不断的翅膀。

这首诗给我们的启发是:只要构思新颖,写起来就比较省力,比较从容,收到事半功倍的效果。

3. 托物寄情,以少胜多

诗歌是一种极为精练的艺术。要以少言多,以少胜多,就要有寄托。所谓寄托,就是把自己的思想感情寄寓在所写对象的身上,寄寓在描述的过程之中。用古人的话来说,就是"一事一物,引而申之,触类旁通"(周济《词辨》),就是"以不言言之"(刘熙载《艺概·诗概》)。不着一字,尽得风流,这就是寄托的好处。例如宋苏轼的《卜算子》:

缺月挂疏桐,漏断人初静。谁见幽人独往来?缥缈孤鸿影。
惊起却回头,有恨无人省。拣尽寒枝不肯栖,寂寞沙洲冷。

这首词写的是一只孤雁,它眷恋,欲去又回,它惆怅,因为无枝可依。在这种情况下,它仍然不忍离去,以致盘旋不已。显然,诗人在这只孤雁身上寄托了自己孤高自赏、不肯随俗的情怀。唐代杜甫的五律《花鸭》也作了类似的寄托。他把自己比作"花鸭":"羽毛知独立,黑白太分明。"以致为人所嫉恨,为世所不容。

诗歌中的寄托手法也是在生活的启示下形成的。清代刘熙载说:"以鸟鸣春,以虫鸣秋,此造物之借端托寓也。绝句中之小中见大似之。"(《艺概·诗概》)他把寄托的手法概括为以小寓大,即"一花一世界,一叶一精神"的意思。"小"指表现在诗歌中的物象,"大"指寄托其中的思想感情或精神。说它"大",是因为其中包括着真理,包括着牵动千千万万颗心的可贵发现。要把这一"小"一"大"——矛盾着的两个方面,统一在一个活的形式里,构成言外之意,画外之境,实在很不容易,一旦实现了,就会显得新奇美妙,蕴藉空灵。

托物寄情会使诗歌的创作天地广阔。像梅花、荷叶、松树,大家都写,写三五首后就会穷形尽相,有寄托则不然,物虽相同,而情态各异。如同样写梅花,"零落成泥碾作尘,只有香如故"和"待到山花烂漫时,她在丛中笑"自是意境不同,风格迥异;同样写枯败的荷叶,"荷尽已无擎雨盖,菊残犹有傲霜枝"与"留得枯荷听雨声"情趣完全两样。这样诗人各以独具的慧眼、特有的心情去观察感受,就会于同中见异,取其所需,以寄托自己所要表达的情意。情意是永无穷尽之时的,物也就有着写不完的"新生面"。但所言的情不能太浅,浅了则会没有咀嚼寻味的余地;反之,也不要太深,太深了别人则领悟不出,白费功夫。

4. 运用想象夸张,创造诗意

诗要真实,但如一味求实,也就没有多少诗意。真实的东西必须插上想象的翅膀才能飞腾。诗歌有想象就显得空灵邈远,气象万千,如宋代辛弃疾的《木兰花慢·可怜今夕月》中就有这样奇特的想象:"可怜今夕月,向何处、去悠悠?是别有人间,那边才见,光景东头。"这边月落,"那边"必见月出。这种揣想在当时无疑是神话,但它并没有完全脱离生活的土壤,故而显得扎实,如今已被证明是了不起的科学预见,如王国维所说:"词人想象,直悟月轮绕地之理,与科学家密合,可谓神悟。"(《人间词话》)构思一首诗包括从"物象"到"意象"的艺术创造过程,人们习惯于把它叫作形象思维。形象思维的主要特征是:它以"物象"为基础进行想象,而后构造出情态逼真的"意象"来。例如《咏铁马》诗:"依人檐宇下,底作不平鸣?"上句基本上是写实,下句则是由实况引出的想象。《阻风》诗:"想通天上银河易,力挽人间风气难。"上句是想象,下句则主要是写实。作者在诗中着力写由现实景况引起的想象和联想,把写实和想象巧妙地糅合在一起,使写实的笔墨放射出新奇灿烂的光彩,又为想象铺下了通往现实的道路,两者相映生辉,既不落俗套,也不致变成空中楼阁。总之,想象要能高飞远举,又要显现与现实相联系的身影。

可以说想象和夸张是孪生姊妹,有想象的地方往往都有夸张的笔墨,夸张旨在突出某种激烈的感情,而不是故意添油加醋,歪曲事实。"白发三千丈,缘愁似个长",其中"三千丈"是个极度的夸张,但"缘愁"云云又基本上是写实,是对愁苦情怀的忠实描摹。有一些咏物诗经常把想象和夸张结合在一起,勾画出新颖别致饶有情思的意象。如"我比杨花更飘荡,杨花只是一春忙",生动地表现了自己匆忙漂泊的生涯。而"白云朝出天际去,若比老僧犹未闲",则有效地烘托出"老僧"无与伦比的闲散。毛主席的诗词是想象和夸张创造诗意的典范。例如毛主席的《蝶恋花·答李淑一》(1957年5月11日),全词集中表现烈士的伟大精神,不直接写他们生前的丰功伟绩,而是设计了升天、问讯、敬酒、献舞、报信、飞泪等诗意化的幻想情节,其想象丰富奇特,构思新颖巧妙,境界绚丽壮美,气氛热烈浓郁,独具一格。下面让我们来重温一下这首词:

我失骄杨君失柳,
杨柳轻飏直上重霄九。
问讯吴刚何所有,
吴刚捧出桂花酒。

寂寞嫦娥舒广袖,
万里长空且为忠魂舞。
忽报人间曾伏虎,
泪飞顿作倾盆雨。

5. 议论适当

诗歌到底应当不应当有议论?对于这个问题,至今尚且看法不一。一种说诗和议论是水火不相容的,不能以议论入诗;另一种说诗可以议论。我们认为诗可以议论,但要适当。实际上有许多传世的佳作都不避议论,甚至通篇都是议论,如匈牙利诗人裴多菲的《自由与爱情》,正是因为议论出色,才广为流传。它的意译文为:"生命诚可贵,爱情价更高。若为自由故,两者皆可抛。"诗以激情为火炬,照亮了真理,显示了自由的真正价值,无可比拟的价值。我国宋代的爱国诗人陆游的《示儿》和文天祥的《正气歌》,则把抒情和说理糅合在一起,表现了爱国者的一片赤诚与浩然之气。

但是,诗毕竟是诗,它既不同于哲学著作,也不同于一般性的说理文章。它表达的哲理,常常不仅饱和着情感,而且多融于具体生动的意象意境之中。例如宋人朱熹的《观书有感(其一)》:

半亩方塘一鉴开,
天光云影共徘徊。
问渠那得清如许?
为有源头活水来。

这首诗表面上是在写景，其实是在告诉人们一个道理，学习是知识的源泉，很重要。又如流沙河的《理想》，实际是一首说理诗；通篇都是议论，但所有这些都是通过具体的物象以及物象与物象的联系表现出来的，因而读起来不致过于感到枯燥乏味。

  理想是石，敲出星星之火；
  理想是火，点燃熄灭的灯；
  理想是灯，照亮夜行的路；
  理想是路，引你走到黎明。
  ……

英国诗人雪莱的《西风颂》则把一种真理、一种规律概括成一种境界，一种同时具有时间现场性和空间现场性的境界，一种简单而又可感的境界："冬天已经来到，春天还会远吗？"雪莱的这个预言既是现实的，又是乐观的，它通过季节更换的现象所揭示的社会发展规律，是人人都能感受到的，所以谁都会把它铭记在心，并且吟诵不已。由此可见，有"理趣"的诗总是能够昭示未来，用思想的火花照亮人们前进的道路，因而具有无比的生命力。当然，诗歌还是以言情为主，诗中的"理"总带有诗人浓郁的"情"，单纯说理的诗很少，其中有价值的、能够流传久远的就更少，因此无论如何，我们不能把说理当作诗歌的一种表现手法，至少不能让它取代形象的塑造。

总之，诗歌的创作要抓好形式和意境两条。前者有形可依，只要下一些工夫便会有所收获；后者无形可依，只能靠多读、多写、多悟。所谓的"意境"，就是指诗中诗人所抒发的情志和所描写的风物。创造意境，就是使诗的神形兼备，情景交融，使读者如临其境，产生共鸣。意境有着时代和政治的内容。优秀的诗歌往往意境深远、新颖，富有强烈的感染力。如毛主席的《卜算子·咏梅》，就是这样的一首词，以风雪傲立的梅花喻中国共产党人坚持马列主义、敢于斗争的大无畏的革命精神，情景交融，意境深远。

（五）十三辙《韵辙表》

押韵是诗歌的重要标志，为了让诗歌能合辙押韵，这里列上普通话十三辙《韵辙表》。所谓的韵辙就是韵部，普通话分为发花、坡梭等十三个韵部，同韵部（即韵辙）的韵母则可相押。

韵辙表

十三辙	普通话韵母	例　字
（一）发花	a、ia、ua	发、达，霞，家，画、瓜
（二）坡梭	o、uo	坡、摸、多、国
	e	俄、车
（三）乜斜	ê、ie、üe	欸，斜、野，月、缺
（四）姑苏	u	图、书
（五）一七	-i	私、自，志、士
	er	而、耳
	ü	雨、区
	i	西、医
（六）怀来	ai、uai	派、来，外、快
（七）灰堆	ei、uei（ui）	飞、雷、推、回
（八）遥条	ao、iao	高考，笑料
（九）油求	ou、iou（iu）	口头，流油
（十）言前	an、ian、uan、üan	斑斓，先前，转弯，圆圈
（十一）人辰	en、in、uen（un）、ün	根深，金银，温顺，均匀
（十二）江阳	ang、iang、uang	方刚，响亮，狂妄
（十三）中东	eng、ing、ueng（weng）	风筝，英明，翁、瓮
	ong、iong	空中，汹涌

思考与练习

一、文学文体的主要特点是什么？

二、中国的诗歌主要有哪几种？

三、中国诗歌的主要特点是什么？诗歌写作要注意哪些问题？

四、什么是诗的意境？试分析下面诗歌的意境：

1. 唐·白居易《赋得古原草送别》：

离离原上草，一岁一枯荣。

野火烧不尽，春风吹又生。

远芳侵古道，晴翠接荒城。

又送王孙去，萋萋满别情。

2. 宋·王安石《梅花》：

墙角数枝梅，凌寒独自开。

遥知不是雪，为有暗香来。

五、试析下面的诗歌，主要用了哪种修辞手法？

1. 唐·李白《夜宿山寺》

危楼高百尺，手可摘星辰。

不敢高声语，恐惊天上人。

2. 毛泽东《念奴娇·昆仑》（1935年10月）

横空出世，

莽昆仑，

阅尽人间春色。

飞起玉龙三百万，

搅得周天寒彻。

夏日消溶，

江河横溢，

人或为鱼鳖。

千秋功罪，

谁人曾与评说？

而今我谓昆仑：

不要这高，

不要这多雪。

安得倚天抽宝剑，

把汝裁为三截？

一截遗欧，

一截赠美，

一截还东国。

太平世界，

环球同此凉热。

六、自选体裁，创作一首诗歌。

二、散文

（一）散文的含义

在我国古代，散文是指除诗、词、曲、赋等有韵的作品以外，不受格律约束的文章，《古文观止》这部文集是古代优秀散文的代表。五四时期，我国现代散文问世，散文步入了新的里程碑。现代散文，是在继承古代散文的基础上发展起来的，是指与小说、诗歌、戏剧并列的一种文学体裁，是一种以记叙或抒情为主，取材广泛、笔法灵活、篇幅短小、情文并茂的文学样式。一个多世纪以来，创新层出不穷，涌现出了许多优秀的作品。例如魏巍的《谁是最可爱的人》、杜鹏程的《夜走灵官峡》、冰心的《一只木屐》、袁鹰的《花生米》等都是情文并茂的、影响较大的现代散文佳作。

（二）散文的特点

1. 形散而神不散

"形散"主要是说散文取材十分广泛自由，不受时间和空间的限制，表现手法不拘一格。它可以叙述事件的发展，可以描写人物形象，可以托物抒情，可以发表议论，而且作者可以根据内容需要自由调整、随意变化。"神不散"主要是从散文的立意方面说的，即散文所要表达的主题必须明确而集中，无论散文的内容多么广泛，表现手法多么灵活，都是为了更好地表达主题而服务。不论内容怎么"散"，总有一条线索贯穿始终。

2. 意境深邃

意境深邃，侧重表达作者的生活感受，抒情性强，情感真挚。

作者借助想象与联想，由此及彼，由浅入深，由实而虚地依次写来，可以融情于景、寄情于事、寓情于物、托物言志，表达作者的真情实感，实现物我的统一，展现出更深远的思想，使读者领会更深的道理。

3. 语言优美凝练，富有文采

所谓优美，就是指散文的语言清新明丽，生动活泼，富于音乐感，行文如涓涓流水，叮咚有声，如娓娓而谈，情真意切。所谓凝练，是说散文的语言简洁质朴，自然流畅，寥寥数语就可以描绘出生动的形象，勾勒出动人的场景，显示出深远的意境。散文力求写景如在眼前，写情沁人心脾。

（三）散文的分类

根据内容、表达方式和便于学习，把散文分为如下五类：

1. 叙事散文

它是以记叙真人真事为主的散文。这类散文对人和事的叙述和描写较为具体，同时体现了作者的认识和感受，也带有浓厚的抒情成分，字里行间充满饱满的感情。叙事散文侧重于从叙述人物和事件的发展变化过程中反映事物的本质，具有时间、地点、人物、事件等因素，从一个角度选取题材，表现作者的思想感情。例如鲁迅的《藤野先生》、朱自清的《背影》。根据该类散文内容的侧重点不同，又可分为记事散文和写人散文。偏重于记事的散文，以事件发展为线索，偏重对事件的叙述。它可以是一个有头有尾的故事，也可以是几个片段的剪辑，如鲁迅的《记念刘和珍君》、巴金的《小狗包弟》。在叙事中倾注作者真挚的感情，这是与小说叙事最显著的区别。偏重于记人的散文，全篇以人物为中心。它往往抓住人物的性格特征做粗线条勾勒，偏重表现人物的气质、性格和精神面貌，如鲁迅的《藤野先生》。人物形象是否真实是散文与小说的区别。

2. 抒情散文

抒情散文是指以抒情为主要表现手段，辅之以描写、记叙和议论，注重表现作者的思想感受，抒发作者思想感情的散文。这类散文有对具体事物的记叙和描绘，但通常没有贯穿全篇的情节，其突出的特点是强烈的抒情性。它或直抒胸臆，或触景生情，洋溢着浓烈的诗情画意，即使描写的是自然风物，也赋予了深刻的社会内容和思想感情。优秀的抒情散文感情真挚，语言生动，还常常运用象征和比拟的修辞手法，把思想寓于形象之中，具有强烈的艺术感染力。如郁达夫的《故都的秋》。

3. 写景散文

写景散文是指以描写为主要表达方式，辅之以记叙、抒情、议论、说明等手段，以描绘景物为主的散文。这类文章多是在描绘景物的同时抒发感情，或借景抒情，或寓情于景，抓住景物的特征，按照空间的变换顺序，运用移步换景的方法，把观察的变化作为全文的脉络。生动的景物描绘，不但可以交代背景，渲染气氛，而且还可以烘托人物的思想感情，更好地表现主题。如朱自清的《荷塘月色》、李乐薇的《我的空中楼阁》。

4. 哲理散文

哲理散文指用来表现作者思维成果，显示出一种理趣与哲思的散文哲理，是感悟的渗透，思想的火花，理念的凝聚，睿智的结晶。它纵贯古今，横亘中外，包容大千世界，穿透人生社会，寄寓于人生百态。高明的作者，善于抓住哲理闪光的瞬间，形诸笔墨，创作内涵丰厚、耐人寻味的美文。时常涵泳这类美文，自然能在潜移默化中受到启迪和熏陶，洗礼和升华，这种内化作用无疑是巨大的。

哲理散文以种种形象来参与生命的真理，从而揭露万物之间的永恒相似，它因其深邃性和心灵透辟的整合，给我们一种透过现象，深入本质提示事物的底蕴和观念，且具有震撼性的审美效果。读者要善于把握哲理散文所体现出的思维方式，领悟哲理散文所蕴藏的深厚的文化底蕴和文化积淀。如周国平的《记住回家的路》、魏巍的《路标》。该类散文和上面诗歌讲的哲理诗相似，以种种形象，揭示一种深刻的道理。宋人朱熹的《观书有感·其一》，通过对池塘之所以会清如许，天光云影共徘徊原因的探索，揭示了读书就是我们思想的"源头活水"、对人生具有重要意义的深刻道理。

5. 随笔散文

随笔散文是作者针对现实生活中的所见所闻而发的一种散文形式。它并不集中记叙某人某事，也非倾尽全力抒发主观情感，不拘一格，或记叙，或议论，或抒情，随兴而生，有感而发，生动活泼，富有"理趣"，篇幅短小。常见的随笔散文有下面几种：

1）随笔

随笔属于散文的一种，以表现作者对生活的认识、感受、见解、评价为主要内容，取材广泛，用笔灵活、篇幅短小。夹叙夹议是写随笔经常使用的一种表达方式，如巴金的《随想录》中所收录的 150 篇文章,大部分是篇幅短小、夹叙夹议的随笔。又如周国平的《人与永恒》。

2) 小品文

小品文指借事言理、意味深长的短小文章,是散文的一种。小品文一般取材于生活中含有一定意义的事物,针对社会现实"托物言志"——用生动形象、活泼风趣的语言抒发情怀,表述见解。现在,常见的小品文有讽刺小品、时事小品和科学小品等。讽刺小品也可称为杂文。例如周作人的《乌篷船》、杨振宁的《预测科学未来》。

3) 游记

游记是记载和描绘旅游见闻的文章,属于散文的一个文种。它取材自由灵活,可描述名胜古迹、山川景物,也可记述社会风貌、风土人情。游记笔调轻松活泼,可叙述、描写,可夹叙夹议,也可借景抒情、寓情于事。写游记除了发挥它趣味性、知识性强的特点之外,也要注意其思想性。例如碧野的《天山景物记》。

4) 杂文

杂文是用形象化方法表明作者观点的一种说理文章。杂文融说理性和文学性于一体,属于文学体裁,也叫"文学性论文""议论性散文""讽刺小品"。它的主要特点是:反映生活迅速,与现实生活结合紧密,战斗性强;用形象化方法议事说理,语言幽默,有一定文学色彩,说理性强。杂文篇幅短小,取材广泛,可赞颂、支持美好新生事物,可讽刺、抨击腐败落后现象。杂文笔法十分灵活,既可以叙述、描写,也可以议论、抒情。评事说理时,常运用类比、比喻、举例等形象化的议论方法。例如鲁迅的《战士和苍蝇》,认为有缺点的战士还是战士,没有缺点的苍蝇还是苍蝇,痛斥了那些对孙中山等一些革命者进行诋毁的小人。

散文的分类比较复杂,有的有交叉或重复,例如写景的散文也有抒情,只是它以写景为主而已,因此不用细究,了解它们的主要区别即可。

(四)散文的写作

在散文的写作中,要特别注意下面几个问题:

1. "实"与"虚"的问题

散文写作的一个主要指导原则是"大实小虚"。所谓的大实,是指散文的叙事、记人和抒发的情感都应当是真实的。例如方纪的《挥手之间》,写的是 1945 年 8 月 28 日清早,毛主席赴重庆谈判离开延安机场时的情景。作品中描写的时间、地点、人物和毛主席当时的举止、神态都是真实的。又如碧野的游记《天山景物记》,所描绘的天山富有特征的景和物,也是真实的。散文如若失真,人物和事件缺乏事实依据,景物似是而非,作品就会失去说服力和感染力。所谓的散文创作"小虚",是指散文在取材和细节上,可以在真实的基础上进行适当的艺术加工。例如,取材可以根据主题的需要进行剪裁,不必有闻必录。为增强艺术感染力,细节也可以用一些合乎情理的虚构。例如杨朔的《荔枝蜜》,对小蜜蜂生活习性的描写,完全符合科学真实，没有丝毫编造，所以十分动人。至于作品中描写的那位养蜂员老梁，是否确有其人；养蜂员和作者之间，是否真的有过关于蜜蜂的那段对话等类似的细节，就不必认真追究了。但是，散文决不能"仰仗虚构"，因为虚构成分如果太多，它就会变成小说了。

2. 立意与意境的问题

一篇好的散文，立意要新颖，意境要富有诗意。要做到这一点，首先要深入生活，观察生活，并能从不同的角度去发现生活中的美或一些有价值的东西。此外，在创作中要学会运用联想的手法。例如徐川的《人生没有白走的路》（《光明日报》2020年8月9日05版）这篇散文，立意颇为新颖。作者出身于农民家庭，从求学到成为南京航空航天大学马克思主义学院的党总支书记、教授，中宣部宣传思想文化青年英才，荣获全国五一劳动奖章、全国最美教师等荣誉，国家级教学成果奖第一完成人，一路走来非常辛苦。他曾经被世界500强企业录用，做过世界杯的翻译官，教过中国人学英语，教过外国人学汉语，也陪过英格兰女足国家队打过比赛……从坎坷丰富的生活中，作者发现了一个道理，"经历的艰辛能成为后来的勋章""未必喜欢的过去给予我们很多""每段经历都是堆积未来的'积木'"。在作品中，作者意味深长地说："人生没有白走的路"。文章对人们具有全新的启示。杜宣的《五月鹃·还乡》写得相当朴实，但却诗意浓郁，能够引起读者的共鸣，下面是他作品中的一段文字：

在我下了火车后，还有一个十分奇特的感觉，就是乡音对我的干扰。在我离开故乡的二十多年岁月中，我很少有机会运用故乡的语言。这种语言长久以来已只是我思想中的语言。当我构思作品的时候，默读书报的时候，或者用心算的时候，都有这种语言在我思想中出现。这么多年来，我虽然每天都在运用着它，但都只是无声的语言。解放后，我的父亲、母亲偶尔到上海，当然和他们是用故乡的语言。除此以外，这二十多年来，我很少有机会听到或说到。现在忽然随时随地都听到这种语言，真感到很不习惯。因为在我的习惯里这已是我最亲切的声音。因此一听到这声音我总以为是我父亲或母亲在说话。当我猛回头一看，发现是另外的陌生人时，我才意识到，是呵，这是故乡，这是乡音呵！

散文篇幅短小而题材广阔，要在尺幅间纵横驰骋，作者需要有丰富的联想能力。季羡林的《黄色的军衣》抒发了对人民解放军的敬爱之情。作者写的是黄色的军衣，其实歌颂的却是穿这种军衣的人。从衣到人，是一种很自然的联想，但是值得注意的是，作者先以国旗的红色、琥珀的黄色、花朵的黄色起兴，突出了"我却更爱这军衣的黄色"的感情。接着又说，"我一看到这黄色的颜色，心里就思绪万端，想到许许多多事情，"包括我们的党，我们的领袖，以及我国漫长的革命历史。作者"更喜欢想到一件小事"，因而用纤细的笔墨描述了1949年春人民解放军开进北京城时"我"的所见所想。作者还很"自然地就想到了雷锋"，并"因此就又想到了许许多多的事情"，"想到过去"，"想到将来"……作者如果缺乏联想能力，不能从衣到人，到事，只在黄色的军衣或军衣的黄色上做文章，那样必然会单薄贫乏，缺乏感染力。联想不仅能丰富作品的内容，还会增强散文的诗意。有的散文构思本身就很富有诗意，如魏巍以路标概括雷锋的榜样作用（《路标》），杨朔以茶花喻祖国的美丽（《茶花赋》），彭荆风以梨花喻助人为乐的精神（《驿路梨花》）。这些美妙的构思都是以活跃的联想为基础的。

3. 结构与笔调的问题

散文的题材广阔，千姿百态，为适应散文这一特点，要求散文的结构要灵活。常见的散文结构形式有下面几种：

1）时空型的结构形式

以时间的推移或空间的变化为线索，把较为零散、片断的材料串联起来。以记人叙事为主的散文，一般多采用这种结构形式。例如何为的《第二次考试》，作品通过女青年陈伊玲被音乐学院破格录取的故事，反映了我国先进教育工作者和优秀青年崭新的精神面貌，歌颂了党的教育方针。作品开头以两次成绩悬殊的考试作为疑点，造成悬念，然后按照事件发展的时间顺序，具体地记叙了"初试"、"复试"和"家访"三个场面，清楚地交代出了原因。这样结构文章，不仅脉络清晰，井井有条，而且曲折生动，引人入胜。

另外，记游的散文，也是以时间发展的顺序结构文章。例如刘白羽的《长江三日》，就是按照时间的顺序，循着作者的足迹，写了作者十一月十七日—十九日三天的见闻，描绘了长江的景色，三峡的壮美，歌颂了祖国的锦绣河山，抒发了作者的爱国主义情怀。

2）思想感情的结构形式

以思想感情为线索，把生活片段组织起来。例如曹靖华的《小米的回忆》，作品中写了三段回忆：一是回忆童年在家乡种谷和祖母用小米熬粥的情景；二是回忆1933年底去看望鲁迅先生，用小米做礼物的情景；三是回忆抗日战争期间在重庆时，周总理、董必武同志常常把延安小米分赠给大家的难忘情景。这三段回忆虽然不发生在一时一地，它们之间又没有内在的必然联系，但由于都和小米有关，都紧紧并联在对小米回忆这条感情线索上，读起来仍然十分动人。

3）综合型的结构形式

以交替运用时间、空间顺序和思想感情两条线索，把材料疏密相间地结构在一起。例如杨朔的《雪浪花》，作者像一位高明的摄影师那样，从老泰山的一生中选取了四个各具特色的镜头：一是在海滩上，老泰山打鱼归来，告诉姑娘们浪花能咬动礁石的情景；二是在休养所院子里的苹果树下，老泰山磨剪刀的情景；三是老泰山回忆三十年前在旧社会赶脚时，自己受帝国主义分子欺凌和剥削的情景；四是老泰山从路边掐了一枝野菊花，插在小车上，一直走进金灿灿的晚霞里去的情景。这四个生活片断，作者就是用"我"所见所闻的时间顺序线索和人民群众恰似一点浪花，能够塑造江山的感情线索，交叉编织成了动人的故事。而"人民群众是历史的创造者"这一主题思想，则犹如一根通电的导线，使得这四颗生活的珍珠迸发出了璀璨的时代火花。

杜牧说："文以意为主，气为辅，以辞采章句为之兵卫。"散文质量的优劣，固然主要取决于深刻、新颖的思想和浓郁、真挚的感情，但是，语言是否优美自然，也是一个重要的因素。因此，许多优秀的散文作家在语言的运用上都十分讲究，而且已经形成了一种独特的"散文笔调"。下面，从优秀散文中选几节片段，我们具体来体味体味，看看"散文笔调"究竟有什么特点。

1）描写人物形象的语言

古人谈到诗歌创作的时候，强调写诗不要面面俱到，而是应该力求精粹。散文创作和诗歌创作的道理是一样的，所以，优秀的散文作家在写人的时候，也常常使用画龙点睛、以一当十的方法，用简洁精练的语言，勾画出人物的神态，具有高度的概括力。例如方纪的《挥手之间》，其中有这样一段描写毛主席伟大形象的文字：

主席也举起手来，举起他那顶深灰色的盔式帽；但是举得很慢很慢，像是在举起一件十分沉重的东西。一点一点的，一点一点的，举起来，举起来；等到举过了头顶，忽然用力一挥，便停止在空中，一动不动了。

作者以抗战胜利人民欣喜若狂，蒋介石挑动内战，人们无比愤怒，毛主席去重庆谈判，人们万分焦虑这样一个历史转折关头为背景，像摄影师那样，用朴实无华的语言，准确地拍摄下了一个熠熠闪光的特写镜头，为读者留下了1945年8月28日清早，毛主席在延安机场举帽挥手告别的形象。这刹那间的、永久的形象，是无比鲜明的、历史的记录！作者对毛主席挥手这一典型的、异乎寻常的动作的出色描绘，正是点睛之笔，它使得毛主席的伟大性格，精光四射，神采飞扬，深深地铭刻在读者的记忆里。不过值得注意的是，要想用简洁的语言勾勒出人物的神态，就必须精心选择具有典型意义的行为，才能够概括出人物的整个精神，起到"以一当十"的艺术作用，而绝不是随便拾取人物的一个动作就能达到目的的。

2）描写自然景物的语言

散文作者描写自然景物，是为了寄托自己的某种情怀，因此，对于自然景物的观察和描写，不能浮光掠影，不能只满足于一点浮泛的印象，而要进行细心观察，深入探索，努力发现自然景物的美，并把它用文字准确地表达出来。例如碧野的《天山景物记》，其中就有这样一段优美的文字：

蓝天衬着高矗的巨大的雪峰，在太阳下，几块白云在雪峰间投下云影，就像白缎上绣上了几朵银灰的暗花。那融化的雪水，从高悬的山涧、从峭壁断崖上飞泻下来，像千百条闪耀的银链。这飞泻下来的雪水，在山脚汇成冲激的溪流，浪花往上抛，形成千万朵盛开的白莲。……

我们读着这段文字，觉得作者好像是一位擅长丹青的画师，用富有色彩的语言，描绘出了一幅天山的优美画面，使我们也仿佛跟随着作者的脚步，身临天山雪峰之境，完全被祖国大自然的美给陶醉了，流连忘返，从而得到一种美妙的艺术享受。

3）抒写感情的语言

例如，黄宗英的《天上人间》中的一段抒写感情的语言：

去年一月，我们失去了好总理。太空中巨星陨落，红日在云层中哭泣。当淮安人民收到"遵照周恩来同志生前的遗言，周恩来同志的骨灰撒在祖国的江河里和土地上"时，人们心碎肠断，五脏鼎沸。大家日日夜夜守望长空，看到飞机过境，就禁不住说："祖国的银燕，必然会把好总理的骨灰，撒在诞生他的土地江河上。"因此，淮安百万双凝泪的眼睛，经常跟着银燕羽翼回旋、追踪，直到天尽头。于是，你会听到老人们说，冬日里一阵春风吹起了衣角；战士们说，听到了《国际歌》从天而落；孩子们捧起泥土说："噢，周爷爷回到我们这里来了。"为了世世代代纪念周爷爷，孩子们滴着泪珠，栽下了松柏树苗一棵棵。

同志们啊，这是真的。是淮安人民亲口告诉我的，淮河水今年格外清甜，淮北的土地更加肥沃。麦苗葱绿壮实，布谷声声催播，果树欣欣爆芽，小鱼儿游得活泼泼。

我们读着这段文字，感觉到作者的语言就像激越的溪流，字里行间跳动着感情的朵朵浪花，表达了淮安人民崇敬和怀念周恩来总理的真挚深刻的感情，使我们不禁受到强烈的感染，仿佛又回到了那悲痛的日子，和淮安人民一起沉浸在怀念周总理的感情之中，禁不住热泪盈眶。

4）议论事理的语言

散文对议论语言的要求，就是要简洁凝练，透彻深刻，富有哲理，具有画龙点睛的艺术效果。例如杨朔的《雪浪花》，借用主人公老泰山之口，有这样一段议论文字：

别看浪花小，无数浪花集到一起，心齐，又有耐性，就是这样咬呀咬的，咬上几百年，几千年，几万年，就是铁打的江山，也能叫它变个样儿。

作者用这段富有哲理的语言，议论风生，说明了沧桑变迁的根本原因，揭示了人民群众是历史创造者的伟大真理。

5）概括叙述的语言

在散文中，作者为了使中心突出，笔墨合理，有些情节和背景性的东西，往往采用概括叙述，使得作品疏密有致，详略得当，具有一种谐调变化的美。例如，吴伯箫的《歌声》，其中就有这样一段概括叙述的文字：

延安唱歌，成为一种风气。部队里唱歌，学校里唱歌，工厂、农村、机关里也唱歌。每逢开会，各路队伍都是踏着歌走来，踏着歌回去。……有时简直形成歌的河流，歌的海洋。歌声一波未平，一波又起，接唱，轮唱，使你辨不清头尾，摸不到边际。那才叫尽情地歌唱哩！

作者用这段简洁的语言，把延安唱歌的气氛，生动、形象地概括出来了。我们读着这段文字，仿佛觉得自己已经汇进了当时延安大合唱的洪流，也想放声歌唱似的。

6）富有旋律的语言

旋律不是诗的专有品，也是散文的基础。许多优秀散文的语言，确实像诗的语言一样，音调和谐，具有一种音乐感染力。例如鲁迅先生的《为了忘却的记念》，其中有这样一段文字：

前年的今日，我避在客栈里，他们却是走向刑场了；去年的今日，我在炮声中逃往英租界，他们则早已埋在不知哪里的地下了；今年的今日，我才坐在旧寓里，人们都睡觉了，连我的女人和孩子。我又沉重地感到我失掉了很好的朋友，中国失掉了很好的青年，我在悲愤中沉静下去了，不料积习又从沉静中抬起头来，写了以上那些字。

作者对于五位烈士的深切怀念，对反动派血腥杀害革命青年的无比愤怒和对自己思想的严肃解剖之情，时而低缓，时而激愤，这种复杂的感情，顺着用文字谱写的一个个音符，流入读者的心田，产生强烈的艺术感染力量。

从以上举的几段散文语言的例子中，可以体悟到，所谓"散文笔调"，就是要求语言文字既能够精确地表达思想意义，又具有感情色彩，并富有哲理性，是一种清新、凝练甚至有旋律的优美语言。

总之，上面提出的几个问题，对散文的写作很有助益，要特别重视。

（五）散文作品鉴赏

这里选择了鲁迅、何为、曹靖华、朱自清、杨朔、刘白羽等著名散文家的7篇文章。刘白羽的《长江三峡》是节选自他的《长江三日》，是该文的重点。所选7篇文章，在内容上有叙事散文、抒情散文、写景散文、哲理散文、随笔散文等；在结构形式上有时空型的，综合型的；笔调各有特色。在鉴赏的同时，更多的是学习，推陈出新，写出佳作。

作品一：

藤野先生

鲁　迅

东京也无非是这样。上野的樱花烂熳的时节，望去确也像绯红的轻云，但花下也缺不了成群结队的"清国留学生"的速成班，头顶上盘着大辫子，顶得学生制帽的顶上高高耸起，形成一座富士山。也有解散辫子，盘得平的，除下帽来，油光可鉴，宛如小姑娘的发髻一般，还要将脖子扭几扭。实在标致极了。

中国留学生会馆的门房里有几本书买，有时还值得去一转；倘在上午，里面的几间洋房里倒也还可以坐坐的。但到傍晚，有一间的地板便常不免要咚咚咚地响得震天，兼以满房烟尘斗乱；问问精通时事的人，答道，"那是在学跳舞。"到别的地方去看看，如何呢？

我就往仙台的医学专门学校去。从东京出发，不久便到一处驿站，写道：日暮里。不知怎地,我到现在还记得这名目。其次却只记得水户了,这是明的遗民朱舜水先生客死的地方。仙台是一个市镇,并不大;冬天冷得利害;还没有中国的学生。

大概是物以希为贵罢。北京的白菜运往浙江,便用红头绳系住菜根,倒挂在水果店头,尊为"胶菜";福建野生着的芦荟,一到北京就请进温室,且美其名曰"龙舌兰"。我到仙台也颇受了这样的优待,不但学校不收学费,几个职员还为我的食宿操心。我先是住在监狱旁边一个客店里的,初冬已经颇冷,蚊子却还多,后来用被盖了全身,用衣服包了头脸,只留两个鼻孔出气。在这呼吸不息的地方,蚊子竟无从插嘴,居然睡安稳了。饭食也不坏。但一位先生却以为这客店也包办囚人的饭食,我住在那里不相宜,几次三番,几次三番地说。我虽然觉得客店兼办囚人的饭食和我不相干,然而好意难却,也只得别寻相宜的住处了。于是搬到别一家,离监狱也很远,可惜每天总要喝难以下咽的芋梗汤。

从此就看见许多陌生的先生,听到许多新鲜的讲义。解剖学是两个教授分任的。最初是骨学。其时进来的是一个黑瘦的先生,八字须,戴着眼镜,挟着一叠大大小小的书。将书放在讲台上,便用了缓慢而很有顿挫的声调,向学生介绍自己道:"我就是叫作藤野严九郎的……。"

后面有几个人笑起来了。他接着便讲述解剖学在日本发达的历史,那些大大小小的书,便是从最初到现今关于这一门学问的著作。起初有几本是线装的;还有翻刻中国译本的,他们的翻译和研究新的医学,并不比中国早。

那坐在后面发笑的是上学年不及格的留级学生,在校已经一年,掌故颇为熟悉的了。他们便给新生讲演每个教授的历史。这藤野先生,据说是穿衣服太模糊了,有时竟会忘记带领结;冬天是一件旧外套,寒颤颤的,有一回上火车去,致使管车的疑心他是扒手,叫车里的客人大家小心些。

他们的话大概是真的,我就亲见他有一次上讲堂没有带领结。

过了一星期,大约是星期六,他使助手来叫我了。到得研究室,见他坐在人骨和许多单独的头骨中间,——他其时正在研究着头骨,后来有一篇论文在本校的杂志上发表出来。

"我的讲义,你能抄下来么?"他问。

"可以抄一点。"

"拿来我看!"

我交出所抄的讲义去,他收下了,第二三天便还我,并且说,此后每一星期要送给他看一回。我拿下来打开看时,很吃了一惊,同时也感到一种不安和感激。原来我的讲义已经从头到末,都用红笔添改过了,不但增加了许多脱漏的地方,连文法的错误,也都一一订正。这样一直继续到教完了他所担任的功课:骨学、血管学、神经学。

可惜我那时太不用功,有时也很任性。还记得有一回藤野先生将我叫到他的研究室里去,翻出我那讲义上的一个图来,是下臂的血管,指着,向我和蔼的说道:——

"你看,你将这条血管移了一点位置了。——自然,这样一移,的确比较的好看些,然而解剖图不是美术,实物是那么样的,我们没法改换它。现在我给你改好了,以后你要全照着黑板上那样的画。"

但是我还不服气,口头答应着,心里却想道:"图还是我画的不错;至于实在的情形,我心里自然记得的。"

学年试验完毕之后,我便到东京玩了一夏天,秋初再回学校,成绩早已发表了,同学一百余人之中,我在中间,不过是没有落第。这回藤野先生所担任的功课,是解剖实习和局部解剖学。

解剖实习了大概一星期,他又叫我去了,很高兴地,仍用了极有抑扬的声调对我说道:"我因为听说中国人是很敬重鬼的,所以很担心,怕你不肯解剖尸体。现在总算放心了,没有这回事。"

但他也偶有使我很为难的时候。他听说中国的女人是裹脚的,但不知道详细,所以要问我怎么裹法,足骨变成怎样的畸形,还叹息道,"总要看一看才知道。究竟是怎么一回事呢?"

有一天,本级的学生会干事到我寓里来了,要借我的讲义看。我检出来交给他们,却只翻检了一通,并没有带走。但他们一走,邮差就送到一封很厚的信,拆开看时,第一句是:"你改悔罢!"

这是《新约》上的句子罢,但经托尔斯泰新近引用过的。其时正值日俄战争,托老先生便写了一封给俄国和日本的皇帝的信,开首便是这一句。日本报纸上很斥责他的不逊,爱国青年也愤然,然而暗地里却早受了他的影响了。其次的话,大略是说上年解剖学试验的题目,是藤野先生在讲义上做了记号,我预先知道的,所以能有这样的成绩。末尾是匿名。

我这才回忆到前几天的一件事。因为要开同级会,干事便在黑板上写广告,末一句是"请全数到会勿漏为要",而且在"漏"字旁边加了一个圈。我当时虽然觉到圈得可笑,但是毫不介意,这回才悟出那字也在讥刺我了,犹言我得了教员漏泄出来的题目。

我便将这事告知了藤野先生;有几个和我熟识的同学也很不平,一同去诘责干事托辞检查的无礼,并且要求他们将检查的结果,发表出来。终于这流言消灭了,干事却又竭力运动,要收回那一封匿名信去。结末是我便将这托尔斯泰式的信退还了他们。中国是弱国,所以中国人当然是低能儿,分数在六十分以上,便不是自己的能力了:也无怪他们疑惑。但我接着便有参观枪毙中国人的命运了。第二年添教霉菌学,细菌的形状是全用电影来显示的,一段落已完而还没有到下课的时候,便影几片时事的片子,自然都是日本战胜俄国的情形。但偏有中国人夹在里边:给俄国人做侦探,被日本军捕获,要枪毙了,围着看的也是一群中国人;在讲堂里的还有一个我。

"万岁!"他们都拍掌欢呼起来。

这种欢呼,是每看一片都有的,但在我,这一声却特别听得刺耳。此后回到中国来,我看见那些闲看枪毙犯人的人们,他们也何尝不酒醉似的喝采,——呜呼,无法可想!但在那时那地,我的意见却变化了。

到第二学年的终结,我便去寻藤野先生,告诉他我将不学医学,并且离开这仙台。他的脸色仿佛有些悲哀,似乎想说话,但竟没有说。

"我想去学生物学,先生教给我的学问,也还有用的。"其实我并没有决意要学生物学,因为看得他有些凄然,便说了一个慰安他的谎话。

"为医学而教的解剖学之类,怕于生物学也没有什么大帮助。"他叹息说。

将走的前几天,他叫我到他家里去,交给我一张照相,后面写着两个字道:"惜别",还说希望将我的也送他。但我这时适值没有照相了;他便叮嘱我将来照了寄给他,并且时时通信告诉他此后的状况。

我离开仙台之后,就多年没有照过相,又因为状况也无聊,说起来无非使他失望,便连信也怕敢写了。经过的年月一多,话更无从说起,所以虽然有时想写信,却又难以下笔,这样的一直到现在,竟没有寄过一封信和一张照片。从他那一面看起来,是一去之后,杳无消息了。

但不知怎地,我总还时时记起他,在我所认为我师的之中,他是最使我感激,给我鼓励的一个。有时我常常想:他的对于我的热心的希望,不倦的教诲,小而言之,是为中国,就是希望中国有新的医学;大而言之,是为学术,就是希望新的医学传到中国去。他的性格,在我的眼里和心里是伟大的,虽然他的姓名并不为许多人所知道。

他所改正的讲义,我曾经订成三厚本,收藏着的,将作为永久的纪念,不幸七年前迁居的时候,中途毁坏了一口书箱,失去半箱书,恰巧这讲义也遗失在内了。责成运送局去找寻,寂无回信。只有他的照相至今还挂在我北京寓居的东墙上,书桌对面。每当夜间疲倦,正想偷懒时,仰面在灯光中瞥见他黑瘦的面貌,似乎正要说出抑扬顿挫的话来,便使我忽又良心发现,而且增加勇气了,于是点上一枝烟,再继续写些为"正人君子"之流所深恶痛疾的文字。

十月十二日。

作品二:

第二次考试

何 为

著名的声乐专家苏林教授发现了一件奇怪的事情:在这次参加考试的二百多名合唱训练班学生中间,有一个二十岁的女生陈伊玲,初试时的成绩十分优异:声乐、视唱、练耳和乐理等课目都列入优等,尤其是她的音色美丽和音域宽广令人赞叹。

而复试时却使人大失所望。苏林教授一生桃李满天下，他的学生中间不少是有国际声誉的，但这样年轻而又有才华的学生却还是第一个，这样的事情也还是第一次碰到。

那次公开的考试是在那间古色古香的大厅里举行的。当陈伊玲镇静地站在考试委员会里几位有名的声乐专家面前，唱完了冼星海的那支有名的《二月里来》，门外窗外挤挤挨挨地都站满了人，甚至连不带任何表情的教授们也不免暗暗递了个眼色。按照规定，应试者还要唱一支外国歌曲，她演唱了意大利歌剧《蝴蝶夫人》中的咏叹调《有一个良辰佳日》，以她灿烂的音色和深沉的理解惊动四座，一向以要求严格闻名的苏林教授也不由颔首表示赞许，在他严峻的眼光下，隐藏着一丝微笑。大家都默无一言地注视陈伊玲：嫩绿色的绒线上衣，一条贴身的咖啡色西裤，宛如春天早晨一株亭亭玉立的小树。众目睽睽下，这个本来笑容自若的姑娘也不禁微微困惑了。

复试是在一星期后举行的。录取与否都取决于此。这时将决定一个人终生的事业。经过初试这一关，剩下的人现在已是寥寥无几；而复试将是在各方面更为严格的要求下进行的。本市有名的音乐界人士都到了。这些考试委员和旁听者在评选时几乎都带着苛刻的挑剔神气。但是全体对陈伊玲都留下了这样一个印象：如果合乎录取条件的只有一个人，那么这唯一的一个人无疑应该是陈伊玲。

谁知道事实却出乎意料之外。陈伊玲是参加复试的最后一个人，唱的还是那两支歌，可是声音发涩，毫无光彩，听起来前后判若两人。是因为怯场、心慌，还是由于身体不适，影响声音？人们甚至怀疑到她的生活作风上是否有不够慎重的地方！在座的人面面相觑，大家带着询问和疑惑的眼光举目望她。虽然她掩饰不住自己脸上的困倦，一双聪颖的眼睛显得黯然无神，那顽皮的嘴角也流露出一种无可诉说的焦急，可是就整个看来，她通体是明朗的，坦率的，可以使人信任的；仅仅只因为一点意外的事故使她遭受挫折，而这正是人们感到不解之处。她抱歉地对大家笑笑，于是飘然走了。

苏林教授显然是大为生气了。他从来认为，要做一个真正为人民所爱戴的艺术家，首先要做一个各方面都能成为表率的人，一个高尚的人！歌唱家又何尝能例外！可是这样一个自暴自弃的女孩子，永远也不能成为一个有成就的歌唱家！他生气地侧过头去望向窗外。这个城市刚刚受到过一次今年最严重的台风的袭击，窗外断枝残叶狼藉满地，整排竹篱委身在满是积水的地上，一片惨淡的景象。

考试委员会对陈伊玲有两种意见：一种认为从两次考试可以看出陈伊玲的声音极不稳固，不扎实，很难造就；另一种则认为给她机会，让她再试一次。苏林教授有他自己的看法，他觉得重要的是了解造成她先后两次声音悬殊的根本原因，如果问题在于她对事业和生活的态度，尽管声音的禀赋再好，也不能录取她！这是一切条件中的首要条件！

可是究竟是什么原因呢？

苏林教授从秘书那里取来了陈伊玲的报名单，在填着地址的那一栏上，他用红铅笔划了一条粗线。表格上的那张报名照片是一张叫人喜欢的脸，小而好看的嘴，明快单纯的眼睛，笑起来鼻翼稍稍皱起的鼻子，这一切都像是在提醒那位有名的声乐专家，不能用任何简单的方式对待一个人——一个有生命有思想有感情的人。至少眼前这个姑娘的某些具体情况是这张简单的表格上所看不到的。如果这一次落选了，也许这个人终其一生就和音乐分手了。她的天才可能从此就被埋没。而作为一个以培养学生为责任的音乐教授，情况如果是这样，那他是绝对不能原谅自己的。

第二天，苏林教授乘早上第一班电车出发。根据报名单上的地址，好不容易找到了在杨树浦的那条偏僻的马路，进了弄堂，蓦地不由吃了一惊。

那弄堂里有些墙垣都已倾塌，烧焦的栋梁呈现一片可怕的黑色，断瓦残垣中间时或露出枯黄的破布碎片，所有这些说明了这条弄堂不仅受到台风破坏，而且显然发生过火灾。就在这灾区的瓦砾场上，有些人大清早就在忙碌着张罗。

苏林教授手持纸条，不知从何处找起，忽然听见对屋的楼窗上，有一个孩子有事没事地张口叫着：

"咪——咿——咿——咿——，吗——啊——啊——啊——"仿佛歌唱家在练声的样子。苏林教授不禁为之微笑，他猜对了，那孩子敢情就是陈伊玲的弟弟，正在若有其事地学着他姊姊练声的姿势呢。

从孩子口里知道：他的姊姊是个转业军人，从文工团回来的，到上海后就被分配到工厂里担任行政工作。她是个青年团员，——一个积极而热心的人，不管厂里也好，里弄也好，有事找陈伊玲准没有错！还是在两三天前，这里附近因为台风而造成电线走火，好多人家流离失所，陈伊玲就为了安置灾民，忙得整夜没有睡，终于影响了嗓子。第二天刚好是她去复试的日子，她说声"糟糕"，还是去参加考试了。

这就是全部经过。

"瞧，她还在那儿忙着哪！"孩子向窗外扬了扬手说，"我叫她！我去叫她！"

"不。只要告诉你姊姊：她的第二次考试已经录取了！她完全有条件成为一个优秀的歌唱家，不是吗？我几乎犯了一个错误！"

苏林教授从陈伊玲家里出来，走得很快。是的，这天早晨有什么使人感动的东西充溢在他胸口，他想赶紧回去把他发现的这个音乐学生和她的故事告诉每一个人。

作品三：

小米的回忆

曹靖华

毛泽东同志说：

"枪杆子里面出政权。"

又说：

"延安的一切就是枪杆子造出来的。枪杆子里面出一切东西。"

"我们所依靠的不过是小米加步枪,……这小米加步枪比蒋介石的飞机加坦克还要强些。"

"我们是用小米加步枪打败了日本帝国主义和蒋介石的。"

枪杆子出政权,这是历史经验的总结,"凡是反动的东西,你不打,它就不倒"。

中国人民在中国共产党领导下,艰苦奋斗,推翻了帝国主义、封建主义和官僚资本主义三座大山,建设社会主义,并支援世界人民。帝、修、反,恨之入骨,莫奈我何的,也就是因为用马列主义武装起来的中国人民,手中掌握了枪杆子。

不过,饿着肚子,去冲锋陷阵,消灭敌人,是困难的。所以毛泽东同志当年提及这问题时,用"小米加步枪"来概括。因为没有小米,步枪本身也就难起作用了。可见,人民在取得政权和捍卫政权中,小米之功,是不能抹煞的。

小米因粒小而色黄,故又称黄米,以别于大米、白米。小米古称"禾""稷""谷""粟",北方从播种到收割通称"谷子",去壳后称"小米",原产我国,在我国种植已有六七千年历史。为我国北方主要粮食作物之一。其产区主要在黑龙江以南,淮河流域以北各省。属禾本科,一年生草本。性喜温暖,耐旱,对土壤要求不高,适应性强。

回忆童年时代,距家门口半里来远的小河边上,有一小块砂石地,叫"石垄"。那儿尽是比牛还大的花岗岩石头,有的在地面上,有的大半埋在地下。总之,这是很难耕种的荒地。石与石之间,偶然有小片砂土地。废物利用吧,那地上除了要求低的谷子以外,其他作物是难长的。谷子撒上,谷苗长到五六寸高时,得"间苗",即把过稠的及瘦弱的谷苗别去,把株距五六寸的苗壮谷苗留下。这是农田的轻活,多半都是儿童干的。季节一到,我就干起这活来。

小米味美可口,故乡把它当作细粮。平时舍不得吃,多留给产妇或病人吃的。至于当地人民,常年的主食是玉米,而不是小米。记得当年祖母每逢冬天,爱用砂罐放到炕洞里熬小米稀饭。那时,这就是"高级"食品了。

小米不但味美,且富于营养。它含蛋白质比大米、玉米都高;含脂肪为大米的三倍。此外,还含多量维生素A、B,以及为人体所不可缺的其他成分。

谷子是我国北方各省的主要粮食作物,也是我国种植最早的作物。据说,远在六七千年前,在黄河中游及晋南、豫西一带,在氏族公社里就种粟了。

谷子有防潮、防热、防虫、不易霉烂的优点。自古就有"五谷尽藏,以粟为主"的贮粮备荒作法,在一般情况下,谷子可保存十几年,甚至几十年,是理想的备战备荒粮食。

谷子浑身是宝,谷草是家畜的好饲料,谷糠可喂猪,又是酿造的辅料;谷茬可沤肥及当柴烧。总之,它浑身无弃物。

故乡的小河边上的"石垄"啊,在火红的年代里,它早该变成一马平川的丰产田了吧!

一九三三年,我回国后,在该年底,利用寒假,专程由京赴沪,去探望阔别已久、怀念殷切的鲁迅先生。在反动统治"寒凝大地"的气氛中,我直然落脚到当年一般人很少知道的他的寓所——大陆新村九号。住在三楼上,二楼就是他的卧室而兼工作室。

我去时,还特别带了整整一口袋小米。事后从《鲁迅日记》得知,他把这些小米,还分给内山完造先生、周建人同志和茅盾同志。

当时鲁迅先生一看见这整口袋小米时,惊奇地问道:

"小米,你怎么知道我爱吃小米呢?"

"我从《两地书》知道的。那上边写着,有一次你从北京回上海,动身前就买了小米。"

鲁迅先生一听,就向身旁站的广平同志肩上拍了一下,大家都哈哈大笑起来。

鲁迅先生接着说:"原来如此啊!"

接着,我们的话题就转到小米上了。我说:"上海有小米,二马路、三马路顶西口,那些卖鸟的小铺子,都是用小米喂鸟的,为什么你舍近求远,从北京买小米呢?"

鲁迅先生答道:"那些小米是喂鸟的,不能吃。"

话就到此为止,关于小米再没谈下去了。

"南方小米为什么不能吃",这问题一直没得到解答。

解放初年,在会场上遇到一位老同乡,他是农业科学专家,我问道:"为什么北方小米那么好吃,南方小米却只能作饲料,不能吃?"

他冲口而出说:"土壤问题,北方是碱性土壤,宜于谷子生长,小米好吃。南方是酸性土壤,不宜于谷子生长,小米不能吃,煮不烂,只能当饲料……"

抗战期间,在日本帝国主义侵略者的铁蹄下,四川人常称的"下江人",大批涌到重庆。鲁迅先生说:"野人怀土,小草恋山",背乡离井的人,怎能不怀念落入敌手的故乡国土?怎能不怀念养育自己的故里山川?这"怀乡"情中,也包括从儿童时代起,培养出来的口味。人生在世,天南地北,东奔西走,不管他的生活如何"国际主义化",也不管他如何地"四海为家",但从小培养出来的口味,一般称作家乡味吧。不管他身处天涯海角,对这家乡味,总感分外亲切、可口,即山珍海味,也难与之相比。

当年重庆一条繁华的大街上,有个大众化的北方饭馆,名字似乎就叫"老乡亲",主要卖烧饼和小米稀饭。"下江人"每逢进城,到吃饭时,宁肯饿着肚子,多赶几条街,多绕过一些门口挂着"开堂"二字招牌的当地饭馆,也要赶到"老乡亲",去饱餐一顿烧饼和小米稀饭。当时这些赶到"老乡亲"去吃饭的"下江人",把"吃饭"称作"过瘾"。

有一次,我在"老乡亲""过瘾"时,顺便问道:"老乡,你们这小米从哪来的?"

"从哪来的,拿命换的呢!穿过鬼子一道道封锁线,辗转弄来的。从界首那边弄来的。倒霉时,不是挨打,就是东西被没收,有时还要把人押起来呢!"

啊,小米啊!在日本帝国主义和中国反动派统治下,谁会想到你还有这样多的诉不尽的灾难呢!

八年抗战中,在重庆,小米成了"下江人"念念不忘、可望而不可即的珍品。

党是深深理解这种"怀乡"之情的,所以,每逢总理、董老或八路军驻渝办事处的其他同志,因公去延安,回来时,总尽可能在飞机上多带些小米,用白细布缝成七八寸见方的口袋,每人送一袋。我每逢收到时,把它看作无上珍品,每粒小米,都包含着党对我们的体贴入微的深情厚意啊!当年,那是什么样的景况呢!?一面是反动派处心积虑,要把进步文化工作者斩尽杀绝;一面是我们伟大的党,见义勇为,挺身而出,从敌人的屠刀下,不但决然抢救、庇护其生命,而且直至生活细节,也予以无微不至的关切,甚至连吃的、穿的等等,都尽可能地想到、照料到。在重庆时,周恩来同志不是把延安革命人民,遵照毛主席"自己动手,丰衣足食"的伟大号召,第一次生产的毛呢送给我吗!在中国反动派要将我们斩尽杀绝的险境中,这是"情逾骨肉",最真挚而伟大的"天下父母心"啊!那呢子我得到后,考虑了好久,决定给我的独子作一套制服,可是他异常珍惜,舍不得穿,他知道这是党送的呢子啊。那时他还是孩子,刚入小学。现在他已经被党培养成人,参加了党的行列,最近出国工作时,对当年党送的那套呢衣服,念念不忘,对周伯伯念念不忘。他常说道:"慈母手中线,游子身上衣",并由此而引申道:"党的手中锄,我们碗中粟!"永远怀念着党送给的呢衣料和延安的小米!

当年,我将故乡特产"猴头"邮寄鲁迅先生,他收后来信说:"猴头闻所未闻,诚为珍品,拟俟有客时食之。"重庆时期,总理、董老,从延安带给我的小米,我看作珍品中之珍品,一粒小米,比只猴头还珍贵。郑重地用金属饼干筒装起来,把盖子盖严,"拟俟有病时",任何东西都不能进口时,拿它作"度命"之物。有一次,我得了伤寒,另一次,得了恶性疟疾。高烧中,任何东西不能进口了,就全靠延安小米稀饭度命的。当年,我仗着小米,战胜了病魔。延安革命人民,在党的领导下,不是仗着小米加步枪,击败了美械装备的中国反革命武装吗!

小米加步枪的延安精神,永远鼓舞我们战胜一切困难;周总理、董老对中国反动统治区进步文化工作者的教育和关切,是我终身难忘的。今天,我们在粉碎了"四人帮"篡党夺权的反革命阴谋之后,全国人民在党的领导下,正在发扬小米加步枪的延安精神,建设我们伟大的社会主义祖国。我想起这些往事,心情激动,对未来充满了无比的信心。胜利是属于我们的,明天是属于我们的。

作品四：

荷塘月色

朱自清

这几天心里颇不宁静。今晚在院子里坐着乘凉，忽然想起日日走过的荷塘，在这满月的光里，总该另有一番样子吧。月亮渐渐地升高了，墙外马路上孩子们的欢笑，已经听不见了；妻在屋里拍着闰儿，迷迷糊糊地哼着眠歌。我悄悄地披了大衫，带上门出去。

沿着荷塘，是一条曲折的小煤屑路。这是一条幽僻的路；白天也少人走，夜晚更加寂寞。荷塘四面，长着许多树，蓊蓊郁郁的。路的一旁，是些杨柳，和一些不知道名字的树。没有月光的晚上，这路上阴森森的，有些怕人。今晚却很好，虽然月光也还是淡淡的。

路上只我一个人，背着手踱着。这一片天地好像是我的；我也像超出了平常的自己，到了另一世界里。我爱热闹，也爱冷静；爱群居，也爱独处。像今晚上，一个人在这苍茫的月下，什么都可以想，什么都可以不想，便觉是个自由的人。白天里一定要做的事，一定要说的话，现在都可不理。这是独处的妙处，我且受用这无边的荷香月色好了。

曲曲折折的荷塘上面，弥望的是田田的叶子。叶子出水很高，像亭亭的舞女的裙。层层的叶子中间，零星地点缀着些白花，有袅娜地开着的，有羞涩地打着朵儿的；正如一粒粒的明珠，又如碧天里的星星，又如刚出浴的美人。微风过处，送来缕缕清香，仿佛远处高楼上渺茫的歌声似的。这时候叶子与花也有一丝的颤动，像闪电般，霎时传过荷塘的那边去了。叶子本是肩并肩密密地挨着，这便宛然有了一道凝碧的波痕。叶子底下是脉脉的流水，遮住了，不能见一些颜色；而叶子却更见风致了。

月光如流水一般，静静地泻在这一片叶子和花上。薄薄的青雾浮起在荷塘里。叶子和花仿佛在牛乳中洗过一样；又像笼着轻纱的梦。虽然是满月，天上却有一层淡淡的云，所以不能朗照；但我以为这恰是到了好处——酣眠固不可少，小睡也别有风味的。月光是隔了树照过来的，高处丛生的灌木，落下参差的斑驳的黑影，峭楞楞如鬼一般；弯弯的杨柳的稀疏的倩影，却又像是画在荷叶上。塘中的月色并不均匀；但光与影有着和谐的旋律，如梵婀玲上奏着的名曲。

荷塘的四面，远远近近，高高低低都是树，而杨柳最多。这些树将一片荷塘重重围住；只在小路一旁，漏着几段空隙，像是特为月光留下的。树色一例是阴阴的，乍看像一团烟雾；但杨柳的丰姿，便在烟雾里也辨得出。树梢上隐隐约约的是一带远山，只有些大意罢了。树缝里也漏着一两点路灯光，没精打采的，是渴睡人的眼。这时候最热闹的，要数树上的蝉声与水里的蛙声；但热闹是它们的，我什么也没有。

忽然想起采莲的事情来了。采莲是江南的旧俗，似乎很早就有，而六朝时为盛；

从诗歌里可以约略知道。采莲的是少年的女子,她们是荡着小船,唱着艳歌去的。采莲人不用说很多,还有看采莲的人。那是一个热闹的季节,也是一个风流的季节。梁元帝《采莲赋》里说得好:

　　于是妖童媛女,荡舟心许;鷁首徐回,兼传羽杯;櫂将移而藻挂,船欲动而萍开。尔其纤腰束素,迁延顾步;夏始春余,叶嫩花初,恐沾裳而浅笑,畏倾船而敛裾。

　　可见当时嬉游的光景了。这真是有趣的事,可惜我们现在早已无福消受了。

　　于是又记起《西洲曲》里的句子:

　　采莲南塘秋,莲花过人头;低头弄莲子,莲子清如水。今晚若有采莲人,这儿的莲花也算得"过人头"了;只不见一些流水的影子,是不行的。这令我到底惦着江南了。——这样想着,猛一抬头,不觉已是自己的门前;轻轻地推门进去,什么声息也没有,妻已睡熟好久了。

1927 年 7 月,北京清华园

作品五:

雪浪花

杨　朔

　　凉秋八月,天气分外清爽。我有时爱坐在海边礁石上,望着潮涨潮落,云起云飞。月亮圆的时候,正涨大潮。瞧那茫茫无边的大海上,滚滚滔滔,一浪高似一浪,撞到礁石上,唰地卷起几丈高的雪浪花,猛力冲激着海边的礁石。那礁石满身都是深沟浅窝,坑坑坎坎的,倒像是块柔软的面团,不知叫谁捏弄成这种怪模怪样。

　　几个年轻的姑娘赤着脚,提着裙子,嘻嘻哈哈追着浪花玩。想必是初次认识海,一只海鸥,两片贝壳,她们也感到新奇有趣。奇形怪状的礁石自然逃不出她们好奇的眼睛,你听她们议论起来了;礁石硬得跟铁差不多,怎么会变成这样子?是天生的,还是錾子凿的,还是怎的?

　　"是叫浪花咬的。"一个欢乐的声音从背后插进来。说话的人是个上年纪的渔民,从刚拢岸的渔船跨下来,脱下黄油布衣裤,从从容容晾到礁石上。

　　有个姑娘听了笑起来:"浪花也没有牙,还会咬?怎么溅到我身上,痛都不痛?咬我一口多有趣。"

　　老渔民慢条斯理说:"咬你一口就该哭了。别看浪花小,无数浪花集到一起,心齐,又有耐性,就是这样咬啊咬的,咬上几百年,几千年,几万年,哪怕是铁打的江山,也能叫它变个样儿。姑娘们,你们信不信?"

　　说得妙,里面又含着多么深的人情世故。我不禁对那老渔民望了几眼。老渔民长得高大结实,留着一把花白胡子。瞧他那眉目神气,就像秋天的高空一样,又清朗,又深沉。老渔民说完话,不等姑娘们搭言,早回到船上,大声说笑着,动手收拾着满船烂银也似的新鲜鱼儿。

我向就近一个渔民打听老人是谁,那渔民笑着说:"你问他呀,那是我们的老泰山。老人家就有这个脾性,一辈子没养女儿,偏爱拿人当女婿看待。不信你叫他一声老泰山,他不但不生气,反倒摸着胡子乐呢。不过我们叫他老泰山,还有别的缘故。人家从小走南闯北,经的多,见的广,生产队里大事小事,一有难处,都得找他指点,日久天长,老人家就变成大伙依靠的泰山了。"

此后一连几日,变了天,飘飘洒洒落着凉雨,不能出门。这一天晴了,后半晌,我披着一片火红的霞光,从海边散步回来,瞟见休养所院里的苹果树前停着辆独轮小车,小车旁边有个人俯在磨刀石上磨剪刀。那背影有点儿眼熟。走到跟前一看,可不正是老泰山。

我招呼说:"老人家,没出海打鱼么?"

老泰山望了望我笑着说:"嗐,同志,天不好,队里不让咱出海,叫咱歇着。"

我说:"像你这样年纪,多歇歇也是应该的。"

老泰山听了说:"人家都不歇,为什么我就应该多歇着?我一不瘫,二不瞎,叫我坐着吃闲饭,等于骂我。好吧,不让咱出海,咱服从;留在家里,这双手可得服从我。我就织鱼网,磨鱼钩,照顾照顾生产队里的果木树,再不就推着小车出来走走,帮人磨磨刀,钻钻磨眼儿,反正能做多少活就做多少活,总得尽我的一份力气。"

"看样子你有六十了吧?"

"哈哈!六十?这辈子别再想那个好时候了——这个年纪啦。"说着老泰山捏起右手的三根指头。

我不禁惊疑说:"你有七十了么?看不出。身板骨还是挺硬朗。"

老泰山说:"嗐,硬朗什么?头四年,秋收扬场,我一连气还能扬它一两千斤谷子。如今不行了,胳膊害过风湿痛病,抬不起来,磨刀磨剪子,胳膊往下使力气,这类活儿还能做。不是胳膊拖累我,前年咱准要求到北京去油漆人民大会堂。"

"你会的手艺可真不少呢。"

"苦人哪,自小东奔西跑的,什么不得干。干的营生多,经历的也古怪,不瞒同志说,三十年前,我还赶过脚呢。"说到这儿,老泰山把剪刀往水罐里蘸了蘸,继续磨着,一面不紧不慢地说:"那时候,北戴河跟今天可不一样。一到三伏天,来歇伏的差不多净是蓝眼珠的外国人。有一回,一个外国人看上我的驴。提起我那驴,可是百里挑一:浑身乌黑乌黑,没一根杂毛,四只蹄子可是白的。这有个讲究,叫四蹄踏雪,跑起来,极好的马也追不上。那外国人想雇我的驴去逛东山。我要五块钱,他嫌贵。你嫌贵,我还嫌你胖呢。胖的像条大白熊,别压坏我的驴。讲来讲去,大白熊答应我的价钱,骑着驴逛了半天,欢欢喜喜照数付了脚钱。谁料想隔不几天,警察局来传我,说是有人把我告下了,告我是红胡子,硬抢人家五块钱。"

老泰山说的有点气促,喘嘘嘘的,就缓了口气,又磨着剪子说:"我一听气炸了肺。我的驴,你的屁股,爱骑不骑,怎么能诬赖人家是红胡子?赶到警察局一看,大白熊倒轻松，望着我乐得闭不拢嘴。你猜他说什么？他说：你的驴快，我要再雇一趟去秦皇岛，到处找不着你。我就告你。一告，这不是，就把红胡子抓来了。"

我忍不住说："瞧他多聪明！"

老泰山说："聪明的还在后头呢，你听着啊。这回倒省事，也不用争，一张口他就给我十五块钱，骑上驴，他拿着根荆条，抽着驴紧跑。我叫他慢着点，他直夸奖我的驴有几步好走，答应回头再加点脚钱。到秦皇岛一个来回，整整一天，累得我那驴浑身湿淋淋的，顺着毛往下滴汗珠——你说叫人心疼不心疼？"

我插问道："脚钱加了没有？"

老泰山直起腰，狠狠吐了口唾沫说："见他的鬼！他连一个铜子儿也不给，说是上回你讹诈我五块钱，都包括在内啦，再闹，送你到警察局去。红胡子！红胡子！直骂我是红胡子。"

我气得问："这个流氓，他是哪国人？"

老泰山说："不讲你也猜得着。前几天听广播，美国飞机又偷着闯进咱们家里。三十年前，我亲身吃过他们的亏，这笔账还没算清。要是倒退五十年，我身强力壮，今天我呀——"

休养所的窗口有个妇女探出脸问："剪子磨好没有？"

老泰山应声说："好了。"就用大拇指试试剪子刃，大声对我笑着说："瞧我磨的剪子，多快。你想剪天上的云霞，做一床天大的被，也剪得动。"

西天上正铺着一片金光灿烂的晚霞，把老泰山的脸映得红通通的。老人收起磨刀石，放到独轮车上，跟我道了别，推起小车走了几步，又停下，弯腰从路边掐了枝野菊花，插到车上，才又推着车慢慢走了，一直走进火红的霞光里去。他走了，他在海边对几个姑娘讲的话却回到我的心上。我觉得，老泰山恰似一点浪花，跟无数浪花集到一起，形成这个时代的大浪潮，激扬飞溅，早已把旧日的江山变了个样儿，正在勤勤恳恳塑造着人民的江山。

老泰山姓任。问他叫什么名字，他笑笑说："山野之人，值不得留名字。"竟不肯告诉我。

作品六：

长江三峡

刘白羽

在信中，我这样叙说："这一天，我像在一支雄伟而瑰丽的交响乐中飞翔。我在海洋上远航过，我在天空中飞行过，但在我们的母亲河流长江上，第一次，为这样一种大自然的伟力所吸引了。"

朦胧中听见广播说，到了奉节。"江津号"停泊时，天已微明。起来看了一下，峰峦刚刚从黑夜中显露出一片灰蒙蒙的轮廓。启碇续行，我来到休息室里。只见前边两面悬崖绝壁，中间一条狭狭的江面，船已进入瞿塘峡了。江随壁转，前面天空上露出一片金色阳光，像横着一条金带，其余各处还是云海茫茫。瞿塘峡口为三峡最险处。杜甫《夔州歌》云："白帝高为三峡镇，瞿塘险过百牢关。"古时歌谣说："滟滪大如马，瞿塘不可下；滟滪大如猴，瞿塘不可游；滟滪大如龟，瞿塘不可回；滟滪大如象，瞿塘不可上。"这滟滪堆原是对准峡口的一堆黑色巨礁。万水奔腾，冲进峡口，便直奔巨礁而来，你可想象得到那真是雷霆万钧。船如离弦之箭，稍差分厘，便会撞得粉碎。现在，这巨礁早已炸掉。不过，瞿塘峡中依然激流澎湃，涛如雷鸣，江面形成无数漩涡。船从漩涡中冲过，只听得一片哗啦啦的水声。过了八公里长的瞿塘峡，乌沉沉的云雾突然隐去，峡顶上一道蓝天，浮着几小片金色浮云，一注阳光像闪电样落在左边峭壁上。右面峰顶上一片白云像银片样发亮了，但阳光还没有降临。这时，远远前方，层峦叠嶂之上，迷蒙云雾之中，忽然出现一团红雾。你看，绛紫色的山峰衬托着这一团雾，真美极了，就像那深谷之中反射出红色宝石的闪光，令人仿佛进入了神话境界。这时，你朝江流上望去，也是色彩缤纷：两面巨崖，倒影如墨；中间曲曲折折，却像有一条闪光的道路，上面荡着细碎的波光；近处山峦，则碧绿如翡翠。时间一分钟一分钟过去，前面那团红雾更红更亮了。船越驶越近，渐渐看清有一高峰亭亭笔立于红雾之中，渐渐看清那红雾原来是千万道强烈的阳光。八点二十分，我们来到这一片明朗的金黄色朝阳之中。

抬头望处，已到巫山。上面阳光垂照下来，下面浓雾滚涌上去，云蒸霞蔚，颇为壮观。刚从远处看到的那个笔直的山峰，就站在巫峡口上，山如斧削，隽秀婀娜。人们告诉我，这就是巫山十二峰的第一峰。它仿佛在招呼上游来的客人说："你看，这就是巫山巫峡了。""江津号"紧贴山脚进入峡口。红通通的阳光恰在此时射进玻璃厅中，照在我脸上。峡中，强烈的阳光与乳白色云雾交织在一起，数步之隔，这边是阳光，那边是云雾，真是神妙莫测。几只木船从下游上来，帆给阳光照得像透明的白色羽翼。山峡越来越狭，前面两山对峙，看去连一扇大门那么宽也没有，而门外完全是白雾。

八点五十分，满船人都在仰头观望。我也跑到甲板上，看到万仞高峰之巅，有一细石耸立，如同一人对江而望，那就是充满神奇色彩的传说的美女峰了。据说一个渔人在江中打鱼，突遇狂风暴雨，船覆灭顶。他的妻子抱着小孩从峰顶眺望，盼他回来，一天一天，一月一月，他终未回来，而她却依然不顾晨昏，不顾风雨，站在那儿等候着他——至今还在那儿等着他呢。

如果说瞿塘峡像一道闸门，那么巫峡简直像江上一条迂回曲折的画廊。船随山势左一弯，右一转，每一曲，每一折，都向你展开一幅绝好的风景画。两岸山峰连绵不断，山势奇绝，巫山十二峰各有各的姿态，人们给它们以很高的评价和美的命名，使我们的江山增加了诗意。而诗意又是变化无穷的：突然是深灰色石岩从高空直垂而下，浸入江心，令人想到一个巨大的惊叹号；突然是绿茸茸的草坂，像一支充满幽情的乐曲。特别好看的是悬崖上那一堆堆给秋霜染得红艳艳的野草，简直像是满山杜鹃了。峡陡江急，江面布满大大小小的漩涡，船只能缓缓行进，像一个在崇山峻岭之间慢步前行的旅人。但这正好使远方来的人有充裕时间欣赏这莽莽苍苍、浩浩荡荡长江上大自然的壮美。苍鹰在高峡上盘旋，江涛追随着山峦激荡，山影云影，日光水光，交织成一片。

十点，江面渐趋广阔，"江津号"急流稳渡，穿过了巫峡。十点十五分到巴东，进入湖北境内，十点半到牛口，江浪汹涌，船在浪头上摇摆着前进。江流刚奔出巫峡，还没来得及喘息，却又冲入第三峡——西陵峡了。

西陵峡比较宽阔，但是江流至此变得特别凶恶，处处是急流，处处是险滩。船一下像流星随着怒涛冲去，一下又绕着险滩迂回浮进。最著名的三个险滩是：泄滩、青滩和崆岭滩。初下泄滩，看着那万马奔腾的江水，到这里突然变成千万个漩涡，你会感到江水简直是在旋转不前。"江津号"剧烈地震动起来。这一节江流虽险，却流传着无数优美的传说。十一点十五分到秭归。秭归是楚先王熊绎始封之地，也是屈原的故乡。后来屈原被流放到汨罗江，死在那里。民间流传着：屈大夫死日，有人在汨罗江畔看见他峨冠博带，骑一匹白马飘然而去。又传说：屈原死后，被一条大鱼驮回秭归，终于从流放之地回到故乡。这一切初听起来过于神奇怪诞，却正反映了人民对屈原的无限怀念之情。

秭归正面有一大片铁青色礁石，森然耸立江面。经过很长一段急流才绕过泄滩。在最急峻的地方，"江津号"用尽全副精力，战抖着、震颤着前进。急流刚刚滚过，前面有一奇峰突起，江水沿着这山峰右面流去。山峰左面却又出现一道河流，原来这里就是王昭君诞生地香溪。它一下就令人记起杜甫的诗："群山万壑赴荆门，生长明妃尚有村。"我们遥望了一下香溪，船便沿着山峰进入一道无比险峻的长峡——兵书宝剑峡。这儿完全是一条窄巷。我到船头上，抬头仰望，只见黄石碧岩，高与天齐。再驶行一段，就到了青滩。江面陡然下降，波涛汹涌，浪花四溅，你还没来得及仔细观看，船已像箭一样迅速飞下，巨浪被船头劈开，旋卷着，合在一起，一下又激荡开去。江水像滚沸了一样，到处是泡沫，到处是浪花。船上的同志指着岩上一处乡镇告诉我："长江航船上很多领航人都出生在这儿……就是木船要想渡过青滩，也得请这儿的人引领过去。"这时我正注视着一只逆流而上的木船，看起来这青滩的声势十分吓人，但人们只要从汹涌浪涛中掌握了一条前进的途径，也就战胜大自然了。

中午，"江津号"到了崆岭滩跟前。长江上的人都知道："泄滩青滩不算滩，崆岭才是鬼门关。"可见其凶险了。眼看一片灰色礁石布满水面，船抛锚停泊了。原来崆岭滩一条狭窄航道只能过一只船，这时有只江轮正在上行，我们只好等着。谁知竟等了好久，可见那上行的船是如何小心翼翼了。"江津号"驶下崆岭滩时，只见一片乱石林立，我们简直不像在浩荡的长江上，而是在苍莽的丛林中寻找小径跋涉前进了。

作品七：

战士和苍蝇

鲁 迅

Schopenhauer 说过这样的话：要估定人的伟大，则精神上的大和体格上的大，那法则完全相反。后者距离愈远即愈小，前者却见得愈大。

正因为近则愈小，而且愈看见缺点和创伤，所以他就和我们一样，不是神道，不是妖怪，不是异兽。他仍然是人，不过如此。但也惟其如此，所以他是伟大的人。

战士战死了的时候，苍蝇们所首先发现的是他的缺点和伤痕，嘬着，营营地叫着，以为得意，以为比死了的战士更英雄。但是战士已经战死了，不再来挥去他们。于是乎苍蝇们即更其营营地叫，自以为倒是不朽的声音，因为它们的完全，远在战士之上。

的确的，谁也没有发现过苍蝇们的缺点和创伤。

然而，有缺点的战士终竟是战士，完美的苍蝇也终竟不过是苍蝇。

去罢，苍蝇们！虽然生着翅子，还能营营，总不会超过战士的。你们这些虫豸们！

三月二十一日。

思考与练习

一、散文有哪些主要的特点？

二、散文有哪几种类型？

三、散文有哪几种结构形式？

四、立意和意境是散文的灵魂，怎样才能做到立意新颖、意境如诗？

五、根据你对学习、生活的观察和体悟，写一篇千字以内的散文。在写作中，注意文章的立意、意境、结构形式和语言。

三、小说

（一）小说的含义及发展

小说是通过对故事情节的叙述和具体环境的描写来刻画人物性格、反映社会生活的一种文学体裁。我国小说历史悠久，源远流长，小说一词早见于《庄子·外物》。该篇说："饰小说以干县令，其于大达亦远矣。"但这里的"小说"，和我们今天所说的小说含义不尽相同，它不是指文体，而是指那些无关大雅的琐屑的言谈，微小的道理。汉代的史学家班固在《汉书·艺文志》说："小说家者流，盖出于'稗官'街谈巷议，道听途说者之所造也。"这是说，小说来自于民间传说。从《汉书·艺文志》所开列的一些书目看来，班固心目中的小说也没有一定的范围，它的含义，和我们今天对小说概念的理解也不一样，凡是无类可归的杂书，在《汉书·艺文志》中都放到了小说这一类中去。

我国的小说产生于先秦两汉，真正的渊源是神话。秦汉以前的《山海经》《穆天子传》，保存了许多神话的传说，并夹杂着不少寓言故事，它们就是我国小说的萌芽。汉魏南北朝时期，小说创作盛行，产生了许多作品，有志怪小说和志人轶事小说两大类。侈谈鬼神迷信的有干宝《搜神记》、颜之推《冤魂志》等，记述当时著名人物和风流文士言行风貌的有刘歆《西京杂记》（实系葛洪所作）、刘义庆《世说新语》等。唐宋是我国小说的成熟期，内容多从神话转为现实生活，手法也多有创新。唐代有传奇小说，例如王度的《古镜记》、李朝威的《柳毅传》、白行简的《李娃传》、元稹的《莺莺传》、陈鸿的《长恨歌传》等。宋代有话本小说（即白话小说），据罗烨《醉翁谈录》的统计有一百十五种之多，但现存的还不到二三十篇，散见于《京本通俗小说》《清平山堂话本》《喻世明言》《警世通言》《醒世恒言》诸书中，例如《碾玉观音》《闹樊楼多情周胜仙》《错斩崔宁》《宋四公大闹禁魂张》《快嘴李翠莲记》等，讲史的话本小说有《新编五代史平话》《大宋宣和遗事》等。明清时期是我国古代小说的鼎盛时期，尤其是长篇小说的创作出现了空前的繁荣，涌现了许多具有高度思想价值与艺术价值的巨著。例如罗贯中的《三国演义》（全称《三国志通俗演义》），施耐庵的《水浒传》，吴承恩的《西游记》，许仲琳的《封神演义》，兰陵笑笑生的《金瓶梅》，冯梦龙的《古今小说》，凌濛初的《拍案惊奇》，钱彩编写、金丰增订的《说岳全传》，吴敬梓的《儒林外史》，蒲松龄的《聊斋志异》，曹雪芹的《红楼梦》，李汝珍的《镜花缘》，褚人获的《隋唐演义》，蔡元放改编的《东周列国志》，等等。五四运动的兴起，推动了新文化运动，出现了大量多种题材、多种风格的现代小说。五四前夕到抗日战争时期，影响较大的有鲁迅的《呐喊》《彷徨》小说集，茅盾的《子夜》《腐蚀》，巴金的《家》《春》《秋》，老舍的《骆驼祥子》《四世同堂》，沈从文的《边城》，赵树理的《小二黑结婚》《李有才板话》，孙犁的《荷花淀》，丁玲的《太阳照在桑干河上》，周立波的《暴风骤雨》，艾芜的《山野》，钱锺书的《围城》等。20世纪50年代后，反映民主革命斗争风云、较有影响的长篇小说主要有杜鹏程的《保卫延安》，梁斌的《红旗谱》，吴强的《红日》，杨沫的《青春之歌》，曲波的《林海雪原》，罗广斌、杨益言的《红岩》等；短篇小说主要有峻青的《黎明的河边》，王愿坚的《党费》，茹志鹃的《百合花》，等。反映社会主义革命和建设成就的中长篇小说有赵树理的《三里湾》，柳青的《创业史》，周立波的《山乡巨变》，艾芜的《百炼成钢》，周而复的《上海的早晨》，孙犁的《铁木全传》，杜鹏程的《在和平的日子里》，古华的《芙蓉镇》，刘心武的《钟鼓楼》，张洁的《沉重的翅膀》，李準的《黄河东流去》，柯云路的《新星》，张炜的《古船》，贾平凹的《浮躁》，黎汝清的《皖南事变》，魏巍的《地球的红飘带》，谌容的《人到中年》，鲁彦周的《天云山传奇》，王蒙的《蝴蝶》，张一弓的《犯人李铜钟的故事》，李存葆的《高山下的花环》，郑义的

《老井》，莫言的《红高粱》，刘索拉的《你别无选择》，等；短篇小说有刘心武的《班主任》，高晓声的《李顺大造屋》《陈奂生上城》，蒋子龙的《乔厂长上任记》，王蒙的《春之声》，陆文夫的《围墙》，铁凝的《哦，香雪》，等等。20世纪中叶以来，港台地区也出版了一些小说。香港地区有唐人的《金陵春梦》，还有金庸、梁羽生的武侠小说，如金庸的《书剑恩仇录》《射雕英雄传》《神雕侠侣》《雪山飞狐》，梁羽生的《塞外奇侠传》《七剑下天山》《大唐游侠传》《武林三绝》，等等。台湾地区有琼瑶的言情小说《烟雨濛濛》《几度夕阳红》《心有千千结》《在水一方》《月朦胧鸟朦胧》，林海音的"怀乡文学"小说集《城南旧事》，等等。

历史在前进，小说在发展。当前，小说在创作各方面已有可喜的突破，成了广大群众文化生活中不可缺少的精神食粮。

（二）小说的特点

小说的特点，主要有三：

1. 以塑造人物为主

小说要根据现实生活创造出各种各样的典型人物，并通过典型人物的刻画，来反映纷繁复杂的现实生活，表达主题思想。例如鲁迅的小说《故乡》，创造了闰土这个农民的典型形象，通过闰土性格、形象的前后变化，反映了半封建半殖民地社会农民被剥削的真相和当时农村濒临破产的情况，也表现作者对农民的同情与对农民解放的希望。又如《红楼梦》，通过对贾、王、史、薛"四大家族"由盛到衰的细致描写，形象地反映了中国封建社会的现实生活，展示了中国封建统治阶级不可挽救的灭亡命运，塑造了420多个不同类型的人物形象，其中在读者心中留下深刻印象的就有三四十人。"文学是人学"，作家要研究人，描写人，小说家更应如此。有没有塑造出鲜明生动的典型人物形象，是一部（篇）小说写得成功不成功的重要标志。

2. 有比较完整的故事情节

叙事性的文学文体都离不开情节，但小说的情节要求比较完整，有一定的连贯性。散文、通讯、报告文学等虽然也有故事情节，却比较单纯、片断，并不要求完整，例如魏巍的通讯《谁是最可爱的人》，只是用三个没有连贯性的故事来阐明一个主题，每个故事中各有不同的人物，从整篇来说，并未组成完整的故事情节。但同样是描写战争题材的李存葆的小说《高山下的花环》，在情节安排上就不同了，它不是描写战争生活的片断，而是描写了一系列生动的事件和细节：赵蒙生的曲线调动，雷军长的骂娘，靳开来的牢骚，梁三喜饱经风霜的成长史，薛凯华令人遗憾的牺牲，玉秀和梁大娘的来队，等等，这些事件所组成的情节，是连贯的，能反映广阔复杂的社会生活，揭示尖锐的社会矛盾。

高尔基说："文学的第三个要素是情节，即人物之间的联系、矛盾、同情、反感和一般的相互关系，某种性格、典型的成长和构成的历史。"（《和青年作家谈话》）小说中人物性格的塑造，是通过一定的故事情节来完成的。如鲁迅的《阿Q

正传》，就是一部符合生活发展规律，情节比较完整的作品。这部小说以阿Q的活动为中心线索，以代表雇农的阿Q和代表封建地主阶级的赵太爷为矛盾的主要对立面。小说的第一章是情节的开始，交代了阿Q、赵太爷等主要人物，揭示了他们之间的矛盾关系。第二、第三章通过阿Q的系列活动，揭示了阿Q"精神胜利法"的基本特征，阿Q和赵太爷的矛盾更加明朗化。第四章到第七章，情节继续发展，阿Q和赵太爷的矛盾进一步激化，由于封建统治阶级对阿Q政治上的压迫、经济上的剥削和思想上的腐蚀，阿Q生活中发生了一系列悲剧，迫使阿Q参加了革命。第八章是情节的高潮，矛盾发展到了顶点。由于旧民主主义革命的不彻底性，反动阶级很快就复辟了，参加了革命的阿Q，当然只有死路一条。第九章是结尾，以"大团圆"收场。小说中的情节发展是以生活发展的逻辑为基础的，但又比实际生活更加集中，更加概括。小说有比较完整的情节，可以增强它的故事性，吸引更多的读者来阅读。

3. 有具体的环境描写

由于小说创作要求对人物性格的刻画更为细致，情节更为完整，这就要有具体的环境描写。环境描写是衬托人物性格和显示故事情节的不可缺少的手段，对揭示作品的思想意义也有重大的作用。

小说中所写的环境，可以分为社会环境和自然环境两种。

社会环境是指作品中所写的人与人之间的关系，当时社会的一个总的形势；自然环境是指人物活动的具体场所，也就是对自然景物的描写。

小说的描写不受时间、空间的限制，因此它在环境的展示上最为自由。它可以多方面地、立体式地把各种生活场面同时展现出来。例如在《红楼梦》中，作者描写了万象纷呈的各种场面，这在戏剧与散文中是根本无法办到的。小说还可以深入细致地展现人物活动的具体环境，小说家的笔触可以深入人物活动的各个角落。例如吴敬梓笔下的秦淮河，鲁迅笔下的浙东农村，茅盾笔下的上海交易所，古华笔下的芙蓉镇，这些环境都是小说家笔下的人物活动的具体场所，是展示人物性格的一个不可缺少的重要部分。

（三）小说的分类

根据小说的容量与篇幅，小说可分为长篇小说、中篇小说、短篇小说、微型小说四类。

1. 长篇小说

长篇小说一般都在12万字以上，是一种大型的叙事性文学，容量大，篇幅长，人物众多，情节复杂。它通过对各种人物的塑造和广阔的社会生活的描绘，揭示出复杂的社会关系，反映出一定时期的重大事件和历史面貌。因此，优秀的长篇小说常被称为"时代的史诗"，鲁迅则称之为"巨大的纪念碑"式的作品。恩格斯曾高度评价巴尔扎克的长篇小说《人间喜剧》，说《人间喜剧》"给予了我们一部法国社会的卓越的现实主义的历史"，他从这部书中学到的东西"比从当时所有专门历史

学家、经济学家和统计学家的全部著作合拢起来所学到的要多……"(《给哈克奈斯的信》)

2. 中篇小说

中篇小说一般是 3 万字至 12 万字之间，是介于长篇小说与短篇小说之间的一种小说体裁，它既不是长篇小说的摘要，又不是短篇小说的拉长。从概括社会生活的容量来看，中篇小说虽不及长篇小说那样宏大，但也要向读者展示一个较完整的历史面貌。从塑造人物形象来看，中篇小说虽不像长篇小说那样要写出众多的人物形象，但也要描绘较多的人物，而且这些人物还应该是典型的。从情节发展上来看，中篇小说虽不及长篇小说有着非常复杂的故事情节，但也要有较多的情节变化，通过故事情节的发展，丰富和发展人物性格，塑造人物形象。我国当代作家谌容写的《人到中年》、从维熙写的《大墙下的红玉兰》、陆文夫写的《美食家》、邓友梅写的《烟壶》、鲁彦周写的《天云山传奇》等，就是中篇小说。

3. 短篇小说

短篇小说是一种能够及时反映社会生活的短小精悍的叙事作品。短篇小说在反映社会生活时，不像长篇小说那样广阔地、多方面地描绘生活面貌和事件的历史进程，而只是截取生活的横断面，从现实生活的某一侧面，通过有意义的片断来加以描绘。因此，它的故事情节就不像长篇小说那样错综复杂，波澜壮阔，而是单纯明了、线索清晰，通常只以一个中心事件作为作品的主干。

短篇小说反映的生活幅度虽小，故事情节也较简单，但能够因小见大，见微知著，从富有典型意义的生活片断中，鲜明地体现出重大的思想意义，深刻地反映出社会生活的本质和规律，正如鲁迅所说："仍可借一斑略知全豹，以一目尽传精神。""在巍峨灿烂的巨大的纪念碑底的文学之旁，短篇小说也依然有着存在的充足的权利。不但巨细高低，相依为命，也譬如身入大伽蓝中，但见全体非常宏丽，眩人眼睛，令观者心神飞越，而细看一雕栏一画础，虽然细小，所得却更为分明，再以此推及全体，感受遂愈加切实，因此那些终于为人所注重了。"(《〈近代世界短篇小说集〉小引》)短篇小说正是这"一雕栏，画础"，因此，它要求高度的集中和精练。鲁迅、契诃夫、莫泊桑等作家的短篇小说，都是以凝练著称的。

短篇小说由于容量小、篇幅短，它不能像长篇小说那样同时展开一组组人物的活动，通过众多的人物形象来反映社会生活，而只能集中笔墨描写主要人物的主要性格特征。如鲁迅在《孔乙己》中，只是着力刻画了孔乙己这个主要人物，次要人物只有一个掌柜和一个小伙计。对于孔乙己的性格特征，鲁迅也没有不分主次地全部予以表现，而只是突出了他做了科举制度的牺牲品而不觉，以"读书人"自居而放不下面子这一主要性格特征，从而深刻揭露了封建科举制度和封建礼教对中国知识分子的毒害。

短篇小说通常只以一个中心事件作为全篇的主干，所以故事发生的场景比较集中。例如鲁迅的《孔乙己》，故事发生的场景只在鲁镇上的一个咸亨酒店内，《风波》故事发生的场景,就在江南的一个农家小场院前,通过这小场院前发生的"风波",深刻地反映辛亥革命的不彻底性。

4. 微型小说

微型小说也称小小说,有的地方也叫"一分钟小说"或"一袋烟小说",这是一种篇幅极短的小说,读者只要花很短的时间,就可以读完。例如李玉良的《应聘》,只有千余字,讲述了一次应聘发生的故事。应聘者吴仁虽学历较低,但因德才突出被录取了,故事的立意和情节都不错。

微型小说的文字相当精练,通常在千字以内。它截取生活的横断面比短篇小说更小,结构上可以有"头"无"尾",可以有"尾"无"头",也可以无"头"无"尾",但它却像园林中的微型盆景,格局虽小,却也主次分明,比例恰当,疏密有致,虚实相间。在人物描写上,微型小说一般只作白描的勾勒,不宜作冗长的叙述、细腻的心理描写与大段的环境衬托,而主要是通过人物富有特征性的语言和动作,浮雕般地突出性格的某一侧面。微型小说纸短情长,言不尽意,能以小见大,以少胜多,所以阿·托尔斯泰说:"小小说,这是训练作家最好的学校。"(《什么是小小说》,见《阿·托尔斯泰论文学》)

(四)小说的写作

小说的写作,主要要在下面三方面下功夫:

1. 写好人物

写好人物是小说的中心问题。小说主要是靠人物形象来感染人,打动人,并表达作者的美学思想。成功的人物形象会流传久远,成为文学史上不朽的典型,长期活在读者的心里,例如《水浒传》写的108将,个个栩栩如生,呼之欲出,过目难忘。何谓成功的人物形象呢?就是所塑造的人物形象具有典型性,既有社会一类人的本质特点,还有自己鲜明的个性色彩。怎样才能做到这一点呢?常见的方法有两种。一种方法是以生活中的某一个原型为主,再加以概括、想象和虚构来创造典型。有些小说在塑造人物时,是以生活中的某一原型为主的。如赵树理是依照他自己父亲的样子刻画出了活脱脱的二诸葛(《小二黑结婚》中的人物);巴金是将自己哥哥作原型塑造出了高觉新(《家》中的人物);列夫·托尔斯泰在长篇小说《安娜·卡列尼娜》中所写的安娜的肖像,是模仿了俄国诗人普希金女儿的外貌特征;周立波在长篇小说《山乡巨变》中把亭面糊的性格写得那么生动,是依据了他的一位邻居的"面糊"性格;姚雪垠的长篇历史小说《李自成》中李自成的形象,基本上也是按照明末农民起义领袖李自成的原型来写的;至于高玉宝的长篇自传体小说《高玉宝》中玉宝的形象,那更是他自身的写照了。在写小说的时候,即使按照生活中的某一原型来塑造人物,作者也要作概括、想象和某些虚构。如果不作任何虚构,那就不是小说而是报告文学或传记文学了。塑造典型人物的另一种方法,在广泛地集中、概括众多人物特征的基础上塑造典型。这种方法,也就是鲁迅所说的"杂取种种人,合成一个"的方法。高尔基在《我怎样学习写作》中也讲过:"假如一个作家能从25个到50个，以至几百个小商人、官吏、工人的每个人身上，抽出他们最富特征的阶级特点、性癖、趣味、动作、信仰和谈风等，把这些东西抽取出来，再把他们综合在一个小商人、官吏、工人的身上，——那么这个作家靠了这种手法就创造出'典型'来，——而这才是艺术。"运用这种方法，要求小说的作者把许多分散的、在一定程度上能够表现事物本质的现象集中起来，并且通过丰富的想象把它们熔铸成一个人物，从而创造出具有很大的概括性的"典型环境中的典型人物"。绝大多数的小说作者，都是用这种方法来塑造典型人物的。例如鲁迅所创造的阿Q这个典型，据周遐寿在《鲁迅小说里的人物》一书中说：阿Q的形象在绍兴乡下是有一个基本原型的，这个原型叫阿桂，不但名字与阿Qui相通，而且生活阅历、社会地位也与阿Q有相同之处。如阿桂以"打短工为生""做过小偷"，而且"实在还是游手好闲"等等，就有阿Q的生活影子。但鲁迅在《阿Q正传》中写到的阿Q做过的许多事情，并不是阿桂做的，而是别人做的。譬如"恋爱的悲剧"的实际演出者，则是鲁迅的同高祖的叔辈，一个名凤桐号桐生的少爷。"有一天桐少爷在他们（按：指鲁迅的另一个本家）的灶头，不知怎的忽然向老妈子跪下道：你给我做了老婆，你给我做了老婆！那老妈子吵了起来，伯父便赶来拿了大竹杠在桐生的脊梁上敲了好几下"。鲁迅把桐生少爷干的这件丑事取来写在阿Q的身上，并且将情节加以扩充和发展，意义就大不相同了。首先，作者描写阿Q在佣人吴妈面前下跪的前因，将"求爱"的情节与阿Q的"精神胜利法"联系了起来，并且涉及了他的妇女观，描写了阿Q"男女之大防"的学说、排斥异端之勇气、直到被小尼姑骂得飘飘然起来……这样，不但为"求爱"的情节找到了合理的心理根据，而且进一步加深了它的社会意义：通过对阿Q妇女观的讽刺，深刻地攻击了封建礼教之虚伪、丑恶（阿Q其实只不过是受影响而已）。作者又将"求爱"的情节加以发展，改变了素材中主角仅仅挨了几下竹杠便完结了事的结局，而充分地描写了它的悲剧性的后果：典质、赔礼，而且弄得"没有一个人来叫他做短工"，因而发生了"生计问题"。作者将情节如此地生发开去，不但为阿Q此后的生活道路提供了线索，而且大大地扩展了原事件所包含的社会矛盾：它充分地揭示了封建社会阶级压迫之厉害（参阅吴中杰、高云：《鲁迅小说的创作过程》）。总之小说的作者在塑造人物的时候，要像做泥人那样，要学会和泥，学会杂糅，用许多原型"拼凑"、综合、塑造出具有广泛的代表性与鲜明的个性色彩的人物形象。

　　写人物，除了注意人物的典型性以外，还应对人物的肖像、语言、行动、心理、细节等进行刻画描写，让人物栩栩如生。具体的写法，可看本篇第二章"表达方式"有关部分的论述，这里不赘述。

　　2. 安排好情节

　　一篇或一部小说能否吸引人，情节十分重要。引人入胜的情节，会使读者欲罢不能，爱不释手。因此，在小说创作时，不仅要重视人物形象典型的塑造，还要做好情节的安排。安排好情节的方法有多种，常见的有三种：

一是讲好人物的性格、思想，做到人物的思想性格和情节统一。老舍先生说："我们写作时，首先要想到人物，然后再安排故事，想想让主人公代表什么，反映什么，用谁来陪衬，以便突出这个人物。……一定要根据人物的需要来安排事件，事随着人走；不要叫事件控制着人物。譬如，关于洋车夫的生活，我很熟悉，因为我小时候很穷，接触过不少车夫，知道不少车夫的故事，但那时我并没有写《骆驼祥子》的意图。有一天，一个朋友和我聊天，说有一个车夫买了三次车，丢了三次车，最后悲惨地死去。这给了我不少启发，使我联想起我所见到的车夫，于是，我决定写旧社会里一个车夫的命运和遭遇，把事件打乱，根据人物发展的需要来写，写成了《骆驼祥子》。"（《人物、语言及其他》）这就告诉我们，小说情节的安排是根据塑造人物的需要来决定的，让情节支配人物，把人物当成说明情节的工具，那就不可能塑造出鲜明生动、有血有肉的人物形象。另一方面，人物在生活环境中所遇到的具体事件，也常常以这样那样的方式，影响人物性格的发展。例如对于《水浒传》中林冲这个人物，开始"逆来顺受"的思想比较严重，如果他不是一再受到高俅的迫害，不在走投无路的情况下，他是不可能到梁山泊去"落草"的。所以，人物性格与故事情节，是交错在一起的。我们写小说时，既不能离开人物性格专门去虚构故事情节，也不可能离开了故事情节去孤立地刻画人物性格。而应该把故事情节与人物性格两者很好地统一起来，由人物性格来支配故事情节，由故事情节来丰富人物性格。

二是故事情节要有条不紊，跌宕起伏，一波三折，扣人心弦。小说的情节是以现实生活中的矛盾冲突为基础的。现实生活的矛盾冲突总是有开端、发展和结束，因此小说的情节一般也有序幕、开端、发展、高潮、结局、尾声几个部分。序幕也称引子、楔子，是小说中矛盾冲突还没有展开以前，对故事发生的社会环境、人物关系和故事的起因等的提示或交代。在中、长篇小说中，序幕要写得简洁明了，以此点明主要人物性格形成的条件，为主要人物以后进入矛盾冲突的描写提供依据。在短篇小说中，则多数没有序幕。开端是指小说中矛盾冲突开始时发生的事件，是以后由此产生的一系列事件的起点。开端暗示了矛盾冲突的性质，规定着矛盾冲突发展的路线。发展是指小说中的矛盾冲突得到了充分的揭示，人物性格得到了充分的表现。小说情节的发展，既要从容不迫、委婉曲折，又要环环相扣、严密紧凑；既要跌宕四起、摇曳生姿，又要脉络清楚、线索分明。这一阶段在情节中占有重要地位，为后面高潮的到来打下了坚实的基础。高潮是小说中矛盾冲突发展到了最尖锐、最紧张的阶段，矛盾已发展到接近解决，但尚未最后解决的瞬间，冲突达到了高峰，作品的主题、主要人物的性格获得了最集中、最充分的体现。结局是情节发展的结束阶段，是高潮中冲突解决产生的最后结果。这时对立双方的矛盾冲突基本得到了解决，人物命运已经决定。尾声是指小说的基本情节写完之后，作者感到还有必要对作品中的主要人物的命运和事件的结局，做些补充性的说明和交代，于是在结局之后，再写一个尾声。尾声不是每部小说都有的，短篇小说一般都没有尾声。

三是要对情节进行提炼。所谓提炼，就是要使小说中的情节比现实生活中的事件更丰富些、深刻些、典型些、集中些。要做到这一点，不只是一个技巧问题，还同时是一个怎样认识生活、分析生活的思想问题。作者要善于发掘生活中事件的本质意义，有的时候还可以变更原来的生活事件，使情节能更好地为主题服务。蒲松龄《聊斋志异》中的《促织》在情节安排上，很值得学习。《促织》通过成名一家被官府逼贡蟋蟀弄得家破人亡，后因其子幻化为促织终于得官致富的变化过程，深刻地揭露了封建帝王生活的荒淫腐朽，官吏对人民压迫剥削的残酷凶狠和科举制度的虚伪腐败。小说深刻的主题，是通过委婉曲折、离奇变幻的情节来表现的，作者有很高妙的组织"紧张"艺术的手段。小说开头写皇帝命征促织，成名又不愿敛民，忧闷欲死，这就引起"紧张"了。成名尽力觅虫，冀有一得，但空无所获，而官府严限追迫，棍棒交加，使他唯思自尽，这就保持和加强了"紧张"。成名在驼背巫婆的指点下，强起捕虫，绝处逢生，捕得一头俊健促织，于是举家庆贺，这就使"紧张"暂时松弛了下来。但促织被成子弄死，成子畏惧跳井，成名又落到虫毙儿死的悲惨境地，又使"紧张"加剧了。成子灵魂化为促织，成名的促织失而复得，但虫小貌劣，恐不当意，"紧张"仍然保持。促织一斗得胜，方知异物，成名喜出望外，"紧张"正要解除之际，忽又惊涛陡起，险失鸡口，又使"紧张"加剧。最后献出促织，得到皇帝赏识，点明这头促织是成子灵魂幻化的，这就把"紧张"解除了，故事也就结束。作者善于组织"紧张"的艺术，就使小说的故事情节几经曲折，险象频起，真是悲止喜来，喜尽悲生，时起时伏，忽紧忽松，如惊涛骇浪，激荡翻卷，跌宕起伏，一波三折，耐人寻味，启人兴趣。

3. 做好环境的描写

人物、情节、环境是小说的三要素。人物是小说的核心，情节是小说的骨架，环境是小说的依托，三者缺一不可。因此，在小说的写作中，要认真做好环境的描写，使环境成为作品中一个有机的组成部分，并发挥着各种的作用，或说明故事发生、发展的时间、地点、原因，或显示人物活动的环境、人与人之间的关系，或烘托人物，或渲染气氛，等等。一些经典小说家在这方面做得很好，下举几例，以供学习研究。

例一：

离老通宝坐处不远，一所灰白色的楼房蹲在"塘路边"，那是茧厂。十多天前驻扎过军队，现在那边田里留着几条短短的战壕。那时都说东洋兵要打进来，镇上有钱人都逃光了；现在兵队又开走了，那座茧厂依旧空关在那里，等候春茧上市的时候再热闹一番。老通宝也听得镇上小陈老爷的儿子——陈大少爷说过，今年上海不太平，丝厂都关门，恐怕这里的茧厂也不能开；但老通宝是不肯相信的。他活了六十岁，反乱年头也经过好几个，从没见过绿油油的桑叶白养在树上等到成了"枯叶"去喂羊吃；除非是"蚕花"不熟，但那是老天爷的"权柄"，谁又能够未卜先知？

(茅盾《春蚕》)

这是茅盾小说《春蚕》中的一段文字。这段文字,描写了1932年"一·二八事变"后浙江农村动荡不安的局势,在日寇经济和军事的双重侵略下,我国民族工商业者和小农们的灾难日益加重。小说中的主人公老通宝历尽艰辛,获得了春蚕大丰收,最后却增加了负债,气得生了病。这一段环境描写的文字点明了时代背景,而这正是造成老通宝悲惨遭遇的原因。

例二:

我回到四叔的书房里时,瓦楞上已经雪白,房里也映得较光明,极分明的显出壁上挂着的朱拓的大"寿"字,陈抟老祖写的;一边的对联已经脱落,松松的卷了放在长桌上,一边的还在,道是"事理通达心气和平"。我又无聊赖的到窗下的案头去一翻,只见一堆似乎未必完全的《康熙字典》,一部《近思录集注》和一部《四书衬》。 (鲁迅《祝福》)

这是鲁迅小说《祝福》中的一段文字,它通过鲁四老爷书房的描写,显示了鲁四老爷不仅是一个讲理学的人,而且是个顽固、迷信的封建卫道者,从他书房中的这些陈设来看,我们完全可以识别鲁四老爷的真实面目了。

例三:

他(渥伦斯基)从马车窗口所眺望到的一切,在那清澈的冷空气里的一切,照在落日的苍白的光线里,就像他自己一样的清新、快乐和壮健。在落日的余晖里闪烁着家家户户的屋顶,围墙和屋角的鲜明的轮廓,偶尔遇见的行人和马车的姿影,树木和草的一片静止的碧绿,种着马铃薯的畦沟匀整的田亩,以及房子、树木、丛林,甚至马铃薯田埂投下的倾斜的阴影——这一切都是明朗的,像一幅刚刚画好、涂上油漆的美丽的风景画一样。 (〔俄〕列夫·托尔斯泰《安娜·卡列尼娜》)

这是俄国作家列夫·托尔斯泰小说《安娜·卡列尼娜》中的一段文字。文中美好景物的描写烘托了渥伦斯基应约去会见风姿绰约的安娜的欢悦心情。

总之,环境的描写,不仅要逼真,让人如临其境,还应为人物的刻画、情节的发展服务,做到情景交融,互为一体,更多具体的做法,可参看本篇第二章"表达方式"有关的部分,这里不再详述。

(五)小说作品鉴赏

这里选择了胡适《差不多先生传》、李玉良《应聘》、清蒲松龄《促织》、陈秉汉《严冬海猎》等四篇小说。这四篇小说不仅立意新颖,富有启示,而且在人物塑造、情节安排、环境描写等技法上各有所长。《差不多先生传》所塑造的人物形象差不多先生不仅具有典型性,而且还有个性,对教育国民,提高素质,认真做事很有意义。《应聘》《促织》的故事情节不仅有条不紊,娓娓道来,一波三折,而且扣人心弦。《严冬海猎》的最大亮点是环境的描写,文中有的说明了故事发生的时间、地点、社会环境,为人物的活动提供一个鲜明的背景;有的渲染了某种特定气氛,有的烘托了人物的内心世界,做到"一切景语皆情语""情景交融",展现了人物海龙的精神风貌。

作品一：

差不多先生传
胡 适

你知道中国最有名的人是谁？

提起此人，人人皆晓，处处闻名，他姓差，名不多，是各省各县各村人氏。你一定见过他，一定听过别人谈起他。差不多先生的名字天天挂在大家的口头，因为他是中国全国人的代表。

差不多先生的相貌和你我都差不多。他有一双眼睛，但看得不很清楚；有两只耳朵，但听得不很分明；有鼻子和嘴，但他对于气味和口味都不很讲究；他的脑子也不小，但他的记性却不很精明，他的思想也不很细密。

他常常说："凡事只要差不多，就好了。何必太精明呢？"

他小的时候，他妈叫他去买红糖，他买了白糖回来，他妈骂他，他摇摇头说："红糖白糖不是差不多吗？"

他在学堂的时候，先生问他："直隶省的西边是哪一省？"他说是陕西。先生说："错了。是山西，不是陕西。"他说："陕西同山西，不是差不多吗？"

后来他在一个钱铺里做伙计，他也会写，也会算，只是总会不精细，"十"字常常写成"千"字，"千"字常常写成"十"字。掌柜的生气了，常常骂他，他只是笑嘻嘻地赔小心道："'千'字比'十'字只多一小撇，不是差不多吗？"

有一天，他为了一件要紧的事，要搭火车到上海去。他从从容容地走到火车站，迟了两分钟，火车已开走了。他白瞪着眼，望着远远的火车上的煤烟，摇摇头道："只好明天再走了，今天走同明天走，也还差不多。可是火车公司未免太认真了。8点30分开，同8点32分开，不是差不多吗？"他一面说，一面慢慢地走回家，心里总不明白为什么火车不肯等他两分钟。

有一天，他忽然得了急病，赶快叫家人去请东街的汪医生。家人急急忙忙地跑去，一时寻不着东街的汪大夫，却把西街的牛医王大夫请来了。差不多先生病在床上，知道寻错了人，但病急了，身上痛苦，心里焦急，等不得了，心里想道："好在王大夫同汪大夫也差不多，让他试试看罢。"于是这位牛医王大夫走近床前，用医牛的法子给差不多先生治病。不上一点钟，差不多先生就一命呜呼了。

差不多先生差不多要死的时候，一口气断断续续地说道："活人同死人也差……差……差……不多，……凡事只要……差……差……不多……就……好了，……何……何……必……太……太认真呢？"他说完了这句格言，方才绝气了。

他死后，大家都称赞差不多先生样样事情看得破，想得通；大家都说他一生不肯认真，不肯算账，不肯计较，真是一位有德行的人。于是大家给他取个死后的法号，叫他做圆通大师。

他的名誉越传越远，越久越大。无数无数的人都学他的榜样，于是人人都成了一个差不多先生。——然而中国从此就成为一个懒人国了。

作品二：

应 聘

李玉良

雨停了，天空飘浮着几朵黑云……

来这家杂志应聘编辑的人可真不少，足足有五六十人。

很快，第一批面试的人已经出来了。大伙都叽叽喳喳地嚷道："这学历也要求太高了，这还不够，关键还要两年的工作经验，这么高的要求能有几个人达到啊？"

"要多高的文凭啊？"在外等候应聘的人问道。

"要研究生学历，况且也只招2人，并不像招聘广告上所写的那样，要招5人。"话刚说完，在外等候面试的人已走了一大半。

吴仁也是来参加这次应聘的，平日里就爱写一些文章，虽很少在报纸杂志上发表，但是文学功底确实很好，曾获过多次文学大奖。可由于众多原因，就只有大专的学历。

"我的文凭只是个大专，况且也没有2年的工作经验。都已经走了一大半人呢，我这次肯定又没有希望了。要不，我也走了算了。可我……算了，还是走吧！"吴仁心想。

想到这里，吴仁没精打采地站了起来，最终还是离开了。

太阳从黑云中钻了出来，光照在大路上，明亮多了。

通往杂志社的路上，一位中年男子正向离开的应聘者问些什么。可是说了一会儿，大伙都纷纷摇头地离开了。有的还没有等中年男子把话说完，就像躲瘟神一样地马上走掉了。很快，中年男子走到了吴仁的面前。

"您好，请问您帮我一个忙吗？"中年男子对吴仁说。

"是什么忙呢？"

"是这样的，我是去上海的，可路上钱包被人偷了。银行卡也在钱包当中。我一天都没有吃东西了，您能借我300元，等我回到上海后，一定把钱打到您的卡上。"

"哦，是这样啊，可能我帮不了你，我是来应聘的，出门时没有带多少钱，身上就只有二百多了。"说完吴仁把身上仅有的226元掏了出来。

"也行，您就先借我200吧，其余的我再想想办法。"中年男子说。

吴仁再从上到下打量了一番中年男子，然后把身上仅有的226元全部都给他了。

"你都拿去吧，先去吃个饭，不用您还了。"吴仁对他说道。

"不，我回去后，一定把钱打到您的银行卡上，麻烦您写一下卡号。"

"真的不用了。"说完吴仁就正打算离开。

"要的，真的很感谢，请问您应聘上了吗？"中年男子紧接着问。

"没有，我的文凭太低了，我根本就没有进去参加面试了。"

"你都没有参加面试，这怎么行呢？就算文凭没有达到要求，既然来了，也该去试一试啊！什么事情都不要自己先下决断，不去试一试，怎么知道自己不行呢？"中年男子对吴仁说。

"能把您的简历给我看一下吗？"中年男子接着说。

"好的！"说完，吴仁把简历递给中年男子。

中年男子仔细地看了好一会儿，又说道："带了你写的作品吗？"

"带了。"吴仁又从公文包里把作品递给他。

中年男子又仔细地看了一会儿，然后抬起头对吴仁说："你的作品确实写得不错，有内涵，有深度。我看您还是回去参加面试吧，说不定你能应聘上的。"

"我看还是算了，都这样，没有高的文凭，即使再有才华也是不能被录用的。"吴仁垂头丧气地回答道。

"您还是进去参加面试一下，说不定老板看了您的简历与作品会破格录用你，这也说不定啊，去参加面试吧！"中年男子语重心长地说。

吴仁思量了一会儿，然后对中年男子说："好吧，我就再去试一下。"说完，就往回赶了。

等了一会儿，吴仁很快进入了面试。当他进入面试室，抬起头看时，令他万万没有想到的是，那个主考官就是刚才那个在路上向他借226元的中年男子。看到他后，吴仁顿时说不出话来……

"吴仁，您获过什么文学奖吗？"

"获过，我也……"说完吴仁从包里拿出几张荣誉证书。

"很好，虽然文凭没有达到要求，但是你确实很有文采，并且你也通过了我的考试，我相信你一定能胜任这份编辑的工作。请问你明天可以来上班吗？"面试官对吴仁说。

"可以，我明天就来上班……"

作品三：

促 织
蒲松龄

原文

宣德间，宫中尚促织之戏，岁征民间。此物故非西产；有华阴令欲媚上官，以一头进，试使斗而才，因责常供。令以责之里正。市中游侠儿得佳者笼养之，昂其直，居为奇货。里胥猾黠，假此科敛丁口，每责一头，辄倾数家之产。

邑有成名者，操童子业，久不售。为人迂讷，遂为猾胥报充里正役，百计营谋不能脱。不终岁，薄产累尽。会征促织，成不敢敛户口，而又无所赔偿，忧闷欲死。妻曰："死何裨益？不如自行搜觅，冀有万一之得。"成然之。早出暮归，提竹筒铜丝笼，于败堵丛草处，探石发穴，靡计不施，迄无济。即捕得三两头，又劣弱不中于款。宰严限追比，旬余，杖至百，两股间脓血流离，并虫亦不能行捉矣。转侧床头，惟思自尽。

时村中来一驼背巫，能以神卜。成妻具资诣问。见红女白婆，填塞门户。入其舍，则密室垂帘，帘外设香几。问者爇香于鼎，再拜。巫从旁望空代祝，唇吻翕辟，不知何词。各各竦立以听。少间，帘内掷一纸出，即道人意中事，无毫发爽。成妻纳钱案上，焚拜如前人。食顷，帘动，片纸抛落。拾视之，非字而画：中绘殿阁，类兰若；后小山下，怪石乱卧，针针丛棘，青麻头伏焉；旁一蟆，若将跳舞。展玩不可晓。然睹促织，隐中胸怀。折藏之，归以示成。

成反复自念，得无教我猎虫所耶？细瞻景状，与村东大佛阁逼似。乃强起扶杖，执图诣寺后，有古陵蔚起。循陵而走，见蹲石鳞鳞，俨然类画。遂于蒿莱中侧听徐行，似寻针芥。而心目耳力俱穷，绝无踪响。冥搜未已，一癞头蟆猝然跃去。成益愕，急逐趁之，蟆入草间。蹑迹披求，见有虫伏棘根。遽扑之，入石穴中。掭以尖草，不出；以筒水灌之，始出，状极俊健。逐而得之。审视，巨身修尾，青项金翅。大喜，笼归，举家庆贺，虽连城拱璧不啻也。土于盆而养之，蟹白栗黄，备极护爱，留待限期，以塞官责。

成有子九岁，窥父不在，窃发盆。虫跃掷径出，迅不可捉。及扑入手，已股落腹裂，斯须就毙。儿惧，啼告母。母闻之，面色灰死，大惊曰："业根，死期至矣！而翁归，自与汝覆算耳！"儿涕而出。

未几成归，闻妻言，如被冰雪。怒索儿，儿渺然不知所往。既得其尸于井，因而化怒为悲，抢呼欲绝。夫妻向隅，茅舍无烟，相对默然，不复聊赖。日将暮，取儿藁葬。近抚之，气息惙然。喜置榻上，半夜复苏。夫妻心稍慰，但儿神气痴木，奄奄思睡。成顾蟋蟀笼虚，则气断声吞，亦不复以儿为念，自昏达曙，目不交睫。

东曦既驾，僵卧长愁。忽闻门外虫鸣，惊起觇视，虫宛然尚在。喜而捕之，一鸣辄跃去，行且速。覆之以掌，虚若无物；手裁举，则又超忽而跃。急趋之，折过墙隅，迷其所往。徘徊四顾，见虫伏壁上。审谛之，短小，黑赤色，顿非前物。成以其小，劣之。惟彷徨瞻顾，寻所逐者。壁上小虫忽跃落襟袖间，视之，形若土狗，梅花翅，方首，长胫，意似良。喜而收之。将献公堂，惴惴恐不当意，思试之斗以觇之。

村中少年好事者，驯养一虫，自名"蟹壳青"，日与子弟角，无不胜。欲居之以为利，而高其直，亦无售者。径造庐访成，视成所蓄，掩口胡卢而笑。因出己虫，纳比笼中。成视之，庞然修伟，自增惭怍，不敢与较。少年固强之。顾念蓄劣物终无所用，不如拼博一笑，因合纳斗盆。小虫伏不动，蠢若木鸡。少年又大笑。试以猪鬣毛撩拨虫须，仍不动。少年又笑。屡撩之，虫暴怒，直奔，遂相腾击，振奋作声。

俄见小虫跃起，张尾伸须，直齕敌领。少年大骇，解令休止。虫翘然矜鸣，似报主知。

成大喜。方共瞻玩，一鸡瞥来，径进以啄。成骇立愕呼，幸啄不中，虫跃去尺有咫。鸡健进，逐逼之，虫已在爪下矣。成仓猝莫知所救，顿足失色。旋见鸡伸颈摆扑，临视，则虫集冠上，力叮不释。成益惊喜，掇置笼中。

翼日进宰，宰见其小，怒呵成。成述其异，宰不信。试与他虫斗，虫尽靡。又试之鸡，果如成言。乃赏成，献诸抚军。抚军大悦，以金笼进上，细疏其能。既入宫中，举天下所贡蝴蝶、螳螂、油利挞、青丝额一切异状遍试之，无出其右者。每闻琴瑟之声，则应节而舞。益奇之。上大嘉悦，诏赐抚臣名马衣缎。抚军不忘所自，无何，宰以卓异闻。宰悦，免成役。又嘱学使俾入邑庠。后岁余，成子精神复旧，自言身化促织，轻捷善斗，今始苏耳。抚军亦厚赉成。不数岁，田百顷，楼阁万椽，牛羊蹄躈各千计；一出门，裘马过世家焉。

异史氏曰："天子偶用一物，未必不过此已忘；而奉行者即为定例。加以官贪吏虐，民日贴妇卖儿，更无休止。故天子一跬步，皆关民命，不可忽也。独是成氏子以蠹贫，以促织富，裘马扬扬。当其为里正，受扑责时，岂意其至此哉！天将以酬长厚者，遂使抚臣、令尹，并受促织恩荫。闻之：一人飞升，仙及鸡犬。信夫！"

译文

明朝宣德年间，皇室里盛行斗蟋蟀的游戏，每年都要向民间征收。这东西本来不是陕西出产的。有个华阴县的县官，想巴结上司，把一只蟋蟀献上去，上司试着让它斗了一下，显出了勇敢善斗的才能，上司于是责令他经常供应。县官又把供应的差事派给各乡的里正。于是市上的那些游手好闲的年轻人，捉到好的蟋蟀就用竹笼装着喂养它，抬高它的价格；储存起来，当作珍奇的货物等待高价出售。乡里的差役们狡猾刁诈，借这个机会向老百姓摊派费用，每摊派一只蟋蟀，就常常使好几户人家破产。

县里有个叫成名的人，是个念书人，长期未考中秀才。为人拘谨，不善言辞，就被刁诈的小吏报到县里，叫他担任里正的差事。他想尽方法还是摆脱不掉（任里正这差事）。不到一年，微薄的家产都受牵累赔光了。正好又碰上征收蟋蟀，成名不敢勒索老百姓，但又没有抵偿的钱，忧愁苦闷，想要寻死。他妻子说："死有什么益处呢？不如自己去寻找，也许还有万一找到的希望。"成名认为这些话很对。就早出晚归，提着竹筒铜丝笼，在破墙脚下，荒草丛里，挖石头，掏大洞，各种办法都用尽了，最终没有成功。即使捉到两三只，也是又弱又小，不合规格。县官定了限期，严厉追逼，成名在十几天中被打了上百板子，两条腿脓血淋漓，连蟋蟀也不能去捉了，在床上翻来覆去只想自杀。

这时，村里来了个驼背巫婆，（她）能借鬼神预卜凶吉。成名的妻子准备了礼钱去求神。只见红颜的少女和白发的老婆婆挤满门口。成名的妻子走进巫婆的屋里，只看见暗室拉着帘子，帘外摆着香案。求神的人先向香炉中上香，然后叩拜。巫婆在旁边望着空中替他们祷告，嘴唇一张一合，不知在说些什么。大家都肃敬地站着听。一会儿，室内丢一张纸条出来，那上面就写着求神的人心中所想问的事情，没有丝毫差错。成名的妻子把钱放在案上，像前边的人一样烧香跪拜。约一顿饭的工夫，帘子动了，一片纸抛落下来了。拾起一看，并不是字，而是一幅画，当中绘着殿阁，就像寺院一样：（殿阁）后面的山脚下，横着些奇形怪状的石头，长着一丛丛荆棘，一只青麻头蟋蟀伏在那里；旁边有一只癞蛤蟆，就好像要跳起来的样子。她展开看了一阵，不懂什么意思。但是看到上面画着蟋蟀，正跟自己的心事暗合，就把纸片折叠好装起来，回家后交给成名看。

　　成名反复思索，难道是指给我捉蟋蟀的地方吗？细看图上面的景物，和村东的大佛阁很相像。于是他就忍痛爬起来，扶着杖，拿着图来到寺庙的后面，（看到）有一座古坟高高隆起。成名沿着古坟向前走，只见一块块石头，好像鱼鳞似的排列着，真像画中的一样。他于是在野草中一面侧耳细听一面慢走，好像在找一根针和一株小草似的；然而心力、视力、耳力都用尽了，结果还是一点儿蟋蟀的踪迹响声都没有。他正用心探索着，突然一只癞蛤蟆跳过去了。成名更加惊奇了，急忙去追它，癞蛤蟆（已经）跳入草中。他便跟着癞蛤蟆的踪迹，分开丛草去寻找，只见一只蟋蟀趴在棘根下面，他急忙扑过去捉它，蟋蟀跳进了石洞。他用细草撩拨，蟋蟀不出来；又用竹筒取水灌进石洞里，蟋蟀才出来，形状极其俊美健壮。他便追赶着抓住了它。仔细一看，只见蟋蟀个儿大，尾巴长，青色的脖颈儿，金黄色的翅膀。成名特别高兴，用笼子装上提回家，全家庆贺，把它看得比价值连城的宝玉还珍贵，装在盆子里并且用蟹肉栗子粉喂它，爱护得周到极了，只等到了期限，拿它送到县里去交差。

　　成名有个儿子，年九岁，看到爸爸不在（家），偷偷打开盆子来看。蟋蟀一下子跳出来了，快得来不及捕捉。等抓到手后，（蟋蟀）的腿已掉了，肚子也破了，一会儿就死了。孩子害怕了，就哭着告诉妈妈，妈妈听了，（吓得）面色灰白，大惊说："祸根，你的死期到了！你爸爸回来，自然会跟你算账！"孩子哭着跑了。

　　不多时，成名回来了，听了妻子的话，全身好像盖上冰雪一样。怒气冲冲地去找儿子，儿子无影无踪不知到哪里去了。后来在井里找到他的尸体，于是怒气立刻化为悲痛，呼天喊地，悲痛欲绝。夫妻二人对着墙角流泪哭泣，茅屋里没有炊烟，面对面坐着不说一句话，再也没有了依靠。直到傍晚时，才拿上草席准备把孩子埋葬。夫妻走近一摸，还有一丝微弱的气息。他们高兴地把他放在床上，半夜里孩子又苏醒过来。夫妻二人心里稍稍宽慰一些，但是孩子神气呆呆的，气息微弱，只想睡觉。成名回头看到蟋蟀笼空着，就急得气也吐不出，话也说不上来，也不再把儿子放在心上了，从晚上到天明，连眼睛也没合一下。东方的太阳已经升起来了，他还直挺挺地躺在床上发愁。他忽然听到门外有蟋蟀的叫声，吃惊地起来细看时，那只蟋蟀仿佛还在。他高兴得动手捉它，那蟋蟀一跳就走了，跳得非常快。他用手掌去罩住它，手心空荡荡的好像没有什么东西；手刚举起，却又远远地跳开了。成名急忙追它，转过墙角，又不知它的去向了。他东张西望，四下寻找，才看见蟋蟀趴在墙壁上。成名仔细看它，个儿短小，黑红色，立刻觉得它不像先前那只。成名因它个儿小，看不上。（成名）仍不住地来回寻找，找他所追捕的那只。（这时）墙壁上的那只小蟋蟀，忽然跳到他的衣袖上了。再仔细看它，形状像土狗子，梅花翅膀，方头长腿，觉得好像还不错。高兴地收养了它，准备献给官府，但是心里还很不踏实，怕不合县官的心意，他想先试着让它斗一下，看它怎么样。

村里一个喜欢多事的年轻人，养着一只蟋蟀，自己给它取名叫"蟹壳青"，（他）每日跟其他少年斗（蟋蟀）没有一次不胜的。他想留着它居为奇货来牟取暴利，便抬高价格，但是也没有人买。（有一天）少年直接上门来找成名，看到成名所养的蟋蟀，只是掩着口笑，接着取出自己的蟋蟀，放进并放着的笼子里。成名一看对方那只蟋蟀又长又大，自己越发羞愧，不敢拿自己的小蟋蟀跟少年的"蟹壳青"较量。少年坚持要斗，成名心想养着这样低劣的东西，终究没有什么用处，不如让它斗一斗，换得一笑了事。因而把两个蟋蟀放在一个斗盆里。小蟋蟀趴着不动，呆呆地像个木鸡，少年又大笑。（接着）试着用猪鬃撩拨小蟋蟀的触须，小蟋蟀仍然不动，少年又大笑了。撩拨了它好几次，小蟋蟀突然大怒，直往前冲，于是互相斗起来，腾身举足，彼此相扑，振翅叫唤。一会儿，只见小蟋蟀跳起来，张开尾，竖起须，一口直咬着对方的脖颈。少年大惊，急忙分开，使它们停止扑斗。小蟋蟀抬着头振起翅膀得意地鸣叫着，好像给主人报捷一样。成名大喜，（两人正在观赏）突然来了一只鸡，直向小蟋蟀啄去。成名吓得（站在那里）惊叫起来，幸喜没有啄中，小蟋蟀一跳有一尺多远。鸡又大步地追逼过去，小蟋蟀已被压在鸡爪下了。成名吓得惊慌失措，不知怎么救它，急得直跺脚，脸色都变了。忽然又见鸡伸长脖子扭摆着头，到跟前仔细一看，原来小蟋蟀已蹲在鸡冠上用力叮着不放。成名越发惊喜，捉下放在笼中。

第二天，成名把蟋蟀献给县官，县官见它小，怒斥成名。成名讲述了这只蟋蟀的奇特本领，县官不信。试着和别的蟋蟀搏斗，所有的都被斗败了。又试着和鸡斗，果然和成名所说的一样。于是就奖赏了成名，把蟋蟀献给了巡抚。巡抚特别喜欢，用金笼装着献给皇帝，并且上了奏本，仔细地叙述了它的本领。到了宫里后，凡是全国贡献的蝴蝶、螳螂、油利挞、青丝额及各种稀有的蟋蟀，都与（小蟋蟀）斗过了，没有一只能占它的上风。它每逢听到琴瑟的声音，都能按照节拍跳舞，（大家）越发觉得出奇。皇帝更加喜欢，便下诏赏给巡抚好马和锦缎。巡抚不忘记好处是从哪来的，不久，县官也以才能卓越而闻名了。县官高兴，就免了成名的差役，又嘱咐主考官，让成名中了秀才。过了一年多，成名的儿子精神复原了。他说他变成一只蟋蟀，轻快而善于搏斗。现在才苏醒过来。巡抚也重赏了成名。不到几年，成名就有一百多顷田地，很多高楼殿阁，还有成百上千的牛羊；每次出门，身穿轻裘，骑上高头骏马，比官宦人家还阔气。

异史氏说："皇帝偶尔使用一件东西，未必不是用过它就忘记了；然而下面执行的人却把它作为一成不变的惯例。加上官吏贪婪暴虐，老百姓一年到头抵押妻子卖掉孩子，还是没完没了。所以皇帝的一举一动，都关系着老百姓的性命，不可忽视啊！只有成名这人因为官吏的侵害而贫穷，又因为进贡蟋蟀而致富，穿上名贵的皮衣，坐上豪华的车马，得意扬扬。当他充当里正，受到责打的时候，哪里想到他会有这种境遇呢！老天要用这酬报那些老实忠厚的人，就连抚臣、县官都受到蟋蟀的恩惠了。听说'一人得道成仙，连鸡狗都可以上天'。这话真是一点不假啊！"

作品四：

严冬海猎

陈秉汉

风静了，天空像硕大无朋的冰块银晃晃闪着寒光。严寒的海面弥漫着乳白色的雾气。海肚天脚一片胭红。怕冷的夕阳像喝醉了酒，醉醺醺地没入暮霭中。这是霜冻的征兆。几十年未遇的寒流袭击着海湾，往日闹市般的海湾一片肃杀。

"海龙——"海滩那边传来缥缈的呼唤声。

"哎——"礁石上赤条条地爬上一个十四五岁的少年。他迅速穿上一件赤褐色的旧衣服。衣服又宽又长，过了膝盖，袖口还卷了几卷，分明是他爸爸穿过的。

一年四季，海龙喜欢在这里洗澡、潜水，即使像现在这样的鬼天气也不例外。现在正是尖头鱼最肥最值钱的季节，海龙的爸爸有一种祖传捕鱼绝招，越是天寒地冻效果越好；深夜走到沙滩，仰头喝下一瓶酒，脱下衣服，跳进海里。尖头鱼便迎着热气游过来……可是爸爸出海妈妈就心跳。所以爸爸不让海龙学这种原始的捕鱼法。但海龙觉得有趣，几次要跟着下海，被爸爸骂回来。最近爸爸连续几个晚上下海捕鱼，风寒侵入肌体，生起病来，家里仅有的一点钱在药煲里化作一缕缕轻烟。欠下一屁股债。年关在即，爸爸躺在床上发愁。

听到妈妈的喊声海龙跳下礁石，赤着脚板，沿着沙滩走回来。

一家人正围着低矮的桌子吃晚饭。爸爸舀了一碗粥汤，弓着腰，埋头就着番薯连皮带根艰难地咀嚼吞咽，不时停下来咳嗽。有时咳嗽得喘不过气来，妹妹便给他捶捶腰背。

海风穿过破屋石缝，像吹箫一样呜呜响。爸爸头也不抬地说："阿龙，天气这么冷，你别去耍海水了，弄出病来怎么办！"

"浸浸海水少生病，邻居老叔说的。"海龙抓了一个番薯端着碗到屋外吃，看看海边的天色变化。

天黑下来，爸爸咳嗽着躺下，妈妈和妹妹也上床睡觉了。海龙装作睡着的样子，爸爸的咳嗽声和呻吟声渐渐静了，才蹑手蹑脚溜下床，溜到门外。

大海一片漆黑。墨蓝的苍穹缀满星星，洒下淡淡的星光。海滩像一片蒙蒙轻雾。海龙全副武装，用尖担挑着鱼篓、干柴捆，快步向海滩走去。他那稚嫩的脸蛋此刻十分凝重暗淡，和夜色融成一体。他不会喝酒，掏出两个还有些烫手的番薯，拍掉草木灰，连皮吞进肚里。他把尖担插在潮水线上，爬上礁屿，解开柴捆，划了几根火柴。柴枝熊熊燃烧起来，照得海面红光闪烁。他脱下衣服，迅速溜下海里。深夜的海水不同白天，像冰窖一样。海龙感受到裂肌砭骨的寒冷。他没有反悔，没有退缩——爸爸忍受得了，自己为什么忍受不了。他咬咬牙，挥动双臂，捞水擦擦身体。敏感的尖头鱼已经感受到一团热气，它们笨拙地迎着热气游过来。海龙激动得心怦怦跳，忘记了寒冷，牙齿叼着鱼篓，双手左右开弓，左一条右一条，像捞漂浮在水里的萝卜，一一把它们丢进篓里。

海潮不断上涨。海龙随海水不断上浮,到插尖担的地方,鱼篓满了。要是爸爸便立即上岸小跑回家,钻进孩子们用体温焐热的被窝……不!此刻礁屿附近的尖头鱼还很多,他太舍不得离开了。可是鱼篓满了,没地方放呀!他爬上礁石,添了柴火,拿过裤子,用石头把裤带砸成两段,一段把裤角扎牢,把篓里的鱼倒进去,再用另一段扎了口,海龙带着鱼篓又一次溜下海里,身子接触到密密麻麻的尖头鱼,他激动得热血沸腾,忘记了寒冷,忘记了饥饿,忘记了困乏,抓鱼的动作越来越快……他干狂了,干傻了,恨不得把海里的尖头鱼都抓进自己的鱼篓里。

后半夜,爸爸醒来发现海龙不见了,赶紧和妈妈向海滩寻来,一脚深一脚浅,跌跌撞撞呼唤着儿子的名字。妈妈一个趔趄,脚下好像绊着什么,软绵绵的,只见海龙光着屁股,倒在地上,旁边的担子一头是鱼篓一头是用裤子改装的袋子,都盛满银晃晃的尖头鱼。妈妈挽扶着海龙,爸爸挑起担子,一步一步走回家里。

海龙清醒过来,喝下一碗热水,钻进妈妈妹妹的暖被窝。冰冷的身子接触到妹妹,妹妹惊醒了,"哇"的一声大哭起来。妈妈说:"哥哥捡回来好多好多的鱼哩。"妹妹揉揉惺忪睡眼,见地上许多尖头鱼,不禁破涕为笑。刺骨的寒风发出尖厉的哨音,穿过小屋的石缝溜走了,黎明前的大海静了,静得像守着摇篮的母亲……

(有删改)

思考与练习

一、小说有哪几种类型?你读过哪些著名的小说?

二、小说的主要特点是什么?

三、试以现在的社会、生活为题材,写一篇微型的小说。要求习作能全面体现小说的特点,有人物的刻画,情节的安排,环境的描写。

四、戏剧

(一)戏剧的含义及发展

戏剧是通过演员表演故事来反映社会中的各种冲突的艺术。是以表演艺术为中心的文学(剧本)、美术(演员的化装、布景、灯光、舞台设计)、音乐(音乐伴奏、声响效果)、舞蹈(演员的动作、姿态)等艺术的综合。戏剧既然是艺术的综合,为什么归于文学文体呢?因为戏剧中的剧本是戏剧的基础,"一剧之本",决定着戏剧的思想性和艺术性;而剧本又属于文学文体,被称为戏剧文学,因此把戏剧归在文学文体里。

我国戏剧历史悠久,种类丰富。例如戏剧的主要剧种戏曲,起源于秦汉的乐舞、百戏(民间表演艺术的泛称,如杂技等),到唐宋时,就逐渐形成。发展到十二三世纪时,便形成宋元南戏和元杂剧,例如关汉卿的杂剧《窦娥冤》《望江亭》《拜月亭》《单刀会》等,王实甫的杂剧《崔莺莺待月西厢记》《吕蒙正风雪破窑记》《四丞相歌舞丽春堂》等。到明清两代，戏曲进入了繁盛期，其中京剧的发展尤引人瞩目。20世纪初，许多新兴地方戏开始在各地戏曲舞台上出现，包括越剧、评剧、昆剧、豫剧、黄梅戏等。中国戏曲剧种约有360多种，传统剧目数以万计。

（二）戏剧的特点

戏剧和上面介绍的诗歌、散文、小说有许多不同，它的特点，主要表现在以下几个方面：

1. 具有综合性

戏剧艺术拥有丰富的表现手段。它综合运用了文学、美术、音乐、表演等多种艺术手段来塑造舞台的形象。这些艺术手段相辅相成，互为一体，交相辉映。剧本是戏剧的灵魂，决定着戏剧的水准；美术可以加强舞台演出的形象性和真实感；音乐可以烘托人物的思想感情，揭示人物的心理活动，渲染舞台的气氛，推动故事情节的发展，如《上甘岭》的主题歌《我的祖国》，抒情味极浓，表现了志愿军的高尚情怀，起到了深化主题的作用；表演会使剧本中的文学形象转化为舞台的形象，从而使文学形象更加具体、鲜明、生动，更有直接、强烈的感染力。

2. 集中性

戏剧是在舞台上演出的，为了适合演出，必须把天南海北、千山万水的场面集中到一个或几个场面中，能够在几十平方米的舞台上布置出来，同时要把几个月、几年，甚至几十年的事件，表现在几小时中。因此戏剧的内容非常集中。这种集中性主要体现在三方面：

一是时间、地点集中。由于戏剧在时间、空间方面受到严格限制，所以剧情开展的时间、地点高度集中，剧中人物的行动集中在同一地点、同一时间内，也就是说剧情的发展变化统一在特定的时间、空间里。如曹禺《雷雨》的整个剧情就发生在一天，地点主要是周朴园的公馆。

二是情节集中。戏剧的情节较为单纯，差不多一开始就展示矛盾，一条主线贯穿始终。副线明快，配合主线，不旁枝杂出，喧宾夺主。剧中的矛盾围绕着某个中心事件来展开，如《白毛女》，围绕着喜儿的遭遇这一中心事件来展示矛盾冲突。

三是人物集中。因为舞台有限，为便于表演，戏剧中的人物一般都不太多，每个人物在展开故事情节上，在表现主题思想上都起着一定的作用，并有明显的个性，体现着某种思想倾向，主要人物更是如此。

3. 具有戏剧冲突

所谓的戏剧冲突，是指戏剧中不同思想性格和行动目标的人物之间的矛盾。戏剧由于受空间和时间的限制，要在两三个小时里达到长篇小说一样的效果，因此它的情节就不能像长篇小说那样逐渐发展变化，慢慢道来，而要把关键的、富于戏剧性的、紧张的故事情节迅速展示出来，其矛盾冲突往往比小说更加激烈、集中。戏剧的矛盾冲突大体分为发生（开端）、发展、高潮和结局四部分，有的戏剧还有序幕和尾声。

发生：介绍人物关系和揭示矛盾冲突。

发展：描写情节的波澜起伏，一波未平一波又起，一步步把矛盾冲突推向高潮。

高潮：矛盾冲突发展到高峰并表现出急剧转化的局面，是戏剧的重头戏。

结局：结局是情节发展的必然结果，也是矛盾冲突的解决。

尾声：应与序幕呼应，对剧本的思想内容作些启示，引发人们联想。例如《智取威虎山》围绕着"剿匪计划"、《沙家浜》围绕着"保护新四军伤病员"情节线索开展矛盾斗争。随着剧情的发展，矛盾冲突步步尖锐、激烈，剧情节节上升，直到高潮（矛盾达到顶峰而将要解决的时候），矛盾解决为止。戏剧冲突是戏剧的生命，没有戏剧冲突也就没有戏剧了，因此，这是最需要下功夫之处。

4. 具有独特的语言形式

戏剧是通过演员演给观众看的，无法像小说那样开展环境描写、人物描写、场面描绘。戏剧里塑造人物，表现主题，最主要的是靠人物对话或歌唱（舞剧靠舞蹈语言及哑剧动作）。对话、唱词和独白（自言自语，表白心理活动）、旁白（对观众说）是戏剧塑造人物的主要手段。在戏剧中，要求对话、唱词、独白、旁白要明确、扼要、通俗，观众能听懂，响亮动听，唱词要节奏鲜明，音韵和谐，并有高度的个性化和充分的表现力；同时，还要含蓄、深刻，言少意浓，含有潜台词。例如《智取威虎山》里，杨子荣提审栾平那段对话，表现了英雄杨子荣的机智，栾平的狡猾。《沙家浜》第四场《智斗》，阿庆嫂、刁德一、胡传魁的对话，既表现了阿庆嫂的机智，刁德一的阴险狡诈，胡传魁的草包愚蠢，同时也体现了戏剧语言含蓄、深刻富有潜台词的特点。在《智斗》那场里，刁德一说："阿庆嫂不愧是个开茶馆的，说出话来滴水不漏。佩服！佩服！"这话后边含有许多怀疑，所以阿庆嫂马上问："胡司令，这是什么意思呀？"胡传魁忙解释说："他就是这么个人，阴阳怪气的！阿庆嫂别多心啊！"阿庆嫂说："我倒没什么！"这几句话后面都含一些潜在的意思没说出来的潜台词。

（三）戏剧的分类

戏剧的历史悠久，种类繁多，形式多样，不同的角度，就有不同的分类。从表现形式分，戏剧可以分为：

1. 戏曲

我国传统的戏剧形式主要是戏曲。它把音乐、歌唱、舞蹈等融合在一起，由演员载歌载舞地表现剧本内容。一般说来，戏曲中反映剧情的发展多用道白；表现人物的内心活动多用唱腔；虚拟性的程式化的动作就是舞蹈。此外还包括武术、杂技等。而这一切都在多种乐器的伴奏下进行。表演上一般包括唱、念、做、打。戏曲是我国人民喜闻乐见具有民族特色的戏剧形式。如田汉的《文成公主》《谢瑶环》等。

2. 话剧

在我国，话剧是辛亥革命时期为配合民主革命运动兴起的一种新型戏剧。当时叫"新剧"或"文明戏"。后来改叫话剧。话剧以对话、动作表演为主要手段，它的主要特征就是通过对话来刻画人物的形象。对话主要运用散文语言来写，而不是运用韵文。话剧的语言要求是能表现人物性格，暗示人物关系，推进剧情发展。所以，它具有通俗、精练、性格化和富有动作性等特点。话剧采用分场、分幕的方法编排，除依靠对白（包括独白）、行动和布景外，缺乏别的辅助手段（伴奏、歌唱等）。例如曹禺的《雷雨》《日出》《北京人》《家》，老舍的《茶馆》，陈其通的《万水千山》，等等。

3. 歌剧

主要是以歌唱为主，它是由诗歌、音乐、舞蹈等构成的综合性艺术。歌剧的主要特征就是以歌唱为主，除个别地方用口语化的语言进行对白，主要是运用抒情诗、叙事诗的语言来歌唱，一般说来，唱词就是诗歌。因此，歌剧的语言要求高度凝练，还要适合音乐旋律的要求，以便配曲。例如《小小画家》（黎锦晖）、《扬子江暴风雨》（聂耳、田汉）、《白毛女》《刘胡兰》《江姐》等。

4. 舞剧

是以舞蹈为主要表现手段的戏剧形式。舞剧的特点就在于全部由演员的舞蹈表现，把现实生活中的动作经过艺术加工，再现在舞台上，剧中人物不用对话、歌唱和独白，可以借助音乐、伴唱来增强舞蹈的表现效果。例如《天鹅湖》《红色娘子军》等。

5. 广播剧

是专供广播电台播放的一种戏剧形式。它是以电子技术为媒介，通过语言、音乐和音响效果等声音要素诉诸听觉的艺术，它没有舞台的限制，基本上不受时间、空间的约束，能够比较自由地展开剧情。

6. 电视剧

电视剧是电视技术发明以后出现的一种新的戏剧艺术样式。它供电视播放，表现手段丰富，制作周期较短，观众面很广。

此外，还有歌舞剧、诗剧、相声剧等。

从幕次多少分，戏剧可以分为：

1. 多幕剧

剧情较长而曲折，一幕演不完，必须通过若干幕来表演的戏剧就叫多幕剧，它容量大，人物多。多幕剧根据情节分成不同的段落，这些段落就是"幕"或"场"。多幕剧的各场次，具有相对的独立性，但又前后相接，构成完美的整体。

2. 独幕剧

全剧在一幕内演完叫独幕剧。独幕剧一般不分场，篇幅短。由于受到时间、场景的限制，展示剧情要求迅速，刻画人物也要求笔墨洗练。如俄国契诃夫的《求婚》，只有三个人物（父亲、女儿、求婚者），情节也极为简单，人物也很少。

从题材范围分，戏剧可以分为：

1. 现代剧

主要是以现实生活为内容，如《高山下的花环》《人到中年》。

2. 历史剧

以历史事件和人物为题材，如《屈原》《关汉卿》等。

3. 神话剧和童话剧

以神话故事为题材的戏剧叫神话剧，一般都有丰富的幻想，常用夸张的手法来表现对理想世界的追求，如《白蛇传》。童话剧则是以少年儿童为主要观众对象的一种戏剧样式，经常用拟人化的手法来塑造戏剧形象，把幻想和现实巧妙地结合起来，表现要符合儿童的心理，使儿童在有趣的童话故事中受到启发和教育，如《大林和小林》《马兰花》等。

从性质上分，戏剧可以分为：

1. 悲剧

悲剧的特点是，将人生有价值的东西毁灭给人看。主人公一般都是正面人物，可结局却是毁灭的。例如英国剧作家莎士比亚的《罗密欧与朱丽叶》，男女主人公为了争取恋爱的自由，牺牲在封建门阀制度的重压下。他们的思想行为是正义的，斗争是合理的，所以他们的失败或毁灭，必然激起人们的悲愤之情，正如德国文艺理论家莱辛所说的："一个悲剧，简而言之，是一首激起怜悯的诗。"(《汉堡剧评》) 悲剧中的主人公都充满巨大的热情，为崇高的目标而斗争。他们的斗争是惊心动魄，悲痛壮烈的，直到主人公遭到毁灭，从而显示出巨大的精神力量。没有崇高和壮烈，就没有悲剧的情境和气氛，就不可能产生强烈的感染力。

2. 喜剧

喜剧的主要艺术特点是以笑为武器，反映现实生活中具有社会意义的喜剧性现象和喜剧性矛盾。它有自己独特的性能。

喜剧的第一个特点，就是把社会生活中的可喜的新生事物，作为自己的描写对象，塑造正面典型。往往通过否定反面事物来肯定正面的现象和理想，通过笑来达到教育的目的。例如电影《今天我休息》《五朵金花》，都属于抒情性喜剧。

喜剧的第二个特点，就是通过对一切阻碍社会发展的丑恶事物和落后现象的揭露，讽刺它们虚伪可笑的本质。通过揭露丑，惩罚恶来肯定美，通过对反面事物的否定来肯定正面的事物。俄国果戈理的《钦差大臣》就属此类。

3. 正剧

正剧是一种后起的戏剧样式。它一般不用夸张的手法（区别于喜剧），没有悲剧的结局（区别于悲剧），而是面对现实，用严肃的态度反映它，如挪威剧作家易卜生《玩偶之家》就是正剧的代表作品。正剧的主要特点是：第一，取材于多方面的现实生活。第二，表现手段更加真实自然，反映的生活面比较广阔，它兼有悲剧、喜剧因素，但不受悲剧、喜剧特征的严格约束。

(四) 戏剧的写作

戏剧的写作，也就是剧本的写作。上面讲过，剧本是戏剧的基础，"一剧之本"，是一出戏成败的关键，因此非常重要。文学剧本和小说一样，都是通过人物、情节和环境的有机结合，以反映社会生活，表达主题思想，二者有许多相同之处，在写作中，除了注意它们的共性外，还应注意戏剧的特点，尤其要注意下面几点：

1. 写好戏剧的冲突

戏剧冲突，其实就是戏剧中人物的思想、性格和行动目标的冲突。这些冲突，不仅表现在性格与环境的冲突，性格与性格的冲突，还表现在人物自身心理的矛盾冲突上。比如面对某一社会现象，人们三观不一，有的积极，有的消极，于是就构成了尖锐、激烈的冲突，如若把它搬上舞台，写成剧本，也就成了戏剧的冲突了。可以设想，一出戏如果没有这些矛盾冲突，也就没有什么可看的了，有剧作家说，戏剧冲突是戏剧的生命，道理就在于此。可见，写好戏剧冲突，是文学剧本的首要任务。

2. 塑造好人物形象

戏剧是艺术，它是靠形象去打动人、感化人、教育人的，因此要把人物形象塑造好。塑造人物形象的手法虽然很多，最主要的还是要写好人物的思想性格，动机目的，因为这些是戏剧冲突之源。因此在写人物时，不仅要把主要人物选定好，还要把配角选定好，并赋予他们不同的思想性格，让他们都栩栩如生，进行精彩的表演。例如《沙家浜》中的《智斗》，作者安排了阿庆嫂和刁德一、胡传魁三人，阿庆嫂是主角，刁、胡是配角，经过一番唇枪舌剑的斗争，塑造了革命群众阿庆嫂机智、聪慧的形象，长了人民的志气，灭了敌人的威风，鼓舞了人们对敌斗争的勇气，收到了良好的效果。

3. 安排好戏剧的情节

情节是戏剧的重要组成部分，曲折、生动的情节，不仅可以吸引观众，打动观众，对揭示人物的思想性格也大有帮助。例如《沙家浜》中阿庆嫂保护新四军伤员，与敌人周旋的故事情节，不仅吸引着观众，同时揭示了阿庆嫂为革命机智、聪慧的思想性格。因此，讲好戏剧的故事，安排好戏剧的情节非常重要。戏剧情节的安排，首先要选择生动有趣而有意义的故事，然后围绕着故事的中心，组织好若干事件。在展示故事时，情节要尽量做到单纯、集中、主副线分明，主线突出，一贯到底，防止旁枝繁杂。例如京剧《智取威虎山》，围绕"剿匪"这一故事中心，组织了"打进匪窟""计送情报""会师百鸡宴"等事件；杨子荣智取威虎山，消灭座山雕匪帮的主线，不但突出，而且一贯到底，审栾平等副线都在为主线的发展服务。

4. 戏剧结构的安排要得当

戏剧结构上的特点主要表现在"幕"和"场"的划分上。戏剧按剧情发展的时间、地点的变化而划分为大和小的段落，这大和小的段落在戏剧的结构上则叫作幕和场。"幕"是指戏剧故事发展的一个完整的段落，类似文章的大段落，一般包括一个或几个情节，依剧情发展的时间、地点的变化来划分，在舞台上以大幔布来做"幕"的标志，大幔布拉开一次就叫"一幕"。"场"类似文章的小段落，以前在舞台上指人物的更换，只要有人物出场或退场就叫一场，在舞台上以二道幕为标志，拉开一次二道幕为一场。这种分法的不足，场次太多。现代有些京剧、舞剧的结构较为独特，都以"场"标志剧的段落。例如《智取威虎山》分十场，《红灯记》分十一场，《白毛女》除"序幕"外分八场，《红色娘子军》除"序幕"外分六场。戏剧"幕""场"的划分标准，至今尚无定论，有的以空间、时间的变化为依据，有的以情节的变化为依据，有的以人物的更换为依据，有待探讨。但无论用哪种为依据来划分，都应当把戏剧的结构安排好，做到"幕""场"的划分合理、恰当、有致，能有条不紊、清晰地表现戏剧的主题思想。

5. 把握好戏剧语言的特点

戏剧语言是构成剧本的基础，它包括人物语言和舞台说明。人物语言即通常所说的台词，它包括对话、独白、旁白等。舞台说明，包括人物、时间、地点、布景的说明，动作、表情、声调的说明，幕起幕落的说明，它与人物语言相比，只是一种辅助手段。戏剧语言具有自己的特点。一是语言的形式有许多不同于诗歌、散文、小说；二是要通过演员把话说出来给观众听，把动作表演出来给观众看。在剧本写作中，要把握好戏剧语言的内容和特点。首先，要努力做到语言的个性化，什么人说什么话，听其声则知其人，话语要符合人物的身份、性格，力避千人一面，千口一腔。例如《茶馆》第一幕开始的一段对话就很个性化，虽每个人只有三言两语，但各有特色，显示出了人物各自不同的性格特征：松二爷的话平稳、周详，显示他软弱、胆小怕事；常四爷的话硬朗、倔强，显示出他的刚强、正直不屈；二德子的话凶狠、难听，显示出他的霸道无理。还有，要写好动作性的人物语言。动作性包括外部动作，也包括内部动作，即内心活动。动作性的人物语言，是指人物说话或内心活动时的手势、表情，以及打斗等。例如《雷雨》中周萍打鲁大海的行为，侍萍看见周萍打鲁大海后那种痛苦的表情，都为动作性的人物语言。这些动作性的人物语言，不仅能表现人物的思想性格，人物间的关系和矛盾冲突，还能吸引观众，帮助观众理解剧情。潜台词具有"言外之意"的功能，能使语言简约，给人以品味、想象的空间，在写作中也应很好地开发、使用。舞台说明虽是辅助的手段，但它交代了故事发生的时间、地点，并能制造气氛，给人许多信息，因此也不能忽视。例如《雷雨》开头一段"舞台说明"：

〔午饭后，天气很阴沉，更郁热，潮湿的空气，低压着在屋内的人，使人成为烦躁的了。

周朴园　（点着一支吕宋烟，看见桌上的雨衣，向鲁妈）这是太太找出来的雨衣么？

鲁侍萍　（看着他）大概是的。

周朴园　不对，不对，这都是新的。我要我的旧雨衣，你回头跟太太说。

这段"舞台说明"告诉我们哪些信息？它交代了故事发生的时间和舞台气氛。这种气氛同剧情紧密配合，烘托了人物的烦躁、郁闷不安的情绪，预示着一场雷雨的到来。这不仅为完整地塑造人物服务，而且也感染了读者或观众，随之产生了一种压抑感。这点跟小说环境描写的作用是相同的。

戏剧写作，除注意上面几点外，还应注意戏剧的体例，比如人物表的说明，时间、地点的交代等；同时，还要把美术、舞蹈等元素综合运用好。

（五）戏剧作品鉴赏

为了把理论和实际结合起来，进一步了解戏剧的概貌和特点，这里为大家提供了6篇戏剧作品。这6篇作品涵盖了古今中外，并都出于名家之手。其中有明人汤显祖的《牡丹亭》、现代郭沫若的《屈原》、老舍的《茶馆》、曹禺的《雷雨》、挪威易卜生的《玩偶之家》、英国莎士比亚的《哈姆莱特》。但由于本书篇幅有限，只能节选，管中窥豹，有志深入研究的读者，可找出全文阅读。这些作品，各有特色，我们可以从选题、戏剧冲突、人物塑造、结构、情节、语言、美术、舞蹈，以及体例等方面进行鉴赏。为便于大家鉴赏，下面对这些名著做一下简要的介绍：

1. 《牡丹亭》（节选）：又名《还魂记》，是明朝剧作家汤显祖的代表作，有名的古代戏曲，全剧55出。写杜丽娘为追求爱情因梦而死，死而复生，终于同书生柳梦梅结为夫妻的故事。作者通过杜丽娘要求冲破封建礼教的强烈愿望和自由爱情的热烈追求，表达了"崇尚真性情，反对假道学"的进步思想。文辞典雅，情节离奇，有浓厚的浪漫主义色彩。本文选自《牡丹亭》第十出《游园》。

2. 《屈原》（节选）：该剧是作者最具影响力的剧作，共有五幕，是一出历史剧。1941年初，国民党发动"皖南事变"之后，国统区的形势动荡不安，人民群众的言论和行动受到严密的监视和控制。1942年初，作者为了反击国民党掀起的反共和投降的逆流，以"历史剧"这种艺术形式作为武器，写下了《屈原》这出戏。剧本是革命现实主义和革命浪漫主义相结合的典型，借古讽今，以当年楚怀王不听屈原的忠告，听信谗言，一意孤行，为强秦所欺，遭到惨败的历史，对国民党提出警告和抨击。该剧在结构上，疏密有度，把严密和自由挥洒统一起来。情节紧张吸引人。语言透出浓郁的诗意，屈原的独白《雷电颂》、哀辞《橘颂》，剧终幕落时幕后所唱的《礼魂》之歌，震撼着人们的心灵。本文所选的是《屈原》的第五幕第二场的后半部分，即该剧的结尾部分。

3. 《茶馆》（节选）：是现代文学家老舍于1956年创作的三幕话剧，是中国当代戏剧创作的经典作品。剧作展示了戊戌变法、军阀混战和新中国成立前夕三个时代近半个世纪的社会风云变化。通过一个叫裕泰的茶馆揭示了近半个世纪中国社会的黑暗腐败、光怪陆离，以及在这个社会中的芸芸众生。剧本中出场的人物近50人，除茶馆老板之外，有吃皇粮的旗人、办实业的资本家、清宫里的太监、信奉洋教的教士、穷困潦倒的农民，以及特务、打手、警察、流氓、相士等，人物众多但性格鲜明，能够"闻其声知其人"，"三言两语就勾画出一个人物形象的轮廓来"。作品通过茶馆老板王利发对祖传"裕泰茶馆"的惨淡经营，描写他虽然精明圆滑、呕心沥血，但终于挡不住衰败的结局，从侧面反映了旧中国必然灭亡，新中国必然诞生的中国社会的走向。本文所选的是《茶馆》的人物表说明和第一幕。第一幕主要是展示中国戊戌变法失败后，帝国主义侵略势力扩大、宫廷生活腐败荒淫、流氓地痞横行霸道、正直的爱国者惨遭镇压的历史画卷。

4.《雷雨》（节选）：该剧是曹禺的名作之一，共有四幕，还有序幕和尾声。剧本在一天的时间（上午到午夜两点钟）、两个场景（周家客厅和鲁家住房）内集中展开了周鲁两家前后30年的复杂的矛盾纠葛。全剧交织着"过去的戏剧"（周朴园与侍萍"始乱终弃"的故事，作为后母的繁漪与周家长子周萍恋爱的故事）与"现在的戏剧"（繁漪与周朴园的冲撞，繁漪、周萍、四凤、周冲四人之间的情感纠葛，周朴园与侍萍的相逢，周朴园与鲁大海的冲突），同时展现着下层妇女（侍萍）被离弃的悲剧，上层妇女（繁漪）个性受压抑的悲剧，青年男女（周萍、四凤）得不到正常的爱情的悲剧，青春幻梦（周冲）破灭的悲剧，以及劳动者（鲁大海）反抗失败的悲剧，血缘的关系与阶级的矛盾相互纠缠，所有的悲剧都最后归结于"罪恶的渊薮"——作为具有浓厚封建色彩的资产阶级家庭的家长象征（代表）的周朴园。戏剧的结尾，无辜的年轻一代都死了，只留下了对悲剧性的历史有牵连的年老一代，这就更加强化了对"不公平"的社会（与命运）的控诉力量。本文节选的是第三幕中的一个片段，故事情节是：晚上电闪雷鸣，风雨交加。周冲奉母命来给侍萍送100元钱。四凤拒绝接收，鲁贵却厚着脸收下了。这段节选的文字中涉及的戏剧冲突有两点：一是对周冲深夜来到周家，鲁四凤感到吃惊，劝他回去，鲁贵感到高兴，急忙招待；二是对周冲送来的钱，鲁四凤坚持拒绝，鲁贵收下钞票。戏剧方富有暗示性。剧中周冲说"这是太太叫我来的"后，鲁贵"明白了一半"，鲁贵真的"明白"了吗？鲁贵"明白"的是什么？原来鲁贵以为周家的人知道他知道的周家秘密，不敢得罪他。所以鲁贵在收下周冲的钱后说："您回头跟太太回一声，我们都挺好的。请太太放心，谢谢太太。""请太太放心"这句话的言外之意是什么？言外之意是说他不会说出太太与周萍之间的秘密。从这个片段可以看出，鲁贵是一个圆滑、心怀鬼胎、心术不正的无赖之徒。周冲是一个单纯、真诚、善良、不谙世事且又充满激情的青年。

5.《玩偶之家》（节选）：该剧是挪威较有影响的剧作家易卜生的代表作，是一部三幕戏剧。故事讲述了女主人公娜拉为给丈夫海尔茂治病，瞒着丈夫伪造签名向柯洛克斯泰借钱，无意犯了伪造字据罪。多年后，海尔茂升职经理，开除了柯洛克斯泰，柯洛克斯泰拿字据要挟娜拉，海尔茂知情后勃然大怒，骂娜拉是"坏东西""罪犯""下贱女人"，说自己的前途被她毁了，而当他再次收到柯洛克斯泰退回娜拉借据而表示歉意，危机解除后，又立刻恢复了对妻子的甜言蜜语，娜拉认清了自己在家庭中"玩偶"般从属于丈夫的地位，当她丈夫自私、虚伪的丑恶灵魂暴露无疑的时候,最终断然出走。本文节选的就是娜拉出走前与丈夫冲突的片段。这一片段的人物对话、舞台说明、关门声响等,都颇有韵味,耐人欣赏。

6.《哈姆莱特》(节选):该剧是英国剧作家莎士比亚创作于1599年至1602年间的一部悲剧作品,共四幕。戏剧讲述了王子哈姆莱特的叔叔克劳狄斯谋害了哈姆莱特的父亲,篡取了王位,并娶了国王的遗孀乔特鲁德;哈姆莱特王子因此为父王向叔叔复仇。本文节选的第三幕第一场,是讲哈姆莱特为了弄清他叔叔克劳狄斯谋害他父亲的真相,装疯卖傻,明察暗访,而克劳狄斯对此心存疑虑,安排王子的朋友监视他,并利用王子与奥菲利娅的恋情窥视王子的真实内心。这时的哈姆莱特陷入了由于现实与理想的矛盾而引起的思想危机之中。"生存还是毁灭"这段著名的独白,深刻地揭示了他对现实的思考和批判,反映了他的内心矛盾和苦闷,也曲折地表达了作家对人生以及当时社会的看法。

作品一:

牡丹亭(节选)
汤显祖
第十出　游园

【绕池游】(旦①上)梦回莺啭②,乱煞年光遍③。人立小庭深院。(贴④上)炷尽沉烟⑤,抛残绣线⑥,恁今春关情似⑦去年?[乌夜啼](旦)晓来望断梅关⑧,宿妆残⑨。(贴)你侧着宜春髻子⑩恰凭阑。(旦)剪不断,理还乱⑪,闷无端。(贴)已分付催花莺燕借春看。(旦)春香,可曾叫人扫除花径?(贴)分付了。(旦)取镜台衣服来。(贴取镜台衣服上)"云髻罢梳还对镜,罗衣欲换更添香。"⑫镜台衣服在此。

【步步娇】(旦)袅晴丝⑬吹来闲庭院,摇漾⑭春如线。停半晌⑮,整花钿。没揣菱花⑯,偷人半面⑰,迤逗的彩云⑱偏。(行介⑲)步香闺怎便把全身现!(贴)今日穿插⑳的好。

【醉扶归】(旦)你道翠生生出落的裙衫儿茜㉑,艳晶晶花簪八宝填㉒,可知我常一生儿爱好是天然㉓。恰三春好处㉔无人见。不提防沉鱼落雁㉕鸟惊喧,则怕的羞花闭月㉖争花愁颤。(贴)早茶时了,请行。(行介)你看:"画廊金粉半零星,池馆苍苔一片青。踏草怕泥㉗新绣袜,惜花疼煞小金铃㉘。"(旦)不到园林,怎知春色如许㉙!

【皂罗袍】原来姹紫嫣红㉚开遍,似这般都付与断井颓垣㉛。良辰美景奈何天,赏心乐事谁家院㉜!恁般景致,我老爷和奶奶㉝再不提起。(合)朝飞暮卷㉞,云霞翠轩㉟;雨丝风片,烟波画船㊱。锦屏人忒看的这韶光㊲贱!(贴)是花都放了,那牡丹还早。

【好姐姐】(旦)遍青山啼红了杜鹃㊳,荼蘼外烟丝醉软㊴。春香呵,牡丹虽好,他春归怎占的先㊵!(贴)成对儿莺燕呵,(合)闲凝眄㊶,生生燕语明如剪㊷,呖呖莺歌溜的圆㊸。(旦)去罢。(贴)这园子委是观之不足㊹也。(旦)提他怎的!(行介)

【隔尾】观之不足由他缱⑮,便赏遍了十二⑯亭台是枉然。到不如兴尽回家闲过遣。(作到介)(贴)"开我西阁门,展我东阁妆床⑰。瓶插映山紫⑱,炉添沉水香⑲。"小姐,你歇息片时,俺瞧老夫人去也。(下)

【注释】

①旦:传统戏曲角色行当,扮演女性人物。

②啭:形容鸟声婉转。

③乱煞年光遍:缭乱的春光到处都是。年光:春光。

④贴:即贴旦,扮演剧中次要的女角。

⑤炷:燃烧。沉烟:沉香燃烧的烟。

⑥抛残绣线:丢下了绣剩的丝绒。此句表现青春少女春思慵懒的情态。

⑦恁:"怎么"的省文,即为什么。关情:牵动人的情怀。似:胜似,超过。

⑧望断梅关:呆呆地看着梅关方向。梅关:即江西与广东交界的大庾岭,宋代设有梅关,位置在本剧故事发生地点江西南安府的南面。

⑨宿妆残:隔夜妆粉还残留着。这是说杜丽娘早起懒于梳洗。

⑩宜春髻子:相传立春那天,妇女剪彩绸为燕子状,上贴"宜春"二字,戴在髻上。

⑪剪不断,理还乱:南唐后主李煜词《相见欢》中的句子。这里比喻杜丽娘无法摆脱由于长期禁锢而产生的苦闷。

⑫"云髻"二句:引自薛逢诗《宫词》,见《全唐诗》第548卷。云髻:形容妇女的发髻卷曲如云。更添香:指再熏些香料。

⑬袅:摇曳不定的样子。晴丝:即游丝,春天晴朗的日子飘荡在空中的游丝。

⑭摇漾:飘摆荡漾。

⑮半响:片刻。

⑯没揣:不料。菱花:镜子。古时用铜镜,背面所铸花纹一般为菱花,因此称为菱花镜,或用菱花作镜子的代称。

⑰偷人半面:偷偷地照见自己的半面脸孔。

⑱迤逗:挑逗。彩云:美丽的发卷的代称。

⑲介:戏曲术语,南戏、传奇剧本里关于动作、表情、演出效果等的舞台指示。与元杂剧剧本中的"科"相同。

⑳穿插:穿戴。穿指衣服,插指装饰品。

㉑翠生生:极言色彩鲜艳。出落的:显得。茜:红色。

㉒艳晶晶:光彩夺目的样子。花簪八宝填:镶嵌着多种宝石的簪子。

㉓爱好:爱美。天然:天然本性。

㉔三春好处:美丽的春光,比喻自己的青春美貌。

㉕不提防:不防备,没料到。沉鱼落雁:形容女人的美貌。意思是说,鱼见她的美色,自愧不如而下沉;雁见她的美色而停落下来。

㉖羞花闭月：形容女子异常美丽，使花儿感到羞惭，使月亮躲藏起来。

㉗泥：沾泥，这里用作动词。

㉘"惜花"句：据《开元天宝遗事》记载："天宝初，宁王惜花，怕被鸟鹊啄坏，便在花园扯上红绳，系上小金铃，一有鸟就拉响金铃驱赶。因为拉得多了，小金铃都感受到疼了。"

㉙如许：如此。

㉚姹紫嫣红：指各色娇艳绚丽的鲜花。

㉛断井颓垣：废弃的井，倒塌的墙，形容庭院破败。

㉜"良辰"二句：写杜丽娘看到盛开的鲜花和破败的花园，产生无限的怅惘之情。原出自谢灵运《拟魏太子邺中集诗序》："天下良辰、美景、赏心、乐事，四者难并。"谁家：哪一家。

㉝老爷：指父亲。奶奶：指母亲。

㉞朝飞暮卷：唐王勃《滕王阁诗》记载："画栋朝飞南浦云，朱帘暮卷西山雨。"诗意形容亭台楼阁的高大、壮丽。

㉟云霞翠轩：云彩和霞光辉映着华丽的亭台楼阁。

㊱烟波画船：在烟雾迷蒙的水面上摇荡着彩画装饰的船。

㊲锦屏人：被隔绝在画屏里面的人，这里指幽居深闺、不能领略自然美景的人。忒：太。韶光：美好的时光，即春光。

㊳啼红了杜鹃：开遍了红色的杜鹃花。

㊴荼蘼：花名，晚春时开放。醉软：娇柔无力的样子。

㊵"牡丹"二句：牡丹虽美，但它开在春尽之时，怎能占得春季百花之先呢？这里暗指杜丽娘对美好青春被耽误的伤感和幽怨的情绪。

㊶凝眄：这里是注视的意思。

㊷生生燕语明如剪：形容乳燕的叫声像剪刀声一样明快。

㊸呖呖：莺的叫声。溜的圆：形容鸟的叫声圆润婉转。

㊹委是观之不足：实在是看不够。

㊺缱：留恋不舍。

㊻十二：虚指，犹言所有。

㊼"开我"二句：《木兰诗》有"开我东阁门，坐我西阁床"。

㊽映山紫：映山红（杜鹃红）的一种。

㊾沉水香：沉香的别称。

作品二：

屈　原（节选）

郭沫若

下面是《屈原》第五幕第二场开头的布景说明：

东皇太一庙之正殿。与第二幕明堂相似，四柱三间，唯无帘幕。三间靠壁均有神像。中室正中东皇太一①与云中君②并坐，其前左右二侧山鬼③与国殇④立侍，右首东君⑤骑黄马，左首河伯⑥乘龙，均斜向。马首向左，龙首向右。左室为一龙船，船首向右，湘君⑦坐船中吹笙，湘夫人⑧立船尾摇橹。右室一片云彩之上现大司命⑨与少司命⑩。左右二室后壁靠外侧均有门，左者开放，右者掩闭。各室均有灯，光甚昏暗，室外雷电交加，时有大风咆哮。

第二场开场是"靳尚带卫士两人，各蒙面，诡谲地由右侧登场"。这个靳尚乃是南后所派，靳尚又密令郑詹尹杀害屈原，是剧中的矛盾冲突之一。

〔郑詹尹复提着灯笼由原道下场。

大风渐息，雷电亦止，月光复出，斜照殿上。

屈　原　啊，宇宙你也恬淡起来了。真也奇怪，我现在的心境又起了一个不可思议的变换。我想，毕竟还是人是最可爱的呵。哪怕就是你所不高兴的人，在你极端孤寂的时候和他说了几句话，似乎也是镇定精神的良药啦。（复在殿中徘徊）啊，河伯！（徘徊之后，在河伯前伫立）请让我还是把你当成朋友，让我再和你谈谈心吧。你知道么？现在我所最担心的是我的婵娟呀！她明明是被人家抓去了的。她是很尊敬我的一个人，她把我当成她的父亲、她的师长，她把我看待得比她自己的性命还要贵重。（稍停）她最能够安慰我。我也把她当成了我自己的女儿，当成了我自己最珍爱的弟子。唉，我今天实在不应该抛撇她，跑了出来。她虽然在后园子里面看着那些人胡闹，她虽然把我的衣裳拿了一件出去，但我相信那一定是宋玉要她做的。宋玉那孩子，他是太阴柔了。（将神案上的酒爵拿起将饮，复搁置）唉，这酒的气味，我终究是不高兴。河伯，你是不是喜欢喝酒的呢？你现在的情形又是怎样？我也明明看见，别人也把你抓去了。你明明是为我而受难，为正义而受难呀。啊，我真不知道该怎样报答你的好呵！（复在神殿中徘徊）

〔此时卫士甲与婵娟由右侧出场。屈原瞥见人影，顿吃一惊。

屈　原　是谁？

婵　娟　啊，先生在这儿啦！我婵娟啦！（用尽全力，踉跄奔上神殿，跪于屈原前，拥抱其膝，仰头望之，似笑，又似干哭）

屈　原　（呈极凄绝之态）啊，婵娟，你怎么来的？你脸上怎么有伤呀？你怎么这样的装束？

婵　娟　（断续地）先生，我高兴得很。……请……不要问我。……我我……是什么话都不想说。我只想……就这样……就这样抱着先生的脚，……抱着先生的脚，……就这……死了去吧。

〔屈原不禁潸然，两手抚摩着婵娟的头，昂头望着天。

如此有间。婵娟始终仰望屈原，喘息甚烈。

屈　原　（俯首安慰）婵娟，我没有想到还能够看见你，你一定是逃走出来的，你是超过了死线。你知道宋玉怎么样了吗？

婵　娟　（仍喘息）……他跟着公子子兰……搬进宫里去了。

屈　原　那也由他去吧。谁能够不怕艰险，谁才可以登上高山。正义的路是崎岖的路，它只欢迎勇敢的人。……那位钓鱼的人呢？

婵　娟　听说丢进监狱里去了。

屈　原　（沉默之后）婵娟，你口渴吧？

　　　　〔婵娟点头。

屈　原　（两手移去，将案上酒爵取来）这儿有杯甜酒，你喝了它吧。

　　　　〔婵娟就爵，一饮而尽，饮之甚甘，自己仍跪于地，紧紧拥抱着屈原的两膝，昂首望之。屈原以两手置爵于神案上之后，仍抚摩其头。俄而，婵娟脸色渐变，全身痉挛。

屈　原　（屈膝俯身，以两手套其颈，拥之于怀）啊，婵娟，你怎样？你怎样？

婵　娟　（凝目摇头）先生，……那酒……那酒……有毒。……可我……我真高……真高兴！（振作起来）我能够代替先生，保全了你的生命，我是多么地幸运呵！……先生，我是一个普通人家的女儿，我受了你的感化，知道了做人的责任。我始终诚心诚意地服侍着你，因为你就是我们楚国的柱石。……我爱楚国，我就不能不爱先生。……先生，我经常想照着你的指示，把我的生命献给祖国。可我没有想到，我今天是果然做到了。（渐渐衰弱）我把我这微弱的生命，代替了你这样宝贵的存在。先生，我真是多么地幸运呵！……啊，我……我真高兴！……真高兴！

屈　原　（紧紧拥抱着婵娟）婵娟！你要活下去呵！活下去呵！婵娟！婵娟！……

婵　娟　（更衰弱）……啊，我……高兴！……（喘息与痉挛愈烈。终竟作最大痉挛一次，死于屈原怀中，殿上灯火全体熄灭，只余月光）

　　　　〔屈原无言，拥着婵娟尸体，昂首望天，眼中复燃起怒火。
　　　　〔卫士甲在前直静立于殿下，至此始上殿至屈原之前。

卫士甲　三闾大夫⑪，请你告诉我，那酒是谁送给你的？

屈　原　（回顾，含怒而平淡地）是这儿的太卜⑫郑詹尹。（说罢复其原有姿态）

卫士甲　哼，就是那南后的父亲吗？我是认识他的。（急骤地向左侧房屋走入。）

　　　　〔屈原仍如塑像一般，寂立不动。
　　　　〔少顷，卫士甲复急骤而出。

卫士甲　三闾大夫，请你容恕我，我把那恶人郑詹尹刺杀了。在他的身上还搜出了一通密令，我念给你听。"太卜执事：比奉南后意旨，望执事于今夜将狂人毒死，放火焚庙，以灭其迹。上官大夫[13]靳尚再拜。"密令是这样，因此我也就照着南后的意旨，在郑詹尹的床上放了一把火。这罪恶的神庙看看也将要和那罪恶的尸体一道消灭了。

屈　原　那很好。我还希望你帮助我，把婵娟安放在神案上，我们应该为她举行一个庄严的火葬。

卫士甲　待我先解除先生的刑具。（解除其刑具）婵娟姑娘穿的还是更夫的衣裳，应该给她脱掉啦。

屈　原　（起立先解婵娟之衣）哦，戴得有这样的花环。（同时进行其他动作）

卫士甲　（一面帮助，一面诉说）先生，这还是你编的花环呢。在东门外被南后给你要去了，后来南后又给了婵娟姑娘。她一身都是挨了鞭打的，你看这手上都有伤，脸上都有伤，鞭打得很厉害。南后打算明天便处死她，把她装在囚槛里，由我看守。……夜半将近的时分，你的两位弟子宋玉和公子子兰走来劝婵娟，要她听从公子子兰的要求，做他的侍女，他们便搭救她。但是婵娟始终不肯。……她所说的话和她的精神太使我感动了，因此我就决心救她。从宋玉口中听说先生今晚上也有生命的危险，所以我也就决心陪着她来救你。……我们是从宫中逃出来的，就是用了一点诡计把一个更夫来顶替了婵娟。在我替她换上更夫装束的时候，婵娟姑娘她还坚决不肯把你这花环丢掉呢！

　　　　〔两人已经将婵娟妥置于神案，头在左侧。

屈　原　（整理婵娟胸部，自其怀中取出帛书一卷，展视之）哦，这是我清早写的《橘颂》啊。我是写给宋玉的，是宋玉又给了你吧！婵娟，你倒是受之而无愧的。唉，我真没有想到，我这《橘颂》才完全是为你写出的哀辞呀。

卫士甲　先生，那么，要不就拿给我念，我们来向婵娟姑娘致祭。

屈　原　好的，你就请从这后半读起。（授书并指示）一首一尾你要加些什么话，也由你斟酌好了。

　　　　〔屈原移至婵娟脚边，垂拱而立，左翼已有火光及烟雾冒出。

卫士甲　（立于屈原之右，在神案右后隅，展读哀辞）维楚大夫屈原率其仆夫致祭于婵娟之前而颂曰：

　　　　　　啊，年轻的人，你与众不同。
　　　　　　你志趣坚定，竟与橘树同风。
　　　　　　你心胸开阔，气度那么从容！
　　　　　　你不随波逐流，也不故步自封。
　　　　　　你谨慎存心，决不胡思乱想。
　　　　　　你至诚一片，期与日月同光。
　　　　　　我愿和你永做个忘年的朋友。

不挠不屈，为真理斗到尽头！
你年纪虽小，可以为世楷模。
足比古代的伯夷，永垂万古！——哀哉尚飨。

[屈原再拜，卫士甲亦移至其后再拜。礼毕，卫士甲将帛书卷好，奉还屈原。

屈　原　现在一切都完毕了，请问你叫什么名字？

卫士甲　先生，你不必问我的姓名，我要永远做你的仆人，你就叫我"仆夫"吧。

屈　原　你今后打算要我怎么做？

卫士甲　先生，你怎么这样问我呢？

屈　原　因为我现在的生命是你和婵娟给我的，婵娟她已经死了，我也就只好问你了。

卫士甲　先生，我们楚国需要你，我们中国也需要你，这儿太危险了，你是不能久待的。我是汉北⑭的人，假使先生高兴，我要把先生引到汉北去。我们汉北人都敬仰先生，受了先生的感召，我们知道爱真理，爱正义，抵御强暴，保卫楚国。先生，我们汉北人一定会保护你的。

屈　原　好的，我遵从你的意思。我决心去和汉北人民一道，就做一个耕田种地的农夫吧。你赶快把服装换掉啦。那儿有现成的衣帽。
（指更夫衣帽）

卫士甲　哦，我真糊涂，简直没有想到。幸好有这一套啦。
（换衣）

[火光烟雾愈燃愈烈。

屈　原　（高举手中帛书）啊，婵娟，我的女儿！婵娟，我的弟子！婵娟，我的恩人呀！你已经发了火，你把黑暗征服了。你是永远永远的光明的使者呀！（执帛书之一端向婵娟抛去，帛书展布于尸上）

——幕徐徐下

　　　　幕后唱《礼魂》之歌：
　　　　唱着歌，打着鼓，
　　　　手拿着花枝齐跳舞。
　　　　我把花给你，你把花给我，
　　　　心爱的人儿，歌舞两婆娑。
　　　　春天有兰花，秋天有菊花，
　　　　馨香百代，敬礼无涯。

（一九四二年一月十一日夜）

【注释】

①东皇太一：本为屈原所作《楚辞·九歌》篇名。这里指神像。旧说"太一，星名，天之尊神，祠在楚东，以配东帝，故云东皇。"

②云中君：云神。

③山鬼：山神。

④国殇：指为国作战而捐躯的将士。

⑤东君：此处指太阳神，也有以春神为东君的。

⑥河伯：河神，因古代帝王封四渎为侯伯而得名。

⑦湘君：湘水之神。

⑧湘夫人：湘水之神，相传同湘君为夫妻。

⑨大司命：星名，主宰人的生死寿夭。

⑩少司命：星名，主宰灾祥祸福。

⑪三闾大夫：官名，战国时楚国所设，掌管昭、屈、景三姓贵族事务。当时屈原任此职。

⑫太卜：官名，战国时楚国所设，专管占筮卜卦之事。

⑬上官大夫：指上官靳尚。上官，姓。

⑭汉北：指汉水以北地区。

作品三：

茶 馆（节选）

老 舍

人 物

王利发——男。最初与我们见面，他才二十多岁。因父亲早死，他很年轻就做了裕泰茶馆的掌柜。精明、有些自私，而心眼不坏。

唐铁嘴——男。三十来岁。相面为生，吸鸦片。

松二爷——男。三十来岁。胆小而爱说话。

常四爷——男。三十来岁。松二爷的好友，都是裕泰的主顾。正直，体格好。

李 三——男。三十多岁。裕泰的跑堂的。勤恳，心眼好。

二德子——男。二十多岁。善扑营当差。

马五爷——男。三十多岁。吃洋教的小恶霸。

刘麻子——男。三十来岁。说媒拉纤，心狠意毒。

康 六——男。四十岁。京郊贫农。

黄胖子——男。四十多岁。流氓头子。

秦仲义——男。王掌柜的房东。在第一幕里二十多岁。阔少，后来成了维新的资本家。

老 人——男。八十二岁。无依无靠。

乡 妇——女。三十多岁。穷得出卖小女儿。

小　妞——女。十岁。乡妇的女儿。
庞太监——男。四十岁。发财之后，想娶老婆。
小牛儿——男。十多岁。庞太监的书童。
宋恩子——男。二十多岁。老式特务。
吴祥子——男。二十多岁。宋恩子的同事。
康顺子——女。在第一幕中十五岁。康六的女儿。被卖给庞太监为妻。
王淑芬——女。四十来岁。王利发掌柜的妻。
巡　警——男。二十多岁。
报　童——男。十六岁。
康大力——男。十二岁。庞太监买来的义子，后与康顺子相依为命。
老　林——男。三十多岁。逃兵。
老　陈——男。三十岁。逃兵。老林的把弟。
崔久峰——男。四十多岁。做过国会议员，后来修道，住在裕泰附设的公寓里。
军　官——男。三十岁。
王大拴——男。四十岁左右，王掌柜的长子。为人正直。
周秀花——女。四十岁。大拴的妻。
王小花——女。十三岁。大拴的女儿。
丁　宝——女。十七岁。女招待。有胆有识。
小刘麻子——男。三十多岁。刘麻子之子，继承父业而发展之。
取电灯费的——男。四十多岁。
小唐铁嘴——男。三十多岁。唐铁嘴之子，继承父业，有做天师的愿望。
明师傅——男。五十多岁。包办酒席的厨师傅。
邹福远——男。四十多岁。说评书的名手。
卫福喜——男。三十多岁。邹的师弟，先说评书，后改唱京戏。
方　六——男。三十多岁。打小鼓的，奸诈。
车当当——男。三十岁左右。买卖现洋为生。
庞四奶奶——女。四十岁。丑恶，要做皇后。庞太监的四侄媳妇。
春　梅——女。十九岁。庞四奶奶的丫鬟。
老　杨——男。三十多岁。卖杂货的。
小二德子——男。三十岁。二德子之子，打手。
于厚斋——男。四十多岁。小学教员，王小花的老师。
谢勇仁——男。三十多岁。与于厚斋同事。
小宋恩子——男。三十来岁。宋恩子之子，承袭父业，做特务。
小吴祥子——男。三十来岁。吴祥子之子，世袭特务。
小心眼——女。十九岁。女招待。
沈处长——男。四十岁。宪兵司令部某处处长。

傻　　杨——男。数来宝的。

茶客若干人，都是男的。

茶房一两个，都是男的。

难民数人，有男有女，有老有少。

大兵三五人，都是男的。

公寓住客数人，都是男的。

压大令的兵七人，都是男的。

宪兵四人。男。

第一幕

　　人物：王利发、刘麻子、庞太监、唐铁嘴、康六、小牛儿、松二爷、黄胖子、宋恩子、常四爷、秦仲义、吴祥子、李三、老人、康顺子、二德子、乡妇、茶客甲、乙、丙、丁、马五爷、小妞、茶房一二人。

　　时间：一八九八年（戊戌）初秋，康梁等的维新运动失败了。早半天。

　　地点：北京，裕泰大茶馆。

　　[幕启：这种大茶馆现在已经不见了。在几十年前，每城都起码有一处。这里卖茶，也卖简单的点心与饭菜。玩鸟的人们，每天在遛够了画眉、黄鸟等之后，要到这里歇歇腿，喝喝茶，并使鸟儿表演歌唱。商议事情的，说媒拉纤的，也到这里来。那年月，时常有打群架的，但是总会有朋友出头给双方调解；三五十口子打手，经调人东说西说，便都喝碗茶，吃碗烂肉面（大茶馆特殊的食品，价钱便宜，作起来快当），就可以化干戈为玉帛了。总之，这是当日非常重要的地方，有事无事都可以来坐半天。

　　[在这里，可以听到最荒唐的新闻，如某处的大蜘蛛怎么成了精，受到雷击。奇怪的意见也在这里可以听到，像把海边上都修上大墙，就足以挡住洋兵上岸。这里还可以听到某京戏演员新近创造了什么腔儿，和煎熬鸦片烟的最好的方法。

　　这里也可以看到某人新得到的奇珍——一个出土的玉扇坠儿，或三彩的鼻烟壶。这真是个重要的地方，简直可以算作文化交流的所在。

　　[我们现在就要看见这样的一座茶馆。

　　[一进门是柜台与炉灶——为省点事，我们的舞台上可以不要炉灶；后面有些锅勺的响声也就够了。屋子非常高大，摆着长桌与方桌，长凳与小凳，都是茶座儿。隔窗可见后院，高搭着凉棚，棚下也有茶座儿。屋里和凉棚下都有挂鸟笼的地方。各处都贴着"莫谈国事"的纸条。

　　[有两位茶客，不知姓名，正眯着眼，摇着头，拍板低唱。有两三位茶客，也不知姓名，正入神地欣赏瓦罐里的蟋蟀。两位穿灰色大衫的——宋恩子与吴祥子，正低声地谈话，看样子他们是北衙门的办案的（侦缉）。

　　[今天又有一起打群架的，据说是为了争一只家鸽，惹起非用武力解决不可的纠纷。假若真打起来，非出人命不可，因为被约的打手中包括着善扑营的哥儿们和

库兵，身手都十分厉害。好在，不能真打起来，因为在双方还没把打手约齐，已有人出面调停了——现在双方在这里会面。三三两两的打手，都横眉立目，短打扮，随时进来，往后院去。

　　〔马五爷在不惹人注意的角落，独自坐着喝茶。
　　〔王利发高高地坐在柜台里。
　　〔唐铁嘴趿拉着鞋，身穿一件极长极脏的大布衫，耳上夹着几张小纸片，进来。
　　王利发：唐先生，你外边遛遛吧！
　　唐铁嘴：（惨笑）王掌柜，捧捧唐铁嘴吧！送给我碗茶喝，我就先给您相相面吧！手相奉送，不取分文！（不容分说，拉过王利发的手来）今年是光绪二十四年，戊戌。您贵庚是……
　　王利发：（夺回手去）算了吧，我送你一碗茶喝，你就甭卖那套生意口啦！用不着相面，咱们既在江湖内，都是苦命人！（由柜台内走出，让唐铁嘴坐下）坐下！我告诉你，你要是不戒了大烟，就永远交不了好运！这是我的相法，比你的更灵验！
　　〔松二爷和常四爷都提着鸟笼进来，王利发向他们打招呼。他们先把鸟笼子挂好，找地方坐下。松二爷文绉绉的，提着小黄鸟笼；常四爷雄赳赳的，提着大而高的画眉笼。茶房李三赶紧过来，沏上盖碗茶。他们自带茶叶。茶沏好，松二爷、常四爷向临近的茶座让了让。
　　松二爷、常四爷：您喝这个！（然后，往后院看了看）
　　松二爷：好像又有事儿？
　　常四爷：反正打不起来！要真打的话，早到城外头去啦；到茶馆来干吗？
　　〔二德子，一位打手，恰好进来，听见了常四爷的话。
　　二德子：（凑过去）你这是对谁甩闲话呢？
　　常四爷：（不肯示弱）你问我哪？花钱喝茶，难道还教谁管着吗？
　　松二爷：（打量了二德子一番）我说这位爷，您是营里当差的吧？来，坐下喝一碗，我们也都是外场人。
　　二德子：你管我当差不当差呢！
　　常四爷：要抖威风，跟洋人干去，洋人厉害！英法联军烧了圆明园，尊家吃着官饷，可没见您去冲锋打仗！
　　二德子：甭说打洋人不打，我先管教管教你！（要动手）
　　〔别的茶客依旧进行他们自己的事。王利发急忙跑过来。
　　王利发：哥儿们，都是街面上的朋友，有话好说。德爷，您后边坐！
　　〔二德子不听王利发的话，一下子把一个盖碗搂下桌去，摔碎。翻手要抓常四爷的脖领。
　　常四爷：（闪过）你要怎么着？
　　二德子：怎么着？我碰不了洋人，还碰不了你吗？
　　马五爷：（并未立起）二德子，你威风啊！

二德子：（四下扫视，看到马五爷）喝，马五爷，你在这儿哪？我可眼拙，没看见您！（过去请安）

马五爷：有什么事好好地说，干吗动不动地就讲打？

二德子：嗻！您说得对！我到后头坐坐去。李三，这儿的茶钱我候啦！（往后面走去）

常四爷：（凑过来，要对马五爷发牢骚）这位爷，您圣明，您给评评理！

马五爷：（立起来）我还有事，再见！（走出去）

常四爷：（对王利发）邪！这倒是个怪人！

王利发：您不知道这是马五爷呀！怪不得您也得罪了他！

常四爷：我也得罪了他？我今天出门没挑好日子！

王利发：（低声地）刚才您说洋人怎样，他就是吃洋饭的。信洋教，说洋话，有事情可以一直地找宛平县的县太爷去，要不怎么连官面上都不惹他呢！

常四爷：（往原处走）哼，我就不佩服吃洋饭的！

王利发：（向宋恩子、吴祥子那边稍一歪头，低声地）说话请留点神！（大声地）李三，再给这儿沏一碗来！（拾起地上的碎瓷片）

松二爷：盖碗多少钱？我赔！外场人不做老娘们事！

王利发：不忙，待会儿再算吧！（走开）

[纤手刘麻子领着康六进来。刘麻子先向松二爷、常四爷打招呼。

刘麻子：您二位真早班儿！（掏出鼻烟壶，倒烟）您试试这个！刚装来的，地道英国造，又细又纯！

常四爷：唉！连鼻烟也得从外洋来！这得往外流多少银子啊！

刘麻子：咱们大清国有的是金山银山，永远花不完！您坐着，我办点小事！

（领康六找了个座儿）

[李三拿过一碗茶来。

刘麻子：说说吧，十两银子行不行？你说干脆的！我忙，没工夫专伺候你！

康　六：刘爷！十五岁的大姑娘，就值十两银子吗？

刘麻子：卖到窑子去，也许多拿一两八钱的，可是你又不肯！

康　六：那是我的亲女儿！我能够……

刘麻子：有女儿，你可养活不起，这怪谁呢？

康　六：那不是因为乡下种地的都没法子混了吗？一家大小要是一天能吃上一顿粥，我要还想卖女儿，我就不是人！

刘麻子：那是你们乡下的事，我管不着。我受你之托，教你不吃亏，又教你女儿有个吃饱饭的地方，这还不好吗？

康　六：到底给谁呢？

刘麻子：我一说，你必定从心眼里乐意！一位在宫里当差的！

康　六：宫里当差的谁要个乡下丫头呢？

刘麻子：那不是你女儿的命好吗？

康　六：谁呢？

刘麻子：庞总管！你也听说过庞总管吧？伺候着太后，红的不得了，连家里打醋的瓶子都是玛瑙做的！

康　六：刘大爷，把女儿给太监做老婆，我怎么对得起人呢？

刘麻子：卖女儿，无论怎么卖，也对不起女儿！你糊涂！你看，姑娘一过门，吃的是珍馐美味，穿的是绫罗绸缎，这不是造化吗？怎样，摇头不算点头算，来个干脆的！

康　六：自古以来，哪有……他就给十两银子？

刘麻子：找遍了你们全村儿，找得出十两银子找不出？在乡下，五斤白面就换个孩子，你不是不知道！

康　六：我，唉！我得跟姑娘商量一下！

刘麻子：告诉你，过了这个村可没有这个店，耽误了事可别怨我！快去快来！

康　六：唉！我一会儿就回来！

刘麻子：我在这儿等着你！

康　六：（慢慢地走出去）

刘麻子：（凑到松二爷、常四爷这边来）乡下人真难办事，永远没有个痛痛快快！

松二爷：这号生意又不小吧？

刘麻子：也甜不到哪儿去，弄好了，赚个元宝！

常四爷：乡下是怎么了？会弄得这么卖儿卖女的！

刘麻子：谁知道！要不怎么说，就是一条狗也得托生在北京城里嘛！

常四爷：刘爷，您可真有个狠劲儿，给拉拢这路事！

刘麻子：我要不分心，他们还许找不到买主呢！（忙岔话）松二爷（掏出个小时表来），您看这个！

松二爷：（接表）好体面的小表！

刘麻子：您听听，嘎登嘎登地响！

松二爷：（听）这得多少钱？

刘麻子：您爱吗？就让给您！一句话，五两银子！您玩够了，不爱再要了，我还照数退钱！东西真地道，传家的玩意！

常四爷：我这儿正哑摸这个味儿：咱们一个人身上有多少洋玩意儿啊！老刘，就看你身上吧：洋鼻烟、洋表、洋缎大衫、洋布裤褂……

刘麻子：洋东西可真是漂亮呢！我要是穿一身土布，像个乡下脑壳，谁还理我呀！

常四爷：我老觉乎着咱们的大缎子，川绸，更体面！

刘麻子：松二爷，留下这个表吧，这年月，戴着这么好的洋表，会教人另眼看待！是不是这么说，您哪？

松二爷：（真爱表，但又嫌贵）我……

刘麻子：您先戴两天，改日再给钱！

〔黄胖子进来。

黄胖子：（严重的砂眼，看不清楚，进门就请安）哥儿们，都瞧我啦！我请安了！都是自家兄弟，别伤了和气呀！

王利发：这不是他们，他们在后院哪！

黄胖子：我看不大清楚啊！掌柜的，预备烂肉面，有我黄胖子，谁也打不起来！（往里走）

二德子：（出来迎接）两边已经见了面，您快来吧！

〔二德子同黄胖子入内。

〔茶房们一趟又一趟地往后面送茶水。老人进来，拿着些牙签、胡梳、耳挖勺之类的小东西，低着头慢慢地挨着茶座儿走；没人买他的东西。他要往后院去，被李三截住。

李　三：老大爷，您外边蹓蹓吧！后院里，人家正说和事呢，没人买您的东西！（顺手儿把剩茶递给老人一碗）

松二爷：（低声地）李三！（指后院）他们到底为了什么事，要这么拿刀动杖的？

李　三：（低声地）听说是为一只鸽子。张宅的鸽子飞到了李宅去，李宅不肯交还……唉，咱们还是少说话好，（问老人）老大爷您高寿啦？

老　人：（喝了茶）多谢！八十二了，没人管！这年月呀，人还不如一只鸽子呢！唉！（慢慢走出去）

〔秦仲义，穿得很讲究，满面春风，走进来。

王利发：哎哟！秦二爷，您怎么这样闲在，会想起下茶馆来了？也没带个底下人？

秦仲义：来看看，看看你这年轻小伙子会做生意不会！

王利发：唉，一边作一边学吧，指着这个吃饭嘛。谁叫我爸爸死得早，我不干不行啊！好在照顾主儿都是我父亲的老朋友，我有不周到的地方，都肯包涵，闭闭眼就过去了。在街面上混饭吃，人缘儿顶要紧。我按着我父亲遗留下的老办法，多说好话，多请安，讨人人的喜欢，就不会出大岔子！您坐下，我给您沏碗小叶茶去！

秦仲义：我不喝！也不坐着！

王利发：坐一坐！有您在我这儿坐坐，我脸上有光！

秦仲义：也好吧！（坐）可是，用不着奉承我！

王利发：李三，沏一碗高的来！二爷，府上都好？您的事情都顺心吧？

秦仲义：不怎么太好！

王利发：您怕什么呢？那么多的买卖，您的小手指头都比我的腰还粗！

唐铁嘴：（凑过来）这位爷好相貌，真是天庭饱满，地阁方圆，虽无宰相之权，而有陶朱之富！

秦仲义：躲开我！去！

王利发：先生，你喝够了茶，该外边活动活动去！（把唐铁嘴轻轻推开）

唐铁嘴：唉！（垂头走出去）

秦仲义：小王，这儿的房租是不是得往上提那么一提呢？当年你爸爸给我的那点租钱，还不够我喝茶用的呢！

王利发：二爷，您说的对，太对了！可是，这点小事用不着您分心，您派管事的来一趟，我跟他商量，该长多少租钱，我一定照办！是！喳！

秦仲义：你这小子，比你爸爸还滑！哼，等着吧，早晚我把房子收回去！

王利发：您甭吓唬着我玩，我知道您多么照应我，心疼我，决不会叫我挑着大茶壶，到街上卖热茶去！

秦仲义：你等着瞧吧！

［乡妇拉着个十来岁的小妞进来。小妞的头上插着一根草标。李三本想不许她们往前走，可是心中一难过，没管。她们俩慢慢地往里走。茶客们忽然都停止说笑，看着她们。

小　妞：（走到屋子中间，立住）妈，我饿！我饿！

［乡妇呆视着小妞，忽然腿一软，坐在地上，掩面低泣。

秦仲义：（对王利发）轰出去！

王利发：是！出去吧，这里坐不住！

乡　妇：哪位行行好？要这个孩子，二两银子！

常四爷：李三，要两个烂肉面，带她们到门外吃去！

李　三：是啦！（过去对乡妇）起来，门口等着去，我给你们端面来！

乡　妇：（立起，抹泪往外走，好像忘了孩子：走了两步，又转回身来，搂住小妞吻她）宝贝！宝贝！

王利发：快着点吧！

［乡妇、小妞走出去。李三随后端出两碗面去。

王利发：（过来）常四爷，您是积德行好，赏给她们面吃！可是，我告诉您：这路事儿太多了，太多了！谁也管不了！（对秦仲义）二爷，您看我说的对不对？

常四爷：（对松二爷）二爷，我看哪，大清国要完！

秦仲义：（老气横秋地）完不完，并不在乎有人给穷人们一碗面吃没有。小王，说真的，我真想收回这里的房子！

王利发：您别那么办哪，二爷！

秦仲义：我不但收回房子，而且把乡下的地，城里的买卖也都卖了！

王利发：那为什么呢？

秦仲义：把本钱拢到一块儿，开工厂！

王利发：开工厂？

秦仲义：嗯，顶大顶大的工厂！那才救得了穷人，那才能抵制外货，那才能救国！（对王利发说而眼看着常四爷）咳，我跟你说这些干什么，你不懂！

王利发：您就专为别人，把财产都出手，不顾自己了吗？

秦仲义：你不懂！只有那么办，国家才能富强！好啦，我该走啦。我亲眼看见了，你的生意不错，你甭再耍无赖，不涨房钱！

王利发：您等等，我给您叫车去！

秦仲义：用不着，我愿意蹓跶蹓跶！

〔秦仲义往外走，王利发送。

〔小牛儿挽着庞太监走进来。小牛儿提着水烟袋。

庞太监：哟！秦二爷！

秦仲义：庞老爷！这两天您心里安顿了吧？

庞太监：那还用说吗？天下太平了：圣旨下来，谭嗣同问斩！告诉您，谁敢改祖宗的章程，谁就掉脑袋！

秦仲义：我早就知道！

〔茶客们忽然全静寂起来，几乎是闭住呼吸地听着。

庞太监：您聪明，二爷，要不然您怎么发财呢！

秦仲义：我那点财产，不值一提！

庞太监：太客气了吧？您看，全北京城谁不知道秦二爷！您比做官的还厉害呢！听说呀，好些财主都讲维新！

秦仲义：不能这么说，我那点威风在您的面前可就施展不出来了！哈哈哈！

庞太监：说得好，咱们就八仙过海，各显其能吧！哈哈哈！

秦仲义：改天过去给您请安，再见！（下）

庞太监：（自言自语）哼，凭这么个小财主也敢跟我斗嘴皮子，年头真是改了！（问王利发）刘麻子在这儿哪？

王利发：总管，您里边歇着吧！

〔刘麻子早已看见庞太监，但不敢靠近，怕打搅了庞太监、秦仲义的谈话。

刘麻子：喝，我的老爷子！您吉祥！我等您好大半天了！（挽庞太监往里面走）

〔宋恩子、吴祥子过来请安，庞太监对他们耳语。

〔众茶客静默了一阵之后，开始议论纷纷。

茶客甲：谭嗣同是谁？

茶客乙：好像听说过！反正犯了大罪，要不，怎么会问斩呀！

茶客丙：这两三个月了，有些做官的，念书的，乱折腾乱闹，咱们怎能知道他们捣的什么鬼呀！

茶客丁：得！不管怎么说，我的铁杆庄稼又保住了！姓谭的，还有那个康有为，不是说叫旗兵不关钱粮，去自谋生计吗？心眼多毒！

茶客丙：一份钱粮倒叫上头克扣去一大半，咱们也不好过！

茶客丁：那总比没有强啊！好死不如赖活着，叫我去自己谋生，非死不可！

王利发：诸位主顾，咱们还是莫谈国事吧！
〔大家安静下来，都又各谈各的事。
庞太监：（已坐下）怎么说？一个乡下丫头，要二百银子？
刘麻子：（侍立）乡下人，可长得俊呀！带进城来，好好地一打扮、调教，准保是又好看又有规矩！我给您办事，比给我亲爸爸做事都更尽心，一丝一毫不能马虎！
〔唐铁嘴又回来了。
王利发：铁嘴，你怎么又回来了？
唐铁嘴：街上兵荒马乱的，不知道是怎么回事！
庞太监：还能不搜查搜查谭嗣同的余党吗？唐铁嘴，你放心，没人抓你！
唐铁嘴：嚛，总管，您要能赏给我几个烟泡儿，我可就更有出息了！
〔有几个茶客好像预感到什么灾祸，一个个往外溜。
松二爷：咱们也该走啦吧！天不早啦！
常四爷：嚛！走吧！
〔二灰衣人——宋恩子和吴祥子走过来。
宋恩子：等等！
常四爷：怎么啦？
宋恩子：刚才你说"大清国要完"？
常四爷：我，我爱大清国，怕它完了！
吴祥子：（对松二爷）你听见了？他是这么说的吗？
松二爷：哥儿们，我们天天在这儿喝茶。王掌柜知道：我们都是地道老好人！
吴祥子：问你听见了没有？
松二爷：那，有话好说，二位请坐！
宋恩子：你不说，连你也锁了走！他说"大清国要完"，就是跟谭嗣同一党！
松二爷：我，我听见了，他是说……
宋恩子：（对常四爷）走！
常四爷：上哪儿？事情要交代明白了啊！
宋恩子：你还想拒捕吗？我这儿可带着"王法"呢！（掏出腰中带着的铁链子）
常四爷：告诉你们，我可是旗人！
吴祥子：旗人当汉奸，罪加一等！锁上他！
常四爷：甭锁，我跑不了！
宋恩子：量你也跑不了！（对松二爷）你也走一趟，到堂上实话实说，没你的事！
〔黄胖子同三五个人由后院过来。
黄胖子：得啦，一天云雾散，算我没白跑腿！
松二爷：黄爷！黄爷！
黄胖子：（揉揉眼）谁呀？
松二爷：我！松二！您过来，给说句好话！

黄胖子：（看清）哟，宋爷，吴爷，二位爷办案哪？请吧！
松二爷：黄爷，帮帮忙，给美言两句！
黄胖子：官厅儿管不了的事，我管！官厅儿能管的事呀，我不便多嘴！（问大家）是不是？
众：［嗻］！对！
［宋恩子、吴祥子带着常四爷、松二爷往外走。
松二爷：（对王利发）看着点我们的鸟笼子！
王利发：您放心，我给送到家里去！
［常四爷、松二爷、宋恩子、吴祥子同下。
黄胖子：（唐铁嘴告以庞太监在此）哟，老爷在这儿哪？听说要安份儿家，我先给您道喜！
庞太监：等吃喜酒吧！
黄胖子：您赏脸！您赏脸！（下）
［乡妇端着空碗进来，往柜上放。小妞跟进来。
小　妞：妈！我还饿！
王利发：唉！出去吧！
乡　妇：走吧，乖！
小　妞：不卖妞妞啦？妈！不卖了？妈！
乡　妇：乖！（哭着，携小妞下）
［康六带着康顺子进来，立在柜台前。
康　六：姑娘！顺子！爸爸不是人，是畜生！可你叫我怎办呢？你不找个吃饭的地方，你饿死！我弄不到手几两银子，就得叫东家活活地打死！你呀，顺子，认命吧，积德吧！
康顺子：我，我……（说不出话来）
刘麻子：（跑过来）你们回来啦？点头啦？好！来见总管！给总管磕头！
康顺子：我……（要晕倒）
康　六：（扶住女儿）顺子！顺子！
刘麻子：怎么啦？
康　六：又饿又气，昏过去了！顺子！顺子！
庞太监：我要活的，可不要死的！
［静场。
茶客甲：（正与茶客乙下象棋）将！你完啦！
　　　　幕落
第二幕（略）
第三幕（略）
　　　　幕落·全剧终

作品四：

雷 雨（节选）

曹 禺

　　　　　［外面敲门声

鲁　贵　快十一点，这会儿有谁？
鲁四凤　爸爸，让我去看。
鲁　贵　别，让我出去。
　　　　　［鲁贵开左门一半了。
鲁　贵　谁？
　　　　　［外面的声音：这儿姓鲁么？
鲁　贵　是呀，干什么？
　　　　　［外面的声音：找人。
鲁　贵　你是谁？
　　　　　［外面的声音：我姓周。
鲁　贵　（喜形于色）你看，来了不是？周家的人来了。
鲁四凤　（惊骇着，忙说）不，爸爸，您说我们都出去了。
鲁　贵　咦，（乖巧地看她一眼）这叫什么话？
　　　　　［鲁贵下。
鲁四凤　（把屋子略微整理一下，不用的东西放在左边帐后的小屋里，立在右边角上，等候着客人进来）
　　　　　［这时，听见周冲同鲁贵说话的声音，一时鲁贵同周冲上。
周　冲　（见着四凤高兴地）四凤！
鲁四凤　（奇怪地望着）二少爷！
鲁　贵　（谄笑）您别见笑，我们这儿穷地方。
周　冲　（笑）这地方真不好找。外边有一片水，很好的。
鲁　贵　二少爷。您先坐下。四凤，（指圆椅）你把那张好椅子拿过来。
周　冲　（见四凤不说话）四凤，怎么，你不舒服么？
鲁四凤　没有。（规规矩矩地）二少爷，你到这里来干什么？要是太太知道了，你——
周　冲　这是太太叫我来的。
鲁　贵　（明白了一半）太太要您来的？
周　冲　嗯，我自己也想来看看你们。（问四凤）你哥哥同母亲呢？
鲁　贵　他们出去了。
鲁四凤　你怎么知道这个地方？
周　冲　（天真地）母亲告诉我的。没想到这地方还有一大片水，一下雨真滑，

　　　　　　黑天要是不小心，真容易摔下去。
鲁　贵　二少爷，您没摔着么？
周　冲　（稀罕地）没有。我坐着家里的车，很有趣的。（四面望望这屋子的摆设，很高兴地笑着，看四凤）哦，你原来在这儿！
鲁四凤　我看你赶快回家吧。
鲁　贵　什么？
周　冲　（忽然）对了，我忘了我为什么来的了。妈跟我说，你们离开我们家，她很不放心；她怕你们一时找不着事情，叫我送给你母亲一百块钱。（拿出钱）
鲁四凤　什么？
鲁　贵　（以为周家的人怕得罪他，得意地笑着，对四凤）你看人家多厚道，到底是人家有钱的人。
鲁四凤　不，二少爷，你替我谢谢太太，我们还好过日子。拿回去吧。
鲁　贵　（向四凤）你看你，哪有你这么说话的？太太叫二少爷亲自送来，这点意思我们好意思不领下么？（收下钞票）您回头跟太太回一声，我们都挺好的。请太太放心，谢谢太太。
鲁四凤　（固执地）爸爸，这不成。
鲁　贵　你小孩子知道什么？
鲁四凤　您要收下，妈跟哥哥一定不答应。
鲁　贵　（不理她，向周冲）谢谢您老远跑一趟。我先给您买点鲜货吃，您同四凤在屋子里坐一坐，我失陪了。
鲁四凤　爸，你别走！不成。
鲁　贵　别尽说话，你先给二少爷倒一碗茶。我就回来。
　　　　　〔鲁贵下。

作品五：

《玩偶之家》（节选）

〔挪威〕易卜生

娜　拉　照我现在这样子，我不能跟你做夫妻。
海尔茂　我有勇气重新再做人。
娜　拉　在你的泥娃娃离开你之后——也许有。
海尔茂　要我跟你分手！不，娜拉，不行！这是不能设想的事情。
娜　拉　要是你不能设想，咱们更应该分开。（走进右边屋子，拿着外套、帽子和旅行小提包又走出来，把东西搁在桌子旁边椅子上。）
海尔茂　娜拉，娜拉，现在别走。明天再走。
娜　拉　（穿外套）我不能在生人家里过夜。

海尔茂　难道我们不能像哥哥妹妹那样过日子?

娜　拉　(戴帽子)你知道那种日子长不了。(围披肩)托伐,再见。我不去看孩子了。

海尔茂　可是,娜拉,将来总有一天——

娜　拉　那就难说了。我不知道我以后会怎么样。

海尔茂　无论怎么样,你还是我的老婆。

娜　拉　托伐,我告诉你,我听人说,要是一个女人像我这样从丈夫家里走出去,按法律说,她就解除了她对丈夫的一切义务。不管法律是不是这样,我现在把对你对我的义务全部解除。你不受我的拘束,我也不受你的拘束。双方都有绝对的自由。拿去,这是你的戒指,把我的也还给我。

海尔茂　连戒指都要还?

娜　拉　要还。

海尔茂　拿去。

娜　拉　好。现在事情完了。我把钥匙都搁在这儿……

海尔茂　完了!完了!娜拉,你永远不会再想我了吗?

娜　拉　嗯,我会时常想到你,想到孩子们,想到这个家。

海尔茂　我可以给你写信吗?

娜　拉　不,千万别写信。

海尔茂　可是我总得给你寄点儿——

娜　拉　什么都不用寄。

海尔茂　你手头不方便的时候我得帮点忙。

娜　拉　不必,我不接受生人的帮助。

海尔茂　娜拉,难道我永远只是个生人?

娜　拉　(拿起手提包)托伐,那就要等奇迹中的奇迹发生了。

海尔茂　什么叫奇迹中的奇迹?

娜　拉　那就是说,咱们俩得改变到——托伐,我现在不相信世界上有奇迹了。

海尔茂　可是我信。你说下去,咱们俩都得改变到什么样子——?

娜　拉　改变到咱们在一块过日子真正像夫妻。再见。

　　　　　〔她从门厅走出去。

海尔茂　(倒在靠门的一张椅子里,双手蒙着脸。)娜拉!娜拉!(四面望望,站起身来)屋子空了。她走了。(心里闪出一个新希望)啊!奇迹中的奇迹!

　　　　——楼下砰的一响,传来关大门的声音。

作品六：

哈姆莱特（节选）
〔英〕莎士比亚

第三幕　第一场
城堡中一室

〔国王、王后、波洛涅斯、奥菲利娅、罗森格兰兹及吉尔登斯吞上。

国　　王　你们不能用迂回婉转的方法，探出他为什么这样神魂颠倒，让紊乱而危险的疯狂困扰他的安静的生活吗？

罗森格兰兹　他承认他自己有些神经迷惘，可是绝口不肯说为了什么缘故。

吉尔登斯吞　他也不肯虚心接受我们的探问；当我们想要引导他吐露他自己的一些真相的时候，他总是用假作痴呆的神气故意回避。

王　　后　他对待你们还客气吗？

罗森格兰兹　很有礼貌。

吉尔登斯吞　可是不大自然。

罗森格兰兹　他很吝惜自己的话，可是我们问他话的时候，他回答起来却是毫无拘束。

王　　后　你们有没有劝诱他找些什么消遣？

罗森格兰兹　娘娘，我们来的时候，刚巧有一班戏子也要到这儿来，给我们赶上了。我们把这消息告诉了他，他听了好像很高兴。现在他们已经到了宫里，我想他已经吩咐他们今晚为他演出了。

波洛涅斯　一点不错；他还叫我来请两位陛下同去看看他们演得怎样哩。

国　　王　那好极了；我非常高兴听见他在这方面感到兴趣。请你们两位还要更进一步鼓起他的兴味，把他的心思移转到这种娱乐上面。

罗森格兰兹　是，陛下。（罗森格兰兹、吉尔登斯吞同下。）

国　　王　亲爱的乔特鲁德，你也暂时离开我们；因为我们已经暗中差人去叫哈姆莱特到这儿来，让他和奥菲利娅见见面，就像他们偶然相遇一般。她的父亲跟我两人将要权充一下密探，躲在可以看见他们，却不能被他们看见的地方，注意他们会面的情形，从他的行为上判断他的疯病究竟是不是因为恋爱上的苦闷。

王　　后　我愿意服从您的意旨。奥菲利娅，但愿你的美貌果然是哈姆莱特疯狂的原因；更愿你的美德能够帮助他恢复原状，使你们两人都安享尊荣。

奥菲利娅　娘娘，但愿如此。（王后下。）

波洛涅斯　奥菲利娅，你在这儿走走。陛下，我们就去躲起来吧。（向奥菲利娅。）你拿这本书去读，他看见你这样用功，就不会疑心你为什么一个人在这儿了。人们往往用至诚的外表和虔敬的行动，掩饰一颗魔鬼般的内心，这样的例子是太多了。

国　　王　（旁白。）啊，这句话太真实了！它在我的良心上抽了多么重的一鞭！

涂脂抹粉的娼妇的脸，还不及掩藏在虚伪的言辞后面的我的行为更丑恶。难堪的重负啊！

波洛涅斯　我听见他来了；我们退下去吧，陛下。（国王及波洛涅斯下。）

[哈姆莱特上。

哈姆莱特　生存还是毁灭，这是一个值得考虑的问题；默然忍受命运的暴虐的毒箭，或是挺身反抗人世的无涯的苦难，通过斗争把它们扫清，这两种行为，哪一种更高贵？死了；睡着了；什么都完了；要是在这一种睡眠之中，我们心头的创痛，以及其他无数血肉之躯所不能避免的打击，都可以从此消失，那正是我们求之不得的结局。死了；睡着了；睡着了也许还会做梦；嗯，阻碍就在这儿：因为当我们摆脱了这一具腐朽的皮囊以后，在那死的睡眠里，究竟将要做些什么梦，那不能不使我们踌躇顾虑。人们甘心久困于患难之中，也就是为了这个缘故；谁愿意忍受人世的鞭挞和讥嘲、压迫者的凌辱、傲慢者的冷眼、被轻蔑的爱情的惨痛、法律的迁延、官吏的横暴和费尽辛勤所换来的小人的鄙视。要是他只要用一柄小小的刀子，就可以清算他自己的一生，谁愿意负着这样的重担，在烦劳的生命的压迫下呻吟流汗？倘不是因为惧怕不可知的死后，惧怕那从来不曾有一个旅人回来过的神秘之国，是它迷惑了我们的意志，使我们宁愿忍受目前的折磨，不敢向我们所不知道的痛苦飞去。这样，重重的顾虑使我们全变成了懦夫，决心的赤热的光彩，被审慎的思维盖上了一层灰色，伟大的事业在这一种考虑之下，也会逆流而退，失去了行动的意义。且慢！美丽的奥菲利娅！——女神，在你的祈祷之中，不要忘记替我忏悔我的罪孽。

奥菲利娅　我的好殿下，您这许多天来贵体安好吗？

哈姆莱特　谢谢你，很好，很好，很好。

奥菲利娅　殿下，我有几件您送给我的纪念品，我早就想把它们还给您；请您现在收回去吧。

哈姆莱特　不，我不要；我从来没有给你什么东西。

奥菲利娅　殿下，我记得很清楚您把它们送给了我，那时候您还向我说了许多甜言蜜语，使这些东西格外显得贵重；现在它们的芳香已经消散，请您拿回去吧，因为在有骨气的人看来，送礼的人要是变了心，礼物虽贵，也会失去了价值。拿去吧，殿下。

哈姆莱特　哈哈！你贞洁吗？

奥菲利娅　殿下！

哈姆莱特　你美丽吗？

奥菲利娅　殿下是什么意思？

哈姆莱特　要是你既贞洁又美丽，那么你的贞洁应该断绝跟你的美丽来往。

奥菲利娅　殿下，难道美丽除了贞洁以外，还有什么更好的伴侣吗？

哈姆莱特　嗯，真的；因为美丽可以使贞洁变成淫荡，贞洁却未必能使美丽受它自己的感化；这句话从前像是怪诞之谈，可是现在时间已经把它证实了。我的确曾经爱过你。

奥菲利娅 真的，殿下，您曾经使我相信您爱我。

哈姆莱特 你当初就不应该相信我，因为美德不能熏陶我们罪恶的本性；我没有爱过你。

奥菲利娅 那么我真是受了骗了。

哈姆莱特 进尼姑庵去吧；为什么你要生一群罪人出来呢？我自己还不算是一个顶坏的人；可是我可以指出我的许多过失，一个人有了那些过失，他的母亲还是不要生下他来的好。我很骄傲，有仇必报，富于野心，我的罪恶是那么多，连我的思想也容纳不下，我的想象也不能给它们形象，甚至于我都没有充分的时间可以把它们实行出来。像我这样的家伙，匍匐于天地之间，有什么用处呢？我们都是些十足的坏人；一个也不要相信我们。进尼姑庵去吧。你的父亲呢？

奥菲利娅 在家里，殿下。

哈姆莱特 把他关起来，让他只好在家里发发傻劲。再会！

奥菲利娅 哎哟，天哪！救救他！

哈姆莱特 要是你一定要嫁人，我就把这一个诅咒送给你做嫁奁：尽管你像冰一样坚贞，像雪一样纯洁，你还是逃不过谗言的诽谤。进尼姑庵去吧，去；再会！或者要是你必须嫁人的话，就嫁给一个傻瓜吧；因为聪明人都明白你们会叫他们变成怎样的怪物。进尼姑庵去吧，去；越快越好。再会！

奥菲利娅 天上的神明啊，让他清醒过来吧！

哈姆莱特 我也知道你们会怎样涂脂抹粉；上帝给了你们一张脸，你们又替自己另外造了一张。你们淫声浪气，替上帝造下的生物乱取名字，卖弄你们不懂事的风骚。算了吧，我再也不敢领教了；它已经使我发了狂。我说，我们以后再不要结什么婚了；已经结过婚的，除了一个人以外，都可以让他们活下去；没有结婚的不准再结婚。进尼姑庵去吧，去。（下。）

奥菲利娅 啊，一颗多么高贵的心就这样陨落了！朝臣的眼睛、学者的辩舌、军人的利剑、国家所瞩望的一朵娇花；时流的明镜、人伦的雅范、举世瞩目的中心，这样无可挽回地陨落了！我是一切妇女中间最伤心而不幸的，我曾经从他音乐一般的盟誓中吮吸芬芳的甘蜜，现在却眼看着他的高贵无上的理智，像一串美妙的银铃失去了和谐的音调，无比的青春美貌，在疯狂中凋谢！啊！我好苦，谁料过去的繁华，变作今朝的泥土！

［国王及波洛涅斯重上。

国　王 恋爱！他的精神错乱不像是为了恋爱；他说的话虽然有些颠倒，也不像是疯狂。他有些什么心事盘踞在他的灵魂里，我怕它也许会产生危险的结果。为了防止万一，我已经当机立断，决定了一个办法：他必须立刻到英国去，向他们追索延宕未纳的贡物；也许他到海外各国游历一趟以后，时时变换的环境，可以替他排解这一桩使他神思恍惚的心事。你看怎么样？

波洛涅斯　那很好；可是我相信他的烦闷的根本原因，还是为了恋爱上的失意。啊，奥菲利娅！你不用告诉我们哈姆莱特殿下说些什么话；我们全都听见了。陛下，照您的意思办吧；可是您要是认为可以的话，不妨在戏剧终场以后，让他的母后独自一人跟他在一起，恳求他向她吐露他的心事；她必须很坦白地跟他谈谈，我就找一个所在听他们说些什么。要是她也探听不出他的秘密来，您就叫他到英国去，或者凭着您的高见，把他关禁在一个适当的地方。

国　王　就这样吧；大人物的疯狂是不能听其自然的。（同下。）

思考与练习

一、戏剧可以分哪些类？

二、戏剧有哪些特点？

三、选一篇（部）小说，把它改编成一出戏，或根据生活，自创一出戏。

第四章 文风·风格·修改

第一节 文 风

一、什么是文风

文风是人们的思想作风在文章中的表现，换一句话说，是人们使用语言文字的作风。它是一种社会现象，任何文风都是思想意识的反映，特定时代的产物。一种文风的形成、深化，与社会的政治变革、经济发展及文化演变密切相关；反过来，文风深化又在一定程度上影响政治、经济、文化的变化发展。所以，古往今来各种社会势力都十分重视文风的社会作用，总是有意识地提倡或排斥某种文风。例如，"十年动乱"，有些人出于某种需要，推行说假话、说大话、乱扣帽子、不讲道理的"帮八股"式的恶劣文风，对我国政治、经济、文化的发展起到了严重的破坏作用。改革开放以后，我们党领导全国人民，对"帮八股"进行批判，清除它的流毒，大力提倡说真话、讲实情、实事求是的优良文风。

二、优良文风的特征

中外历史上都出现过优良的文风，其基本素质不外真实、充实、新鲜、质朴、精当等。毛泽东在1958年论及文风问题时指出："文章和文件都应当具有这样三种性质：准确性、鲜明性、生动性。"这"三性"精辟地概括了优良文风的基本特征。准确性，指用文章反映社会生活、评价客观事物时，要实事求是、准确恰当。具体说，就是观点和主题思想要正确，使用材料要精确，语言表达要准确。鲜明性，指写文章要立场鲜明、态度鲜明、观点鲜明；另外运用语言文字表情达意也要文意鲜明。生动性，首先指文章的思想内容要新鲜生动，另外在结构的安排和文字表达方面也不墨守成规、拘泥老套，而应有所发展，有所创造，生动活泼，引人入胜。著名语言学家吕叔湘先生积极倡导"三性"鲜明的文风，写了这样一首诗：

文章写就供人读，何事苦营八阵图？
洗尽铅华呈本色，梳妆莫问入时无。

——（《中国语文》1992年第2期）

三、不良文风的表现

健康优良的文风与衰败腐朽的不良文风是相对立而存在，相斗争而发展的。在历史上，韩愈、柳宗元等不和形式主义的靡丽文风作斗争，就不可能有唐代的古文运动，欧阳修、苏轼等因为克服了当时复古模拟的文风的影响，才有宋代的散文成就。同样，没有五四新文化运动，中国的老教条、老八股也就不可能打倒，现代生动活泼的新文风也就不能建立。但是，腐朽的东西，消极的东西，不会轻易地退出历史舞台，在不同的历史条件下，被打倒了的东西，还会变换新的形式，重新冒出来。毛泽东同志在《反对党八股》一文中，回顾了五四以后，革命者与新老教条主义，新老八股进行斗争的情景，并指出了对形式主义，教条主义的不良文风进行斗争的长期性和必要性。五四运动对中国的老教条、老八股进行了猛烈的扫荡，但在五四以后，有些人又走上了新的形式主义的道路，于是又产生了洋八股、洋教条，在革命队伍内部有一些人则把这种洋八股、洋教条发展成了教条主义和党八股。五四以后，随着无产阶级领导的革命运动的发展，健康的革命的文风是主流，但消极腐朽的文风虽然时明时暗、时兴时衰，但从来没完全消失过。特别在"十年动乱"期间，"帮八股"这种文风发展到了登峰造极的地步。为了发展健康的优良文风，我们就必须要了解不良文风的表现，并不间断地同消极的文风进行坚决的斗争，自觉地克服不良文风的影响。

不良文风有种种表现形式，除了前边谈过的那些形形式式的"主义""八股""教条"之外，常见的还有下面一些：

（一）废话连篇

说空话、说废话，有的"甲乙丙丁，开中药铺"，通篇不见要领；有的则重复啰唆，几句话可以讲完的意思，说起来没完没了，叫人看了生厌。有人为这种文风写诗画过像：

一个孤僧独自归，关门闭户掩柴扉。
半夜三更子时分，杜鹃谢豹子规啼。

每一句都是同义词的罗列重复，活现出这类文字的可憎面目。例如有篇文章曾经这样介绍北京的北海公园：

在北京，北海公园人人皆知，找到也极容易。它位于景山之西，故宫之西北，中南海之北，北京图书馆之东。

北海公园既然人人皆知，找到也极容易，那还何必这样不厌其详地介绍它的方位？难道有谁不知道北海公园在哪里，反倒懂得景山、北京图书馆在哪里的吗？

（二）华而不实

粉饰做作，不懂装懂，浮华雕琢，为文造情，诸如此类，都是华而不实的表现。文章应该具有生动性，但生动应该以充实的内容做基础；文章也应该有充沛的感情，但这感情应该来自内心，应该是真情实感。有些人本来没几句话好说，却在那里生编硬造，雕琢粉饰。这样写出的文章怎么会有实在的内容呢？例如："旧历除夕的晚上，窗外是碧海般的青天，一弯金月，好似灯火辉煌的扁舟，载着美丽的幻想在飘游。"旧历除夕的晚上本是月黑之夜，哪里会有"一弯金月"？窗外怎么会有"碧海般的青天"？这样生造出来的文字，表面虽然涂了不少色彩，看来很美，实则是最空洞、最没意思的文字游戏。刘勰在《文心雕龙·情采》篇中，对这种文风进行过非常尖锐的批评。他指出："诸子之徒，心非郁陶，苟驰夸饰，鬻声钓世，此为文而造情也。"刘勰认为，写文章应该"为情而造文"，文章应该有真情实感；而有些人写文章，内心并没有多少感受，他们却"为文而造情"，任意夸饰，这不过是为了沽名钓誉而已。刘勰的这种批评是尖锐的，但也是十分中肯的。

（三）半文半白

在白话句子中生硬地加上文言词语，在文言句式中又生硬夹杂白话词语，或时而白话句，时而文言句，二者不能谐调，这些都是半文半白。这样的语言，读起来十分别扭。例如："他的变化很大，前后简直判若两个人。""判若两人"是一个文言词组，写成"判若两个人"，在原来的文言词组中夹上一个白话量词"个"，就很不谐调。又如："恭亲王奕䜣是道光六子，因与英缔京约和除八大臣有功，倍受宠爱，所以其势当时很大。""其势当时很大"，也是文言加白话，读起来也很别扭。毛泽东同志在《中国农村的社会主义高潮》一书的按语中指出：有些人写文章"不讲究文法和修辞，爱好一种半文言半白话的体裁，有时废话连篇，有时又尽量简古，好像他们是立志要让读者受苦似的。"古人对这种文风也早有批评，古典小说《镜花缘》中有一回的题目是"说酸话酒保咬文，讲迂谈腐儒嚼字"，书中淑士国里的酒保故作高雅，跟顾客讲话都用文言："请教先生，酒要一壶乎？两壶乎？菜要一碟乎？两碟乎？"这对喜欢半文半白，不能老老实实讲话作文的作风，是一种极大的讽刺，喜欢这种文风的人，应该从这里受到启发。

（四）语言无味

有些人写文章语病并不很多，但文章总是写得死气沉沉，干干巴巴。这除了内容方面的原因之外，不注意学习语言是个重要原因。有的人掌握的词汇很少，不会用生活中活的语言，写出的文章常常是一副学生腔。例如：

早晨在不知不觉中开始了，天空中泛起一片玫瑰红，太阳含着微笑，向大地射出万道金光。

"玫瑰红""含着微笑""万道金光"等等都是用烂了的词语，把它们堆在一起，显得十分幼稚。

句式平板、单调也容易使语言无味。例如：

回忆过去的生活，我对学校的印象是很深的，党团组织给我的教育我是忘不了的，老师的谆谆教诲我会永远记住的。

这样单一的句式连用几次，显得十分呆板。写文章每句话都要写通写好，同时也要注意各个句子之间的关系，要注意运用汉语句式多变的优势，把话说得错落有致，生动活泼，这样才能叫人爱看。

不良文风的表现还可以举出一些，比如内容陈腐，观点朦胧，洋腔洋调，故作艰深等等，都是文风不正的表现。这里不再一一分析。

"文如其人",文风问题是个作风问题,它是作者立场、观点、思想方法、思想作风等内在诸因素的综合表现,要克服不良文风,首先要在自身的修养和锻炼上下功夫。要注重实践,深入生活,在实践中充实自己,提高自己。同时还要认真读书,注意学习前人的经验。

四、作品文风鉴赏

文风优良的文章应当说比比皆是,由于篇幅的限制,这里只选择了夏衍的《野草》和袁鹰的《枫叶如丹》两篇文章。

《野草》写于1940年。当时,日寇的铁蹄正践踏着九州大地,中国共产党领导的抗日斗争正处于极度困难时期。一些人对抗日战争能否取得胜利缺乏信心,有的人甚至产生了悲观情绪。这篇散文就是针对这种情况发表的。作者借种子发芽时发出的可怕的力量和野草不可抗拒的力量,表达了对人民大众力量的赞美之情,并鼓励人民在困难面前不要"悲观和叹气",勇敢地面对各种压力,争取抗战的胜利。文章在对种子的描绘过程中,非常巧妙地寄托作者个人的情感和理念,把自己的情感融入事物中,含蓄地表达内心的感情,文章主旨含而不露,隐而不晦,含蓄蕴藉。这是一篇生命力的赞歌,立意高远,寓意深刻,振人心扉。

《枫叶如丹》是作者一次在澳大利亚拍照经历的感悟。作者认为,自然界一年四季,草木各领风骚。独秋之丹是成熟,是收获,还孕育着新的生命。撒种,发芽,吐叶,开花,结实。孕育,诞生,长大,挫折,成熟。天地万物,人间万事,无一不是贯穿这个共同的过程。自然与人世,处处相通。人生也是这样。要想在收获的季节绽放光彩,还需在成长的历程中努力地奋斗。这是文中有哲理的地方。这篇文章结构简单,道理明显。文章语言华美,用词简单,但所用词给人无限的想象。在文中,作者用了大量的颜色词,如绿、丹、赤、霞、金黄、青、红艳艳,对事物形态把握很到位,让读者闭上眼睛就可以想象出一幅幅绚烂的图画,给人无尽的想象,大大丰富了文章的意境,为读者提供了开阔的审美空间,充实读者的审美趣味。此外,多处用对偶句式,如"撒种,发芽,吐叶,开花,结实","孕育,诞生,长大,挫折,成熟",表意凝练,抒情酣畅,有种简约的对称美和优美的韵律感。文章还善引用,"风霜红叶径,数江南四百八十寺,无此秋山",引用楹联,不仅丰富文章内容,而且结合描写的对象,增强文章的诗情画意,营造一种独特的意境美。

显然《野草》《枫叶如丹》两文的"三性"(即"准确性""鲜明性""生动性")较为突出,文风优良值得学习倡导。

作品一：

野草

夏衍

有这样一个故事。

有人问：世界上什么东西的气力最大？回答纷纭得很，有的说"象"，有的说"狮"，有人开玩笑似的说是"金刚"。金刚有多少气力，当然大家全不知道。

结果，这一切答案完全不对，世界上气力最大的是植物的种子。一粒种子所显现出来的力，简直是超越一切。

这儿又是一个故事。

人的头盖骨，结合得非常致密与坚固，生理学家和解剖学者用尽了一切的方法，要把它完整地分出来，都没有这种力气。后来忽然有人发明了一个方法，就是把一些植物的种子放在要剖析的头盖骨里，给它以温度与湿度，使它发芽。一发芽，这些种子便以可怕的力量，将一切机械力所不能分开的骨骼，完整地分开了，植物种子力量之大，如此如此。

这，也许特殊了一点，常人不容易理解。那么，你看见过笋的成长吗？你看见过被压在瓦砾和石块下面的一棵小草的生成吗？它为着向往阳光，为着达成它的生之意志，不管上面的石块如何重，石块与石块之间如何狭，它必定要曲曲折折地，但是顽强不屈地透到地面上来。它的根往土壤里钻，它的芽往地面上挺，这是一种不可抗的力，阻止它的石块，结果也被它掀翻。一粒种子的力量的大，如此如此。

没有一个人将小草叫作"大力士"，但是它的力量之大，的确是世界无比。这种力，是一般人看不见的生命力，只要生命存在，这种力就要显现，上面的石块，丝毫不足以阻挡，因为它是一种"长期抗战"的力，有弹性，能屈能伸的力，有韧性，不达目的不止的力。

种子不落在肥土而落在瓦砾中，有生命力的种子决不会悲观和叹气，因为有了阻力才有磨炼。生命开始的一瞬间就带了斗争来的草，才是坚韧的草，也只有这种草，才可以傲然地对那些玻璃棚中养育着的盆花哄笑。

作品二：

枫叶如丹

袁鹰

春天，绿的世界。秋天，丹的世界。

绿，是播种者的颜色，是开拓者的颜色。人们说它是希望，是青春，是生命。这是至理名言。

到夏季，绿得更浓，更深，更密。生命在充实，在丰富。生命，在蝉鸣蛙噪中翕动，在炽热和郁闷中成长，在暴风骤雨中经受考验。

于是，凉风起天末，秋天来了。万山红遍，枫叶如丹。落木萧萧，赤城霞起。丹，是成熟的颜色，是果实的颜色，是收获者的颜色，又是孕育着新的生命的颜色。

撒种，发芽，吐叶，开花，结实。

孕育，诞生，长大，挫折，成熟。

天地万物，人间万事，无一不是贯穿这个共同的过程。而且，自然与人世，处处相通。

今年五月，曾访问澳大利亚。五月在南半球，正是深秋。草木，是金黄色的；树木，是金黄色的。

一天，在新南威尔士州青山山谷一位陶瓷美术家 R 先生家做客，到时天色已晚，看不清周遭景色，仿佛是一座林中木屋。次日清晨起床，整个青山全在静憩中。走到院里，迎面是株枫树，红艳艳的枫叶，挂满树，铺满一地。

我回屋取了相机，把镜头试了又试，总觉得缺少些什么。若是画家，会描出一幅绚烂的油画。可我又不是。再望望那株枫树，竟如一位凄苦的老人在晨风中低头无语。

这时，木屋门开了，一个八九岁的女孩蹦了出来。她是 R 先生的外孙女莉贝卡，他们全家的宝贝疙瘩。小莉贝卡见我凝视着枫树，就跑到树下，拾起两片红叶，来回地跳跃，哼着只有她自己懂的曲调。

最初的一缕朝阳投进山谷，照到红艳艳的枫叶上，照到莉贝卡金色的头发上。就在这一刹那间，我按下快门，留下一张自己很满意、朋友们也都喜欢的照片。后来有位澳大利亚朋友为那张照片起了个题目：秋之生命。

也就在这一刹那间，我恍然明白：枫叶如丹，也许由于有跳跃的、欢乐的生命，也许它本身正是有丰富内涵的生命，才更使人感到真、善、美，感到它的真正价值，而且感受得那么真切。北京香山红叶（是黄栌树，并非枫树），自然能使人心旷神怡；若是没有那满山流水般的游人，没有树林中鸣声上下的小鸟，也许又会使人感到寂寞了。

于是，又想起20年前曾游南京栖霞山。栖霞红叶，也是金陵一景。去时虽为十月下旬，枫叶也密布枝头，但那红色却缺少光泽，显得有点黯淡。我不无扫兴地说："盛名之下，其实难副。"南京友人摇摇头，说再迟十天半月，打上一层霜，就不同了。问怎么个不同法，他说经过风霜，红叶就显得有光泽，有精神。

不经风霜，红叶就没有光泽和精神，恐怕不只是从文学家的眼睛看，也还有点哲理韵味在。难怪栖霞山下大殿里一副楹联有云："风霜红叶径，数江南四百八十寺，无此秋山。"这半副楹联，让我记到如今。

枫叶如丹，不正是它同风霜搏斗的战绩，不正是它的斑斑血痕吗？

"霜叶红于二月花"，经历了这个境界，才是真正的成熟，真正的美。

愿丹的颜色，丹的真、善、美，长驻心头。

思考与练习

一、优良文风有哪些特征？

二、不良的文风有哪些主要的表现？

第二节 风 格

一、什么是文章的风格

所谓的文章的风格，指一个时代、一个民族、一个流派或一个人的作品所表现出来的与众不同的特色。

苏轼的朋友曾将苏词同柳（永）词作了比较，说柳词只合十七八岁的女郎手执红牙板，歌"杨柳岸，晓风残月"；苏词则须关西大汉手拿铁绰板，弹铜琵琶，唱"大江东去"。柳词和苏词的这种不同就是各有自己的风格。具体说来，柳词柔弱无力，情调伤感低沉，表现的不是离愁就是别恨；苏词意境雄浑，豪迈奔放，既不纠缠于男女之间的绮靡之情，也不抒发春恨秋愁。

二、文章风格的形成

文章风格的形成有着复杂的、多方面的原因。概括起来说，是社会的和个人的、客观的和主观的这两方面的原因促进了文章风格的形成。作者个人的、主观的原因是指作者的写作立场、世界观、生活经历、写作修养、写作才能和个性特征等等；社会的、客观的原因是指一定时期的社会生活、民族的传统和时代的社会的风尚、人民群众的艺术爱好等等。同时，文章的风格是作者在长期的社会实践和写作实践的过程中逐渐地形成的，离开了这两个"实践"，就不可能产生新颖、鲜明而独特的文章风格。例如鲁迅文章风格的形成，和我国当时的政治、民族传统、社会生活和作者的"三观"（即"世界观"、"人生观"和"价值观"）、知识、写作修养、写作实践等是分不开的。他的小说在内容上"多采自病态的社会的不幸的人们"，"意在揭出病苦，引起疗救的注意"，给人们展现的人物画廊则是"不幸的人们"；在语言上，则简约严明，自然清新去雕饰，不造作；在结构上，布局不枝不蔓，线索单纯，不去追求曲折离奇；在手法上，注重白描。

三、文章风格的表现

文章的风格是怎样表现出来的？主要是从作者一系列作品的内容和形式表现出来。内容主要指对主题，题材的选择。形式主要指对语言、结构、体裁、修饰手法等的选择和运用。不过，语言是写作的工具，更能直接展示作者的写作风格，因此在文章风格的表现中尤为重要。根据我国传统的分析法，结合现代汉语的实际，可以把语言风格分为以下三组相互对立的类型：

藻丽—平实

明快—含蓄

繁丰—简洁

这六种类型的配搭组合，可以构成各种各样的表现风格：平实—明快—简洁的风格，藻丽—明快—繁丰的风格，简洁—含蓄—平实的风格，等等。例如朱自清的语言色彩缤纷、绚丽细腻，冰心的语言清新明媚、玲珑剔透，杨朔的语言清丽秀美、富有诗意，秦牧的语言简洁纯熟、饱含哲理，老舍的语言明白晓畅、风趣幽默，刘白羽的语言铿锵有力、气势宏伟，类型各异，风格不同。

风格是一个作者成熟的标志，通过对它的学习研究，可以进一步提高文章的鉴赏能力和写作能力，写出更多的文风优良、富有风格的作品来。

四、文章风格的鉴赏

这里选择了朱自清的《春》、秦牧的《长街灯语》、刘白羽的《日出》、余光中的《沙田山居》四篇文章供大家鉴赏。鉴赏时可以从内容和形式两个方面入手，尤其是语言，四文都很值得研究学习。如秦牧的文章知识丰富，言近旨远，情文并茂，善于在平凡的事情中阐发深刻的哲理，言语潇洒自然，流畅讲究。余光中的文章，是一篇优美的抒情散文。全文以站在阳台上看风景为线索，以小屋为中心，抓住欣赏到的景色特点，用诗化的语言对周围的自然景色进行了精心的描绘，寄景于情，情景交融，表达了作者对祖国深深的热爱之情，那浓浓的乡愁，更让人难以忘怀。

作品一：

春

朱自清

盼望着，盼望着，东风来了，春天的脚步近了。

一切都像刚睡醒的样子，欣欣然张开了眼。山朗润起来了，水涨起来了，太阳的脸红起来了。

小草偷偷地从土里钻出来，嫩嫩的，绿绿的。园子里，田野里，瞧去，一大片一大片满是的。坐着，躺着，打两个滚，踢几脚球，赛几趟跑，捉几回迷藏。风轻悄悄的，草软绵绵的。

桃树、杏树、梨树，你不让我，我不让你，都开满了花赶趟儿。红的像火，粉的像霞，白的像雪。花里带着甜味儿；闭了眼，树上仿佛已经满是桃儿、杏儿、梨儿。花下成千成百的蜜蜂嗡嗡地闹着，大小的蝴蝶飞来飞去。野花遍地是：杂样儿，有名字的，没名字的，散在草丛里，像眼睛，像星星，还眨呀眨的。

"吹面不寒杨柳风"，不错的，像母亲的手抚摸着你。风里带来些新翻的泥土的气息，混着青草味儿，还有各种花的香，都在微微润湿的空气里酝酿。鸟儿将巢安在繁花嫩叶当中，高兴起来了，呼朋引伴地卖弄清脆的喉咙，唱出婉转的曲子，与清风流水应和着。牛背上牧童的短笛，这时候也成天在嘹亮地响。

雨是最寻常的，一下就是三两天。可别恼。看，像牛毛，像花针，像细丝，密密地斜织着，人家屋顶上全笼着一层薄烟。树叶子却绿得发亮，小草也青得逼你的眼。傍晚时候，上灯了，一点点黄晕的光，烘托出一片安静而和平的夜。乡下去，小路上，石桥边，有撑起伞慢慢走着的人，还有地里工作的农夫，披着蓑，戴着笠的。他们的草屋,稀稀疏疏的,在雨里静默着。

天上风筝渐渐多了,地上孩子也多了。城里乡下,家家户户,老老小小,他们也赶趟儿似的,一个个都出来了。舒活舒活筋骨,抖擞抖擞精神,各做各的一份事去。"一年之计在于春",刚起头儿,有的是工夫,有的是希望。

春天像刚落地的娃娃,从头到脚都是新的,他生长着。

春天像小姑娘,花枝招展的,笑着,走着。

春天像健壮的青年,有铁一般的胳膊和腰脚,领着我们上前去。

作品二:

日 出(节选)

刘白羽

在机场上,黑夜沉沉,满天繁星。三点四十分钟起飞,飞到空中,向下俯视,只见在黑天鹅绒一般的夜幕之下,莫斯科大片灯火,像亿万细小的钻石熠熠放明,它如同一条狭窄的暗红色长带,带子的上面露出一片清冷的淡蓝色晨曦,晨曦上面高悬着一颗明亮的启明星。飞机不断向上飞翔,愈升愈高,也不知穿过多少云层,远远抛开那黑沉沉的地面。飞机好像唯恐惊醒人们的安眠,马达声特别轻柔,两翼非常平稳。这时间,那条红带,却慢慢在扩大,像一片红云了,像一片红海了。暗红色的光发亮了,它向天穹上展开,把夜空愈抬愈远,而且把它们映红了。下面呢?却还像苍茫的大陆一样,黑色无边,这是晨光与黑夜交替的时刻。你乍看上去,黑色还似乎强大无边,可是一转眼,清冷的晨曦变为磁蓝色的光芒。原来的红海上簇拥出一堆堆墨蓝色云霞。一个奇迹就在这时诞生了。突然间从墨蓝色云霞里蠢起一道细细的抛物线,这线红得透亮,闪着金光,如同沸腾的溶液一下抛溅上去,然后像一支火箭一直向上冲,这时我才恍然觉得这就是光明的白昼由夜空中迸射出来的一刹那。然后在几条墨蓝色云霞的隙缝里闪出几个更红更亮的小片。开始我很惊奇,不知这是什么?再一看,几个小片冲破云霞,密接起来,溶合起来,飞跃而出,原来是太阳出来了。它晶光耀眼,火一般鲜红,火一般强烈,不知不觉,所有暗影立刻都被它照明了。一眨眼工夫,我看见飞机的翅膀红了,窗玻璃红了,机舱座里每一个酣睡者的面孔红了。这时一切一切都宁静极了,宁静极了。整个宇宙就像刚诞生过婴儿的母亲一样温柔、安静,充满清新、幸福之感。再向下看,云层像灰色急流,在滚滚流开,好把光线投到大地上去,使整个世界大放光明。我靠在软椅上睡熟了。醒来时我们的飞机正平平稳稳,自由自在,向东方航行。黎明时刻的种种红色、灰色、黛色、蓝色,都不见了,只有上下天空,一碧万顷,空中的一些云朵,闪着银光,像小孩子的笑脸。这时,我忘掉了为这一次看到日出奇景而高兴,而喜悦,我却进入一种庄严的思索,在体会着"我们是早上六点钟的太阳"这一句诗那般最优美、最深刻的含意。

作品三：

长街灯语

秦 牧

北京的灯海，很美！

夜间，不论是乘坐飞机，还是火车、汽车，临近北京的时候，就可以从高空，或者从陆上看到远方有一团光雾，越走越近，隐约出现了一个朦朦胧胧的光海。飞机下降的时候，首先映入眼帘的，是长长的跑道两旁紫蓝色的灯光。驱车进城，各种色彩的灯光就陆续出现了。如果是乘坐火车呢，进入那个光海的边缘以后，一颗颗明亮的灯，就迅速地掠过车窗，起初还是每隔一段遥远的距离才有一颗，渐渐地越来越密，进入那个光海的内圈以后，就逐渐使人目不暇给了。

在北京住过的朋友，常常谈论北京之大。它的那个气派，使人想起中国是世界上人口最多的国家。而这个首都，是在坦坦荡荡、千里平川的华北大平原上建立起来的，还可以日胀夜大，不断扩展。天安门广场，可以说是北京之大的一个象征。这样的广场，在世界上，如果不说是绝无仅有，也应该说是极其罕见的了。偌大一个北京，入夜时分，需要多少千万盏灯，才能够把它照亮！北京的街灯，在花式品种上，是相当多姿多彩的。经过许多研究照明工艺的科学家、技术工人们的努力，这些年，灯光不断出现了崭新的花样，除了一般的白炽灯，光管之外，还有什么"高压水银荧光灯"，什么"长弧氙灯"、什么"碘钨灯"，什么"低压钠蒸气灯"，……它们有的发着极强的白色光，被称为"小太阳"，有的发着柔和的橙色光，浓雾也遮它不住。这些灯的照明效果比老式的，在世界上出现至今已有一百年历史的白炽灯要高许许多多倍。在大街上，看两行璀璨的华灯直伸远处，常常使人产生一种有趣的错觉，仿佛有一只巨大无比的蝴蝶从天外飞来，停在地球的某一端，把它的两条闪光的触角伸进北京的大街似的。对！长街灯串，遥望起来，就像是昆虫的两条触角！

北京的街灯，有的是圆球状的，像是一颗颗珍珠放大了几万倍；它们集结在一起的时候，又很像一串葡萄。有的是玉兰花瓣状的，这些花瓣，又有的像含苞待放，有的则已微微绽开；北京饭店那头，灯光又很像一朵朵梅花了。车过天安门广场或者北海公园的时候，我常常被这种灯景迷住，从心里赞叹道："真美！"黄昏散步的时候，我又常常爱到天安门前，金水河畔的石栏杆上坐坐，守候万灯齐亮时刻的来临。在暮色苍茫中，望着迅速流动的车辆的洪流，望着辽阔的广场周围庄严的建筑，追溯这个广场在中国现代史上曾经出现过的许多次群众的怒吼，常常感想如潮。时间一到，远远近近的灯顷刻间一齐亮了。仿佛华灯也在递着眼色，诉说往事，或者鼓掌呐喊，喝退了黑暗一样。我觉得看这种千万灯盏，倏忽间一齐亮了起来的情景，真像看杰出的艺术品似的，是一种十分迷人的美的享受。

盛大的节日之夜，像海水满潮似的，这座灯光之海也涌起高潮了。平时的高脚杆街灯，十几盏一簇，只亮了一部分的，这时全都亮了。许多巨大建筑，用灯串或者霓虹灯管构成的线条映亮了整座房屋。这时，一个童话般的境界就涌现啦。天安门的双层大屋顶镶上金边了，城楼上八盏大红宫灯都亮了。远远近近，新华门、电报大楼、人民大会堂、革命历史博物馆、北京饭店、中国银行总管理处……这些地方都是特别漂亮的。在夜空里，它们仿佛都用金、银镶了起来，现出了庄严雄伟的轮廓，有的像是宫殿，有的像是皇冠，有的像是闪光的崖壁。我们孩提时代听过的童话所描绘的景物，这时突然实实在在出现于地面之上。节日之夜，用灯串装饰起来，镀金镶银，溢彩流光的大建筑，北京是有不少的，但是它们特别密集在东西长安街上。在西方，有人描绘壮丽的教堂大建筑，曾经用上"石头的交响乐"这样一句奇特的形容词语。北京的节日之夜，我很想改动这样的譬喻，形容它是"灯光的交响乐"。不止是街灯、大房屋都在闪闪放光，人民大会堂和革命历史博物馆周围的那些松柏树丛中，也给装上许多彩色小灯泡，它们也都一齐亮了起来，璀璀璨璨，闪闪烁烁。远远近近，形成了一座座灯光的喷泉，一条条灯光的河流，汇合起来，又构成一个灯光的海。这一团团光雾，把湛蓝色的天空，也渲染成紫蓝了。这种壮丽的图景，我觉得一般的绘画，油画也好，水彩也好，都很难描绘，铅笔和水墨就更不待说了，唯独有一种珠绣，用各种闪光的小珠穿起来织成的画幅擅长于表现节日焰火景象的，还可以大体表现这种瑰奇情调。节日之夜，我看到杂在观赏人群之中的，还有好些已经瘫痪多年，坐在轮椅里让家人推着出来的老人，他们有些是一年难得出来几次的，良辰美景，也驱使他们纷纷出来赏玩了；就赛似古代的元宵灯节，吸引了禁闭在深闺的妇女一样。

北京的灯光之美，不仅体现于大街灯串，同时，也还体现于许多巨大建筑内部的灯饰。如果不是讲灯光的强度和光源的样式，而是指各种灯盏的形状，那么，大建筑内部，灯的型式，更够得上说是"百花齐放"了。在雄伟华丽的人民大会堂里，会场顶上，那些葵花灯，红星灯，"满天星"灯，眼形灯，样子都是很别致的。宴会厅里，天花板上，各种各样的灯，更是构成了一个整体的图案，大图案中又包括许多局部的图案，真是金碧辉煌，光华四射，我怎么数也数不清它究竟共有多少盏。设计这样的千灯盏构成的图案，本身就是一项了不起的艺术。政协礼堂，电报大楼，友谊宾馆，北京饭店等许许多多地方，内部的灯饰也都争丽斗妍，各擅胜场。有的是像焰火一样，喷涌而出。有的好像许多花瓣，构成了一朵大花。有的由许多四方形的灯罩构成，汇成一面闪光的巨壁。有的是飘着流苏的八角宫灯，洋溢着东方的情调。夜间进入这些大建筑内部，各种灯饰常常久久地吸引了我的目光，它们把使用价值和艺术美感巧妙地结合起来了。这些灯光也从另一个角度告诉我们：艺术，在表现方式上，多么排斥划一平庸，多么要求丰富多彩。

我在这里描绘北京的灯光之美，可能有些人是不以为然的，特别是某些到过国外的人们。外国自然有好些大都市，灯光的强度超过我们，灯型的花样也多过我们。先进的科学技术我们都得不断学习，北京的灯光灯饰也还需要不断改进，这是不在话下的。但是,我们不能够因为这样,就对于国内达到先进水平的东西不加赞美。再说,有些资本主义国家的大城市,灯光强得刺眼,霓虹灯颜色不断变换,几乎像是一阕疯狂的爵士音乐的那种夜景,我个人可并不怎样欣赏。那种夜景,是适宜于纵欲败度的人刺激感官、寻欢作乐的,可未必和劳动者工作之余理应享受到的闲适和安宁相适应。再说,北京灯光之美,是我们许多技术工人和科学家心血和汗水的结晶,这一点很值得我们珍惜。有一个吹玻璃工人成长为造灯的科学家,发明了许许多多新型的灯,装在北京的大街上。听说一些到中国旅游的外国人曾经向这位工人科学家说:"你发明这么好的灯,如果在我们国家,你是可以发财成为富翁的了。"这个工人科学家回答得很有趣,他说:"但是,如果在你们那里,我也可能什么都发明不出来,或者,已经死掉了。"

在古老的时代,迷信的人们曾经以为天上的某一颗星,就是地上的某一个人生命的象征,这个人一死,那颗星也就陨落了。这种想法自然荒唐愚昧。后来,又有人觉得以星星象征人的生命,未免太迷离惝恍,虚无缥缈了,就转而想到以地面上的灯光来象征人的生命。那时,有些人家生了个男婴,就到祠堂去挂上一盏灯,表示一个生命降临到地面上来了:封建社会歧视妇女,女婴可没有这个权利。不少妇女从小到大,对此愤愤不平,在她们扬眉吐气的时候,也就总是要把自己譬喻为能够发出光芒的一盏灯。义和团运动中,天津的许多妇女战士,就各各按其身份,以"灯"来作为自己一群的绰号,这也就是"红灯照""黄灯照""蓝灯照"这些名称的由来了。

走在北京的长街上,看看那一簇簇,一盏盏的明灯,想着历史,思索中国的今日和未来,不知道为什么,我竟联想到这些灯,多么像是某些人的心灵和眼睛呵!他们渴望自己的生命,像一盏灯似的,熊熊吐出光华。他们用灼热的眼光,注视着历史的长河,关注着行进的人流。每年,从全国各地,都有许许多多为人民事业鞠躬尽瘁,做出了贡献的人物,一飞机一飞机、一列车一列车地被送到北京来,参加各式各样全国性的大会。这里不提欺世盗名,弄虚作假的人,他们实际上并无半点光辉。这里提的是许多脚踏实地,真正做出贡献的人物,他们各各像一盏灯似的,向地面投上一束光辉,在力所能及的范围内,起着驱除黑暗的作用。这么一想,我就觉得远远近近的灯,都像在呢呢喃喃,絮絮叨叨地讲着各种各样的语言了。世间,正像有"旗语""手语"一样,还有"灯语",江河上的航标灯,就是能够发出语言的灯,它们各各以其颜色和闪光,讲着这样的话:"靠这边行驶吧,这里安全。""这一段水浅,到对岸去吧!""这儿有危险,注意!""这里有个航标站,有什么事情来报告和询问吗?"等等。长街华灯,表面上看,是没有这么丰富的语言的,但你一想到历史上那些自称"红灯照""黄灯照""蓝灯照"的妇女,一想到旧时代到祠堂挂灯报告婴孩诞生的习俗,一想起那许许多多劳动模范,包括那位造灯的工人科学家一类的人物,有时就会把长街的华灯,高屋顶上的红灯,绿树丛中的小彩灯,各个胡同里的普通白炽灯人格化了,它们不也各各像某些人一样,能够发出各种言语吗？那长街的灯盏在说："单独我一枚，是不能照亮你的道路的，但是我们集结起来，我们就有力量了。一簇一簇，一盏一盏的灯，就可以照着你一直向大街走去了。"高屋顶上的红灯在说："飞机注意吧，你们既然号称飞机，就得飞高一些，别把人民辛苦造成的建筑物碰坏，并把自己也碰得粉身碎骨了。"那些绿树丛中的小彩灯在说："我们虽然没有太多的光辉，但我们有一分热发一分光，但愿也能给你们一点欢乐！"胡同里孤零零的小白炽灯在说："虽然我的力量不大，我的工作也是寂寞的。但是要是没有我们，大街上光辉灿烂又怎么样？小胡同里还不是一片黑暗！尽管有人沐浴在我们的光辉中却无视我们的存在，我们可是知道自己的价值的！"至于那些发着强光的"高压水银荧光灯"和"碘钨灯"之类，我想它们大概应该响着这样的声音吧："是人民耗尽了心血才把我们培育出来的，也让我们以特大的光辉报答人民吧！如果我发着强光却忘记了人民倾注了特大的心血和汗水，我就连一枚小小的灯泡的价值也不如了。"

璀璀璨璨，闪闪烁烁，"琉璃玉匣吐莲花，错缕金环映日月。"北京灯海，真是多姿多彩，斗巧竞妍。在长街上漫步，观赏它们，真是一种艺术享受。有时，像进入童话世界似的，也就不禁把一盏盏灯人格化，而且想入非非，要倾听它们究竟在诉说些什么了。

1979年1月

作品四：

沙田山居

余光中

书斋外面是阳台，阳台外面是海，是山，海是碧湛湛的一弯，山是青郁郁的连环。山外有山，最远的翠微淡成一袅青烟，忽焉似有，再顾若无，那便是，大陆的莽莽苍苍了。日月闲闲，有的是时间与空间。一览不尽的青山绿水，马远夏圭的长幅横披，任风吹，任鹰飞，任渺渺之目舒展来回，而我在其中俯仰天地，呼吸晨昏，竟已有十八个月了，十八个月，也就是说，重九的陶菊已经两开，中秋的苏月已经圆过两次了。

海天相对，中间是山，即使是秋晴的日子，透明的蓝光里，也还有一层轻轻的海气，疑幻疑真，像开着一面玄奥的迷镜，照镜的不是人，是神。海与山绸缪在一起，分不出，是海侵入了山间，还是山诱俘了海水，只见海把山围成了一角角的半岛，山呢，把海围成了一汪汪的海湾。山色如环，困不住浩渺的南海，毕竟在东北方缺了一口，放樯桅出去，风帆进来。最是晴艳的下午，八仙岭下，一艘白色渡轮，迎着酣美的斜阳悠悠向大埔驶去，整个吐露港平铺着千顷的碧蓝，就为了反衬那一影耀眼的洁白。起风的日子，海吹成了千亩蓝田，无数的百合此开彼落。到了夜深，所有的山影黑沉沉都睡去，远远近近，零零落落的灯全睡去，只留下一阵阵的潮声起伏，永恒的鼾息，撼人的节奏摇动我的心潮。有时十几盏渔火赫然，浮现在黟黑的海面，排成一弯弧形，把渔网愈收愈小，围成一丛灿灿的金莲。

海围着山，山围着我。沙田山居，峰回路转，我的朝朝暮暮，日起日落，月望月朔，全在此中度过，我成了山人。问余何事栖碧山，笑而不答，山已经代我答了。其实山并未回答，是鸟代山答了，是虫，是松风代山答了。山是禅机深藏的高僧，轻易不开口的。人在楼上倚栏杆，山列坐在四面如十八尊罗汉叠罗汉，相看两不厌。早晨，我攀上佛头去看日出，黄昏，从联合书院的文学院一路走回来，家，在半山腰上等我，那地势，比佛肩要低，却比佛肚子要高些。这时，山什么也不说，只是争噪的鸟雀泄露了他愉悦的心境。等到众鸟栖定，山影茫然，天籁便低沉下去，若断若续，树间的歌者才歇下，草间的吟哦又四起。至于山坳下面那小小的幽谷，形式和地位都相当于佛的肚脐，深凹之中别有一番情趣。山谷是一个爱音乐的村女，最喜欢学舌拟声，可惜太害羞，技巧不很高明。无论是鸡鸣犬吠，或是火车在谷口扬笛驶过，她都要学叫一声，落后半拍，应人的尾音。

从我的楼上望出去，马鞍山奇拔而峭峻，屏于东方，使朝暾姗姗其来迟。鹿山巍然而逼近，魁梧的肩膂遮去了半壁西天，催黄昏早半小时来临，一个分神，夕阳便落进他的僧袖里去了。一炉晚霞，黄铜烧成赤金又化作紫灰与青烟，壮哉崦嵫的神话，太阳的葬礼。阳台上，坐看晚景变幻成夜色，似乎很缓慢，又似乎非常敏捷，才觉霞光烘颊，余曛在树，忽然变生咫尺，耽耽的黑影已伸及你的肘腋，夜，早从你背后袭来。那过程，是一种绝妙的障眼法，非眼睛所能守望的。等到夜色四合，黑暗已成定局，四围的山影，重甸甸阴森森的，令人肃然而恐。尤其是西屏的鹿山，白天还如佛如僧，蔼然可亲，这时竟收起法相，庞然而踞，黑毛茸蒙如一尊暗中伺人的怪兽，隐然，有一种潜伏的不安。

千山磅礴的来势如压，谁敢相撼？但是云烟一起，庄重的山态便改了。雾来的日子，山变成一座座的列屿，在白烟的横波回澜里，载浮载沉。八仙岭果真化作了过海的八仙，时在波上，时在弥漫的云间。有一天早晨，举目一望，八仙、马鞍和远远近近的大小众峰，全不见了，偶尔云开一线，当头的鹿山似从天隙中隐隐相窥，去大埔的车辆出没在半空。我的阳台脱离了一切，下临无地，在汹涌的白涛上自由来去。谷中的鸡犬从云下传来，从远的人间。我走去更高处的联合书院上课，满地白云，师生衣袂飘然，都成了神仙。我登上讲坛说道，烟云都穿窗探首来旁听。

起风的日子，一切云云雾雾的朦胧氤氲全被拭净，水光山色，纤毫悉在镜里。原来对岸的八仙岭下，历历可数，有着许多山村野店，水浒人家。半岛的天气一日数变，风骤然而来，从海口长驱直入，脚下的山谷顿成风箱，抽不尽满壑的咆哮翻腾。踩躏着罗汉松与芦草，掀翻海水，吐着白浪，风是一群透明的野兽，奔踏而来，呼啸而去。

海潮与风声，即使撼天震地，也不过为无边的静加注荒情与野趣罢了。最令人心动而神往的，却是人为的噪音。从清早到午夜，一天四十多班，在山和海之间，敲轨而来，鸣笛而去的，是九广铁路的客车、货车、猪车。曳着黑烟的飘发，蟠蜿着十三节车厢的修长之躯，这些工业时代的元老级交通工具，仍有旧世界迷人的情调，非协和的超音速飞机所能比拟。山下的铁轨向北延伸，延伸着我的心弦。我的中枢神经，一日四十多次，任南下又北上的千只铁轮轮番敲打，用钢铁火花的壮烈节奏，提醒我，藏在谷底的并不是洞里桃源，住在山上，我亦非桓景，即使王粲，也不能不下楼去：

> 栏杆三面压人眉睫是青山
> 碧螺黛迤逦的边愁欲连环
> 叠嶂之后是重峦，一层淡似一层
> 湘云之后是楚烟，山长水远
> 五千载与八万万，全在那里面……

思考与练习

一、什么是文风？不良的文风有哪些表现形式？

二、文章的风格有哪几种主要的类型？朱自清的《春》和刘白羽的《日出》是属于哪种类型风格的文章？

第三节 修 改

一、文章修改的重要意义

修改是文章写作的重要环节，通常说"文章七分写，三分改"，甚至有人用"三分写七分改""好文章是改出来的"来强调修改的重要性。毛主席说过："现在的事情，问题很复杂，有些事情甚至想三四回还不够。鲁迅说'至少看两遍'，至多呢？他没有说，我看重要的文章不妨看它十多遍，认真地加以删改，然后发表。文章是客观事物的反映，而事物是曲折复杂的，必须反复研究，才能反映恰当；在这里粗心大意，就是不懂得做文章的起码知识。"这话说得很深刻，从根本上说明了修改文章的重要性。要把曲折、复杂的客观事物反映得准确、恰当，那是极不容易的，须要反复研究，修改文章则是这"反复研究"中的重要一环，是不可缺少的一环。

古今中外，凡是文章写得好的人，大都在修改上下过功夫。托尔斯泰写《战争与和平》，据说前后改过七遍。我国古代的诗人们，很重视锤炼的功夫，哪怕一字一句，决不肯轻易放过。杜甫说："语不惊人死不休。"贾岛则说："两句三年得，一吟双泪流。"卢延让说："吟安一个字，拈断数茎须。"虽多夸张之词，但足见他们用功之深，这都表现了修改的功夫。

二、文章修改的范围

文章修改很重要，修改时应从哪里入手呢？换一句话说修改的范围包括哪些方面呢？一般说来是从文章的内容和形式两方面入手，也就是说，修改的范围包括内容和形式两方面。首先，要从大处着眼，通观全文，从内容入手，先看主题如何，倘若主题不正确，或者分散不集中，就要重新确立主题，然后再根据表现主题的需要审查文章的材料，或增减，或调换，从而使主题更有新意，更加正确，更加集中，使文章的内容更为充实、精当。然后，检查文章的形式，看题目是否有吸引力；结构是否严谨、完善；内容的组织安排是否层次分明，条理清楚；开头、结尾是否妥当，相互呼应；段落划分是否合适，内容是否有前后重复、自相矛盾或不连贯；语言是否清通、准确、简明，文字、标点是否合标准、规范；最后还要看一看文章的格式、体例是否合要求。

以上所说的是文章修改的主要范围，还有一些材料、数字的核实等，这里不一一列举。

三、修改文稿常用的符号

改正	○⌒○	题高出版物质量 提	提高出版物质量
删除	○⌒⌒⌒⌒	提高出版物物质量	提高出版物质量
增补	⌒⌒○	必须搞好校工作 对	必须搞好校对工作
对调	∽	认真经验总结	认真总结经验
转移	⌒⌒○	校对工作要重视	要重视校对工作
接排	⌒⌒↙	要重视校对工作，↙提高出版物质量	要重视校对工作，提高出版物质量
另起段	↙	完成了任务。明年……	完成了任务。 　　明年……
上下移	⌐⌐ 或 ↑↓	我们仨你们俩	我们仨 　你们俩
左右移	⇁ 或 ⇀	重视校对工作 提高刊物质量	重视校对工作 提高刊物质量
对齐	‖	‖提高印刷质量‖ ‖缩短印刷周期‖	提高印刷质量 缩短印刷周期
加大空距	字距∨, 行距＞	校对程序 校对书刊的注意事项	校　对　程　序 校对书刊的注意事项
减小空距	∧, ＜	校 对 程 序 校对书刊的注意事项	校对程序 校对书刊的注意事项
分开	Y	Goodmorning	Good morning
保留	△	认真搞好校对工作 △△△△△	认真搞好校对工作

四、名家文章评讲鉴赏

《澜沧江边的蝴蝶会》是一篇不错的散文，但也存在一些问题。著名语言学家吕叔湘对它存在的一些问题进行了评讲，吕先生的评讲比较中肯，分析也比较透彻，对人们文章的修改、写作很有启示。

《澜沧江边的蝴蝶会》评讲

吕叔湘

【总评一】这是一篇描写景物的散文。这篇文章写得不坏，现在选来作为评讲的对象，主要是作为"可以挤掉点水"的例子，也就是说，不够简练。词句方面不是没有问题，但不是评讲的重点。

写文章的理想应该是像宋玉形容他邻家的女子那样，"增之一分则太长，减之一分则太短"。但是要实现这样的理想，谈何容易？一般说来，古代的文人讲究简练（虽然从另一角度看，有些文章根本不值得写，怎么简短也是多余的），现代的作者多数不太吝惜笔墨，而往往伤于冗长。

"挤水"的办法有两种：一是删，二是改。鲁迅先生说过："写完后至少看两遍，竭力将可有可无的字、句、段删去，毫不可惜。"这当然也不容易，因为写成一篇文章无异于生下一个儿子，要动他一根头发也有点舍不得，所以鲁迅先生才说要"毫不可惜"。可是删还是比较容易，更难的是改，改繁就简。有些话实在说得太啰唆，得换一种说法。改之所以难，因为一个人有一个人爱好的笔调，久而久之成为习惯，要换一种说法颇不容易。比如说惯了"加以……""予以……""进行……"的人，要叫他不用这种方法，简直是将他的军。

古代作家有以修改自己的文章出名的，例如欧阳修。《朱子语类》里有一条："欧公文亦多是修改到妙处，顷有人买得《醉翁亭记》稿，初说'滁州四面有山'，凡数十字；末后改定，只曰'环滁皆山也'五字而已。"这是删还是改，不清楚，可能是兼而有之。总之是欧阳修认为这五个字比那几十个字好，朱熹也同意。

当然也有不可删改而乱删乱改的例子。有一个笑话，说有人爱改古人的诗句。他说："'清明时节雨纷纷'这首唐诗不好，应该把每句头上的两个字都砍掉。"他说："什么时节都可以雨纷纷，何必清明？行人总是在路上的，'路上'二字无用。'酒家何处有？'已经表明是问话，不用'借问'。遇到的人都会指点杏花村，不是非牧童不可。"这样，一首七绝就让他改成了一首五绝。这当然只是一个笑话。我今天也要在这里做些删改工作，做得好不好请大家研究。如果是像那位乱改唐诗的一样，那就一概不算。并且向原作者道歉。

现在分段评讲如下。

第一段

【原文】我在西双版纳的美妙如画的土地上，幸运地遇到了一次真正的蝴蝶会。

【评讲】这一段可有可无，与第八段内容重复。删去本段，留第八段，比较好些。

第二段

【原文】许多人都听说过云南大理的蝴蝶泉和蝴蝶会的故事，也①读到过不少②关于蝴蝶会的奇妙景象的文字记载③。从明朝万历年间的《大理志》到近年来报刊上刊载的报道④，我们都读到过关于这个反映了美丽的云南边疆的独特自然风光的具体描述⑤。关于蝴蝶会的文字记载，由来已久⑥。据我所知道的，第一个细致而准确地⑦描绘了蝴蝶会的奇景的，恐怕要算是明朝末年的徐霞客了⑧，在三百多年前，这位卓越的⑨旅行家就不但为我们真实地⑩描写了蝴蝶群集的奇特景象，并且还详尽地⑪描写了蝴蝶泉周围的自然环境。他这样写着⑫：

"……抵山麓。有树大合抱，倚崖而耸立。下有泉，东向漱根窍而出，清冽可鉴。稍东，其下又有一小树，仍有一小泉，亦漱根而出。二泉汇为方丈之沼，即所溯之上流也。泉上大树，当四月初即发花如蛱蝶，须翅栩然，与生蝶无异。又有真蝶千万，连须钩足，自树巅倒悬而下，及于泉面，缤纷络绎，五色焕然。"

【评讲】
①这里用"也"字，那就是说这许多人都是不但听说过，并且也读到过。这可不一定。改用"或者"好些。

②说这种记载不少，是对的。说许多人都读到过不少这种记载，那就不见得对。

③记载总是用文字，"文字"二字可省。

④"刊载的"三字可省。

⑤"关于这个反映了美丽的云南边疆的独特自然风光的具体描述"，太啰唆。"美丽的云南边疆"，"独特自然风光"，下文屡次出现同类词语，应该尽可能避免重复。"描述"前面也无需加"具体"。整个可以简化为"关于这个蝴蝶会的描述"。

⑥这一句如果放在上句之前，还可以要，但也不是必要。放在上句之后，完全失去作用。

⑦"细致而准确地"，⑨"卓越的"，⑩"真实地"，⑪"详尽地"，这些形容词（包括语法上的形容词和副词）没有多大必要。

⑧逗号改句号。

⑫谈谈这段引文。徐霞客的《游记》是日记体，这一段见于《滇游日记》，在己卯年（1639年）三月十一日。这一段引文前面是"……半里，有流泉淙淙。溯之又西半里，抵山麓"。可见"山麓"二字属上句，不是"山麓有树"为一句。这一段引文之后，有关系的还有这几句："游人俱从此月群而观之，过五月乃已。余在粤西三里城，陆参戎即为余言其异，至此又以时早未花。询土人，或言蛱蝶即其花所变，或言以花形相似，故引类而来，未知孰是。然龙首南北相距不出数里，有此二奇葩，一恨于已落，一恨于未蕊，皆不过一月，而各不相遇。乃折其枝图其叶而

后行。"从这里可以看出：（1）蝶树从四月初开花，过五月才完，徐霞客是三月十一日去的，不是"晚去了几天"，（见下第三段），而是早去了一个月，蝶树还没有开花。（2）徐霞客的主要目的是看花，看蝴蝶会是次要的。前一天的日记里记他到三家村访"十里香"奇树，这种树的花"自正月抵二月终乃谢"，可是徐霞客是三月十日到那里的，"已无余瓣，不能闻香见色，惟抚其本辨其叶而已"。他第二天到蛱蝶泉访蝶树，偏偏又太早，还没有开花。所以他说，"一恨于已落，一恨于未蕊，皆不过一月，而各不相遇"。（日记中的"龙首"是"龙首关"，"俗谓之上关"，在三家村之南，蛱蝶泉之北。）就这两点说，本文作者对引文的理解是不正确的。

第三段

【原文】这是一幅多么令人目眩神迷而又美妙奇丽①的景象！无怪乎许多来到大理的旅客都要设法去观赏一下这个人间奇观②了。但可惜的是，胜景难逢，由于某种我们至今还不清楚的自然规律③，每年蝴蝶会的时间总是十分短促并且是时有变化的④；而交通的阻隔⑤，又使得有机会到大理去游览的人，总是难于恰巧在那个时间准确无误地⑥来到蝴蝶泉边。就是徐霞客也没有亲眼看到真正的⑦蝴蝶会的盛况；他晚去了几天，花朵已经凋谢⑧，使⑨他只能折下一枝蝶树的标本⑩，惆怅而去。他的关于蝴蝶会的描写，大半是根据一些亲历者的转述而记载⑪下来的。

【评讲】

① "令人目眩神迷而又美妙奇丽"，堆砌形容词并不解决问题。如改为"令人神往"，虽然只有四个字，实际效果却好得多。这里的"而又"也用得欠妥。"而又"是表转折的连词，一般只在多少有点矛盾，至少是不一定相联系的两种属性之间才用"而又"，例如："辽廓而又荒凉的土地" "纤细而又清晰的笔画"。这里的"令人目眩神迷"和"美妙奇丽"是有联系的。

② "观赏……奇观"，两个"观"字最好改掉一个，"奇观"可以改成"奇景"。

③ 既然"我们至今还不清楚"，说它作甚？

④ "时有变化"的意思不明白，是时间的长短每年不同呢？还是日期的早晚每年不同？

⑤ "阻隔"二字下得太重。交通阻隔就是去得了去不了的问题，不仅仅是准时来到的问题了。

⑥ 有了"恰巧"，可以不再说"准确无误"。

⑦ "真正的"用得不妥，因为没有别的蝴蝶会。

⑧ 与事实不符，见上段注⑫。

⑨ 这里为什么要用"使"？按汉语的习惯，连"他"字也不必要。

⑩ 应为"折下蝶树的一个枝条作为标本"。"一枝蝶树"不妥，未折之前也不能称为标本。

⑪徐霞客没有看到蝴蝶会,他的记载是"完全"根据别人的叙述,不是"大半"。(现在有些人爱在文章里多用几个"一般""基本上"之类的字眼,为的不把话说死,保险些。不过也得看情况。像这里就决不可用"大半"。)

"转述"是甲把乙说的话转告丙。这里既是"亲历者"直接告诉徐霞客,就不能用"转述"。

"'描写'……'记载'下来的",搭配上有点问题。

第四段

【原文】我在七八年前也探访过一次蝴蝶泉。我也去晚了①。但我并没有像徐霞客那样怅然而返。我还是看到了成百的蝴蝶在集会。在一泓清澈如镜的泉水上面,环绕着一株枝叶婆娑的大树,一群彩色缤纷的蝴蝶正在翩翩飞舞,映着水潭中映出②的倒影,确实是使人感到一种超乎常态③的美丽。

【评讲】
①改为"我去晚了几天"。光说"去晚了",就意味着没赶上蝴蝶会了。
②两个"映"字两个意思,前一个"映"字是"映衬"的意思,后一个"映"字是"反映"(反射影像)的意思,用在一句之内,容易引起混淆。"水潭中的倒影"就很好,"映出的"三字本来可以不要。
③"超乎常态"一般不用于正面的性质如"美丽"之类,用在这里,修辞色彩不很调和。

第五段

【原文】以后,我遇见过不少曾经专程探访过蝴蝶泉的人。只有个别的人有幸遇到了真正的蝴蝶盛会①。但是,根据他们的描述,比起记载中和传说中所描述的景象来,已经是大为②逊色了。

【评讲】
①这一句的内容已包含在第三段里,可省。
②"为"字应改为"有"。

第六段

【原文】其实,这是毫不足怪的。随着公路的畅通,游人的频至,附近的荒山僻野的开拓,蝴蝶泉边蝴蝶的日渐减少,本来是完全符合自然发展规律的。而且,如果我们揭开关于蝴蝶会的那层富有神话色彩的传说的帷幕,我们便会发现:像蝴蝶群集这类罕见的景象,其实只不过是一定的自然环境的产物;而且有些书籍中也分明记载着,所谓蝴蝶会,并不是大理蝴蝶泉所独有的自然风光,而是在云南的其他的地方也曾经出现过的一种自然现象。比如,在清人张泓所写的一本笔记《滇南新语》中,就记载了昆明城里的圆通山(就是现在的圆通公园)的蝴蝶会,书中这样写道：

"每岁孟夏，蛱蝶千百万会飞此山，屋树岩壑皆满，有大如轮、小于钱者，翩翩随风，缤纷五彩，锦色烂然。集必三日始去，究不知其去来之何从也。余目睹其呈奇不爽者盖两载。"

第七段

张泓是乾隆年间人，他自然无法用科学道理来解释他在昆明看到的奇特景象①；同时，由于时旷日远②，现正住在昆明的人恐怕也很少有人听说过在昆明城里还曾经有过这种自然界的奇观③。但是，张泓关于蝴蝶会的绘影绘色④的描写，却无意中为我们印证了一件事情⑤：蝴蝶的集会并不只是大理蝴蝶泉所独有的现象，而是属于一种云南的特殊自然环境所特有的自然现象，属于一种气候温煦、植物繁茂、土地肥腴的自然境界的产物⑥。由此，我便得出了这样一个设想：即使是大理的蝴蝶逐渐减少了（正如历史上的昆明一样），在整个云南边疆的风光明丽的锦绣大地上，在蝴蝶泉以外的别的地方，我们一定也不难⑦找到如像蝴蝶泉这样的诗情浓郁的所在的⑧。

【评讲】这两段要合并讨论，因为内容的安排需要调整。第六段的内容，按原文的次序是：（1）蝴蝶会由盛而衰，由于自然环境的改变；（2）蝴蝶会只是适当的自然环境的产物；（3）蝴蝶会不是大理所独有，昆明也曾有过，见于记载。第七段的内容是：（4）昆明的蝴蝶会也已经由盛而衰；（5）蝴蝶会不是大理所独有，而是云南那样的自然环境的产物；（6）在云南的别的地方还有可能找到蝴蝶会。这样一分析，不难发现这两段的内容有重复，第六段内部的次序也不合逻辑顺序（第一小段承上文第五段，是可以的，但是用"而且"一转，入第二小段，如何转得过来？又用一个"而且"转入第三小段，也勉强）。调整的办法是：把六、七两段合并成三个内容，重排次序：（1）蝴蝶会不是大理所独有，昆明也有过，见于记载；（2）由此可知，蝴蝶会是适当的自然环境的产物；（3）蝴蝶会由盛而衰是由于环境的改变（人来的多了），在自然环境未起变化的地方应当还能找到蝴蝶会。其中（1）有引文，可以单独作一段，（2）（3）合为一段。

第六段没有多少词句问题，只有第三句"并不是大理蝴蝶泉所独有"之后的"的自然风光"五字可以去掉，直接下文，末了的"自然现象"可以整个托住。第七段有些词句问题：

① "他自然无法用科学道理来解释"，作者又何尝能解释？也无非说是"一定的自然环境的产物"，仍不具体。而且第二十段明明承认"根本没有考虑到如何为我所见到的奇特景象去寻求一个科学解释"。那么又何必说张泓"他自然无法用科学道理来解释"呢？

② "时旷日远"，生造。

③ "现正住在……"这一句太啰唆。"在昆明城里还"这六个字可删，"曾经有

过……"承上指昆明，不至于误会是指一切地方。"自然界的"四字更可删。

④常用的是"绘影绘声"，形容尽描写之能事，因为影子和声音本来是画不出来的。

⑤这里说是"事情"，不恰当，只是一个"假设"。"假设"不用"印证"，用"证实"。"事情"也不用"印证"，"印证"的意思是从不同来源得来知识，彼此符合，互相支持。

⑥两个"属于"都无必要，可删。这两句解释，第一句比较抽象，但没有毛病；第二句"气候温煦、植物繁茂、土地肥腴"，好像比较具体，实际仍然不免一般化，也适用于云南以外的地方。（蝴蝶可能是某种花树的香味引来的，但无科学证明，不如不说。）

⑦"一定"和"不难"可以去掉一个。

⑧这里用"诗情浓郁的所在"代"蝴蝶集会的地方"，不妥。

第八段

【原文】这个设想，被我不久以前在西双版纳旅途途中的一次意外的奇遇所证实了。

第九段

【原文】由于一种可遇而不可求的机会，我看到了一次真正的蝴蝶会，一次完全可以和徐霞客所描述的蝴蝶泉相媲美的蝴蝶会。

【评讲】这两段都很短，意思也有些重复："意外的奇遇"和"可遇而不可求的机会"；"这个设想，……证实"和"看到了……蝴蝶会"。可以合并成一段，或删去一段，留一段。

"和徐霞客所描述的蝴蝶泉相媲美的蝴蝶会"有语病，"泉"和"会"不好比较。其实"蝴蝶泉"三字完全可删去。"描述"不如"描写"。

第十段

【原文】西双版纳的气候是四季长春①的。在那里你永远看不到植物凋敝的景象②。但是，即使如此③，春天在那里也仍然是最美好的季节。就在这样的季节里，在傣族的泼水节的前夕，我们来到了被称为西双版纳的一颗"绿宝石"的橄榄坝。

【评讲】

①"四季如春"或者"四季常青"比较普通。

②这一句可省，"四季如春"就包含这个意思。

③"即使如此"四字可省。

本文的结构是：第一段点题，第二段到第七段讲大理、昆明的蝴蝶会，是陪衬，第八第九两段转入正文，第十段到第二十段描写在西双版纳遇见的蝴蝶会。大致区分，前半篇是宾，后半篇是主。作者用力也是前半篇轻而后半篇重，这是对的。后半篇的描写确实引人入胜，有不少如画之笔。可是作者似乎忘了后半篇之中仍然有宾主之分，西双版纳的一般风景是宾，蝴蝶会是主。作者用四段（第十一到第十四段）篇幅着力写西双版纳的一般风景，这就不免有宾主不分之嫌了。我把这几段压缩了一下，请看后面的改本，在分段评讲时就不一一指明了。

第十一段

【原文】在这以前，人们曾经对我①说：谁要是没有到过橄榄坝，谁就等于没有看到真正的西双版纳。当我们刚刚从澜沧江的小船踏上这片密密地覆盖着浓绿的植物层的②土地时，我马上就深深地感觉到，这些话是丝毫也不夸张的③。我们好像来到了一个天然的巨大的热带花园里。到处都是一片④浓荫匝地，繁花似锦。到处都是一片蓬勃的生气：鸟类⑤在永不休止地啭鸣⑥；在棕褐色的沃土上，各种植物好像是在拥挤着、争抢着⑦向上生长。行走在村寨之间的小径上，就好像是行走在精心培植⑧起来的公园林阴路上一样，只有从浓密的叶隙⑨中间，才能偶尔看到烈日的点点金光。我们沿着澜沧江边的一连串村寨进行⑩了一次远足旅行。⑪

【评讲】

①第一句用"我"，第二句一处用"我们"，一处用"我"，第三句用"我们"，显得参差。当然有这样的可能：人们只对我一个人说过如何如何，也只有我一个人感觉如何如何，因此不好说"我们"。但是文章里的"我们"往往实际上只是"我"个人，这里也似乎没有分别一个人几个人的必要，统一作"我们"读起来较顺。

②下文有详细描写，这里的"密密地覆盖着浓绿的植物层的"可省。

③"这些话是丝毫也不夸张的"这一句可以挪前，让上下文连成一句，似乎紧凑些（参看改作）。

④作者好像很喜欢用"一片"二字，本段有两个"一片"，第十二段有四个"一片"，第十四段有一个"一片"，第十七段三个"一片"，第二十段有一个"一片"，一共有十一个"一片"，特别是像第十二段第四句和第五句头上，在一行半之内连用三个"一片"，在声音方面有点敏感的人读起来会感觉不舒服的。当然，有些地方是非用不可，但是在这完全可以不用的，例如这里的"一片"、第十二段"林海中间"前面的"一片"，都是可以不要的。此外，"一个、一种"等也有可以不要的，如第十七段"进入了一个童话世界""散出了一种刺鼻的浓香"。

⑤"鸟类"的科学气太重，用在这里不调和。

⑥"啭鸣"生造。

⑦"争抢着"生硬，不如"抢着"。如果觉得跟"拥挤着"不好连接，可以把"拥挤着"改为"互相拥挤"。

⑧"林阴路"用"培植"不妥，用"修建"或"修造"好些。

⑨"叶隙"生硬。

⑩不必"进行"。
⑪"远足"与"旅行"重复。

第十二段

【原文】我们的访问终点,是背倚着江岸、紧密接连的两个村寨——曼厅和曼扎①。当我们刚刚走上江边的密林小径时,我就发现,这里的每一块土地,每一段路程,每一片丛林,都是那样的充满了秾丽②的热带风光,都足以构成一幅色彩斑斓的绝妙风景画面③。我们经过了好几个隐藏在密林深处的村寨,只有在注意寻找时,才能从树丛中发现那些美丽而精巧的傣族竹楼。这里的村寨分布得很特别④,不是许多人家聚成一片,而是稀疏地分散在一片林海中间。每一幢竹楼周围都是一片丰饶富庶的果树园;家家户户的庭前窗后,都生长着枝叶挺拔的椰子树和槟榔树,绿阴盖地的芒果树和荔枝树。在这里,人们用果实累累的香蕉树做篱笆,用清香馥郁⑤的夜来香树做围墙。被果实压弯了的柚子树⑥用枝叶敲打着竹楼的屋檐;密生⑦在枝丫间的菠萝蜜散发着醉人的浓香。

【评讲】
①这一句放在第十三段头上比放在这里好。
②"秾丽"生造。
③全句似乎是着力描写,其实是一般化,不起多大作用。
④看了下文就知道,分布得很特别的不是村寨,而是一个村寨之内的那些人家。如果把"分布得"改为"的构成",那倒讲得通,但是不如在"村寨"之后加"人家"二字,后面仍用"分布得"。
⑤"馥郁"形容浓香,不适用于"清香"。夜来香树大概属于浓香一类。
⑥被果实压弯了的是树枝,不是树。
⑦"密生"生硬。

第十三段

【原文】我们在花园般的曼厅和曼扎度过了一个愉快的下午。我们参观了曼扎的办得很出色的托儿所;在那里的整洁而漂亮的食堂里,按照傣族的习惯,和社员们一起吃了一餐富有民族特色的午饭,分享了社员们的富裕生活的欢快。我们在曼厅旁听了为布置甘蔗和双季稻生产而召开的社长联席会,然后怀着一种充实的心境①走上了归途。

【评讲】参观公社跟蝴蝶会关系疏远,不宜详述,应一笔带过,与下一段合并。
①这里应是"心情",不是"心境"。无论是"心情""心境",都不能用"充实"来形容,该是"满足"。

第十四段

【原文】我们走的仍然是来时的路程①,仍然是那条浓荫遮天的林中小路②,

数不清的奇花异卉仍然到处散发着沁人心脾的清香。在路边的密林里，响彻着一片鸟鸣和蝉叫的嘈杂而又悦耳的合唱。透过树林枝干的空隙，时时可以看到大片的③平整的田畴，早稻和许多别的热带经济作物的秧苗正在夕照中随风荡漾。在村寨的边沿，可以看到柳叶林和菩提林的巨人似的身姿④，在它们的荫蔽下，佛寺的高大的金塔和庙顶⑤在闪着耀眼的金光。

【评讲】

①只说"走路"，不说"走路程"。

②前面用了"路"字，这里可以改用"小径"。

③从树林枝干的空隙看出去，恐怕未必能看见"大片的"田畴。

④"身姿"生硬。

⑤"佛寺……庙顶"，"庙"与"寺"重。

第十五段

【原文】一切都和我们来时一样。可是，我们又似乎觉得，我们周围的自然环境和来时有些异样。终于，我们发现了一种来时所没有的新景象：我们多了一群新的旅伴——成群的蝴蝶。在花丛上，在枝叶间，在我们的周围，到处都有三五成群的彩色蝴蝶在迎风飞舞；它们有的在树丛中盘旋逗留，有的却随着我们一同前进。开始，我们对于这种景象也并不以为奇。我们知道，这里的蝴蝶的美丽和繁多是别处无与伦比的；我们在森林中经常可以遇到色彩斑斓的蝴蝶和人们一同行进，甚至连续飞行几里路。我们早已养成了这样的习惯：习于把成群的蝴蝶看作是西双版纳的美妙自然景色的一个不可缺少的组成部分了。

【评讲】本段语句稍嫌繁冗，可以简化。

第十六段

【原文】但是，我们越来越感到，我们所遇到的景象实在是超过了我们的习惯和经验了①。蝴蝶越聚越多，一群群、一堆堆从林中飞到路径上②，并且结队成伙地在向着我们要去的方向前进着。它们上下翻飞，左右盘旋；它们在花丛树影中飞快地扇动着彩色的翅膀，闪得人眼花缭乱。有时，千百个蝴蝶拥塞③了我们前进的道路，使我们④不得不用树枝把它们赶开，才能继续前进⑤。

【评讲】

①"超过了我们的习惯和经验"，说法别扭，只说"不寻常"就够了。

②"越聚越多"挪在"从林中飞到路径上"之后，顺序较合理。

③"拥塞"生硬。

④"使我们"可省。

⑤"才能继续前进"，不言而喻，也可省。

第十七段

【原文】就这样，在我们和蝴蝶群的搏斗中走了大约五里路的路程①之后，我们看到了一个奇异的景色②。我们走到了③一片茂密的柳树林边，在一块草坪上面，有一株硕大的菩提树，它的向四面伸张的枝丫④和浓茂⑤的树叶，好像是一把巨大的阳伞似的遮盖着整个草坪。在草坪中央的几方丈的地面上，仿佛是密密地丛生着一片奇怪的植物似的，聚集着数以万计的美丽的蝴蝶，好像是一座美丽的花坛样⑥，它们互相拥挤着，攀附着，重叠着，面积和体积⑦都在不断地扩大。从四面八方飞来的新的蝶群正在不断地加入进来。这些蝴蝶大多数是属于一个种族⑧的，它们的翅膀的背面是嫩绿色的，这使它们在停伫不动时就像是绿色的小草一样，它们翅膀的正面却又是金黄色的，上面还有着美丽的花纹，这使它们⑨在扑动翅翼⑩时又像是朵朵金色的小花。在它们的密集着的队伍中间，仿佛是有意来作为一种点缀，有时也飞舞着少数的巨大的黑底红花身带飘带的大木蝶。在一刹那间，我们好像是进入了一个童话世界；在我们的眼前，在我们四周，在一片令人心旷神怡的美妙的自然景色中间，到处都是密密匝匝、层层叠叠的蝴蝶；蝴蝶密集到这种程度，使⑪我们随便伸出手去便可以捉到几只。天空中好像是雪花似的飞散着密密的花粉，它和从森林中飘来的野花和菩提的气息混在一起，散出了一种刺鼻⑫的浓香。

【评讲】这一段和下一段，正面描写蝴蝶会，是全文的中心。作者很用气力，整个说来，写得很好。只是词句间还有些小毛病。

① "五里路的路程"后三字应删。

② "景色"用于大范围，这里用"景象"较好。

③ 删去"我们走到了"，加一"在"字，跟上句衔接更紧。

④ 这里不是"枝丫"，应是"枝条"。（第十二段末句的"枝丫"用得对。）

⑤ "浓茂"生造，可用"茂盛"或"茂密"。

⑥ "数以万计"太死，"无数"或"数不清"好些。"仿佛是密密地丛生着一片奇怪的植物"和"好像是一座美丽的花坛"意思重复，可删一留一。这里应该断句。

⑦ 体积扩大，面积自然也扩大，光说"体积"就可以了。

⑧ "种族"多用于人类，植物学上只有"种"和"属"，这里笼统点用"一种"好了。

⑨ 两处"这使它们"可省。

⑩ "翅翼"生造。

⑪ "使"应删。

⑫ "刺鼻"用于不愉快的气味，这里该用"扑鼻"。

第十八段

【原文】面对着这种自然界的奇景,我们每个人几乎①都目瞪口呆了。站在千万只翩然飞舞的蝴蝶当中,我们觉得自己好像是有些多余的了②。而蝴蝶却一点也不怕我们;我们向它们的密集的队伍投掷着树枝,它们立刻轰涌地③飞向天空,闪动着彩色缤纷的翅翼,但不到一分钟之后,它们又飞到草地上集合了。我们简直是无法干扰它们的参与盛会的兴致。

【评讲】本段独立不如前两句连下段,后两句连上段。

①不必"几乎"。
②这一句好,是传神之笔。
③"轰涌"生造。

第十九段

【原文】我们在这些群集成阵的蝴蝶前长久地观赏着,赞叹着,简直是流连忘返了。在我的思想里,突然闪过了一个念头:难道这不正是过去我们从传说中听到的蝴蝶会吗?我们有人时常慨叹着大理蝴蝶泉的蝴蝶越来越少了,但是,在祖国边疆的无限美好无限丰饶的土地上,不是随处都可以找到它们欢乐聚会的场所吗?

第二十段

【原文】当时,我的这些想法自然是非常天真可笑的。我根本没有考虑到如何为我所见到的奇特景象去寻求一个科学解释(我觉得那是昆虫学家和植物学家的事情),也没有考虑到这种蝴蝶群集的现象,对于我们的大地究竟是一种有益的还是有害的现象。我应当说,我完全被这片童话般的自然景象所陶醉了;在我的心里,仅仅是充溢着一种激动而欢乐的情感,并且深深地为了能在我们祖国边疆看到这样奇丽的风光而感到自豪。我们所生活、所劳动、所建设着的土地,是一片多么丰富,多么美丽,多么奇妙的土地啊!

【评讲】第十九段末句修改一下就可以结束全文,第二十段是多余的。文章可结束时就该结束,一啰唆反而没有余味了。

【总评二】总起来说,这篇文章描写蝴蝶会,基本上是成功的。缺点是不够简练:(1)实际不起作用的形容词语太多;(2)好些字面不一样而意思相同的话应该删并;(3)有许多本身可取但与主题无关的细节应该"割爱"。

《澜沧江边的蝴蝶会》修改后的文章

很多人听说过云南大理蝴蝶泉的蝴蝶会。三百多年前,有名的旅行家徐霞客在他的游记里有这样一段描写:

……抵山麓。有树大合抱,倚崖而耸立,下有泉,东向漱根窍而出,清洌可鉴。

稍东，其下又有一小树，仍有一小泉，亦潄根而出。二泉汇为方丈之沼，即所溯之上流也。泉上大树，当四月初即发花如蛱蝶，须翅栩然，与生蝶无异。又有真蝶千万，连须钩足，自树巅倒悬而下，及于泉面，缤纷络绎，五色焕然。

许多来到大理的旅客都要设法去观赏一下这个人间奇景。可惜的是蝴蝶会有时间的限制，游客难于恰巧在那个时间来到蝴蝶泉边。就是徐霞客也没有亲眼看见蝴蝶会的盛况。他去早了一个月，蝴蝶树还没有开花，他只能折下一个枝条，惆怅而去。游记中关于蝴蝶会的盛况是根据别人的叙述写下来的。

我在七八年前也探访过一次蝴蝶泉。我去晚了几天，但是我的运气比徐霞客好些，看到了蝴蝶会的尾声。在一泓清澈如镜的泉水旁边，环绕着一株枝叶婆娑的大树，成百的彩色缤纷的蝴蝶正在翩翩飞舞，衬着水中的倒影，确实是非常的美。以后我也曾遇见过看到蝴蝶盛会的人，根据他们的描述，比起记载或传说中的盛况来也已经大有逊色了。

其实所谓蝴蝶会并不是大理地方所独有。清朝乾隆年间，张泓的《滇南新语》中就记载着昆明城内圆通山的蝴蝶会：

每岁孟夏，蛱蝶千百万会飞此山，屋树岩壑皆满，有大如轮、小于钱者，翩翩随风，缤纷五彩，锦色烂然。集必三日始去，究不知其去来之何从也。余目睹其呈奇不爽者盖两载。

张泓的记载离现在已有二百年，现在的昆明居民恐怕很少有人听说过这回事了吧。

我有一个想法：蝴蝶会大概是云南所特有的自然环境的产物。昆明的蝴蝶会已经绝迹，大理的蝴蝶会也在衰落，也许都是由于居民繁庶，游人众多的缘故。在交通不如昆明、大理的便利，游人不大走到的地方，也许还可以遇到这种奇妙的景象吧。

这个设想被我不久以前在西双版纳旅途中的一次意外的奇遇所证实了。西双版纳的气候四季如春，然而春天仍然是最美好的季节。正是在春天，在傣族的泼水节的前夕，我们来到了被称为西双版纳的一颗"绿宝石"的橄榄坝。没有来西双版纳以前，人家告诉我们：谁没有到过橄榄坝，谁就没有看到真正的西双版纳。这个话一点也不夸张。当我们从澜沧江里的小船踏上这片土地时，立刻觉得好像来到了一个天然的热带大花园里。到处是浓荫匝地，繁花似锦。走在村寨之间的小径上，就好像是走在精心修建起来的林阴路上一样，只有从浓密的树叶的缝隙里洒下来太阳的点点金光。

我们沿着澜沧江边的一连串村寨作了一次旅行。这里的村寨人家分布得很特别，不是许多人家聚集在一起，而是稀疏地分散在林海中间。每幢竹楼周围都是丰饶的果树园。家家户户的庭前屋后都生长着枝叶挺拔的椰子树和槟榔树，绿阴盖地的芒果树和荔枝树。这里，人们用果实累累的香蕉树做篱笆，用香气馥郁的夜来香树做围墙。柚子树的被果实压弯了的枝条敲打着竹楼的屋檐，密密地长在枝丫间的菠萝蜜散发着醉人的浓香。

我们的访问终点是背倚江岸,紧密相连的两个村寨——曼厅和曼扎。我们参观了这里的公社,度过了一个愉快的下午,然后怀着满足的心情踏上了归途。我们走的仍然是来时的路。仍然是那条浓荫遮天的林中小径。透过树间的空隙,有时可以看到平整的田畴;在村寨的边沿,在巨人般的柳林和菩提林的荫蔽下,佛寺的屋顶和金塔闪出耀眼的金光。

一切都和我们来时一样,可是又觉得有点不一样。原来多了一群旅伴——成群的蝴蝶。在花丛上,在枝叶间,到处都有三五成群的彩色蝴蝶在迎风飞舞;它们有的在树丛中盘旋逗留,有的却随着我们前进。开始,我们也不以为奇。这里的蝴蝶本来很多,旅行者常常会遇到色彩斑斓的蝴蝶跟着人们一同行进,有时一直跟上几里路。人们早已把蝴蝶看作是西双版纳的美妙的自然景色的不可缺少的部分了。可是这一次我们越来越觉得所遇到的景象不寻常。蝴蝶一群群从树林中飞出来,越聚越多,结队向着我们要去的方向前进。它们上下翻飞,扇动着彩色的翅膀,闪得人眼花缭乱。有时候,大群的蝴蝶堵住了我们的道路,不得不用树枝把它们赶开。

就这样,在和蝴蝶群搏斗中走了大约五里路之后,我们看到了一个奇异的景象。在一片柳树林的边上,一块草坪的中间,有一株高大的菩提树,它的向四面伸张的枝条和茂密的树叶像一把大伞似的遮盖着整个草坪。在草坪中央的几方丈的地面上,聚集着数不清的蝴蝶,仿佛是一座五色缤纷的花坛。它们互相拥挤着,攀附着,重叠着;它们的体积不断地扩大,新的蝴蝶群不断地加入进来。这些蝴蝶大多数属于一种,它们的翅膀的背面是嫩绿色的,当它们停止时就像是一片绿草,它们的翅膀的正面却又是金黄色的,上面带着一些花纹,当它们飞动时就像是朵朵金花。在它们的密集的队伍的中间,仿佛是有意来作为一种点缀,飞舞着少数巨大的黑底红花身带飘带的大木蝶。在一刹那间,我们好像是走进了童话世界。在我们的眼前,在我们的周围,在美丽的自然景色的中间,到处是密密匝匝、重重叠叠的蝴蝶;蝴蝶密集到这样的程度,我们随便伸出手去就可以捉到几只。我们向它们中间投掷树枝,它们立刻向天空飞散,但是不到一分钟又集合到草地上来:我们简直无法干扰它们的盛会。在它们周围的天空中,雪花似的飞散着密密的花粉,和树林中飘来的菩提花和别的花的香气混合在一起,散发着一种扑鼻的浓香。

面对着这自然界的奇景,我们个个目瞪口呆。站在千万只飞舞的蝴蝶当中,我们觉得自己好像是多余的了。然而我们长久地观赏着,赞叹着,简直不想走开。这时候,我想起大理的蝴蝶泉,也想起了人们因为那儿的蝴蝶越来越少而发出的慨叹。我要告诉他们,祖国的江山是如此多娇,随处都可以发现迷人的美景,在一个地方失去的东西会在更多的地方找到。

【编后语】原文有三千七百字,改作的字数为原作的一半多一点。我相信,我的修改没有"伤筋动骨",原作的内容实际上都保存下来了。如果把对西双版纳一般风景的描写,再压缩一下,还可以减去二三百字,就只有原作的一半了。这样斤斤计较好像很可笑。是的,不过有时候计较计较也有好处。

思考与练习

一、文章为什么要修改？

二、修改文章应从哪几个方面入手？

三、用修改文稿的常用符号，修改下面的文字：

(1) 严冬到来，百花凋蔽。

(2) 雨过天睛，空气清新。

(3) 市场经济，竟争激烈。

(4) 戍戍变法虽然失败了，但还有一些影响。

(5) 死难战士的鲜血染红了这条河。

(6) 毛主席赴重庆谈判期间发表了旧作《沁园春·雪》，一时轰　动全国。

(7) 古人对文章的修改很重视，唐人贾岛说："两句三年得，一吟双泪流"。

(8) 要提高写作水平，

必须加强练笔，刀不磨不利，笔不练不灵。

四、下面是一篇说明文中的一段文字，介绍北京站。对建筑物的介绍可以先外后里，先中间后左右，由于作者违反了这一原则，因此显得结构混乱，语无伦次，条理不清，试作一下修改：

北京车站耸立在东单和建国门之间。车站大楼正面可分中部和两翼三个部分。这座宏伟的建筑物显示着首都厦门所应有的气魄、色彩和光辉。中间顶端是一个新颖的大扁壳屋顶，屋顶的两旁对称地矗立着两座具有民族风格的钟楼。钟楼的屋顶是用金黄色琉璃瓦盖的。每座钟楼上各有一座四面大电钟，每面走私长达四米。针和字标里面装着电灯，距离三四公里就能看到。长短针和字标是用乳白色玻璃和金属框子做的。钟面是用墨玉大理石铺贴的。

下

文 化 篇

总 论

本篇讲的是中国文化。中国文化亦称中华文化、汉文化、华夏文化等。

什么叫文化？至今，国内外还没有一个统一的定义。据美国人类学家克罗伯和克拉克洪统计，从 1871 年到 1951 年，关于"文化"的定义已有 164 种之多（转引自何九盈、胡双宝、张猛主编的《中国汉字文化大观·前言》），估计现在还会更多。中国社会科学院语言研究所词典编辑室编的《现代汉语词典》（2016 年第 7 版）对文化的阐释是："人类在社会历史发展过程中所创造的物质财富和精神财富的总和，特指精神财富，如文学、艺术、教育、科学等。"这一说法，目前颇有影响。

什么是中国文化呢？中国文化是以中原文化为基础不断深化、发展而成的中国特有文化，主要包括黄河文化和长江文化，其主要特征为源远流长，博大精深。相传，中华文化经历了远古的三皇五帝时代，到中国第一个国家夏朝的建立，发展至今，上下五千年，生生不息，一脉相传，从未间断，其他国家如古埃及、古巴比伦、古印度的文化虽早于我们，但都很短暂，不是消亡了，就是被同化了。博大精深，是说中国文化的历史积蕴很厚，内涵很深，牵涉人类的方方面面，包罗万象。

为什么要学习中国文化呢？因为中国文化源远流长，博大精深，蕴含着中华民族几千年来的无穷智慧和顽强的奋斗精神，是民族、国家之魄，当代文化之根，中华复兴的软实力。同时，中国文化还是我们汉语言文学和写作的源泉。习近平总书记对中国文化十分重视，号召全国人民都来学习。他在主持中央政治局第十二次集体学习时说："提高国家文化软实力，关系'两个一百年'奋斗目标和中华民族伟大复兴中国梦的实现。……要努力展示中华文化独特魅力，……要系统梳理传统文化资源，让收藏在禁宫里的文物、陈列在广阔大地上的遗产、书写在古籍里的文字都活起来。"（《人民日报》2014 年 1 月 1 日）

为让大家能在有限的时间里了解中国文化的概况，掌握其要义，吸收其精华，创造新文化，增强文化自信，行稳致远，为复兴中华做出贡献，本篇努力挖掘中国文化的独特魅力，系统梳理中国文化的资源，并对中国远古文化、中国的思想文化、中国文学、中国教育、中国科技等领域的文化进行简明扼要的介绍。在介绍中，为阅读方便，分为若干专题（章）。这些专题并不是严格的逻辑分类，如"第一章 中国远古文化"和其他各章并非是并列关系。

第一章　中国远古文化

中国远古文化，一般指夏朝建立以前的文化，即三皇五帝时代的文化。那时发生的事件或人物多无法直接考证，往往带有神话色彩，有的甚至很荒诞，但却反映了远古时代我们祖先的生活和顽强奋斗的精神。下面分别对有关三皇时代和五帝时代的一些神话故事做一下介绍。

第一节　三皇时代的故事

一、盘古开天辟地

据说在远古时代，天地还没有分开，宇宙混沌一片，分不清上下左右和东西南北。有一个叫盘古或盘古氏的人类始祖，在这混沌的宇宙中睡了一万八千年。有一天，盘古突然醒了，看到周围漆黑一片，就抡起大斧头，朝眼前的黑暗劈去，只听一声巨响，黑暗的东西渐渐分散开了。缓缓上升的变成了天，慢慢下降的变成了地。可是盘古也累倒了，从此再也没有起来了。他的头变成了盘石高山，四肢化成了擎天之柱，气息形成了风云，声音变成了雷霆，眼睛变成了太阳和月亮，血液变成了江河，毛发肌肉都变成了花草，泪水变成了甘霖雨露滋润着大地。盘古创造了天地，又把一切都献给了天地，让世界变得丰富多彩，成为了最伟大的神。

这个神话故事的内容虽很荒诞，但是能说明一些道理：我们的祖先很早就相信人的力量是伟大的。

二、女娲造人补天

据说，盘古去世以后，天地间一直是空荡荡的，一个人也没有。后来不知道经过了多少年，才出现了一个人类始祖，名叫女娲（wā）或女娲氏。女娲一个人孤独地生活在天地之间，感到太寂寞了，就用黄泥造出了许多活人来，跟她一块儿生活，繁衍着子孙后代。

可是事情非常不妙，正在人类不断地生息繁衍的时候，天地却损坏了。古时候，人们认为天是圆的，地是方的；天所以能覆盖在地的上面，是因为地的四角有四根柱子支撑着它。由于日久天长，风吹日晒雨淋，这四根天柱都糟朽了，天摇摇晃晃，好像要塌下来似的。大地上出现了许多裂缝，裂缝里不断地冒出烈火和臭水来；蓝天上出现了不少漏洞，雨水不断地从这些漏洞里倾泻下来。灾难突然降临到人世间，大地上有的地方燃起熊熊大火，有的地方则是一片汪洋。凶猛的野兽乘机出来伤害人们，凶暴的鸷鸟也乘机从天空俯冲下来，用锋利的钩爪抓走跑不动的老弱妇孺。人类的处境实在是太艰苦太危险了。就在这人类没法安安稳稳地生活下去的时候，人类的始祖女娲出来拯救她的子孙了。她点燃了一堆一堆的芦柴火，来烧炼红、黄、蓝、白、黑五种颜色的石块，用这些石块来修补蓝天的漏洞。她又从大海里捉来一只极大极大的乌龟，斩下大乌龟的四条腿，用来替换已经糟朽的天柱。天上漏下来的雨水过多，这是黑龙造的孽。女娲就把黑龙杀死了。地面冒出来的臭水太多，女娲就用芦柴灰堵塞住冒水的裂缝。经过女娲的这一番努力，蓝天终于补好了，支撑天的四根柱子也巩固了，威胁人类生存的黑龙、猛兽、鸷鸟也都被消灭了。大地上又重新长出了树木和花草，人们又能够安安稳稳地生活了。伟大的女娲不但造了人，并且还从严重的自然灾害中拯救了人类。

女娲造人和补天的神话十分荒诞，但是反映了远古时候人类社会的生活状况。今天，科学家做了不少研究工作，知道人类历史上确实有过一个母系氏族公社时期。在母系氏族公社里，由一个老祖母担任氏族公社的首领，妇女在生产和生活中起重要作用。采集食物、烧制陶器、养老抚幼等工作，主要由妇女来担任。男子主要是外出打猎，生活游移不定。那时候，还没有出现像今天这样的家庭和一夫一妻的婚姻关系，子女只认得自己的母亲，不认得自己的父亲。神话故事把女娲说成是人类的祖先，还是人类的保护人，正是母系氏族公社的反映。

三、燧人钻木取火

在远古时，河南商丘一带是一片森林。在森林中居住的燧（suì）或燧人氏，经常捕食野兽，当击打野兽的石块与山石相碰时往往产生火花。燧人氏从这里受到启发，就以石击石，用产生的火花引燃火绒，生出火来。这种取火法在三十年前的商丘农村还有人在使用。当时，有一位圣人从鸟啄燧木出现火花而受到启示，就折下燧木枝，钻木取火。他把这种方法教给了人们，人类从此学会了人工取火，用火烤制食物、照明、取暖、冶炼等，人类的生活进入了一个新的阶段。人们称这位圣人为燧人氏，奉他为"三皇之首"。

四、人文先祖伏羲

传说在人类文明史中伏羲（xī）或伏羲氏的主要贡献是教会人们织网打鱼、捕获野兽来维持生存。刚开始，人们都把这些东西生着吃。这些生冷的东西，又硬又腥，不好消化，人们得了各种疾病，许多人因体质弱抵抗不了就死去了。后来，伏羲氏就教人们把渔民猎来的鱼虾野兽的鲜肉放在陶器里煮熟了再吃。古时候，由于人们用来捕鱼打猎的工具简陋，所以外出打鱼狩猎往往靠碰运气。运气好的，

伏羲

满载而归，运气不好的只有空手而回。这样，人们有时候可以吃得很饱，而有时候却得饿肚子。于是，伏羲氏就教人们在"大丰收"的时候，不要把所有的猎物都吃掉，而把活着的野兽养起来，以便在打鱼狩猎一无所获时可以不饿肚子。传说，伏羲还发明了"八卦"，作为占卜记事之用。

五、神农勇尝百草

神农或神农氏，他勇尝百草，教民农耕，在传说中是远古时代贡献最大的一个领袖。传说在神农那个时代，人口繁衍得已经很多了。仅仅靠打猎已经填不饱肚子了，氏族中常常有人因分不上食物而生病甚至饿死，人们陷入了极度的苦恼之中。就在这种十分困苦的情况下，伟大的神农出现了。神农看着人们过着这种有了上顿没下顿的生活，心里十分难过，就决心想个办法来保证人类能生存下去。他看着满山遍野茂密的树木和花草，突然灵机一动，人们为什么总是要吃肉，这些树木的果实、茎叶不能吃吗？于是，为了人类的生存，神农决定亲口尝一尝各种野生植物的滋味，以确定哪些能吃、好吃，哪些不能吃或不好吃。他采集了各种各样的果实、种子、根、茎和叶，一样一样地亲口尝。在这过程中，神农发现，有些东西味道甜美，特别好吃；有些东西又苦又涩，难以下咽；有些东西味道尝起来不错，但有毒，吃下去后头昏脑胀，上吐下泻。他把这一切都一一记了下来。伟大的神农克服了种种困难，战胜了种种危险，为人类找到了大量的食物。但他并不满足于这些发现。他看到人们为了采到可口好吃的植物，往往要走很远的路。能不能在家门口自己种植呢？神农通过观察发现，人们吃完扔在地上或自己长熟落在地上的瓜子、果核，到第二年又发出新芽，长出新的瓜蔓和果树。后来他又发现植物的生长和天气、土地有关系。天气暖和的时候，植物发芽长叶，开花结果，天气寒冷的时候，植物落叶枯萎。而且，有些植物喜欢生长在黄土里，有些植物喜欢生长在黑土里；有些植物喜欢干燥的土壤，有些植物喜欢潮湿的土壤。于是他决定利用天气的变化和不同类型的土地，指导人们对植物进行人工培植，这样就能有计划地来收集果实种子作为食物，以补充打猎的不足。自从神农勇尝百草，教民农耕以后，人类的生活就有了保障。而且，随着农业生产技术的日益熟练，生产的农产品越来越多，逐渐有了剩余的产品，于是就出现了交换关系。每到正午，人们就把自己多余的东西拿到集市上去和别人交换自己所没有的东西。"日中为市"的成语就是由此得来的。

伏羲、神农和女娲的传说当然是神话，但是反映了远古时代人类生产和生活发展的进程。我们知道，人类解决居住、食物等问题，是同自然界作斗争，逐步积累经验的结果。这里面包含着一代又一代人的探索、奋斗、失败……在这样的过程中，人们从懂得很少到懂得较多，使生活从很不完善改进得较为完善，最后才取得成功。

相传，春秋战国以后，人们为了宣扬这些部落首领的伟大业绩，追尊他们中一些首领为"皇"。"皇"在这里仅是一种尊号，不是真正的帝王。"三皇"具体指谁呢？说法不一。有的说是指女娲、伏羲、神农；有的说是指燧人、伏羲、神农；有的说是指伏羲、神农、黄帝，等等。但不管具体指谁，他们顽强、创新的精神，永远值得学习，发扬光大。

第二节 五帝时代的故事

一、黄帝战蚩尤

上面我们讲了关于"三皇"的由来。女娲、伏羲、神农反映的是氏族公社时期。后来随着氏族公社的不断扩大和合并，逐渐形成了部落，几个部落又联合起来，成为部落联盟。黄帝是我国古代黄河流域一个很有名的部落联盟的领袖。因为其部落的人崇尚土德，土为黄色，所以就给他起名叫黄帝。又因为他长在姬水，居住在轩辕之丘，于是就以姬为姓，以轩辕为号，所以后世也把黄帝称作轩辕氏。黄帝才智过人，不几年部落强盛了起来。又过了些年，黄帝觉得在姬水一带难以生活下去，便率领本氏族的人，辗转来到了涿鹿（今河北省北部），准备在这里长期居住下去。

涿鹿一带是炎帝的统治势力范围，结果双方为了争地盘在涿鹿附近的阪泉展开了激烈的战斗，最后黄帝打败了炎帝。炎帝同意把两个部落合并，由黄帝担任炎黄部落的首领，他自己担任副首领。这个炎黄部落就是中华民族最早的雏形。后来中国人常称自己是炎黄子孙，就是从这个故事得出来的。

炎黄两个部落合并以后，天下太平，国泰民安，人们过着安居乐业的生活。正当炎黄部落联盟不断发展的时候，在它南边的九黎族打过来了。九黎族的首领叫蚩（chī）尤。他有兄弟81人，个个都是牛头人身，四目六臂，头上生有锐利的双角，他们手持金刀铜斧，强弓大弩，作战勇敢，万夫难抵。

为了使自己的家园不落入他人之手，黄帝决心率领部落人马奋起反击，把侵略者赶出去。于是，在涿鹿两兵相接，一时间烟尘滚滚，打得地动山摇。

刚开始，蚩尤张开大口，喷吐烟雾，顿时浓雾弥天，笼盖四野，天昏地暗。黄帝的兵众迷失了方向，失去了联系。黄帝一见这种情况，急忙把专门掌管大风的风伯召来，让他放出狂风猛吹。但蚩尤吐出的雾气十分浓，风伯吹了三天三夜，雾气依然不散。黄帝的兵众被围困在迷雾中，乱成一团，情况十分危急。

黄帝

这时，聪明的黄帝突然想到，天上的北斗星是固定在一个方向的，于是受到启发，黄帝派人制造了一辆可以用来指明方向的指南车。在一辆双轮木车上，站立着一位手臂前指的仙人，任凭车子东转西走，仙人的手指永远指向南方。正是靠这一伟大发明，黄帝的兵众才辨识了方向，杀出了重围。

蚩尤见黄帝兵众冲出浓雾，大吃一惊。他想趁黄帝兵众还未立住脚，打他一个措手不及。原来这蚩尤有呼风唤雨的本领，他跳到半空中呼啸一声，顿时狂风暴雨大作，地面的水猛涨起来，波浪滔天。黄帝的兵众又陷入洪水之中，在这危急时刻，黄帝召来会收云息雨的旱神——女魃前来助战。女魃身上有极大的热量，每到一处，便可使当地雨收云散，烈日当空。这一下，蚩尤计谋又失败了。

为了彻底打败蚩尤，黄帝派人制作了一面巨大的战鼓，又让人训练了一批凶猛的野兽，决心和蚩尤决一死战。战斗开始了，黄帝擂起战鼓，雷鸣般的鼓声，在战场上空轰响，黄帝军队士气大振，士兵们赶着野兽，高声呐喊着冲向敌人。蚩尤的军队被这震耳的"雷声"和雄壮的队伍吓呆了，一下子乱了阵脚，四处逃奔。混乱中，蚩尤做了俘虏，后来被黄帝杀了。黄帝还把蚩尤的九黎部族全都并入了炎黄部落。从此，黄帝的威望更高了，成了中原地区（指黄河中下游一带）各部落共同拥护的首领。

黄帝大战蚩尤的故事听来有些荒诞，但从中也可看出：远古时期各部落之间是有利害冲突的，并且发生过战争。说明了我们中华民族源远流长，是在人和自然的斗争中，在部族和部族的斗争中，逐渐形成和发展起来的。

二、共工怒触不周山

黄帝和他以后的颛顼（zhuānxū）、帝喾（kù）、尧（yáo）、舜（shùn）这五个部落领袖，被后人称为"五帝"。这里的"帝"也是尊称，不是什么"帝王"。

据传说，颛顼是黄帝的孙子。他为人聪明，懂得许多事情，有智谋，善于管理部族成员，在群众中有很高的威信。颛顼视察过许多地方，北边到过现在的河北一带，南边到过南岭以南，西边到过现在的甘肃一带，东边到过东海中的一些岛屿。古代历史书上描写说，颛顼走到哪里，不仅广大群众热烈欢迎他，甚至连动物也摇动着尾巴，树木也摆动着枝叶，对他表示欢迎。

但是颛顼也办过不讨人喜欢的事情。据说他制定一条法律，规定妇女在路上和男子相遇，必须避让一旁；如果不这样做，这个妇女就得被拉到十字路口痛打一顿。这条法律虽然是传说，但是说明了在颛顼那个时期，妇女的地位已经低于男子，人类已经从母系氏族社会过渡到了父系氏族社会，男子在社会上已经享有更大的权威了。

与颛顼同时，还有一个人，叫作共工或共工氏，本领也很高强。

据说共工姓姜，是炎帝的后代。他聪明，有力气，懂得生产方面的许多事情。他很乐意为公共的利益工作。那个时候，人类主要从事农业生产，共工是神农以后另一个为发展农业生产做出过贡献的人。

共工有一个儿子，名叫后土，也很懂得农业。为了发展农业生产，他们父子二人考察了我国古代九个州（这九个州是冀、兖、青、徐、扬、荆、豫、梁、雍）的土地情况。九个州的广大群众十分欢迎共工和后土,他们尊称后土为社神,也就是土地神;尊称共工为水师,也就是管理水利灌溉的神。

共工和儿子后土考察了九个州的土地情况,认为有的地方地势太高,田地不能用水灌溉,有的地方地势太低,容易被淹,都不利于农业生产。因此,共工制订了一个计划,要把高地削平,低地垫高。他认为挖下高地的土填在低洼的地方,就可以在更多的土地上种上庄稼,就可以发展农业生产。

可是颛顼不同意共工氏这样做,他认为自己在部族中有至高无上的权威,整个部族应当只听从他一个人指挥,不能让共工也来出主意。他用老天爷不同意这样做为理由,阻挠共工做平整土地。为了争夺部族的领导权,颛顼与共工之间发生了一场十分激烈的斗争。

要论力气,共工比颛顼大得多;要论智谋,共工却比不上颛顼。颛顼拼命宣传鬼神迷信,吓唬群众,叫他们不要帮助共工。当时社会生产力很低,人们还很迷信,不少人上了颛顼的当,害怕共工一平整土地,真的会触怒鬼神,引来灾难,他们都站到颛顼那一边去了。然而,共工具有坚强的信念。他认定自己平整土地的主张是正确的,所以决不认输。既然群众受到颛顼的蒙蔽,不了解他,不帮助他,他决定用生命来实现自己的理想。他猛然用自己的脑袋去撞古怪嶙峋、高耸入云的不周山(即现在的昆仑山),想把不周山的峰顶撞下来,填平山边的洼地。

不周山被共工猛然一撞,立即拦腰折断,泥土石块哗啦啦地崩塌下来。顷刻之间,整个天空剧烈地摇晃起来,整个地面剧烈地颠簸起来。原来这不周山是天地之间的支柱,天柱折断了,系着大地的绳子崩断了,大地向东南塌陷,天空向西北倾倒。因为天空向西北倾倒,太阳、月亮和星星就每日里从东边升起,向西边降落;因为大地向东南塌陷,大江大河的水就都奔腾向东,流入东边的大海里去了。共工虽然撞得头痛欲裂、眼冒金星,但是他撞崩了不周山,在我国北方造成了有利于农业生产的大片的平原。共工在与颛顼的斗争中,成了一位令人钦佩的胜利的英雄。

关于共工氏和颛顼争领导权,怒撞不周山的传说,已经流传久远。这个传说说明了我们的祖先想要解答为什么太阳、月亮、星星都是东升西降的,为什么大江大河都是从西向东奔流,为什么华北地区有一片大平原等许多问题。可是他们没有足够的科学知识来回答这些问题,只能以丰富的想象编出像共工撞不周山那样有趣的神话传说来。

至于传说中的共工,或许并非实有其人。但是他那种勇敢、坚强,愿意牺牲自己来改造山河的大无畏精神,是值得我们钦佩的。

三、尧舜禅让

颛顼在位七十八年,到九十一岁的时候去世。帝喾接替了他的地位。帝喾名麦。因为他最初奠基于辛(今陕西省邠阳县附近),故又称为高辛氏。帝喾从十五岁起就辅佐颛顼,即位那年他已经三十多岁。帝喾为人大公无私,能明察善恶。他在位的时候能严格要求自己,所以天下人都很信服他。帝喾在位七十年,到一百零五岁那年去世。他的儿子挚接替了他。挚因为荒淫无度，不修善政，九年以后被废黜，尧被推荐为部落联盟的领袖。

尧姓伊祁，名放勋，号陶唐氏，简称唐尧。古书上说尧很善于治理天下，他命令羲和掌管天地，派羲仲、羲叔、和仲、和叔分别掌管东、南、西、北四方。他还制定了历法，规定一年为三百六十六日，分春、夏、秋、冬四个季节，使农牧业、渔猎业都能根据季节安排生产。

尧从十六岁开始治理天下，在位七十年。到八十六岁那年，他觉得自己年老力衰，想要找一个人来接替他。他向各地发出公告，号召人们推荐贤能的人。过了不久，人们推荐虞舜，说这个小伙子顶好顶好，可以做他的继承人。

据说虞舜姓姚，名重华，冀州（今河北省一带）人。他的爸爸是个瞎子，妈妈早去世了。瞎爸爸又娶了一个妻子，也就是虞舜的后母。后母生了个儿子，取名叫象。象好吃懒做而又非常傲慢，经常在父母面前撒娇，说异母哥哥虞舜的坏话。爸爸很宠爱小儿子象，不喜欢前妻生的大儿子虞舜。老夫妻俩和象常在一块儿密谋，要找机会害死虞舜，好让象一个人继承父母的全部财产。虞舜并不介意。他十分孝顺自己的瞎爸爸，对待后母和异母弟弟象也很好。

唐尧听了人们的介绍，决定先考验考验虞舜，看舜够不够格做他的继承人。尧把自己的两个女儿娥皇和女英都嫁给了虞舜，派虞舜到各地去同群众一起干活。

虞舜结婚以后，带着两个妻子一起去种地干活，仍旧孝顺父母，关心弟弟。虞舜的名气就更大了，大家都说他是个好儿子，好丈夫，好哥哥。

虞舜到历山脚下去种地。本来那里的农民经常为了争夺土地而闹得不可开交，虞舜一去，农民们就互相谦让，你帮我，我帮你，把生产搞得很好。虞舜到雷泽地方去捕鱼。本来那里的渔民经常为了争夺房屋而打得头破血流，虞舜一去，渔民们就互相让房屋，和睦得像一家人。本来陶工干活粗制滥造，陶器的质地粗劣，虞舜一去那里烧制陶器，陶工们就认真工作，制作出来的陶器十分精美。虞舜每到一个地方，人们都紧紧跟随着他。一年，那里就形成一个村落；两年，就形成一个乡镇；三年，就形成一个城市。

虞舜的瞎爸爸和弟弟象听说虞舜得到这么多东西，又起了坏心。瞎爸爸叫虞舜到粮仓顶上去抹顶棚，他在粮仓下面放火，想要烧死虞舜。幸亏这个阴谋早被娥皇和女英识破了，她们叫虞舜带两顶斗笠上仓顶去工作。虞舜看到下面火起，赶快一只手举一顶斗笠，好像张开一对翅膀一样跳了下来，脱离了危险。瞎爸爸和象一计不成，又施一计。过了几天，瞎爸爸叫虞舜去挖井，估计着井挖得很深了，就把泥土石块倒进井里，想活埋虞舜。他们没想到虞舜在底下开了一条斜巷，蹲在里面休息。井填死了，他从斜巷里挖开一个出口，爬出来了。象以为虞舜准死在井底下了，跑到虞舜住的房子里，坐在舜的席上，叮叮咚咚弹起琴来，猛抬头看见虞舜回来了，先是吃了一惊，赶快假惺惺地说："哥呀！我正在想你。你怎么挖井挖半天也不上来，都快把我想死了呀！"虞舜可一点也不责怪弟弟，反而说："好弟弟，你这样关心我，你我真是一父所生的亲兄弟呀！"唐尧听说虞舜这样宽宏大量，对他更加放心了,就把治理天下的大权交给了他,自己带着一班人到各地去视察。虞舜行使了二十年的治理大权,把各种事情办理得井井有条,使天下的人全都十分佩服。这时候唐尧已经一百多岁了,他视察各地回来之后,就把部落联盟领袖的职权全部让给了虞舜,自己退居一旁养老。这在历史上就叫作"尧舜禅让"。

虞舜担任领袖的第八年,尧去世了。他更加勤恳奋发地工作,把天下治理得比尧的时候更好。

舜在晚年也到处巡视。最后一次,他巡视到苍梧地区(今广西壮族自治区东北部和湖南省南部一带),得病死了。他的妻子娥皇和女英非常想念他,常常扶着门前的竹子悲哀地哭泣,她们的眼泪滴在竹子上,凝成了斑斑点点的美丽的花纹。这种有花纹的竹子,后来就被人们称为湘妃竹,其实就是斑竹。

四、大禹治水

传说尧在位的时候,发生过多次特大的洪水。洪水冲垮了房屋,淹没了田地,还淹死了许多人。为了解除群众的疾苦,尧帝将首领们召来,共同商议治理洪水的事情。最后,大家推举一个叫鲧的人来担当这一重任。鲧治水采取的是用石块和泥土筑坝挡水的办法。他指挥人们挑土运石,垒墙筑坝,来阻挡洪水。洪水排不出去,就往上猛涨;鲧见水涨了起来,就又下令继续加高堤坝。结果是堤越高,水越涨,水越涨,堤越高。憋在堤坝中的洪水,犹如囚在笼中的猛兽,只要突破一个缺口,便破笼而出,奔腾咆哮,不可收拾。结果鲧治水9年,弄得劳民伤财,一事无成。尧叫舜去检查鲧的治水工作。舜看到鲧对洪水毫无办法,就把他罢免了,命令鲧的儿子禹继续治理洪水。

禹也是一个非常能干的人,他吃苦耐劳,品德高尚,对事业有一股锲而不舍的精神,他为治水立下了伟大的功勋,后来成为夏朝的第一个君主,所以历史上称他为夏禹或大禹。

禹接受了治水的任务,就开始找众人商量如何治水。有人认为,治水就是要挡,否则就不叫治水。可禹想到自己的父亲不就是因为采取挡的办法,筑堤坝,垒高墙来挡水吗,结果却毫无用处,洪水依旧像猛兽一样,怎么办呢?想到这,禹眼前一亮,这也许是个值得一试的办法。大禹又仔细盘算了一下,感到要疏导洪水,首先必须对地形地势有所了解,从而寻找河源和可以泄导洪水的地方。于是,大禹带着一批忠诚的助手,跋山涉水,顶风冒雨,经历了无数风险,足迹遍及九州大地,就是为了查清地势,探明河道,引水下流。

大禹的妻子是南方涂山地区的一位女子,大禹跟她结婚后只在家待了四天,便忙着治水离家外出了。后来涂山女生了一个儿子,取名叫启。这是大禹留下的名字。大禹临行前对涂山女说,如果我走后你生了孩子,就取名叫"启"。"启",就是启行,是纪念他们婚后几天,大禹为了平治洪水就登程上路的意思。

大禹在治水13年中,曾经三次路过自己的家门口,都没有进去看一看。第一次带人修渠路过自己的家门口,他的儿子刚刚出生,正在呱呱啼哭,他多么想进去看看妻子和刚出生不久的孩子呵!可又一想,前边还有许多事等着他去办,就转过身,头也不回地离开了。大禹治水第二次经过家门口的时候,抱在妻子怀里的儿子已经能够叫爸爸了,他妻子看到他一副疲惫的样子,心疼地让他回家休息休息,大禹对妻子说:"不行啊,洪水还没有治完,被围困在高地、山顶的人们,生命还在受着威胁,救人要紧哪!""那么,你就少住一两天吧。"涂山女说:"你看,你的衣服也该补一补,草鞋也该换一双了。"

"唉,时间宝贵啊!我知道,我不在家你的生活也是很难的。"大禹用带有歉意的口吻说,"但洪水不平,我是不能歇腿的!"

大禹接过孩子亲了亲,又安慰了妻子几句话,便又大步向前走去了。

大禹治水第三次经过家门口的时候,已经十多岁的儿子跑过来叫爸爸,使劲把他往家里拉。大禹爱抚地摸摸儿子的头,叫儿子告诉妈妈,治水的工作很忙,没有空回家,又匆忙地离开了。

大禹三过家门而不入的事传遍了各地,人们听了,非常受感动,治水的信心更足了。

一年、两年、三年……过去了。大禹由南方走到北方,从太阳出的地方跑到太阳落的地方,不顾风吹雨打,不怕艰险劳累,一直率领人们从事治水的艰苦劳动。经过了13年,终于把洪渊填平了,河道疏通了,洪水由高处流入低处,从湖里流到河里,然后流入大海。一块块平原露出水面,人们又重新搬回了陆地,修房盖屋,垦荒种地,养牛牧羊,过上了幸福的生活。

大禹完成了治水的任务后,舜已经很老了,于是他让禹来接替他的位置,自己出游去了,在他百岁时,病逝苍梧山(现湖南省宁远县南)。

舜去世后,大禹正式成为部落联盟的领袖,这就是夏朝的开始。夏朝是我国历史上第一个朝代,大禹是夏朝的第一个国君。

禹去世后,他的儿子启废除了禅让制度,开创了父死子继的世袭制度,当上了国王,原始社会的氏族公社制度被彻底破坏了,私有制正式确立,开始出现了国家的雏形,奴隶社会到来了。因为奴隶社会的农业和手工业有了分工,生产力有了很大的提高,生产有了很大的发展,人们的生活得到很大的改善,同时为文化的繁荣创造了条件,所以说是历史的向前发展。

思考与练习

一、什么叫文化?

二、中国文化的主要特征是什么?

三、三皇五帝常指远古时代哪些首领?他们有哪些优秀的品质值得我们学习和弘扬?

第二章 中国的思想文化

　　中国的思想文化是中国文化构成的核心部分，主要包括世界观、价值观、人生观和方法论。世界观也叫宇宙观，指对世界、人、事物总的看法和基本观点，例如有些人认为世界是物质的，有些人认为世界是意识的，或是上帝创造的。价值观，指对人、事物等所持有的一种看法，是一种内心尺度，决定一个人的行为及态度，例如对信仰、学习、工作、生活等的抉择取舍都受价值观的支配。人生观是指对人生的看法，也就是对于人类生存的目的、价值和意义的看法，例如有些人活着是为国家和人民做贡献，有些人活着是为吃喝玩乐。方法论是指人认识世界、改造世界的方法和理论，世界观主要说明世界"是什么"的问题，方法论主要是说明"怎么办"的问题。"三观一论"是互为一体的，都是在一定条件下形成的，条件变了，也就会发生变化。"三观一论"对人类认识世界和改变世界十分重要，因此我们的祖先早就对此进行了研究探索，并取得了丰硕的成果。

　　中国文化中的思想意识形态，经历了从先秦的阴阳五行、诸子之学到晚清学术思想的发展演变过程，其中既有不断的创新、吸收与变异，也有一以贯之传承延续的特色。在全球化时代，正确地了解有关中国思想文化的知识，辩证地分析评价中国古代思想家及其思想的历史贡献，价值和意义，优长与缺陷，既可以促进文化认同，增强文化自信心和民族自豪感，也有利于提高人文素养，培养理论思维和批判精神。下面对一些影响较大的中国思想文化做一下简要的介绍。

第一节　阴阳五行思想

一、阴阳

　　阴阳学说在夏朝的时候已经形成了，在先秦时期颇为流行。阴阳概念最早见于《易经》，其学说是由当时的阴阳家创立的。阴阳家来源于当时掌管天文历法的官员或士人。《汉书·艺文志》云："阴阳家者流，盖出于羲和之官，敬顺昊天，历象日月星辰，敬授民时，此其所长也。"《老子》《文子》《黄帝四经》《易传》等，都有这一学说的记载和阐释，尤其是《易传》。阴阳学说认为，自然界的任何事物都包括着阴和阳相互对立的两个方面，如日月、男女、动静、合散、刚柔、清浊、寒暑、雄雌、生死等，对立的双方又是相互统一的，阴阳的对立统一运动是自然界一切事物发生、发展、变化及消亡的根本原因。《素问·阴阳应象大论》说："阴阳者天地之道也，万物之纲纪，变化之父母，生杀之本始。"显然，阴阳学说是一种相互的辩证唯物主义思想。

二、五行

五行学说的起源，学界说法不一。五行一词最早见于《尚书·甘誓》，但这里并未详言何为"五行"。因此后人无法定论。《尚书·洪范》则明确水、火、木、金、土为五行。《尚书·洪范》篇完成于西周，可见最迟到西周时，"五行"说已经形成了。五行学说最初是指人们劳动和生活密切相关的金、木、水、火、土五种物质材料，是人们物质生活的基本资源，进而认为整个世界就是由这五种基本物质材料构成的。《左传》襄公二十七年子罕曰："天生五材，民并用之，废一不可。"杜预注"五材"云："金、木、水、火、土。"显然，这是一种朴素的唯物主义思想，有点类似于古希腊恩培多克勒的水、气、火、土"四根说"。

三、阴阳五行

阴阳和五行，两者看似分开的，其实是相辅相成的，密不可分的。阴阳和五行两者是形式和内容的关系。阴阳是通过金、木、水、火、土五行反映出来的，而五行则是阴阳的内容里面的存在形式。可以说，阴阳五行是一种朴素的辩证唯物主义思想，是我国哲学的核心和源泉，是人们认识世界和改造世界的一把金钥匙，一直在影响着人们的日常生活和生产。华夏民族的天文学、气象学、化学、算学、音律学、医药学等都是在阴阳五行学说的基础上发展起来的。例如中医，用此学说来说明病理，为人们看病；历法，用此学说来掌握气候的变化规律，以便人们能更好地进行作物的种植；许多宗教也用此学说来支持其教义。阴阳五行这一伟大的学说是谁创造的呢？说法不一。一般认为是民众在实践中发展出来的，而后由有关官员和士人进行总结编写的。据载，战国末期齐国（今山东济南市章丘区相公庄街道郝庄村）人，著名学者邹衍（约公元前324—前250）对阴阳五行学说颇有研究。他对当时流传的阴阳五行学说进行了收

邹　衍（约公元前324—前250）

集整理，编写了《邹子》和《邹子终始》等书，但已失传。影响最大的著作是我们今天看到的《周易》。《周易》汉代人称为《易经》。《周易》分为经部和传部。经部讲的是64卦，每一卦的卦辞和爻辞，传部讲的是对每一卦或者是对整体易经的解

释和进一步的说明。《周易》书名,解释不一,一般认为"周"指周朝或周公,"易"指万物变化的规律,意思是说《周易》是一部由周朝或周公编写的讲万物变化规律的著作。《庄子·天下》篇说,"《易》以道阴阳",点明了《易》与"阴阳"学说的关系。《周易》是中国古代思想文化宝库中最重要的一部著作,也是古代阴阳五行学说的一个重要成果。尽管岁月流逝,科学突飞猛进,但阴阳五行学说,不仅没有淡出人们的视线,相反,它那些不曾被人们完全理解的深奥的哲理,随着人们认识的升华,越来越彰显在我们的面前。可以说,现代哲学的基本观点和原理,其实都是在证明或阐述阴阳五行学说的科学性。如果没有阴阳五行理论的系统逻辑,那么,现代哲学阐述的基本观点和原理就是一盘散沙。

第二节 诸子百家思想

先秦时代是中国思想非常活跃的时代,在这个时代,人们还处于奴隶社会,很多制度还不成熟,于是便诞生了许多不同的思想,出现了众多的思想流派。他们都拥有着各自的思想学说,最终在中国的历史上留下辉煌的篇章。下面简要地介绍一下诸子百家中影响最大的几家的思想。

一、儒家思想

儒家思想,是先秦诸子百家学说之一,也称儒教或儒学。代表人物为孔子、孟子、荀子,孔子为创始人。孔子,子姓孔氏,名丘,字仲尼,春秋末期鲁国陬邑(今山东曲阜市)人。儒家思想的主要代表作有《论语》《孟子》《荀子》等。其思想体系为仁、义、礼、智、信、勇、恕、诚、忠、悌。其思想主张为互敬互爱、仁而有序、微言大义、重义轻利、格物致知。互敬互信,意思是人与人之间注意和谐的关系,对待长辈要敬重,朋友之间要言而有信,为官者要清廉爱民,做人要有自知之

孔 子(公元前551—前479)

明,尽分内事。仁而有序,意思为在政治上运行"仁政""王道"和"礼制",推行"大同""大统一",遵守君臣、官民的关系。微言大义,意思为在修史时,不单纯记载史事,而且要通过遣词用字的方法,表达自己的思想观点,如孔子编修的《春秋》就体现了这一思想。重义轻利,意思要以"义"为重,而以"利"为轻。格物致知,"格"为推究,"致"为求得,意思是要倡导科学研究工作,了解、总结

事物的原理法则。儒家的思想学说在先秦时期是最有影响的，和墨家的思想学说并称为显学。在秦始皇"焚书坑儒"时，儒学受到了重创。汉武帝时，董仲舒（公元前179年—前104年）改造儒学，把儒家思想与当时的社会需要相结合，并吸收其他学派的理论，创造了一个以儒学为核心的新思想体系，提出"天人感应"（即天能影响人事，预示灾祥，人的行为也能感应上天）、"三纲五常"（三纲即君为臣纲、父为子纲、夫为妻纲；五常即仁、义、礼、智、信）、"大统一"（不仅指国家地域的统一，更多指政治、经济的整齐划一）学说，主张"罢黜百家，独尊儒术"。董仲舒所创造的新的儒家思想被汉武帝采用，后经历代当政者和学者的不断改造、发展，成为中国传统思想，影响长达两千多年。

二、道家思想

道家思想的代表人物主要有老子、列子、庄子，老子为创始人。老子姓李名耳，字聃，一字伯阳，或曰谥伯阳，春秋末期陈国（今河南东部和安徽一带）人，生卒年份不详。道家思想的主要代表作有《老子》（即《道德经》）、《列子》《庄子》。其主要思想是崇尚自然，有辩证法的因素和无神论的倾向。主张清静无为，反对斗争；提倡道法自然，无所不容，无为而治，与自然和谐相处。道家所主张的"道"，是指天地万物的本质及其自然循环的规律。自然界万物处于经常的运动变化之中，道即是其基本法则，道家观点对中国哲学的发展产生了深远的影响。

三、墨家思想

墨子，名翟，春秋末期战国初期宋国人，一说是鲁阳人，一说是滕国人；生卒年份不详；是墨家思想的创始人和代表人物；代表作品为《墨子》。墨家提倡人与人之间平等的相爱（兼爱），反对侵略战争（非攻），推崇节约、反对铺张浪费（节用），重视继承前人的文化财富（明鬼），掌握自然规律（天志）等。墨家学派有前后期之分：前期思想主要涉及社会政治、伦理及认识论问题，关注现世战乱；后期墨家在逻辑学方面有重要贡献，开始向科学研究领域靠拢，创立了以几何学、物理学、光学为突出成就的一整套科学理论。墨家在先秦时影响很大，与儒家并驾齐驱，有"非儒即墨"之称。因为墨家思想独有的政治属性，兼之西汉汉武帝"罢黜百家，独尊儒

墨　子

术"的政策，墨家不断遭到打压，并逐渐失去了生存的现实基础，墨家思想在中国渐渐灭绝；直到清末民初，学者们才从故纸堆中重新挖出墨家，并发现其进步性。

四、法家思想

韩非子

法家思想的代表人物为韩非、李悝、商鞅，韩非为集大成者。韩非叫韩非子，战国末期韩国人，生卒年份不详。法家思想的代表作品为《韩非子》。法家思想始于春秋，经过漫长的发展，到了战国中后期其理论已经成熟，韩非对各流派的理论进行了总结。法家思想在政治理论上主张变法革新，要求加强君权，提倡以"法治"代替"礼治"，积极发展封建经济，鼓励"耕战"，力求做到"富国强兵"，以达到加强和巩固地主阶级专政的目的。在文化教育领域里，法家提出了"以法为教""以吏为师"等有别于其他学派的教育理论。

法家思想这种依法治国的理论，当权者立国时颇受重视，易得采用，一旦国家建立，当权者为了维护自己的统治地位，常常采用儒家的思想，因此，秦始皇统一中国后，法家的思想也就开始式微了。

五、其他家思想

在诸子百家中，思想影响较大的主要有上述四大家。下面一些思想影响也不小，例如：

兵家思想。其代表人物为孙武、吴起、白起，代表作品为《孙子兵法》《吴子》《六韬》，主张通过运用武力、谋略来达成某种目的。

纵横家思想。其代表人物为苏秦、张仪、鲁仲连，代表作品为《鬼谷子》，战国中后期苏秦力主燕、赵、韩、魏、齐、楚合纵以拒秦，张仪则力破合纵，连横六国分别事秦，他们以纵横捭阖之策，游说诸侯。

农家思想。其代表人为许行，代表作为《神农》（可惜早已失传），主张推行耕战政策，奖励发展农业生产，研究农业生产问题。

名家思想。其代表人为惠子、公孙龙，代表作为《公孙龙子》。这一学派偏好辩说理论，典型的命题为"白马非马"和"离坚白"，意思是说白马不等于马，一块石头用眼睛只能感觉其"白"，"坚"和"白"是分离的，彼此孤立的。对名家思想有的认为是形而上的诡辩论，我们认为这是一种朴素辩证的相对论，对人类思维能力的发展与深化有积极的意义。

此外，还有以吕不韦为代表的杂家（代表作品《吕氏春秋》《淮南子》），以虞初为代表的小说家（代表作品《周考》《青史子》《虞初周说》《百家》，可惜前两书已失传）等，不再一一介绍。

第三节　佛教禅宗思想

一、佛教的基本思想

佛教最初产生于公元前6世纪的印度恒河流域。佛，意思是"觉者"，又称如来、应供、正遍知明行足、善逝、世间解、无上士、调御丈夫、天人师、世尊。创始人是释迦牟尼（Sākyamuni，公元前565—前486年），姓乔达摩，名悉达多，释迦牟尼是佛徒对他的尊称，意为释迦族的圣人，释迦牟尼出生于古印度迦毗罗卫国（今尼泊尔南部）国王的家庭。他生活的年代，相当于中国春秋孔子的年代。那时的古印度也处于列国时代，变革动荡，危机四伏，矛盾重重，世间充满苦痛。为解脱世间的苦痛，释迦牟尼创立了佛教。佛教的教义表述较复杂，通俗讲，其世界观是"空"，但"空"不是"无"。意思是说，世间万物（即"相"）都是在一定的条件（即"缘"）下产生的，并都经历成、住、坏、空四个阶段，即形成、发展、衰败、消亡四个阶段，虽然最后都归于"空"，但之前的"相"（事物）还是存在过，不是"无"。其人生观，认为是无常，因果轮回。其价值观认为，人本性贪、痴，应该放下，诸恶莫作，众善奉行。佛教的经书较多，常用的有《金刚经》《大般涅槃经》《法华经》《地藏菩萨本愿经》《圆觉经》《楞伽经》等。

传入中国的密宗佛教，其经书主要有《金刚顶经》（即《金刚经》）和《大日经》两部。前者认为，诸佛所形成的智慧犹如金刚，坚固无比，可以摧破一切烦恼，而不为烦恼所破；后者认为，要成佛，需立志，而且要有救度众生的大悲心，为救度众生可以运用一切方便法门，甚至可以不拘泥于某些戒律。

佛教传入中国的确切年代尚无定论，异说颇多，最广泛的说法是东汉永平十年（公元67年），汉明帝派遣使者至西域广求佛像及经典，并迎请迦叶摩腾、竺法兰等僧至洛阳，在洛阳建立第一座官办寺庙白马寺（该寺为我国寺院的发祥地），并于此寺完成我国最早传译的佛典《四十二章经》。我国的佛教主要有汉传、藏传和南传佛教三大派别。从南北朝开始中国佛教进入兴盛发展阶段。南北朝时佛教已遍布全国，出家、在家佛教徒数量增加很快，北魏《洛阳伽蓝记》记载洛阳城中寺庙鼎盛时达到1367所，而北方的长安僧尼过万，南方的建业（今南京）也有佛寺数百座。隋唐时期是中国佛教鼎盛之时。隋朝皇室崇信佛教，唐朝皇帝崇信道教，但对佛教等其他诸多宗教都采取宽容、保护政策。中国佛学逐步发展成熟。封建社会后期，汉地佛教衰落，戒律废弛，丛林破败，僧人无知，迷信盛行。近代以来，在杨文会等一批佛教界有识之士的带动下，佛教在各个方面得到了一定的发展。抗日战争时期大批爱国僧人如著名佛教社会活动家太虚大师积极支持抗战，为争取道义上和物质上的支持在全世界广为宣传，佛教界还在战地组织了僧侣救护队，为争取祖国自由独立做出了应有贡献。中华人民共和国成立后，汉传佛教界首先与全国人民一道参加了土地改革运动，废除了封建地主所有制及其他各种剥削制度，佛教事业日益发展。1952 年 11 月成立了中国佛教协会筹备处，1953 年（癸巳年）中国佛教协会在北京成立，圆瑛法师当选会长。中国实行改革开放以来，宗教信仰自由政策得到恢复和落实，使中国佛教获得新的发展。藏传佛教主要流行于西藏、云南、四川、青海、新疆、甘肃、内蒙古等省、自治区，藏族、蒙古族、裕固族、门巴族、珞巴族、土族群众普遍信仰。中国南传佛教主要分布于云南省的西双版纳傣族自治州、德宏傣族景颇族自治州。思茅地区、临沧地区、保山地区，傣族、布朗族、阿昌族、佤族的大多数群众信仰南传佛教。

二、禅宗的基本思想

禅宗在中国佛教各派中虽然形成较晚，但是最重要的一个流派。它的开山祖师，是魏晋南北朝时期来中国的南印度菩提达摩（Bodhidharma），实际创立者是六祖慧能（638—713）。禅宗所依经典先是《楞伽经》，后为《金刚经》，《六祖坛经》是其代表。禅宗的"禅"源于梵语 Dhyána，音译为"禅那"，意为"静虑"，即静思之意，禅宗即为倡导通过静思修行的佛教流派。这一流派在佛教释迦牟尼佛"人皆可成佛"基础上，进一步主张"人皆有佛性，透过各自修行，即可获启发而成佛"；后来又提出"顿悟成佛"说，认为修道不见得要读经，也无须出家，世俗活动照样可以正常进行，得道者日常生活与常人无异，只是精神生活不同而已，凡人与佛只在一念之差。禅宗的学说使禅宗别开生面，广为流传，成为中国佛教的主流。

禅宗在中国佛教各宗派中，影响最大，流传时间最长，至今仍延绵不绝。它在中国哲学思想上也有着重要的影响。宋、明理学的代表人物如周敦颐、朱熹、程颢、陆九渊、王守仁都从禅宗中汲取营养。禅宗思想也是近代资产阶级思想家如谭嗣同、章太炎建立他们思想体系的渊源之一。它对外传播亦甚广，8 世纪从唐传至朝鲜，12 世纪末，从宋传入日本。

佛教及禅宗传入中国两千多年来不断发展，已成为中国文化思想的重要组成部分，它丰富了中国传统文化的内涵，既与中国固有的儒家、道家思想互相竞争，又互相补充，互相吸收，一起推动着中国传统文化的发展演变，影响巨大，意义深远。

第四节　理学心学思想

一、理学基本思想

北宋仁宗时期，社会的矛盾激化，政治改革出现了高潮。加强中央集权的力量，强化思想意识形态的统治，重新建立稳定的社会政治秩序，是当时社会亟待解决的问题。当时流传以五经训诂为能事的传统儒学，以崇尚虚空玄远为特色的佛教和道教，都无力承担此重任。当时的知识分子精英，在泛览众家的学说后，创立了以儒学为主，吸收佛道思想的新学说——理学。理学有时也被称为"道学""新儒学"。理学家认为，封建伦理是客观存在的道德法则，就是"天理"，如有违背则应"存天理""灭人欲"。理学的创始人为周敦颐（1017—1073），字茂叔，湖南道县人，谥元，人称"元公"，又因家在濂溪，人称"濂溪先生"。他的代表作有《太极图说》和《通书》两部。但影响最大的是程朱理学。程是指北宋时期的程颢（1032—1085）、程颐（1033—1107）兄弟俩，籍贯河南洛阳；朱指南宋的朱熹（1130—1200），祖籍江西婺源松岩里，出生于福建南剑州尤溪县（今福建尤溪县）。宋代理学有多个学派，其形成以二程兄弟的"洛学"（即洛阳学派）为标志，代表他们思想的著作有后人为他们兄弟俩编辑的《河南程氏遗书》等，今有《二程集》流传。到了南宋时期，二程的学说逐渐成为理学的主流大宗，朱熹继承发展了二程的思想，并集理学之大成，形成了以他为代表的"闽学"（即福建学派），把理学推向了新的高峰。所以后世常以"程朱理学"笼统指称宋代理学。朱熹著述颇丰，后人把它辑为《朱子遗书》《朱子大全集》《朱子语类》

朱　熹（1130—1200）

等。"程朱理学"由于适应当时社会发展的需要，一直到清朝前期，在中国社会主流的思想意识形态领域还占据着主导地位。

二、心学基本思想

程朱理学把"天理"和"人欲"完全对立起来，其流弊便是使得"天理"和实现个人心性需求之间形成了对峙，天理成为一种客观外在的力量对个人主体形成巨大压力，于是出现了试图纠正程朱理学偏见的"心学"。"心学"强调个人的主体地位和价值，在一定程度上突破了程朱理学外在的"理"，对客观主体发展的束缚和压抑。"心学"是宋明理学中的一派，其思想渊源可追溯到先秦孟子的心性学说。其创始人应为与朱熹同时代的陆九渊。陆九渊（1139—1193），字子静，江西抚州人，曾讲学于贵溪象山，号象山居士。陆不喜欢著述，主要是靠讲学传播思想。他认为真正的学问在于做人，堂堂正正做一个大写的人，而不在于读多少书，写多少文

王守仁（1472—1529）

章，注多少经。他的文章和思想资料被后人辑为《象山先生全集》。明代心学家王阳明集朱熹理学和陆九渊心学之大成，把心学推向了新的高峰。王阳明（1472—1529）本名王守仁，字伯安，浙江余姚人，早年筑室阳明洞中，故号阳明先生，后人多以"王阳明"称之。王阳明的"心学"学说，凸显了"心"的作用，其最核心的思想包括"心即理""致良知""知行合一"三方面。意思是说"心"是与生俱来的天性（或说本性），它和"天理"是一致的，因此要加强良知的修行，了解自己的本性，掌控自己的内心，不迷信知识、经验、规则和权威，按照你本性的"知"去做，在做中获得"知"，知行是统一的。这里王阳明强调以"心"为本，认为只有把自己的心修炼强大，才能做到"泰山崩于前，我自岿然不动"。王阳明的心学说兴起后，门徒遍天下，流传逾百年。其代表作有《大学问》《王阳明全集》《传习录》《王文成公全书》等。

明清之间，李贽（1527—1602，今福建泉州市人）、王夫之（1619—1692，今湖南衡阳市人）等一些思想家提出不以孔子是非为是非，主张经世致用，使中国思想界又出现了一次高峰。

近代，西方的民主自由的资产阶级思想传入中国，给中国带来了新气象，并指导中国辛亥革命的展开。五四运动后，马克思主义传入了中国，中国人民终于找到一条争取民族独立的新道路。中国共产党把马克思主义和中国革命实践、优秀传统文化结合起来，不断丰富、发展了马克思主义思想理论，领导中国日益走向繁荣富强，为实现中华民族复兴之伟业踔厉奋发，勇毅前行！

思考与练习

一、思想文化由哪些主要内容构成？组织一次学术讨论会，谈谈人生应怎么度过才有意义。

二、中国古代思想文化影响最大的有哪几大家？对于这些思想文化应持什么态度？

第三章　中国文学

第一节　中国文学的辉煌成就

中国文学是中国文化的重要组成部分。它源远流长，绵延数千年。从先秦到清代，诗歌、散文、小说、戏曲，各种文学样式争奇斗艳；屈原、司马迁、陶渊明、李白、杜甫、苏轼、汤显祖、曹雪芹等一个个文学大师层出不穷，各领风骚，名篇佳作灿若星辰。中国辉煌的文学，撑起了中国文化的一片天，巍然屹立于世界文化之林。

一、诗歌的成就

（一）《诗经》与《楚辞》

1.《诗经》

中国是诗的国度，早在先秦时期就产生了我国第一部诗歌总集《诗经》。《诗经》本称"诗"或"诗三百"，到了汉代被奉为经典，称作《诗经》。《诗经》共收入西周初年至春秋中叶五百多年间的诗歌 305 篇，分为"风""雅""颂"三大部分。"风"属于地方曲调，"雅"属于朝廷的"正乐"，"颂"属于伴舞的祭歌。《诗经》的诗以四言为主，并灵活运用赋（即平铺直叙，铺陈、排比）、比（即类比，比喻）、兴（即托物起兴，相当于现在的象征）三种表现手法，初步形成了民歌创作的艺术传统，其作品大都具有鲜明的时代性和人民性，为后世诗歌的发展奠定了基础。

2.《楚辞》

《诗经》编成约三百年后的战国时期，在我国南方的楚地又兴起了一种新的诗体——楚辞。楚辞是以具有楚国地方特色的乐调、语言、名物而创作的诗赋。它以六言、七言为主，长短不齐，灵活多变，多用语气词"兮"。楚辞在中国文学史上具有特殊的意义，它自觉地使用了积极浪漫主义的创作原则，用丰富的形象思维，大量地采用神话、神巫故事和寓言形式，创造出壮观的境界和奇伟高洁的人格。楚辞的主要创作者是我国历史上著名的爱国诗人屈原。他创作了《离骚》、《九歌》（11 篇）、《天问》、《九章》（9 篇），《离骚》是他的代表作，是一篇自传性的抒情诗，反映了屈原爱国、爱民、不满楚国黑暗腐朽政治的思想情怀。

就创作而言，《诗经》、楚辞是我国诗歌现实主义、浪漫主义优秀传统的两大渊源。楚辞又是一部诗歌总集的名称。汉成帝时，刘向整理古文献，把楚人屈原、宋玉的作品和汉人贾谊、淮南小山、东方朔、王褒等人模拟这种体裁所写的作品汇编成集，共十六卷，名为《楚辞》。汉安帝元年，王逸给刘向汇编的《楚辞》作注时，又加进自己写的一篇《九思》，并命名为《楚辞章句》，共十七卷。《诗经》以《国风》影响最大，《楚辞》以《离骚》影响最大，所以史上把它们合称为"风骚"。这两部诗集，是我国古代诗歌的两大源头，在中国文学史上具有重要的地位。

（二）汉赋、乐府诗、文人五言诗

1. 汉赋

继《诗经》《楚辞》之后，两汉时期，我国又出现了汉赋、乐府诗和文人五言诗。汉赋是中国特有的一种文学样式，韵散结合，半诗半文，兼有散文和韵文的性质，其主要特点是铺陈写物，不歌不诵。按其体裁可分为抒情述志的短赋和以铺陈排比为主要手法的大赋两大类，后类为主流。汉赋气度恢宏，是汉代自强不息的民族性格和乐观时代精神的艺术体现。代表作有张衡的《归田赋》，王粲的《登楼赋》，枚乘的《七发》，司马相如的《子虚赋》《上林赋》，扬雄的《甘泉赋》《羽猎赋》等。

两汉后，著名的赋作还有三国魏曹植的《洛神赋》，唐李白的《大鹏赋》，刘禹锡的《陋室铭》，杜牧的《阿房宫赋》，宋苏东坡的《赤壁赋》，等等。

2. 乐府诗

乐府诗是指朝廷机构乐府搜集、保存而流传下来的诗歌。它真实而深刻地反映了社会的生活和人民的思想感情。其代表作有《孔雀东南飞》《陌上桑》《十五从军征》《江南可采莲》等。其中《孔雀东南飞》是叙事诗发展的高峰，是文学史上现实主义诗歌发展的重要标志。

两汉后，著名的乐府诗还有许多，其中南北朝的《木兰诗》影响最大，它"事奇诗奇"，与《孔雀东南飞》并称为中国诗歌史上的"双璧"，交相辉映，是雄视我国千古诗坛的不朽杰作。

北宋郭茂倩编写的《乐府诗集》，辑录汉魏到唐、五代的乐府歌辞兼及先秦至唐末的歌谣，共五千多首，现存一百卷。

3. 文人五言诗

两汉时期，在乐府民歌和民谣的影响下，还产生和发展了文人五言诗，其中《古诗十九首》是"五言之冠"。文人五言诗多叙离别、相思以及对人生短促的感触，长于抒情，善用比、兴手法，其形式便于抒情和叙事，迅速地为诗坛所接受，成为我国古代诗歌的一种主要形式。汉末魏初，文人诗歌创作进入了"五言腾踊"的大发展时期。汉末建安时期，"三曹"（即曹操、曹丕、曹植）、"七子"（即孔融、陈琳、王粲、徐干、阮瑀、应玚、刘桢），普遍采用五言形式，曹丕还创造了七言诗《燕歌行》，第一次掀起了文人诗歌的高潮。

由于他们的诗具有阳刚气派，风格独特，后世称之为"建安风格"。其代表作有曹操的《短歌行》《蒿里行》《观沧海》，曹丕的《燕歌行》，曹植的《赠白马王彪》，蔡琰的《悲愤诗》《胡笳十八拍》，王粲的《七哀诗》，陈琳的《饮马长城窟行》，刘桢的《赠从弟》，阮籍的《咏怀诗》，嵇康的《幽愤诗》，左思的《咏史》，陶渊明的《饮酒》《归园田居》，等等。

南北朝时，杰出诗人鲍照，发展并确立了七言诗在诗坛的地位。魏晋以来，中国音韵学受印度梵音学的影响，有了进一步的发展，齐梁时，沈约等人提出了诗歌"四声八病"的观点，提倡诗歌创作要讲究平、上、去、入四声韵律，避免平头、上尾、蜂腰、鹤膝、大韵、小韵、旁纽、正纽等八种弊病。"四声八病"说，不但增加了诗歌艺术形式的美感和艺术效果，而且成了我国律诗的开端，经过庾信等人的努力，便具备了后来各体律诗的雏形。

（三）唐诗、宋词、元曲

1. 唐诗

唐初，在上述古体诗的基础上，产生了近体诗，又称今体诗、格律诗。二者最大的不同，是旧体诗在句数、每句的字数、押韵、平仄、句式等的要求不很讲究，而近体诗十分讲究。唐代时诗作空前繁荣，古体诗、近体诗争奇斗艳，成就巨大，影响深远。唐代近三百年的时间，留下了近五万首诗，今天可考的唐诗作者三千七百多人。唐诗大气，内容反映了唐代历史发展的过程，也全面反映了社会各阶层人物的社会状况和精神面貌，我国文学里的现实主义和浪漫主义的传统得到了丰富和发展，李白和杜甫是这一传统两座屹立、并峙的高峰。代表作有李白的《行路难》《蜀道难》《将进酒》《梦游天姥吟留别》，杜甫的《石壕吏》《潼关吏》《新安吏》《无家别》《新婚别》《垂老别》《兵车行》，王勃的《送杜少府之任蜀州》，杨炯的《从军行》，卢照邻的《长安古意》，骆宾王的《在狱咏蝉》，陈子昂的《感遇》38首、《登幽州台歌》，张若虚的《春江花月夜》，孟浩然的《江上思归》《过故人庄》《秋登兰山寄张五》，王维的《渭川田家》《山居秋暝》，王昌龄的《从军行》，高适的《燕歌行》，岑参的《走马川行奉送出师西征》《白雪歌送武判官归京》，韩愈的《汴州乱二首》《南山诗》《八月十五夜赠张功曹》，孟郊的《秋怀》《寒地百姓吟》，白居易的《长恨歌》《琵琶行》，元稹的《乐府古题》19首、《新乐府》12首，张籍的《野老歌》，李绅的《悯农》诗三首，刘禹锡的《竹枝词》，杜牧的《江南春》《山行》，李商隐的《无题》《锦瑟》《夜雨寄北》，等等。

唐代以后，著名的律诗也有很多，例如宋代王禹偁的《感流亡》《泛吴松江》，欧阳修的《食糟民》，梅尧臣的《田家语》《汝坟贫女》《鲁山山行》，苏舜钦的《吴越大旱》《庆州败》，王安石的《河北民》《阴山画虎图》《商鞅》，苏轼的《游金山寺》《题西林壁》，黄庭坚的《子瞻诗句妙一世乃云效庭坚体盖退之戏效孟郊》《雨中登岳阳楼望君山》，陆游的《十一月四日风雨大作》《书愤》《示儿》，杨万里的《小池》《题刘高士看云图》《插秧歌》，范成大的《催租行》《后催租行》《四时田园杂兴六十首》，文天祥的《正气歌》《过零丁洋》；金、元时代元好问的《岐阳三首》《宝严纪行》，刘因的《白沟》《饮山亭雨后》，虞集的《挽文山丞相》；明代高启的《醉歌赠宋仲温》，于谦的《石灰吟》，李梦阳的《秋望》，何景明的《玄明宫行》，李攀龙的《秋登太华山绝顶》，王士贞的《登太白楼》；清顾炎武的《感事》《京口即事》，王夫之的《小楼雨枕》《续哀雨诗》，宋琬的《义虎行》，施润章的《太白祠》，郑燮（郑板桥）的《悍吏》《偶然作》，等等；晚清至五四运动有龚自珍的《己亥杂诗》，魏源的《江南吟》《寰海十章》，康有为的《出都留别诸公》，梁启超的《雷庵行》，谭嗣同的《崆峒》《狱中题壁》，章炳麟的《狱中赠邹容》，秋瑾的《宝刀歌》《同胞苦》，柳亚子的《孤愤》，苏曼殊的《以诗并画留别汤国顿》，等等。

2. 宋词

宋词和唐诗一样，都是中国歌诗百花园中的鲜艳奇葩。据载，词萌芽于隋，兴于唐，盛于宋，是宋文学成熟的主要标志。词原是配乐用的歌辞，后来逐渐脱离音乐成为一种长短句的诗体。它分有豪放派和婉约派。苏轼、辛弃疾等即是豪放派的代表者，柳永、李清照等即是婉约派的代表者。宋词几乎以婉约、含蓄一统天下，充分地体现了中华民族传统美学的特征。代表作有范仲淹的《苏幕遮·碧云天》《渔家傲·塞下秋来风景异》，晏殊的《浣溪沙·一曲新词酒一杯》，柳永的《望海潮·东南形胜》《雨霖铃·寒蝉凄切》，欧阳修的《踏莎行·候馆梅残》，苏轼的《水调歌头·明月几时有》《念奴娇·大江东去》，晏几道的《临江仙·梦后楼台高锁》，秦观的《满庭芳·山抹微云》《鹊桥仙·纤云弄巧》，周邦彦的《苏幕遮·燎沉香》，李清照的《醉花阴·薄雾浓云愁永昼》《渔家傲·天接云涛连晓雾》，张元干的《贺新郎·梦绕神州路》，张孝祥的《六州歌头·长淮望断》，辛弃疾的《水龙吟·登建康赏心亭》《永遇乐·京口北固亭怀古》，陈亮的《念奴娇·登多景楼》，刘过的《沁园春·斗酒彘肩》，刘克庄的《贺新郎·北望神州路》，姜夔的《扬州慢·淮左名都》《踏莎行·燕燕轻盈》，等等。

其他时代的词作也不少，著名的有唐五代的温庭筠《菩萨蛮·小山重叠金明灭》《更漏子·玉炉香》，韦庄的《菩萨蛮·人人都说江南好》，李煜的《相见欢·无言独上西楼》《虞美人·春花秋月何时了》；清朱彝尊的《卖花声·哀柳白门湾》《解佩令·十年磨剑》，纳兰性德的《金缕曲·德也狂生耳》《蝶恋花·辛苦最怜天上月》，等等。

3. 元曲

元曲起源于南宋和金代，盛于元代，分为杂剧和散曲两大类。它和唐诗、宋词鼎足并举，是我国文学史上一座重要的里程碑。诗尚雅正，庄严含蓄；词讲"要眇"，婉转多丽；元曲将传统诗词、民歌和方言俗语糅为一体，形成了诙谐、洒脱、率真的明丽艺术风格，语言体式新颖，别具特色。关汉卿、马致远、白朴、郑光祖是元曲的四大家。元曲的佳作如云，本篇把杂剧放在戏曲部分介绍，这里只介绍散曲。散曲的代表作有关汉卿的《〔南吕〕一枝花·不伏老》《〔般涉调〕耍孩儿·借马》，马致远的《〔越调〕天净沙·秋思》，白朴的《天籁集摭遗》，张养浩的《〔中吕〕山坡羊·潼关怀古》《〔双调〕庆东原·即景》，睢景臣的《〔般涉调〕哨遍·高祖返乡》，张可久的《小山乐府》集，乔吉的《梦符散曲》集，等。今人隋树森校订出版的《全元散曲》收入元人小令3853首，套数457套。

二、散文、小说、戏曲的成就

（一）散文

中国古代把与韵文、骈体文相对的散体文章称为"散文"，即除诗、词、曲、赋之外，不论是文学作品还是非文学作品，都一概称之为"散文"。中国散文历史悠久，可以追溯到三千多年前的殷商时代。在商朝的卜辞中已经出现不少完整的句子。西周青铜器的铭文有的长达三五百字，记录贵族事功、诉讼原委或赏赐情由等。春秋之前，我国产生了第一部散文体著作——《尚书》。"尚书"即上古之书的意思，亦称《书》《书经》，是一部夏商、西周时代的历史文献集，是我国散文的发端。中国是散文的大国，精品名篇如云，所涉内容广泛，以"文以载道"为主流。在中国文学史上，中国散文和中国诗歌一样，都是一座丰碑，占有特别重要的地位。

春秋战国时期，中国古代散文蓬勃发展，出现了许多优秀的散文著作，这就是文学史上所称的"先秦散文"。先秦散文分为历史散文和诸子散文两类。前者偏于叙事，例如《春秋》《左传》《国语》《战国策》等著作；后者偏于说理，例如儒、墨、道、法等学派的文章，其中如《论语》《墨子》《孟子》等是孔丘、墨翟、孟轲的弟子对其师言行的记录，《庄子》《荀子》《韩非子》等则为本人的著作。《孙子（武）兵法》是一部兵家专著，它与语录体的《论语》使中国散文的内容和风格发生了重大变化。

秦代虽时间短暂，但也留下了吕不韦编写的《吕氏春秋》著作和李斯的文章《谏逐客书》。汉兴以后，文学出现了多元发展的局面，散文也有了新发展。主要有政论散文和史传散文。前者如贾谊的《过秦论》、晁错的《论贵粟疏》、王充的《论衡》等，后者如司马迁的《史记》、班固的《汉书》等。此外，还有刘安及门客的《淮南子》。该书内容广泛，被称为我国古代的百科全书。

魏晋南北朝，散文受两汉注重形式美骈文的影响，散文也有其突出的特色。魏晋著名的散文有曹操的《让县自明本志令》《祭故尉乔玄文》，曹丕的《与吴质书》《又与吴质书》《典论·论文》，陆机的《文赋》，诸葛亮的《出师表》，阮籍的《大人先生传》，嵇康的《声无哀乐论》《与山巨源绝交书》，李密的《陈情表》，王羲之的《兰亭集序》，陶渊明的《五柳先生》《桃花源记》；南北朝著名的散文有范晔的《后汉书》，郦道元的《水经注》，杨衒的《洛阳伽蓝记》，颜之推的《颜氏家训》；等等。唐宋散文的创作空前兴盛，是中国古代散文的高峰时代。初唐，著名的散文有骆宾王的《代李敬业传檄天下文》。中唐时，韩愈、柳宗元发起、领导了一场声势浩大的古文运动，使唐代散文的内容和形式都达到更成熟、更完善的境地。著名的散文有韩愈的《原毁》《师说》《进学解》《祭十二郎》，柳宗元的《永州八记》《捕蛇者说》，等等。宋代散文，主要继承韩、柳"文以明道"，强调文章的社会功能，倡导质朴文风。欧阳修发起并领导了声势浩大的诗文革新运动，把古文运动推向了新的高潮。欧阳修和此后的王安石、曾巩、苏轼、苏洵、苏辙都在古文运动中取得了各自的成就，后人将他们与唐代的韩愈、柳宗元合称为"唐宋八大家"。宋代著名的散文有范仲淹的《岳阳楼记》，欧阳修的《与高司谏书》《醉翁亭记》，王安石的《答司马谏议书》《本朝百年无事札子》，司马光的《资治通鉴》，苏洵的《六国论》，苏轼的《石钟山记》，苏辙的《黄州快哉亭记》，朱熹的《诗集传》《楚辞集注》，严羽的《沧浪诗话》，等等。元、明、清延续了唐宋散文的高峰。著名的散文有元代元好问的《续夷坚志》；元、金时代刘因的《孝子田君墓表》；明宋濂的《秦士录》《王冕传》，刘基的《郁离子》《卖柑者言》，李贽的《童心说》，归有光的《项脊轩志》，钟惺的《隐秀轩集》，谭元春的《谭友夏全集》，张岱的《西湖七月半》《湖心亭看雪》，张溥的《五人墓碑记》；清黄宗羲的《原君》《柳敬亭传》，顾炎武的《吴同初行状》，王夫之的《噩梦》，方苞的《狱中杂记》，姚鼐的《登泰山记》，龚自珍的《病梅馆记》，康有为的《强学会序》，梁启超的《少年中国说》，章炳麟的《驳康有为论革命书》《革命军序》，秋瑾的《敬告中国二万万女同胞》，邹容的《革命军》；等等。

（二）小说

中国古代小说辉煌灿烂，但经历了一个漫长的发展过程。先秦之前，中国小说的主要形式是神话传说。它情节简单，有一定个性的人物形象。例如《精卫填海》《女娲补天》《夸父逐日》《共工怒触不周山》《后羿射日》《大禹治水》《黄帝擒蚩尤》等。魏晋南北朝时，中国小说的主要形式是"志人""志怪"小说，被当时合称为笔记小说。志人小说的代表作有晋代葛洪的《西京杂记》，裴启的《语林》；南北朝刘义庆的《世说新语》；等等。其中以刘义庆的《世说新语》成就最高。代表性的志怪小说有晋代干宝的《搜神记》等。现保存下来的志怪小说尚有三十余种。唐代小说的主要形式是"唐传奇"。唐传奇，在内容上鬼神灵异、奇闻逸事走向了现实生活，在艺术上也有很大的创造和提高，是中国古代小说成熟的标志。代表作有王度的《古镜记》、李公佐的《南柯太守传》、沈既济的《枕中记》、蒋防的《霍小玉传》、元稹的《莺莺传》、李朝威的《柳毅传》、白行简的《李娃传》，等等。宋代小说的主要形式是"话本"，也称"话体小说"。话本的出现，是中国小说史上的大变迁。内容描写的对象从封建士子转向平民，语言从文言转向白话，为中国白话短篇和长篇小说奠定了基础。代表作有《碾玉观音》《错斩崔宁》《闹樊楼多情周胜仙》《宋四公大闹禁魂张》《快嘴李翠莲记》等。明代主要的小说形式是"拟话本"，即模仿话本的体制、形式创作的小说。代表作有《玉堂春落难逢夫》《杜十娘怒沉百宝箱》等。明代是白话小说蓬勃发展的时代。著名的作家作品有洪楩的《清平山堂话本》，冯梦龙的"三言"（《喻世明言》《警世通言》《醒世恒言》），凌濛初的"二拍"（《初刻拍案惊奇》《二刻拍案惊奇》），等等。明清时期，出现了章回小说。章回小说的主要特点是分回标目，中间穿插诗词韵文，结尾故设悬念吸引人。这一时期，我国古代小说发展到顶峰，产生了一大批不朽的名著。代表作有罗贯中的《三国演义》、施耐庵的《水浒传》、吴承恩的《西游记》、兰陵笑笑生的《金瓶梅》等"四大奇书"。此外，还有许仲琳编辑的《封神演义》。清代是我国古代长篇小说创作的高潮。代表作有吴敬梓的《儒林外史》、曹雪芹的《红楼梦》、蒲松龄的《聊斋志异》。此外，著名的小说还有纪昀的《阅微草堂笔记》、李汝珍的《镜花缘》、钱彩（撰）和金丰（增订）的《说岳全传》等。晚清时，长篇小说的创作再度出现了繁荣的景象，计有一千种以上，著名的有"晚清四大小说家"，即李伯元的《官场现形记》、吴趼人的《二十年目睹之怪现状》、刘鹗的《老残游记》、曾朴的《孽海花》。

（三）戏曲

中国戏曲是中国文学的重要组成部分，是一种富于艺术魅力的表演形式。它不仅为历代人民群众所喜爱，而且在世界剧坛上也占有独特的位置，与古希腊剧、印度梵剧并称为世界三大古剧。

中国戏曲发端于先秦两汉，酝酿于隋唐，形成于宋，繁荣兴盛于元，发展演变于明清。中国戏曲在漫长的发展过程中，曾先后出现了宋元南戏、元代杂剧、明清传奇、清代花部等四种基本形式。南戏，又有戏文、南曲戏文、温州杂剧、永嘉杂剧等名称，大约产生于北宋末年和南宋初年。元杂剧，也叫北曲杂剧，意在与南曲戏文相区别。元剧使用的曲调全为北曲，比南曲高亢激越。明清传奇，是在南戏的基础上，吸收了北曲杂剧的某些优秀成分而形成的。花部，是指昆山腔以外的各种地方戏曲，取其花杂之义，故也称"乱弹"，是我国戏曲艺术又一次重要变革，内容具有群众性、通俗性，或为历史故事，或为民间传说，为下层人民所喜闻乐见，戏曲艺术也比其他的戏曲更加丰富多彩。

中国戏曲的种类丰富多样，约有三百六十多个种类。比较著名的戏曲种类有京剧、昆曲、越剧、豫剧、粤剧、川剧、秦腔、评剧、晋剧、河北梆子、湘剧、黄梅戏、湖南花鼓戏等。著名的作品有金、元高明的《琵琶记》，关汉卿的《窦娥冤》《救风尘》《望江亭》《单刀会》，白朴的《梧桐雨》，王实甫的《西厢记》《破窑记》《丽春堂》《贩茶船》《芙蓉亭》，马志远的《汉宫秋》《青衫泪》，康进之的《李逵负荆》，纪君祥的《赵氏孤儿》，郑光祖的《倩女离魂》《王粲登楼》；明代沈璟的《红蕖记》，徐渭的《四声猿》，汤显祖的《紫钗记》《牡丹亭》《邯郸记》《南柯记》；清代李玉的《一捧雪》《占花魁》《清忠谱》，吴伟业的《秣陵春》《通天台》，尤侗的《钧天乐》《读离骚》，李渔的《比目鱼》，洪昇的《长生殿》，孔尚任的《桃花扇》；等等。

第二节 中国文学作品鉴赏

一、诗歌作品鉴赏

诗作鉴赏

白云谣
《穆天子传》

白云在天，丘陵自出。
道里悠远，山川间之。
将①子无死，尚能复来。

【说明】

这首诗被认为是最美的离别诗之一。该诗初见于《穆天子传》，相传周穆王与西王母分离时，西王母作此歌并吟唱，抒发她生作死别的绵绵情意。

【注释】

①将（qiāng）：愿，请也。

【译文】

远去的云依然飘荡在天边，远处的山还是巍然屹立。
道路悠远，山重水复。
但愿你长久，还能再来相见。

卫风·木瓜
《诗经》

投我以木瓜，报之以琼琚①。
匪②报也，永以为好也！
投我以木桃，报之以琼瑶。
匪报也，永以为好也！
投我以木李，报之以琼玖。
匪报也，永以为好也！

【说明】

一首赞美爱情或友情的抒情诗。出自《诗经》。

【注释】

①琼琚（jū）：美玉，下"琼瑶""琼玖"同。
②匪：非。

【译文】

你送给我木瓜，我回报你琼琚。不为答谢，唯愿珍重情意永相好。
你送给我木桃，我回报你琼瑶。不为答谢，唯愿珍重情意永相好。
你送给我木李，我回报你琼玖。不为答谢，唯愿珍重情意永相好。

周南·关雎
《诗经》

关关雎鸠①，在河之洲。
窈窕淑女，君子好逑。
参差荇菜②，左右流之。
窈窕淑女，寤寐求之。
求之不得，寤寐思服③。
悠哉悠哉④，辗转反侧。
参差荇菜，左右采之。
窈窕淑女，琴瑟友之。
参差荇菜，左右芼⑤之。
窈窕淑女，钟鼓乐之。

【说明】

该诗描写的是男子见到心爱的女子之后的思念之情。为《诗经》中的首篇，在古代诗歌中具有举足轻重的地位。

【注释】

①关关：雌雄二鸟相互应和的叫声。雎鸠：一种水鸟。

②参差（cēncī）：长短不齐貌。荇菜：水生植物，叶浮在水面，可供食用。

③寤寐（wùmèi）：醒和睡，指日夜。寤，睡醒。寐，入睡。思服：思念。服，想。

④悠哉悠哉：想念呀想念。

⑤芼（mào）：选取，挑选。

【译文】

雎鸠关关鸣叫，在河中小洲上。姑娘美丽文静，君子求她结情侣。

荇菜长短不一，姑娘左右采摘。姑娘美丽文静，朝朝暮暮把她想。

追求难以遂心，日夜渴慕思念。思绵绵恨重重，翻来覆去难成眠。

荇菜长短不一，姑娘左右拾取。姑娘美丽文静，琴瑟传情求交往。

荇菜长短不一，姑娘左右采摘。姑娘美丽文静，钟鼓齐鸣换笑颜。

小雅·鹤鸣

《诗经》

鹤鸣于九皋①，声闻于野。
鱼潜在渊，或在于渚②。
乐彼之园，爰有树檀，其下维萚③。
它山之石，可以为错④。
鹤鸣于九皋，声闻于天。
鱼在于渚，或潜在渊。
乐彼之园，爰有树檀，其下维榖⑤。
它山之石，可以攻玉。

【说明】

该诗是《诗经》中的一篇。今人认为这是一首通篇用借喻的手法，表达招致人才为国所用的主张的诗，亦可称为"招隐诗"。

【注释】

①九：虚数，言沼泽之多。皋：沼泽地。

②渚：水中小洲，此处当指水滩。

③爰（yuán）：于是。萚（tuò）：酸枣一类的灌木。

④错：砺石，可以打磨玉器。

⑤榖（gǔ）：树木名，即楮树。

【译文】

幽幽沼泽仙鹤鸣，声传四野真亮清。深深渊潭游鱼潜，有时浮到渚边停。

园中充满快乐，檀树枝高叶茂，下面杂草凋零。他方山上有佳石，可以用来磨玉英。

幽幽沼泽仙鹤唳，声传天边很整齐。浅浅渚滩游鱼浮，有时潜入渊潭嬉。

园中充满快乐，檀树枝高叶茂，下面楮树枯瘦。他方山上有佳石，可以用来琢玉器。

豳风·七月（节选）

《诗经》

七月流火①，九月授衣②。
春日载阳，有鸣仓庚③。
女执懿筐，遵彼微行，爰求柔桑④。
春日迟迟，采蘩⑤祁祁。
女心伤悲，殆及公子同归。
七月流火，八月萑苇⑥。
蚕月条桑，取彼斧斨⑦，
以伐远扬，猗彼女桑⑧。
七月鸣鵙⑨，八月载绩。
载玄载黄，我朱孔阳，为公子裳。

【说明】

该诗是《诗经·国风》中最长的一

首诗，叙述了农人一年到头无休止的劳动，却最终被贵族剥夺得一干二净的不公平待遇。此处节选第二、三段。

【注释】

①七月流火：每年夏历七月，"大火"星从正中最高位置，偏西向下流落。

②授衣：将裁制冬衣的工作交给女工。九月丝麻等事结束，所以在这时开始做冬衣。

③春日：指二月。载：始。阳：温暖。仓庚：鸟名，就是黄莺。

④懿：深。微行：小径。柔桑：初生的桑叶。

⑤蘩（fán）：菊科植物，白蒿。

⑥萑苇：芦苇。八月萑苇长成，收割下来，可以做箔。

⑦蚕月：指三月。条桑：修剪桑树。斨（qiāng）：方孔的斧头。

⑧猗：通"掎"，牵引。女桑：嫩桑叶。

⑨鵙（jú）：鸟名，即伯劳。

【译文】

七月大火星向西落，九月妇女缝寒衣。春天阳光暖融融，黄莺婉转唱着歌。姑娘提着深竹筐，一路沿着小道走。伸手采摘嫩桑叶，春来日子渐渐长。人来人往采白蒿，姑娘心中好伤悲，害怕要随贵人嫁他乡。

七月大火星向西落，八月要把芦苇割。三月修剪桑树枝，取来锋利的斧头。砍掉高高长枝条，攀着细枝摘嫩桑。七月伯劳声声叫，八月开始把麻织。染丝有黑又有黄，我的红色更鲜亮，献给贵人做衣裳。

周颂·丰年

《诗经》

丰年多黍①多稌②，
亦有高廪③，万亿及秭④。
为酒为醴⑤，烝畀祖妣⑥。
以洽百礼，降福孔皆⑦。

【说明】

这是一首歌颂丰收的诗，出自《诗经》。丰年：丰收之年。

【注释】

①黍：小米。

②稌（tú）：稻。

③廪：粮仓。

④秭（zǐ）：古代指一万亿。

⑤醴（lǐ）：甜酒。

⑥烝：献。畀（bì）：给予。祖妣：男女祖先。

⑦洽：配合。百礼：各种礼仪。孔：很。皆：普遍。

【译文】

丰收年的粮食非常多，谷场边粮仓高耸；入库粮食亿万斛。

酿成美酒造成醅，献在祖先灵位前。

举行祭典很隆重，齐天洪福降万户。

离骚（节选）

屈 原

帝高阳之苗裔兮，朕皇考曰伯庸①。
摄提贞于孟陬②兮，惟庚寅吾以降。
皇览揆余初度兮，肇锡余以嘉名③。
名余曰正则兮，字余曰灵均。
纷④吾既有此内美兮，又重之以修能。
扈江离与辟芷兮⑤，纫秋兰以为佩。
汨余若将不及兮，恐年岁之不吾与⑥。
朝搴阰之木兰兮，夕揽洲之宿莽⑦。

日月忽其不淹⑧兮，春与秋其代序。
惟草木之零落兮，恐美人之迟暮。
不抚壮而弃秽兮，何不改乎此度？
乘骐骥以驰骋兮，来吾道夫先路！

【说明】

该诗是中国古代最长的一首政治抒情诗，节选部分为全诗开篇24行，主要介绍了屈原的身世以及他对生活和祖国的热爱。战国时期楚国屈原作。屈原（约公元前340年或339年—前278年），芈姓，屈氏，名平，字原，又自云名正则，字灵均。出生于楚国丹阳（今湖北宜昌）。楚国被秦灭后，屈原自沉于汨罗江，以身殉国。著有《离骚》《九章》《九歌》《天问》《大招》等。

【注释】

①高阳：楚之远祖。苗裔：远末子孙。皇考：太祖。

②孟陬（zōu）：夏历正月。

③览：观察。揆：揣测。肇：通"兆"，卦兆。锡：通"赐"。

④纷：盛多状。

⑤扈（hù）：披。江离：即江蓠，一种香草。芷：白芷。

⑥汩（gǔ）：水流急的样子，形容流逝的时光。与：等待。

⑦搴（qiān）：摘。阰（pí）：山坡。宿莽：水莽草。

⑧淹：停留。

【译文】

我是古帝高阳氏的子孙，已故的伯庸的儿子。摄提那年正当正月之时，我正是庚寅那天降生。

父亲仔细揣测我的生辰，赐给我相应的美名。父亲把我的名取为正则，同时把我的字叫作灵均。

天赋给我很多良好素质，我加强自己的修养。我把江蓠、芷草披上肩，把秋兰结成索佩挂身旁。

光阴似箭我好像跟不上，时不我待令人心慌。早晨我在山坡采集木兰，傍晚在小洲中摘取宿莽。

时光迅速逝去不能久留，四季更替变化有常。我想到草木已由盛而衰，心中害怕君王逐渐衰老。

何不趁着盛时扬弃秽政，何不改变这些法度？乘上千里马纵横驰骋吧！来，让我在前为你引路！

九歌·国殇

屈　原

操吴戈兮被犀甲，车错毂兮短兵接①。
旌蔽日兮敌若云，矢交坠②兮士争先。
凌余阵兮躐余行，左骖殪兮右刃伤③。
霾两轮兮絷四马，援玉枹兮击鸣鼓④。
天时怼兮威灵怒⑤，严杀尽兮弃原野。
出不入兮往不反，平原忽兮路超远。
带长剑兮挟秦弓，首身离兮心不惩⑥。
诚既勇兮又以武，终刚强兮不可凌。
身既死兮神以灵，魂魄毅兮为鬼雄⑦。

【说明】

《国殇》是追悼阵亡将士的祭歌，出自诗歌集《楚辞·九歌》。《九歌》中的诗歌原为楚国民间祭神的唱词，经屈原改编加工，写成诗歌。殇：原指未成年而死，后泛指死难之人。

【注释】

①被：通"披"，穿着。毂（gǔ）：车轮的中心部分。

②矢交坠：两军相射的箭纷纷坠落在阵地上。

③躐（liè）：践踏。行：行列。殪（yì）：死。

④霾：通"埋"。枹（fú）：鼓槌。鸣鼓：很响亮的鼓。

⑤天时怼（duì）：指上天都怨恨。怼：怨恨。

⑥首身离：身首异处。心不惩：壮心不改，勇气不减。惩：悔恨。

⑦鬼雄：战死了，魂魄不死，即使做了死鬼，也要成为鬼中的豪杰。

【译文】

手执吴戈啊身披犀甲坚，在车毂交错中与敌开战。旌旗蔽日啊敌寇如云，箭雨纷坠啊将士向前。

犯我阵地啊践踏我队伍，左骖死去啊右骖被刀伤。埋定车轮啊拉住战马，拿过玉槌啊擂动鼓点。

天昏地暗啊威严神灵怒，残酷杀尽啊尸首弃原野。

出征不回啊往前不复返，原野茫茫啊去路长漫漫。带上长剑啊操起秦弓，即使尸首分离也不悔恨。

英勇无畏啊武艺真不凡，你永远刚强啊不可凌犯。身已死亡啊精神不朽，你的魂魄啊为鬼中英雄！

孔雀东南飞（节选）
《玉台新咏》

府吏再拜还，长叹空房中，作计①乃尔立。
转头向户里，渐见愁煎迫。
其日牛马嘶，新妇入青庐②。
奄奄黄昏后，寂寂人定初。
我命绝今日，魂去尸长留！
揽裙脱丝履，举身赴清池。
府吏闻此事，心知长别离。
徘徊庭树下，自挂东南枝。
两家求合葬，合葬华山傍。
东西植松柏，左右种梧桐。
枝枝相覆盖，叶叶相交通。
中有双飞鸟，自名为鸳鸯。
仰头相向鸣，夜夜达五更。
行人驻足听，寡妇起彷徨。
多谢后世人，戒③之慎勿忘。

【说明】

《孔雀东南飞》是我国古代文学史上最早的一首长篇叙事诗，描写了焦仲卿和刘兰芝的爱情悲剧，与《木兰诗》合称"乐府双璧"，出自《玉台新咏》。本文是该诗的节选，写焦仲卿和刘兰芝因焦母的作难而双双殉情的故事。

【注释】

①计：指自杀的决定。

②青庐：指举行婚礼时所用的青布帐篷。

③戒：引以为戒。

【译文】

焦仲卿向母亲拜了两拜就回房，在空房里长声叹息，自杀的打算就这样决定了。他把头转向兰芝住过的内房，越来越被悲痛煎熬逼迫。

结婚的那一天牛叫马嘶的时候，刘兰芝走进了行婚礼的青布帐篷，在暗沉沉的黄昏后，一切静悄悄的，人们开始安歇。兰芝自言自语说："我的生命在今天结束了，魂灵要离开了，让这尸体长久地留在人间吧！"她挽起裙子，脱去丝鞋，纵身跳进清水池里。

焦仲卿听到刘兰芝投水自杀这件事，心里知道从此与刘兰芝永远离别了，在庭院里的树下徘徊了一阵，自己就在向着东南的树枝上吊死了。

焦刘两家要求合葬，于是把两个人合葬在华山旁边。在坟墓的东西两旁种上松柏，在坟墓的左右两侧种上梧桐，这些树条条枝丫互相覆盖着，片片叶子互相连接着。树中有一对飞鸟，它们的名字叫作鸳鸯，仰头相互对着叫，天天夜里直叫到五更。走路的人停下脚步听，寡妇听见了，从床上起来，心里很不安定。劝告后世的人，要把这件事作为教训，千万不要忘记啊！

上 邪
《乐府诗集》

上邪！
我欲与君相知，
长命无绝衰①。
山无陵，江水为竭。
冬雷震震，夏雨②雪。
天地合，乃敢与君绝。

【说明】

这是一首情歌，是女主人公忠贞爱情的自誓之词，出自《乐府诗集》。上邪（yé）：天啊。上，指天。邪，表示感叹。

【注释】

①衰（cuī）：衰减、断绝。
②雨（yù）：作动词，下（雪）。

【译文】

上天呀！
我渴望与你相知相惜，长存此心永不退减。
除非巍峨群山消逝不见，除非滔滔江水干涸枯竭。
除非凛凛寒冬雷声翻滚，除非炎炎酷暑白雪纷飞。

除非天地相交聚合连接，直到这样的事情全都发生时，我才敢将对你的情意抛弃决绝！

蒿里行
曹 操

关东有义士①，兴兵讨群凶。
初期会盟津②，乃心在咸阳。
军合力不齐，踌躇而雁行③。
势利使人争，嗣还自相戕④。
淮南弟称号，刻玺⑤于北方。
铠甲生虮虱⑥，万姓以死亡。
白骨露于野，千里无鸡鸣。
生民百遗一，念之断人肠。

【说明】

此诗借乐府旧题，记述了汉末军阀混战的现实，真实、深刻地揭示了人民的苦难。汉末曹操作。曹操（155—220），字孟德，小名阿瞒、吉利，沛国谯县（今安徽省亳州市）人。汉族，曹魏奠基者。中国古代杰出的政治家、军事家、文学家、书法家、诗人。今人辑有《曹操集》。

【注释】

①义士：指起兵讨伐董卓的诸州郡将领。
②盟津：即孟津（今河南省孟津县）。相传周武王伐纣时曾在此大会八百诸侯，此处借指本来期望关东诸将也能像武王伐纣会合的八百诸侯那样同心协力。
③雁行（háng）：飞雁的行列，形容诸军列阵后观望不前的样子。
④还：通"旋"，不久。自相戕（qiāng）：自相残杀。
⑤玺（xǐ）：印，秦以后专指皇帝用的印章。

⑥虮（jǐ）：虱卵。虱（shī）：寄生在人、畜身上的一种小虫，吸食血液，能传染疾病。

【译文】

关东的仗义之士都起兵讨伐那些凶残的人。最初约会各路将领订盟，同心讨伐长安董卓。

讨伐董卓的各路军队会合以后，因为各有自己的打算，力不齐一，互相观望，谁也不肯率先前进。势利二字引起了诸路军的争夺，随后各路军队之间就残杀起来。

袁绍的堂弟袁术在淮南称帝号，袁绍谋立傀儡皇帝在北方刻了皇帝印玺。由于战争连续不断，士兵长期脱不下战衣，铠甲上生满了虮虱，众多的百姓也因连年战乱而大批死亡。

尸骨暴露于野地里无人收埋，千里之内没有人烟，听不到鸡鸣。一百个老百姓当中只不过剩下一个还活着，想到这里令人极度哀伤。

观沧海
曹　操

东临碣石①，以观沧海。
水何澹澹②，山岛竦峙③。
树木丛生，百草丰茂。
秋风萧瑟④，洪波涌起。
日月之行，若出其中。
星汉灿烂，若出其里。
幸甚至哉，歌以咏志⑤。

【说明】

这是一首通过描写大海吞吐日月、包蕴万千的壮丽景象，以及祖国河山的雄伟壮丽，抒发胸怀天下的进取精神的诗。观：欣赏。海：指渤海。

【注释】

①碣（jié）：山名。碣石山，在现在河北省昌黎。

②澹（dàn）澹：水波摇动的样子。

③竦峙（sǒngzhì）：高高地耸立。竦：通"耸"，高。峙：挺立。

④萧瑟（xiāosè）：草木被秋风吹的声音。

⑤咏志：表达心中志。

【译文】

东行登上碣石山，来观赏沧海。

海水宽阔浩荡，山岛高高挺立。

草木一丛一丛，十分繁茂。

秋风吹动树木发出悲凉的声音，巨大的波浪在海中涌起。

太阳和月亮的运行，好像是从这浩瀚的海洋中出发的。

银河星光灿烂，也像是从这浩瀚的海洋中产生出来的。

太高兴了，就用这首诗歌来表达自己内心的志向。

燕歌行
曹　丕

秋风萧瑟天气凉，草木摇落露为霜，群燕辞归鹄①南翔。
念君客游思断肠，慊慊②思归恋故乡，君何淹留③寄他方。
贱妾茕茕④守空房，忧来思君不敢忘，不觉泪下沾衣裳。
援琴鸣弦发清商⑤，短歌微吟不能长。
明月皎皎照我床，星汉西流夜未央。
牵牛织女遥相望，尔独何辜限河梁⑥。

【说明】

这是一首描写妇女秋思闺怨诗。三国魏曹丕作。《燕歌行》，相传为曹丕开创,后人多以此曲调作闺怨诗。燕（yān），北方边地，征戍不绝,所以《燕歌行》多半写离别。曹丕（187—226），字子桓。汉族，沛国谯县（今安徽省亳州市）人。曹操长子。三国时期著名的政治家、文学家，曹魏的开国皇帝。著有《典论》，今存《魏文帝集》。

【注释】

①鹄（hú）：天鹅。一作"群燕辞归雁南翔"。

②慊（qiàn）慊：空虚之感。

③淹留：久留。

④茕（qióng）茕：孤独无依的样子。

⑤清商：乐名，音节短促细微。

⑥河梁：河上的桥，此处指牛郎织女相会所用的鹊桥。

【译文】

秋风萧瑟，天气清冷，草木凋落，白露凝霜。

燕群辞归，天鹅南飞。

思念出外远游的良人啊，我肝肠寸断。思虑重重，怀念故乡。

君为何故，久留他方。

贱妾孤零零地空守闺房，忧愁的时候思念君子啊，我不能忘怀。

不知不觉中泪珠下落，打湿了我的衣裳。

拿过古琴，拨弄琴弦却发出丝丝哀怨。短歌轻吟，似续还断。

那皎洁的月光啊照着我的空床，星河沉沉向西流，忧心不寐夜漫长。

牵牛织女啊远远地互相观望，你们有什么罪过，被天河阻挡。

白马篇

曹 植

白马饰金羁，连翩①西北驰。
借问谁家子，幽并②游侠儿。
少小去乡邑，扬声沙漠垂。
宿昔秉良弓，楛矢③何参差。
控弦破左的，右发摧月支。
仰手接飞猱④，俯身散马蹄。
狡捷过猴猿，勇剽若豹螭⑤。
边城多警急，虏骑数迁移。
羽檄从北来，厉马⑥登高堤。
长驱蹈匈奴，左顾凌鲜卑。
弃身锋刃端，性命安可怀？
父母且不顾，何言子与妻！
名编壮士籍，不得中顾私。
捐躯赴国难，视死忽如归！

【说明】

这首诗描写和歌颂了边疆地区一位武艺高强又富有爱国精神的青年英雄，借以抒发作者的报国之志。三国魏曹植作。曹植（192—232），字子建。汉族，沛国谯县（今安徽省亳州市）人，生于东郡甄城（今山东甄城，一说莘县）。曹操第三子。三国时期著名文学家。今存《曹子建集》，为宋人所编。

【注释】

①连翩：接连不断，此处表示轻捷迅急。

②幽并：幽州和并州。

③楛（hù）矢：用楛木做成的箭。

④猱（náo）：猿类，善攀缘，上下如飞。

⑤剽（piāo）：行动轻捷。螭（chī）：传说中如龙的猛兽。

⑥厉马：奋马，策马。

【译文】

骑白马向西北驰去，马佩戴着金色的马具。这是谁家的孩子，边塞的游侠好儿男。

年纪轻轻就离开家乡，到边塞显身手建立功勋。楛木弓箭不离身，苦练一身武艺。

拉开弓如满月左右射击，一箭箭正中靶心。飞骑射中"长臂猿"，转身又去射"马蹄"。

灵巧敏捷赛猿猴，勇猛剽悍如豹螭。听说边境军情急，敌军一次次进犯内地。

北方战报传来，游侠儿催战马跃上高堤。随大军先捣匈奴巢穴，再扫鲜卑敌骑。

上战场面对刀山剑阵，生死置之度外。不能孝顺服侍父母，也不能顾念妻儿。

姓名一上战士名册，个人私利早已抛诸身外。为国家奋勇献身，就要有视死如归的魄力。

七步诗

曹　植

煮豆持①作羹②，漉③菽④以为汁。
萁⑤在釜⑥下燃⑦，豆在釜中泣⑧。
本⑨自同根生，相煎⑩何⑪太急？

【说明】

据《世说新语·文学》记载，曹植哥哥曹丕做皇帝后，担心弟弟曹植和他争夺皇位，于是命令曹植在走七步的短时间内要做一首诗，做不成就杀头，结果曹植应声咏出这首《七步诗》。诗通过燃萁煮豆这一日常现象，控诉曹丕对自己的迫害。此诗纯以比兴的手法出之，语言浅显，是寓意明畅，毋庸多加阐释，只须于个别词句略加疏通，意自明。诗人取譬之妙，用语之巧，而且在刹那间脱口而出，实在令人叹为观止。"本是同根生，相煎何太急"二语，千百年来已成人们劝诫避免兄弟阋墙、自相残杀的普遍用语，说明此诗在人民中流传极广。但对此诗的真假向来为人所争议。作者三国魏曹植（192—232），曹操之子。

【注释】

①持：用来。

②羹：用肉或菜做成糊状的食物。

③漉：过滤。

④菽（豉）：豆。这句话的意思是说把豆子的残渣过滤出去，留下豆汁作羹。

⑤萁：豆类植物脱粒后留下的茎。

⑥釜：锅。

⑦燃：燃烧。

⑧泣：小声哭。

⑨本：原本，原来。

⑩煎：煎熬，这里指迫害。

⑪何：何必。

【译文】

煮豆来做豆羹，想把豆子的残渣过滤出去，留下豆汁来作羹。豆秸在锅底下燃烧，豆子在锅里面哭泣。豆秸和豆子本来是同一条根上生长出来的，豆秸怎能这样急迫地煎熬豆子呢？

迢迢牵牛星

《古诗十九首》

迢迢①牵牛星，皎皎河汉女。
纤纤擢②素手，札札弄机杼③。
终日不成章，泣涕零如雨。
河汉清且浅，相去复几许。
盈盈一水间④，脉脉⑤不得语。

【说明】

这首诗描绘了一幅凄惨的爱情画面，选自南朝梁萧统编《昭明文选》收录的《古诗十九首》。作者不详。《古诗十九首》是乐府古诗文人化的显著标志，为南朝萧统从传世无名氏《古诗》中选录十九首编入《昭明文选》而成。《古诗十九首》所抒发的是人生最基本、最普遍的几种情感和思绪，令古往今来的读者常读常新。

【注释】

①迢（tiáo）迢：遥远。

②擢（zhuó）：引、抽，伸出的意思。

③札（zhá）札：拟声词。杼（zhù）：织机的梭子。

④间（jiàn）：相隔。

⑤脉（mò）脉：默默地用眼神或行动表达情意。

【译文】

看那遥远的牵牛星，明亮的织女星。

织女伸出细长而白皙的手，摆弄着织机，发出札札的织布声。

一整天也没织成一段布，哭泣的眼泪如同下雨般零落。

这银河看起来又清又浅，两岸相隔又有多远呢？

虽然只隔一条清澈的河流，但他们只能含情凝视，却无法用语言交谈。

敕勒歌

《乐府诗集》

敕勒川，阴山①下。

天似穹庐②，笼盖四野③。

天苍苍，野茫茫。

风吹草低见④牛羊。

【说明】

这是一首歌咏北国草原壮丽富饶的风光，抒写敕勒人热爱家乡热爱生活之豪情的作品，选自《乐府诗集》，是一首南北朝时期的北朝民歌。关于其作者，目前并没有统一的说法。敕勒（chìlè）：族名，北齐时居住在朔州（今山西省北部）一带。

【注释】

①阴山：在今内蒙古自治区北部。

②穹庐（qiónglú）：用毡布搭成的帐篷，即蒙古包。

③四野：草原的四面八方。

④见（xiàn）：通"现"，显露。

【译文】

辽阔的敕勒平原，就在千里阴山下。

天空仿佛圆顶帐篷，广阔无边，笼罩着四面的原野。

天空蓝蓝的，原野辽阔无边。

风吹过，牧草低伏，隐没于草丛中的牛羊显露出来。

归园田居（其三）

陶渊明

种豆南山①下，草盛豆苗稀。

晨兴理荒秽②，带月荷③锄归。

道狭草木长④，夕露沾我衣。

衣沾不足⑤惜，但使愿无违。

【说明】

这是一首描写辞官隐居后田园生活的诗作，语言朴素平易。东晋末期南朝宋陶渊明作。陶渊明（352或365—427），字元亮，又名潜，世称靖节先生、五柳先生。浔阳柴桑（今江西九江市西南方向）人。诗人、辞赋家，开田园诗一体，为古典诗歌开辟了新的境界。

著有诗125首，文12篇，被后人辑为《陶渊明集》。

【注释】

①南山：指庐山。

②兴：起床。荒秽（huì）：指田中杂草。

③荷（hè）：扛着。

④长（zhǎng）：生长。

⑤足：值得。

【译文】

在南山下种豆，杂草丛生而豆苗却稀少。

早晨起来到地里清除杂草，傍晚顶着月色扛着锄头回家。

道路狭窄草木丛生，晚上的露水打湿了衣服。

衣服湿了并不可惜，只要不违背自己的意思就足够了。

渡青草湖

阴 铿

洞庭春溜满，平湖锦帆张。
沅水①桃花色，湘流杜若香。
穴去茅山近，江连巫峡长。
带天澄迥碧，映日动浮光。
行舟逗②远树，度鸟息危樯。
滔滔不可测，一苇讵③能航？

【说明】

这是一首描写渡青草湖所见的春天的浩渺风光的诗作。青草湖：古五湖之一，亦名巴丘湖，在今湖南省岳阳市西南，和洞庭湖相连。阴铿作。阴铿（511—563），汉族，武威姑臧（今甘肃武威）人。南朝梁陈间诗人，文学家，与何逊并称"阴何"。阴铿原有文集3卷，今存有《阴常侍集》《六朝诗集》（又名《阴常侍诗集》）。

【注释】

①沅水：即沅江，发源于贵州省，经湖南省入洞庭湖。

②逗：停留。

③讵（jù）：岂，怎。

【译文】

春天，洞庭湖中的水满溢起来，平静的湖面，就像张开的锦帆一般。

到处都是鲜花盛开，沅水是桃花的颜色，湘江有杜若的香味。

句曲山的华阳洞有神仙的传说，长江的巫峡有神女的故事。

天空高远澄澈，不见边际，太阳的浮光摇曳，映出美丽的景色。

有船在远处的树木旁边停留，飞鸟在高高的桅杆上休息。

湖面辽阔，望不到边际，人力如何能够横渡？

长歌行

《乐府诗集》

青青园中葵①，朝露待日晞②。
阳春布德泽③，万物生光辉。
常恐秋节至，焜黄华叶衰④。
百川东到海，何时复西归？
少壮不努力，老大徒伤悲。

【说明】

《长歌行》是劝诫世人惜时奋进的名篇，是一首汉代乐府诗，出自《乐府诗集》，作者不详。

【注释】

①葵：中国古代一种重要的蔬菜，并非指葵花。

②晞（xī）：干。

③布：布施，给予。德泽：恩惠。

④焜（kūn）黄：形容草木凋落枯黄的样子。华（huā）：通"花"。衰（cuī）：衰败。

【译文】

园中的葵菜郁郁葱葱，晶莹的朝露阳光下飞升。

春天把希望洒满了大地，万物都呈现出一派繁荣。

常恐那肃杀的秋天来到，树叶儿黄落百草也凋零。

百川奔腾着东流到大海，何时才能重新返回西境？

少年郎如果不及时努力，到老来只能是悔恨一生。

猛虎行

陆 机

渴不饮盗泉①水，热不息恶木阴。

恶木岂无枝？志士多苦心。

整驾肃时命，杖策②将远寻。

饥食猛虎窟，寒栖野雀林。

日归功未建，时往岁载阴③。

崇云临岸骇④，鸣条随风吟。

静言幽谷底，长啸高山岑⑤。

急弦无懦响，亮节难为音。

人生诚未易，曷云开此衿？

眷我耿介怀，俯仰愧古今⑥。

【说明】

这是一首赞美游子洁身自好、不做非礼之事的诗。西晋陆机作。陆机（261—303），字士衡，世称"陆平原"。吴郡吴县（江苏苏州）人。西晋文学家、书法家，以《文赋》著称于世，今曾出版过《陆机集》。

【注释】

①盗泉：水名，在今山东省境内。传说孔子经过盗泉，虽然口渴，但因为厌恶它的名字，没有喝这里的水。

②杖策：拿着鞭子，指驱马而行。

③岁载阴：岁暮，此处指时光已经逝去。

④骇：起。

⑤岑：山顶。

⑥古今：此处是偏义词，指古人。

【译文】

口渴也不饮盗泉水，热也不在丑陋的树木下歇息。丑陋的树木也有枝，志士却多苦心。

志士整理马车恭敬地遵奉君主之命，驱马将要远行。时势所迫，饥不择食，寒不择栖。

时光已经逝去，而功业却还未建立。高耸的云朵接岸而起，树木的枝条随风鸣叫。

在幽谷底深思，在高山顶感慨悲伤。乐器绷紧了弦发不出缓弱的声音，而节操高尚的人就犹如这急弦，谈论问题常常直言不讳，常常不为君王所喜，不为世俗所容，得不到认可。

人生处世不容易，如何拓宽我的胸襟呢？眷顾我耿直的情怀，与古人相比真是惭愧。

木兰诗

《乐府诗集》

唧唧①复唧唧，木兰当户②织。不闻机杼声③，唯④闻女叹息。问女何⑤所思，问女何所忆⑥。女亦无所思，女亦无所忆。昨夜见军帖⑦，可汗⑧大点兵。军书十二卷⑨，卷卷有爷⑩名。阿爷无大儿，木兰无长兄，愿为市鞍马⑪，从此替爷征。东市买骏马，西市买鞍鞯⑫，南市买辔头⑬，北市买长鞭。旦辞⑭爷娘去，暮宿黄河边，不闻爷娘唤女声，但闻黄河流水鸣溅溅⑮。旦⑯辞黄河去，暮至黑山头，不闻爷娘唤女声，但闻⑰燕山胡骑⑱鸣啾啾⑲。万里赴戎机⑳，关山度若飞㉑。朔气传金柝㉒，寒光照铁衣㉓。将军百战死，壮士十年归。归来见天子㉔，天子坐明堂㉕。策勋十二转㉖，赏赐百千强㉗。可汗问所欲㉘，木兰不用㉙尚书郎㉚，愿驰千里足㉛，送儿还故乡。爷娘闻女来，出郭㉜相扶㉝将㉞；阿姊㉟闻妹来，当户理㊱红妆㊲；小弟闻姊来，磨刀霍霍㊳向猪羊。开我东阁门，坐我西阁床。脱我战时袍，著㊴我旧时裳。当窗理云鬓㊵，对镜帖花黄㊶。出门看火伴㊷，火伴皆惊忙：同行㊸十二年，不知木兰是女郎。雄兔脚扑朔，雌兔眼迷离㊹；双兔傍地走，安能辨我是雄雌㊺？

【说明】

《木兰诗》又称《木兰辞》，是中国南北朝时期北方的一篇乐府诗，选自宋代郭茂倩编的《乐府诗集》。记述木兰女扮男装，代父从军，征战沙场，凯旋回朝，建功受封，辞官还家的故事，充满传奇色彩。诗中塑造的木兰形象既富有传奇色彩，又真切动人。故事情节叙述详略得当，用比喻结尾耐人寻味。它与两汉的乐府诗《孔雀东南飞》并称为中国诗歌史上的"双璧"。作者佚失。

【注释】

①唧唧：纺织机的声音。
②当户：对着门。
③机杼声：织布机发出的声音。机：指织布机。杼：织布梭（suō）子。
④唯：只。
⑤何：什么。
⑥忆：思念，惦记。
⑦军帖：征兵的文书。
⑧可汗：古代西北地区民族对君主的称呼。
⑨军书十二卷：征兵的名册很多卷。十二，表示很多，不是确指。下文的"十二转""十二年"，用法与此相同。
⑩爷：和下文的"阿爷"一样，都指父亲。
⑪愿为市鞍马：为，为此。市，买。鞍马，泛指马和马具。
⑫鞯：马鞍下的垫子。
⑬辔头：驾驭牲口用的嚼子、笼头和缰绳。
⑭辞：离开，辞行。
⑮溅溅：水流激射的声音。
⑯旦：早晨。
⑰但闻：只听见。
⑱胡骑：胡人的战马。胡，古代对北方少数民族的称呼。
⑲啾啾：马叫的声音。
⑳万里赴戎机：不远万里，奔赴战场。戎机：指战争。
㉑关山度若飞：像飞一样地跨过一道道的关，越过一座座的山。度，越过。
㉒朔气传金柝：北方的寒气传送着打更的声音。朔，北方。金柝，即刁斗，古代军中用的一种铁锅，白天用来做饭，晚上用来报更。
㉓寒光照铁衣：冰冷的月光照在将士们的铠甲上。
㉔天子：皇上。
㉕明堂：明亮的厅堂，此处指宫殿。

㉖策勋十二转：记很大的功。策勋，记功。转，勋级每升一级叫一转，十二转为最高的勋级。

㉗赏赐百千强：赏赐很多的财物。百千，形容数量多。强，有余。

㉘问所欲：问（木兰）想要什么。

㉙不用：不愿意做。

㉚尚书郎：尚书省的官。尚书省是古代朝廷中管理国家政事的机关。

㉛愿驰千里足：希望骑上千里马。

㉜郭：外城。

㉝扶：扶持。

㉞将：助词，不译。

㉟姊：姐姐。

㊱理：梳理。

㊲红妆：指女子的艳丽装束。

㊳霍霍：模拟磨刀的声音。

㊴著：通假字通"着"，穿。

㊵云鬓：像云那样的鬓发，形容好看的头发。

㊶帖花黄：帖，通假字，通"贴"。花黄，古代妇女的一种面部装饰物。

㊷火：通"伙"。古时一起打仗的人用同一个锅吃饭，后意译为同行人。

㊸行：读 háng。

㊹雄兔脚扑朔，雌兔眼迷离：据说，提着兔子的耳朵悬在半空时，雄兔两只前脚时时动弹，雌兔两只眼睛时常眯着，所以容易辨认。扑朔，爬搔。迷离，眯着眼。

㊺双兔傍地走，安能辨我是雄雌：两只兔子贴着地面跑，怎能辨别哪个是雄兔，哪个是雌兔呢？傍地走：贴着地面并排跑。

【译文】

织布机声一声接着一声，木兰姑娘当门织布。织机停下来不再作响，只听见姑娘在叹息。

问姑娘在想什么，问姑娘在惦记什么。我没有在想什么，也没有在惦记什么。昨夜看见征兵的文书，知道君王在大规模征募兵士，那么多卷征兵文书，每卷上都有父亲的名字。父亲没有长大成人的儿子，木兰没有兄长，木兰愿意去买来马鞍和马匹，从此替父亲去出征。

到各地集市买骏马，马鞍和鞍下的垫子，马嚼子和缰绳，马鞭。早上辞别父母上路，晚上宿营在黄河边，听不见父母呼唤女儿的声音，但能听到黄河汹涌奔流的声音。早上辞别黄河上路，晚上到达黑山（燕山）脚下，听不见父母呼唤女儿的声音，但能听到燕山胡兵战马啾啾的鸣叫声。

行军万里奔赴战场作战，翻越关隘和山岭就像飞过去一样快。北方的寒风中传来打更声，清冷的月光映照着战士们的铠甲。将士们经过无数次出生入死的战斗，有些牺牲了，有的十年之后得胜而归。

归来朝见天子，天子坐上殿堂（论功行赏）。记功木兰最高一等，得到的赏赐千百金以上。天子问木兰有什么要求，木兰不愿做尚书省的官，希望骑上一匹千里马，送我回故乡。

父母听说女儿回来了，互相搀扶着出城（迎接木兰）。姐姐听说妹妹回来了，对门梳妆打扮起来。小弟弟听说姐姐回来了，霍霍地磨刀杀猪宰羊。打开我闺房东面的门，坐在我闺房西面的床上，脱去我打仗时穿的战袍，穿上我姑娘时的衣裳，当着窗子整理像云一样柔美的鬓发，对着镜子在额上贴好花黄。出门去见同营的伙伴，伙伴们都很吃惊，同行数年之久，竟然不知道木兰是女孩子。

雄兔两只脚时常动弹，雌兔两只眼时常眯着（所以容易辨别）。雄雌两只兔子一起并排着跑时，怎能辨别出哪只是雄兔，哪只是雌兔？

将进酒

李 白

君不见黄河之水天上来，奔流到海不复回。

君不见高堂明镜悲白发，朝如青丝暮成雪。

人生得意①须尽欢，莫使金樽空对月。

天生我材必有用，千金散尽还复来。

烹羊宰牛且为乐，会须②一饮三百杯。

岑夫子，丹丘生③，将进酒，杯莫停。

与君歌一曲，请君为我倾耳听。

钟鼓馔玉④不足贵，但愿长醉不复醒。

古来圣贤皆寂寞，惟有饮者留其名。

陈王⑤昔时宴平乐，斗酒十千恣欢谑⑥。

主人何为言少钱，径须沽取对君酌。

五花马、千金裘，呼儿将出⑦换美酒，与尔同销万古愁。

【说明】

这首诗抒发了作者对怀才不遇的感叹，既表露出乐观、通达的情怀，也流露了人生几何当及时行乐的消极情绪，全诗洋溢着豪情逸兴。将（qiāng）：请。唐代李白作。李白（701—762），字太白，号青莲居士。汉族，生于吉尔吉斯斯坦碎叶城，长于四川绵阳江油，祖籍陇西成纪（今甘肃静宁西南）。唐代浪漫主义诗人，被后人誉为"诗仙"，与杜甫并称为"李杜"。李白存世诗文千余篇，有《李太白集》传世。

【注释】

①得意：指心情愉快，有兴致。

②会须：应该。

③岑夫子，丹丘生：李白的朋友岑勋、元丹丘。

④馔（zhuàn）玉：形容食物珍美如玉。

⑤陈王：指三国时魏诗人曹植。

⑥恣欢谑（xuè）：尽情寻欢作乐。

⑦将（qiāng）出：拿出。

【译文】

你难道看不见那黄河之水从天上奔腾而来，波涛翻滚直奔东海，再也没有回来。

你没见那年迈的父母，对着明镜感叹自己的白发，年轻时的满头青丝如今已是雪白一片。

人生得意之时就应当纵情欢乐，不要让这金杯无酒空对明月。

每个人的出生都一定有自己的价值和意义，黄金千两一挥而尽，它也还是能够再得来。

我们烹羊宰牛姑且作乐，今天痛快地饮三百杯也不为多！

岑夫子和丹丘生啊，请快喝酒吧，不要停下来。

让我来为你们高歌一曲，请你们为

我倾耳细听：

整天吃山珍海味的豪华生活有何珍贵，只希望醉生梦死而不愿清醒。

自古以来圣贤无不是冷落寂寞的，只有那会喝酒的人才能够流传美名。

陈王曹植当年宴设平乐观的事迹你可知道，斗酒万千也豪饮，让宾主尽情欢乐。

主人呀，你为何说我的钱不多？只管买酒来让我们一起痛饮。

那些名贵的五花良马，昂贵的千金狐裘，把你的小儿喊出来，都让他拿去换美酒吧！

让我们一起来消除这无穷无尽的忧愁！

登金陵凤凰台

李 白

凤凰台上凤凰游，凤去台空江自流。
吴宫花草埋幽径，晋代衣冠①成古丘。
三山半落青天外，二水②中分白鹭洲③。
总为浮云能蔽日④，长安⑤不见使人愁。

【说明】

这是一首怀古抒情之作，以登临凤凰台时的所见所感而起兴唱叹，把天荒地老的历史变迁与悠远飘忽的传说故事结合起来抒志言情，用以表达深沉的历史感喟与清醒的现实思索。唐代李白作。

【注释】

①衣冠：指的是东晋文学家郭璞的衣冠冢，借指士大夫、官绅。

②二水：秦淮河流经南京后，西入长江，被横截其间的白鹭洲分为二支。一作"一水"。

③白鹭洲：古代长江中的沙洲，洲上多集白鹭，故名。

④浮云能蔽日：喻奸邪当道，正义不彰。

⑤长安：指代朝廷和皇帝。

【译文】

凤凰台上曾经有凤凰来这里游憩，而今凤凰已经飞走了，只留下这座空台，伴着江水，仍径自东流不息。

当年华丽的吴王宫殿及其中的千花百草，如今都已埋没在荒凉幽僻的小径中，晋代的达官显贵们，就算曾经有过辉煌的功业，如今也长眠于古坟里了，早已化为一抔黄土。

我站在台上，看着远处的三山，依然耸立在青天之外，白鹭洲把秦淮河隔成两条水道。

天上的浮云随风飘荡，有时把太阳遮住，使我看不见长安城，不禁感到非常忧愁。

月下独酌（其一）

李 白

花间一壶酒，独酌无相亲。
举杯邀明月，对影成三人①。
月既不解饮②，影徒随我身。
暂伴月将③影，行乐须及④春。
我歌月徘徊，我舞影零乱。
醒时相交欢⑤，醉后各分散。
永结无情游⑥，相期邈云汉⑦。

【说明】

这首诗描写了诗人在月夜下独酌，无人亲近的冷落情景。唐代李白作。独酌：一个人饮酒。

【注释】

①三人：指明月、我和我的影子三者；另一种说法是月下人影、酒中人影和我三者。

②既：已经。不解饮：不会喝酒。

③将：和。

④及：趁着。

⑤交欢：一起欢乐。

⑥无情游：忘却世情的交流。

⑦邈（miǎo）：遥远。云汉：银河。

【译文】

提一壶美酒摆在花丛间，自斟自酌无友无亲。举杯邀请明月，对着身影成为三人。

明月不会喝酒，身影也只是随着我身。暂时和它们结成酒伴，抓紧春光及时行乐。

我唱歌明月徘徊，我起舞身影零乱。醒时一起欢乐，醉后各自分散。

我愿与它们永远结下忘却世情的友谊，相约在缥缈的银河边。

夜宿山寺

李 白

危楼①高百尺，手可摘星辰②。
不敢高声语③，恐④惊⑤天上人。

【说明】

该诗用拟人和夸张的艺术手法，描写楼之高。宿：住，过夜。唐代李白作。

【注释】

①危楼：高楼，这里指山顶的寺庙。危：高。百尺：虚指，不是实数，这里形容楼很高。

②星辰：天上的星星统称。

③语：说话。

④恐：唯恐，害怕。

⑤惊：惊动。

【译文】

山上寺院的高楼真高啊，好像有一百尺的样子，人在楼上好像一伸手就可以摘下天上的星星。

站在这里，我不敢大声说话，唯恐（害怕）惊动天上的神仙。

石壕吏

杜 甫

暮①投②石壕村，有吏③夜④捉人。
老翁逾⑤墙走⑥，老妇出门看。
吏呼⑦一何⑧怒⑨！妇啼⑩一何苦⑪！
听妇前⑫致⑬词⑭：三男邺城⑮戍⑯。
一男附书至⑰，二男新⑱战死。
存⑲者且偷生⑳，死者长已矣㉑！
室中㉒更无人㉓，唯㉔有乳下孙㉕。
有孙母未㉖去㉗，出入无完裙㉘。
老妪㉙力虽衰㉚，请从吏夜归㉛。
急应㉜河阳㉝役，犹得㉟备㊱晨炊㊲。
夜久㊳语声绝㊴，如㊵闻㊶泣幽咽㊷。
天明㊸登前途㊹，独㊺与老翁别。

【说明】

该诗是一首杰出的现实主义的叙事诗。它以"耳闻"为线索，按时间为顺序，叙述夜间差役抓人的经过。语言朴实，随着内容的变化而多次转韵，形成忧愤深广、波澜老成、一唱三叹、高低抑扬的韵致，感人至深。石壕：今河南三门峡市东南。唐代杜甫作。杜甫（712—770），字子美，自号少陵野老。出生于河南巩县，原籍湖北襄阳。唐代现实主义诗人。杜甫的诗歌影响深远，被后人称为"诗史"，他被称为"诗圣"，与李白并称为"李杜"。杜甫约有

1500首诗歌被保留下来，大多集于《杜工部集》。

【注释】

①暮：在傍晚。

②投：投宿。

③吏：官吏，低级官员，这里指抓壮丁的差役。

④夜：时间名词作状语，在夜里。

⑤逾：(yú) 越过，翻过。

⑥走：跑，这里指逃跑。

⑦呼：诉说，叫喊。

⑧一何：何其、多么。

⑨怒：恼怒，凶猛，粗暴，这里指凶狠。

⑩啼：哭啼

⑪苦：凄苦。

⑫前：上前，向前。

⑬致：对……说。

⑭前致词：指老妇走上前去（对差役）说话。

⑮邺城：即相州，在今河南安阳。

⑯戍（shù）：防守，这里指服役。

⑰附书至：捎信回来。书，书信。至，回来。

⑱新：最近，刚刚。

⑲存：活着，生存着。

⑳且偷生：姑且活一天算一天。且：姑且，暂且。偷生：苟且活着。

㉑长已矣：永远完了。已：停止，这里引申为完结。

㉒室中：家中。

㉓更无人：再没有别的（男）人了。更：再。

㉔唯：只，仅。

㉕乳下孙：正在吃奶的孙子。

㉖未：还没有。

㉗去：离开，这里指改嫁。

㉘完裙：完整的衣服。

㉙老妪（yù）：老妇人。

㉚衰：弱。

㉛请从吏夜归：请让我和你晚上一起回去。请：请求。从：跟从，跟随。

㉜应：响应。

㉝河阳：今河南省洛阳市吉利区（原河南省孟县），当时唐王朝官兵与叛军在此对峙。

㉞急应河阳役：赶快到河阳去服役。

㉟犹得：还能够。得：能够。

㊱备：准备。

㊲晨炊：早饭。

㊳夜久：夜深了。

㊴绝：断绝，停止。

㊵如：好像，仿佛。

㊶闻：听。

㊷泣幽咽：低微断续的哭声。有泪无声为"泣"，哭声哽塞低沉为"咽"。

㊸明：天亮之后。

㊹登前途：踏上前行的路。登：踏上。前途：前行的路。

㊺独：唯独，只有。

【译文】

傍晚我投宿石壕村，有差役夜里来强征兵。老翁越墙逃走，老妇出门查看。

差役吼得是多么凶狠啊！老妇人是啼哭得多么可怜啊！我听到老妇上前说，我的三个儿子去邺城服役。

其中一个儿子捎信回来，说两个儿子刚刚战死了。活着的人姑且活一天算一天，死去的人就永远不会复生了！

家里再也没有其他的人了，只有个

正在吃奶的孙子。因为有孙子在，他母亲还没有离去，进进出出都没有一件完整的衣服。

老妇虽然年老力衰，但请让我跟从你连夜赶回营去。赶快到河阳去应征，还能够为部队准备早餐。

夜深了，说话的声音消失了，隐隐约约听到低微断续的哭声。天亮临走的时候，只同那个老翁告别（老妇已经被抓去服役了）。

春　望
杜　甫

国①破②山河在，城③春草木深④。
感时⑤花溅泪⑥，恨别⑦鸟惊心。
烽火⑧连三月，家书抵⑨万金。
白头⑩搔⑪更短，浑⑫欲⑬不胜⑭簪⑮。

【说明】

该诗写于唐代安史之乱，运用拟人、互文等修辞手法，把作者当时面对国家衰亡的无奈感慨和绵绵愁绪表现出来。唐代杜甫作。

【注释】

①国：国都，指长安（今陕西西安）。
②破：陷落。
③城：长安城。
④草木深：草木茂密。
⑤感时：为国家的时局而感伤。
⑥溅泪：流泪。
⑦恨别：怅恨离别。
⑧烽火：古时边防报警的烟火，这里指安史之乱的战火。
⑨抵：值，相当。
⑩白头：这里指白头发。
⑪搔：用手指轻轻地抓。
⑫浑：简直。
⑬欲：想，要，就要。
⑭不胜：无法，不能。
⑮簪：一种束发的首饰。古代男子蓄长发，成年后束发于头顶，用簪子横插住，以免散开。

【译文】

长安沦陷，国家破碎，只有山河依旧；春天来了，人烟稀少的长安城里草木茂密。感伤时，连花儿也为之涕泪四溅；诀别时连鸟儿也为之心惊。

连绵的战火已经延续了三个月了，家书难得，一封抵得上万两黄金。愁绪缠绕，搔头思考，白发越搔越短，简直快无法插簪了。

琵琶行
白居易

浔阳江①头夜送客，枫叶荻花秋瑟瑟②。
主人③下马客在船，举酒欲饮无管弦。
醉不成欢惨将别，别时茫茫江浸月。
忽闻水上琵琶声，主人忘归客不发。
寻声暗问弹者谁，琵琶声停欲语迟。
移船相近邀相见，添酒回灯④重⑤开宴。
千呼万唤始出来，犹抱琵琶半遮面。
转轴拨弦三两声，未成曲调先有情。
弦弦掩抑⑥声声思⑦，似诉平生不得志。
低眉信手⑧续续弹⑨，说尽心中无限事。
轻拢⑩慢捻抹⑪复挑⑫，初为《霓裳⑬》后《六幺⑭》。
大弦⑮嘈嘈⑯如急雨，小弦⑰切切⑱如私语。
嘈嘈切切错杂弹，大珠小珠落玉盘。
间关⑲莺语花底滑，幽咽⑳泉流冰下难㉑。
冰泉冷涩弦凝绝㉒，凝绝不通声暂歇。
别有幽愁暗恨生，此时无声胜有声。
银瓶乍破水浆迸㉓，铁骑突出刀枪鸣。

曲终㉔收拨㉕当心画㉖，四弦一声如裂帛。
东船西舫㉗悄无言，唯见江心秋月白。
沉吟放拨插弦中，整顿衣裳起敛容㉘。
自言本是京城女，家在虾蟆陵㉙下住。
十三学得琵琶成，名属教坊㉚第一部。
曲罢曾教善才㉛服，妆成每被秋娘㉜妒。
五陵㉝年少争缠头㉞，一曲红绡㉟不知数。
钿头银篦㊱击节㊲碎，血色罗裙翻酒污。
今年欢笑复明年，秋月春风等闲㊳度。
弟走从军阿姨死，暮去朝来颜色故㊴。
门前冷落鞍马稀，老大嫁作商人妇。
商人重利轻别离，前月浮梁㊵买茶去。
去来㊶江口守空船，绕船月明江水寒。
夜深忽梦少年事，梦啼妆泪㊷红阑干㊸。
我闻琵琶已叹息，又闻此语重㊹唧唧㊺。
同是天涯沦落人，相逢何必曾相识！
我从去年辞帝京，谪居卧病浔阳城。
浔阳地僻无音乐，终岁不闻丝竹声。
住近湓江地低湿，黄芦苦竹绕宅生。
其间旦暮闻何物？杜鹃啼血猿哀鸣。
春江花朝秋月夜，往往取酒还独倾。
岂无山歌与村笛？呕哑嘲哳㊻难为听。
今夜闻君琵琶语㊼，如听仙乐耳暂明。
莫辞更坐弹一曲，为君翻作《琵琶行》。
感我此言良久立，却坐㊽促弦㊾弦转急。
凄凄不似向前声㊿，满座重闻皆掩泣㉛。
座中泣下谁最多？江州司马青衫㉜湿。

【说明】

该诗通过对琵琶女不幸人生的叙述及其琵琶生动弹奏的描写，抒发了作者仕途失意的孤独寂寞的心情，具有很强的现实性和感染力。"同是天涯沦落人，相逢何必曾相识"是这首诗的诗眼。唐代白居易作。白居易（772—846），字乐天，晚年又号香山居士。河南新郑（今河南郑州新郑市）人，祖籍山西太原。做过官员，现实主义诗人，主张"文章合为时而著，歌诗合为事而作"。他一生作诗很多，以讽喻诗最为有名，语言通俗易懂，被称为"老妪能解"，有《白氏长庆集》传世。

【注释】

①浔阳江：据考究，为流经浔阳城中的湓水，即今九江市中的龙开河（1997年被人工填埋），经湓浦口注入长江。

②瑟瑟：形容枫树、芦荻被秋风吹动的声音。

③主人：诗人自指。

④回灯：重新拨亮灯光。

⑤重：再。

⑥掩抑：掩蔽，遏抑。

⑦思：悲，伤。

⑧信手：随手。

⑨续续弹：连续弹奏。

⑩拢：左手手指按弦向里（琵琶的中部）推。

⑪捻抹：揉弦的动作。抹：向左拨弦，也称为"弹"。

⑫挑：反手回拨的动作。

⑬霓裳：即《霓裳羽衣曲》，本为西域乐舞，唐开元年间西凉节度使杨敬述依曲创声后流入中原。

⑭六幺：大曲名，又叫《乐世》《绿腰》《录要》，为歌舞曲。

⑮大弦：指最粗的弦。

⑯嘈嘈：声音沉重抑扬。

⑰小弦：指最细的弦。

⑱切切：细促轻幽，急切细碎。

⑲间关：莺语流滑叫"间关"。鸟

鸣声。

⑳幽咽：遏塞不畅状。

㉑冰下难：泉流冰下阻塞难通，形容乐声由流畅变为冷涩。

㉒凝绝：凝滞。

㉓迸：溅射。

㉔曲终：乐曲结束。

㉕拨：弹奏弦乐时所用的拨工具。

㉖当心画：用拨子在琵琶的中部划过四弦，是一曲结束时经常用到的右手手法。

㉗舫：船。

㉘敛容：收敛（深思时悲愤深怨的）面部表情。

㉙虾蟆陵：在长安城东南，曲江附近，是当时有名的游乐地区。

㉚教坊：唐代官办管领音乐杂技、教练歌舞的机关。

㉛善才：艺术大师。

㉜秋娘：唐时歌舞妓常用的名字。

㉝五陵：在长安城外，汉代五个皇帝的陵墓。

㉞缠头：用锦帛之类的财物送给歌舞妓女。

㉟绡：精细轻美的丝织品。

㊱钿头银篦：此指镶嵌着花钿的篦形发饰。

㊲击节：打拍子。

㊳等闲：随便。

㊴颜色故：容貌衰老。

㊵浮梁：古县名，唐属饶州，在今江西省景德镇市，盛产茶叶。

㊶去来：走了以后。

㊷梦啼妆泪：梦中啼哭，匀过脂粉的脸上带着泪痕。

㊸阑干：纵横散乱的样子。

㊹重：重新，重又之意。

㊺唧唧：叹声。

㊻呕哑嘲哳：形容声音噪杂。

㊼琵琶语：琵琶声，琵琶所弹奏的乐曲。

㊽却坐：退回到原处。

㊾促弦：把弦拧得更紧。

㊿向前声：刚才奏过的单调。

(51)掩泣：掩面哭泣。

(52)青衫：唐朝八品、九品文官的服色。白居易当时的官阶是将侍郎，从九品，所以服青衫。

【译文】

秋夜我到浔阳江头送一位归客，冷风吹着枫叶和芦花秋声瑟瑟。我和客人下马在船上饯别设宴，举起酒杯要饮却无助兴的音乐。酒喝得不痛快更伤心将要分别，临别时夜茫茫江水倒映着明月。

忽闻得江面上传来琵琶清脆声；我忘却了回归，客人也不想动身。寻着声源探问弹琵琶的是何人。琵琶停了许久却迟迟没有动静。我们移船靠近邀请她出来相见；叫下人添酒回灯重新摆起酒宴。

千呼万唤她才缓缓地走出来，怀里还抱着琵琶半遮着脸面。转紧琴轴拨动琴弦试弹了几声；尚未成曲调那形态就非常有情。弦弦凄楚悲切声音隐含着沉思；似乎在诉说着她平生的不得志。她低着头随手连续地弹个不停；用琴声把心中无限的往事说尽。轻轻地拢，慢慢地捻，一会儿抹，一会儿挑。

初弹《霓裳羽衣曲》接着再弹《六幺》。大弦浑宏悠长嘈嘈如暴风骤雨；

小弦和缓幽细切切如有人私语。嘈嘈声切切声互为交错地弹奏；就像大珠小珠一串串掉落玉盘。

琵琶声一会儿像花底下婉转流畅的鸟鸣声，一会儿又像水在冰下流动受阻艰涩低沉、呜咽断续的声音。好像水泉冷涩琵琶声开始凝结，凝结而不通畅声音渐渐地中断。

像另有一种愁思幽恨暗暗滋生；此时闷闷无声却比有声更动人。突然间好像银瓶撞破水浆四溅；又好像铁甲骑兵厮杀刀枪齐鸣。一曲终了她对准琴弦中心划拨；四弦一声轰鸣好像撕裂了布帛。东船西舫的人都静悄悄地聆听；只见江心之中映着白白秋月影。

她沉吟着收起拨片插在琴弦中；整顿衣裳依然显出庄重的颜容。她说我原是京城负有盛名的歌女；老家住在长安城东南的虾蟆陵。弹奏琵琶技艺十三岁就已学成；教坊乐团第一队中列有我姓名。每曲弹罢都令艺术大师们叹服；每次妆成都被同行歌妓们嫉妒。京都豪富子弟争先恐后来献彩；弹完一曲收来的红绡不知其数。钿头银篦打节拍常常断裂粉碎；红色罗裙被酒渍染污也不后悔。年复一年都在欢笑打闹中度过；秋去春来美好的时光随便消磨。兄弟从军老鸨死家道已经破败；暮去朝来我也渐渐地年老色衰。门前车马减少光顾者落落稀稀；青春已逝我只得嫁给商人为妻。商人重利不重情常常轻易别离；上个月他去浮梁做茶叶的生意。他去了留下我在江口孤守空船；秋月与我作伴绕舱的秋水凄寒。更深夜阑常梦少年时作乐狂欢；梦中哭醒涕泪纵横污损了粉颜。

我听琵琶的悲泣早已摇头叹息；又听到她这番诉说更叫我悲凄。我们俩同是天涯沦落的可悲人；今日相逢何必问是否曾经相识！自从去年我离开繁华长安京城；被贬居住在浔阳江畔常常卧病。浔阳这地方荒凉偏僻没有音乐；一年到头听不到管弦的乐器声。住在湓江这个低洼潮湿的地方；第宅周围黄芦和苦竹缭绕丛生。在这里早晚能听到的是什么呢？尽是杜鹃猿猴那些悲凄的哀鸣。春江花朝秋江月夜那样好光景；也无可奈何常常取酒独酌独饮。难道这里就没有山歌和村笛吗？只是那音调嘶哑粗涩实在难听。今晚我听你弹奏琵琶诉说衷情，就像听到仙乐眼也亮来耳也明。请你不要推辞坐下来再弹一曲；我要为你创作一首新诗《琵琶行》。被我的话所感动她站立了好久；回身坐下再转紧琴弦拨出急声。凄凄切切不再像刚才那种声音；在座的人重听都掩面哭泣不停。要问在座之中谁流的眼泪最多？我江州司马泪水湿透青衫衣襟！

赋得古原草送别

白居易

离离①原上草，一岁一枯荣。
野火烧不尽，春风吹又生。
远芳侵古道②，晴翠③接荒城。
又送王孙④去，萋萋满别情。

【说明】

该诗通过对古原上野草的描绘，抒发送别友人时的依依惜别之情，是白居易的成名之作。赋得：借古人诗句或成语命题作诗，诗题前一般都冠以"赋得"二字。

【注释】

①离离：青草茂盛的样子。

②芳：指野草那浓郁的香气。侵：侵占，长满。

③晴翠：草原明丽翠绿。

④王孙：本指贵族后代，此指远方的友人。

【译文】

长长的原上草是多么茂盛，每年秋冬枯黄春来草色浓。

无情的野火只能烧掉干叶，春风吹来大地又是绿茸茸。

野草野花蔓延着淹没古道，艳阳下草地尽头是你的征程。

我又一次送走知心的好友，茂密的青草代表我的深情。

卖炭翁

白居易

卖炭翁，伐①薪②烧炭南山③中。

满面尘灰烟火色④，两鬓苍苍⑤十指黑。

卖炭得⑥钱何所营⑦？身上衣裳口中食。

可怜⑧身上衣正单，心忧炭贱愿⑨天寒。

夜来城外一尺雪，晓⑩驾炭车辗⑪冰辙⑫。

牛困⑬人饥日已高，市⑭南门外泥中歇。

翩翩⑮两骑⑯来是谁？黄衣使者白衫儿⑰。

手把⑱文书口称⑲敕⑳，回㉑车叱㉒牛牵向北㉓。

一车炭，千余斤㉔，宫使驱㉕将㉖惜不得㉗。

半匹红纱一丈绫㉘，系㉙向牛头充炭直㉚。

【说明】

这首诗具有深刻的思想性，艺术上也很有特色，千百年来万口传诵。诗人以"卖炭得钱何所营，身上衣裳口中食"两句展现了几乎濒于生活绝境的老翁所能有的唯一希望。这是全诗的诗眼。其他一切描写，都集中于这个诗眼。在表现手法上，则灵活地运用了陪衬和反衬。以两鬓苍苍突出年迈，以"满面尘灰烟火色"突出"伐薪、烧炭"的艰辛，再以荒凉险恶的南山作陪衬，卖炭翁的命运就更激起了人们的同情。而这一切，正反衬出老翁希望之火的炽烈：卖炭得钱，买衣买食。老翁"衣正单"，再以夜来的"一尺雪"和路上的"冰辙"作陪衬，使人更感到老翁的可怜。而这一切，反衬了老翁希望之火的炽烈：天寒炭贵，可以多换些衣和食。接下去，"牛困人饥"和"翩翩两骑"，反衬出劳动者与统治者境遇的悬殊；"一车炭，千余斤"和"半匹红纱一丈绫"，反衬出"宫市"掠夺的残酷。而就全诗来说，前面表现希望之火的炽烈，正是为了反衬后面希望化为泡影的可悲可痛。《卖炭翁》此篇是《新乐府》中的第32首，题注云："苦宫市也。"宫市，指唐代皇宫里需要物品，就去市场上拿，随便给点钱，实际上是公开掠夺。唐德宗时用太监专管其事。唐代白居易作。

【注释】

①伐：砍伐。

②薪：柴

③南山：城南之山。

④烟火色：烟熏色的脸。此处突出卖炭翁的辛劳。

⑤苍苍：灰白色，形容鬓发花白。

⑥得：得到。

⑦何所营：做什么用。营，经营，这里指需求。

⑧可怜：使人怜悯。

⑨愿：希望。

⑩晓：天亮。

⑪辗（niǎn）：同"碾"，压。

⑫辙：车轮滚过地面辗出的痕迹。

⑬困：困倦，疲乏。

⑭市：长安有贸易专区，称市，市周围有墙有门。

⑮翩翩：轻快洒脱的情状。这里形容得意忘形的样子。

⑯骑（jì）：骑马的人。

⑰黄衣使者白衫儿：黄衣使者，指皇宫内的太监。白衫儿，指太监手下的爪牙。

⑱把：拿。

⑲称：说。

⑳敕（chì）：皇帝的命令或诏书。

㉑回：调转。

㉒叱：喝斥。

㉓牵向北：指牵向宫中。

㉔千余斤：不是实指，形容很多。

㉕驱：赶着走。

㉖将：语助词。

㉗惜不得：舍不得。得，能够。惜，舍。

㉘半匹红纱一丈绫：唐代商务交易，绢帛等丝织品可以代货币使用。当时钱贵绢贱，半匹纱和一丈绫，比一车炭的价值相差很远。这是官方用贱价强夺民财。

㉙系：绑扎。这里是挂的意思。

㉚直：通"值"，指价格。

【译文】

有位卖炭的老翁，整年在南山里砍柴烧炭。

他满脸灰尘，显出被烟熏的颜色，两鬓头发灰白，十个手指也被炭烧得很黑。

卖炭得到的钱用来干什么？买身上穿的衣裳和嘴里吃的食物。

可怜他身上只穿着单薄的衣服，心里却担心炭卖不出去，还希望天更寒冷。

夜里城外下了一尺厚的大雪，清晨，老翁驾着炭车碾轧冰冻的车轮印往集市上赶去。

牛累了，人饿了，但太阳已经升得很高了，他们就在集市南门外泥泞中歇息。

那得意忘形的骑着两匹马的人是谁啊？是皇宫的太监和太监的手下。

太监手里拿着文书，嘴里却说是皇帝的命令，吆喝着牛朝皇宫拉去。

一车的炭，一千多斤，太监差役们硬是要赶着走，老翁是百般不舍，但又无可奈何。

那些人把半匹红纱和一丈绫，朝牛头上一挂，就充当炭的价钱了。

离 思（其四）

元 稹

曾经①沧海难为②水，
除却③巫山不是云。
取次④花丛⑤懒回顾，
半缘⑥修道⑦半缘君⑧。

【说明】

此为悼念亡妻韦丛之作。诗人运用

索物以托情的比兴手法，以"曾经沧海难为水，除却巫山不是云"精警的诗句，赞美了夫妻之间的恩爱，表达了对韦丛的忠贞与怀念之情。在作者的诗作中，悼亡诗可以排第一的！唐代元稹作。元稹（779—831），字微之，别字威明。汉化鲜卑族，唐洛阳府（今河南洛阳）人。早年和白居易共同提倡"新乐府"，世人常把他和白居易并称"元白"。现存诗830余首，有《元氏长庆集》传世。

【注释】

①曾经：曾经到临。

②难为：这里指"不足为顾""不值得一观"的意思。

③除却：除了，离开。这句话的意思为：相形之下，除了巫山，别处的云便不称为云。此句与前句均暗喻自己曾经接触过的一段恋情。

④取次：草草，仓促，随意。这里是"匆匆经过""仓促经过"或"漫不经心地路过"的样子，不应解释为"按次序走过"。

⑤花丛：这里并非指自然界的花丛，乃借喻美貌女子众多的地方，暗借青楼妓馆。

⑥半缘：此指"一半是因为……"。

⑦修道：指修炼道家之术。此次阐明的是修道之人讲究清心寡欲。

⑧君：此指曾经心仪的恋人。

【译文】

经过波澜壮阔的大海，别处的水再也不值得一观。陶醉过巫山云雨的梦幻，别处的风景就不称之为云雨了。

即使身处万花丛中，我也懒得回头顾盼；这缘由，一半是修道人的清心寡欲，一半是因为曾经拥有过你。

晚 春（其一）

韩 愈

枣树知春不久归①，百般红紫斗芳菲。

杨花②榆荚③无才思④，惟解⑤漫天作雪飞。

【说明】

该诗用拟人的手法，写暮春时节，草木百花为了留住春天，各自施展出浑身的解数，吐艳争芳，连本来无色少香的杨花、榆荚也不甘示弱，化作雪花随风飞舞，加入留春的行列。这首诗平中翻新，颇富奇趣，意味深长，花草树木都如此，何况我们人呢。唐代韩愈作。韩愈（768—824），字退之，河南河阳（今河南省焦作孟州市）人，汉族。祖籍河南省邓州市，世称韩昌黎。做过官员。他反对魏晋以来的骈文，主张学习先秦两汉的散文语言，提倡"文""道"合一而以"道"为主，强调文章必须言之有物，反对浮靡空洞、追求形式的文风，"唐宋八大家"之一，其作品都收在《昌黎先生集》里。

【注释】

①不久归：将结束。

②杨花：指柳絮。

③榆荚：亦称榆钱，榆未生叶时，先在枝间生荚，荚小，形如钱，荚花呈白色，随风飘落。

④才思：才华和能力。

⑤解：知道。

【译文】

花草树木，知道春天即将归去，都

想留住春天的脚步，纷纷争奇斗艳。就连那没有美丽颜色的杨花和榆钱也不甘寂寞，随风起舞，化作漫天飞雪。

陋室铭

刘禹锡

山不在①高，有仙则名②。
水不在深，有龙则灵③。
斯是陋室④，惟吾德馨⑤。
苔痕上阶绿，草色入帘青⑥。
谈笑有鸿儒⑦，往来无白丁⑧。
可以调素琴⑨，阅金经⑩。
无丝竹⑪之⑫乱耳⑬，无案牍⑭之劳形⑮。
南阳诸葛庐，西蜀子云亭⑯。
孔子云⑰，何陋之有⑱？

【说明】

此为一篇骈文，本书把它归入诗类。该文托物言志，通过对居室的描写，极力形容陋室的不陋，表达出室主人高洁傲岸的节操和安平乐道的情趣。陋室：简陋的房子；铭：是古代一种刻于金石上的押韵文体，多用于歌功颂德，后成为一种文体，用骈句，句式较为整齐，朗朗上口。唐代刘禹锡作。刘禹锡（772—842），字梦得。籍贯河南洛阳人，生于河南郑州荥阳。做过官员。他诗文俱佳，与韦应物、白居易合称"三杰"，有"诗豪"之称。著有《刘梦得文集》《刘宾客集》。

【注释】

①在（zài）：在于，动词。

②名（míng）：出名，著名，名词用作动词。

③灵（líng）：神奇，灵异。

④斯是陋室（lòushì）：这是简陋的屋子。斯：指示代词，此，这。是：表肯定的判断动词。陋室：简陋的屋子，这里指作者自己的屋子。

⑤惟吾德馨（xīn）：只因为（陋室铭）的铭文（就不感到简陋了）。惟：同"唯"，只。吾：我，这里是指（陋室铭）铭文。馨：散布很远的香气，这里指（品德）高尚。《尚书·君陈》："黍稷非馨，明德惟馨。"

⑥苔痕上阶绿，草色入帘青：苔痕碧绿，长到阶上；草色青葱，映入帘里。上：长到；入：映入。

⑦鸿儒（hóngrú）：大儒，这里指博学的人。鸿：同"洪"，大。儒，旧指读书人。

⑧白丁：平民。这里指没有什么学问的人。

⑨调（tiáo）素琴：弹奏不加装饰的琴。调：调弄，这里指弹（琴）。素琴：不加装饰的琴。

⑩金经：现今学术界仍存在争议，有学者认为是指佛经（《金刚经》），也有人认为是装饰精美的经典（《四书五经》），但就江苏教育出版社的语文书则指的是佛经（《金刚经》），而安徽考察则是后者。金：珍贵的。金者贵义，是珍贵的意思，儒释道的经典都可以说是金经。

⑪丝竹：琴瑟、箫管等乐器的总称，"丝"指弦乐器，"竹"指管乐器。这里指奏乐的声音。

⑫之：语气助词，不译。用在主谓间，取消句子的独立性。

⑬乱耳：扰乱双耳。乱：形容词的使动用法，使……乱，扰乱。

⑭案牍（dú）：（官府的）公文，

文书。

⑮劳形：使身体劳累。劳：形容词的使动用法，使……劳累。形：形体、身体。

⑯南阳诸葛庐，西蜀子云亭：南阳有诸葛亮的草庐，西蜀有扬子云的亭子。这两句是说，诸葛庐和子云亭都很简陋，因为居住的人很有名，所以受到人们的景仰。诸葛亮，字孔明，三国时蜀汉丞相，著名的政治家和军事家，出仕前曾隐居南阳卧龙岗中。扬雄，字子云，西汉时文学家，蜀郡成都人。庐：简陋的小屋子。

⑰孔子云：孔子说。"云"在文言文中一般都指说。选自《论语·子罕》篇："君子居之，何陋之有？"作者在此去掉君子居之，体现他谦虚的品格。

⑱何陋之有：即"有何之陋"，属于宾语前置。之，助词，表示强烈的反问，宾语前置的标志，不译。全句译为：有什么简陋的呢？孔子说的这句话见于《论语·子罕》篇："君子居之，何陋之有？"这里以孔子之言，亦喻自己为"君子"，点明全文，这句话也是点睛之笔，全文的文眼。

【译文】
山不在于高，
有了神仙就出名。
水不在于深，
有了龙就显得有了灵气。
这是简陋的房子，
只是我（住屋的人）品德好（就感觉不到简陋了）。
长到台阶上的苔痕颜色碧绿；
草色青葱，映入帘中。
到这里谈笑的都是知识渊博的大学者，
交往的没有知识浅薄的人。
平时可以弹奏清雅的古琴，
阅读泥金书写的佛经。
没有奏乐的声音扰乱双耳，
没有官府的公文使身体劳累。
南阳有诸葛亮的草庐，
西蜀有扬子云的亭子。
孔子说：
"这有什么简陋呢？"

出　塞（其一）

王昌龄

秦时明月汉时关，万里长征人未还。但使①龙城飞将②在，不教③胡马④度⑤阴山⑥。

【说明】

该诗是一首边塞诗，表达了诗人希望起任良将，早日平息边塞战事，使人民过上安定生活的愿望。这首诗被称为唐人七绝的压轴之作，悲壮而不凄凉，慷慨而不浅露。唐代王昌龄作。王昌龄（698—756），字少伯。河东晋阳（今山西太原）人。盛唐著名边塞诗人，后人誉为"七绝圣手"。著有《王江宁集》。

【注释】

①但使：只要。

②龙城飞将：《汉书·卫青霍去病传》载，元光六年（公元前129年），卫青为车骑将军，出上谷，至笼城，斩首虏数百。笼城，颜师古注曰："笼"与"龙"同。龙城飞将指的是卫青奇袭龙城的事情。有人认为龙城飞将指的是汉飞将军李广，龙城是唐代的卢龙城（卢龙城就是汉代李广练兵之地，在今

河北省喜峰口附近一带，为汉代右北平郡所在地），纵观李广一生主要的时间都在抗击匈奴，防止匈奴掠边。

③不教：不叫，不让。教：让。

④胡马：指侵扰内地的外族骑兵。

⑤度：越过。在漫长的边防线上，战争一直没有停止过，去边防线打仗的战士也还没有回来。要是攻袭龙城的大将军卫青和飞将军李广今天还依然健在，绝不会让敌人的军队翻过阴山。

⑥阴山：昆仑山的北支，起自河套西北，横贯绥远、察哈尔及热河北部，是中国北方的屏障。

【译文】

依旧是秦汉时期的明月和边关，出关万里去参加远征的人都还未回来。倘若曾经能够抵御外敌的名将还在，绝不会允许匈奴南下牧马度过阴山。

凉州词（其一）

王之涣

黄河远上①白云间，一片孤城万仞②山。
羌笛何须怨杨柳？春风不度③玉门关。

【注释】

这首诗以一种特殊的视角描绘了远眺黄河的特殊感受，同时也展示了边塞地区壮阔、荒凉的景色，悲壮苍凉，流露出一股慷慨之气、一种壮烈广阔的哀怨。凉州词：是为当时的名曲《凉州》配的唱词。唐代王之涣（一作"王之焕"）作。王之涣（688—742），字季凌。籍贯并州晋阳（今山西太原）。以善于描写边塞风光著称，作品多已散佚，仅有六首诗传世。

【注释】

①远上：远远望去。

②仞（rèn）：古代长度单位。

③度：吹到过。

【译文】

纵目望去，黄河渐远，像奔流在缭绕的白云中间，在黄河上游的万仞高山之中，玉门关耸峙在那里，孤峭冷寂。

何必用羌笛吹起那哀怨的《杨柳曲》去埋怨春光的迟迟不来呢？自古以来，春风就没有吹到过玉门关啊！

望月怀远

张九龄

海上生明月，天涯共此时。
情人怨遥夜①，竟夕②起相思。
灭烛怜③光满，披衣觉露滋④。
不堪盈⑤手赠，还寝梦佳期。

【说明】

这是一首月夜怀念远方亲人的诗。唐代张九龄作。张九龄（673—740），字子寿，一名博物。韶州曲江（今广东韶关市）人。唐代贤相。有《曲江集》传世。

【注释】

①情人：多情的人，指作者自己；一说指亲人。遥夜：长夜。

②竟夕：一整夜。

③怜：爱。

④滋：湿润。

⑤盈：满。

【译文】

茫茫的海上升起一轮明月，此时你我都在天涯共相望。

有情之人都怨恨月夜漫长，整夜不眠而把亲人怀想。

熄灭蜡烛怜爱这满屋月光，我披衣徘徊深感夜露寒凉。

不能把美好的月色捧给你，只望能够与你相见在梦乡。

秋 思
张 籍

洛阳城里见秋风，欲作家书意万重①。
复恐②匆匆说不尽，行人③临发④又开封⑤。

【说明】

这是一首乡愁诗。通过叙述写信前后的心情，表达乡愁之深。唐代张籍作。张籍（约766—830），字文昌。和州乌江（今安徽和县乌江镇）人。世称"张水部""张司业"。韩愈的大弟子。明嘉靖万历刻本《唐张司业诗集》收其诗450首。

【注释】

①意万重：极言心思之多。
②复恐：又恐怕。
③行人：指捎信的人。
④临发：将出发。
⑤开封：拆开已经封好的家书。

【译文】

一年一度的秋风，又吹到了洛阳城中，身居洛阳城内的游子，不知家乡的亲人怎么样了；写封家书问候平安，要说的话太多了，又不知从何说起。信写好了，又担心匆匆中没有把自己想要说的话写完；当捎信人出发时，又拆开信封，再还给他。

春江花月夜
张若虚

春江潮水连海平，海上明月共潮生。
滟滟①随波千万里，何处春江无月明！
江流宛转绕芳甸，月照花林皆似霰②。
空里流霜不觉飞，汀③上白沙看不见。
江天一色无纤尘，皎皎空中孤月轮。
江畔何人初见月？江月何年初照人？
人生代代无穷已，江月年年望相似。
不知江月待何人，但见长江送流水。
白云一片去悠悠，青枫浦④上不胜愁。
谁家今夜扁舟子？何处相思明月楼？
可怜楼上月徘徊，应照离人妆镜台。
玉户帘中卷不去，捣衣砧⑤上拂还来。
此时相望不相闻，愿逐⑥月华流照君。
鸿雁长飞光不度，鱼龙潜跃水成文⑦。
昨夜闲潭梦落花，可怜春半不还家。
江水流春去欲尽，江潭落月复西斜⑧。
斜月沉沉藏海雾，碣石潇湘无限路。
不知乘月几人归，落月摇情⑨满江树。

【说明】

这首诗创造性地再现了江南春夜的景色，如同月光照耀下的万里长江画卷，同时寄寓着游子思归的离别相思之苦。唐代张若虚作。张若虚（约670—约730），扬州（今江苏扬州）人。张若虚当过官员，诗作仅存两首，其中《春江花月夜》被誉为"一诗盖全唐"。

【注释】

①滟（yàn）滟：波光荡漾的样子。
②霰（xiàn）：天空中降落的白色不透明的小冰粒，形容月光下春花晶莹洁白。
③汀（tīng）：水边平地，小洲。
④青枫浦：地名，在今湖南省浏阳市境内，此处泛指游子所在的地方。
⑤捣衣砧（zhēn）：捣衣石、捶布石。
⑥逐：追随。
⑦文：通"纹"。
⑧斜：倾斜，古音读xiá。
⑨摇情：激荡情思。

【译文】

春天的江潮水势浩荡,与大海连成一片,一轮明月从海上升起,好像与潮水一起涌出来。月光照耀着春江,随着波浪闪耀千万里,所有地方的春江都有明亮的月光。江水曲曲折折地绕着花草丛生的原野流淌,月光照射着开遍鲜花的树林好像细密的雪珠在闪烁。月色如霜,所以霜飞无从觉察。洲上的白沙和月色融合在一起,看不分明。

江水、天空成一色,没有一点微小的灰尘,明亮的天空中只有一轮孤月高悬。江边上什么人最初看见月亮,江上的月亮哪一年最初照耀着人?人生一代代地无穷无尽,只有江上的月亮一年年地总是相像。不知江上的月亮等待着什么人,只见长江一直不断地输送着流水。

游子像一片白云缓缓地离去,只剩下思妇站在离别的青枫浦不胜忧愁。哪家的游子今晚坐着小船在漂流?什么地方有人在明月照耀的楼上相思?可怜楼上不停移动的月光,应该照耀着离人的梳妆台。月光照进思妇的门帘,卷不走,照在她的捣衣砧上,拂不掉。这时互相望着月亮可是却互相听不到声音,我希望随着月光流去照耀着您。鸿雁不停地飞翔,而不能飞出无边的月光;月照江面,鱼龙在水中跳跃,激起阵阵波纹。昨天夜里梦见花落闲潭,可惜的是春天过了一半自己还不能回家。江水带着春光将要流尽,水潭上的月亮又要西落。斜月慢慢下沉,藏在海雾里,碣石与潇湘的离人距离无限遥远。不知有几人能趁着月光回家,唯有那西落的月亮摇荡着离情,洒满了江边的树林。

题都城南庄

崔 护

去年今日此门中,人面桃花相映红。
人面不知何处去,桃花依旧笑春风①。

【说明】

这是一首追忆往昔、抒发物是人非之感慨的作品。都:国都,指唐朝京城长安(今陕西省西安市)。唐代崔护作。崔护(772—846),字殷功。唐代博陵(今河北定州)人。《全唐诗》存其诗六首,皆是佳作。

【释文】

①笑:形容桃花盛开的样子。

【译文】

去年的今天,正是在长安南庄的这户人家门口,姑娘你那美丽的面庞和盛开的桃花交相辉映,显得分外绯红。

时隔一年的今天,故地重游,姑娘你那美丽的倩影,已不知去了哪里,只有满树桃花依然笑迎着和煦的春风。

黄鹤楼

崔 颢

昔人①已乘②黄鹤去③,
此地空余黄鹤楼④。
黄鹤一去不复返⑤,
白云千载空悠悠⑥。
晴川⑦历历⑧汉阳⑨树,
芳草萋萋鹦鹉洲⑩。
日暮乡关⑪何处是?
烟波江上使人愁。

【说明】

该诗为世传名作,成为题黄鹤楼的绝唱,登临吊古,怀土思乡,色彩鲜明,景象如画。传说李白登此楼,目睹此诗,大为折服。说:"眼前有景道不得,崔颢题诗在上头。"黄鹤楼:故址在湖北省武汉市武昌区,民国初年被火焚毁,1985年重建,传说古代有一位名叫费祎的仙人,在此乘鹤登仙。唐代崔颢(704—754)作。崔颢,汴州(今河南开封)人,原籍博陵安平(今河北省安平县)。做过官员,著有《崔颢集》。

【注释】

①昔人:指传说中的仙人子安。因其曾驾鹤过黄鹤山(又名蛇山),遂建楼。

②乘:驾。

③去:离开。

④空:只。

⑤返:返回。

⑥空悠悠:深,大的意思。悠悠:飘荡的样子。

⑦川:平原。

⑧历历:清楚可数。

⑨汉阳:地名,现在湖北省武汉市汉阳区,与黄鹤楼隔江相望。

⑩萋萋:形容草木长得茂盛。鹦鹉洲:在湖北省武汉市武昌区西南,根据后汉书记载,汉黄祖担任江夏太守时,在此大宴宾客,有人献上鹦鹉,故称鹦鹉洲。唐朝时在汉阳西南长江中,后逐渐被水冲没。

⑪乡关:故乡。

【译文】

过去的仙人已经驾着黄鹤飞走了,这里只留下一座空荡荡的黄鹤楼。

黄鹤一去再也没有回来,千百年来只看见悠悠的白云。

阳光照耀下的汉阳树木清晰可见,鹦鹉洲上有一片碧绿的芳草覆盖。

天色已晚,眺望远方,故乡在哪儿呢?眼前只见一片雾霭笼罩江面,给人带来深深的愁绪。

别董大

高 适

千里黄云①白日曛②,

北风吹雁雪纷纷。

莫愁前路无知己,

天下谁人③不识君④!

【说明】

该诗是一首典型的借景抒情诗。作者偶遇失意浪游的好友著名琴师董大(董庭兰),为了安慰他,用夸张的手法,写下了"天下谁人不识君"的名句。董大:指董庭兰,当时有名的音乐家,在其兄弟中排第一,故称"董大"。唐代高适作。高适(700—765),字达夫,渤海县(今河北省景县)人。他与王昌龄、岑参、王之涣三人合称"四大边塞诗人"。著有《高常侍集》。

【注释】

①黄云:天上的乌云,在阳光下乌云是暗黄色,所以叫黄云。

②白日曛(xūn):太阳暗淡无光。曛,即是曛黄,指夕阳西沉时的昏黄景色。

③谁人:哪个人。

④君:你,这里指董大。

【译文】

北风呼啸,黄沙千里,遮天蔽日,到处都是灰蒙蒙的一片,以致云也变成了黄色,本来璀璨耀眼的阳光现在黯然失色,如同落日的余晖一般。大雪纷纷扬扬地飘落,雁群排着整齐的队形向西南飞去。在这荒寒壮阔的环境中,诗人送别好友音乐家董大,劝慰他不要担心别处没有赏识自己的人,你的名气很大,天下谁不知道你!

山居秋暝

王 维

空山①新②雨后,天气晚来秋。
明月松间照,清泉石上流③。
竹喧④归浣女⑤,莲动下渔舟。
随意⑥春芳⑦歇⑧,王孙⑨自可留⑩。

【说明】

该诗是一首写山水的名诗,于诗情画意中寄托诗人的高洁情怀和对理想的追求。暝(míng):日落时分,天色将晚。唐代王维作。王维(699—761),字摩诘,号摩诘居士。河东蒲州(今山西永济)人。做过官员,精通诗、画。著有《王右丞集》《画学秘诀》。

【注释】

①空山:空旷,空寂的山野。
②新:刚刚。
③清泉石上流:写的正是雨后的景色。
④竹喧:这里指竹叶发出沙沙声响。喧:喧哗。
⑤浣(huàn)女:洗衣服的女子。
⑥随意:任凭。
⑦春芳:春天的花草。
⑧歇:消散,消失。
⑨王孙:原指贵族子弟,此处指诗人自己。
⑩留:居。

【译文】

新雨过后山谷里空旷清新,初秋傍晚的天气特别凉爽。明月映照着幽静的松林间,清澈泉水在山石上淙淙淌流。竹林沙沙作响是洗衣少女归来,莲叶轻摇是上游荡下轻舟。任凭春天的美景消歇,眼前的秋景足以令人流连。

春 晓

孟浩然

春眠不觉晓①,处处闻啼鸟②。
夜来风雨声,花落知多少③。

【说明】

该诗是诗人隐居在鹿门山时所作,意境十分优美。诗人抓住春天的早晨刚刚醒来时的一瞬间展开描写和联想,生动地表达了诗人对春天的热爱和怜惜之情。春晓:春天的早晨。唐代孟浩然之作。孟浩然(689—740),字浩然。襄州襄阳(今湖北襄阳)人,世称"孟襄阳"。他与山水田园诗人王维合称为"王孟",著诗二百多首。

【注释】

①不觉晓:不知不觉天就亮了。晓:天刚亮的时候。
②啼鸟:鸟的啼叫声。
③知多少:不知有多少。

【译文】

春日里贪睡不知不觉天就亮了,到处可以听见小鸟的鸣叫声。回想昨夜的阵阵风雨声,不知吹落了多少娇美的春花。

送杜少府之任蜀州

王 勃

城阙辅三秦①,风烟望五津②。
与君③离别意,同是宦游人④。
海内⑤存知己,天涯若比邻⑥。
无为在歧路⑦,儿女共沾巾⑧。

【说明】

该诗是唐代王勃的代表作,一扫惜

别伤离的低沉气息，"海内存知己，天涯若比邻"的诗句千古传颂。少府：官名；之：到、往；蜀州：今四川崇州。王勃（649或650—676或675），字子安。绛州龙门（今山西河津）人。做过官员。与杨炯、卢照邻、骆宾王齐名，世称"初唐四杰"，擅长七律五绝，著有《王子安集》。

【注释】

①城阙（què）辅三秦：城阙，即城楼，指唐代京师长安城。辅，护卫。三秦，指长安城附近的关中之地，即今陕西省潼关以西一带。秦朝末年，项羽破秦，把关中分为三区，分别封给三个秦国的降将，所以称三秦。这句是倒装句，意思是京师长安三秦作保护。五津：指岷江的五个渡口白华津、万里津、江首津、涉头津、江南津。这里泛指蜀川。辅三秦：一作"俯西秦"。

②风烟望五津："风烟"两字名词用作状语，表示行为的处所。全句意为在风烟迷茫之中，遥望蜀州。

③君：对人的尊称，相当于"您"。

④同：一作"俱"。宦（huàn）游：出外做官。

⑤海内：四海之内，即全国各地。古代人认为我国疆土四周环海，所以称天下为四海之内。

⑥天涯：天边，这里比喻极远的地方。比邻：近邻。

⑦无为：无须、不必。歧（qí）路：岔路。古人送行常在大路分岔处告别。

⑧沾巾：泪水沾湿衣服和腰带。意思是挥泪告别。

【译文】

巍巍长安，雄踞三秦之地；渺渺四川，却在迢迢远方。你我命运何等相仿，奔波仕途，远离家乡。只要有知心朋友，四海之内不觉遥远。即使在天涯海角，感觉就像近邻一样。岔道分手，实在不用儿女情长，泪洒衣裳。

枫桥夜泊

张　继

月落乌啼①霜满天②，江枫渔火对愁眠③。姑苏④城外寒山寺⑤，夜半钟声⑥到客船。

【说明】

唐朝安史之乱后，作者途经寒山寺时写下这首羁旅诗。此诗精确而细腻地描写了一个客船夜泊者对江南深秋夜景的观察和感受，有景有情有声有色，巧妙地借景抒情。张继的诗爽朗激越，不事雕琢，比兴幽深，事理双切，对后世颇有影响。枫桥：在今苏州市阊门外；夜泊：即夜间把船停靠在岸边。唐代张继作。张继（约715—约779），字懿孙。襄州人（今湖北襄阳人）。他做过官员，著有《张祠部诗集》。

【注释】

①乌啼：一说为乌鸦啼鸣，一说为乌啼镇。

②霜满天：霜，这个"霜"字应当体会作严寒；霜满天，是空气极冷的形象语。

③江枫：一般解释作"江边枫树"，江指吴淞江，源自太湖，流经上海，汇入长江，俗称苏州河。另外有人认为指"江村桥"和"枫桥"。"枫桥"在吴县南门（阊阖门）外西郊，本名"封桥"，因张继诗而改为"枫桥"。渔火：通常

解释，"渔火"就是渔船上的灯火；也有说法，"渔火"实际上就是指一同打鱼的伙伴，"火"通"伙"。对愁眠：伴愁眠之意，此句把江枫和渔火二词拟人化。就是后世有不解诗的人，怀疑江枫渔火怎么能对愁眠，于是附会出一种讲法，说愁眠是寒山寺对面的山名。

④姑苏：苏州的别称，因城西南有姑苏山而得名。

⑤寒山寺：在枫桥附近，始建于南朝梁代。相传因唐代僧人寒山、拾得曾住此而得名。在今苏州市西枫桥镇。本名"妙利普明塔院"，又名枫桥寺；另一种说法，"寒山"乃泛指肃寒之山，非寺名。寺曾经数次重建，现在的寺宇，为太平天国以后新建。寺钟在第二次世界大战时，被日本人运走，下落不明。

⑥夜半钟声：当今的佛寺（春节）有半夜敲钟，当时也有半夜敲钟的习惯，也叫"无常钟"或"分夜钟"。宋朝大文豪欧阳修曾提出疑问说："诗人为了贪求好句，以至于道理说不通，这是作文章的毛病，如张继诗句'夜半钟声到客船'，句子虽好，但哪有三更半夜打钟的道理？"可是经过许多人的实地查访，才知苏州和邻近地区的佛寺，有打半夜钟的风俗。

【译文】

月亮已落下乌鸦啼叫寒气满天，对着江边枫树和渔火忧愁而眠。姑苏城外那寂寞清静寒山古寺，半夜里敲钟的声音传到了客船。

江 雪

柳宗元

千山鸟飞绝①，万径②人踪③灭。
孤④舟蓑笠⑤翁，独⑥钓寒江雪。

【说明】

该诗是唐代柳宗元的代表作之一，借描写山水景物，寄托自己清高而孤傲的情感，抒发自己在政治上失意的郁闷苦恼。柳宗元（773—819），字子厚。唐朝河东（今山西运城）人。做过官员。为"唐宋八大家"之一，与韩愈同为中唐"古文运动"领导人，后人将他的作品辑为《柳河东集》。

【注释】

①绝：无，没有。
②万径：虚指，指千万条路。
③人踪：人的脚印。
④孤：孤零零。
⑤蓑笠（suōlì）：蓑衣和斗笠。蓑：用来防雨的一种雨具，似衣服。笠：用竹篾和竹叶编成的帽子，以防雨和日晒。
⑥独：独自。

【译文】

所有的山，飞鸟全都断绝；所有的路，不见人影踪迹。江上孤舟，渔翁披蓑戴笠；独自垂钓，不怕冰雪侵袭。

元 日

王安石

爆竹声中一岁除，春风送暖入屠苏①。
千门万户曈曈日，总把新桃换旧符②。

【说明】

这首诗描写了春节除旧迎新的景象。元日：农历正月初一，即春节。北宋王安石作。王安石（1021—1086），字介甫，号半山，谥号文，世称王荆公。抚州临川（今江西抚州市）人。曾任宰相，主持变法，文学具有突出成就，名列"唐宋八大家"，有《王临川集》《临川集拾遗》传世。

【注释】

①屠苏：药酒名。古代大年初一全家合饮屠苏酒，以驱邪避瘟疫，求得长寿。

②桃：桃符。农历正月初一时人们用桃木板写上神荼、郁垒两位神灵的名字，悬挂在门旁，用来压邪。

【译文】

爆竹声中旧的一年过去了，春风已把温暖送进了屠苏酒碗。初升的太阳照耀千门万户，家家都用新的桃符把旧的替换。

登飞来峰
王安石

飞来山上千寻①塔，闻说鸡鸣见日升。
不畏浮云②遮望眼，只缘身在最高层。

【说明】

这是一首重点描写自己登上高山之后的感受的诗。飞来峰：今浙江省绍兴市城外的宝林山。北宋王安石作。

【注释】

①千寻：极言塔高。古以八尺为一寻。

②浮云：暗喻奸佞的小人。

【译文】

飞来峰顶有座高耸入云的塔，听说鸡鸣时分能看见旭日升起。不怕层层浮云遮住我的视野，只因为站在飞来峰顶心胸宽广。

示 儿
陆 游

死去元知①万事空②，
但③悲④不见九州⑤同⑥。
王师⑦北定⑧中原⑨日，
家祭⑩无忘⑪告乃翁⑫。

【说明】

此诗是陆游爱国诗中的名篇。陆游一生致力于抗金斗争，一直希望能收复中原。虽然频遇挫折，却仍然未改变初衷，收复中原是诗人毕生的心事。题目《示儿》，即写给儿子们看的，相当于遗嘱。在短短的篇幅中，诗人披肝沥胆地嘱咐着儿子，无比光明磊落，激动人心！浓浓的爱国之情跃然纸上。南宋陆游作。陆游（1125—1210），字务观，号放翁。汉族，越州山阴（今浙江绍兴）人。做过官员。南宋文学家、史学家、爱国诗人。创作诗歌今存九千多首，内容极为丰富。著有《剑南诗稿》《渭南文集》《南唐书》《老学庵笔记》等。

【注释】

①元知：原本知道。元，通"原"。

②万事空：什么也没有了。

③但：只是。

④悲：悲伤。

⑤九州：这里代指宋代的中国。古代中国分为九州，所以常用九州指代中国。

⑥同：统一。

⑦王师：指南宋朝廷的军队。

⑧北定：指北方平定。

⑨中原：指淮河以北被金人侵占的地区。

⑩家祭：祭祀家中先人。

⑪无忘：不要忘记。

⑫乃翁：你们的父亲，指陆游自己。

【译文】

原本知道死去之后就什么也没有了，只是感到悲伤，没能见到国家统一。当大宋军队收复了中原失地的那一天时，你们举行家祭时不要忘了告诉我！

题西林壁

苏 轼

横看①成岭侧②成峰，远近高低各不同③。
不识④庐山真面目⑤，只缘⑥身在此山中。

【说明】

这是一首哲理诗，寓意深远。庐山山姿千变万化，非常美丽，但因身在山中，或熟视无睹，或当事者迷，却不能看出它的美丽。题西林壁：写在西林寺（在江西庐山西麓）墙壁上。北宋苏轼作。苏轼（1037—1107），世称苏东坡。眉州眉山（今四川省眉山市）人，祖籍河北栾城。做过官员。"唐宋八大家"之一。著有《苏东坡全集》《东坡乐府》等。

【注释】

①横看：从正面看。庐山总是南北走向，横看就是从东面西面看。

②侧：侧面。

③各不同：各不相同。

④不识：不能认识，辨别。

⑤真面目：指庐山真实的景色，形状。

⑥缘：因为，由于。

【译文】

从正面、侧面看庐山山岭连绵起伏、山峰耸立，从远处、近处、高处、低处看庐山，庐山呈现各种不同的样子。我之所以认不清庐山真正的面目，是因为我人身处在庐山之中。

春 宵

苏 轼

春宵一刻①值千金，花有清香月有阴。
歌管②楼台声细细，秋千院落夜沉沉。

【说明】

这是一首描写春夜景色，讽刺虚度光阴的诗。春宵：即春夜。北宋苏轼作。

【注释】

①一刻：古代时间单位，喻时间短暂。

②歌管：歌声和管乐声。

【译文】

春天的夜晚，即便是极短的时间也弥足珍贵；花朵散发出丝丝缕缕的清香，月光投在花上，在花下留下朦胧的影子。楼台深处的人们在轻歌曼舞，柔和的歌声和管乐声弥散于醉人的夜色中；夜已深，挂着秋千的庭院一片沉沉的寂静。

春 日

朱 熹

胜日寻芳泗水①滨，无边光景一时新。
等闲识得东风②面，万紫千红③总是春。

【说明】

这是一首蕴含哲理的游春诗，也被认为是一首寓理趣于形象当中的哲理诗。春日：春天。南宋朱熹作。朱熹（1130—1200），字元晦，一字仲晦，号晦庵，世称朱文公。南剑州尤溪（今福建省尤溪县）人，祖籍徽州府婺源县（今江西省婺源）。做过官员。南宋理学家、哲学家。朱熹著述甚多，主要有《朱文公文集》《诗集传》《四书章句集注》《太极图说解》《通书解说》《周易读本》《楚辞集注》等，后人南宋黎靖德把朱熹与弟子的问答语录汇编为《朱子语类》（又称《朱子语录》），该书较全面地反映了朱熹的思想及其成就。

【注释】

①寻芳：游春，踏青，此处指寻求圣人之道。泗水：今山东省境内河流，此处代指孔门。

②东风：春风，作者将圣人之道比作催发生机、点染万物的春风。

③万紫千红：此处喻孔学之丰富多彩。

【译文】

一个春光明媚的日子，我来到泗水河边观花赏草，只见无边无际的风光景物焕然一新。轻易就可以看出春天的面貌，春风吹得百花开放，到处都是春天万紫千红的美丽景致。

观书有感

朱　熹

半亩方塘①一鉴②开，天光云影共徘徊③。问渠④那得⑤清如许？为有⑥源头活水来。

【说明】

这是一首借景喻理的名诗，告诉人们想要有学问和新的境界，就要不断学习、积累新的知识。该诗是南宋朱熹作。

【注释】

①方塘：又称半亩塘，在福建尤溪城南郑义斋馆舍（后为南溪书院）内。

②鉴：镜。古人以铜为镜，平时用镜袱包好，用时打开。

③徘徊：来回移动。

④渠：他，这里指方塘。

⑤那（nǎ）得：怎么会。"那"通"哪"，怎么的意思。

⑥为有：只有。

【译文】

方塘的水像打开的一面镜子一样，天上的彩光和白云似在镜面一样徘徊。要问方塘的水哪会如此清澈？因为有源源不断的活水的输送和灌注。

过零丁洋

文天祥

辛苦遭逢起一经①，干戈寥落四周星②。山河破碎风飘絮，身世浮沉雨打萍。惶恐滩③头说惶恐，零丁洋里叹零丁。人生自古谁无死？留取丹心照汗青④。

【说明】

这首诗表现了诗人慷慨激昂的爱国热情、视死如归的高风亮节以及舍生取义的人生观，是中华民族传统美德的崇高表现。零丁洋：即伶仃洋，今广东珠江出海口，当年林则徐虎门销烟的那个地方。南宋文天祥作。文天祥（1236—1283），字履善，又字宋瑞，自号文山。江南西路吉州庐陵县（今江西省吉安市青原区富田镇）人。做过官员。抗元名臣。有《文山诗集》《指南录》《指南后录》《正气歌》等作品传世。

【注释】

①起一经：因精通某一经籍而通过科举考试得官。

②寥（liáo）落：冷清，稀稀落落。四周星：四年。

③惶恐滩：在今江西省万安县，水流湍急，极为险恶，为赣江十八滩之一。

④汗青：指史册。

【译文】

回想我早年由科举入仕历尽辛苦，如今战火消歇已过了四年。国家危在旦夕恰如风中纷飞的柳絮，个人身世遭遇好似骤雨里的浮萍。惶恐滩的惨败让我至今依然惶恐，零丁洋身陷囹圄可叹我孤苦伶仃。自古以来有谁能够长生不死？我要留一片爱国的忠心映照史册。

游园不值

叶绍翁

应怜①屐齿②印苍苔,小扣柴扉久不开③。春色满园关不住,一枝红杏出墙来。

【说明】

这是一首哲理诗。通过"出墙来"的"红杏"到对园内春色神往的描写,赞美了新生力量的顽强生命力,寓意深刻。游园不值:想游园没能进门儿。值,遇到;不值,因朋友不在,没得到机会。南宋叶绍翁作。叶绍翁(1194—1269),字嗣宗,号靖逸。龙泉(今浙江龙泉)人,祖籍建安(今福建建瓯)。他终生无官职,流落江湖,浪迹荒村,是南宋著名的江湖派诗人。著有《四朝闻见录》《靖逸小稿》《靖逸小稿补遗》等。

【注释】

①应怜:应该感到心疼。

②屐齿:屐是木鞋,鞋底前后都有防滑的道儿,叫作屐齿。

③小扣:轻轻地敲门。柴扉:用木柴、树枝编成的门。

【译文】

新春的园林,苍苔如毯,春雨乍晴,显得分外清新悦目,穿着木屐踏在上面,留下了深深的印痕,损坏了它那柔软厚厚的美,不由人顿生怜惜之情;来到幽静的花园门前,轻轻地叩击着柴门,静静地等候着,然而良久良久,不见主人来开门,原来门关着,主人不在。园内芳草茸茸,花木葱茏,杏花有的含苞待放,有的正在盛开,淡红的,火红的,满园洋洋洒洒的春色;竟有那么一枝,越出墙来,昂着头,挺着一身的花儿,溢着浓浓的春意,显示出它那勃勃的朝气和无限的生机。

山园小梅(其一)

林逋

众芳摇落独暄妍,占尽风情向小园。疏影横斜水清浅,暗香浮动①月黄昏。霜禽②欲下先偷眼,粉蝶如知合断魂。幸有微吟可相狎,不须檀板共金樽。

【说明】

这是一首赋予梅花以人的品格的咏梅诗,作者与梅花的关系达到了精神上的无间契合。北宋林逋作。林逋(967—1028),字君复,后人称为和靖先生、林和靖。奉化大里黄贤村人。北宋著名隐逸诗人。今存词3首、诗300余首,后人辑有《林和靖先生诗集》。

【注释】

①暗香浮动:梅花散发的清幽香味在飘动。

②霜禽:一指白鹤,二指冬天的禽鸟。

【译文】

百花凋零,独有梅花迎着寒风昂然盛开,那明媚艳丽的景色把小园的风光占尽。梅花稀疏的影子,横斜在清澈的浅水中,清幽的芬芳在黄昏朦胧的月光之下浮动。寒雀想飞落下来时,先偷看梅花一眼;蝴蝶若知道梅花的妍美,定会销魂失魄。所幸我能低声吟诵,和梅花亲近不必敲着檀板唱歌,执着金杯饮酒来欣赏它。

咏煤炭

于谦

凿开混沌得乌金,藏蓄阳和意最深。爇火燃回春浩浩①,洪炉照破夜沉沉。鼎彝②元赖生成力,铁石犹存死后心。但愿苍生俱饱暖,不辞辛苦出山林。

【说明】

这是一首咏物诗,作者以煤炭自喻,托物明志,表现其为国为民的抱负。明代于谦作。于谦(1398—1457),字廷益,号节庵。浙江杭州府钱塘县(今浙江省杭州市上城区)人。做过官员,民族英雄。有《于忠肃集》传世。

【注释】

①爝(jué)火:小火炬。浩浩:本意是形容水势大,此处引申为广大。

②鼎彝(yí):烹饪工具。鼎:炊具。彝:酒器。

【译文】

凿开混沌地层,有乌金般的煤炭;蕴藏无尽之热力,心藏深沉情义。燃起融融炬火,浩浩犹如是春风;熊熊洪炉之烈焰,照破灰色天空。制作钟鼎彝器,全赖生成是原力。铁石虽已经死去,仍然保留忠心。只希望天下人,都是又饱又暖和。不辞辛劳不辞苦,走出荒僻山林。

北风行

刘 基

城外萧萧①北风起,城上健儿吹落耳。
将军玉帐貂鼠衣,手持酒杯看雪飞。

【说明】

《北风行》旨在描写戍城将士的艰苦。元明刘基作。刘基(1311—1375),字伯温。青田县南田乡(今浙江省文成县)人。明开国元勋。与宋濂、高启并称明初诗文三大家。著有《郁离子》。

【注释】

①萧萧:形容寒冷。

【译文】

城外刮起了凛冽的北风,城楼上战士的耳朵似乎要被冻掉了。帐篷里面将军锦帽貂裘,手持酒杯看着帐篷外面的飞雪,对这样的天气和环境也无可奈何。

明日歌

钱 福

明日复明日,明日何其多。
我生待明日,万事成蹉跎①。
世人若被明日累,春去秋来老将至。
朝看水东流,暮看日西坠。
百年明日能几何?请君听我明日歌。

【说明】

《明日歌》语言通俗流畅、明白如话,旨在劝勉人们要珍惜时间,勿虚度年华,莫荒废光阴。明代钱福作。钱福(1461—1504),字与谦,自号鹤滩。南直隶松江府华亭(今上海松江)人。做过官员。著有《鹤滩集》。

【注释】

①蹉跎(cuōtuó):虚度光阴。

【译文】

一个明天接着又一个明天,明天是何等的多啊!可是人的一生如果在等待中度过,那么,他将虚度光阴,一事无成。世人如果被明日牵绊,年复一年,秋来春去,蓦然回首,老之将至。早晨看河水向东流去,傍晚看夕阳西下,每天都无所事事。人生百年,能有几个明日?请大家珍惜光阴,听听我的明日歌吧!

春 雁

王 恭

春风一夜到衡阳①,楚水燕山万里长②。
莫道春来便归去,江南虽好是他乡。

【说明】

该诗借大雁在江南春回大地、春暖

花开之时，毅然飞回故地塞北的行为，抒发作者热爱、思恋故乡之情。明代王恭作。王恭（1350—?），字安仲，自号皆山樵者。福建长乐沙堤人。做过官员。闽中十大才子之一，曾参与《永乐大典》的修撰。著有《白云樵集》（四卷）、《草泽狂歌》（五卷）、《凤台清啸》等。

【注释】

①衡阳：今属湖南省，在衡山之南，有山峰势如大雁回旋，名回雁峰。相传北来的大雁到此不再南飞，遇春飞回北方。

②楚水：泛指古代楚地的江湖，战国时楚国占有湖北、湖南、安徽、四川、江浙的大部分地区，这里泛指江南。燕山：在河北平原北侧，从潮白河河谷到山海关，由西向东绵延数百里，这里泛指北方。

【译文】

一夜之间，春风吹遍了衡阳城；楚水燕山万里长。莫怪大雁春来便归去，江南虽好是他乡。

就义诗

杨继盛

浩气还太虚①，丹心照千古。
生平未报国，留作忠魂②补。

【说明】

为正义事业而被敌人残杀时所写的诗文被称为就义诗。此诗为明代杨继盛被严嵩杀害前的诗作。杨继盛（1516—1555），字仲芳，号椒山，谥号忠愍。直隶容城（今河北容城县北河照村）人。明中期著名谏臣，因上疏弹劾严嵩而被害。著有《杨忠愍文集》等。

【注释】

①浩气：正气。还：回归。太虚：太空。

②忠魂：忠于国家的心灵、精神。

【译文】

把浩然正气归还给苍茫的太空，留下一颗赤诚忠心照耀千秋万代。一生年华虚度，未及报效国家，就让我留下忠诚的灵魂作为弥补。

己亥杂诗·九州生气恃风雷

龚自珍

九州生气①恃②风雷，万马齐喑③究④可哀。
我劝天公⑤重⑥抖擞⑦，不拘一格降⑧人才。

【说明】

这是一首出色的政治诗。貌似在写风雷，实是在抒发作者希望通过不拘一格选用人才，对当时死气沉沉、万马齐喑的社会进行彻底改造的急切心情。己亥：即1839年，清道光十九年。清代龚自珍作。龚自珍（1792—1841），字璱人，号定盦（一作定庵）。浙江临安（今杭州）人。做过官员。清代思想家、诗人、文学家和改良主义先驱者。著有《定盦文集》，今人辑为《龚自珍全集》。

【注释】

①九州：中国的别称之一，分别是冀州、兖州、青州、徐州、扬州、荆州、梁州、雍州、豫州。生气：生气勃勃的局面。

②恃（shì）：依靠。

③万马齐喑：比喻社会政局无生气。喑（yīn）：哑，沉默不语。

④究：终究，毕竟。

⑤天公：造物主。

⑥重：重新。

⑦抖擞：振作精神。

⑧降：降生。

【译文】

只有狂雷炸响般的巨大力量才能使

中国大地发出勃勃生机，然而社会政局毫无生气终究是一种悲哀。我奉劝上天要重新振作精神，不要拘泥一定规格以降下更多的人才。

狱中题壁

谭嗣同

望门投止思张俭①，忍死须臾待杜根②。
我自横刀向天笑，去留肝胆两昆仑。

【说明】

这首诗是清代戊戌变法失败后，谭嗣同在狱中所作，出自《谭嗣同全集》。谭嗣同（1865—1898），字复生，号壮飞。顺天府（今北京市）人，祖籍湖南省长沙市浏阳县（今湖南省浏阳市）。做过官员。近代维新派政治家、思想家，"戊戌六君子"之一。著有《仁学》。

【注释】

①张俭：东汉时，张俭因弹劾宦官未果而被诬逃亡，一路上百姓感其高洁提供帮助。

②杜根：东汉时，杜根曾上书要求邓太后还政于安帝，而被太后赐死，后为人所救。

【译文】

望门投宿想到了东汉时的张俭，希望你们能像东汉时的杜根那样，忍死求生，坚持斗争。屠刀架在脖子上，也要仰天大笑，逃走或留下的同志们，都是一样的英雄好汉。

竹 石

郑 燮

咬定青山不放松，
立根原在破岩①中。
千磨万击还坚劲②，
任③尔东西南北风。

【说明】

这是一首题画诗，着力表现了岩竹顽强而又执着的品质。竹石：扎根在石缝中的竹子。清代郑燮作。郑燮（1693—1766），字克柔，号板桥，世称郑板桥。清代画家、文学家，"扬州八怪"之一。著有《板桥全集》。

【注释】

①破岩：破裂的岩石。
②坚劲（jìng）：坚定强劲。
③任：任凭。

【译文】

竹子抓住青山就像咬住一样丝毫不放松，牢牢地扎根在裂开的岩石缝隙中。千种磨难万种打击都不能改变它的挺拔，无论你刮的是东西南北什么风也不能摧毁它的坚韧。

满纸荒唐言

曹雪芹

满纸荒唐①言，一把辛酸泪。
都云作者痴，谁解其中味②。

【说明】

这首诗是《红楼梦》中作者以自己的身份写的唯一的一首诗，表达了他难以直言又怕被世俗所不解的苦闷心情。清代曹雪芹作。曹雪芹（约1715—1763），名霑，字梦阮，号雪芹，又号芹溪、芹圃。祖籍存争议，一说辽宁辽阳或铁岭，一说河北丰润。著有《红楼梦》。

【注释】

①荒唐：浮夸不实际。
②味：意义，旨趣。

【译文】

全书写的都是荒唐的言辞，却都浸

透着我辛酸的眼泪!都说作者太迷恋儿女痴情,却没有人理解其中的真谛。

葬花吟
曹雪芹

花谢花飞花满天,红消香断有谁怜?
游丝软系飘春榭①,落絮轻沾扑绣帘。
闺中女儿惜春暮,愁绪满怀无释处。
手把花锄出绣帘,忍踏落花来复去?
柳丝榆荚自芳菲,不管桃飘与李飞。
桃李明年能再发,明年闺中知有谁?
三月香巢已垒成,梁间燕子太无情!
明年花发虽可啄,却不道人去梁空巢也倾。
一年三百六十日,风刀霜剑严相逼。
明媚鲜妍能几时?一朝漂泊难寻觅。
花开易见落难寻,阶前闷杀葬花人。
独倚花锄泪暗洒,洒上空枝见血痕。
杜鹃无语正黄昏,荷锄归去掩重门。
青灯照壁人初睡,冷雨敲窗被未温。
怪奴底事倍伤神?半为怜春半恼春。
怜春忽至恼忽去,至又无言去不闻。
昨宵庭外悲歌发,知是花魂与鸟魂?
花魂鸟魂总难留,鸟自无言花自羞。
愿侬胁下生双翼,随花飞到天尽头。
天尽头,何处有香丘②?
未若锦囊收艳骨,一抔③净土掩风流。
质本洁来还洁去,强于污淖陷渠沟。
尔今死去侬收葬,未卜侬身何日丧?
侬今葬花人笑痴,他年葬侬知是谁?
试看春残花渐落,便是红颜老死时。
一朝春尽红颜老,花落人亡两不知!

【说明】

《葬花吟》通过丰富而奇特的想象,暗淡而凄清的画面,浓烈而忧伤的情调,抒写了黛玉在冷酷现实摧残下的心灵世界,表达了她在生与死、爱与恨的复杂斗争过程中所产生的一种焦虑体验和迷茫情感。此诗是《红楼梦》第二十七回中林黛玉所吟诵的一首诗。清代曹雪芹作。此诗有多个版本,此处取周汝昌校订版本。

【注释】

①榭(xiè):建在高土台或水面(或临水)上的建筑。

②香丘:是根据佛教名词"香山"新造的词,意思是香气缭绕的小山丘,比喻有一小方受佛教庇护、可以安居乐业的土地。

③一抔(póu):一捧。

【译文】

花儿已经凋残,随风漫天飘散。褪尽了鲜红颜色,消失了芳香,有谁对它同情哀怜?柔软的蛛丝儿似断似连,飘荡在春天的树间。漫天飘散的柳絮随风扑来,沾满了绣花的门帘。

闺房中的少女,面对着残春的景色多么惋惜。满怀忧郁惆怅,没有地方寄托愁绪。手拿着锄花的铁锄,挑开门帘走到园里。园里花儿飘了一地,我怎忍心踏着花儿走来走去?

轻佻的柳絮,浅薄的榆钱,只知道显耀自己的芳菲。不顾桃花飘零,也不管李花纷飞。待到来年大地春回,桃树李树又含苞吐蕊。可来年的闺房啊,还能剩下谁?

新春三月燕子衔来百花,垒成巢儿散着花香。梁间的燕子无情,辜负了鲜花!明年百花盛开时节,你还能叼衔花草,可你怎能料到房主人早已死去,旧巢也已倾落,只有房梁空空。

一年三百六十天啊，过的是什么日子！刀一样的寒风，利剑般的严霜，无情地摧残着花枝。明媚的春光，艳丽的花朵，能够支撑几时？一朝被狂风吹去，再也无处寻觅。

花开时节容易看到，一旦飘落难以找寻。站在阶前愁思满怀，愁坏了我这葬花的人。手里紧握着花锄，我默默地抛洒泪珠。泪珠儿洒满了空枝，空枝上浸染着斑斑血痕。

杜鹃泣尽了血泪，默默无语，黄昏降临，一片惨淡。我扛着花锄归去，关上重重闺门；灯光幽冷照四壁，人们刚刚进入梦境。轻寒的春雨敲打着窗棂，床上被褥冰冷。

人们奇怪是什么事情，使我像今天这样格外伤心？一半是对美好春光的爱惜，一半是恼恨春天的逝去。我高兴春天突然来临，又为它匆匆归去感到抑郁。春天悄然无语地降临人间，又一声不响地离去。

昨晚不知院外什么地方，传来一阵阵悲凉的歌声。不知道是花儿的灵魂，还是那鸟儿的精灵？不管是花儿的灵魂，还是鸟儿的精灵，都一样地难以挽留。问那鸟儿，鸟儿默默无语，问那花儿，花儿低头含羞。

我衷心地希望啊，自己能够生出一双翅膀。尾随那飞去的花儿，飞向那天地的尽头。可纵使飞到天地的尽头，哪里又有埋葬香花的魂丘？

不如用这锦绣香袋，收敛你娇艳尸骨。再堆起一堆净土，埋葬你绝代风流。愿你那高贵的身体，洁净地生来，洁净地死去。不让它沾染上一丝儿污秽，被抛弃在那肮脏的河沟。

花儿啊，你今天死去，我来把你收葬，谁知道我这薄命的人啊，什么时候忽然命丧？我今天把花儿埋葬，人们都笑我痴情。等到我死去的时候，有谁把我掩埋？

不信请看那凋残的春色，花儿正在渐渐飘落。待花儿落尽之时，也就是闺中的少女，衰老死亡的时刻。一旦春天消逝，少女也便白发如丝。花儿凋零人死去，花儿人儿两不知！

词作鉴赏

虞美人·春花秋月何时了

李 煜

春花秋月何时了①？往事知多少。小楼昨夜又东风，故国不堪回首月明中。

雕栏玉砌②应犹在③，只是朱颜改④。问君⑤能⑥有几多愁？恰似一江春水向东流。

【说明】

这首词是用今昔交错对比的写作方法写的，抒发了作者亡国之后哀怨的心情。虞美人：原为唐教坊曲，传说项羽宠姬虞美人死后埋葬的地方开出了一朵鲜花，因以为名。又名《一江春水》《玉壶水》《巫山十二峰》等。五代十国南唐国君李煜作。李煜（937—978），字重光，初名从嘉，号钟隐、莲峰居士。彭城（今江苏徐州）人。南唐元宗第六子，于961年继位，史称李后主。开宝八年，南唐都城被宋军攻破，李煜被俘至汴京，封为右千牛卫上将军、违命侯。后因作《虞美人》感怀故国被宋太宗毒死。李煜虽不善政治，但却有非凡的艺术才能，被称为"千古词帝"。他的词《虞美人》《浪淘沙》《乌夜啼》等流传甚广。

【注释】

①了：了结，完结。
②雕栏玉砌：指远在金陵的南唐故宫。砌：台阶。
③应犹：一作"依然"。
④朱颜改：指所怀念的人已衰老。
⑤君：作者自称。
⑥能：或作"都""那""还""却"。

【译文】

这年的时光什么时候才能了结，往事知道有多少！昨夜小楼上又吹来了春风，在这皓月当空的夜晚，怎承受得了回忆故国的伤痛。

精雕细刻的栏杆、玉石砌成的台阶应该还在，只是所怀念的人已衰老。要问我心中有多少哀愁，就像这不尽的滔滔春水滚滚东流。

生查子·春山烟欲收

牛希济

春山烟欲收，天淡星稀小。残月①脸边明，别泪临清晓。

语已多，情未了②，回首犹重道：记得绿罗裙，处处怜芳草。

【说明】

这是一首描写恋人相别缠绵悱恻之情的作品。烟：此处指雾雾。五代牛希济作。牛希济约913年前后在世，生卒不详，唐末五代词人，陇西（今甘肃）人。翰林学士。其词于《花间集》中存十一首。

【注释】

①残月：弯月。
②了：完结。

【译文】

雾色就要散去，远山露出姿影。天色即将破晓，星光逐渐稀疏。月光仿佛还映着她离别的泪水。

离别的话已经说得太多，感情是说不完的，最后她又回过头再次叮咛：看到路边的青草，可要记得穿着绿罗裙的我呀！

忆秦娥·箫声咽

李 白

箫①声咽②,秦娥梦断③秦楼月。秦楼月,年年柳色,灞陵④伤别⑤。

乐游原⑥上清秋节⑦,咸阳古道⑧音尘⑨绝。音尘绝,西风残照⑩,汉家⑪陵阙。

【说明】

此词描绘一个女子思念爱人的痛苦心情,读来凄婉动人;但意境博大开阔,风格宏妙浑厚,语言句句自然,字字锤炼,沉声切响,掷地作金石声,词韵抑扬顿挫。古人对此词评价甚高,誉之为"百代词曲之祖"。唐代李白作。

【注释】

①箫:一种竹制的管乐器。

②咽:呜咽,形容箫管吹出的曲调低沉而悲凉,呜呜咽咽如泣如诉。

③梦断:梦被打断,即梦醒。

④灞陵:在今陕西省西安市东,是汉文帝的陵墓所在地。当地有一座桥,为通往华北、东北和东南各地必经之处。《三辅黄图》卷六:"文帝灞陵,在长安城东七十里。……跨水作桥。汉人送客至此桥,折柳送别。"

⑤伤别:为别离而伤心。

⑥乐游原:又叫"乐游园",在长安东南郊,是汉宣帝乐游苑的故址,其地势较高,可俯视长安城,在唐代是游览之地。

⑦清秋节:指农历九月九日的重阳节,是当时重阳登高的节日。

⑧咸阳古道:咸阳,秦都,在长安西北数百里,是汉唐时期由京城往西北从军、经商的要道。古咸阳在今陕西省咸阳市东二十里。唐人常以咸阳代指长安,"咸阳古道"就是长安道。

⑨音尘:一般指消息,这里是指车行走时发出的声音和扬起的尘土。

⑩残照:指落日的光辉。

⑪汉家:汉朝。陵阙:皇帝的坟墓和宫殿。

【译文】

玉箫的声音悲凉呜咽,秦娥从梦中惊醒时,秦家的楼上正挂着一弦明月。秦家楼上的一弦明月,每一年桥边青青的柳色,都印染着灞陵桥上的凄怆离别。

遥望乐游原上冷落凄凉的秋日佳节,通往咸阳的古路上音信早已断绝,音信早已断绝,西风轻拂着夕阳的光照,眼前只是汉朝留下的坟墓和宫阙。

忆江南

白居易

江南好,风景旧曾谙①。日出江花②红胜火③,春来江水绿如蓝④。能不忆江南?

【说明】

这是一首描写江南美景,抒发作者思念江南之情的词。唐代白居易作。忆江南:唐教坊曲名。作者题下自注说:"此曲亦名'谢秋娘',每首五句。"按《乐府集》:"'忆江南'一名'望江南',因白氏词,后遂改名'江南好'。"至晚唐、五代成为词牌名。这里所指的江南主要是长江下游的江浙一带。

【注释】

①谙(ān):熟悉。作者年轻时曾三次到过江南。

②江花:江边的花朵。一说指江中的浪花。

③红胜火：颜色鲜红胜过火焰。

④绿如蓝：绿得比蓝草还要绿。如，用法犹"于"，有胜过的意思。蓝：蓝草，其叶可制青绿染料。

【译文】

江南的风景多么美好，如画的风景久已熟悉。

春天到来时，太阳从江面升起，把江边的鲜花照得比火红，碧绿的江水绿得胜过蓝草。怎能叫人不怀念江南？

长相思·汴水流

白居易

汴水流，泗水①流，流到瓜洲②古渡头。吴山③点点愁。

思悠悠，恨悠悠，恨到归时方始休。月明人倚楼。

【说明】

这是一首借女子倚楼怀人来表现人物的相思之痛、离别之苦的词作。汴水：源于河南省，东南流入安徽省宿州，与泗水合流，入淮河。唐代白居易作。

【注释】

①泗水：源于山东省曲阜市，经徐州后，与汴水合流入淮河。

②瓜洲：在今江苏省扬州市南面，因形状似瓜而得名。

③吴山：泛指江南群山。

【译文】

汴水长流，泗水长流，流到长江古老的渡口。遥望去，江南的群山在默默点头，频频含羞，凝聚着无限哀愁。

思念呀，怨恨呀，哪儿是尽头？伊人呀，除非你归来才会罢休。一轮皓月当空照，让我俩紧紧偎傍，倚楼望月。

渔歌子

张志和

西塞①山前白鹭②飞，桃花流水③鳜鱼肥。

青箬笠④，绿蓑衣⑤，斜风细雨不须归。

【说明】

这首词描写了江南水乡春汛时期捕鱼的情景，有鲜明的山光水色，有渔翁的形象，是一幅古时山水画。渔歌子：词牌，"子"即是"曲子"的简称。唐代张志和作。张志和（732—774），字子同，初名龟龄，号玄真子。浙江省兰溪（今浙江金华市）人。著有《玄真子》《大易》，均散佚，他的词仅存《渔夫词》五首。

【注释】

①西塞山：在浙江省湖州市西面。

②白鹭：一种水鸟。

③桃花流水：桃花盛开的季节正是春水盛涨的时候，俗称桃花汛或桃花水。

④箬笠：竹叶编的笠帽。

⑤蓑衣：用草或棕编制成的雨衣。

【译文】

西塞山前白鹭自在飞翔；桃花盛开，江水猛涨，这时节鳜鱼长得正肥。

渔父戴青箬笠，穿绿蓑衣，在斜风细雨中乐而忘归。

浪淘沙

刘禹锡

九曲①黄河万里沙，浪淘风簸②自天涯。

如今直上银河去，同到牵牛织女家。

【说明】

这是一首表达对美好生活的向往的

词作。浪淘沙：唐教坊曲名，形式为七言绝句，后又用为词牌名。唐代刘禹锡作。

【注释】

①九曲：相传黄河有九道弯。

②簸（bǒ）：掀翻，上下簸动。

【译文】

九曲黄河奔腾而来，裹挟着万里黄沙，波涛滚滚如巨风掀簸来自天涯。

可以沿着黄河直上银河去，我们一起去寻访牛郎织女的家。

菩萨蛮·小山重叠金明灭

温庭筠

小山①重叠金②明灭③，鬓云④欲度⑤香腮雪⑥。懒起画蛾眉⑦，弄妆⑧梳洗迟。

照花前后镜，花面交相映。新帖绣罗襦⑨，双双金鹧鸪⑩。

【说明】

这是一首描写宫廷妇女梳妆的词。描写得当，栩栩如生，仿佛是一幅唐代仕女图。唐代温庭筠作。温庭筠（约812—866），本名岐，字飞卿。汉族，太原祁县（今山西祁县东南）人。"花间派"首要词人，存词七十余首，后人辑有《温飞卿集》《金荃集》。

【注释】

①小山：眉妆的名目，指小山眉，弯弯的眉毛。另外一种理解为：小山是指屏风上的图案，由于屏风是折叠的，所以说小山重叠。

②金：指唐时妇女眉际妆饰之"额黄"。

③明灭：形容阳光照在屏风上金光闪闪的样子。一说描写女子头上插戴的饰金小梳子重叠闪烁的情形，或指女子额上涂成梅花图案的额黄有所脱落而或明或暗。明灭：隐现明灭的样子。

④鬓云：像云朵似的鬓发。形容发髻蓬松如云。

⑤欲度：将掩未掩的样子。度：覆盖，过掩，形容鬓角延伸向脸颊，逐渐轻淡，像云影轻度。

⑥香腮雪：香雪腮，雪白的面颊。

⑦蛾眉：女子的眉毛细长弯曲像蚕蛾的触须，故称蛾眉。一说指唐元和以后浓阔的时新眉式"蛾翅眉"。

⑧弄妆：梳妆打扮，修饰仪容。

⑨罗襦：丝绸短袄。

⑩鹧鸪：贴绣上去的鹧鸪图，这说的是当时的衣饰，就是用金线绣好花样，再绣贴在衣服上，谓之"贴金"。

【译文】

眉妆漫染，叠盖了部分额黄，鬓边发丝飘过，洁白的香腮似雪。懒得起来，画一画蛾眉，整一整衣裳，梳洗打扮，慢吞吞，意迟迟。

照一照新插的花朵，对了前镜，又对后镜，红花与容颜，交相辉映。刚穿上的绫罗裙襦，绣着一双双的金鹧鸪。

菩萨蛮·人人尽说江南好

韦庄

人人尽说江南好，游人只合①江南老。春水碧于天，画船听雨眠。

垆边②人似月，皓腕凝霜雪③。未老莫还乡，还乡须④断肠。

【说明】

这首词反映了词人的思想与现实碰撞出来的心灵火花。唐代韦庄作。韦庄（约836—910），字端己。京兆郡杜陵县（今陕西西安）人。五代时前蜀宰相。唐末花间派词人，有《浣花词》流传。

【注释】

①游人：指漂泊江南的人，作者自谓。只合：只合适。
②垆（lú）边：指酒家。
③凝霜雪：形容像霜雪凝聚般洁白。
④须：必定，肯定。

【译文】

人人都说江南好，我只适合在江南待到老去。春天的江水清澈碧绿更胜天空的碧蓝，还可以在彩绘船上听着外面的雨声入眠。

江南酒垆边卖酒的女子美丽无比，撩袖盛酒时，露出的手腕白如霜雪。在老之前不要回到故乡，不然会因为家乡战乱而悔断肚肠。

念奴娇·赤壁怀古

苏 轼

大江东去，浪淘尽，千古风流人物。故垒西边，人道是，三国周郎①赤壁。乱石穿空，惊涛拍岸，卷起千堆雪。江山如画，一时多少豪杰。

遥想公瑾当年，小乔②初嫁了，雄姿英发。羽扇纶巾③，谈笑间，樯橹④灰飞烟灭。故国神游，多情应笑我，早生华发⑤。人生如梦，一尊还酹江月⑥。

【说明】

此词通过对月夜江上壮美景色的描绘，表达了对古代战场的凭吊和对风流人物才略、气度、功业的追念，表现了作者旷达的人生态度。赤壁：指黄州赤壁，在今湖北省黄冈西。三国古战场赤壁一般被认为在今湖北省赤壁市西北。北宋苏轼作。

【注释】

①周郎：周瑜，字公瑾，汉末东吴名将，赤壁之战的主要指挥者之一。
②小乔：乔公的小女儿，周瑜之妻。
③羽扇纶（guān）巾：手摇动羽扇，头戴纶巾，是古代儒将的装束。纶巾：古代配有青丝带的头巾。
④樯橹：代指曹操的水军战船。樯：挂帆的桅杆。橹：摇船的桨。
⑤华（huā）发：花白的头发。
⑥一尊还（huán）酹（lèi）江月：洒一杯酒酬月。尊：通"樽"，酒杯。酹：以酒浇在地上祭奠。

【译文】

长江朝东流去，千百年来，所有才华横溢的英雄豪杰，都被长江滚滚的波浪冲洗掉了。那旧营垒的西边，人们说是三国时周郎大破曹兵的赤壁。陡峭不平的石壁插入天空，惊人的巨浪拍打着江岸，卷起千堆雪似的层层浪花。祖国的大好河山啊，那时有多少英雄豪杰！

想当年周公瑾刚把小乔娶进门，手拿羽毛扇，头戴青丝巾，姿态多么雄俊。谈笑之间，曹操的无数战船就在浓烟烈火中烧成灰烬。神游于三国战场，该笑我太多愁善感了，以致过早地生出白发。人生就像一场大梦，还是献一杯酒给江上的明月，让它和我同饮共醉吧！

水调歌头·明月几时有

苏 轼

（序）丙辰中秋，欢饮达旦，大醉，作此篇，兼怀子由①。

明月几时有？把酒问青天。不知天上宫阙②，今夕是何年。我欲乘风归去，又恐琼楼玉宇，高处不胜③寒。起舞弄清影，何似④在人间？

转朱阁，低绮户⑤，照无眠。不应

有恨,何事长向别时圆?人有悲欢离合,月有阴晴圆缺,此事古难全。但愿人长久,千里共婵娟⑥。

【说明】

这是一首以月起兴,围绕明月展开想象和思考的词作。北宋苏轼作。

【注释】

①子由:苏轼的弟弟苏辙,字子由。

②天上宫阙(què):指月中宫殿。

③不胜(shèng):经受不住。

④何似:哪里比得上。

⑤绮(qǐ)户:雕饰华丽的门窗。

⑥婵娟(chánjuān):月亮。

【译文】

(序)丙辰年中秋节,高兴地喝酒直到第二天早晨,大醉,写了这首词,同时思念弟弟苏辙。

明月从什么时候才开始出现的?我端起酒杯问一问苍天。不知道在天上的宫殿,今天晚上是哪一年。我想要乘御清风回到天上,又恐怕返回月宫美玉砌成的楼宇,受不住九天之上的寒冷。翩翩起舞玩赏着月下清影,归返月宫怎比得上在人间。

月儿转过朱红色的楼阁,低低地挂在雕花的窗户上,照着没有睡意的自己。明月不该对人们有什么怨恨吧,为什么偏在人们离别时才圆呢?人有悲欢离合的变迁,月有阴晴圆缺的转换,这种事自古以来难以周全。只希望亲人能平安健康,即便相隔千里,也能共享这美好的月光。

蝶恋花·春景

苏 轼

花褪①残红青杏小,燕子飞时,绿水人家绕。枝上柳绵②吹又少,天涯何处无芳草。

墙里秋千墙外道,墙外行人,墙里佳人笑。笑渐不闻声渐悄,多情却被③无情恼。

【说明】

这是一首借惜春伤情之名,表达对韶光流逝的惋惜、宦海沉浮的悲叹和浮生颠沛的无可奈何的词作。北宋苏轼作。

【注释】

①褪:脱去,凋落。

②柳绵:柳絮。

③却被:反被。却:反而。

【译文】

春日将尽,百花凋零,杏树之上已长出了小小的青涩果实。不时还有燕子掠过天空,这里的清澈河流围绕着村落人家。眼见着柳枝上的柳絮被吹得越来越少,不久天涯到处又会长满茂盛的芳草。

围墙之内,有一位少女正在荡着秋千,她发出动听的笑声。围墙之外的行人听到那动听的笑声,忍不住去想象少女荡秋千的欢乐场面。慢慢地,墙里笑声不再,行人惘然若失,自己的多情无端被少女的不知情而生苦恼。

江城子·乙卯正月二十日夜记梦

苏 轼

十年生死两茫茫,不思量①,自难忘。千里孤坟,无处话凄凉。纵使②相逢应不识,尘满面,鬓如霜。

夜来幽梦忽还乡,小轩窗,正梳妆。相顾③无言,惟有泪千行。料得年年肠断处,明月夜,短松④冈。

【说明】

这是北宋苏轼为悼念原配妻子王弗

而写的一首悼亡词，堪称情意缠绵、字字血泪，是悼亡词中的经典之作。乙卯(mǎo)：北宋熙宁八年，即公元1075年。

【注释】

①思量（liáng）：想念。

②纵使：即使。

③顾：看。

④短松：矮松。

【译文】

十年生死相隔，思念茫茫，相见无法。压抑思念，却难以忘怀。妻子的孤坟远在千里，没有地方跟她诉说心中的凄凉悲伤。即使相逢也应该不会认识，因为我四处奔波，灰尘满面，鬓发如霜。

晚上忽然在隐约的梦境中回到了家乡，只见妻子正在小窗前对镜梳妆。两人互相望着，千言万语不知从何说起，只有相对无言泪落千行。料想那明月照耀着长着小松树的山坡，就是思念妻子年年痛欲断肠的地方。

桂枝香·金陵怀古

王安石

登临送目，正故国①晚秋，天气初肃。千里澄江似练，翠峰如簇。归帆去棹②残阳里，背西风、酒旗斜矗。彩舟云淡，星河鹭起，画图难足③。

念往昔，繁华竞逐，叹门外楼头④，悲恨相续。千古凭高对此，谩嗟荣辱。六朝⑤旧事随流水，但寒烟衰草凝绿。至今商女，时时犹唱，后庭遗曲⑥。

【说明】

此词通过对金陵景物的赞美和历史兴亡的感喟，表达作者对当时朝政的担忧和对国家政治大事的关心。北宋王安石作。

【注释】

①故国：即故都。

②棹（zhào）：划船的一种工具，形似桨，此处引申为船。

③难足：难以完美地表现出来。

④门外楼头：指南朝陈的亡国惨剧。语出自杜牧《台城曲》："门外韩擒虎，楼头张丽华。"

⑤六朝：指建都金陵的三国吴、东晋、宋、齐、梁、陈六个朝代。

⑥后庭遗曲：指歌曲《玉树后庭花》，传陈后主作，被视为亡国之音。

【译文】

登上城楼放眼远望，故都金陵正是深秋，天气已变得飒爽清凉。千里澄江宛如一条白练，青翠山峰像箭镞耸立前方。帆船在夕阳下往来穿梭，西风起处，斜插的酒旗在小街飘扬。画船如同在淡云中浮游，白鹭好像在银河里飞舞，丹青妙笔也难描画这壮美风光。

遥想当年，故都金陵繁盛堂皇。可惜朱雀门外结绮阁仍在，六朝却已相继败亡。自古多少人在此登高怀古，无不对历代荣辱喟叹感伤。六朝旧事已随流水消逝，剩下的只有寒烟惨淡、绿草衰黄。时至今日，商女们还时时把《玉树后庭花》遗曲吟唱。

渔家傲·秋思

范仲淹

塞下秋来风景异，衡阳雁去①无留意。四面边声连角起，千嶂②里，长烟落日孤城闭。

浊酒一杯家万里，燕然③未勒归无计，羌管悠悠霜满地，人不寐，将军白发征夫泪。

【说明】

这是一首表现将士们的英雄气概及艰苦生活的抒怀之作。北宋范仲淹作。范仲淹（989—1052），字希文，谥号文正。生于河北真定府（今河北省石家庄市正定县），百日后随家人去吴县（今苏州市）。做过官员。著有《范文正公文集》。

【注释】

①衡阳雁去：传说秋天北雁南飞，至湖南衡阳回雁峰而止，不再南飞。

②千嶂：山峰绵延、俊俏之态。

③燕然：即燕然山，今名杭爱山，在今蒙古国境内。东汉窦宪曾率兵追击匈奴单于，出塞三千余里，登燕然山，刻石记功而还。

【译文】

秋天到了，西北边塞的风光和江南不同。大雁又飞回衡阳了，一点儿也没有停留之意。黄昏时，军中号角一吹，周围的边声也随之而起。层峦叠嶂里，暮霭沉沉，山衔落日，孤零零的城门紧闭。

饮一杯浊酒，不由得想起万里之外的家乡，未能像窦宪那样战胜敌人、刻石燕然，不能早作归计。悠扬的羌笛响起来了，天气寒冷，霜雪满地。夜深了，将士们都不能安睡：将军为操持军事，须发都变白了；战士们久戍边塞，也流下了伤时的眼泪。

苏幕遮·碧云天

范仲淹

碧云天，黄叶地，秋色连波，波上寒烟翠。山映斜阳天接水，芳草①无情，更在斜阳外。

黯乡魂，追旅思，夜夜除非，好梦留人睡。明月楼高休独倚，酒入愁肠，化作相思泪。

【说明】

这是一首描写羁旅乡愁的词，北宋范仲淹作。

【注释】

①芳草：此处代指故乡。

【译文】

碧云飘悠的蓝天，黄叶纷飞的大地，秋景连绵于江中水波，波上弥漫苍翠寒烟。群山映斜阳，蓝天连江水。芳草不谙人情，一直延绵到夕阳照不到的天边。

默默思念故乡黯然神伤，缠人的羁旅愁思难以排遣，除非夜夜都做好梦，在好梦中才能得到片刻安慰。不想在明月夜独倚高楼望远，只有频频地将苦酒灌入愁肠，一杯杯都化作相思的眼泪。

西江月·夜行黄沙道中

辛弃疾

明月别枝惊鹊，清风半夜鸣蝉。稻花香里说丰年，听取蛙声一片。

七八个星天外，两三点雨山前。旧时茅店社①林边，路转溪桥忽见②。

【说明】

该词描写的是黄沙岭的夜景。浓郁的生活气息、丰收之年的喜悦，把作者对乡村生活的热爱淋漓尽致地表现了出来。黄沙：黄沙岭，在江西省上饶之西。南宋辛弃疾作。辛弃疾（1140—1207），字幼安，别号稼轩。山东东路济南府历城县（今山东省济南市历城区遥墙镇四风闸村）人。当过官员，一生力主抗金。南宋爱国词人，豪放派的代表，有

"词中之龙"之称。现存词六百多首，有《稼轩长短句》等传世。

【注释】

①社：土地庙。

②见：通"现"，出现。

【译文】

明月挂上树梢，惊飞枝头的喜鹊。清凉的晚风吹送，带来远处的蝉鸣。伴着稻谷的香气，人们谈论丰收的年景，耳边传来一阵阵青蛙的叫声。

几颗闪烁的星星时隐时现，山前下起了淅淅沥沥的小雨。往日，土地庙附近树林旁的茅屋小店哪里去了？拐了弯，上桥过小溪，茅店忽然出现在我的眼前。

破阵子·为陈同甫赋壮词以寄之

辛弃疾

醉里挑灯看剑，梦回吹角连营。八百里①分麾下②炙，五十弦翻塞外声。沙场秋点兵。

马作的卢③飞快，弓如霹雳弦惊。了却君王天下事，赢得生前身后名。可怜④白发生。

【说明】

这是一首追忆过往沙场生涯，抒发壮志难酬心情的作品。陈亮，字同甫，与辛弃疾志同道合，结为挚友，其词风格与辛词相似。南宋辛弃疾作。

【注释】

①八百里：指牛。《世说新语·汰侈》载晋王恺有良牛，名"八百里驳"，后多以"八百里"代指牛。

②麾（huī）下：指部下。麾：军旗。

③的卢（dílú）：马名，一种额部有白色斑点、性烈的快马。

④可怜：可惜。

【译文】

醉里恍惚间挑亮油灯观看宝剑，梦中回到了当年的各个营垒，接连响起号角声。把烤牛肉分给部下，乐队演奏北疆歌曲。这是秋天在战场上阅兵。

战马像的卢马一样跑得飞快，弓箭像惊雷一样震耳离弦。一心想替君主完成收复失地的大业，取得世代相传的美名，可怜已成了白发人！

望海潮·洛阳怀古

秦 观

梅英①疏淡，冰澌溶泄②，东风暗换年华。金谷俊游，铜驼巷陌，新晴细履平沙。长记误随车，正絮翻蝶舞，芳思交加。柳下桃蹊，乱分春色到人家。

西园夜饮鸣笳③，有华灯碍月，飞盖妨花。兰苑未空，行人渐老，重来是事堪嗟。烟暝④酒旗斜。但倚楼极目，时见栖鸦。无奈归心，暗随流水到天涯。

【说明】

这是一首伤春怀旧之作。北宋秦观作。秦观（1049—1100），字少游，一字太虚，号淮海居士，别号邗沟居士。高邮军武宁乡左相里（今江苏省高邮市三垛镇少游村）人。做过官员。北宋婉约派词人，与黄庭坚、晁补之、张耒合称"苏门四学士"。著有《淮海词》《淮海集》《劝善录》《逆旅集》等。

【注释】

①梅英：梅花。

②冰澌（sī）：冰块流融。溶泄：溶解流泻。

③笳（jiā）：胡笳，古代西北少数民族的一种管乐器。

④烟暝（míng）：烟霭弥漫的黄昏。

【译文】

梅花稀疏，色彩轻淡，冰雪正在消融，春风吹拂暗暗换了年华。想起昔日金谷胜游的园景，铜驼街巷的繁华，趁新晴漫步在雨后平沙。总记得曾误追了人家香车，正是柳絮翻飞蝴蝶翩舞，引得春思缭乱交加。柳荫下桃花小径，乱纷纷将春色送到万户千家。

西园夜里宴饮，乐工们吹奏起胡笳。缤纷高挂的华灯遮掩了月色，飞驰的车盖碰损了繁花。花园尚未凋残，游子却渐生霜发，重来旧地事事感慨吁嗟。暮霭里一面酒旗斜挂。空倚楼纵目远眺，时而看见栖树归鸦。见此情景，我油然而生归隐之心，神思已暗自随着流水奔到天涯。

鹊桥仙·纤云弄巧

秦　观

纤云弄巧，飞星①传恨，银汉迢迢暗度。金风②玉露一相逢，便胜却人间无数。

柔情似水，佳期如梦，忍顾③鹊桥归路。两情若是久长时，又岂在朝朝暮暮。

【说明】

这是一首纯洁爱情的颂歌。北宋秦观作。

【注释】

①飞星：流星。一说指牵牛、织女二星。

②金风：指秋风。

③忍顾：不忍回视。

【译文】

纤薄的云彩在天空中变幻多端，天上的流星传递着相思的愁怨，遥远无垠的银河今夜我悄悄渡过。在秋风白露的七夕相会，就胜过人世间无数看似长相厮守、实际貌合神离的夫妻。

共诉如水一般的相思柔情，短暂的相会如梦如幻，分别之时不忍去看那鹊桥路。只要两情至死不渝，又何必贪求卿卿我我的朝欢暮乐呢？

浣溪沙·漠漠轻寒上小楼

秦　观

漠漠轻寒上小楼，晓阴无赖①似穷秋。淡烟流水画屏幽。

自在飞花轻似梦，无边丝雨细如愁。宝帘闲挂②小银钩。

【说明】

这是一首伤春之作。漠漠：冷漠。北宋秦观作。

【注释】

①无赖：表示作者厌恶的情绪。

②闲挂：很随意地挂着。

【译文】

在春寒料峭的天气里独自登上小楼，早上的天阴着好像是在深秋。屋内画屏上轻烟淡淡，流水潺潺。

天上自由自在飘飞的花瓣轻得好像夜里的美梦，天空中飘洒的雨丝细得好像心中的忧愁。走回室内，随意用小银钩把帘子挂起。

满江红·写怀

岳　飞

怒发冲冠，凭栏处、潇潇雨歇。抬望眼、仰天长啸①，壮怀激烈。三十功名尘与土，八千里路云和月。莫等闲②、白了少年头，空悲切！

靖康③耻，犹未雪。臣子恨，何时灭！驾长车，踏破贺兰山缺。壮志饥餐胡虏肉，笑谈渴饮匈奴血。待从头、收拾旧山河，朝天阙④。

【说明】

这首词表现了作者抗击金兵、收复故土、统一祖国的强烈爱国精神。南宋岳飞作。岳飞（1103—1142），字鹏举，谥号武穆，后又追谥忠武，封鄂王。相州汤阴（今河南汤阴县）人。南宋将领、文学家，中国历史上著名军事家、战略家，位列南宋中兴四将之首。《满江红·写怀》是他的代表作，是千古传诵的爱国诗篇，后人辑有文集传世。

【注释】

①长啸：大声呼叫。

②等闲：轻易，随便。

③靖康：指"靖康之变"，金兵攻陷汴京，掳走徽、钦二帝。

④天阙：本指宫殿前的楼观，此指皇帝生活的地方。

【译文】

我愤怒得头发竖了起来，帽子被顶飞了。独自登高凭栏远眺，骤急的风雨刚刚停歇。抬头远望天空，禁不住仰天长啸，一片报国之情充满心怀。三十多年来虽已建立一些功名，但如同尘土微不足道，南北转战八千里，经过多少风云人生。好男儿，要抓紧时间为国建功立业，不要空空将青春消磨，等年老时徒自悲切。

靖康之变的耻辱，至今仍然没有被雪洗。作为国家臣子的愤恨，何时才能泯灭！我要驾着战车向贺兰山进攻，连贺兰山也要踏为平地。我满怀壮志，打仗饿了就吃敌人的肉，谈笑渴了就喝敌人的鲜血。待我重新收复旧日山河，再带着捷报向国家报告胜利的消息！

诉衷情·当年万里觅封侯

陆 游

当年万里觅封侯。匹马戍①梁州。关河②梦断何处，尘暗旧貂裘。

胡未灭，鬓先秋③，泪空流。此生谁料，心在天山，身老沧洲。

【说明】

这首词通过今昔对比，反映了一位爱国志士壮志难酬、报国无门的悲愤不平之情。南宋陆游作。

【注释】

①戍：守边。

②关河：关塞、河流。

③秋：秋霜，比喻年老鬓白。

【译文】

当年奔赴万里外的边疆，寻找建功立业的机会，单枪匹马奔赴边境保卫梁州。如今防守边疆要塞的从军生活只能在梦中出现，梦醒后不知它在何处。唯有貂皮裘衣已积满灰尘，变得又暗又旧。

金国还未灭，自己的双鬓却早已白如秋霜，眼泪白白地流淌。谁能料我这一生，心始终在前线抗敌，人却老死在沧洲！

卜算子·咏梅

陆 游

驿①外断桥边，寂寞开无主。已是黄昏独自愁，更著②风和雨。

无意苦争春，一任群芳妒。零落成泥碾③作尘，只有香如故。

【说明】

这是一首描写梅花傲然不屈，进而表现自己孤高坚贞的托物言志之作。南宋陆游作。

【注释】

①驿：驿站，古代传递政府文书的人中途换马匹休息、住宿的地方。

②著（zhuó）：通"着"，遭受。

③碾（niǎn）：轧碎。

【译文】

驿站之外的断桥边，梅花孤单寂寞地绽放了，无人过问。暮色降临，梅花无依无靠，已经够愁苦了，却又遭到了风雨的摧残。

梅花并不想费尽心思去争艳斗宠，对百花的妒忌与排斥毫不在乎。即使凋零了，被碾作泥土，又化作尘土了，梅花依然和往常一样散发出缕缕清香。

钗头凤·红酥手

陆 游

红酥手，黄縢酒，满城春色宫墙柳。东风恶，欢情薄，一怀愁绪，几年离索。错！错！错！

春如旧，人空瘦，泪痕红浥①鲛绡透。桃花落，闲池阁，山盟虽在，锦书难托。莫！莫！莫！

【说明】

这首词是作者自己爱情悲剧的写照。南宋陆游作。

【注释】

浥（yì）：湿润。

【译文】

红润柔软的手，捧出黄泥封的酒，满城荡漾着春天的景色，宫墙里摇曳着绿柳。东风多么可恶，把浓郁的欢情吹得那样稀薄，满怀抑塞着忧愁的情绪，离别后几年来的生活十分萧索。回顾起来都是错！错！错！

美丽的春景依然如旧，只是人却白白相思得消瘦，泪水洗尽脸上的胭红，把薄绸的手帕全都湿透。满园的桃花已经凋落，幽静的池塘也已干涸，永远相爱的誓言虽在，可是锦文书信靠谁投托。深思熟虑一下，只有莫！莫！莫！

浪淘沙·把酒祝东风

欧阳修

把酒祝东风，且共从容①。垂杨紫陌②洛城东。总是当时携手处，游遍芳丛。

聚散苦匆匆，此恨无穷。今年花胜去年红。可惜明年花更好，知与谁同？

【说明】

这首词是作者与友人在洛阳城东旧地重游时有感而作，词中伤时惜别，抒发了人生聚散无常的感叹。北宋欧阳修作。欧阳修（1007—1072），字永叔，号醉翁、六一居士，吉州永丰（今江西省吉安市永丰县）人。北宋政治家、文学家，"唐宋八大家"之一。有《欧阳文忠集》传世。

【注释】

①从容：留恋，不舍。

②紫陌：紫路，指洛阳的道路，据说洛阳古代曾以紫色土铺路，故名。

【译文】

端起酒杯向东方祈祷，请你再留些时日不要一去匆匆。洛阳城东垂柳婆娑的郊野小道，就是我们去年携手同游的地方，我们游遍了姹紫嫣红的花丛。

欢聚和离散都是这样匆促，心中遗恨却无尽无穷。今年的花红胜过去年，明年的花儿将更美好，可惜不知那时将和谁相从？

采桑子·群芳过后西湖好

欧阳修

群芳过后①西湖好,狼籍②残红,飞絮蒙蒙。垂柳阑干尽日风。

笙歌散尽游人去,始觉春空。垂下帘栊③,双燕归来细雨中。

【说明】

此词写暮春依栏观湖游兴之感,描写了颍州(今安徽省阜阳市颍州区)西湖暮春时节静谧清疏的风姿,寄托词人在暮春美景中闲适之情。北宋欧阳修作。

【注释】

①群芳过后:百花凋零之后。

②狼籍:通"狼藉",散乱的样子。

③帘栊(lóng):窗帘和窗棂,此处泛指门窗的帘子。

【译文】

虽说是百花凋落,暮春时节的西湖依然是美的,残花轻盈飘落,点点残红在纷杂的枝叶间分外醒目;柳絮时而飘浮,时而飞旋,舞弄得迷迷蒙蒙;杨柳向下垂落,纵横交错,在和风中飘荡,摇曳多姿,怡然自得,整日轻拂着湖水。

游人尽兴散去,笙箫歌声也渐渐静息,才开始觉得一片空寂,又仿佛正需要这份安谧。回到居室,放下窗帘,双燕从蒙蒙细雨中归来。

清平乐·春归何处

黄庭坚

春归何处?寂寞无行路。若有人知春去处,唤取归来同住。

春无踪迹谁知?除非问取黄鹂。百啭①无人能解,因风飞过蔷薇。

【说明】

这是一首表达对美好春光的珍惜与热爱之情的惜春之作,同时也抒写了作者对美好事物的执着和追求。北宋黄庭坚作。黄庭坚(1045—1105),字鲁直,号清风阁、山谷道人等,世称黄山谷、豫章先生等。江南西路洪州府分宁(今江西省九江市修水县)人。做过官员。北宋诗人、词人、书法家,开创江西诗派,"苏门四学士"之一。著有《山谷词》《豫章黄先生文集》等。

【注释】

啭(zhuàn):形容鸟儿婉转的啼叫。

【译文】

春天回到了哪里?留下一派清静,找不到它回去的道路。若是有人知道春天归去之处,请叫它仍旧回来与我同住。

可是春天去得无影无踪,什么人会知道?除非你问一问黄鹂。它的叫声十分婉转,但无人能够理解,只有任它凭借轻风飘过蔷薇。

相思令·吴山青

林逋

吴山青,越山青,两岸青山相对迎。谁知离别情①?

君泪盈,妾泪盈,罗带同心结②未成。江边潮已平。

【说明】

这首词描述了一位女子与情人诀别的情景,运用《诗经》中回环咏唱的手法,抒发了主人公因情人远去而生的悲愁。北宋林逋作。

【注释】

①谁知离别情:一作"争忍有离情"。

②同心结:将罗带系成连环回文样式的结子,象征定情。

【译文】

钱塘江北青翠的吴山,钱塘江南清秀的越山,成天俯瞰着征帆归舟,似在殷勤送迎,好生有情。可此际,一对有情人儿正依依江岸,难分难舍,那山却依旧招呼着行人归客,全不管他俩的离情别绪,真是无情透了。

钱塘江水似乎也是无情,这对有情人,同心结还未打成,定情之期还未说妥,它却涨起大潮,催着行舟早发。可是,当他俩泪水盈眶之时,它也把潮头悄悄涨到与岸齐平;似乎一等泪珠夺眶而出,它也要让潮水涌向四野。

望海潮·东南形胜

柳 永

东南形胜,三吴①都会,钱塘自古繁华。烟柳画桥,风帘翠幕,参差十万人家。云树②绕堤沙,怒涛卷霜雪,天堑③无涯。市列珠玑,户盈罗绮,竞豪奢。

重湖叠巘清嘉④。有三秋桂子,十里荷花。羌管⑤弄晴,菱歌泛夜,嬉嬉钓叟莲娃。千骑拥高牙。乘醉听箫鼓,吟赏烟霞。异日图⑥将好景,归去凤池夸。

【说明】

这是一首描写杭州的富庶与美丽的词作,一说是一首干谒词,此处取第一种说法。北宋柳永作。柳永(约987年—约1053年),原名三变,字景庄,后改名永,字耆卿,由于排行第七,又称柳七。福建崇安(今福建武夷山)人。做过官员,官至屯田员外郎,故世称柳屯田。北宋著名词人,婉约派创始人物。代表作有《雨霖铃》《八声甘州》《凤栖梧》等。

【注释】

①三吴:即吴兴(今浙江省湖州市)、吴郡(今江苏省苏州市)、会稽(今浙江省绍兴市)三郡,此处泛指今江苏省南部和浙江省的部分地区。

②云树:树木如云,极言其多。

③天堑(qiàn):天然沟壑,人间险阻,一般指长江,这里借指钱塘江。

④巘(yǎn):大山上的小山。清嘉:清秀佳丽。

⑤羌(qiāng)管:即羌笛,泛指乐器。

⑥图:作动词用,描绘。

【译文】

杭州地理位置重要,风景优美,是三吴的都会。这里自古以来就十分繁华。如烟的柳树、彩绘的桥梁,挡风的帘子,翠绿的帐幕,楼阁高高低低,大约有十万户人家。高耸入云的大树环绕着钱塘江沙堤,澎湃的潮水卷起霜雪一样白的浪花,宽广的江面一望无涯。市场上陈列着琳琅满目的珠玉珍宝,家家户户都存满了绫罗绸缎,争相竞比奢华。

里湖、外湖与重重叠叠的山岭非常清秀美丽。秋天桂花飘香,夏季十里荷花。晴天欢快地吹奏羌笛,夜晚划船采菱唱歌,钓鱼的老翁、采莲的姑娘都笑逐颜开。千名骑兵簇拥着归来的长官。在微醺中听着箫鼓管弦,吟诗作词,欣赏美丽的水色山光。来日把这美好的景致描绘出来,回京时向朝中的人们夸耀。

雨霖铃·寒蝉凄切

柳 永

寒蝉凄切①,对长亭②晚,骤雨③初

歇。都门④帐饮⑤无绪⑥，留恋处，兰舟⑦催发⑧。执手相看泪眼，竟无语凝噎⑨。

念去去⑩，千里烟波，暮霭沉沉楚天阔。多情自古伤离别，更⑪那堪冷落清秋节！今宵⑫酒醒何处？杨柳岸，晓风残月。此去经年⑬，应是良辰好景虚设。便纵⑭有千种风情⑮，更⑯与何人说？

【说明】

该词是作者的代表作，是词人在仕途失意，不得不离京都（汴京，今河南开封）时写的，是表现江湖流落感受中很有代表性的一篇。词写的离情别绪达到了情景交融的艺术境界。北宋柳永作。

【注释】

①凄切：凄凉急促。

②长亭：古代在交通要道边每隔十里修一座长亭供行人休息，又称"十里长亭"。靠近城市的长亭往往是古人送别的地方。

③骤雨：急猛的阵雨。

④都门：国都之门。这里指北宋的首都汴京（今河南开封）。

⑤帐饮：在郊外设帐饯行。

⑥无绪：没有情绪。

⑦兰舟：古代传说鲁班曾刻木兰树为舟。这里用作对船的美称。

⑧催发：催赶着船。

⑨凝噎：喉咙哽塞，欲语不出的样子。

⑩去去：重复"去"字，表示行程遥远。

⑪更：更何况。

⑫今宵：今夜。

⑬经年：年复一年。

⑭纵：即使。

⑮风情：情意。男女相爱之情，深情蜜意。情：一作"流"。

⑯更：一作"待"。

【译文】

秋后的蝉叫得那样地凄凉急促，面对着长亭，一阵急雨刚停住。在京都城外设帐饯别，却没有畅饮的心绪，正在依依不舍的时候，船家已催着上船出发。执手相看泪眼，竟欲语说不出来。

这一程又一程，千里迢迢，一片烟波，那夜雾沉沉的楚地天空竟是一望无边。自古以来多情人伤心的是离别，更何况又逢这萧瑟冷落的秋天，这离愁哪能受得了！谁知我今夜酒醒时身在何处？怕是只有杨柳岸边，面对凄厉的晨风和黎明的残月。这一去长年相别，相爱的人不在一起，我料想即使遇到好天气、好风景，也如同虚设。即使有满腹的情意，又能和谁一同诉说欣赏呢？

八声甘州·对潇潇暮雨洒江天

柳　永

对潇潇暮雨洒江天，一番洗清秋。渐霜风凄紧，关河①冷落，残照当楼。是处红衰翠减，苒苒②物华休。惟有长江水，无语东流。

不忍登高临远，望故乡渺邈③，归思难收。叹年来踪迹，何事苦淹留？想佳人，妆楼颙望④，误几回、天际识归舟。争⑤知我，倚阑干处，正恁凝愁！

【说明】

此词抒写了作者漂泊江湖的愁思和仕途失意的悲慨。潇潇：下雨声，一说雨势急骤的样子。一作"萧萧"。北宋柳永作。

【注释】

①关河：关塞与河流，此指山河。

②苒苒（rǎn）：同"荏苒"，形容时光流逝。

③渺邈（miǎomiǎo）：远貌，渺茫遥远。一作"渺渺"。

④颙（yóng）望：抬头凝望。颙：一作"长"。

⑤争：通"怎"。

【译文】

面对着潇潇暮雨从天空洒落在江面上，经过一番雨洗的秋景，分外清朗。凄凉的霜风一阵紧似一阵，关山江河一片冷清萧条，落日的余晖照耀在高楼上。到处红花凋零、翠叶枯落，一切美好的景物渐渐地衰残。只有那滔滔的长江水，不声不响地向东流淌。

不忍心登高遥看远方，眺望渺茫遥远的故乡，渴求回家的心思难以收拢。叹息这些年来的行踪，为什么苦苦地长期停留在异乡？想起美人，正在华丽的楼上抬头凝望，多少次错把远处驶来的船当作心上人回家的船。她哪会知道，我倚着栏杆，愁思正如此地深重。

定风波·自春来

柳　永

自春来、惨绿愁红，芳心是事可可①。日上花梢，莺穿柳带，犹压香衾卧。暖酥消、腻云亸②，终日厌厌倦梳裹。无那。恨薄情一去，音书无个。

早知恁么，悔当初、不把雕鞍锁。向鸡窗③，只与蛮笺象管④，拘束教吟课。镇⑤相随，莫抛躲，针线闲拈伴伊坐。和⑥我，免使年少，光阴虚过。

【说明】

这是一首模仿女子口吻所作的伤春怨别的恋情词，具有浓厚的民歌风味，读来似乎能感受到《诗经》中才有的韵味。北宋柳永作，是柳永"俚词"的代表性作品。俚词即民间的、通俗的词。

【注释】

①可可：无关紧要，不在意。

②亸（duǒ）：下垂貌。

③鸡窗：指书窗或书房。

④蛮笺象管：纸和笔。

⑤镇：常。

⑥和：允诺。

【译文】

入春后，绿叶红花也像是带着愁苦，这一寸芳心越发显得百无聊赖。太阳已经挂上树梢，黄莺开始在柳条间穿飞鸣叫，我还拥着锦被没有起来。细嫩的肌肤已渐渐消瘦，满头的秀发低垂散乱，终日里心灰意懒，完全没有对镜梳妆的心情。真无奈，可恨那薄情郎离开后，竟没有寄回一封书信。

早知如此，当初就应该把他的宝马锁起来，把他留在家里，与笔墨为伍，让他吟诗作词，寸步也不离开。如此，我也不必躲躲闪闪，可以整日里与他相伴，手拿着针线与他相依相偎。与他一起厮守，这青春也不至于虚度，更不必像今日一样苦苦等待了。

蝶恋花·伫倚危楼风细细

柳　永

伫①倚危楼风细细。望极春愁，黯黯②生天际。草色烟光残照里，无言谁会凭阑③意。

拟把疏狂图一醉。对酒当歌，强

乐④还无味。衣带渐宽终不悔,为伊消得人憔悴。

【说明】

这是一首抒发离愁的词。北宋柳永作。

【注释】

①伫(zhù):久立。

②黯黯:迷蒙不明,形容心情沮丧忧愁。

③阑:通"栏"。

④强(qiǎng)乐:勉强欢笑。强:勉强。

【译文】

长时间倚靠在高楼的栏杆上,微风拂面,一丝丝细软轻柔,望不尽春日的忧愁,沮丧、愁绪从遥远无边的天际升起。碧绿的草色,飘忽缭绕的云霭雾气掩映在落日余晖里,默默无言,谁理解我现在的心情?

打算把放荡不羁的自己灌醉,举杯高歌,勉强欢笑更觉得兴味索然。虽然日渐消瘦,却始终不曾后悔,为了她,消瘦得精神萎靡、神色憔悴都能忍受。

武陵春·春晚

李清照

风住尘香①花已尽,日晚倦梳头。物是人非事事休,欲语泪先流。

闻说双溪春尚好,也拟②泛轻舟。只恐双溪舴艋舟③,载不动许多愁。

【说明】

此词借暮春之景,写出了词人内心深处的苦闷和忧愁,塑造了一个在孤苦凄凉环境中流荡无依的才女形象。宋代李清照作。李清照(1048—1155),号易安居士。济南人。宋代(南北宋之交)女词人,婉约词派代表。著有《易安居士文集》《易安词》,今已散佚,后人辑有《漱玉词》《漱玉集》,今有《李清照集》辑本。

【注释】

①尘香:落花触地,尘土也沾染上落花的香气。

②拟:准备、打算。

③舴艋(zéměng)舟:两头尖如蚱蜢的小舟。

【译文】

风停了,花儿已凋落殆尽,尘土里有花的香味。日头已高,我却怠于梳妆。景物依旧,人事已变,一切事情都已经完结。心中有话,还未开口,眼泪先流了下来。

听说双溪春景尚好,我也打算泛舟前去。只怕双溪蚱蜢般的小船,载不动我许多的忧愁。

声声慢·寻寻觅觅

李清照

寻寻觅觅,冷冷清清,凄凄惨惨戚戚。乍暖还寒时候,最难将息①。三杯两盏淡酒,怎敌他、晚来风急?雁过也,正伤心,却是旧时相识。

满地黄花堆积。憔悴损②,如今有谁堪摘?守着③窗儿,独自怎生④得黑?梧桐更兼细雨,到黄昏、点点滴滴。这次第⑤,怎一个愁字了得!

【说明】

这是一首通过描写残秋所见、所闻、所感,抒发自己因国破家亡、沦落天涯而产生的孤寂落寞、悲凉愁苦心绪的作品。宋代李清照作。

【注释】

①将息：调养休息，保养安宁，养息适应。

②损：表示程度极高。

③着：一作"著"。

④生：语气助词，无义。

⑤这次第：这光景、这情形。

【译文】

苦苦地寻寻觅觅，却只见冷冷清清，怎不让人凄惨悲戚。乍暖还寒的时节，最难保养休息。喝三杯两杯淡酒，怎么抵得住早晨的寒风急袭？一行大雁从眼前飞过，更让人伤心，因为都是旧日的相识。

园中菊花堆积满地，都已经憔悴不堪，如今还有谁来采摘？冷清清地守着窗子，独自一个人怎么熬到天黑？梧桐叶上细雨淋漓，到黄昏时分，还是点点滴滴。这般情景，怎么能用一个"愁"字了结！

清平乐·金风细细

晏 殊

金风细细，叶叶梧桐坠。绿酒初尝人易醉。一枕小窗浓睡。

紫薇朱槿①花残。斜阳却照阑干。双燕欲归时节，银屏②昨夜微寒。

【说明】

这是一首描写秋天景色兼抒情的词，风格含蓄、婉丽。金风：秋风。北宋晏殊作。晏殊（991—1055），字同叔。江南西路抚州临川县（今江西临川）人。做过宰相。原有文集散失，存世作品有《珠玉词》《晏元献遗文》《类要》残本。

【注释】

①紫薇：落叶小乔木，又名"百日红"。朱槿（jǐn）：红色木槿，又名扶桑。

②银屏：银饰屏风。

【译文】

徐徐的秋风正在细细吹拂，梧桐树叶正在飘然落下。初尝香醇绿酒便陶醉，在小窗之前一枕酣眠浓睡。

紫薇和朱槿在秋寒里凋残，只有夕阳映着楼阁栏杆。到了双燕将要南归的季节，镶银的屏风昨夜已经微寒。

浣溪沙·一曲新词酒一杯

晏 殊

一曲新词酒一杯，去年天气旧亭台。夕阳西下几时回？

无可奈何花落去，似曾相识①燕归来。小园香径独徘徊。

【说明】

这是一首伤春惜时之作，作者悼惜残春，感伤年华的飞逝，又暗寓怀人之意。新词：刚填好的词，意指新歌。北宋晏殊作。

【注释】

①似曾相识：好像曾经认识，形容见过的事物再度出现，后用作成语，即出自此句。

【译文】

听一首曲子，喝一杯美酒，想起去年同样的季节也是这种楼台和亭子。天边西下的夕阳什么时候才又转回这里？

花儿总要凋落是让人无可奈何的事，那翩翩归来的燕子好像旧时的相识。在弥漫花香的园中小路上，我独自走来走去。

兰陵王·柳

周邦彦

柳阴直，烟里丝丝弄碧。隋堤①上、曾见几番，拂水飘绵送行色。登临望故国,谁识京华倦客?长亭路,年去岁来,应折柔条过千尺。

闲寻旧踪迹②。又酒趁③哀弦,灯照离席。梨花榆火催寒食。愁一箭风快,半篙波暖,回头迢递④便数驿。望人在天北。

凄恻,恨堆积。渐⑤别浦萦回,津堠⑥岑寂⑦。斜阳冉冉春无极。念月榭携手,露桥闻笛。沉思前事,似梦里,泪暗滴。

【说明】

这首词描写了作者离开京师时的心情,风格浑厚、典丽、缜密。北宋周邦彦作。周邦彦(1057—1121),字美成,号清真居士。钱塘(今浙江杭州)人。宋词"婉约派"的代表词人之一。当时,周邦彦在词作者中地位颇高,有人称他为"词家之冠""词中老杜",有《片玉集》传世。

【注释】

①隋堤:汴河之堤,隋炀帝时所修。
②旧踪迹:旧日的行踪。
③趁:逐,追随。
④迢(tiáo)递:遥远。
⑤渐:正当。
⑥津堠(hòu):码头上守望的地方。津:渡口。堠:哨所。
⑦岑寂:寂静、寂寞。

【译文】

正午的柳荫直直地落下,雾霭中,丝丝柳枝随风摆动。在古老的隋堤上,曾经多少次看见柳絮飞舞,把匆匆离去的人相送。每次都登上高台向故乡瞭望,杭州远隔山水一重又一重。旅居京城使我厌倦,可有谁知道我心中的隐痛?在这十里长亭的路上,我折下的柳条有上千枝,可总是年复一年地把他人相送。

我趁着闲暇到了郊外,本来是为了寻找旧日的行踪,不料又遇上筵席给朋友饯行。华灯照耀,我举起了酒杯,哀怨的音乐在空中飘动。驿站旁的梨花已经盛开,提醒我寒食节就要到了,人们将把榆柳当作薪火取用。我满怀愁绪看着船像箭一样离开,艄公的竹篙插进温暖的水波,频频地朝前撑动。等船上的客人回头相看,驿站已被远远地抛在后面,端的离开了让人愁烦的京城。他想要再看一眼天北的我哟,却发现已经是一片朦胧。

我孤零零地十分凄惨,堆积的愁恨有千万重。送别的河岸迂回曲折,渡口的土堡一片寂静。春色一天天浓了,斜阳挂在半空。我不禁想起那次携手,在水榭游玩,月光溶溶。我们一起在露珠盈盈的桥头,听人吹笛到曲终……唉,回忆往事,如同一场大梦。我暗中不断垂泪,难以排遣的是那永远的隐痛。

卜算子·我住长江头

李之仪

我住长江头,君住长江尾。日日思君不见君,共饮长江水。

此水几时休,此恨何时已①。只愿君心似我心,定②不负相思意。

【说明】

这是作者借描写女子对远方情人的思念与对爱情的忠贞,向女子表示爱恋的词。北宋李之仪作。李之仪(1048—1117),字端叔,自号姑溪居士、姑溪老农。沧州无棣(庆云县)人。做过官员。北宋词人,有《姑溪词》等著作传世。

【注释】

①已：完结，停止。

②定：此处为衬字。

【译文】

我居住在长江上游，你居住在长江下游。天天想念你却见不到你，我们共同喝着长江的水。

江水东流，无止无休，我对你的相思离别之恨也如这江水一般不知何时才能停歇。只希望你的心思像我的意念一样，一定不会辜负这互相思念的心意。

临江仙·滚滚长江东逝水

杨 慎

滚滚长江东逝水，浪花淘尽英雄。是非成败转头空，青山依旧在，几度夕阳红。

白发渔樵①江渚②上，惯看秋月春风。一壶浊酒喜相逢，古今多少事，都付笑谈中。

【说明】

该词是一首咏史并具有哲理的词，借叙述历史兴亡抒发人生感慨，豪放中有含蓄，高亢中有深沉，慷慨悲壮，意味无穷，读来荡气回肠。明代杨慎作，出自《廿一史弹词》，是其中的第三段《说秦汉》的一篇开场词。杨慎（1488—1559），字用修，号升庵。四川新都（今成都市新都市）人。做过官员。明代文学家，三才子之首，时人称其"无书不读"，著作四百余种，被后人辑为《升庵集》。

【注释】

①渔樵：指隐居不问世事的人。

②渚（zhǔ）：原意为水中的小块陆地，此处意为江岸边。

【译文】

滚滚长江向东流，多少英雄在浪花般的斗争和时间中消逝。无论谁是谁非，成功或者失败，到头来都成空，都随着岁月消逝了。当年的青山依然存在，太阳仍旧东升西落。

在江边的白发隐士，早已看惯了岁月的变化。见到久违的老友，自是非常高兴，痛快地畅饮一杯酒，古往今来多少事，都付之于人们的谈笑之中。

清平乐·朱颜渐老

白 朴

朱颜渐老，白发添多少？桃李春风浑①过了，留得桑榆残照。

江南地迥②无尘，老夫一片闲云。恋杀青山不去，青山未必留人。

【说明】

这首《清平乐》是一首叹惋迟暮之作。元代白朴作。白朴（1226—1306），原名恒，后改名朴，字仁甫、太素，号兰谷。山西河曲人，客居正定（今河北正定）。元代文学家、曲作家、杂剧家，"元曲四大家"（即马志远、郑光祖、关汉卿、白朴）之一。今存《天籁集》词2卷，散曲小令37首，套曲4首，今人隋树森《全元散曲》收录。

【注释】

①浑：全，整个。

②迥：远。

【译文】

青春的容颜逐渐衰老，鬓角又增添了多少白发？桃李、春风就这么全都过去了，只剩下夕阳的余晖映出桑榆长长的影子。

再次来到遥远的江南，无一丝烟火

之气，自己就像是一片飘逸的闲云。我留恋这青山，不想离开，青山却不一定能永远留住欣赏它的人。

浣溪沙·谁念西风独自凉

纳兰性德

谁①念西风独自凉，萧萧黄叶闭疏窗②，沉思往事立残阳。

被酒③莫惊春睡重，赌书消得泼茶香④，当时只道是寻常。

【说明】

这是一首悼念死去的妻子的词。词风清丽婉约，哀感顽艳，格高韵远，独具特色。清代纳兰性德作。纳兰性德（1655—1685），叶赫那拉氏，字容若，号楞伽山人，原名纳兰成德。满洲正黄旗人。做过官员。清代词人，王国维评价其在词上的成就为"北宋以来，一人而已"。著有《通志堂集》《侧帽集》《饮水词》等。

【注释】

①谁：指亡妻。
②疏窗：刻有花纹的窗户。
③被酒：酒醉。
④赌书泼茶：一种娱乐活动。

【译文】

秋风送凉，树叶纷纷落下，对着窗子独自寂寞，没有人值得我去挂念，现在也没有人会再挂念我了。也唯有面对着夕阳，通过思念往事来打发时间。

喝酒睡懒觉，赌书泼茶，当时不懂，只以为是平常事，如今斯人已逝，往事不再，才知寻常的可贵。

长相思·山一程

纳兰性德

山一程，水一程，身向榆关那畔①行，夜深千帐灯。

风一更，雪一更，聒②碎乡心梦不成，故园③无此声。

【说明】

这是一首思乡之作。清代纳兰性德作。

【注释】

①榆关：即今山海关。那畔：即山海关的另一边，指身处关外。
②聒（guō）：声音嘈杂。
③故园：故乡，指北京。

【译文】

一路上跋山涉水，向榆关那边进发。夜深宿营，只见无数座行帐中都亮着灯火。

一更又一更，风雪一阵又一阵，吵得我心乱，在我的故乡，从来没有这聒噪的风雪声。

蝶恋花·满地霜华浓似雪

王国维

满地霜华①浓似雪。人语西风，瘦马嘶残月。一曲阳关②浑未彻。车声渐共歌声咽。

换尽天涯芳草色。陌上深深，依旧年时辙。自是浮生无可说。人间第一耽③离别。

【说明】

这是一曲抒发心中郁闷的离别词。王国维作。王国维（1877—1927），字静安，晚号观堂。浙江省海宁州（今浙江省嘉兴市海宁）人。近现代相交时期著名学者、国学大师，著有《人间词话》《观堂集林》。

【注释】

①霜华：此指严霜。

②阳关：指《阳关三叠》曲，为古代送别的曲调。

③耽：延迟、延误，引申为难以释怀，使人痛苦。

【译文】

秋霜铺满地面，白色浓得像是化不开的雪。悲伤的话语容易引来西风，就像瘦马的哀鸣被残月映衬。一曲《阳关三叠》传来，声音是那么的浑厚，曲子没有结束，声音却已经消于无形。咿呀的车声仿佛应和着歌声，在痛苦地呜咽。

天涯芳草已尽数由青翠换作了枯黄。任凭草青草黄，陌头上深深的车辙印依旧是以前的模样。漂浮不定的人生没有什么可说的。人世间最痛苦的莫过于离别。

曲作鉴赏

天净沙·秋思

马志远

枯藤老树昏鸦①，
小桥流水人家，
古道西风②瘦马。
夕阳西下，
断肠人③在天涯④。

【说明】

这是一首表达飘零天涯的游子在秋天思念故乡和倦于漂泊的凄苦愁楚之情的小令。元代马致远作。马致远（约1250—约1321至1324），字千里，号东篱。大都（今北京，曾有异议）人。做过官员。元代戏剧家、散曲家，"元曲四大家"之一。

【注释】

①昏鸦：黄昏时归巢的乌鸦。昏：傍晚。

②西风：寒冷、萧瑟的秋风。

③断肠人：形容伤心悲痛到极点的人，此指漂泊天涯、极度忧伤的旅人。

④天涯：远离家乡的地方。

【译文】

天色黄昏，一群乌鸦落在枯藤缠绕的老树上，发出凄厉的哀鸣。

小桥下流水哗哗作响，小桥边庄户人家炊烟袅袅。

古道上一匹瘦马，顶着西风艰难地前行。

夕阳渐渐地失去了光泽，从西边落下。

凄寒的夜色里，只有孤独的旅人漂泊在遥远的地方。

山坡羊·骊山怀古

张养浩

骊山四顾，阿房①一炬②，当时奢侈今何处？

只见草萧疏，水萦纡③。至今遗恨迷烟树。

列国周齐秦汉楚。赢，都变做了土；输，都变做了土。

【说明】

这是作者途经骊山有所感而创作的一首小令。元代张养浩作。张养浩（1270—1329），字希孟，号云庄。济南路历城县（今山东省济南市历城区）人。做过官员。有散曲集《云庄休居自适小乐府》传世。

【注释】

①阿房：阿房宫，秦宫殿名。

②一炬：指项羽引兵屠咸阳，"烧秦宫室，火三月不灭"。

③萦纡（yū）：形容水流回旋迂曲

的样子。

【译文】

在骊山上四处看看，阿房宫已经被一把火烧没了，当时的繁华富貌，现在在哪里？

只看见了荒凉的草，水流回旋弯曲，到现在遗留的仇恨像烟雾一样。

列国的周齐秦汉楚，这些国家，无论当时是输还是赢，现在都变成了泥土。

人月圆·伤心莫问前朝事

倪 瓒

伤心莫问前朝事，重上越王台①。鹧鸪②啼处，东风草绿，残照花开。

怅然孤啸，青山故国，乔木苍苔。当时明月，依依素影，何处飞来？

【说明】

这是一首怀古伤今的曲作。其风自然秀拔，清隽淡雅。前朝：指过去的所有朝代，一说指宋朝，此处取第一种说法。元代倪瓒作。倪瓒（1301—1374），初名珽，字泰宇，后字元镇。江苏无锡人。元代画家、诗人。著有《清閟阁集》。

【注释】

①越王台：春秋时越王勾践所建的驻兵之地。

②鹧鸪（zhègū）：鸟名，体形似鸡而比鸡小。

【译文】

不要再问前朝那些伤心的往事了，再次登上越王台。鹧鸪鸟哀婉地啼叫，东风吹拂初绿的衰草，山花在残阳中开放。

仰天长啸，排遣心中惆怅，青山依旧，乔木布满苍苔，一片悲凉。头上的明月，柔和皎洁，仍是照耀过前朝的那轮，可是它又是从哪里飞来的呢？

二、散文、小说、戏曲作品鉴赏

散文鉴赏

《论语》十则

【说明】

《论语》主要是记载孔丘（即孔子）言行的一本语录体的书，共20篇492章，由孔丘的弟子和再传弟子编辑而成，成书约在战国初年，基本上代表了孔丘的思想。下面选录了《论语》十则，其中有一些是关于教学经验的总结，言简意深，对我们有一定的启发意义。

（一）子曰①："学而时习之②，不亦说乎③？有朋自远方来④，不亦乐乎？人不知而不愠⑤，不亦君子乎⑥？"（《学而》）⑦

【注释】

①子：指孔丘。"子"是古代对男子的尊称，《论语》中"子曰"的"子"都指孔丘。

②时：以时，按时。习：温习，练习。

③说（yuè）："悦"的古字。"不亦……乎"：相当于"不是……"，是古汉语

中常用的一种反诘句的句式。

④朋：指志同道合的人，旧说"同门（师）为朋，同志为友"。

⑤人不知：人家不了解自己。愠（yùn）：怒。

⑥君子：孔丘认为的道德高尚的人。

⑦学而：《论语》的篇名，下面的"为政""述而"等亦同。《论语》中每篇以第一句的头两个字（偶或三字）为篇名。

（二）子曰："君子食无求饱①，居无求安，敏于事而慎于言②，就有道而正焉③，可谓好学也已④。"（《学而》）

【注释】

①无：同"毋"，不要。

②敏于事：在做事上敏捷。慎：谨慎。

③就有道而正焉：就教于有道的人以端正自己。就，接近。

④已：句末语气词，同"矣"。

（三）子曰："学而不思则罔①，思而不学则殆②。"（《为政》）

【注释】

①罔（wǎng）：感到迷茫而无所适从。

②殆（dài）：疑惑。

（四）子曰："由①，诲女知之乎②？知之为知之，不知为不知，是知也③。"（《为政》）

【注释】

①由：仲由，字子路，孔子的学生。

②诲女知之乎：教导你的知道吗？诲，教导。女（rǔ）："汝"的古字，你。

③是知也：这就是知。是，指示代词。

（五）子曰："不愤不启①，不悱不发②，举一隅不以三隅反③，则不复也④。"（《述而》）

【注释】

①愤：想弄明白而未弄明白。启：开导。

②悱（fěi）：想说出来而说不出来。发：启发。

③举一隅不以三隅反：举出一个角而不能类推其他三个角。隅，角。反，类及，推论。

④不复：不再教他。

（六）子曰："三人行，必有我师焉①。择其善者而从之，其不善者而改之②。"（《述而》）

【注释】

①焉：于此，在其中。

②这句的意思是，对其中不好的，作为鉴戒，加以改正。

（七）曾子曰①："士不可以不弘毅②，任重而道远③：仁以为己任④，不亦重乎？死而后已⑤不亦远乎？"（《泰伯》）

【注释】

①曾（zēng）子：曾参（shēn），字子舆，孔丘的学生。

②士：指有一定社会地位的读书人。弘（hóng）：大，指心胸开阔、目标远大。毅：刚毅，意志坚强。

③任：担子。

④仁以为己任：把实行"仁"作为自己的责任。"仁"是介词"以"的宾语。仁，孔子倡导的维护奴隶制的政治原则和道德观念。

⑤已：停止。

（八）子曰："岁寒，然后知松柏之后雕也①。"（《子罕》）

【注释】

①雕：同"凋"，凋谢。

（九）阳货欲见孔子①，孔子不见。归孔子豚②。孔子时其亡也而往拜之③，遇诸涂④。谓孔子曰："来，予与尔言⑤。"曰⑥："怀其宝而迷其邦⑦，可谓仁乎？"曰⑧："不可。""好从事而亟失时⑨，可谓知乎⑩？"曰："不可。""日月逝矣，岁不我与⑪。"孔子曰："诺，吾将仕矣⑫。"（《阳货》）

【注释】

①阳货：又叫阳虎（"货""虎"二字通假），春秋时鲁国季氏的家臣。季氏是鲁国新兴势力的代表，曾控制鲁国的政权；阳货又曾掌握季氏家的权柄。见孔子：让孔子见他。见，使动用法。

②归：同"馈"，赠送。豚（tún）：小猪，指蒸熟了的小猪。参见《孟子·滕文公》。当时的礼节，地位高的人给地位低的人送礼，受赠者如果不是当面接受，就要去回拜。阳货不愿去拜访孔丘，他这样做，是为了让孔丘来见他。

③时：同"伺"，窥探。亡：不在，指外出不在家。孔丘不愿同阳货见面，所以趁他不在家的时候去回拜。

④诸：之于。涂：同"途"，路上。

⑤来：招呼孔子的话。当时孔丘可能要躲开，所以阳货把他叫住。予：我。尔：你。

⑥曰：这个"曰"的主语仍是阳货。

⑦怀：怀有。宝：比喻治国的才能。迷：乱，使动用法。邦：国家。

⑧曰：这个"曰"的主语是孔丘。旧说，这个"曰"和下文的"曰"都是阳货的自问自答。

⑨好（hào）：喜好。从事：指从事政治活动。亟（qì）：屡次。时：时机。

⑩知：同"智"。

⑪不我与：不等待我。"我"是动词"与"的宾语。与，等待。

⑫诺：好吧，是答应的话。仕：出仕，做官。

（十）子路从而后①，遇丈人②，以杖荷蓧③。子路问曰："子见夫子乎④？"丈人曰："四体不勤⑤，五谷不分⑥，孰为夫子！"植其杖而芸⑦。子路拱而立⑧。止子路宿⑨，杀鸡为黍而食之⑩，见其二子焉⑪。明日，子路行。以告⑫。子曰："隐者也。"使子路反见之⑬。至则行矣⑭。

子路曰："不仕无义⑮。长幼之节⑯，不可废也；君臣之义，如之何其废⑰？欲洁其身而乱大伦⑱。君子之仕也，行其义也。道之不行⑲，已知之矣。"（《微子》）

【注释】

①从：随，指随从孔丘出游。后：动词，落在后面。

②丈人：老人。

③荷：负，扛着。蓧（diào）：古代除草用的农具。

④子：您，对人的敬称。夫子：老师，指孔丘。

⑤四体：四肢。勤：劳动。

⑥五谷：稻、黍（黄米）、稷（jì，不黏的黍）、麦、菽（豆）。分：辨。

⑦植：立，指插在地上。一说，"植"是"倚"的意思。芸（yún）：同"耘"，除草。

⑧拱：拱手，表示恭敬。

⑨止：留。

⑩为黍：做黄米饭。食（sì）：给吃。

⑪见（xiàn）其二子焉：让他两个儿子来见子路。

⑫以告：把这件事情告诉孔子。

⑬反：同"返"。

⑭至则行矣：到了丈人家，原来他已经出行了。则，连词，表示预期不到的情况的发生。

⑮仕：出仕，做官。义：统治阶级认为合理的道德或举动。

⑯节：礼节。

⑰如之何：这里等于"如何"，怎么。其：语气词，表示委婉。

⑱洁其身：洁身自好。洁，使动用法。伦：古代统治阶级所规定的人与人之间的正常关系。

⑲道：指学说，政治主张。

弈 秋

《孟子》

孟子曰："无或乎王之不智也①。虽有天下易生之物也，一日暴之，十日寒之②，未有能生者也。吾见亦罕矣③，吾退而寒之者至矣④，吾如有萌焉何哉⑤！今夫弈之为数⑥，小数也。不专心致志，则不得也。弈秋通国之善弈者也⑦。使弈秋诲二人弈：其一人专心致志⑧，惟弈秋之为听⑨；一人虽听之，一心以为有鸿鹄将至⑩，思援弓缴而射之⑪。虽与之俱学，弗若之矣⑫。为是其智弗若与⑬？曰：非然也⑭。"

【说明】

《弈秋》说明了学习要专心致志，不可一心二用，否则什么也学不会的道理。本篇选自《孟子·告子上》。《孟子》是孟子的言论汇编，由孟子及其再传弟子共同编写而成。孟子（公元前372—前289），名轲，字与（待考，一说字子车或子居）；战国时期鲁国人，鲁国庆父后裔；中国古代著名思想家、教育家，战国时期儒家代表人物。他继承并发扬了孔子的思想，成为仅次于孔子的一代儒家宗师，有"亚圣"之称，与孔子合称为"孔孟"。其文章说理畅达，气势充沛，逻辑严密，尖锐机智，代表着传统散文写作最高峰。孟子在人性问题上提出性善论，即"人之初，性本善。"

【注释】

①无：勿。或：同"惑"，想不通。乎：表示停顿的语气助词。

②暴（pù）：晒。寒：用如动词，使……寒，等于说冻。

③见：指见齐王。罕：稀少。

④寒之者：比喻和孟子抱不同主张的人，指奸佞之臣。

⑤在王身上有点为善的萌芽，我又能怎么样呢？萌：植物的芽，这里是比喻齐王在思想上接受孟子学说而为善的苗头。"如……何"等于说"如之何"，即奈何。

⑥弈（yì）：下围棋。数。指技艺。

⑦弈秋："秋"是人名，因善弈，所以称"弈秋"，这是古人称名的习惯。通国：全国。

⑧致：极，即"尽"的意思。致志：等于说用尽心思。

⑨等于说"唯弈秋是听"，即"只听弈秋的"。

⑩鸿鹄（hú）：就是鹄（依朱骏声说），天鹅。

⑪援：取过来。缴（zhuó）：用丝绳系着的箭。

⑫弗若：不如，不及。两之字都指上文专心致志的那个人。

⑬为：同"谓"，认为。是：这个人。

⑭这个"曰"字表示同一人自问后的自答。非然：不是这样。

劝 学（节选）

《荀子》

君子曰①：学不可以已②。青③，取之于蓝而青于蓝④；冰，水为之而寒于水⑤。木直中绳⑥，𫐓以为轮⑦，其曲中规⑧，虽有槁暴⑨，不复挺者⑩，𫐓使之然也⑪。故木受绳则直，金就砺则利⑫，君子博学而日参省乎己⑬，则知明而行无过矣⑭。

故不登高山，不知天之高也；不临深谿⑮，不知地之厚也；不闻先王之遗言⑯，不知学问之大也。干、越、夷、貉之子⑰，生而同声⑱，长而异俗，教使之然也。

《诗》曰⑲:"嗟尔君子⑳,无恒安息㉑。靖共尔位㉒,好是正直㉓。神之听之㉔,介尔景福㉕。"神莫大于化道㉖,福莫长于无祸。

吾尝终日而思矣㉗,不如须臾之所学也㉘;吾尝跂而望矣㉙,不如登高之博见也㉚。登高而招㉛,臂非加长也,而见者远㉜;顺风而呼,声非加疾也㉝,而闻者彰㉞。假舆马者㉟,非利足也㊱,而致千里㊲;假舟楫者㊳,非能水也㊴,而绝江河㊵。君子生非异也㊶,善假于物也㊷。

南方有鸟焉,名曰蒙鸠㊸。以羽为巢,而编之以发㊹,系之苇苕㊺。风至苕折,卵破子死。巢非不完也㊻,所系者然也㊼。西方有木焉,名曰射干㊽,茎长四寸,生于高山之上,而临百仞之渊㊾。木茎非能长也,所立者然也。蓬生麻中㊿,不扶而直;白沙在涅,与之俱黑㉛。兰槐之根是为芷㉜,其渐之滫㉝,君子不近,庶人不服㉞。其质非不美也,所渐者然也。故君子居必择乡㉟,游必就士㊱,所以防邪僻而近中正也㊲。

物类之起㊳,必有所始㊴;荣辱之来,必象其德㊵。肉腐出虫,鱼枯生蠹㊶;怠慢忘身㊷,祸灾乃作㊸。强自取柱,柔自取束㊹。邪秽在身㊺,怨之所构㊻。施薪若一㊼,火就燥也;平地若一,水就湿也。草木畴生㊽,禽兽群焉㊾,物各从其类也。是故质的张而弓矢至焉㊿,林木茂而斧斤至焉㊷,树成荫而众鸟息焉,醯酸而蚋聚焉㊸。故言有召祸也㊹,行有招辱也,君子慎其所立乎㊺!

积土成山,风雨兴焉㊻;积水成渊㊼,蛟龙生焉㊽;积善成德,而神明自得㊾,圣心备焉㊿。故不积跬㊷步,无以至千里;不积小流,无以成江海。骐骥一跃㊸,不能十步;驽马十驾㊹,功在不舍㊺。锲而舍之㊻,朽木不折;锲而不舍,金石可镂。蚓无爪牙之利㊼,筋骨之强,上食埃土㊽,下饮黄泉㊾,用心一也㊿;蟹六跪而二螯㊷,非蛇鳝之穴无可寄托者㊸,用心躁也㊹。

是故无冥冥之志者㊺,无昭昭之明㊻,无惛惛之事者㊼,无赫赫之功㊽。行衢道者不至㊾,事两君者不容⑩⑩。目不能两视而明⑩⑴,耳不能两听而聪⑩⑵。螣蛇无足而飞⑩⑶,梧鼠五技而穷⑩⑷。《诗》曰⑩⑸:"尸鸠在桑⑩⑹,其子七兮⑩⑺。淑人君子⑩⑻,其仪一兮⑩⑼,其仪一兮,心如结兮⑪⑩!"故君子结于一也。⑪⑴

【说明】

《劝学》是《荀子》书中的第一篇,这里节选的是该文的前半部分。这部分,着重论述了学习的重要意义和应有的态度。作者认为,人的品德才智不是先天就有的,而是后天的教育和环境影响的结果,通过学习,不仅可以培养品德增进才智,而且可以超越前人。他反对那种关起门来冥思苦想的修身方法,而认为学习就如同坐船渡河、乘车代步一样,是对外物的一种假借,君子之所以成为君子,就在于他"善假于物"。在学习态度上,作者特别强调要专心致志,锲而不舍,脚踏实地,刻苦努力,而反对用心浮躁,浅尝辄止,三心二意,好高骛远。这些论述,至今对我们仍有启发意义。《荀子》这部书大多是荀况本人所著,有少数几篇为其门人所记。荀况(约公元前313—前238),又叫荀卿(或孙卿),战国末期赵国人。他是著名的思想家、哲学家、教育家,儒家学派的代表人物,先秦时代百家争鸣的集大成者。他的"青出于蓝而胜于蓝""学而致用""人定胜天"等思想一直被传诵,对社会的发展产生了潜移默化的影响。他的文章长于说理,逻辑性强,文风朴实无华,并善于用辞赋这种文艺形式来宣传自己的主张,是优秀哲学散文的代表。

【注释】

①君子:作者认为的统治阶级中德行高尚的人。

②已:停止。

③青:青色颜料。

④蓝:蓼蓝(一种草本植物),其叶可以提出青色颜料。于:前一个表所从,后一个表比较。

⑤为:做,这里是凝结的意思。

⑥中(zhòng):符合。绳:木工取直用的墨线。

⑦鞣(róu):通"煣",用火烘烤木料使之弯曲。

⑧规:木工画圆用的工具。

⑨有:同"又"。槁暴:干枯。暴,干。一说,读(pù),日晒。

⑩挺:直。

⑪然:这样。

⑫金:指金属制成的刀剑之类。砺(lì):磨刀石。利:锋利。

⑬博学:广泛地学习。参(cān):检验。省(xǐng):省察。乎:同"于"。

⑭知:同"智"。行:德行。过:错误。

⑮临:由高处向下看。豀(xī):山谷。

⑯先王:古代圣王。

⑰干、越:古代的两个诸侯国,在今浙江一带。夷、貉(mò):指居住在东方的民族,这种称呼带有轻蔑的意味。子:指婴儿。

⑱声:指哭声。

⑲诗:《诗经》,下面的引诗见《诗经·小雅·小明》。

⑳嗟(jiē):叹词。尔:你,你们。

㉑无:同"毋",不要。恒:常。安息:安逸。

㉒靖(jìng):谋虑。共:同"恭",敬守职事。位:职位。

㉓好(hào):喜好。是:此。

㉔之:前一个"之"相当于"其",表测度语气。听:这里是了解的意思。

㉕介:助。景福:洪福。景,大。

㉖神:指道德修养的最高境界。化道:融会贯通正道。

㉗尝:曾经。终日:整天。

㉘须臾(yú):片刻,一会儿。

㉙跂(qǐ):通"企",踮起脚尖。

㉚博见：望见的范围广阔。

㉛招：招手。

㉜见者远：意思是人们在远处就能看到。

㉝疾：壮，指声音洪大。

㉞彰：明，清楚。

㉟假：借助。舆：车。

㊱利足：指善于走路。

㊲致：达到。

㊳楫（jí）：同"楫"，船桨。

㊴能水：会泅水。水，这里用作动词。

㊵绝：横渡。

㊶生：同"性"，指人的自然本能。

㊷假于物：借助外物。

㊸蒙鸠（jiū）：鸟名，又叫鹪鹩（jiāo liáo）。

㊹编之以发：即"以发编之"。在古汉语中用"以"字构成的介宾词组，既可以放在动词前面，也可以放在动词（及其宾语）后面。发，鸟采集的用来做巢的毛发。

㊺系（jì）：系结。苇苕（tiáo）：芦苇的嫩条。

㊻完：完善。

㊼然：这里是使之然（使它这样）的意思。

㊽射（yè）干：多年生的草本植物，根茎可入药。

㊾仞（rèn）：古代的长度单位，八尺为一仞。

㊿蓬：草名，亦称飞蓬。

㉞白沙在涅，与之俱黑：今本《荀子》没有这两句，据清人王念孙说补。涅（niè），黑泥。

㉜兰槐：香草名，它的根叫"芷（zhǐ）"，有香味。是：指示代词，复指根。

㉝其：如果。渐：浸泡。滫（xiǔ）：臭水。

㉞庶人：平民，老百姓。服：佩带。

㉟居：居住。择：选择。乡：乡里。

㊱游：指外出谋官或求学。就：接近，结交。士：贤士，荀况认为的道德高尚的人。

㊲所以：以此来……，表示行为赖以实现的手段或方式。僻：也是"邪"的意思。

㊳物类：事类，指万事万物。起：兴起，发生。

㊴所始：指开始发生的原因。

㊵象：似，随。

㊶枯：干。蠹（dù）：蛀虫。

(62)怠慢：懈怠，轻慢，指放松要求。忘身：指忘掉自身品德的修养。

(63)作：起，发生。

(64)以上两句是说，强硬的东西就会自己导致折断，柔弱的东西就会自己导致受约束。柱，通“祝”，折断。

(65)邪秽（huì）：指品行丑恶。

(66)构：集结。

(67)施：铺放。薪：柴。若一：如一。

(68)就燥：向干燥的地方烧去。就，即，接近。

(69)畴（chóu）生：丛生。畴，类。

(70)群焉：当作“群居”，与上文“畴生”对文，《大戴礼记》正作“群居”。

(71)质：箭靶。的（dì）：箭靶正中的圆心。张：张挂。

(72)斤：斧的一种。

(73)醯（xī）：醋。蚋（ruì）：蚊一类的昆虫。

(74)召：同“招”，招致。

(75)慎：慎重。所立：用来立身行事的准则。

(76)兴：发生。古人认为山能吐云纳雾，形成风雨。这种看法是不科学的。

(77)渊：深水。

(78)蛟龙：传说中一种能发水的龙。

(79)神明：智慧和品德所达到的最高境界。

(80)圣心：圣人的思想。备：具备。

(81)跬（kuǐ）步：半步，古人以再举足为步，所以那时的半步相当于现在的一步。

(82)骐骥（qíjì）：骏马，良马。

(83)步：这里的步理解为长度单位（先秦以六尺为一步）亦可。

(84)驽（nú）马：劣马。十驾：十天所走的路程。马拉车走一天叫一驾。

(85)功：功效，成绩。舍：弃，中止。

(86)锲（qiè）：刻。

(87)镂（lòu）：雕刻。

(88)螾（yǐn）：同“蚓”，蚯蚓。

(89)埃土：泥土。

(90)黄泉：指地下水。

(91)一：专一。

(92)六：当为“八”字之误。跪：脚。螯（áo）：蟹的大爪，形状似钳夹。

(93)蟺（shàn）：同“鳝”，鳝鱼。

(94)躁：浮躁。

(95)冥（míng）冥：幽暗的样子，这里指精诚专一。

⑯昭昭之明：指洞察一切的明智。昭昭，明显的样子。
⑰惛（hūn）惛之事：指埋头专心地工作。惛惛，义同"冥冥"。
⑱赫赫：显赫。功：业绩。
⑲衢（qú）：四通八达的路，这里指岔道。
⑳事：事奉。容：容纳。
㉑两视：同时看两样东西。明：看得清楚。
㉒聪：听得清楚。
㉓螣（téng）蛇：传说中龙的一种，能兴云雾，游于其中。
㉔梧鼠：即"鼯鼠"，又名"鼫（shí）鼠"。五技而穷：《说文》上说，鼫鼠"能飞不能过屋，能缘不能穷木（爬到树顶），能游不能渡谷，能穴（打洞）不能掩身，能走不能先（超过）人"。穷：困窘。
㉕见《诗经·曹风·鸤鸠》。
㉖尸鸠：布谷鸟，据说这种鸟养育七只小鸟，早晨从上喂到下，傍晚又从下喂到上，坚持如一。这里是取其用心专一的意思。
㉗兮（xī）：语气词，相当于现代汉语的"啊"。
㉘淑人：善人。
㉙仪：仪表，态度。
㉚结：绳结，比喻坚定专一。
㉛结于一：集中在一点上。

包羲氏之王天下

《周易》

古者包羲氏之王天下也①，仰则观象于天，俯则观法于地②，观鸟兽之文与地之宜③，近取诸身，远取诸物④，于是始作八卦⑤，以通神明之德，以类万物之情⑥。作结绳而为网罟，以佃以渔⑦，盖取诸"离"⑧。

包羲氏没，神农氏作⑨，斫木为耜，揉木为耒⑩，耒耨之利，以教天下⑪，盖取诸"益"⑫。日中为市，致天下之民，聚天下之货⑬，交易而退，各得其所⑭，盖取诸"噬嗑"⑮。

神农氏没，黄帝、尧、舜氏作⑯，通其变，使民不倦⑰。神而化之，使民宜之⑱。易穷则变，变则通，通则久⑲，是以自天佑之。吉无不利⑳。

黄帝、尧、舜垂衣裳而天下治㉑，盖取诸"乾""坤"㉒。刳木为舟，剡木为楫㉓，舟楫之利，以济不通，致远以利天下，盖取诸"涣"㉔。服牛乘马，引重致远㉕，以利天下，盖取诸"随"㉖。重门击柝，以待暴客，盖取诸"豫"㉗。断木为杵，掘地为臼㉘，杵臼之利，万民以济㉙，盖取诸"小过"㉚。弦木为弧，剡木为矢，弧矢之利，以威天下㉛，盖取诸"睽"㉜。上古穴居而野处，后世圣人易之以宫室㉝，上栋下宇，以待风雨㉞，盖取诸"大壮"㉟。古之葬者，厚衣之以薪㊱，葬之中野，不封不树，丧期无数㊲，后世圣人易之以棺椁，盖取诸"大过"㊳。上古结绳而治，后世圣人易之以书契㊴，百官以治，万民以察㊵，盖取诸"夬"㊶。

【说明】

本文选自《周易·系辞下》的第二章，标题是后加的。本章说解的是，包羲氏考察并根据天地万物自然变化之理而作八卦，后起圣人根据卦象包含的道理创造生产工具和生活用具，推进社会文明发展。夸大"圣人"的历史作用，事事以卦象附会，这当然是不科学的。但文中所阐示的"穷则变，变则通"的思想，却是十分深刻的。文章关于古代社会风貌的一些描述，对我们了解古代社会也会有一定的帮助。《周易》是我国先秦一部蕴含哲学思想的占卜书。《周易》的主旨在于通过象征天地风雷水火山泽等八种自然现象的八卦形式，推测自然和人事的诸种变化；以阴阳二气的交感作用为产生万物的本源。《周易》也叫《易经》，为"六经"之一，是儒家的重要经典。《系辞》是儒家学者对《周易》所作的解释，旧说为孔子所作，不足信。《周易》通行的注本是《周易正义》（收入《十三经注疏》），三国魏王弼和晋韩康伯作注（自《系辞》始为韩注，其前为王注），唐孔颖达作疏。另外唐李鼎祚的《周易集解》也可资参考。

【注释】

①古者："者"是起辅助作用的代词，放在"古"字后表示时间。包羲氏：古代传说中的部落酋长。相传他始作八卦，教民捕鱼畜牧，以充庖厨。"包羲"又作"庖羲""伏羲""宓（fú）羲""伏戏"等。之：连词，其作用是把"包羲氏王天下"由主谓结构变成偏正词组，使它充当时间状语。王（wàng）：动词，做王，统治。

②象：天象，指日月星辰的运行变化。法：法式，这里指地理现象，如山川万物的纵横布局。

③文：指鸟羽兽毛的色彩纹理。宜：指不同土地所适宜生长植物的地貌状况。

④取诸身：取之于身，取法于身。指以人自身的形体、器官作为卦象的参考法式。诸："之于"的合音。物：指自然界的事物，如雷风山泽之类。

⑤八卦：古代占筮者根据演算蓍草所得的奇偶数而书成的八种象征符号，即☰乾（天）、☳震（雷）、☱兑（泽）、☲离（火）、☴巽（风）、☵坎（水）、☶艮（山）、☷坤（地）。八卦由阴（- -）阳（—）两种线形组成，构成卦象的线形- -和—叫"爻"（yáo）。八卦又以两卦相叠组合为六十四卦，用以解释自然现象和社会现象的发展变化。

⑥通：通达。德：德性。类：类比，像。情：实情，本来面貌。

⑦作结绳：发明结绳。作：发明，创造。为：指编织。罔（wǎng）罟（gǔ）：同义连用，都是渔猎用的网。"罔"后来写作"网"。以：用来。佃（tián）：打猎。后来写作"畋"。渔：捕鱼。

⑧大约是取法于"离"卦。盖：语气副词，表委婉或推测。离：卦名，旧以为

离义为"丽",即附着。韩康伯解释说:"罔罟之用,必审物之所丽也。"故曰"盖取诸离"。按,把远古时代的发明创造归结为从易卦卦象得到的启示。这种认识是不符合历史实际的。下文"盖取诸益"等仿此。

⑨没:死。后来写作"殁"。神农氏:传说中的远古部落联盟领袖,旧以为即炎帝。相传他教民作耒耜以兴农业,尝百草而创医药。作:兴起。

⑩斫(zhuó):砍削。耜(sì)、耒(lěi):古代农具,耜形状像锹,耒似木叉。揉(róu):使木弯曲以造器物。

⑪把耒、耜的功用教给天下之民。

⑫这大约是取法于"益"卦。按,制耒耜耕种土地可增益生活资料来源,故曰"取诸益"。

⑬日中:正午。为市:开市,组织市场交易。致:使至,招来。货:财物。

⑭交易:当时应是以物易物,互相交换。退:指返回。其所:指其所欲,即自己想得到的东西。

⑮噬(shì)嗑(hé):卦名。《周易·离卦》:"噬嗑,食也。"大概是说,农作物古代的交易主要是用于食。所以说"取诸噬嗑"。

⑯黄帝:远古传说中的部落联盟领袖,号轩辕氏,又称有熊氏。曾打败炎帝于阪泉,斩杀蚩尤于涿鹿,诸侯尊为天子,以代神农氏。相传蚕桑、舟车、宫室、文字等文明之制,皆始于黄帝。尧、舜:又称唐尧、虞舜,都是传说中的远古帝王,儒家所推崇的圣君。

⑰这句是说,从黄帝到尧、舜各个时代的"圣人",通达事物变化的道理,创制种种器用,使百姓乐得其所,不倦于事。

⑱大意是:精通事物的微妙并改变事物,使百姓感到便当。神:用作动词,指精通其微妙。与"化"共有宾语"之"(泛指各种事物)。宜:适宜。

⑲意思是,变易之理在于遇到阻塞不通时就要变革,实行变革就能畅通无阻,畅通无阻就能长久生存发展。穷:阻塞不通。与"通"或"达"相对。

⑳自天佑之:由上天保佑他。自:介词,由。

㉑垂衣裳:指从前以兽皮、树叶为衣,粗糙、破敝而短小。而今以麻布丝帛为衣,细密、完整而长大,故曰"垂衣裳"。治:治理得好,太平安定。

㉒乾坤:卦名。乾卦象征天,坤卦象征地。衣裳尊卑有别,乾坤上下殊异,故曰"取诸乾坤"。

㉓刳(kū):剖开,挖空。剡(yǎn):削。楫(jí):船桨。

㉔大意是:舟楫的功用,可借以渡水,穿越河川阻隔,达到远方,从而有利于天下,这大约取法于"涣"卦。济:渡水,过河。致:到达。涣:卦名,含义为离散、分散。为舟楫须离析材木,乘舟渡水则离此地而分散至彼地,故曰"取诸涣"。

㉕服牛:用牛,役使牛,指使牛驾车。乘马:使马驾车。引重:拉运重物。致远:到达远方。

㉖随：卦名，含义为依随、顺应。服牛乘马载何物、至何地，皆随人意，故曰"取诸随"。

㉗重（chóng）门：指设置一道又一道门户。重：重叠。柝（tuò）：巡夜打更用的梆子。待：防备。暴客：指盗贼。豫：卦名，含义为预先、事先有所戒备。

㉘杵（chǔ）：舂米的棒槌。臼（jiù）：舂粮食的石坑。远古的臼是在石地上凿坑而成，故曰"掘地为臼"。

㉙济：受益，得便。

㉚小过：卦名，含义为稍微超越。断木掘地只是略微改变土木原貌，借此简易之事使万民受益，故曰"取诸小过"。

㉛弦木：系弦于木。弦：用作动词。弧：木弓。威：威慑，威服。

㉜睽（kuí）：卦名，含义为乖戾、违背。弓矢可威服有违正道的人，故曰"取诸睽"。

㉝穴居、野处（chǔ）："居""处"互文，都是居住的意思。"穴""野"都是名词用作状语。宫室：同义连用，房屋。

㉞栋：房屋的脊檩（lǐn），即正中最高的梁。宇：屋檐。

㉟大壮：卦名，含义为盛大，雄壮。宫室的规模远胜于穴居野处，故曰"取诸大壮"。

㊱用柴草厚厚地裹住尸体。衣（yì）：动词，包，裹。

㊲中野：即野中，野地里。不封不树：不培土成坟，不在墓地种树。后代葬制是要"封"要"树"的，为说明与后代不同，故指出"不封不树"。丧期无数：服丧时间没有固定的月数、天数。无：否定词，没有。

㊳椁（guǒ）：外棺，指棺材外面套的大棺材。大过：卦名，含义为大大超越。装尸的棺椁远远重于裹尸的柴草，这也体现了人们对死者的哀思远远重于往古，故曰"取诸大过"。

㊴结绳而治：通过结绳记事的办法来处理事务。书契：原始文字。"书"本义为写，"契"本义为刻，远古的文字是书写或刻在竹木上的，故称"书契"。

㊵百官借助文字来治理政事，万民借助文字来了解思想或情事。察：考察，辨析。这里指认识，了解。

㊶夬（guài）：卦名，含义为决。造字是为了决断万事，故曰"取诸夬"。

大 同
《礼记》

昔者仲尼与于蜡宾，事毕，出游于观①之上，喟然而叹。仲尼之叹，盖叹鲁也。言偃②在侧曰："君子何叹？"孔子曰："大道之行也，与三代之英，丘未之逮也，而有志焉。"③

大道之行也，天下为公。选贤与能，讲信修睦。故人不独亲其亲，不独子其子，使老有所终，壮有所用，幼有所长，矜、寡、孤、独、废疾者皆有所养④。男有分，女有归⑤。货恶其弃于地也，不必藏于己；力恶其不出于身⑥也，不必为己。是故谋闭而不兴，盗窃乱贼而不作，故外户而不闭，是谓大同⑦。

今大道既隐，天下为家⑧。各亲其亲，各子其子，货力为己；大人世及以为礼，城郭沟池以为固，礼义以为纪，以正君臣，以笃父子，以睦兄弟，以和夫妇，以设制度，以立田里，以贤勇知，以功为己⑨。故谋用是作，而兵由此起。禹、汤、文、武、成王、周公，由此其选也。此六君子者，未有不谨于礼者也。以著其义，以考其信。著有过，刑仁讲让，示民有常。如有不由此者，在势者去，众以为殃，是谓小康。

【说明】

《大同》这段通过孔子参加鲁国祭礼之后所讲的话，表现了当时知识分子因对现实不满而产生的复古思想，面对"礼崩乐坏"的社会政治局面，他们极其向往所谓的"大同""大道"，即原始社会那种局面、那些准则。文中提到的"大同"思想，对后世儒者的社会观，甚至对近代一些思想家、政治家都曾产生过影响。本文选自《礼记·礼运》篇。《礼记》为西汉戴圣编纂，共20卷49篇，是一部记载先秦社会礼仪制度的典籍，同时也是一部关于中国古代社会情况、儒家学说和文物制度的史料汇编。戴圣搜集了孔子弟子及其再传、三传弟子有关礼仪的论著以及其他各种讲礼的古籍，编成此书。唐代《礼记》被列为"九经"之一，宋代列入"十三经"中。《礼记》中所阐述的政治思想、行为准则、伦理道德、治学方法和艺术修养原理对中国传统社会的思想文化产生了重要的影响，也奠定了中国"礼仪之邦"的文化基础。

【注释】

①与：参与。蜡（zhà）：古代国君的年终祭祀。宾：陪祭者，以国中有地位的人充任。观：门阙，宫殿或宗庙前面的大门楼。

②言偃：字子游，吴国人，孔子的学生。

③这句话是孔子感叹自己没有赶上看实行大道的时代和三代贤明的君主，只能看到典籍上的记载。大道：指五帝时代所遵行的礼乐标准。三代：指夏、商、周三代。英：英明的君主。有志：有志于此。

④与：通"举"。亲其亲：与亲属保持亲近。子其子：养育自己的儿子。矜：同"鳏"，老而无妻。寡：老而无夫。孤：幼而无父。独：老而无子。废疾：残废的人。有所养：有所供养。

⑤分：职务。归：归于适合的人家。

⑥货：财物。恶：嫌恶。力：劳力。身：自身。

⑦谋闭：阴谋闭藏。大同：和平，平等，这是儒家的理想社会。

⑧隐：隐没，消失。天下为家：天下成为一人的私家。

⑨大人：指天子、诸侯。世及：犹"世袭"。沟池：护城河。固：指坚固的防

守设备。纪：法纪。田里：阡陌闾里。贤勇知：重用有勇有智之人。知：通"智"。以功为己：认为功绩是自己的。

诚 意
《大学》

所谓诚其意①者，毋自欺也，如恶恶臭，如好好色。此之谓自谦。故君子必慎其独也。

小人闲居②为不善，无所不至，见君子而后厌然，揜③其不善而著其善。人之视己，如见其肺肝然，则何益矣？此谓诚于中，形于外。故君子必慎其独也。

曾子曰："十目所视，十手所指，其严乎！"

富润屋，德润身，心广体胖④，故君子必诚其意。

【说明】

《诚意》是讲什么是诚意。所谓的诚意就是不要自己欺骗自己，哪怕是一个人独处独知的时候，也一定要戒慎。有的人平时为非作歹，在君子面前百般掩盖自己的邪恶行径而显示自己如何善良，其实没有什么用，因为你平时的表现大家都知道了，所以意念真诚是修身养性的关键。本文选自《大学》，题目是另加的。《大学》原本是《礼记》中的一篇，传为孔子的弟子曾参（公元前505—前434）所作。唐代韩愈、李翱维护道统而推崇《大学》，北宋程颐、程颢称其为"初学入德之门也"。南宋朱熹继承二程思想，把《大学》从《礼记》中抽出来，与《论语》《孟子》《中庸》并列为"四书"，成为中国传统文化的重要典籍。"大学"是相对于"详训诂，明句读"的"小学"而言的，是关于治国安邦的大人之学。其中的"明德、亲民、止于至善"三条纲领，"格物、致知、诚意、正心、修身、齐家、治国、平天下"八个条目，成为中国传统社会士人的行动纲领和准则，对后世中国文化的形成和发展产生了重要影响。

【注释】

①意：意念，念头。

②闲居：独处。

③揜（yǎn）：同"掩"。

④胖：安泰舒坦。

博 学
《中庸》

博学之，审①问之，慎思之，明辨之，笃行之。有弗②学，学之弗能，弗措③也。有弗问，问之弗知，弗措也。有弗思，思之弗得，弗措也。有弗辨，辨之弗明，弗措也。有弗行，行之弗笃，弗措也。人一能之，己百之；人十能之，己千之。果能此道④矣，虽愚必明，虽柔必强⑤。

【说明】

《博学》认为，学习要广泛，详细询问，周密思考，明确辨别，切实实行。学习要么不学，学了没有学会绝不罢休；要么不问，问了没有懂得决不罢休；要么不想，想了没有想通决不罢休；要么不分辨，分辨了没有明确决不罢休；要么不实行，实行了没有成效决不罢休。另外，要比别人多百倍、千倍的努力去学习。如果能这样，愚笨的也一定可以聪明起来，柔弱的也一定可以刚强起来。本文选自《中庸》，题目是另加的。《中庸》原来也是《礼记》中的一篇，一般认为是由孔子的孙子子思（公元前483—前402）所作，唐代韩愈、李翱维护道统开始推崇《中庸》，北宋程颐、程颢则认为《中庸》是"孔门传授心法"。南宋朱熹继承二程思想，把《中庸》从《礼记》中抽出，与《论语》《孟子》《大学》并列为"四书"，成为中国传统文化的重要典籍。《中庸》所阐述的是以"诚"为核心观念的政治伦理思想体系，并提出"博学之，审问之，慎思之，明辨之，笃行之"的学习过程和认识方法。这些思想对后世产生了重要影响，在传统思想文化中占有重要地位。

【注释】

①审：详细。

②弗（fú）：不。

③措：放下。

④道：方法。

⑤柔：脆弱。强：坚强。

《老子》三章

【说明】

《老子》是记录春秋战国时代老子思想的一部书。老子，一般认为即老聃（dān），姓李，名耳，春秋时楚国人。据《史记》记载，他曾在周朝任史官，孔丘向他问过礼，后离官隐居。他是先秦道家的主要代表。《老子》又名《道德经》，该书共八十一章，分"道经""德经"两个部分，成书约在战国时期，可能是老子后学根据他的思想加以发挥编写成的。老子思想对中国哲学发展具有深刻影响，其思想核心是朴素的辩证法。在政治上主张无为而治，不言之教；在权术上讲究物极必反之理；在修身上讲究虚心实腹、不与人争的修持。他的传世作品《老子》（《道德经》）是全球文字出版发行量最大的著作之一。

这里从《老子》中选了三章。第一章是原书的第二章。这一章说明客观事物都有对立的两个方面，这两个方面互相依存，有这一面必有那一面，失去这一面也就没有那一面，这是合乎辩证法的。但是后半部分谈到的"无为"的政治主张，则是错误的。第二章是原书的第十一章。在这一章中老子用车轮、陶器、房屋作比喻，说明"有无"对立的双方相反相成的道理，同时他也注意到了考察事物的矛盾对人类有什么作用。第三章是原书的第五十八章。这一章说明幸福和灾祸，正常和反常，善事和恶事，都在向着它的对立面转化。但是老子没有认识到转化是有条件的，不承认人的主观能动作用。

一

天下皆知美之为美，斯恶已①；皆知善之为善，斯不善已②。故有无相生③，难易相成④，长短相形⑤，高下相倾⑥，音声相和⑦，前后相随⑧。是以圣人处无为之事⑨，行不言之教，万物作焉而不辞⑩，生而不有⑪，为而不恃⑫，功成而弗居⑬，夫唯弗居⑭，是以不去⑮。

【注释】

①天下人都知道怎样才算美，那就有了丑了。斯，则，就。恶，丑。已，用法同"矣"。

②善：好。美恶指物而言，善不善指事而言。

③相生：相对立而产生，即没有"有"也就没有"无"，没有"无"也就没有"有"。

④成：生成，形成。

⑤形：显露，形成。

⑥倾：倾倚，依存。

⑦音声相和：指声音的大小清浊相和谐。

⑧随：伴随。

⑨是以：因此。处无为之事：意思是不人为地去做什么事情，一切听任自然。

⑩作：兴起，发生。不辞：一本作"不为始"，意思是不替它发端，任其自生自长。

⑪有：占有。

⑫为而不恃：有所作为，而不自恃有功。

⑬居：居功。

⑭夫唯：相当于"正因为"。

⑮去：失去。

二

三十辐共一毂①，当其无②，有车之用③。埏埴以为器④，当其无，有器之用。凿户牖以为室⑤，当其无，有室之用。故有之以为利⑥，无之以为用。

【注释】

①辐（fú）：辐条，车轮上集中于车毂的直木条。毂（gǔ）：车轮中心车轴穿过的圆木。

②当：在。无：指空处。

③以上两句，有人认为当在"有"后断句，"有"指实体，"无"和"有"相辅相成。下例此。

④埏（shān）：调和。埴（zhí）：黏土。
⑤户：门。牖（yǒu）：窗。
⑥有之：有实体存在。之，泛指。下句"无之"的"之"字同。

三

其政闷闷①，其民淳淳②。其政察察③，其民缺缺④，祸兮福之所倚⑤，福兮祸之所伏⑥。孰知其极⑦？其无正⑧邪？正复为奇⑨，善复为妖⑩，人之迷，其日固久⑪。是以圣人方而不割⑫，廉而不刿⑬，直而不肆⑭，光而不耀⑮。

【注释】

①闷闷：当作"闵闵"，混浊。闵，通"悯"，浊。
②淳淳：淳厚。
③察察：清明。
④缺缺：狡诈。缺，通"狯"。
⑤兮：语气词。倚：依存。
⑥伏：潜伏。
⑦极：终极，最后的标准。
⑧其：同"岂"。正：正常的道理。
⑨正复为奇：正常的又变为异常的。
⑩善复为妖：好事又变为坏事。
⑪其日固久：其由来的时间本来已经很久。
⑫方：方正，正直。不割：不伤害别人。
⑬廉：方正，有棱角。刿（guì）：刺伤。
⑭肆：申，放纵。
⑮耀：照，指光芒耀眼。

逍遥游

《庄子》

北冥有鱼①，其名为鲲②。鲲之大，不知其几千里也；化而为鸟，其名为鹏③。鹏之背，不知其几千里也；怒而飞④，其翼若垂天之云⑤。是鸟也⑥，海运则将徙于南冥⑦，南冥者，天池也⑧。齐谐者⑨，志怪者也⑩。谐之言曰："鹏之徙于南冥也，水击三千里⑪，抟扶摇而上者九万里⑫，去以六月息者也⑬。"野马也⑭，尘埃也，生物之以息相吹也⑮。天之苍苍⑯，其正色邪⑰？其远而无所至极邪⑱？其视下也，亦若是则已矣⑲。且夫水之积也不厚⑳，则其负大舟也无力㉑。覆杯水于坳堂之上㉒，则芥为之舟㉓；置杯焉则胶㉔，水浅而舟大也。风之积也不厚，则其负大翼也无力。故九万里，则风斯在下矣㉕，而后乃今培风㉖；背负青天而莫之夭阏者㉗，而后乃今将图南㉘。

蜩与学鸠笑之曰㉙："我决起而飞㉚，抢榆枋㉛，时则不至㉜，而控于地而已矣㉝，奚以之九万里而南为㉞？”适莽苍者㉟，三飡而反㊱，腹犹果然㊲，适百里者，宿舂粮㊳；适千里者，三月聚粮。之二虫又何知㊴？

小知不及大知㊵，小年不及大年㊶。奚以知其然也？朝菌不知晦朔㊷，蟪蛄不知春秋㊸，此小年也。楚之南有冥灵者㊹，以五百岁为春，五百岁为秋。上古有大椿者㊺，以八千岁为春，八千岁为秋。而彭祖乃今以久特闻㊻，众人匹之㊼，不亦悲乎！

汤之问棘也是已㊽：“穷发之北有冥海者㊾，天池也。有鱼焉，其广数千里㊿，未有知其修者(51)，其名为鲲。有鸟焉，其名为鹏，背若泰山，翼若垂天之云；抟扶摇羊角而上者九万里(52)，绝云气(53)，负青天，然后图南，且适南冥也。斥鴳笑之曰(54)：‘彼且奚适也(55)？我腾跃而上(56)，不过数仞而下(57)，翱翔蓬蒿之间(58)，此亦飞之至也(59)。而彼且奚适也？’”——此小大之辩也(60)。

故夫知效一官(61)，行比一乡(62)，德合一君(63)，而征一国者(64)，其自视也亦若此矣(65)。而宋荣子犹然笑之(66)。且举世而誉之而不加劝(67)，举世而非之而不加沮(68)，定乎内外之分(69)，辩乎荣辱之境(70)，斯已矣(71)。彼其于世(72)，未数数然也(73)。虽然(74)，犹有未树也(75)。夫列子御风而行(76)，泠然善也(77)，旬有五日而后反(78)。彼于致福者(79)，未数数然也。此虽免乎行(80)，犹有所待者也(81)。若夫乘天地之正(82)，而御六气之辩(83)，以游无穷者(84)，彼且恶乎待哉(85)？故曰：至人无己(86)，神人无功(87)，圣人无名(88)。

【说明】

《逍遥游》是通过辩论大鹏和小鸟谁自由、谁不自由，圣人有待与无待的问题，无名、无功、无己的含义及其相互关系的问题等，表现出追求一种绝对自由的人生观。本篇选自《庄子·内篇》的第一篇。《庄子》又名《南华经》，是战国中期庄子及其后学所著道家经文。其书与《老子》《周易》合称“三玄”。鲁迅先生说：“其文则汪洋辟阖，仪态万方，晚周诸子之作，莫能先也。”被誉为“钳揵九流，括囊百氏”，对中国的哲学、文学、审美的发展有着深远的影响。

【注释】

①冥：同“溟”，海。

②鲲（kūn）：大鱼名。

③鹏：本是“凤”的古字，后一般用来指传说中的大鸟。

④怒：奋起，指鼓动翅膀。

⑤若垂天之云：像垂挂在天边的云，极言鹏鸟翅膀之大。

⑥是：此，这。

⑦海运：海动，海动必有大风，鹏借以飞行。一说，运，转，行。因鹏大，非海不能运转其身。徙（xǐ）：迁移。

⑧天池：天然形成的池子。说南海只是个池子，以示天地广阔无际。

⑨齐谐：人名。一说指书名。

⑩志：记。怪：指奇异的事物。

⑪水击三千里：拍击水面波及三千里之远。

⑫这句是说,凭借上行的旋风飞达九万里的高空。抟(tuán):回旋。扶摇:上行的旋风。

⑬以六月息:等于说乘长风。以,凭借。息,气息,指风。一说,这句的意思是"一去半岁至天池而息"。

⑭野马:指春天林泽中的雾气,因状如奔马,所以称为野马。

⑮生物之以息相吹:这是说,野马和尘埃,都是生物以气息相吹而形成的。

⑯苍苍:深蓝色。

⑰其:表测度的语气词。正色:本色。邪(yé):同"耶",句末语气词。

⑱无所至极:没有达到尽头的地方。

⑲其:指鹏。若是:像这样(就像人看天一样)。则已:而已。

⑳且夫:连词,表示再说一层道理。厚:深。

㉑负:载,浮载。

㉒覆:倒。坳(ào)堂:堂上的低洼之处。坳,洼下。

㉓芥:小草。为之舟:给水当船。"之"和"舟"都是动词"为"的宾语。

㉔焉:于此。胶:胶着,粘在地上不动。

㉕斯:就。

㉖而后乃今:等于说然后这才。在古汉语中,"而后"(然后)"乃今"经常连用,有时作"乃今而后"。培:凭。

㉗莫之夭阏(yāo è):没有什么阻止它。"之"是"夭阏"的宾语,在否定句中,提在动词之前。夭,折。阏,止。

㉘图南:计划着向南飞。

㉙蜩(tiáo):蝉。学鸠:一种小鸟名。

㉚决(xuè):快速的样子。

㉛抢(qiāng):突过,飞过。榆:榆树。枋(fāng):树名,一说即檀树。

㉜时:有时。则:或。

㉝控:投,指落下。

㉞奚以……为:哪里用得着……呢?奚,何;为,语气词。之,至。南:用作动词,向南飞。

㉟适:往,到。莽苍:不甚分明的郊野的颜色,这里用以代表郊外。

㊱飡:同"餐"。反:同"返"。

㊲果然:吃饱的样子。

㊳宿舂(chōng)粮:出发前一宿舂米备粮。

㊴之:指示代词,这。二虫:指蜩和学鸠。

㊵知:同"智"。不及,赶不上。

㊶年:指寿命。

㊷朝菌:一种朝生暮死的菌类植物。晦:阴历每月最后一天。朔:阴历每月最

初一天。

㊸蟪蛄（huìgū）：一名寒蝉，春生夏死，夏生秋死，所以不知一年之中有春秋。

㊹冥灵：树名。

㊺椿：树名，即椿树。

㊻彭祖：传说是寿命最长的人，活了八百余岁。乃今：于今。久：指长寿。特：独。闻：闻名于世。

㊼众人：一般人。匹：比。

㊽汤：商汤，商朝的开国之君。棘：即夏革（“革”“棘”古同音，可通用），汤时的大夫。是已：是也，是对的。

㊾穷发：不毛之地，指北方极远之处。发，毛。

㊿广：宽。

(51)修：长。

(52)羊角：也是旋风。因风向上回旋似羊角，故名。

(53)绝：横绝，穿过。

(54)斥鴳（yàn）：小雀。

(55)彼：它（指鹏）。且：将。

(56)腾跃：飞跃。

(57)仞（rèn）：古代以八尺（或七尺）为仞。下：落下。

(58)翱翔：回旋飞舞。蓬；草名，也叫飞蓬。蒿（hāo）：青蒿。

(59)至：极点。

(60)辩：同“辨”，分别。

(61)故夫：连词，表示承上启下。知效一官：才智能胜任一官之职。效，功效，这里是胜任的意思。

(62)行（xíng）：德行。比：合。

(63)德合一君：道德符合一君之意。

(64)而：通“能”，能力。征一国：取信于一国之人。征，信。

(65)其：指上列的四种人。此：指斥鴳。

(66)宋荣子：战国时宋国人。犹然：尚且。一说是笑的样子。

(67)举世：社会上所有的人。举，全。之：代宋荣子。加：更。劝：勉励，这里可解作“努力”。

(68)非：指责。沮（jǔ）：沮丧。

(69)定：确定。乎：于。内：指我。外：指物。分：分别。

(70)辩：同“辨”。境：界限。

(71)斯已矣：尽此而已。斯，此。已，止。这说明宋荣子只能做到这一步，还不能达到“无己”的境界。

⑫彼其于世：等于"彼之于世"，他对于人世。"彼其"是两个代词连用。
⑬数数（shuò）：汲汲，急有所求的样子。
⑭虽然：即使如此。
⑮未树：指没有树立庄子所认为的最高德行。
⑯列子：名御寇，郑国人。《庄子》中对列子的描写有些神化。御风：驾风。
⑰泠（líng）然：轻妙的样子。
⑱旬：十天。有：同"又"。古汉语中常在整数和零数之间加"有"字。
⑲致福：求福。致，使……至。
⑳免乎行：免得走路。
㉑有所待：有凭借的东西（指"风"）。待，凭借，依靠。
㉒若夫：至于。乘天地之正：指顺乎万物的自然本性。正，同下文的"辩"（变）相对，指自然本性。
㉓六气：指阴、阳、风、雨、晦、明。辩：通"变"，变化。
㉔无穷：指时间无始无终，空间的无边无际。
㉕恶乎待哉：有待于什么呢？恶乎：于何。
㉖至人：庄周所认为的修养达到最高境界的人。无己：无我，即人与自然浑然一体。
㉗无功：顺应自然而不立功。
㉘无名：不立名。

公 输

《墨子》

公输盘为楚造云梯之械①，成，将以攻宋。子墨子闻之②，起于鲁③，行十日十夜，而至于郢④，见公输盘。

公输盘曰："夫子何命焉为⑤？"子墨子曰："北方有侮臣者⑥，愿藉子杀之⑦。"公输盘不说⑧。子墨子曰："请献千金⑨。"公输盘曰："吾义固不杀人⑩。"子墨子起，再拜曰⑪："请说之⑫。吾从北方闻子为梯，将以攻宋。宋何罪之有⑬？荆国有余于地⑭，而不足于民，杀所不足而争所有余⑮，不可谓智。宋无罪而攻之，不可谓仁。知而不争⑯，不可谓忠。争而不得，不可谓强⑰。"义不杀少而杀众⑱，不可谓知类⑲。"公输盘服。

子墨子曰："然⑳，胡不已乎㉑？"公输盘曰："不可，吾既已言之王矣㉒。"子墨子曰："胡不见我于王㉓？"公输盘曰："诺。"子墨子见王，曰："今有人于此，舍其文轩㉔，邻有敝舆而欲窃之㉕；舍其锦绣㉖，邻有短褐而欲窃之㉗；舍其梁肉㉘，邻有糠糟而欲窃之㉙。此为何若人㉚？"王曰："必为有窃疾矣㉛。"子墨子曰："荆之地，方五千里；宋之地，方五百里。此犹文轩之与敝舆也㉜。荆有云梦㉝，犀兕麋鹿满之㉞，江汉之鱼鳖鼋鼍㉟，为天下富；宋所为无雉兔鲋鱼者也㊱。此犹梁肉之与糠糟也。荆有长松、文梓、楩、枏、豫章㊲，宋无长木。此犹锦绣之与短褐也。臣以王之攻宋也㊳，为与此同类。臣见大王之必伤义而不得㊴。”王曰：“善哉！虽然㊵，公输盘为我为云梯㊶，必取宋。”

于是见公输盘。子墨子解带为城，以牒为械㊷。公输盘九设攻城之机变㊸，子墨子九距之㊹。公输盘之攻械尽㊺，子墨子之守围有余㊻。公输盘诎㊼，而曰：“吾知所以距子矣㊽，吾不言。”子墨子亦曰：“吾知子之所以距我，吾不言。”楚王问其故。子墨子曰：“公输子之意，不过欲杀臣。杀臣，宋莫能守㊾，乃可攻也㊿。然臣之弟子禽滑釐等三百人(51)，已持臣守圉之器，在宋城上，而待楚寇矣(52)。虽杀臣，不能绝也(53)。”楚王曰：“善哉！吾请无攻宋矣。”

子墨子归，过宋，天雨(54)，庇其闾中(55)。守闾者不内也(56)。故曰：“治于神者(57)，众人不知其功(58)；争于明者(59)，众知之。”

【说明】

《公输》篇是写春秋战国时墨翟听到楚国将要侵略宋国的消息后，“行十日十夜”，赶到楚国，劝阻楚国停止攻打宋国。他不仅在道义上说服了楚王，而且在军事上也有一套抵御楚国攻城的办法。楚王见不能战胜宋国，而且又有不义之名，只好说：“吾请无攻宋矣。”终于放弃对宋国的侵略。这篇文章反映了墨家“非攻”即反对战争的思想。墨家认为，进行战争，“春则废民耕稼树艺，秋则废民获敛”，会破坏农业生产，而使“百姓饥寒冻馁而死”。(《非攻》) 从这一点看，“非攻”有一定的积极意义。本篇选自《墨子》。墨子，姓墨名翟（dí），鲁国人，生卒年不详，大约是春秋战国之交时人，是墨家学派的创始者。他主张“兼爱”“非攻”“尚贤”“尚同”“节用”等。

【注释】

①公输盘：鲁国人，姓公输，名盘。盘，也写作“般”或“班”，可能就是鲁国的巧匠鲁班。云梯：攻城时用来登高的器械。因为很高，所以称云梯。

②前面的“子”是墨子的弟子对他的敬称。

③起于鲁：从鲁国起身。于，介词，介处所。鲁，原为齐，据孙诒让说改。

④郢（yǐng）：楚国的首都，在今湖北省江陵县。

⑤夫子：古代对男子的敬称。何命焉为：对我有什么指教吗？焉，兼词，于之，之指公输盘。为，疑问语气词。

⑥侮臣者：侮辱我的人。臣，谦称，相当于“我”，不是一定在国君面前才称臣。者，原无，据俞樾说加。这句话不是实有其事，而是用来引导公输盘说出有利于自己的话。

⑦愿：希望。藉（jiè）：凭借，借助。子：对公输盘的尊称，相当于“您”。

⑧说（yuè）：“悦”的古字。

⑨金：古代货币单位的名称，称黄金一斤为一金。“千”原为“十”，据孙诒让说改。这句话的意思是，墨子愿用千金的代价请公输盘帮助杀掉侮辱他的人。

⑩义：用如副词，依照义理。固：本来。

⑪再拜：拜两次，表示礼节隆重。

⑫请说之：请允许我解释见你的原因。说，解释。

⑬何罪之有：有什么罪？之，助词，起提宾的作用。

⑭荆：即楚。

⑮所不足：指人民。所有余：指土地。

⑯争：同“诤”，诤谏，直言向君王提意见。

⑰强：刚强正直。

⑱义不杀少而杀众：这是对上文公输盘“义固不杀人”而说的，意思是怕陷于不义不肯杀一个人，而却帮楚攻宋杀更多的人。而，转折连词。

⑲知类：懂得依类推论的道理。

⑳然：这样，如此。这里是既然如此的意思。

㉑胡：同“何”，为什么。胡，原为“乎”，据孙诒让说改。已：停止。

㉒既已：已经。

㉓见（xiàn）：引见，使动用法，使……见。王：指楚惠王。

㉔舍（shě）：舍弃。文轩（xuān）：装饰华丽的车子。文，文采。

㉕敝舆：破车。

㉖锦绣：指华丽的丝织品。

㉗短褐（shù hè）：古时贫苦的人所穿的粗布衣服。短，假借为“裋（shù）”。

㉘粱肉：指精美的食物。粱，精米。

㉙糠糟：指粗劣的食物。糠，糠皮；糟，酒渣。

㉚何若人：怎样的人。何若，同“何如”，这里做定语。

㉛有：原无，据王念孙说加。

㉜犹：如同。

㉝云梦：当时楚国的大泽，跨长江南北，包括现在洞庭湖和洪湖等大片沼泽地带。

㉞犀兕（xī sì）：犀牛，雄的叫犀，雌的叫兕。麋（mí）：鹿类，比鹿大。

㉟江：长江。汉：汉水。鼋（yuán）：和鳖同科的爬行类动物。鼍（tuó）：鼍龙，鳄鱼的一种。

㊱所为：即“所谓”，为同“谓”。鲋（fù）鱼：鲫鱼。鲋鱼，原作“狐狸”，据王念孙说改。

㊲长松：即松树。文梓（zǐ）：梓木，其纹理细密。楩（pián）：黄楩木。枏（nán）：同“楠”，楠木，常绿乔木。豫章：樟木。

㊳以：以为，认为。“王之攻宋”，原为“三事之攻宋”，据《太平御览》改。

㊴伤义：伤害义理。不得：指没有收获。

㊵虽然：虽然如此。然，如此，这样。与现代汉语中“虽然”作为一个连词

不同。

㊶前一个"为"读 wèi，介词，后一个"为"读 wéi，动词。

㊷楪（dié）小木片。一说"楪"是"梜（jiā）"的假借字，梜，筷子。

㊸九：表动量，以示数量多。九设，即设多次。机变：机巧变化。

㊹距：同"拒"，抵御，防御。

㊺攻械：指云梯等攻城器械。尽：指全用尽了。

㊻圉（yù）：通"御"。

㊼诎（qū）：同"屈"，穷尽，指公输盘技穷谋尽。

㊽所以：用来……的方法。

㊾莫：否定性的无指代词，没有谁。

㊿乃，原无，据孙诒让说加。

㉛禽滑釐：墨子的弟子。

㉜寇：外敌入侵叫寇。

㉝绝：指使守城的方法绝尽。

㉞雨：用如动词，下雨。

㉟庇（bì）其闾中：到里门中躲雨。庇，庇荫，遮蔽。闾，里门。

㊱不内（nà）：不让进。内，"纳"的古字。因为当时宋已听到楚要入侵的消息，守闾者恐怕墨子是间谍，所以没有让他进。

㊲治于神者：专心研究于高深问题的人。治，攻治，研究。神，指智慧达到最高境界。

㊳众人：指一般人。功：功效。

㊴争于明者：争逐于明白一般问题的人。明，指低于"神"的智慧。

谋 攻

《孙子》

孙子曰：凡用兵之法①，全国为上②，破国次之③；全军为上④，破军次之；全旅为上⑤，破旅次之；全卒为上⑥，破卒次之；全伍为上⑦，破伍次之。是故百战百胜⑧，非善之善者也⑨；不战而屈人之兵⑩，善之善者也。

故上兵伐谋⑪，其次伐交⑫，其次伐兵⑬，其下攻城⑭。攻城之法，为不得已⑮。修橹轒辒⑯，具器械⑰，三月而后成⑱，距闉又三月而后已⑲。将不胜其忿而蚁附之⑳，杀士三分之一，而城不拔者㉑，此攻之灾也。故善用兵者，屈人之兵，而非战也；拔人之城，而非攻也；毁人之国，而非久也㉒。必以全争于天下㉓，故兵不顿㉔，而利可全，此谋攻之法也。

故用兵之法，十则围之㉕，五则攻之，倍则分之㉖，敌则能战之㉗，少则能逃之㉘，不若则能避之㉙。故小敌之坚，大敌之擒也㉚。

夫将者，国之辅也㉛。辅周则国必强㉜，辅隙则国必弱㉝。

故君之所以患于军者三㉞：不知军之不可以进而谓之进㉟，不知军之不可以退而谓之退，是谓縻军㊱。不知三军之事，而同三军之政者㊲，则军士惑矣㊳。不知三军之权㊴，而同三军之任㊵，则军士疑矣㊶。三军既惑且疑，则诸侯之难至矣㊷，是谓乱军引胜㊸。

故知胜有五㊹：知可以战与不可以战者胜；识众寡之用者胜㊺；上下同欲者胜㊻；以虞待不虞者胜㊼；将能而君不御者胜㊽。此五者，知胜之道也㊾。

故曰：知己知彼㊿，百战不殆㋑。不知彼而知己，一胜一负㋒。不知彼，不知己，每战必殆。

【说明】

《谋攻》篇强调将帅在战争中要重视用正确的谋略制服敌人，力求用最小的代价夺取战争的最大胜利。文章提出了一个著名的军事观点："知己知彼，百战不殆。"毛主席对此给予了很高的评价，指出："中国古代大军事学家孙武子书上'知己知彼，百战不殆'这句话，是包括学习和使用两个阶段而说的，包括从认识客观实际中的发展规律，并按照这些规律去决定自己行动克服当前敌人而说的；我们不要看轻这句话。"（《中国革命战争的战略问题》）毛主席还指出，这条"孙子的规律，'知己知彼，百战不殆'，仍是科学的真理"。（《论持久战》）本篇选自《孙子》。《孙子》，又称《孙子兵法》，共13篇，是我国古代著名的军事著作。作者孙武，春秋末期齐国人，后到吴国，被任为将，帮助吴王阖闾打败楚国。《孙子》总结了当时的战争经验，对战争的各个方面都做了具体的论述和分析，特别是对夺取战争胜利的战略、策略和指导战争的原则等进行了深入的研究，揭示了战争的某些规律。因此，这部著作对后代的军事科学研究和战争实践都有很大的影响。

【注释】

①凡：大凡，凡是，表示总括。

②全国为上：用武力迫使敌人整个国家降服是上策。全，动词，使……完整。

③次之：次于上策。之，代词。

④军：古时一万二千五百人为军。

⑤旅：古时五百人为旅。

⑥卒：古时一百人为卒。

⑦伍：古时五人为伍。

⑧是故：连词，因此。

⑨非善之善者：不是用兵高明中最高明的。

⑩屈人之兵：使敌军屈服。屈，使动用法。

⑪上兵：最高明的用兵之法。伐谋：破坏敌人的作战计划，迫使敌人不战而降。

⑫伐交：在两军即将交锋的时候，就以强大的兵力压倒敌人，迫使敌人不战而溃。

⑬伐兵：运用正确的战略战术，通过战争击败敌人。

⑭其下攻城：用兵的下策是攻城。因为攻城要损耗兵力和财力。“其下”一作“下攻”。

⑮为不得已：是不得已才采取的办法。

⑯修：修造，制作。橹：大盾。轒辒（fénwēn）：攻城用的四轮车，上蒙牛皮，里面可容十人，往来运土填沟筑垒。

⑰具：准备。器械：指云梯等攻城的器械。

⑱三月：指要耗费很长时间，不是实指。

⑲距闉（yīn）：用土构筑附着并高出城墙的土山，用以窥察敌情或攻城。闉，同“堙”。已：毕，完成。

⑳将不胜（shēng）其忿：将帅愤怒得不能忍受。胜，经受。蚁附之：命令士兵像蚂蚁一样爬城进攻。蚁，名词用作状语。之，代词，指代城墙。

㉑拔：攻克，攻取。

㉒久：指军队长期在外疲于战斗。

㉓全：指兵不战，城不攻，毁不久，用正确的策略迫使敌人不战而降。

㉔兵不顿：军队不会受到损失。顿，同“钝”，挫损。

㉕十：指兵力有敌人的十倍。下文“五”同此。则：连词，相当于“就”，连接假设分句和结果分句。这句话是紧缩句。

㉖倍：指兵力有敌人的两倍。分：指分兵使敌人腹背受敌，然后乘虚而击之。

㉗敌：指兵力相当，势均力敌。战：指运用战术经过战斗打败敌人。

㉘逃：指暂时转移以避敌人的锋芒，伺机进击。

㉙避：指迅速撤退，避免决战。

㉚小敌之坚，大敌之擒：小敌不量力而坚战，必为大敌所擒。小敌、大敌是指在具体战役中敌对双方力量的对比。

㉛国之辅：国君的助手。辅，辅佐。

㉜辅周：指将领才智兼备。周，全，周备。辅周，是主谓结构。

㉝隙：缺陷，指才智有所缺陷。

㉞所以：用来……的事。患于军：危害于军队。于，介词。三：指有三件事，在句中做谓语用。

㉟谓之：告诉他，这里指命令军队。之，代词。

㊱是谓：这叫作。縻（mí）军：束缚军队。縻，羁绊，指使军队行动不自由。

㊲同：指参与管理。政：军队的政令。《荀子·议兵》：“制号政令，欲威以严。”

㊳军士：这里泛指军队。

㊴权：权变，权谋。

㊵任：对将吏的任命。

㊶疑：疑虑。

㊷难（nàn）：指入侵。

㊸乱军引胜：自乱其军而导致敌军的胜利。

㊹知胜：指预知胜利。

㊺识众寡之用者：懂得兵力多少怎样运用的。

㊻同欲：同心，齐心。

㊼虞（yú）：思虑，这里指有准备。待：等待。

㊽御：主治，干预。

㊾道：指用兵的方法。

㊿彼：指示代词，这里指对方。

(51)殆（dài）：危险，这里指失败。

(52)一胜一负：胜负各半。

郑人买履

《韩非子》

郑人有欲买履者①，先自度其足②，而置之其坐③。至之市④，而忘操之⑤。已得履，乃曰："吾忘持度⑥。"反归取之⑦。及反，市罢⑧，遂不得履。人曰："何不试之以足⑨？"曰："宁信度⑩，无自信也⑪。"

【说明】

《郑人买履》这个寓言故事是说明"不适国事而谋先王"，即治国不根据实际情况而去效法先王，那是非常愚蠢的。这个寓言故事对那种轻视实践，脱离实际的教条主义者也是一个有力的讽刺。本篇选自《韩非子·外储说左上》。《韩非子》是韩非逝世后，后人辑集而成的。著作中有许多当时的民间传说、寓言故事和成语典故。韩非（约公元前280—前233），后人称韩非子或韩子，战国时期韩国人，为韩国公子，与李斯同学，喜好刑名法术之学，为法家学派代表人物。

【注释】

①郑人：郑国人。郑国是春秋时的一个诸侯国，都城在今河南新郑县。欲买：原作"且置"（且，将；置，购置），据王先慎说改。履（lǚ）：鞋。

②度（duó）：量。

③置：放。坐：座位。

④至：及至，等到。之：往，到。

⑤操：持。

⑥度（dù）：尺寸，尺码。

⑦反：同"返"。

⑧市罢：集市散了。

⑨试之以足：即以足试之，以脚试鞋。

⑩宁（nìng）：宁可。

⑪无；同"毋"，不要。自信：自信其足。

察 今
《吕氏春秋》

上胡不法先王之法①？非不贤也②，为其不可得而法③。先王之法，经乎上世而来者也④，人或益之⑤，人或损之⑥，胡可得而法？虽人弗损益⑦，犹若不可得而法⑧。东夏之命⑨，古今之法，言异而典殊⑩，故古之命多不通乎今之言者，今之法多不合乎古之法者。先王之法，胡可得而法？虽可得，犹若不可法。

凡先王之法，有要于时也⑪。时不与法俱至⑫，法虽今而至，犹若不可法。故释先王之成法⑬，而法其所以为法⑭。先王之所以为法者，何也？先王之所以为法者，人也，而已亦人也。故察己则可以知人，察今则可以知古，古今一也⑮，人与我同耳⑯。有道之士⑰，贵以近知远⑱，以今知古，以所见知所不见⑲。故审堂下之阴⑳，而知日月之行㉑，阴阳之变㉒；见瓶水之冰，而知天下之寒，鱼鳖之藏也㉓；尝一脟肉㉔，而知一镬之味，一鼎之调㉕。

荆人欲袭宋㉖，使人先表澭水㉗。澭水暴益㉘，荆人弗知，循表而夜涉㉙，溺死者千有余人㉚，军惊而坏都舍㉛。向其先表之时可导也㉜，今水已变而益多矣，荆人尚犹循表而导之㉝，此其所以败也㉞。今世之主法先王之法，有似于此。其时已与先王之法亏矣㉟，而曰此先王之法也而法之。以此为治㊱，岂不悲哉！

故治国无法则乱，守法而弗变则悖㊲。悖乱不可以持国㊳。世易时移㊴，变法宜矣㊵。譬之若良医，病万变，药亦万变。病变而药不变，向之寿民，今为殇子矣㊶。故凡举事必循法以动㊷，变法者因时而化㊸。若此论则无过务矣㊹。夫不敢议法者，众庶也㊺；以死守法者，有司也㊻；因时变法者，贤主也。是故有天下七十一圣㊼，其法皆不同。非务相反也㊽，时势异也。故曰：良剑期乎断㊾，不期乎镆铘㊿；良马期乎千里，不期乎骥、骜㊺。夫成功名者，此先王之千里㊻也。

楚人有涉江者，其剑自舟中坠于水，遽契其舟㊼，曰："是吾剑之所从坠㊽。"舟止，从其所契者入水求之㊾。舟已行矣，而剑不行，求剑若此，不亦惑乎㊿？以故法为其国㊺，与此同。时已徙矣㊻，而法不徙。以此为治，岂不难哉！

有过于江上者，见人方引婴儿而欲投之江中㊺，婴儿啼。人问其故，曰："此其父善游㊻。"其父虽善游，其子岂遽善游哉㊼！以此任物㊽，亦必悖矣。荆国之为政，有似于此。

【说明】

《察今》选自《吕氏春秋》，文字上略有删节。该文是《吕氏春秋》的名篇，认为法令制度要随客观形势的变化而变化，"因时变法"，不能拘泥于古法，其文语言流畅，多用比喻，"刻舟求剑"等成语即出于此文。《吕氏春秋》又称《吕览》。此书以"道家学说"为主干，以名家、法家、儒家、墨家、农家、兵家、阴阳家思想学说为素材，熔诸子百家于一炉，是一部博大精深的杂学著作，全书共分为二十六卷，一百六十篇，二十余万字。该书是在秦相邦吕不韦主持下集合门客编撰的，成书于秦始皇统一中国前夕。吕不韦（？—前235），姜姓，吕氏，名不韦，卫国濮阳（今河南省安阳市滑县）人，战国末年卫国商人、政治家、思想家，后为秦国丞相。

【注释】

①上：国君，这里指秦国的国君。胡：同"何"。法：前一个"法"是动词，取法，效法。

②贤：善。主语是"先王之法"。

③为（wèi）：因为。其：代词，指"先王之法"。可得：可能。

④经：经历。

⑤或：不定代词，有的。常用于表示整体的词语后面，表示部分。益：增加。

⑥损：减少。

⑦虽：即使。弗：不。

⑧犹若：犹然，还是。

⑨东夏：东方的诸侯国。《国语·楚语上》韦昭注："东夏，沈、蔡也。"命：由口发出的命令。

⑩言异：是对上文的"命"说的。典殊：是对上文的"法"而说的。典，法典，典章制度。殊，不同。

⑪要（yāo）：符合，适合。时，时代。

⑫俱：同。至：指传下来。陶鸿庆认为，连同下文的两个"至"字都应该是"在"字。

⑬释：舍弃。原为"择"，从《意林》改。成法：旧有的法令制度。

⑭所以：用来……的依据。为：制定。

⑮一：同样，一样。

⑯耳：语气词，这里表肯定。

⑰有道之士：明白事理的人。

⑱贵：以……为可贵。

⑲"以"下原有"益"字，据《意林》删。

⑳审：察看。阴：日光下的阴影。

㉑行：运行。

㉒阴阳之变：指昼夜和四季的变化。

㉓藏：指潜伏在河底。

㉔脔（luán）：同"臠"，切成块状的肉。

㉕镬（huò）、鼎：都是古代供烹饪用的器物，鼎有三足两耳，镬没有脚。调：和调，这里指调味。

㉖荆：楚的别称。宋：春秋战国时的一个小国，在现在河南商丘县以东、江苏

铜山县以西一带。

㉗表：标记，这里用如动词。澭水：黄河的一条支流。

㉘暴：猛然，突然。益：涨水，"溢"的古字。

㉙涉：徒步渡水。"夜涉"，同上文的"袭"相照应。

㉚有：同"又"，用于整数和零数之间。

㉛而：通"如"。这句是说军队惊乱如同房屋倒塌一样。

㉜向：以前。导：顺着标志涉河。

㉝尚犹：还是。

㉞所以：所以……的原因。

㉟其时：指当今之时。亏：同"诡"，异，不一致。

㊱以此为治：拿这个作为国家治理的标准。"此"，原无，许维遹据元刻本增。

㊲悖（bèi）：逆，指违于事理。

㊳持：持有，保有。

㊴易：改变，变化。移：推移。

㊵宜：适宜，应该。

㊶殇（shāng）：未成年而死。

㊷举：做，办。以，连词，同"而"。

㊸因：根据。化：变化。

㊹此论：指上文"故凡举事……"两句话。过务：错事。

㊺众庶：老百姓。

㊻"法"字原无，据毕沅说加。

㊼有司：官吏。

㊽是故：因此。七十一圣：所指不详。圣，圣王。

㊾务：务求，力求。

㊿期：期求。断：断削，指锋利。

㉑镆铘（mòyé）：也写作"莫邪"，古代宝剑的名称。

㉒骥（jì）、骜（ào）：千里马。

㉓千里：千里马，比喻良法。意思是能成功立名，这就是先王的良法。

㉔遽：急，立刻。契：刻。

㉕所从坠：从船上掉下去的地方。

㉖所契者：所刻的地方。

㉗惑：糊涂。不亦……乎：比较委婉的反问。

㉘"以"下原有"此"，据王念孙说删。故：旧。为：治理。

㉙徙：变徙。

㉚引：延，拉。"江中"前省介词"于"。

㉛此其父善游：这是（由于）他的父亲善于游泳。

㉒岂遽：难道就。
㉓任：用，对待。物：事物。"以"原无，据王念孙说加。

子鱼论战
《左传》

楚人伐宋以救郑①。宋公将战②，大司马固谏曰③："天之弃商久矣④，君将兴之⑤，弗可赦也已⑥。"弗听。

冬十一月己巳朔⑦，宋公及楚人战于泓⑧。宋人既成列⑨，楚人未既济⑩。司马曰："彼众我寡，及⑪其未既济也，请击之。"公曰："不可。"既济而未成列，又以告⑫。公曰："未可。"既陈而后击之⑬。宋师败绩⑭。公伤股⑮，门官歼焉⑯。

国人皆咎公⑰。公曰："君子不重伤⑱，不禽二毛⑲。古之为军也⑳，不以阻隘也㉑。寡人虽亡国之余㉒，不鼓不成列㉓。"子鱼曰："君未知战。勍敌之人㉔，隘而不列㉕，天赞我也㉖。阻而鼓之㉗，不亦可乎㉘？犹有惧焉㉙！且今之勍者㉚，皆吾敌也。虽及胡耇㉛，获则取之，何有于二毛㉜？明耻教战㉝，求杀敌也。伤未及死，如何勿重？若爱重伤㉞，则如勿伤㉟；爱其二毛，则如服㊱焉。三军以利用也㊲，金鼓以声气也㊳；利而用之㊴，阻隘可也㊵，声盛致志㊶，鼓儳可也㊷。"

【说明】

《子鱼论战》这篇文章是写宋襄公在同强敌楚国的战争中，不懂得"三军以利用"（即军队作战要视情利用各种战机）的战术原则，不肯利用敌人的弱点，而是用所谓的仁义道德来指导战争，以致坐失战机，遭到惨败，自己也受了重伤。毛主席在《论持久战》中告诫说："我们不是宋襄公，不要那种蠢猪式的仁义道德。"本篇选自《左传·僖公二十二年》，有的选本篇名又叫《泓水之战》。

【注释】

①鲁僖公二十二年（公元前638年），"宋公伐郑"。郑国是一个较小的依附于楚国的诸侯国，所以楚国出兵"伐宋以救郑"。

②宋公：宋襄公，公元前651年—前637年在位。他企图与楚争霸，在泓水之战中负伤，第二年死。

③大司马：主管军事的高级官员，与下文所说的司马同指一人，名目夷，字子鱼，是宋襄公的庶兄。固谏：坚决劝阻。谏，下对上提意见。

④天之弃商久矣：上天抛弃商族已经很久了。宋的始祖是商纣的庶兄微子启，是商的后代。商朝亡于公元前十一世纪，离当时已四百年左右。

⑤君将兴之：您将使商族复兴起来。之：指商。

⑥弗可赦也已：不可能得到上天的赦免。这完全是一种迷信说法。也已，句末语气词。

⑦己巳：古人用干支记日，这一天是己巳，朔：夏历每月的第一天，即初一。

⑧泓：水名，故道在今河南柘城县西北。

⑨既成列：已经排好战斗的队列。既，已经。
⑩既：尽，完全。济：渡河。
⑪及：趁，等。
⑫又以告：又以"请击之"的话告诉宋襄公。"以"后省略"之"字。
⑬既陈（zhèn）：已经摆好阵势。陈，同"阵"。
⑭败绩：溃败，大败。
⑮股：大腿。
⑯门官：给国君守门的禁卫军，打仗的时候随从国君担任护卫。歼焉：被楚人歼灭。歼，杀尽。焉，于此（指楚人）。
⑰国人：国都里的人。咎：责备，责怪。
⑱重（chóng）伤：对已受伤的人再加伤害。
⑲禽：同"擒"。二毛：头发有黑白二色，即头发花白的老年人。
⑳为军：治军。
㉑不以阻隘：不依靠险要的地形取胜。阻隘，险阻，指关口等狭隘的地形。
㉒亡国之余：宋是商朝的后代，商朝早已被周所灭，所以说是亡国之余。
㉓不鼓不成列：不鸣鼓进攻没有排成战斗队形的敌人。
㉔勍（qíng）：强。
㉕隘而不列：被困于不利地形而且没有摆好阵势。
㉖赞：佐，帮助。
㉗阻而鼓之：迫敌于险阻之地并进攻他。
㉘不亦可乎：不是很可以吗？不亦，与疑问语气词"乎"配合，构成反诘句，表示肯定的语气。
㉙犹有惧焉：这样还恐怕未必能胜。犹，还。
㉚且：况且，何况。
㉛虽：即使。及：达。胡耇（gǒu）：同义并列，年寿很高的人。
㉜何有于二毛：还论什么二毛。何有，有什么。
㉝明耻教战：明确教育士兵，作战应奋勇杀敌，退缩而受刑戮是可耻的。
㉞爱：怜惜。
㉟如：通"宜"，应当。一说，"如"应理解为"不如"。
㊱服：服从。焉：之，代词，指敌人。
㊲三军：古时大国军制分上、中、下三军。以利用：依据是否有利来用兵。以，介词。利，指有利的战机和地形等。
㊳金鼓以声气也：鸣锣击鼓是用声音来鼓舞士气。金，指锣一类军中的敲击乐器，用来指挥收兵或用击鼓指挥军队相配合助军队的声威。气，用如动词。
㊴利而用之：依据有利的原则而用兵。
㊵阻隘：指利用险要的地形。

㊶声盛致志：声音盛大能鼓舞斗志。致，达到。
㊷鼓儳（chán）：进攻队列不整的敌人。儳，参差不齐。

齐桓公伐楚

《左传》

四年①，春，齐侯以诸侯之师侵蔡②。蔡溃③，遂伐楚。楚子使与师言曰④："君处北海⑤，寡人处南海⑥，唯是风马牛不相及也⑦。不虞君之涉吾地也⑧，何故？"管仲对曰⑨："昔召康公命我先君大公曰⑩：'五侯九伯⑪，女实征之⑫，以夹辅周室⑬。'赐我先君履⑭：东至于海⑮，西至于河⑯，南至于穆陵⑰，北至于无棣⑱。尔贡包茅不入⑲，王祭不共⑳，无以缩酒㉑，寡人是征㉒；昭王南征而不复㉓，寡人是问。"对曰："贡之不入，寡君之罪也㉔，敢不共给㉕？昭王之不复，君其问诸水滨㉖。"师进，次于陉㉗。

夏，楚子使屈完如师㉘。师退，次于召陵㉙。齐侯陈诸侯之师㉚，与屈完乘而观之㉛。齐侯曰："岂不榖是为㉜？先君之好是继㉝！与不榖同好㉞，如何？"对曰："君惠徼福于敝邑之社稷㉟，辱收寡君㊱，寡君之愿也。"齐侯曰："以此众战㊲，谁能御之㊳！以此攻城，何城不克！"对曰："君若㊳以德绥㊵诸侯，谁敢不服？君若以力㊶，楚国方城以为城㊷，汉水以为池㊸，虽众㊹，无所用之㊺！"屈完及诸侯盟㊻。

【说明】

《齐桓公伐楚》这篇文章是写齐桓公凭借霸主的地位，率领八个诸侯国的军队侵略蔡国以后，又回师讨伐楚国。楚国也毫不示弱，对齐国所指责的罪名，有理有节地进行了反驳，表现了在强敌面前不亢不卑的态度。这件事说明了一个强国可以随便找个借口，兴师问罪，对弱国进行侵略，但弱国只要善于利用各种方式不断揭露强国的阴谋，就有可能挫败强国。本文选自《左传·僖公四年》。《左传》，相传为春秋战国时左丘明所著。它是中国古代一部编年体史书，是先秦散文著作的代表，是儒家的经典著作之一，与《公羊传》《谷梁传》合称"春秋三传"。《左传》原名为《左氏春秋》，汉代改称《春秋左氏传》《春秋内传》《左氏》，汉以后多称《左传》。

【注释】

①四年：鲁僖公四年，即公元前656年。

②齐侯：齐桓公，春秋五霸之一。齐属侯爵，虽然自称为公，但史官按照奴隶制的礼制，仍称之为齐侯。以：介词，表领率。诸侯之师：指鲁、宋、陈、卫、郑、许、曹等连齐国共八个诸侯国军队。师，军队。蔡：国名，姬姓，在今河南上蔡一带，公元前447年为楚所灭。

③溃：溃败。

④楚子：楚成王。楚属子爵，故称子。使：派使者。与：跟，同。师：指诸侯之师。

⑤处（chǔ）：居住。北海：指北方边缘的地方，不是指具体的海名。因为古人以为中国四周边缘的地方都是海。下文"南海"同此。

⑥寡人：君王的谦称，意思是寡德之人。这两句话意思是，双方离得很远。

⑦唯是风马牛不相及：这是马牛相诱毫不相干的事。唯，句首语气词。风，指马牛发情时相诱。一说风是"放"的假借字，指放牧时牛马不相诱。

⑧不虞：不测，不料。涉：蹚水过河，这里是指侵略，一种外交上委婉的说法。

⑨管仲（？—前645年）：名夷吾，字仲，齐国的大夫，曾在齐国实行政治改革，帮助齐桓公称霸。

⑩召（shào）康公：周成王时太保召公奭（shì），"康"是他死后的谥（shì）号。先君：对本国已故君王的称呼。大（tài）公：即姜太公，名尚，齐国的始祖。大，同"太"。

⑪五侯九伯：泛指所有诸侯。五侯，即公、侯、伯、子、男五等爵。九伯，九州之长。

⑫女：同"汝"，你。实：句中语气词，通"寔"或"是"，表示期望。征：征伐，指有征伐之权。

⑬以：连词，表示目的。夹辅：辅佐。周室：周天子。

⑭履：践踏，这里指践履之地，即齐国可以征伐的区域。

⑮海：指东海、渤海。

⑯河：黄河。

⑰穆陵：地名，今山东临朐（qú）县南的穆陵关。

⑱无棣（dì）：地名，今山东无棣县附近。

⑲尔：你。贡：下进献于上的物品。包茅：捆成束的菁（jīng）草。茅，菁草，楚地的特产，祭祀时用来滤酒。酒倒在束茅上慢慢渗下去，表示神饮了一样。入：纳，指纳贡。

⑳王祭不共（gōng）：周王祭祀的用品供不上。在《左传》中，只承认周天子是王。共，同"供"。

㉑无以：没有用来……的东西。缩酒：滤酒。

㉒寡人是征：我要责问。是，句中语气词，表示强调。征，责问。一说是代词前置，"寡人是征"，即我要责问这件事。

㉓昭王：周昭王，名瑕。南征：到南方巡行。复：回。据说，周昭王巡行到汉水时，当地人民让他坐一艘用胶粘合的船，到了江心，船沉而死。

㉔寡君：在外交上对自己国君的谦称。

㉕敢：表谦副词，等于说"岂敢"。

㉖君其问诸水滨：您还是到水边去问吧。其，表示委婉的语气词。诸，"之于"的合音。这句话表示不接受管仲所指责的罪名，因为在周昭王时，汉水还不是楚国的地方。

㉗次：军队临时驻扎。陉（xíng）：山名，在今河南偃城县南。

㉘屈完：楚国的大夫。如：往。

㉙召（shào）陵：地名，在今河南偃城县东。

㉚陈：陈列，指把军队排列成整齐的队形，让屈完看。这实际上是向楚国示威。

㉛乘（chéng）：乘车。

㉜岂不穀是为：难道是为了我自己？不穀，不善，诸侯的谦称。是，助词，起提宾的作用。为（wèi），介词，为了。

㉝先君之好是继：继承先君的友好关系。

㉞同好：共同友好。

㉟这句话的意思是，您能给我国恩惠得以求福于社稷之神，即不毁灭我国。惠，表敬副词。徼（jiǎo），求。敝邑，对自己国家的谦称。社，土神。稷，谷神。

㊱辱：表谦副词，意思是您这样做是蒙受了耻辱。收：收容。

㊲此众：指诸侯之师。

㊳御：抵御，抵挡。

㊴若：如果。

㊵绥（suí）：安抚。

㊶以：凭借。

㊷方城以为城：方城山用来作为城墙。理解为"以方城为城"也可。"汉水以为池"结构同此。方城，山名，在今河南叶县南。

㊸池：护城河。

㊹众：多。

㊺无所用之：没有用它的地方。

㊻及：与。盟：订立盟约。

邹忌讽齐王纳谏

《战国策》

邹忌脩八尺有余①，而形貌昳丽②。朝服衣冠③，窥镜④，谓其妻曰："我孰与城北徐公美⑤？"其妻曰："君美甚，徐公何能及君也！"城北徐公，齐国之美丽者也。忌不自信，而复⑥问其妾曰："吾孰与徐公美？"妾曰："徐公何能及君也！"旦日⑦，客从外来，与坐谈，问之客曰："吾与徐公孰美？"客曰："徐公不若君之美也。"明日，徐公来，孰视之⑧，自以为弗如⑨；窥镜而自视，又弗如远甚。暮寝而思之，曰："吾妻之美我者⑩，私我也⑪；妾之美我者，畏我也；客之美我者，欲有求于我也。"

于是入朝见威王⑫，曰："臣诚⑬知不如徐公美。臣之妻私臣，臣之妾畏臣，臣之客欲有求于臣，皆以美于徐公⑭。今齐地方⑮千里，百二十城，宫妇左右莫不私王⑯，朝廷之臣莫不畏王，四境之内莫不有求于王。由此观之，王之蔽甚矣⑰。"

王曰:"善。"乃下令:"群臣吏民,能面刺寡人之过者⑱,受上赏;上书谏寡人者,受中赏;能谤讥于市朝⑲,闻寡人之耳者⑳,受下赏。"令初下,群臣进谏,门庭若市㉑;数月之后,时时而间进㉒;期年之后㉓,虽欲言,无可进者。燕、赵、韩、魏闻之,皆朝于齐㉔。此所谓战胜于朝廷㉕。

【说明】

《邹忌讽齐王纳谏》这篇文章是写齐相邹忌,从同徐公比美这件小事中感悟出自己所以不能听到正确意见的深刻道理,并通过这件事劝谏齐威王应广开言路,虚心听取臣下的意见。齐威王由于听取臣下意见,曾使齐国一度强大起来。本篇选自《战国策·齐策》。《战国策》是记载战国时期纵横家言论和活动的史籍。全书分东周、西周、秦、齐、楚、赵、魏、韩、燕、宋、卫、中山等十二国,共三十三篇。现在所见的本子是经过西汉刘向整理的,有《国策》《国事》《事语》《短长》《长书》等不同名称。

【注释】

①邹忌:战国时齐国人,担任过齐威王的相,封成侯。修:通"修",长,这里指身高。尺:指周尺,约相当于八市寸。

②昳(yì)丽:光艳漂亮。

③朝(zhāo):早晨。服:穿戴。

④窥:从小孔或缝隙偷看,这里指对镜自照。

⑤孰与:用于比较,"孰与城北徐公美",即与城北徐公哪个美。孰,谁,哪个。

⑥复:又,再。

⑦旦日:明日,这里指第二天。

⑧孰:同"熟",仔细。

⑨弗:不。

⑩美:以……为美,形容词的意动用法。

⑪私:偏爱。

⑫威王:齐威王田因齐。齐国的始祖原为吕尚,春秋末年,政权被新兴地主阶级田氏夺取,到齐威王时,国势强盛,成为战国七雄之一。

⑬诚:确实。

⑭以:认为。于:介词,表示比较。

⑮方:方圆,指面积。

⑯莫:否定性的无指代词,相当于"没有谁"。

⑰蔽:指受蒙蔽,听不到正确的意见。

⑱面刺:当面批评。面,名词作状语用。寡人:国君自称。

⑲谤讥:议论别人的缺点。市朝:泛指公共场所。

⑳闻:使……闻,传到。

㉑门庭若市:门庭如集市一样。
㉒时时:指有时。间(jiàn):间或,偶然。
㉓期(jī):满一年。
㉔朝:诸侯见天子、臣见君称"朝"。
㉕这句是说,在朝廷之上,不用一兵一卒,就战胜敌国。

召公谏弭谤

《国语》

厉王虐①,国人谤王②。召公告王曰③:"民不堪命矣④。"王怒,得卫巫⑤,使监谤者。以告⑥,则杀之。国人莫敢言⑦,道路以目⑧。

王喜,告召公曰:"吾能弭谤矣⑨,乃⑩不敢言。"召公曰:"是障之也⑪。防民之口,甚于防川⑫。川壅而溃⑬,伤人必多。民亦如之⑭。是故为川者决之使导⑮,为民者宣之使言⑯。故天子听政⑰,使公卿列士献诗⑱,瞽献曲⑲,史献书⑳,师箴㉑,瞍赋㉒,矇诵㉓,百工谏㉔,庶人传语㉕,近臣尽规㉖,亲戚补察㉗,瞽史教诲,耆艾修之㉘,而后王斟酌焉㉙。是以事行而不悖㉚。民之有口也,犹土之有山川也㉛,财用于是乎出;犹其有原隰衍沃也㉜,衣食于是乎生。口之宣言也,善败于是乎兴㉝。行善而备败㉞,所以阜财用衣食者也㉟。夫民虑之于心而宣之于口㊱,成而行之㊲,胡可壅也㊳?若壅其口,其与能几何㊴!"

王勿听㊵。于是国人莫敢出言。三年,乃流王于彘㊶。

【说明】

《召公谏弭谤》记叙的是,周厉王暴虐,引起国人的不满,纷纷议论,而他又压制舆论,不听召公的劝告,最后被国人愤起驱逐。文章的重点是写召公对周厉王的劝诫。召公是个有远见的政治家,他指出,"防民之口,甚于防川",如果压制舆论,不让人说话,必将像大水冲决堤坝一样,造成不可收拾的后果。本文选自《国语·周语上》。《国语》是一部国别史,分别记载了公元前990年(周穆王12年)至前453年(周贞定王16年)这个时期周、鲁、齐、晋、郑、楚、吴、越八国的一些片断的史实,比较具体地反映了当时政治、经济等方面的情况。本书偏重于记言,文字简练,逻辑性强,叙事周密。关于本书的作者,司马迁和班固都认为是春秋末期的左丘明,现在一般不同意这种说法,而认为作者当为战国初期人,本书是将各国史料汇编加工而成。由于编纂的方法是以国分类,以语为主,故名"国语"。

【注释】

①厉王:周夷王之子,名胡,公元前878年—前841年在位。
②国人:都城中的人。国,都城。谤:议论别人的过失,批评。这个词后来一般用作"毁谤"的意思。
③召(shào)公:即召穆公,名虎,周厉王的大臣。召,别本亦作"邵"。
④不堪:忍受不了。堪,任,承担。命:指暴虐的政令。

⑤卫巫：卫国的巫者。"巫"是当时从事迷信活动的人。
⑥以告：把谤者报告周王。这是古汉语中常用的一种省略形式。
⑦莫：没有人。
⑧以目：用眼睛示意。以，动词，用。
⑨弭（mǐ）：止，制止。
⑩乃：副词，相当于"终于"。
⑪是：此。障：以堤防水，堵塞。
⑫甚于防川：比防河水还要严重。于，介词，表比较关系。
⑬壅：堵塞不流。溃：堤坝决口。
⑭如之：像这样。
⑮是故：以此之故，因此。为川者：治水的人。为，治理，下一句"为民者"的"为"同。决：开决，打开缺口排水。导：通。
⑯宣：放，指开放言路。
⑰听政：听理政事。
⑱公卿：周朝官制，设三公（太师、太傅、太保）六卿（太宰、太宗、太史、太祝、太士、太卜），总称公卿。列士：周朝士分三等，上士、中士、下士，总称列士。诗：指赞颂或寓有讽谏意味的诗。
⑲瞽（gǔ）：乐师，又称太师。"瞽"的本义是盲者，即所谓"无目曰瞽"。古代的乐师皆由盲者担任。曲：指采自民间的乐曲。这种乐曲配有歌词（诗），朝廷可以据此了解下情。
⑳史：史官。书：史籍。
㉑师：少师，次于太师的乐官。箴（zhēn）：规戒。
㉒瞍（sǒu）：盲人，无眸子叫瞍。赋：朗读，指朗读公卿列士所献之诗。
㉓矇（méng）：盲人，有眸子而无所见叫矇。诵：配乐的朗诵。
㉔百工：宫廷中从事各种技艺的人。谏：对君王进行规劝。
㉕庶人：一般老百姓。传语：通过别人转达自己的话。
㉖近臣：左右亲近之臣。尽：极尽，尽心竭力。一说，"尽"通"进"，亦通。规：规劝。
㉗亲戚：指父兄子弟等内亲，同"外戚"有别。补察：弥补过失，督察政事。
㉘耆（qí）艾：指年高望重的人。六十岁的人叫耆，五十岁的人叫艾。修之：修明政事。修，整顿。
㉙斟酌：权衡得失，决定取舍。焉：于此，指对上列各事。
㉚是以：即以是，因此。悖（bèi）：逆，违背。
㉛以上两句的"之"字用于主谓结构的主语谓语之间，以显示其词组的特点。
㉜于是：由此。乎：语气词。出：产生。
㉝其：指土地。原：高而平的土地。隰（xī）：低湿的土地。衍（yǎn）：低平

的土地。沃：可灌溉的土地。

㉞善败：指政事的好和坏。兴：起，发生。

㉟备：防。

㊱所以……者：用来……的办法。阜：丰厚，使……丰厚。

㊲夫：句首语气词，表示要发议论。

㊳成：指思虑成熟。行之：指发表议论。

㊴胡：何。

㊵其与能几何：还能维持多久。其与，表示反诘的语气词。

㊶勿：不。

㊷流：放逐。彘（zhì）：古地名，在今山西省霍县东北。

更　法

《商君书》

孝公平画①。公孙鞅、甘龙、杜挚三大夫御于君②，虑世事之变③，讨正法之本④，求使民之道⑤。

君曰："代立不忘社稷⑥，君之道也。错法务明主长⑦，臣之行也⑧。今吾欲变法以治⑨，更礼以教百姓⑩，恐天下之议我也。"

公孙鞅曰："臣闻之，疑行无成⑪，疑事无功⑫。君亟定变法之虑⑬，殆无顾天下之议之也⑭。且夫有高人之行者⑮，固见负于世⑯；有独知之虑者⑰，必见訾于民⑱。语曰⑲：'愚者闇于成事⑳，知者见于未萌㉑。民不可与虑始㉒，而可与乐成㉓。'郭偃之法曰㉔：'论至德者不和于俗㉕，成大功者不谋于众。'法者，所以爱民也㉖；礼者，所以便事也㉗。是以圣人苟可以强国㉘，不法其故㉙；苟可以利民，不循其礼㉚。"孝公曰："善。"

甘龙曰："不然㉛。臣闻之，圣人不易民而教㉜，知者不变法而治。因民而教者㉝，不劳而功成；据法而治者，吏习而民安㉞。今若变法，不循秦国之故，更礼以教民，臣恐天下之议君。愿孰察之㉟。"

公孙鞅曰："子之所言，世俗之言也㊱。夫常人安于故习㊲，学者溺于所闻㊳。此两者所以居官而守法㊴，非所与论于法之外也㊵。三代不同礼而王㊶，五霸不同法而霸㊷。故知者作法㊸，而愚者制焉㊹；贤者更礼，而不肖者拘焉㊺。拘礼之人㊻，不足与言事；制法之人，不足与论变。君无疑矣。"

杜挚曰："臣闻之，利不百㊼，不变法，功不十㊽，不易器㊾。臣闻法古无过，循礼无邪㊿。君其图之㉛。"

公孙鞅曰："前世不同教㉜，何古之法㉝？帝王不相复㉞，何礼之循？伏羲、神农㉟，教而不诛㊱；黄帝、尧、舜㊲，诛而不怒㊳。及至文、武㊴，各当时而立法㊵，因事而制礼㊶。礼法以时而定㊷，制令各顺其宜，兵甲器备各便其用㊸。臣故曰：治世不一道㊹，便国不必法古。汤、武之王也㊺，不循古而兴㊻；殷、夏之灭也㊼，不易礼而亡。然则反古者未必可非⑱,循礼者未足多也⑲。君无疑矣。"

孝公曰:"善。吾闻穷巷多怪⑳,曲学多辨㉑。愚者笑之㉒,智者哀焉㉓;狂夫乐之㉔,贤者丧焉㉕。拘世以议,寡人不之疑矣㉗。"于是遂出垦草令㉘。

【说明】

《更法》记叙了商鞅同甘龙、杜挚就是否变法的问题所展开的一场辩论。商鞅提出的一个中心论点是"治世不一道,便国不必法古",主张从现实出发,改革旧的法令制度。而甘龙、杜挚则站在维护旧秩序的立场上,认为"法古无过,循礼无邪",反对进行变法。辩论最后以商鞅胜利结束。秦孝公采纳了他提出的变法主张,立即颁布了垦草令。本篇选自《商君书》。作者商鞅(约公元前395—前338),卫国人,是卫公的同族,所以又称卫鞅或公孙鞅。他开始在卫国当过小官。公元前361年到秦国,公元前359年帮助秦孝公实行变法,提出了废除井田制,废除世卿世禄,提倡根据军功大小定爵位,奖励耕战,推行郡县制以加强中央集权,统一度量衡等一系列革新措施。秦国由于实行了商鞅提出的顺应历史的法治主张,很快就发展成为居七雄之首的强国。

【注释】

①孝公:秦孝公,姓嬴(yíng),名渠梁,公元前361年到公元前338年在位。平画:谋划国事。平,通"评",评议。画,谋划。

②公孙鞅:即商鞅。御:侍候,侍从。

③世事:社会情况。

④正法:政治法令。正,同"政"。本:根本,原则。

⑤使:役使,统治。道:方法,措施。

⑥代立:继承先人当了国君。代,更替。社稷:国家。社,土神;稷,谷神。古代国君必立社稷,如国家灭亡,祭祀土神谷神的坛子就被拆毁,所以常以社稷象征国家。

⑦错法:实施法令。错,通"措",施行。务明主长(cháng):力求宣明君主的长处。"务明主长",原为"务民主张",据孙星衍说改。

⑧行:德行,指职责。

⑨以:连词,表目的。

⑩更:更改,改革。

⑪疑行无成:行动迟疑就不会有成就。疑,迟疑,犹豫。成,一作"名"。

⑫疑事无功:办事迟疑就不会有功效。事,主要指耕战之事。

⑬亟(jí):急。

⑭殆(dài):必,一定。无:同"毋"。顾:顾忌。

⑮且夫:况且,表示进一步讨论。高人:即"高于人",比常人突出。

⑯固:必定。见负:被反对。见,被。负:《史记》等写作"非",负、非意思相同。

⑰独知之虑：独到的见解。
⑱訾（zǐ）：毁谤。
⑲语：指俗话。
⑳闇（àn）：同"暗"，不明白。成事：既成之事。
㉑知（zhì）：通"智"。萌：萌芽，萌兆。
㉒与：介词，省略宾语"之"。虑始：谋虑事情的开始。
㉓乐成：共乐其成。
㉔郭偃：春秋时期晋国的大夫，曾帮助晋文公变法，著有法书。
㉕论：讲求，注重。至德：最高的道德。至，最，表程度的形容词。和：随和，附和。
㉖所以爱民：是用来爱民的。封建统治阶级的法令，是保护剥削阶级利益的，它爱的是地主阶级，而不是劳动人民。
㉗便事：便于国事。
㉘是以：连词，因此。苟：连词，如果。
㉙法：取法。故：指旧的法令制度。
㉚循：因循。礼：指旧的礼义。
㉛然：这样，对。
㉜易民：改革民俗。
㉝因民：因袭民俗。
㉞习：熟悉。
㉟愿：希望。孰："熟"的古字，仔细。
㊱世俗之言：指社会上一般没有见识的言论。
㊲故习：旧的习俗。
㊳学者：学士，指一般的读书人。溺：沉溺，迷恋。
㊴这句意思是，这两种人可用来当官守法。所以：用来……，表示作用。守法：墨守成法。
㊵法之外：旧的法令以外，意思是突破旧的框框，进行变法。
㊶三代：指夏、商、周。王：成就王业。
㊷五霸：春秋时期的五霸一般是指齐桓公、晋文公、楚庄王、吴王阖闾、越王勾践。霸：成就霸业。
㊸作：创造，制定。
㊹制焉：受旧法的束缚。制，制约，束缚。焉，于此，"此"指旧法。
㊺拘：约束，束缚。
㊻拘礼：即拘于礼。下文"制法"同此。
㊼百：百倍。
㊽十：十倍。

㊾易：更换。
㊿邪：指害处。
○51 其：语气词，表示祈使。图：谋虑，考虑。
○52 前世：古代。教：指政教。
○53 何古之法：效法哪一代的"古"呢？之，助词，起提宾作用。"何礼之循"，同此。
○54 复：因袭，指走老路。
○55 伏羲（xī）、神农：都是传说中的帝王。
○56 教：教化。诛：杀。
○57 黄帝、尧、舜：都是传说中的帝王。
○58 不怒：不过分，指只杀该杀的人。怒，过，超越。《荀子·君子》中有"刑罚不怒罪"可证。一说"怒"是"孥"字通假，意思是，诛及其身，罪不及妻孥。
○59 文：周文王。武：周武王。
○60 当时：适应时代。当，合。
○61 因事：依据社会情况。因，依据。
○62 以：依据。
○63 兵：兵器。甲：铠甲。器备：器械。便其用：使它们用起来便利。
○64 不一道：不只是采用一种措施。
○65 汤：商朝第一个君王。
○66 循：原为"脩"，据高亨说改。
○67 殷、夏：商朝、夏朝。
○68 然则：既然这样，那么……。
○69 多：赞美。"多"下原有"是"字，据高亨说删。
○70 穷巷：偏僻的小巷。怪：原为"悋"，据高亨说改。
○71 曲学：知识片面的学士。曲，指认识"蔽于一曲"（《荀子·解蔽》）。辨，通"辩"。
○72 愚者笑之：愚者对之欢笑的事。
○73 焉：之。
○74 狂夫：狂妄无知的人。
○75 丧：悲痛。
○76 拘世以议：拘于世俗而发表议论。以，连词。
○77 不之疑：不再受它们疑惑了。之，是"疑"的宾语，因前有否定词而前置。
○78 遂：就。垦草令：鼓励开垦荒地的法令。

叶公好龙

《新序》

子张①见鲁哀公②，七日而哀公不礼③，托仆夫而去④，曰："臣闻君好士⑤，故不远千里之外⑥，犯霜露⑦，冒尘垢⑧，百舍重趼⑨，不敢休息以见君⑩，七日而君不礼。君之好士也，有似叶公子高之好龙也⑪。叶公子高好龙，钩以写龙⑫，凿以写龙⑬，屋室雕文⑭以写龙。于是天龙闻而下之⑮，窥头于牖⑯，施尾于堂⑰。叶公见之，弃而还走⑱，失其魂魄，五色无主⑲。是⑳叶公非好龙也，好夫似龙而非龙者也㉑。今臣闻君好士，故不远千里之外以见君，七日而君不礼。君非好士也，好夫似士而非士者也。"

【说明】

《叶公好龙》这篇寓言讽刺当时统治者口是心非，言行不一。毛主席在《湖南农民运动考察报告》中曾运用这个寓言揭露假冒革命名义的蒋介石之流的反动本质。这里"叶"读 yè，"好"读 hào。本篇选自西汉刘向的《新序·杂事》。刘向（公元前77—前67），原名刘更生，字子政，西汉著名学者，《新序》是他编撰的一部记述历代传说的书。

【注释】

①子张：春秋末期陈国人，姓颛（zhuān）孙，名师，孔丘的学生。

②鲁哀公：鲁国的国君，姓姬，名蒋。

③不礼：不以礼相待。"礼"在这里用作动词。

④托：委托，指委托仆夫把话转达给鲁哀公。仆夫：车夫。去：离开。

⑤臣：子张自称。君：指鲁哀公。好（hào）：喜欢。士：指有才德的读书人。

⑥远：意动用法，以……为远。

⑦犯：冒。

⑧尘垢（gòu）：指中途上的尘土。

⑨舍（shè）：古代计算里程的单位，三十里为一舍。重趼（jiǎn）：指脚上因长途跋涉而磨起层层厚茧。趼：同"茧"。

⑩以：连词，表示行为的目的。

⑪有似：好像。叶公子高：楚国的贵族，姓沈，名诸梁，字子高，封于叶（旧读 shè，今河南叶县），所以称叶公。

⑫钩以写龙：在衣带钩上画龙。钩，衣带钩。写，摹拟，依样画或刻。

⑬凿：凿子。

⑭雕文：雕刻的图案。文，花纹。

⑮下之：下到叶公住的地方。之，这里的用法同"焉"。

⑯窥头于牖（yǒu）：把头伸到窗里探视。窥，暗地里看。牖，窗。

⑰施（yì）：延伸。堂：厅堂。

⑱还走：转身就跑。
⑲五色：指喜、怒、哀、乐、怨在面部的表现。无主：失去控制。
⑳是：此，这样，这里有"由此看来"的意思。
㉑夫（fú）：指示代词，那。

愚公移山

《列子》

太行、王屋二山①，方七百里②，高万仞③，本在冀州之南④，河阳之北⑤。北山愚公者，年且九十⑥，面山而居⑦。惩山北之塞⑧，出入之迂也⑨，聚室⑩而谋⑪曰："吾与汝⑫毕力⑬平⑭险⑮，指通⑯豫南⑰，达⑱于汉阴⑲，可乎？"杂然⑳相许㉑。

其妻献疑曰㉒："以㉓君㉔之力，曾㉕不能损魁父㉖之丘㉗，如太行、王屋何㉘？且㉙焉㉚置㉛土石？"杂曰："投诸㉜渤海之尾㉝，隐土㉞之北。"遂率子孙荷担㉟者三夫㊱，叩㊲石垦壤㊳，箕畚㊴运于渤海之尾。邻人京城㊵氏之孀妻㊶，有遗男㊷，始龀㊸，跳往助之。寒暑易节㊹，始一反焉㊺。

河曲智叟㊻，笑而止之曰："甚矣，汝之不惠㊼！以残年余力，曾不能毁山之一毛，其如土石何㊽？"北山愚公长息㊾曰："汝心之固㊿，固不可彻㊿¹，曾不若孀妻弱子。虽㊿²我之㊿³死，有子存焉；子又生孙，孙又生子；子又有子，子又有孙；子子孙孙，无穷匮㊿⁴也，而山不加增，何苦而不平㊿⁵？"河曲智叟亡以应㊿⁶。

操蛇之神闻之㊿⁷，惧其不已㊿⁸也，告之于帝㊿⁹。帝感其诚，命夸娥氏二子㉠负㉡二山，一厝㉢朔东㉣，一厝雍南㉤。自此，冀之南，汉之阴，无陇断焉㉥。

【说明】

《愚公移山》这篇寓言反映了古代劳动人民以坚韧不拔的毅力、无所畏惧的精神改造自然的强烈愿望，具有朴素的唯物主义思想。毛主席在中国共产党的第七次全国代表大会的闭幕词中，赋予这篇寓言以新的意义，鼓舞人民去赢得革命的胜利。本篇选自《列子·汤问》。《列子》是春秋战国时代列御寇（约公元前450—前375）所作，《汉书·艺文志》录有《列子》八卷，早佚。今《列子》八卷为后人根据古代资料编著的。全书共载民间故事、寓言、神话传说134则，题材广泛，有些颇富教育意义。

【注释】

①太行（háng）：山名，在今山西省和河北省之间，主峰在山西省晋城南。王屋：山名，在今山西省阳城县西南。
②方：方圆，指面积大小。
③万仞（rèn）：形容山极高，是夸张的说法。仞，古代八尺为一仞。
④冀州：古代九州之一，包括今河北、山西以及河南黄河以北和辽宁辽河以西的地方。
⑤河阳：古县名，在今河南孟县，这里泛指黄河北岸。

⑥且：将近。
⑦面山：对着山。
⑧惩：苦于。塞：阻塞。
⑨迂：曲，绕远。
⑩聚室：聚集全家。
⑪谋：商议。
⑫汝：你们。
⑬毕力：尽力。
⑭平：铲平。
⑮险：险阻，指山。
⑯指通：直通。
⑰豫南：豫州之南。豫州，古九州之一，在今河南省。
⑱达：到达。
⑲汉阴：汉水的南面。阴，古代称水的南面或山的北面为"阴"。
⑳杂然：说话没有次序的样子。
㉑相许：赞同愚公的意见。
㉒献疑：提出疑问。
㉓以：凭，依靠。
㉔君：您，对对方的敬称。
㉕曾：竟，经常同否定词连用，表示强调。
㉖魁父：小山名。
㉗丘：土山包。
㉘如……何：把……怎么样。
㉙且：连词，表示进一步说，再说。
㉚焉：疑问代词，在何处。
㉛置：放。
㉜诸：之于，其中的"之"字代土石。
㉝渤海之尾：渤海之边。一说，尾，尾闾，水聚集的地方。
㉞隐土：古代传说中的地名，指辽远的地方。
㉟荷担（hèdàn）：挑担子。
㊱三夫：指三个成年人。
㊲叩：敲击。
㊳垦壤：挖土。
㊴箕畚（běn）：装土的筐子，这里用作状语，是"用箕畚"的意思。
㊵京城：复姓。本是地名，古人常以地名为姓氏。
㊶孀（shuāng）妻：寡妇。

㊷遗男：遗腹子。

㊸始龀（chèn）：才换牙，约七八岁时。

㊹寒暑易节：冬夏换季，指一年。易，改变。节，季节。

㊺一反：来回一次。反，同"返"。

㊻河曲智叟：同上文"北山愚公"相对，都是作者假托的人物。其实，愚公未必愚，智叟未必智。北山、河曲都是泛指的地名。

㊼这是个倒装句，把谓语"甚矣"提前是为了加强语气。

㊽其：语气词，表反诘。

㊾长息：长叹。

㊿固：顽固。

51彻：通。

52虽：即使。

53之：结构助词，用在分句的主语谓语之间。

54穷匮（kuì）：穷尽。这是个同义复合词，"穷"和"匮"都是"尽"的意思。

55何苦：何患，哪愁。

56亡（wú）以应：没有用来回答的话。亡，同"无"。

57操蛇之神：山神，传说山神手里都拿着蛇。操，持，拿。

58已：停止。

59帝：天帝。

60夸娥氏二子：传说是两个大力神。

61负：背。

62厝（cuò）：同"措"，放置。

63朔东：朔（北）方的东部，指今山西省东部。

64雍南：雍州的南部。雍州，古九州之一。包括今陕西、甘肃一带。

65陇断：即垄断，高地。这里指高山。

汤　誓

《尚书》

伊尹相汤伐桀①，升自陑②，遂与桀战于鸣条之野③，作《汤誓》④。

王曰⑤：格尔众庶⑥，悉听朕言⑦，非台小子敢行称乱⑧，有夏多罪，天命殛之⑨。今尔有众，汝曰⑩："我后不恤我众⑪，舍我穑事而割正夏⑫？"予惟闻汝众言⑬，夏氏有罪⑭，予畏上帝，不敢不正⑮。今汝其曰⑯："夏罪其如台⑰？"夏王率遏众力，率割夏邑⑱。有众率怠弗协⑲，曰："时日曷丧，予及汝皆亡⑳！"夏德若兹㉑，今朕必往㉒。尔尚辅予一人㉓，致天之罚，予其大赉汝㉔。尔无不信㉕，朕不食言㉖。尔不从誓言，予则孥戮汝㉗，罔有攸赦㉘。

【说明】

《汤誓》是商王的开国君主讨伐夏王朝最后一代国君桀的誓师命令。第一段是介绍《汤誓》的创作背景。第二段是讨伐夏誓师会上的动员令。动员令一方面揭露桀的暴虐，强调伐桀是服从于天命；另一方面又对已被征服的夏人进行利诱和威胁，以防夏人的反抗。本篇选自《尚书》。《尚书》的字面意义是"上古之书"，它是中国最早的一部历史文献选辑，汇编了商周时代的"典""谟""训""诰""誓""命"等文献档案。该书在先秦称为《书》，传为孔子编纂，凡百篇。现行的《尚书》五十八篇，为东晋梅赜（zé）编写，其中除"今文"部分是汉代流传的作品外，所谓"古文"二十五篇全是魏晋人的伪作，但其中包含了一些先秦《尚书》的佚文。《尚书》行文艰涩，向来有"佶屈聱牙"之称，保留了早期书面语的许多特征。

【注释】

①伊尹：商汤的佐臣，在灭夏战争中起了很大作用。相：助。汤：商王朝开国君主，又叫成汤，朝号天乙。桀（jié）：夏王朝最后一代君主，"桀"是谥号。

②升自陑：从陑地出发登高。升：登。陑（ér）：古山名，在今山西永济县境。

③鸣条：古地名，在安邑（桀的国都，今属山西运城县）之西（此用皇甫谧说）。野：郊外。

④汉人以为《汤誓》是伊尹所作。实际上应为西周人的作品。

⑤王：指商汤。

⑥格尔众庶：来吧，你们大家。格：通"各"，来。尔：第二人称代词，这里表复数。众庶：众人。"众""庶"是同义词连用。

⑦悉听朕言：都听我说。悉：全部。朕：第一人称代词（先秦不限于帝王使用）。

⑧台（yí）：第一人称代词，我。小子：商周时代君主对自己的谦称。

⑨有夏：等于说"夏"，指夏王。有：名词词头，多用在专有名词前。天：天帝，古人想象中的最高主宰。殛（jí）：诛杀。这句是说，不是我敢起来造反，其实是由于夏王罪恶太多，老天让我们来诛灭他。

⑩尔有众：与上文"尔众庶"同义。有：名词词头。汝：第二人称代词。

⑪我后不恤我众：我们的君王不怜悯我们大伙。后：国君，指桀。恤，怜悯。

⑫舍我穑事而割正夏：放弃我们的农事而妨害国政呢？舍：放弃。后来写作"捨"。穑（sè）：本义指收获谷物，这里指农事。割：通"害"，损害。正：国家的正事，这个意义后来写作"政"。夏：疑为衍文，《史记·殷本纪》引这句作"舍我穑事而割政"，无"夏"字。

⑬予惟闻汝众言：我只听到你们大伙都这样说。予：我。惟：范围副词，只，仅。闻：听到。按"听"就听的过程而言，"闻"就结果而言。言：指"我后不恤我众"两句话。

⑭夏氏：夏王族。氏：族。

⑮畏：敬畏。正：古"征"字，征伐。

⑯其：语气副词，表推测、揣度语气。

⑰夏罪其如台：对夏罪恶该怎么办呢？其：语气副词，表示不确定（推测、疑问、征询）的语气。如台（yí）：如何，奈何。《殷本纪》引这句作"有罪其奈（奈）何"。"奈何"表示"对它怎么办"。

⑱率：范围副词，全部，都。这个副词既可以修饰行为主动者，也可以修饰行为对象。"率遏众力，率割夏邑"的两个"率"用于修饰行为对象，本文"率怠弗协"的"率"则修饰行为主动者。遏（è）众力：竭尽民力。遏：止，断绝。割：割剥，损害。夏邑：夏都，指夏都的民众。《殷本纪》引这句作"率夺夏国"，"邑""国"同义，均指国都。这句意思说，夏王竭尽了全部民力，把夏都的老百姓都剥夺光了。

⑲怠：懈怠。协：同心合力。这句是说，民众全都懈怠偷懒，不愿意同心合力。

⑳时日曷丧，予及汝皆亡：这个太阳什么时候消失呢，我们情愿和你一块儿消亡！时：通"是"，指示代词，此，这个。日：比喻夏桀。《尚书大传》记夏桀说："天之有日，犹吾之有民也。日有亡哉？日亡吾亦亡矣。"意思说，只要太阳不亡，我也永远不会亡。曷：疑问代词，多询问时间，何时。丧：亡，消失。及：介词，与，跟。皆：一起，一道。

㉑德：德性。兹：指示代词，此。

㉒往：指前往伐桀。

㉓尔尚辅予一人：希望你们辅助我。尚：语气副词，表祈使、希望语气。予一人：商周帝王对自己的谦称。一人：相当于春秋以后说的"寡人"。

㉔致天之罚，予其大赉汝：让夏桀受到上天的惩罚，我就要大大地赏赐你们。致：使……至，送达。其：语气副词，表示希望，打算。赉（lài）：赐予。

㉕无：通"毋"，不要。

㉖食言：不履行诺言。食，吃掉。

㉗尔不从誓言，予则孥戮汝：你们不遵守誓言，我就要把你们收为奴隶乃至诛杀你们。孥：通"奴"，奴隶。这里用作动词，把……作为奴隶，宾语是"汝"。戮：诛杀。"孥""戮"是两个动词并列，带共同宾语"汝"。

㉘罔有攸赦：一个也不饶赦。罔：通"亡"，无。攸：用法与"所"相近，放在动词前组成一个名词性词组。

鸿门宴
《史记》

沛公军霸上①，未得与项羽相见。沛公左司马曹无伤使人言于项羽曰②："沛公欲王关中③，使子婴为相④，珍宝尽有之。"项羽大怒，曰："旦日飨士卒⑤，为击破沛公军⑥！"当是时，项羽兵四十万，在新丰鸿门⑦；沛公兵十万，在霸上。范增说项羽曰⑧："沛公居山东时⑨，贪于财货，好美姬。今入关，财物无所取，妇女无所幸⑩，此其志不在小。吾令人望其气⑪，皆为龙虎，成五彩，此天子气也。急击勿失！"

楚左尹项伯者⑫，项羽季父也⑬，素善留侯张良⑭。张良是时从沛公，项伯乃夜驰之沛公军⑮，私见张良，具告以事⑯，欲呼张良与俱去，曰："毋从俱死也。"张良曰："臣为韩王送沛公⑰，沛公今事有急，亡去不义，不可不语⑱。"良乃入，具告沛公。沛公大惊，曰："为之奈何？"张良曰："谁为大王为此计者？"曰："鲰生说我曰⑲：'距关⑳，毋内诸侯㉑，秦地可尽王也。'故听之。"良曰："料大王士卒足以当项王乎㉒？"沛公默然，曰："固不如也。且为之奈何？"张良曰："请往谓项伯，言沛公不敢背项王也。"沛公曰："君安与项伯有故㉓？"张良曰："秦时与臣游，项伯杀人，臣活之㉔；今事有急，故幸来告良。"沛公曰："孰与君少长㉕？"良曰："长于臣。"沛公曰："君为我呼入，吾得兄事之㉖。"张良出，要项伯㉗。项伯即入见沛公。沛公奉卮酒为寿㉘，约为婚姻，曰："吾入关，秋毫不敢有所近㉙，籍吏民㉚，封府库，而待将军㉛。所以遣将守关者，备他盗之出入与非常也㉜。日夜望将军至，岂敢反乎！愿伯具言臣之不敢倍德也㉝。"项伯许诺，谓沛公曰："旦日不可不蚤自来谢项王㉞。"沛公曰："诺。"于是项伯复夜去，至军中，具以沛公言报项王。因言曰："沛公不先破关中，公岂敢入乎？今人有大功而击之，不义也。不如因善遇之㉟。"项王许诺。

沛公旦日从百余骑来见项王㊱，至鸿门，谢曰："臣与将军戮力而攻秦㊲，将军战河北，臣战河南㊳，然不自意能先入关破秦㊴，得复见将军于此。今者有小人之言，令将军与臣有郤㊵。"项王曰："此沛公左司马曹无伤言之。不然，籍何以至此㊶。"

项王即日因留沛公与饮。项王、项伯东向坐㊷；亚父南向坐㊸，——亚父者，范增也；沛公北向坐；张良西向侍。范增数目项王㊹，举所佩玉玦以示之者三㊺，项王默然不应。范增起，出召项庄㊻，谓曰："君王为人不忍。若入前为寿，寿毕，请以剑舞，因击沛公于坐，杀之。不者㊼，若属皆且为所虏㊽！"庄则入为寿。寿毕，曰："君王与沛公饮，军中无以为乐，请以剑舞。"项王曰："诺。"项庄拔剑起舞。项伯亦拔剑起舞，常以身翼蔽沛公㊾，庄不得击。

于是张良至军门，见樊哙㊿。樊哙曰："今日之事何如？"良曰："甚急！今者项庄拔剑舞，其意常在沛公也。"哙曰："此迫矣！臣请入，与之同命㉛。"哙即带剑拥盾入军门㉜。交戟之卫士欲止不内㉝。樊哙侧其盾以撞，卫士仆地。哙遂入，披帷西向立㉞，瞋目视项王㉟，头发上指，目眦尽裂㊱。项王按剑而跽曰㊲："客何为者？"张良曰："沛公之参乘樊哙者也㊳。"项王曰："壮士！——赐之卮酒。"则与斗卮酒。哙拜谢，起，立而饮之。项王曰："赐之彘肩㊴。"则与一生彘肩。樊哙覆其盾于地，加彘肩上，拔剑切而啖之㊵。项王曰："壮士！能复饮乎？"樊哙曰："臣死且不避，卮酒安足辞！夫秦王有虎狼之心，杀人如不能举㉖，刑人如恐不胜㉖，天下皆叛之。怀王与诸将约曰：'先破秦入咸阳者王之。'今沛公先破秦入咸阳，毫毛不敢有所近，封闭宫室，还军霸上，以待大王来。故遣将守关者，备他盗出入与非常也。劳苦而功高如此，未有封侯之赏，而听细说㉖，欲诛有功之人，此亡秦之续耳，窃为大王不取也！"项王未有以应，曰："坐。"樊哙从良坐。

坐须臾，沛公起如厕㉖，因招樊哙出。沛公已出，项王使都尉陈平召沛公㉖。沛公曰："今者出，未辞也，为之奈何？"樊哙曰："大行不顾细谨，大礼不辞小让㉖。如今人方为刀俎㉖，我为鱼肉，何辞为㉖？"于是遂去。乃令张良留谢。良问曰："大王来何操㉖？"曰："我持白璧一双，欲献项王，玉斗一双，欲与亚父。会其怒㉖，不敢献。公为我献之。"张良曰："谨诺。"当是时，项王军在鸿门下，沛公军在霸上，相去四十里。沛公则置车骑㉖，脱身独骑，与樊哙、夏侯婴、靳强、纪信等四人持剑盾步走㉖，从郦山下㉖，道芷阳㉖，间行㉖。沛公谓张良曰："从此道至吾军，不过二十里耳。度我至军中㉖，公乃入。"

沛公已去，间至军中。张良入，谢曰："沛公不胜桮杓㉖，不能辞。谨使臣良奉白璧一双，再拜献大王足下㉖，玉斗一双，再拜奉大将军足下㉖。"项王曰："沛公安在？"良曰："闻大王有意督过之㉖，脱身独去，已至军矣。"项王则受璧，置之坐上。亚父受玉斗，置之地，拔剑撞而破之，曰："唉！竖子不足与谋㉖！夺项王天下者必沛公也。吾属今为之虏矣㉖！"沛公至军，立诛杀曹无伤。

【说明】

《鸿门宴》节选自《史记·项羽本纪》，标题是后加的。该文描写的是刘邦、项羽在推翻秦王朝后，为争夺天下而首次展开的一场惊心动魄的政治斗争。作者以娴熟的艺术技巧，生动地刻画了不同性格的人物形象，描绘了许多富有戏剧性的难忘场面，情节波澜起伏，扣人心弦。因此，《鸿门宴》具有很重要的史学价值和文学价值。《史记》，原名《太史公书》，是中国第一部纪传体通史，记载了从上古传说中的黄帝时期至汉武帝年间3000多年的历史，是"二十五史"之首，被鲁迅誉为"史家之绝唱，无韵之离骚"，影响甚大。作者为西汉司马迁。司马迁（公元前145或前135—？），字子长，生于龙门（西汉夏阳，即今陕西省韩城市；另说今山西省河津市）。做过官员。西汉史学家、文学家、思想家。

【注释】

①沛公：刘邦起兵于沛（今江苏省沛县），称沛公。军：名词用如动词，驻军。霸上：地名，在今陕西省长安县东。因地处于霸水以西的高原上而得名。霸亦作灞。

②左司马：官名，掌管军务。

③王（wàng）：用作动词，是"为王"的意思。关中：指函谷关以西，今陕西省境内。

④子婴：秦二世之兄扶苏的儿子。赵高逼二世自杀，立子婴为帝。

⑤旦日：第二天。飨：用酒食犒劳。

⑥为（wéi）：指准备。

⑦新丰：今陕西省临潼县东北。鸿门：在新丰以东，今名项王营。

⑧范增：项羽的主要谋臣。说（shuì）：劝说别人，使他听从自己的意见。

⑨山东：战国时泛指秦以外的六国领土。因为当时六国都在崤山以东。"居山东时"，指未入函谷关以前。

⑩幸：亲近。

⑪望其气：古代一种迷信说法，说"真龙天子"所在地，天上有异样的云气，会望气的人能看出。

⑫项伯：名缠，字伯，汉初被封为射阳侯。左尹：楚官名，是令尹（相当于丞相）的辅佐人员。

⑬季父：叔父。项伯是项羽的族叔。

⑭张良：字子房，本是韩国贵族的后裔，刘邦谋臣。汉初他被封于留（今江苏沛县东南），故称留侯。

⑮之：往，到。

⑯具：完全地，详细地。事：指项羽准备立即消灭刘邦的部署。

⑰韩王：项梁立韩成为韩王，以张良为韩王司徒。刘邦从洛阳南出，韩王命张良领兵相从。

⑱语（yù）：告诉。

⑲鲰（zōu）生：鲰，小鱼。鲰生指浅陋小人。

⑳距：通"拒"，把守。

㉑内：同"纳"，纳入，放进。

㉒当：抵挡。

㉓安：怎么。故：旧交。

㉔活：使动用法，救活。之，代词，指项伯。项伯杀人后，张良把他藏起来，得以免罪。事见《史记·留侯世家》。

㉕孰与君少长：他与你的年龄谁小谁长？孰，谁。

㉖兄事之：像对待兄长一样的侍奉他。兄，名词用作状语。事，侍奉。

㉗要（yāo）：通"邀"，邀请。

㉘卮（zhī）：酒器。为寿：进酒给对方祝其长寿。

㉙秋豪：豪同"毫"，禽兽新秋更生的绒毛，这里比喻细微的财物。

㉚籍：登记。

㉛将军：指项羽。

㉜非常：意外的变故。

㉝倍：通"背"。

㉞蚤：通"早"。谢：谢罪，道歉。

㉟善遇之：好好地对待他。之，代词，指刘邦。

㊱从：使动用法，是“以百馀骑相从”的意思。

㊲戮（lù）力：协力。

㊳河北、河南：“河”指黄河。

㊴不自意：自己没有想到。意，想。

㊵郤：同“隙”（xì），嫌隙。

㊶籍：项羽名“籍”，“羽”是字。

㊷东向坐：古代向东坐是首座，这里表现出项羽的地位，也可以看出他的倨傲。

㊸亚父：即范增，居鄛（今安徽桐城南）人，项梁、项羽的重要谋臣。亚父是项羽对范增的尊称，意思是仅次于父亲。亚，次。

㊹数（shuò）目：屡次使眼色。

㊺玉玦（jué）：半环形玉佩。古人常用来表示决断。范增多次举玉玦表示劝项羽要有决断。

㊻项庄：项羽的堂弟。

㊼不（fǒu）者：否则。

㊽若属：你们这些人。若，你；属，辈。

㊾翼蔽：像鸟那样的张翅掩护。

㊿军门：营门。樊哙（kuài）：刘邦的同乡，屠狗出身，和刘邦一起起兵，是刘邦手下的勇将，曾任左丞相。

(51)同命：共生死。

(52)拥：抱着。

(53)戟（jǐ）：兵器，长柄，柄头附有分枝的利刃。

(54)披帷西向立：揭开围帐向西立。帷，围帐。

(55)瞋（chēn）目：瞪大眼睛。

(56)目眦（zì）：眼眶。

(57)跽（jì）：古人席地而坐，跪而挺直上身叫跽。

(58)参乘：即骖乘，也叫陪乘，亲近的侍从警卫官员。

(59)彘（zhì）肩：猪的前腿。

(60)啗（dàn）：同“啖”，吃。

(61)举：皆，全部。

(62)胜：尽，极。

(63)怀王：战国的楚怀王熊槐之后熊心。曾流落民间牧羊。项梁起兵时立他为楚王，以加强自己的号召力。

(64)细说：小人之言。

(65)如：往。

(66)都尉：比将军略低的武官。陈平：阳武（今河南原阳县）人，先依附项羽，后投奔刘邦，是刘邦的重要谋臣。当时是项羽的都尉。

(67)大行不顾细谨，大礼不辞小让：办大事不必顾虑细微末节，行大礼不必计较琐细的礼貌。意谓不能因小失大。大行、大礼：大事，大节。细谨：细小的地方谨慎。小让：小过失。细谨和小让都是指细微末节。

(68)俎（zǔ）：切肉的砧板。

(69)何辞为："何……为"的句式结构，是疑问代词"何"加语气词"为"，中间插入动词或词组，意思是"为什么……"。这句话的意思是："为什么告辞?"

(70)何操：带来什么东西（指礼物）。操，持，拿。

(71)会：恰恰碰到。

(72)置：留下。

(73)夏侯婴：刘邦的同乡，与刘邦一起起兵，号称滕公，封为汝阴侯。靳（jìn）强：刘邦手下的名将，因与项羽作战有功，封为汾阳侯。纪信：刘邦手下的名将。步走：徒步快跑。古代所谓"行"现代叫"走"。古代所谓"走"，现代叫跑。

(74)郦山：即骊山，在陕西省临潼县东南，鸿门西。

(75)道：经过。芷阳：古县名，在今陕西省长安县东。

(76)间（jiàn）行：抄小路走。

(77)度（duó）：估量。

(78)不胜：禁不起。桮杓：桮（bēi），同"杯"。杓（sháo），取酒器具。桮杓在这里作为酒器的代称。

(79)足下：古时对人的敬称，避免直呼"尔""汝"。

(80)大将军：指范增。

(81)督过：责备。

(82)竖子：骂人的话，相当于口语中的"小子"。这里明指项庄，实指项羽。

(83)今：将。

订　鬼

《论衡》

凡天地之间，有鬼，非人死精神为之也①，皆人思念存想之所致也②。致之何由③？由于疾病。人病则忧惧，忧惧见鬼出。凡人不病则不畏惧。故得病寝衽④，畏惧鬼至。畏惧则存想，存想则目虚见⑤。何以效之⑥？传曰⑦："伯乐学相马，顾玩⑧所见，无非马者⑨。宋之庖丁学解牛⑩，三年不见生牛，所见皆死牛也。"二者用精至矣⑪！思念存想，自见异物也。人病见鬼，犹伯乐之见马，庖丁之见牛也。伯乐、庖丁所见非马与牛，则亦知夫病者所见非鬼也。病者困剧⑫，身体痛，则谓鬼持棰杖殴击之，若见鬼把椎锁绳纆⑬，立守其旁。病痛恐惧，妄见之也⑭。初疾畏惊，见鬼之来；疾困恐死，见鬼之怒；身自疾痛，见鬼之击；皆存想虚致，未必有其实也。夫精念存想⑮，或泄于目，或泄于口⑯，或泄于耳。泄于目，目见其形；泄于耳，耳闻其声；泄于口，口言其事。昼日则鬼见，暮卧则梦闻。独卧空室之中，若有所畏惧，则梦见夫人据案其身哭矣⑰。觉见卧闻，俱用⑱精神；畏惧存想，同一实也⑲。

【说明】

《订鬼》中的"订鬼"即订正当时社会上流行的对"鬼"的认识。作者从生活实况出发，尽力地解释了"鬼"之所以产生的原因，在当时有较强的现实意义。本文节选自东汉王充的代表作《论衡·订鬼篇》中的前头一段，题目是后加的。王充（27—约97），字仲任。会稽上虞（今属浙江）人。做过官员。他是汉代道家思想的重要传承者和发展者。《论衡》是中国历史上一部不朽的无神论著作。

【注释】

①为：变成。

②存想：想象。

③致之何由：经过什么途径导致鬼的产生。何由，从何处，从什么途径。

④寝衽（rèn）：睡在床上。衽，衽席，这里指铺设在床的卧席。

⑤虚见：眼睛恍恍惚惚地看见了（鬼）。

⑥效：验证。

⑦传：这里指古代的文字记载。以下引文语意出自《吕氏春秋·卷九·精通》。

⑧顾玩：仔细端详。玩，欣赏，玩味。

⑨无非马者：没有不是马的。

⑩庖（páo）丁：名叫丁的厨师。庖，厨师。丁是人名。

⑪用精至矣：精神专一，到了极点。用精，使用精神；至，极。

⑫困剧：极其难受。困，困顿；剧，厉害、严重。

⑬绳纆（mò）：绳索。

⑭妄：荒诞，无根据。

⑮精：专一，纯正。

⑯泄：显露。

⑰夫：那。据案：按。据，按着；案，现在写作"按"。

⑱俱用：全都因为。用，因为。

⑲同一实：真相、本质相同。

出师表

诸葛亮

先帝创业未半①，而中道崩殂②。今天下三分，益州疲敝③，此诚危急存亡之秋也④。然侍卫之臣不懈于内⑤，忠志之士忘身于外者⑥，盖追先帝之殊遇⑦，欲报之于陛下也⑧。诚宜开张圣听⑨，以光先帝遗德⑩，恢弘志士之气⑪；不宜妄自菲薄⑫，引喻失义⑬，以塞忠谏之路也。

宫中府中⑭，俱为一体，陟罚臧否⑮，不宜异同⑯。若有作奸犯科及为忠善者⑰，宜付有司⑱，论其刑赏，以昭陛下平明之理⑲；不宜偏私，使内外异法也⑳。

侍中、侍郎郭攸之、费祎、董允等㉑，此皆良实㉒，志虑忠纯㉓，是以先帝简拔以遗陛下㉔。愚以为宫中之事㉕，事无大小㉖，悉以咨之㉗，然后施行，必能裨补阙漏㉘，有所广益㉙。将军向宠㉚，性行淑均㉛，晓畅军事㉜，试用于昔日，先帝称之曰能；是以众议举宠为督。愚以为营中之事，悉以咨之，必能使行阵和睦㉝，优劣得所㉞。

亲贤臣，远小人，此先汉所以兴隆也㉟；亲小人，远贤臣，此后汉所以倾颓也㊱。先帝在时，每与臣论此事，未尝不叹息痛恨于桓、灵也㊲。侍中、尚书、长史、参军㊳，此悉贞良死节之臣㊴。愿陛下亲之信之，则汉室之隆，可计日而待也㊵。

臣本布衣㊶，躬耕于南阳㊷，苟全性命于乱世㊸，不求闻达于诸侯㊹。先帝不以臣卑鄙㊺，猥自枉屈㊻，三顾臣于草庐之中㊼，咨臣以当世之事。由是感激㊽，遂许先帝以驱驰㊾。后值倾覆㊿，受任于败军之际，奉命于危难之间(51)，尔来二十有一年矣(52)。

先帝知臣谨慎，故临崩寄臣以大事也(53)。受命以来，夙夜忧叹(54)，恐托付不效(55)，以伤先帝之明(56)。故五月渡泸(57)，深入不毛(58)。今南方已定(59)，兵甲已足，当奖率三军(60)，北定中原(61)，庶竭驽钝(62)，攘除奸凶(63)，兴复汉室，还于旧都(64)。此臣所以报先帝，而忠陛下之职分也。至于斟酌损益(65)，进尽忠言，则攸之、祎、允之任也。

愿陛下托臣以讨贼兴复之效(66)；不效则治臣之罪，以告先帝之灵。若无兴德之言(67)，则责攸之、祎、允之慢(68)，以彰其咎(69)。陛下亦宜自谋，以咨诹善道(70)，察纳雅言(71)。深追先帝遗诏，臣不胜受恩感激(72)！

今当远离(73)，临表涕零(74)，不知所言。

【说明】

本篇选自《三国志·蜀志·诸葛亮传》。诸葛亮（181—234），字孔明，琅邪阳都（今山东沂水县）人，是三国时期著名的政治家、军事家。他早年隐居在隆中(今湖北襄阳附近)。公元207年，刘备屯兵新野，曾“三顾茅庐”，请他帮助发展实力，建立政权。公元221年，刘备称帝，诸葛亮为丞相。公元223年，刘备病死，其子刘禅即位，他继续辅佐刘禅治理国家。魏、蜀、吴三足鼎立的局面确立之后，蜀汉处于疲敝的形势。为了振兴蜀汉，平定中原，公元227年，诸葛亮出师北伐，临行前，写了这篇表文给后主刘禅。表，是臣下用来向君王陈述意见的一种文体。在表中，诸葛亮总结了两汉兴亡的历史教训，规劝后主要继承刘备的遗志，提出“亲贤人，远小人”，“任人唯贤”的主张，勉励后主要“开张圣听”，听取臣下的意见。诸葛亮上表的目的，是希望后主刘禅保持蜀中政治稳定，使他能全力以赴地进行北伐，统一中国，而没有后顾之忧。《三国志》，二十四史之一，由西晋史学家陈寿所著，是记载中国三国时期曹魏、蜀汉、东吴的纪传体断代史，是二十四史中评价最高的“前四史”（即西汉司马迁的《史记》、东汉班固的《汉书》、南朝范晔的《后汉书》、西晋陈寿的《三国志》）之一。

【注释】

①先帝：指先主刘备。

②中道：半路。崩殂（cú）：指皇帝死亡。

③益州：今四川省、陕西省南部及贵州、云南一部分，古属益州。疲敝：人疲财困。

④诚：的确，确实。秋：时期，时刻。

⑤不懈：指谨于职守。内：指朝廷。

⑥忘身：奋不顾身。外：指战场。

⑦追：追念。殊遇：特殊的待遇。

⑧陛下：臣下对君主的称呼。陛，宫殿的台阶。

⑨开张：扩大。圣听：指皇帝的听闻。圣，这里指后主刘禅。

⑩光：发扬光大。遗德：留下的德行。

⑪恢弘：宏大，是同义复合词。这里用如动词，有提高、加强的意思。

⑫妄自菲薄：没有根据地看不起自己。妄，虚妄。菲薄，同义连用，都是薄的意思。

⑬引喻失义：指说话不合适。引，称引。喻，告喻。义，宜。

⑭宫中：指皇帝府中的侍臣。府中：指丞相府所属的官吏。

⑮陟（zhì）罚：提升和处分官吏。陟，升。臧否（pǐ）：表扬和批评。臧，善。否，恶。

⑯异同：差异，偏义词，偏指异。

⑰作奸犯科：干坏事，触犯法律。科，法律条款。

⑱有司：主管官员。

⑲昭：显示。平明：公平清明。理：治。

⑳内：指宫中。外：指府中。异法：法令不同，指处理不同。

㉑侍中、侍郎：官名，为皇帝亲近的侍臣，侍中高于侍郎，侍郎也称黄门侍郎。郭攸之、费祎（yī）为侍中，董允为侍郎。

㉒良实：忠良诚实。

㉓志虑：指思想。忠纯：忠诚纯正。

㉔简拔：选拔。刘禅为太子时，费祎、董允两人还是舍人（职位低于侍中、侍郎）。遗：留给。

㉕愚：诸葛亮谦称自己为"愚"。

㉖无：无论。

㉗咨：咨询，询问。

㉘裨（bì）补阙漏：补救缺失和疏漏。裨和补同义。阙，同"缺"。

㉙有所广益：会有集思广益的好处。

㉚向宠：襄阳（今湖北襄阳）人，刘备时为牙门将。刘备伐吴兵败，只有向宠

带领的军队得到保全。刘禅即位后，被封为都亭侯，后为中都督，掌管宿卫兵。诸葛亮北伐时，上表刘禅提升向宠为中领军。

㉛性行（xíng）：品格，品行。淑均：和善公平。

㉜晓畅：通晓熟悉。

㉝行（háng）阵：军队。

㉞优劣得所：好的差的各得其所。

㉟先汉：指西汉。

㊱后汉：指东汉。倾颓：倾覆衰败。

㊲痛恨：痛心遗憾。桓、灵：指东汉的汉桓帝（公元147—167在位）、汉灵帝（公元168—189在位）。他们都信用宦官，朝政腐败，引起祸乱。诸葛亮希望刘禅引以为戒。

㊳尚书：给皇帝掌管图书、章奏等事务的官。这里指陈震。长（zhǎng）史：丞相府的属官，掌管文书簿籍。这里指张裔。参军：丞相府的属官，参谋军务。这里指蒋琬。

㊴贞亮：忠贞谅直。亮，同"谅"。死节：能为气节而死。

㊵计日而待：意思是很快就会到来。

㊶布衣：平民。

㊷躬耕：亲自耕种。南阳：郡名，在今河南省南阳、湖北省襄阳一带。诸葛亮曾隐居在南阳郡的邓县隆中。

㊸苟全：苟且保全。

㊹闻达：闻名显达。

㊺卑鄙：卑贱粗鄙。

㊻猥自枉屈：降低身份，屈尊来访。这是谦词。猥、枉、屈都是曲的意思。

㊼三顾：看望三次。

㊽由是：因此。

㊾驱驰：指愿奔走效劳。

㊿倾覆：指兵败。指建安十三年（公元208年），曹操南征，在当阳长坂坡（在今湖北境内）打败刘备的事。

㉛奉命于危难之间：指刘备在长坂坡失败之后，派诸葛亮出使东吴，联合孙权，共御曹操于赤壁的事。

㉜尔来：从那时以来。有：通"又"，用于整数和零数之间。从刘备"三顾茅庐"到诸葛亮上《出师表》共21年。

㉝寄：托付。大事：指辅佐刘禅。

㉞夙夜：早晚。

㉟不效：没有成效。

㊱明：明察。

(57)泸：泸水，即金沙江。公元225年（建兴三年），诸葛亮率军南征，渡过泸水，平定孟获的叛乱。

(58)不毛：指五谷不生的荒凉之地。毛，草。

(59)南方已定：据《三国志·诸葛亮传》记载，建兴元年（公元223年），“南中诸郡，并皆叛乱。亮以新遭大丧（指刘备之死），故未便加兵。”“三年春，亮率众南征，其秋悉平。”

(60)奖：勉励，鼓励。率：率领。

(61)中原：指魏国。

(62)庶：庶几，指尽可能做到。竭：竭尽。驽钝：比喻自己才能平庸。驽，劣马。钝，刀不锋利。

(63)攘除：铲除。奸凶：指曹魏统治者。

(64)旧都：指洛阳。

(65)斟酌：指细致慎重地考虑问题。损益：指该废除、该兴办的事。损，减损。益，增加。

(66)愿：希望。托臣以讨贼兴复之效：意思是把讨伐曹魏、复兴汉室这一任务的完成交付给我。

(67)若：如果。兴德：发扬圣德。

(68)慢：懈怠。

(69)彰：显露。咎：过错。

(70)咨诹（zōu）：咨询，询问。诹，义同“咨”。

(71)雅言：正言。

(72)不胜（shēng）：经受不起。

(73)当：将。

(74)临表：面对着出师表。涕零：流泪。

三 峡

《水经注》

自三峡七百里中①，两岸连山，略无阙处②。重岩叠嶂③，隐天蔽日，自非亭午夜分④，不见曦月⑤。

至于夏水襄陵⑥，沿泝阻绝⑦。或王命急宣⑧，有时朝发白帝⑨，暮到江陵⑩，其间千二百里⑪，虽乘奔御风⑫，不以疾也⑬。

春冬之时，则素湍绿潭⑭，回清倒影⑮，绝巘多生怪柏⑯，悬泉瀑布，飞漱其间⑰，清荣峻茂⑱，良多趣味⑲。每至晴初霜旦⑳，林寒涧肃㉑，常有高猿长啸，属引凄异㉒，空谷传响㉓，哀转久绝㉔。故渔者歌曰㉕：“巴东三峡巫峡长㉖，猿鸣三声泪沾裳。”

【说明】

《三峡》全文仅一百五十多字，却给我们描绘了三峡的地理形势和四季中景色的特征和变化，显示了祖国河山的雄伟秀丽。文笔简洁精美，形象鲜明生动，文势曲折多变，有很大的文艺感染力量。本文节选自《水经注·江水》的巫峡注，题目是后来加的。作者北魏郦道元。郦道元（466—527），字善长。范阳涿州（今河北涿县）人。做过官员。是我国古代一位杰出的地理学家和山水散文作家。据载，撰《水经注》40卷，《本志》13篇，《七聘》等文，今只有《水经注》传于世。《水经注》是我国古代的一部比较有条理地叙述全国河流水系的著作，不仅是我国最早的一部地理书，还是我国宝贵的文学遗产之一。

【注释】

①三峡：指长江上游从四川奉节县到湖北宜昌市的广汉峡（今名瞿塘峡）、巫峡和西陵峡，全长约二百公里。七百里是当时的计算方法。自：这里有"于"和"在"的意思。

②略无：毫无，一点儿也没有。阙：同"缺"。

③嶂（zhāng）：像屏障似的山峰。

④自非：如果不是。自，假设连词，如果。亭午：正午。夜分：夜半。

⑤曦（xī）月：太阳和月亮。曦，日光，这里指太阳。

⑥至于：到了。夏水：夏天所发的大水。襄（xiāng）：上，漫淹。陵：大的土山。语出《尚书·尧典》："汤汤洪水方割，荡荡怀山襄陵。"

⑦沿：顺流而下。泝（sù）：同"溯"，逆流而上。

⑧或：或有。王命：王朝的命令。急宣：紧急下达。宣，宣布，传达。

⑨白帝：古城名，在今四川奉节县城东五里山上，下临瞿塘峡口。

⑩江陵：今湖北江陵县。

⑪其间千二百里：现在计算，约三百五十公里。

⑫乘奔：乘着奔驰的马。奔，指奔马。御风：驾着疾风。御，驾。

⑬不以疾也：意思是，也没有这样快。不以，不如。疾，快走。据赵一清《水经注刊误》，"不以"是"不似"之误，应作"不似疾也"。

⑭湍（tuān）：急流的水。潭：深水。

⑮回清：回旋的清波。

⑯绝巘（yǎn）：陡峻而上呈凹形的山峰。绝，陡绝。怪柏：奇形怪状的柏树。《御览》引《荆州记》怪柏作"柽（chēng）柏"，即柽树、柏树。柽为柳之一种，又名西河柳、红柳、三春柳。

⑰飞：飞流。漱（shù）：冲荡，冲刷。其间：指两岸山崖之间。

⑱清荣峻茂：水清、树荣、山高、草茂。

⑲良：非常。多：富有。

⑳晴初：初晴的日子。霜旦：凝着霜的早晨。

㉑林寒涧肃：树林和山涧之间，都显出一片凄清的景色。肃，肃穆、寂静。一说，是林木萧疏，涧水清浅的意思。

㉒属（zhǔ）引：连续不断。属，连续。引，延长。凄异：异常悲凉。凄同"悽"，悲。

㉓传响：传声。

㉔哀转：悲凉的猿鸣。转，同"啭"。久绝：很久才消失。绝，消失。

㉕渔者：渔夫，打鱼的人。

㉖巴东：郡名，在今四川省东部云阳县、奉节县一带。

白马寺
《洛阳伽蓝记》

白马寺，汉明帝所立也①，佛入中国之始。寺在西阳门外三里，御道南②。帝梦金神，长丈六③，项背日月光明，胡人号曰佛④。遣使向西域求之，乃得经像焉⑤。时以白马负经而来，因以为名。

明帝崩，起祇洹于陵上⑥。自此以后，百姓冢上或作浮图焉⑦。寺上经函至今犹存，常烧香供养之⑧。经函时放光明，耀于堂宇⑨，是以道俗礼敬之，如仰真容⑩。

浮图前，柰林、蒲萄异于余处⑪，枝叶繁衍⑫。子实甚大，柰林实重七斤，蒲萄实伟于枣⑬。味并殊美⑭，冠于中京⑮。帝至熟时，常诣取之⑯。或复赐宫人。宫人得之，转饷亲戚⑰，以为奇味。得者不敢辄食⑱，乃历数家⑲。京师语曰⑳："白马甜榴，一实直牛㉑"。

【说明】

《白马寺》记述了白马寺的坐落和寺名的由来，写出了当时人信仰佛教的风气、寺前的珍贵果品以及洛阳的民情，反映了佛教对当时社会生活的广泛影响。本文节选自《洛阳伽（qié）蓝记》卷四，"伽蓝"是梵语音译，就是佛寺。作者北魏杨衒（xuàn）之，生卒年代不详，北平（今河北满城县）人，做过官员。《洛阳伽蓝记》分城内及四门之外共五篇，以记录北魏时洛阳城内外佛寺建筑为主，也兼及当时的政治事件，社会情况，民情风俗，遗闻逸事等。书中《宋云行记》更是研究六世纪初期中国对外关系的重要史料。此书文笔简明清丽，可与郦道元《水经注》相媲美。

【注释】

①汉明帝：汉明帝刘庄，在位十八年（公元58年—75年）。

②西阳门：当时洛阳的正西门。御道：通往皇宫的大道，为皇帝出巡所行。

③丈六：传说释迦牟尼身长一丈六尺，，所以常用"丈六"代称佛身。

④胡：古代统称我国北方和西方各民族。这里指天竺（即古代印度）。胡，一本作"金"。

⑤西域：汉时称我国甘肃、新疆以西地区为西域。这里指天竺。乃：副词，才。

经像：佛经和佛像。

⑥崩：古时皇帝死亡叫"崩"。祇（qí）洹（huán）：即祇陀，梵语音译，是中印度摩伽陀国王舍城的"祇陀树给孤独园"的简称，意思是"胜林"。该园中建有精舍，如来佛在其中说法。这里的祇洹，即精舍（塔庙），是指禅房里面修习佛法的处所。陵：汉明帝陵墓。皇帝的坟墓叫"陵"。

⑦冢（zhǒng）：同"塚"，坟。或：不定代词，有的。下文"或"同。浮图：即佛陀，梵语音译，也写作"浮屠"，本指佛教或佛教徒，后来佛塔、佛寺亦可称"浮图"，这里指佛塔，下文指佛寺。

⑧经函：盛佛经的木匣。函，匣子，盒子，这里指四十二章经。供养：供奉。

⑨经函时放光明，耀于堂宇：这是佛教徒因崇信佛经而引起的幻觉，根本不会有的事。

⑩道：佛教徒。俗：非佛教徒。真容：释迦牟尼真的容貌。

⑪荼林：果名，即安石榴。荼，原作"奈"，据周祖谟校改。蒲萄：这是古大宛国语的音译即葡萄。余处：其他的地方。

⑫繁衍：茂盛。

⑬实：果实。伟：大。于：介词，表比较。

⑭并：皆。殊美：特别美。

⑮中京：指洛阳。

⑯诣（yì）：至，到。

⑰饷：赠送食物。

⑱辄：立刻。

⑲乃：副词，竟。历：经过。

⑳京师：国都，即洛阳。《公羊传·桓公九年》："京师者，天子之居也。京者何？大也。师者何？众也。"语：指当时的谚语。

㉑直：同"值"。

兰亭集序
王羲之

永和九年①，岁在癸丑。暮春之初，会于会稽山阴之兰亭②，修禊③事也。群贤毕至，少长咸集。此地有崇山峻岭，茂林修竹；又有清流激湍，映带左右，引以为流觞曲水④，列坐其次。虽无丝竹管弦之盛，一觞一咏，亦足以畅叙幽情。是日也，天朗气清，惠风和畅。仰观宇宙之大，俯察品类之盛，所以游目骋怀，足以极视听之娱，信可乐也。

夫人之相与，俯仰一世⑤。或取诸怀抱，晤言⑥一室之内；或因寄所托，放浪形骸之外。虽趣舍万殊，静躁不同，当其欣于所遇，暂得于己，快然自足，不知老之将至。及其所之既倦⑦，情随事迁，感慨系之矣！向之所欣，俯仰之间，已为陈迹，犹不能不以之兴怀。况修短随化，终期于尽。古人云："死生亦大矣⑧！"岂不痛哉！

每览昔人兴感之由，若合一契，未尝不临文嗟悼⑨，不能喻之于怀。固知一死生为虚诞，齐彭殇为妄作。后之视今，亦犹今之视昔，悲夫！故列叙时人，录其所述，虽世殊事异，所以兴怀，其致一也。后之览者，亦将有感于斯文。

【说明】

《兰亭集序》，又名为《临河序》《禊帖》《三月三日兰亭诗序》等。晋穆帝永和九年（353年）三月三日，时任会稽内史的王羲之与友人会聚兰亭，赋诗饮酒。会后王羲之将众人所赋诗作编成一集，并作序一篇，抒写内心的感慨。本文选自《晋书·王羲之传》。王羲之（321—379），字逸少，琅邪临沂（今属山东）人，东晋伟大的书法家，被后人尊为"书圣"。他既工于书法，也长于诗文，但诗文之名为书法之名所掩。

【注释】

①永和九年：公元353年。永和，东晋穆帝司马聃的年号。
②兰亭：亭名，在绍兴城西南的兰渚。
③修禊：古代的一种祭祀风俗。
④流觞曲水：一种饮酒作诗的游戏。
⑤俯仰一世：俯仰之间就度过了一生，比喻时间短暂。
⑥晤言：面对面谈话。
⑦惓（quán）：满足。
⑧死生亦大矣：死生是人生的大事。《庄子·德充符》记载，仲尼曰："死生亦大矣，而不得与之变。"
⑨嗟悼：忧伤感叹。

桃花源记

陶渊明

晋太元中①，武陵人②，捕鱼为业。缘溪行③，忘路之远近。忽逢桃花林。夹岸数百步④，中无杂树，芳草鲜美，落英缤纷⑤。渔人甚异之⑥。复前行，欲穷其林⑦。

林尽水源，便得一山⑧。山有小口，仿佛若有光；便舍船从口入⑨。初极狭，才通人；复行数十步，豁然开朗⑩。土地平旷，屋舍俨然⑪，有良田美池桑竹之属⑫；阡陌交通⑬，鸡犬相闻。其中往来种作，男女衣著⑭，悉如外人⑮；黄发垂髫⑯，并怡然自乐⑰。

见渔人，乃大惊；问所从来⑱，具答之⑲。便要还家，设酒杀鸡作食。村中闻有此人，咸来问讯⑳。自云先世避秦时乱㉑，率妻子邑人来此绝境㉒，不复出焉㉓；遂与外人间隔。问今是何世，乃不知有汉㉔，无论魏晋㉕。此人一一为具言所闻㉖，皆叹惋。余人各复延至其家㉗，皆出酒食。停数日，辞去。此中人语云："不足为外人道也㉘。"

既出,得其船,便扶向路㉙,处处志之㉚。及郡下㉛,诣太守㉜,说如此。太守即遣人随其往,寻向所志,遂迷,不复得路。

南阳刘子骥㉝,高尚士也㉞;闻之,欣然规往㉟。未果㊱,寻病终㊲。后遂无问津者㊳。

【说明】

《桃花源记》是五言古诗《桃花源诗》的一篇前记,相当于诗的序言。桃花源是作者社会理想的一个寄托,它描绘了一幅没有压迫、没有剥削、人人劳动、自由自在的生活图景。这种乌托邦式的社会当然不可能存在,但我们从中也可以看出作者对当时混乱的现实社会的不满,并且多少体现了古代人民追求美好生活的意志和愿望。本篇选自《陶靖节集》。作者东晋陶渊明(365—427),一名潜,字元亮,浔阳柴桑(今江西九江)人,著名诗人。他早年曾任地方官吏,因对现实感到不满而又无力反抗,遂采取了消极的逃避态度,最后辞去了彭泽令的职务,归隐农村。他写过很多描写田园生活和自然景色的诗歌,表现出诗人不屑与黑暗社会同流合污的旷达情操。然而他并不是一个完全超然物外的"静穆"的典型,他的一些关心政局和表现生活理想的诗篇,说明他对现实社会始终没有忘怀。后人把陶渊明的遗作编为《陶渊明集》,1979年5月1日由中华书局出版,作者署为陶渊明。

【注释】

①太元:东晋孝武帝(司马曜)的年号(公元376年—396年)。

②武陵:晋郡名。郡治在今湖南省常德县。

③缘:沿着。

④夹岸:夹着溪水的两岸。

⑤落英:落花。缤纷:繁盛杂乱的样子。

⑥异之:以它为奇异。是意动用法。

⑦穷:尽。

⑧得:发现。

⑨舍(shě):离弃,丢下。

⑩豁(huò)然:开通敞亮的样子。

⑪屋舍(shè):房屋。俨(yǎn)然:整齐的样子。

⑫属:类。

⑬阡陌(qiānmò):田间小路。南北叫"阡",东西叫"陌"。交通:交错通达。

⑭著(zhuó):衣着,穿着打扮。

⑮悉:尽,全部。外人:外界人。

⑯黄发:老年人发色转黄,所以旧时常用"黄发"指代老人。垂髫(tiáo):指儿童。髫,小儿垂发。

⑰怡(yí)然:愉快的样子。

⑱所从来：是"从哪里来"的意思。

⑲具：完全。

⑳咸：全，都。问讯：打听消息。

㉑先世：上代，祖先。

㉒绝境：与外界隔绝的境地。

㉓不复出焉：不再出这个地方了。焉：指示代词兼语气词。这里指代上文的"绝境"。

㉔乃：竟。

㉕无论：更不用说。

㉖为具言所闻：把听到的完全对他们说了。为（wèi）：介词。给，对。"为"后省"之"字。下文"不足为外人道也""为"字同此。

㉗延：请。

㉘不足：不值得，这里指不必。

㉙扶：依照。向路：原先进来的路。向，原来。下文"向"字义同。

㉚志：标志，这里是"做记号"的意思。

㉛及：到了。郡下：指武陵郡治。

㉜诣（yì）：往见。太守：郡的行政长官。

㉝南阳：郡名，今河南省南阳市。刘子骥：名骥之，字子骥，当时著名的隐士，《晋书》中有传。

㉞高尚士：指隐居不仕的人。

㉟规：计划，打算。

㊱果：实现。

㊲寻：不久。

㊳问津：原是问渡口，这里是寻访、探求的意思。津，渡口。

情　采

《文心雕龙》

圣贤书辞①，总称文章②，非采而何③？夫水性虚而沦漪结④，木体实而花萼振⑤，文附质也⑥。虎豹无文，则鞟同犬羊⑦；犀兕有皮，而色资丹漆⑧，质待文也⑨。若乃综述性灵⑩，敷写器象⑪，镂心鸟迹之中⑫，织辞鱼网之上⑬，其为彪炳，缛采名矣⑭。故立文之道，其理有三：一曰形文，五色是也⑮；二曰声文，五音是也⑯；三曰情文，五性是也⑰。五色杂而成黼黻⑱，五音比而成韶夏⑲，五情发而为辞章，神理之数也⑳。

《孝经》垂典㉑，丧言不文㉒，故知君子常言未尝质也㉓。老子疾伪㉔，故称"美言不信㉕"，而五千精妙㉖，则非弃美矣。庄周云"辩雕万物㉗"，谓藻饰也㉘。韩非云"艳采辩说㉙"，谓绮丽也㉚。绮丽以艳说，藻饰以辩雕，文辞之变，于斯极矣㉛。

研味《孝》《老》②，则知文质附乎性情③；详览《庄》《韩》，则见华实过乎淫侈④。若择源于泾渭之流，按辔于邪正之路⑤，亦可以驭文采矣。夫铅黛所以饰容⑥，而盼倩生于淑姿⑦；文采所以饰言，而辩丽本于情性。故情者文之经，辞者理之纬⑧；经正而后纬成，理定而后辞畅，此立文之本源也。

昔诗人什篇⑨，为情而造文；辞人赋颂⑩，为文而造情。何以明其然？盖风雅之兴⑪，志思蓄愤，而吟咏情性，以讽其上⑫，此为情而造文也；诸子之徒⑬，心非郁陶⑭，苟驰夸饰⑮，鬻声钓世⑯，此为文而造情也。故为情者要约而写真⑰，为文者淫丽而烦滥⑱。而后之作者，采滥忽真⑲，远弃风雅，近师辞赋，故体情之制日疏⑳，逐文之篇愈盛㉑。故有志深轩冕㉒，而泛咏皋壤㉓；心缠几务㉔，而虚述人外㉕。真宰弗存㉖，翩其反矣㉗。

夫桃李不言而成蹊㉘，有实存也；男子树兰而不芳㉙，无其情也。夫以草木之微，依情待实；况乎文章，述志为本㉚。言与志反，文岂足征㉛！

是以联辞结采，将欲明理㉜，采滥辞诡㉝，则心理愈翳㉞。固知翠纶桂饵㉟，反所以失鱼。言隐荣华㊱，殆谓此也。是以衣锦褧衣㊲，恶文太章㊳；贲象穷白㊴，贵乎反本。夫能设模以位理㊵，拟地以置心㊶；心定而后结音㊷，理正而后摛藻㊸。使文不灭质，博不溺心㊹，正采耀乎朱蓝㊺，间色屏于红紫㊻，乃可谓雕琢其章㊼，彬彬君子矣㊽。

赞曰㊾：言以文远㊿，诚哉斯验㉛。心术既形㉜，英华乃赡㉝。吴锦好渝㉞，舜英徒艳㉟。繁采寡情，味之必厌㊱。

【说明】

《情采》论述了文章的内容和形式关系的问题。"情"是指作品的思想情感，即作品的内容，"采"是指作品的文采，即作品的艺术形式。它首先提出文（形式）质（内容）并重，认为作品的内容要有真情实感，还要有优美的艺术形式。作品起主导作用的是"情"而不是"采"，是内容而不是形式。其次肯定了"为情造文"是创作的正确方向，抨击了"为文造情"的形式主义倾向的错误。最后指出"文不灭质"，要求文采恰当，使内容和形式密切配合；强调文学创作要"以述志为本"，这才是真正的好作品。本篇选自《文心雕龙》。作者南朝刘勰（xié）。刘勰（约465—约520），字彦和，原籍东莞莒（jǔ，今山东莒县）人，寄居京口（在今江苏镇江），所以又称京口人。做过官员。是一位文艺理论家，他的《文心雕龙》是文艺理论史上的名著之一。

【注释】

①书辞：指著作。

②文章：这里的文章是指孔丘讲授的古代儒家经典，如《诗》《书》《礼》等。《论语·公冶长》："夫子之文章，可得而闻也。"

③非采而何：意思是，这不是文采而又是什么呢？采，文采。

④沦（lún）漪（yǐ）：微风吹起的圆形波纹。

⑤花萼振：花朵开放。花萼，在花瓣下的绿片。这里指花朵。

⑥文附质：意思是，文采总是依附于物体上。

⑦虎豹无文句：意思是，虎豹的皮假如没有斑斓的文采，它们的皮与狗、羊的皮还有什么区别？语出《论语·颜渊》："子贡曰'……文犹质也，质犹文也；虎豹之鞟（kuò），犹犬羊之鞟。'"鞟，同"鞹"，去了毛的皮，即"革"。

⑧犀（xī）兕（sì）有皮：意思是，犀兕虽然有皮，但须凭借丹漆才鲜明美观。语出《左传·宣公二年》："牛则有皮，犀兕尚多，……从（纵）其有皮，丹漆若何？"犀、兕，都是像牛的野兽，犀是雄的，兕是雌的。犀、兕的皮坚韧粗黑，可以制铠甲。资：凭借。丹漆：红色的涂漆。丹，朱红色。

⑨质待文：意思是，事物的本身总是需要有文采的外表。

⑩若乃：至于。综述性灵：抒写情感。性灵，性情灵感。

⑪敷（fū）写器象：描写万物的形象。敷，铺张。写，描绘。器象，万物的形象。

⑫镂心：刻画思想感情。镂，刻。鸟迹：指文字。许慎《说文解字·序》："黄帝之史仓颉见鸟兽蹄（蹄）迒（háng）之迹，知分理之可相别异也，初造书契（文字）。"

⑬织辞：组织文辞。鱼网：指纸张。《后汉书·宦者蔡伦传》："伦乃造意用树肤、麻头及敝布、鱼网以为纸。"

⑭彪炳：光彩鲜明。缛采：丰富的文采。名：当作"明"。

⑮形文：指绘画。五色：青、黄、赤、白、黑。

⑯声文：指音乐。五音：宫、商、角（jué）、徵（zhǐ）、羽。五音是古代乐调的专称，相当于现代的音阶。

⑰情文：指文章。五性：即五情，喜、怒、哀、乐、怨。一说指仁、义、礼、智、信。见《汉书·翼奉传》注引晋灼说。

⑱黼（fǔ）黻（fú）：古代礼服上绣的图案。

⑲比（bǐ）：缀辑，协调。韶（sháo）夏：相传《韶》是舜乐，《夏》是禹乐。这里泛指音乐。

⑳神理之数：天然的规律。神理，等于说天理。数，法则、规律。

㉑《孝经》：书名，内容是宣扬封建孝道。垂典：流传下来的法典。垂，流传下来。

㉒丧言不文：指居丧的时候说话要质朴。《孝经·丧亲章》："子曰：'孝子之丧亲也，哭不偯（yǐ，哭后余声），礼无容，言不文。'"

㉓常言：平常说话。未尝质：未曾是质而不文的。

㉔疾伪：憎恶虚伪。疾，憎恶。

㉕美言不信：漂亮的话往往是不真实的。《老子》第八十一章："信言不美，美言不信。"信，真实，可靠。

㉖五千：指《道德经》（即《老子》），《道德经》全书约五千字，所以又把"五千"作为该书的代称。

㉗辩雕万物：用巧妙的言辞来雕饰万物。辩，巧言。雕，雕饰、描写。《庄子·天道》："故古之王天下者，知虽落天地，不自虑也；辩虽雕万物，不自说（悦）也。"

㉘藻饰：文采。

㉙艳采辩说：艳丽的文采，巧妙的语言。《韩非子·外储说左上》："艳乎辩说文丽之声。"这里的"乎"可能是"采"之误。采，艳丽的文采。

㉚绮（qǐ）丽：华丽，这里指文采。

㉛文辞之变，于斯极矣：文章的变化到此达到顶点了。

㉜研味：研究、体会。《孝》，指《孝经》。《老》，指《老子》。

㉝文质附乎性情：文章的华美（形式）依附于思想感情。文质本来指文采（形式）和实质（内容），这里是偏义复词，偏指文。乎，于。

㉞华实过乎淫侈：文采（形式）过度淫侈了。华实，文采（形式）和实质（内容），这里也是偏义复词，偏指华。淫侈，凡事过度都叫淫或侈。

㉟泾渭：二水名，在今陕西省。泾水清，渭水浊。泾渭，用作清浊的代称。《诗经·魏风·谷风》："泾以渭浊，湜湜其沚。"按辔：指停住车马不前进。辔，缰绳。用选择清流和正路来说明情采不可偏废，如果采超过于情就是选择浊流和邪路了。

㊱铅黛：这里比喻华丽的辞采。铅，铅粉，古人用的白色化妆品。黛，古时女子用来画眉的青黑色颜料。

㊲盼倩（qiàn）：形容妇女姿态的美。倩，指口颊的美。盼，指眼睛的美。《诗经·魏风·硕人》："巧笑倩兮，美目盼兮。"淑姿：比喻美好的性情。淑，美好。

㊳经、纬：织物所用的直线叫经，横线叫纬。织物时必须先有经线才能织，因此经比纬更重要。理：指作品的思想内容。

㊴诗人：指《诗经》的作者。什篇：即篇什，诗篇。由于《诗经》雅颂每十篇为一组，故称篇什。

㊵辞人：泛指汉代的辞赋家。

㊶风雅：指《诗经》中的《国风》和《小雅》等诗篇。

㊷讽：用委婉的语言规劝。上：指帝王。

㊸诸子：即辞人，指汉代以来的辞赋家。

㊹郁陶（yáo）：忧思愤结的样子。

㊺夸饰：夸张修饰之词。

㊻鬻声钓世：等于说沽名钓誉。鬻，卖。声，名声。

㊼要约：简要。

㊽淫丽：过分华丽。淫，过分。烦滥：杂乱空泛。烦，多而乱。滥，指浮词。

㊾采滥：喜好浮华。忽真：轻视真实。忽，忽略，轻视。

㊿体：体现。制：作品。疏：稀少。

(51)逐：追求。文：文采。

(52)轩冕：指官爵。轩，古时大夫以上所坐的高车。冕，古代大夫以上所戴的礼帽。

(53)汎：浮泛，空洞地。皋壤：泽边地，指田园隐居的地方。

(54)几务：指朝廷上的政治事务。几，通“机”。

(55)人外：尘世之外。

(56)真宰：指性情。真，指本性。宰，主宰。

(57)翩（piān）其反矣：等于说结果适得其反。

(58)桃李不言而成蹊：意思是，桃李虽然不会说话，而人们常常到树下去，树下被人走成了道路，因为那里有果实。语出《史记·李广传》：“桃李不言，下自成蹊。”蹊，小路。

(59)男子树兰而不芳：意思是，男人栽植兰草，花儿虽美，可是不芳香。语出《淮南子·缪称训》：“男子树兰，美而不芳。”树，种植。

(60)述志为本：抒写情志为根本。志，情志、思想。

(61)征：凭信。

(62)理：通行本作“经”，此据别本改。

(63)辞诡：言词虚伪。

(64)心理：内心要说的道理，指作品的思想内容。翳（yì）：遮掩。

(65)固：本来。翠纶桂饵：用翡翠鸟的羽毛作钓鱼线，用珍贵的肉桂作鱼食。语出《阙子》：“鲁人有好钓者，以桂为饵，锻黄金之钩，错以银碧（镀上银白色和青绿色），垂翡翠之纶，其持竿处位即是，然其得鱼不几矣。”（见《太平御览》八三四引）。

(66)言隐荣华：言语的含义被文采所掩蔽了。隐，遮掩。

(67)衣锦褧（jiǒng）衣：穿着锦衣，外面再罩上麻布衣。衣用如动词。锦，有采色花纹的丝织物。褧衣，麻布衣，相当于今天的罩衫，《诗经·卫风·硕人》：“硕人其颀，衣锦褧衣。”

(68)章：同“彰”，鲜明。

(69)贲（bì）象穷白：意思是，贲卦的卦象，追究到底，还是以白色为正。贲，卦名。象，封象。穷，探索到底。语出《易经·贲卦》：“上九：白贲，无咎。”贲卦最后一爻上九的卦辞说：“白贲，无咎。”意思是用白色做装饰不会有什么过错，这里“贲”是装饰的意思。

(70)设模：指布局。位：用如动词，安排。理：指思想。

(71)拟地：也指布局。拟，酌量。地，地位。置：安排。心：指感情。

(72)结音：调声协律，即组织成篇章。

㉗摛(chī)藻：铺张辞藻。

㉘这两句的意思是，文采不掩盖内容，博学而不掩盖心灵。语出《庄子·缮性》："知而不足以定天下，然后附之以文，益之以博。文灭质，博溺心。"

㉙正采：正色。古人以青黄赤白黑五色为正色。朱兰：指赤色和青色。

㉚间(jiàn)色：杂色。指不正的颜色。古人以红紫为间色。屏(bǐng)：除去，抛弃。

㉛雕琢其章：意思是琢磨篇章。雕，刻金，琢，治玉。章，指花纹。《诗经·大雅·棫朴》："追琢其章，金玉其相。"追琢，即雕琢。相，质。

㉜彬彬君子：这里指内容丰富正确而富有文采的作品。语出《论语·雍也》："文质彬彬，然后君子。"彬彬，形容外表、本质都很好而且互相适应。

㉝赞：一种文体。本书每篇结尾都有赞，用以概括每篇大意或做简短结论。

㉞言以文远：言辞必须有文采才能流传久远。语出《左传·襄公二十五年》："言之无文，行而不远。"

㉟诚：确实。验：验证、证明。

㊱心术：指作家的思想活动。形：表现。《礼记·乐记》："感应起物而动，然后心术形焉。"

㊲英华：指文藻。赡：丰富，充足。

㊳吴锦好渝：吴地的绸子虽然华美，却容易变色。吴，今江苏、浙江一带。好(hào)，容易。渝，变。

㊴舜英徒艳：木槿花朝开暮落，有花不实，所以说"徒艳"。舜，同"蕣"，木槿。徒艳，白白的艳丽。

㊵味：这里是读的意思。厌：厌烦、腻烦。

言 语

《史通》

盖枢机之发，荣辱之主①。言之不文，行之不远②。则知饰词专对③，古之所重也。夫上古之世，人惟朴略④，言语难晓，训释方通⑤。是以寻理则事简而意深，考文则词艰而义释⑥，若《尚书》载伊尹之训，皋陶之谟，《洛诰》《康诰》《牧誓》《泰誓》是也⑦。周监二代，郁郁乎文⑧，大夫行人⑨，尤重词命⑩。语微婉而多切⑪，言流靡而不淫⑫，若《春秋》载吕相绝秦⑬，子产献捷⑭，臧孙谏君纳鼎⑮，魏绛对戮杨干是也⑯。战国虎争，驰说云涌，人持《弄丸》之辩，家挟《飞钳》之术⑰，剧谈者以谲诳为宗⑱，利口者以寓言为主⑲，若《史记》载苏秦合从⑳，张仪连横㉑，范雎反间以相秦㉒，鲁连解纷而全赵是也㉓。逮汉、魏已降㉔，周、隋而往㉕，世皆尚文，时无专对。运筹画策㉖，自具于章表㉗；献可替否㉘，总归于笔札㉙。宰我、子贡之道不行㉚，苏秦、张仪之业遂废矣。……是以历选载言㉛，布诸方册㉜，自汉已下，无足观焉。

寻夫战国已前㉝，其言皆可讽咏㉞，非但笔削所致㉟，良由体质素美。何以核诸㊱？至如"鹑贲""鸲鹆"㊲，童竖之谣也；"山木""辅车"㊳，时俗之谚也；"幡腹弃甲"㊴，城者之讴也；"原田是谋"，舆人之诵也㊵。斯皆刍词鄙句㊶，犹能温润若此，况乎束带立朝之士㊷，加以多闻博古之识者哉？则知时人出言，史官入记，虽有讨论润色㊸，终不失其梗概者也。

夫三传之说㊹，既不习于《尚书》㊺，两汉之词，又多违于《战策》㊻，足以验氓俗之递改㊼，知岁时之不同。而后来作者，通无远识，记其当世口语，罕能从实而书，方复追效昔人，示其稽古㊽。是以好丘明者，则偏模《左传》㊾，爱子长者㊿，则全学史公㉛。用使周、秦言辞㉜，见于魏、晋之代，楚、汉应对㉝，行乎宋、齐之日，而伪修混沌㉞，失彼天然，今古以之不纯，真伪由其相乱。故裴少期讥孙盛录曹公平素之语㉟，而全作夫差亡灭之词，虽言似《春秋》，而事殊乖越者矣㊱。

然自咸、洛不守㊲，龟鼎南迁㊳，江左为礼乐之乡㊴，金陵实图书之府，故其俗犹能语存规检㉠，言喜风流，颠沛造次㉡，不忘经籍。（原注：若《梁史》载高祖在围中，见萧正德而谓之曰："啜其泣矣，何嗟及矣。"湘东王闻世子方等见杀，谓其次子方诸曰："不有其废，君何以兴？"皆其类也。）而史臣修饰，无所费功。

其于中国则不然㉢，何者？于斯时也，先王桑梓㉣，翦为蛮貊㉤，被发左衽㉥，充牣神州㉦。其中辩若驹支㉧，学如郯子㉨，有时而遇，不可多得。而彦鸾修伪国诸史㉩，收、弘撰《魏》《周》二书㉪，必讳彼夷音，变成华语，等杨由之听雀㉫，如介葛之闻牛㉬，斯亦可矣。而于其间，则有妄益文采，虚加风物，援引《诗》《书》，宪章《史》《汉》㉭，遂使沮渠、乞伏㉮，儒雅比于元封㉯；拓跋、宇文㉰，德音同于正始㉱。华而失实，过莫大焉。

唯王、宋著书，叙元、高时事㉲，抗词正笔，务存直道，方言世语，由此毕彰。而今之学者，皆尤二子㉳，以言多滓秽㉴，语伤浅俗。夫本质如此，而推过史臣，犹鉴者见嫫姆多媸㉵，而归罪于明镜也。

又世之议者，咸以北朝众作，《周史》为工。盖赏其记言之体，多同于古故也。夫以枉饰虚言，都捐实事，便号以良直，师其模楷。（原注：如周太祖实名黑獭，魏本索头，故当时有童谣曰："狐非狐，貉非貉，燋犁狗子啮断索。"又曰："獾獾头圙栾，河中狗子破尔菀。"又西帝下诏骂齐神武，数其罪二十。诸如此事，难可弃遗。而《周史》以为其事非雅，略而不载。赖君懋编录，故得权闻于后。其事不传于《北齐》，因而埋没者，盖亦多矣。）是则董狐、南史㉶，举目可求，班固、华峤㉷，比肩皆是者矣㉸。

近有敦煌张太素、中山郎余令㉹，并称述者，自负史才。郎著《孝德传》，张著《隋后略》，凡所撰今语，皆依仿旧辞，若选言可以效古而书，其难类者，则忽而不取，料其所弃，可胜纪哉？

盖江芊骂商臣曰："呼！役夫！宜君王废汝而立职㊀。"汉王怒郦生曰："竖儒！几败乃公事㊁。"单固谓杨康曰："老奴！汝死自其分㊂。"乐广叹卫玠曰："谁家生得宁馨儿⑱。"斯并当时侮嫚之词，流俗鄙俚之说，必播以唇吻，传诸讽诵，而世人皆以为上之二言不失清雅，而下之两句殊为鲁朴者，何哉？盖楚、汉世隔，事已成古，魏、晋年近，言犹类今，已古者即谓其文，犹今者乃惊其质。夫天地长久，风俗无恒，后之视今，亦犹今之视昔。而作者皆怯书今语，勇效昔言，不其惑乎？……

盖善为政者，不择人而理，故俗无精麤⑲，咸被其化。工为史者，不选事而书，故言无美恶，尽传于后。若事皆不谬，言必近真，庶几可与古人同居，何止得其糟粕而已。

【说明】

《言语》从历史文学的角度，论述了史书的语言运用问题。文中详细对照和论述了秦汉以前和魏晋以后两种不同的书面语言。他主张史书语言必求近真，应用当时口语，反对鄙视口语、盲目拟摹旧词的不良倾向。这种见解是十分可贵的，在当时有其进步意义，并给后世以很大影响。本篇节选自《史通·言语》。作者唐代刘知几。刘知几（661—721），字子玄。彭城（今江苏徐州）人。做过官员。唐代史学家。代表作《史通》是我国现存最早的一部系统阐述史学理论的名著，不仅在史学理论上有很大贡献，而且对历史文学提出了独到见解。

【注释】

①枢机之发，荣辱之主：意思是，言语的表达是荣誉或耻辱的根本。语出《易·系辞上》："言行，君子之枢机；枢机之发，荣辱之主也。"枢机，比喻事物的关键部分，这里是言语的意思。

②言之不文，行之不远：意思是语言没有文采，就不能流传久远。语出《左传·襄公二十五年》："言之无文，行而不远。"

③饰词：修饰的文词。专对：独自对答。指外交场合的对答。

④惟：独。朴略：朴素简单。

⑤训释：解释词义。方：才。

⑥这句的意思是，考察文意，那么词语虽然艰深，而意义却能释解。

⑦《尚书》：书名，我国上古历史文件的汇编。相传由孔丘编选而成，儒家列为经典之一。《伊训》《皋陶谟》《洛诰》《康诰》《牧誓》和《泰誓》都是《尚书》的篇名。

⑧周监二代：监，借鉴。二代，指夏、商两个朝代。《论语·八佾》："子曰：'周监于二代，郁郁乎文哉！吾从周。'"

⑨行人：外交官。

⑩词命：外交上的应对和演讲词。

⑪微婉：微妙婉转。切：贴切。

⑫流靡：流利漂亮。淫：过度。

⑬《春秋》：书名。这里指《左传》，亦称《春秋左传》《左氏春秋》，春秋时，

鲁国史学家左丘明作。吕相绝秦：吕相，晋大夫，魏锜的儿子，封于吕。鲁成公十一年，秦晋两国在令狐结盟，秦桓公回国后背盟，晋厉公使吕相给秦国写信，历数其罪状，宣布绝交。见《左传·成公十三年》。

⑭子产献捷：子产，姓公孙，名侨，字子产，郑国大夫。郑国攻占陈国，郑子产向晋国报捷。晋国的士庄伯问陈国的罪状，子产对答如流，晋国最终接受了郑国的捷报。见《左传·襄公二十五年》。

⑮臧孙谏君纳鼎：臧孙，即臧哀伯，名达，鲁国大夫。宋华督杀了殇公，害怕诸侯来讨伐自己，于是以郜国所造的大鼎送给鲁国进行拉拢。鲁桓公把这个大鼎摆在太庙里。臧孙达极力谏阻，桓公不听。见《左传·桓公二年》。

⑯魏绛对戮杨干：魏绛，即魏庄子，晋大夫。晋国在鸡泽会盟，晋悼公之弟杨干违犯军令，驱车扰乱了队列，中军司马魏绛依法处决了杨干的车夫，并传告全军。见《左传·襄公三年》。

⑰《弄丸》《飞钳》：《弄丸》《飞钳》均《鬼谷子》的篇名。内容讲辩论的方法。弄丸，形容辩词的流利；飞钳，形容辩词的厉害。

⑱剧谈者：指战国时代主张合纵连横的政客。剧谈，畅谈的意思。谲（jué）诳：诡诈欺骗。

⑲利口者：等于说剧谈者，也是指战国时代的纵横家。利口，善辩。寓言：战国时代，纵横家在游说时常用历史故事或自编的故事来说明道理。寓，寄托。

⑳苏秦：字季子，洛阳人，战国时有名的纵横家。合纵：战国时代，使齐、楚、燕、赵、韩、魏等东方各国联合起来对抗西方秦国的一种外交政策。见《史记·苏秦列传》。

㉑张仪：魏国人，他同苏秦都是鬼谷子的门徒，也是战国时有名的纵横家。连横：东西为横。战国时代，西方秦国和东方各国分别联合的一种外交政策，称为连横。见《史记·张仪列传》。

㉒范雎反间以相秦：范雎，字叔，魏国人。范雎逃至秦国用反间计，使秦昭王废黜秦太后、穰侯等，自己取得了秦相的职位。见《史记·范雎蔡泽列传》。

㉓鲁连解纷而全赵：鲁连，即鲁仲连，齐人，一生不做官，好为人排难解纷。赵孝成王时，秦围赵邯郸。这时魏安釐王派辛垣衍来赵国劝赵尊秦为帝。鲁连当面驳斥了辛垣衍，打消了赵国统治者的投降主张。秦兵知道后，撤兵五十里。见《史记·鲁仲连邹阳列传》。

㉔逮：及，到。已降（jiàng）：以下。已，同"以"。

㉕周：北周。而往：以前。而，同"以"。

㉖运筹画策：等于说为国君出谋献策。运，运用，筹，谋划。画策，规划策略。画亦作"划"。

㉗章表：旧时臣下给国君上的奏本。

㉘献可替否：建议可行的事，废除不好的事。献，进，建议。替，废。

㉙笔札：文章。

㉚宰我：名予，字子我，鲁国人。子贡：姓端木，名赐，字子贡。宰我、子贡，都是孔丘的门徒。

㉛载言：记录的口语。

㉜布：陈述，这里有"写"的意思。诸：之于两词的合音。方册：古代册籍之称。《礼记·中庸》："文武（周文王、周武王）之政，布在方策。"策，同"册"。

㉝寻：探求。

㉞讽：背诵。

㉟笔削：笔指记载，削指删除。古时文字写在竹简或木简上，删改时要用刀削去简上的字，所以叫削。《史记·孔子世家》："至于为《春秋》，笔则笔，削则削。"笔削，后人用作修改的意思。

㊱核（hé）：验证。诸：之乎两个词的合音。

㊲鹑（chún）贲（bì）：《左传·僖公五年》："童谣曰：'丙之晨（丙子初一），龙尾（尾星）伏辰（日月交会叫辰。日在尾，所以尾星伏而不见）。均服（军服）振振（繁盛的样子），取虢之旂（战胜虢国夺取其旌旗）。鹑（星名，鹑火星）之贲贲（鸟星之体），天策（星名，傅说星）焞焞（无光耀）。火中（鹑火星正中）成军（军事有成功），虢公其奔（虢公丑逃亡）。'"鸲（qú）鹆（yù）：《左传·昭公二十五年》："……文武（周文王、周武王）之世，童谣有之曰：鸲之鹆之（鸲鹆，鸟名，即八哥。），公（鲁昭公）出辱之。鸲鹆之羽，公在外野，往馈（赠送）之马。鸲鹆跦跦（跳跃），公在乾侯（地名，在晋国），征（求）褰（袴）与襦（内衣）。鸲鹆之巢，远哉遥遥。稠父（鲁昭公）丧劳（死于外），宋父（鲁定公）以骄。鸲鹆鸲鹆，往歌来哭。"

㊳山木：《左传隐公十一年》："周谚有之曰：'山有木，工（工师，建筑师）则度（duó，量）之，宾有礼，主则择（选择）之。'"辅车：《左传·僖公五年》："谚所谓'辅（面颊）车（牙床骨）相依，唇亡齿寒'者，其虞、虢（两个国名）之谓也。"

㊴蟠腹弃甲：《左传·宣公二年》："宋城，华元为植（将主），巡功。城者（筑城的人）讴曰：睅（hàn，眼睛突出的样子）其目，皤（pó，大，专指大腹）其腹，弃甲而复。于思（多须）于思，弃甲复来。"

㊵原田是谋：《左传·僖公二十八年》："……晋侯（晋文公）患之，听舆人（众人。舆，众）之诵曰：'原田每每（草盛的样子），舍其旧而新是谋。'"

㊶刍词：草野的言论。

㊷束带：穿着整齐，指公服。语出《论语·公冶长》："束带立于朝，可使与宾客言也。"

㊸讨论润色：讨论，议论得失。润色，增饰文采。语出《论语·宪问》："为命（国家的政令）……世叔讨论之，……东里子产润色之。"

㊹三传：《左传》《公羊传》《谷梁传》的合称。这三部书都是阐释《春秋》的。

㊺习：因袭。

㊻战策：即《战国策》。

㊼甿俗：民俗。甿，"氓"的古字。递改：一代一代地变化。

㊽稽古：以古为证。稽，考。

㊾偏模：完全模仿。偏，同"遍"。

㊿子长：即司马迁，字子长，夏阳（今陕西韩城南）人，西汉的史学家、文学家和思想家。

㑇史公：指《史记》。《史记》原名《太史公书》，西汉司马迁撰。

㑈用：以。

㑉应对：对答，泛指言辞。

㑊伪修浑沌：子贡南游，在汉阴见一人抱瓮灌园，不肯使用汲槔（指机械），孔子知道后说这个汉阴人是假意学习浑沌氏的方法的。见《庄子·天地篇》。混，同浑；修，学习。混沌，古人想象中的世界产生以前的状态。

㑋裴少期：名松之，本字世期，唐人避讳作少期，闻喜（今属山西）人，南朝宋时史注家，曾为《三国志》作注。《魏武纪》注称："孙盛《魏氏春秋》云：答诸将曰：'刘备，人杰也，将生忧寡人。'臣松之以为……凡孙盛制书，多用《左氏》以易旧文，……后之学者，将何取信哉？且魏武方以天下励志，而用夫差分死之言，尤非其类。"《左传·哀公二十年》载夫差语："勾践将生忧寡人（这句意思是，越王勾践想使我生受其忧虑），寡人死之不得矣。"

㑌乖越：隔绝，不合。

㑍咸洛：咸阳、洛阳。

㑎龟鼎：比喻帝王之位。语出《后汉书·宦者传》："遂迁龟鼎。"李贤注："龟鼎，国之守器，以喻帝位也。"

㑏江左：指长江以南，包括今江苏、安徽等省。

㑐语存规检：等于说，语言还保持士大夫的风度。规检，规格。

㑑颠沛造次：流离仓猝。

㑒中国：魏晋以至唐初人称中原为中国。这里指北朝。

㑓桑梓：古代宅边常栽桑树和梓树，后代便用作乡土的代称。

㑔䨥为蛮貊（mò）：中原地区尽为异族所占领。䨥，尽。蛮，古代对南方民族的诬称。貊，古代东北方民族名，带有鄙视的意思。

㑕被发左衽：披散着头发，穿着衣襟向左开的服装。这是当时外族人的打扮。被，同"披"。左衽，衣襟向左开。语出《论语·宪问》："微管仲，吾其被发左衽矣。"

㑖充牣（rèn）：充满。牣，满。

㊻辩若驹支：驹支，戎族人，能言善辩，他对晋范宣子欲加罪于他，极力申辩，得免。事见《左传·襄公十四年》。

㊽学如郯（tán）子：郯子，郯国的国君，外族人。郯是子爵之国，所以称"郯子"。孔丘曾向郯子请教过官名。见《左传·昭公十七年》。

㊾彦鸾修伪国诸史：崔鸿，字彦鸾，北魏东清河人，北魏史学家，撰有《十六国春秋》百卷，原本今佚。

⑰收、弘撰《魏》《周》二书：收，魏收，字伯起，小字佛助，下曲阳（今河北晋县西）人，北齐史学家，撰有《魏书》一百十四篇。弘，牛弘，撰有《周史》，今亡。

⑱杨由之听雀：杨由，后汉蜀郡成都人。他见大雀集于库楼，知郡内当有小兵。见《后汉书·方术传》。

⑲介葛之闻牛：介，东夷国。葛，即葛卢，介君名。介葛卢听见牛鸣说，这头牛生了三头牛犊儿，都用作牺牲了；从它的叫声就听得出来。见《左传·僖公二十九年》。

⑳宪章：效法。

㉑沮渠：北凉国王沮渠氏，胡族。乞伏：西秦国王乞伏氏，鲜卑族。

㉒元封：汉武帝年号。

㉓拓跋：北魏拓跋氏，鲜卑族。宇文：北周宇文氏，鲜卑族。

㉔正始：魏齐王曹芳年号。

㉕王、宋著书，叙元、高时事：王，王劭，字君懋，隋时官至秘书少监，撰《齐志》纪传百余卷，述高齐事。宋，宋孝王，撰《关东风俗传》，述元魏事。二书今亡。

㉖尤：责备。

㉗滓秽：污秽。

㉘嫫姆：古代的丑妇。嫫（chī），面貌丑陋。

㉙董狐：春秋时代晋国的史官。南史：春秋时代齐国的史官。两人都以直笔著称。

㉚班固：字孟坚，扶风安陵（今陕西咸阳东北）人，东汉史学家、文学家，撰有《汉书》。华峤：《隋书·经籍志》载："《后汉书》十七卷，本九十七卷，今残缺，晋少府卿华峤撰。"

㉛比肩：并肩。

㉜张太素：名大业，魏州繁水人。唐高宗时官东台舍人，兼修国史，撰《后魏书》一百卷，《北齐书》二十卷，《隋书》三十二卷，《隋后略》十卷，《敦煌张氏家传》二十卷，今亡。郎余令：定州新乐人，唐初官霍王府参军，改著作郎，继梁元帝《孝德传》撰有《孝子后传》三十卷，今亡。

㉝江芈（mǐ）骂商臣：江芈，楚成王之妹，嫁于江国。商臣，楚穆王。"江芈怒曰：呼（象声词）！役夫（骂人鄙贱之辞，指商臣）！宜君王（楚成王）之欲杀

女（同"汝"，你）而立职（楚太子职）也。"见《左传·文公元年》。

⑧汉王怒郦生：汉王，汉高祖刘邦。郦生，郦（lí）食（yì）其（jī），辩士，号广野君。"竖儒（这小子）几败乃公（你老子）事。"语出《史记·留侯世家》。

⑧单（shàn）固谓杨康：单固与杨康都是兖州刺史令狐愚的心腹，愚与王陵通谋，二人均知其事。康至洛阳告密。后康与固同时问斩，临刑时固骂康，"老奴！女（同"汝"）死自分（fèn，甘愿）耳。"语见《魏志·王陵传》注引《魏略》。

⑧乐广叹卫玠：乐广，字产辅。卫玠，字叔宝。《晋书》有《乐广传》和《卫玠传》，但无宁馨儿语。《王衍传》："（王）衍总角（小髻，指代童年）造（到）山涛，涛嗟叹，目而送之，曰：'何物老妪，生宁馨儿（这样的孩子）。'"宁馨，晋宋时口语，今仍保留在苏州方言中。

⑨麤：同"粗"。

儆 舟①

刘禹锡

刘子浮于汴②，涉淮而东③。亦既释绁绋④，榜人告予曰⑤："方今湍悍而舟盬⑥，宜谨其具以虞焉⑦。予闻言若厉⑧，骙是枾以室之⑨，灰以墐之⑩，麻以干之⑪。仆息而躬行⑫，夕惕而昼勤⑬。景霾晶而莫进⑭，风异响而遄止⑮。兢兢然累辰⑯，是用获济⑰。

偃樯弭棹⑱，次于淮阴⑲。于是舟之工咸沛然自暇自逸⑳，或游肆而觞矣㉑，或拊桥而歌矣㉒。隶也休役以高寝矣㉓。吾曹无虞以宴息矣㉔。逮夜分㉕，而窾隙潜澍㉖，涣然阴溃㉗。至乎淹箦濡荐㉘，方卒愕传呼㉙，跣跳登墟㉚，仅以身脱。目未及瞬㉛，而楼倾轴垫㉜，抵于泥沙，力莫能支也。

刘子缺然自视而言曰㉝：繄予兢惕也㉞，泊洪涟而无害㉟；今予宴安也，蹈常流而致危㊱。畏之途果无常所哉？㊲不生于所畏㊳，而生于所易也㊴。是以越子膝行吴君忽㊵，晋宣尸居魏臣怠㊶，白公厉剑子西哂㊷，李园养士春申易㊸，至于覆国夷族㊹，可不儆哉！呜呼㊺！祸福之胚胎也㊻，其动甚微；倚伏㊼之矛楯也，其理甚明。困而后儆，斯弗及已㊽。

【说明】

《儆舟》是作者刘禹锡（唐代）任夔州刺史期间（公元822至824年）所作的《因论》七篇之一。刘禹锡以乘船遇险的亲身经历为例，借行船的沉浮、安危，生动地说明了提高警惕，"泊洪涟而无害"，贪图安逸，"蹈常流而致危"的道理，告诫当朝的统治者，不要一味沉溺于腐化享乐之中，要看到潜伏的政治危机，应该时刻警惕，铲除弊政，否则，势必自食"覆国灭族"的恶果。作者还从哲学的高度，就事论理，论证了祸福互相依存，互相转化的关系。是对老子的"祸兮福所倚，福兮祸所伏"朴素辩证法思想的发展。本篇选自刘禹锡《刘宾客文集》。该文集收录了刘禹锡的文章、诗歌、奏书等各类作品。

【注释】

①儆（jǐng）舟：以行船的经验教训为警戒的意思。儆，戒备，警戒。

②刘子：刘禹锡自称。浮：这里指乘船。汴（biàn）：即汴河，也叫汴渠。今已淤死。唐时故道，在今河南省郑州、开封、商丘及安徽省宿县、泗水一线。上游通黄河，下游入淮水。

③涉：渡过。淮：淮河。东：方位词用如动词，东去的意思。

④亦既：即"既"，已经。释：解开。绋（fú）縭（lí）：大绳索，这里指船缆。

⑤榜（bàng）人：船工。予：我。

⑥湍（tuān）悍（hàn）：水流湍急，水势凶猛。盬（gǔ）：通"苦"，不坚固。

⑦谨：慎重，仔细。形容词用如动词，意思是慎重对待，认真检查。具：船具。虞（yú）：防备。

⑧厉：祸患。

⑨繇（yóu）是：因此。繇，"由"的古字。袽（rú）：破衣服，这里指破布絮。窒：堵塞。

⑩墐（jìn）：涂塞。

⑪㪉（jū）：舀水。

⑫仆：仆人。怠：怠慢。躬行：亲自做。

⑬夕惕：晚上警惕。

⑭景：日光，这里指太阳。霾（mái）晶：这里指尘土飞扬，遮住阳光，天色昏暗。霾，大风扬起尘土。晶，明亮，亮光。莫：不。全句意思是，太阳被尘土遮住了亮光就不行船。

⑮遄（chuán）：迅速，立即。

⑯兢兢然：小心谨慎的样子。辰：古时一昼夜为十二辰，这里泛指日子。

⑰是用：因此。济：渡过。

⑱偃（yǎn）：放倒，放下。樯（qiáng）：桅杆，这里指船帆。弭（mǐ）：停止。櫂（zhào）：船桨。

⑲次：停泊。淮阴：地名，故城在今江苏省淮阴县东南。

⑳咸：都。沛然：行动迅速的样子。暇（xiá）：空闲。逸：安逸，安乐。

㉑或：不定代词，有的人，这里指船工。下文"或"同此。肆：商店。觞（shāng）：酒器，这里指举觞饮酒。

㉒拊（fǔ）：拍，击。

㉓隶：差役，这里指仆人。以：连词，同"而"。高寝：高枕而卧。

㉔吾曹：等于说我们。古代汉语在人称代词后有时加上"曹""属""侪""辈"等字表示复数。虞：忧虞。宴息：安静地休息。宴，安。

㉕逮（dài）：及、等到。夜分：深夜。

㉖窾（kuǎn）隟（xì）：空隙，这里指船板之间的缝隙。窾，空处。隟，"隙"

的古体字。潜：暗暗地。澍（shù）：浸湿，这里是渗入的意思。

㉗涣然：流散的样子，这里是副词，"然"是副词词尾。阴：暗。这里指不知不觉地。溃：溃散。

㉘至乎：至于，乎通"于"。古代"乎"与"于"声相近，故相通。箦（zè）：竹席。濡（rǔ）：沾湿。荐（jiàn）：草席。

㉙卒（cù）：同"猝"。仓促，急促。愕（è）：惊讶。

㉚跣（xiǎn）：赤脚。墟（xū）：土丘，这里指岸上。

㉛瞬（shùn）：一眨眼的时间。

㉜楼：指船上的楼。轴：当作"舳"，即船舵。垫：下沉。

㉝缺然：有所失的样子。自视：指自己感悟到。

㉞曏（xiāng）：往昔，从前。兢惕：小心谨慎。

㉟汩（gǔ）：通，这里指航行。洪涟（lián）：大浪。

㊱蹈：行。致：招引，引来。

㊲畏：害怕，危险。常所：固定的地方。

㊳所畏：指有戒惧的时候。

㊴所易：指麻痹大意的时候。易，忽略、轻视。

㊵越子膝行吴君忽：越子指文种，春秋时期越国大夫。吴君：指夫差，春秋时期吴国国君。据《史记·越王勾践世家》记载：越国被吴国打败。越王勾践派大夫文种向吴王求和。文种到了吴国，膝行见吴王夫差，说："大王，你的臣勾践派我来向大王说，勾践愿做你的臣，他的妾愿做你的妾，希望你赦勾践的罪。"吴王终于罢兵赦越。吴王夫差从此丧失了对越王勾践的警惕。越王勾践回国后，卧薪尝胆，奋发图强，二十年后，越国强大起来，终于灭吴。

㊶晋宣尸居魏臣怠：晋宣：晋宣王，指司马懿。司马炎建西晋后，追称祖父司马懿为宣皇帝。尸居：是说人病得很厉害，虽生如死，身居室内如同死尸一样。魏臣：指三国时的曹爽、何晏、丁谧等人。据《晋书·宣帝纪》记载：公元二三九年，魏大将曹爽和太傅司马懿同受明帝（曹叡）遗诏，辅佐曹芳执政。公元二四七年，曹爽听信何晏、丁谧等人的计策，迁太后（明帝妻）于永宁宫，自此，曹爽专擅朝政。此后，司马懿便称病不出。公元二四八年三月，曹爽让河南尹李胜去见司马懿，懿假装重病卧床，故造假象。李胜不知是计，回来告诉曹爽说："司马公尸居余气，形神已离，不足虑矣！"于是曹爽等人对司马懿便不加防备。后来，曹爽等人被司马懿突袭杀死，并夷灭其三族。

㊷白公厉剑子西哂（shěn）：白公，指白公胜，春秋时楚国人。厉剑，磨剑。表示报仇的决心，厉同"砺"。子西，春秋时期楚国的令尹。哂，微笑，讥笑，表示毫无警惕的意思。据《左传》记载，春秋楚惠王时，白公胜暗与子西结下了仇。一天，大司马子期的儿子平见到白公胜在磨剑，就问他为什么这样做，白说："我将要杀你的父亲。"平将此话转告了子西。子西听后一笑而过，并不放在心上。后

来白公胜果然杀死了子西和子期,并劫走了惠王。

㊸李园养士春申易:李园,春秋时期赵国人,后事楚考烈王。养士,收养勇士。春申,春申君,即黄歇,楚考烈王时任相。据《史记·春申君列传》记载:楚考烈王无子,王位没人继承。春申君纳李园的妹妹为妾,怀孕后献给楚考烈王。生子后立为太子,李园的妹妹立为皇后,李园随即得到重用。事后李园恐春申君泄密,暗养死士想杀掉春申君灭口。春申君知道后,认为李园软弱无能,毫不戒备。楚考烈王死,李园果然乘机将春申君杀死,并灭其家族。

㊹夷族:灭族。夷,平,灭掉。

㊺呜呼:叹词。

㊻胚(pēi)胎:指事物的苗头。胚,怀孕一月的胎。胎,在母体未出生的婴儿。

㊼倚伏:语出《老子》第五十八章:"祸兮福所倚,福兮祸所伏。"指祸福的互相依存与转化的道理。楯同"盾"。

㊽斯:则,就。已:同"矣"。

答李翊书

韩 愈

六月二十六日,愈白①。李生足下②:生之书辞甚高③,而其问何下而恭也④。能如是,谁不欲告生以其道⑤? 道德之归也有日矣⑥,况其外之文乎⑦? 抑愈所谓望孔子之门墙而不入于其宫者⑧,焉足以知是且非邪⑨? 虽然⑩,不可不为生言之。

生所谓"立言"者⑪,是也⑫;生所为者与所期者⑬,甚似而几矣⑭。抑不知生之志,蕲胜于人而取于人邪⑮? 将蕲至于古之立言者邪⑯? 蕲胜于人而取于人,则固胜于人而可取于人矣;将蕲至于古之立言者,则无望其速成⑰,无诱于势利⑱,养其根而俟其实⑲,加其膏而希其光⑳。根之茂者其实遂㉑,膏之沃者其光晔㉒。仁义之人,其言蔼如也㉓。

抑又有难者㉔。愈之所为㉕,不自知其至犹未也㉖。虽然,学之二十余年矣。始者㉗,非三代两汉之书不敢观㉘,非圣人之志不敢存㉙。处若忘㉚,行若遗㉛,俨乎其若思㉜,茫乎其若迷㉝,当其取于心而注于手也㉞,惟陈言之务去㉟,戛戛乎其难哉㊱! 其观于人㊲,不知其非笑之为非笑也㊳。如是者亦有年㊴,犹不改㊵。然后识古书之正伪㊶,与虽正而不至焉者㊷,昭昭然白黑分矣㊸,而务去之㊹,乃徐有得也㊺。当其取于心而注于手也,汩汩然来矣㊻。其观于人也,笑之则以为喜,誉之则以为忧,以其犹有人之说者存也㊼。如是者亦有年,然后浩乎其沛然矣㊽。吾又惧其杂也㊾,迎而距之㊿,平心而察之,其皆醇也㊿¹,然后肆焉㊿²。虽然,不可以不养也㊿³,行之乎仁义之途㊿⁴,游之乎《诗》《书》之源㊿⁵。无迷其途,无绝其源,终吾身而已矣。

气,水也㊿⁶;言,浮物也㊿⁷。水大而物之浮者大小毕浮㊿⁸。气之与言犹是也㊿⁹,气盛则言之短长与声之高下者皆宜㉖⁰。虽如是㉖¹,其敢自谓几于成乎㉖²? 虽几于成,其用于人也,奚取焉㉖³? 虽然,待用于人者,其肖于器邪㉖⁴? 用与舍属诸人㉖⁵。君子则不然。处心有道⑥,行己有方⑦,用则施诸人⑧,舍则传诸其徒,垂诸文而为后世法⑨。如是者,其亦足乐乎?其无足乐也⑩?

有志乎古者希矣⑪,志乎古必遗乎今⑫,吾诚乐而悲之。亟称其人⑬,所以劝之⑭,非敢褒其可褒而贬其可贬也⑮。问于愈者多矣,念生之言不志乎利⑯,聊相为言之⑰。愈白。

【说明】

《答李翊书》是韩愈写给后辈李翊(yì)的一封论文的答书(别本作《答李翱书》,李翱(áo)也是当时著名的古文家)。文章叙述了作者自己从事写作的甘苦和几个过程,其中着重强调了写作者的道德修养,阐明了内容决定形式的道理,指出写文章需要创新精神,不应袭用前人的内容和词句;同时,要长期下苦功,树立坚强信心,不因别人的毁誉而动摇。最后,指出写古文要以气势为先的道理。《答李翊书》是韩愈在建设古文理论方面的一篇重要代表作。本文选自《韩昌黎全集》。作者唐代韩愈。

【注释】

①白:说。古代书信中开头或结尾的习惯用语。

②李生:指李翊。李翊生卒年月不可考,唐德宗贞元十八年(公元802年)中进士。这封信是韩愈在贞元十七年给他写的。生,这里是前辈对年轻读书人的亲切称呼。足下:对人的敬称。

③书辞:书信的文辞。

④问:指提问题的口吻、态度。下:谦虚。

⑤道:指"文"以载"道"的"道",即仁义道德。

⑥归:归向,归属。有日:不久,快要到来。

⑦其:指道德。外:外在的表现形式。文:文章。

⑧抑:转折连词,不过,可是。"所谓……者"是名词词组。全句的意思是,不过我是所谓……的人。望孔子之门墙而不入于其宫者:这里是活用《论语》上的话。孔丘的学生子贡曾说,孔子的道德学问像一座宏伟的建筑,墙很高,如果不得其门而入,就看不见墙内房舍的精美。(见《论语·子张》)韩愈用来说自己的道德修养和学问都很不高。宫,泛指房屋。

⑨焉:安,何。足以:能够。且:选择连词,还是,或。邪:同"耶",疑问语气词。

⑩虽然:虽然如此。

⑪所谓"立言"者:来信所说的"立言"这句话。立言,著书立说。

⑫是:对。

⑬所为者:所做的事情,这里指做的文章。所期者:所希望的事情,指立言。

⑭几:近,接近。

⑮蕲(qí):同"祈",求。胜于人:超过别人。取于人:被人取用。

⑯至于：达到，赶得上。
⑰无：通"毋"，不要。
⑱势利：这里特指当时盛行的骈俪文风。
⑲竢（sì）：同"俟"，等待。实：果实，这句是以植物作比。
⑳膏：油，这句是以灯火作比。
㉑遂：成，成熟。
㉒沃：肥厚。晔（yè）：明亮。
㉓蔼（ǎi）如：和顺的样子。如，形容词词尾。
㉔难者：困难的地方。
㉕所为：所做的（指文章）。
㉖至：到，达到古代立言者的水平。犹：还。未：未至。
㉗始者：开始的时候。
㉘三代：夏、商、周。两汉：西汉、东汉。
㉙志：意见主张，即观点。
㉚处：居。
㉛遗：遗失了东西。
㉜俨乎：庄重的样子。
㉝茫乎：精神恍惚的样子。"乎"，用法同"然"，形容词词尾，下文"戛戛乎"的"乎"同此。以上四句都是形容学习时深思苦想、用心专一的样子。
㉞"取"和"注"后都省略了宾语"之"，均指文章。注：流，这里指写出文章来。
㉟惟陈言之务去：这是用"惟……之"的格式，把宾语"陈言"提到动词"去"前的提宾句。陈言，指陈旧的词句和意义。务去，必须去掉。
㊱戛戛（jiá）乎：形容很吃力的样子。
㊲其：这里指代自己写出来的文章。观于人：被人看到。
㊳非：非难，反对。笑：讥笑。
㊴有年：很多年。
㊵不改：指不改变上述学习的方法和对非笑毫不动摇的态度。
㊶识：识别。正：立意纯正。伪：立意驳杂。
㊷虽正而不至焉者：虽然趋于纯正但还不够的。焉，于此。
㊸昭昭然：清楚明显的样子。
㊹之：指代上文的古书之伪和虽正而不至焉者。
㊺徐：慢慢，逐渐。有得：有所收获。
㊻汩汩（gǔ）然：水流急速的样子。这里形容文思敏捷。
㊼人之说（yuè）者：人们所赞赏的地方。说，同"悦"。
㊽浩乎、沛然：都是形容水势盛大的样子，这里用以比喻文章的气势奔放。

㊾杂：指文章中还有不纯正的内容和不精当的词句。

㊿距：通"拒"，去掉。这句是说极力找出那些不纯正的内容和不精当的词句，并且改正它。

㉛醇（chún）：同"纯"，纯粹，纯正。

㉜肆：放开，指放手去写。

㉝养：修养，指修养道德。

㉞乎：通"于"，下句同。

㉟游之乎《诗》《书》之源：指学习《诗》《书》的文章和道理。

㊱气：指文章的气势。水：指像水一样。

㊲言：文章的词句。浮物：能漂浮的东西。

㊳而：用如"则"。毕浮：全能浮起。

㊴犹是：如同这样。

㊶声：文章的声调。高下：高低。宜：恰当，合适。

㊷虽：即使。

㊸其：活用为第一人称代词，我。

㊹奚取焉：能从中取得什么呢？奚，何。焉，于此。

㊺其：表揣测的语气词。肖：像，相似。器：器物。

㊻舍：舍弃，不被用。属：这里有取决的意思。诸：之于。人：旁人。

㊼处：处置，安排。心：指思想。道：原则。

㊽行己：确定自己的行动。方：正确的方向。

㊾施：施行。

㊿垂：留传下来。法：准则。

㉑也：通"耶"。

㉒乎：通"于"。希：同"稀"。

㉓遗乎今：即被现在的人们所歧视。遗，弃。

㉔亟（qì）：屡次。称：称赞。其人：指志乎古者。

㉕所以：表目的，相当于"为了……"。劝：勉励。

㉖褒：表扬。贬：批评。

㉗念：考虑到，认为。不志乎利：用心不在于求利。

㉘聊：姑且。相：指代性的副词，这里称代的动作行为的受事者是第二人称。相为：就是"给你"。之：指书信中所讲的道理。

钴鉧潭西小丘记

柳宗元

得西山后八日①，寻山口西北道二百步②，又得钴鉧潭③。潭西二十五步，当湍而浚者为鱼梁④。梁之上有丘焉，生竹树。其石之突怒偃蹇，负土而出，争为奇状者⑤，殆不可数⑥。其欹然相累而下者⑦，若牛马之饮于溪；其冲然角列而上者⑧，若熊罴之登于山⑨。

丘之小不能一亩⑩，可以笼而有之⑪。问其主，曰："唐氏之弃地，货而不售⑫。"问其价，曰："止四百。"⑬余怜而售之⑭。李深源、元克己时同游⑮，皆大喜，出自意外⑯。即更取器用⑰，铲刈秽草⑱，伐去恶木⑲，烈火而焚之⑳。嘉木立，美竹露，奇石显。由其中以望㉑，则山之高，云之浮，溪之流，鸟兽之遨游㉒，举熙熙然回巧献技㉓，以效兹丘之下㉔。枕席而卧㉕，则清泠之状与目谋㉖，潜潜之声与耳谋㉗，悠然而虚者与神谋㉘，渊然而静者与心谋㉙。不匝旬而得异地者二㉚，虽古好事之士，或未能至焉。

噫㉛！以兹丘之胜㉜，致之沣、镐、鄠、杜㉝，则贵游之士争买者㉞，日增千金而愈不可得㉟。今弃是州也，农夫渔父过而陋之㊱。贾四百㊲，连岁不能售。而我与深源、克己独喜得之，是其果有遭乎㊳！书于石㊴，所以贺兹丘之遭也㊵。

【说明】

《钴鉧潭西小丘记》以短小紧凑的篇幅，形象化的手法和排比的句式，描绘小丘山群石的奇状异态，宛如饮溪的牛马，登山的熊罴，跃然纸上，呼之欲出，勾勒了一幅祖国山水名胜的水墨画；同时也寄寓了深切的含意，表达了自己的身世之感，将荒僻的永州小丘"唐氏之弃地"与他自己被放逐的命运联系在一起，蕴蓄了愤激不平的情绪。这就说明山水游记等文学艺术作品都是与作者的思想感情交织在一起的，单纯的写景，为艺术而艺术的创作是不存在的。本文选自《柳河东集》，唐代柳宗元作。

【注释】

①得：访得。西山：在永州（今湖南零陵县）城西五里。据《始得西山宴游记》，唐宪宗元和四年（公元809年）九月二十八日，柳宗元发现了奇特的西山景色，命人除去杂树乱草，而后登高宴饮。

②寻：顺着，沿着。道：作动词用，行走。

③钴鉧（gǔmǔ）潭：潭的形状像熨斗，故名。钴鉧，熨斗，是当地方言。

④湍（tuān）：急流。浚（jùn）：深。鱼梁：阻水的堰（yàn），中间留有空处，放上竹子编的工具，以便捕鱼。

⑤突怒：形容怪石耸起的样子。偃蹇（yǎn jiǎn）：高耸而很有气势的样子。负土：背负着土，这是拟人化的说法，意思是石头上有土壤。

⑥殆不可数：简直数不清。殆：几乎，差不多。

⑦欹（qīn）然：倾斜的样子。累：叠。下：作动词用，向下。

⑧冲然：向前突起的样子。角列：像野兽的犄角斜立着。上：作动词用，向上。

⑨罴（pí）：熊的一种，又叫人熊，躯体比熊大。

⑩不能：不足。

⑪笼：活用作动词，装进笼子里，形容非常小。

⑫货：出卖。不售：卖不出去。

⑬止四百：货币单位省略不用。唐朝的货币单位有文和贯（一贯是一千文）。这里可能指的是"文"。

⑭怜：怜悯。柳宗元对这一奇景小丘埋没边地，而又"货而不售"，无人理解表示怜悯，同时寓含自吊身世之意在内。售：使动用法，"售之"就是"使之售"，使它卖出。

⑮李深源、元克己：人名，都是柳宗元的朋友。时：当时。

⑯出自意外：意思是能够买下这个小丘高兴得出于意外。

⑰即：立刻。更：又。

⑱铲：削平。刈（yì）：割。秽草：杂草。

⑲恶木：指不美观又无用的杂树。

⑳烈火："烈"，作动词用，使动用法。烈火，使火燃烧得很猛烈。

㉑其：指代小丘。以：连词，相当"而"。

㉒遨游：自由自在的游荡。这句指鸟飞，兽走，鱼鳖游于水。

㉓举：都。熙熙然：欢快和乐的样子。回：运用。

㉔效：呈献。兹：这个。

㉕枕席：设枕席。

㉖清泠（líng）：天空清爽明净。与目谋：跟眼目相适应。意思是看着清爽明净的天宇感到很舒适惬意。谋，合，相交。

㉗潆潆（yíng）：水流回旋发出的声音。与耳谋：指感到动听悦耳。

㉘悠然：悠远虚静的样子。与神谋：意思是使人心旷神怡。

㉙渊然：静默深幽的样子。与心谋：意思是沁人心脾。

㉚匝（zā）：满。异地者二：奇景两处，指西山和小丘。

㉛噫（yī）：感叹词，一般表示伤心惋惜痛苦的感情，相当于"唉"。

㉜胜：优美的山水或古迹。

㉝致之：把它放到。沣（fēng）：同"酆"，地名，在今陕西户县东。镐（hào）：今陕西长安县西南。鄠（hù）：今简化为户，即陕西户县。杜：杜陵，今陕西长安县东南。这四个地方都是唐代都城长安的郊区，唐代贵族官僚多居住在这里。

㉞贵游之士：喜欢游山玩水的人士。

㉟日增千金而愈不可得：这句话的意思是天天有人比着出高价争着买而越发买不到。

㊱过：经过。陋之：意动用法，以之为陋，看不起。

㊲贾：同"价"。

㊳是：这。其：岂，难道。果：真的。遭：遇，指好的遭遇。

㊴书于石：指铭书于岩石上。

㊵贺：祝贺。

岳阳楼记

范仲淹

庆历四年春①，滕子京谪守巴陵郡②。越明年③，政通人和④，百废具兴⑤。乃重修岳阳楼⑥，增其旧制⑦，刻唐贤、今人诗赋于其上⑧。属予作文以记之⑨。

予观夫巴陵胜状⑩，在洞庭一湖。衔远山⑪，吞长江，浩浩汤汤⑫，横无际涯⑬，朝晖夕阴⑭，气象万千⑮。此则岳阳楼之大观也⑯，前人之述备矣⑰。然则北通巫峡⑱，南极潇湘⑲，迁客骚人⑳，多会于此；览物之情，得无异乎㉑？

若夫霪雨霏霏㉒，连月不开㉓，阴风怒号㉔，浊浪排空㉕，日星隐曜㉖，山岳潜形㉗，商旅不行，樯倾楫摧㉘，薄暮冥冥㉙，虎啸猿啼㉚，登斯楼也，则有去国怀乡㉛，忧谗畏讥，满目萧然㉜，感极而悲者矣㉝！

至若春和景明㉞，波澜不惊㉟，上下天光㊱，一碧万顷㊲；沙鸥翔集㊳，锦鳞游泳㊴，岸芷汀兰㊵，郁郁青青㊶；而或长烟一空㊷，皓月千里㊸，浮光跃金㊹，静影沉璧㊺，渔歌互答㊻，此乐何极㊼！登斯楼也，则有心旷神怡㊽，宠辱偕忘㊾，把酒临风㊿，其喜洋洋者矣㉛。

嗟夫㉜！予尝求古仁人之心㉝，或异二者之为㉞，何哉？不以物喜㉟，不以己悲㊱；居庙堂之高则忧其民㊲，处江湖之远则忧其君㊳。是进亦忧㊴，退亦忧㊵。然则何时而乐耶㊶？其必曰："先天下之忧而忧，后天下之乐而乐欤㊷！"噫！微斯人㊸，吾谁与归㊹！

时六年九月十五日㊺。

【说明】

《岳阳楼记》这篇文章借洞庭景物和登楼人的不同心情抒发了作者自己的襟怀。最后提出做人应当"先天下之忧而忧，后天下之乐而乐"，揭示出全文的中心意思。这是作者所表明的志愿，也是对他在仕途上不得意的好友滕宗谅的激励。本文选自《范文正公集》，是宋代散文中的著名篇章，作者范仲淹。

【注释】

①庆历四年：公元1044年。庆历，宋仁宗（赵祯）年号。

②子京：滕宗谅的字。谪（zhé）：贬官。守：郡守。巴陵郡：当时是岳州巴陵郡，在今湖南省岳阳一带。

③越：通"于"。

④政通人和：政事顺利，百姓和乐。

⑤百废具兴：一切废弛的事全都兴办起来。具，通"俱"。

⑥乃：于是。

⑦增：扩建。其：指岳阳楼。旧制：旧有的规模。

⑧唐贤：指唐代的张说（yuè）等。张曾任岳州刺史，有时和文人们登楼赋诗，有诗百余篇刊于楼壁。

⑨属：通"嘱"，嘱托。之：指重修岳阳楼的盛举。
⑩夫（fú）：那。胜状：美景。
⑪衔：含。"衔远山"与下文的"吞长江"都是拟人的写法。
⑫浩浩汤汤（shāng）：水势很大的样子。
⑬横无际涯：广阔无边。横，广。
⑭朝（zhāo）晖（huī）夕阴：早晨阳光照耀，傍晚一片昏暗。泛指一天中景象的种种变化。
⑮气象万千：景象千变万化。
⑯大观：壮阔的景象。观，景象。
⑰前人之述：指上文所说唐人诗赋中的描述。备：详尽。
⑱巫峡：长江三峡之一，在湖北省巴东县西南，与四川巫山县相接，长一百六十里。
⑲极：尽，直到。潇、湘：湘，流经湖南省的湘水。潇，潇水，湘水的支流。二水至湖南零陵县合流，向北流入洞庭湖。
⑳迁客：被降职调往远地做官的人。骚人：屈原曾作《离骚》，所以后代常称诗人为"骚人"。
㉑得无异乎：能没有差别吗？"得无……乎"，表示推测的反诘句式。
㉒若夫：至于。霪（yín）雨：连绵不断的雨。霏霏（fēi）：雨飘落的样子。
㉓开：开朗，放晴。
㉔阴风：凄厉的风。
㉕浊浪排空：浑浊的浪腾起空中。排，排击。
㉖隐曜：隐没了光芒。
㉗潜形：潜藏了形体。
㉘樯（qiáng）：桅杆。楫（jí）：船桨。摧：折断。
㉙薄暮：傍晚。薄，接近。冥冥：天色昏暗的样子。
㉚啸：长声吼叫。
㉛去国：离开国都。去，离开。
㉜忧谗：担心有人在国君面前说自己的坏话。谗，进谗言。萧然：萧条凄凉的样子。
㉝感极：感慨到极点。
㉞至若：至于。春和景明：春光和煦，阳光明媚。景，日光。
㉟惊：这里是激起的意思。
㊱上下天光：指上面的天色和下面的湖光相映。
㊲一碧万顷：碧色的湖水广阔无边。顷，百亩。
㊳翔集：有时飞翔，有时停下。集，栖止。
㊴锦鳞：这里借指水中美丽的游鱼。鳞，鱼，以部分代全体。

㊵岸芷（zhǐ）：岸上的香草。汀（tīng）：小洲，水中的小片陆地。

㊶郁郁：香气浓郁。青青（jīng）：草叶茂密。青，通“菁”。

㊷而或：连词，表示再写一种景象。一空：完全消失。

㊸皓（hào）：皎洁。

㊹浮光：浮动在水波上的月光。跃金：金色的波光跳动着。

㊺静影沉璧：月影静静地映照在水里好像沉在水里的白璧。璧，圆形有孔的玉。

㊻互答：彼此应答。

㊼何极：哪有穷尽。

㊽心旷神怡：心胸开朗，精神愉快。

㊾宠辱：荣显和屈辱。偕：通“皆”。

㊿把：持。酒：酒杯。

(51)洋洋：高兴的样子。

(52)嗟（jiē）夫：感叹词，相当于“唉”。

(53)尝：曾。古仁人：这里泛指古代品格高尚的人。

(54)异：不同于。二者，指上文所说“感极而悲”和“其喜洋洋”的两种人。

(55)以：因为，由于。物：外界的事物，这里指顺利的环境。

(56)己：自己。这里指个人受到排挤。

(57)居庙堂之高：指被重用的时候。庙堂，朝廷。

(58)处江湖之远：指被贬斥的时候。

(59)是：这。进：指做官。

(60)退：退处，不做官。

(61)然则：这样那么。耶：疑问语气词，相当于“呢”。

(62)先天下之忧而忧，后天下之乐而乐：忧在天下人的忧患之前，乐在天下人的享乐之后。欤（yú）：疑问语气词，这里是表委婉语气，相当于“吧”。

(63)微：没有。斯人：这个人，指能够“先天下之忧而忧，后天下之乐而乐”的人。

(64)吾谁与归：我归向谁呢？谁，疑问代词，作宾语时放在介词“与”之前。

(65)时：写这篇文章的时候。六年：指庆历六年。

五代史伶官传序①

欧阳修

呜呼！盛衰之理，虽曰天命②，岂非人事哉③？原庄宗之所以得天下④，与其所以失之者，可以知之矣。

世言晋王之将终也⑤，以三矢赐庄宗而告之曰：“梁，吾仇也⑥。燕王，吾所立⑦，契丹，与吾约为兄弟⑧，而皆背晋以归梁⑨。此三者，吾遗恨也。与尔三矢⑩，尔其无忘乃父之志⑪。”庄宗受而藏之于庙⑫。其后用兵，则遣从事以一少牢告庙⑬，请其矢，盛以锦囊⑭，负而前驱⑮，及凯旋而纳之⑯。

方其系燕父子以组⑰，函梁君臣之首⑱，入于太庙，还矢先王⑲，而告以成功，其意气之盛，可谓壮哉！及仇雠已灭⑳，天下已定，一夫夜呼㉑，乱者四应，仓皇东出㉒，未及见贼而士卒离散㉓，君臣相顾，不知所归，至于誓天断发㉔，泣下沾襟㉕，何其衰也！岂得之难而失之易欤？抑本其成败之迹㉖，而皆自于人欤㉗？

《书》曰："满招损，谦受益㉘。"忧劳可以兴国，逸豫可以亡身㉙，自然之理也。故方其盛也，举天下之豪杰莫能与之争㉚；及其衰也，数十伶人困之，而身死国灭，为天下笑㉛。夫祸患常积于忽微㉜，而智勇多困于所溺，岂独伶人也哉！作《伶官传》。

【说明】

《五代史伶官传序》这篇文章，是以后唐庄宗李存勖的兴盛和衰败的史实为例，对封建王朝更替的原因做了探讨。由于受历史的限制，所误的原因不一定切中时弊，但作者很大程度上摆脱了传统天命论的束缚，力图从具体的政治实践中去寻求解释，从而阐明了"忧劳可以兴国，逸豫可以亡身"的道理，可以说较为如实地反映了事物转化的朴素辩证法。这对我们仍有很大的启发作用。本文选自《新五代史·伶官传》，是一篇序论，宋代欧阳修作。

【注释】

①伶官：指在宫中授有官职的伶人。伶，旧时把演戏的人叫伶。

②虽：虽然。天命：天意。

③人事：人的努力和活动。

④原：推究事物的本原。庄宗：后唐开国皇帝李存勖（xù），晋王李克用长子，于公元923年（梁末帝朱友贞龙德三年）灭梁称帝，国号唐，史称后唐。

⑤世言：社会上传说。晋王之将终：晋王临终的时候。晋王，即李克用，沙陀族。于公元882年率骑兵参与唐军镇压黄巢起义有功，因此被唐朝封为陇西郡王，于895年又受封为晋王。

⑥梁：指梁太祖朱温。黄巢的部将朱温，原是黄巢起义军的将领，于公元882年叛变降唐，赐名全忠，封为梁王。朱温于907年迫使唐哀帝禅位，国号梁，是为梁太祖。唐僖宗时，朱温拟谋杀李克用，李亦屡次上表请伐朱温。唐昭宗时朱温围李克用于太原，适逢朱军中大疫，始解围。两人结怨很深。

⑦燕王：指刘仁恭、刘守光父子。唐末刘仁恭曾借李克用的力量夺得幽州（今北京），李克用曾向唐朝保荐刘仁恭为检校司空，卢龙（今河北省卢龙县）军节度使。"燕王吾所立"就是指的这件事。后来刘仁恭拒绝李克用征兵要求，两人发生武装冲突，刘仁恭打败了李克用，并依附于后梁朱温。

⑧契丹：唐末，契丹首领耶律阿保机，建国称帝，称契丹，后改国号为辽。公元907年，李克用与契丹的首领耶律阿保机结盟，约为兄弟，希望共同举兵攻打朱温。后来耶律阿保机背弃盟约和朱温通好。

⑨背：违背，背叛。归：归附，趋向。

⑩与：给。尔：人称代词，你。

⑪其：表示命令的语气词。乃：你的。志：心愿。

⑫庙：即太庙。封建帝王的祖庙。下文"太庙"同此。

⑬从事：原指州刺史（地方长官）下面地位较低的僚属，这里泛指一般官员。少牢：指祭祀时用一猪、一羊作祭品。牢，牲畜。告庙：古代帝王及诸侯外出或遇有大事，照例要到祖庙祭告，称"告庙"。

⑭盛（chéng）：装。锦囊：丝织的袋子。

⑮负：背。

⑯及：等到。凯旋：得胜回来。纳之：把箭送回祖庙。

⑰方：当。其：人称代词，代李存勖。系：捆绑。燕父子：公元911年，刘守光自称大燕皇帝。次年，李存勖派兵攻破幽州，生俘刘仁恭及其家族三百人。刘守光逃沧州，也被逮捕送回幽州。杀刘守光于晋阳，杀刘仁恭于代州，奠告李克用陵。组：丝带或绳。

⑱函：木匣子，用如动词，用木匣子装着。梁君臣之首：公元923年，李存勖称帝后，亲率兵攻破大梁（今河南省开封市），朱温之子，梁末帝朱友贞怕被生擒受辱，命其部将皇甫麟把自己杀死，当时皇甫麟也自杀了。梁自此灭亡。梁君臣之首，指梁末帝和皇甫麟的人头。

⑲先王：指李克用。

⑳仇雠（chóu）：敌人。

㉑一夫夜呼：公元926年，屯驻在贝州（现在河北省清河县）的皇甫晖等叛乱，拥指挥使赵在礼为帅，攻入邺都（现在河南省安阳县）。邢州（现在河北省邢台市）、沧州（现在河北省沧州市）驻军相继响应。一夫，一个人，指皇甫晖。

㉒仓皇东出：皇甫晖叛乱后，李存勖派其父的养子李嗣源率兵镇压。李嗣源被部下推为皇帝，联合邺都的皇甫晖向京城洛阳进攻。李存勖从洛阳往东走，途中士卒逃亡甚多。仓皇，匆忙的样子。

㉓士卒离散：李存勖从洛阳往东出走，到了万胜镇（在现在河南省中牟县境）听说李嗣源已占据大梁（今河南省开封市），李存勖神色沮丧，见大势已去，只好匆忙返回洛阳。出发时扈从兵二万五千人，到氾水时已逃散一万余人。

㉔誓天断发：李存勖率领残部回到石桥（在洛阳城东）西，置酒痛哭流涕，跟随他的部将元行钦等百余人，束手无策。君臣相对哭，都斩断头发，对天发誓，表示效忠李存勖。誓天，向天发誓。

㉕襟（jīn）：衣服的前幅。

㉖抑：选择连词，或，还是。本：推究事物的本源。迹：事迹，具体经过。

㉗自：由。

㉘《书》曰一句：意思是人如果骄傲自满，必然带来损失，只有谦虚才能受益。

满，骄傲自满。谦，谦虚。语出《尚书·大禹谟》："满招损，谦得（受）益。"

㉙逸豫（yù）：安乐。逸，安闲。豫，游乐。

㉚举：全。豪杰：旧时称才能出众的人。莫：否定性的无指代词，没有人。

㉛数十伶人句：李存勖爱好音律，迷恋优伶。他自己也粉墨登场，在宫中演出，艺名"李天下"。伶人因此得出入宫中，掌握军政大权，作威作福，朝政日坏。公元926年，从马直（皇帝的近卫军）指挥使郭从谦（本是伶人，艺名"郭门高"）乘李嗣源攻占大梁，李存勖已处于众叛亲离的境地，率所部士兵作乱。李存勖中流矢而死。后来李嗣源即位，即唐明宗。

㉜积：累积。忽微：都是极小的数，这里指细小的事。忽，十万分之一寸。微，百万分之一寸。

醉翁亭记
欧阳修

环滁①皆②山也。其③西南诸峰，林壑④尤⑤美，望之蔚然而深秀者，琅琊也⑥。山⑦行六七里，渐闻水声潺潺⑧，而⑨泻出于两峰之间者，酿泉也。峰回路转⑩，有亭翼然⑪临于⑫泉上者，醉翁亭也。作⑬亭者谁？山之僧智仙也。名⑭之者谁？太守自谓⑮也。太守与客来饮于此，饮少辄⑯醉，而年又最高⑰，故自号⑱曰⑲醉翁也。醉翁之意⑳不在酒，在乎㉑山水之间也。山水之乐，得㉒之心而寓㉓之酒也。

若夫日出而林霏㉔开㉕，云归而岩穴暝㉖，晦明㉗变化者，山间之朝暮也。野芳㉘发㉙而幽香，佳木秀㉚而繁阴㉛，风霜高洁㉜，水落而石出者，山间之四时也。朝而往，暮而归，四时之景不同，而乐亦无穷也。

至于㉝负者㉞歌于途，行者休于树㉟，前者呼，后者应，伛偻㊱提携㊲，往来而不绝者，滁人游也。临溪而渔㊳，溪深而鱼肥。酿泉为酒，泉香而酒洌㊴；山肴㊵野蔌㊶，杂然㊷而前陈㊸者，太守宴也。宴酣㊹之乐，非丝非竹㊺，射㊻者中，弈㊼者胜，觥筹交错㊽，起坐而喧哗者，众宾欢也。苍颜㊾白发，颓然乎其间㊿者，太守醉也。

已而㊿夕阳在山，人影散乱，太守归而宾客从也。树林阴翳㊿，鸣声上下㊿，游人去而禽鸟乐也。然而禽鸟知山林之乐，而不知人之乐；人知从太守游而乐，而不知太守之乐其乐㊿也。醉能同其乐，醒能述以文者，太守也㊿。太守谓㊿谁？庐陵㊿欧阳修也。

【说明】

《醉翁亭记》格调清丽，富有诗情画意。第一部分，重点是写亭；第二部分，重点是写游。全篇贯穿一个"乐"字，表现出作者"乐民之乐"的胸怀，充满了士大夫悠闲自适的情调，并从侧面显示了作者自己治理滁州的政绩。作者宋代欧阳修。

【注释】

①环滁：环绕着滁州城。滁：滁州，今安徽省滁州市琅琊区。环：环绕。

②皆：副词，都。

③其：代词，它，指滁州城。
④壑：山谷。
⑤尤：格外，特别。
⑥蔚然而深秀者，琅琊也：树木茂盛，又幽深又秀丽的，是琅琊山。蔚然：草木茂盛的样子。而：表并列。
⑦山：名词作状语，沿着山路。
⑧潺潺：流水声。
⑨而：表承接。
⑩峰回路转：山势回环，路也跟着拐弯。比喻事情经历挫折失败出现新的转机。回：回环，曲折环绕。
⑪翼然：像鸟张开翅膀一样。然：……的样子。
⑫于：在。
⑬作：建造。
⑭名：名词作动词，命名。
⑮自谓：自称，用自己的别号来命名。
⑯辄：就。
⑰年又最高：年纪又是最大的。
⑱号：名词作动词，取别号。
⑲曰：叫作。
⑳意：这里指情趣。"醉翁之意不在酒"，后来用以比喻本意不在此而另有目的。
㉑乎：相当于"于"。
㉒得：领会。
㉓寓：寄托。
㉔林霏：树林中的雾气。霏，原指雨、雾纷飞，此处指雾气。
㉕开：消散，散开。
㉖暝：昏暗。
㉗晦明：指天气阴晴明暗。晦：阴暗。
㉘芳：香花。
㉙发：开放。
㉚秀：茂盛，繁茂。
㉛繁阴：一片浓密的树荫。
㉜风霜高洁：就是风高霜洁。天高气爽，霜色洁白。
㉝至于：连词，于句首，表示两段的过渡，提起另事。
㉞负者：背着东西的人。
㉟休于树：在树下休息。

㊱伛偻（yǔlǚ）：腰弯背曲的样子，这里指老年人。

㊲提携：指搀扶着走的小孩子。

㊳渔：捕鱼。

㊴洌：水（酒）清。

㊵山肴：野味。

㊶野蔌（sù）：野菜。蔌，菜蔬。

㊷杂然：众多而杂乱的样子。

㊸陈：摆放，摆设。

㊹酣：尽情地喝酒。

㊺非丝非竹：不在于琴弦管箫。丝：琴、瑟之类的弦乐器。竹：箫、笛之类的管乐器。

㊻射：这里指投壶，宴饮时的一种游戏，把箭向壶里投，投中多的为胜，负者照规定的杯数喝酒。

㊼弈：下棋。这里用作动词，下围棋。

㊽觥筹交错：酒杯和酒筹相错杂。形容喝酒尽欢的样子。觥：酒杯。筹：酒筹，用来计算饮酒数量的筹子。

㊾苍颜：脸色苍老。

㊿颓然乎其间：醉倒在众人中间。颓然，原意是精神不振的样子，这里形容醉态。

(51)已而：不久。

(52)阴翳（yì）：形容枝叶茂密成阴。翳：遮蔽。

(53)鸣声上下：意思是鸟到处叫。上下，指高处和低处的树林。

(54)乐其乐：以游人的快乐为快乐。乐$_{一}$：意动用法，以……为乐。乐$_{二}$：快乐。

(55)醉能同其乐，醒能述以文者，太守也：醉了能够同大家一起欢乐，醒了能够用文章记述这乐事的人，就是太守。

(56)谓：为，是。

(57)庐陵：庐陵郡，就是吉州，今江西省吉安市。欧阳修先世为庐陵大族。

伤仲永

王安石

金溪民方仲永①，世隶耕②。仲永生五年，未尝识书具③，忽啼求之④。父异焉⑤，借旁近与之⑥。即书诗四句⑦，并自为其名⑧。其诗以养父母、收族为意⑨，传一乡秀才观之⑩。自是⑪，指物作诗⑫，立就⑬，其文理皆有可观者⑭。邑人奇之⑮，稍稍宾客其父⑯，或以钱币乞之⑰。父利其然也⑱，日扳仲永环谒于邑人⑲，不使学。

余闻之也久⑳，明道中㉑，从先人还家㉒，于舅家见之，十二三矣；令作诗，不能称前时之闻㉓。又七年，还自扬州㉔，复到舅家问焉。曰："泯然众人矣㉕！"

王子曰㉖："仲永之通悟㉗，受之天也㉘。其受之天也㉙，贤于材人远矣㉚；卒之为众人㉛，则其受于人者不至也㉜。彼其受之天也㉝，如此其贤也，不受之人，且为众人㉞；今夫不受之天㉟，固众人㊱；又不受之人，得为众人而已耶㊲？"

【说明】

《伤仲永》是宋代王安石青年时代所写的一篇杂感。文章通过方仲永从神童沦为普普通通民众的故事，强调了后天教育的重要性。仲永虽然在幼年时非常聪明，五岁就能写字作诗，但由于后来没有学习，就连续退步，不再有什么突出地方了。作者用这个具有说服力的事实，批判了只凭天资、不肯刻苦钻研的错误想法，很有启发作用。"伤"这里有惋惜、感慨之意，为方仲永由于不重视后天的教育、学习，从神童变成普普通通的民众而感到惋惜。本文选自王安石的作品《王临川集》。

【注释】

①金溪：地名，即今江西省金溪县。

②世隶耕：世代耕田。隶，属于。

③未尝：未曾，从来没有。识：认识。书具：指纸、笔、墨、砚等文具。

④啼：哭着，动词用作状语。之：代词，指代上文的"书具"。

⑤异：意动用法，以仲永的要求为异。焉：代词，等于"之"。

⑥借旁近：从邻居借来。与：给，动词。

⑦即：当即，立刻。书：写。

⑧自为其名：自己给诗起名。

⑨收族：团结同族的人。收，聚，团结。意：诗的主旨。

⑩一：全。秀才：泛指有文化的人。

⑪自是：从此。

⑫指物作诗：指定东西（叫他）作诗。

⑬立就：立刻完成。

⑭文理：文采和道理（诗的形式和内容）。可观：等于说有可取之处。

⑮邑（yì）人：同乡的人。奇：意动用法，即以仲永为奇。之：指仲永。

⑯稍稍：渐渐。宾客其父：即以客礼待他父亲。宾客，名词用作动词。

⑰或：有的人。乞：求。之：指仲永的诗。

⑱利其然也：以为那样的做法有利。

⑲日：每天，天天。扳：拉着。环谒（yè）：到处去拜见。谒，拜见。

⑳余：我，作者自称。之：指关于仲永能诗的传说。

㉑明道：宋仁宗赵祯的年号（公元1032年—1033年）。

㉒先人：祖先。这里是作者指他已死去的父亲。

㉓称（chèn）：相称。前时之闻：以前的传闻。

㉔还自扬州：从扬州回乡。自，从。

㉕泯（mǐn）然：消失干净的样子（指仲永的聪明）。众人：平常的人。

㉖王子：王安石自称。

㉗通悟：通达聪明。

㉘受之天也：即"受之于天也"的省略。意思是先天赋予的。之，代词，指才智，"之"下省略介词"于"。

㉙其受之天也：通行本"天"作"人"，宋本作"天"。其，代词，指仲永。

㉚贤：用作动词，超过。材人：一般有才能的人。

㉛卒之：终于。之，助词，无意义。为：成为。

㉜受于人者：指后天教育。不至：不到。

㉝彼其：代词连用，指仲永。

㉞且：尚且。

㉟今夫：发语词，表示就当前情况发议论。

㊱固众人：本来就是平常人。

㊲得为众人而已耶：意思是要想成为一个平常人也不可能。

赤壁之战
《资治通鉴》

初①，鲁肃闻刘表卒②，言于孙权曰："荆州与国邻接③，江山险固，沃野千里④，士民殷富⑤，若据而有之⑥，此帝王之资也⑦。今刘表新亡⑧，二子不协⑨，军中诸将，各有彼此⑩。刘备天下枭雄⑪，与操有隙⑫，寄寓于表⑬，表恶其能而不能用也⑭。若备与彼协心⑮，上下齐同⑯，则宜抚安⑰，与结盟好⑱；如有离违⑲，宜别图之⑳，以济大事㉑。肃请得奉命吊表二子㉒，并慰劳其军中用事者㉓，及说备使抚表众㉔，同心一意，共治曹操㉕，备必喜而从命。如其克谐㉖，天下可定也。今不速往恐为操所先㉗。"权即遣肃行㉘。

到夏口㉙，闻操已向荆州㉚，晨夜兼道㉛，比至南郡㉜，而琮已降，备南走。肃径迎之㉝，与备会于当阳长坂㉞。肃宣权旨㉟，论天下事势，致殷勤之意㊱。且问备曰："豫州今欲何至㊲？"备曰："与苍梧太守吴巨有旧㊳，欲往投之㊴。"肃曰："孙讨虏聪明仁惠㊵，敬贤礼士，江表英豪㊶，咸归附之㊷，已据有六郡㊸，兵精粮多，足以立事㊹。今为君计㊺，莫若遣腹心自结于东㊻，以共济世业；而欲投吴巨，巨是凡人，偏在远郡，行将为人所并㊼，岂足托乎㊽？"备甚悦。肃又谓诸葛亮曰㊾："我，子瑜友也。"即共定交。子瑜者㊿，亮兄瑾也，避乱江东，为孙权长史51。备用肃计，进住鄂县之樊口52。

曹操自江陵将顺江东下53。诸葛亮谓刘备曰："事急矣，请奉命求救于孙将军54。"遂与鲁肃俱诣孙权55。亮见权于柴桑56，说权曰："海内大乱57，将军起兵江东58，刘豫州收众汉南59，与曹操共争天下。今操芟夷大难60，略已平矣。遂破荆州，威震四海。英雄无用武之地61，故豫州遁逃至此62。愿将军量力而处之63。若能以吴、越之众与中国抗衡64，不如早与之绝；若不能，何不按兵束甲65，北面而事之⁶⁶?今将军外托服从之名⁶⁷,而内怀犹豫之计⁶⁸,事急而不断⁶⁹,祸至无日矣⁷⁰?"权曰:"苟如君言⁷¹,刘豫州何不遂事之乎⁷²?"亮曰:"田横,齐之壮士耳⁷³,犹守义不辱⁷⁴;况刘豫州王室之胄⁷⁵,英才盖世⁷⁶,众士慕仰,若水之归海。若事之不济⁷⁷,此乃天也⁷⁸。安能复为之下乎⁷⁹?"权勃然曰:"吾不能举全吴之地⁸⁰,十万之众,受制于人。吾计决矣!非刘豫州莫可以当曹操者⁸¹。然豫州新败之后,安能抗此难乎⁸²?"亮曰:"豫州军虽败于长坂⁸³,今战士还者及关羽水军精甲万人⁸⁴,刘琦合江夏战士亦不下万人⁸⁵。曹操之众,远来疲敝,闻追豫州,轻骑一日一夜行三百余里⁸⁶,此所谓'强弩之末,势不能穿鲁缟'者也⁸⁷。故《兵法》忌之⁸⁸,曰:'必蹶上将军'⁸⁹。且北方之人不习水战;又,荆州之民附操者,偪兵势耳⁹⁰,非心服也。今将军诚能命猛将统兵数万⁹¹,与豫州协规同力⁹²,破操军必矣⁹³。操军破,必北还。如此,则荆、吴之势强,鼎足之形成矣⁹⁴。成败之机⁹⁵,在于今日。"权大悦⁹⁶,与其群下谋之⁹⁷。

是时⁹⁸,曹操遗权书曰⁹⁹:"近者奉辞伐罪¹⁰⁰,旌麾南指¹⁰¹,刘琮束手¹⁰²。今治水军八十万众¹⁰³,方与将军会猎于吴¹⁰⁴。"权以示臣下,莫不响震失色¹⁰⁵。长史张昭等曰¹⁰⁶:"曹公,豺虎也,挟天子以征四方¹⁰⁷,动以朝廷为辞¹⁰⁸。今日拒之,事更不顺¹⁰⁹。且将军大势可以拒操者,长江也;今操得荆州,奄有其地¹¹⁰,刘表治水军,蒙冲斗舰乃以千数¹¹¹,操悉浮以沿江¹¹²,兼有步兵,水陆俱下,此为长江之险已与我共之矣,而势力众寡又不可论¹¹³。愚谓大计不如迎之。"¹¹⁴鲁肃独不言。权起更衣¹¹⁵,肃追于宇下¹¹⁶。权知其意,执肃手曰¹¹⁷:"卿欲何言¹¹⁸?"肃曰:"向察众人之议¹¹⁹,专欲误将军,不足与图大事。今肃可迎操耳,如将军不可也。何以言之?今肃迎操,操当以肃还付乡党¹²⁰,品其名位¹²¹,犹不失下曹从事¹²²,乘犊车¹²³,从吏卒,交游士林,累官故不失州郡也¹²⁴。将军迎操,欲安所归乎¹²⁵?愿早定大计,莫用众人之议也¹²⁶。"权叹息曰:"诸人持议¹²⁷,甚失孤望¹²⁸。今卿廓开大计¹²⁹,正与孤同。"

时周瑜受使至番阳¹³⁰,肃劝权召瑜还。瑜至,谓权曰:"操虽托名汉相¹³¹,其实汉贼也。将军以神武雄才¹³²,兼仗父兄之烈¹³³,割据江东,地方数千里¹³⁴,兵精足用¹³⁵,英雄乐业¹³⁶,当横行天下,为汉家除残去秽¹³⁷,况操自送死,而可迎之耶?请为将军筹之:今北土未平¹³⁸,马超、韩遂尚在关西¹³⁹,为操后患¹⁴⁰,而操舍鞍马,仗舟楫¹⁴¹,与吴越争衡¹⁴²;今又盛寒,马无藁草¹⁴³;驱中国士众¹⁴⁴,远涉江湖之间¹⁴⁵,不习水土,必生疾病。此数者用兵之患也¹⁴⁶,而操皆冒行之¹⁴⁷。将军擒操,宜在今日。瑜请得精兵数万人,进住夏口,保为将军破之¹⁴⁸。"权曰:"老贼欲废汉自立久矣¹⁴⁹,徒忌二袁、吕布、刘表与孤耳¹⁵⁰。今数雄已灭,惟孤尚存。孤与老贼势不两立。君言当击,甚与孤合,此天以君授孤也¹⁵¹!"因拔刀斫前奏案¹⁵²,曰:"诸将吏敢复有言当迎操者,与此案同!"乃罢会¹⁵³。

是夜,瑜复见权曰:"诸人徒见操书言水步八十万¹⁵⁴,而各恐慑¹⁵⁵,不复料其虚实,便开此议¹⁵⁶,甚无谓也¹⁵⁷。今以实校之¹⁵⁸,彼所将中国人不过十五六万¹⁵⁹,且已久疲;所得表众亦极七八万耳¹⁶⁰,尚怀狐疑¹⁶¹。夫以疲病之卒,御狐疑之众¹⁶²;众数虽多，甚未足畏。瑜得精兵五万，自足制之⑯。愿将军勿虑！"权抚其背曰⑯："公瑾，卿言至此，甚合孤心。子布、元表诸人各顾妻子⑯，挟持私虑，深失所望；独卿与子敬与孤同耳。此天以卿二人赞孤也⑱！五万兵难卒合⑲，已选三万人，船、粮战具俱办⑰。卿与子敬、程公便在前发⑰，孤当续发人众，多载资粮，为卿后援。卿能办之者诚决⑰，邂逅不如意⑰，便还就孤，孤当与孟德决之⑰。"遂以周瑜、程普为左右督⑰，将兵与备并力逆操⑯，以鲁肃为赞军校尉⑰，助画方略⑱。

刘备在樊口，日遣逻吏于水次候望权军⑲。吏望见瑜船，驰往白备⑱，备遣人慰劳之。瑜曰："有军任⑱，不可得委署，倘能屈威⑱，诚副其所望⑱。"备乃乘单舸往见瑜曰⑯："今拒曹公，深为得计。战卒有几⑱？"瑜曰："三万人。"备曰："恨少⑰。"瑜曰："此自足用，豫州但观瑜破之⑱。"备欲呼鲁肃等共会语，瑜曰："受命不得妄委署；若欲见子敬，可别过之⑲。"备深愧喜⑲。

进，与操遇于赤壁⑫。

时操军众已有疾疫。初一交战⑬，操军不利，引次江北⑭。瑜等在南岸。瑜部将黄盖曰⑮："今寇众我寡，难与持久。操军方连船舰，首尾相接，可烧而走也⑯。"乃取蒙冲斗舰十艘，载燥荻⑰、枯柴，灌油其中，裹以帷幕⑱，上建旌旗，豫备走舸⑲，系于其尾。先以书遗操，诈云欲降。时东南风急，盖以十舰最著前⑳，中江举帆㉒，余船以次俱进。操军吏皆出营立观，指言盖降。去北军二里余，同时发火，火烈风猛，船往如箭，烧尽北船，延及岸上营落㉓。顷之㉔，烟炎张天㉕，人马烧溺死者甚众。瑜等率轻锐继其后㉖，雷鼓大震，北军大坏㉗。操引军从华容道步走㉘，遇泥泞，道不通，天又大风，悉使羸兵负草填之㉙，骑乃得过。羸兵为人马所蹈藉㉚，陷泥中，死者甚众。刘备、周瑜水陆并进，追操至南郡。时操军兼以饥疫，死者太半㉛。操乃留征南将军曹仁、横野将军徐晃守江陵，折冲将军乐进守襄阳，㉜引军北还。

【说明】

《赤壁之战》是对东汉末年孙权、刘备在赤壁（在今湖北嘉鱼县东北）联合击败曹操的一次大战的记述。赤壁之战是我国历史上以少胜多、以弱胜强的著名战例之一，此战后，形成了魏、蜀、吴三分天下的局面。本文选自北宋司马光主编的《资治通鉴》。司马光（1019—1086），字君实。陕州夏县（现山西夏县）人。做过官员，杰出的史学家和散文家。《资治通鉴》是一部编年体的著名历史著作，由于史料比较系统、可靠，富于文学价值，一向受到史学界的重视。

【注释】

①初，当初。古代传记文中在追叙过去的事情时，常用这个词。

②鲁肃：字子敬，三国时，吴东城（现在江苏省盱〔xū〕眙〔yí〕县西南）人，孙权的谋臣。赤壁之战前，刚到孙权那里做宾客，没有实职。赤壁之战时，任赞军校尉。周瑜死后，继周瑜掌握军权。刘表：字景升，东汉高平（现在山东省舍乡县西）人，汉末，任荆州刺史（州的长官）。卒：死。

③孙权：孙坚之子，孙策之弟。孙坚在东汉末任长沙太守（长沙郡的长官）。孙坚死，子策继承父业，据有长江中下游两岸及江浙地区。孙策死，孙权继之。荆州：汉朝的一个地区，辖境相当现在的湖南、湖北一带，治所在今湖北襄阳。国：指吴国。

④沃（wò）野：肥沃的田野。

⑤士民：泛指百姓。

⑥据而有之：占据并拥有它。之，代词，指荆州。而，并列连词。

⑦此帝王之资：这是开创帝王大业的凭借。资，凭借，依据。

⑧新亡：刚死不久。亡，死去。

⑨二子不协：指刘表的两个儿子刘琦和刘琮争位，不和谐。

⑩军中诸将，各有彼此：军队里的将领们，有的拥护刘琦，有的支持刘琮。

⑪枭（xiāo）雄：骁悍的雄杰。枭，猛禽，这里指人的骁勇猛健。

⑫隙（xì）：缝隙，仇怨。汉献帝建安四年（199年），密诏欲杀曹操，刘备曾参与其事。五年（200年），事泄漏，未成。曹操击败刘备，刘备奔冀州投袁绍。六年，曹操再败刘备，备奔荆州依附刘表。

⑬寄寓：暂住，依附。

⑭恶（wù）：憎恶嫉妒。其：他的，指刘备。

⑮彼：他们，指荆州方面的人们。

⑯齐同：一致。

⑰抚安：即安抚。

⑱与结盟好：同他结成友好同盟。

⑲如有离违：如果有不合作的情况。离违，离心，不合作。

⑳宜：应当。别：另外。图：图谋，打算。之：代词，指当时荆州的情势。

㉑济：成就。

㉒肃请得奉命吊表二子：我请求能够奉命（奉孙权之命）慰问刘表的两个儿子。吊，慰问居丧的人。

㉓用事者：当权的人。

㉔说（shuì）备使抚表众：劝说刘备使他安抚刘表的部属。说，用话劝说别人。

㉕共：共同。治：对付。

㉖如其克谐（xié）：如果以上之事能够成功。克，能够。谐，配合得好，这里是成功的意思。

㉗恐为操所先：恐怕被曹操占了先（先占了荆州）。

㉘行：去。

㉙夏口：就是现在的武汉市。

㉚向荆州：向荆州进军。

㉛晨夜兼道：日夜赶路。兼道，用加倍的速度赶路。

㉜比（bǐ）至南郡：等到到了南郡。比，及，等到。南郡，郡名，郡治在现在湖北江陵县。

㉝径：直接，一直。

㉞当阳长坂：当阳，现在湖北省当阳县。长坂，即长坂坡，在当阳县东北百余里。

㉟宣：宣示，传达。旨：意图。

㊱致殷勤之意：表达了慰问关切的意思。殷勤，亲切周到，这里是慰问关切的意思。

㊲豫州：即刘备。刘备曾做过豫州（现在河南省地区）刺史，所以人称他刘豫州。以官名代人名，是敬称。何至：到何处。何，疑问代词，古汉语疑问代词作宾语放在动词前边。

㊳苍梧：东汉郡名，郡城在现在广西壮族自治区苍梧市。太守：汉代管辖郡的长官。有旧：有老交情。

㊴投：投奔。

㊵孙讨虏：指孙权。汉献帝曾封孙权为讨虏将军。

㊶江表：即江南，这里是江外的意思。从中原来说，江南在长江之外，这是当时的习惯说法。表，外。

㊷咸：都。之：指孙权。

㊸据：占有。六郡：吴、会稽、丹阳、豫章、庐陵、新都六郡，相当于现在江苏、浙江、江西一带地区。

㊹足以立事：足够建立事业。

㊺今为君计：现在替你打算。

㊻莫若：不如。腹心：同心腹，就是亲信的人。自结于东：自己同东吴结交。东，指东吴。

㊼行将：将要，快要。行，也是将。

㊽岂：副词，表示反诘，难道。足：能够。托：依靠。

㊾诸葛亮：字孔明，琅琊阳都（琅琊郡阳都县，在山东省沂水县境内）人。汉末隐居南阳（今河南省南阳县）。刘备三次亲访，始出为刘备军师，辅佐刘备略取荆、益（四川）两州。刘备称帝，亮为丞相。卒谥忠武侯。

㊿子瑜：诸葛瑾字。

(51)长（zhǎng）史：官名，汉时丞相、三公以及开府将军府中的属官之长，相当于后世的秘书长。

(52)住：同“驻”，驻扎。鄂县：今湖北鄂城县。樊口：在鄂城县西北五里。

(53)江陵：今湖北省江陵县。是当时南郡郡治（地方政府）所在地。

(54)孙将军：孙权。

(55)遂：于是，就。俱：一同。

㊺柴桑：旧县名，故城在今江西省九江市西南二十里。
㊻海内：四海之内，指中国。
㊼江东：长江自芜湖至南京一段由西南向东北流，隋唐以前，习惯上称自芜湖以下的长江东岸南岸地区为江东。这里指孙权统治下的地区。
㊽汉南：汉水以南地方。
㊾芟夷大难：削平大难。芟（shān），割草，除掉。夷，平定。大难，指东汉末的农民起义和由军阀袁术、吕布和袁绍发动的战争。
㊿英雄无用武之地：英雄没有施展本领的地方。
㉒遁（dùn）：逃走，逃避。
㉓量力而处之：估计一下自己的力量，来对付这个局势。
㉔吴越：现在的江苏、浙江地区。这里泛指孙权占据的江南地区。中国：指曹操占据的中原地区。抗衡：对抗，争高下。
㉕按兵束甲：放下武器的意思。兵，武器。甲，铠甲。
㉖北面而事之：面向北事奉他。事之，向他称臣的意思。封建时代，皇帝南面而坐，臣下北面而朝。事之的"之"，与前边"早与之绝"的"之"，都是指曹操。
㉗今将军外托服从之名：现在您表面上假托服从他。托，假托。
㉘内：内心。怀：怀有。犹豫：迟疑不决。
㉙断：做出决定。
㉚祸至无日矣：眼看大祸就来到了。无日，指很快。
㉛苟如君言：假使像您说的那样。苟，假设。
㉜何不遂事之乎：为什么不就向他称臣呢？
㉝田横：田横，秦末人，以齐国王族参加反秦。楚汉相争时期，曾据齐地（现在山东省）为王。刘邦平定天下以后，田横率部下五百人逃入海岛。刘邦叫他到京城（长安）做官，他走到洛阳就自杀了。留在岛上的五百人听到田横自杀，也都自杀了。
㉞不辱：不屈服。
㉟王室之胄（zhòu）：王室的后代。刘备是汉景帝的儿子中山靖王刘胜的后代。王室，帝王家。胄，后代。
㊱盖世：压倒一世。
㊲若：假设连词，如果，假使。与前一句的"若"不同。那个若是动词，"如""像"的意思。济：成功。
㊳此乃天也：这是天意。此，这。乃，是。
㊴安：怎么。之：指曹操。下：下属。
㊵勃（bó）然：发怒的样子。
㊶非刘豫州莫可以当曹操者：除了刘豫州没有人可与共同抵抗曹操的。莫，无指代词，没有人。

㉒难（nàn）：灾祸。

㉓豫州军虽败于长坂：建安十三年（公元208年）九月，刘备驻在樊城（现在的湖北省樊城），曹操引兵进击。刘备闻曹操至，因众寡悬殊，慌忙撤退，至长坂为曹军追及。刘备与诸葛亮、张飞、赵云带数十骑逃去，辎重人马，尽为曹操所得。长坂，今湖北省当阳县东北。

㉔关羽：字云长，刘备的勇将，结义兄弟。精甲：精兵。甲，这里借代兵士。

㉕江夏：郡名，旧址在现在黄冈县西北（一说在湖北安陆县北）。刘表未死前，以刘琦为江夏太守，驻扎在这里。

㉖轻骑（旧读jì，今读qí）：快马，这里是快速部队。

㉗此所谓"强弩之末，势不能穿鲁缟"者也：这就是平常所说的："强弓发射出去的箭，到了最后（它的力量微弱了）连鲁国所产的薄薄的绢，也不能穿过去"的呀。强弩，发射力量强的硬弓。鲁缟（gǎo），鲁国（春秋时期的国名，在今山东省西部）出产的一种薄绸。语出《史记·韩长孺传》："强弓之极，矢不能穿鲁缟。"

㉘兵法：指古代的兵法书《孙子》。忌之：忌讳这样。

㉙蹶（jué）：跌倒。这里是挫败的意思。上将军：先遣部队的将军。语出《孙子·军争篇》："倍道兼行，百里而争利，则擒三将军。……五十里而争利，则蹶上将军。"

㉚偪（bī）：同"逼"，这里是"迫于"的意思。

㉛诚：果真，这里兼有假设的意思。

㉜协规：合谋，共同谋划。

㉝必：这里做谓语，一定的意思。

㉞鼎（dǐng）足之形：用来比喻孙权、刘备和曹操三分天下的形势。鼎，古代金属容器，有三足。

㉟机：关键。

㊱悦（yuè）：喜欢，高兴。

㊲群下：手下的人们。

㊳是时：这时候。是，此，指示代词。

㊴遗（wèi）：送给。书：书信。

㊵奉辞伐罪：奉朝廷的命令，讨伐有罪的人。辞，诏令。

㊶旌（jīng）麾（huī）南指：向南进军。旌麾，指挥军队的旗帜。这里用来指代军队。

㊷束手：绑起手来，表示投降。

㊸治：训练，部署。

㊹方：正要。会猎：会合打猎。这里是作战的意思，是在恐吓孙权要他投降。

㊺权以示臣下：孙权拿曹操的信让臣下看。以，介词，后面省略代词"之"（代书）。

⑩莫不响震失色：没有人不吓得变了脸色。响震，像听到巨响而震动。

⑩张昭：字子布，彭城（现在江苏省徐州市）人。东吴资望最高的谋臣。

⑩挟（xié）：挟持。

⑩动以朝廷为辞：动不动以朝廷的命令为借口。

⑩不顺：不名正言顺。

⑪奄（yǎn）有：完全占有。

⑫蒙冲：本作"艨艟"，战船，上面蒙着生牛皮，左右有弩窗、矛穴，用来冲锋的快速小艇。斗舰：大型战船，上有围墙，约高三尺，船内搭棚，船上插大旗，备锣鼓，是主力舰。乃：副词，竟。

⑬悉浮以沿江：意思是说把船舰通通沿江摆开。"以"后边省略代词"之"，代那些船舰。

⑭众：多。寡：少。不可论：不能相提并论。

⑮愚：自己的谦称。迎之：迎接曹操，就是向他投降的意思。

⑯更（gēng）衣：上厕所。

⑰宇下：屋檐下。

⑱执：握住。

⑲卿：您，对臣下的客气称呼。何言，说什么。

⑳向：时间副词，适才，刚才。

㉑还付乡党：送回乡里。

㉒品：评定。

㉓下曹从事：太守、县令的下属，指起码的小官。古时地方政府（郡、县）分成各部称曹。最下层的曹称下曹。

㉔犊车：牛车。

㉕从吏卒：有吏卒跟随。

㉖累官故不失州郡：积功升官仍旧可以做到州郡长官。累官，积功升官。故，副词，仍然，仍旧。不失，不会失掉，即可以做到的意思。

㉗安所归：归附何处，即得到什么结果的意思。

㉘莫：副词，不要。

㉙持议：所持的拟议、主张。

㉚甚失孤望：很不符合我所望。孤，帝王的自称。

㉛廓开大计：指所发表的宏论。

㉜时：当时。周瑜：字公瑾，庐江舒（现在安徽省庐江县）人，东吴的最高级将领。受使：接受使命。番（pó）阳：即鄱阳，现在江西省鄱阳县。

㉝托名汉相：名义上是汉朝的宰相。

㉞神武：极其卓越的意思。神，形容超出一般。

㉟仗：依靠。父兄：父指孙坚，兄指孙策。孙策是东吴政权的创始人。他们都

镇压过黄巾起义。烈：功业。
⑬⑥方：周围。
⑬⑦足用：物资充足。
⑬⑧乐业：乐于尽职，即愿意为国家效力的意思。
⑬⑨除残去秽（huì）：即铲除奸邪，去掉污秽的意思。残，残孽（niè）；秽，邪恶；都是指人。
⑭⑩北土未平：指曹操当时虽然基本上统一了北方，但那里的局势并未稳定。
⑭①马超：字孟起，茂陵（陕西省兴平县西北）人。韩遂：字文约，金城（现在甘肃省泉兰县西北）人。关西：函谷关以西。那时马超、韩遂割据凉州（现在甘肃一带）。
⑭②为操后患：指威胁着曹操的后方。
⑭③舍鞍马，仗舟楫（jí）：舍弃了陆军之所长，而依靠水战。这里"鞍马"借代骑兵，"舟楫"借代水兵，是借代修辞手法。楫，桨。
⑭④争衡：争高下。
⑭⑤藁草：喂马的干草。藁同"稿"，禾秆。
⑭⑥中国士众：中原地区的士兵。
⑭⑦涉（shè）：蹚着水走。江湖之间：泛指南方多水地带。
⑭⑧此数者：这几项。患：忌讳。
⑭⑨冒：冒犯，违背。之：代词，代上文的"此数者"。
⑮⑩保：保证。
⑮①老贼欲废汉自立久矣：老贼企图废掉汉朝，自立为皇帝日子已经很久了。老贼，称曹操。
⑮②徒：仅仅。忌：这里是畏惧的意思。二袁：指袁绍、袁术。袁绍，字本初，汝南汝阳（在河南省境）人，据有河北，为曹操打败，吐血死。袁术：字公路，袁绍的堂弟，据有江淮地区，也被曹操打败，吐血而死。吕布：字奉先，九原（现在内蒙古自治区五原县）人，曾据濮阳（现在河南濮阳县）、下邳（现在江苏省邳县）、徐州等地，为曹操击败被杀。
⑮③此天以君授孤也：意思是说，这是上天派您来帮助我的呀！
⑮④因：副词，就。斫（zhuó）：砍。奏案：批阅奏章的几案。
⑮⑤乃：于是。罢会：散会。
⑮⑥水步：水军和陆军。
⑮⑦而：这里是承接连词，同"则"。恐慑（shè）：害怕。
⑮⑧开：这里是提出、陈述的意思。
⑮⑨甚无谓：很没有道理。
⑯⑩校（jiào）：核对。以实校之，按实际情况核对它。
⑯①所将：所统帅的。

⑯极：至多。
⑯尚：还。狐疑：指疑惧心理，狐性多疑，所以说狐疑。
⑯御：指挥。
⑯制之：制服他。
⑯抚：抚拍。
⑯子布：张昭的字。元表：应作"文表"，秦松的字。
⑯赞：帮助。
⑯难卒合：不能一下（立刻）凑足。卒，同"猝（cù）"，刹时。
⑰俱办：都已备好。
⑰程公：程普，字德谋。从孙坚镇压黄巾起义，和张昭共辅孙权，他在孙权诸将中，年资最高，所以尊称为公。前发：先出发。
⑰卿能办之者诚决：你能对付得了曹操的话，定能决胜。
⑰邂（xiè）逅（hòu）：偶然相遇，这里是万一遇到的意思。
⑰孤当与孟德决之：我亲自来与曹操决战。孟德，曹操字孟德。
⑰左右督：左军都督，右军都督。都督，统帅军队的长官。
⑰逆：迎击。
⑰赞军校尉：相当于参谋长的官职。
⑰助画方略：协助制定作战计划。画，计划，筹划。
⑰日：每日。逻吏：巡逻官。水次：水边。
⑱白：报告。
⑱有军任：有军事任务在身。
⑱不可得委署：不能随便委托给别人。委，委托。署，署理，代理。
⑱倘能屈威：假如刘豫州能够降低身份前来。屈威，委屈身份。
⑱诚副其所望：真是我所希望的。副，称（chèn），符合。其，这里指周瑜自己。
⑱单舸：一只船，没有护从的船，表示信任。
⑱战卒有几：部队有多少。
⑱恨少：可惜太少。恨，遗憾。
⑱但：这里是"只管"的意思。
⑱受命不得妄委署：鲁肃也有任务在身，不能随便把任务委托给别人，前来见您。
⑲可别过之：可以另外去看他。过，访。
⑲备深愧喜：刘备因周瑜指出他叫鲁肃前来不妥当，感到惭愧；但见周瑜治军严肃，又感到高兴。
⑲赤壁：在今湖北嘉鱼县境。
⑲初一交战：开始交了一次锋。初，刚刚。
⑲引次江北：引军驻扎江北。次，驻扎。

(195)黄盖：字公覆，东吴的老将。

(196)走：使跑，使曹军败逃的意思。

(197)荻（dí）：芦苇。

(198)帷幕：帐幕，在旁曰帷，在上曰幕。

(199)建：立，插起。

(200)走舸：快船。

(201)最著前：驶在最前头。

(202)中江举帆：到了江心，张起帆来。中江，江心。

(203)营落：军营。

(204)顷之：一会儿工夫。之，语末助词，无意义。

(205)炎：同“焰”。张天：满天。

(206)轻锐：借代轻装精锐的部队。

(207)坏：败溃。

(208)华容道：通往华容县的道。华容故城在今湖北省监利县西北。

(209)羸（léi）兵：疲弱的士兵。负草：背草。

(210)蹈藉：践踏。

(211)太半：大半。

(212)曹仁：字子孝，曹操的堂兄弟，那时镇守南郡。徐晃：字公明。乐进：字文谦。三人都是曹操部下大将。征南、横野、折冲，都是将军的称号。

小说鉴赏

东海孝妇

《搜神记》

汉时，东海孝妇，养姑甚谨①。姑曰：“妇养我勤苦。我已老，何惜余年，久累年少。”遂自缢死。其女告官云：“妇杀我母。”官收系之②，拷掠毒治。孝妇不堪苦楚，自诬服之③。时于公为狱吏，曰：“此妇养姑十余年，以孝闻彻④，必不杀也。”太守不听。于公争不得理，抱其狱词，哭于府而去。自后郡中枯旱，三年不雨。后太守至，于公曰：“孝妇不当死，前太守枉杀之，咎当在此。”太守即时身祭孝妇冢，因表其墓，天立雨，岁大熟。长老传云：“孝妇名周青。青将死，车载十丈竹竿，以悬五幡⑤。立誓于众曰：‘青若有罪，愿杀，血当顺下；青若枉死，血当逆流。’既行刑已，其血青黄，缘幡竹而上标⑥，又缘幡而下云。”

【说明】

《东海孝妇》是著名的冤狱故事，写孝妇周青屈打成招，蒙冤而死，临刑前所立誓言顷刻应验，并郡中三年不雨。新太守了解后，即为之平反，天立下雨，五谷丰登。元代关汉卿在这一故事基础上创作了中国十大悲剧之一的《窦娥冤》，影响深远。本文选自《历代小说选》(中国青年出版社，1982年版)。《搜神记》，作者东晋干宝。干宝(283—336)，字令升。汝南郡新蔡(今河南省新蔡县)人。他做过官员。是一位文学家、史学家，著作颇丰。他的《搜神记》是我国古代一本记录民间常常流传着的各种各样神奇怪异故事的小说集，大小故事共有454个，开创了我国古代神话小说的先河，原本已经佚失，后人从《法苑珠林》《太平御览》等书辑录增益成今本。

【注释】

①东海：汉代设置的东海郡，郡治在今山东省郯城县。姑：丈夫的母亲，婆婆。

②官收系之：被官府作为囚犯抓起来。系，拴缚，拘囚。

③诬服：屈打成招的意思。诬，冤屈。

④闻彻：名声传得很远。

⑤幡(fān)：长方而下垂的旗子。

⑥缘：沿。标：竿的末梢。

周处年少时

《世说新语》

周处年少时①，凶强侠气②，为乡里所患③。又义兴水中有蛟④，山中有邅迹虎⑤，并皆暴犯百姓⑥。义兴人谓为三横⑦，而处尤剧⑧。或说处杀虎斩蛟⑨，实冀三横唯余其一⑩。处即刺杀虎，又入水击蛟。蛟或浮或没，行数十里，处与之俱⑪。经三日三夜，乡里皆谓已死，更相庆⑫。竟杀蛟而出⑬。闻里人相庆，始知为人情所患，有自改意。乃入吴寻二陆⑭。平原不在⑮，正见清河⑯，具以情告⑰。并云："欲自修改而年已蹉跎⑱，终无所成。"清河曰："古人贵朝闻夕死⑲，况君前途尚可⑳，且人患志之不立，亦何忧令名不彰邪㉑？"处遂改励㉒，终为忠臣孝子㉓。

【说明】

《周处年少时》是写周处勇于改过自新的故事。周处年轻时为人勇敢，但蛮横强悍，任侠使气，百姓把他和当地的老虎、蛟龙并称三害。有一次，他下河击蛟，三天三夜，浮没河中，百姓以为他死了，非常高兴。周处得知后，即改过自新，终被朝廷重用，官至御史中丞。本文选自刘义庆《世说新语·自新篇》。刘义庆(403—444)，南朝刘宋时期彭城(今江苏徐州市)人。《世说新语》是南朝时期一部志人笔记小说集，本名《世说新书》，又称《世说》，今本3卷。全书分德行、言语、政事、文学等36篇，记载了东汉末年到东晋士族的言行轶事。

【注释】

①周处(chǔ)：晋朝义兴(古名阳羡，今江苏宜兴)人。官至御史中丞，《晋书》有传。

②侠气：指霸道。

③乡里：家乡。

④蛟：古代传说中能发洪水的一种龙。

⑤邅（zhān）迹虎：猛虎的一种。邅迹，意义不详。刘孝标注引《孔氏志怪》："义兴有邪足虎。"又《晋书》本传作"白额虎"。

⑥暴犯：侵害。

⑦横（hèng）：暴虐。

⑧尤剧：更厉害，更严重。

⑨或：无定代词，有的人。下文"或"指有时。说（shuì）：劝说。

⑩冀：希望。

⑪与之俱：意思是周处同蛟龙搏斗，一起或沉或浮，追逐不放。

⑫更（gēng）相：互相。庆：庆贺。

⑬竟：终于。

⑭吴：指吴郡，即今苏州市。二陆：即陆机、陆云，都是著名文学家。

⑮平原：指陆机。陆机曾任平原内史。古时常以官职作人的别号。

⑯正见：只见到。晋宋时"正"字作"止"（只）讲。清河：指陆云，陆云曾任晋清河内史。

⑰具以情告：把事情的经过都告诉了陆云。具，都。

⑱蹉跎（cuōtuó）：光阴虚度。

⑲朝闻夕死：《论语·里仁》："子曰：'朝闻道，夕死可矣'。"这里陆云用其意来勉励周处，只要改邪归正，年龄再大也不要紧。

⑳尚可：还有希望。

㉑令名：美名。彰：显扬。

㉒改励：改过自勉。

㉓忠臣：周处在晋朝任御史中丞，氐人齐万年反叛，朝廷派他去征讨，英勇战死。孝子：《晋书·周处传》："转广汉太守，以母老罢归。"这是按照封建的道德标准表彰周处的话。

卓文君
《西京杂记》

司马相如初与卓文君还成都①，居贫愁懑，以所着鹔鹴裘②，就市人阳昌贳酒③，与文君为欢。既而文君抱颈而泣曰："我平生富足，今乃以衣裘贳酒。"遂相与谋，于成都卖酒。相如亲着犊鼻裈涤器④，以耻王孙。王孙果以为病，乃厚给文君，文君遂为富人。

文君姣好，眉色如望远山，脸际常若芙蓉，肌肤柔滑如脂，十七而寡，为人放诞风流，故悦长卿之才而越礼焉。长卿素有消渴疾⑤，乃还成都，悦文君之色，遂以发痼疾⑥。乃作《美人赋》欲以自刺，而终不能改。卒以此疾至死，文君为诔传于世⑦。

【说明】

《卓文君》是讲述古代才女卓文君和才子司马相如的爱情故事。故事载于《西京杂记》。本文选自《中国历代文学作品选》（上海古籍出版社，1985年版）。《西京杂记》，作者东晋葛洪（有争议）。葛洪（283—363），字稚川，自号抱朴子。丹阳句容（今江苏省句容县）人。他的《西京杂记》是一本较早涉及志人的小说，但又不是纯粹的记录人物的，所记大都是西汉京都西京长安的遗闻逸事。这些故事虽格局极其简单，并无完整的情节，并非有意在写小说，但对我国小说的形成、发展具有重要的意义。

【注释】

①司马相如：字长卿，四川成都人，西汉辞赋家。卓文君：临邛（今四川省邛峰县）富豪卓王孙之女，新寡。司马相如作客卓王孙家，以琴声挑引，使文君心动，夜中随相如私奔。

②鹔鹴（sùshuāng）：雁的一种。

③贳（shì）：赊，赊买。

④犊鼻裈（kūn）涤器：相如自穿围裙，刷洗碗盘。犊鼻裈，围裙，《史记·司马相如列传》："相如身自着犊鼻裈，与保庸杂作，涤器于市中。"裴骃集解引韦昭曰："今三尺布作，形如犊鼻矣。"王先谦《汉书补注》谓如今之围裙，但以蔽前，反系于后。涤，刷洗。器，碗盘。

⑤消渴疾：其症状为口渴、易饥、尿多、消瘦。可分上、中、下三消。本病由于心火偏盛、肺热化燥、胃热液涸、肾阴受灼等因所致。并包括今之糖尿病、尿崩症等。

⑥痼疾：日久不愈的病。

⑦诔（lěi）：祭文，悼词。原仅能用于上对下，后则广泛用为祭文的一种。

华歆王朗（节选）

《世说新语》

华歆①、王朗②俱乘船避难，有一人欲依附，歆辄难之③。朗曰："幸尚宽，何为不可？"后贼追至，王欲舍所携人。歆曰："本所以疑④，正为此耳，既已纳其自托⑤，宁可以急相弃邪？"遂携拯如初。世以此定华、王之优劣。

【说明】

《华歆王朗》是通过写华歆、王朗二人乘船避难，在盗贼追来的危急时刻，二人对半路所收留的搭船人是留还是逐所持的两种截然不同的态度，让世人品评二人的优劣。这是一篇志人的笔记体小说，收录于南北朝刘义庆的《世说新语》，标题是后加的。本文选自《历代小说选》（中国青年出版社，1982年版）。

【注释】

①华歆（xīn）：字子鱼，高唐（今山东省禹城县西南）人，汉桓帝时为尚书

令，曹魏时官至太尉。

②王朗：字景兴，东海郡郯（今山东省郯城县）人，汉末为会稽太守，曹魏时官至司徒。

③歆辄难之：华歆则表示为难。辄（zhé），即。

④疑：迟疑，犹豫。

⑤纳其自托：接受他的请托。

李娃传

《太平广记》

汧国夫人①李娃，长安之倡女也。节行瑰奇②，有足称者。故监察御史白行简为传述。

天宝③中，有常州刺史荥阳公者，略④其名氏，不书。时望甚崇，家徒甚殷。知命之年⑤，有一子，始弱冠⑥矣；隽朗有词藻，迥然不群，深为时辈推伏。其父爱而器之，曰："此吾家千里驹也。"应乡赋秀才举⑦，将行，乃盛其服玩车马之饰，计其京师薪储⑧之费，谓之曰："吾观尔之才，当一战而霸。今备二载之用，且丰尔之给，将为其志也。"生亦自负，视上第⑨如指掌。自毗陵⑩发，月余抵长安，居于布政里⑪。

尝游东市还，自平康⑫东门入，将访友于西南。至鸣珂曲⑬，见一宅，门庭不甚广，而室宇严邃。阖一扉。有娃方凭一双鬟青衣立⑭，妖姿要妙⑮，绝代未有。生忽见之，不觉停骖久之，徘徊不能去。乃诈坠鞭于地，候其从者，勒取之，累眄于娃。娃回眸凝睇，情甚相慕。竟不敢措辞而去。生自尔意若有失，乃密征其友游长安之熟者，以讯之。友曰："此狭邪⑯女李氏宅也。"曰："娃可求乎？"对曰："李氏颇赡⑰。前与通之者多贵戚豪族，所得甚广。非累百万，不能动其志也。"生曰："苟患其不谐⑱，虽百万，何惜。"

他日，乃洁其衣服，盛宾从⑲而往，扣其门。俄有侍儿启扃。生曰："此谁之第耶？"侍儿不答，驰走大呼曰："前时遗策郎也！"娃大悦曰："尔姑止之。吾当整妆易服而出。"生闻之，私喜。乃引至萧墙间，见一姥垂白上偻，即娃母也。生跪拜前致词曰："闻兹地有隙院，愿税以居，信乎？"姥曰："惧其浅陋湫隘，不足以辱长者所处，安敢言直⑳耶？"延生于迟宾㉑之馆，馆宇甚丽。与生偶坐㉒，因曰："某有女娇小，技艺薄劣，欣见宾客，愿将见之。"乃命娃出，明眸皓腕，举步艳冶。生遽惊起，莫敢仰视。与之拜毕，叙寒燠㉓，触类妍媚㉔，目所未睹。复坐，烹茶斟酒，器用甚洁。久之，日暮，鼓声四动。姥访其居远近。生绐㉕之曰："在延平门外数里。"冀其远而见留也。姥曰："鼓已发矣。当速归，无犯禁㉖。"生曰："幸接欢笑，不知日之云夕，道里辽阔，城内又无亲戚，将若之何？"娃曰："不见责僻陋，方将居之，宿何害焉。"生数目姥，姥曰："唯唯。"生乃召其家僮，持双缣㉗，请以备一宵之馔。娃笑而止之曰："宾主之仪，且不然也。今夕之费，愿以贫窭之家，随其粗粝以进之。其余以俟他辰。"固辞,终不许。

俄徙坐西堂,帷幙帘榻,焕然夺目;妆奁衾枕,亦皆侈丽。乃张烛进馔,品味甚盛。彻馔,姥起。生娃谈话方切,诙谐调笑,无所不至。生曰:"前偶过卿门,遇卿适在屏间。厥后心常勤念,虽寝与食,未尝或舍。"娃答曰:"我心亦如之。"生曰:"今之来,非直求居而已,愿偿平生之志。但未知命也若何。"言未终,姥至,询其故,具以告。姥笑曰:"男女之际,大欲存焉㉘。情苟相得,虽父母之命,不能制也。女子固陋,曷足以荐君子之枕席?"生遂下阶,拜而谢之曰:"愿以己为厮养㉙。"姥遂目之为郎,饮酣而散。及旦,尽徙其囊橐,因家于李之第。

自是生屏迹戢身㉚,不复与亲知相闻。日会倡优侪类,狎戏游宴。囊中尽空,乃鬻骏乘,及其家童。岁余,资财仆马荡然。迩来姥意渐怠,娃情弥笃。

他日,娃谓生曰:"与郎相知一年,尚无孕嗣。常闻竹林神者,报应如响,将致荐酹求之,可乎?"生不知其计,大喜。乃质衣于肆,以备牢醴㉛,与娃同谒祠宇而祷祝焉,信宿㉜而返。策驴而后,至里北门㉝,娃谓生曰:"此东转小曲中,某之姨宅也,将憩而觐之,可乎?"生如其言,前行不逾百步,果见一车门。窥其际,甚弘敞。其青衣自车后止之曰:"至矣。"生下,适有一人出访曰:"谁?"曰:"李娃也。"乃入告。俄有一妪至,年可四十余,与生相迎曰:"吾甥来否?"娃下车,妪逆访之曰:"何久疏绝?"相视而笑。娃引生拜之,既见,遂偕入西戟门㉞偏院,中有山亭,竹树葱蒨㉟,池榭幽绝。生谓娃曰:"此姨之私第耶?"笑而不答,以他语对。俄献茶果,甚珍奇。食顷,有一人控大宛㊱,汗流驰至,曰:"姥遇暴疾颇甚,殆不识人,宜速归。"娃谓姨曰:"方寸乱矣,某骑而前去,当令返乘,便与郎偕来。"生拟随之,其姨与侍儿偶语,以手挥之,令生止于户外,曰:"姥且殁矣,当与某议丧事以济其急。奈何遽相随而去?"乃止,共计其凶仪斋祭之用。日晚,乘不至。姨言曰:"无复命,何也?郎骤往视之,某当继至。"生遂往,至旧宅,门扃钥甚密,以泥缄之。生大骇,诘其邻人。邻人曰:"李本税此而居,约已周矣。第主自收。姥徙居,而且再宿矣。"征"徙何处?"曰:"不详其所。"生将驰赴宣阳㊲,以诘其姨,日已晚矣,计程不能达。乃弛其装服㊳,质馔而食,赁榻而寝,生恚怒方甚,自昏达旦,目不交睫。质明㊴,乃策蹇㊵而去。既至,连扣其扉,食顷,无人应。生大呼数四,有宦者徐出。生遽访之:"姨氏在乎?"曰:"无之。"生曰:"昨暮在此,何故匿之?"访其谁氏之第,曰:"此崔尚书宅。昨者有一人税此院,云迟中表㊶之远至者,未暮去矣。"生惶惑发狂,罔知所措,因返访布政旧邸。

邸主哀而进膳。生怨懑,绝食三日,遘疾甚笃,旬余愈甚。邸主惧其不起,徙之于凶肆㊷之中。绵缀㊸移时,合肆之人共伤叹而互饲之。后稍愈,杖而能起,由是凶肆日假之,令执绋帷㊹,获其直以自给。累月,渐复壮,每听其哀歌,自叹不及逝者,辄呜咽流涕,不能自止。归则效之。生,聪敏者也。无何,曲尽其妙,虽长安无有伦比。

初,二肆之佣凶器者,互争胜负。其东肆车舆㊺皆奇丽,殆不敌,唯哀挽劣焉。

其东肆长知生妙绝，乃醵⁴⁶钱二万索顾焉。其党耆旧⁴⁷，共较其所能者，阴教生新声，而相赞和。累旬，人莫知之。其二肆长相谓曰："我欲各阅所佣之器于天门街，以较优劣。不胜者罚直五万，以备酒馔之用，可乎？"二肆许诺。乃邀立符契，署以保证，然后阅之。士女大和会，聚至数万。于是里胥告于贼曹⁴⁸，贼曹闻于京尹⁴⁹。四方之士，尽赴趋焉，巷无居人。自旦阅之，及亭午，历举辇舆威仪⁵⁰之具，西肆皆不胜，师有惭色。乃置层榻于南隅，有长髯者，拥铎⁵¹而进，翊卫数人。于是奋髯扬眉，扼腕顿颡⁵²而登，乃歌《白马》之词⁵³；恃其夙胜，顾眄左右，旁若无人。齐声赞扬之；自以为独步一时，不可得而屈也。有顷，东肆长于北隅上设连榻，有乌巾少年，左右五六人，秉翣⁵⁴而至，即生也。整衣服，俯仰甚徐，申喉发调，容若不胜。乃歌《薤露》⁵⁵之章，举声清越，响振林木，曲度未终，闻者歔欷掩泣。西肆长为众所诮，益惭耻。密置所输之直于前，乃潜遁焉。四座愕眙⁵⁶，莫之测也。

先是，天子方下诏，俾外方之牧⁵⁷，岁一至阙下，谓之入计。时也适遇生之父在京师，与同列者易服章窃往观焉。有老竖⁵⁸，即生乳母婿也，见生之举措辞气，将认之而未敢，乃泫然流涕。生父惊而诘之。因告曰："歌者之貌，酷似郎之亡子⁵⁹。"父曰："吾子以多财为盗所害，奚至是耶？"言讫，亦泣。及归，竖间驰往，访于同党曰："向歌者谁？若斯之妙欤？"皆曰："某氏之子。"征其名，且易之矣，竖凛然大惊。徐往，迫而察之。生见竖，色动，回翔⁶⁰将匿于众中。竖遂持其袂曰："岂非某乎？"相持而泣。遂载以归。至其室，父责曰："志行若此，污辱吾门；何施面目，复相见也？"乃徒行出，至曲江西杏园东，去其衣服。以马鞭鞭之数百。生不胜其苦而毙。父弃之而去。

其师命相狎昵⁶¹者阴随之，归告同党，共加伤叹。令二人赍苇席瘗⁶²焉。至，则心下微温，举之，良久，气稍通。因共荷而归，以苇筒灌勺饮，经宿乃活。月余，手足不能自举。其楚挞之处皆溃烂，秽甚。同辈患之，一夕，弃于道周⁶³。行路咸伤之，往往投其余食，得以充肠。十旬，方杖策而起。被布裘，裘有百结，褴褛如悬鹑。持一破瓯，巡于闾里，以乞食为事。自秋徂冬，夜入于粪壤窟室，昼则周游廛肆。

一旦大雪，生为冻馁所驱。冒雪而出，乞食之声甚苦。闻见者莫不凄恻。时雪方甚，人家外户多不发。至安邑⁶⁴东门，循里垣北转第七八，有一门独启左扉，即娃之第也。生不知之，遂连声疾呼"饥冻之甚"，音响凄切，所不忍听。娃自阁中闻之，谓侍儿曰："此必生也，我辨其音矣。"连步而出。见生枯瘠疥疠，殆非人状。娃意感焉，乃谓曰："岂非某郎也？"生愤懑绝倒，口不能言，颔颐⁶⁵而已。娃前抱其颈，以绣襦拥而归于西厢。失声长恸曰："令子一朝及此，我之罪也！"绝而复苏。姥大骇，奔至，曰："何也？"娃曰："某郎。"姥遽曰："当逐之，奈何令至此。"娃敛容却睇⁶⁶曰："不然，此良家子也，当昔驱高车，持金装，至某之室，不逾期而荡尽。且互设诡计，舍而逐之，殆非人。令其失志，不得齿于人伦。父子之道，天性也。使其情绝，杀而弃之，又因踬若此。天下之人尽知为某也。生亲戚满朝，一旦当权者熟察其本末，祸将及矣。况欺天负人，鬼神不祐，无自贻其殃也。某为姥子，迨今有二十岁矣。计其赀，不啻直千金。今姥年六十余，愿计二十年衣食之用以赎身，当与此子别卜所诣⑰。所诣非遥，晨昏得以温凊⑱，某愿足矣。"姥度其志不可夺，因许之。

给姥之余，有百金。北隅四五家税一隙院。乃与生沐浴，易其衣服；为汤粥，通其肠；次以酥乳润其脏。旬余，方荐水陆之馔⑲。头巾履袜，皆取珍异者衣之。未数月，肌肤稍腴；卒岁，平愈如初。异时，娃谓生曰："体已康矣，志已壮矣。渊思寂虑⑳，默想曩昔之艺业，可温习乎？"生思之，曰："十得二三耳。"娃命车出游，生骑而从。至旗亭南偏门鬻坟典之肆㉑，令生拣而市之，计费百金，尽载以归。因令生斥弃百虑以志学，俾夜作昼，孜孜矻矻。娃常偶坐，宵分㉒乃寐。伺其疲倦，即谕之缀诗赋。二岁而业大就；海内文籍，莫不该㉓览。生谓娃曰："可策名试艺矣。"娃曰："未也，且令精熟，以俟百战。"更一年，曰："可行矣。"于是遂一上，登甲科㉔，声振礼闱㉕。虽前辈见其文，罔不敛衽敬羡，愿友之而不可得。娃曰："未也。今秀士苟获擢一科第㉖，则自谓可以取中朝之显职，擅天下之美名。子行秽迹鄙，不侔于他士㉗。当砺淬利器㉘，以求再捷。方可以连衡多士㉙，争霸群英。"生由是益自勤苦，声价弥甚。其年，遇大比㉚，诏征四方之隽。生应直言极谏科㉛，策名第一，授成都府参军。三事以降㉜，皆其友也。

将之官，娃谓生曰："今之复子本躯，某不相负也。愿以残年，归养老姥。君当结媛鼎族，以奉蒸尝㉝。中外婚媾，无自黩也㉞。勉思自爱，某从此去矣。"生泣曰："子若弃我，当自刭以就死。"娃固辞不从，生勤请弥恳。娃曰："送子涉江，至于剑门，当令我回。"生许诺。月余，至剑门。

未及发而除书至㉟，生父由常州诏入，拜成都尹，兼剑南采访使。浃辰㊱，父到。生因投刺㊲，谒于邮亭㊳。父不敢认，见其祖父官讳，方大惊，命登阶，抚背恸哭，移时，曰："吾与尔父子如初。"因诘其由，具陈其本末。大奇之，诘娃安在。曰："送某至此，当令复还。"父曰："不可。"翌日，命驾与生先之成都，留娃于剑门，筑别馆以处之。明日，命媒氏通二姓之好，备六礼㊴以迎之，遂如秦晋之偶。

娃既备礼，岁时伏腊㊵，妇道甚修，治家严整，极为亲所眷。向后数岁，生父母偕殁，持孝甚至。有灵芝产于倚庐㊶，一穗三秀㊷。本道上闻㊸。又有白燕数十，巢其层甍㊹。天子异之，宠锡加等。终制㊺，累迁清显之任㊻。十年间，至数郡。娃封汧国夫人，有四子，皆为大官；其卑者犹为太原尹。弟兄姻媾皆甲门。内外隆盛，莫之与京㊼。

嗟乎，倡荡之姬，节行如是，虽古先烈女，不能逾也。焉得不为之叹息哉！予伯祖尝牧晋州㊽，转户部㊾，为水陆运使，三任皆与生为代，故谙详其事。贞元中，予与陇西公佐㊿话妇人操烈之品格，因遂述汧国之事。公佐拊掌竦听，命予为传。乃握管濡翰，疏而存之。时乙亥岁秋八月，太原白行简云㉨。

【说明】

《李娃传》是写娼妓李娃与所爱士人荥阳公子历经磨难,终于圆满结合,并获得很高荣耀的喜剧性结局的一篇唐代传奇小说,在社会上影响很大。唐代白行简作。白行简(776—826),字知退,太原人,大诗人白居易之弟,当过官员。《李娃传》收录于《太平广记》。《太平广记》是中国古代文言小说的第一部总集。为宋代人编撰的一部大书,全书500卷,以汉代至宋初(尤其是唐代)的故事为主的杂著,属于类书。编者有李昉、扈蒙、徐铉等14人。因成书于宋太平兴国年间,所以叫作《太平广记》。本文选自《中国短篇小说》(山西人民出版社,1979年版)。

【注释】

①汧(qiān)国夫人:封号。唐制,文武官一品及国公的母妻为国夫人。汧,汧阳郡,今陕西陇县一带。

②瑰奇:珍贵特异。瓌,同瑰,今为废除的异体字。

③开宝:年号。

④略:省去。

⑤知命之年:五十岁。《论语·为政》:孔子自述"五十而知天命"。

⑥弱冠:二十岁。《礼记·曲礼》:"二十曰弱冠。"

⑦应乡赋秀才举:唐朝科举制,由州县选送人才叫乡贡,即乡赋。应试的人统称秀才。

⑧薪储:烧的吃的。用薪储代表一切生活费用。

⑨上第:在考榜上名次取在前边,叫上第或高第。

⑩毗陵:即常州。晋代为毗陵郡。这里用的是旧地名。

⑪布政里:也叫布政坊,是长安城内皇城西边的第一条街的第四坊。去平康甚近。

⑫平康:即平康里,宅第名。诸娼妓聚居的地方。

⑬鸣珂曲:即鸣珂里。

⑭有娃方凭一双鬟青衣立:有一位美女正靠着婢女站着。娃,美女。青衣,婢女。古卑贱者穿青衣,故以称婢女。

⑮妖姿要妙:姿态艳丽美好。妖,艳丽。要妙,与窈窕一声之转,体态美好。

⑯狭邪:同"狭斜"。古乐符《长安有狭斜行》"堂上置尊酒作使邯郸倡"。后来便叫妓女居住的地方为狭斜。而狭邪女,便是妓女。

⑰颇赡(shàn):很富足。赡,富足。

⑱苟患其不谐:只是担心事情不成功。苟,只。谐,成。

⑲盛宾从:朋友随从很多。

⑳直:价值。

㉑迟宾:迎宾,待客。迟,等待,等到。

㉒偶坐:对坐。

㉓寒燠（yù）：冷暖。燠，暖，热。

㉔触类妍媚：一举一动美丽温柔。

㉕绐（dài）：欺哄，欺骗。

㉖犯禁：唐代长安城每一入夜，顺天门就击鼓四百下，各城门都关闭。等一会儿又击鼓六百下，全城卅个里坊门全关。开始夜禁。五更，顺天门打开门鼓，夜禁解除。违夜禁者叫犯禁或犯夜。

㉗双缣（jiān）：两匹带黄色的细绢。

㉘男女之际，大欲存焉：《礼记·礼运》："饮食男女，人之大欲存焉。"

㉙厮养：奴仆，"析薪为厮，炊烹为养"，见《史记·张耳陈馀列传》集解引韦昭语。

㉚屏迹戢身：隐其踪迹，（在此）安身。戢身，安身，藏身。

㉛牢醴：牢，牲牢，牛羊肉。醴，甜酒。

㉜信宿：再宿，过两夜。

㉝里北门：指平康里的北门。

㉞戟门：唐制三品以上官员，可以立戟于门外。

㉟蒨（qiàn）：茜草。

㊱控大宛：控御好马。大宛本为汉西域国名。出骏马，因而好马就用大宛二字替代。

㊲宣阳：宣阳里，皇城东第一街第九坊。

㊳弛其装服：脱下衣服饰物。

㊴质明：天刚亮。

㊵策蹇（jiǎn）：鞭驴，骑驴。蹇本是跛驴，习惯代表驴。

㊶迟中表：等待表兄弟。中表，表兄弟。

㊷凶肆：管凶器的店铺。专替人家办丧事、办理殡仪用品。

㊸绵缀：亦作绵惙。病已垂危只存一丝气息。

㊹繐帷：白布做的灵帐之类。繐：穗的异体字。

㊺轝（yú）：同舆。车厢。

㊻醵（jù）：聚集。

㊼其党耆旧：他们一伙人里的长老。

㊽里胥告于贼曹：里坊的管事人告知京城内管治安的官员。

㊾京尹：即京兆尹的省称。等于首都的市长。

㊿辇舆（yú）威仪：灵车仪仗之类。辇，人拉的车。

(51)拥铎：手挽大铃。铎，唱挽歌所用的大铃。

(52)扼腕顿颡（sǎng）：握持手腕，叩前额。此四字和前"奋髯扬眉"连在一起，表示振奋激昂的样子。颡，额头。

(53)《白马》之词：送葬的歌词。

(54)翣（shà）：长柄扇，古本以羽毛为之，后以布或席代。

(55)薤（xiè）露：古挽歌名。

(56)愕眙（chì）：惊呆。

(57)俾外方之牧：使地方州牧（即刺史）。

(58)老竖：老仆，老奴。

(59)郎之亡子：您那不见了的儿子。郎，奴仆对主人的称呼。亡子，不见了的儿子。

(60)回翔：原指鸟儿盘旋地飞。此指辗转而走。

(61)狎（xiá）：熟习，亲近。

(62)赍（jī）苇席瘗（yì）：带着苇席（裹着他）掩埋。赍，即“赍”，带着，携带。瘗，掩埋。

(63)道周：路旁。

(64)安邑：安邑里。皇城东第二街第四坊。

(65)颔颐：微微点头。

(66)敛容却睇：沉下脸来回头斜视。

(67)别卜所诣：别求所往，另找住处。卜，选择（处所）。

(68)温凊：《礼记·曲礼》：“为人子者，冬温而夏凊，昏定而晨省。”温凊即指问候招护。

(69)水陆之馔：山珍海味作饭。

(70)渊思寂虑：深思静虑。

(71)坟典之肆：书店。坟典，“三坟五典”的简称。三坟五典是传说中我国最古的书籍。后常用“坟典”泛指古书。肆，店铺。

(72)宵分：夜半。

(73)该：同“赅”，备。

(74)登甲科：唐代科举，进士有甲、乙两科。登甲科，考取了甲等。

(75)礼闱：唐代科举考试归礼部管。闱是考场。礼闱就是礼部考场。

(76)擢（zhuó）一科第：选拔时一次考取。一科第，一次考取。

(77)不侔（móu）：不同。侔，相等。

(78)砻（lóng）淬利器：锻炼才能。利器，刀剑，这里比喻才能。

(79)连衡多士：借战国张仪为秦连衡事，喻结交。

(80)大比：《周礼·地官》：“三年则大比。”这里则指唐朝皇帝特别下令的专门考试。像下文曰“直言极谏科”，就是一种。

(81)直言极谏科：这种科目随君主临时决定。如：贤良方正，博通坟典，达于教化，等等。

(82)三事以降：三公以下。

(83)蒸尝：秋祭曰尝，冬祭曰蒸。这里通指祭祀。

㉘无自黩（dú）：不要自处污秽。黩，污浊。
㉙除书至：朝廷任命官吏的文书到了。除，任命，拜官。
㉚浃辰：自子至亥十二日为一周，浃辰就是十二天。浃，周匝。
㉛投刺：投递名片。那时的刺上，要写明姓名、出身、履历。
㉜邮亭：传送文书供官吏住宿的驿馆。
㉝六礼：结婚要经过的六段仪式，即：纳采、问名、纳吉、纳征、请期、亲迎。
㉞岁时伏腊：伏在夏，腊在冬，都是节日。这里即用伏腊代表节日。
㉟倚庐：守丧住的简单的房子。
㊱一穗三秀：一根草上开三朵花。
㊲本道上闻：成都府属剑南道，道的节度使上报朝廷。
㊳层甍（méng）：几层高的屋脊。
㊴终制：孝服已满了。那时丧制，儿子要给守丧三年，完了叫终制。
㊵清显之任：位高任要的官职。
㊶莫与之京：没有人能和他家比。京，比大。
㊷牧晋州：晋州刺史。晋州，今山西临汾县。
㊸户部：唐尚书省的六部之一。管土地、户籍、赋税、财政等事。
⑩陇西公佐：即李公佐。陇西为李姓郡望，所以陇西即指姓李。
⑪太原白行简：太原为白行简的远祖籍。他的七世祖已迁巷州韩城，曾祖又迁下邽（今陕西渭南），应以下邽为籍贯。由于唐代习惯用郡望代替实际籍贯，所以他自称太原白行简。

错斩崔宁

《京本通俗小说》

却说①高宗②时，建都临安③，繁华富贵，不减那汴京④故国⑤。去⑥那城中箭桥⑦左侧，有个官人⑧，姓刘名贵，字君荐。祖上原是有根基⑨的人家。到得君荐手中，却是时乖运蹇⑩。先前读书，后来看看不济⑪，却去改业做生意。便是半路上出家的一般⑫，买卖行中，一发不是本等伎俩⑬，又把本钱消折⑭去了。渐渐大房改换小房，赁⑮得两三间房子，与同浑家⑯王氏，年少齐眉⑰。后因没有子嗣⑱，娶下一个小娘子⑲，姓陈，是陈卖糕的女儿，家中都呼为二姐。这也是先前不十分穷薄⑳时做下的勾当㉑。至亲三口，并无闲杂人在家。那刘君荐极是为人和气，乡里见爱㉒，都称他："刘官人，你是一时运限㉓不好，如此落寞㉔。再过几时，定时㉕有个亨通㉖的日子。"说便是这般说，那㉗得有些些好处？只是在家纳闷，无可奈何。

却说一日闲坐家中，只见丈人家里的老王，年近七旬㉘，走来对刘官人说道："家间老员外㉙生日，特令老汉接取官人娘子去走一遭㉚。"刘官人便道："便是我日逐㉛愁闷过日子，连那泰山㉜的寿诞也都忘了！"便同浑家王氏，收拾随身衣服，打叠个包儿，交与老王背了。分付二姐看守家中："今日晚了，不能转回，明晚须索㉝

来家。"说了就去。离城二十余里,到了丈人王员外家,叙了寒温㉞。当日坐㉟间客众,丈人女婿,不好十分叙述许多穷相。到得客散,留在客房里宿歇。直至天明,丈人却来与女婿攀话,说道:"姐丈㊱,你须不是这般算计,'坐吃山空,立吃地陷','咽喉深似海,日月快如梭'。你须计较一个常便㊲。我女儿嫁了你一生也指望丰衣足食,不成㊳只是这等就罢了。"刘官人叹了一口气道:"是。泰山在上,道不得个㊴'上山擒老虎易,开口告人㊵难'。如今的时势,再有谁似泰山这般怜念我的!只索守困㊶,若去求人,便是劳而无功。"丈人便道:"这也难怪你说。老汉却是看你们不过,今日贵助㊷你些少㊸本钱,胡乱㊹去开个柴米店,赚得些利息来过日子,却不好么?"刘官人道:"感蒙泰山恩顾㊺,可知是好㊻。"当下吃了午饭,丈人取出十五贯㊼钱来,付与刘官人道:"姐丈,且将这些钱去收拾起店面。开张有日㊽,我便再应付你十贯。你妻子且留在此过几日,待有了开店日子,老汉亲送女儿到你家,就来与你作贺,意下如何?"刘官人谢了又谢,驮㊾了钱一径㊿出门。到得城中,天色却早晚了,却撞着一个相识,顺路在他家门首经过。那人也要做经纪的人㉛,就与他商量一会,可知是好。便去敲那人门时,里面有人应喏,出来相揖,便问:"老兄下顾,有何见教㉜?"刘官人一一说知就里㉝。那人便道:"小弟闲在家中,老兄用得着时,便来相帮。"刘官人道:"如此甚好。"当下说了些生意的勾当。那人便留刘官人在家,现成杯盘㊾,吃了三杯两盏。刘官人酒量不济,便觉有些朦胧起来。抽身作别,便道:"今日相扰,明早就烦老兄过寒家㉟计议生理㊻。"那人又送刘官人至路口,作别回家,不在话下㊾。若是说话的㊿同年生㊾,并肩长㊾,拦腰抱住,把臂拖回,也不见得受这般灾晦㊀。却教刘官人死得不如《五代史》李存孝,《汉书》中彭越㊁。

却说刘官人驮了钱,一步一步捱㊂到家中。敲门已是点灯时分。小娘子二姐独自在家,没一些事做,守得天黑,闭了门,在灯下打瞌睡。刘官人打门,他那里便听见?敲了半晌,方才知觉,答应一声:"来了!"起身开了门。刘官人进去,到了房中,二姐替刘官人接了钱,放在桌上,便问:"官人何处那移这项钱来?却是甚用㊃?"那刘官人一来有了几分酒,二来怪他开得门迟了,且戏言㊄吓他一吓,便道:"说出来,又恐你见怪;不说时,又须通你得知㊅。只是我一时无奈,没计可施,只得把你典㊆与一个客人,又因舍不得你,只典得十五贯钱。若是我有些好处㊇,加利赎你回来。若是照前这般不顺溜,只索罢了!"那小娘子听了,欲待不信,又见十五贯钱堆在面前;欲待信来,他平白与我没半句言语㊈,大娘子又过得好,怎么便下得这等狠心辣手?疑狐不决㊉,只得再问道:"虽然如此,也须通知我爹娘一声。"刘官人道:"若是通知你爹娘,此事断然不成。你明日且到了人家,我慢慢央人与你爹娘说通,他也须怪我不得。"小娘子又问:"官人今日在何处吃酒来?"刘官人道:"便是把你典与人,写了文书㊊,吃他的酒才来的。"小娘子又问:"大姐姐如何不来?"刘官人道:"他因不忍见你分离,待得你明日出了门才来,这也是我没计奈何㊋,一言为定。"说罢,暗地忍不住笑,不脱衣裳,睡在床上,不觉睡去了。那小娘子好生摆脱不下㉒："不知他卖我与甚色样㉓人家？我须先去爹娘家里说知。就是他明日有人来要我，寻到我家，也须有个下落。"沉吟㉔了一会，却把这十五贯钱，一垛儿堆在刘官人脚后边。趁他酒醉，轻轻的收拾了随身衣服，款款的㉕开了门出去，拽㉖上了门，却去左边一个相熟的邻舍叫做朱三老儿家里，与朱三妈宿了一夜，说道："丈夫今日无端㉗卖我，我须先去与爹娘说知。烦你明日对他说一声，既有了主顾，可同我丈夫到爹娘家中来讨个分晓㉘，也须有个下落。"那邻舍道："小娘子说得有理，你只顾自去，我便与刘官人说知就理。"过了一宵，小娘子作别去了，不题㉙。正是：

鳌鱼脱却金钩去，摆尾摇头再不回。

放下一头。却说这里刘官人一觉直至三更方醒，见桌上灯犹未灭，小娘子不在身边，只道他还在厨下收拾家火㉚，便唤二姐讨茶吃。叫了一回，没人答应，却待挣扎起来，酒尚未醒，不觉又睡了去。不想却有一个做不是的㉛，日间赌输了钱，没处出豁㉜，夜间出来掏摸些东西，却好到刘官人门首。因是小娘子出去了，门儿拽上不关，那贼略推一推，豁地开了，捏手捏脚，直到房中，并无一人知觉。到得床前，灯火尚明，周围看时，并无一物可取。摸到床上，见一人朝着里床㉝睡去，脚后却有一堆青钱㉞，便去取了几贯。不想惊觉了刘官人，起来喝道："你须不近道理㉟！我从丈人家借办得几贯钱来养身活命，不争你偷了我的去，却是怎的计结㊱！"那人也不回话，照面一拳，刘官人侧身躲过，便起身与这人相持。那人见刘官人手脚活动，便拔步出房。刘官人不舍，抢出门来，一径赶到厨房里，恰待声张㊲邻舍起来捉贼。那人急了，正好没出豁，却见明晃晃一把劈柴斧头，正在手边。也是人急计生，被他绰起㊳一斧，正中刘官人面门，扑地倒了。又复一斧，斫㊴倒一边。眼见得刘官人不活了，呜呼哀哉，伏惟尚飨㊵！那人便道："一不做，二不休，却是你来赶我，不是我来寻你索命㊶。"翻身入房，取了十五贯钱。扯条单被包裹得停当，拽扎得爽俐㊷，出门拽上了门就走，不题。

次早邻舍起来，见刘官人家门也不开，并无人声息，叫道："刘官人！失晓了㊸！"里面没人答应。推将进去，只见门也不关。直到里面，见刘官人劈死在地。他家大娘子两日家前已自往娘家去了；小娘子如何不见？免不得声张起来。却有昨夜小娘子借宿的邻家朱三老儿说道："小娘子昨夜黄昏时到我家宿歇，说道刘官人无端卖了他。他一径先到爹娘家里去了。教我对刘官人说，既有了主顾，可同到他爹娘家中，也讨得个分晓。今一面着人去追他转来，便有下落；一面着人去报他大娘子到来，再作区处㊹。"众人都道："说得是。"先着人去到王老员外家报了凶信。老员外与女儿大哭起来，对那人道："昨日好端端出门，老汉赠他十五贯钱，教他将来作本，如何便恁的被人杀了？"那去的人道："好教老员外大娘子得知㊺，昨日刘官人归时，已自昏黑，吃得半酣㊻，我们都不晓得他有钱没钱，归迟归早。只是今早刘官人家门儿半开，众人推将进去，只见刘官人杀死在地；十五贯钱一文也不见；小娘子也不见踪迹。声张起来，却有左邻朱三老儿出来，说道他家小娘子昨夜黄昏时分借宿他家。小娘子说道，刘官人无端把他典与人了。小娘子要对爹娘说一声，住了一宵，今日径自去了。如今众人计议，一面来报大娘子与老员外，一面着人去追小娘子。若是半路里追不着的时节，直到他爹娘家中，好歹追他转来，问个明白。老员外与大娘子须索去走一遭，与刘官人执命[97]。"老员外与大娘子急急收拾起身，管待来人酒饭，三步做一步，赶入城中，不题。

却说那小娘子清早出了邻舍人家，挨上路去，行不上一二里，早是脚疼走不动，坐在路旁。却见一个后生[98]，头带万字头巾[99]，身穿直缝宽衫，背上驮了一个搭膊[100]，里面却是铜钱，脚下丝鞋净袜，一直走上前来。到了小娘子面前，看了一看，虽然没有十二分颜色，却也明眸皓齿，莲脸生春，秋波送媚，好生动人[101]。那后生放下搭膊，向前深深作揖："小娘子独行无伴，却是往那里去的？"小娘子还了万福[102]，道："是奴家[103]要往爹娘家去，因走不上[104]，权[105]歇在此。"因问："哥哥是何处来？今要往何方去？"那后生叉手不离方寸[106]："小人是村里人，因往城中卖了丝账[107]，讨得些钱，要往褚家堂那边去的。"小娘子道："告哥哥则个[108]，奴家爹娘也在褚家堂左侧，若得哥哥带挈[109]奴家同走一程，可知是好。"那后生道："有何不可？既如此说，小人情愿伏侍[110]小娘子前去。"两个厮赶着[111]，一路正行，行不到二三里田地[112]，只见后面两个人脚不点地赶上前来。赶得汗流气喘，衣襟敞开，连叫："前面小娘子慢走，我却有话说知。"小娘子与那后生看见赶得蹊蹊[113]，都立住了脚。后边两个赶到跟前，见了小娘子与那后生，不容分说，一家扯了一个，说道："你们干得好事！却走往那里去？"小娘子吃了一惊，举眼看时，却是两家邻舍——一个就是小娘子昨夜借宿的主人。小娘子便道："昨夜也须告过公公[114]得知，丈夫无端卖我，我自去对爹娘说知。今日赶来，却有何说？"朱三老道："我不管闲账，只是你家里有杀人公事[115]，你须回去对理[116]。"小娘子道："丈夫卖我，昨日钱已驮在家中，有甚杀人公事？我只是不去。"朱三老道："好自在性儿[117]！你若真个不去，叫起地方[118]，有杀人贼在此，烦为一捉，不然，须要连累我们，你这里地方也不得清净。"那个后生见不是话头[119]，便对小娘子道："既如此说，小娘子只索回去，小人自家去休[120]。"那两个赶来的邻舍齐叫起来说道："若是没有你在此便罢；既然你与小娘子同行同止，你须也去不得。"那后生道："却也古怪！我自半路遇见小娘子，偶然伴他行一程路儿，却有甚皂丝麻线[121]，要勒掯[122]我回去？"朱三老道："他家现有杀人公事，不争[123]放你去了，却打没对头官司[124]！"当下不容小娘子和那后生做主。看的人渐渐立满，都道："后生！你去不得。你'日间不作亏心事，半夜敲门不吃惊'，便去何妨？"那赶来的邻舍道："你若不去，便是心虚；我们却和你罢休不得。"四个人只得厮挽着[125]一路转来。到得刘官人门首，好一场热闹！小娘子入去看时，只见刘官人斧劈倒在地死了；床上十五贯钱分文也不见。开了口合不得，伸了舌缩不上去。那后生也慌了，便道："我怎的晦气！没来由和那小娘子同走一程，却做了干连人[126]。"众人都和闹着[127]。正在那里分豁不开[128]，只见王老员外和女儿一步一颠走回家来，见了女婿尸身，哭了一场，便对小娘子道："你却如何杀了丈夫，劫了十五贯钱逃走出去？今日天理昭然⑱，有何理说！"小娘子道："十五贯钱委是⑲有的。只是丈夫昨晚回来，说是无计奈何，将奴家典与他人，典得十五贯身价在此，说过今日便要奴家到他家去。奴家因不知他典与甚色样人家，先去与爹娘说知，故此趁夜深了，将这十五贯钱一垛儿堆在他脚后边，拽上门，借朱三老家住了一宵，今早自去爹娘家里说知。我去之时，也曾央朱三老对我丈夫说，既然有了主儿，便同到我爹娘家里来交割⑳。却不知因甚杀死在此。"那大娘子道："可又来㉑！我的父亲昨日明明把十五贯钱与他驮来作本，养赡妻小㉒，他岂有哄你说是典来身价之理？这是你两日因独自在家，勾搭上了人；又见家中好生不济，无心守耐；又见了十五贯钱，一时见财起意，杀死丈夫，劫了钱，又使见识㉓往邻舍家借宿一夜，却与汉子通同计较㉔，一处逃走。现今你跟着一个男子同走，却有何理说，抵赖得过。"众人齐声道："大娘子之言甚是有理。"又对那后生道："后生！你却如何与小娘子谋杀亲夫？却暗暗约定在僻静处等候，一同去逃奔他方，却是如何计结？"那人道："小人自㉕姓崔，名宁，与那个娘子无半面之识。小人昨晚入城卖得几贯丝钱在这里，因路上遇见小娘子，小人偶然问起往那里去的，却独自一个行走。小娘子说起是与小人同路，以此作伴同行，却不知前后因依㉖。"众人那里肯听他分说？搜索他搭膊中，恰好是十五贯钱，一文也不多，一文也不少。众人齐发起喊来道："是'天网恢恢，疏而不漏㉗'。你却与小娘子杀了人，拐了钱财，盗了妇女，同往他乡，却连累我地方邻里打没头官司。"

当下大娘子结扭㉘了小娘子，王老员外结扭了崔宁，四邻舍都是证见㉙，一哄㉚都入临安府中来。那府尹㉛听得有杀人公事，即便升堂㉜，便叫一干人犯㉝逐一㉞从头说来。先是王老员外上去告诉："相公㉟在上。小人是本府村庄人氏，年近六旬，只生一女，先年嫁与本府城中刘贵为妻，后因无子，娶了陈氏为妾，呼为二姐。一向三口在家过活，并无片言㊱。只因前日是老汉生日，差人接取女儿女婿到家住了一夜。次日因见女婿家中全无活计㊲，养赡不起，把十五贯钱与女婿作本，开店养身。却有二姐在家看守。到得昨夜，女婿到家时分，不知因甚缘故，将女婿斧劈死了。二姐却与一个后生名唤崔宁，一同逃走，被人追捉到来。望相公可怜见㊳老汉的女婿身死不明，奸夫淫妇，赃证见在㊴，伏乞相公明断㊵！"府尹听得如此如此，便叫："陈氏上来！你却如何通同奸夫杀死了亲夫，劫了钱与人一同逃走？是何理说！"二姐告道："小妇人嫁与刘贵，虽是做小老婆，却也得他看承㊶得好，大娘子又贤慧，却如何肯起这片歹心？只是昨晚丈夫回来，吃得半酣，驮了十五贯钱进门。小妇人问他来历，丈夫说道为因养赡不周㊷，将小妇人典与他人，典得十五贯身价在此，又不通我爹娘得知，明日就要小妇人到他家去。小妇人慌了，连夜出门，走到邻舍家里借宿一宵。今早一径先往爹娘家去。教他对丈夫说，既然卖我有了主顾，可到我爹娘家里来交割。才走得到半路，却见昨夜借宿的邻家赶来，捉住小妇人回来，却不知丈夫杀死的根由。"那府尹喝道："胡说。这十五贯钱，分明是他丈人与女婿的，你却说是典你的身价，眼见得没巴臂的㊸说话了。况且妇人家如何黑夜行走？定是脱身之计。这桩事须不是你一个妇人家做的，一定有奸夫帮你谋财害命。你却从实说来！"那小娘子正待分说，只见几家邻舍，一齐跪上去告道："相公的言语，委是青天[155]！他家小娘子昨夜果然借宿在左邻第二家的，今早他自去了。小的们见他丈夫杀死，一面着人去赶，赶到半路，却见小娘子和那一个后生同走，苦死[156]不肯回来，小的们勉强捉他转来；却又一面着人去接他大娘子与他丈人，到时，说昨日有十五贯钱付与女婿做生理的，今者女婿已死，这钱不知从何而去？再三问那个娘子时，说道他出门时，将这钱一堆儿堆在床上。却去搜那后生身边，十五贯钱分文不少。却不是小娘子与那后生通同谋杀！赃证分明，却如何赖得过！"府尹听他们言言有理，便唤那后生上来道："帝辇之下[157]，怎容你这等胡行！你却如何谋了他小老婆，劫了十五贯钱，杀死了亲夫？今日同往何处？从实招来！"那后生道："小人姓崔，名宁，是乡村人氏。昨日往城中卖了丝，卖得这十五贯钱。今早偶然路上撞着这小娘子，并不知他姓甚名谁，那里晓得他家杀人公事？"府尹大怒，喝道："胡说！世间不信有这等巧事！他家失去了十五贯钱，你却卖的丝恰好也是十五贯钱，这分明是支吾[158]的说话了。况且'他妻[159]莫爱，他马莫骑'，你既与那妇人没甚首尾[160]，却如何与他同行共宿？你这等顽皮赖骨[161]，不打如何肯招！"当下众人将那崔宁与小娘子，死去活来拷打一顿。那边王老员外与女儿并一干邻舍人等，口口声声咬他二人；府尹也巴不得了结这段公案。拷讯一回，可怜崔宁和小娘子受刑不过，只得屈招[162]了。说是一时见财起意，杀死亲夫，劫了十五贯钱同奸夫逃走是实。左邻右舍都指画了十字[163]，将两人大枷枷了[164]，送入死囚牢[165]里。将这十五贯钱给还原主——也只好奉与衙门中人做使用[166]，也还不够哩！府尹叠成文案，奏过朝廷[167]，部复申详[168]，倒下圣旨[169]，说崔宁不合[170]奸骗人妻，谋财害命，依律处斩[171]；陈氏不合通同奸夫杀死亲夫，大逆不道[172]，凌迟示众[173]。当下读了招状[174]，大牢内取出二人来，当厅判一个"斩"字，一个"剐[175]"字，押赴市曹[176]行刑示众。两人浑身是口，也难分说。正是：

哑子谩尝黄檗[177]味，难将苦口对人言。

看官听说[178]：这段公事，果然是小娘子与那崔宁谋财害命的时节，他两人须连夜逃走他方，怎的又去邻舍人家借宿一宵，明早又走到爹娘家去，却被人捉住了？这段冤枉，仔细可以推详[179]出来。谁想问官[180]糊涂，只图了事，不想捶楚之下，何求不得[181]！冥冥之中，积了阴骘[182]，"远在儿孙近在身"，他两个冤魂也须放你不过。所以做官的切不可率意断狱，任情用刑[183]，也要求个公平明允[184]。道不得个"死者不可复生，断者不可复续"，可胜叹哉[185]！

闲话休题[186]。却说那刘大娘子到得家中，设个灵位[187]，守孝[188]过日。父亲王老员外劝他转身[189]，大娘子说道："不要说起三年之久[190]，也须到小祥[191]之后。"父亲应允自去。光阴迅速，大娘子在家巴巴结结[192]，将近一年。父亲见他守不过，便叫家里老王去接他来，说："叫大娘子收拾回家，与刘官人做了周年[193]，转了身去罢。"大娘子没计奈何，细思父言亦是有理；收拾了包裹，与老王背了，与邻舍家作别，暂去再来。一路出城，正值秋天，一阵乌风猛雨，只得落路⑭往一所林子去躲，不想走错了路。正是：

猪羊入屠宰之家，一脚脚来寻死路。

走入林子里来，只听他林子背后大喝一声："我乃静山大王在此！行人住脚，须把买路钱⑮与我！"大娘子和那老王吃那一惊不小，只见跳出一个人来：头带干红凹面巾⑯，身穿一领⑰旧战袍，腰间红绢搭膊裹肚⑱，脚下蹬⑲一双乌皮皂靴⑳，手执一把朴刀㉑。舞刀前来。那老王该死，便道："你这剪径的毛团㉒！我须是认得你！做这老性命着与你兑㉓了罢！"一头撞去，被他闪过空。老人家用力猛了，扑地便倒。那人大怒道："这牛子㉔好生无礼！"连搠㉕一两刀，血流在地，眼见得老王养不大了㉖。那刘大娘子见他凶猛，料道㉗脱身不得，心生一计，叫做"脱空计"，拍手叫道："杀得好！"那人便住了手，睁圆怪眼，喝道："这是你甚么人？"那大娘子虚心假气的答道："奴家不幸，丧了丈夫；却被媒人哄诱，嫁了这个老儿，只会吃饭。今日却得大王杀了，也替奴家除了一害。"那人见大娘子如此小心，又生得有几分颜色，便问道："你肯跟我做个压寨夫人㉘么？"大娘子寻思，无计可施，便道："情愿伏侍大王。"那人回嗔作喜㉙，收拾了刀杖，将老王尸首擦入涧中㉚；领了刘大娘子到一所庄院前来，甚是委曲㉛。只见大王向那地上拾些土块，抛向屋上去，里面便有人出来开门。到得草堂㉜之上，分付杀羊备酒，与刘大娘子成亲。两口儿且是说得着㉝。正是：

明知不是伴，事急且相随。

不想那大王自得了刘大娘子之后，不上半年，连起了几主大财㉞，家间也丰富了。大娘子甚是有识见，早晚用好言语劝他："自古道：'瓦罐不离井上破，将军难免阵中亡㉟。'你我两人，下半世也够吃用了，只管做这没天理的勾当，终须不是个好结果。却不道是'梁园虽好，不是久恋之家㊱'，不若改行从善，做个小小经纪，也得过养身活命。"那大王早晚被他劝转，果然回心转意，把这门道路撇了㊲；却去城市间，赁下一处房屋，开了一个杂货店。遇闲暇的日子，也时常去寺院中念佛持斋㊳。忽一日在家闲坐，对那大娘子道："我虽是个剪径的出身，却也晓得'冤各有头，债各有主㊴'。每日间只是吓骗人东西，将来过日子。后来得有了你，一向不大顺溜，今已改行从善。闲来追思既往，正会枉杀了两个人，又冤陷了两个人，时常挂念，思欲做些功德超度他们㊵，一向未曾对你说知。"大娘子便道："如何是枉杀了两个人？"那大王道："一个是你的丈夫，前日在林子里的时节，他来撞我，我却杀了他。他须是个老人家，与我往日无仇，如今又谋了他老婆，他死也是不肯甘心的。"大娘子道："不怼的时㊶，我却那得与你厮守㊷？这也是往事，休题了。"又问："杀那一个又是甚人？"那大王道："说起来这个人，一发天理上放不过去。——且又带累了两个人，无辜㊸偿命。是一年前，也是赌输了，身边并无一文㊹，夜间便去掏摸些东西。不想到一家门首，见他门也不闩。推进去时，里面并无一人。摸到门里，只见一人醉倒在床，脚后却有一堆铜钱，便去摸他几贯。正待要走,却惊醒了那人,起来说道:'这是我丈人家与我做本钱的,不争你偷去了,一家人口都是饿死。'起身抢出房门,正待声张起来,是我一时见他不是话头,却好一把劈柴斧头在我脚边。这叫做'人急计生',绰起斧来,喝一声道,'不是我,便是你㉖',两斧劈倒,却去房中将十五贯钱尽数取了。后来打听得他却连累了他家小老婆,与那一个后生,唤做崔宁,冤枉了他谋财害命,双双受了国家刑法。我虽是做了一世强人㉖,只有这两桩人命是天理人心打不过去的㉗;早晚还要超度他,也是该的。"那大娘子听说,暗暗地叫苦:"原来我的丈夫也吃这厮杀了㉘!又连累我家二姐与那个后生无辜被戮㉙。思量起来,是我不合当初做弄㉚他两人偿命。料他两人阴司中也须放我不过。"当下权且欢天喜地,并无他话㉛。明日捉个空,便一径到临安府前叫起屈来㉜。那时换了一个新任府尹,才得半月,正直升厅,左右捉将那叫屈的妇人进来。刘大娘子到了阶下,放声大哭,哭罢,将那大王前后所为,怎的杀了我丈夫刘贵,问官不肯推详,含糊了事,却将二姐与那崔宁朦胧㉝偿命;后来又怎的杀了老王,奸骗了奴家。今日天理昭然,一一是他亲口招承㉞,伏乞相公高抬明镜,昭雪前冤㉟!诉罢又哭。府尹见他情词可悯㊱,即着人去捉那静山大王到来,用刑拷讯,与大娘子口词一些不差。即时问成死罪,奏过官里㊲。待六十日限满,到下圣旨来:勘得㊳静山大王谋财害命,连累无辜,准律:杀一家非死罪三人者斩加等,决不待时㊴;原问官断狱失情,削职为民㊵;崔宁与陈氏枉死㊶可怜,有司㊷访其家,量行优恤㊸;王氏既系㊹强徒威逼成亲,又能伸雪夫冤㊺,着将贼人家产一半没入官㊻,一半给与王氏养赡终身。

刘大娘子当日往法场上看决了㊼静山大王,又取其头去祭献亡夫并小娘子及崔宁,大哭一场,将这一半家私㊽舍入㊾尼姑庵中,自己朝夕看经念佛,追荐亡魂㊿,尽老百年而绝(51)。

【说明】

《错斩崔宁》写刘贵从丈人处借来十五贯钱,夜间在家中被人偷走,并被杀害。就在这天晚上,刘贵之妾陈二姐轻信刘贵要将她休弃的戏言,偷回娘家,路遇青年崔宁结伴同行。正巧,崔刚收完货款也带着十五贯钱。村民误为崔、陈是凶手,把他们扭送官府。官府为速了此案,不经调查,草菅人命,二人屈打成招,惨遭刑戮。后刘贵之妻王氏,在一次偶然中,发现案为一山贼所为,告官,平了反。作品是一篇宋代平话,是说书人演述的故事。它暴露了封建吏治的黑暗腐败,滥杀无辜。作者不详。文章最早收于南宋《京本通俗小说》,后被明末冯梦龙选入了《醒世恒言》,改名为《十五贯戏言成巧祸》,20世纪50年代被今浙江昆剧团改编为昆剧《十五贯》,大受欢迎。

【注释】

①却说:古代说书人的习惯用语。说书,或说完一段另起一段的时候,往往用"却说"开头。

②高宗:南宋的第一代皇帝。

③临安：南宋的国都，现在浙江省杭州市。

④汴京：北宋的国都，现在河南省开封市。

⑤故国：指旧时的国都。

⑥去：走到，这里有"在"的意思。

⑦箭桥：地名，在杭州市内，现在写作"荐桥"。

⑧官人：原来是对做官的人的称呼，这里是对有相当社会地位的人的敬称。

⑨根基：这里指家产。

⑩时乖运蹇（jiǎn）：时运不好。乖，蹇，都是不顺利的意思。

⑪不济：不成功，不中用。

⑫一般：一样。

⑬一发不是本伎俩：更加不是原有的本领。一发，越发。伎俩，本领。

⑭消折（shé）：损耗。

⑮赁（lìn）：租。

⑯浑家：妻子。

⑰年少齐眉：从小结婚，相敬相爱。"齐眉"，用的是汉代孟光在丈夫梁鸿面前举案齐眉的典故，指夫妇相敬相爱。

⑱子嗣：儿子。

⑲小娘子：这里指的是妾。对年轻的妇女也常用这个称呼。

⑳穷薄：贫寒。

㉑勾当：这里是"事情"的意思。

㉒乡里见爱：为家乡的人所喜爱。

㉓运限：运气。

㉔落寞：不得志。

㉕定时：一定。

㉖亨通：发达，得志。

㉗那：同"哪"。

㉘七旬：70岁。

㉙员外：对地主豪绅的称呼。

㉚一遭：一次，一趟。

㉛日逐：一天天，经常。

㉜泰山：对岳父的称呼。

㉝须索：一定。

㉞叙了寒温：说了些天气冷暖之类的应酬话。

㉟坐：同"座"。

㊱姐丈：原来是对姐夫的称呼；这里对女婿称姐丈，是用儿女的口气来称呼。

㊲你须计较一个常便：你应该有个长远的打算。计较，考虑。常便，长远的

打算。

㊳不成：难道。

㊴道不得个：当时流行的口语，意思是"常言不是这样说过吗"。

㊵告人：求人帮助。

㊶只索守困：只得受穷。

㊷赍（jī）助：资助。

㊸些少：一些。

㊹胡乱：随便。

㊺感蒙泰山恩顾：受到岳父的照顾，非常感激。"感蒙"和"恩顾"都是客气的说法。

㊻可知是好：当时流行的口语，意思是"可就好啦"。

㊼贯：古时候把铜钱穿在绳子上，一千叫一贯。

㊽开张有日：到有了开市营业的确定日子的时候。

㊾驮（tuó）：背。

㊿一径：一直。

㉑也要做经纪的人：也是要做买卖的人。

㉒老兄下顾，有何见教：老兄来看我，有什么指教？"下顾"和"见教"都是客气的说法。

㉓说知就里：说明情形。

㉔杯盘：这里指酒菜。

㉕寒家："我家"的谦称。

㉖计议生理：商量生计。

㉗不在话下：这且放下不说（这是说书人对听众说的）。

㉘说话的：这是说书人对自己的称呼。

㉙同年生，并肩长：意思是，同刘官人是从小一起长大的朋友。

㉚灾晦：灾祸。

㉛《五代史》李存孝，《汉书》中彭越：记载在《五代史》里的李存孝和《汉书》里的彭越，都是被人害死的。李存孝，五代后唐人，本来姓安，名敬思，被后唐太祖李克用收为养子，改姓李，名存孝，善骑射，后来为李克用的另一个养子李存信所诽谤，被杀。彭越，秦末汉初人，因有大功，被汉高祖封为梁王，后来因为有人告他谋反，被高祖杀死。

㉜捱：同"挨"，慢慢走的意思。

㉝甚用：做什么用的？

㉞戏言：说玩笑话。

㉟通你得知：使你知道。

㊱典：抵押。

㊆有些好处：指日子过得好些。
㊅他平白与我没半句言语：无缘无故，他同我并没有一言半语的争吵。
㊆疑狐不决：疑惑不定。
⑩文书：这里指典身的契约。
㊆没计奈何：没办法处理，无可奈何。
㊆摆脱不下：放不下心。
㊆甚色样：什么样的。
㊆沉吟：寻思，迟疑。
㊆款款的：慢慢的。
㊆拽（zhuài）：拉。
㊆无端：无缘无故。
㊆讨个分晓：说个清楚明白。
㊆不题：同"不提"，这且不说。
㊆家火：指做饭的器具，也作"家伙"。
㊆做不是的：为非作歹的。
㊆没处出豁：没地方想法子。
㊆里床：床里面。
㊆青钱：青铜钱。
㊆你须不尽道理：你怎么这般不讲道理。须，怎么。
㊆不争你偷了我的去，却是怎的计结：要是你偷了我的，我可怎么办。计结，了结。
㊆声张：喊叫。
㊆绰（chuò）起：拿起。
㊆斫（zhuó）：砍。
㊆呜呼哀哉，伏维尚飨：古时候追悼死者的祭文的结尾惯用语，这里可以理解为"死了"的意思。伏维尚飨，是希望死者享用祭品的意思。飨，享。
㊆索命：要命。
㊆拽扎得爽俐：捆扎得干净利落。
㊆失晓了：该起床了。失晓，意思是早晨该醒的时候还没有醒来。
㊆区处：处理。
㊆好教老员外大娘子得知：应该让老员外大娘子知道。
㊆半酣：半醉。
㊆与刘官人执命：替刘官人做主，追究杀人的凶手，要凶手偿命。
㊆后生：青年男子。
㊆万字斗巾：绣着"万"字花纹的头巾。
⑩搭膊：即褡裢，一种长方形口袋，装钱物之用。

⑩明眸皓齿，莲脸生春，秋波送媚，好生动人：明亮的眼睛，雪白的牙齿，像荷花一样好看的脸显出鲜艳的颜色，像秋天水波一样清澈的眼里现出逗人喜爱的神气，非常动人。

⑩还了万福：答了礼。古时候妇女对人敬礼，双手在襟前合拜，口里说着"万福"。后来就用"万福"作为妇女敬礼的代用语。

⑩奴家：封建社会里一般妇女的自称。

⑩走不上：走不动，不能继续走。

⑩权：暂时。

⑩叉手不离方寸：两手交叉在胸前，总之不离开心窝。这里是说那后生规规矩矩，很有礼貌。方寸，指心窝的位置。

⑩卖了丝账：就是卖了丝，收了账。

⑩则个：吧，便了。

⑩带挈（qiè）：携带。

⑩伏侍：这里是"陪伴"的意思。

⑪厮赶着：相跟着。

⑫田地：地，路。

⑬跷蹊：奇怪。

⑭公公：对老人的敬称。

⑮杀人公事：人命案子。

⑯对理：对证。

⑰好自在性儿：多么自由自在的脾气。

⑱地方：地保（在地方上当差的隶役）。

⑲不是话头：话头不对，形势不佳。

⑳去休：去吧。

㉑有甚皂丝麻线：有什么瓜葛牵连，意思是没有丝毫关系。

㉒勒掯：强迫。

㉓不争：如其，如果。

㉔没对头官司：打官司没有被告，就是"打没对头官司"。

㉕厮挽着：互相拉扯着。

㉖干连人：被牵连在内的人。

㉗和闹着：闹在一起。

㉘分豁不开：分辨不清。

㉙天理昭然：意思是天能主持公道，惩恶劝善，报应分明，也作"天理昭昭""天理昭彰"。

㉚委是：实在是。

㉛交割：交代清楚。

⑫可又来：意思是"你这样说，倒很奇怪"。
⑬养赡妻子：养活妻子儿女。
⑭使见识：耍手段。
⑮通同计较：一起商量。
⑯自：原来。
⑰前后因依：前因后果。
⑱天网恢恢，疏而不漏：语出《老子》："天网恢恢，疏而不失。"意思是天道像个宽广的大网，它看起来很稀疏，但决不会放过作恶的坏人。后来用以形容作恶者逃脱不了国法惩处。天网，指天道。恢恢，广大。
⑲结扭：揪住。
⑳证见：见证人。
㉑一哄：一齐闹嚷嚷地。
㉒府尹：府官。
㉓升堂：做官的上公堂审问案子，叫"升堂"。
㉔一干人犯：一批犯人。
㉕逐一：一个一个地。
㉖相公：对做官的人的一种敬称。
㉗并无片言：意思是并没有吵过一句嘴。
㉘活计：谋生的办法。
㉙可怜见：可怜。
㉚见在：明明白白摆在眼前。见，同"现"。
㉛伏乞相公明断：请求相公明察，公平判断。
㉜看承：看待。
㉝养赡不周：养活不了家属。
㉞没巴臂的：没根据的。
㉟青天：这里是极端贤明的意思，比喻没有私心，像没有云的青天。封建社会里，老百姓对主持公道的官，常称"青天大老爷"。
㊱苦死：坚持。
㊲帝辇之下：京城里面。临安是当时的京城，所以这样说。辇，（皇帝的）车子。
㊳支吾：搪塞，推托。
㊴他妻：别人的老婆。
㊵首尾：私情，关系。
㊶顽皮赖骨：天生顽固不肯认错的东西。
㊷屈招：含着冤屈招认。
㊸指画了十字：用手指蘸了墨，在供词上画个"十"字，代替签字。

⑯大枷枷了：用大枷锁上。枷，一种套住罪人脖子的木制刑具。
⑯死囚牢：囚禁判了死刑的人的牢狱。
⑯使用：花费。
⑯叠成方案，奏过朝廷：写好公文，报告皇上。
⑯部复申详：刑部（管理刑法的最高机关）批复得很清楚。
⑯圣旨：皇帝的命令。
⑰不合：不应该。
⑰依律处斩：按照法律判处杀头之罪。
⑰大逆不道：封建时代特有的一种罪名。臣杀君，子杀父，妻杀夫，都叫"大逆不道"。
⑰凌迟示众：当众执行凌迟的刑罚。凌迟，古代一种极残酷的刑罚。
⑰招状：供词。
⑰剐（guǎ）：凌迟。
⑰押赴市曹：押送到人多热闹的地方。
⑰黄檗（bò）：落叶乔木，可以制药，味苦。
⑰看官听说：这是说书人说到故事的关键的时候提醒听众注意的一种惯用语。
⑰推详：研究，审查。
⑱问官：问案的官，审判官。
⑱捶楚之下，何求不得：在残酷的拷打之下，要被打的人承认罪名，哪有做不到的！
⑱冥冥之中，积了阴骘（zhì）：按照迷信的说法，人做了好事或坏事，阴间都知道，将来早晚会有福或祸的报应。冥冥，指阴间，骘，定。
⑱切不可率意断狱，任情用刑：千万不要轻率地判断官司，随意滥用刑罚。
⑱明允：明白恰当。
⑱道不得个"死者不可复生，断者不可复续"，可胜叹哉：常言不是说过吗，"死了的不能再活，砍断的不能再接上（指受刑人的身体）"，这是多么可叹的事啊！
⑱闲话休题：这也是说书人的习惯用语。说书人说书的时候，常常插入一些题外的话；说完这段插话，就用"闲话休题"这样一句结束，以便转回正文。
⑱灵位：写着死者的姓名的木牌，可以用来供奉死者。
⑱守孝：死者的家属在一定时期内为死者守丧戴孝，叫"守孝"。
⑱转身：再嫁。
⑲三年之久：指妻子根据封建的礼法应该为丈夫守孝的期限。
⑲小祥：死后一周年的日子。
⑲巴巴结结：这里是指勉勉强强过日子。
⑲做了周年：行了周年的祭礼。
⑲落路：离开道路（暂时不走路）。

⑮买路钱：强盗拦路抢劫，强迫过路人把钱留下才放他过去，这钱叫"买路钱"。
⑯干红凹面巾：一种头巾。干红，指颜色；凹面，指形状。
⑰一领：一件。
⑱搭膊裹肚：一种围腰的带子。
⑲蹬：这里是"穿"的意思。
⑳皂靴：黑色的靴子。
㉑朴刀：一种短把的刀。
㉒剪径的毛团：拦路抢劫的强盗。
㉓兑：拼。
㉔牛子：骂人的话，犹言"畜生"。
㉕搠（shuò）：扎，刺。
㉖养不大了：活不成了。
㉗料道：料想。
㉘压寨夫人：山大王（强盗头子）的老婆。寨，山寨。
㉙回嗔作喜：变怒为喜。嗔，生气。
㉚撺入涧中：扔进山沟里去。
㉛甚是委曲：指那庄院的路曲曲折折。
㉜草堂：指正房。
㉝且是说得着：意思是看起来倒很对劲儿。
㉞连起了几主大财：一连发了几次大财。几主：同"几注"，犹言"几笔"。
㉟瓦罐不离井上破，将军难免阵中亡：打水的罐子总会在井边打破，带兵的人难免在战场上丧命。
㊱梁园虽好，不是久恋之家：意思是梁园那样的地方虽然好，但是不能久住在里面。梁园，汉代梁孝王建筑的一所很讲究的花园。他经常同宫人、宾客在里面游乐。
㊲把这门道路撇了：把这种生活抛开了。
㊳念佛赴斋：念经拜佛，并且吃斋。
㊴冤各有头，债各有主：意思是，有冤的都要报冤，欠债的都要还债。
㊵做些功德超度他们：做些念经拜佛的事，使他们的灵魂得到解救。
㊶不恁的时：若不这样的话。
㊷厮守：在一起相处。
㊸无辜：没罪过。
㊹一文：一个钱。
㊺不是我，便是你：不是你死，就是我死。
㊻强人：强盗。

(227)打不过去的：说不过去的，不能容许的。

(228)也吃这厮杀了：也被这个家伙杀了。

(229)受戮：被杀害。

(230)做弄：有“促使”的意思。

(231)他话：别的话。

(232)叫起屈来：喊起冤来。

(233)朦胧：这里是“糊里糊涂”的意思。

(234)招承：承认。

(235)高抬明镜，昭雪前冤：像高高地举起明亮的镜子把人照得清清楚楚那样，明察是非，洗清以前的冤枉。

(236)情词可悯：情况和文词都令人可怜。

(237)奏过官里：向官家（朝廷）禀明。

(238)勘得：查明。

(239)准律：杀一家非死罪三人者斩加等，决不待时：根据法律凡是杀害一家三个并未犯死罪的人的，要处以加一等的斩罪，立刻斩首，不得迟延。

(240)原问官断狱失情，削职为民：原来那个审判官判断案件不正确，撤去他的官职，降为平民。

(241)枉死：冤枉地死。

(242)有司：官吏。

(243)量行优恤：酌量情况，给以优厚的抚恤。

(244)系：是。

(245)伸雪夫冤：伸诉和洗清了丈夫的冤屈。

(246)没入官：没收为官府所有。

(247)决了：斩了。

(248)家私：家产。

(249)舍入：捐入。

(250)追荐亡魂：超度死者。追荐，超度。

(251)尽老百年而终：活了很大的岁数才死去。

杜十娘怒沉百宝箱（节选）

《警世通言》

再说李公子同杜十娘行至潞河①，舍陆从舟，却好有瓜洲②差使船③转回之便，讲定④船钱，包了舱口。比及下船时，李公子囊中并无分文余剩。你道杜十娘把二十两银子与公子，如何就没了？公子在院中嫖得衣衫褴褛⑤，银子到手，未免在解库⑥中取赎几件穿着，又制办了铺盖，剩来只勾轿马之费。公子正当愁闷，十娘道：“郎君勿忧，众姊妹合赠，必有所济。”乃取钥开箱。公子在傍，自觉惭愧，也不敢窥觑箱中虚实。只见十娘在箱里取出一个红绢袋来,掷于桌上道:"郎君可开看之。"公子提在手中,觉得沉重,启而观之,皆是白银,计数整五十两。十娘仍将箱子下锁,亦不言箱中更有何物。但对公子道:"承众姊妹高情,不惟途路不乏,即他日浮寓吴越间,亦可稍佐吾夫妻山水之费矣。"公子且惊且喜道:"若不遇恩卿,我李甲流落他乡,死无葬身之地矣!此情此德,白头不敢忘也!"自此,每谈及往事,公子必感激流涕,十娘亦曲意抚慰。一路无话。

不一日,行至瓜洲,大船停泊岸口,公子别雇了民船,安放行李。约明日侵晨剪江而渡。其时仲冬中旬,月明如水。公子和十娘坐于舟首。公子道:"自出都门,困守一舱之中,四顾有人,未得畅语。今日独据一舟,更无避忌;且已离塞北,初近江南,宜开怀畅饮,以舒向来抑郁之气,恩卿以为何如?"十娘道:"妾久疏谈笑,亦有此心。郎君言及,足见同志耳。"公子乃携酒具于船首,与十娘铺毡并坐,传杯交盏。饮至半酣,公子执卮对十娘道:"恩卿妙音,六院⑦推首,某相遇之初,每闻绝调⑧,辄不禁神魂之飞动。心事多违,彼此郁郁,鸾鸣凤奏,久矣不闻。今清江明月,深夜无人,肯为我一歌否?"十娘兴亦勃发,遂开喉顿嗓,取扇按拍,呜呜咽咽,歌出元人施君美《拜月亭》杂剧⑨上"状元执盏与婵娟"一曲,名《小桃红》⑩。真个:

声飞霄汉云皆驻,响入深泉鱼出游。

却说他舟有一少年,姓孙名富,字善赉,徽州新安人氏。家资巨万,积祖扬州种盐⑪。年方二十,也是南雍中朋友。生性风流,惯向青楼买笑,红粉追欢,若嘲风弄月,倒是个轻薄的头儿。事有偶然,其夜亦泊舟瓜洲渡口,独酌无聊。忽听得歌声嘹亮,凤吟鸾吹,不足喻其美。起立船头,伫听半晌,方知声出邻舟。正欲相访,音响倏已寂然。乃遣仆者潜窥踪迹,访于舟人,但晓得是李相公雇的船,并不知歌者来历。孙富想道:"此歌者必非良家,怎生得他一见?"辗转寻思,通宵不寐。捱至五更,忽闻江风大作。及晓,彤云密布,狂雪飞舞。怎见得,有诗为证:

千山云树灭,万径人踪绝。

扁舟蓑笠翁,独钓寒江雪⑫。

因这风雪阻渡,舟不得开。孙富命艄公移船,泊于李家舟之傍。孙富貂帽狐裘,推窗假作看雪。值十娘梳洗方毕,纤纤玉手揭起舟傍短帘,自泼盂中残水,粉容微露,却被孙富窥见了,果是国色天香。魂摇心荡,凝眸注目,等候再见一面,杳不可得。沉思久之,乃倚窗高吟高学士⑬《梅花诗》二句道:

雪满山中高士卧,月明林下美人来。

李甲听得邻舟吟诗,舒头出舱,看是何人。只因这一看,正中了孙富之计。孙富吟诗,正要引李公子出头,他好乘机攀话。当下慌忙举手,就问:"老兄尊姓何讳?"李公子叙了姓名乡贯,少不得也问那孙富。孙富也叙过了。又叙了些太学中的闲话,渐渐亲热。孙富便道:"风雪阻舟,乃天遣与尊兄相会,实小弟之幸也。舟次无聊,欲同尊兄上岸,就酒肆中一酌,少领清诲,万望不拒。"公子道:"萍水相逢，何当厚扰？"孙富道："说那里话！'四海之内，皆兄弟也'。"喝教艄公打跳⑭，童儿张伞，迎接公子过船，就于船头作揖。然后让公子先行，自己随后，各各登跳上涯⑮。行不数步，就有个酒楼。二人上楼，拣一副洁净座头，靠窗而坐。酒保列上酒肴。孙富举杯相劝，二人赏雪饮酒。先说些斯文中套话，渐渐引入花柳之事。二人都是过来之人，志同道合，说得入港⑯，一发成相知了。

　　孙富屏去左右，低低问道："昨夜尊舟清歌者何人也？"李甲正要卖弄在行，遂实说道："此乃北京名姬杜十娘也。"孙富道："既系曲中姊妹，何以归兄？"公子遂将初遇杜十娘，如何相好，后来如何要嫁，如何借银讨他，始末根由，备细述了一遍。孙富道："兄携丽人而归，固是快事，但不知尊府中能相容否？"公子道："贱室不足虑。所虑者，老父性严，尚费踌躇耳！"孙富将机就机，便问道："既是尊大人未必相容，兄所携丽人，何处安顿？亦曾通知丽人，共作计较否？"公子攒眉而答道："此事曾与小妾议之。"孙富欣然问道："尊宠必有妙策。"公子道："他意欲侨居苏杭，流连山水。使小弟先回，求亲友宛转于家君之前，俟家君回嗔作喜，然后图归。高明以为何如？"孙富沉吟半晌，故作愀然之色道："小弟乍会之间，交浅言深，诚恐见怪。"公子道："正赖高明指教，何必谦逊？"孙富道："尊大人位居方面⑰，必严帷薄之嫌⑱。平时既怪兄游非礼之地，今日岂容兄娶不节之人？况且贤亲贵友，谁不迎合尊大人之意者？兄枉去求他，必然相拒。就有个不识时务的进言于尊大人之前，见尊大人意思不允，他就转口了。兄进不能和睦家庭，退无词以回复尊宠，即使留连山水，亦非长久之计。万一资斧⑲困竭，岂不进退两难！"公子自知手中只有五十金，此时费去大半，说到资斧困竭，进退两难，不觉点头道是。孙富又道："小弟还有句心腹之谈，兄肯俯听否？"公子道："承兄过爱，更求尽言。"孙富道："疏不间亲，还是莫说罢。"公子道："但说何妨？"孙富道："自古道：'妇人水性无常。'况烟花之辈，少真多假。他既系六院名姝，相识定满天下；或者南边原有旧约，借兄之力，挈带而来，以为他适之地。"公子道："这个恐未必然。"孙富道："即不然，江南子弟，最工轻薄。兄留丽人独居，难保无逾墙钻穴之事⑳。若挈之同归，愈增尊大人之怒。为兄之计，未有善策。况父子天伦，必不可绝。若为妾而触父，因妓而弃家，海内必以兄为浮浪不经之人。异日妻不以为夫，弟不以为兄，同袍㉑不以为友，兄何以立于天地之间？兄今日不可不熟思也！"

　　公子闻言，茫然自失，移席问计道："据高明之见，何以教我？"孙富道："仆有一计，于兄甚便。只恐兄溺枕席之爱㉒，未必能行，使仆空费词说耳。"公子道："兄诚有良策，使弟再睹家园之乐，乃弟之恩人也。又何惮而不言耶？"孙富道："兄飘零岁余，严亲怀怒，闺阁离心，设身以处兄之地，诚寝食不安之时也。然尊大人所以怒兄者，不过为迷花恋柳，挥金如土，异日必为弃家荡产之人，不堪承继家业耳！兄今日空手而归，正触其怒。兄倘能割衽席之爱，见机而作，仆愿以千金相赠。兄得千金，以报尊大人，只说在京授馆，并不曾浪费分毫，尊大人必然相信。从此家庭和睦，当无间言㉓，须臾之间，转祸为福。兄请三思。仆非贪丽人之色，实为兄效忠于万一也！"李甲原是没主意的人，本心惧怕老子，被孙富一席话，说透胸中之疑，起身作揖道："闻兄大教，顿开茅塞。但小妾千里相从，义难顿绝，容归与商之。得其心肯，当奉复耳。"孙富道："说话之间，宜放婉曲。彼既忠心为兄，必不忍使兄父子分离，定然玉成兄还乡之事矣。"二人饮了一回酒，风停雪止，天色已晚。孙富教家僮算还了酒钱，与公子携手下船。正是：

逢人且说三分话，未可全抛一片心。

却说杜十娘在舟中摆设酒果，欲与公子小酌，竟日未回，挑灯以待。公子下船，十娘起迎。见公子颜色匆匆，似有不乐之意，乃满斟热酒劝之。公子摇首不饮，一言不发，竟自床上睡了。十娘心中不悦，乃收拾杯盘，为公子解衣就枕，问道："今日有何见闻，而怀抱郁郁如此？"公子叹息而已，终不启口。问了三四次，公子已睡去了。十娘委决不下，坐于床头而不能寐。

到夜半，公子醒来，又叹一口气。十娘道："郎君有何难言之事，频频叹息？"公子拥被而起，欲言不语者几次，扑簌簌掉下泪来。十娘抱持公子于怀间，软言抚慰道："妾与郎君情好，已及二载，千辛万苦，历尽艰难，得有今日。然相从数千里，未曾哀戚。今将渡江，方图百年欢笑，如何反起悲伤？必有其故。夫妇之间，死生相共，有事尽可商量，万勿讳也。"公子再四被逼不过，只得含泪而言道："仆天涯穷困，蒙恩卿不弃，委曲相从，诚乃莫大之德也。但反复思之，老父位居方面，拘于礼法，况素性方严，恐添嗔怒，必加黜逐，你我流荡，将何底止？夫妇之欢难保，父子之伦又绝。日间蒙新安孙友邀饮，为我筹及此事，寸心如割！"十娘大惊道："郎君意将如何？"公子道："仆事内之人，当局而迷。孙友为我画一计颇善，但恐恩卿不从耳。"十娘道："孙友者何人？计如果善，何不可从？"公子道："孙友名富，新安盐商，少年风流之士也。夜间闻子清歌，因而问及。仆告以来历，并谈及难归之故，渠意欲以千金聘汝。我得千金，可借口以见吾父母；而恩卿亦得所天㉔。但情不能舍，是以悲泣。"说罢，泪如雨下。十娘放开两手，冷笑一声道："为郎君画此计者，此人乃大英雄也。郎君千金之资既得恢复，而妾归他姓，又不致为行李之累，发乎情，止乎礼，诚两便之策也。那千金在哪里？"公子收泪道："未得恩卿之诺，金尚留彼处，未曾过手。"十娘道："明早快快应承了他，不可错过机会。但千金重事，须得兑足，交付郎君之手，妾始过舟，勿为贾竖子㉕所欺。"

时已四鼓，十娘即起身挑灯梳洗道："今日之妆，乃迎新送旧，非比寻常。"于是脂粉香泽，用意修饰，花钿绣袄，极其华艳，香风拂拂，光彩照人。装束方完，天色已晓。孙富差家僮到船头候信。十娘微窥公子，欣欣似有喜色，乃催公子快去回话，及早兑足银子。公子亲到孙富船中，回复依允。孙富道："兑银易事，须得丽人妆台为信。"公子又回复了十娘，十娘即指描金文具道："可便抬去。"孙富喜甚，即将白银一千两，送到公子船中。十娘亲自检看，足色足数，分毫无爽。乃手把船舷，以手招孙富。孙富一见，魂不附体。十娘启朱唇，开皓齿道："方才箱子可暂发来，内有李郎路引㉖一纸，可检还之也。"孙富视十娘已为瓮中之鳖，即命家僮送那描金文具，安放船头之上。十娘取钥开锁，内皆抽替[22]小箱。十娘叫公子抽第一层来看，只见翠羽明珰，瑶簪宝珥，充牣[23]于中，约值数百金。十娘遽投之江中。李甲与孙富及两船之人，无不惊诧。又命公子再抽一箱，乃玉箫金管。又抽一箱，尽古玉紫金玩器，约值数千金。十娘尽投之于大江中。岸上之人，观者如堵。齐声道："可惜，可惜！"正不知什么缘故。最后又抽一箱，箱中复有一匣。开匣视之，夜明之珠，约有盈把；其他祖母绿[29]、猫儿眼[30]，诸般异宝，目所未睹，莫能定其价之多少。众人齐声喝彩，喧声如雷。十娘又欲投之于江。李甲不觉大悔，抱持十娘恸哭，那孙富也来劝解。

十娘推开公子在一边，向孙富骂道："我与李郎备尝艰苦，不是容易到此。汝以奸淫之意，巧为谗说，一旦破人姻缘，断人恩爱，乃我之仇人。我死而有知，必当诉之神明，尚妄想枕席之欢乎！"又对李甲道："妾风尘数年，私有所积，本为终身之计。自遇郎君，山盟海誓，白首不渝。前出都之际，假托众姊妹相赠，箱中韫藏百宝，不下万金。将润色郎君之装，归见父母，或怜妾有心，收佐中馈[31]，得终委托，生死无憾。谁知郎君相信不深，惑于浮议[32]，中道见弃，负妾一片真心。今日当众目之前，开箱出视，使郎君知区区千金，未为难事。妾椟中有玉[33]，恨郎眼内无珠。命之不辰[34]，风尘困瘁，甫得脱离，又遭弃捐。今众人各有耳目，共作证明，妾不负郎君，郎君自负妾耳！"于是众人聚观者，无不流涕，都唾骂李公子负心薄幸。公子又羞又苦，且悔且泣，方欲向十娘谢罪。十娘抱持宝匣，向江心一跳。众人急呼捞救。但见云暗江心，波涛滚滚，杳无踪影。可惜一个如花似玉的名姬，一旦葬于江鱼之腹！

三魂渺渺归水府，七魄悠悠入冥途。

当时旁观之人，皆咬牙切齿，争欲拳殴李甲和那孙富。慌得李、孙二人，手足无措，急叫开船，分途遁去。李甲在舟中看了千金，转忆十娘，终日愧悔，郁成狂疾，终身不瘥。孙富自那日受惊得病，卧床月余，终日见杜十娘在傍诟骂，奄奄而逝。人以为江中之报也。

【说明】

《杜十娘怒沉百宝箱》是明代白话小说集"三言"（即《喻世明言》《醒世恒言》和《警世通言》）中的名篇，是中国文学史上最杰出的短篇小说之一。主要是叙写明万历年间，江南某官宦之子李甲到北京读书，结识了京城名妓杜十娘。十娘"久有从良之志"，见李甲"忠厚至诚"，便对李甲有意，并拿出私房钱帮助李甲替自己赎身。在李甲带十娘回乡的路上，遇上了富商孙富。孙富看上了十娘的美色，李甲在其重金的诱惑下，并为避免其父的反对，把十娘转卖给孙富。十娘知道后，怒把百宝箱沉于江中，自己投江而亡。本文节选于明代冯梦龙的《警世通言》（昆仑出版社，2001年版）。冯梦龙（1574—1646），字犹龙、耳犹、子犹，号龙子犹、茂苑外史、顾曲散人、姑苏词奴、平平阁主人等，明南直隶苏州府长洲县（今江苏苏州）人。冯梦龙做过官员，是中国古代文学家、思想家和戏曲家。他著述颇丰，所辑"三言"是中国白话短篇小说的经典代表,影响深远。

【注释】

①潞河:一称白河,为北运河之上游。

②瓜洲:镇名,在今江苏省邗江县南。

③差使船:给官府临时当差的船。

④讲定:讲好。

⑤褴褛(lánlǚ):也作"蓝缕",形容衣服破烂。

⑥解库:典当铺。

⑦六院:明初南京的妓院。或说是教坊司所属的官妓集聚处。其后六院便成为妓院的代称。

⑧绝调:卓绝的音调。

⑨《拜月亭》杂剧:明人相传为元代施惠(字君美)所撰。

⑩《小桃红》:曲见世德堂刊本《拜月亭记》第四十三出《成亲团圆》内。"状元执盏与婵娟"是该曲大意,不是曲中原句。

⑪种盐:制盐。盐出自盐田,故称种制。

⑫"千山云树灭"四句:此为唐柳宗元《江雪》诗,但文字有出入。

⑬高学士:指明初诗人高启,字季迪,自号青丘子。

⑭打跳:把跳板铺起来。跳,船上跳板。

⑮上涯:上岸。涯,水边,岸。

⑯入港:指言语投合。

⑰位居方面:古时封疆大臣,独当一面称为方面官。李甲的父亲是布政使,在明代是一省最高的官,所以说位居方面。

⑱必严帷薄之嫌:意谓必定严肃地维持男女之间的封建礼防。帷,幔;薄,簾。均为障隔内外之具。封建时代,女子住内室,不与外界男子接触。

⑲资斧:盘缠,旅费。

⑳逾墙钻穴之事:指偷情、幽会之类的事情。

㉑同袍:此处指朋友。袍,衣服。

㉒枕席之爱:与下文衽席之爱,皆指夫妻之爱。

㉓间言:嫌隙之言。间的本意是罅隙,因此挑拨离间之言称间言。

㉔所天:丈夫。

㉕贾(gǔ)竖子:犹市侩。

㉖路引:出行时所领的执照,此处指国子监所发给的回籍证。

㉗抽替:即抽屉,抽斗。

㉘充牣(rèn):充满。牣,满。

㉙祖母绿:又名绿柱玉,一种纯色的绿宝石,通体透明似玻璃。

㉚猫儿眼:又名猫睛石,因其光彩变化似猫的眼睛而得名。两者都是名贵的

宝石。

㉛佐中馈：即指为妾。古代进食于尊长叫馈，旧时妇女多在家料理饮食之事，故称妇职为主持中馈，于是中馈便引申为妻子的代称。

㉜浮议：没有根据的议论。

㉝椟中有玉：箱里藏有珍珠宝物。

㉞不辰：生不逢时。

野猪林

《水浒传》

且说两个防送公人，把林冲带来使臣房里寄了监。董超、薛霸各自回家，收拾行李。只说董超正在家里拴束包裹，只见巷口酒店里酒保来说："董端公，一位官人在小店中请说话。"董超道："是谁？"酒保道："小人不认得。只教请端公便来。"——原来宋时的公人都称呼"端公"。当时董超便和酒保迳到店中阁儿内看时，见坐着一个人，头戴顶万字头巾，身穿领皂纱背子，下面皂靴净袜。见了董超，慌忙作揖道："端公请坐。"董超道："小人自来不曾拜识尊颜，不知呼唤有何使令？"那人道："请坐，少间便知。"董超坐在对席。酒保一面铺下酒盏，菜蔬果品案酒都搬来摆了一桌。那人问道："薛端公在何处住？"董超道："只在前边巷内。"那人唤酒保问了底脚①，"与我去请将来。"酒保去了一盏茶时，只见请得薛霸到阁儿里。董超道："这位官人请俺说话。"薛霸道："不敢动问大人高姓？"那人又道："少刻便知，且请饮酒。"三人坐定，一面酒保筛酒。酒至数杯，那人去袖子里取出十两金子，放在桌上，说道："二位端公，各收五两。有些小事烦及。"二人道："小人素不认得尊官，何故与我金子？"那人道："二位莫不投沧州去？"董超道："小人两个奉本府差遣，监押林冲直到那里。"那人道："既是如此，相烦二位。我是高太尉府心腹人陆虞候便是。"董超、薛霸喏喏连声，说道："小人何等样人，敢共对席？"陆谦道："你二位也知林冲和太尉是对头。今奉着太尉钧旨，教将这十两金子送与二位。望你两个领诺，不必远去，只就前面僻静去处，把林冲结果了，就彼处讨纸状回来便了。若开封府但有话说，太尉自行分付，并不妨事。"董超道："却怕使不得。开封府公文，只叫解活的去，却不曾教结果了他。亦且本人年纪又不高大，如何作得这缘故？倘有些兜搭，恐不方便。"薛霸道："老董，你听我说：高太尉便叫你我死，也只得依他，莫说使这官人又送金子与俺。你不要多说，和你分了罢，落得做人情，日后也有照顾俺处。前头有的是大松林猛恶去处，不拣怎的，与他结果了罢。"当下薛霸收了金子，说道："官人放心，多是五站路，少便两程，便有分晓。"陆谦大喜道："还是薛端公真是爽利。明日到地了时，是必揭取林冲脸上金印回来做表证。陆谦再包办二位十两金子相谢。专等好音，切不可相误。"原来宋时，但是犯人徒流迁徙的，那脸上刺字，怕人恨怪，只唤做"打金印"。三个人又吃了一会酒。陆虞候算了酒钱。三人出酒肆来，各自分手。

只说董超、薛霸,将金子分受入己,送回家中,取了行李包裹,拿了水火棍,便来使臣房里取了林冲,监押上路。当日出得城来,离城三十里多路歇了。宋时途路上客店人家,但是公人监押因人来歇,不要房钱。当下薛、董二人,带林冲到客店里歇了一夜。第二日天明起来,打火吃了饭食,投沧州路上来。时遇六月天气,炎暑正热。林冲初吃棒时,倒也无事。次后两三日间,天道盛热,棒疮却发。又是个新吃棒的人,路上一步挨一步,走不动。薛霸道:"你好不晓事!此去沧州二千里有余的路,你这样般走,几时得到?"林冲道:"小人在太尉府里折了些便宜,前日方才吃棒,棒疮举发。这般炎热,上下只得担待一步。"董超道:"你自慢慢的走,休听咭咶②。"薛霸一路上喃喃咄咄的,口里埋冤叫苦,说道:"却是老爷们晦气,撞你这个魔头。"看看天色又晚,但见:

红轮低坠,玉镜将明。遥观樵子归来,近睹柴门半掩。僧投古寺,疏林穰穰鸦飞;客奔孤村,断岸嗷嗷犬吠。佳人秉烛归房,渔父收纶罢钓。唧唧乱蛩鸣腐草,纷纷宿鹭下莎汀。

当晚三个人投村中客店里来。到得房内,两个公人放了棍棒,解下包裹。林冲也把包来解了。不等公人开口,去包裹取些碎银两,央店小二买些酒肉,籴些米来,安排盘馔,请两个防送公人坐了吃。董超、薛霸又添酒来,把林冲灌的醉了,和枷倒在一边,薛霸去烧一锅百沸滚汤,提将来倾在脚盆内,叫道:"林教头,你也洗了脚好睡。"林冲挣的起来,被枷碍了,曲身不得。薛霸道:"我替你洗。"林冲忙道:"使不得!"薛霸道:"出路人那里计较的许多。"林冲不知是计,只顾伸下脚来。被薛霸只一按,按在滚汤里。林冲叫一声:"哎也!"急缩得起时,泡得脚面红肿了。林冲道:"不消生受③。"薛霸道:"只见罪人伏侍公人,那曾有公人伏侍罪人?好意叫他洗脚,颠倒嫌冷嫌热,却不是好心不得好报!"口里喃喃的骂了半夜。林冲那里敢回话,自去倒在一边。他两个泼了这水,自换些水去外边洗了脚。收拾睡到四更,同店人都未起,薛霸起来烧了面汤,安排打火做饭吃。林冲起来晕了,吃不得,又走不动。薛霸拿了水火棍,催促动身。董超去腰里解下一双新草鞋,耳朵并索儿却是麻编的,叫林冲穿。林冲看时,脚上满面都是燎浆泡。只得寻觅旧草鞋穿,那里去讨?没奈何只得把新草鞋穿上。叫店小二算过酒钱,两个公人带了林冲出店,却是五更天气。

林冲走不到三二里,脚上泡被新草鞋打破了,鲜血淋漓,正走不动,声唤不止。薛霸骂道:"走便快走,不走,便大棍搠将起来。"林冲道:"上下方便,小人岂敢急慢,俄延程途?其实是脚疼走不动。"董超道:"我扶着你走便了。"搀着林冲,又行不动,只得又挨了四五里。看看正走不动了,早望见前面烟笼雾锁,一座猛恶林子。但见:

层层如雨脚,郁郁似云头。杈枒如鸾凤之巢,屈曲似龙蛇之势。根盘地角,弯环有似蟒盘旋;影拂烟霄,高耸直教禽打捉。直饶胆硬心刚汉,也作魂飞魄散人。

这座猛恶林子,有名唤做"野猪林"。此是东京去沧州路上第一个险峻去处。

宋时，这座林子内，但有些冤仇的，使用些钱与公人，带到这里，不知结果了多少好汉在此处。今日，这两个公人带林冲奔入这林子里来。董超道："走了一五更，走不得十里路程，似此沧州怎的得到。"薛霸道："我也走不得了，且就林子里歇一歇。"三个人奔到里面，解下行李包裹，都搬在树根头。林冲叫声"呵也！"靠着一株大树便倒了。只见董超说道："行一步，等一步，倒走得我困倦起来。且睡一睡却行。"放下水火棍，便倒在树边。略略闭得眼，从地下叫将起来。林冲道："上下做甚么？"董超、薛霸道："俺两个正要睡一睡，这里又无关锁，只怕你走了。我们放心不下，以此睡不稳。"林冲答道："小人是个好汉，官司既已吃了，一世也不走。"薛霸道："那里信得你说。要我们心稳，须得缚一缚。"林冲道："上下要缚便缚，小人敢道怎地？"薛霸腰里解下索子来，把林冲连手带脚和枷紧紧的绑在树上，两个跳将起来，转过身来，拿起水火棍，看着林冲说道："不是俺要结果你。自是前日来时，有那陆虞候传着高太尉钧旨，教我两个到这里结果你，立等金印回去回话。便多走的几日，也是死数。只今日就这里，倒作成我两个回去快些。休得要怨我弟兄两个。只是上司差遣，不由自己。你须精细着。明年今日，是你周年。我等已限定日期，亦要早回话。"林冲见说，泪如雨下，便道："上下，我与你二位往日无仇，近日无冤。你二位如何救得小人，生死不忘。"董超道："说什么闲话！救你不得。"薛霸便提起水火棍来望着林冲脑袋上劈将来。

……

说时迟，那时快，薛霸的棍恰举起来，只见松树背后雷鸣也似一声，那条铁禅杖飞将来，把这水火棍一隔，丢去九霄云外。跳出一个胖大和尚来，喝道："洒家在林子里听你多时！"两个公人看那和尚时，穿一领皂布直裰④，跨一口戒刀，提起禅杖，抢起来打两个公人。林冲方才闪开眼看时，认得是鲁智深。林冲连忙叫道："师兄，不可下手！我有话说！"智深听得，收住禅杖。两个公人呆了半晌，动掸不得。林冲道："非干他两个事，尽是高太尉使陆虞候分付他两个公人，要害我性命。他两个怎不依他？你若打杀他两个，也是冤屈。"鲁智深扯出戒刀，把索子都割断了，便扶起林冲，叫："兄弟，俺自从和你买刀那日相别之后。洒家忧得你苦。自从你受官司，俺又无处去救你。打听的你断配沧州，洒家在开封府前又寻不见。却听得人说，监在使臣房内。又见酒保来请两个公人说道：'店里一位官人寻说话。'以此洒家疑心，放你不下。恐这厮们路上害你，俺特地跟将来。见这两个撮鸟⑤，带你入店里去，洒家也在那店里歇。夜间听得那厮两个做神做鬼，把滚汤赚了你脚。那时俺便要杀这两个撮鸟。却被客店里人多，恐妨救了。洒家见这厮们不怀好心，越放你不下。你五更里出门时，洒家先投奔这林子里来，等杀这厮两个撮鸟。他倒来这里害你，正好杀这厮两个。"林冲劝道："既然师兄救了我，你休害他两个性命。"鲁智深喝道："你这两个撮鸟，洒家不看兄弟面时，把你这两个都剁做肉酱！且看兄弟面皮，饶你两个性命。"就那里插了戒刀，喝道："你这两个撮鸟，快搀兄弟，都跟洒家来！"提了禅杖先走。两个公人那里敢回话，只叫："林教头救俺两个!"依前背上包裹,提了水火棍,扶着林冲,又替他拖了包裹,一同跟出林子来。行得三四里路程,见一座小小酒店在村口。四个人入来坐下。看那店时,但见:

前临驿路,后接溪村。数株槐柳绿阴浓,几处葵榴红影乱。门外森森麻麦,窗前猗猗荷花。轻轻酒斾舞薰风,短短芦帘遮酷日。壁边瓦瓮,白泠泠满贮村醪⑥。架上磁瓶,香喷喷新开社酝。白发田翁亲涤器⑦,红颜村女笑当垆⑧。

当下深、冲、超、霸四人在村酒店中坐下,唤酒保买五七斤肉,打两角酒来吃,回些面米打饼。酒保一面整治,把酒来筛。两个公人道:"不敢拜问师父,在那个寺里住持?"智深笑道:"你两个撮鸟,问俺住处做甚么?莫不去教高俅做甚么奈何洒家?别人怕他,俺不怕他。洒家若撞着那厮,教他吃三百禅杖!"两个公人那里敢再开口。吃了些酒肉,收拾了行李,还了酒钱,出离了村店。林冲问道:"师兄,今投那里去?"鲁智深道:"杀人须见血,救人须救彻!洒家放你不下,直送兄弟到沧州。"两个公人听了道:"苦也!却是坏了我们的勾当,转去时怎回话?"且只得随顺他一处行路。

【说明】

《野猪林》主要写林冲在发配途中遭受解差折磨,险些在野猪林被害,后为鲁智深所救的经过。本文节选自施耐庵的《水浒传》(人民文学出版社,2002年版)第八回"林教头刺配沧州道 鲁智深大闹野猪林"、第九回"柴进门招天下客 林冲棒打洪教头",题目为后所加。施耐庵(1296—1370),名耳,又名肇(zhào)瑞、彦端,字子安,号耐庵,或称"钱塘施耐庵",江苏兴化人,祖籍苏州。他是元末明初的文学家,其著作《水浒传》是中国第一部赞扬农民起义的长篇章回小说,在中国文学和世界文学史上具有重要意义,施耐庵也因此被誉为"中国长篇小说之父"。

【注释】

①唤:叫。

②咭咕(jīguō):絮叨,唠叨。

③不消生受:有"不必劳动"或"担当不起"之意。不消,无须,不必。生受,麻烦他人的感谢之词。

④直裰(duō):僧道穿的大领长衫。

⑤撮鸟:骂人的话,有如"家伙""坏蛋"。

⑥村醪(láo):农家自酿的薄酒。下文中的"社酝"与此意同。

⑦涤器:这里指在酒店中刷洗碗盘。

⑧当垆:在酒店中卖酒。垆,放酒坛的土墩。

黛玉葬花

《红楼梦》

却说那林黛玉，听见贾政叫了宝玉去了，一日不回来，心中也替他忧虑。至晚饭后，闻得宝玉回来了，心里要找他问是怎么样了。一步步行来，见宝钗进宝玉的院内去了，自己也便随后走了来。刚到了沁芳桥，只见各色水禽都在池中浴水，也认不出名色来，但见一个个文采炫耀，好看异常，因而站住看了一回。再往怡红院来，只见院门关着，黛玉便以手叩门。

谁知晴雯和碧痕正拌了嘴，没好气，忽见宝钗来了，那晴雯正把气移在宝钗身上，正在院内抱怨说："有事没事跑了来坐着，叫我们三更半夜不得睡觉。"忽听又有人叫门，晴雯越发动了气，也并不问是谁，便说道："都睡下了，明儿再来吧。"林黛玉素知丫头们的情性，他们彼此顽耍惯了，恐怕院内的丫头没听真是他的声音，只当是别的丫头们了，所以不开门。因而又高声说道："是我，还不开么！"晴雯偏生还没听出来，便使性子说道："凭你是谁，二爷吩咐的，一概不准放人进来呢。"

林黛玉听了，不觉气怔在门外。待要高声问他，斗起气来，自己又回思一番："虽说是舅母家，如同自己家一样，到底是客边①。如今父母双亡，无依无靠，现在他家依栖。如今认真淘气，也觉没趣。"一面想，一面又滚下泪珠来。正是回去不是，站着不是，正没主意，只听里面一阵笑语之声。细听了一听，竟是宝玉、宝钗二人。林黛玉心中亦发动了气。左思右想，忽然想起早起的事来："必定是宝玉恼我告他的缘故。但只我何尝告你去了，你也不打听打听，就恼我到这步田地。你今儿不叫我进来，难道明儿就不见面了？"越想越伤感，也不顾苍苔露冷，花径风寒，独立墙角边花阴之下，悲悲戚戚呜咽起来。

原来这林黛玉秉绝代姿容，具稀世俊美，不期这一哭，那附近柳枝花朵上的宿鸟栖鸦，一闻此声，俱忒楞楞②飞起远避，不忍再听。真是：

花魂默默无情绪，鸟梦痴痴何处惊！

因有一首诗道：

颦儿才貌世应希，独抱幽芳出绣闺；
呜咽一声犹未了，落花满地鸟惊飞。

林黛玉正自悲泣，忽听院门响处，只见宝钗出来了，宝玉、袭人一群人送了出来。待要上去问着宝玉，又恐当着众人问，羞了他，倒不便。因而闪过一旁，让宝钗去了，宝玉等进去关了门，方转过来。犹望着门洒了几点泪。自觉无味，便转身回来，无精打采的卸了残妆。

紫鹃、雪雁素日知道他的情性，无事闷坐，不是愁眉便是长叹；且好端端的不知为了什么，便常常的就自泪自干。先时还解劝，怕他思父母，想家乡，受了委屈，用话来宽慰解劝。谁知后来一年一月竟常常的如此，把这个样儿看惯了，也都不理论了。所以也没人去理，由他去闷坐，只管睡觉去了。那林黛玉倚着床栏杆，两手抱着膝，眼睛含着泪，好似木雕泥塑的一般。直坐到三更多天，方才睡了。一宿无话。

……

如今且说林黛玉，因夜间失寐，次日起迟了，闻得众姊妹都在园中作饯花会，恐人笑他痴懒，连忙梳洗了出来。刚到了院中，只见宝玉进门来了，笑道："好妹妹，昨儿可告我不曾？叫我悬了一夜心。"林黛玉便回头叫紫鹃道："把屋子收拾了，下一扇纱屉子。看那大燕子回来，把帘子放下来，拿狮子③倚住。烧了香，就把炉罩上。"一面说，一面又往外走。宝玉见他这样，还认作是昨日中晌的事，那知晚间的这段公案，还打躬作揖的。黛玉正眼也不看，各自出了院门，一直找别的姊妹去了。宝玉心中纳闷，自己猜疑："看起这个光景来，不像昨日的事；但只昨日我回来的晚了，又没见他，再没有冲撞了他的去处。"一面想，一面走，又由不得从后面追了来。

……

宝玉因不见林黛玉，便知他是躲了别处去了，想了一想，索性迟两日，等他的气消一消再去也罢了。因低头看见许多凤仙、石榴等各色落花，锦重重落了一地。因叹道："这是他心里生了气，也不收拾这花儿了。待我送了去，明儿再问他。"说着，只见宝钗约着他们往外头去。宝玉道："我就来。"说毕，等他二人去远了，便把那花兜了起来，登山渡水，过树穿花，一直奔了那日同林黛玉葬桃花的去处。犹未转过山坡，只听山坡那边有呜咽之声，一行数落着，哭得好不伤感。宝玉心中想道："这不知是那房里的丫头受了委屈，跑到这个地方来哭。"一面想，一面煞住脚步，听他哭道是：

花谢花飞飞满天，红消香断有谁怜？
游丝软系飘春榭，落絮轻沾扑绣帘。
闺中女儿惜春暮，愁绪满怀无释处。
手把花锄出绣帘，忍踏落花来复去。
柳丝榆荚自芳菲，不管桃飘与李飞。
桃李明年能再发，明年闺中知有谁？
三月香巢已垒成，梁间燕子太无情！
明年花发虽可啄，却不道，人去梁空巢也倾。
一年三百六十日，风刀霜剑严相逼。
明媚鲜妍能几时，一朝漂泊难寻觅。
花开易见落难寻，阶前闷死葬花人。
独倚花锄泪暗洒，洒上空枝见血痕。
杜鹃无语正黄昏，荷锄归去掩重门。
青灯照壁人初睡，冷雨敲窗被未温。
怪奴底事④倍伤神，半为怜春半恼春。

怜春忽至恼忽去，至又无言去不闻。
昨宵庭外悲歌发，知是花魂与鸟魂。
花魂鸟魂总难留，鸟自无言花自羞。
愿奴胁下生双翼，随花飞到天尽头。
天尽头，何处有香丘？
未若锦囊收艳骨，一抔净土掩风流！
质本洁来还洁去，强于污淖陷渠沟。
尔今死去侬收葬，未卜侬身何日丧？
侬今葬花人笑痴，他年葬侬知是谁？
试看春残花渐落，便是红颜老死时。
一朝春尽红颜老，花落人亡两不知！

宝玉听了，不觉痴倒。

林黛玉只因昨夜晴雯不开门一事错疑在宝玉身上，至次日又可巧遇见饯花之期，正是一腔无明正未发泄，又勾起伤春愁思，因把些残花落瓣去掩埋，由不得感花伤己，哭了几声，便随口念了几句。不想宝玉在山坡上，听见是黛玉之声，先不过是点头感叹，听到"侬今葬花人笑痴，他年葬侬知是谁""一朝春尽红颜老，花落人亡两不知"等句，不觉恸倒山坡之上，怀里兜的落花撒了一地。试想：林黛玉的花颜月貌，将来亦到无可寻觅之时，宁不心碎肠断？既黛玉终归无可寻觅之时，推之于他人，如宝钗、香菱、袭人等，亦可以到无可寻觅之时矣！宝钗等终归无可寻觅之时，则自己又安在哉？且自身尚不知何在何往，则斯处、斯园、斯花、斯柳又不知当属谁姓矣！因此一而二、二而三反复推求了去，真不知此时此际欲为何等蠢物，杳无所知；逃大造，出尘网，始可解释这段悲伤。正是：

花影不离身左右，鸟声只在耳东西。

那黛玉正自悲伤，忽听山坡上也有悲声，心下想道："人人都笑我有些痴病，难道还有一个痴子不成？"想着，抬头一看，见是宝玉，林黛玉看见便道："啐！我当是谁，原来是这个狠心短命的。"刚说着"短命"二字上，又把口掩住，长叹了一声，自己抽身便走了。这里宝玉悲恸了一回，见黛玉去了，便知黛玉看见他躲开了。自己也觉无味，抖抖土，起来下山，寻归旧路往怡红院来。

可巧看见林黛玉在前头走，连忙赶上去说道："你且站住。我知道你不理我，我只说一句话，从今以后撂开手。"林黛玉回头见是宝玉，待要不理他，听他说"只说一句话，从今撂开手"，这话里有文章，少不得站住，说道："有一句话，请说来。"宝玉笑道："两句话说了你听不听？"黛玉听说，回头就走。宝玉在身后面叹道："既有今日，何必当初！"林黛玉听见这话，由不得站住，回头道："当初怎么样？今日怎么样？"宝玉叹道："当初姑娘来了，那不是我陪着顽笑？凭我心爱的，姑娘要就拿去；我爱吃的，听见姑娘也爱吃，连忙干干净净收着等姑娘吃。一桌子吃饭，一床上睡觉。丫头们想不到的，我怕姑娘生气，我替丫头们想的到。我心里想着：姊妹们从小儿长大，亲也罢，热也罢，和气到了头，才见得比人好。如今谁承望姑娘人大心大，不把我放在眼里。倒把外四路的⑤什么宝姐姐、凤姐姐的放在心坎儿上，倒把我三日不理四日不见的。我又没个亲兄弟亲姊妹——虽然有两个，你难道不知道是和我隔母的？我也和你是独出，只怕同我的心一样。谁知我是白操了这个心，弄的我有冤无处诉！"说着，不觉滴下泪来。林黛玉耳内听了这话，眼内见了这形景，心内不觉灰了大半，也不觉滴下泪来，低头不语。宝玉见他这般形景，遂又说道："我也知道，我如今不好了。但只凭着怎么不好，万不敢在妹妹跟前有错处。便有一二分错处，你倒是或教导我戒我下次，或骂我两句打我两下，我都不灰心。谁知你总不理我，叫我摸不着头脑，少魂失魄不知怎么样才是。就便死了也是个屈死鬼，任凭高僧高道忏悔也不能超升；还得你申明了缘故，我才得托生呢！"

黛玉听了这话，不觉将昨晚的事都忘在九霄云外了。便说道："你既这么说，昨儿为什么我去了，你不叫丫头开门？"宝玉诧异道："这话从那里说起？我要是这么样，立刻就死了！"黛玉啐道："大清早，死呀活的，也不忌讳！你说有呢就有，没有就没有，起什么誓呢？"宝玉道："实在没有见你去。就是宝姐姐坐了一坐就出来了。"林黛玉想了一想，笑道："想必是你的丫头懒怠动，丧声歪气的也是有的。"宝玉道："想必是这个原故。等我问去，问了是谁，教训教训他们就好了。"林黛玉道："你的那些姑娘们也该教训教训，只是论理我不该说。今儿得罪了我的事小，明儿宝姑娘来，什么贝姑娘来，也得罪了，事情岂不大了？"说着，抿着嘴笑。宝玉听了，又是咬牙，又是笑。

【说明】

《黛玉葬花》是写宝玉、黛玉生活中的一次小小误会和二人之间的又一次真情表达。其中仿效初唐歌行体的《葬花吟》是林黛玉感叹身世遭遇的全部哀音的代表，其由景而情，由情及景，情生文，文生情，情景相生，情文并茂，人花一体，充分展现了黛玉的诗人气质、奇逸文思和多愁善感的悲剧性格。葬花意在怜花悼花，而怜花实是自怜伤己。怜花说明黛玉爱美，爱春天的美，爱大自然的美；悼花体现了她诗人式的敏感、细腻和聪颖；怜己说明她自尊、自爱，珍爱个性价值。本文选自《脂砚斋重评石头记甲戌校本》（作家出版社，2008年第6版）。节选自第二十六回"蜂腰桥设言传蜜意，潇湘馆春困发幽情"、第二十七回"滴翠亭杨妃戏彩蝶，埋香冢飞燕泣残红"、第二十八回"蒋玉菡情赠茜香罗，薛宝钗羞笼红麝串"，有删节、改动，题目为后加。作者清代曹雪芹。其著作《红楼梦》以贾宝玉和林黛玉以及大观园的琐事为主线，讲述了一个封建贵族家庭由荣华走向衰败的故事，控诉了封建贵族阶级的无耻堕落，指出了他们的种种虚伪、欺诈、贪婪、腐朽和罪恶。该书不仅是人们了解中国封建社会末期的百科全书，同时也让人们看到封建社会必然崩溃的趋势。

【注释】

①客边:以客人身份寄居在别人家里。

②忒(tēi)楞楞:象声词,形容鸟飞的声音。

③狮子:这里是一种压帘用的带座的石狮。

④底事:什么事。

⑤外四路的:指血缘关系疏远的亲戚。

王玉辉劝女殉夫

《儒林外史》

话说余大先生在虞府坐馆,早去晚归,习以为常。那日早上起来,洗了脸,吃了茶,要进馆去。才走出大门,只见三骑马进来,下了马向余大先生道喜。大先生问:"是何喜事?"报录人拿出条子来看,知道是选了徽州府学训导。余大先生欢喜,待了报录人酒饭,打发了钱去。随即虞华轩来贺喜,亲友们都来贺。余大先生出去拜客,忙了几天。料理到安庆领凭,领凭回来,带家小到任。大先生邀二先生一同到任所去。二先生道:"哥寒毡一席,初到任的时候,只怕日用还不足。我在家里罢。"大先生道:"我们老弟兄,相聚得一日是一日。从前我两个人,各处坐馆,动不动两年不得见面。而今老了,只要弟兄两个多聚几时,那有饭吃没饭吃也且再商量。料想做官,自然好似坐馆。二弟,你同我去。"二先生应了,一同收拾行李,来徽州到任。

大先生本来极有文名,徽州人都知道。如今来做官,徽州人听见,个个欢喜。到任之后,会见大先生胸怀坦白,言语爽利,这些秀才们,本不来会的也要来会会。人人自以为得明师。又会着二先生谈谈,谈的都是些有学问的话,众人越发钦敬。每日也有几个秀才来往。

那日,余大先生正坐在厅上,只见外面走进一个秀才来,头戴方巾,身穿旧宝蓝直裰,面皮深黑,花白胡须,约有六十多岁光景。那秀才自己手里拿着帖子递与余大先生。余大先生看帖子上写着:"门生王蕴。"那秀才递上帖子拜了下去。余大先生回礼,说道:"年兄莫不是尊字玉辉的么?"王玉辉道:"门生正是。"余大先生道:"玉兄,二十年闻声相思,而今才得一见。我和你只论好弟兄,不必拘这些俗套们。"遂请到书房里去坐,叫人请二老爷出来。二先生出来,同王玉辉会着,彼此又道了一番相慕之意,三人坐下。王玉辉道:"门生在学里,也做了三十年的秀才,是个迂拙的人。往年就是本学老师,门生也不过是公堂一见而已,而今因大老师和世叔来,是两位大名下,所以,要时常来聆老师和世叔的教训。要求老师不认做大概学里门生,竟要把我做个受业弟子才好。"余大先生道:"老哥,你我老友,何出此言!"

二先生道:"一向知道吾兄清贫,如今在家可做馆?长年何以为生?"王玉辉道:"不瞒世叔说,我生平立的有个志向:要纂三部书嘉惠来学。"余大先生道:

"是那三部？"王玉辉道："一部《礼书》，一部《字书》，一部《乡约书》。"二先生道："《礼书》是怎么样？"王玉辉道："《礼书》是将三礼分起类来，如事亲之礼、敬长之礼等类。将经文大书，下面采诸经、子、史的话印证，教子弟们自幼习学。"大先生道："这一部书，该颁于学宫，通行天下。请问《字书》是怎么样？"王玉辉道："《字书》是七年识字法。其书已成，就送来与老师细阅。"二先生道："字学不讲久矣！有此一书，为功不浅。请问《乡约书》怎样？"王玉辉道："《乡约书》不过添些仪制，劝醒愚民的意思。门生因这三部书，终日手不停披，所以没的工夫做馆。"大先生道："几位公郎？"王玉辉道："只得一个小儿，倒有四个小女。大小女守节在家里；那几个小女，都出阁不上一年多。"说着，余大先生留他吃了饭，将门生帖子退了不受，说道："我们老弟兄，要时常屈你来谈谈，料不嫌我苜蓿风味怠慢你。"弟兄两个一同送出大门来。王先生慢慢回家。他家离城有十五里。

王玉辉回到家里，向老妻和儿子说余老师这些相爱之意。次日，余大先生坐轿子下乡亲自来拜。留着在草堂上坐了一会去了。又次日，二先生自己走来，领着一个门斗挑着一石米走进来，会着王玉辉，作揖坐下。二先生道："这里家兄的禄米一石。"又手里拿出一封银子来道："这是家兄的俸银一两，送与长兄先生，权为数日薪水之资。"王玉辉接了这银子，口里说道："我小侄没有孝敬老师和世叔，怎反受起老师的惠来？"余二先生笑道："这个何足为奇！只是贵处这学署清苦，兼之家兄初到。虞博士在南京，几十两的拿着送与名士用，家兄也想学他。"王玉辉道："这是长者赐，不敢辞，只得拜受了。"备饭留二先生坐，拿出这三样书的稿子来递与二先生看。二先生细细看了，不胜叹息。坐到下午时分，只见一个人走进来说道："王老爹，我家相公病的狠。相公娘叫我来请老爹到那里去看看。请老爹就要去。"王玉辉向二先生道："这是第三个小女家的人。因女婿有病约我去看。"二先生道："如此，我别过罢。尊作的稿子，带去与家兄看，看毕再送过来。"说罢起身。那门斗也吃了饭，挑着一担空箩，将书稿子丢在箩里挑着跟进城去了。

王先生走了二十里到了女婿家。看见女婿果然病重，医生在那里看，用着药总不见效。一连过了几天，女婿竟不在了。王玉辉恸哭了一场。

见女儿哭的天愁地惨，候着丈夫入过殓，出来拜公婆和父亲，道："父亲在上，我一个大姐姐死了丈夫，在家累着父亲养活。而今我又死了丈夫，难道又要父亲养活不成？父亲是寒士，也养活不来这许多女儿。"王玉辉道："你如今要怎样？"三姑娘道："我而今辞别公婆、父亲，也便寻一条死路跟着丈夫一处去了！"公婆两个听见这句话，惊得泪如雨下，说道："我儿，你气疯了！自古蝼蚁尚且贪生，你怎么讲出这样话来？你生是我家人，死是我家鬼。我做公婆的，怎的不养活你，要你父亲养活？快不要如此！"三姑娘道："爹妈也老了，我做媳妇的，不能孝顺爹妈，反累爹妈，我心里不安。只是由着我到这条路上去罢。只是我死，还有几天工夫，要求父亲到家替母亲说了，请母亲到这里来，我当面别一别。这是要紧的。"王玉辉道："亲家，我仔细想来，我这小女要殉节的真切，倒也由着他行罢。自古心去意难留。"因向女儿道:"我儿,你既如此,这是青史上留名的事,我难道反拦阻你?你竟是这样做罢。我今日就回家去,叫你母亲来和你作别。"

亲家再三不肯。王玉辉执意,一径来到家里把这话向老孺人说了。老孺人道:"你怎的越老越呆了!一个女儿要死,你该劝他,怎么倒叫他死?这是甚么话说!"王玉辉道:"这样事你们是不晓得的。"老孺人听见,痛哭流涕,连忙叫了轿子去劝女儿,到亲家家去了。王玉辉在家,依旧看书写字,候女儿的信息。老孺人劝女儿,那里劝的转。一般每日梳洗,陪着母亲坐,只是茶饭全然不吃。母亲和婆婆,着实劝着,千方百计,总不肯吃。饿到六天上不能起床。母亲看着,伤心惨目,痛入心脾,也就病倒了。抬了回来在家睡着。又过了三日,二更天气,几把火把,几个人来打门,报道:"三姑娘饿了八日,在今日午时去世了!"老孺人听见哭死了过去,灌醒回来,大哭不止。王玉辉走到床面前说道:"你这老人家,真正是个呆子!三女儿他而今已是成了仙了,你哭他怎的?他这死的好,只怕我将来,不能像他这一个好题目死哩!"因仰天大笑道:"死的好!死的好!"大笑着走出房门去了。

次日余大先生知道,大惊,不胜惨然。即备了香、楮①、三牲,到灵前去拜奠。拜奠过,回衙门,立刻传书办备文书,请旌烈妇。二先生帮着赶造文书,连夜详了出去。二先生又备了礼来祭奠。三学的人听见老师如此隆重,也就纷纷来祭奠的,不计其数。过了两个月上司批准下来,制主入祠,门首建坊。到了入祠那日,余大先生邀请知县,摆齐了执事,送烈女入祠,阖县绅衿都穿着公服,步行了送。当日入祠安了位,知县祭,本学祭,余大先生祭,阖县乡绅祭,通学朋友祭,两家亲戚祭,两家本族祭,祭了一天,在明伦堂摆席。通学人邀请了王先生来上坐,说他生这样好女儿,为伦纪生色。王玉辉到了此时转觉心伤,辞了不肯来。众人在明伦堂吃了酒,散了。

次日王玉辉到学署来谢余大先生。余大先生、二先生都会着,留着吃饭。王玉辉说起:"在家日日看见老妻悲恸,心下不忍,意思要到外面去,作游几时。又想,要作游,除非到南京去。那里有极大的书坊,还可以逗着他们,刻这三部书。"余大先生道:"老哥要往南京,可惜虞博士去了。若虞博士在南京见了此书,赞扬一番,就有书坊抢的刻去了。"二先生道:"先生要往南京,哥如今写一封书子去,与少卿表弟和绍光先生。这人言语是值钱的。"大先生欣然写了几封字,庄征君、杜少卿、迟衡山、武正字都有。

王玉辉老人家,不能走旱路,上船从严州西湖这一路走。一路看着水色山光,悲悼女儿,凄凄惶惶。一路来到苏州,正要换船,心里想起:"我有一个老朋友,住在邓尉山里,他最爱我的书。我何不去看看他?"便把行李搬到山塘一个饭店里住下,搭船往邓尉山。那还是上昼时分,这船到晚才开。王玉辉问饭店的人道:"这里有甚么好顽的所在?"饭店里人道:"这一上去,只得六七里路,便是虎丘,怎么不好顽!"王玉辉锁了房门,自己走出去。初时街道还窄,走到三二里路,渐渐阔了。路旁一个茶馆,王玉辉走进去坐下吃了一碗茶。看见那些游船有极大的,里边雕梁画柱，焚着香，摆着酒席，一路游到虎丘去。游船过了多少。又有几只堂客船，不挂帘子，都穿着极鲜艳的衣服在船里坐着吃酒。王玉辉心里说道："这苏州风俗不好。一个妇人家不出闺门，岂有个叫了船在这河内游荡之理！"又看了一会，见船上一个少年穿白的妇人，他又想起女儿，心里哽咽，那热泪直滚出来。王玉辉忍着泪出茶馆门，一直往虎丘那条路上去。

【说明】

《王玉辉劝女殉夫》是讲古代儒士王玉辉，听说其女儿要绝食殉夫，非但不加劝阻，反而鼓励她去做的故事，从而揭露和批判封建理学"以理灭欲"的腐朽思想。本文节选自《儒林外史》（岳麓书社，1988年版）第四十八回"徽州府烈妇殉夫　泰伯祠遗贤感旧"，题目后加的。清代吴敬梓作。吴敬梓（1701—1754），字敏轩，号粒民，晚年号文木老人，安徽全椒（今安徽省滁州市全椒县）人。清小说家。他的主要著作《儒林外史》是一部以辛辣的笔触对封建社会现状和儒士命运进行批判揭露的讽刺小说，影响深远。

【注释】

①楮（chǔ）：即楮钱。指旧时祭奠死人用来焚化的纸钱。

众才女等放榜心神忐忑（节选）

《镜花缘》

一连聚了几日，不知不觉到了四月初一殿试之期。闺臣于五鼓起来，带着众姊妹到了禁城，同众才女密密层层齐集朝堂，山呼万岁。朝参已毕，分两旁侍立。那时天已发晓，武后闪目细细观看，只见个个花能蕴藉，玉有精神，于那娉婷妩媚之中，无不带着一团书卷秀气，虽非国色天香，却是斌斌儒雅。古人云"秀色可餐"，观之真可忘饥。越看越爱，心中着实欢喜。因略略问了史幽探、哀萃芳所绎《璇玑图》诗句的话，又将唐闺臣、国瑞徵、周庆覃三人宣来问道："你三人名字都是近时取的么？"闺臣道："当日臣女生时，臣女之父曾梦仙人指示，说臣女日后名标蕊榜，必须好好读书，所以臣女之父当时就替取了这个名字。"国瑞徵同周庆覃道："臣女之名都是去岁新近取的。"武后点点头道："你们两人名字都暗寓颂扬之意，自然是近时取的。至于唐闺臣名字，如果也是近时取的，那就错了。"又将孟、卞几家姐妹宣至面前看了一遍道："虽系姐妹，难得年纪都相仿。"又赞了几句，随即出了题目。众才女俱各归位。武后也不回宫，就在偏殿进膳。到了申刻光景，众才女俱交卷退出。原来当年唐朝举子赴过部试，向无殿试之说，自武后开了女试，方有此例，此是殿试之始。当时武后命上官婉儿帮同阅卷，所有前十名仍命六部大臣酌定甲乙。诸臣取了唐闺臣第一名殿元，阴若花第二名亚元，择于初三日五鼓放榜。

秦小春同林婉如这日闻得明日就要放榜，心里又是欢喜，又是发愁。二人同由秀英、田舜英同房，到晚秀英、舜英先自睡了，小春同婉如吃了几杯酒，和衣倒在床上，思来想去，那里睡得着，只得重复起来，坐在对面，又无话说。好容易从二更盼到三鼓，盼来盼去，再也不转四更，只好在房里走来走去，彼此思前想后，不是这个长吁，就是那个短叹。一时想到得中乐处，忽又大笑起来；及至转而一想，猛然想到落第苦处，不觉又哽咽起来。登时无穷心事都堆胸前，立也不好，坐也不好，不知怎样才好。

秀英被他二人吵的不时惊醒。那时已交四更，秀英只得坐起道："二位姐姐也该睡了！妹子原因他们那边都喜夜里谈天，每每三四更不能睡觉，妹子身弱，禁不起熬夜，又不能因我一人，禁止众人说话，所以同舜英妹妹搬过这边。幸喜二位姐姐疼顾妹子，上床就睡，从未深夜谈天，因而妹子咳嗽也就好些。正在感激，那知二位姐姐平素虽不谈天，今日忽要一总发泄出来。刚才一连数次，睡梦中不是被这位姐姐哭醒，就是被那位姐姐笑醒，心里只觉乱跳。并且那种叹息之声，更令人闻之心焦。尤其令人不解的，哭中带笑，笑中有哭，竟是忧欢莫辨、哭笑不分的光景。请问二位姐姐有何心事，以至于此？"

舜英听了，也坐起道："他们那有什么心事，不过因明日就要放榜，得失心未免过重，以致弄的忽哭忽笑，丑态百出。"秀英道："既因放榜，为何又哭又笑呢？"舜英道："他若昧了良心，自然要笑；设或天良发现，自然要哭了。"秀英道："妹妹此话怎讲？"舜英道："他既得失心重，未有不前思后想，一时想起自己文字内中怎样炼句之妙，如何摛藻之奇，不独种种超脱，并且处处精神，越思越好，愈想愈妙，这宗文字莫讲秦汉以后，就是孔门七十二贤也做我不过，世间那有这等好文字！明日放榜，不是第一，定是第二。如此一想，自然欢喜要笑了。姐姐，你说这宗想头岂非昧了良心？及至转而一想，文字虽佳，但某处却有字句欠妥之处，又有某处用意错谬之处；再细推求，并且还有许多比屁还臭、不能对人之处，竟是坏处多，好处少。这样文字如何能中？如此一想，自然闷恨要哭了。姐姐，你说这宗忖度岂非良心发现么？"

秀英道："妹妹这话未免太过，二位姐姐断非如此。"小春道："舜英姐姐安心要尖酸刻薄，我也不来分辩，随他说去。但秀英姐姐乃我们姊妹队中第一个贤慧人，将来却与这个刻薄鬼一同而归，那里是他对手！"婉如道："说话过于尖酸，也非佳兆，第一先与寿数有碍。俺劝姐姐少说几句，积点寿也是好的。"秀英道："二位姐姐，你听鸡已啼过几遍，只怕已转五更，再要不睡，天就亮了！"婉如道："二位姐姐只管请睡，俺们已托九公去买题名录。他于二更去的，大约少刻就可回来。"

话言未毕，只听远远的一阵喧嚷，忽然响了一声大炮，振得窗棂乱动，外面仆妇丫环俱已起来。原来报喜人到了。婉如开了房门，小春即命丫环去找多九公，谁知二门锁还未开，不能出去。只听又是一声炮响，二人只急的满房乱转。小春刚命丫环去催钥匙，忽又大炮响了两声。婉如道："共响四炮，这是'四海升平'。外面如此热闹，你们二位也该升帐了！"秀英笑道："二位姐姐真好记性！昨日大家因议放炮，讲定二门不准开，必须报完天亮方开，怎么此时要讨钥匙，岂非反覆不定么？你听又是一炮，共成'五谷丰登'。"小春道："我只顾发急，把昨日的话也忘了，原来放炮也是昨日议的。其中怎样讲究，此时心里发慌，也想不出。姐姐可记得？"婉如道："昨日何尝议论放炮？这是你记错了。只顾说话，接连又是三炮，这叫做'大椿以八百岁为春'。"舜英笑道："又是两响，可谓'十分财气'了。"秀英道："妹子只当小春姐姐记性不好，谁知婉如姐姐记性更丑。昨日议论放炮，还是你极力赞成，怎么此时倒又忘了？你听接连又是五炮，恰好凑成骨牌名，是'观灯十五'。"婉如道："究竟怎样议的，妹子实实想不出。"秀英道："昨日公议，其中一人，外面即放一炮；倘中殿元，外加百子炮十挂。所有报单，统俟报完，二门开放，方准呈进。如今又是三炮，已有罗汉之数了。"婉如道："若是这样，俺们四十五人须放四十五炮了。早知这样气闷，昨日决不随同定议。若不如此，今日中一名报一名，岂不放心？如今也不知那位先中，也不知谁还未中，教人心里上不上，下不下，不知怎样才好。此时又响了六炮，共是'二十四番花信'了。"舜英道："你听，这四声来的快，恰恰凑成'云台二十八将'。"

小春道："怎么他们众姊妹都不出来？大约同我们一样，也在那里掐着指头数哩。只等四十五炮齐全，他才跳出哩。你听，又是两炮，共成'两当十五之年'了。"秀英道："此话怎讲？"小春道："难为姐姐还是博学，连这出处也不知。这是当日有位才子，做'三十而立'破题有此一句，叫做'两当十五之年，虽有板凳、椅子，而不敢坐焉'。"婉如道："接连又是三响，到了三十三天了。还有十二炮，俺的菩萨，你快快放罢！"小春朝着外面万福："魁奶奶，魁太太，这十二炮你老人家务必做个整人情，把他扫数全完，一总放了罢。你若留下一个，我就没命了！好了，好了，你听，又是三炮，凑成'三十六鸳鸯'。好！这声接的快，三十七炮了！你听又是一……"正要说"炮"字，谁知外面静悄悄并无声响。小春嘴里还是"一……一……一……"，等之许久，那个"炮"字再也说不出。秀英道："自一炮以至三十七炮，内中虽陆陆续续，并未十分间断。此时忽停多时，这是何意？"舜英道："这又停了半晌，仍无影响，难道还有八炮竟不放么？"婉如道："若果如此，可坑死俺了！"

只见天已发晓，各房姊妹都已起来。仔细再听外面，鸦雀无闻，不但并无炮声，连报喜的也不见了。众人这一吓非同小可。秀英、舜英也收拾下床，正在梳洗，众丫环纷纷进来，请用点心。众才女都在厅房等候。二人穿戴完毕，来约小春、婉如一同前去。只见二人坐在椅上，面如金纸，浑身瘫软，那眼泪如断线珍珠一般，直朝下滚。秀英、舜英看了，回想这八炮内不知可有自己在内，也不觉鼻酸，只得扶着二人，来到厅房。众才女久已到齐，一同归坐。彼此面面相觑，个个面如金纸，一言不发。点心拿到面前，并无一人上唇，那暗暗落泪的不计其数。……眼见得竟有八位要在孙山之外，不觉个个发慌，人人胆落，究竟不知谁在八名之内。一时害怕起来，不独面目更色，那鼻涕眼泪也就落个不止。小春、婉如见众人这宗样子，再想想自己文字，由不得不怕，只觉身上一阵冰冷，脚底寒气直从头顶心冒将出来，三十六个牙齿登时一对一对撕打，浑身抖战筛糠，连椅子也摇动起来。婉如一面抖着,一面说道:"这……这……这样乱抖,俺……俺……可受不住了!"小春也抖着道:"你……你……你受不住,我……我……我又可曾受得住?今……今……今日这命要送在……在此处了!"

闺臣叹了几声道:"今又等了多时,仍无响动,看来八位落第竟难免了。妹子屡要开门,大家务要且缓,难道此时还要等报么?"婉如一面抖着,一面哽咽道:"起……起初俺原想早些开门,如……如今俺又不愿开门了。你不开门了,俺……俺还有点想头;倘……倘或开门,说……说俺不中,俺……俺就死了!实……实对你们说罢,除……除非把俺杀了,方准开哩。"

若花道:"此时业已如此,也是莫可如何,若据闺臣阿妹追想碑记,我们在坐四十五人,似乎并无一人落第,那知今日竟有八人之多!可见天道不测,造化弄人,你又从何捉摸?但此门久久不开,也不成事,莫若叫人隔着二门问九公。昨日婉如、小春二位阿妹所托题名录想已买来,如今求他细细查看,如题名录只得三十七人,此门就是不开,也不中用。况所中之人,只怕还要进朝谢恩,何能过缓?"闺臣道:"姐姐此言甚是。"即分付丫环去问多九公,谁知九公还未回来。闺臣道:"昨在部里打听,准于五鼓吉时放榜,无人不知,现在已交卯正,题名录还未买来,岂非怪事?"秀英道:"今日如已放榜,何以九公此时还不回来?若说尚未放榜,现在却又报过三十七人。其中必有缘故!"

忽听外面隐隐的一片喧嚷,原来多九公回来,要面见众小姐。闺臣忙把钥匙递给丫环,众人都迎到门前。不多时,只见多九公跑的满脸是汗,走到厅前,望着众人说了一声"恭……",那个"喜"字不曾说完,只是吁吁气喘,说不出话来。小春一面抖着,同田凤翾把九公搀进厅房,坐在椅上,丫环送了两杯茶,喘的略觉好些。小春滴着泪,向九公道:"甥……甥女可有分么?"多九公一面喘着,把头点了两点。婉如也滴泪道:"九……九公,俺呢?"多九公也把头点了两点。闺臣道:"请问九公,题名录可曾买来?"多九公连连摇头。停了片刻,望着众人,把胸前指了一指。凤翾从怀中取出一个名单,递给闺臣。闺臣展开同众人观看,只见上面写著:"钦取一等才女五十名、二等才女四十名、三等才女十名。……"若花恐众人看不见,未免着急,就便顺口高声朗诵,从头念了下去:

第一名史幽探　　第二名哀萃芳

第三名纪沉鱼　　第四名言锦心

……

第九十九名花再芳　第一百名毕全贞

若花把榜念完、众才女这才转悲为喜。

多九公喘息已定。众人都问:"何以报子漏报八名?这个名次,从何处抄来?"九公道:"老夫今日三鼓就在那里守榜。略略用点使费。所以里面信息也通。起初原是闺臣小姐第一名殿元,若花小姐是第二名亚元。谁知榜已填到八九,太后忽然想起闺臣小姐名姓不好,因史幽探、哀萃芳向日缭的诗句甚佳,登时把前十名移到后面，后十名移到前面，复又从新填榜。如此往返转折，耽搁许多工夫，以致天明还未放榜。老夫惟恐众小姐等的心焦，况且报子里面信息虽通，只能填一名，报一名，那知这些移换之事，若等他报，不知等到何时。老夫只得托人把榜上等第、名次匆匆抄了，连籍贯也不及写，飞忙赶回，跑的连气也喘不过来。并且闻得这是自古未有旷典，一经放榜，就要上朝会齐谢恩，因此更要赶回告知此事。我们宁可走在人先。诸位小姐收拾收拾，用些饭食，急速去罢。"话未说完，只听外面接连放了八声大炮，九公道："你听，这炮就是移到后面前十名。原来向日填榜，惟恐前几名太后仍要更换，故此先从末名填起。今日也是这样。所以前二十名倒报在众人之后了。老夫足足一夜未曾合眼，且去歇歇，明日慢慢再领喜酒。"说罢，外面去了。

众人连忙收拾。谁知小春、婉如忽然不见，四处找寻，好容易才从茅厕找了出来。原来二人却立在净桶旁边，你望着我，我望着你，倒像疯颠一般，只管大笑。见了众人，这才把笑止住。舜英道："二位姐姐即或乐的受不得，也该寻个好地方。你们只顾在此开心，设或沾了此中气味，将来做诗，还恐有些屁臭哩！"说的众人不觉好笑。

都到厅房用过饭，匆匆来至朝房，会同众才女，上殿谢恩。武后将一等的授为女学士之职，二等授女博士之职，三等授女儒士之职。授职已毕，各赐金花一对。随即传旨，命膳部大排红文宴。筵宴之际，武后越看越喜，因又颁赐许多大缎异香。一连赐宴三日，接着公主又赐了两日宴。众才女天天聚会，唤姐呼妹，彼此叙谈，不但个个熟识，并且极其亲热。每到席散分手，甚觉恋恋不舍。

【说明】

《众才女等放榜心神忐忑》是写参加殿试后的众才女，在黄榜揭晓前后的各种有趣的神态变化，极为生动，与吴敬梓的《范进中举》有异曲同工之妙。本文节选自清代李汝珍的《镜花缘》《上海古籍出版社，2000年版》第六十六回"借飞车国王访储子　放黄榜太后考闺才"和第六十七回"小才女下府谒师　老国舅黄门进表"，题目为后加的。李汝珍（约1763—约1830），字松石，直隶大兴（今北京市大兴县）人。做过官员。博学多才，清音韵学家，小说家。著有《李氏音鉴》，晚年著《镜花缘》。《镜花缘》批判了男尊女卑的封建思想，对现实社会的世态人情、八股取士、儒材酸腐进行了嘲弄和讽刺，是一部与《西游记》《封神榜》《聊斋志异》同辉璀璨，带有深厚神话色彩、浪漫幻想迷离的中国古典长篇小说。

侠 女
《聊斋志异》

顾生，金陵①人。博于材艺②，而家綦③贫。又以母老，不忍离膝下，惟日为人书画，受赞④以自给。行年⑤二十有五，伉俪犹虚。对户旧有空第，一老姬及少女税⑥居其中。以其家无男子，故未问其谁何。一日，偶自外入，见女郎自母房中出，年约十八九，秀曼都雅⑦，世罕其匹⑧。见生不甚避，而意凛如也⑨。生入问母。母曰："是对户女郎，就吾乞刀尺⑩。适言其家亦止一母。此女不似贫家产⑪。问其何为不字，则以母老为辞。明日当往拜其母，便风以意⑫。倘所望不奢⑬，儿可代养其母。"明日造其室，其母一聋媪耳。视其室，并无隔宿粮。问所业，则仰女十指⑭。徐以同食之谋试之，媪意似纳，而转商其女。女默然，意殊不乐。母乃归。详⑮其状而疑之曰："女子得非嫌吾贫乎？为人不言亦不笑，艳如桃李而冷如霜雪，奇人也！"母子猜叹而罢。

一日生坐斋头，有少年来求画。姿容甚美，而意颇儇佻⑯。诘所自，以邻村对。嗣后三两日，辄一至。稍稍稔熟⑰，渐以嘲谑⑱，生狎抱之，亦不甚拒，遂私焉。由此往来昵甚。会女郎过，少年目送之，问为谁？对以邻女。少年曰："艳丽如此，神情一何可畏？"少间，生入内。母曰："适女子来乞米，云不举火⑲者经日矣。此女至孝，贫极可悯，宜少周恤之。"生从母言，负斗粟，款⑳而达母意。女受之，亦不申谢㉑。日常至生家，见母作衣履，便代缝纫。出入堂中，操作如妇。生益德之。每获馈饵㉒，必分给其母，女亦略不置齿颊㉓。母适疮生隐处，宵旦号咷。女时就榻省视，为之洗创敷药，日三四作。母意甚不自安，而女不厌其秽。母曰："唉！安得新妇如儿而奉老身以死也。"言讫，悲哽。女慰之曰："郎子大孝，胜我寡母孤女多矣！"母曰："床头蹀躞之役㉔，岂孝子所能为者？且身已向暮，旦夕犯雾露㉕，深以祧续㉖为忧耳。"言间，生入。母泣曰："亏娘子良多，汝无忘报德。"生伏拜之。女曰："君敬我母，我勿谢也。君何谢焉？"于是益敬爱之。然其举止生硬，毫不可干㉗。

一日，女出门，生目注之。女忽回首，嫣然而笑。生喜出意外，趋㉘而从诸其家。挑之，亦不拒，欣然交欢。已，戒生曰："事可一而不可再。"生不应而归。明日又约之。女厉色不顾而去。日频来，时相遇，并不假以词色㉙。少游戏之，则冷语冰人。忽于空处问生："日来少年谁也？"生告之。女曰："彼举止态状，无礼于妾频矣！以君之狎昵，故置之。请便寄语：再复尔，是不欲生也已㉚！"生至夕以告少年，且曰："子必慎之，是不可犯！"少年曰："既不可犯，君何犯之？"生白其无。曰："如其无，则猥亵之语，何以达君听㉛哉？"生不能答。少年曰："亦烦寄告假惺惺，勿作态。不然，我将遍播扬。"生甚怒之，情见于色。少年乃去。一夕方独坐，女忽至笑曰："我与君情缘未断，宁非天数。"生狂喜而抱于怀。忽闻履声籍籍㉜，两人惊起，则少年推扉入矣。生惊问："子胡为者？"笑曰："我来观贞洁之人耳。"顾女曰："今日不怪人耶？"女眉竖颊红，默不一语。急翻上衣，露一革囊，应手而出，则尺许晶莹匕首也。少年见之，骇而却走。追出户外，四顾渺然。女以匕首望空抛掷，戛然有声，灿若长虹。俄㉝一物堕地作响，生急烛之，则一白狐，身首异处矣。大骇。女曰："此君之娈童㉞也。我固恕之，奈渠定不欲生何！"收刃入囊。生曳令入。曰："适妖物败意㉟，请俟来宵。"出门径去。次夕女果至，遂共绸缪㊱。诘其术，女曰："此非君所知。宜须慎密，泄恐不为君福。"又订以嫁娶，曰："枕席㊲焉，提汲㊳焉，非妇伊何㊴也？业㊵夫妇矣，何必复言嫁娶乎？"生曰：

"将毋憎吾贫耶？"曰："君固贫，妾富耶？今宵之聚，正以怜君贫耳。"临别嘱曰："苟且之行㊶，不可以屡。当来，我自来；不当来，相强无益。"后相值，每欲引与私语，女辄走避。然衣绽炊薪，悉为纪理㊷，不啻妇也。

积数月，其母死，生竭力营葬之。女由是独居。生意孤寝可乱，逾垣入，隔窗频呼，迄不应，视其门则空室扃焉。窃疑女有他约。夜复往，亦如之。遂留佩玉于窗间而去之。越日，相遇于母所。既出，而女尾其后，曰："君疑妾耶？人各有心，不可以告人。今欲使君无疑而乌得可，然一事烦急为谋。"问之，曰："妾体孕已八月矣。恐旦晚临盆㊸。'妾身未分明'㊹，能为君生之，不能为君育之。可密告母觅乳媪，伪为讨螟蛉者㊺，勿言妾也。"生诺，以告母，母笑曰："异哉此女！聘㊻之不可，而顾私于我儿。"喜从其谋以待之。又月余，女数日不至。母疑之，往探其门，萧萧闭寂。叩良久，女始蓬头垢面自内出，启而入之，则复阖之。入其室则呱呱者在床上矣。母惊问："诞几时矣？"答云："三日。"捉绷席㊼而视之，则男也，且丰颐而广额㊽。喜曰："儿已为老身育孙矣。伶仃一身，将焉所托㊾？"女曰："区区隐衷，不敢掬示㊿老母。俟夜无人，可即抱儿去。"母归与子言，窃共异之。夜往抱子归。更数月，夜将半，女忽款门入，手提革囊，笑曰："大事已了，请从此别。"急询其故，曰："养母之德，刻刻不去诸怀。向云'可一而不可再'者，以相报不在床第㋑也。为君贫不能婚，将为君延一线之续。本期一索而得㋒，不意信水复来，遂至破戒而再。今君德既酬㋓，妾志亦遂，无憾矣！"问："囊中何物？"曰："仇人头耳。"捡而窥之，须发交而血模糊。骇绝，复致研诘。曰："向不与君言者，以机事不密㋔，惧有宣泄。今事已成，不妨相告：妾浙人。父官司马㋕，陷于仇㋖，彼籍吾家㋗。妾负老母出，隐姓名，埋头项㋘，已三年矣。所以不即报者，徒以有母在。母去，又一块肉累腹中，因而迟之又久。囊夜出非他，道路门户未稔，恐有讹误耳。"言已出门。又嘱曰："所生儿，善视之。君福薄无寿，此儿可光门闾㋙。夜深不得惊老母，我去矣。"方凄然欲询所之，女一闪如电，瞥尔间遂不复见。生叹惋木立，若丧魂魄。明以告母，相为叹异而已。后三年生果卒。子十八，举进士，犹奉祖母以终老云。

异史氏曰："人必室有侠女而后可以畜㋚娈童。不然，尔爱其艾豭，彼爱尔娄猪矣㋛！"

【说明】

《侠女》刻画了一个复仇妖狐的形象。她胸有丘壑，贫困压不倒，情欲缚不住，奉母终老，育子报德，杀掉仇人，从容而去。这个形象反映了当时政治黑暗、公理不彰以及被害者的反抗精神。本文选自清代蒲松龄的《聊斋志异》（岳麓书社，1988年版）。蒲松龄（1640—1715），字留仙，又字剑臣，别号柳泉居士，世称聊斋先生，自称异史氏。济南府淄川（今山东省淄博市淄川区洪山镇蒲家庄）人。清代杰出的文学家，优秀短篇小说家。《聊斋志异》简称《聊斋》，俗名《鬼狐传》，将近五百篇，有讲爱情的故事，有抨击科举制度对读书人的残害，也有揭露统治阶级的残暴和对人民的压迫，内容丰富多彩，影响深远。

【注释】

①金陵：今南京市，战国时为金陵邑。

②博于材艺：多才多艺。材，同"才"。

③綦（qí）：极，甚。

④贽（zhì）：礼物。

⑤行年：经历的年岁。

⑥税：租，赁。

⑦秀曼都雅：秀丽美雅，风度美好。曼，秀长。都，美。

⑧世罕其匹：世间很少有人比得上她。罕，少有。匹，相等。

⑨凛（lǐn）如：严肃可畏的样子。如，语助词。

⑩乞刀尺：借剪刀和尺子。乞，求借。

⑪贫家产：贫苦人家的孩子。

⑫便风（fěng）以意：顺便委婉地暗示自己的意思。便，指方便的时候。风，同"讽"，从侧面示意。

⑬奢：过分。

⑭仰女十指：依靠女儿做针线为生。仰，依赖。

⑮详：仔细考察。

⑯儇佻（xuāntiāo）：轻浮，不庄重。

⑰稔（rěn）熟：熟悉。

⑱嘲谑（xuè）：开玩笑。

⑲举火：指生火做饭。

⑳款门：叩门。款，通"叩"，敲。

㉑申谢：表示谢意。申，申述，说明。

㉒馈饵：别人赠送的糕饼。馈，现为馈的废除异体字，赠送。饵，糕饼，食物。

㉓略不置齿颊：意思是感谢之情一点儿不挂在嘴上，也不表现在脸上。略，稍为地。颊，面颊。

㉔床头蹀躞（diéxiè）之役：指在床前侍奉母亲的杂役。蹀躞，小步走路的样子。

㉕犯雾露：因病而死。语出《史记·淮南厉王长传》："逢雾露病死。"

㉖祧（tiāo）续：同"祧绪"，后嗣。

㉗干：冒犯。

㉘趋：快步走。

㉙假以词色：给以表示友好的言词和脸色。

㉚已：同"矣"。

㉛达君听：传到你的耳朵里。

㉜籍籍：纷乱的样子，此处形容声响纷乱。

㉝俄：俄而，一会儿。

㉞娈（luán）童：美好的童子，这里指旧时被当作女性玩弄的男童。

㉟败意：败兴，破坏了兴致。

㊱绸缪（móu）：缠绵，指男女相爱。

㊲枕席：指同居。

㊳提汲（jí）：从井中提水，指家务劳动。

㊴伊何：是什么。伊，发语词。

㊵业：已经。

㊶苟且之行：不合礼法的行为，指顾生和侠女的欢聚。苟且，不守礼法。

㊷衣绽（zhàn）炊薪，悉为纪理：补衣烧饭，全都代替办理。纪理，经营办理。

㊸临盆：分娩。

㊹妾身未分明：我的身份尚未明确。意思是没有公开结为夫妇。语出杜甫《新婚别》："妾身未分明，何以拜姑嫜。"妾，古代妇女自称的谦词。

㊺螟蛉（mínglíng）：养子的代称，语出《诗经·小雅·小宛》。螟蛉是一种飞蛾的幼虫，蜾蠃捕来喂养自己的幼虫，古人错认为蜾蠃以螟蛉为养子，故以螟蛉代称"养子"。

㊻聘：正式婚娶。

㊼绷（bēng）席：包婴儿的被褥，这里代指婴儿。

㊽丰颐而广额：下巴丰满，上额广阔。

㊾将焉所托：将寄托何处。

㊿掬示：奉告。掬，双手捧出。

51以相报不在床笫（zǐ）：因为报德不在于成为夫妇。床笫，床铺，引申为夫妇之间。

52一索而得：意思是初次即生个男孩。语出《易·说卦》。索，求索。

53既酬：已经报答。酬：报。

54机事不密：机密之事不能保密。

55司马：古时掌管军政的官名。隋唐时兼为郡官，明清因称府同知（府的僚属，分管缉捕、防务）为"司马"。

56陷于仇：被仇人陷害。

57籍吾家：没收了我家财产。籍，籍没，登记没收。

58埋头项：隐藏面目，不敢露面。

59光门闾：光耀门庭。闾，里门。

60畜：养。

61尔爱其艾豭（jiā），彼爱尔娄（lóu）猪矣：你爱他这个公猪，他就爱你那个母猪了！意指你爱娈童，娈童就要爱你的妻室。艾豭，公猪，喻娈童。娄猪，母猪，喻妻子。艾豭、娄猪之喻，见《左传·定公十四年》。

戏曲鉴赏

窦娥冤·错斩

关汉卿

（外扮监斩官上，云）下官监斩官是也，今日处决犯人，着做公的把住巷口，休放往来人闲走。（净扮公人，鼓三通、锣三下科。刽子磨旗、提刀，押正旦带枷上）（刽子云）行动些，行动些，监斩官去法场上多时了。（正旦唱）

【正宫·端正好】没来由犯王法，不提防遭刑宪，叫声屈动地惊天！顷刻间游魂先赴森罗殿，怎不将天地也生埋怨？

【滚绣球】有日月朝暮悬，有鬼神掌着生死权，天地也，只合把清浊分辨，可怎生糊突了盗跖、颜渊？为善的受贫穷更命短，造恶的享富贵又寿延。天地也，做得个怕硬欺软，却原来也这般顺水推船。地也，你不分好歹何为地？天也，你错勘贤愚枉做天！哎，只落得两泪涟涟。

（刽子云）行动些，误了时辰也。（正旦唱）

【倘秀才】则被这枷扭的我左侧右偏，人拥的我前合后偃，我窦娥向哥哥行有一句言。（刽子云）你有甚么话说？（正旦唱）前街里去心怀恨，后街里去死无冤，休推辞路远。

（刽子云）你如今到法场上面，有甚么亲眷要见的，可教他过来，见你一面也好。（正旦唱）

【叨叨令】可怜我孤身只影无亲眷，则落得吞声忍气空嗟怨。（刽子云）难道你爷娘家也没的？（正旦云）止有个爹爹，十三年前上朝取应去了，至今杳无音信。（唱）早已是十年多不睹爹爹面。（刽子云）你适才要我往后街里去，是什么主意？（正旦唱）怕则怕前街里被我婆婆见。（刽子云）你的性命也顾不得，怕他见怎的？（正旦云）俺婆婆若见我披枷带锁赴法场餐刀去呵，（唱）枉将他气杀也么哥，枉将他气杀也么哥！告哥哥，临危好与人行方便。（卜儿哭上科，云）天那，兀的不是我媳妇儿！（刽子云）婆子靠后！（正旦云）既是俺婆婆来了，叫他来，待我嘱付他几句话咱。（刽子云）那婆子，近前来，你媳妇要嘱付你话哩。（卜儿云）孩儿，痛杀我也！（正旦云）婆婆，那张驴儿把毒药放在羊肚儿汤里，实指望药死了你，要霸占我为妻，不想婆婆让与他老子吃，倒把他老子药死了。我怕连累婆婆，屈招了药死公公，今日赴法场典刑。婆婆，此后遇着冬时年节，月一十五，有瀽不了的浆水饭，瀽半碗儿与我吃；烧不了的纸钱，与窦娥烧一陌儿。则是看你死的孩儿面上！（唱）

【快活三】念窦娥葫芦提当罪愆，念窦娥身首不完全，念窦娥从前已往干家缘。婆婆也，你只看窦娥少爷无娘面。

【鲍老儿】念窦娥伏侍婆婆这几年，遇时节将碗凉浆奠；你去那受刑法尸骸上烈些纸钱，只当把你亡化的孩儿荐。（卜儿哭科，云）孩儿放心，这个老身都记得。天那，兀的不痛杀我也！（正旦唱）婆婆也，再也不要啼啼哭哭，烦烦恼恼，怨气冲天。这都是我做窦娥的没时没运,不明不暗,负屈衔冤。(刽子做喝科,云)兀那婆子靠后,时辰到了也。(正旦跪科)(刽子开枷科)(正旦云)窦娥告监斩大人,有一事肯依窦娥,便死而无怨。(监斩官云)你有甚么事?你说。(正旦云)要一领净席,等我窦娥站立;又要丈二白练,挂在旗枪上;若是我窦娥委实冤枉,刀过处头落,一腔热血休半点儿沾在地下,都飞在白练上者。(监斩官云)这个就依你,打甚么不紧。(刽子做取席站科,又取白练挂旗上科)(正旦唱)

【耍孩儿】不是我窦娥罚下这等无头愿,委实的冤情不浅;若没些儿灵圣与世人传,也不见得湛湛青天。我不要半星热血红尘洒,都只在八尺旗枪素练悬。等他四下里皆瞧见,这就是咱苌弘化碧,望帝啼鹃。

(刽子云)你还有甚的说话?此时不对监斩大人说,几时说那?(正旦再跪科,云)大人,如今是三伏天道,若窦娥委实冤枉,身死之后,天降三尺瑞雪,遮掩了窦娥尸首。(监斩官云)这等三伏天道,你便有冲天的怨气,也召不得一片雪来,可不胡说!(正旦唱)

【二煞】你道是暑气暄,不是那下雪天;岂不闻飞霜六月因邹衍?若果有一腔怨气喷如火,定要感的六出冰花滚似绵,免着我尸骸现;要甚么素车白马,断送出古陌荒阡!

(正旦再跪科,云)大人,我窦娥死的委实冤枉,从今以后,着这楚州亢旱三年!(监斩官云)打嘴!那有这等说话!(正旦唱)

【一煞】你道是天公不可期,人心不可怜,不知皇天也肯从人愿。做甚么三年不见甘霖降?也只为东海曾经孝妇冤,如今轮到你山阳县。这都是官吏每无心正法,使百姓有口难言!

(刽子做磨旗科,云)怎么这一会儿天色阴了也?(内做风科,刽子云)好冷风也!(正旦唱)

【煞尾】浮云为我阴,悲风为我旋,三桩儿誓愿明题遍。(做哭科,云)婆婆也,直等待雪飞六月,亢旱三年呵,(唱)那其间才把你个屈死的冤魂这窦娥显!

(刽子手做开刀,正旦倒科)(监斩官惊云)呀,真个下雪了,有这等异事!(刽子云)我也道平日杀人,满地都是鲜血,这个窦娥的血都飞在那丈二白练上,并无半点落地,委实奇怪。(监斩官云)这死罪必有冤枉。早两桩儿应验了,不知亢旱三年的说话,准也不准?且看后来如何。左右,也不必等待雪晴,便与我抬他尸首,还了那蔡婆婆去罢。(众应科,抬尸下)

【说明】

《窦娥冤》原名叫《感天动地窦娥冤》,是元代戏曲家关汉卿的杂剧代表作,也是元杂剧悲剧的典范。该剧是讲述一位穷书生窦天章为还高利贷将女儿窦娥抵给蔡婆婆做童养媳,不出两年其夫亡故。泼皮无赖张驴儿要蔡婆婆将窦娥许配他不成,将毒药下在汤中要毒死蔡婆婆,结果误毒死了其父。张驴儿诬告窦娥毒死他父,昏官桃杌草营人命,最后做了冤案,将窦娥处死示众。后来窦娥父亲窦天章科场中第荣任高官为窦娥平反昭雪。这里所选的是第三折,讲窦娥屈打成招,处斩时六月飞雪地、血飞白练的故事,标题是本书所加的。作者关汉卿(约1234年以前—约1300年左右),原名不详,字汉卿,号已斋,又作一斋、已斋叟。解州(今山西省运城)人,另有籍贯大都(今北京市)和祁州(今河北省安国市)等说。他是元杂剧奠基人,与白朴、马致远、郑光祖并为"元曲四大家",并居其首。其戏剧创作十分丰富,有六十多个剧目,但多散佚,其中《窦娥冤》《救风尘》《望江亭》《鲁斋郎》《单刀会》都是脍炙人口的作品。关汉卿是我国戏剧史上作品最多、成就最大的一位作家。

西厢记·长亭送别

王实甫

（夫人长老上,云）今日送张生赴京,就十里长亭,安排下筵席。我和长老先行,不见张生小姐来到。（旦、末、红同上）（旦云）今日送张生上朝取应。早是离人伤感,况值那暮秋天气,好烦恼人也呵! 悲欢聚散一杯酒,南北东西万里程。（唱）

【正宫·端正好】碧云天,黄花地,西风紧,北雁南飞。晓来谁染霜林醉? 总是离人泪。

【滚绣球】恨相见得迟,怨归去得疾。柳丝长玉骢难系,恨不得倩疏林挂住斜晖。马儿迍迍的行,车儿快快的随。却告了相思回避,破题儿又早别离。听得道一声"去也",松了金钏;遥望见十里长亭,减了玉肌。此恨谁知!

（红云）姐姐今日怎么不打扮? （旦云）你那知我的心里呵! （唱）

【叨叨令】见安排着车儿、马儿,不由人熬熬煎煎的气。有甚么心情将花儿、靥儿,打扮得娇娇滴滴的媚。准备着被儿、枕儿,则索昏昏沉沉的睡。从今后衫儿、袖儿,都揾做重重叠叠的泪。兀的不闷杀人也么哥,兀的不闷杀人也么哥! 久已后书儿、信儿,索与我恓恓惶惶的寄。

（做到了科,见夫人科）（夫人云）张生和长老坐,小姐这壁坐,红娘将酒来。张生,你向前来,是自家亲眷,不要回避。俺今日将莺莺与你,到京师休辱末了俺孩儿,挣揣一个状元回来者。（末云）小生托夫人余荫,凭着胸中之才,视得官如拾芥耳。（洁云）夫人主张不差,张生不是落后的人。（把酒科,坐）（旦长吁科）（唱）

【脱布衫】下西风黄叶纷飞,染寒烟衰草萋迷。酒席上斜签着坐的,蹙愁眉死临侵地。

【小梁州】我见他阁泪汪汪不敢垂,恐怕人知。猛然见了把头低,长吁气,推整素罗衣。

【幺篇】虽然久后成佳配,奈时间怎不悲啼。意似痴,心如醉,昨宵今日,清减了小腰围。

（夫人云）小姐把盏者! （红递酒科,旦把盏长吁科,云）请吃酒! （唱）

【上小楼】合欢未已，离愁相继。想着俺前暮私情，昨夜成亲，今日别离。我谂知这几日相思滋味，却原来比别离情更增十倍。

【幺篇】年少呵轻远别，情薄呵易弃掷。全不想腿儿相压，脸儿相偎，手儿相携。你与俺崔相国做女婿，妻荣夫贵，但得个并头莲，煞强如状元及第。

（红云）姐姐不曾吃早饮，饮一口儿汤水。（旦云）红娘，什么汤水咽得下！（唱）

【满庭芳】供食太急，须史对面，顷刻别离。若不是酒席间子母每当回避，有心待与他举案齐眉。虽然是厮守得一时半刻，也合着俺夫妻每共桌而食。眼底空留意，寻思起就里，险化做望夫石。

（夫人云）红娘把盏者！（红把酒科）（旦唱）

【快活三】将来的酒共食，尝着似土和泥；假若便是土和泥，也有些土气息、泥滋味。

【朝天子】暖溶溶玉醅，白泠泠似水，多半是相思泪。眼面前茶饭怕不待要吃，恨塞满愁肠胃。"蜗角虚名，蝇头微利"，拆鸳鸯在两下里。一个这壁，一个那壁，一递一声长吁气。

（夫人云）辆起车儿，俺先回去，小姐随后和红娘来。（下）（末辞洁科）（洁云）此一行别无话说，贫僧准备买登科录看，做亲的茶饭少不得贫僧的。先生在意，鞍马上保重者！"从今经忏无心礼，专听春雷第一声。"（下）（旦唱）

【四边静】霎时间杯盘狼藉，车儿投东，马儿向西。两意徘徊，落日山横翠。知他今宵宿在那里？有梦也难寻觅。

（旦云）张生，此一行得官不得官，疾早便回来。（末云）小生这一去，白夺一个状元。正是："青霄有路终须到，金榜无名誓不归。"（旦云）君行别无所赠，口占一绝，为君送行："弃掷今何道，当时且自亲。还将旧来意，怜取眼前人。"（末云）小姐之意差矣，张珙更敢怜谁？谨赓一绝，以剖寸心："人生长远别，孰与最关亲？不遇知音者，谁怜长叹人？"（旦唱）

【耍孩儿】淋漓襟袖啼红泪，比司马青衫更湿。伯劳东去燕西飞，未登程先问归期。虽然眼底人千里，且尽樽前酒一杯。未饮心先醉，眼中流血，心内成灰。

【五煞】到京师服水土，趁程途节饮食，顺时自保揣身体。荒村雨露宜眠早，野店风霜要起迟！鞍马秋风里，最难调护，最要扶持。

【四煞】这忧愁诉与谁？相思只自知，老天不管人憔悴。泪添九曲黄河溢，恨压三峰华岳低。到晚来闷把西楼倚，见了些夕阳古道，衰柳长堤。

【三煞】笑吟吟一处来，哭啼啼独自归。归家若到罗帏里，昨宵个绣衾香暖留春住，今夜个翠被生寒有梦知。留恋你别无意，见据鞍上马，阁不住泪眼愁眉。

（末云）有甚么言语嘱咐小生咱？（旦唱）

【二煞】你休忧"文齐福不齐"，我则怕你"停妻再娶妻"。你休要"一春鱼雁无消息"！我这里青鸾有信频须寄，你却休"金榜无名誓不归"。此一节君须记：若见了那异乡花草,再休似此处栖迟。

（末云）再谁似小姐?小生又生此念。小姐放心,小生就此拜辞。（旦唱）

【一煞】青山隔送行,疏林不做美,淡烟暮霭相遮蔽。夕阳古道无人语,禾黍秋风听马嘶。我为甚么懒上车儿内,来时甚急,去后何迟?

（红云）夫人去好一会,姐姐,咱家去!（旦唱）

【收尾】四围山色中,一鞭残照里。遍人间烦恼填胸臆,量这些大小车儿如何载得起?

（旦、红下）（末云）仆童赶早行一程儿,早寻个宿处。泪随流水急,愁逐野云飞。（下）

【说明】

《西厢记》最早来源于唐代元稹的传奇小说《莺莺传》,是在金代戏曲《解西厢》的基础上再创作的。它讲述了美丽女孩崔莺莺和痴情书生张君瑞的爱情故事。崔莺莺和母亲一起回老家,途经普济寺住了下来。落魄书生张君瑞也来到普济寺,和崔莺莺一见钟情,以便于安静读书为名也住在普济寺一厢房。叛将孙飞虎听说崔莺莺有倾国倾城的美貌,兵围普济寺,欲抢崔莺莺为压寨夫人,如三日不交人,即放火烧寺,杀光寺里的所有人。情急之下,崔夫人放话,谁能赶走这伙贼人,不论僧俗,愿将她女儿崔莺莺嫁他为妻。张生听后,即修书请他老同学领兵十万捉拿了孙飞虎,解了此围。事后崔老夫人反悔,但在崔莺莺丫环红娘的帮助下,崔莺莺和张生两人暗自来往。崔老夫人知道后,气归气,还是同意了两人的婚事,不过,要求张生要上京赶考,等考取功名后再成亲。由于爱情的力量,以前张生总考不上,这回一举及第,竟得了头名状元,抱得美人归。这里所选的《长亭送别》是《西厢记》第四本第三折,是写张生在老夫人的催逼下,即将离别莺莺进京赶考,莺莺、红娘、老夫人等在十里长亭为张生饯行送别。这折戏主要是写莺莺和张生的离别之情。作者为元代王实甫。王实甫（1260—1336）,名德信,大都（今北京）人,祖籍河北省保定市定兴（今定兴县）。元代著名杂剧家,与关汉卿齐名,其作品继承了唐宋诗词精美的语言艺术,吸收了元代民间生动活泼的口语,创造了文采璀璨的元曲词汇,是中国戏曲"文采派"的杰出代表,著有杂剧十四种,现存的主要有《西厢记》《丽春堂》《破窑记》三种。

南柯记·情著

汤显祖

（杂扮首座僧持钓竿上）佛祖流传一盏灯,至今无灭亦无增。灯灯朗耀传今古,法法皆如贯所能①。贫僧乃润州甘露寺中契玄禅师首座弟子是也。自幼出家,参承多腊②。常只是朝阳缝破衲,对月了残经。近乃扬州孝感寺请师父说法,贫僧领着众僧,安排下香灯花果,禅床净几,待师父升座。大众动着法器者。（内鼓乐介）（净扮老禅师挂杖拂子上）（升座介）高临法座唱宗风,翠竹黄花事不同。但是众星都拱北,果然无水不朝东。（提挂杖介）赛却须弥老古藤③,寒空一锡振飞腾④。拄开妙挟通宗路,打断交锋回避僧。(执拂子介)竖起清风洒白云,河沙无地可容尘。将军一事无巴鼻⑤,兔角龟毛拂着人。取香来。(拈香介)此香:不从千圣得,岂向万机求?虚空观不尽,大地莫能收。拈香指顶,透十方之法界,薰四大之神州;燕向炉心,祝皇王之万岁,愿太子之千秋。(垂钓介)手把金钩月一痕,乘槎独坐到河源⑥。悠悠泛泛经千载,影落鱼龙不敢吞。(首座)如何空即是色?(净)东沼初阳疑吐出,南山晓翠若浮来。(首座)如何色即是空?(净)细雨湿衣看不见,闲花落地听无声。(首座)如何非色非空?(净)归去岂知还向月,梦来何处更为云。(首座)多谢我师!今日且归林下,来日问禅。(末下)(净)大众,若有那门居士,禅苑高僧,参学未明,法有疑碍,今日少伸问答。有么?(外扮老僧上)有,有,有。敢问我师,如何是佛?(净)人间玉岭青霄月,天上银河白昼风。(外)如何是法?(净)绿蓑衣下携诗卷,黄篾楼中挂酒筹。(外)如何是僧?(净)数茎白发坐浮世,一盏寒灯和故人。(外)多谢我师!今日且归林下,来日问禅。(下)(净垂钓介)钓丝常在手中拿,影得游鱼动晚霞。海月半天留不住,醒来依旧宿芦花。大众,还有精通居士,俊秀禅郎,未悟宗机,再伸问答。有也是无?

【谒金门前】(生上)闲生活,中酒嗔花如昨。待近炉烟依法座,听千偈澜番个。

小生淳于棼来此参禅,想起来落托无聊,终朝烦恼,有何禅机问对?就把烦恼因果,动问禅师。(见介)小生淳于棼稽首,特来问禅。如何是根本烦恼⑦?(净)秋槐落尽空宫里,凝碧池边奏管弦。(生)如何是随烦恼⑧?(净)双翅一开千万里,止因栖隐恋乔柯。(生)如何破除这烦恼?(净)惟有梦魂南去日,故乡山水路依稀。(生沉吟)(净背介)老僧以慧眼观看,此人外相虽痴,到可立地成佛。

【谒金门后】(小旦道扮同贴上)莲步天台踳坐,还似蚁儿旋磨。上真仙,竹院人儿情似可,再与端详和。

(净笑)淳于生,你带着眷属来哩。(生回介)是好两位女娘。(背叹介)禅师怎知我原无家室。(贴见介)太师稽首。(净)蚁子为何而来?(贴)为五百年因果而来⑨。(净背笑介)是了,是了。叫侍者铺单。(末铺座介)(响唱介)五十三单整齐。(净)举来。(贴响唱介)《妙法莲花经·观世音菩萨普门品》⑩。(净)六万余言七轴装,无边妙义广含藏。白玉齿边流舍利,红莲舌上放毫光。喉中玉露涓涓润,口内醍醐滴滴凉。假饶造罪过山岳,不须妙法两三行。

【梁州序】人天金界,普门开觉,无尽意参承佛座⑪。以何因果,得名观世音那?佛告众生遇苦,但唱其名,即时显现无空过。贪嗔痴应念总销磨⑫,求女求男智福多。(合)如是等,威慈大,是名观世音菩萨。齐顶礼,妙莲花。

(众)观世音菩萨云何游此世界?云何而为众生说法?方便之力,其事云何?

【前腔】(净)有如国土,众生应度,种种法身随化。因缘说法,以观世界婆娑⑬。一切天龙人等⑭,急难之中,与他怖畏轻离脱。十方齐现豁,似河沙,游戏神通一刹那。(合前)

(生)后来无尽意菩萨云何?(净)尔时无尽意菩萨启过佛爷,叫世尊,我今当供养观世音菩萨了。当即解下颈上宝珠璎珞，价值紫金百千两，献于观世音菩萨，说道，愿仁者受此法施。那观世音菩萨不肯受。尔时佛告观世音，你可哀愍无尽意和这四众[15]，权受下了这宝珠璎珞。那观世音菩萨因佛爷有言，受了璎珞，分作两分，一分奉释伽牟尼佛爷，一分奉多宝佛爷的塔。你众生们听讲这经，要知观世音菩萨有如是自在威神，普同发心供养。（众）弟子们顶礼受持。（生）谨参太师，小生曾居将帅，杀人饮酒，怕不能度脱也？（净）经明说着，"应以天大将军身度者，菩萨即现其身而度之"，有甚分别？（贴问介）禀参太师，妇女如何？（净笑介）经明说"应以人、非人等度者，即现其身而度之"。（贴惊对小旦背介）这太师神通广大，不说应以女身得度，到说个人、非人。你再问他。（小旦问介）太师，似我作道姑的，也可度为弟子乎？（净）你那道经中，已云"道在蝼蚁"[16]，则看几粒饭，散作小沙弥。怎度不的？（贴、小旦跪介）太师真个天眼通。有个妹子瑶芳，深闺娇小，未克参承。附有金凤钗一双，通犀小盒一枚，愿施讲筵，望太师哀愍。（起唱介）

【前腔】紫衣师天眼摩诃，他颈莺娇几曾有璎珞？待学尽形供养，化身难脱。待把宝珠抽献[17]，比龙女如何？自笑身微末，施的些儿个。恨无多，一分能分两分么？（合前）

（生背介）奇哉此女！（回介）太师，金钗、犀盒，愿一借观。（看介）（回盼小旦、贴介）人与物皆非世间所有。

【前腔】巧金钗对凤飞斜，赛暖金一枚犀盒。（背介）看他春生笑语，媚蔫层波。把灵犀旧恨，小凤新愁，向无色天边惹[18]。（净冷笑介）（生回唱）价值千百两，未多些，一笑拈花奉释迦。（合前）

（生）太师，此女子从何而来？（净背介）此生痴情妄起，倩观音座前白鹦哥叫醒他。（内作鹦哥叫）蚁子转身，蚁子转身。（净）淳于生可听的么？（生）道是女子转身，女子转身。（净笑介）日中了，法众住参，咱入定去来。大千界里闲窥掌，不二门中暗点头。（下）（生）禅师去了，到好絮那小娘子一会。敢问小娘子尊姓？（小旦、贴不应介）（生）贵里？（又不应介）（生）敢便是前日禅智寺看舞的小娘子么？（小旦、贴笑介）是也。（生）哎哟。

【节节高】双飞影翠娥，妙无过，这人儿则合向莲花座。（贴笑介）我有个妹子还妙哩。（生笑介）才说那凤钗、犀盒，就是那妹子附寄的么？他言轻可，谁看破？空提作。世间人敢则有那间货？妹子，妹子，你有凤钗、犀盒，央他送在空门，何不亲身同向佛前啰，和我拈香订做金钿盒？

（小旦）啐！你也叫他妹子哩。（生）呀，我淳于棼好是无聊。小娘子请了。无语落花还自笑，有情流水为谁弹？（下）（贴）上真子，这生好不多情也。（小旦）看来驸马无过此人。

【前腔】相逢笑脸涡，太情多，暮凉天他归去愁无那。牙儿嗑，影儿那[19]，心儿阁，向人天结下这姻缘大。（贴）这生我常见他来。（小旦）你不知和我国里相近，淳于生名棼的便是。（合）大槐边宋玉旧东家[20]，做了罗浮梦断梅花卧[21]。

我们归去来。

【尾声】这一座会经堂高过似彩楼多,是个人儿都不着科②。瑶芳,瑶芳,我和你选这个人儿刚则可。

似蚁人中不可寻,观音讲下遇知音。

有意栽花花不发,无心插柳柳成阴。

【说明】

《南柯记》是根据唐朝李公佐的传奇小说《南柯太守传》改编而成的。该剧以淡雅的文笔,讲述了淳于棼梦蝼蚁之槐安国为南柯太守的故事。淮南裨将淳于棼因贪酒误事罢官家居,郁闷寡欢,一日去寺中听禅师讲经。适逢槐安国国母派遣侄女琼英来此为女儿瑶芳公证召选驸马。琼英相中淳于棼,归告国母。淳于棼酒后在庭院中的大槐树下入睡,梦见紫衣使者二人迎其至大槐安国,召为驸马,后又派往南柯郡任太守。经二十年,南柯郡大治。后檀萝国入侵,部将周弁失机,公主又病故。淳于棼被召还朝,为朝中右相所忌。国王听信右相段功的谗言,遣其还乡。梦醒之时,日未没,酒尚温。追忆梦境,掘开槐根,蚁穴历历如梦中之国。檀萝国即不远处一檀树,上附藤萝是也。在契玄禅师点悟下,淳于棼幡然醒悟,遂度脱众蚁升天,自己则立地成佛。这里所选的第八出《情著》是写淳于棼听禅,但却受到色的诱惑,对"情"产生了执著——故名"情著"。作者明代汤显祖。汤显祖(1550—1616),字义仍,号海若、若士、清远道人。祖籍江西省临川县云山乡,后迁居汤家山(今江西抚州市)。做过官员。有多方的成就,以戏曲创作为最,其作品《还魂记》(即《牡丹亭》)、《紫钗记》《南柯记》《邯郸记》合称为临川"四梦",深受世人喜爱。

【注释】

①贯所能:佛家用语。所,客观。能,主观。法相宗常有"见相不一,能所合一"的说法。贯所能,即"能所合一"。

②多腊:多年。佛教称僧侣受戒后的岁数为腊。

③"赛却"句:比得上须弥山上的老古藤。赛却,比得了。须弥:西域山名。又译苏弥卢。

④"寒空"句:《高僧传》:"隐峰……元和中游五台山,路出淮西,属吴元济阻兵,违拒王命。官军与贼遇,交锋未决胜负。峰曰:'我去解其杀戮。'乃掷锡空中,飞身冉冉随去,介两军阵过。战士各观僧飞腾,不觉抽戈匣刃焉。"

⑤无巴鼻:没来由,没办法。

⑥"乘槎独"句:晋张华《博物志》:"天河与海通,近世有人居海渚者,年年八月,有浮槎去来不失期。"河源,黄河源头。

⑦根本烦恼:佛家语,谓贪、嗔、痴、慢、疑、恶见六大烦恼,为一切烦恼生起之本,故名根本烦恼。

⑧随烦恼:谓忿、覆、悭、嫉、恼、害、恨、谄、诳等二十种烦恼。因其随根

本烦恼而生，故云。

⑨五百年因果：第四出《禅请》中契玄禅师说他五百年前曾无意中将灯油倾入蚁穴，烫死了许多蚂蚁。达摩告诉他：它虫业将尽，五百年后，定有灵变。

⑩妙法莲花经：又称《法华经》《妙法华经》，佛家重要经书。是我国天台宗、日本莲宗主要经典，共八卷，有三种译本，通行为后秦鸠摩罗什译本。《观世音菩萨普门品》，是《妙法莲花经》第七卷。

⑪无尽意：菩萨名，梵文阿差末底。

⑫贪嗔痴：佛家称最能毒害人的三种烦恼，为三毒、三不善根。

⑬世界婆娑：即娑婆世界。娑婆，梵语音译，意为堪忍。又译忍土，指释迦牟尼进行教化的世界。

⑭天龙人等：佛教天神八部众，又称天龙八部。包括天众、龙众、夜叉、乾闼婆（香神或乐神）、阿修罗、迦楼罗（金翅鸟）、紧那罗（人非人，歌神）、摩睺罗伽（大蟒神）。

⑮四众：又称四部弟子，指比丘、比丘尼、优婆塞、优婆夷。

⑯道在蝼蚁：语出《庄子·知北游》："东郭子问于庄子曰：'所谓道，恶乎在？'庄子曰：'无所不在。'东郭子曰：'期而后可。'庄子曰：'在蝼蚁。'东郭子曰：'何其下耶？'曰：'在梯稗。'"

⑰"待把"二句：娑竭罗龙王女，年始八岁，深入禅定，了达诸法。尔时龙女有一宝珠价值三千大千世界，持以上佛当时众会，皆见龙女变成男子，成等正觉。见《妙法莲花经》《提婆达多品》第十二。

⑱无色天：佛教名词，又称四空天，指三界中的四种无色天：空无边处、识无边处、无所有处、非想非非想处。此天没有任何物质性东西（色），居于此也无有形体。这里实际指讲经道场。

⑲那（nuó）：同挪。

⑳宋玉旧东家：美女。战国楚宋玉《登徒子好色赋》中说"臣里之美者，莫若臣东家之子"。

㉑"做了"句：用旧题唐柳宗元《龙城录》所记隋开皇中赵师雄于罗浮山遇一满身芬芳之女，与之共饮而醉，醒来乃在大梅树下之典。

㉒是个：个个。不着科：不中式，不合要求。

长生殿·惊变

洪　昇

（丑上）玉楼①天半起笙歌，风送宫嫔笑语和。月殿影开闻夜漏，水晶帘卷近秋河。咱家高力士，奉万岁爷之命，着咱在御花园中安排小宴。要与贵妃同来游赏，只得在此伺候。（生、旦乘辇，老旦、贴随后，二内侍引，行上）

【北中吕·粉蝶儿】天淡云闲，列长空数行新雁。御园中秋色斓斑：柳添黄，蘋减绿，红莲脱瓣。一抹雕阑，喷清香桂花初绽。

（到介）请万岁爷娘娘下辇。（生、旦下辇介）（丑同内侍暗下）（生）妃子，朕与你散步一回者。（旦）陛下请。（生携旦手介）（旦）

【南泣颜回】携手向花间，暂把幽怀同散。凉风亭下，风荷映水翩翩。爱桐阴静悄，碧沉沉并绕回廊看。恋香巢秋燕依人，睡银塘鸳鸯蘸眼②。（生）高力士，将酒过来，朕与娘娘小饮数杯。（丑）宴已排在亭上，请万岁爷娘娘上宴。（旦作把盏，生止住介）妃子坐了。

【北石榴花】不劳你玉纤纤③高捧礼仪烦，只待得小饮对眉山④。俺与你浅斟低唱互更番，三杯两盏，遣兴消闲。妃子，今日虽是小宴，倒也清雅。回避了御厨中，回避了御厨中烹龙炰凤堆盘案，呷呷哑哑乐声催趱。只几味脆生生，只几味脆生生蔬和果清肴馔，雅称⑤你仙肌玉骨美人餐。

妃子，朕与你情游小饮，那些梨园⑥旧曲，都不耐烦听他。记得那年在沉香亭上赏牡丹，召翰林李白草《清平调》三章，令李龟年⑦度成新谱，其词甚佳。不知妃子还记得么。（旦）妾还记得。（生）妃子可为朕歌之，朕当亲倚玉笛以和。（旦）领旨。（老旦进玉笛，生吹介）（旦按板介）

【南泣颜回】花繁，秾艳想容颜。云想衣裳光璨，新妆谁似，可怜飞燕⑧娇懒。名花国色，笑微微常得君王看。向春风解释春愁，沉香亭同倚阑干。（生）妙哉，李白锦心⑨，妃子绣口⑩，真双绝矣。宫娥，取巨觞⑪来，朕与妃子对饮。（老旦、贴送酒介）（生）

【北斗鹌鹑】畅好是⑫喜孜孜驻拍停歌，喜孜孜驻拍停歌，笑吟吟传杯送盏。妃子干一杯，（作照干介）不须他絮烦烦射覆⑬藏钩⑭，闹纷纷弹丝弄板。（又作照杯介）妃子，再干一杯。（旦）妾不能饮了。（生）宫娥每，跪劝。（老旦、贴）领旨。（跪旦介）娘娘，请上这一杯。（旦勉饮介）（老旦、贴作连劝介）（生）我这里无语持觞仔细看，早只见花一朵上腮间。（旦作醉介）妾真醉矣。（生）一会价⑮软哈哈⑯柳鞲⑰花欹⑱，困腾腾莺娇燕懒。

妃子醉了，宫娥每，扶娘娘上辇进宫去者。【老旦、贴】领旨。【作扶旦起介】（旦作醉态呼介）万岁！（老旦、贴扶旦行）（旦作醉态介）

【南扑灯蛾】态恹恹轻云软四肢，影蒙蒙空花乱双眼，娇怯怯柳腰扶难起，困沉沉强抬娇腕，软设设金莲倒褪，乱松松香肩鞲云鬟，美甘甘思寻凤枕，步迟迟倩宫娥搀入绣帏间。

（老旦、贴扶旦下）（丑同内侍暗上）（内击鼓介）（生惊介）何处鼓声骤发？（副净急上）渔阳鼙鼓⑲动地来，惊破霓裳羽衣曲。（问丑介）万岁爷在那里？（丑）在御花园内。（副净）军情紧急，不免径入。（进见介）陛下，不好了。安禄山起兵造反，杀过潼关，不日就到长安了。（生大惊介）守关将士何在？（副净）哥舒翰⑳兵败，已降贼了。（生）

【北上小楼】呀，你道失机的哥舒翰……称兵的安禄山，赤紧的离了渔阳，陷了东京，破了潼关。唬得人胆战心摇，唬得人胆战心摇，肠慌腹热，魂飞魄散，早惊破月明花钿。

（卿有何策，可退贼兵？（副净）当日臣曾再三启奏，禄山必反，陛下不听，今日果应臣言。事起仓卒，怎生抵敌？不若权时幸蜀，以待天下勤王[20]。（生）依卿所奏。快传旨，诸王百官，即时随驾幸蜀便了。（副净）领旨。（急下）（生）高力士，快些整备军马。传旨令右龙武将军陈元礼，统领羽林军士三千扈驾前行。（丑）领旨。（下）（内侍）请万岁爷回宫。（生转行叹介）唉，正尔欢娱，不想忽有此变，怎生是了也！

【南扑灯蛾】稳稳的宫庭宴安，扰扰的边廷造反。冬冬的鼙鼓喧，腾腾的烽火爇。的溜扑碌[22]臣民儿逃散，黑漫漫乾坤覆翻，碜磕磕[23]社稷摧残，碜磕磕社稷摧残。当不得萧萧飒飒西风送晚，黯黯的一轮落日冷长安。

（向内问介）宫娥每，杨娘娘可曾安寝？（老旦、贴人应介）已睡熟了。（生）不要惊他，且待明早五鼓同行。（泣介）天那，寡人不幸，遭此播迁，累他玉貌花容，驱驰道路。好不痛心也！

【南尾声】在深宫兀自娇慵惯，怎样支吾蜀道难！（哭介）我那妃子呵，愁杀你玉软花柔，要将途路趱。

宫殿参差落照间，（卢纶）

渔阳烽火照函关[24]。（吴融）

过云[25]声绝悲风起，（胡曾）

何处黄云是陇山[26]。（武元衡）

【说明】

《长生殿》是写唐明皇（即唐玄宗李隆基）因沉溺于妃子杨贵妃的爱情，无心理政，国势日衰，致安禄山造反，马嵬坡兵变，杨贵妃被迫自尽的故事。这里所选的第二十四出《惊变》是一出精彩的重头戏。这一出是写唐明皇与杨贵妃设宴御花园，纵情饮酒行乐，倾吐恩爱，忽然传来安禄山叛乱，杀过潼关，不日就到京城长安的消息，唐明皇对这一骤变，胆战心惊，魂飞魄散，但没有积极去想办法平乱，而是仍与杨贵妃缠绵悱恻，难舍难分。唐明皇这种由于淫乱昏庸、废弃朝政而引起国家动乱的行为，对世人深有启示。《长生殿》的作者是清代的洪昇。洪昇（1645—1704），字昉思，号稗畦，又号稗村、南屏樵者。钱塘（今浙江杭州市）人。清代戏曲作家、诗人，他与孔尚任并称"南洪北孔"。

【注释】

①玉楼：原指天宫的楼阁，此指皇帝的宫殿。

②醮眼：耀眼，招眼，引人注目。

③玉纤纤：形容女子的手洁白纤细。

④眉山：指女子秀眉。这里代指杨贵妃。

⑤雅称：很适合。雅，甚，非常。

⑥梨园：唐玄宗时，在宫中训练演员的地方，设在蓬莱宫旁边的宜春院内。

《唐书·礼乐志》："明皇既知音律，又酷爱法曲，选坐部伎弟子三千，教于梨园。"

⑦李龟年：唐玄宗宠幸的乐师，善演奏，能作曲，在梨园供职。

⑧飞燕：赵飞燕，汉成帝的宠妃，古代美女之一。

⑨锦心：指巧妙的文思。

⑩绣口：指优美的歌唱。

⑪巨觞（shāng）：大酒杯。

⑫畅好是：正好是。

⑬射覆：古代的一种酒令，类似猜字谜。

⑭藏钩：猜东西藏在何处的一种游戏。

⑮一会价：一会儿。

⑯软咍（hāi）咍：软绵绵的样子。

⑰挅（duǒ）：下垂。

⑱欹（qī）：歪斜。

⑲鼙鼓：古代军中所用的战鼓。

⑳哥舒翰：突厥族哥舒部人，曾因破吐蕃有功，封西平郡王，当时为兵马副元帅，驻守潼关。安禄山破潼关，投降被杀。

㉑勤王：指运用武力保卫皇帝。

㉒的溜扑碌：形容慌乱逃散的样子。

㉓碜磕磕：又叫"碜可可"，凄惨，悲惨。

㉔函关：函谷关，现在河南新安县东，形势险要，为古代战略要地。

㉕遏（è）云：形容音乐响彻云霄，阻止住行云。遏，阻止。

㉖陇山：山名，绵延陕甘一代，玄宗入蜀过此。

桃花扇·却奁

孔尚任

【夜行船】（末）人宿平康深柳巷，惊好梦门外花郎。绣户未开，帘钩才响，春阻十层纱帐。

下官杨文骢，早来与侯兄道喜。你看院门深闭，侍婢无声，想是高眠未起。（唤介）保儿，你到新人窗外，说我早来道喜。（杂）昨夜睡迟了，今日未必起来哩。老爷请回，明日再来罢。（末笑介）胡说！快快去问。（小旦内问介）保儿，来的是那一个？（杂）是杨老爷道喜来了。（小旦忙上）倚枕春宵短，敲门好事多。（见介）多谢老爷，成了孩儿一世姻缘。（末）好说。（问介）新人起来不曾？（小旦）昨晚睡迟，都还未起哩。（让坐介）老爷请坐，待我去催他。（末）不必，不必。（小旦下）

【步步娇】（末）儿女浓情如花酿，美满无他想，黑甜共一乡。可也亏了俺帮衬，珠翠辉煌，罗绮飘荡，件件助新妆，悬出风流榜。

（小旦上）好笑，好笑！两个在那里交扣丁香，并照菱花，梳洗才完，穿戴未

毕。请老爷同到洞房，唤他出来，好饮扶头卯酒。（末）惊却好梦，得罪不浅。（同下）（生、旦艳妆上）

【沈醉东风】（生、旦）这云情接着雨况，刚搔了心窝奇痒，谁搅起睡鸳鸯。被翻红浪，喜匆匆满怀欢畅。（合）枕上余香，帕上余香，消魂滋味，才从梦里尝。

（末、小旦上）（末）果然起来了，恭喜，恭喜！（一揖，坐介）（末）昨晚催妆诗句，可还说的入情么？（生揖介）多谢！（笑介）妙是妙极了，只有一件。（末）那一件？（生）香君虽小，还该藏之金屋。（看袖介）小生衫袖，如何着得下？（俱笑介）（末）夜来定情，必有佳作。（生）草草塞责，不敢请教。（末）诗在那里？（旦）诗在扇头。（旦向袖中取出扇介）（末接看介）是一柄白纱宫扇。（嗅介）香的有趣。（吟诗介）妙，妙！只有香君不愧此诗。（付旦介）还收好了。（旦收扇介）

【园林好】（末）正芬芳桃香李香，都题在宫纱扇上；怕遇着狂风吹荡，须紧紧袖中藏，须紧紧袖中藏。

（末看旦介）你看香君上头之后，更觉艳丽了。（向生介）世兄有福，消此尤物。（生）香君天姿国色，今日插了几朵珠翠，穿了一套绮罗，十分花貌，又添二分，果然可爱。（小旦）这都亏了杨老爷帮衬哩。

【江儿水】送到缠头锦，百宝箱，珠围翠绕流苏帐，银烛笼纱通宵亮，金杯劝酒合席唱。今日又早早来看，恰似亲生自养，赔了妆奁，又早敲门来望。

（旦）俺看杨老爷，虽是马督抚至亲，却也拮据作客，为何轻掷金钱，来填烟花之窟？在奴家受之有愧，在老爷施之无名；今日问个明白，以便图报。（生）香君问得有理。小弟与杨兄萍水相交，昨日承情太厚，也觉不安。（末）既蒙问及，小弟只得实告了。这些妆奁酒席，约费二百余金，皆出怀宁之手。（生）那个怀宁？（末）曾做过光禄的阮圆海。（生）是那皖人阮大铖么？（末）正是。（生）他为何这样周旋？（末）不过欲纳交足下之意。

【五供养】（末）羡你风流雅望，东洛才名，西汉文章。逢迎随处有，争看坐车郎。秦淮妙处，暂寻个佳人相傍，也要些鸳鸯被、芙蓉妆；你道是谁的，是那南邻大阮，嫁衣全忙。

（生）阮圆老原是敝年伯。小弟鄙其为人，绝之已久。他今日无故用情，令人不解。（末）圆老有一段苦衷，欲见白于足下。（生）请教。（末）圆老当日曾游赵梦白之门，原是吾辈。后来结交魏党，只为救护东林。不料魏党一败，东林反与之水火。近日复社诸生，倡论攻击，大肆殴辱，岂非操同室之戈乎？圆老故交虽多，因其形迹可疑，亦无人代为分辨。每日向天大哭，说道："同类相残，伤心惨目，非河南侯君，不能救我。"所以今日谆谆纳交。（生）原来如此，俺看圆海情辞迫切，亦觉可怜。就便真是魏党，悔过来归，亦不可绝之太甚，况罪有可原乎！定生、次尾，皆我至交，明日相见，即为分解。（末）果然如此，吾党之幸也。（旦怒介）官人是何等说话，阮大铖趋附权奸，廉耻丧尽；妇人女子，无不唾骂。他人攻之，官人救之,官人自处于何等也?

【川拨棹】不思想,把话儿轻易讲,要与他消释灾殃,要与他消释灾殃,也堤防旁人短长。官人之意,不过因他助我妆奁,便要徇私废公;那知道这几件钗钏衣裙,原放不到我香君眼里。(拔簪脱衣介)脱裙衫,穷不妨;布荆人,名自香。

(末)阿呀!香君气性,忒也刚烈。(小旦)把好好东西都丢一地,可惜,可惜!(拾介)(生)好,好,好!这等见识,我倒不如,真乃侯生畏友也。(向末介)老兄休怪,弟非不领教,但恐为女子所笑耳。

【前腔】(生)平康巷,他能将名节讲;偏是咱学校朝堂,偏是咱学校朝堂,混贤奸不问青黄。那些社友平日重俺侯生者,也只为这点义气;我若依附奸邪,那时群起来攻,自救不暇,焉能救人乎?节和名,非泛常;重和轻,须审详。

(末)圆老一段好意,也还不可激烈。(生)我虽至愚,亦不肯从井救人。(末)既然如此,小弟告辞了。(生)这些箱笼,原是阮家之物,香君不用,留之无益,还求取去罢。(末)正是"多情反被无情恼","乘兴而来兴尽还"。(下)(旦恼介)(生看旦介)俺看香君天姿国色,摘了几朵珠翠,脱去一套绮罗,十分容貌,又添十分,更觉可爱。(小旦)虽如此说,舍了许多东西,倒底可惜。

【尾声】金珠到手轻轻放,惯成了娇痴模样,孤负俺辛勤做老娘。(生)些须东西,何足挂念,小生照样赔来。(小旦)这等才好。

(小旦)花钱粉钞费商量,(旦)裙布钗荆也不妨。

(生)只有湘君能解佩,(旦)风标不学世时妆。

【说明】

《桃花扇》是写明代末年发生在南京的故事。全剧以侯方域和李香君的悲欢离合为主线,展现了明末南京的社会现实,歌颂了对国家坚贞不渝的民族英雄和底层百姓,展现了明朝遗民的亡国之痛。这里所选的第七出《却奁》是《桃花扇》重要的一出。这一出是写原光禄卿阮大铖因依附过阉党魏忠贤,为士林所不齿,被废为民以后,在南京置宅赋闲,暗中却积极活动,希图东山再起。当他得知复兴社文人侯方域与秦淮名妓李香君喜结良缘,但手头拮据时,为诱使侯为他解围,即让杨龙友给侯送上丰厚的嫁奁。李香君虽是一个商女,但却明大义,知是非,当她知道阮的阴谋后,当众卸下阮赠送的所有妆奁,以示反阮的政治立场,阻止侯对阮的帮助。《桃花扇》的作者是清代的孔尚任。孔尚任(1648—1718),字聘之,又字季重,号东塘、岸堂。山东曲阜人,为孔子六十四代孙。清初诗人、戏曲家,与洪昇并称为"南洪北孔",被誉为康熙时期照耀文坛的双星。

思考与练习

一、中国传统文学有哪几方面主要的成就?

二、你最喜欢哪些传统的文学作品?写一篇读后感,谈谈它的思想内容、艺术特色和语言特点。

第四章　中国教育

　　教育通常是指按照一定的目的培养人的工作，主要做德育、智育、体育三方面的教育。中国古代对教育十分重视，把教育视为民族生存发展的命脉。"耕读传家"家喻户晓，流传久远。据《礼记·文王世子》篇中的文学记载，早在公元前 2600年左右，五帝时代即黄帝、颛顼、帝喾、唐尧、虞舜时已经建有"成均之学"了。所谓"成均之学"就是中央政府在京都开办的高等学校。外国人曾认为世界上最早的学校是产生于公元前 2500 年的埃及，但其实是中国，中国设立学校比埃及最早的学校还早 100 年左右。不仅如此，中国早在公元五世纪初，即南北朝时，宋文帝（刘义隆）就在京城建康（南京）开办了"四学馆"，设置"儒学""玄学""文学""史学"四门学科，实行了分科制度，比外国人认为的 12 世纪初，即中国的北宋末期，意大利"波伦亚大学"实行法律、医学和哲学分科制早了 700 余年。在中国教育不仅深受重视，历史悠久，而且相当发达，下面就其教育的主要形式、内容和特点做一下介绍。

第一节　中国教育的主要形式

　　中国古代的教育形式丰富多样，有学校教育、家庭教育和社会教育等。一般都以学校教育为主，但也很重视家庭教育，下面分别把这两种教育形式介绍一下。

一、学校教育

　　中国很早就有了学校，最初的学校为官学，是只有贵族才能享受的特殊待遇。贵族的子弟们在学校中学习文学、礼仪等一些作为贵族所必须掌握的知识。直至春秋时期，孔子将教学推广到民间，私学才渐渐兴起，最终形成了诸子百家这样的盛况。这既是思想的繁荣，也是教育的繁荣。可以说，中国学校的历史有一个十分辉煌的开篇。历朝历代，官学与私学，并足发展。官学以太学和国子监为代表，主要面向贵族与官员的子弟，是国家高等学府。私学则主要以私塾和书院的形式得以存续，它们将知识带给有志于学的平民子弟，培养了大量优秀的人才。这些学校延续了数千年，发挥着各自的作用，为中国文化的普及做了重要的贡献。下面是中国古代一些主要类型的学校。

（一）太学

原本指周代设立在天子都城的学校，也称"辟雍"。周代中央设立的"国学"分为"大学"和"小学"两部分，大学，又称"太学"，设在都城的南郊，小学则设在王宫的左侧。按照当时的规定，贵族子弟年满8岁入小学就读，15岁入大学学习。当时学生学习的科目为"六艺"，即礼、乐、射、御、书、数。"礼"即礼教，指人在国家政治生活与社会生活中的道德行为规范、操作技能以及个人素养的训练。"乐"即乐德之教，包括音乐和舞蹈。礼乐相辅相成，互为表里，礼的作用在于约束人们的外部行为，具有一定的强制性；乐则重在陶冶人们的内心感情，是一种潜移默化的作用。"射"即射箭，"御"即骑马，两者属于军事性质的训练，旨在培养贵族子弟的作战能力。以上四艺为"大艺"，是大学学习的主要内容。"书"即写字，"数"即算数，为"小艺"，是小学学习的主要内容。

公元前124年，汉武帝接受董仲舒的建议，在长安设立了国家最高学府，取名"太学"，它作为中国当时的最高学府，与西方的雅典柏拉图学园、亚历山大里亚大学等同为世界上最古老的高等学校。太学选聘学优德劭（shào）者任教授，称为"博士"；招收学生，随教授学习，称为"博士弟子"。太学的课程以通经致用为主，学生分经受业，经考试及格，任用为政府官吏。政府给予"博士弟子"以极优厚的待遇。

公元278年，晋武帝在太学之外，又设立更高一级的"国子学"，招收五品以上官员的子弟入学，而原来的太学，则招收六品以下的官员子弟。

古代的官学除太学之外，还有"庠（xiáng）""序""学""校"等。汉代地方政府所办的学校，郡国曰"学"，县曰"校"，乡曰"庠"，聚（相当村落）曰"序"。明清时称府、州、县的生员为庠生。《促织》中有："又嘱学使俾入邑庠。"邑庠，即县学。后来"庠序"就泛指学校。

（二）国子监

国子监由晋代的国子学发展而来。至公元6世纪，隋文帝改国子监为"国子寺"，统一管理国子学、太学等，而后又将国子寺改为"国子监"。唐代沿袭旧制，在国子监下设立国子学、太学、四门学、律学、书学、算学等不同类型的学校，称为"六学"。六学之中，国子学地位最高，吸收三品以上官员子弟入学，太学吸收五品以上官员子弟，其他则吸收低级官员子弟，还可吸收一定数量的庶民子弟，同时还有日本和朝鲜半岛的外国学生前来留学。

唐代以后，国子监几经变化，到明代成为兼有教育管理机关和最高学府两种性质的机构，到清代又取代太学，成为国家唯一的最高学府，职权范围已大大缩小。国子监的教师分为"博士"和"助教"，他们的最高领导人仍称为"祭酒"，副手称"司业"，协助祭酒工作。以下有"监丞"，负责制度和纪律；"典薄"，负责文书财会；"典籍"，负责图书资料。凡是入监读书的学生统称为"监生"，因出身与入学方式各异而有不同的称呼。现存完好的国子监在北京，是元、明、清三代国子监的旧址。

（三）私塾

私塾在古代又称"学塾""教馆""乡塾""家塾"等，起源很早，《尚书》中已有记载，单称"塾"。西周时期，塾是乡学的一种。一般认为，春秋战国时期，孔子、孟子、墨子、荀子等民间私学大师创立的私学就应当属于"塾"。

汉代的私学则分两种，小学程度的称为"书馆"；而由著名经师设帐聚徒讲学的，一般具有大学程度。班固赞颂汉代"学校如林，庠序盈门"，可见当时学校教育盛况。"私塾"的名称是近代以来的事。按照施行教学的程度，人们把私塾分成"蒙馆"和"经馆"两类。蒙馆的学生主要为儿童，重点是识字和启蒙。经馆的学生则主要是成年人，学习的目的是为了应对科举。

私塾在设置方面，又分为"义塾""族塾""家塾"和"自设馆"等。义塾是公益性的，面向清贫家庭的子弟；族塾则属于宗族内部办学，往往设在宗祠内，招收本族子弟就读；家塾是富家大户聘请名师宿儒在家专门教授自己的子女；自设馆是塾师自行设馆招生，不拘姓氏。私塾教师的文化水平差别很大，既有名师大儒，也有粗通文墨的平庸之辈。大量存在的私塾为古代教育的普及起了很大作用。

（四）书院

书院是中国古代教育的一种特殊形式，有点类似今天的私立大学。它最早出现在公元639年的唐代初年，原为藏书、校书之地，或私人读书、治学、隐居之地。其后，唐朝中央政府设立"书院"，用于收藏和校勘图书。

宋代书院将教育、教学和学术研究结合起来，成为著名学者授徒讲学、培养人才的地方。历史上最著名的书院是北宋初年的四大书院——江西庐山的白鹿洞书院、湖南衡阳的石鼓书院、河南商丘的应天府书院、湖南长沙的岳麓书院。另外还有河南登封的嵩阳书院，以及江苏江宁的茅山书院等。元代政府也大力扶植书院。书院院址多选于山林名胜之地，主持人称"洞主"或"山长"，建制有民办、官办、民办官助等多种形式。

清朝建立后，书院完全被官方控制，演变为官学的附庸。纵观书院教育，其教学内容与官学并无太大不同，但它以研究和讲解理学为根本，除了名师讲授，注重学生自学，同时提倡学术自由和辩论，这都是书院教育有益于后世的特点所在。

二、家庭教育

古人很重视家庭教育。古代的思想家、政治家都把"家"视为社会的基层组织，认为"天下之本在家"（荀悦《申鉴·政体》）。儒家有"修身、齐家、治国、平天下"之说。他们认为，"齐家"，就是家长首先要按照封建的伦理标准，修养自己的身心，然后以身作则教育全家的人，只要一家人教育好了，推而广之，便可以影响一方、一国，从而实现"国治""天下平"的政治理想。早在先秦时期，就形成了著名的"畴人之学"，即家庭世代相传的学问。古人为"齐家""治家""家教"而写的大量著作,都是为了用来教育子孙为人处世之道。其中最多的就是"家训""家教"之类的著作。

先秦时期的家训尚未独立成文,一般都是夹杂在古籍文献中的只言片语,多为后人追忆而成。往往以家教故事的方式流传下来;或以口头训诫、遗书、家书等形式为主,由后人记载而流传。这一时期的家训却为后世家训的发展奠定了基本格调。

世称贤母敬姜的《论劳逸》是载于《国语》上的有名的家教故事,是春秋战国时期诫子家训的代表作。

敬姜是鲁国大夫公文伯的母亲,有一天,公文伯朝见鲁君后回家,看到母亲正在绩麻,就对母亲说:"像我们这样的家庭,您还要绩麻,季孙看了会生气的,以为我不能侍奉您老人家哪!"敬姜听罢儿子的抱怨,训诫道:"夫民劳则思,思则善心生;逸则淫,淫则忘善,忘善则恶心生。"

她认为,老百姓要劳作才会思考,要思考才能(找到)改善生活(的好办法);闲散安逸会导致人们过度享乐,就会忘记美好的品行;忘记美好的品行就会产生邪念。在此敬姜阐发了一个最朴素的真理:勤勉不怠国则兴;逸乐怠慢国则败。

孟子之母仉氏的《母训》见于刘向的《列女传》。其中记载了著名的"孟母三迁"和"断织教子"的家教故事。

"孟母三迁"记述的是孟母重视环境对人的影响,为了给孟子提供良好的学习环境而三次搬家的故事。"断织教子"讲述的也是孟母教子的故事。是说孟母断织布机上织了一半的布匹,告诉孟子学习要持之以恒的故事。

孟子一生的成就,与他母亲的良好教育是分不开的。可以说,孟子是在他非凡的母亲家教下培养出的一位伟大的历史名人。

魏晋南北朝时期北齐颜之推的《颜氏家训》,流传最广,最久,是现存最早的家训,被誉为家训之祖。《颜氏家训》是南北朝时期著名的文学家颜之推记述个人经历、思想、学识以告诫子孙的著作。书中提出了一些切实可行的教育方法和主张,以及培养人才力主"治国有方、营家有道"之实用型新观念等,继承和发展了儒家以"明人伦"为宗旨的"诚意、正心、修身、齐家、治国、平天下"的传统教育思想。

该书是中国文化史上的一部重要典籍,"述立身治家之法,辨正时俗之谬"的现世精神,使历代学者对该书推崇备至,视之为垂训子孙以及家庭教育的典范。纵观历史,颜氏子孙在操守与才学方面都有惊世表现,仅以唐朝而言,像注解《汉书》的颜师古,书法为世楷模的颜真卿,凛然大节震烁千古、以身殉国的颜杲卿等人,都令人对颜家有不同凡响的深刻印象,更足证其祖所立家训之效用彰著。

从总体上看,《颜氏家训》是一部有着丰富文化内蕴的作品,不失为汉民族优秀文化的一种,它至今在家庭伦理、道德修养方面给我们以借鉴。

唐宋这类著作已有许多,宋司马光著《家范》,以儒家经典论证治国之本在于齐家的道理,并广辑历代人物的史事作为"轨范""仪型",具体阐述各项道德准则和治家的方法。其后这类著作多采用这种体例，影响较大。袁采的《袁氏世范》及其他一些著作继承了颜之推家庭教育思想成果，形成独具特色的袁氏家训。陆游的《放翁家训》，利用诗歌形式进行家庭教育，把唐代的教子诗推向新的境界，他的教子爱国报国和劝子学习的诗篇更是脍炙人口的教子诗文精品。

明清时期"家教、家训"最多，明末清初朱柏庐著的《治家格言》，世称《朱子家训》，它以程（颐）、朱（熹）理学为本，阐述封建道德观念，主张知行并进，劝人治家勤俭，安分守己。它在清代影响最大，几乎成为一本家庭教育教科书。

中国古代主要的教育形式除以上两种外，还有社会教育。社会教育除社会机构、社会团体组织的教育之外，还包括人们在社会生活中通过耳濡目染、潜移默化方式，在不经意间所获得的知识、技能和道德启示，由于资料不足这里不作介绍。

第二节 中国教育的主要内容

这里介绍中国古代学校的教育思想、教材、教法、考核选拔制度等一些与教育有关的内容。

一、教育思想

中国古代的教育思想主要有三种：

（一）儒家思想

儒家思想以孔子为代表。他的教育思想集中在《论语》中。他认为人的本性相差不大，个性差异主要是后天形成的，所以他说"性相近也，习相远也"，重视后天的教育，主张有教无类，对任何人都给以教育，不分高低贵贱。孔子的学说以"仁"为核心和最高的道德标准，主张非礼勿视，非礼勿听，非礼勿言，非礼勿动，强调忠孝和仁爱。

（二）墨家思想

墨家思想以墨翟为代表。墨翟以"兼爱"和"非攻"为核心，同时注意文史知识的掌握和逻辑思维能力的培养，还注重实用技术的传习。对于所获知识的理解，墨家认为，主要有"亲知""闻知"和"说知"三种途径。前两种途径都不够全面和可靠，所以必须重视说知，依靠推理方法来追求理性的知识。

（三）道家思想

道家思想回归自然，"复归"人的自然本性，一切任由自然，便是最好的教育。

以上三种教育思想，以孔子为代表的儒家教育思想影响最大，最为深远。

二、教材

中国古代学校的教育可分为蒙学教育和成年教育。前者入学年龄一般在 8 岁左右，后者的入学年龄一般在 15 岁左右。

中国古代对儿童实行的启蒙教育，早在周代就已经出现，史册所载的《史籀篇》，应该就是早期的蒙学识字课本。蒙学教育的内容主要是识字、习字和道德教育。学习年限并不固定，教学方式是个别教学和小班上课，两三人、三五人不等，偏重于朗读、背诵和练字。蒙童在识字习字的基础上，还要进入学习《孝经》《论语》等儒学经籍阶段。这是蒙学教育中很重要的一个阶段，它关系到儿童学习结束之后在社会上安身立命的问题，也关系到封建正统思想的普及，同时为儿童进一步系统接受经书教育打下基础，为以后科举做官做必要准备，因此显得异常重要。传统上，蒙学教材有南朝梁周兴嗣编著的《千字文》，宋代王应麟编著的《三字经》，宋代无名氏编著的《百家姓》，明末程登吉编著的《幼学琼林》，清代李毓秀编著的《弟子规》以及《声律启蒙》《千家诗》等。这些无疑是古人智慧的结晶，作为幼儿读本，有音律节奏，简单通俗，容易读诵，也是我们现代幼儿读书识字的优秀教材。

古代成人教学的主要科目自汉代以后就是儒学。汉武帝当初设立太学，置五经博士教授弟子，这些博士弟子学习的科目就是儒学，其教材就是被称为儒家经典的"五经"，即《周易》《尚书》《诗经》《仪礼》《春秋》，后来用《礼记》代替《仪礼》，将《左传》并入《春秋》，仍称"五经"。此后，历代王朝对儒家经典续有增加，一直扩展到"九经""十二经""十三经"，并且从汉代开始将规定学习的经书刻写在石碑上，立在太学前。现存唐代的《开成石经》（十二经）保留在西安碑林博物馆；现存清代的《乾隆石经》（十三经）保留在北京国子监和孔庙的夹道中。宋明以后，理学兴起，各地书院以传授理学为己任，教材除了"五经"之外，又有朱熹亲定的"四书"，即《论语》《大学》《中庸》和《孟子》，同时加上理学家的著述，如周敦颐的《太极图说》、程颐的《伊川语录》、朱熹的《朱子语类》、王守仁的《传习录》，等等。

三、教法

中国古代的教育很讲究教育方法，下面几条，是古人倡导的教育原则。

（一）以德为先，为国育人

古人认为教育是第一重要的事，目的是为国家培育人才，建设国家，管理人民，因此要以德为先。朱熹说："先王之学以明人伦为本。"（《近思录·卷九》注文）他认为"圣贤教人"只是要诚意、正心、修身、齐家、治国、平天下。所谓学者，学此而已。（《近思录·卷二》）这里的"诚意"即真心实意实践道德原则，"正心"即端正思想品性，"修身"即道德修养，都是伦理道德问题。陆九渊说："人生天地间，为人当尽人道。学者所以为学，学为人而已。"（《象山语录》）也是说求学就是要学习做人的道理。什么是做人的道理？就是"天理纯全，仁、义、礼、智。"（同前）中国古代思想家还一向把道德与政治紧密相连，甚至认为政治上的成败得失往往决定于伦理道德的好坏，主张以德治国。教育是传播思想文化的重要手段，因此，中国古代思想家从以德治国的政治主张出发，普遍强调把道德教育放在首要地位，视为教育最根本的内容，使之成为中国教育思想的传统观念。这种观念的基本精神是正确的，即强调道德教育的重要性。今天我们社会主义学校的教育方针把德育放在智育、体育之前，也就是对这一传统思想的肯定和发扬。当然，我们肯定这一思想，也不能完全学古人的样子，把儒家倡导的封建道德照搬照用，更不能用道德教育取代专业知识的传授。

（二）启发诱导，因材施教

"启发诱导"就是主张启发性教育。孔子说："不愤（想知而未知）不启，不悱（音 fěi，想说而说不出）不发，举一隅（音 yú，角落）不以三隅反，则不复也。"（《论语·述而》）意即教导学生，不到他想求明白而不得的时候不去开导他；不到他想说出来却说不出来的时候不去启发他。教他知道东方，他若不能由此而推知西、南、北三方，便不再教他。这就是说，在教学时要注意掌握适当时机进行开导，使学生开动脑筋达到领悟。"因材施教"即根据不同的教育对象进行相应的教学。孔子不仅是"因材施教"的倡导者，同时也是"因材施教"的身体力行者。比如有一次他的学生子路问道："听到让我行动的话就可以行动起来吗？"孔子回答说："有父亲兄长活着，应当向他们请示，怎么可以一听到让行动的话就行动起来呢？"当学生冉有也这样问时，孔子却回答说："听到了就要行动起来！"学生公西华对此很纳闷，问孔子："子路问听到让行动的话就可以行动起来吗？您说'有父亲兄长活着，不能这样做'，冉有问这话时，您却说'听到了就要行动起来！'为什么对同样的问题，您的回答却两样？"孔子回答说："冉有平时做事退缩不前，所以我要给他壮胆，鼓励他敢于作为；子路的胆量一向有两个人的大，太勇于作为了，所以我要压一压他，教他收敛一点。"（《论语·先进》）这种"启发诱导、因材施教"的教学原则和方法在今天仍是有价值的。

（三）学思并重，熟读精思

意思是学习与思考不可偏废，要同时并举，要多读多学，认真思考。孔子说："学而不思则罔（蒙蔽），思而不学则殆。"（《论语·为政》）意即只是读书却不思考就容易受骗，只是空想却不读书那也是危险的，会陷于想入非非之中。朱熹说："古人云：'读书千遍，其义自见'，可谓读得熟则解说自晓其义也。"又说："看人文字，不可随声迁就，我见得是处方可信。须沉潜玩绎（深入体会，仔细探究）方有见处（自己的见解）。不然，人说沙可做饭，我也说沙可做饭，如何可吃？"（《朱子童蒙须知》）这些话都是十分有道理的。

（四）循序渐进，学不躐（音 liè，跨越）等

意思是教学必须遵照一定的秩序逐渐前进，不能随便跨越等级。孔子的学生颜渊曾经称赞孔子"循循然善诱人"（《论语·子罕》），说明孔子已经十分善于运用"循序渐进"的教学原则了。孟子也说："流水之为物也，不盈科（空穴）不行；君子之志于道也，不成章（一定阶段）不达。"（《孟子·尽心上》）意即流水不把洼地流满，不会再向前流；君子有志于道德学问，不经过日积月累获得一定的成就不

可能通达。《礼记·学记》中明确提出"学不躐等"的主张，认为教学要"不陵节（超越程序。陵，超越）"、必须"先其易者，后其节目"。意即不能超越学生的接受能力而施教，要像砍伐坚硬的木材一样，必须先从容易砍的地方入手，然后再砍伐坚硬的关节。朱熹则把循序渐进放在读书法的第一位，甚至要求读通一书之后才能再读另一书，说："读书之法，当循序而有常（规律）。"（《学规类编》）这些主张都是强调在教学上要注意先易后难、由浅入深，反对随意跳级超等，急于求成。教学中的课程设置、教材内容、教学步骤等都是有客观顺序的，这是由知识本身的内在逻辑性和系统性以及学生的年龄特征、智力发展水平决定的。"循序渐进，学不躐等"的教学原则是符合这一教育规律的，是科学的。现在有些独生子女的家长望子成龙、望女成凤，琴棋书画无所不教，或者小学时就教中学的课程，而孩子却索然无味、学不进去，就是不懂"循序渐进，学不躐等"这一教育规律所造成的。

（五）由博返约，学贵专精

这里博即宽广；约即简要；专即专一；精即深入。意即要从广泛学习各方面知识开始，逐步融会贯通、归纳出精华至要；然后向专门深入的研究发展。孟子说："博学而详说之，将以反说约也。"（《孟子·离娄下》）意即广博地学习并加以融会贯通详细地解说所学的知识，然后再回到简略地述说知识大义、掌握精华至要上来。荀子主张"君子博学"，倡导"学在贵精"，认为缺乏广博的知识就失去了专精的基础，而没有专精的功夫，知识就会散乱无章，不得要领，终致一无所得，难有成就。他曾举"鼯鼠五技而穷"（《荀子·劝学》）的故事来说明"未尝有两而能精者"（《荀子·解蔽》）的道理。相传鼯鼠有五技，即能飞不能上屋；能缘（爬树）不能穷木（爬到树顶）；能游不能渡谷；能穴（掘洞）不能掩身；能走不能先人。技能虽多，但不够专一。清代著名学者戴震也认为"学贵精，不贵博，……知得十件而都不到这种治学方法地，不如知得一件却到地也"（段玉裁：《戴东原先生年谱》）是合理的、行之有效、值得肯定的。

（六）学而时习，温故知新

孔子说："学而时习之，不亦说乎？"（《论语·学而》）又说："温故而知新。"（《论语·为政》）意思是说学生必须经常温习所学的功课，认为温习旧知识可以获得新体会、有助于学习新知识。这话是有道理的，因为通过实习和温习，知识技能便可以得到巩固和熟练。同时，新旧知识之间是有联系的，学习新知识不能脱离旧知识的基础；此外，复习旧知识还可以加深理解得出新知识，为学习新知识提供条件。孔子倡导的这一学习方法为中国历代教育家所重视，今天仍有借鉴意义。

（七）专一有恒，不耻下问

中国古代教育家普遍强调治学要专心致志，持之以恒，并且身体力行，为后人做出榜样。孟子说："不专心致志，则不得也"，"掘井九仞（古时以八尺或七尺为一仞）而不及泉，犹为弃井也。"（《孟子·尽心上》）荀子说："骐骥（骏马）一跃，不能十步，驽（劣马）马十驾，功在不舍。锲（刀刻）而舍之，朽木不折，锲而不舍，金石可镂（雕刻）。"（《劝学》）意即学习不专心致志，就将一无所获；挖井挖得再深，不见泉水流出就停止了，那终究还不是挖成了真正的井；骏马一跃，不能超过十步，劣马拉车走十天，是它不断前进的结果。雕刻东西，如果刻一会儿就停下了，虽是朽木也刻不断，如果不停地刻下去，即使是金石也能刻成功。董仲舒为专心治学，"三年不窥园（探家）"，并且说，学习时"目不能二视、耳不能二听、手不能二事，一手画方，一手画圆，莫能成。"（《春秋繁露·天道无二》）北宋大教育家胡瑗出外求学，十年不归，全副精力用于学习，家中来信，只要见封面上写有"平安"二字，便不再拆阅，唯恐扰乱自己的注意力。这些至理名言和千古佳话都是治学贵在专一有恒思想的体现。至于虚心学习、不耻下问，更是由孔子开创的中国传统的优良学风。孔子说："三人行，必有我师焉。"（《论语·述而》）生动地体现了这位儒家宗师虚心好学的精神品质。韩愈在《师说》中更全面深刻地阐述了这一思想。他说，可以为师的，不在年龄的大小和地位的高低，而在于懂得道理比自己多而且早，所谓"无贵无贱，无长无少，道之所存，师之所存也"。认为古代圣贤学问过人，尚且要"从师而问"，今人学问远不及古人，反而"耻学于师"，太可笑了，指出世间"巫医乐师百工之人"尚知"从师而学"，今之士大夫之属反不及他们，这是不应该的。这些可贵的思想都对后人产生了深远的影响，今天仍应提倡。

（八）师严道尊，尊师爱生

"师严道尊、尊师爱生"即要树立教师和道德学问的尊严与权威，学生要尊敬教师，教师要爱护学生。中国有句俗话："天地君亲师，师徒如父子。"这一观念的提出者是荀子。他认为教师同天、地、国君、父母双亲的地位一样尊贵，甚至还把教师地位的高低变化同国家的兴盛存亡联系起来："国将兴，必贵师而重傅，……国将衰，必贱师而轻傅。"（《荀子·大略》）汉代儒家明确提出"师严道尊"（《礼记·学记》）思想，认为"师严然后道尊，道尊然后民知敬学"（同上），意即只有首先确立教师的尊严，道德学问才能得到尊重，道德学问得到尊重后，人民才能专心求学。"程门立雪"的故事就是中国教育史上的一则尊师佳话：北宋名儒杨时曾拜程颐为师。一天，杨时与一位同学一起去见老师程颐，当时天快要下雪了，他们到了程颐的书房，程颐正在依照老习惯闭目静坐。他们二人便恭恭敬敬地站在门外等候，不敢说话。唯恐打扰老师休息。等到程颐睁开眼睛时，门外的积雪已经有一尺深了。杨时和他的同学对待他们的老师是何等的尊敬和恭谨啊！中国古代许多大教育家都是尊师爱生的典范。如孔子就对学生极其爱护，不仅在思想品德和学业才能上"无私""无隐""诲人不倦"，而且在生活上也体贴关心，学生家中有困难，他设法给予帮助，学生有病，他亲自探望，学生不幸早亡，他悲痛欲绝。他还常与弟子们生活在一起，或讨论学问，或谈笑歌舞，或同到河里沐浴。孔子对学生的热爱，也赢得了学生对他的尊敬。孔子有病，学生焦急万分，服侍在旁；孔子死后，学生守丧三年，决心继承他的事业，传播他的学说。孔子的行为为后世树立了师生关系的楷模。

（九）教学相长，交相为师

中国古代教育家认为教师以教人做人为主，学生以学习为主，但教与学又是互相促进、共同提高的，教师也可以向学生学习，从学生那里受到启发。如《礼记·学记》中就说："学然后知不足，教然后知困。知不足然后能自反也；知困然后能自强也，故曰教学相长也。"意即一经学习之后，便会感到自己有不足的地方，一经教人，便会感到困难。知不足后就能检查反省自己，从而加紧学习；遇到困难，便会"自强不息"，加强钻研，不敢懈怠。所以说教之中必含有学，学之中必含有教，教与学二者能相互促进、互有得益，彼此发生作用。韩愈说："弟子不必不如师，师不必贤于弟子。"《师说》这里也包含有教师可以向学生学习的思想。柳宗元更明确提出"交相为师"的主张，认为教师和学生可以也应该互为老师，相互学习。

四、考核选拔制度

中国古代，人们是用什么办法来考核、选拔人才的呢？主要有两种：

（一）访贤

古之贤者隐于世，君王往往要低三下四地去找他们，这叫访贤。这是最古老也最原始的方法，但人们却最欣赏它。在中国，关于访贤的佳话比比皆是。例如，著名的"姜太公钓鱼，愿者上钩"，讲的就是周文王访姜尚，拜为相的故事。还有《三国演义》当中著名的"三顾茅庐"，刘备三请诸葛亮。之后，又出现了选士、察举、九品中正制等人才选拔方式，每一种都有其进步性，但却也都有其局限性，于是发明了科举考试。科举考试虽受许多诟病，但可以说科举考试是当时一种比较公正的人才选拔方式。如果没有公平的考试，只怕我们还生活在"上品无寒门，下品无世族"的时代，永远得不到实现梦想的机会。下面对其略做介绍。

（二）科举考试

1. 科举考试的内容方式

中国人发明了科举制度，这项发明虽然多为人诟病，但它留下的公平、公正的制度追求，却是值得我们永远铭记的。

科举制是中国历史上通过科目考试选拔官员的一种制度，是中国人才选拔史上的一个创举，与造纸术、印刷术、火药、指南针等四大发明一样，具有世界意义。科举制始于公元7世纪的隋朝。隋朝建立后，隋文帝杨坚为了适应封建经济和政治关系的发展变化，进一步扩大统治阶级的政治基础，废除九品中正制，下诏令分科取士，最初设有"志行修谨"（有德）和"清平干济"（有才）两科，这种分科取士可谓是科举制的雏形。隋大业三年（公元607年），"明经"（通晓儒家经义者）和"进士"（可以进受爵位者）两科，并用考试策问的方式取士，这就是科举制的真正开始。

唐朝继承和发展了科举制，并使它更加完备，首先是考试分"常科"和"制科"两种模式进行。所谓"常科"是每年分期的考试，而"制科"则是皇帝下令临时举行的考试。考试最初由吏部主持，后来改由礼部，因此通常称为"礼部试"。其中，明经、进士两科最受重视，并将进士第一名称为"状元"或"状头"。唐代宰相许多人是进士出身，除此之外，唐代还产生了"武举"科目的考试。

明经科考试比较容易，只要熟读经书就行，对于经义未必真懂，及第也比较容易，故有"三十老明经"的说法。明经科主要是为官员贵戚子弟提供科举出身的机会。

进士科最初主要是向平民出身的才士开放的，及第者即跨进了统治阶级的行列，常有"白衣公卿"或"一品白衫"的美称。进士科考试包括帖经、杂文、时务策三场。唐代进士科大约每百人中只能有一两人及第，而明经则每十人就能有一两人及第。因此，进士科的竞争相当激烈，考取也很难，故有"五十少进士"的说法。

宋代科举基本与唐代相同，首先，进士科更为重要，分为三等录取，一等称"进士及第"，二等称"进士出身"，三等称"同进士出身"，录取名额也大大增加；其次，宋代确立了三年一次的三级考试，除地方各州举行的考试和礼部举行的考试外，宋太祖赵匡胤还设立了最高一级的考试——殿试，由皇帝亲自策问，然后决定名次。南宋时，规定进士第一名称"状元"，第二名称"榜眼"，第三名称"探花"，此后相沿不变。

明清两代是科举制最为完备的阶段，而科举的流弊也到了最为严重的程度。考试仍分为"乡试"（一省范围内的考试）、"会试"（全国范围内的考试）和"殿试"（最高一级考试）三级，每三年举行一次，考试的这一年就叫"大比之年"。明清两代的不同之处，是清代分为满、汉两榜录取。

俗话说"十年窗下无人问，一举成名天下知"，说的就是古代文人通过刻苦读书终于获得功名。这"一举"指的就是科举考试。文人在乡试及格之后就叫"中举"，有了"举人"的头衔，就算取得了"功名"，但还没有利禄，即还没有拿到封建国家给予的俸金，只有被朝廷授予官职，才可领取俸金。

一般来说，考中举人以后，就可以要求去担任教职，去做"学官"，即掌握学校教育的教官，如明清时期的"教授"（府学）、"学正"（州学）、"教谕"（县学）及其副职"训导"，甚至还可以等待机会，通过挑选，候补知县。但是，如果要担任更高的官职或有更多的机会，只有考中进士才有可能。

在殿试之后，状元按例授予"翰林院修撰"（执掌文告、史册的官员，清代为从六品），榜眼、探花授予"翰林院编修"（职位次于修撰，清代为正七品）；其余进士则需要经过朝考，按成绩授予"翰林院庶吉士"（学习研究性质的官员）、各部主事（部司官员中的最低一级，清代为正六品）和知县（清代为正七品）。庶吉士则要经过三年的学习研究，然后才能授予实际职务。

翰林院修撰和编修，虽然品级不高，但由于接近内阁和皇帝，很容易得到赏识，因此升迁较快,许多人由此入阁成为宰相。

2. 科举考生的称号

明清时代的考生在参加正式的三级试以前,需要先参加"童子试",这些考生统称为"童生",及格以后,称为"生员""诸生"或"庠生",俗称"秀才"。

获得秀才资格,就可以参加省一级的考试——乡试,乡试及格,称为"举人"。举人的第一名称为"解元",是解送到朝廷担任官职的意思。

获得举人资格,就可以参加全国性的考试——会试,会试及格,称为"贡士",是贡献举荐给朝廷的意思。贡士第一名叫作"会元"。

获得贡士资格,就可以参加最高一级的考试——殿试,合格者称为"进士",分三甲录取,第一甲取三名,第一名称"状元",第二名称"榜眼",第三名称"探花",三人由皇帝赐"进士及第",二甲赐"进士出身",三甲赐"同进士出身"。

如果一个人在乡试、会试、殿试三级考试都中第一名,叫作"连中三元"。据说,中国历史上只有17个人在科举考试中连中三元。

3. 科举的利弊

科举制的最大特点就是彻底否定了以门第和出身作为选拔标准的特权制度,为社会精英的流动提供了一条有效的途径,使成百上千的中小地主阶级,甚至平民阶层的子弟有机会进入治国行列,这就为国家的发展增添了活力。但是,它在发展中也逐渐产生了某些弊端。比如,以儒家经典为基本科目明显地禁锢了人们的思想发展,志在应举的士子们为了功名利禄,穷尽毕生精力读经,研经。而非儒学的自然科学理论、制造技术和工艺,却被视为"旁门左道"和"雕虫小技",从而造成中国社会长期因循守旧、思想停滞不前的局面;同时,落后刻板的考试内容和考试模式也束缚了人们的思想,特别是明清以来以"八股文"取士,使中国的教育陷入了一种病态的畸形发展之中,士子们死读书、读死书、读书死的状况愈演愈烈。清光绪三十一年(1905),科举制终于退出历史舞台,终结了它1300余年的生命。

第三节 中国教育的主要特点

中国古代学校教育有许多突出的特点,主要是:

一、学校教育的封建性

中国古代学校教育的大发展时期是在封建社会,因受时代所限,其封建性特征十分突出,这主要有两点表现。

(一)教育宗旨的封建性

中国古代学校教育的目的、意图历来十分明确,这就是《礼记·学记》中提出的"修身、齐家、治国、平天下"和朱熹所讲的"修己治人",即通过学校教育培养封建国家的管理人才——政府官吏。

（二）封建"官学"一直是中国封建社会学校教育的主体

我国历朝历代不仅都有中央官学和地方官学，而且都占据主导地位。中央官学都由皇帝直接下令兴办，由朝廷直接管理。地方官学也都是根据朝廷的旨意由地方政府兴办与管理。官学的教职员都由朝廷或地方政府直接任命，是国家政府的正式官员。这就使官学"衙门化"，成为国家机构的有机组成部分，直接受到封建政府的控制和约束，在编制、规模、教学内容、录用等方面完全按照政府的意愿进行。早期私学和书院仅是官学的补充，它们虽不直接受政府的控制和约束，但由于受国家的"取士"制度所限制，在教育内容上它们都不能不受到影响和制约，否则其生徒就不可能进入仕途。到元代以后，政府对"书院"已经不再是放任自流了，而是积极参与、干预，直至使之成为"官办"、官学的后备机构、辅助形式，受政府的直接控制和约束了。

中国古代学校教育的封建性特征是我们在批判继承先人教育文化遗产时需要清醒认识到的。

二、"育人""选才"的合一性

学校教育与国家取士相结合是中国古代学校教育的优良传统。其突出表现是：

（一）治学与应举的密切结合

从隋唐时代开始直到清末，在校"治学"就是为了科场应举，根据学生成绩的名次可以获得相应等级的资格和官职。

（二）学校的教学内容与国家科举考试的内容互相吻合

儒家经典既是学校教学的内容，又是科举考试的内容。

这种把学校教育同国家选拔人才结合起来的教育思想和办学方法能够充分地发挥学校教育为社会服务的功能，是积极可取的，至今还有教育意义。当然，其特有的封建内容是必须抛弃的。

三、教学内容的倾斜性

中国古代学校教育在教学内容上具有明显的倾斜性，最突出的表现是：

（一）重文轻理

历代官学、私学和书院皆以儒家经典作为主要教材，儒家经典文献是以政治伦理观念为主体的文化典籍，这些典籍不仅是普通官学、私学和书院的主要教材，而且在各种专科学校里也都是必修课，占有相当重要的地位。在封建社会，求学问道、获得功名是知识分子的唯一正道，从事自然科学的研究，搞发明创造历来被认为是雕虫小技，是失意、无聊之时方才为之的不得已的出路。现在我们仍可看到，中国图书馆中的古典文献里，人文书籍多得很，自然科学著作则少得很。

（二）重德轻智

儒家的纲常名教，如《礼记》《孝经》等是历代各类学校的主修课、基础课；道德修养的学习在学业中占第一位，其他知识技能的教学居于次要地位。汉代的举贤良、举孝廉最为明显,注重品德,不需文化考试。

(三) 重书本轻实践

教师教书、学生背书是中国古代学校教育的主要教学活动方式。教师教书只是讲解经书,"述而不作"(《论语·述而》);学生主要是死记硬背经书。师生围着书本转,谈不上什么社会实践。

中国古代学校教学内容的严重倾斜是导致中国古代自然科学理论不够发达,自然科学的发展受到严重束缚的重要原因。这种倾斜性是古代中国特定的历史条件造成的,今天我们应当引以为戒。当然也不能走向轻文重理的另一极端。

四、学校教育的多样性

中国古代学校教育十分发达,突出表现之一便是学校教育的多样性。例如:

(一) 学校性质多样

就办学性质而言,中国古代就有官学、私学、书院三大系统,即官府办、私人办、公私合办。这种完备的办学方式在世界教育史上是独一无二的。

(二) 学校类型多样

就学校类型而言,既有普通学校,如太学、国子学,也有专科学校,如唐代中央机关附属的各类专门学校、宋代的画学、武学等。还有特殊学校,如汉代的"四姓小侯学"——专为外戚这种特殊贵族开办的贵族学校,元代的"蒙古国子学""回回国子学",清代的"旗学""觉罗学"也都是这类学校。

(三) 学制体系多样

就学制体系而言,我国从周代开始就已形成相当于现代的初等教育、中等教育和高等教育的三级教育制度:设于闾(25家为闾)的"塾"和设于党(500家为党)的"庠"就是一种启蒙教育机构,相当于现在的小学校。设于乡的"校"和设于州的"序"就相当于现在的中学。辟雍和泮宫相当于现在的大学。每一级教育阶段的教学内容都有特定的范围和要求,各级之间又相互联系。这种区别层次、分级教育的学校体制符合人类的认识规律(由浅入深、从易到难)和学校教育的规律,是进步的、可取的,所以历代延续,不断得到发展和完善。

毫无疑问,今天我们应当继承中国古代学校教育的多样性传统,多种途径办好各类学校,为社会服务。

思考与练习

一、中国古代教育有哪些主要形式?中国古代学校是从什么时候设立的?它比世界上最早设立学校和实行分科制的国家早了多少年?

二、中国古代学校的教育有哪些值得我们今天继承和发扬的?

第五章　中国科技

第一节　中国科技的主要成就

　　科技是科学和技术的统称。科学通常是指人类认识自然、社会和思维的知识体系，即理论成果；技术则指根据相关的知识或原理发展而成的工艺操作程序、技能或方法等。二者有区别，但更有联系。技术创造要在科学理论指导下进行，科学理论要在技术创造的实践中验证发展。中国古代的科技（本章指的是自然科学）相当发达，很多学科都领先于世界。英国著名的科学史家李约瑟博士（1900—1995）说："中国人……在公元3到13世纪之间保持一个西方所望尘莫及的科学知识水平。"中国的科学发明和发现"往往远远超过同时代的欧洲，特别是15世纪之前更是如此"。（《中国科学技术史》第1卷）应当说，这个评价是客观和公允的。

　　在中国辉煌的科技成就中，天、算、医、农四大学科和"四大发明"的科技成就尤为杰出，下面分别对它们做一下简要的介绍。

一、天文学

　　中国天文学历史悠久，是世界上天文学发展最早的国家之一。在天象记录、天体测量、历法编制、宇宙理论等方面都有过杰出的成就。

（一）天象的记录

　　日珥的记载　太阳的边缘有像火焰一样的东西，上下翻腾，这种现象称作日珥。只有在日全食时，人的肉眼才能观察到它。公元前14世纪，在中国的甲骨文中已有关于日珥的记载，这是世界上最早的日珥记载，月食现象也是中国最早观察和记载的。在《诗经·小雅》中记录的公元前776年8月21日发生的月偏食就比埃及最早的月全食记录（公元前721年2月19日）早55年。

　　新星、超新星的记载　有些星体原来很暗弱，多数是人的肉眼看不见的。但在某个时候，它的亮度会突然增强几千到几百万倍，叫作新星；有的甚至增强到一亿至几亿倍，叫作超新星，以后慢慢减弱，古人称之为"客星"。商代甲骨文中就已有新星记载了，最早的记录约在公元前1300年左右。见于典籍的系统记录始于《汉书·天文志》："元光元年五月，客星见于房。"房即位于天蝎星座头部的星。这颗新星发生在公元前134年,是中外历史上都有记录的为地球人类所发现的第一颗新星。希腊天文学家依巴谷虽然也看到了这颗新星,但西洋史籍却没有记载它的出现月、日,也没有注明方位,远不如中国记载得详细。在19世纪法国人比奥所编的《新星汇编》中,中国《汉书》中记载的这颗新星就被列为第一颗。在《后汉书·天文志》中还有世界上最早的超新星记载:"中平二年(185年)十月癸亥,客星出南门中,大如半筵,五色喜怒,稍小,至后年六月消。"从商代到公元1700年,中国一共记录了大约90颗新星和超新星。

流星雨的记载 《左传》记载:"鲁庄公七年(前687年)四月辛卯,夜中星陨如雨。"这是世界上天琴座流星雨的最早记录。中国古代一共记录了180多次流星雨,为研究流星群轨道的演变提供了极为重要的资料。

哈雷彗星的记载 《春秋》中记载:"鲁文公十四年(前613年)秋七月,有星孛入于北斗"。孛,古代彗星的别称。欧洲对哈雷彗星最早的观测记录一般认为是公元66年,也许还可以上溯到公元前11年,但也比中国《春秋》一书的记载晚600多年。中国古代彗星的记录不少于500次。

太阳黑子的记载 载于《汉书·五行志》中的西汉河平元年(前28年)三月所见的太阳黑子现象就是世界公认的最早的太阳黑子记事:"河平元年……三月己未,日出黄,有黑气大如钱,居日中央。"这里把黑子出现的时间、形状、大小和位置都记述得十分具体清楚。欧洲发现太阳黑子的最早记载是公元807年8月19日,比中国晚800多年。从汉代到明代1600多年间,中国关于太阳黑子的记载共有100多次。

木星的记载 人们过去一般都认为木星卫星是伽利略在1609年底用望远镜最先发现的。实际上,中国战国时期的天文学家甘德早在公元前364年夏就已用肉眼看到木星卫星。甘德的《岁星经》《天文星占》虽然失传,但唐代的《开元占经》却保存有甘德这一发现的记录。甘德的发现比伽利略要早二千年。因此,中国是木星卫星发现最早的国家。

这些发现和记载,对于现代天文学和地球物理学都是十分珍贵的史料。

(二) 天体的测量

星表 星表是记载恒星的各种数据,如坐标、星等、距离、自行等的表册。它是天文学研究的重要工具。早在公元前4世纪战国时代的魏国天文学家石申就已编出一部天文书,后人尊称《石氏星经》。此书宋代以后失传,但在《开元占经》中还可见到该书的片段摘录。从这些片段摘录中可以辑录出一份石氏星表来。古代希腊最早的星表是希腊天文学家依巴谷在公元前2世纪测编的。依巴谷以前有两位希腊天文学家也测量过一些恒星的位置,但那也是在公元前3世纪。他们的工作都比石申晚一二百年。

浑天仪 浑天仪是浑仪和浑象的总称。前者是测量天体球面坐标的一种仪器,后者是古代用来演示天象的仪表,都是观察天体的仪器。公元前4世纪中叶,中国就已发明测定天体方位的仪器——浑仪。《石氏星经》中的数据就是运用浑仪测得的。在欧洲，首先系统观测恒星方位的人是希腊天文学家阿里斯提鲁斯和铁木恰里斯，他们比石申约晚60年，所用的仪器现在已经一无所知。东汉时，原始的浑仪得到进一步改进。唐代李淳风又把前代浑仪由两重改为三重（层），变得更为精密。元代天文学家郭守敬等将先人浑仪的繁杂结构加以简化，创制了"简仪"，使之成为中国古代测天仪器装置中最杰出的成就，比欧洲人第谷发明的这类仪器早300多年。

"牵星法"天文导航　"牵星法"就是以观测星辰地平高度的仪器"牵星板"为工具，观测恒星位置，从而确定航船位置的导航方法。过去一般都认为牵星板和牵星法是阿拉伯人发明的，新近研究结果表明，这一方法是中国人最早发明的。早在公元前2世纪中国汉代淮南王刘安的《淮南子》中就已有"乘舟而惑者不知东西，见斗、极则悟矣"的记载。说明当时的中国人就已知道，乘船分辨不清方向时，只要观测到北斗和北极星就可以明了。最早记述航海天文学资料的明初著作《郑和航海图》中也已十分明确地记载当时的中国海员已经使用"牵星术"，往返都有"牵星为记"。

星图　星图是恒星观测的一种现象记录，也是天文学上用来认星和指示位置的重要工具。在中国作为恒星位置记录的科学性星图早在秦汉以前就有绘制。敦煌发现的唐代星图已绘有1350多颗星，是当今世界上留存的古星图中星数最多而又最古老的星图。

子午线的测定　子午线就是地球的经度线，是地理学和天文学的重要数据。公元前3世纪和公元前1世纪，古希腊的天文学家曾先后两次进行子午线长度的确定工作，但他们并没有全部经过实际的测量，如在距离方面都只是根据商队或商船的估计。公元724年，唐代著名天文学家僧一行（683—727）发起到全国十二个地点进行天文观测，实地测定子午线1°长为129.22公里，与现代实测的公里数据误差13.9%。僧一行的这次观测是世界上第一次对子午线长度的实测。

（三）历法的创制

历法是用年、月、日计算时间的方法。它对农业生产、生活等的安排非常重要，因此从皇帝到百姓都非常重视，由国家颁布。在历法的创制中国有过多方面的成就。

其一，中国是世界上最早采用置闰历法的国家。中国古代历法中设置闰月的时间比帝尧时代还要早。后来在设置闰月的基础上又总结出设置闰年的原则。春秋中期（公元前6世纪）中国人就已经掌握和使用了19年7闰的方法，即在19年中设7个闰年。希腊人默冬发现这一规律则在公元前432年，比中国人晚100多年。

其二，春秋末年（公元前5世纪），中国最早开始使用四分历，它的岁实是$365\frac{1}{4}$日，这是当时世界上所使用的最精密的数值。希腊的伽利泼斯历同中国的四分历相当，但是要比中国晚 100 多年。四分历规定，19 年 7 闰，就是 19 个回归年中正好有 235 个朔望月，那么一个朔望月就等于 $29\frac{499}{940}$ 日，这个数据在当时也已相当精密。

其三，中国早在商代甲骨文中就有用天干与地支依次组合记载和指算日期的记录了。"天干"即甲乙丙丁戊己庚辛壬癸十个字的总称，地支则为子丑寅卯辰巳午未申酉戌亥十二个字的总称。东汉以前，仅用来纪月、纪日，东汉光武帝建武二十五年起，也开始用来纪年，从公元前 722 年直到公元 1911 年，中国的干支纪日从未间断和错乱过，这是目前所知世界上最悠久和最完整的纪日史料。

（四）宇宙理论

中国古代的宇宙理论十分发达，在天地关系、宇宙本原、宇宙结构、宇宙大小、宇宙演变等方面都有丰富的遗产。其中以天地演化思想和宇宙无限理论最为可贵。

远古时代的中国人认为，天和地是从一种朦胧浑噩、深沉幽暗的"混沌"状况中诞生出来的，也就是说，现存世界是由长时间的历史过程发展而来的。战国中期至西汉时期出现了"元气"说，认为天地是由物质性的"元气"生成的，元气有阴阳之分，轻重之别，清浊之异，由此而引起清浊异位，升沉聚散："积阳为天，积阴为地"（《素问·阴阳应象大论》），"积阳之热气生火，火气之精者为日；积阴之寒气为水，水气之精者为月；日月之淫精为星辰"。《淮南子·天文训》这一时期，天体演化思想开始形成："天地不可留，故动，化故从新。"（《管子·侈靡篇》）就是说天和地都是处在不停的运动变化之中的，这种不停的运动变化，促成了天地万物的新陈代谢，这一思想此后各代都有传承和发展，并且得出了天地日月星辰都要毁坏并将开始新的演化过程的论断："天地毁乎？曰：天地亦物也，若物有毁，则天地焉独不毁乎？""既有毁也，何当复成？曰：人死于此，焉知不生于彼？天地毁于此，焉知不成于彼也？"（元代《琅嬛记》）意即天地的毁坏同万物都会毁坏一样，是一种自然规律，然而天地的毁坏并不是归于虚无，而是一定还要在别的处所生出新的天地来。这种天体演化思想在当时来说是相当先进的宇宙理论。

早在战国时期，关于宇宙时空无限的朴素观点就已见表述，如在《尸子》一书中就曾给宇宙下过这样的定义："四方上下曰宇，往古今来曰宙。"庄子《逍遥游》中明确指出天是"远而无所至极"的。东汉郗萌进一步发展了这种宇宙无限思想，并用人们日常生活经验论证人眼所及的浑圆蓝天并非具有一个浑圆的边界和苍苍的颜色："眼瞀精绝，故苍苍然也。譬之旁望远道之黄山而皆青，俯察千仞之谷而窈然黑。夫青非真色，而黑非有体也。"（《晋书·天文志》）认为根本不存在一个"固体"的天球，"天"是"高远无极"的。他还指出"日月众星，自然浮生虚无之中，其行止皆须气焉（同前）"，从正面提出了日月众星悬浮于宇宙空间，并依靠气的作用而运动的概念，描述了一幅日月众星在物质的无限空间运动的图景。元明时期，中国人对宇宙无限性的认识更进一步，出现了无穷天体系统的观念，把空间和时间的有限与无限辩证地统一了起来。如元代《琅嬛记》中说："人有彼此，天地亦有彼此乎？曰：人物无穷，天地亦无穷也。譬如蛔居人腹，不知是人之外更有人也；人在天地腹，不知天地之外更有天地也。"明代《豢龙子》中说："或问天地有始乎？曰：无始也。天地无始乎？曰：有始也。未达。曰：自一元而言，有始也；自元元而言，无始也。"意即：对某一个具体的天体系统来说，在时间上是有始有终的，但是就由无穷的天体系统组成的宇宙来说，那便是无始无终的了。中国古代这种宇宙无限思想对于现代天文科学仍然具有借鉴意义。

二、数学

中国古代是一个数学先进的国家，很早就形成了一个包括算术、代数、几何等各科数学知识在内并以计算和解决实际问题见长为显著特点的数学体系。

（一）数学的发展

在中国商代陶文和甲骨文中就已有很多记数文字了。西周时，数学已成为当时"士"阶层受教育必修的"六艺"之一，还出现了专职会计，算筹计数和简单的四则运算也已产生。春秋战国时期，"九九"乘法口诀已经成为普通常识，分数、角度和标准容积的计算等数学知识也已有表述。

秦汉时代，中国古代最早的一批数学专著相继问世，诸如《许商算术》《杜忠算术》和《九章算术》。《九章算术》一直流传至今，是中国现存最古老的一部算书。《九章算术》的内容已经包括了相当于现代初等数学中的算术、代数以及几何中的大部分内容。它的出现，是中国古代以算筹为计算工具、具有独特风格的数学体系初步形成的标志。魏晋南北朝时期，中国古代数学体系得到进一步充实和提高，先后出现了赵爽的《周髀注》刘徽的《九章算术注》和《海岛算经》《孙子算经》《夏侯阳算经》《张邱建算经》以及祖冲之的《缀术》、甄鸾的《五曹算经》《五经算术》《数术记遗》等一大批数学专著，记载了这一时期的重大数学研究成果。这一时期最为杰出的数学家是刘徽和祖冲之。刘徽应用极限概念创立"割圆术"，为计算圆周率和圆面积建立了严密的方法。祖冲之应用刘徽的"割圆术"求出精确到第七位有效数字的圆周率：$3.1415926 < \pi < 3.1415927$，这一结果远远走在当时世界的前列，直到1000年后，阿拉伯人、德国人和法国人才相继求出更为精确的数值。

隋唐时代，在科举中创设"明算科"，特别是唐高宗时组织编撰了《算经十书》，并颁为教材，使古代的算学经典得以保存和流传。《算经十书》中九部为前人著作，唯《缉古算经》为初唐王孝通所著，该书是中国现存最早的介绍开带从立方法即求三次方程正根的算书。

宋元时期中国古代数学的发展进入高峰阶段，在许多方面都取得了辉煌的成就，其中最突出的是高次方程的数值解法、多元高次方程组解法、一次同余式解法和高次有限差分法等。这些成就都远远超过了同时代的欧洲。这时期著名的数学家和数学著作是：秦九韶（1202—1261）和他的《数书九章》，李冶（1192—1279）和他的《测圆海镜》《益古演段》，杨辉（约 13 世纪中叶）和他的《详解九章算法》《日用算法》《杨辉算法》，朱世杰（13 世纪末 14 世纪初）和他的《算学启蒙》《四元玉鉴》等。

明初至清初四百年间是中国古代数学的"沉寂时期"，虽然如此，也仍有一批算学算书散见于世。特别是明代商品经济比较发达，带来了商品数学的发展和珠算的广泛应用。景泰元年（1450 年）吴敬完成的《九章算法比类大全》就是一部商业数学名著。1592 年程大位所著《算法统宗》则是一部明清两代广为流传的实用珠算术著作。

（二）数学的成就

中国古代数学的杰出成就是多方面的。

其一，创立十进位制记数法。中国是世界上最早使用十进位制记数法的国家，早在商代甲骨文中就已采用一、二、三、四、五、六、七、八、九、十、百、千、万等字来记十万以内的自然数了。西周时期出现的筹算方法已经严格地按照位置分别表示不同单位，跟现代阿拉伯数码的十进位制记数法完全一样了。而印度直到 7 世纪才有采用十进位制记数法的明显证据。现在通用的 1、2、3、4、5……所谓"印度、阿拉伯数码"直到公元 10 世纪左右才传到欧洲。十进位制记数法是中国人对世界文明的一项巨大贡献。正如李约瑟博士所说"如果没有这种十进位制，就几乎不可能出现我们现在这个统一化的世界"。（《中国科学技术史》第 3 卷）

其二，发明筹算和珠算。筹算即古代以竹、木、骨、玉、牙、铁等物制成的外形整齐的小棍棒"算筹"为工具进行整数和分数的加减乘除开方等各种数学运算的方法。始创于西周，春秋战国以后广泛普及，直到唐宋之际珠算出现之后才逐渐被取代。算筹表示数字的方法有纵式和横式两种，个位、百位、万位数用纵式，十位、千位数用横式；五或小于五的数用算筹直接表示，记六、七、八、九，则用一根算筹代作五，放在其他算筹的上（下）面组成，遇"零"则以留出空位表示。如"1007"用算筹表示即为："一　　∏"。算筹一面摆成数字，一面进行运算，其程序与后来的珠算相似。中国珠算的发明最迟不晚于宋初，它是在筹算的基础上创造出来的一种更为先进的计算工具。筹算和珠算都曾先后流传到日本、朝鲜等国。珠算是中国人的一项重大发明，在科学技术空前发展的现代社会，它仍被广泛使用，并被誉为世界上最早的计算机。

其三，数学运算技术（即算术方面）领先。中国早在商代就已产生了奇数、偶数和倍数的概念。春秋战国时期，加减乘除四则运算就已完备。宋元以后，民间实用算术发展起来，乘除互换、以加减代乘除等简便乘除算法相继发明。"开方"运算早在汉代成书的《九章算术》中就已有明确记载，"乘方"之称也于宋代就已出现。此外，被誉为黄金算法的比例算法也是中国人发明的，如早在《九章算术》中就已经概括总结出包括正比例、反比例、复比例、连比例等多种类型的比例问题及其计算。春秋时代的文献中已有分数应用的记载，《九章算术》中对分数的四则运算已有了系统的论述，通分、约分的概念也已形成，并且已能在分数运算上熟练地运用最小公倍数和最大公约数了。中国在分数研究方面的系统理论不仅比欧洲早，而且也比印度早五六个世纪。在小数应用方面，刘徽在《九章算术注》中就已有表述，元朝刘瑾用算筹记小数采用降低一格的方法来表示，是中国最早的小数记载法，如"17.17"用此法表示即为：

"一Ⅱ

　一Ⅱ"

在近似计算方面，中国古代数学也有许多宝贵遗产，如中国自古以来计数多取整数，计算结果的余数常以"有余""有奇"表示，或用"相分为半""少半""太半（大半）"来表示。近似计算的重要规则"四舍五入"法在三国魏时《景初历》中就已提出："半法已上排成一，不满半法废弃之"（《宋书·律历志》）。

其四，代数学领先。16世纪以前，中国的代数学在世界上一直是处于领先地位的。公元前1世纪成书的《周髀算经》中已有许多代数学问题了。而古希腊却直到公元3世纪才出现含有代数学问题的数学著作。中国的代数学自出现之后，绵延不断，发展向前，宋元时达到高峰。而西方在中世纪初，代数学随着科学的衰退而被遗忘，直到9世纪初在由阿拉伯传入代数学之后才又得到恢复。有研究资料表明，代数学在中国的出现要比印度早，欧洲的代数学很可能是从中国通过印度传入的。比如在中国秦汉时代的《九章算术》中正负数就已经出现，其中不仅已有了负数的记载，而且已经系统论述了正负数的加减法则，这比印度就早约6个世纪；又如在代数方程方面，《九章算术》中提出的一次联立方程组的"直除"解法和二次方程解法也比印度早约六七个世纪。这两者则分别比欧洲早约16和10个世纪。唐代王孝通《缉古算经》中记载的三次代数方程解法是中国人在高次方程求解方面的又一成功。此后，北宋贾宪又创造了开任意高次幂的"增乘开方法"，秦九韶又把"增乘开方法"进一步推广成为任意高次方程的数值解法。元代朱世杰推出的四元高次方程组解法将古代求解方程方法发展到最高峰。中国人对不定分析的研究也开始极早。早在《孙子算经》中就有了"物不知数"的问题："今有物不知其数，三三数之剩二，五五数之剩三，七七数之剩二，问物几何？"（答案23）其解法就是用求三个联立一次同余的共同解，古称"同一术"，又叫"孙子定理"。南宋秦韶又将其发展成为"大衍求一术"用来广泛解决各种数学问题，这比欧洲数学家研究这一问题要早500多年。"孙子定理""大衍求一术"西传欧洲后被称为"中国剩余定理"。中国关于不定方程的研究也早在《九章算术》中就已出现，比西方的同样发明早200余年。北魏张丘建的"百鸡问题"就是一个世界数学史上著名的例题："今有鸡翁（大公鸡）一，值钱五，鸡母（老母鸡）一，值钱三，鸡雏（小鸡）三，值钱一。凡百钱买鸡百只，问鸡翁、母、雏各几何？"（答案：鸡翁8只，鸡母11只，鸡雏81只）

其五，几何学领先。中国几何学的历史十分悠久。早在公元前5世纪成书的

《墨经》中就已有了点、线、面、方、圆等概念，其定义与西方的《几何原本》十分相似，但却比《几何原本》要早一个多世纪。中国是世界公认的最早发现勾股定理的国家。古希腊数学家毕达哥拉斯约于公元前550年发现这一定理，中国古算书《周髀算经》介绍公元前7世纪至公元前6世纪就已应用直角三角形中两条直角边的平方等于斜边的平方这一公式了。圆周率的最早发现也是中国。《周髀算经》《九章算术》中都已有"径一周三"的圆周率近似值的记载。其后张衡、刘徽、祖冲之等都不断有新的成就，使中国圆周率的计算遥遥领先世界1000年。中国早在《周髀算经》中就已有计算面积和体积的公式了，魏晋时期刘徽把复杂图形简化，使面积的计算更为简便，这便是著名的"割补术"。祖冲之之子祖暅创立的求球体体积的"开立圆术"比西方的卡瓦列利公理要早约1000年。唐代王孝通将刘徽的"割补术"运用于复杂立体体积的计算上也取得了成功。在三角函数方面，唐代天文学家和数学家僧一行在《大衍历》中为进行天文测量计算需要所编制的0°到80°的正切函数表则是世界上最早的正切函数表。

三、医学

中国古代的医学，在西医传入中国之前，称"岐黄""青囊""杏林""悬壶""橘井"等，在西医传入中国后，为两相区别，改称"中医"。中医以其独特的视角认识生命、健康和疾病，在中国传统思想文化基础上构建了别具特色的医学体系，为人类的生存、健康做出了巨大的贡献。下面对它做一下简要的介绍。

（一）中国医学的发展

中医和中国画、京剧一向并称为中国的三大国宝。早在商周时代，中国医学知识和技术就已有很大进步，如中药重要剂型之一的"汤液"即已开始采用，还已经使用青铜针器针灸治病了。周代，医巫分开，开始出现专职医生，并且有了"食医（管饮食营养）""疾医（管内科疾病）""疡医（管外科疾病）"和"兽医"之分。春秋战国时期，中国医学理论体系初步建立，其标志便是《扁鹊内经》九卷、《扁鹊外经》十二卷和《黄帝内经》的出现。扁鹊擅长各科，精通四诊，尤善望诊和切脉，是中医脉学的创始人。《黄帝内经》以论述人体解剖、生理、病理、病因、诊断等基础理论为重点，兼述针灸、经络、卫生保健等内容，奠定了中国医学发展的理论基础。这一科学名著早已引起国外医学和科学史家的重视，它的部分内容已相继被译成日、英、德、法等国文字。

秦汉时期，中国医学体系进一步充实和提高。汉代成书的《神农本草经》就是中国现存最早的一部药物学专著，一共收载药物365种，是战国秦汉时代药物知识的总结。汉代名医张仲景所著《伤寒杂病论》提出以六经辨证论治伤寒、以脏腑辨证论治内科杂病，首创包括理法方药在内的中医学辨证论治原则，促使中医学基本原理与临症实践进一步紧密结合，对后世影响极大。以精巧的外科手术和先进的麻醉术而著名的医学家华佗所取得的成就也反映了那一时期中国医学发展的进步。

1805 年日本外科学专家华冈青洲使用曼陀罗花制作的手术麻醉剂曾被誉为世界外科学麻醉史上的首创,实际上比华佗发明的麻沸散要晚 1500 余年。这一时期,中医针灸法已经传到朝鲜、日本和东南亚各国。

三国两晋南北朝时期是中国医学体系进一步完善与发展的阶段,大量重要的医学专著相继问世。如晋代名医王叔和的《脉经》,集汉以前脉学成就之大成,为现存最早的中医脉学专著。皇甫谧的《针灸甲乙经》系统总结了古代针灸疗法,详载人身 349 个经穴部位和主治疾病、针刺深度、留针时间等,是现存最早、内容最完整的针灸学名著。南朝宋梁间名医陶弘景的《神农本草经集注》将前人经典中 730 种药物分类合编加注,成为中国古代本草学的重要文献。刘宋时期(即南北朝时期的宋朝)雷敩所著《炮炙论》则是中国最早的药物炮制技术专著。晋代葛洪的《肘后备急方》则是著名的方剂学专著等。

隋唐时期,中国医学获得进一步发展。国家的医药机构已经相当完善,其规模不但前所未有,而且也为当时世界上所仅见。医学教育制度也已健全,除了传统的个人传授方式外,国家还设有专门教育机构,如在太医署就设有医学专科学校,并分医科、针科、按摩科和咒禁科,招收学生,置博士和助教进行教授。公元 659 年,唐王朝还组织编纂了《新修本草》,成为中国同时也是世界上由国家颁行的最早的一部药典。这一时期重要的中医学专著则有隋朝巢元方的《诸病源候论》和唐代名医孙思邈的《千金要方》、王焘的《外台秘要》等。《诸病源候论》是现存最早的病因征候学专著。《千金要方》和《外台秘要》皆为著名医药方剂专著,《千金方》(《千金要方》《千金翼方》)是综合性临床医著,被誉为中国最早的临床百科全书,著者孙思邈被后人尊称为"药王"。

宋元时代,中国医学进入全面发展阶段。在医学教育、理论、临症各科的诊断治疗以至本草、局方等方面都有不同程度的进步。宋时,中医分科已由唐代的四科发展到九科(大方脉科、风科、针灸科、小方脉科、眼科、产科、口齿咽喉科、疮肿兼折疡科、金镞书禁科),到元代又增至十三科(大方脉科、风科、针灸科、小方脉科、眼科、产科、口齿科、咽喉科、正骨科、金疮肿科、杂医科、祝由科、禁科)。这一时期还形成了以刘完素、张从正、李杲和朱震亨为代表的四大医学流派。在本草著作方面,出现了私著官修的《经史证类备急本草》,在明代李时珍的《本草纲目》问世之前的几百年间,此书一直是本草学的范本。此外,在法医检验、解剖学、针灸和外科医术等方面,这一时期也都有新发展,如宋慈所著《洗冤录》就是中国、也是世界历史上第一部有系统的法医学专著,它比 1602 年意大利人菲德里写成的西方最早的法医学著作要早 300 多年。这部书不仅在中国沿用 600 余年,还广泛外传,被译成荷兰文、法文、德文以及朝、日、英、俄等文本。1041—1048 年间,由吴简担任解剖师、宋景绘制的《欧希范五脏图》、1102—1106 年间杨介整理的《存真图》对人体内脏的形象、结构和部位都提供了十分具体的资料。1027 年,王惟一著《铜人腧穴针灸图经》并铸造两具刻有经脉腧穴的针灸铜人,以作教学模型和针灸技术测试之用。这些在当时都是具有世界先进水平的。

明清之际，中国医学持续发展，特别是在传染病学和外科学方面成就尤为突出。如温病学说的创立，人痘接种法的发明，外科总结性著作《外科正宗》的出现，直至李时珍的《本草纲目》的问世等，都是这一时期中国传统医学的杰出成就。李时珍的《本草纲目》不但是一部总结中国两千多年来药物学知识和经验的杰作，而且是一部具备了初期植物形态分类学内容的巨著。1647年，波兰人卜弥格来中国，将其译为《中国植物志》于1659年出版，对欧洲植物学有很大影响。它先后被译成日、英、德、法、拉丁文和俄文等多种文字，从17世纪中叶起流传各国。这一时期中国的针灸疗法传入欧洲。

近代以来，随着西方科学技术的大量输入，中国医学虽然也同其他文化领域一样受到冲击，但由于它特定的内外条件赋予的顽强生命力使之虽然历尽艰难然而始终未致衰竭，并且日渐形成与西医并峙的局面。

（二）中国医学的理论

中国医学不仅历史悠久、典籍丰富，而且自成体系、内容独特。中国医学独特的体系内容主要包括四个方面：

第一，以脏腑、经络、气血、津液为主要内容的生理病理学。脏腑是中国医学对于人体内部器官的概括。它首先是指心、肺、肝、脾、肾"五脏"，其次是包括胆、胃、小肠、大肠、三焦、膀胱"六腑"，还有特指奇恒之府——脑、髓、骨、脉、胆和女子胞。经络在中医学上专指人体内部气血运行的通道，包括经脉和络脉两部分，经脉为纵行的"干线"，络脉是指从经脉上分生出来的大大小小的支脉。它们不仅分布在体表，而且深入体内和脏腑联结，并周而复始如环无端地循环运行，担负着运送全身气血、沟通人体内外上下的功能。气血即指人体内的气和血，其作用是营养脏器组织维持生命活动。津液是津与液的合称，即人体内的液体，包括血液、唾液、泪液、汗液等。中医认为，津液皆为饮食水谷之精微物质化生而成有濡润肌肉、充养皮肤、滑利关节、补益脑髓、灌濡孔窍等作用。人体的这些器官和要素既相互区别又相互联系，共同组成为一个整体。人体某一部分发生病变，常常会影响到其他器官甚至全身，而全身的状况也会影响到局部的病理变化，如脏腑发生病变，往往会通过经络反映到皮肤腧穴上来，针灸有关腧穴，便会通过经络的传递治愈、缓和或控制脏腑的变化。此外，中国医学还认为人体内部器官之间、人体内部与外部环境之间处于协调和谐即相对平衡状态时，就能维持正常的生理活动，反之就要产生疾病。总之，脏腑、经络、气血、津液学说，内外平衡、整体联系观念是中国医学的基本理论和指导临床诊断与治疗的重要思想方法。

第二，以"四诊""八纲"为传统的临床诊断辨证施治的治疗学。"四诊"即望诊、闻诊、问诊、切诊。望诊即观察人体神、色、形、态和舌象的异常变化。闻诊包括听声音和嗅气味两方面，即诊察病人的声音、语音、呼吸、咳嗽、呕吐、呃逆、嗳气、太息、喷嚏、肠鸣等各种声响以及嗅闻病人体内发出的各种气味以及分泌物、排泄物的气味。问诊即询问病人的发病时间、起病原因、治疗经过、既往病史、主要症状以及生活经历、饮食嗜好、劳逸起居等情况。切诊即指触摸按压病人身体有关部位进行检查诊断，又分脉诊和触诊两种。脉诊常取病人手腕关节后桡动脉搏动处；触诊则是对病人的皮肤、胸腹及病痛部位进行触摸按压，从而测知其冷热、软硬、压痛、包块或其他异常变化。中医主张"四诊合参"，即将四种诊断方法综合起来，以求全面了解病情、正确诊断。"八纲"是中医关于疾病的八种征候的归纳，即阴、阳、表、里、寒、热、虚、实。阴阳指疾病的类别；表里是指病变部位的深浅；寒热是指疾病的性质；虚实是指邪正双方的消长盛衰。以阴阳两纲为总，统领其余六纲。"八纲"是中国医学辨证施治的基本纲领和方法。

第三，以"四气""五味""升降""浮沉"和"君臣佐使"为特点的中国药学。"四气"又称"四性"，是指寒、热、温、凉四种药性，寒性或凉性药物能治热性疾病，热性或温性药物可治寒性疾病。所谓"五味"即辛、酸、甘、苦、咸五种药味。药味不同，作用也不一样，如辛味药能散能行，甘味药能补能缓，酸性药能收能涩，苦味药能泻能糟，咸味药能软坚润下。"升降""浮沉"指的是药物在体内发挥作用的趋向，"升""浮"是指向上向外的趋向，反过来就是"沉""降"，如麻黄、升麻两药，前者可发汗，后者有消除下坠感觉的作用，就属于升浮药。"君臣佐使"是传统中医方剂的组成法则。这是一种借用封建王朝君臣佐使之间的互相统驭关系来说明方剂中各种药物之间的组织配伍原则的学说。"君"药是方剂中治疗主证、起主要作用的药物，根据需要，可用一味或数味。"臣"药是协助主药起治疗作用的药物。"佐"药是协助主药治疗兼征或抑制主药的毒性和峻烈的性味或是反佐的药物。"使"药是引导各药直达病灶或起调和作用的药物。此外，中国药学还有一套加工改造药物的独特方法——"炮制法"，分为水制、火制和水火共制等几类。酒泡、水漂等为水制；炒、焙、煅等为火制；蒸、煮等为水火共制。其目的在于消除毒性、增强药效、改变性能，便于服用、保存和去除杂质。

第四，以经络腧穴为主要内容的针灸学。"经络"之说如前所述，它是中国传统医学的重要基础理论。在"经络"说的基础上后来又进一步产生"腧穴"说。"腧穴"又称"气穴""经穴"或"穴位"。"腧"即输注之处；每个穴位都与五脏六腑有密切关系，它们联属在一定的经脉通路上。这些穴位在受到周围环境的各种刺激后会引起人体内部机能的变化，针灸疗法的治病原理便由此而来。针灸疗法包括针法和灸法两种，它源于原始社会中产生的砭石、火灼等治疗方法。《黄帝内经·灵枢》篇中已有经络、穴位、针灸方法的记载了。战国名医扁鹊就曾利用针灸疗法使虢国太子死（休克）而复生。针法即用金属制成的针具刺入人体的一定穴位，通过操作手法，调整营卫气血。灸法则是用艾绒搓成艾条或艾柱，点燃后温灼一定穴位的皮肤表面，以达到温通经络、调和气血的目的。针法与灸法虽是两种不同的疗法，但在中医临症治疗中常常配合使用。独特的针灸疗法以其操作简便、应用广泛、疗效迅速、经济实惠等优点，长期以来受到人们的欢迎，并且在医疗实践中不断得到丰富和发展,传播也愈来愈广。特别是中华人民共和国成立以来,在传统针灸疗法的基础上,又创造出很多新的疗法,如电针、耳针、头针、穴位注射、穴位结扎、磁穴疗法等,大大扩大了针灸医疗的范围和研究课题。

四、农学

中国农业历史悠久而且发达。中国在6000年前就在湖南澧水河畔澧州城头山人工栽培水稻,大概3000年前传入了朝鲜、越南、日本等国。为了推动农业生产的发展,中国对农业理论不断进行研究,对农业机械不断进行改良创新,对水利工程不断进行兴修。下面对其主要的科技成就做一下简要的介绍。

(一) 农学理论的研究

中国农业的发达,首先表现为农学著作十分丰富。据统计,中国古代著名农学专著约有五六百种,堪称世界第一。成书于公元前239年的《吕氏春秋》中的《上农》《任地》《辩土》《审时》是中国现存最古老的农学论著。《上农》中阐述的以农为本、工商为末的"崇本抑末"思想成为此后中国传统的经济思想。《审时》中把人的因素放在农业生产三要素(人、地、天)之首,表明这一时期中国的农业技术已从顺乎自然向有意识地改造自然迈步了。这些论著所表述的思想与同时代的罗马农学家加图的农书相比,要深刻得多。

西汉氾胜之所著《氾胜之书》总结了农业生产中"趣时、和土、务粪、泽、早锄、早获"六个基本环节的理论和技术,指出它们是达到丰产丰收不可或缺的重要因素。书中还阐述了禾、黍、麦、稻、豆、麻和桑等十多种农作物的栽培方法,奠定了中国古代农作物栽培理论的基础。

北魏贾思勰所作的《齐民要术》在肯定轮换、休闲恢复土地肥力的传统方法的同时,总结和研究了轮作、套作方法,并记述了苗圃育苗嫁接技术和熏烟防霜经验。这些农业技术知识比世界其他各先进民族的记载要早三四百年甚至1000多年。

南宋陈旉《农书》是中国最早论述南方水稻区域农业技术的一部综合性农书,书中首次用专篇系统论述土地利用问题,最早提出土壤虽有多种,好坏不一,但只要治理得法,都能适合于栽培作物。该书以其完整的理论体系而被视为中国古代第一流的综合性农书。

元代王祯《农书》综合了北方旱田和南方水田耕作的生产技术和经验,是一部大型的农学专著。全书分三部分:《农桑通诀》为总论,贯穿了农本观念和天时、地利、人力共同决定农业生产好坏的思想,概述了耕、耙、种、锄、粪、灌、收等各个生产环节以及林、牧、纺织等有关领域的技术经验;《百谷谱》则分项论述了各种大田作物以及蔬菜、水果、竹木、药材等种植保护技术及贮藏利用方法;《农器图谱》篇幅最多,展示了历代农业机械图像,成为此书的最大特点。

明代徐光启的《农政全书》是中国古代农业科学集大成之巨著。全书六十卷,七十多万字,分农本、田制、农事、水利、农器、树艺、蚕桑、蚕桑广类、种植、牧养、制造和荒政十二项，全面介绍了中国传统农业科技。

（二）农业机械的创造

为了增加产量、提高劳动效率，中国古代劳动人民还用智慧的双手发明了许多先进的农业机械。比如中国人最早发明了有犁壁装置的耕犁。没有犁壁装置的耕犁达不到辟土、松土起垄作亩的目的，需要锄类铲类农具的帮助才行。有了犁壁装置，就可以利用犁壁的方向性使耕犁能向一侧翻转土垡，既可翻土松土、起垄作亩，又能将杂草埋进土里化成肥料，还有杀虫作用。欧洲的耕犁直到11世纪时才有犁壁的记载，而中国至迟到汉代就有了，比欧洲要早近1000年。据史料记载，在整个古代社会，中国耕犁的发展水平一直处于世界前列。

早在战国时期，中国就有了播种机械，汉武帝时赵过在原有一脚耧的基础上发明了同时播种三行的三脚耧。这种机械可以把开沟、下种、覆盖三道工序连在一起一次完成。现代最新式的播种机的全部功能也不过是把这三道工序再加上"压实"接连完成而已，而2000年前的中国人就已经基本上完成了这种设计。

龙骨水车是中国古代著名的农业灌溉机械，古书上称作"翻车"，出现于东汉末年，最初是用人力转动轮轴工作的。南宋初年又出现了以畜力为动力的龙骨水车，汲水量大为增加。元代初年，人们又将动力机械改为水轮回转装置，利用流水作动力，创造了水轮龙骨水车，这是中国先民利用自然力造福于人类的一项杰出成就。

中国古代在粮食加工方面发明了不少机械，如磨、碾、碓、扇车、箩等。西汉末年，用水力作动力的水碓最早出现。至迟到晋代，以水力作为动力的水磨正式出现。利用水碓、水磨加工粮食，可以日夜工作，效率高，应用广，是中国古代农业机械方面的重要发明。

（三）蚕桑、蔬菜及茶树的培育栽植

中国是世界上养蚕、种桑、织丝最早的国家。早在商周以前，人工养蚕就已出现。至周代，栽桑养蚕已在中国南北广大地区蓬勃发展起来，丝绸已成为当时贵族阶层的主要衣着原料，养蚕织丝也已是当时妇女的重要生产活动了。文献记载表明，世界上所有养蚕国家最初的蚕种和养蚕方法都是直接或间接地从中国传去的，如公元前11世纪传入朝鲜，公元前3世纪传入日本，公元7世纪传入阿拉伯和埃及，10世纪传到西班牙，11世纪传到意大利，15世纪传到法国，以后又由法国传入英国、美洲等。

蔬菜果类生产是中国传统农业生产中的重要部门。早在6000年前的新石器时代，中国就已开始人工种植蔬菜，到周代，蔬菜生产已经相当复杂。春秋战国时期，农（大田作物）圃（蔬菜作物）分工，园圃种菜开始成为专业。据统计，中国现有蔬菜种类大约有160种，其中常见的约有100种（每类中的不同品种不计）。在这100种蔬菜中，中国原产的和引入的大约各占一半。1986年在中国首次名特产蔬菜恢复和发展学术讨论会上评出的中国十大特产蔬菜是：榨菜、莼菜、竹笋、辣椒、莲藕、大蒜、生姜、黄花菜、百合和发菜。其中辣椒、生姜虽然原产美洲和东南亚，但经过中国人的引种培育和发展，现在也已成为世界上品种最多、产量最高的国家。这些蔬菜品种有不少很早就已被外国引种，如日本从1875年起就由中国引种白菜（古称"菘"），现在已发展成为产量和种植面积在日本都占第二位的蔬菜品种。

长期以来，中国先民还发明了许多先进的蔬菜栽培技术，不少方法至今还在沿用。如利用有保护措施的土地栽培蔬菜的"保护地栽培法"，让种子经过不见日光的黄化处理发芽成菜的"软化栽培法"，利用类似阳畦的设施贮藏保存蔬菜使之新鲜如初的"假植栽培法"等。"保护地栽培法"通过防寒加温等措施可以在冬季培养蔬菜或达到多收早获的目的，西汉时已有此法，为中国人最早发明。"软化栽培法"则可以生产出新鲜美味、营养丰富的黄豆芽、绿豆芽、豌豆芽、韭黄等蔬菜，此法宋代就已有记载。"假植栽培法"则通过把各种蔬菜分类放开、一层菜一层土埋置于朝阳坑穴内的方法达到使蔬菜越冬保鲜的效果。此法在《齐民要术》中已有介绍。

南欧、中国华北和华南地区是世界上三个最早、最大的果树原生地。在果树栽培技艺上，中国人也有许多发明创造，其中最著名的是嫁接繁育技术。这一技术至迟在战国后期就已出现。《齐民要术》中已有详备记述。其中不少接木名词作为专门术语至今仍在国内外沿用。

中国还是举世公认的茶的故乡。目前世界上各产茶国家都是直接或间接地从中国引种茶树或茶籽的。现代各国语言的"茶"字都是由中国"茶"字的广东音或厦门音转变而成的就是证明之一。中国人工种茶的历史有2000余年。唐代时，茶树栽培就已相当广泛，遍及现在的江苏、安徽、江西、四川、湖北、湖南、浙江、福建、广东、云南、陕西、河南等省。中国茶叶生产技术精湛，茶叶品类最为齐全，茶叶质量尤为优异。

（四）牲畜的放牧和饲养

在中国数千年的农业经济中，畜牧业一直占有重要地位。这方面的科技成就也令人瞩目。如早在2000多年前，中国人就发明了为马蹄制造蹄铁、装蹄和削蹄的"蹄铁术"，当时欧洲还只会用皮革制造简单的蹄鞋。春秋战国时期，中国人就已开始利用异种杂交方法改良马匹创造新畜种了。当时以母马配公驴生出的"蠃"和以母驴配公马生出的"駃騠"便是结合了马和驴的优良性状而胜于马和驴的新畜种——骡子。中国养猪事业历史古老，经验丰富。早在商代，中国人就发明了阉割术使猪的性情变得驯顺起来，而且容易膘满臀肥。用发酵饲料喂猪也是中国人的一大发明。古代中国培育了许多优良猪种，汉唐以来一直为欧亚各国人民引入和称赞，至今世界上许多名贵猪种都有中国血统。在家禽饲养方面，"人工孵化法"也是中国人的一项重大发明，纪元前就已应用，直至如今。中国人创造的"填鸭肥育法"早在明代就已培育出著名的"北京鸭"。中国人利用鸭的生长规律发明的人工止卵法和强制换羽技术，使鸭子的下蛋、换羽时间都可以根据人们的意愿而安排。中国古代的"相畜学""兽医学"也十分发达，如春秋战国时代卫国的甯戚就是当时著名的相牛学家，著有《相牛经》，秦国的伯乐是著名的相马学家，著有《相马经》。相传黄帝时代的马师皇是中国古代最早的兽医，专治马病。明代喻本元、喻本亨编著的《元亨疗马集》则是国内外广泛流传的一部中国兽医古典名著。至于中国的兽医针灸疗法早在公元5世纪就已流传国外，至今在兽医学中还享有盛誉。

五、四大发明

在中国古代科技领域里，指南针、造纸术、印刷术和火药的发明是最伟大的成就。

（一）指南针

中国的指南针最早出现于战国时代，当时人们称之为"司南"。这种"司南"是用天然磁石制成的，状如小勺，底呈圆形，能在平滑的"地盘"上自由旋转，静止后勺柄指向南方，勺头指向北方。其最早记载见于《韩非子·有度》，时间约为公元前3世纪。北宋沈括的《梦溪笔谈》中对于磁石磨成的指南针有更详细的记载。12世纪初，指南针应用于中国航海事业已见诸文献典籍。12世纪末至13世纪初，中国的指南针由海路传入阿拉伯，然后又由阿拉伯传入欧洲。

（二）造纸术

考古发现，最迟在西汉初年，中国就已经发明了现代意义上的植物纤维纸了。科学工作者还进一步研究推断，西汉的造纸工序已经具备了现代造纸工艺的基本流程。但是早期的西汉纸还比较粗糙。到了东汉，蔡伦（？—121）在原有造纸方法的基础上试验成功利用树皮、破布、废麻等为原料造纸的新方法，纸质优良、成本便宜、方法简便，很快得到推广。公元三四世纪，纸正式取代昂贵的绢帛和笨重的竹简、木简成为中国人重要的书写材料。6世纪以后，中国的造纸术相继传往朝鲜、越南、日本，8世纪经波斯、土耳其传入阿拉伯，后又由阿拉伯传入欧洲。

（三）印刷术

中国是最早发明印刷术的国家。公元前即已流行的印章捺印和5世纪出现的拓印碑石法是中国早期印刷术"刻板印刷术"的前身。制墨和造纸等生产技术出现以后，逐渐发明了刻板印刷术，即把图文刻在木板上用水墨印刷。刻板印刷在唐代就已盛行。到11世纪北宋庆历年间（1041—1048），毕昇（？—约1051）首创活字版，即把字刻在一个个用胶泥做成的长方体上，用火烧硬，成为一个个活字。印书时将它们排在一块铁板上，涂上墨印刷。印完后把活字拆下来，下次还可以用。这是当时世界上最早、最先进的印刷技术。

（四）火药

中国是火药的故乡。公元7世纪，唐代著名医学家、炼丹家孙思邈在《孙真人丹经》一书中记载的由硝石、硫黄和炭组成的火药配方是世界上关于火药的最早记载。古代的火药即现代的黑火药。后来，火药从炼丹家手中转到军事家手里，于是，在唐、宋、元、明各代相继出现了"火药箭""火炮""神火飞鸦""火龙出水"等火药制品。这些火药制品在当时都是世界上最先进的。中国的火药在 1225—1248 年间由商人传入印度，再经阿拉伯、西班牙传入欧洲。

中国的"四大发明"对于人类文明的发展做出了巨大贡献，英国思想家培根说，它们"改变了整个世界的面貌和事物的状态"。（转引自李约瑟《中国科学技术史》1 卷）现代科学史家深情地评述道，火药改变了大刀长矛的古老战争方式，指南针的应用使远程航海、寻找新大陆、开辟世界市场成为可能，而造纸和活字印刷术则把科学文化变成群众性的事业。

第二节 中国科技的主要特点

长期以来，在中国独特的政治、经济、地理、文化背景的制约和影响下，不仅产生了发达的中国古代科技，而且形成了中国古代科技的一系列鲜明而突出的特点。

一、与中国社会历史的进程具有同步性

中国古代科技的发展与中国社会历史的进程具有明显的同步性。中国古代科技萌芽于原始社会，科学基本上还是存在于技术之中。夏、商、西周奴隶制时代，知识和技术开始脱离"口传身授"的阶段，逐渐以经验科学的形态通过文字积累起来。天文、数学、医学、农学等科学技术进入初级发展阶段，中国古代科技体系中的一些重要特点开始出现。春秋战国时期，奴隶制向封建制转化，科学技术呈现出前所未有的发展状态，中国古代科技体系的许多科技知识和各种学说都在这一时期形成了初始的状态与特征，诸如农业上的精耕细作传统，天文学上的古四分历，数学上的十进位制、筹算制度，医学上的《内经》理论体系等，成为中国古代科技的奠基时期。秦汉时期是我国封建制的建立和巩固时期，我国古代各学科体系和许多生产技术都在这一时期形成和趋于成熟，为后世科技的发展奠定了方向、构成了骨架。如我国古代传统的天、算、医、农四大学科就都在这一时期形成了自己独特的体系。三国两晋南北朝虽处"乱世"，但总体上说，"乱"还是短时间的，占主导地位的还是相对稳定的局面。这一时期，民族空前大融合，科技知识大交流，出现了一大批著名的科学家，取得了一系列重大科技成果，使春秋战国和秦汉时期形成的科学技术体系得到了充实与提高。隋唐时代是中国封建社会的"盛世"，这一时期科学技术也沿着传统的科技体系持续发展，达到成熟阶段。宋元时期，生产发展、经济繁荣，加上丰厚的前代积累和政府对发明创造的奖励政策以及各民族之间与中外科学技术的广泛交流，使得这一时期的科学技术获得了高度发展，达到我国古代科技发展的高峰阶段。从秦汉封建社会的建立、巩固到宋元时代这 1500 余年中，中国科技从总体上说是兴旺、发达、领先世界的。明清时代是我国封建社会的衰落时期，这一时期中国传统科技的发展也明显呈现出缓慢乃至停滞的状态。16、17 世纪起，我国的科学技术便开始落后于西方。简要回顾中国古代科技发展的这一历史道

路，我们不难看出社会制度与科技文化之间的密切联系，中国古代科技与中国社会历史的进程特别是与中国封建社会的发展在总体上保持了同步态势。

二、体系内容具有完整、多样的丰富性

中国古代科技在体系内容上完整、多样，具有丰富性的显著特征。如前所述，中国古代科技不仅产生和形成了历史悠久、内容丰富、体系完整、富有特色的天、算、医、农四大传统学科，而且还有其他方面许多内容与成就。诸如在物理学方面的古代力学知识、声学知识、磁学知识和光学成就；在化学化工方面的造纸术、火药、火药武器、瓷器、油漆技术和炼丹术；地理学方面的气象观测及理论、物候知识、旅行考察、水利工程、水文知识、地图绘制、矿物学、海陆变迁知识和地震知识；生物学方面的动植物分类、遗传育种研究、微生物研究；冶金铸造方面的冶炼技术、胆铜法、泥范铸造、金属型铸造、熔模铸造；建筑方面的万里长城、桥梁技术、城市建筑、园林建筑、高层砖石建筑、木构建筑；造船和丝织技术、葛麻纺织、染色技术；还有印刷术等。中国古代科学技术的丰富内容涉及了人类社会生活的各个领域，反映了我国古代先民在认识自然界、改造自然界方面的卓越见识和辉煌成就，这些在世界科技史上都是极为罕见的。

三、功利目的具有务实性

中国古代科技在功利目的上具有务实性倾向。中国古代科学技术体系形成于封建社会始创初期，人们热衷于新的封建秩序的建立和巩固，社会要求科学技术为这种新秩序的建立做出切实有效的服务。比如，秦汉时期社会变革和生产发展就给数学提出了不少急需解决的测量和计算问题：实行按田亩多寡"履亩而税"的政策，就需要测量和计算各种形状的土地面积；合理的摊派税收就需要进行各种按比例分配和摊派的计算；大规模的水利工程、土木工程需要计算各种形状的体积以及如何合理地使用人力、物力；商业、贸易的发展，需要解决各种按比例核算等问题；愈加准确的天文历法工作，需要提高计算的精确程度等。《九章算术》正是从这种社会实际需求出发集九大类问题数学解法于一书的一部古代数学巨著。它不仅显示了我国古代数学体系在初始形成时期的显著特点，诸如重视理论探索与社会实践的密切联系，特别在实际计算方面有很高水平，在数学命题的叙述方法上，不是从抽象的定义和公理出发，而是从实际的问题出发，而且对后世产生了深远影响，使之成为传统延续历代。中国自古以来以农为本，编造历法、授民以时是历代王朝都必须做的头等大事。中国古代天文学的异常发达与成熟，也与中国古代科技功利目的"务实性"特点有密切关系。以《山海经》《禹贡》为开端，以《汉书·地理志》为代表的我国古代地理学体系也是封建大一统中央集权政治实际需要下的产物，是一种为适合封建统治需要的疆域地理志或沿革地理志，带有明显的实用目的性，等等。虽然中国古代科技具有"务实"的传统，但并不能说中国古代科技没有理论。实际上，任何科学技术的进步与发展，如果没有一定的理论思维，那都是不可想象

的。通常情况下，只是其中的理论寓于实际的物、数之中，没能被抽象出来形成独立的或系统的理论。即便是这样，我国早在春秋战国时期以及后来关于理论问题的探索，也不乏其人。墨家的物理学与数学所具有的理论特征、刘徽等人关于极限的概念所包含的理论思维就足以说明。只是这种探索被强大的"务实"传统所影响而未能得以发展。这是我们今天正确认识中国古代科技"务实性"特征和传统时必须注意到的。

四、科学形态具有"经验"性

中国古代科技在科学形态上具有"经验"性的特点。所谓科学形态的经验性，即其研究与表达常限于生产经验的描述、科学实验的记录、工艺技能的表述等，而在理论概括、科学抽象和逻辑系统方面则呈现劣势。实际上，这种特点是受古代社会生产力与古人认识能力的特有水平所限制的结果，不仅是中国古代科技如此，世界其他国家和地区的古代科技也大多同样如此。春秋末年成书的重要科技专著《考工记》就是一部当时关于手工业技术规范的汇集，实际上，它是那时官办手工业各种技术程序以及各种指标的官定规范。我国古代最重要的一部数学名著——《九章算术》，也是从当时社会需要解决的各类问题中选出246个例题，按解题的方法和应用范围分为九大类，每一类作为一章纂集而成的，有时举出一个或几个问题之后，叙述解决这类问题的解法；有时则首先叙述一种解法，然后再举出一些例题。北魏贾思勰的《齐民要术》是我国完整保存至今的最早的一部古代农书，也是世界上最早的一部比较系统的农业科学著作。全书10卷，92篇，12万字，分别记述的是各种农作物、蔬菜、果树、竹木的栽培，家畜、家禽的饲养，农产品加工和副业生产技术等，实际上也是6世纪以前黄河中下游地区农业生产经验的汇集。我国的古典中药学名著《本草纲目》16部，52卷，62类，收载药物1892种，附方11096则，插图1160幅，对每种药物以"释名"确定名称，以"集解"叙述产地、形态、栽培以及采集方法等，以"辨疑""正误"考订药物品种的真伪和纠正历史文献记载的错误，以"修治"说明炮炙法，以"气味""主治""发明"分析药物的性味与功用，以"附方"搜集古代医家和民间流传方剂，也是16世纪以前我国药物学经验的总结。经验性科学是科学发展道路上不可逾越的初级阶段，中国古代科学技术的高度发展，不仅显示了中国文明的卓越成就，而且也为世界科学技术的进步与发展提供了有益的知识积累和基础准备。文艺复兴以后产生的近代科学体系所达到的理性科学的高级形态应当说与中国古代经验科学的丰富积累与西传有着一定联系，这一点，李约瑟博士已经做出了公允的评述。

五、历史具有延续持久性

中国古代科技具有历史延续持久性的特征。中国古代科技的这一特征与中国封建社会悠久而漫长的历史有直接关系。中国古代科技体系的许多分支基本上保持与封建社会同步运行的趋势，呈现出连贯持续的发展态势。如中国传统数学体系形成于秦汉之际,以《九章算术》为代表,以解决社会实际需要为主要内容,以算筹为主要计算工具,以十进位制的记数系统进行运算。经过汉唐千余年的发展,又逐步形成了《算经十书》,内容更加丰富。到了宋元时期,这个以算筹为主要计算工具的体系达到了发展的高峰。明代中叶以后,随着资本主义的萌芽,商用数学发展起来,计算由筹算演变成为珠算。又如我国古代天文学中的历法从夏商周直到元明清从未间断过,虽然屡经变革、推陈出新,但从内容到形式都只是日臻完善与精确。这样持久的历史延续性在世界上是绝无仅有的。再如中国古代地理学体系,发端于《山海经》《禹贡》,形成于《汉书·地理志》,是从内容到形式都适合封建统治需要的疆域地理志或沿革地理志,融自然地理与人文地理于一统,还附记有山川、道路、物产等内容。这一体系由于适合封建统治者的需要而不断发展,其延续时间之长、积累资料之丰富,都是世所罕见。中国古代医药学体系的这一特点表现得更为突出,它不仅历史古老,而且延续 2000 余年,不断得到充实与提高,至今依然保持着自己的体系,有条不紊。中国传统农业在生产组成上农牧并举而偏于农作物,在耕作制度上连作复种、高度节约的生产道路,在耕种技术上的精耕细作特点也早在秦汉时代就已形成,直至近现代仍基本未变。

　　文化是一个民族智慧的标志。中华民族勤劳勇敢,历史悠久,创造了辉煌的文化,照耀着人类发展之路。本篇介绍的仅是中华文化百花园中鲜艳的几枝,中华优秀的文化还有很多,如兵器文化、建筑文化、交通地理文化、饮食文化、服饰文化、艺术文化,等等。中华文化博大精深,令人骄傲自豪,我们要认真学习研究,汲取精华,创造出更多的新文化,照耀人类发展的新征程。

思考与练习

一、举行一次班级学术研讨会,谈谈中国古代科技的主要成就及其主要特点。
二、为什么说科技是第一生产力?举例说明。

主要参考文献

吉林师范大学中文系，1972，《语文基础知识》，吉林人民出版社。

北京大学中文系，1973，《语法逻辑修辞》，河北人民出版社。

尉天池，1976，《书法基础知识》，上海人民出版社。

《普通逻辑》编写组，2011，《普通逻辑》，上海人民出版社。

张静，1980，《新编现代汉语》，上海教育出版社。

北京师范大学现代汉语教研室，1980，《现代汉语》，北京师范大学教材科。

吕叔湘、朱德熙，1979，《语法修辞讲话》，中国青年出版社。

全国外语院系《语法与修辞》编写组，1981，《语法与修辞》，广西人民出版社。

马松亭，1981，《汉语语法修辞》，山东人民出版社。

彭漪涟、余式厚，1981，《趣味逻辑学》，中国青年出版社。

张志公，1982，《现代汉语》，人民教育出版社。

金岳霖等，1979，《形式逻辑简明读本》，中国青年出版社。

刘兴策等，1983，《语文知识千问》，湖北人民出版社。

福建师范大学，1989，《现代汉语专题说略》，福建教育出版社。

刘照雄，1994，《普通话水平测试大纲》（修订本），吉林人民出版社。

王秉愚，1994，《汉字的正字与正音》，语文出版社。

何九盈、胡双宝、张猛，1995，《中国汉字文化大观》，北京大学出版社。

杨春霖、刘帆，1995，《汉语修辞艺术大辞典》，陕西人民出版社。

语文出版社，1997，《语言文字规范手册》，语文出版社。

聂鸿音，1998，《中国文字概略》，语文出版社。

林连通、陈炳昭，1999，《文章病例评改集全》，湖南人民出版社。

林连通，2001，《福建人学习普通话指南》，语文出版社。

王艾录、司富珍，2001，《汉语的语词理据》，商务印书馆。

江蓝生、张国宪，2002，《汉语语言文字基本知识读本》，人民出版社。

黄伯荣、廖序东，2002，《现代汉语》（增订三版），高等教育出版社。

李衍华，2002，《逻辑·语法·修辞》，甘肃人民出版社。

董为光，2004，《汉语词义发展基本类型》，华中科技大学出版社。

林连通，2009，《现代汉语使用手册》，北京出版社。

周奇，2011，《常见语言文字错误防范手册》，中国标准出版社。

胡双宝，2012，《异体字规范字应用辨析字典》，北京大学出版社。

魏励，2008，《常用字八种字体手册》，商务印书馆国际有限公司。

常敬宇，2015，《翰墨散论》，中国书画出版社。

胡裕树，2019，《现代汉语》（重订本），上海教育出版社。

吕叔湘，1959，《文言虚字》，上海教育出版社。

王力，1963，《古代汉语》，中华书局。

张静、张桁，1979，《古今汉语比较语法》，河南人民出版社。

南开大学中文系古代汉语教研室，1981，《古代汉语读本》，天津人民出版社。

王力，1982，《同源字典》，商务印书馆。

王力，1985，《汉语语音史》，中国社会科学出版社。

何乐士等，1985，《古代汉语虚词通释》，北京出版社。

郭锡良、李玲璞，1992，《古代汉语》，语文出版社。

李乐毅，1992，《汉字演变五百例》，北京语言学院出版社。

王克仲等，1993，《古今词义辨析词典》，黑龙江人民出版社。

张书岩等，1997，《简化字溯源》，语文出版社。

高启沃，1997，《简明通假字字典》，安徽教育出版社。

董琨，1998，《中国汉字源流》，商务印书馆。

郭小武，2000，《汉字史话》，中国大百科全书出版社。

唐作藩，2000，《普通话语音史话》，语文出版社。

张惠英，2000，《音韵史话》，中国大百科全书出版社。

厉兵，2004，《汉字字形研究》，商务印书馆。

荆贵生，2005，《古代汉语》，武汉大学出版社。

刘庆俄，2008，《汉字形义通释》，首都师范大学出版社。

林连通、郑张尚芳，2012，《汉字字音演变大字典》，江西教育出版社。

洪成玉，2013，《古今字字典》，商务印书馆。

林志强，2019，《汉字学十六讲》，高等教育出版社。

北京大学中文系，1973，《新闻文选》，北京大学中文系。

钟雨，1975，《语言的学习和运用》，郑州大学。

贺巍，1978，《诗词格律浅说》，北京人民出版社。

车锡伦，1978，《韵辙新编》，内蒙古人民出版社。

刘白羽，1978，《刘白羽散文选》，人民文学出版社。

北京师范大学中文系《写作基础知识》编写组，1979，《写作基础知识》，北京出版社。

王力、朱光潜等，1981，《怎样写学术论文》，北京大学出版社。

北京市工农教育研究室、北京人民广播电台，1981，《语文基础知识》（六十讲），北京出版社。

路德庆，1982，《写作教程》，华东师范大学出版社。

袁明光等，1982，《写作辞林》，北京出版社。

王锳选注，1982，《元人小令二百首》，贵州人民出版社。

舒梦兰辑，谢朝徵笺，1982，《白香词谱笺》，中华书局。

中国逻辑与语言函授大学写作教研室，1983，《写作》，北京大学出版社。

胡绩伟等，1983，《新干部培训讲座选》，人民日报出版社。

刊授大学，1984，《中国实用文体大全》，上海文化出版社。

吴美潮，1985，《科技论文的写作与编辑》，陕西科学技术出版社。

朱世英，1986，《文体写作知识》，安徽教育出版社。

刘锡庆、齐大卫，1986，《写作》，北京师范大学出版社。

张炼强，1989，《写作和语言表达》，新华出版社。

张志公著，王本华编，1996，《汉语辞章学论集》，人民教育出版社。

罗爱华，2000，《大学生论文写作基础》，中国书籍出版社。

刘洋，2000，《现代应用文写作大全》，内蒙古少年儿童出版社。

《人民日报评报选萃》编委会，2000，《人民日报评报选萃》，人民日报出版社。

赵克勇，2001，《诗词曲联入门》，光明日报出版社。

天人，2002，《名联妙联精粹》，内蒙古文化出版社。

张浩，2005，《新编民间常用文书写作格式与范本》，蓝天出版社。

王梦奎，2013，《怎样写文章》，中国发展出版社。

常法宽，2017，《诗词曲赋知识手册》，商务印书馆国际有限公司。

中国新闻评选委员会办公室，2017，《中国新闻奖作品选》，新华出版社。

中国社会科学院文学研究所中国文学编写组，1962，《中国文学史》，人民文学出版社。

蒋立甫，1981，《诗经选注》，北京出版社。

萧涤非等，1983，《唐诗鉴赏辞典》，上海辞书出版社。

杨金鼎，1987，《中国文化史词典》，浙江古籍出版社。

朱熹，1993，《易经问卜今译》，天津社会科学院出版社。

刘学林、马重奇，1993，《中国古代风俗文化论》，陕西人民出版社。

鲁谆、王峻峰、张忠民，1995，《中华民族之母嫘祖》，中国三峡出版社。

孙映逵、杨亦鸣，1996，《〈易经〉对话录》，社会科学文献出版社。

朱方枢，1999，《易经释诂》，广西师范大学出版社。

郭大烈、董建中，2000，《中华民族知识通览》，云南教育出版社。

朱丽兰，2002，《21世纪干部科技修养必备》，人民出版社。

杨义、邓绍基，2002，《古今文学名篇》，人民出版社。

林甘泉、张海鹏、任式楠，2002，《从文明起源到现代化——中国历史25讲》，人民出版社。

丛彬彬，2005，《中国文学简介与作品选读》，河海大学出版社。

蔡英杰、李鸿飞，2006，《〈老子〉注释与阅读指导》，中国戏剧出版社。

李翰文，2006，《周易入门与提高》，中州古籍出版社。

徐寒，2007，《唐诗·宋词·元曲鉴赏》，大众文艺出版社。

李泉，2009，《一本书读懂中国史》，中华书局。

吴兆基，2010，《中华上下五千年》，中州古籍出版社。

刘庆俄、康金柱，2012，《世界文化名人——孔子》，首都师范大学出版社。

肖洁，2015，《中华传统文化必备手册》（高考版），吉林教育出版社。

徐克谦，2016，《中国传统思想与文化》（修订本），高等教育出版社。

毕宝魁、尹博，2017，《元曲三百首译注评》，现代出版社。

干春松、张晓芒，2017，《中国文化常识》，中国友谊出版公司。

余世谦，2017，《走进文化中国》，上海人民出版社。

许结，2018，《中国文化史二十二讲》，高等教育出版社。

屈原、宋玉著，钟书主编，2018，《楚辞》，上海大学出版社。

唐咏章，2019，《乐府诗选》，中信出版集团。

程晓南，2020，《一书通识五千年最美古诗词》（修订2版），中国法制出版社。

金元浦，2020，《中国文化概论》（第三版），中国人民大学出版社。

吕思勉，2021，《中国文化史》，中国言实出版社。

北京师范大学中文系，1981，《大学语文——北京市自学考试课本》，北京师范大学出版社。

詹福瑞，2010，《大学语文》，河北大学出版社。

何二元，2011，《大学语文》，人民出版社。

韩英、付晓青，2012，《文化产业概论》，福建人民出版社。

侯洪澜，2013，《新编大学语文》（第三版），兰州大学出版社。

李花，2013，《新编大学语文》，南开大学出版社。

劳丽蕊、吴小菲，2016，《大学语文》，中国轻工业出版社。

张文光，2016，《大学实用语文》，机械工业出版社。

张兰、沙聪颖，2016，《应用文写作教程》，清华大学出版社。

姚才来，2017，《大学语文》，中国人民大学出版社。

符晓黎，2017，《大学语文》，东北财经大学出版社。

施也频，2017，《实用语文》（第三版），华东师范大学出版社。

黄瑞芳，2018，《新编大学语文教程》，清华大学出版社。

袁红兰、余玲，2018，《高职语文》，西北工业大学出版社。

宗佩佩、靳一娜，2018，《大学语文》，北京理工大学出版社。

徐中玉、齐森华、谭帆，2018，《大学语文》(第11版)，华东师范大学出版社。

李明晨、宫润华，2019，《中国饮食文化》，华中科技大学出版社。

薛萌、张敏、陈凤娇，2020，《茶文化与茶艺实践》，航空工业出版社。

陈力等，2020，《大学写作实践教程》，科学出版社。